Jean-

CW01506540

LA NUOVA ELOISA

Lettere di due amanti
di una cittadina ai piedi delle Alpi

Introduzione e commento di Elena Pulcini
Traduzione di Piero Bianconi

CLASSICI DEL PENSIERO

ISBN 978-88-17-16884-7

Titolo originale dell'opera:
Julie ou La Nouvelle Heloise.
Lettres de deux amants, habitants
d'une petite ville au pied des Alpes

Prima edizione agosto 1992
Decima edizione marzo 2008

Per conoscere il mondo BUR visita il sito **www.bur.eu**

BUR

Biblioteca Universale Rizzoli

Jean-Jacques Rousseau in BUR

Confessioni
Introduzione di Roberto Guiducci

La vita del pensatore francese: l'infanzia, la conversione,
il rapporto con le donne, gli scontri intellettuali del filosofo
che ha esercitato un influsso straordinario sul pensiero e
la sensibilità dei moderni.

Classici del pensiero - Pagine 708 (Cof. 2 voll.) - ISBN 1712185

Il contratto sociale
A cura di Roberto Gatti

"L'uomo è nato libero", ma "ovunque si trova in catene".
A partire da questa constatazione, una delle sfide decisive
della modernità: la ricerca di un ordine politico fondato
sul diritto e non sulla forza.

Pillole - Pagine 288 - ISBN 1700269

Discorsi sulle scienze e sulle arti
Sull'origine della disuguaglianza fra gli uomini
Introduzione e note di Luigi Luporini

Nel *Discorso sulle scienze* il filosofo attacca il progresso e
lo sviluppo come generatori di corruzione dei costumi.
Il *Discorso sull'origine della disuguaglianza* ripercorre la storia
delle disuguaglianze fino al loro esito finale: il dispotismo.

Classici del pensiero - Pagine 216 - ISBN 1717164

◆

Le fantasticherie del passeggiatore solitario
Con un saggio di Jean Starobinski

Il libro dell'estrema infelicità e allo stesso tempo la testimonianza della più alta felicità concessa all'uomo sulla terra.

Classici del pensiero - Pagine 336 - ISBN 1712210

INTRODUZIONE

Nota bibliografica

Per il testo originale della *Nuova Eloisa* e delle Opere di Rousseau si veda J.J. Rousseau, *Oeuvres Complètes* a cura di B. Gagnebin e M. Raymond, Gallimard, Pléiade, Paris 1959-1969, 4 voll.

Poiché non esiste un'edizione italiana delle Opere Complete di Rousseau, ho preferito trarre le citazioni dalla silloge attualmente ancora più completa di testi tradotti (sebbene la traduzione sia non sempre la migliore disponibile): J.J. Rousseau, *Opere*, a cura di P. Rossi, Sansoni, Firenze 1972 (d'ora in poi, semplicemente: *Opere*).

Per i testi non tradotti in questa raccolta, si rimanda di volta in volta, nelle note, alle altre edizioni disponibili.

Ho lasciato naturalmente il titolo originale per i testi di Rousseau non ancora tradotti in italiano.

Poiché nella traduzione si perde facilmente la pregnanza concettuale del linguaggio rousseauiano, mi è sembrato opportuno, ad ogni citazione, riportare in nota il testo originale, con il numero del volume delle *Oeuvres Complètes* e il numero di pagina (per esempio: *OC*, I, 45). Per questa stessa ragione, ho preferito mantenere il termine francese per alcuni concetti, in cui il termine italiano non rende la complessità semantica del termine originale: è il caso di *bonheur* (felicità), *malheur* (infelicità), *faiblesse* (debolezza), *repos* (riposo), *ennui* (noia).

Oltre alla letteratura critica riportata nelle note, ritengo necessario segnalare preliminarmente, per un'analisi capillare della *Nuova Eloisa*, due testi fondamentali:

D. Mornet, *J.J. Rousseau et La Nouvelle Héloïse*, Hachette, Paris 1925, 4 voll.

B. Guyon, *Introduction* e *Notes et variantes*, in J.J. Rousseau, *Julie ou La Nouvelle Héloïse*, nel già citato *Oeuvres Completes*, 1964, vol. II.

J. J. ROUSSEAU: L'IMMAGINARIO E LA MORALE[1]

1. *Genesi del romanzo: il percorso morale del soggetto amoroso*

Nel soggiorno prescelto dell'Ermitage, dove approda nella primavera del 1756 libero di condurre la vita che più gli piace accanto all'affezionata Thérèse, Rousseau, come narra egli stesso nelle *Confessioni*, si sente preda di un crescente disagio. Egli avverte su di sé lo sguardo giudicante di coloro che già definisce la «coterie holbachique»[2] cioè, oltre a d'Holbach, Grimm, Diderot, la stessa Mme d'Epinay sua ospite, con i quali in seguito si consumerà, come è noto, una violenta rottura. La solitudine, da lui amata in quanto sinonimo di libertà e autonomia individuale, mostra improvvisamente il suo lato oscuro e inquietante di minaccioso isolamento, in cui affiora un radicale, incolmabile sentimento di vuoto.[3]

Autore già celebre per il successo dei primi due *Discorsi*, Rousseau è nel pieno della sua attività intellettuale. Prende corpo in questa fase sia il progetto delle *Institutions politiques* che quello della *Morale sensitive*, cui egli spera di potersi dedicare, favorito da una vita intima appagante in un luogo amato, lontano dal frastuono alienante della città. Ma un'inattesa crisi viene a mettere in luce la delusione delle sue aspettative e l'impossibilità di rispettare i progetti accarezzati. La relazione affettiva con Thérèse non riesce a colmare il senso di solitudine che gli deriva dal distacco dagli altri uomini e dalla società. Di questo senso di abbandono, essa diviene, al contrario, la fonte principale, poiché non ha prodotto quell'«unione dei cuori» cui Jean Jacques ha sempre intensamente aspirato. Egli è colto allora da un'intensa nostalgia per il passato che, attraverso la figura mitica di Mme de Warens, rende più acuto il vuoto del presente e produce l'inquietante rivelazione di una mancanza. Attraverso un rapido bilancio della propria vita, Rousseau si accorge di non aver mai veramente soddisfatto il suo *bisogno d'amore*, reso tanto più urgente dalla percezione di sé come un uomo dal cuore avido e dai sensi «combustibili», da sempre alla ricerca di un oggetto che sappia offrire uno sbocco al «fuoco divorante» dell'ebbrezza amorosa.[4] Alla rivelazione di questo sconcertante paradosso, si unisce l'implacabile consapevolezza del tempo che passa e di un'esistenza per metà trascorsa senza che sia stata data risposta al desiderio più radicale. «Divorato dal bisogno di amare, senza averlo mai potuto ben soddisfare – dice Rousseau nelle *Confessioni* – mi vedevo avvicinarmi alle porte della vecchiaia e morire senza aver vissuto.»[5]

La memoria continua a popolarsi delle figure femminili che hanno costellato la sua vita, facendo crescere lo stato di ebbrezza, fino a riattivare quella *facoltà immaginativa* che da sempre ha per Jean Jacques la funzione di compensare le insufficienze del reale:[6] «Che cosa feci allora? [...] L'impossibilità di raggiungere gli esseri reali mi gettò nel paese delle chimere; e non vedendo niente di esistente che fosse degno del mio delirio, lo nutrii in un mondo ideale che la immaginazione creatrice popolò ben presto secondo il mio cuore».[7] Il «gusto per gli oggetti immaginari», che nell'inquieta fase dell'adolescenza permetteva a Jean Jacques di placare le pressioni di una sensualità nascente e di evadere da una realtà insoddisfacente,[8] riemerge con tale forza da resistere persino all'affollarsi di contrarietà quotidiane e di distrazioni intellettuali.[9] Il suo «dolce e folle sognare» («douce et folle rêverie»),[10] portatore, come annuncia egli stesso, di funeste conseguenze in quanto prelude all'infelice relazione con Sophie d'Houdetot, lo spinge dunque fino alla creazione immaginaria di esseri dotati di ogni perfezione, dei quali egli nutre le proprie estasi solitarie.

Qui prendono forma ed assumono consistenza i personaggi principali della *Nuova Eloisa*, proiezione fantastica del delirio amoroso, incarnazione pigmalionica di un desiderio che vuole alimentarsi dei propri fantasmi: «Mi raffigurai l'amore e l'amicizia, i due idoli del mio cuore, sotto le immagini più incantevoli: mi compiacqui ad ornarli di tutte le grazie della femminilità che avevo sempre adorato».[11]

Insieme a Julie e Claire, di cui subito Rousseau tratteggia i caratteri, facendone intuire la reciproca compensazione (l'una bionda, dolce, virtuosa, l'altra bruna, vivace, saggia), egli immagina Saint-Preux, la figura con la quale immediatamente si identifica, il giovane «roturier» destinato a pagare il prezzo della propria estrema «sensibilità». Ma soprattutto, tramite loro, egli annuncia i temi-chiave del romanzo, l'*amore* e l'*amicizia*, così intrecciati l'uno all'altro da essere, come vedremo, spesso indistinguibili.

La forza della «immaginazione creatrice» è tale da prefigurare o, ancor meglio, produrre la realtà. Nel pieno del «tenero delirio» («érotiques transports») da cui prende corpo il tessuto narrativo della *Julie*, interrotto solo dall'intensificarsi della *querelle* con Diderot e gli altri,[12] Jean Jacques incontra Sophie. Egli ne resta così profondamente colpito da riconoscere in lei «l'amore vero», mai precedentemente provato per nessun'altra donna; neppure per Mme de Warens, sulla quale egli aveva proiettato ambigui ed incestuosi sentimenti materni, privi del trasporto sensuale e dei fremiti ardenti dell'amore appassionato.[13] L'oggetto reale (Sophie) si sovrappone all'oggetto immaginario (Julie), ereditandone agli occhi di Jean Jacques ogni perfezione ed incanto: «Venne, la vidi, io ero ebbro di amore senza oggetto; questa ebbrezza affascinò i miei occhi, questo oggetto si fissò su di lei, vidi la mia Giulia nella signora d'Houdetot, e presto non vidi più che la signora d'Houdetot, ma rivestita di tutte le perfezioni di cui avevo ornato l'idolo fittizio del mio cuore».[14]

Come è noto, la vicenda autobiografica con Mme d'Houdetot si conclude negativamente; non solo perché Sophie, legata ad un altro uomo, non ricambia la passione di Rousseau, ma anche, e soprattutto, perché fallisce quel progetto di *ménage à trois*, da sempre accarezzato, con cui questi aveva sperato di poter coronare la sua sfortunata esperienza amorosa.[15] Travolto dagli avvenimenti che sfoceranno nella definitiva rottura con Mme d'Epinay e tutti gli «holbackiens», e nella rapida fuga dall'Ermitage, il rapporto con Sophie d'Houdetot non trova alcuna soluzione positiva e la sua fine coincide con l'inizio del «lungo ordito delle sventure» («long tissu des malheurs»)[16] che costellerà, a partire da questo momento, la vita di Rousseau.

Sembra più che plausibile che queste vicende abbiano svolto un ruolo importante nella composizione della *Nuova Eloisa*. Se è vero, come si è visto, che la genesi del romanzo è prettamente immaginaria, e che la finzione influenza la vita,[17] è anche vero che, in un secondo momento, la vita si riflette nel tessuto immaginario del romanzo e ne condiziona la struttura stessa. La critica più recente vede in questi avvenimenti autobiografici la fonte della definitiva redazione della *Nuova Eloisa* in sei parti.[18] All'origine, infatti, Rousseau aveva concepito il romanzo composto di quattro parti, che doveva concludersi con la morte degli amanti durante la celebre «passeggiata sul lago» di Meillerie (cfr. Parte quarta, lettera XVII). È solo nell'autunno del '57 che Rousseau decide di aggiungere le altre due parti, terminandone la stesura nel settembre del 1758, quando il romanzo è pronto per essere finalmente dato alle stampe.[19]

Si può certamente vedere in questo mutamento la volontà di «compensare», attraverso l'immaginario, i fallimenti della realtà, rendendo più solida l'immagine di Clarens e dell'armonia collettiva di cui Julie è anima e centro nel nome dell'«amicizia» e della solidarietà; e si può anche cogliervi il desiderio di riconfermare l'esaltazione dell'amore attraverso tonalità sublimi e religiose che permettano di trascendere il «malheur» dell'esperienza reale.[20] Ma si potrebbe anche suggerire che, passando dalla *Julie* in quattro parti a quella in sei parti, Rousseau abbia voluto sostituire la soluzione «tragica» (la morte degli amanti) con una soluzione che potremmo definire *conflittuale*, mostrando allo stesso tempo il successo e il fallimento della scelta morale di Julie. Questa infatti, nella stesura definitiva del romanzo, rinuncia alla passione per Saint-Preux e sposa Wolmar per tornare infine, nel seno stesso della pace di Clarens e della virtù riconquistata, ad invocare nostalgicamente l'amore e il desiderio solo quando, data la prossimità della morte, non possono più nuocere. Ma su questi temi dovremo evidentemente tornare.

Ciò che importa subito rilevare e che la *Nuova Eloisa* non è soltanto un «romanzo d'amore», unicamente scaturito dalle «fantasticherie» o dalle esperienze erotiche di Rousseau, bensì esso è anche una *riflessione morale*: i due temi, quello amoroso e quello morale, sono anzi strettamente fusi tra loro, perché il secondo, in un'ottica squisitamente rousseauiana, trae forza e consistenza dal primo. L'efficacia del messaggio morale sta nel fatto che Julie *conquista la virtù attraverso l'amore*, che ella approda al bene solo *dopo* la lotta contro il male, dopo la liberazione dagli effetti alienanti e distruttivi della passione.

In verità, come cercherò di far vedere, dietro il conflitto tra l'amore e la virtù, tra le passioni e la morale, si cela *un più profondo contrasto tra due opposte dimensioni dell'Io*, l'una tesa, per così dire, alla *passione*, l'altra all'*autoconservazione*. Ciò vuol dire – ed è questo a mio avviso uno dei punti di maggior interesse del romanzo – che il conflitto si complica poiché non è riducibile all'opposizione tra l'individuo e la società, tra la vita pulsionale individuale e la norma collettiva, bensì esso si radica nell'*interiorità* stessa del soggetto, in particolare del soggetto amoroso.

L'obiettivo morale è dunque altrettanto importante della problematica amorosa, anzi, come si è detto, è inseparabile da essa. Sempre riferendosi alla genesi del romanzo, Rousseau scrive infatti nelle *Confessioni*: «Era certamente la migliore conclusione che si potesse trarre dalle mie follie: l'amore del bene, che non si è mai allontanato dal mio cuore, le volse naturalmente verso degli oggetti utili di cui la morale avrebbe potuto trarre il suo vantaggio. I miei quadri voluttuosi avrebbero perduto la loro grazia se vi fosse mancato il dolce colorito dell'innocenza».[21] Dare alla *Nuova Eloisa* una valenza morale sembra essere una sua preoccupazione centrale; dovuta probabilmente alla riluttanza con la quale l'austero critico delle arti e delle lettere del *Discorso sulle scienze e sulle arti* o il futuro autore della *Lettera a d'Alembert sugli spettacoli*, si avvicina ad un genere frivolo ed ambiguo come il romanzo, catalogabile tra quei «libri effeminati che respiravano l'amore e la mollezza»[22] che egli aveva più volte censurato.[23]

Ma, a dispetto delle sue stesse affermazioni, non bisogna dimenticare che Rousseau si era già fatto «contaminare» dal mondo del teatro e delle lettere, componendo ad esempio l'opera musicale *Les muses galantes* (1745), o la *pièce* teatrale *Narcisse ou l'amant de lui-même* (1752). Nel caso della *Julie*, egli insiste tuttavia, con una sorta di autocompiacimento, sull'impulso irresistibile che lo spinge, suo malgrado, a comporre un'opera letteraria.[24]

In realtà, egli è dichiaratamente convinto della forza di persuasione morale della *Nuova Eloisa*, dovuta proprio alla *chance* che essa offre di descrivere il *percorso* che conduce alla virtù attraverso il confronto e la lotta di un soggetto più vulnerabile che colpevole, contro le forze negative che lo minacciano.

Prevenendo ogni possibile critica, egli continua infatti nelle *Confessioni*: «Ma se una giovane, nata con un cuore ugualmente tenero e onesto, si lascia vincere dall'amore da ragazza, e ritrova, da donna, le forze per vincerlo a sua volta e conservarsi virtuosa: chiunque vi dirà che questo quadro nel suo insieme è scandaloso e non è utile, è mendace ed ipocrita; non lo ascoltate».[25]

Ben lungi dall'essere fine a se stessa o addirittura fonte di corruzione, la rappresentazione delle passioni ha uno scopo edificante e pedagogico molto più efficace della fredda enunciazione di principi morali astratti, come sarà esplicitamente teorizzato da Saint-Preux: «Forse i romanzi sono l'estrema istruzione che si possa dare a un popolo abbastanza corrotto perché ogni altra gli riesca inutile; quindi vorrei che la composizione di siffatti libri non fosse permessa che a persone oneste ma sensibili, capaci di versare il cuore nei loro scritti, a scrittori che non fossero al di sopra delle umane debolezze, che non mostrassero a un tratto la virtù in un cielo inaccessibile agli uomini, ma gliela facessero amare dipingendola dapprima meno austera, e poi dal seno del vizio li portassero a poco a poco verso di lei».[26]

La scelta del romanzo sembra dunque trovare sul piano morale una fondazione più sostanziale che formale nella concezione rousseauiana della virtù e della formazione del soggetto etico: diversamente dalla «morale del sentimento» o dalle posizioni ottimistiche per lo più comuni ai *philosophes*,[27] la virtù per Rousseau è un oggetto di conquista, in contrasto e non in armonia con la natura dell'uomo, il quale per arrivare ad essa deve conoscere e attraversare il male, ritrovando alla fine il bene su di un piano più alto e individuale. Il romanzo permette di rappresentare, attraverso le sue varie fasi e nel suo progressivo divenire, il viaggio iniziatico che conduce il soggetto dallo stato di «faiblesse» e di errore a un ordine etico superiore. Quest'ultimo assume maggiore solidità e consistenza per il fatto stesso di essere una mèta dolorosamente conquistata.

Nella *Professione di fede del Vicario savoiardo*, nelle *Lettere morali* e infine nella *Lettera a d'Alembert sugli spettacoli*, tutti scritti tra la prima e la seconda stesura della *Nuova Eloisa* (in quattro e sei parti), Rousseau aveva approfondito la sua riflessione sul tema morale e religioso, integrandolo successivamente nel romanzo; non soltanto nelle ultime due parti, in cui egli fonda ulteriormente la morale coniugale su basi religiose e sviluppa, attraverso le vicende di Lord Bomston, il tema dell'opposizione amore/matrimonio; ma anche nelle prime quattro parti, dove rielabora in questo senso alcune lettere (per esempio l'importante lettera XVIII della Parte terza).

Tuttavia, ancora non del tutto soddisfatto di queste integrazioni, egli decide di scrivere una seconda prefazione al testo, la *Préface dialoguée*,[28] in cui, attraverso un serrato e vivace dialogo tra i due personaggi, che prefigura quello tra Rousseau e il suo «doppio» nei *Dialoghi*, egli ribadisce l'utilità morale del romanzo, laddove questo sappia mostrare il bene e la virtù come mète concrete ed accessibili, sempre offerte a chi voglia redimersi dall'errore. «Sublimi autori, – dice uno degli interlocutori della *Préface* – abbassate un poco i vostri modelli, se volete che siano imitati. A chi mai vantate la virtù immacolata? Eh! parlateci di quella che si può riconquistare; così almeno qualcuno vi potrà capire».[29]

La rivendicazione della funzione morale del romanzo non è peraltro un tratto originale di Rousseau. Egli si inserisce infatti in una tradizione narrativa che aveva trovato il suo fondatore in S. Richardson, il celebre autore inglese tradotto in Francia da Prévost, iniziatore del romanzo realista e virtuoso; nel quale, come lo stesso Diderot entusiasticamente rileva nel suo *Eloge de Richardson*,[30] l'analisi dettagliata della vita quotidiana e dei sentimenti è strettamente intrecciata con l'evidente intento di incidere sui costumi e di formare le mentalità.[31] Tuttavia, le affinità tra la vicenda di Julie e quella di Clarissa Harlowe, l'eroina dell'omonimo romanzo inglese a cui Rousseau si è in parte ispirato,[32] si rivelano in realtà assai scarne. Fuggita da un'ignobile famiglia che vuole imporle il matrimonio con un uomo che non ama, Clarissa viene, contro la sua volontà, sedotta da Lovelace, l'uomo che ama, e muore infine nella disperazione. Sebbene essa sia priva di colpa, la perdita della virtù la condanna inesorabilmente ad una tragica fine.

Ciò che più colpisce, tra le evidenti differenze rispetto al romanzo rousseauiano, è che la virtù sembra qui avere, come è stato peraltro rilevato, una connotazione esclusivamente sessuale;[33] ciò che dà al testo di Richardson un tono moraleggiante del tutto privo della profondità psicologica della *Nuova Eloisa*, dove la riconquista della virtù è anche, fondamentalmente, riscoperta della propria identità e della propria coesione interiore.

In questo senso, il concetto rousseauiano di «virtù» è molto più vicino a quello che si delinea nei romanzi di Prévost, come il *Cleveland* o la *Manon Lescaut*, dove la lezione di morale avviene attraverso la descrizione del viaggio del soggetto nell'universo delle passioni, in cui questo va fatalmente incontro alla perdita di sé per ritrovare infine il proprio equilibrio psicologico, la propria solidità interiore ed il senso dei valori collettivi. Des Grieux riscopre la via della virtù e dell'onore solo dopo aver vissuto fino in fondo il dolore e gli abissi in cui lo getta la sua invincibile passione per Manon. Cleveland deve conoscere la solitudine, il lungo errare in luoghi estranei e minacciosi e finanche il rischio dell'incesto, prima di riunirsi con Fanny all'insegna di una felicità pacata in armonia con le leggi e i valori universalmente condivisi.[34]

Tuttavia, il gusto per l'esotico e le avventure straordinarie ed eroiche che ancora lega Prévost alle atmosfere fantastiche e irreali del romanzo d'intrigo seicentesco (tipico ad esempio di Mlle de Scudéry o La Calprenède),[35] è assente in Rousseau, attento essenzialmente all'analisi psicologica e alle complesse sfumature dei sentimenti. Si può parlare invece, a questo proposito, di un diretto legame tra la *Nuova Eloisa* e la *Principessa di Clèves*,[36] nella quale, come è stato osservato, «per la prima volta, nella storia del genere romanzesco, la raffigurazione del sentimento è l'oggetto principale di un romanzo».[37]

Ma sulla profonda influenza del romanzo di Mme de La Fayette su Rousseau torneremo più avanti. Non è ad esso però che questi deve la scelta della forma epistolare, aspetto niente affatto secondario della *Nuova Eloisa*, che ci impone di risalire, ancor prima della *Principessa di Clèves*, alle *Lettres portugaises* di Guilleragues:[38] breve romanzo in cinque lettere in cui la protagonista, Marianne, scrivendo all'antico e indifferente amante, racconta la propria passione, mostrando con toccante immediatezza gli stati d'animo contrastanti che essa attraversa prima di giungere ad una peraltro dubbia «guarigione».

Lo stile epistolare che, a partire dalle *Lettres portugaises*, conosce in Francia una larga diffusione, permette proprio l'analisi dei sentimenti nel loro nascere e nel loro divenire, così da coglierne le infinite sfumature, gli stati contraddittori e conflittuali, l'immediata intensità emotiva.[39] Esso risponde a quel bisogno di autenticità e di espressione di sé con cui il soggetto, alle soglie dell'età moderna, cerca una ridefinizione di sé in un mondo attraversato dalla crisi dei valori aristocratici.

Non a caso la formula epistolare verrà adottata, nel secolo successivo, da quello che è stato definito il «roman sentimental», che va da Mme de Tencin alle *Lettres d'une peruvienne* di Mme Graffigny, ai romanzi di Mme Riccoboni:[40] qui il sentimento, o meglio la «sensibilità» si configura come il valore-chiave intorno al quale l'Io si ristruttura cercando il senso di sé non più nei valori «pubblici» della «gloria» e dell'«onore», che nel secolo precedente avevano ispirato il teatro di Corneille e la «morale eroica», ma nel mondo intimo e soggettivo di desideri, sensazioni, passioni, e persino nella sofferenza e nel *malheur* che da questo inevitabilmente scaturisce.[41]

La presenza di questi temi nella *Nuova Eloisa* mostra, come vedremo, che l'influenza del romanzo sentimentale francese è stata forse più incisiva dello stesso Richardson, il quale usa lo stile epistolare per descrivere i dettagli della vita quotidiana e disegnare quadri di costume, più che per analizzare i sottili risvolti della vita emotiva. Rousseau adotta tuttavia una formula polifonica che, per lo più assente dal romanzo precedente, sembra voler rendere conto non solo della maggiore complessità dei sentimenti e dei codici esistenti, ma anche della ricchezza del gioco intersoggettivo, da cui ogni personaggio non esce mai illeso, spesso mutando la propria fisionomia o il proprio ruolo iniziale attraverso lo scambio comunicativo con l'altro.[42] Neppure *I legami pericolosi* di Laclos,[43] che pure conservano la polifonia della *Nuova Eloisa*, riusciranno a dare il senso, così forte in Rousseau, delle molteplici sfaccettature dell'Io e del suo configurarsi anche attraverso l'interazione con l'esterno e gli altri attori del gioco.

Ma non bisogna dimenticare quello che si può considerare un archetipo della letteratura epistolare, e che ispira il titolo stesso del romanzo rousseauiano: le *Lettere d'amore di Abelardo e Eloisa*[44] che il '700 aveva riscoperto facendone un vero e proprio «mito», sia attraverso la libera traduzione di Bussy-Rabutin nel 1697, sia attraverso la celebre opera del Pope, *Eloisa to Abelard*, del 1717. Rousseau fa nel testo un riferimento fugace alla vicenda dell'eroina medievale (Parte prima, lettera XXIV), il cui spirito «cortese» aleggia tuttavia nella concezione dell'amore e della passione che percorre la *Nuova Eloisa*. Che in questa siano

XIV

presenti temi e motivi dell'erotica cortese, è confermato anche dai frequenti riferimenti a Petrarca e ad altri poeti italiani (Tasso, Metastasio, Marini) da cui Rousseau trae il modello dell'«amore puro», svincolato sia dall'istituzione e dalla legge (come quella del matrimonio) sia dalla dimensione temporale e caduca della corporeità e dei sensi.[45] Ma vedremo che, al di là delle apparenti convergenze, esiste una profonda e radicale differenza tra l'appassionata fedeltà all'amore di Eloisa e la scelta morale della «nuova Eloisa» di Rousseau.

Per coglierla a fondo, e trarne così tutti gli elementi di modernità della *Julie*, è necessario in prima istanza addentrarsi nella concezione rousseauiana dell'amore e della passione.

2. *Amore-passione e amore di sé*

Il testo letterario sembra fornire a Rousseau il contesto più adatto a tracciare le trame complesse di quella che potremmo definire la sua *teoria* dell'amore se egli stesso non avesse mostrato ripetutamente insofferenza verso ogni eccessivo «esprit de système». L'intreccio narrativo permette infatti di rispettare il carattere *dinamico* della vita pulsionale ed emotiva dei protagonisti, conservandone le ambivalenze e le contraddizioni, senza peraltro nulla togliere alla chiarezza dei concetti.

Dalla prima e tanto attesa risposta data da Julie alla dichiarazione amorosa di Saint-Preux, si delinea il conflitto che, come abbiamo già accennato, percorre tutto il romanzo: quello tra la passione e la virtù, tra l'amore e la morale (Parte prima, lettera IV). *Conflitto* dunque, e non opposizione: dove questo preannuncia l'impossibilità di una vera e propria soluzione a favore dell'una o dell'altra polarità.

I termini che Julie usa per descrivere il proprio sentimento – «funesta passione», «veleno che mi corrompe sensi e ragione»[46] – lasciano subito intravvedere una visione negativa dell'amore-passione in contrasto con la tradizione cortese e neoplatonica, nella quale l'amore veniva concepito come «dono» e «generosità» e fonte di perfezione morale.[47] Ancora viva nella «galanteria» seicentesca, come pure nel teatro di Corneille e nell'*Astrée* di H. d'Urfé,[48] quella tradizione aveva trovato il primo, decisivo momento di crisi nella *Principessa di Clèves* di Mme de La Fayette, nella quale l'amore si configura come una pericolosa «inclinazione» («inclination») che sottrae all'Io il dominio di sé e produce conseguenze distruttive, alimentando la gelosia, l'alienazione, l'inganno. Esso sembra essere l'espressione di un Io che ha perso le proprie certezze «cartesiane» e la capacità di scelta nei confronti del proprio mondo pulsionale; e che da questo si ritrae, per non esserne sopraffatto, aderendo alle spinte difensive e conservative dell'*amor-proprio* (*amour-propre*): cioè di quel «fondo oscuro di tutte le passioni» che la riflessione filosofica della seconda metà del '600, da La Rochefoucauld a Pascal, farà oggetto principe della critica morale.[49]

L'amor-proprio è infatti alla base della sfiducia nella *durata* dell'amore e della paura del «malheur», che provocano la resistenza di Mme de Clèves alla passione per Nemours ed infine il suo rifiuto di sposarlo. L'amore non regge alla prova del tempo e destina quindi all'infelicità chi osa abbandonarsi alle sue illusorie e potenti seduzioni. L'opposizione amore/matrimonio, che nell'erotica cortese tendeva all'esaltazione assoluta della passione in quanto libera da ogni vincolo istituzionale e normativo, trae qui origine, al contrario, da una profonda sfiducia del soggetto nella vita emotiva e dalla paura di esporsi alle rischiose conseguenze dell'adesione totale al sentimento.

Questi temi saranno di nuovo presenti nella *Nuova Eloisa*, ma rielaborati all'interno di un codice semantico profondamente mutato.

In primo luogo, Julie *vive* la passione. Senza mai smettere di esortare Saint-Preux alla virtù, essa si concede volontariamente all'amante; sebbene ciò avvenga in uno stato di permanente lacerazione e conflittualità che le fa vivere il momento del «possesso» fisico come una «crisi», una caduta, la quale provoca la definitiva perdita dell'innocenza (Parte prima, lettera XXIX). Ma la passione non ha nulla di degradante; essa è tutt'al più frutto dell'errore, e non del vizio; e se è vero che infrange la purezza, essa tuttavia non corrompe la virtù e lascia intatte le qualità dell'anima, come Claire non manca di ricordare all'amica inconsolabile (Parte prima, lettera XXX). Quando ha i caratteri di un autentico trasporto, la passione è amabile nelle sue stesse illusioni (Parte prima, lettera XLVI) ed è l'espressione di anime nobili (Parte seconda, lettera VI).

Considerazioni analoghe saranno ribadite nell'*Emilio* attraverso le parole del precettore: «Il vero amore, checché se ne dica, sarà sempre onorato dagli uomini: poiché quantunque i suoi impeti ci turbino, benché esso non escluda dal cuore che lo sente qualità odiose, e perfino ne produca, ne suppone pertanto sempre delle stimabili, senza le quali non si sarebbe in grado di sentirlo».[50]

Questa sia pur parziale assoluzione della passione allontana Rousseau dalla fosca visione della *Principessa di Clèves* e della morale tardo-seicentesca per collocarlo invece all'interno della tradizione settecentesca di riabilitazione della natura umana e della vita emotiva. Dal Diderot dei *Pensieri filosofici* a d'Holbach, da Helvétius a Vauvenargues, il '700 riscopre la positività delle passioni in quanto fattore dinamico della vita psichica, etica e sociale[51] e soprattutto quali espressioni della «sensibilità» («sensibilité»): cioè di quell'insieme di caratteristiche fisiche, psicologiche e morali in base alle quali si ridefinisce l'identità dell'Io e si pongono le basi di una nuova antropologia. Ma, come è stato giustamente osservato, la rivalutazione della passione da parte dei *philosophes* avviene sulla base di una duplice operazione di «moralizzazione della natura» e «naturalizzazione della morale» che consente di approvare la natura, le emozioni, i sentimenti solo spogliandoli dei loro aspetti eccessivi e distruttivi e ponendoli in armonia con la natura.[52] Rousseau recupera invece un concetto *forte* di *passione* teso a riconoscerne, pur senza condannarli, gli aspetti negativi e minacciosi per la coesione dell'Io e per la sua configurazione etica e sociale. La stessa «sensibilità» assume caratteri estremi e si fa, soprattutto in Saint-Preux che la definisce «fatale dono del cielo»,[53] espressione di sentimenti assoluti e incontrollabili.

Questa sorta di *ambivalenza* della visione rousseauiana della passione trova la sua spiegazione nell'opposizione *passione/natura* che la morale settecentesca tendeva invece a negare o ad attenuare. Sebbene l'origine delle passioni sia «naturale», tanto da poter affermare che esse sono «i principali strumenti della nostra conservazione», esse subiscono un processo di alterazione che le *snatura*, rendendole nocive: «Le nostre passioni naturali sono molto limitate; esse sono gli strumenti della nostra libertà, e tendono a conservarci. Tutte quelle che ci soggiogano e ci distruggono ci vengono da altra parte; la natura non ce le fornisce, ce le appropriamo noi a suo danno».[54]

È soprattutto Julie a farsi sostenitrice del contrasto tra la passione e la *natura*, la quale viene simboleggiata dai genitori e dal *legame di sangue* che essi incarnano. Julie sa bene, come la saggia e lucida Claire le ricorda, che il barone d'Etange non consentirà mai a dare la sua unica figlia ad un «borghesuccio senza fortuna».[55] Ella sa dunque che, scegliendo di aderire alla propria inclinazione, provocherebbe la sofferenza di coloro che le hanno dato la vita, infrangendo così i «sacri diritti» della *legge naturale* (Parte prima, lettera XXXVII; Parte seconda, lettere IV, VI ecc.).

Se Julie osa opporsi a quelli che considera i «pregiudizi» del padre (Parte prima, lettera LXIV), non può in alcun modo tollerare il dolore muto della madre, che rappresenta il più profondo e diretto legame con la natura.[56] «Dando retta all'amore o alla natura, non posso fare a meno di ridurre l'uno o l'altro alla disperazione»,[57] scriverà Julie a Claire, esprimendo la sua intima lacerazione tra sentimenti incompatibili. Ma la morte della madre la indurrà alla scelta definitiva e alla rinuncia alla passione per Saint-Preux, il quale, pur rivendicando, diversamente da Julie, i diritti «naturali» della passione e la sua assoluta legittimità (Parte prima, lettera XXXI; Parte terza, lettera VI), accetta di obbedire; e delega alla donna, secondo una modalità propria di tutto il percorso autobiografico di Jean Jacques, ogni decisione.

Da un lato quindi, Rousseau ci parla di un'origine *naturale* delle passioni, dall'altro egli ne vede il processo di degenerazione che le pone in contrasto con la legge di natura. Responsabile di questo processo e delle modificazioni artificiali subìte dalle passioni è la facoltà dell'*immaginazione*, la quale rompe il «limite» (*borne*) tracciato dalla natura ed accresce in modo distorto i sentimenti originari, trasformando il loro carattere naturale e conservativo in innaturale e distruttivo, e mettendo così l'uomo «in contraddizione con se stesso»:[58]

«La sorgente di tutte le passioni è la sensibilità; l'immaginazione determina la loro inclinazione [...] Sono gli errori dell'immaginazione che trasformano in vizi le passioni di tutti gli esseri limitati...».[59]

Nel *Discorso sull'origine e i fondamenti della disuguaglianza*, Rousseau ci presenta l'immaginazione come una facoltà che, assente nello stato di natura, presiede all'ingresso degli uomini nella condizione sociale e morale.[60] Essa si sviluppa, insieme alla «riflessione», all'interno del processo di «perfettibilità», col quale condivide la *duplice* funzione di emancipazione e corruzione, in quanto sottrae gli uomini allo stato di non-essere psicologico e morale della vita naturale, ma li scaglia, contemporaneamente, nel mondo delle passioni, del desiderio, del male.[61]

Questa funzione ambigua è quanto mai evidente nel caso dell'amore. L'immaginazione ha l'effetto positivo, come accade ad Emile, di preservarlo dall'indiscriminato e promiscuo richiamo dei sensi; ma, allo stesso tempo, essa genera illusione, esponendolo, quando cade il «velo» che aveva inizialmente avvolto l'oggetto amato, al rischio dell'infelicità e della delusione.[62] A causa della sua natura immaginaria, la passione amorosa è dunque fatalmente destinata a spegnersi nel tempo. È questo, essenzialmente, che la rende incompatibile con l'istituzione matrimoniale. Il matrimonio, infatti, come scriverà Julie stessa a Saint-Preux dopo la scelta coniugale con Wolmar, è «uno stato di pacifico godimento»,[63] indissociabile dai doveri della vita civile e collettiva; ed è fondato non sul «cieco trasporto dei cuori appassionati», ma sull'«invariabile e costante affetto»[64] di due persone ragionevoli e prive di reciproche proiezioni.

Vediamo dunque che alla preoccupazione morale si sovrappone quella della *durata* dell'amore, che ci impone, di conseguenza, di leggere l'opposizione amore/matrimonio piuttosto nei termini di un *conflitto tra due sentimenti, cioè tra l'amore-passione e l'amore coniugale.* Si tratta di una preoccupazione peculiarmente moderna,[65] cui Julie darà tuttavia una risposta molto più complessa e articolata dello sterile ritiro della Principessa di Clèves: da un lato, essa sceglie il matrimonio con Wolmar fondato, come vedremo, sull'amore coniugale, cioè su un sentimento tenero e amichevole atto a reggere la prova del tempo e a formare la base affettiva della società ideale; dall'altro, essa propone di «depurare» l'amore per Saint-Preux, distillandone gli aspetti naturali e virtuosi, per poterne garantire la durata e permettere l'armonica fusione nell'organismo collettivo ed etico che essa aspira a costruire.

L'intera operazione si fonda a sua volta su di una precisa condizione: quella di riportare la passione al suo *nucleo naturale* originario, precedente all'insorgere dell'immaginazione e rimasto intatto, come la statua di Glauco giacente sul fondo marino,[66] sotto le successive sedimentazioni prodotte dallo sviluppo della società. Questo nucleo naturale altro non è che l'*amore di sé* (*amour de soi*), la tendenza innata all'autoconservazione in cui Rousseau aveva visto, accanto alla «pietà», uno dei due principi prerazionali che regolano la vita degli uomini nello stato di natura.[67]

L'«amore di sé» è la fonte di tutte le passioni, la «passione» primitiva che suggerisce il «limite» oltre il quale l'uomo va incontro alla perdita di sé, al conflitto e alla corruzione: «La sorgente delle nostre passioni, – dice il precettore di Emilio – l'origine e il principio di tutte le altre, la sola che nasce con l'uomo e non l'abbandona mai finché è in vita, è l'amore di sé: passione primitiva innata, anteriore ad ogni altra, e di cui tutte non sono, in un certo senso, che delle modificazioni».[68]

Solo l'*amore di sé* è in grado di contrastare la forza distruttiva delle passioni, ed in particolare il potere alienante e disgregante dell'*amore*. Diviene allora chiaro il principio generale della teoria rousseauiana delle passioni, secondo il quale «la passione si supera attraverso se stessa»: «Non si ha presa sulle passioni – osserva ancora il precettore nell'*Emilio* – se non per mezzo delle passioni; è mediante il loro impero che bisogna combattere la loro tirannia, ed è sempre dalla natura medesima che bisogna trarre gli strumenti adatti a regolarla».[69]

Pur insistendo, molto più dei *philosophes* e della «morale del sentimento», sulla forza e la pericolosità delle passioni, Rousseau è ben lungi dal sostenere una soluzione repressiva nello stile della tradizione religiosa di matrice agostiniana; ma non mostra neppure fiducia nel modello stoico di un dominio razionale delle passioni. Egli sembra piuttosto riproporre quel principio di «controbilanciamento» delle passioni in cui A.O. Hirschmann, facendolo risalire a Spinoza, vede con ragione il nucleo fondativo della «teoria delle passioni» tra il '600 e il '700.

Di questo principio, Julie è una convinta sostenitrice. Esso sottende, fin dall'inizio, alla sua ricerca del «vero amore» («véritable amour»), cioè di un sentimento che scaturisce dal saper ritrovare le radici naturali dell'amore attraverso la «depurazione» degli aspetti che compromettono e minacciano la «virtù»; la quale è da intendersi, come si è già accennato, come la somma delle qualità morali che danno all'Io il senso permanente di sé, permettendone il costruttivo inserimento nell'universo collettivo e sociale fondato sul rispetto della legge naturale.[70]

Alla convinzione ripetutamente espressa da Julie, fanno eco le dichiarazioni di Wolmar:

«... soltanto le anime di fuoco sanno combattere e vincere. Tutti i grandi sforzi, tutte le azioni sublimi sono opera loro; la fredda ragione non ha mai compiuto alcun fatto illustre, e non si trionfa delle passioni che opponendole tra loro. Quando s'alza quella della virtù, essa domina incontrastata e tiene tutto in equilibrio; ecco in che modo si forma il vero saggio, che non è al riparo dalle passioni più degli altri, ma che solo è capace di vincerle per mezzo loro: come un pilota sa navigare pur coi venti opposti».[71]

Fatte da Wolmar, queste osservazioni hanno però il suono metallico di un principio matematico. Osservatore distaccato ed imparziale, «occhio vivente» (Parte quarta, lettera XII), Wolmar è l'uomo «senza passioni» (Parte quarta, lettera VII), delle quali vede e conosce tuttavia il gioco sottile e la tenacia. Non su di sé, ma sugli altri egli applica il principio di «combattere le passioni con le passioni», dominando con lo sguardo scientifico del naturalista la scena delle emozioni umane, come vedremo in particolare a proposito del suo «metodo», teso a guarire Julie e Saint-Preux dal loro antico amore. Sebbene sia innegabile il suo coinvolgimento nella vicenda quale sposo tenero e affettuoso di Julie, i suoi principi non sono tuttavia oggetto di esperienza, e si calano in una situazione indolore, garantita dall'assenza stessa di una forte vita emotiva.

Del tutto diverso è il caso di Julie e Saint-Preux, per i quali non è affatto facile e immediato fare in modo che le passioni si combattano tra di loro, privilegiando quelle che permettono di accedere alla virtù. La virtù infatti richiede lotta e «sacrificio» (Parte prima, lettere XIII, XXXIX ecc.) poiché essa è, secondo la radicale e lapidaria definizione di Saint-Preux, uno «stato di guerra» (Parte sesta, lettera VII). «Fanciullo mio, non c'è felicità senza coraggio, né virtù senza lotta. La parola *virtù* viene da *forza*; la forza è la base di ogni virtù. La virtù non appartiene che ad un essere debole per sua natura e forte per sua volontà...»,[72] dirà Rousseau nell'*Emilio*, distinguendo la «virtù», come mèta di conquista voluta e consapevole, dalla «bontà», quale dato naturale e precario che corre sempre il rischio di infrangersi contro la forza disgregante delle passioni.[73]

In questo, Rousseau si distingue, come si è già accennato, dall'ottimismo della *morale naturale* che da Shaftesbury a Diderot, da Marivaux a d'Holbach, teorizza un rapporto armonico tra natura e virtù.[74] Il *soggetto etico* rousseauiano trova il proprio fondamento nello stato psicologico di *lotta* e di *conflitto* attraverso il quale si accede alla sfera della libertà e della morale e ad una più solida unità dell'Io. Il male, cioè il conflitto, la scissione, la sofferenza generati dalle passioni, è la condizione necessaria per conquistare il bene e, con esso, quel *bonheur* che, come vedremo, rappresenta la mèta primaria e irrinunciabile dell'individuo.

Diversamente dalla Principessa di Clèves, Julie non vuole dunque rinunciare all'amore, ma distillarne le qualità naturali che lo preservino dai pericoli dell'immaginazione e lo riportino dentro i «limiti» dettati dall'amore di sé, quale principio regolativo della natura. Solo così l'amore non sarà più in conflitto con l'ordine etico e sociale. «Non è forse meglio purificare un sentimento così caro per farlo più durevole? – scriverà a Saint-Preux dopo essere divenuta Mme de Wolmar – Non è forse meglio conservare almeno quanto si può accordare con l'innocenza? E così non è forse conservare quanto ebbe di più incantevole? Sì, mio caro e degno amico, per poterci amar sempre dobbiamo rinunciare l'uno all'altro. Dimentichiamo tutto il resto e siate l'amante dell'anima mia.»[75]

In queste dichiarazioni si riassume quell'«epicureismo della ragione» (Parte sesta, lettera v) che fonda la filosofia esistenziale e morale di Julie. La trasformazione della passione in «vero amore» ha perciò lo scopo di *salvaguardare l'Io* dalla disgregazione e dalla perdita di sé, e il suo universo collettivo; ma ha anche quello, solo in parte riconducibile al primo, di *garantire la durata dell'amore*, preservandolo dal divenire e dall'inevitabile esaurimento cui lo esporrebbe la sua soddisfazione.[76]

Julie riuscirà nel suo progetto di costruzione del *bonheur*: sposerà Wolmar, insieme al quale darà vita al mondo ideale di Clarens; e non dovrà rinunciare a Saint-Preux, conservandolo al suo fianco attraverso un legame di «amicizia» casto e virtuoso che lo renda legittimo e gli permetta di durare. Ma, allo stesso tempo, essa fallirà, perché la felicità così conquistata è fondata, come vedremo, su una *rimozione*: la rimozione della passione che, apparentemente sopita, tornerà ad affiorare, nella sua essenza di «stato desiderante», solo quando, a causa dell'imminenza della morte di Julie, avrà perso il suo potere minaccioso.[77]

3. *Clarens: il* bonheur *della società ideale*

Sebbene celi un lato-ombra che si annuncia nei movimenti conflittuali e ambivalenti di Julie e Saint-Preux, e che emergerà chiaramente nelle dichiarazioni finali di Julie, la scelta di quest'ultima contiene un aspetto «costruttivo» del tutto assente, come abbiamo visto, nella rinuncia puramente difensiva e solipsistica di Mme de Clèves. Figura eminentemente settecentesca, Julie insegue fin dall'inizio quell'ideale del «bonheur» che Rousseau definisce eloquentemente nell'*Emile* «il fine di ogni essere sensibile... il solo desiderio impressoci dalla natura e il solo che non ci abbandona mai».[78]

L'aspirazione alla felicità è uno scopo «naturale», verso il quale ogni uomo «sensibile» è spinto da una sorta di movimento istintivo che presiede ad ogni sua scelta ed azione. Nell'erigerlo a valore supremo, il '700 tende a definirlo come uno stato permanente di tranquillità e di pace che si nutre di sentimenti pacati ed uniformi; e che rifugge, senza escludere il «piacere», dagli eccessi della passione e dell'immaginazione.[79] Se ne trova conferma nei numerosi «traités du bonheur» e nelle definizioni dell'*Encyclopédie*, nel romanzo sentimentale e nel progetto di d'Holbach e dei *philosophes* di costruire una «science du bonheur»:[80] tutti legati da un comune obiettivo, che è quello di fondare la felicità individuale e collettiva sul giusto equilibrio tra il «movimento» e il «repos», le due grandi pulsioni pascaliane in cui si muove e si dibatte l'intera esistenza dell'uomo.[81]

Rousseau dunque condivide l'ideale del «bonheur» con l'intero secolo dei lumi, sebbene ancora una volta egli prenda le distanze da ogni facile ottimismo. Pur essendo una mèta «naturale», la ricerca della felicità incontra nello sviluppo artificiale e deviante dei desideri e delle passioni un ostacolo che richiede, al pari della conquista della virtù, coraggio e capacità di lottare. «Non c'è felicità senza coraggio, né virtù senza lotta», dice il precettore di Emilio, invitando l'allievo a saper distinguere le mète false e innaturali da quelle autentiche, inscritte nella legge naturale.[82]

Anche per Julie la felicità deve essere conquistata, in quanto è inscindibile dalla virtù. La «caduta», provocata dal «possesso» amoroso, induce la perdita irreversibile del *bonheur* dell'innocenza, di quello stato di perfetta purezza in cui il sentimento al suo nascere pervade gioiosamente l'anima senza turbare l'ordine naturale delle cose (Parte prima, lettere IX, XXV, XXXII, XLIX). Ma essa non ha affatto compromesso la possibilità di ritrovare una dimensione di serenità e di pace, la quale trae anzi maggiore solidità e durata dal fatto di scaturire dalla conoscenza stessa della sofferenza e del male. Diversamente da Saint-Preux, che attinge nell'acme inebriante della passione la felicità assoluta dell'«istante» atemporale ed eterno (Parte prima, lettere XXVI, XXXI), Julie anela all'armonico equilibrio dato da una felicità quotidiana e costante, che sappia resistere allo scorrere del tempo e dalla quale nessuno resti escluso. Essa anela dunque a quella forma di *bonheur* inteso non come stato fuggitivo fatto di piaceri transitori, ma come «condizione semplice e duratura, che non ha nulla di vivo in se stessa, ma la cui costanza accresce il piacere, sino a trovarci infine la suprema gioia», di cui Rousseau parlerà nelle *Fantasticherie*,[83] confessando di averlo sempre rimpianto.

È però importante sottolineare, sia pure per inciso, che, nelle *Fantasticherie*, il sentimento del completo appagamento sarà legato ad una condizione di autosufficienza e di rarefatta solitudine che consente a Jean Jacques di abbandonarsi al puro «sentimento dell'esistenza»,[84] e di sfiorare la pienezza divina.

Nella *Nuova Eloisa*, al contrario, in cui è vivo l'intento morale e sociale, non è possibile pensare alla felicità dell'individuo separato dalla collettività; si potrebbe anzi dire che non esiste l'una senza l'altra.

XXVII

È in nome della felicità comune che Julie rifiuta l'offerta di Lord Bomston di mezzi materiali che le consentano di sposare Saint-Preux in piena autonomia dai genitori. «È molto per l'amore, ma basta forse per la felicità?»,[85] chiederà Julie sottintendendo retoricamente una risposta negativa. La sua felicità con Saint-Preux non potrebbe costruirsi sul dolore degli altri, soprattutto quando si tratta, come abbiamo già visto, di coloro che le hanno dato la vita e che rappresentano il legame «naturale» *par excellence*.

I personaggi del romanzo sembrano essere tutti preoccupati della felicità altrui come condizione imprescindibile della propria. Così, anche dopo il matrimonio di Julie con Wolmar, la prima cura di Saint-Preux sarà quella di informarsi se Julie «sia felice» (Parte terza, lettera XIX). Di rimando, Julie manifesterà nei confronti dell'antico amante la stessa tenera sollecitudine, affermando che la sua soddisfazione sarà completa solo quando essa potrà essere del tutto certa di quella dell'altro.

L'unico, legittimo *bonheur* consentito alle creature umane esige il riconoscimento di questa reciproca dipendenza: «Un essere veramente felice è un essere solitario – si dice nell'*Emilio* –; Dio solo gode di una felicità assoluta: ma chi di noi ne ha l'idea? Se qualche essere imperfetto potesse bastare a se stesso, di che godrebbe egli, secondo noi? sarebbe solo, sarebbe miserabile. Non concepisco che colui che non ha bisogno di nulla possa amare qualche cosa: non concepisco che colui che non ama possa essere felice».[86]

L'uomo è tale, ed è dissimile da Dio, in virtù della sua insufficienza e vulnerabilità ontologiche, a partire dalle quali egli si apre al mondo e agli altri, edificando sulla base del reciproco bisogno la sua pur «fragile» felicità.[87]

Si può senz'altro vedere in questo una forma ancora più raffinata dell'*amore di sé*, che spinge il soggetto a rifuggire da qualsiasi ombra o dissonanza che possa turbare il proprio benessere. Per essere felice, Julie ha bisogno di «vivere in mezzo a gente felice» (Parte quinta, lettera II), così che tutte le sue qualità «altruistiche» come la «benevolenza», l'«umanità» e, soprattutto, la «pietà», appaiono come la polarità inconsciamente funzionale alla difesa del proprio Io e della propria identità intesa in senso lato.[88] «Non solamente vogliamo essere felici – afferma significativamente il vicario savoiardo – vogliamo anche la felicità altrui; e quando tale felicità non costa nulla alla nostra, l'aumenta.»[89]

La felicità dunque non ammette eccezioni né dissonanze. Il suo carattere privato è inscindibile da quello pubblico e, viceversa, una società armonica e felice non può che fondarsi su individui intimamente soddisfatti. Questo ci fa capire ulteriormente come le due dimensioni, quella individuale e quella sociale siano così profondamente interrelate da sfumare spesso l'una nell'altra. La scelta di Julie di rinunciare alla passione in nome del *bonheur* non è evidentemente dettata da una costrizione esterna, ma da quella parte di sé che si rispecchia nei valori collettivi e che non può pensarsi separatamente da un ordine etico e sociale.

Aderendo a questa parte di sé, Julie decide di sposare Wolmar, il candidato paterno, l'uomo maturo e razionale, e così presente a se stesso da essere in grado di dirigere e governare, come abbiamo visto, persino le passioni altrui. Ma, ancor prima di conoscere e apprezzare le qualità dell'uomo, Julie subisce, al momento stesso del suo matrimonio, una vera e propria «conversione»[90] che la convince intimamente della propria decisione e la libera dal conflitto che ancora la turba:

«Giunta in chiesa, provai entrando un'emozione che non avevo mai sentita. Non so che terrore si impadronì dell'anima mia in quel luogo così semplice e augusto, pieno della maestà di colui che vi si adora».[91]

L'atmosfera sacrale e il rituale religioso del matrimonio colpiscono Julie con la forza improvvisa della «grazia» che viene pertanto a dissipare le ombre residue di una ancora fragile «virtù»:

«Che sentimento di pace, da tanto tempo spento, venne a rianimare questo cuore avvizzito dall'ignominia, e a spandere in tutto il mio essere una nuova serenità! Credetti di sentirmi rinascere; di ricominciare un'altra vita. Dolce e consolante virtù, per te la ricomincio; tu me la farai cara; e te la voglio consacrare».[92]

Emerge qui l'importanza della *religione* nell'universo rousseauiano, e la sua funzione di sostegno interiore della *morale*. Essa permette infatti quel risveglio della «coscienza» o «principio interiore» che, come Julie afferma poco più avanti, guida naturalmente l'uomo al bene e permette un sicuro e incontrovertibile ritorno alla virtù, in quanto fondato sulla verità del cuore. Si annuncia qui quella che sarà da parte di Julie una vera e propria «professione di fede» (Parte quinta, lettera v), la quale evoca per molti aspetti la *Professione di fede del vicario savoiardo*, poiché lo stesso percorso che porta il vicario dal dubbio alla saggezza, guida Julie dal conflitto alla pace e alla fondazione intima della morale.[93] Senza sconfinare in alcun modo nel misticismo, la religione è un «sentimento» che permette di cogliere delle verità inaccessibili alla ragione fredda e intellettuale;[94] e che trova nella vita quotidiana degli affetti e nella partecipazione al mondo il costante alimento al rapporto dell'uomo con Dio (Parte quinta, lettera v). È la coscienza, o «istinto divino»,[95] che media questo rapporto. Sebbene soffocata dalla corruzione del mondo, essa torna ogni volta a riemergere, in quanto il suo linguaggio è quello eterno e incancellabile della *natura*.[96] Allora, essa permette all'uomo di uscire dal disordine, di cui egli soltanto è responsabile a causa delle sue passioni, e di ritrovare l'*ordine* nascosto del mondo, a cui presiede un Dio-Provvidenza, giusto, buono, clemente.[97]

Torneremo sul tema della *religione* a proposito del «finale» della *Nuova Eloisa*. Importa qui sottolineare, oltre al suo ruolo nella fondazione della morale, la più specifica connessione con la *morale coniugale*. L'improvviso mutamento interiore che Julie avverte attraverso l'affiorare del sentimento religioso, è strettamente legato al rituale del matrimonio; la cui forte, tradizionale connotazione cristiana produce in Julie una vera e propria rivelazione. Essa dice infatti: «La purità, la dignità, la santità del matrimonio, che le parole della Scrittura espongono con tanta efficacia, i suoi casti e sublimi doveri così essenziali alla felicità, all'ordine, alla pace, alla durata del genere umano, e così dolci da essere osservati in sé: tutto mi fece un'impressione tale che credetti sentire dentro di me un'improvvisa rivoluzione».[98]

Il matrimonio equivale per Julie ad una sorta di iniziazione che trasforma radicalmente la sua vita, e la inserisce nell'ordine morale e collettivo, garantendo così pace, durata, e soprattutto *bonheur*, sia al singolo che all'intera comunità degli uomini. Esso non può dunque fondarsi sulla passione, ma su di un sentimento tenero e ragionevole simbolicamente rappresentato dalla coppia Claire-d'Orbe, sulla quale lo sguardo di Julie si posa come per attingervi il modello stesso dell'*amore coniugale*: «... teneri amici, sposi fedeli, senza ardere del fuoco divoratore che strugge l'anima, vi amate con un senso puro e dolce che la alimenta, che la saggezza e che la ragione governa; così che siete anche più saldamente felici».[99]

Un analogo sentimento che trova, per così dire, le sue origini archetipiche, non nell'*eros*, ma nell'*agape* cristiana, lega infatti Julie a Wolmar. Si tratta di «un attachement très tendre qui, pour n'être pas précisément de l'amour, n'en est pas moins doux et n'en est que plus durable» (cfr. nota 100). Non il cieco trasporto dell'amore appassionato fonda l'unione coniugale, ma un affetto pacato e costante che si basa sull'assenza di illusioni e di mitiche proiezioni sull'altro (*ibid.*). Tenerezza, solidarietà, comunione, costituiscono il nucleo affettivo del matrimonio e ne assicurano, diversamente dalle inquietudini e dagli eccessi di un immaginario desiderante, la peculiare funzione di *trait-d'union* tra le esigenze individuali e quelle comuni e civili.

«Un pensiero che mi ha illuso a lungo [...] – scrive Julie a Saint-Preux in un passo capitale – è che l'amore è necessario per formare un matrimonio felice. Caro amico, è un errore; l'onestà, la virtù, certi rapporti, non tanto di condizione e di età quanto di carattere e di umore, bastano tra due sposi; il che non impedisce affatto che da tale unione non risulti un affetto assai tenero il quale, pur non essendo esattamente amore, non è meno dolce ed è più durevole. L'amore va continuamente unito a un'inquietudine, di gelosia o di privazione, che non si accorda col matrimonio: il quale è uno stato di pacifico godimento. Non ci si sposa per pensare esclusivamente l'uno all'altro, ma per adempiere insieme i doveri della vita civile, governare con prudenza la casa e educare bene i figli. Gli amanti non vedono altro che se stessi, non si occupano d'altro che di sé, l'unica cosa che sappian fare è amarsi. Non basta per degli sposi che hanno tante altre cose cui pensare.»[100]

Diviene ancora più chiaro che l'opposizione formulata da Julie – nella quale risiede, come si è già accennato, uno degli aspetti più interessanti del testo rousseauiano – non è quella tra il sentimento e l'istituzione (il matrimonio), tra la passione e la legge, cioè in definitiva tra l'individuo e la società, ma quella *tra due forme del sentimento, l'amore-passione e l'amore coniugale*, che rimandano a due opposte dimensioni dell'Io in conflitto tra loro: l'una tesa alla totale espansione dell'emotività e del desiderio, con i rischi di isolamento e perdita di sé e del proprio universo collettivo, l'altra tesa invece all'autoconservazione, alla garanzia del *bonheur*, alla comunicazione con gli altri attraverso l'identificazione con i valori universalmente condivisi.

È questo che rende la *Nuova Eloisa* un romanzo peculiarmente moderno e differenzia ad esempio la vicenda di Julie da quella dell'Eloisa medievale, per la quale l'opposizione amore/matrimonio equivale, più schematicamente, al contrasto tra la libera espansione del sentimento e le fredde imposizioni normative della società. Quando Eloisa si ribella all'idea del matrimonio con Abelardo, è perché essa aderisce fino in fondo alla propria passione, che vuole libera da ogni vincolo.[101] La «nuova Eloisa» rousseauiana, al contrario, rifiuta il matrimonio con Saint-Preux perché non riconosce alla passione il diritto di dar vita al legame coniugale, nel quale essa cerca e trova il coronamento dell'amore di sé e della spinta all'autoconservazione.

Il matrimonio di Julie con Wolmar si pone ad uguale distanza sia dalla passione sia dal matrimonio tradizionale, di cui Rousseau coglie l'espressione paradigmatica nel matrimonio aristocratico, fondato esclusivamente su ragioni di convenienza, rango e interesse patrimoniale. La critica del matrimonio aristocratico, e soprattutto delle sue degenerazioni libertine (Parte seconda, lettera XXI), presuppone in Rousseau una valorizzazione del «matrimonio d'amore» che sancisce un nuovo codice della scelta coniugale, legato all'emergere della borghesia e alla conseguente creazione di nuovi valori.

Non possiamo qui soffermarci sul processo di trasformazione della famiglia in epoca moderna che gli «storici delle mentalità» hanno così finemente ricostruito. Basti solo accennare al fatto che nel '700 si consolida una concezione della famiglia intesa non più come pura istituzione economica e sociale, ma come *area dell'affettività*, in grado di rispondere alla crescente valorizzazione dell'individuo e delle sue istanze personali.[102] Il pensiero dell'epoca dei «lumi», dall'*Encyclopédie* ai «traités du bonheur» e dell'«amicizia», al romanzo,[103] si fa promotore di questo nuovo codice che inaugura, insieme al riconoscimento delle funzioni affettive del matrimonio, il principio della libera scelta del congiunto e della sovranità individuale nella gestione della vita privata.

Ma è soprattutto Rousseau, attraverso la *Nuova Eloisa* e l'*Emilio*, ad attribuire al matrimonio e alla famiglia la sacralità di un «diritto naturale», che trova il proprio fondamento nella decisione soggettiva dei singoli contraenti ai fini del loro *bonheur*:

«Sta agli sposi combinarsi bene – dirà nell'*Emilio* il padre di Sophie quando questa è in età da matrimonio –. L'inclinazione reciproca deve essere il loro primo vincolo: i loro occhi, i loro cuori devono essere le loro prime guide; poiché, siccome il primo dovere, stando uniti, è di amarsi, e l'amare o il non amare non dipende affatto da noi, questo dovere ne porta necessariamente un altro, cioè quello di cominciare con l'amarsi prima di unirsi. È questo il diritto della natura che nulla può abrogare...».[104]

Anche per Julie si è trattato in fondo, nonostante le mediazioni del padre, di un atto libero e volontario, poiché essa dichiara che, se dovesse sposarsi di nuovo, la sua scelta non cadrebbe su Saint-Preux, ma ancora una volta su Wolmar (Parte terza, lettera XX).

Julie e Wolmar, Emile e Sophie formano il nucleo coniugale di quella «felicità domestica» che, in un mondo corrotto, fondato sul «falso patto» e sulla disuguaglianza,[105] rimane l'unica mèta raggiungibile per chi voglia vivere secondo natura.[106] Dalla coppia, legata da sentimenti di «tenerezza», «stima», «amicizia», il *bonheur* si estende alla comunità tutta intera: da qui nasce il mondo di Clarens, in cui regnano «l'ordine, la pace e l'innocenza» (Parte quarta, lettera X), e gli individui sono stretti gli uni agli altri da un legame di profonda solidarietà.

Clarens è l'universo alternativo alla società corrotta, rappresentata dalla grande città nella quale, come era già emerso dalla critica pungente di Parigi da parte di Saint-Preux, imperano la maschera, la falsità, l'«apparenza» (Parte seconda, lettere XIV, XVII). Si potrebbe dire che esso incarna, secondo una distinzione ormai classica, il trionfo della *Gemeinschaft* sulla *Gesellschaft*,[107] della *comunità* sulla *società*. Il principio di base su cui è costruita è quello della valorizzazione della terra e del lavoro agricolo, di evidente origine fisiocratica. Wolmar è il proprietario che cura egli stesso la coltivazione della terra; in questa egli trova, insieme a coloro che lo circondano e lo aiutano, il radicamento che lo preserva dal pericolo dell'alienazione, che sempre minaccia chi si allontana dalla natura. Perciò il primo requisito necessario è l'autarchia, rinsaldata da un'economia di baratto, in cui il denaro ha un ruolo soltanto marginale ed ausiliario (Parte quarta, lettera x). Si tratta di un sistema chiuso e autosufficiente che tende a migliorare il patrimonio più che ad estenderlo.

Ritorna qui la critica della ricchezza, che è un *topos* della teoria economica e morale di Rousseau. Al superfluo e al lusso, i coniugi Wolmar oppongono un'economia dell'utile e del necessario tesa alla soddisfazione dei puri bisogni naturali (Parte quinta, lettera II). Questo non vuol dire che essi impongano a se stessi e agli altri una vita austera e priva di piaceri. Ma si tratta di piaceri semplici, come i giochi collettivi, la danza, e persino le delizie della tavola, date anch'esse non da cibi raffinati e rari, ma da alimenti locali e genuini, serviti in un clima informale di gaiezza e di sana allegria (Parte quarta, lettera x; Parte quinta, lettera II).

È vero, come alcuni interpreti hanno sottolineato,[108] che questo mondo di perfetta felicità si fonda su dei princìpi discutibili, in antitesi con la libertà e l'uguaglianza, da Rousseau stesso rivendicati quali premesse indispensabili dell'armonia collettiva. In primo luogo, infatti, c'è quello che possiamo chiamare l'*autoritarismo* di Wolmar, che regola il lavoro e la vita dei domestici e mantiene salde le gerarchie attraverso una raffinata forma di paternalismo. Rousseau paragona esplicitamente i rapporti tra il padrone e i servitori al rapporto padre-figli, dove l'obbedienza e il consenso dei secondi sono, per così dire, spontanei e apparentemente privi di costrizione in quanto dettati dall'affetto e dal rispetto per il primo; ulteriormente rafforzati dall'amore che la dolce e materna severità di Julie sa ispirare in coloro che la circondano (Parte quarta, lettera x).

Attraverso un preciso sistema di sorveglianze e di accorta permissività, di premi e di giuste punizioni, il dominio affettivo di Wolmar crea un vincolo indissolubile con la folta schiera di domestici, i quali trovano nella devozione al padrone la spinta alla fratellanza, così da poter dire che essi «non si uniscono che per servirlo meglio».[109] Si potrebbe evocare a questo proposito il concetto freudiano di «legame libidico» tra gli individui di una massa, rinsaldato a sua volta dal rapporto di «identificazione» con il capo,[110] tramite il quale l'obbedienza viene interiormente vissuta come libertà e la costrizione come consenso.

La guida autoritaria esercitata da Wolmar non si limita inoltre alla gestione del lavoro, ma penetra nella vita intima e privata dei servitori attraverso la regola della *separazione dei sessi*. Sulla base del principio «naturale» della *differenziazione dei sessi*, le cui inclinazioni, gusti, bisogni, non hanno, per Rousseau, niente in comune, uomini e donne vengono tenuti rigorosamente separati nelle attività della vita quotidiana, salvo ad essere riuniti sotto l'occhio vigile di Wolmar e Julie in momenti di svago collettivo, tesi a favorirne l'incontro innocente e legittimo (Parte quarta, lettera x).

Con sorprendente lucidità, Rousseau dichiara in forma esplicita questa sorta di sofisticato inganno autoritario il quale, per usare ancora un termine freudiano, trova il proprio fondamento nel meccanismo dell'«interiorizzazione»: «L'arte del padrone sta tutta nel saper nascondere questi freni sotto il velo del piacere o dell'interesse, così che siano indotti a pensare di volere ciò che sono costretti a fare».[111]

In questo senso, troppe ombre incombono sul mondo di Clarens perché si possa parlare di una vera e propria «utopia», la quale tende per definizione all'abolizione di ogni disuguaglianza e all'instaurazione del regno della felicità e della trasparenza.[112] C'è inoltre chi ha visto in queste «aporìe» di Clarens una chiave di interpretazione in senso «totalitario» del *Contratto sociale*. Alla luce del gioco sottile di Wolmar e dell'assetto gerarchico della società da lui governata, la creazione di un «interesse comune» e della «volontà generale» – di cui Clarens rappresenta evidentemente un modello – rivelerebbe un forte elemento di costrizione e di rinuncia che rischia di ridurre gli individui a puri mezzi per un fine voluto e gestito essenzialmente da pochi.[113]

Non è questa la sede per entrare nel tessuto problematico della teoria politica di Rousseau. È però opportuno osservare che nel mostrare l'*interiorizzazione* dell'autorità e i *fondamenti affettivi* che la legittimano, Rousseau rivela ancora una volta una *modernità* e una complessità di pensiero che sfugge ad ogni riduzione dicotomica: ivi compresa quella tra «democrazia» e «totalitarismo» nella quale gli interpreti l'hanno per lo più imprigionato.[114] La società borghese, si potrebbe aggiungere, fonda la sua apparente libertà proprio sul superamento della costrizione diretta, sostituita dal raffinato meccanismo dell'interiorizzazione del dominio e della creazione di un «legame libidico» tra dominanti e dominati.[115]

Ma Rousseau non è riducibile neppure a semplice apologeta della società borghese. Nella configurazione del mondo di Clarens, c'è infatti un'autentica fede nella *forza del sentimento*, anche sul piano squisitamente politico, come ciò che permette di superare le disuguaglianze. Questo appare evidente, nella *Nuova Eloisa*, nelle pagine suggestive dedicate alla descrizione della «festa» in occasione della vendemmia: qui padroni e servitori condividono indifferentemente lavoro e divertimento e sono uniti da un «legame d'amicizia» che, senza abolire le differenze, li fa sentire tutti uguali e ristabilisce «l'ordine della natura» (Parte quinta, lettera VII).

La festa, ha osservato J. Starobinski, rappresenta l'aspetto lirico della «volontà generale»;[116] essa è il momento magico e rituale in cui, attraverso il sentimento, si crea uno spazio sacro che restituisce ad ognuno il senso della uguaglianza e della solidarietà universali.

4. *La donna e la strategia della durata*

A Clarens, dunque, «si fa tutto per devozione».[117] Non solo l'autorità di Wolmar è, per così dire, filtrata dall'affetto, ma essa è anche bilanciata dalla dolce presenza di Julie la quale, attraverso «la sensibilità del corpo e dell'anima» che la distingue (Parte quinta, lettera II), è il fulcro della comunità domestica. Nella divisione dei caratteri e dei ruoli che sta alla base del rapporto coniugale, Julie rappresenta il «cuore», la vivacità, la tenera sollecitudine verso gli altri; qualità che compensano e integrano la lucidità un po' fredda e la distaccata razionalità di Wolmar.

Il principio che regola il rapporto tra l'uomo e la donna è, come abbiamo visto, quello della *differenziazione dei sessi*, di cui Julie è da sempre convinta sostenitrice.

Fin dall'inizio della loro relazione, essa scriveva infatti a Saint-Preux: «L'attacco e la difesa, l'audacia degli uomini e il pudore delle donne non sono convenzioni, come credono i tuoi filosofi, ma istituzioni naturali di cui è facile darsi ragione, e dalle quali è facile dedurre tutte le altre distinzioni morali».[118]

Contro le posizioni dominanti dei *philosophes* che, sulla scia del trattato seicentesco di Poullain de la Barre, *De l'é-*

galité des deux sexes,[119] si facevano promotori di un femminismo *ante-litteram*, sostenendo l'uguaglianza tra l'uomo e la donna e la necessità di un'educazione femminile orientata in questo senso,[120] Rousseau afferma il carattere naturalmente fondato della «differenza» e ne traccia le coordinate antropologiche.[121]

Tale è la forza di questo *principio naturale*, che non c'è bisogno di imporlo con durezza o eccessiva austerità, come Claire ricorda a Julie, invitandola alla temperanza anche nella pratica della virtù:

«Ciò che ci separa dagli uomini è la natura stessa, la quale ci prescrive altre occupazioni; è la dolce e timida modestia, la quale pur senza toccare la castità, ne è tuttavia la più sicura custode; è l'attenta e piccante riservatezza la quale, alimentando nei cuori degli uomini il desiderio e il rispetto insieme, è per così dire la civetteria della virtù».[122]

Possiamo trarre già da queste parole un'immagine della donna come colei che sa, attraverso la sua connaturata modestia, dolcezza e riservatezza, esaltare la sua più profonda natura; e che, facendo della sua debolezza la sua forza, riesce a sedurre l'altro con le stesse qualità che ne suscitano il rispetto.

Ancora più chiara quest'immagine è nell'*Emilio*, dove la teoria di Rousseau si fa più sistematica e radicale. La differenza dei sessi si configura come una vera e propria regola che dal piano fisiologico, nel quale essa ha origine, si estende al piano morale:

«L'uno deve essere attivo e forte, l'altro passivo e debole: bisogna necessariamente che l'uno voglia e possa, basta che l'altro resista poco».[123]

In questa resistenza, e nella sapiente gestione della propria seduttività, la donna compensa la sua congenita debolezza e trova un'arma sottile per controbilanciare la forza dell'altro. Il postulato antropologico è che essa è fatta «per piacere all'uomo»,[124] e che tanto più essa aderisce alla propria natura quanto più si uniforma a questo principio.

Così dovrà fare Sophie, rispetto alla quale l'educazione non ha altro compito che quello di sviluppare e valorizzare le qualità atte a renderla la perfetta compagna di Emile. Fatta essenzialmente per l'uomo, nel quale essa trova il proprio compimento e la propria felicità, la donna deve costruire se stessa secondo le aspettative e i desideri dell'altro. Così facendo, essa diviene, con le proprie modalità e con i propri mezzi, protagonista attiva dell'eterna dialettica dei sessi. Lo stesso gioco della seduzione che affascina per catturare, che promette per negare, è ciò che le restituisce *potere*: un potere nascosto e mascherato, nelle cui maglie vischiose l'uomo resta impigliato per diventare a sua volta dipendente da colei che ha saputo conquistarlo attraverso l'accettazione della propria sottomissione.[125]

È evidente che quello che Rousseau presenta come un rapporto di pura complementarità, in cui ognuno segue le proprie inclinazioni ed assolve ai propri ruoli, implica, per la donna, una condizione di minorità che la destina a vivere e, soprattutto, ad «essere», essenzialmente «per l'altro»: un'immagine dunque tradizionale della femminilità all'interno della cultura occidentale patriarcale, dove tuttavia l'elemento di originalità, e di modernità, sta nel far sì che sia il «sentimento» a diventare lo schermo della disuguaglianza, rendendo di conseguenza quest'ultima più opaca e sotterranea.

A questo proposito, meriterebbe uno spazio a parte l'analisi della psicologia rousseauiana, in quanto emblematica, attraverso le sue stesse «patologie», del soggetto maschile moderno. Uno sguardo anche superficiale agli scritti autobiografici e soprattutto alle *Confessioni* rivela, in Rousseau, una profonda *paura* del femminile che si rovescia in una proiezione di potenza; e che lo spinge, nel corso di un'intera vita, a mettere in atto una sorta di inversione dei ruoli e a porsi costantemente in un'attitudine passiva verso l'oggetto d'amore. Il tratto saliente che caratterizza il legame di Rousseau con le donne amate – Mme Basile, Mme de Warens, Sophie d'Houdetot ecc. – risulta essere la delega di ogni iniziativa e dell'intera gestione del rapporto amoroso all'altra, in una sorta di rinuncia a priori ad un confronto sentito sempre come inquietante, fonte di infinite e seducenti promesse, ma anche di oscure e imprevedibili minacce.

Rousseau stesso ci esime in ogni caso dal ricorrere a troppo facili psicologismi, svelandoci indirettamente la radice di questa paura in una delle sue opere più sistematiche; laddove cioè, nell'*Emilio*, egli denuncia la natura eminentemente *sessuale* della donna, caratterizzata da un desiderio incontinente e illimitato.[126]

La sua costitutiva intemperanza è ciò che rende necessaria un'opera di dissimulazione affidata appunto al processo educativo. La donna impara fin dall'infanzia ad addomesticare la sua sfrenata istintualità e a costruire un'immagine di sé che soddisfi lo sguardo dell'altro e risponda al giudizio della collettività, i quali sono fondativi per la formazione della sua stessa identità. La cura della propria bellezza e di tutto ciò che riguarda la propria persona da un punto di vista estetico, si iscrive in questa fondamentale preoccupazione di piacere all'altro e di soddisfare, in una parola, l'«opinione»: quella stessa opinione, giudicata da Rousseau l'origine di tutti i mali, dalla quale, come è noto, l'educazione di Emile deve radicalmente prescindere, orientando la sua formazione non all'«apparire», ma all'«essere».

Ben presto Sophie apprende dunque l'arte della sottomissione, del controllo di sé, della cura dell'altro fino all'accettazione dei suoi pregiudizi, poiché nessun accento critico o ribellione deve turbare la sua «femminile» acquiescenza al desiderio altrui. Sarebbe infatti come ribellarsi alla *natura*, con tutto il significato blasfemo che ciò assume nell'ottica rousseauiana.

La donna è stata peraltro dotata di un'attitudine, altrettanto *naturale*, per controbilanciare la sua pericolosa essenza sessuale. Quest'attitudine è il *pudore*,[127] il sentimento innato che regola l'istinto, permettendo alla donna non solo il controllo naturale di sé, ma anche la difesa dagli attacchi e dalla volontà di dominazione dell'altro. Ambiguo ed ammiccante, il pudore è l'arma femminile per eccellenza poiché sfida e circuisce l'uomo attraverso la resistenza, e consente alla donna di negarsi per farsi rispettare ed ancora più intensamente desiderare. «Torno ora – scrive Jean Jacques, rivolgendosi a Mme d'Houdetot – a quel sentimento di vergogna così piacevole e così dolce da vincere, forse ancora più dolce da rispettare, che combatte e infiamma i desideri di un amante e che rende tanti favori al suo cuore per quanti ne rifiuta ai suoi sensi».[128]

Il pudore è dunque, si potrebbe dire, il segno del passaggio dalla *sessualità* all'*amore*,[129] in quanto «rifiuta ai sensi ciò che concede al cuore» e testimonia l'interesse di una donna verso uno specifico oggetto d'amore, rispetto al quale essa mette «spontaneamente» in atto più raffinate strategie di seduzione.

Per certi aspetti, tutto questo sembra essere valido per Sophie, ma non per Julie. Quest'ultima mostra infatti di possedere un'autonomia di giudizio e di scelta che mal si accorda con un'immagine subordinata e dipendente della donna. Tuttavia, lo stesso suo conflitto tra l'amore e la virtù si può ricondurre, in questa prospettiva, al vincolo che la lega alla famiglia d'origine e ai valori del collettivo che la circonda. Essa vive come *colpa* e come tradimento, soprattutto verso la madre, la sua inclinazione amorosa per Saint-Preux, e soffre interiormente della sua non adesione ad una «virtù» che rischia di essere compromessa agli occhi del mondo, con conseguenze per lei evidentemente intollerabili.

Essa ha, per così dire, interiorizzato e fatto propri i valori dell'«opinione», la cui trasgressione, sebbene avvenga in nome di un sentimento nobile e autentico, la rende preda di profonde lacerazioni e sofferenze.

La sua felicità, come abbiamo visto, non può prescindere da quella degli altri, né può di conseguenza fondarsi su di un'unione che la separa da essi. Il matrimonio, per Julie, non può essere il coronamento di una passione che soddisfa unicamente i suoi bisogni (o, peggio ancora, i suoi desideri) individuali ed esclude il collettivo, ma la sanzione e il riconoscimento del suo fecondo legame con quest'ultimo, così da diventare la cellula di un'intera comunità retta dalle leggi armoniche della natura.

Paradossalmente allora, *natura* e *opinione* sembrano, per la donna, coincidere ed alimentarsi l'una dell'altra. Questo spiega perché Julie arriva a sentire come propria la scelta del padre, contro la quale in un primo momento essa aveva osato ribellarsi, avvertendovi il sapore gratuitamente costrittivo del «pregiudizio».

La differenza di fondo rispetto alla visione della donna esposta da Rousseau nell'*Emilio*, consiste nel fatto che Julie è ben lungi dall'essere presentata come un soggetto prevalentemente sessuale. Ciò che la perde non è la *ses-*

sualità, ma la *passione*, dandole così un carattere di nobiltà che risente, forse molto più di quanto non si sia supposto, dell'influenza della tradizione «cortese»; come pure del fatto che mentre Sophie è un modello pedagogico, Julie è una creatura del sogno e della «fantasticheria», dotata quindi di ogni immaginaria e perfetta bellezza.

È lei stessa comunque che, al contrario di Saint-Preux, disposto ad aderire alla passione fino alle sue estreme conseguenze, riconosce l'errore, la «deviazione» da quella legge di natura che la spinge alla virtù e, contemporaneamente, ad un sentimento che possa fondersi con l'universo etico e sociale; da questo, infatti, non solo essa non può prescindere, ma tende a perfezionarlo, liberandolo degli aspetti corrotti della società esistente. Sebbene non sia sempre padrona delle proprie emozioni, e si lasci consapevolmente andare al trasporto passionale, Julie resta tuttavia presente a se stessa, sempre *memore dello sguardo del mondo*.

Nel seno stesso della passione, essa fa appello al *pudore*, come ciò che limita l'eccesso e le degenerazioni del desiderio e lo purifica, trasformandolo in «vero amore»: un sentimento casto nella sua totale eclusività, nel quale il cuore non «segue» i sensi, ma li «guida», in modo da conservare la voluttà senza perdere la purezza e la virtù:

«Il mistero, il silenzio, il timido pudore aguzzano e celano i suoi dolci trasporti. La sua fiamma onora e purifica tutte le sue carezze; la decenza e l'onestà l'accompagnano nel seno stesso della voluttà, lui solo sa concedere tutto ai desideri senza nulla togliere al pudore».[130]

Di questo sentimento, la donna si fa portatrice per eccellenza, in quanto essa incarna le sue stesse qualità: il mistero, la timida riservatezza, una sensualità solo allusiva che promette senza concedere, che alimenta il desiderio dell'altro rimandandolo, purificandolo. Il parallelo ritorna infatti, con toni più accesi e polemici nella *Lettera a d'Alembert*:

«...i desideri velati dalla vergogna diventano, per questo, più seducenti: il pudore li accende mentre li mette in imbarazzo: i timori, le scappatoie, le riserve, le timide confessioni, la tenera e timorosa malizia dicono ciò che esso credeva di tacere meglio di come avrebbe potuto fare la passione priva di pudore. È proprio questo che dà valore ai favori e dolcezza ai rifiuti; in realtà, il vero amore possiede ciò che gli viene conteso solo dal pudore; questo insieme di debolezza e di modestia, lo rende più commovente e più tenero; meno ottiene, più aumenta il valore di ciò che ha ottenuto: è in tal modo che si arriva a godere sia delle privazioni che dei piaceri».[131]

Una donna senza pudore è dunque anche incapace di «vero amore» e si rende colpevole di aver calpestato un sentimento del tutto naturale al suo sesso.[132]

Questa sua attitudine non è, dunque, puramente strumentale; non tende cioè, all'interno dei rapporti di forza tra i sessi, semplicemente a sedurre l'uomo per poterlo catturare. Essa ha semmai, potremmo dire, una *funzione strategica*, che opera ai fini della *conservazione* e della *durata*, e che emerge soprattutto nel rapporto coniugale. È qui infatti che la donna trova la più alta e completa realizzazione di sé e può valorizzare al massimo le sue qualità naturali, come il pudore e la modestia. Rousseau prosegue infatti nella *Lettera a d'Alembert*:

«Anche se si potesse negare che un particolare sentimento di pudore sia proprio delle donne, non sarebbe meno vero che nella società il loro compito deve essere limitato a una vita domestica e ritirata, e che è necessario educarle con criteri adatti a questo scopo. [...] Vi è forse nel mondo uno spettacolo così commovente, così degno di rispetto come quello di una madre di famiglia circondata dai suoi figliuoli, intenta a organizzare i lavori domestici, procurando così una vita felice al marito e governando saggiamente la casa?».[133]

Il sentimento innato del pudore spinge la donna ad organizzare la propria vita quotidiana in uno spazio separato da quello del suo compagno, dove essa può dedicarsi alle occupazioni che le sono più congeniali: dirigere la casa, allevare i figli, provvedere al *bonheur* dell'uomo e di coloro che ama.

Forse nessuno più di Rousseau ha contribuito a promuovere l'immagine peculiarmente moderna e borghese della donna come *moglie* e *madre*, chiamata a governare la sfera intima degli affetti e a gestire l'organizzazione della vita domestica e privata. Questo è ciò che le compete a partire dal principio della *differenziazione dei sessi* che, sebbene possa oggi risuonare più interessante e ricco di implicazioni di ogni piatto egualitarismo, soffre, tuttavia, per lo meno in questa formulazione, del pericolo della gerarchia; e della mortificazione del femminile ridotto ad un ruolo tanto più cogente in quanto legittimato dal ricorso alla sacralità della «natura».

A Clarens, questo principio regola non solo, come abbiamo visto, la vita dei domestici, ma anche quella della coppia coniugale che li dirige:

«Ecco perché nemmeno i coniugi vanno esenti da questa regola; – scrive Claire a Julie, aderendo anch'essa a questa norma basilare – Ecco perché le più oneste donne mantengono in generale una grande autorità sui mariti; perché grazie a questa savia e discreta riservatezza, senza capricci e senza rifiuti, sanno tenerli a una certa distanza, pur nella più tenera unione, e così evitano la pericolosa sazietà».[134]

La separazione, fondata sulla discrezione e il riserbo della donna, consente dunque di mantenere quella *distanza* fisica tra i sessi che preserva entrambi dall'usura del sentimento ed impedisce all'uomo di saziarsi della propria compagna; garantendo così una più solida pace domestica ed una più profonda unione tra gli sposi.[135]

A Clarens, Julie governa la vita privata dei propri familiari e dell'intera comunità attraverso una «voluttà temperante» (Parte quinta, lettera II) che sa distillare dai piaceri l'essenza più semplice e innocente, e sa farne un uso moderato al fine di prevenire l'eccesso e, di conseguenza, il disgusto. La sua saggia amministrazione del godimento è inscindibile dalla materna sollecitudine verso i figli e dalla cura del proprio sposo, sui quali essa veglia costantemente prevenendone i bisogni, orientandone nella giusta direzione i giochi, i divertimenti, il piacere (*ibid.*).

Sensuale e padrona di sé allo stesso tempo, Julie presiede alla vita intima degli altri, penetra nelle loro occupazioni quotidiane, sorveglia le loro inclinazioni all'insegna di un'«arte di godere» che, piegando «ogni suo piacere alla regola» e le «passioni all'ubbidienza»,[136] aggrega, anima e fa la felicità di tutti.

Analogo è il ruolo di Sophie, per certi aspetti ancora più delicato poiché in essa Rousseau tenta audacemente la sintesi tra amante e moglie, cui Julie aveva dovuto rinunciare, dividendosi tra due uomini diversi. Facendosi guidare dal suo istintivo pudore, essa ha la facoltà di mantenere vivo, dopo il matrimonio, il legame con Emile attraverso una *distanza* che permetta la gestione disciplinata dell'amore e del trasporto sensuale.[137] Gradualmente, passando dal ruolo di amante a quello di sposa e madre, essa sa sostituire alla passione che inevitabilmente si spegne attraverso il possesso e lo scorrere del tempo, una «dolce abitudine» fondata sulla fiducia che si crea nella vita in comune e sulla condivisione del ruolo genitoriale.[138]

Spetta alla donna, possiamo dunque dedurre, trasformare la *passione* in *sentimento* e la *sessualità* in *amore* e *cura*, per divenire così la vera artefice di una *strategia della durata*, senza la quale non esiste il vero *bonheur*.

Su entrambe le figure femminili, e sul mondo di cui esse sono l'anima e il centro, pesa tuttavia l'ombra del fallimento. Sophie, pur senza perdere la sua dignità, cederà agli echi corruttori della città e alla trappola del libertinaggio, rendendosi colpevole del tradimento di Emile.[139] Julie rimpiangerà in extremis lo slancio vitale del desiderio e della passione e dovrà morire, per garantire la coesione e la sopravvivenza della collettività cui ha dato vita. Il ruolo di moglie e di madre così nitidamente tratteggiato si incrina, a testimoniare anche in questo caso il carattere aperto e inquieto del pensiero rousseauiano, irriducibile a teorie definitive. Colei che appare come la principale artefice del processo di addomesticamento della sessualità e della passione è anche colei che, in ultima istanza, compromette il successo e la durata della sua stessa operazione: come se la sua *natura erotica e pulsionale* non arrivasse mai a riconciliarsi con la sua *natura materna e conservativa*, e tanto meno a lasciarsi assorbire in essa.

5. *Una soluzione conflittuale*

Un lungo e difficile percorso ha fatto infine approdare Julie al mondo idillico di Clarens, in cui essa vive serena nel seno degli affetti, circondata da persone soddisfatte e felici, ivi compreso Saint-Preux, l'antico amante a cui la lega ora un innocente e legittimo rapporto di *amicizia*.

Facendo propria un'ottica che percorre tutto il pensiero settecentesco, dal romanzo alla saggistica morale,[140] Rousseau ci presenta l'amicizia come il sentimento opposto alla *passione*, che può fondare non solo l'unione coniugale, come nel caso di Claire e d'Orbe, ma che svolge una funzione sempre costruttiva e benefica, della quale si possono moltiplicare gli esempi. Claire riesce, attraverso un'amicizia incondizionata ed esclusiva, a «restituire a se stessa» una Julie resa vulnerabile dall'impatto disgregante delle passioni; Lord Bomston sostiene Saint-Preux durante la dolorosa separazione da Julie, spronandolo a superare la sua «faiblesse» attraverso una più matura presa di coscienza; Saint-Preux a sua volta aiuta il saggio e stoico inglese, neppur egli esente dalle inquietudini e dai pericoli dell'amore, ad uscire dalla crisi che lo lacera e lo vede combattuto tra Laure e la Marchesa.[141] È infine l'amicizia, intesa come complicità e fiducia, che sta al fondo del legame tra Julie e Wolmar, ed è così salda e profonda da potersi estendere anche al delicato e nevralgico rapporto tra Saint-Preux e Wolmar (Parte quarta, lettera VI).

L'amicizia è «consolazione» («soulagement») e cura dell'altro, e soprattutto mezzo efficace di superamento dell'alienazione e della perdita di sé prodotte dalle passioni. Essa redime, consola, riconduce teneramente e senza scosse l'Io alla propria unità interiore, ridandogli la speranza in un'esistenza felice e priva di conflitti.

Particolarmente interessante è quella che si crea tra Julie e Saint-Preux, in quanto scaturisce dalla «depurazione» della passione, e dalla sua trasformazione in un legame tenero e fraterno che può mostrarsi alla luce del sole, senza più temere lo sguardo del mondo.

«Mi onoro dell'amicizia che ci unisce come d'una conversione senza esempio. Si possono soffocare le grandi passioni; depurarle invece è raro»,[142] scriverà Julie a Saint-Preux, rallegrandosi della familiarità nella quale possono finalmente vivere, liberi da ogni colpa o inquietudine.

«Depurare la passione» equivale ad applicare il principio secondo il quale questa non va repressa o negata, ma deve potersi «vincere attraverso se stessa»; un principio, come si ricorderà,[143] sostenuto da Julie e teorizzato da Wolmar (Parte quarta, lettera XII). Nel processo di trasformazione della passione in «amicizia», Wolmar gioca infatti un ruolo essenziale. Il suo coinvolgimento affettivo verso Julie, che pure è innegabile, non gli impedisce di conservare il distacco con cui egli osserva gli amanti, sorvegliandoli. O forse, è proprio il suo coinvolgimento che lo spinge a tenere sotto controllo la situazione con un distacco che, in fondo, è prevalentemente tattico.

Wolmar rivela un particolare acume nel comprendere che dietro le sincere proteste di guarigione e di reciproca amicizia da parte di Julie e Saint-Preux (Parte quarta, lettere VI, VII ecc.), si nasconde il fuoco mai veramente sopito dell'amore appassionato. Consapevole del carattere irrazionale e involontario della permanenza dell'amore, dovuta essenzialmente alla «memoria» del passato, egli è convinto che tutto si risolva cancellando la *memoria*, ed opponendo ad essa la *realtà* del presente. Saint-Preux non è innamorato di «Julie de Wolmar», cioè della donna divenuta moglie e madre, ma di «Julie d'Etange», cioè della fanciulla-amante di un tempo, la cui immagine è rimasta intatta soltanto nel ricordo (Parte quarta, lettera XIV). Basta allora sovrapporre la prima alla seconda attraverso un'operazione studiata e capillare che ponga ripetutamente l'uno di fronte all'altra in situazioni accuratamente scelte, perché l'amore si spenga definitivamente:

«Toglietegli la memoria – scrive Wolmar a Claire, alludendo a Saint-Preux – e sarà senza amore.»[144]

Non c'è bisogno di evocare Proust e la sua raffinata analisi del meccanismo della «memoria affettiva» come ciò che alimenta e crea l'amore, per cogliere l'ingenuità, sia pure un po' perversa, del «metodo» di Wolmar. Basti solo osservare, come è stato rilevato, che ciò che può metterlo in crisi e precluderne il successo è la premessa stessa su cui si fonda: se è vero infatti che «Mme de Wolmar» offusca in parte «Julie», è anche vero che essa agisce come «segno rammemorativo» di quest'ultima,[145] con tutti i rischi che ciò comporta nella frequentazione degli amanti. Rischi che non tardano a tradursi in effettive regressioni e momenti di acuta crisi, come quella che scoppia sul lago di Meillerie, dove Saint-Preux avverte con dolore l'inaccessibilità dell'oggetto d'amore, pur così presente e vicino, e viene colto da una disperazione che riapre l'antica ferita, mai del tutto rimarginata (Parte quarta, lettera XVII).

Saint-Preux, d'altra parte, ha sempre mostrato, pur sottomettendosi pienamente e «cortesemente» al volere dell'amata, segni di ribellione alle austere esigenze della «virtù», rivendicando per la passione tutta la legittimità di una forza della natura (Parte prima, lettera XXXI). Nonostante i suoi sforzi, che lo spingono fino ad accettare di vivere a Clarens, accanto ai coniugi Wolmar, egli rivela a più riprese stati di inquietudine e di crisi, l'ultima delle quali lo coglie a Villeneuve, al suo ingresso nella stanza d'albergo che lo riporta violentemente al passato (Parte quinta, lettera IX).

Personaggio dai toni «wertheriani» e romantici, Saint-Preux resta fedele fino in fondo all'*immagine* di Julie, in nome della quale egli non può e non vuole aprirsi a nuovi rapporti, ed è indotto a rifiutare anche la proposta, fattagli da Julie, di un suo matrimonio con Claire, tassello mancante alla completa armonia della piccola comunità (Parte sesta, lettere VI e VII).

La passione, dunque, è stata solo *rimossa*; e questa rimozione è avvenuta in modo ancora più radicale per Julie, la quale è riuscita a costruire su di essa un intero organismo collettivo, retto da leggi ideali. Julie inoltre l'aveva, per così dire, voluta anche per un'altra ragione, non meno importante, sebbene più nascosta della prima. Rifiutando la realizzazione della passione e del desiderio, essa tendeva infatti a sottrarli al certo e fatale declino dovuto allo scorrere del tempo, e al reciproco disgusto che ne sarebbe seguito:

«E allora quanto bisognerà paventare che la noia non succeda a sentimenti troppo vivi; che, senza fermarsi all'indifferenza, non scendano declinando fino al disgusto; che infine non ci si ritrovi stufi l'uno dell'altro; e che, per essersi troppo amati da amanti, non si finisca con l'odiarsi da sposi!».[146]

La rinuncia a condividere con l'altro una passione soddisfatta aveva dunque lo scopo più implicito e sottile di sottrarre l'amore alle inesorabili leggi del divenire; *preservando così il desiderio dalla sua fine* e risparmiando ad entrambi la perdita del *bonheur*.

«Per poterci amare sempre dobbiamo rinunciare l'uno all'altro»,[147] aveva detto Julie. In un certo senso, il suo proposito ha avuto successo, poiché le ha permesso di fare una scelta coniugale saggia e produttiva, senza perdere Saint-Preux né dover assistere alla lenta agonia del reciproco desiderio. Ma, per salvare quest'ultimo, essa ha dovuto sacrificarlo e trasformarlo in una «amicizia» asessuata e virtuosa che ha finito per soffocare l'eros, confinandolo nelle zone più remote dell'essere.

Non della *purificazione* del desiderio si tratta, nel senso «cortese» di un rinvio illimitato del soddisfacimento al fine di una assoluta esaltazione dell'amore nella sua più segreta e preziosa essenza,[148] ma della sua negazione e *rimozione*.

Questo spiega perché, nel seno stesso della felicità, Julie si senta afferrare dall'*ennui*, cioè dal «pascaliano» senso di vuoto[149] che toglie alla vita ogni sapore, privandola della sua stessa linfa:

«Per ogni dove non vedo che argomenti di contentezza – confessa infine Julie a Saint-Preux – e non sono contenta. Un segreto languore mi si insinua in fondo al cuore; lo sento vuoto e gonfio come una volta dicevate del vostro; l'affetto che provo per tutto quanto mi è caro non basta per occuparlo, gli rimane una forza inutile di cui non sa che fare. È una ben strana pena, lo ammetto; ma non perciò è meno reale. Amico mio, sono troppo felice; la felicità mi annoia».[150]

Senza rinnegare tutto ciò che è stato conquistato attraverso la scelta morale – il matrimonio, Clarens, la solidarietà tra individui legati da un universale rapporto di «amicizia» – Julie denuncia tuttavia la parziale illusorietà di questa scelta; e manifesta l'intensa nostalgia per ciò che è stato sacrificato e che sotterraneamente turba ed inquina una felicità statica, ormai priva della propria fonte di energia.

Lungi dall'essere risolto, il conflitto resta aperto, senza però diventare tragico. Julie si spegne infatti serenamente, consapevole del fatto che solo la morte può definitivamente esentarla dall'impossibile scelta tra l'amore e la virtù, tra il desiderio e l'autoconservazione, tra l'amore-passione e l'amore coniugale. La lotta contro le proprie inclinazioni è stata vana, poiché nell'equilibrio apparentemente imperturbabile della felicità domestica, essa sente riaffiorare la *nostalgia del desiderio*, che si era illusa di aver trasceso e sublimato. Essa torna cioè a «desiderare il desiderio», inteso nella sua più profonda essenza di slancio vitale che si alimenta dell'immaginazione e che dilata i confini dell'Io, proiettandolo verso l'altro, il futuro, l'ignoto.[151] Senza questo slancio, non resta che l'immobile realtà di un *bonheur* privo di speranze e di illusioni, che nasconde il sapore a-patico dell'*ennui* e della morte.

«Nel regno delle passioni – dichiara infatti Julie in un passaggio fondamentale – esse aiutano a sopportare i tormenti che procurano; mantengono la speranza accanto al desiderio. Fin che si desidera si può fare a meno di essere felici: si aspetta di esserlo; se la felicità non viene, la speranza si prolunga, l'incanto dell'illusione dura quanto la passione che lo provoca. Così questo stato è sufficiente a sé, l'inquietudine che procura è una specie di godimento che supplisce alla realtà. E forse è meglio. Guai a chi non desidera più niente! perde per così dire tutto quanto possiede. Si gode meno di ciò che si ottiene che di ciò che si spera, non si è felici che prima di essere felici.»[152]

Alla felicità come «stato semplice e duraturo»,[153] raggiunta attraverso il matrimonio con Wolmar, Julie oppone qui la felicità della speranza, del sogno, dell'illusione: in una parola la *felicità dell'attesa e del desiderio*, che basta a se stessa e si riassume nella dimensione deliziosamente inquieta di «ciò che ancora non è» (*ibid.*). Ma di fatto, essa non sceglie né l'una né l'altra; e ancor meno riesce a conciliarle, se non nella morte.

La morte le consente di confessare il proprio «fallimento» e di ammettere la forza ancora integra della propria passione, quando questa non è più in grado di compromettere, insieme alla virtù, l'intera edificazione di un mondo ideale che deve assolutamente sopravvivere a colei che ne è stata la principale animatrice:

«M'avete creduta guarita, anch'io ho creduto di esserlo – scrive Julie nella lettera postuma a Saint-Preux – [...] Sì, ho avuto un bel voler soffocare il primo sentimento che m'ha fatta vivere: è concentrato nel mio cuore. Ecco che si risveglia nel momento in cui non è più pericoloso; mi sostiene ora che le forze mi abbandonano; mi rianima mentre muoio. Amico mio, lo confesso senza vergogna; questo sentimento rimasto in me mio malgrado non ha toccato la mia innocenza [...] Ho fatto ciò che dovevo fare; la mia virtù rimane intatta, l'amore m'è rimasto senza rimorso.»[154]

Così, solo sottraendosi alla vita, Julie salva, per così dire, entrambe le dimensioni, l'amore e la virtù, a nessuna delle quali essa può né vuole rinunciare.

Questa *soluzione conflittuale*[155] è forse il messaggio più originale e più «moderno» del romanzo poiché suggerisce che lo scontro tra opposte polarità si radica *nell'interiorità dell'individuo* il quale prende coscienza, potremmo dire in termini freudiani, della propria *ambivalenza*. Il senso della morte di Julie è allora profondamente diverso da quello che emerge in altre figure mitiche della concezione occidentale dell'amore. Si pensi al *Tristano* di Thomas o al *Werther* di Goethe,[156] in cui la morte degli amanti tende ad affermare, nell'ottica dell'opposizione individuo/società, una vittoria «tragica» della passione rispetto all'ordine del mondo e alle sue leggi. Né si può parlare di una soluzione «morale» analoga a quella proposta dal romanzo settecentesco, come la *Clarissa* di Richardson o la *Manon* di Prévost.[157] Nel primo caso, infatti, la morte rappresenta per Clarissa l'unico modo di riscattare la colpa, sia pure involontaria, di aver infranto i codici della virtù;

nel secondo, la morte di Manon produce il definitivo ritorno di Des Grieux, dopo il viaggio nel mondo infero delle passioni, ai codici morali vigenti.

Nella *Nuova Eloisa*, al contrario, le due dimensioni restano entrambe, fino alla fine, valide e irrinunciabili, e tuttavia incompatibili.

È significativo che la presa di coscienza da parte di Julie della propria ambivalenza e dell'irresolubilità del conflitto sia priva di angoscia e di disperazione. La sua morte è una morte dolce, sostenuta dal conforto della religione e dalla fede nella vita eterna dell'anima. La «professione di fede» finale, nella quale essa ribadisce l'idea di una religione non dogmatica, fondata essenzialmente sul sentimento individuale e sulla illimitata fiducia nella clemenza divina, testimonia infatti la sua serenità di fronte alla morte (Parte sesta, lettera XI).

Pur riconoscendo i propri errori, Julie sa di non essere mai caduta nel crimine del «malvagio» («méchant»); essa si congeda da coloro che ama, certa di favorire una loro prossima riunione e di continuare, attraverso di loro, l'edificazione di un mondo fondato sui valori «altri» della solidarietà, della trasparenza, della durata.

È vero tuttavia che tutto questo richiede il prezzo della sua scomparsa. Ed è anche legittimo sollevare qualche dubbio sull'effettivo *bonheur* di un mondo in cui tutti, Saint-Preux, Wolmar, Claire, Edouard, sembrano destinati alla solitudine amorosa e alla rinuncia alla dinamica vitale e rischiosa dell'eros, per poter gioire insieme di una comunione affettiva e di un legame duraturo.

Restano dunque degli interrogativi che non trovano una risposta certa e compiuta. La stessa soluzione «religiosa» di Julie che prospetta il suo accesso alla felicità ultraterrena e a un'esistenza sublime svincolata dalle passioni (Parte sesta, lettera VIII), non implica affatto una soluzione del conflitto che si può, eventualmente, solo «trascendere».

Ma proprio questa rinuncia ad una soluzione, che ci mostra un soggetto complesso e ambivalente, combattuto tra molteplici pulsioni ed esigenze, risuona alla nostra coscienza contemporanea di una sconcertante e preziosa attualità.

ELENA PULCINI

NOTE

1. Alcuni dei temi trattati in questa introduzione sono stati più ampiamente analizzati nel mio libro *Amour-passion e amore coniugale. Rousseau e l'origine di un conflitto moderno*, Marsilio, Venezia 1990, cui mi permetto di rimandare per un ulteriore approfondimento.

2. *Confessioni, Opere*, p. 990 (*Confessions, OC*, I, 428).

3. Emerge così una delle fondamentali ambivalenze che lo caratterizzeranno in tutto il corso della sua vita. Sull'importanza, in Rousseau, del tema della *solitudine*, si tornerà nelle note al testo (cfr. p. 116, nota 1 ecc.).

4. *Confessioni, Opere*, p. 989 (*OC*, I, 426).

5. *Ibidem*, p. 989 (*OC*, I, 426: «Dévoré du besoin d'aimer sans jamais l'avoir pu bien satisfaire, je me voyois atteindre aux portes de la vieillesse, et mourir sans avoir vécu»).

6. Sull'*immaginazione*, e sulla sua particolare importanza per la concezione rousseauiana dell'amore, si tornerà più avanti, nel paragrafo 2.

7. *Confessioni, Opere*, p. 990 (*OC*, I, 427: «Que fis-je en cette occasion? (...) L'impossibilité d'atteindre aux êtres réels me jetta dans le pays des chiméres, et ne voyant rien d'existant qui fût digne de mon délire, je le nourris dans un monde idéal que mon imagination créatrice eût bientôt peuplé d'êtres selon mon coeur»).

8. *Ibidem*, p. 767 (*OC*, I, 41).

9. Oltre ad essere preso dagli intrighi di Mme Levasseur, la madre di Thérèse, Rousseau scrive in questo periodo, rispondendo al *Poème sur le désastre de Lisbonne* di Voltaire (1756), la *Lettre à Voltaire* (stampata solo nel '59): cfr. *OC*, IV, 1059-1075.

10. *Confessioni*, *Opere*, p. 991 (*OC*, I, 429).

11. *Ibidem*, p. 992 (*OC*, I, 430: «Je me figurai l'amour, l'amitié, les deux idoles de mon coeur sous les plus ravissantes images. Je me plus à les orner de tous les charmes du sexe que j'avois toujours adoré...»).

12. *Ibidem*, p. 996 (*OC*, I, 438).

13. *Ibidem*, p. 1000: «L'ho già detto; questa volta era amore, e l'amore in tutta la sua forza e in tutti i suoi ardori...» (*OC*, I, 445: «Je l'ai déjà dit, c'étoit de l'amour cette fois, et l'amour dans toute son énergie et dans toutes ses fureurs...»).

14. *Ibidem*, p. 998 (*OC*, I, 440: «Elle vint, je la vis, j'étois ivre d'amour sans objet, cette ivresse fascina mes yeux, cet objet se fixa sur elle, je vis ma Julie en Mme d'Houdetot, et bientot je ne vis plus que Mme d'Houdetot, mais revêtue de toutes les perfections dont je venois d'orner l'idole de mon coeur»).

15. *Ibidem*, p. 1020 (*OC*, I, 479-80). Anche nel rapporto con Mme de Warens, Rousseau mostra di sentirsi a proprio agio nel «ménage à trois» con C. Anet. La sua tendenza a considerarsi come «terzo» nel rapporto amoroso è un tratto psicologico importante che si riflette per esempio anche nella totale assenza del sentimento della gelosia nella *Nuova Eloisa*.

16. *Confessioni*, *Opere*, p. 1001 (*OC*, I, 446).

17. In questo senso, è ormai superata la posizione di D. Mornet, *op. cit.*, che, al contrario, vede essenzialmente il romanzo come frutto degli avvenimenti autobiografici. Cfr. su questo la critica di R. Osmont, *Remarques sur la genèse et la composition de «La Nouvelle Héloïse»*, in «Annales J.J. Rousseau», A. Jullien, Genève, XXXIII, pp. 93-148.

18. Cfr. R. Pomeau, *Introduction* a J.J. Rousseau, *Julie ou la Nouvelle Héloïse*, Garnier, Paris 1960; B. Guyon, *Introduction* a *Julie ou la Nouvelle Héloïse*, in *OC*, II, pp. LV sgg.

19. La prima edizione di *Julie ou la Nouvelle Héloïse* è quella pubblicata dall'editore Rey, Amsterdam 1761. Sulla vicenda editoriale del romanzo, sui diversi manoscritti e le diverse edizioni ecc., cfr. Guyon, *Note sur l'établissement du texte*, *OC*, II, pp. LXXI-LXXIX.

20. Per la prima interpretazione cfr. Pomeau, *op. cit.*; per la seconda Guyon, *Introduction*, cit.

21. *Confessioni*, *Opere*, p. 995 (*OC*, I, 435: «...C'étoit assurement le meilleur parti qui se put tirer de mes folies: l'amour du bien qui n'est jamais sorti de mon coeur les tourna vers des objets utiles et dont la morale eut pu faire son profit. Mes tableaux voluptueux auroient perdu toutes leur graces si le doux coloris de l'innocence y eut manqué»).

22. *Ibidem*, p. 994 (*OC*, I, 434).

23. Su questi temi cfr. J.L. Lecercle, *J.J. Rousseau et l'art du roman*, Colin, Paris 1969.

24. *Confessioni*, *Opere*, p. 994 (*OC*, I, 435).

25. *Ibidem* (*Ibidem*: «Mais qu'une jeune personne née avec un coeur aussi tendre qu'honnête se laisse vaincre à l'amour étant fille, et retrouve étant femme des forces pour le vaincre à son tour et redevenir vertueuse; quiconque vous dira que ce tableau dans sa totalité est scandaleux et n'est pas utile, est un menteur et un hypocrite; ne l'écoutez pas»).

26. *La Nuova Eloisa*, Parte seconda, lettera XXI, p. 294 («Les romans sont peut-être la dernière instruction qu'il reste à donner à un peuple asséz corrompu pour que toute autre lui soit inutile; je voudrois qu'alors la composition de ces sortes de livres ne fut permise qu'à des gens honnêtes mais sensibles dont le coeur se peignit dans leurs écrits, à des auteurs qui ne fussent pas au-dessus des foiblesses de l'humanité, qui ne montrassent pas tout d'un coup la vertu dans le Ciel hors de la portée des hommes, mais qui la leur fissent aimer en la peignant d'abord moins austere, et puis du sein du vice les y sussent y conduire insensiblement»).

27. Sull'etica settecentesca, cfr. J. Ehrard, *L'idée de nature en France dans la première moitié du XVIIIe siècle* (1963), Slatkine,

Paris/Genève 1981; L.G. Crocker, *An Age of Crisis. Man and World in Eighteenth Century french Thought*, The John Hopkins Univ. Press, Baltimore and London 1970; trad. it. *Un'età di crisi. Uomo e mondo nel pensiero francese del '700*, Il Mulino, Bologna 1975, in particolare capp. IX-XIV.

28. Scritta da Rousseau nel 1759, la *Préface dialoguée* (*Seconda prefazione dell'autore ovvero Dialogo sui romanzi tra l'editore e un letterato*) viene pubblicata per la prima volta nell'edizione Duchesne della *Nouvelle Héloïse* (1761).

29. *La Nuova Eloisa*, p. 35 («Sublimes auteurs, rabaissez un peu vos modèles, si vous voulez qu'on cherche à les imiter. A qui vantez-vous la pureté qu'on n'a point souillée? Eh! parlez-nous de celle qu'on peut recouvrer; peut-être au moins quelqu'un pourra vous entendre»).

30. D. Diderot, *Eloge de Richardson* (1761), in *Oeuvres*, Gallimard, Paris 1951.

31. Su Richardson e il «romanzo borghese», cfr. I.Watt, *The Rise of the Novel*, London 1957; trad. it. *Le origini del romanzo borghese*, Bompiani, Milano 1976.

32. Cfr. S. Richardson, *Clarissa, or the History of a Young Lady* (1747-48), Penguin Books, London/New York 1985. Rousseau cita Richardson, oltre che nella *Nuova Eloisa* (Parte terza, lettera XVIII), in *Confessioni*, IX e nella *Lettre à d'Alembert sur les spectacles*, Flammarion, Paris 1967, *Introduction* di M. Launay; trad. it. *Lettera a d'Alembert sugli spettacoli*, in *Opere*, cit.

Sul rapporto tra la *Nuova Eloisa* e il romanzo settecentesco, cfr. Mornet, *op. cit.*

33. Ciò trova conferma in un altro romanzo di S. Richardson, *Pamela or Virtue Rewarded* (1741), Everyman's Library, London 1983, 2 voll., contraltare «positivo» di *Clarissa*, in cui la virtù viene tenacemente difesa e alla fine ricompensata.

34. Cfr. Prévost, *Cleveland*, in *Oeuvres de Prévost*, a cura di B. Berthiaume et J. Sgard, Presses universitaires de Grenoble, Grenoble 1978, 8 voll., vol. II; *Histoire du Chevalier des Grieux et de Manon Lescaut* (1731), *ibidem*, vol. I; trad. it. *Storia del cav. Des Grieux e di Manon Lescaut*, Mondadori, Milano 1982.

35. Su questo, cfr. sia Mornet, *op. cit.*, sia H. Coulet, *Le roman jusqu'à la Revolution*, Colin, Paris 1967, pp. 160 sgg.

36. Mme de La Fayette, *La Princesse de Clèves* (1678), Flammarion, Paris 1966; trad. it. *La principessa di Clèves*, Garzanti, Milano 1988.

37. Coulet, *op. cit.*, p. 252 (traduzione mia). Sugli aspetti innovativi della *Principessa di Clèves*, cfr. anche G. Macchia, «Mme de La Fayette e la strada del romanzo», in *Il paradiso della ragione*, Laterza, Bari 1960.

38. Guilleragues, *Lettres portugaises* (1669), a cura di F. Déloffre-J. Rougeot, Droz, Genève (Minard, Paris) 1972.

39. Cfr. L.Versini, *Le roman épistolaire*, PUF, Paris 1979.

40. Cfr. Mme de Tencin, *Mémoires du Comte de Comminge* (1735), Desjonquères, Paris 1985; Mme de Graffigny, *Lettres d'une peruvienne* (1747), in *Lettres portugaises, Lettres d'une peruvienne*, Flammarion, Paris 1983; Mme Riccoboni, *Lettres de Fanny Butlerd* (1757), Droz, Genève 1979 ecc. Su questo cfr. Coulet, *op. cit.*, pp. 378 sgg.

41. Cfr. P. Trahard, *Les Maîtres de la sensibilité française au XVIIIe siècle* (1931-33), Slatkine, Genève/Paris 1967, il quale osserva a questo proposito che nel '700 l'«homme sensible» sostituisce l'«homme généreux» di Descartes e l'«homme honnête» della *galanteria* seicentesca. Sull'emergere dell'importanza del concetto di «sensibilità/sentimento» nel '700, cfr. anche P. Hazard, *La crise de la conscience européenne au XVIIIe siècle* (1934-5), Fayard, Paris 1978; trad. it. *La crisi della coscienza europea*, Il saggiatore, Milano 1968; G. Gusdorf, *Naissance de la conscience romantique au siècle des Lumières*, Payot, Paris 1976. Sull'evoluzione e le trasformazioni del concetto di «sensibilità» nel '700, cfr. S. Moravia, *Il pensiero degli Idéologues*, La Nuova Italia, Firenze 1974 (II Parte, cap. III).

42. J. Rousset sottolinea anche in Rousseau lo stretto rapporto tra la situazione romanzesca e la situazione epistolare: la prima parte del romanzo, dedicata al nascere e al crescere della passione, contiene soprattutto le lettere dei due amanti; nella seconda parte, dopo la separazione di Julie da Saint-Preux e il matrimonio con Wolmar, sono quasi assenti le lettere tra i due,

mentre lo scambio epistolare avviene tra gli altri personaggi. La coppia è assorbita nella società di Clarens e, corrispondentemente, il dialogo epistolare delle prime parti scompare nella corrispondenza collettiva. Perciò l'ultima lettera di Julie, che viene dopo un lungo silenzio ed arriva a Saint-Preux solo dopo la sua morte, è così efficace ed incisiva. Cfr. *Rousseau romancier: la Nouvelle Héloïse*, in *J.J. Rousseau et son oeuvre*, Klienksieck, Paris 1964.

43. Cfr. Choderlos de Laclos, *Les liaisons dangereuses* (1782), Flammarion, Paris 1964; trad. it. *I legami pericolosi* (a cura di G. Macchia), Rizzoli/BUR, Milano 1988.

44. Cfr. J.T. Muckle (a cura di), *The Personal letters between Abelard and Heloise*, in «Medieval Studies», XV, 1953, pp. 47-94; trad. it. in P. Abelardo, *Storia delle mie disgrazie. Lettere d'amore di Abelardo e Eloisa*, a cura di F. Roncoroni, Garzanti, Milano 1974.

45. Sulla presenza della concezione cortese nella *Nuova Eloisa*, cfr. J.L. Bellenot, *Les formes de l'amour dans La Nouvelle Héloïse*, in «Annales J.J. Rousseau», A. Jullien, Genève, XXXIII, 1953-55, pp. 149-207.

46. *La Nuova Eloisa*, Parte prima, lettera IV, p. 50 («passion funeste», «poison qui corrompt mes sens et ma raison»).

47. Sulla concezione cortese dell'amore cfr. R.Nelli, *L'érotique des troubadours*, Union générale d'éditions, Paris 1974, 2 voll.; e E. Köhler, *Ideal und Wirklichkeit in der höfischen Epik. Studien zur Form der frühen Arts-und Graldichtung*, Niemeyer Verlag, Tübingen 1970; trad. it. *L'avventura cavalleresca*, Il Mulino, Bologna 1985, in particolare cap. V.

48. Su questi temi, su cui non è possibile soffermarsi qui, cfr. J. Pelous, *Amour précieux, amour galant*, Klienksieck, Paris 1980; M. Gaume, *Les inspirations et les sources de l'oeuvre de d'Urfé*, Centre Et. foréziennes, Saint-Etienne 1977; O. Nadal, *Le sentiment de l'amour dans l'oeuvre de Corneille*, Gallimard, Paris 1948.

49. Sul pensiero morale seicentesco, con particolare riferimento alle tematiche sopra citate, cfr. P. Bénichou, *Morales du Grand Siècle*, Gallimard, Paris 1948; trad. it. *Morali del Grand Siècle*, Il

Mulino, Bologna 1990; B. Tocanne, *L'idée de nature en France dans la seconde moitié du XVIIe siècle*, Klienccksieck, Paris 1978.

Per una trattazione di questi temi, con particolare riferimento alla teoria dell'amore e alle sue trasformazioni, cfr. il mio *Il declino dell'amour-passion in epoca moderna*, in E. Pulcini (a cura di) *Teorie delle passioni*, «Topoi», supplemento n. 3, Kluwer, Bologna 1989.

50. *Emilio*, *Opere*, p. 495 (*Emile*, *OC*, IV, 493-94: «Le véritable amour, quoi qu'on en dise, sera toujours honoré des hommes; car bien que ses emportemens nous égarent, bien qu'il n'exclue pas du coeur qui le sent des qualités odieuses et même qu'il en produise, il en suppose pourtant toujours d'estimables sans lesquelles on seroit hors d'état de le sentir»).

51. Cfr. D. Diderot, *Pensées philosophiques*, in *Oeuvres*, cit.; trad. it. in *Opere filosofiche*, a cura di P. Rossi, Feltrinelli, Milano 1963; D'Holbach, *La morale universelle* (1776), Formann Verlag, Stuttgart-Bad Carmstatt 1970; C.A. Helvétius, *De l'Esprit* (1758), in *Oeuvres complètes*, G. Olms Verlag, Hildesheim 1967-69, 7 voll., vol. IV; trad. it. *Dello spirito*, Editori Riuniti, Roma 1970.

52. Cfr. Ehrard, *op. cit.*

53. *La Nuova Eloisa*, Parte prima, lettera XXVI, p. 100 («un fatal présent du ciel»).

54. *Emilio*, *Opere*, p. 494 (*OC*, IV, 491: «Nos passions naturelles sont très bornées, elles sont les instruments de notre liberté, elles tendent à nous conserver. Toutes celles qui nous subjuguent et nous détruisent nous viennent d'ailleurs; la nature ne nous les donne pas, nous nous les approprions à son préjudice»).

55. *La Nuova Eloisa*, Parte prima, lettera VII, p. 56 («petit bourgeois sans fortune»).

56. «Madri di famiglia! – dirà Saint-Preux in Parte quinta, lettera III, p. 607 – [...] I vostri diritti non sono forse quelli della natura?» («Mères de famille [...] Vos droits ne sont ils pas ceux de la nature?»). Su questo si tornerà nel paragrafo 4.

57. *La Nuova Eloisa*, Parte seconda, lettera IV, p. 215 («En écou-

tant l'amour ou la nature je ne puis éviter de mettre l'un ou l'autre au désespoir»).

58. *Emilio*, *Opere*, p. 494 (*OC*, IV, 491). Sull'importanza del concetto di «immaginazione» in Rousseau, cfr. M. Eigeldinger, *J.J. Rousseau et la réalité de l'imaginaire*, Ed. de la Baconnière, Neuchâtel 1962.

59. *Emilio*, *Opere*, pp. 499-500 (*OC*, IV, 501: «La source de toutes les passions est la sensibilité, l'imagination determine leur pente [...] Ce sont les erreurs de l'imagination qui transforment en vices les passions de tous les êtres bornés...»).

60. *Discorso sull'origine e i fondamenti della disuguaglianza*, *Opere*, p. 49 e p. 57 (*Discours sur l'origine de l'inégalité*, *OC*, III, 144, 158).

61. Sulla «duplicità» dell'immaginazione e della perfettibilità, cfr. J. Starobinski, *Rousseau e il pericolo della riflessione*, in *L'occhio vivente*, Einaudi, Torino 1975 (ed. orig. *L'oeil vivant*, Gallimard, Paris 1961), pp. 108 sgg.

62. *Emilio*, *Opere*, p. 590 (*OC*, IV, 656). Sulla metafora del «velo», che, come ho sottolineato nelle note al testo, compare spesso nella *Nuova Eloisa*, cfr. J. Starobinski, *J.J. Rousseau. La transparence et l'obstacle*, Gallimard, Paris 1971; trad. it. *La trasparenza e l'ostacolo*, Il Mulino, Bologna 1982.

63. *La Nuova Eloisa*, Parte terza, lettera XX, p. 392 («un état de jouissance et de paix»).

64. *Ibidem*, p. 393 («aveugle transport des coeur passionnés», «immuable et constant attachement»).

65. Incurante di questo problema, il codice cortese fonda la sua visione dell'amore proprio sul rapporto *eros-immaginario*, ed esalta il carattere libero e «immaginario» dell'amore opponendolo alla prosaicità dell'istituzione matrimoniale; su questo cfr. Nelli, *op. cit.*

66. *Discorso sull'origine e i fondamenti della disuguaglianza*, *Opere*, p. 39 (*OC*, III, 122).

67. *Ibidem*, p. 41 (*OC*, III, 125-6).

68. *Emilio*, *Opere*, p. 494 (*OC*, IV, 491: «La source de nos pas-

sions, l'origine et le principe de toutes les autres, la seule qui nait avec l'homme et ne le quitte jamais tant qu'il vit est l'amour de soi; passion primitive, innée, anterieure à tout autre et dont toutes les autres ne sont en un sens que des modifications»).

Su questo, e in particolare sul rapporto tra l'*amore di sé* (*amour de soi*) come passione naturale e l'*amor proprio* (*amour-propre*) come passione distruttiva di origine sociale, cfr. anche *Rousseau giudice di Jean Jacques. Dialoghi*, *Opere*, pp. 1129-30 (*Rousseau juge de Jean Jacques*, *OC*, I, 669).

69. *Emilio*, *Opere*, p. 589 (*OC*, IV, 654: «On n'a de prise sur les passions que par les passions; c'est par leur empire qu'il faut combattre leur tirannie, et c'est toujours de la nature elle-même qu'il faut tirer les instruments propres à la régler»).

70. Cfr. in particolare la Parte prima della *Nuova Eloisa* e le costanti esortazioni, rivolte da Julie a Saint-Preux, al «vero amore» come il solo garante di «virtù».

71. *La Nuova Eloisa*, Parte quarta, lettera XII, p. 515 («Il n'y a que des âmes de feu qui sachent combattre et vaincre; tous les grands efforts, toutes les actions sublimes sont leur ouvrages: la froide raison n'a jamais rien fait d'illustre, et l'on ne triomphe des passions qu'en les opposant l'une à l'autre. Quand celle de la vertu vient à s'élever, elle domine seule et tient tout en équilibre. Voilà comment se forme le vrai sage, qui n'est pas plus qu'un autre à l'abri des passions, mais qui seul sait les vaincre par elles-mêmes, comme un pilote fait route par les mauvais vents»).

72. *Emilio*, *Opere*, pp. 683-84 (*OC*, IV, 816-417: «...Il n'y a point de bonheur sans courage ni de vertu sans combat. Le mot de *vertu* vient de *force*; la force est la base de toute vertu»).

73. *Ibidem*, p. 684 (*OC*, IV, 818).

74. Cfr. Ehrard, *op. cit.* Fatta la premessa suddetta, è opportuno osservare che l'influenza che l'opera di Marivaux ha avuto sul pensiero di Rousseau meriterebbe maggiore attenzione di quanta ne abbia avuta finora (in particolare per quanto riguarda il concetto di «sentimento», «coscienza morale»). Di Marivaux, oltre al celebre romanzo *La vie de Marianne* (1731-39), Flammarion, Paris 1978, cfr. anche il testo saggistico-filosofico *Jour-*

naux (1721-34), in *Journaux et oeuvres diverses*, Garnier, Paris 1969.

75. *La Nuova Eloisa*, Parte terza, lettera XVIII, p. 383 («Ne vaut-il pas mieux épurer un sentiment si cher pour le rendre durable? Ne vaut-il pas mieux en conserver au moins ce qui peut s'accorder avec l'innocence? N'est-ce pas conserver tout ce qu'il y eut de charmant? Oui, mon bon et digne ami, pour nous aimer toujours il faut renoncer l'un à l'autre. Oublions tout le reste et soyez l'amant de mon âme»).

76. Il lavoro di M.B. Ellis, *Julie or La Nouvelle Héloïse, A Synthesis of Rousseau's Thought, 1749-59*, University of Toronto Press, Toronto 1949, che ha avuto il merito di cogliere la ricchezza filosofica della *Nuova Eloisa* e il suo intrinseco legame con le altre opere di Rousseau, accentua tuttavia in maniera troppo unilaterale l'aspetto «autoconservativo» di Julie, la quale sarebbe guidata esclusivamente dall'amore di sé. L'autore trascura dunque il secondo aspetto sopra evidenziato, che è invece piuttosto legato, come vedremo, alla paura della fine dell'amore e dell'*ennui*, inteso in senso squisitamente «pascaliano», causato dalla realizzazione della passione e del desiderio.

77. In questa prospettiva, si rivelano allora insoddisfacenti le interpretazioni della *Nuova Eloisa* come «roman du bonheur»; cfr. l'*Introduction* di B. Guyon, cit.; o quelle che tendono a vedere schematicamente il romanzo diviso in due parti, opposte e complementari, di cui l'una celebrerebbe la passione, mentre l'altra ne sancirebbe la negazione e la sconfitta; cfr. A. Schinz, *La pensée de J.J. Rousseau*, Alcan, Paris 1929; Ph. Van Thiegem, *La Nouvelle Héloïse de J.J. Rousseau*, Mellotté, Paris 1929. Ancor meno convincenti risultano proposte interpretative più recenti, come quella di F. De Fabry, *Etudes autour de la Nouvelle Héloïse*, Quebec, Naaman 1977, la quale, spostando l'accento da Julie a Saint-Preux, parla addirittura di uno «happy end», dato dal trionfo di Saint-Preux e dell'ideale dell'«amicizia», cui questi avrebbe sempre, essenzialmente, teso.

78. *Emilio, Opere*, p. 682 (*OC*, IV, 814: «...la fin de tout être sensible, ... le premier desir que nous imprima la nature, et le seul qui ne nous quitte jamais»).

79. Sulla concezione del *bonheur* nel '700, cfr. l'ottimo, e ormai

classico, testo di R. Mauzi, *L'idée du bonheur dans la littérature et la pensée françaises au XVIIIe siècle*, Colin, Paris 1960.

80. Cfr. D'Holbach, *La morale universelle*, cit., p. XXI; la voce *Bonheur* dell'*Encyclopédie* – Diderot et d'Alembert, *L'Encyclopédie ou Dictionnaire raisonné des sciences, des arts et des métiers* (1751-76), Readex Compact Edition, New York 1969, 5 voll., vol. I. Sui «traités du bonheur», cfr. Mauzi, *op. cit.*, e l'ampia e dettagliata bibliografia ivi contenuta.

81. Cfr. Mauzi, *op. cit.*, in particolare 3, IV.

82. *Emilio, Opere*, pp. 682 sgg. («Il n'y a pas de bonheur sans courage ni de vertu sans combat», *OC*, IV, 815 sgg.).

83. Mi riferisco evidentemente alle *Rêveries du promeneur solitaire*, tradotto non troppo felicemente in *Opere*, con il titolo *Le passeggiate solitarie*, nel quale si perde proprio il concetto di *rêverie* (*fantasticheria*), così centrale nell'opera di Rousseau. Cfr. *Le passeggiate solitarie, Opere*, p. 1349 (*OC*, I, 1046: «...et le bonheur que mon coeur regrette n'est point composé d'instans fugitifs mais un état simple et permanent, qui n'a rien de vif en lui-même, mais dont la duré accroit le charme au point d'y trouver enfin la suprème félicité»).

84. *Ibidem*, p. 1350 (*OC*, I, 1046-47). Sull'importanza di questo concetto, cfr. P. Burgelin, *La philosophie de l'existence de J.J. Rousseau*, PUF, Paris 1952.

85. *La Nuova Eloisa*, Parte seconda, lettera VI, p. 222 («C'est beaucoup pour l'amour: est-ce assez pour la félicité?»).

86. *Emilio, Opere*, p. 501 (*OC*, IV, 505: «Un être vraiment heureux est un être solitaire: Dieu seul jouit d'un bonheur absolu; mais qui de nous en a l'idée? Si quelque être imparfait pouvait se suffire à lui-même de quoi jouiroit-il selon nous? Il seroit seul, il seroit misérable. Je ne conçois pas que celui qui n'a besoin de rien puisse aimer quelque chose: je ne conçois pas que celui qui n'aime rien puisse être heureux»).

87. *Emilio, Opere*, p. 501 (*OC*, IV, 503). Su questo punto, cfr. T. Todorov, *Frêle bonheur. Essai sur Rousseau*, Hachette, Paris 1985; trad. it. *Una fragile felicità. Saggio su Rousseau*, Il Mulino, Bologna 1987.

88. Nella misura in cui la «pietà» deriva da un sentimento di *identificazione con l'altro* essa viene, per così dire, a coincidere con l'«amore di sé». Da alcuni passi dell'opera di Rousseau, sembra effettivamente legittimo fare questa deduzione. Cfr. ad es. il *Discorso sull'origine e i fondamenti della disuguaglianza, Opere,* p. 55 (*OC,* III, 155); e *Emilio, Opere,* p. 513 nota (*OC,* IV, 523); ecc. Insiste particolarmente su questo punto L. Crocker, nella sua interpretazione della *Nuova Eloisa,* in *Julie ou la nouvelle duplicité,* «Annales J.J. Rousseau», A. Jullien, Genève, XXXVI, 1963-65, pp. 448-69.

89. *Professione di fede del vicario savoiardo,* in *Emilio, Opere,* p. 556; *Profession de foi du vicaire savoyard, Emile, OC,* IV, 597: «Non seulement nous voulons être heureux, nous voulons aussi le bonheur d'autrui; et quand ce bonheur ne coûte rien au nôtre, il l'augmente».

90. Cfr. su questo R. Mauzi, *La conversion de Julie dans la Nouvelle Héloïse,* in «Annales J.J. Rousseau», A. Jullien, Genève, XXXV, pp. 39-47.

91. *La Nuova Eloisa,* Parte terza, lettera XVIII, p. 371 («Arrivée à l'église, je sentis en entrant une sorte d'émotion que je n'avais jamais éprouvée. Je ne sais quelle terreur vint saisir mon âme dans ce lieu simple et auguste, tout rempli de la majesté de celui que l'on sert»).

92. *Ibidem,* p. 375 («Quel sentiment de paix, effacé depuis longtemps vint ranimer ce coeur flétri par l'ignominie, et répandre dans tout mon être une sérénité nouvelle! Je crus me sentir renaître; je crus recommencer une autre vie. Douce et consolante vertu, je la recommence pour toi; c'est toi qui me la rendras chère; c'est à toi que je la veux consacrer»).
La lettera XVIII e la XX della Parte terza sono di capitale importanza per l'intera comprensione del romanzo.

93. Sulla *Professione di fede,* cfr. P.-M. Masson, *Introduction* alla *Profession de foi du vicaire savoyard,* Hachette, Paris 1914. Sullo statuto e l'importanza della *religione* in Rousseau, cfr. l'ormai classico e ponderoso libro dello stesso autore, *La religion de J.J. Rousseau* (Paris 1916), Slatkine, Genève 1970, 3 voll. Cfr. inoltre Burgelin, *La philosophie de l'existence de J.J. Rousseau,* cit., capp. XV-XVIII; e più di recente, R. Grimsley, *Rousseau and the*

Religious Quest, Clarendon Press, Oxford 1968; e H. Gouhier, *Les méditations métaphysiques de J.J. Rousseau*, Vrin, Paris 1970.

94. Questo sottintende evidentemente la critica dei *philosophes* e soprattutto di Helvétius, *Dello spirito*, cit. Non c'è tuttavia in Rousseau una negazione della funzione della «ragione» la quale permette di «conoscere» il bene. Cfr. le parole di Saint-Preux in Parte sesta, lettera VII, p. 708: «Ci ha dato la ragione per discernere cosa è bene, la coscienza per amarlo e la libertà per sceglierlo» («Il [Dieu] nous a donné la raison pour connoître ce qui est bien, la conscience pour l'aimer et la liberté pour le choisir»), cui fanno eco le analoghe espressioni del vicario savoiardo (*Professione di fede*, *Opere*, p. 561; *OC*, IV, 605).
Sulla reciproca integrazione, nel pensiero di Rousseau, di «ragione» e «sentimento», cfr. R. Derathé, *Le rationalisme de J.J. Rousseau* (Paris 1948), Slatkine, Genève 1979; e anche E. Cassirer, *Das Problem J.J. Rousseau*, in «Archiv für Geschichte der Philosophie», 1932; trad. it. *Il problema G.G. Rousseau* (1938), La Nuova Italia, Firenze 1968, il-quale sottolinea la valenza «morale» (di giudizio morale) del «sentimento» in Rousseau.

95. Cfr. *Professione di fede*, *Opere*, p. 558: «Coscienza! coscienza! istinto divino, voce immortale e celeste; guida sicura d'un essere ignorante e limitato, ma intelligente e libero; giudice infallibile del bene e del male, che rendi l'uomo simile a Dio! Sei tu che fai l'eccellenza della sua natura e la moralità delle sue azioni...» (*OC*, IV, 600-1: «Conscience, conscience! instinct divin, immortelle et celeste voix, guide assuré d'un être ignorant et borné, mais intelligent et libre; juge infaillible du bien et du mal, qui rends l'homme semblable à Dieu; c'est toi qui fais l'excellence de sa nature et la moralité de ses actions...»). Cfr anche le *Lettere Morali*, in *Lettere morali*, a cura di R. Vitiello, Editori Riuniti, Roma 1978, p. 157 (*Lettres morales*, *OC*, IV, 1111).

96. *Ibidem* (*OC*, IV, 601).

97. Cfr. *Ibidem*, p. 554 (*OC*, IV, 593). Sul concetto di Dio come «ordine», che distingue il teismo di Rousseau da quello di Voltaire, cfr. Burgelin, *La philosophie de l'existence...*, cit., cap. XV.

98. *La Nuova Eloisa*, Parte terza, lettera XVIII, p. 373 («La pureté, la dignité, la sainteté du mariage, si vivement exposées dans

les paroles de l'Ecriture, ses chastes et sublimes devoirs si importants au bonheur, à l'ordre, à la paix, à la durée du genre humain, si doux à remplir pour eux-mêmes; tout cela me fit une telle impression, que je crus sentir intérieurement une révolution subite»).

99. *Ibidem*, p. 374 («...tendres amis, époux fidèles, sans brûler de ce feu dévorant qui consume l'âme, vous vous aimez d'un sentiment pur et doux qui la nourrit, que la sagesse autorise et que la raison dirige; vous n'en êtes que plus solidement heureux»).

100. *Ibidem*, lettera xx, p. 392 («Ce qui m'a longtemps abusée [...] c'est la pensée que l'amour est nécessaire pour former un heureux mariage. Mon ami, c'est une erreur; l'honnêteté, la vertu, de certaines convenances, moins de conditions et d'âges que de caractères et d'humeurs, suffisent entre deux époux; ce qui n'empêche point qu'il ne résulte de cette union un attachement très tendre qui, pour n'être pas précisément de l'amour, n'en est pas moins doux et n'en est que plus durable. L'amour est accompagné d'une inquiétude continuelle de jalousie et de privation, peu convenable au mariage, qui est un état de jouissance et de paix. On ne s'épouse point pour penser uniquement l'un à l'autre, mais pour remplir conjointement les devoirs de la vie civile, gouverner prudemment la maison, bien élever ses enfants. Les amants ne voient jamais qu'eux, et la seule chose qu'ils sachent faire est de s'aimer. Ce n'est pas assez pour des époux, qui ont tant d'autres soins à remplir...»).

101. Cfr. *Lettere d'amore di Abelardo e Eloisa*, cit., lettere II e IV.

102. Tra i molti studi dedicati a questo tema negli ultimi decenni, cfr. Ph. Ariès, *L'enfant et la vie familiale sous l'ancien régime*, Plon, Paris 1960; trad. it. *Padri e figli nell'Europa medievale e moderna* (1968), Laterza, Bari 1976, 2 voll.; L. Stone, *The Family, Sex and Marriage in England 1500-1800*, Weidelfield and Nicolson, London 1977; trad. it. *Famiglia, sesso e matrimonio in Inghilterra tra Cinque e Ottocento*, Einaudi, Torino 1983; E. Shorter, *The Making of the Modern Family*, Basic Books, New York 1975; trad. it. *Famiglia e civiltà*, Rizzoli, Milano 1978.

103. Basti citare la voce *Mariage* dell' *Encyclopédie*, cit., vol. II. Per il romanzo, si veda lo stesso Richardson, *Pamela*, cit.; e, in

Francia, Marivaux, con la sua *Vie de Marianne*, cit., e le sue *pièces* teatrali (cfr. *Théâtre complet*, Seuil, Paris 1964), seguito, su questo tema, dal «roman sentimental» ecc.

104. *Emilio*, *Opere*, pp. 647-48 (*OC*, IV, 756: «C'est aux époux à s'assortir. Le penchant mutuel doit être leur premier lien: leurs yeux, leurs coeurs doivent être leurs prémiers guides, car leur prémier devoir, étant unis, est de s'aimer, et qu'aimer ou n'aimer pas ne dépend point de nous-mêmes, ce devoir en emporte nécessairement un autre qui est de commencer par s'aimer avant de s'unir. C'est là le droit de la nature que rien ne peut abroger...»).

105. Su questi temi, cfr. il *Discorso sull'origine e i fondamenti della disuguaglianza*, *Opere*.

106. Cfr. *Emilio*, *Opere*, p. 694 (*OC*, IV, 836).

107. Cfr. F. Tönnies, *Gemeinschaft und Gesellschaft* (1887), Wissenschaftliche Buchgesellschaft, Darmstadt 1991; trad. it. *Comunità e società*, Comunità, Milano 1963.

108. Cfr. A. Philonenko, *J.J. Rousseau et la pensée du malheur*, Vrin, Paris 1984, 3 voll., vol. II, cap. IV; e L. Crocker, *Julie ou la nouvelle duplicité*, cit.

109. *La Nuova Eloisa*, Parte quarta, lettera X, p. 485 («ne sont tous unis que pour mieux le servir»).

110. Cfr. S. Freud, in particolare *Psicologia delle masse e analisi dell'Io* (1921), in *Opere Complete*, Boringhieri, Torino, vol. IX.

111. *La Nuova Eloisa*, Parte quarta, lettera X, p. 475 («Tout l'art du maître est de cacher cette gêne sous le voile du plaisir ou de l'intérêt, en sorte qu'ils pensent vouloir tout ce qu'on les oblige à faire»).

112. A questo proposito, A. Philonenko, *op. cit.*, p. 204, parla di una «utopie en fuite, qui ne parvient jamais à dissiper le fantômes» («un'utopia in fuga che non riesce a dissipare i fantasmi»). Sul rapporto *Nuova Eloisa*-utopia, cfr. anche L. Luporini, *Rousseau di fronte all'utopia* – in *Atti e memorie dell'Accademia toscana di scienze e lettere La colombaria*, vol. XLV, Olschki, Firenze 1980, pp. 134-174 – il quale osserva che soprattutto due elementi nella *Nuova Eloisa* impediscono di parlare di una vera e

propria «utopia»: il fatto che Clarens non è al riparo dall'opera distruttrice del tempo e il fatto che i conflitti, come vedremo più avanti, non vengono realmente risolti.

113. Sostiene questa posizione, con accenti molto critici e radicali, L. Crocker, *Julie ou la nouvelle duplicité*, cit.

114. Iniziata nel XIX secolo, la controversia tra i difensori di un Rousseau «democratico» e i sostenitori di un Rousseau «totalitario», è oggi ancora ben lungi dall'essere conclusa o risolta, come sottolinea R. Trousson nella sua rassegna bibliografica dei più recenti scritti sul pensiero di Rousseau, *Quinze années d'études rousseauistes*, in «Dix-huitième siècle», Garnier, Paris 1977, in particolare le pp. 358-362 dedicate al pensiero politico.

115. I teorici della Scuola di Francoforte (M. Horkheimer, E. Fromm, H. Marcuse) hanno messo in evidenza questo problema; cfr. in particolare gli *Studien über Autorität und Familie*, 1936; trad. it. *Studi su autorità e famiglia*, Utet, Torino 1974.

116. Starobinski, *La trasparenza e l'ostacolo*, cit., cap. v.

117. *La Nuova Eloisa*, Parte quarta, lettera x, p. 491 («tout se fait par attachement»).

118. *Ibidem*, Parte prima, lettera xlvi, p. 140 («...L'attaque et la defense, l'audace des hommes, la pudeur des femmes, ne sont point des conventions, comme le pensent les philosophes, mais des institutions naturelles dont il est facile de rendre raison, et dont se déduisent aisément toutes les autres distinctions morales»).

119. Poullain de la Barre, *De l'égalité des deux sexes. Discours physique et moral où l'on voit l'importance de se défaire des préjugés*, Paris 1678. Questo testo, che ha fortemente influenzato il pensiero «progressista» settecentesco, sarebbe certamente degno oggi di una «riscoperta» che lo proponga anche al grande pubblico.

120. Su questo aspetto, cfr. soprattutto Helvétius, *Dello spirito*, cit.

121. Sulla concezione della donna nel '700, cfr. P. Hoffmann, *La femme dans la pensée des Lumières*, Ophrys, Paris 1977, che dedica a Rousseau un lungo capitolo, dove sottolinea in partico-

lar modo la sua teoria della «differenziazione dei sessi». Su questo punto, cfr. anche G.A. Roggerone, *Rousseau e la donna*, in «Note», Bollettino del Centro «Ch. Péguy», Lecce, n. 21, marzo 1991.

122. *La Nuova Eloisa*, Parte quarta, lettera XIII, p. 523 («Ce qui nous sépare des hommes, c'est la nature elle-même, qui nous prescrit des occupations différentes; c'est cette douce et timide modestie qui, sans songer précisément à la chasteté, en est la plus sûre gardienne; c'est cette reserve attentive et piquante qui, nourrissant à la fois dans les coeurs des hommes et les désirs et le respect, sert pour ainsi dire de coquetterie à la vertu»).

123. *Emilio, Opere*, p. 612 (*OC*, IV, 693: «L'un doit être actif et fort, l'autre passif et foible; il faut necessairement que l'on veuille et puisse; il suffit que l'autre resiste peu»).

124. *Ibidem.*

125. Su questi temi, cfr., oltre al l.v dell'*Emilio*, P. Burgelin, *Préface* a *Emile, OC*, IV, CXXI sgg., e *L'éducation de Sophie*, in «Annales J.J. Rousseau», A. Jullien, Genève, XXXV, 1960-62.

126. *Emilio, Opere*, pp. 612-13 (*OC*, IV, 694-95).

127. *Ibidem*, p. 613: «... esponendo la donna a desideri illimitati, [l'Essere supremo] aggiunge a tali desideri il pudore per contenerli» (*OC*, IV, 695: «... en livrant la femme à des desirs illimités, il [l'Être suprême] joint à ces desirs la pudeur pour les contenir»).

128. *Lettere morali*, cit., p. 156 (*OC*, IV, 1110: «Je reviens à ce sentiment de honte si charmant et si doux à vaincre, plus doux peut-être encore à respecter, qui combat et enflamme les desirs d'un amant et rend tant de plaisirs à son coeur pour ce qu'il refuse à ses sens»).

129. Cfr. a questo proposito il bel saggio di M. Scheler, *Über Scham und Schamgefühl* (1933); trad. it. *Pudore e sentimento del pudore*, Guida, Napoli 1979, p. 61 sgg.

130. *La Nuova Eloisa*, Parte prima, lettera L, p. 151 («Le mystère, le silence, la honte craintive aiguisent et cachent ses doux transports. Sa flamme honore et purifie toutes ses caresses; la décence et l'honnêteté l'accompagnent au sein de la volupté même

et lui seul sait tout accorder aux désirs sans rien ôter à la pudeur»).

131. *Lettera a d'Alembert sugli spettacoli*, *Opere*, p. 246 (*Lettre à d'Alembert sur les spectacles*, cit., 170-71: «Les désirs voilés par la honte n'en deviennent que plus séduisants; en les gênant la pudeur les enflamme: ses craintes, ses détours, ses réserves, ses timides aveux, sa tendre et naïve finesse, disent mieux ce qu'elle croit taire que la passion ne l'eût dit sans elle: c'est elle qui donne du prix aux faveurs et de la douceur aux refus. Le véritable amour possède en effet ce que la seule pudeur lui dispute; ce mélange de faiblesse et de modestie le rend plus touchant et plus tendre; moins il obtient, plus la valeur de ce qu'il obtient en augmente, et c'est ainsi qu'il jouit à la fois de ses privations et de ses plaisirs»).

Nella *Lettera a d'Alembert*, ma anche altrove (per es. in *Lettere morali*, cit., p. 156; *OC*, IV, 1110), Rousseau usa toni virulenti nella rivendicazione del carattere «naturale» del pudore, in polemica con i *philosophes*, che tendevano invece a considerarlo un pregiudizio sociale.

132. *Lettera a d'Alembert*, *Opere*, p. 246 (*Lettre à d'Alembert*, cit., 172).

133. *Ibidem*, p. 247 (*Lettre à d'Alembert*, cit., 175: «Quand on pourrait nier qu'un sentiment particulier de pudeur fût naturel aux femmes, en serait-il moins vrai que, dans la société, leur partage doit être une vie domestique et retirée, et qu'on doit les élever dans des principes qui s'y rapportent? [...] Y a-t-il au monde un spectacle aussi touchant, aussi respectable que celui d'une mère de famille entourée de ses enfants, réglant les travaux de ses domestiques, procurant à son mari une vie heureuse, et gouvernant sagement la maison?»).

134. *La Nuova Eloisa*, Parte quarta, lettera XIII, p. 523 («Voilà pourquoi les époux mêmes ne sont pas exceptés de la règle; voilà pourquoi les femmes les plus honnêtes conservent en général le plus d'ascendant sur leurs maris, parce qu'à l'aide de cette sage et discrète réserve, sans caprice et sans refus, elles savent au sein de l'union la plus tendre les maintenir à une certaine distance, et les empêchent de jamais se rassasier d'elles»).

135. *Lettera a d'Alembert*, *Opere*, p. 248 (*Lettre à d'Alembert*, cit., 177).

136. *La Nuova Eloisa*, Parte quinta, lettera II, p. 564 («art de jouir», «désirs à la règle [...] passions à l'obéissance»).

137. *Emilio, Opere*, p. 711: «Regnerete lungo tempo per mezzo dell'amore – dice a Sophie il precettore di Emilio – se renderete i vostri favori rari, e preziosi, se saprete farli valere. Se volete vedere vostro marito continuamente ai vostri piedi, tenetelo sempre a una certa distanza dalla vostra persona» (*OC*, IV, 865: «Vous régnerez longtemps par l'amour si vous rendez vos faveurs rares et précieuses, si vous savez les faire valoir. Voulez-vous vôtre mari sans cesse à vos pieds? tenez-le toujours à quelque distance de votre personne»).

138. *Ibidem* (*OC*, IV, 866).

139. Cfr. *Emile et Sophie, ou les solitaires*, il «seguito» incompiuto dell'*Emilio*, in *OC*, IV; su questo testo, cfr. il saggio di A. Pizzorusso, *Rousseau e la continuazione dell'Emilio*, in *Da Montaigne a Baudelaire*, Bulzoni, Roma 1971.

140. Sui «traités de l'amitié», che, come si è già accennato, proliferano nel '700, cfr. F. Gerson, *Le thème de l'amitié dans la littérature française au XVIIIe siècle*, La pensée universelle, Paris 1974; su Rousseau in particolare, cfr. W. Acher, *J.J. Rousseau écrivain de l'amitié*, Nizet, Paris 1971.

141. Cfr. *Gli amori di milord Edoardo Bomston*, in appendice alla *Nuova Eloisa*, su cui si tornerà nelle note al testo.

142. *La Nuova Eloisa*, Parte quarta, lettera VI, p. 688 («Je m'honore de l'amitié qui nous joint comme d'un retour sans exemple. On étouffe les grandes passions; rarement on les épure»).

143. Cfr. il paragrafo 2.

144. *La Nuova Eloisa*, Parte quarta, lettera XIV, p. 531 («Otez-lui la mémoire, il n'aura plus d'amour»).

145. Cfr. G. Poulet, *Rousseau*, in *Etudes sur le temps humain* (1952), Rocher, Paris 1976, 4 voll., vol. I.

146. *La Nuova Eloisa*, Parte terza, lettera XX, p. 393 («Combien alors il est à craindre que l'ennui ne succède à des sentiments trop vifs que leur déclin, sans s'arrêter à l'indifférence, ne passe jusqu'au dégoût; qu'on ne se trouve enfin tout à fait rassasiés

l'un de l'autre; et que, pour s'être trop aimés amants, on n'en vienne à se haïr époux!»).

147. *Ibidem*, lettera XVIII, p. 383 («Pour nous aimer toujours il faut renoncer l'un à l'autre»).

148. Su questo cfr. Nelli, *op. cit.*, vol. I, cap. IV.

149. Pascal dà dell'*ennui* una delle definizioni più efficaci, destinata a diventare un classico nella riflessione sulla soggettività moderna: «*Ennui*. Rien n'est plus insupportable à l'homme que d'être dans un plein repos, sans passions, sans affaire, sans divertissement, sans application. Il sent alors son néant, son insuffisance, sa dépendance, son impuissance, son vide. Incontinent il sortira du fond de son âme l'ennui, la noirceur, la tristesse, le chagrin, le dépit, le désespoir», B. Pascal, *Oeuvres Complètes*, a cura di L. Lafuma, Seuil, Paris 1963; trad. it. *Pensieri*, in *Pensieri, opuscoli, lettere*, Rusconi, Milano 1978, pp. 471-72: «*Noia*. Niente è insopportabile all'uomo quanto di essere in un completo riposo, senza passioni, senza faccende, senza divertimento, senza un'occupazione. Allora avverte il proprio nulla, il proprio abbandono, la propria insufficienza, la propria dipendenza, il proprio vuoto. Subito saliranno dal profondo dell'animo suo la noia, l'umor nero, la tristezza, il cruccio, il dispetto, la disperazione».

150. *La Nuova Eloisa*, Parte sesta, lettera VIII, p. 719 («Je ne vois partout que sujets de contentement et je ne suis pas contente; une langueur secrète s'insinue au fond de mon coeur; je le sens vide et gonflé, comme vous disiez autrefois du vôtre; l'attachement que j'ai pour tout ce qui m'est cher ne suffit pas pour l'occuper; il lui reste une force inutile dont il ne sait que faire. Cette peine est bizarre, j'en conviens, mais elle n'est pas moins réelle. Mon ami, je suis trop heureuse; le bonheur m'ennuie»).

151. Essa dice infatti: «...mon imagination n'a plus rien à faire, je n'ai rien à désirer; sentir et jouir sont pour moi la même chose; je vis à la fois dans tout ce que j'aime, je me rassasie de bonheur et de vie. O mort! viens quand tu voudras, je ne te crains plus, j'ai vécu, je t'ai prévenue; je n'ai plus de nouveaux sentiments à connaître, tu n'a plus rien à me dérober» («... la mia immaginazione non ha più nulla da fare, non ho più nulla da desiderare; sentire e godere sono per me la stessa cosa; vivo in-

sieme in tutto quanto amo, mi sazio di felicità e di vita: o morte, vieni quando vorrai! non ti temo più, ho vissuto, ti ho preceduta, non c'è sentimento ignoto che io debba ancora conoscere, tu non hai più nulla da involarmi.» *Ibidem*, p. 714).

152. *Ibidem*, p. 718 («Dans le règne des passions elles aident à supporter les tourments qu'elles donnent; elles tiennent l'espérance à côté du désir. Tant qu'on désire on peut se passer d'être heureux; on s'attend à le devenir: si le bonheur ne vient point, l'espoir se prolonge, et le charme de l'illusion dure autant que la passion qui le cause. Ainsi cet état se suffit à lui-même, et l'inquiétude qu'il donne est une sorte de jouissance qui supplée à la réalité, qui vaut mieux peut-être. Malheur à qui n'a plus rien à désirer! il perd pour ainsi dire tout ce qu'il possède. On jouit moins de ce qu'on obtient que de ce qu'on espère et l'on n'est heureux qu'avant d'être heureux»).

153. Cfr. il paragrafo 3.

154. *Ibidem*, lettera XII, p. 767 («Vous m'avez crue guérie, et j'ai cru l'être [...] Oui, j'eus beau vouloir étouffer le premier sentiment qui m'a fait vivre, il s'est concentré dans mon coeur. Il s'y réveille au moment qu'il n'est plus à craindre; il me soutient quand mes forces m'abandonnent; il me ranime quand je me meurs. Mon ami, je fais cet aveu sans honte; ce sentiment resté malgré moi fut involontaire; il n'a rien coûté à mon innocence [...] J'ai fait ce que j'ai dû faire; la vertu me reste sans tache, et l'amour m'est resté sans remords»).

155. Diversamente dalla maggior parte degli interpreti, che tendono a evidenziare la «soluzione religiosa» del romanzo, Starobinski, *La trasparenza e l'ostacolo*, cit., cap. V, sottolinea invece come la conciliazione tentata da Julie tra la passione e la virtù resti insoddisfatta; e come sia di conseguenza irrisolta l'ambivalenza tra la sintesi morale e l'inclinazione passionale. Anche A. Philonenko, *op. cit.*, mette in luce gli aspetti irrisolti del finale del romanzo, suggerendo che, accanto alla soluzione trascendente di Julie, ci sia la risposta profondamente umana di Saint-Preux, che afferma se stesso nell'accettazione del proprio destino di *malheur*, e trova in questo la propria libertà.

156. Cfr. Thomas, *Roman de Tristan*, Droz, Genève (Minard, Paris) 1960; trad. it. *Tristano e Isotta*, a cura di F. Troncarelli,

Garzanti, Milano 1979; e W.J. Goethe, *Die Leiden der jungen Werthers*, 1774; trad. it. *I dolori del giovane Werther*, Garzanti, Milano 1967. Sulla morte come vocazione e mitologia della concezione occidentale dell'amore, cfr. D. De Rougemont, *L'amour et l'Occident*, Plon, Paris 1939; trad. it. *L'amore e l'Occidente*, Rizzoli, Milano 1977.

157. Cfr. Prévost, *Storia del cav. Des Grieux e di Manon Lescaut*, cit.; Richardson, *Clarissa, or the History of a Young Lady*, cit.

CRONOLOGIA DELLA VITA
E DELLE OPERE

1712, 28 giugno Nascita di Jean-Jacques nella *Grande rue*, a Ginevra.
7 luglio Morte di Suzanne Rousseau, sua madre.

1717 Isacco Rousseau e suo figlio Jean-Jacques si trasferiscono nella città bassa, nel *faubourg Saint-Gervais*, in *rue Coutance*

1722-1724 Jean-Jacques è ospitato, in pensione, dal pastore Lambercier, a Bossey.

1725 Jean-Jacques vive presso lo zio Gabriel Bernard, nella Grande rue, a Ginevra, come apprendista.

1728, 14 marzo Jean-Jacques fugge da Ginevra.
21 marzo Si presenta a madame de Warens, a Annecy.
12 aprile Entra al collegio dei catecumeni di Torino e si converte al cattolicesimo.
luglio-dicembre È a servizio presso madame de Vercellis.

1729, febbraio-giugno (?) È a servizio presso il conte di Gouvon.
settembre-ottobre Torna a Annecy, e vive in seminario per qualche settimana.

1730, fine giugno (?) « Giornata delle ciliegie »
luglio Viaggio da Annecy a Friburgo con mademoiselle Merceret.
agosto 1730-aprile 1731 Rousseau insegna musica a Losanna, poi a Neuchâtel.

1731, aprile Rousseau viene accolto dall'ambasciata di Francia, a Soleure.
giugno-luglio Primo soggiorno a Parigi, come precettore.
ottobre Dopo un soggiorno a Lione, viene assunto, a Chambéry, nel catasto della Savoia.

1732, giugno Rousseau lascia il catasto e vive dando lezioni di musica in città.

1732 o 1733 Viaggio a Besançon.

1735 o 1736 Primo soggiorno nella casa di campagna detta «Les Charmettes».

1737, 11 settembre Partenza da Chambéry, per Montpellier.

1738, febbraio Ritorno a Chambéry.

1740-1741 Rousseau è precettore a Lione, presso madame de Mably.

1741 o 1742, autunno Arrivo a Parigi.

Inverno 1741-1742 o 1742-1743 Incontro con Diderot.

1743, gennaio *Dissertazione sulla musica moderna.*
10 luglio Partenza da Parigi per Venezia.

1744 Rousseau lascia Venezia e torna a Parigi.

1745 A Parigi conosce Thérèse Levasseur.

1746-1747, inverno Nascita del primo figlio di Rousseau.

1749, autunno «Illuminazione di Vincennes». Amicizia con Melchior Grimm.

1750, 9 luglio Il *Discorso sulle scienze e le arti* è premiato dall'Accademia di Digione.
novembre Pubblicazione del *I Discorso*.

1751   Inizia la polemica suscitata dal *I Discorso*.

1752, 18 ottobre   *L'indovino del villaggio* è rappresentato a Fontainebleau, alla presenza del re.
18 dicembre   Il *Narciso* viene rappresentato al Théâtre Français.

1753, novembre   *Lettera sulla musica francese*.

1754, giugno-ottobre   Abita a Ginevra e rientra nella chiesa calvinista, riacquistando la cittadinanza ginevrina.

1755, agosto   Pubblicazione del *Discorso sull'origine e i fondamenti dell'ineguaglianza fra gli uomini*.

1756, 9 aprile   Si trasferisce all'Ermitage di Montmorency, presso madame d'Épinay.

1757, aprile-maggio   Disputa e riconciliazione con Diderot.
primavera-estate   Amore per Sophie d'Houdetot.
ottobre-novembre   Disputa e rottura con Grimm. Scrive la voce «Ginevra» per l'*Encyclopédie* (volume VII).
15 dicembre   Rousseau lascia l'Ermitage per Mont-Louis, nel villaggio di Montmorency.

1758, 6 maggio   Lettera di rottura di Sophie d'Houdetot a Rousseau.
settembre-ottobre   Pubblicazione della *Lettera al signor D'Alembert sugli spettacoli*.

1759, maggio-luglio   Rousseau si trasferisce provvisoriamente presso il Petit Château di Montmorency.

1761, gennaio   A Parigi viene messa in vendita la *Nuova Eloisa*.

1762, gennaio   Redazione delle quattro *Lettere autobiografiche a madame de Malesherbes*.
aprile   Pubblicazione, a Amsterdam, del *Contratto so-*

ciale, la cui circolazione in Francia viene immediatamente vietata.

fine maggio   A Parigi, l'*Emilio* è posto in vendita.

9 giugno   L'*Emilio* viene condannato dal Parlamento di Parigi. Rousseau, colpito da mandato di cattura, previene l'arresto lasciando Montmorency e recandosi in Svizzera.

14 giugno   Arriva a Yverdun, in territorio bernese. Nello stesso periodo, *Il contratto sociale* e l'*Emilio* sono vietati e requisiti anche a Ginevra.

luglio   Espulso dal territorio di Berna, Rousseau si trasferisce a Môtiers-Travers, nella contea di Neuchâtel, dipendente dal re di Prussia. A Chambéry muore madame de Warens. I Paesi Bassi e il Consiglio scolastico di Berna condannano l'*Emilio*.

agosto   Lettera pastorale dell'arcivescovo di Parigi contro l'*Emilio*.

1763, marzo   *Lettera a Christophe de Beaumont*, arcivescovo di Parigi.

12 maggio   Rousseau rinuncia alla cittadinanza ginevrina.

settembre-ottobre   Rousseau viene attaccato nelle *Lettere scritte dalla Campagna*.

1764, ottobre   Pubblicazione, a Amsterdam, delle *Lettere scritte dalla Montagna*.

fine dicembre   A Ginevra, Voltaire pubblica il *pamphlet* anonimo antiroussoiano *Il sentimento dei cittadini*.

1765, gennaio-marzo   Le *Lettere scritte dalla Montagna* sono condannate e bruciate a La Haye e Parigi.

marzo   Rousseau viene convocato dinanzi al concistoro di Môtiers.

luglio   Escursione all'isola di Saint-Pierre nel lago di Bienne.

6 settembre   « Lapidazione » di Môtiers.

12 settembre-25 ottobre   Rousseau si trattiene nell'isola di Saint-Pierre.

29 ottobre   Lascia Bienne e si reca a Strasburgo, con l'intenzione di raggiungere Berlino (qui si fermano le *Confessioni*).

novembre-dicembre   Indeciso, resta a Strasburgo e decide infine di raggiungere Parigi e poi l'Inghilterra.

fine dicembre   Rousseau è a Parigi, al Tempio, sotto la protezione del principe Conti.

1766, 4 gennaio   Accompagnato da Hume, parte da Parigi per Calais.

gennaio-marzo   Permanenza a Londra e nella periferia, a Chiswick.

fine marzo   Trasferimento a Wotton, nello Staffordshire. Rousseau lavora alla prima parte delle *Confessioni*.

luglio   Inizio della lite (epistolare) con Hume.

1767, marzo   Il re d'Inghilterra Giorgio III concede a Rousseau una pensione.

maggio   Partenza precipitosa da Wotton e ritorno in Francia, col nome di Renou.

giugno   Dopo aver passato qualche giorno da Mirabeau, a Fleury-sous-Meudon, presso Clamart, Rousseau si trasferisce in casa del principe Conti a Trye-le-Château, presso Gisors. Ivi conclude la stesura almeno della prima parte delle *Confessioni*.

ottobre-novembre   A Trye dimora anche, malato, Du Peyrou, con cui Rousseau ha una lite. Interruzione della stesura delle *Confessioni*.

1768, primavera   Primi sintomi, nella corrispondenza, del « complotto » che comincia a prendere forma nella mente di Rousseau. Con altre carte, egli consegna un « quaderno di confessioni » a madame de Nadaillac.

giugno-luglio   Lascia Trye e risiede a Lione e poi a Grenoble.

agosto   Trasferimento a Bourgoin, nel Dauphiné. « Matrimonio civile » con Thérèse.

1769, gennaio   Trasferimento a Monquin, presso Bourgoin.

novembre   A Monquin riprende la stesura delle *Confessioni*.

1770, 26 febbraio   Lunga lettera a madame de Saint-Germain sul « complotto ».

10 aprile   La stesura delle *Confessioni* è giunta per lo meno alla fine del libro XI. Rousseau lascia Monquin e si trasferisce a Lione.

estate   A Parigi, Rousseau chiede a madame de Nadaillac la restituzione del « quaderno di confessioni », riprende il mestiere di copista e completa la seconda parte delle *Confessioni*.

novembre o dicembre   Prima seduta della lettura delle *Confessioni*.

1771, maggio   Le letture pubbliche delle *Confessioni* sono vietate dalla polizia.

1772-1776   Stesura, correzione e formulazione definitiva in bella copia di *Rousseau giudice di Jean-Jacques* e dei *Dialoghi*. Inizia la redazione delle *Fantasticherie di un passeggiatore solitario*.

1776, 24 ottobre   Incidente di Ménilmontant, riferito nella *Seconda passeggiata* delle *Fantasticherie*.

1777   Stesura delle *Fantasticherie*, fino alla *Settima passeggiata*.

agosto   Rousseau interrompe l'attività di copista.

1778, gennaio-aprile   Stesura della *Ottava, Nona e Decima passeggiata* delle *Fantasticherie*.

2 maggio   Rousseau affida a Paul Moultou una copia autografa delle *Confessioni* (è il manoscritto cosiddetto di Ginevra).

20 maggio   Trasferimento a Ermenonville, presso il marchese di Girardin.

2 luglio   Rousseau muore a Ermenonville.

4 luglio   Viene sepolto nell'« isola dei pioppi ».

1779   In appendice al poema *I mesi* di Roucher, vengono pubblicate le quattro *Lettere a Malesherbes*.

1780   Pubblicazione, in Inghilterra, del primo dei tre *Dialoghi*.

1782, primavera   Pubblicazione, a Ginevra, della I parte delle *Confessioni*, seguita da quella delle *Fantasticherie del passeggiatore solitario* e, in seguito, dei *Tre dialoghi*.

1789, autunno   Pubblicazione, a Ginevra, della II parte delle *Confessioni*.

1794, ottobre   I resti di Rousseau vengono deposti nel Panthéon.

GIULIA
o
LA NUOVA ELOISA

Non la conobbe il mondo mentre l'ebbe;
Conobbil'io, ch'a pianger qui rimasi.
PETRARCA[1]

PRIMA PREFAZIONE DELL'AUTORE[1]

Nelle grandi città occorrono spettacoli, romanzi ai popoli corrotti. Ho visto i costumi del mio tempo e ho pubblicato queste lettere. Perché non son vissuto in un secolo nel quale avrei dovuto buttarle nel fuoco?

Benché io non porti qui che il titolo di editore, ho lavorato io stesso a questo libro, e non ne faccio mistero. Ho fatto tutto io, e tutta la corrispondenza non è altro che una finzione. Gente mondana, cosa ve n'importa? Per voi è certamente una finzione.

Ogni onest'uomo deve firmare i libri che pubblica. Perciò metto il mio nome in capo a questa raccolta, non per appropriarmela, ma per farmene responsabile. Si imputi a me il male, se ce n'è; se c'è qualche bene, non voglio affatto farmene bello. Se il libro è cattivo, sono anche più obbligato a dirlo mio; non voglio farmi passare per migliore di quanto sono.

Circa la verità dei fatti, dichiaro che sono stato varie volte nel paese dei due amanti, e che mai ho sentito parlare del barone d'Etange, né di sua figlia, né del signor d'Orbe, né di milord Edoardo Bomston, né del signor di Wolmar. Inoltre avverto che la topografia è alterata fortemente in vari posti: sia per meglio sviare il lettore, sia che l'autore non ne sapesse di più. Ecco tutto quanto posso dire. Ognuno la pensi come gli pare.

Questo non è un libro fatto per circolare nel mondo: è destinato a pochissimi lettori. Lo stile disgusterà la gente di buon gusto; la materia inquieterà la gente austera, tutti i sentimenti sembreranno innaturali a coloro che non credono alla virtù. Deve spiacere ai devoti, ai libertini, ai filosofi; deve urtare le donne galanti e scandalizzare le oneste. A chi mai piacerà, allora? Forse soltanto a me; ma certamente non piacerà mediocremente a nessuno.

Chiunque si decida a leggere queste lettere deve armarsi di pazienza circa gli errori di lingua, lo stile enfatico e pedestre, i pensieri banali espressi in termini ampollosi; deve dirsi che coloro i quali le hanno scritte non sono francesi, begli spiriti, accademici o filosofi, bensì provinciali, stranieri, solitari, giovani e quasi ragazzi, i quali nel loro romanzesco fantasticare pigliano per filosofia gli onesti vaneggiamenti del loro cervello.

Perché dovrei temere di dire quello che penso? Questa raccolta, col suo tono gotico, si addice alle donne meglio dei libri di filosofia. Può persino riuscir utile a quelle che, pur in un'esistenza sregolata, hanno mantenuto un certo amore per ciò che è onesto. Quanto alle ragazze, è un'altra cosa. Una ragazza casta non ha mai letto romanzi; a questo ho posto un titolo abbastanza chiaro perché chi lo apre sappia di che si tratta. Colei che, nonostante il titolo, ardirà leggerne una sola pagina, è una ragazza perduta; ma non imputi la sua perdizione a questo libro, il male era fatto già prima. Poiché ha cominciato, finisca: non rischia più niente.

Che un uomo austero, scorrendo questa raccolta, sia respinto dalle prime parti, che butti via il libro con rabbia e si arrabbi con l'editore: non mi lagnerò della sua ingiustizia; al suo posto avrei potuto fare altrettanto. Ma se, dopo averlo letto tutto, qualcuno osasse biasimarmi d'averlo pubblicato: lo dica a tutta le terra, se gli pare, ma non venga a dirlo a me: sento che non potrei mai stimare codest'uomo.

SECONDA PREFAZIONE DELL'AUTORE[1]

OVVERO

DIALOGO SUI ROMANZI

TRA L'EDITORE E UN LETTERATO

AVVERTENZA

Questo dialogo, o discorso immaginario, era destinato dapprima a far da prefazione alle lettere dei due amanti. Ma forma e lunghezza non avendomi concesso di metterlo in testa alla raccolta se non per brani, lo pubblico qui per intero, nella speranza che ci si troverà qualche utile pensiero sull'oggetto di questa sorta di scritti. Peraltro m'è parso di dover aspettare che il libro avesse prodotto il suo effetto prima di discuterne gli inconvenienti e i vantaggi, perché non volevo né danneggiare il libraio né mendicare l'indulgenza del pubblico.

N.   Eccovi il vostro manoscritto. L'ho letto per intero.

R.[1]   Per intero? Capisco: volete dire che pochi vi imiteranno?

N.   *Vel duo, vel nemo.*

R.   *Turpe et miserabile*[2]. Ma voglio un giudizio positivo.

N.   Non ardisco.

R.   Con questa parola già avete ardito. Spiegatevi.

N.   Il mio giudizio dipende dalla risposta che mi darete. Questa corrispondenza è vera o è una finzione?[3]

R.   Non ne vedo la conseguenza. Per giudicare se un libro è buono o cattivo, cos'importa sapere com'è stato fatto?

N.   Importa assai, per questo. Un ritratto ha sempre il suo valore, a patto che sia somigliante, per strano che ne sia il modello. Ma in un quadro di fantasia, ogni figura umana deve avere i caratteri comuni dell'uomo, sennò il quadro non vale nulla. Supposti buoni tutti e due, rimane tuttavia questa differenza: che il ritratto interessa pochi, solo il quadro può piacere al pubblico.

R.   Capisco. Se queste lettere sono un ritratto, non interessano; se sono dei quadri, imitano male. È così?

N.   Esattamente.

R.   A questo modo dovrò strapparvi le risposte, prima che mi abbiate risposto. Peraltro, siccome non posso soddisfare la vostra domanda, bisogna che ne facciate a

20

meno per rispondere alla mia. Supponiamo il peggio: la mia Giulia...

N.   Oh! se fosse esistita!

R.   E allora?

N.   Ma certo non è che una creatura immaginaria.

R.   Ammettiamolo.

N.   In tal caso non c'è cosa più sgradevole: queste lettere non sono lettere; questo romanzo non è un romanzo; i personaggi son gente dell'altro mondo.

R.   Me ne spiace per questo.

N.   Consolatevi; anche qui i pazzi non scarseggiano; ma i vostri non sono naturali.

R.   Potrei... No, vedo da che parte va la vostra curiosità. Perché giudicate così? Sapete fin dove gli uomini sono diversi l'uno dall'altro? Come i caratteri sono vari? Come i costumi, i pregiudizi cambiano secondo i tempi, i luoghi, le epoche? Chi ha il coraggio di stabilire precisi confini alla natura e dire: ecco fin dove può andare l'uomo, e non oltre?

N.   Con questo bel ragionamento i mostri inauditi, i giganti, i pigmei, le chimere di ogni specie, tutto sarebbe specificamente ammesso nella natura; tutto sarebbe sfigurato, non ci sarebbe più un modello comune. Torno a dire che nelle raffigurazioni dell'umanità ognuno deve riconoscere l'uomo.

R.   Lo ammetto, a patto che si sappia discernere ciò che costituisce le varietà da ciò che è essenziale alla specie. Cosa direste di colui che non riconoscesse la nostra se non vestita alla francese?

N.   Cosa direste di colui che, senza definire tratti o statura, volesse dipingere una figura umana vestita d'un velo? Non si avrebbe il diritto di chiedergli dov'è l'uomo?

R.   Né tratti né statura? Ma siete giusto? Niente personaggi perfetti: questa è la chimera. Una giovane che offende la virtù da lei amata, ricondotta al dovere dall'orrore di un fallo più grave; un'amica troppo benevola, che per finire è punita dal suo stesso cuore dell'eccessiva sua indulgenza; un giovane onesto e sensibile, tutto debolez-

za e bei discorsi; un vecchio gentiluomo intestardito della sua nobiltà, e che sacrifica ogni cosa all'opinione; un
inglese generoso e animoso, sempre appassionato perché
saggio, sempre ragionatore senza ragione...

N. Un marito bonario e ospitale, che si dà premura di
mettersi in casa l'ex amante della moglie...

R. Ma leggete un poco l'iscrizione della stampa[a].

N. *Le belle anime*!... Belle parole!

R. O filosofia!' quanto ti affanni a immiserire i cuori,
a immeschinire gli uomini!

N. Lo spirito romanzesco li ingrandisce e li inganna.
Ma torniamo a noi. Le due amiche?... Cosa ne dite?... E
quell'improvvisa conversione nel tempio?... La grazia,
certamente?...

R. Signore...

N. Una donna cristiana, una devota che non insegna
il catechismo ai suoi bambini; che muore senza voler
pregare Dio; la cui morte tuttavia edifica un pastore e
converte un ateo!... Oh!...[2]

R. Signore...

N. Circa l'interesse, ce n'è per tutti, quindi non esiste.
Non una cattiva azione; non un malvagio che faccia temere per i buoni. Avvenimenti così naturali e semplici
che appunto perciò paiono esagerati; niente di imprevisto; nessun colpo di scena. Tutto è previsto assai prima;
tutto avviene come previsto. Forse che val la pena di tener nota di ciò che tutti posson vedere ogni giorno in
casa propria o in quella del vicino?

R. Insomma, vorreste uomini comuni e avvenimenti
rari? Credo che preferirei il contrario. Del resto, voi giudicate quello che avete letto come se fosse un romanzo.
Non è tale; l'avete detto voi stesso, è una raccolta di lettere...

[a] Vedere la settima stampa. *(N.d.A.)*

22

N.   Che non sono lettere; mi pare d'aver detto anche questo. Che stile epistolare! Com'è inamidato! Quante esclamazioni! Quanta affettazione! Che enfasi, per non dire che cose banali! Che parolone, per miseri ragionamenti! Di rado un po' di buon senso, di giustezza; mai né finezza né forza né profondità. Frasi nelle nuvole, e pensieri che striscino. Se i vostri personaggi sono naturali, ammettete almeno che il loro stile è assai poco naturale.

R.   Ammetto che, dal vostro punto di vista, le cose possono sembrare come dite.

N.   Credete forse che il pubblico leggerà con altri occhi; e non volete forse sapere il mio giudizio?

R.   Vi contraddico appunto per averlo più in esteso. Vedo che preferireste lettere scritte per essere stampate.

N.   È un desiderio che sembra assai fondato, per quelle che si danno alle stampe.

R.   Dunque non si vedranno mai gli uomini nei libri se non come vogliono farsi vedere?

N.   L'autore come vuol farsi vedere; quelli da lui dipinti come sono. Ma è un pregio che qui manca. Non un ritratto dipinto con energia; non un carattere ben definito; nessuna osservazione concreta; nessuna esperienza del mondo. Che cosa si può imparare nella limitata sfera di due o tre amanti o amici sempre occupati soltanto di sé?

R.   Si impara ad amare l'umanità. Nelle grandi società non si impara che a odiare l'uomo.[1]
Il vostro giudizio è severo; quello del pubblico lo sarà anche più. Senza tacciarlo d'ingiustizia, voglio dirvi a mia volta con che occhio io considero queste lettere; non tanto per scusare i difetti che voi biasimate, quanto per indagarne la sorgente.
Nella solitudine si hanno altri modi di vedere e di sentire che nel commercio del mondo; le passioni, modificate diversamente, hanno espressione diversa; l'immaginazione, sempre colpita dagli stessi oggetti, ne è più vivamente impressionata. Quel piccolo numero di immagini torna

23

continuamente, si mescola a tutte le idee e dà loro quel tono strano e poco variato che si nota nei discorsi dei solitari. Ne consegue forse che quel discorso sia assai energico? Nient'affatto; è solo straordinario. Soltanto nel mondo si impara a parlare con energia. Anzitutto, perché bisogna sempre dire meglio e diversamente degli altri; poi perché, costretti ad affermare continuamente ciò che non si crede, a esprimere sentimenti che non si provano, si cerca di dare a quanto si dice un vigore persuasivo che supplisce all'intima persuasione. Credete forse che le persone davvero appassionate abbiano quel modo di parlare vivo, forte, colorito che ammirate nei vostri drammi e nei vostri romanzi? No; la passione piena di sé si esprime con più abbondanza che forza; non pensa nemmeno a persuadere; non sospetta che sia possibile dubitare di lei. Quando dice ciò che sente, non è tanto per esporlo agli altri quanto per sgravarsene. Nelle grandi città si dipinge l'amore con più vivacità; ma lo si prova forse meglio che nei casolari?

N.   Come dire che la debolezza del linguaggio dimostra la forza del sentimento?

R.   A volte almeno ne dimostra la verità. Leggete una lettera d'amore scritta da un autore nel suo studio, o da un bello spirito che vuol brillare. Per poco che abbia fuoco in testa, la lettera brucerà la carta, come si dice; ma il calore non andrà oltre. Sarete ammirato, magari agitato; ma d'un'agitazione effimera e arida, che non vi lascerà altro che parole nel ricordo. Invece una lettera dettata veramente dall'amore; una lettera d'un amante davvero appassionato, sarà rilassata, diffusa, tutta lungaggini, disordine, ripetizioni. Il suo cuore, traboccante d'un sentimento, torna a ridire sempre la stessa cosa, non ha mai finito di dirla; come una sorgente viva che scorre sempre e non s'esaurisce mai. Niente di rilevante, niente di notevole; non si ricordano né parole, né modi, né frasi; non si ammira niente, non si è colpiti da niente. Tuttavia si ha l'anima intenerita; ci si sente commossi senza sapere perché. Se la forza del sentimento non ci colpisce, ci commuove la sua verità: ecco come il cuore sa parlare al cuore. Ma coloro che non sentono niente, coloro che non sanno se non il gergo ornato delle passioni, non conoscono queste bellezze e le disprezzano.

N. Aspetto.

R. Benissimo. In quest'ultima specie di lettere, se i pensieri sono comuni, lo stile però non è familiare e non dev'esser tale. L'amore non è che illusione;[1] si crea, per dir così, un altro universo; si circonda di oggetti che non esistono, o ai quali lui solo ha comunicato la vita; e siccome esprime tutti i suoi sentimenti in immagini, il suo linguaggio è sempre figurato. Ma quelle figure sono senza giustezza e senza coerenza; la sua eloquenza è nel disordine; dimostra tanto più in quanto ragiona meno. L'entusiasmo è il grado estremo della passione. Quand'è giunto al colmo, vede il suo oggetto perfetto; allora ne fa il proprio idolo; lo pone in cielo; e siccome l'entusiasmo della devozione adopera il linguaggio dell'amore, così l'entusiasmo dell'amore adopera il linguaggio della devozione. Non vede altro che paradiso, angeli, virtù di santi, delizie del celeste soggiorno. In tali trasporti, circondato da immagini così alte, come potrà parlarne in termini pedestri? Potrà risolversi ad abbassare, ad avvilire le proprie idee con espressioni volgari? Non innalzerà il proprio stile? Non gli conferirà nobiltà, dignità? Come potete parlare di lettere, di stile epistolare? Scrivendo all'essere amato, chi mai penserà a tali cose? non sono più lettere, sono inni.

N. Cittadino, sentiamo il vostro polso.

R. No: guardate l'inverno sulla mia testa. C'è un tempo per l'esperienza, un tempo per il ricordo. Il sentimento finisce con lo spegnersi; ma l'anima sensibile rimane tale.

Torniamo alle nostre lettere. Se le leggete come opera di un autore che si propone di piacere, o che si picca di scrivere, sono detestabili. Ma pigliatele per quello che sono, e giudicatele nel loro genere. Due o tre giovani semplici ma sensibili discorrono tra loro dei loro interessi sentimentali. Non pensano a brillare ai loro occhi. Si conoscono e si amano troppo vicendevolmente perché l'amor proprio entri in giuoco. Sono fanciulli, perché dovranno pensare da uomini? Sono stranieri, scriveranno forse correttamente? Sono solitari, conosceranno forse il mondo e la società? Pieni di un unico sentimento che li occupa, delirano e si immaginano di filosofare. Volete che sappiano osservare, giudicare, riflettere? Non sanno

niente di questo. Sanno amare; riferiscono tutto alla loro passione. L'importanza che attribuiscono alle loro folli
idee è forse meno divertente di tutto lo spirito di cui potrebbero far mostra? Parlano di tutto; sbagliano in tutto;
non fanno conoscere altro che se stessi; ma facendosi conoscere si fanno voler bene. I loro errori sono preferibili
al sapere dei saggi; i loro cuori onesti portano dappertutto, persino nei loro errori, i pregiudizi della virtù,
sempre fiduciosa e sempre tradita. Non c'è nulla che li
ascolti o che gli risponda, tutto li disinganna. Ma si sottraggono alle verità scoraggianti; non trovano in nessun
luogo ciò che sentono, quindi si ripiegano su di sé; si
staccano dal resto dell'universo; creano tra loro un piccolo mondo diverso dal nostro, e così compongono uno
spettacolo davvero nuovo.

N. Ammetto che un giovane di vent'anni e delle fanciulle di diciotto, anche se istruiti, non devono parlare come filosofi, pur immaginando di esserlo. Ammetto pure
- particolare che non mi è sfuggito - che quelle fanciulle
diventano donne per bene, e quel giovane un osservatore
più penetrante. Non faccio confronti tra l'inizio e la fine
dell'opera. I particolari della vita domestica cancellano
gli errori della giovinezza: la casta sposa, la donna sensata, la degna madre di famiglia fa dimenticare l'amante
colpevole. Ma persino questo è soggetto a critica: la fine
del libro fa anche più riprovevole l'inizio; si direbbe che
sono due libri diversi, da leggersi non dalle stesse persone. Dovendosi rappresentare dei personaggi ragionevoli,
perché prenderli prima che sian diventati tali? I giuochi
infantili che precedono le lezioni della saggezza non permettono di aspettarle; il male scandalizza prima che il
bene possa edificare; insomma il lettore sdegnato si disgusta e lascia il libro nel momento di cavarne profitto.

R. Credo invece che la fine del libro sarebbe superflua
per i lettori disgustati dall'inizio, e che quello stesso inizio debba riuscir piacevole a quelli ai quali la fine può
riuscire utile. Così coloro che non terminano il libro
non perdono niente, poiché non gli si addice; e coloro che
ne possono trar profitto non lo leggerebbero, se comin-
ciasse in modo più grave. Perché sia utile quello che si
vuol dire, bisogna anzitutto farsi ascoltare da quelli ai
quali è destinato.

Ho mutato mezzo, non oggetto. Quando ho cercato di parlare agli uomini, non mi hanno inteso; forse parlando ai fanciulli mi farò ascoltare meglio; ai fanciulli la ragione nuda piace come le medicine mal nascoste.

> Così a l'egro fanciul porgiamo aspersi
> Di soavi licor gli orli del vaso:
> Succhi amari ingannato intanto ei beve,
> E da l'inganno suo vita riceve[1].

N. Temo che vi sbagliate una volta ancora: leccheranno gli orli del vaso e non berranno il licore.

R. Ma allora non sarà più errore mio; avrò fatto il possibile per farlo accettare.

I miei giovani sono amabili; ma per amarli a trent'anni bisogna averli conosciuti a venti. Bisogna aver vissuto a lungo con loro per dilettarsene; e soltanto dopo aver deplorato i loro errori si gusteranno le loro virtù.[2] Le loro lettere non interessano immediatamente; attraggono a poco a poco: non si possono né prendere né lasciare. Non ci sono né grazia, né facilità, né ragione, né spirito, né eloquenza; ma c'è sentimento,[3] che si comunica gradatamente al cuore, e da solo finisce per supplire a tutto. È una lunga romanza, le cui strofe prese separatamente non hanno nulla di toccante, ma che insieme producono finalmente il loro effetto. Ecco ciò che provo leggendole: ditemi, sentite così anche voi?

N. No. Tuttavia capisco codesto effetto in voi. Se siete l'autore, l'effetto è semplice. Se non lo siete, lo capisco egualmente. Un uomo che vive nel mondo non può avvezzarsi alle idee stravaganti, al patetico artificioso, al continuo sragionare dei vostri bravi personaggi. Un solitario li può gustare; voi stesso ne avete detto il perché. Ma prima di pubblicare questo manoscritto, riflettete che il pubblico non è composto di eremiti. Quello che potrebbe capitar di meglio è che si pigli il vostro giovinetto per un Celadone, il vostro Edoardo per un don Chisciotte, le vostre ochette per due Astree[4], da divertir-

27

sene come di altrettanti pazzi autentici. Ma le lunghe pazzie non divertono affatto; bisognerebbe scrivere come Cervantes per far leggere sei volumi di visioni.

R. La ragione che vorrebbe farvi sopprimere quest'opera mi incita a pubblicarla.

N. E che! la certezza di non esser letto?

R. Un po' di pazienza e mi capirete.

In fatto di morale, a mio parere, non c'è lettura utile per la gente mondana. Anzitutto, perché la moltitudine dei libri nuovi che sfogliano e che a volta a volta dicono il pro e il contro si annullano a vicenda, e l'effetto è inesistente. Nemmeno i libri scelti e che si rileggono producono un effetto: se sostengono le massime del mondo sono superflui; se le combattono sono inutili. Coloro che li leggono sono legati ai vizi della società con catene che i libri non possono spezzare. L'uomo di mondo che per un attimo vorrebbe agitare la propria anima per riportarla nell'ordine morale, incontra da ogni parte una invincibile resistenza, e così è sempre costretto a mantenere o a riprendere la sua situazione iniziale. Sono persuaso che son poche le persone bennate che non abbiano fatto questo tentativo, una volta almeno; ma, scoraggiati subito da un vano sforzo, non lo si ripete più, ci si avvezza a considerare la morale dei libri come chiacchiere di gente oziosa. Più ci si allontana dagli affari, dalle grandi città, dalle società numerose, e più gli ostacoli diminuiscono. A un certo punto tali ostacoli cessano di essere invincibili: allora i libri cominciano ad avere una certa utilità. Quando si vive isolati, poiché non ci si affretta a leggere per farsi belli delle proprie letture, si variano meno e si meditano di più; e siccome non trovano un grande contrappeso al di fuori, fanno un assai maggior effetto dentro. La noia, flagello della solitudine non meno che del gran mondo, costringe a ricorrere ai libri divertenti, unica risorsa di chi vive solo e non ne trova in sé. Si leggono assai più romanzi in provincia che a Parigi, se ne leggono più nelle campagne che nelle città, e vi fanno maggior impressione; vedete perché le cose stanno così.

Ma quei libri, che potrebbero servire insieme di diletto, di istruzione e di consolazione per il campagnuolo, infelice soltanto perché immagina di esserlo, non paiono invece fatti che per disgustarlo del suo stato, estendendo e fortificando il pregiudizio che glielo rende spregevole. I bellimbusti, le dame alla moda, i grandi, i militari: ecco gli attori di tutti i vostri romanzi. Le raffinatezze del gusto cittadino, le massime della corte, l'apparato del lusso, la morale epicurea: ecco le lezioni che predicano e i precetti che esibiscono. I colori delle loro false virtù offuscano lo splendore delle virtù vere; le astuzie dei raggiri si sostituiscono ai doveri effettivi; i bei discorsi fanno sprezzare le belle azioni, e la semplicità dei sani costumi è considerata rozzezza.

Quale effetto produrranno tali immagini su un gentiluomo di campagna, che vede derisa la schiettezza con la quale accoglie gli ospiti, e definita orgia brutale la gioia che fa regnare nella sua regione? sulla moglie sua, la quale impara che le cure d'una madre di famiglia sono indegne d'una dama del suo rango? sulla sua figliuola, che per amore delle arie affettate e del gergo cittadino sprezza il bravo e rustico vicino che avrebbe sposato? Tutti insieme non si rassegnano più a essere dei campagnuoli, sdegnano il loro villaggio, abbandonano il vecchio castello che ben presto cade in rovina, e si trasferiscono nella capitale: dove il padre, con la croce di San Luigi, di signore che era si fa valletto o cavaliere d'industria; la madre mette su una casa da giuoco; la figlia accalappia i giocatori; e spesso tutti e tre, dopo una vita infame, muoiono in miseria e disonorati.

Gli autori, i letterati, i filosofi non smettono di gridare che, per compiere il proprio dovere di cittadini, per esser utili al prossimo, bisogna abitare nelle grandi città; a sentir loro, fuggir Parigi significa odiare il genere umano; la gente di campagna per loro non esiste; si direbbe, a sentirli, che non esistono uomini se non dove ci son pensioni, accademie e pranzi.

A poco a poco tutto scivola sulla stessa china. Novelle, romanzi e opere teatrali, tutti piglian di mira i provinciali; tutti mettono in ridicolo la semplicità dei costumi rustici; tutti esaltano i modi e i piaceri del gran mondo: non conoscerli è una vergogna, non gustarli una sventura. Chi può dire quanti furfanti e quante prostitute il fascino di questi piaceri immaginari attiri a Parigi? In questo modo i pregiudizi e l'opinione rafforzano gli effetti dei sistemi politici, e così si ammucchiano e accatastano in certi punti gli abitanti di ogni paese, mentre il resto rimane incolto e deserto; così, perché brillino le capitali, si spopolano le nazioni; e questo frivolo bagliore che abbaglia gli occhi degli sciocchi fa correr l'Europa alla sua rovina. Per il bene degli uomini bisogna cercar di fermare questo torrente di massime avvelenate. I predicatori ci gridano, è il loro mestiere: "Siate buoni e saggi", ma non si inquietano circa l'esito dei loro discorsi; il cittadino che se ne inquieta non deve strillare scioccamente: "Siate buoni", ma deve farci amare quello stato che ci induce a esserlo.¹

N. Un momento: tirate il fiato. Mi piacciono le idee utili; vi ho seguito così bene nelle vostre che mi pare di poter perorare per voi.

Dal vostro ragionamento risulta chiaro che per dare alle opere di immaginazione l'unica utilità di cui sono capaci, bisognerebbe dirigerle verso una meta opposta a quella che i loro autori si propongono: evitare le istituzioni; ricondurre tutto alla natura; dare agli uomini l'amore della vita semplice e piana; guarirli dalle fantasie dell'opinione; far sì che amino la solitudine e la pace; ridar loro il gusto dei veri piaceri; tenerli a una certa distanza gli uni dagli altri; e invece di incitarli ad ammucchiarsi nelle città, indurli a spargersi in tutto il territorio, in modo da vivificarlo in ogni sua parte. Capisco inoltre che non si tratta di farne dei Dafni, o Silvandri, o pastorelli d'Arcadia, o mandriani del Lignon, contadini illustri che coltivano il loro campetto con le proprie mani e filosofeggiano sulla natura, né altri consimili esseri romanzeschi che non esistono se non nei libri; ma di far vedere alla gente agiata che la vita rustica e l'agricoltura hanno piaceri a loro ignoti; che quei piaceri sono meno insipidi, meno grossolani di quanto credono; che possono aver gusto, scelta e delicatezza; che un uomo da bene che volesse ritirarsi in campagna con la sua famiglia ed essere il suo proprio fattore, potrebbe trascorrerci un'esistenza non meno dolce che tra i piaceri della città; che una massaia di campagna può essere una donna affascinante, piena di grazie, e di grazie più pungenti di tutte le vanerelle cittadine; che, insomma, i più dolci sentimenti del cuore possono animare in campagna una società più gradevole del linguaggio affettato dei circoli, dove il nostro ridere mordace e satirico è il triste supplemento dell'allegria, che non vi si conosce più. È così?[1]

R.   È così appunto. Mi limiterò ad aggiungere una sola riflessione. Ci si lagna che i romanzi fanno perdere la testa. Lo credo bene. Facendo continuamente vedere a quelli che li leggono i fallaci incanti d'uno stato che non è il loro, li seducono, li disgustano del loro proprio stato, al quale rinunciano per quello immaginario che i romanzi gli fanno amare. Quando si vuol essere ciò che non si è, si finisce credendosi diversi da ciò che si è, ed ecco come si diventa pazzi. Se i romanzi non offrissero ai lettori che le cose che li circondano, che doveri che è possibile adempiere, che piaceri della loro condizione, i romanzi non li farebbero impazzire, anzi li farebbero rinsavire. Bisogna che gli scritti destinati ai solitari parlino il linguaggio dei solitari: per istruirli bisogna che piacciano e interessino; bisogna che gli renda piacevole il loro stato e glielo facciano amare. Devono combattere e annientare le massime delle grandi società; devono dimostrarle false e spregevoli, come infatti sono. Con queste qualità un romanzo, se è fatto bene, o se per lo meno è utile, sarà fischiato, odiato, stroncato dalla gente alla moda, come un libro pedestre, stravagante, ridicolo; ed ecco come, caro signore, la pazzia del mondo pare saggezza.

N.   La vostra conclusione è chiara. Non si potrebbe preveder meglio il proprio insuccesso, né prepararsi a cadere con più fierezza. Ma c'è un punto non chiaro. Sapete che i provinciali non leggono che sulla nostra parola, non vedono che ciò che noi gli mandiamo. Un libro destinato ai solitari e dapprima giudicato dalla gente mondana, se questi lo rigettano, quelli non lo leggeranno affatto. Rispondete.

R.   La risposta è facile. Voi parlate dei begli spiriti di provincia; ma io parlo dei veri campagnuoli. Voialtri, che brillate nelle capitali, avete certi pregiudizi dai quali bisogna guarirvi: credete di dare il tono alla Francia intera, e i tre quarti della Francia non sanno nemmeno che esistete. I libri che cadono a Parigi fanno la fortuna dei librai di provincia.

N.   Ma perché li volete arricchire a spese dei nostri?

R.   Ridete pure. Io insisto. Quando si aspira alla gloria, bisogna farsi leggere a Parigi; quando si vuol riuscire utili, bisogna farsi leggere in provincia. Quanta brava
gente trascorre la vita coltivando il patrimonio dei padri
nelle campagne remote, dove si considerano esiliati da
una rigida fortuna? Durante le lunghe notti d'inverno,
senza compagnia, passan le serate leggendo accanto al
fuoco i libri divertenti che gli capitano tra mano. Nella
loro rustica semplicità, non si danno arie né di letterati
né di begli spiriti; leggono per cacciar la noia e non per
istruirsi; i libri di morale o di filosofia per loro è come
se non esistessero; sarebbe inutile scriverne per loro,
non li leggerebbero mai. Tuttavia, i vostri romanzi non
solo non offrono loro niente che giovi alla loro condizione, ma gliela rendono anche più amara. Cambiano
il loro cantuccio in un orrendo deserto, e per qualche ora
di distrazione che danno, procurano mesi di malessere e
di vani rimpianti. Perché non potrei supporre che questo libro, come tanti altri anche più cattivi, potrà capitare tra le mani degli abitanti della campagna, e che l'immagine dei piaceri d'uno stato tanto simile al loro glielo
farà più tollerabile? Mi piace immaginare due sposi che
insieme leggono questa raccolta, e ci attingono nuove forze per sopportare le comuni fatiche, e fors'anche nuove
idee per renderle utili. Come potrebbero contemplare
l'immagine d'una famiglia felice senza voler imitare così
amabile modello? Come potranno intenerirsi davanti alla
bellezza dell'unione coniugale, pur senza amore, senza
che la loro si faccia più stretta e forte? Staccandosi da
quella lettura, non saranno né rattristati del loro stato,
né disgustati delle loro cure. Anzi, intorno a loro tutto
sembrerà assumere un più ridente aspetto; i loro doveri
si faranno anche più nobili ai loro occhi; riacquisteran-
no il gusto dei piaceri naturali; nei loro cuori rinasce-
ranno i veri sentimenti, e vedendo la felicità a portata
di mano impareranno a gustarla. Riempiranno le stesse
funzioni; ma le riempiranno con altro spirito, e faranno
da veri patriarchi ciò che prima facevano da contadini.

N.   Fin qui tutto va benissimo. I mariti, le mogli, le
madri di famiglia... Ma le ragazze: non ne parlate?

R.   No. Una brava ragazza non legge libri d'amore. E colei che, nonostante il titolo, vorrà leggere questo, non si lagni poi del male che le avrà fatto: mentirebbe. Il male era già fatto; non aveva più niente da perdere.

N.   Benissimo! Autori erotici, venite a scuola; siete tutti quanti giustificati.

R.   Sì, se lo sono dal proprio cuore e dall'oggetto dei loro scritti.

N.   Ma lo siete voi stesso?

R.   Son troppo orgoglioso per rispondere; ma Giulia s'era fatta una regola per giudicare i libri[a]; se vi sembra buona, adoperatela per giudicare questo.

S'è voluto che la lettura dei romanzi fosse utile alla gioventù. Non vedo progetto più insensato. È come cominciare ad appiccar fuoco alla casa per mettere in azione le pompe. Secondo quella pazza idea, invece di dirigere verso il proprio oggetto la morale di siffatte opere, si rivolge sempre quella morale alle fanciulle[b], senza riflettere che le fanciulle non partecipano ai disordini di cui ci si lagna. La loro condotta è generalmente regolare, benché i loro cuori siano corrotti. Ubbidiscono alle madri aspettando di poterle imitare. Quando le donne faranno il loro dovere, siate certo che le fanciulle non verranno meno al proprio.

N.   Qui l'esperienza vi dà torto. Pare che al sesso occorra sempre un periodo di libertinaggio, in questo o in quello stato. È un cattivo lievito che presto o tardi fermenta. Nei popoli costumati, le fanciulle sono facili e le donne severe; in quelli senza morale le cose stanno all'opposto. I primi non badano che alla colpa, gli altri allo scandalo. Non si tratta che di essere al coperto delle prove; la colpa non ha importanza.

R.   A considerarne le conseguenza non si direbbe che le cose stiano così. Ma siamo giusti con le donne; la causa dei loro disordini non sta tanto in loro quanto nelle nostre cattive istituzioni.

[a] Cfr. parte seconda, lettera XVIII. (*N.d.A.*)
[b] Quest'osservazione non tocca che i romanzi inglesi moderni. (*N.d.A.*)

Da quando tutti i sentimenti naturali sono soffocati dall'estrema disuguaglianza, i vizi e le sventure dei figli derivano dall'iniquo dispotismo dei padri; in unioni forzate e mal combinate, giovani donne, vittime dell'avarizia o della vanità dei genitori, cancellano, con un disordine di cui si gloriano, lo scandalo della loro anteriore castità. Volete quindi trovar rimedio al male? risalite alla sorgente. Se c'è da tentare qualche riforma nei pubblici costumi, bisogna cominciare dai costumi domestici, che dipendono assolutamente dai padri e dalle madri! Ma le istruzioni non vanno mai in questo senso; i vostri codardi scrittori non fanno mai prediche se non agli oppressi; e la morale dei libri sarà sempre vana, perché non è altro che l'arte di lusingare il più forte.

N. Certamente la vostra non è servile; ma a furia di libertà non esagera, forse? Basta che risalga alla sorgente del male? Non avete paura che ne faccia?

R. Male? A chi? Nei periodi di epidemia e di contagio, quando tutti sono colpiti, forse che si dovrà proibire di smerciare buone medicine, col pretesto che potrebbero nuocere ai sani? Signore, su questo punto non andiamo d'accordo: tanto che, se è lecito aspettarsi un po' di successo per queste lettere, sono persuasissimo che farebbero anche più bene d'un ottimo libro.

N. È vero che la vostra predicatrice è eccellente. Sono assai contento di vedervi riconciliato con le donne; mi spiaceva di vedervi proibir loro di far prediche agli uomini*.

R. Siete insistente. Devo tacere; non sono né pazzo abbastanza né abbastanza savio da sempre aver ragione. Lasciamo che la critica si roda quest'osso.

N. Generosamente: per paura che ne rimanga senza. Ma anche se non ci fosse niente da osservare a un altro, come potrò perdonare al severo censore degli spettacoli le situazioni vivaci e i sentimenti appassionati di cui questa raccolta è piena? Fatemi vedere una scena di teatro che componga un quadro simile a quello del boschetto di

---

*Vedi la *Lettera a D'Alembert sugli spettacoli*, pag. 81 della prima edizione. (*N.d.A.*)

Clarens o del gabinetto di toeletta. Rileggete la lettera sugli spettacoli; rileggete questa raccolta... Siate coerente, o rinunciate ai vostri principi... Cosa volete che se ne pensi?

R. Voglio, signore, che un critico sia coerente con se stesso, e che non giudichi se non dopo di aver esaminato. Rileggete meglio lo scritto al quale alludete; rileggete anche la prefazione al *Narciso*, ci troverete la risposta all'incoerenza che mi rinfacciate.[1] Gli sventati che pretendono di trovarne nell'*Indovino del villaggio*, qui ne troveranno certamente di più. Ma fanno il loro mestiere; mentre voi...

N. Ricordo due passi[a]... Stimate poco i vostri contemporanei.

R. Signore, anch'io sono loro contemporaneo! Oh! perché non son nato in un secolo in cui avrei dovuto gettare questa raccolta nel fuoco?

N. Esagerate, al solito; ma fino a un certo punto le vostre massime sono abbastanza giuste. Per esempio, se la vostra Eloisa fosse sempre stata savia, sarebbe meno istruttiva; giacché, a chi potrebbe servir da modello? Le più perfette lezioni di morale piacciono ai secoli più depravati. Il che dispensa dal praticarle; così si accontenta con poca spesa e con una lettura oziosa un rimasuglio di gusto per la virtù.

R. Sublimi autori, abbassate un poco i vostri modelli, se volete che siano imitati. A chi mai vantate la virtù immacolata? Eh! parlateci di quella che si può riconquistare; così almeno qualcuno vi potrà capire.[2]

N. Il vostro giovanotto ha già fatto codeste riflessioni, ma non importa; non perciò vi imputeranno meno a colpa di aver detto ciò che si fa, per poi far vedere ciò che bisognerebbe fare. Lasciando che ispirare l'amore alle fanciulle e il riserbo alle donne è come rovesciare l'ordine stabilito e rimettere in onore tutta codesta morale spicciola sbandita dalla filosofia. Checché ne diciate, l'amore delle fanciulle è indecente e scandaloso, e non c'è che

[a] Prefazione del *Narciso*, pagg. 28 e 32; *Lettera a D'Alembert*, pagg. 223-224. *(N.d.A.)*

un marito il quale possa autorizzare un amante. Che strana goffaggine, mostrarsi indulgente con le fanciulle che non dovrebbero leggervi, e severo con le donne che vi giudicheranno! Credetemi, se avete paura di aver successo, state tranquillo: avete preso misure troppo giuste per dover temere simile affronto. Comunque sia, non vi tradirò; non siate imprudente che a metà. Se vi pare di pubblicare un libro utile, va bene; ma guardate di non metterci il vostro nome.

R.   Metterci il mio nome, signore? Forse che un galantuomo si nasconde quando parla al pubblico? Ardisce stampare cosa che non si sente di firmare? Io sono editore di questo libro, e mi nominerò per tale.

N.   Ci metterete il vostro nome? Voi?

R.   Io stesso.

N.   E che! Ci metterete il nome, davvero?

R.   Sissignore!

N.   Il vostro vero nome? *Gian Giacomo Rousseau,* in tutte lettere?

R.   *Gian Giacomo Rousseau,* in tutte lettere.

N.   Scherzate! Cosa diranno di voi?

R.   Ciò che vorranno. Faccio il mio nome in capo a questa raccolta, non per appropriarmela, ma per farmene responsabile. Si imputi a me il male, se ce n'è; se c'è qualche bene, non voglio affatto farmene bello. Se si trova che il libro è cattivo in sé, ragione di più per metterci il nome. Non voglio passare per migliore di come sono.

N.   Siete contento di questa risposta?

R.   Sì, in tempi in cui a nessuno è possibile esser buono.

N.   E le belle anime, le dimenticate?

R.   La natura le fece, le vostre istituzioni le corrompono.

N.   In capo a un libro d'amore si leggeranno queste parole: *Di G. G. Rousseau, Cittadino di Ginevra!*

R.   *Cittadino di Ginevra?* No, niente affatto. Non voglio profanare il nome della mia patria; non lo appongo che agli scritti che reputo possano farle onore[1].

N. Ma il nome che portate, anche quello non è senza onore, avete qualcosa da perdere anche voi. Pubblicate un libro debole e pedestre che vi nuocerà. Vorrei potervelo impedire; ma se commettete questa sciocchezza, è meglio che la facciate apertamente e schiettamente. Così almeno sarete fedele al vostro carattere. A proposito; ci metterete anche il vostro motto[2]?

R. Già il mio libraio m'ha fatto questo scherzo, e m'è parso così felice che gli ho promesso di fargli onore. Nossignore, non apporrò il mio motto a questo libro; ma non ci rinuncerò per questo, e meno che mai mi spavento di averlo scelto. Non dimenticate che pensavo di far stampare queste lettere quando scrivevo contro gli spettacoli, e che il pensiero di giustificare uno di questi scritti non m'ha fatto alterare la verità nell'altro. Mi sono accusato anticipatamente, con più energia forse di chicchessia. Colui che preferisce la verità alla propria gloria può sperare di preferirla alla propria vita. Volete che si sia sempre coerenti; dubito che ciò sia possibile all'uomo; ma gli è possibile di sempre essere vero: ecco ciò che voglio essere.

N. Quando vi chiedo se siete voi l'autore di queste lettere, perché mai eludete la mia domanda?

R. Appunto perché non voglio dire una bugia.

N. Ma vi rifiutate anche di dire la verità.

R. Ma è onorare la verità, dichiarare che la si vuol tacere. Avreste miglior giuoco con un uomo disposto a mentire. Del resto, le persone di gusto forse che si sbagliano nel giudicare gli scritti degli autori? Come mai osate domandare ciò che tocca a voi di risolvere?

N. Lo risolverò per alcune lettere; sono sicuramente vostre; ma nelle altre non vi riconosco più, e non so se è possibile contraffarsi a tal punto. La natura non teme di essere misconosciuta, spesso muta d'apparenza, e l'arte spesso si svela col voler essere più naturale della natura: è la storia di quel tale che nella favola grugniva meglio dell'animale che imitava[1]. Questa raccolta è piena zeppa di goffaggini che il più sprovveduto scribacchino avrebbe evitato. Declamazioni, ripetizioni, contraddizioni, interminabili rifritture; dove trovare un uomo che, capace di far meglio, potrebbe decidersi a far così male? Dov'è quel tale che non avrebbe soppresso la rivoltante proposta che milord Edoardo fa a Giulia? Dove, colui che non avrebbe corretto il ridicolo comportamento del giovanetto, che sempre vuol morire e si preoccupa di dirlo a tutti, e finisce che sta sempre bene? Dove, colui che non si sarebbe detto subito: bisogna definire con cura i caratteri; bisogna variare accuratamente gli stili? Certamente, con tal progetto avrebbe fatto anche meglio della natura.

Osservo che in una società assai intima gli stili, come i caratteri, tendono a somigliarsi, e che gli amici che confondono le proprie anime confondono anche il modo di pensare, di sentire e di dire. Questa Giulia, così com'è, dev'essere una creatura incantevole; tutto ciò che si avvicina a lei le deve somigliare; tutto ciò che la circonda deve farsi Giulia; tutti i suoi amici non devono avere che un tono; ma son cose che si sentono, non che si immaginano. E anche se si immaginassero, colui che le inventa non avrebbe il coraggio di metterle in pratica. Non gli occorrono soltanto tratti che colpiscono la gente; tutto quanto si rifà semplice a forza di finezza non gli conviene. Ora, proprio quello è il sigillo della verità; lì un occhio attento cerca e ritrova la natura.

R.   Va bene; ma cosa concludete?

N.   Non concludo; dubito, e non vi so dire quanto tale dubbio m'ha tormentato leggendo queste lettere. Certamente, se tutto non è che immaginazione avete scritto un brutto libro; ma ditemi che quelle due donne sono esistite, e torno a rileggere ogni anno questa raccolta, fino alla fine della mia vita.

R.   Eh! cosa importa che siano esistite? Invano le cerchereste sulla terra. Non esistono più.

N.   Non esistono più. Dunque sono esistite?

R.   È una conclusione condizionale: se furono, non sono più.

N.   Tra noi, ammettete che queste sottigliezze sono

38

più determinanti che imbarazzanti.

R.   Sono ciò che le costringete a essere, per non tradirmi né mentire.

N.   In fede mia, avete un bel darvi da fare, sarete svelato. Non vedete che soltanto l'epigrafe dice tutto?

R.   Vedo che non dice nulla sul fatto: perché come si potrà sapere se quell'epigrafe l'ho trovata nel manoscritto o se ce l'ho messa io? Chi può dire se non mi tormenta questo vostro stesso dubbio? Se tutta quest'aria di mistero non è che una finta per nascondervi la mia ignoranza su quanto vorreste sapere?

N.   Ma insomma, conoscete i luoghi? Siete stato a Vevey, nel paese di Vaud?

R.   Parecchie volte; e vi dichiaro che non vi ho mai sentito nominare né il barone d'Etange, né sua figlia. Il nome del signor di Wolmar vi è ignoto. Sono stato a Clarens; non ho visto nulla che somigli alla casa descritta in queste lettere. Tornando dall'Italia ci passai l'anno stesso del funesto avvenimento, e non si versavan lagrime né su Giulia di Wolmar né su persona che le somigliasse. Insomma, per quanto mi posso ricordare della situazione del paese, ho notato in queste lettere delle trasposizioni di località e degli errori di topografia; sia che l'autore non ne sapesse di più, sia che volesse sviare il lettore. Ecco tutto quanto vi dirò su questo punto, e siate certo che nessun altro riuscirà a strapparmi ciò che non avessi voluto dirvi.

N. Tutti avranno la mia stessa curiosità. Se pubblicate quest'opera, dite al pubblico ciò che avete detto a me. Meglio ancora: scrivete questo colloquio e sia la sola prefazione. Ci sono tutti gli schiarimenti necessari.

R.   Avete ragione: vale di più di quanto avrei detto io di mia testa. D'altronde, queste specie di apologie non hanno effetto.

N.   No, quando si vede che l'autore si usa riguardo; ma ho fatto in modo che in questa non si trovasse tale difetto. Soltanto, vi consiglio di trasporre le parti. Fingete che sia io a insistere perché pubblichiate questa raccolta, e che voi riluttiate. Attribuite le obiezioni a voi, a me le risposte. Avrà un'aria più modesta e farà miglior effetto.

R.   Ma sarà così conforme al carattere di cui m'avete lodato poc'anzi?

N.   No, vi tendevo una trappola. Lasciate le cose come sono.

PARTE PRIMA

LETTERA I

A GIULIA

Sento ormai che vi debbo fuggire, signorina: avrei dovuto aspettare assai meno; o meglio, non avrei mai dovuto vedervi. Ma che fare, oggi? Come risolvermi? M'avete promesso amicizia; considerate le mie perplessità, consigliatemi.[1]

Sapete che sono entrato in casa vostra su invito della signora vostra madre; la quale sapeva che io avevo coltivato alcuni piacevoli talenti, e ha quindi creduto che non sarebbero riusciti inutili, in un luogo senza maestri, all'educazione d'una figlia adorata. Orgoglioso dal canto mio di poter ornare con qualche fiore una così felice natura, osai accettare il rischioso incarico senza prevederne il pericolo, o per lo meno senza temerlo. Non vi dirò che comincio a pagare il prezzo della mia temerarietà: spero che non mi dimenticherò mai al punto di rivolgervi discorsi che non è opportuno che ascoltiate, e di mancar del rispetto dovuto alla vostra indole, più ancora che alla vostra nascita o alle vostre bellezze. Se soffro, ho per lo meno la consolazione di soffrir solo, e non vorrei accettare una felicità che dovesse esser di danno alla vostra.

Tuttavia vi vedo ogni giorno; e mi avvedo che senza pensarci aggravate innocentemente dei mali che non potete compiangere e che dovete ignorare. È vero che conosco la decisione che in simile caso è dettata dalla prudenza, mancando la speranza; e avrei fatto ogni sforzo per pigliarla se in simile frangente potessi accordare la prudenza con la correttezza; ma come uscire decentemente da una casa di cui la padrona stessa m'ha offerto l'accesso, dove mi colma di cortesie, e dove reputa che io posso in qualche modo giovare a quello che ha di più caro al mondo? Come privare questa tenera madre del piacere di fare un giorno una sorpresa al marito, svelandogli i vostri progressi negli studi che apposta gli nasconde? Devo scomparire incivilmente senza dirle niente? Devo dichiararle il motivo del mio ritiro, e non rischierebbe di offenderla simile confessione fatta da un uomo al quale né la nascita né la fortuna concedono di aspirare a voi?'

Signorina, non vedo che un modo di uscire dalla perplessità in cui mi trovo: che la mano la quale mi ha ridotto in questo stato me ne tiri fuori; che la condanna, così come il mio errore, mi venga da voi; e che almeno per pietà di me vi degniate di bandirmi dalla vostra presenza. Mostrate questa lettera ai vostri genitori; fate che mi interdiscano la porta di casa; scacciatemi come vi piace; posso sopportare qualsiasi cosa mi venga da voi; ma non vi posso fuggire di mia volontà.

Voi, scacciarmi! io, fuggirvi! e perché? Perché mai ha da essere un delitto essere sensibili al merito, amare ciò che si deve onorare? No, bella Giulia; le vostre bellezze avevano abbagliato i miei occhi, ma non avrebbero sedotto il mio cuore senza quella più potente seduzione che le anima. È codesta commovente unione di una così viva sensibilità e d'una inalterabile dolcezza, è codesta pietà così tenera per tutti i mali altrui, è codesto spirito retto e codesto gusto squisito che derivano la loro purezza da quella dell'anima; in una parola, sono gli incanti del sentimento assai più di quelli della persona che adoro in voi. Ammetto che vi si possa immaginare ancora più bella; ma più amabile, più degna del cuore di un uomo nobile, no, Giulia, non è possibile.

A volte ardisco lusingarmi che il cielo abbia stabilito una segreta conformità tra i nostri affetti, così come tra i nostri gusti e la nostra età. Così giovani come siamo, non c'è ancora niente che possa alterare in noi le inclinazioni della natura, e si direbbe che tutti i nostri gusti si corrispondano. Prima di aver accettato i monotoni pregiudizi del mondo, abbiamo lo stesso modo di sentire e di vedere; e perché non dovrei immaginare nei nostri cuori questo stesso concerto che scorgo nei nostri giudizi? A volte i nostri occhi si incontrano; alcuni sospiri ci sfuggono insieme; alcune furtive lagrime... o Giulia! se quest'accordo venisse da più lontano... se il cielo ci avesse destinati... tutta la forza umana... ah, perdona! mi smarrisco; scambio i miei desideri per speranze: l'ardore delle mie brame conferisce al loro oggetto la possibilità che gli manca.

Vedo con spavento a che tormenti il mio cuore si prepara. Non cerco affatto di illudere il mio male; fosse possibile, lo vorrei odiare. Giudicate la purezza dei miei sentimenti dalla specie di grazia che vengo a implorare. Inaridite se è possibile la sorgente del veleno che mi nutre e mi uccide. Non voglio se non guarire o morire, imploro i vostri rigori come un amante implorerebbe le vostre bontà.

Sì, prometto, giuro di fare da parte mia ogni sforzo per ritrovare la ragione, o chiudere in fondo all'anima il turbamento che vi sento nascere: ma per pietà volgete altrove codesti occhi così dolci che mi uccidono; sottraete ai miei occhi le vostre fattezze, la vostra aria, le vostre braccia, le vostre mani, i vostri biondi capelli, i vostri gesti; deludete l'avida imprudenza dei miei sguardi; trattenete codesta voce che non si può udire senza emozione: siate, ahimè, diversa da voi stessa, perché il mio cuore possa tornare in sé.

Devo dirvelo schiettamente? Nei giuochi che l'ozio serale stimola, vi abbandonate agli occhi di tutti a crudeli familiarità; non avete maggior ritegno con me che con altri. Proprio ieri c'è mancato poco che per penitenza mi lasciaste cogliere un bacio: non opponeste che una debole resistenza. Per fortuna mi guardai bene dall'insistere. Capii dal mio turbamento che stavo per perdermi, e mi fermai. Ah, se almeno lo avessi potuto assaporare a mio agio, quel bacio sarebbe stato il mio estremo sospiro, e sarei morto il più felice dei mortali!

Di grazia, lasciamo questi giuochi che possono aver funeste conseguenze. No, non c'è n'è uno che non abbia i suoi pericoli, nemmeno il più puerile di tutti. Continuamente tremo di incontrare la vostra mano; e non so come, sempre capita che la incontri. Non appena si posa sulla mia, ecco che un tremore mi assale; il giuoco mi dà la febbre, o meglio il delirio; non vedo più, non sento più nulla, e in un momento di tale alienazione cosa dire, cosa fare, dove nascondermi, come rispondere di me?[1]

Durante le nostre letture si presenta un altro inconveniente. Se per un momento vi vedo senza vostra madre o vostra cugina, cambiate immediatamente di contegno; assumete un tono così serio, così freddo, così gelido che il rispetto e la paura di spiacervi mi tolgono ogni presenza di spirito e ogni giudizio, a fatica riesco a balbettare tremando qualche parola d'una lezione che con tutta la vostra sagacia riuscite appena a seguire. In questo modo la disuguaglianza che ostentate riesce nociva a entrambi: io rimango desolato e voi non imparate, e non riesco a capire quale sia il motivo che provoca un mutamento d'umore in una persona così ragionevole. Ardisco chiedervi come mai riuscite a essere così scherzosa in pubblico e così grave quando siamo soli. Pensavo che le cose dovessero andare all'opposto, cioè che bisogna sorvegliare il proprio contegno in proporzione del numero degli spettatori. Invece vi vedo, con una sempre eguale perplessità da parte mia, in tono di cerimonia quando siamo soli, e in tono familiare davanti alla gente. Degnatevi di essere più eguale, forse così sarò meno tormentato.

Se la commiserazione, propria delle anime bennate, vi può intenerire sulle pene di uno sventurato al quale avete dato qualche dimostrazione di stima, un leggero mutamento nella vostra condotta renderà meno violenta la sua situazione, e gli farà sopportare più pacatamente e il suo silenzio e i suoi mali; se poi il suo riserbo e il suo stato non riescono a intenerirvi, e se volete far uso del diritto di mandarlo in rovina, lo potete fare senza che se ne lagni: gli è più caro perire per ordine vostro che per un indiscreto trasporto che lo renda colpevole ai vostri occhi. Insomma, qualunque sia il modo nel quale disporrete del mio destino, non dovrò almeno rinfacciarmi d'aver potuto formare una temeraria speranza, e se avrete letto questa lettera avrete fatto tutto quanto ardivo chiedervi, anche se non dovessi temere un rifiuto.

LETTERA II

A GIULIA

Quanto mi sono ingannato, signorina, nella mia prima lettera! Invece di alleviare i miei mali, non ho fatto altro che accrescerli esponendomi al vostro sdegno, e sento che la cosa peggiore è dispiacervi. Il vostro silenzio, il vostro contegno freddo e riservato m'annunciano anche troppo la mia sventura. Se avete in parte esaudita la mia preghiera, non lo avete fatto che per punirmi più duramente.

> Ma poi ch'Amor di me vi fece accorta,
> Fuôr i biondi capelli allor velati
> E l'amoroso sguardo in sé raccolto[1].

M'avete privato in pubblico dell'innocente familiarità di cui stoltamente mi sono lagnato; e siete tanto più severa quando siamo soli, il vostro ingegnoso rigore si esercita egualmente, nell'assenso e nel rifiuto.

Ah, perché non potete sapere quanto codesta freddezza mi riesce crudele? capireste che sono anche troppo punito. Con che ardore tornerei indietro, per far sì che non aveste mai visto quella lettera fatale! No, per timore di offendervi ancora, non scriverei questa se non avessi scritto la prima; non voglio raddoppiare la colpa ma riscattarla. Per placarvi devo dirvi che m'illudevo da me? Devo protestare che non era amore quello che nutrivo per voi?... ma non pronuncerò così odioso spergiuro! La vile menzogna è forse degna d'un cuore sul quale regnate? Ah! che io sia infelice, se devo esserlo; ma per esser stato temerario non sarò né mentitore né codardo, e il delitto commesso dal mio cuore non sarà sconfessato dalla mia penna.

Già sento il peso del vostro sdegno, ne aspetto gli estremi effetti come una grazia che mi dovete in mancanza di qualsiasi altra; perché il fuoco che mi consuma merita di essere punito, ma non disprezzato. Per pietà, non mi abbandonate a me stesso; degnatevi almeno di decidere della mia sorte; dite qual è la vostra volontà. Qualsiasi cosa mi prescriviate, non farò che ubbidire. M'imponete un eterno silenzio? saprò costringermi a osservarlo. M'ordinate di morire? Ah! non sarà la cosa più difficile. Non c'è ordine al quale io non consenta, salvo quello di non più amarvi: ma anche in questo vi ubbidirei, se fosse possibile.[1]

Cento volte al giorno sono tentato di gettarmi ai vostri piedi, di bagnarli con le mie lagrime, per ottenere la morte o il perdono. Sempre un mortale spavento mi agghiaccia il cuore; le ginocchia mi tremano e non ardiscono piegarsi; la parola mi spira sulle labbra, la mia anima non sa come difendersi dal timore di irritarvi.

Esiste al mondo uno stato più orrendo del mio? Il mio cuore sente anche troppo quanto è colpevole e non è capace di non esserlo; il delitto e il rimorso lo agitano insieme, e senza sapere quale sarà il mio destino ondeggio in un dubbio intollerabile, tra la speranza della clemenza e il timore del castigo.

Ma no, non spero niente, non ho il diritto di sperare. L'unica grazia che m'aspetto da voi è di affrettare il mio supplizio. Appagate una giusta vendetta. Non è forse esser abbastanza infelice, se son ridotto a sollecitarla io stesso? Punitemi, è dover vostro: ma se non siete impietosa, lasciate quel contegno freddo e scontento che mi riduce alla disperazione: non si dimostra più nessun sdegno al condannato, quando lo si manda a morte.

LETTERA III

A GIULIA

Non spazientitevi, signorina: quest'è l'ultima noia che vi procuro.

Quando cominciai ad amarvi, come ero lontano dall'immaginare tutti i mali che mi preparavo! Sulle prime non provai che quello d'un amore senza speranza, che la ragione può vincere a forza di tempo; poi ne conobbi uno maggiore nel dolore di spiacervi; ora provo il più crudele di tutti, nel sentimento delle vostre pene. O Giulia! vedo con amarezza che i miei lamenti turbano la vostra pace. Mantenete un invincibile silenzio, ma al mio cuore attento tutto rivela le vostre segrete agitazioni. I vostri occhi si fanno cupi, pensosi, fissi a terra; qualche sguardo smarrito vi sfugge verso di me; i vostri vivaci colori appassiscono; un insolito pallore vi copre le gote; la letizia vi abbandona; una mortale tristezza vi opprime: soltanto l'inalterabile dolcezza della vostra anima riesce a preservarvi dal malumore.

Sia sensibilità, sia sdegno, sia pietà delle mie pene, voi ne siete afflitta, me ne avvedo; temo di accrescere le vostre, e questa tema mi affligge assai più di quanto mi sorrida la speranza che me ne dovrebbe derivare; perché o m'inganno, o la vostra felicità mi sta più a cuore della mia.

Tuttavia, tornando su di me, comincio a intendere come male avevo giudicato il mio proprio cuore, e troppo tardi mi avvedo che quanto m'era dapprima apparso un effimero delirio sta per determinare il destino della mia vita. Il crescere della vostra tristezza m'ha fatto sentire quello del mio male. Mai, no, giammai il fuoco dei vostri occhi, lo splendore del vostro incarnato, le grazie della vostra intelligenza, tutti i vezzi della vostra antica letizia non avrebbero mai prodotto un effetto pari a quello della vostra tristezza. Non dubitatene, divina Giulia, se poteste vedere che incendio questi otto giorni di languore hanno acceso nell'anima mia, gemereste voi stessa sui mali che m'avete provocato. Ormai sono senza rimedio, sento con disperazione che il fuoco che mi consuma non si spegnerà che nella tomba.

Non importa; colui che non può farsi felice può almeno meritare di esserlo, e io sarò capace di costringervi a stimare un uomo al quale non avete degnato di dare risposta alcuna. Sono giovane e un giorno posso ottenere la considerazione di cui oggi non sono degno. Frattanto devo restituirvi la tranquillità che ho perduto per sempre e che mio malgrado vi tolgo. È giusto che io soltanto porti la pena del delitto di cui soltanto io sono colpevole. Addio, o troppo bella Giulia, vivete tranquilla e ritrovate la vostra giocondità; da domani non mi vedrete più. Ma siate certa che l'ardente e puro amore di cui ardo per voi non si spegnerà mai, che il mio cuore pieno di così degno oggetto non saprà mai più avvilirsi, che di qui innanzi dividerà i suoi omaggi tra voi e la virtù, e che mai si vedranno altri fuochi profanare l'altare sul quale Giulia fu adorata.

I BIGLIETTO

DI GIULIA

Non portate con voi il pensiero di aver reso necessario il vostro congedo. Un cuore virtuoso saprebbe vincersi o tacere, e forse diventerebbe temibile. Ma voi... voi potete rimanere.

RISPOSTA

Ho taciuto a lungo; la vostra freddezza m'ha costretto finalmente a parlare. Se è possibile vincersi con la virtù, non si può tollerare il disprezzo della persona amata. Bisogna partire.

II BIGLIETTO

DI GIULIA

No, signore; dopo quello che avete simulato di sentire; dopo quanto avete avuto l'ardire di dirmi; un uomo come avete finto di essere non parte; fa di più.

RISPOSTA

Non ho simulato altro che una passione moderata in un cuore disperato. Domani sarete contenta, qualunque cosa ne diciate, avrò fatto ben altro che partire.

III BIGLIETTO

DI GIULIA

Insensato! se ti son cari i miei giorni, temi di attentare ai tuoi. Sono strettamente sorvegliata, non posso né parlarvi né scrivervi fino a domani. Aspettate.

LETTERA IV

DI GIULIA

Bisogna dunque confessarlo, finalmente, questo fatale segreto mal dissimulato! Quante volte ho giurato che non mi sarebbe uscito dal cuore se non con la vita! Ecco che la tua in pericolo me lo strappa; mi sfugge, e l'onore è perduto. Ahimè! anche troppo ho mantenuto parola: c'è forse morte più crudele che sopravvivere all'onore?

Cosa dire, in che modo rompere così penoso silenzio? O non ho forse già detto tutto, e non m'hai forse intesa anche troppo? Ah! hai visto troppo per non indovinare il resto! Trascinata a poco a poco nei lacci d'un vile seduttore, vedo senza potermi fermare l'orrendo precipizio dove sto per cadere. Subdolo uomo! la tua audacia deriva dal mio amore, più che dal tuo. Vedi com'è sconvolto il mio cuore, te ne avvantaggi per rovinarmi; e rendendomi spregevole, il peggiore dei miei mali è d'esser costretta a spregiarti. Ah sciagurato! io ti stimavo e tu mi disonori! credimi, se il tuo cuore fosse fatto per godere tranquillamente questa vittoria, non l'avrebbe mai riportata.

Ora che lo sai, i tuoi rimorsi aumenteranno; non avevo in me istinti viziosi. Amavo l'onestà e la modestia; mi piaceva nutrirle in un'esistenza semplice e laboriosa. A che m'hanno giovato queste cure che il cielo ha rifiutato? Dal primo giorno che ebbi la sventura di vederti, provai il veleno che mi corrompe sensi e ragione; immediatamente lo provai, e i tuoi occhi, i tuoi sentimenti, i tuoi discorsi, la rea tua penna lo fanno ogni giorno più mortale.

Non ho tralasciato nulla per frenare i progressi di così funesta passione.[1] Impotente a resistere, ho voluto sottrarmi agli assalti; le tue insistenze hanno sventato la vana mia prudenza. Cento volte ho voluto gettarmi ai piedi degli autori dei miei giorni, cento volte ho voluto aprir loro il mio colpevole cuore, loro non possono sapere che cosa ci sta: vorranno applicare i soliti rimedi a un male disperato; mia madre è debole e senza autorità; conosco l'inflessibile severità di mio padre: non farei altro che perdere e rovinare me, la mia famiglia e te stesso. La mia amica è assente, mio fratello è morto; non trovo nessun protettore al mondo contro il nemico che mi persegue; invano imploro il cielo, il cielo è sordo alle preghiere dei deboli. Tutto favorisce l'ardore che mi divora; tutto m'abbandona a me stessa, o meglio mi consegna in tua balìa; pare che la natura tutta ti sia complice; tutti i miei sforzi sono vani, ti adoro mio malgrado. In che modo il mio cuore, che non ha saputo resisterti quand'era in piena forza, potrebbe ora cedere a metà? in che modo questo cuore incapace di dissimulare, potrebbe ora celarti il resto della sua debolezza? Ah! il primo passo è quello che più costa, bisognava non farlo; come potrò fermare gli altri? No, sento che quel primo passo mi trascina nell'abisso, tu mi puoi rendere sventurata a tuo piacimento.

Questo è l'orrendo stato in cui mi trovo: non posso ricorrere ad altri che a colui che in questo stato mi ha ridotta, e per preservarmi dalla rovina tu devi essere l'unico mio difensore contro di te. So che avrei potuto aspettare a confessarti la mia disperazione; che avrei potuto per un poco nascondere la mia vergogna, e cedere a poco a poco, per illudere me stessa. Vana astuzia che poteva lusingare il mio amor proprio, ma non salvare la mia virtù. Ormai vedo troppo bene, sento troppo bene dove conduce il primo fallo: non cercavo di preparare la mia rovina, ma di evitarla.

Tuttavia, se non sei l'ultimo degli uomini, se qualche scintilla di virtù¹ ti splende nell'anima, se ancora vi rimane qualche traccia dei sentimenti d'onore di cui mi parevi imbevuto, posso mai credermi vile abbastanza per abusare di questa fatale confessione strappatami dal delirio? No, ti conosco bene; tu sosterrai la mia debolezza, proteggerai la mia persona contro il mio proprio cuore. Le tue virtù sono l'estremo rifugio della mia innocenza; il mio onore osa affidarsi al tuo, non puoi mantenere l'uno senza l'altro; anima generosa, ah! conservali entrambi, o almeno per amore di te degnati di aver pietà di me.

O Dio! non sono abbastanza umiliata? Ti scrivo ginocchioni; bagno questa carta con le lagrime; alzo verso di te le mie timide suppliche. Tuttavia non credere che io non sappia che toccava a me riceverne, e che per farmi ubbidire non avevo che da farmi astutamente spregevole. Amico, prenditi pure questo vano imperio, e lasciami la mia onestà: preferisco esserti schiava e vivere innocente, che comperare la tua sommissione a prezzo del mio disonore. Se ti degni d'ascoltarmi, quanto amore, quanto rispetto non ti devi aspettare da colei che ti sarà debitrice di essere tornata in vita? Quali incanti, nella dolce unione di due anime pure! I tuoi desideri vinti saranno sorgente della tua felicità, i piaceri di cui godrai saranno degni persino del cielo.

Credo, spero che un cuore che m'è sembrato meritevole della devozione del mio non vorrà smentire la generosità che me ne aspetto. Spero anche che, se fosse vile abbastanza da abusare del mio traviamento e delle confessioni che mi strappa, il disprezzo e lo sdegno mi restituirebbero la ragione smarrita, e che non sarei vile io stessa al punto di temere un amante del quale dovessi arrossire. Tu sarai virtuoso o sprezzato; io sarò rispettata o guarita; è l'unica speranza che mi rimane, prima di quella di morire.

LETTERA V

A GIULIA

Potenze del cielo! avevo un'anima per il dolore, datemene una per la gioia! Amore, vita dell'anima, vieni a sostenere la mia che sta per venir meno. Indicibile incanto della virtù! Invincibile forza della voce amata! felicità, piaceri, trasporti, quanto pungono le vostre frecce! chi le può sostenere? Oh, come contenere il torrente di delizie che viene a inondarmi il cuore? come espiare gli affanni d'una timida amante? Giulia... no! la mia Giulia ginocchioni! la mia Giulia che piange!... colei alla quale l'universo dovrebbe rendere omaggio supplica un uomo che l'adora di non oltraggiarla, di non disonorarsi! Se potessi sdegnarmi contro di te lo farei, perché le tue paure ci avviliscono. Giudica più rettamente, pura e celeste bellezza, della natura del tuo impero. Ah! se adoro le grazie della tua persona, non dipende forse soprattutto dall'impronta dell'anima immacolata che la anima, e di cui ogni tuo lineamento porta il divino suggello? Temi di cedere alle mie insistenze? ma che insistenze può temere colei che veste di rispetto e d'onestà tutti i sentimenti che ispira? c'è sulla terra uomo abbastanza vile da ardire di esser temerario con te?

Concedi, concedi che io assapori l'inaspettata felicità di essere amato... amato da colei... trono del mondo, quanto ti vedo a me inferiore! Che io la rilegga · mille volte, questa adorabile lettera nella quale il tuo amore e i tuoi sentimenti sono vergati a caratteri di fuoco; dove, nonostante tutta la foga d'un cuore agitato, vedo con ammirazione che in un'anima onesta le più accese passioni mantengono il santo carattere della virtù. Quale mostro, dopo d'aver letto questa commovente lettera, potrebbe abusare del tuo stato e manifestare in modo così evidente il profondo disprezzo di se stesso? No, cara amante, abbi fiducia in un amico fedele incapace di ingannarti. Benché la mia ragione sia per sempre smarrita, benché il turbamento dei miei sensi vada crescendo a ogni momento, la tua persona è ormai per me il più affascinante ma anche il più sacro deposito di cui mortale mai sia stato onorato. La mia fiamma e il suo oggetto manterranno entrambi una inalterabile purezza. Fremerei portando la mano sulle tue caste bellezze più ancora che del più vile incesto; e non sei meno inviolabilmente sicura con tuo padre che col tuo amante. Oh, se mai questo felice amante dovesse dimenticarsi un momento davanti a te... l'amante di Giulia avrebbe un'anima abbietta! No, quando smetterò di amare la virtù, non ti amerò più; al mio primo atto codardo, non voglio più che tu mi ami.

Rassicurati dunque, te ne supplico in nome del tenero e puro amore che ci unisce; a lui tocca di farsi garante del mio ritegno e del mio rispetto, di risponderti di se stesso. E perché mai i tuoi timori dovrebbero andare al di là dei miei desideri? a quale altra felicità dovrei aspirare, se il mio cuore basta a mala pena a quella di cui gode? Siamo giovani tutti e due, è vero; amiamo per la prima e per l'unica volta della vita, non abbiamo nessuna esperienza delle passioni; ma l'onore che ci conduce è forse una guida ingannatrice? ha forse bisogno d'un'esperienza sospetta che non si può acquistare che a forza di vizi? Non so se m'inganno, ma mi sembra che tutti i retti sentimenti si trovano in fondo al mio cuore. Non sono un vile seduttore, come tu mi chiami nella tua disperazione, ma un uomo semplice e sensibile, che dimostra schiettamente ciò che sente e che non sente niente di cui debba arrossire. Per dir tutto con una parola, aborro il delitto più ancora di quanto amo Giulia. Non so, no, non so nemmeno se l'amore che tu susciti sia compatibile con la dimenticanza della virtù, e se un'anima che non fosse onesta potrebbe sentire appieno le tue grazie. Quanto a me, più ne sono penetrato e più i miei sentimenti mi innalzano. Qual bene, che non avrei compiuto per se stesso, non compirei ora per rendermi degno di te? Ah, degnati di far fiducia alla fiamma che m'ispiri e che tu sai così ben purificare; credi che è sufficiente che ti adori per rispettare eternamente il prezioso deposito che mi hai affidato. Oh che cuore sarà il mio! vera felicità, gloria di ciò che si ama, trionfo d'un amore onorato, quanto sei più pregevole di tutti i piaceri!

LETTERA VI

Cara cugina, vuoi dunque trascorrere tutta la vita a piangere quella povera Chaillot, e proprio bisogna che i morti ti facciano dimenticare i vivi? I tuoi rimpianti sono giusti e io li condivido, ma debbon proprio essere eterni? Dopo la perdita di tua madre, lei t'aveva allevata con ogni cura; era la tua amica piuttosto che la tua governante. Ti amava teneramente e mi amava perché tu mi ami; non ci ispirò mai altro che principi di saggezza e d'onore. Lo so benissimo, cara, e ne convengo con piacere. Ma devi anche ammettere che quella brava donna era poco prudente con noi, che senza bisogno ci faceva confidenze assai indiscrete, che continuamente ci parlava delle massime della galanteria, delle avventure della sua gioventù, degli espedienti degli amanti, e che per guardarci dalle insidie degli uomini non dirò che ci insegnasse a tenderne noi a loro, ma ci insegnava mille cose che delle fanciulle farebbero a meno di sapere. Consolati quindi della sua perdita, come d'un male che non va senza qualche compenso. Alla nostra età le sue lezioni cominciavano a farsi pericolose, il cielo ce l'ha forse tolta nel momento in cui non era più opportuno che stesse con noi. Ricordati di tutto quanto mi dicesti quando perdetti il migliore dei fratelli. Forse che la Chaillot ti è più cara? Hai forse maggiori ragioni di rimpiangerla?

Torna, mia cara, lei non ha più bisogno di te. Ahimè! intanto che tu sciupi il tempo in vani rimpianti, come mai non temi di procacciartene altri? come mai non temi, tu che conosci lo stato del mio cuore, di lasciar sola un'amica in pericoli che la tua presenza avrebbe sventati? Oh, quante cose sono accadute dopo la tua partenza! Fermerai sentendo che pericoli ho corso, per mia imprudenza. Spero che potrò liberarmene; ma per così dire mi vedo in balia dell'altrui discrezione; tocca a te restituirmi a me stessa.' Affrettati perciò a tornare. Fin che le tue cure erano utili alla povera Chaillot ho taciuto; sarei stata la prima a esortarti a prestargliele.

Ma ora che non c'è più, quelle cure le devi alla sua famiglia: le potremo compiere qui, insieme, meglio di quanto tu potresti fare da sola in campagna, e ti sdebiterai
insieme di quanto devi alla riconoscenza e all'amicizia.

Da quando è partito mio padre abbiamo ripreso il nostro antico tenore di vita, mia madre mi lascia meno
sola. Ma è più per abitudine che per diffidenza. Le sue
amicizie le tolgono ancora parecchio tempo che non vorrebbe sottrarre ai miei studi, e Babi ne fa le veci piuttosto negligentemente. Anche se mi pare che questa
mia buona madre sia troppo fiduciosa, non mi so risolvere a metterla sull'attenti; vorrei sì pensare alla mia
sicurezza, senza però perder la sua stima: tu sola puoi
conciliare questi contrari. Torna, o mia Clara, torna senza indugio. Mi rincresce delle lezioni che prendo senza
di te, temo di diventar troppo sapiente. Il nostro maestro è non soltanto un uomo di talento; è virtuoso, e
perciò anche più pericoloso. Sono troppo contenta di
lui per poterlo essere di me. Alla sua età e alla nostra,
insieme all'uomo più virtuoso del mondo, se è anche
amabile, è meglio essere due fanciulle insieme che una
sola.

LETTERA VII

RISPOSTA

Ti intendo, e mi fai tremare. Non che io creda il pericolo imminente come te lo immagini. La tua paura modera la mia circa il presente: ma l'avvenire mi spaventa, e se non riesci a vincerti non vedo più altro che
sventure. Ahimè! quante volte la povera Chaillot m'ha
predetto che il primo sospiro del tuo cuore avrebbe determinato il destino della tua vita! Ah, cugina! così giovane ancora, bisogna dunque vedere la tua sorte decisa? Quanto sentiremo la mancanza di questa donna avveduta, e tu credi preferibile che sia scomparsa! Sarebbe forse stato meglio cadere subito tra mani più fidate; ma uscendo dalle sue ne sappiamo troppo per lasciarci guidare da altri, e non abbastanza per guidarci

da noi: lei sola poteva guardarci dai pericoli ai quali ci aveva esposte. Ci ha insegnato molto, e mi pare che abbiamo pensato molto per la nostra età. La viva e tenera amicizia che ci stringe fin dalla culla ci ha per così dire illuminato presto il cuore su tutte le passioni. Conosciamo abbastanza bene i loro segni e i loro effetti; non ci manca che l'arte di reprimerle. Voglia Iddio che il tuo giovane filosofo sia più esperto di noi in quell'arte.

Quando dico *noi*, tu mi capisci; parlo di te soprattutto: quanto a me, la Chaillot m'ha sempre detto che la mia sventatezza m'avrebbe fatto da ragione, che non avrei mai saputo amare, e che ero troppo pazza per far delle pazzie. Cara Giulia, stai attenta; tanto più augurava bene della tua ragione, tanto più temeva per il tuo cuore. Tuttavia stai di buon animo; tutto quanto potranno fare la saggezza e l'onore, so che la tua anima lo farà; e la mia farà, stai sicura, tutto quanto l'amicizia può fare a sua volta. Se ne sappiamo troppo per la nostra età, questo studio non è però costato niente ai nostri costumi. Credimi, cara, che ci sono parecchie fanciulle più semplici che sono meno oneste di noi; noi lo siamo perché vogliamo esserlo: checché se ne dica, è pure il mezzo più sicuro di esserlo.

Tuttavia su quanto mi dici non avrò un minuto di pace fin che non ti sarò accanto; perché se tu temi il pericolo, non deve essere del tutto chimerico. È vero che è facile preservarsene: due parole a tua madre e tutto è finito; ma ti capisco: non accetti un espediente che tronchi ogni cosa: vuoi sì rinunciare alla possibilità di soccombere, non alla gloria di combattere. Povera cugina mia!... se almeno un minimo barlume... Il barone d'Etange consentire a dar la sua figlia, la sua unica figlia, a un borghesuccio senza fortuna! Lo speri?... che cosa mai speri? che cosa vuoi?... povera, povera cugina mia!... Tuttavia non temere niente da parte mia. La tua amica manterrà il segreto. Tanti crederebbero di far bene svelandolo; forse avrebbero ragione. Quanto a me non sto tanto a ragionare, non accetto una correttezza che tradisce l'amicizia, la fede, la fiducia; penso che ogni relazione, ogni età ha le sue massime, i suoi doveri, le sue virtù, che quello che per altri sarebbe prudenza per me sarebbe perfidia, e che confondendo

tutte queste cose invece di savie diventiamo malvage.
Se il tuo amore è debole lo vinceremo; se è forte sarebbe esporlo a tragedia assalendolo con mezzi violenti, l'amicizia non deve tentare che i mezzi dei quali è
sicura. Ma in compenso non avrai che da camminare
diritto quando sarai sotto la mia vigilanza. Vedrai, vedrai che cos'è una matrona di diciott'anni!

Sai bene che non sono lontana da te per gusto mio,
e la primavera in campagna non è così gradevole come
credi; si patisce insieme del freddo e del caldo; non
c'è ombra per il passeggio, e in casa bisogna scaldarsi.
Da parte sua mio padre, pur immerso nelle sue fabbri-
che, si accorge che qui la gazzetta arriva più tardi che
in città. Di modo che tutti non domandan di meglio che
di tornare, e io spero che fra quattro o cinque giorni
mi potrai riabbracciare. Ma la cosa che m'inquieta è che
quattro o cinque giorni fanno non so quante ore, parecchie delle quali sono consacrate al filosofo. Al filosofo, mi capisci, cugina? pensa che tutte codeste ore non
debbono scoccare che per lui.

Ora non stare ad arrossire e ad abbassare gli occhi.
Pigliare un tono grave non ti è possibile; non si con-
fà alla tua fisionomia. Sai bene che io non so piangere
senza ridere, ma che non per questo sono meno sensibile; non ho meno dispiacere trovandomi lontano da te;
e non rimpiango meno la buona Chaillot. Ti sono infinitamente grata di voler provvedere con me alla sua
famiglia; non l'abbandonerò mai, ma tu non saresti più
tu se perdessi qualche occasione di far del bene. Ammetto che la poveretta era chiacchierona, e piuttosto libera
nei suoi discorsi, poco discreta con delle ragazze, e che
le piaceva parlare della sua giovinezza. Perciò non rimpiango tanto le qualità del suo spirito, benché ne avesse
di ottime tra le cattive. Quello che piango in lei è il suo
buon cuore, la sua assoluta devozione che la faceva per
me a un tempo tenera come una madre e confidente
come una sorella. Era per me tutta la mia famiglia; ho
appena conosciuto mia madre; mio padre mi vuol tutto
il bene che può; abbiamo perduto il tuo caro fratello;
non vedo quasi mai i miei parenti. Ecco, sono come
un'orfanella abbandonata. Cara mia, tu sola mi rimani; perché la tua buona mamma, sei tu. Tuttavia hai

ragione. Tu mi rimani: e piangevo! ero dunque pazza: perché mai piangevo?

P.S. Per più sicurezza indirizzo questa lettera al nostro maestro, così ti arriverà più sicuramente.

LETTERA VIII

A GIULIA

Quanto sono strani, o bella Giulia, i capricci dell'amore! Il mio cuore ha più di quanto sperava, eppure non è contento. Voi mi amate, me lo dite, e io sospiro. Questo ingiusto cuore ardisce sperare ancora quando non ha più niente da desiderare; punisce me dei suoi capricci, mi fa inquieto in seno alla felicità. Non crediate che io abbia scordato le leggi che mi sono imposte, né smarrita la volontà di osservarle; no, ma un segreto dispetto mi agita vedendo che codeste leggi non pesano che su di me; voi dicevate di esser così debole ed ora siete così forte; e io debbo sostenere assai poche battaglie contro di me, tanto siete attenta a prevenirle.

Quanto siete mutata da due mesi, senza che niente sia mutato se non voi! I vostri languori sono scomparsi; non si fa più parola di disgusti o di scoramenti; le grazie tutte sono tornate a riprendere il loro posto; le vostre bellezze rianimate; la rosa appena sbocciata non è più fresca di voi; son ricomparse le parole frizzanti; con tutti siete spiritosa; scherzate come prima, persino con me; e, cosa che più di tutto mi irrita, mi giurate un amore eterno con un tono così allegro come se diceste la cosa più spassosa del mondo.

Ditemi, ditemi, o incostante: sarà mai questo il carattere d'una violenta passione ridotta a combattersi da sé? se doveste vincere un sia pur minimo desiderio,

Si sente che qui c'è una lacuna, se ne troveranno anzi parecchie nel seguito di questa corrispondenza. Molte lettere si sono perdute, altre sono state soppresse, altre mutilate: ma non manca niente d'essenziale che non sia facile da supplire, con l'aiuto di quanto rimane. *(N.d.A.)*

la costrizione non soffocherebbe almeno l'allegria? Oh! quanto eravate più amabile quando eravate meno bella! Quanto rimpiango quel patetico pallore, pegno prezioso della felicità d'un amante, e quanto odio l'indiscreta salute che avete ritrovata a prezzo del mio riposo! Sì, preferirei vedervi ancora indisposta che vedere quel vostro aspetto contento, quegli occhi brillanti, quell'incarnato in fiore che mi offendono. Avete dimenticato così in fretta che non eravate tale quando imploravate la mia clemenza? Giulia, Giulia! Questo così vivace amore, come s'è fatto placido in poco tempo!

Ma la cosa che più mi offende è che dopo di esservi affidata alla mia discrezione, ora sembra che ne diffidiate, e che fuggite i pericoli come se ne aveste da temere. È così che onorate il mio ritegno, l'inviolabile mio rispetto meritava forse tale affronto da parte vostra? La partenza di vostro padre non solo non ci ha lasciato maggior libertà, ma a stento mi riesce di vedervi da sola. La vostra inseparabile cugina non vi abbandona più. A poco a poco riprenderemo il nostro tenore di vita di prima, e quella circospezione, con la sola differenza che allora vi pesava e che adesso vi piace.

Quale sarà dunque il premio d'un così puro omaggio, se non lo è la vostra stima; e a che mi giova l'astinenza eterna e volontaria da quanto c'è di più dolce al mondo, se colei che l'esige non me ne è affatto grata? Davvero, sono stanco di patire inutilmente, e di condannarmi alle più dure privazioni senza averne nemmeno il merito. E che! bisognerà vedervi diventare sempre più bella e sprezzante? Bisognerà che incessantemente i miei occhi divorino delle bellezze alle quali la mia bocca non ardisce mai accostarsi? Bisognerà insomma che mi privi di ogni speranza, senza potermi almeno onorare di così rigoroso sacrificio? No, dal momento che non vi fidate della mia parola, non la voglio più lasciare inutilmente impegnata; non è giusta la sicurezza che ricavate insieme dalla mia parola e dalle vostre precauzioni; siete troppo ingrata o io sono troppo scrupoloso; non voglio più rifiutare alla fortuna le occasioni che non riuscirete a toglierle. Finalmente, quale che sia la mia sorte, sento che mi sono caricato d'un peso superiore alle mie forze. Giulia, riprendete la custodia di voi stessa; vi restituisco un deposito troppo pericoloso per la fedeltà del depositario, e la cui difesa costerà al vostro cuore meno di quanto avete finto di temere.

Ve lo dico seriamente: fate conto su di voi, oppure scacciatemi, cioè toglietemi la vita. Ho assunto un impegno temerario. Mi meraviglio d'averlo potuto mantenere così a lungo; so che devo continuare a mantenerlo, ma sento che non mi è possibile. È giusto soccombere quando ci si impone così pericolosi doveri. Credetemi, cara e tenera Giulia, credete a questo sensibile cuore che vive soltanto per voi: sarete sempre rispettata; ma per un istante posso smarrire la ragione, l'ebbrezza dei sensi può indurre a un delitto di cui si avrebbe orrore a mente fredda. Felice di non aver delusa la vostra speranza, ho vinto per due mesi e voi mi siete debitrice di due secoli di patimenti.

LETTERA IX

DI GIULIA

Capisco: i piaceri del vizio e l'onore della virtù vi farebbero una dolce vita? Questa è la vostra morale?... Eh! mio caro amico, vi stancate presto di fare il generoso! Non lo facevate dunque che per calcolo? Che strano modo di manifestare l'affetto, quel vostro lagnarvi della mia salute! forse speravate di vedere il mio folle amore distruggerla del tutto, e mi aspettavate al punto di domandarvi la vita? o forse pensavate di rispettarmi fino a quando fossi in uno stato tale da far paura, e di ricredervi quando avessi ritrovato una salute passabile? Non vedo in siffatti sacrifici un merito da ostentare tanto.

Con pari equità mi rinfacciate le cure che adopero per risparmiarvi penose battaglie contro voi stesso, come se invece non doveste piuttosto essermene grato. Poi rinunciate all'impegno che vi siete assunto come a un dovere troppo pesante: così che nella stessa lettera vi lagnate del vostro eccessivo tormento, e di non averne abbastanza. Rifletteci meglio e cercate di mettervi d'accordo con voi stesso, per dare alle vostre pretese lagnanze un colore meno frivolo. O meglio, lasciate da parte tutta codesta dissimulazione che non risponde al vostro carattere. Checché diciate, il vostro cuore è più contento del mio di quanto finga di essere. Ingrato, sapete troppo bene che non avrà mai torto con voi! La vostra lettera stessa vi smentisce con il suo stile giocoso, non sareste tanto spiritoso se foste meno tranquillo. Ma basta con questi vani rimproveri che vi riguardano; vediamo un poco quelli che riguardano me, e che subito appaiono più fondati.

Capisco bene: l'esistenza tranquilla e dolce che meniamo da due mesi in qua non s'accorda con la mia dichiarazione precedente, e confesso che non senza ragione vi mostrate sorpreso di questo contrasto. Dapprima m'avete vista disperata; ora vi sembro troppo placida: quindi m'accusate di sentimenti incostanti e di cuore capriccioso. Ah, amico mio! non lo giudicate forse troppo severamente? Occorre più d'un giorno per conoscerlo. Aspettate, e forse vi accorgerete che questo cuore che v'ama non è indegno del vostro.

Se poteste capire con quale spavento provai i primi assalti del sentimento che m'unisce a voi, potreste giudicare il turbamento che me ne derivò. Sono stata educata con così severe massime, che il più puro amore mi sembrava il colmo del disonore. Tutto mi diceva o mi faceva credere che una fanciulla sensibile era perduta, appena una parola tenera le fosse sfuggita di bocca; la mia immaginazione turbata confondeva delitto e dichiarazione d'amore; avevo una così spaventosa idea di quel primo passo che non vedevo nessun intervallo tra quello e l'ultimo. L'eccessiva diffidenza di me stessa aumentò le mie inquietudini; le battaglie della modestia mi sembrarono quelle della castità; scambiai il tormento del silenzio per lo slancio dei desideri. Mi reputai perduta non appena avessi parlato, e tuttavia dovevo parlare o perdervi. Così, non potendo più celare i miei sentimenti, cercai di eccitare la generosità dei vostri, e fidandomi più di voi che di me, cercai, interessando il vostro onore alla mia difesa, di procurarmi le risorse di cui mi credevo sprovvista.

Ho dovuto riconoscere che m'ingannavo; non appena ebbi parlato, ecco mi sentii sollevata; non appena

mi rispondeste mi sentii calmissima, e due mesi d'esperienza m'hanno insegnato che il mio troppo tenero cuore
ha bisogno di amore, ma che i miei sensi non hanno
alcun bisogno d'amante. Voi che amate la virtù giudicate con che gioia feci questa felice scoperta. Uscita
dalla profonda ignominia in cui m'avevano immersa i
miei terrori, assaporo il delizioso piacere di amare con
purezza. Questo stato è la felicità della mia vita; ne
risentono il mio umore e la mia salute; riesco appena a
concepirne uno più dolce, l'accordo dell'amore e del-
l'innocenza mi sembra sia il paradiso in terra[1].

Quindi non vi temetti più; e quando procurai di evitare la solitudine con voi, lo feci per voi non meno che
per me; perché i vostri occhi e i vostri sospiri denunciavano piuttosto trasporti che saggezza; e se voi aveste dimenticato il decreto da voi stesso pronunciato, non
certo l'avrei dimenticato io.

Ah, caro amico, perché non posso trasmettere alla vostra anima il sentimento di felicità e di pace che regna
in fondo alla mia! Perché non posso insegnarvi a godere in pace la più deliziosa condizione di vita! Gli incanti dell'unione dei cuori si aggiungono per noi a quelli dell'innocenza; nessun timore, nessuna vergogna turba la nostra felicità; immersi nei veri piaceri dell'amore possiamo parlare della virtù senza arrossire,

E v'è il Piacer con l'onestade accanto[2].

Non so qual triste presentimento si alza nel mio seno
e mi dice che stiamo godendo l'unico tempo felice che
il cielo ci ha concesso. Non intravvedo che assenza, ura-
gani, turbamenti e contraddizioni nel futuro. Il minimo mutamento nella nostra situazione attuale mi sembra non possa essere altro che un male. No, anche se
un più dolce legame ci unisse per sempre, non so se l'eccesso della felicità non ne provocherebbe ben presto la
rovina. Il momento della possessione è la crisi dell'amore, ogni cambiamento è pericoloso per il nostro; non
possiamo altro che perderci[3].

Te ne supplico, mio tenero e unico amico, cerca di
calmare l'ebbrezza dei vani desideri che sempre sono
accompagnati dai rimpianti, dal pentimento, dalla tristezza. Assaporiamo in pace la nostra situazione attuale.

Tu ti diletti istruendomi, e sai anche troppo come mi dilettano le tue lezioni. Facciamole ancora più frequenti; non separiamoci se non per quanto esige la convenienza; adoperiamo per scriverci i momenti che non possiamo trascorrere insieme, approfittiamo d'un tempo prezioso che un giorno forse rimpiangeremo. Ah, che questa nostra condizione possa durare quanto la nostra vita! Lo spirito si adorna, la ragione s'illumina, l'anima si fortifica, il cuore gioisce: che cosa manca alla nostra felicità?

LETTERA X

A GIULIA

Quanto avete ragione, o mia Giulia, di dire che ancora non vi conosco! Sempre mi pare di conoscere tutti i tesori della vostra bell'anima, e sempre ne scopro di nuovi. Qual donna mai seppe come voi associare la tenerezza e la virtù, e temperando questa con quella farle tutt'e due più seducenti? Scorgo un non so che di amabile e di attraente in questa saggezza che mi desola, e voi sapete ornare di tanta grazia le privazioni che mi imponete che quasi quasi riuscite a farmele care.

Ogni giorno più sento che il bene maggiore è essere amato da voi; non c'è, non ci può essere altro bene che lo pareggi, e se dovessi scegliere tra il vostro cuore e la gioia di possedervi, adorabile mia Giulia, non esiterei un momento. Ma da dove dovrebbe venire quest'amara alternativa, e perché rendere incompatibile ciò che la natura ha voluto unire?[1] Dite che il tempo è prezioso, cerchiamo quindi di goderlo così come è, evitiamo di turbarne il placido corso con la nostra impazienza. Eh! scorra e sia felice! per godere di un'amabile condizione occorre forse trascurarne una migliore, e preferire il riposo alla suprema felicità? Non è forse perduto il tempo che si potrebbe impiegar meglio? Ah! se è possibile vivere mille anni in un quarto d'ora, a che giova numerare tristemente i giorni che si sono vissuti?[2]

Tutto quanto dite della felicità della nostra condizione è incontestabile; sento che dobbiamo essere felici, e tuttavia non lo sono. La saggezza ha un bel parlare per bocca vostra, la voce della natura è più forte. Come poterle resistere, quando si unisce alla voce del cuore? Fuori di voi non vedo nulla in questo terrestre soggiorno che sia degno di occuparmi l'anima e i sensi; no, senza di voi la natura non è più niente per me; ma il suo impero sta nei vostri occhi, lì veramente è invincibile.

Così non stanno le cose per voi, divina Giulia; voi vi contentate di incantare i nostri sensi, e non siete in guerra con i vostri. Si direbbe che le passioni umane stanno al di sotto di così sublime anima, e come avete la bellezza degli angeli così ne avete la purezza. O purezza che rispetto mormorando, perché non ti posso abbassare o innalzarmi fino a te! Ma no, sempre striscerò sulla terra, sempre vi vedrò brillare nei cieli. Ah! siate felice a spese del mio riposo; godetevi tutte le vostre virtù; perisca il vile mortale che mai ardirà macchiarne una sola. Siate felice, cercherò di dimenticare quanto sono da compiangere, dalla vostra stessa felicità ricaverò la consolazione dei miei mali. Sì, cara amante, mi pare che il mio amore sia non meno perfetto dell'adorabile suo oggetto; tutti i desideri accesi dalle vostre bellezze si spengono nella perfezione dell'anima vostra, la vedo così placida che non oso turbarne la tranquillità. Ogni volta che son tentato di rapirvi una minima carezza, se mi trattiene il pericolo di offendervi, il mio cuore mi trattiene anche di più per tema di alterare così pura felicità; nel prezzo dei beni ai quali aspiro considero soltanto ciò che vi potrebbero costare, e poiché non posso accordare la mia con la vostra felicità (vedete quanto vi amo!) rinuncio alla mia.

Quante inspiegabili contraddizioni nei sentimenti che mi ispirate! Sono a un tempo sottomesso e temerario, impetuoso e guardingo, non riesco ad alzare gli occhi su di voi senza sentire in me dei contrasti. I vostri sguardi, la vostra voce, insieme all'amore ispirano nell'anima la patetica grazia dell'innocenza; è un divino incanto che non si vorrebbe mai cancellare. Se oso formare voti estremi, non lo faccio che voi assente; i miei desideri non osano venire a voi, così si rivolgono alla vostra immagine, su questa mi vendico del rispetto che son costretto a portare a voi.

Frattanto languo e mi consumo; fuoco mi scorre nelle vene; niente lo potrebbe spegnere o calmare, e io lo irrito volendolo frenare. Devo essere felice, lo sono, ne convengo; non mi lagno della mia sorte; così come sono non la baratterei con i re della terra. Tuttavia un male effettivo mi tormenta, cerco invano di sfuggirgli; non vorrei morire, e tuttavia muoio; vorrei vivere per voi e siete voi che mi togliete la vita[1].

LETTERA XI

DI GIULIA

Amico, sento che ogni giorno più mi attacco a voi; non mi posso più staccare da voi, la minima assenza mi riesce insopportabile, bisogna che vi veda o che vi scriva, per occuparmi senza posa di voi.

Così il mio amore aumenta con il vostro; perché ora so quanto mi amate, lo so dall'effettiva paura che avete di spiacermi; mentre sulle prime non ne avevate che una simulata, per meglio riuscire nel vostro intento. So distinguere benissimo in voi l'impero che il cuore ha saputo conquistare, dal delirio d'una immaginazione esaltata; e trovo cento volte più passione nel ritegno che vi imponete che nei vostri primi trasporti. So inoltre che il vostro stato, per penoso che sia, non va senza piaceri. Per un vero amante è dolce compiere dei sacrifici di cui si tien conto, dei quali nessuno va perduto nel cuore amato. Anzi chi sa se, conoscendo la mia sensibilità, non mettete in opera per sedurmi un'astuzia più raffinata? Ma no, sono ingiusta, voi non siete capace di adoperare artifici con me. Tuttavia, se sono savia diffiderò più ancora della pietà che dell'amore.[2] Mi sento mille volte più commossa dal vostro rispetto che dai vostri slanci, e temo davvero che appigliandovi al contegno più onesto non abbiate scelto il più pericoloso.

Nell'effusione del mio cuore bisogna che vi dica una

verità che sento con forza e di cui il vostro cuore si deve convincere: e cioè che a dispetto della fortuna, dei genitori, e di noi stessi, i nostri destini sono uniti per sempre, e che non possiamo più essere felici o infelici se non insieme. Le nostre anime hanno per così dire aderito tra loro in tutti i punti, e dappertutto abbiamo sentito la stessa coesione (correggetemi, amico, se applico male le vostre lezioni di fisica). Il destino potrà sì separarci, ma non disunirci. Non avremo più che gli stessi piaceri e le stesse pene; come quelle calamite di cui mi parlavate e che si dice abbiano gli stessi moti in luoghi diversi, proveremo le stesse cose ai due capi del mondo.

Lasciate dunque la speranza, se mai l'avete avuta, di crearvi una felicità esclusiva, e di acquistarla a spese della mia. Non sperate di poter essere felice se io fossi disonorata, né di poter contemplare con occhio contento la mia ignominia e le mie lagrime.[1] Credetemi, amico, conosco il vostro cuore assai meglio di voi. Un così vero e tenero amore deve saper comandare ai desideri; siete andato troppo oltre per terminare senza perdervi, e non potete più perfezionare la mia sventura senza fare anche la vostra.

Vorrei che sentiste quanto sia importante per noi due che affidiate a me la cura del nostro destino comune. Dubitate forse di non essermi caro quanto me stessa; e credete che ci possa essere felicità per me che non sia da voi condivisa? No, caro amico, i miei interessi sono i vostri, e io posseggo un po' più di ragione per dirigerli. Ammetto che sono la più giovane; ma non avete mai osservato che se di solito la ragione nelle donne è più debole e si spegne prima, si forma però più presto, come un fragile eliotropio cresce e muore prima di una quercia? Già dalla prima età ci troviamo incaricate di così pericoloso deposito che la sollecitudine di mantenerlo subito ci sveglia il giudizio, ed è un ottimo modo di ben considerare le conseguenze delle cose avvertire vivamente tutti i rischi ai quali ci espongono. Quanto a me, più mi occupo della nostra situazione più mi sembra che la ragione vi domandi ciò che io vi domando in nome dell'amore. Siate dunque docile alla sua dolce voce, e lasciatevi guidare, ahimè, da un'altra cieca, la quale però ha almeno un appoggio.

Non so, amico, se i nostri cuori avranno il bene di accordarsi e se leggendo questa lettera condividerete la tenera emozione che l'ha dettata. Non so se potremo mai intenderci sul modo di vedere come su quello di sentire; ma so benissimo che il parere di quello di noi due che meno divide la propria felicità dalla felicità dell'altro, è il parere che bisogna preferire.

LETTERA XII

A GIULIA

Mia Giulia, quant'è commovente la semplicità della vostra lettera! Come ci si rispecchia bene la serenità d'un'anima innocente, e la tenera sollecitudine dell'amore! I vostri pensieri s'esprimono senz'artificio e senza fatica; comunicano al cuore una deliziosa impressione che uno stile ricercato non produce. Voi affermate invincibili ragioni con un tono così semplice che bisogna farci riflessione per sentirne la forza, e i sentimenti elevati vi costano così poco che si è indotti a scambiarli per pensieri comuni. Ah sì, senza dubbio, tocca a voi regolare i nostri destini; non è un diritto che vi concedo, è una giustizia che vi domando; la vostra ragione deve risarcirmi del male che avete fatto alla mia. Da questo momento vi affido per sempre il dominio della mia volontà: disponete di me come di un uomo che non è più niente per sé, e la cui esistenza non dipende che da voi. Siate certa che manterrò l'impegno che assumo, qualsiasi cosa mi prescriviate. O diventerò migliore, o voi sarete più felice: dappertutto vedo la ricompensa della mia ubbidienza. Vi affido dunque senza riserve la cura della nostra comune felicità; fate la vostra, e avrete fatto tutto. Quanto a me, che non sono capace di dimenticarvi un solo istante, né pensare a voi senza slanci che pur bisogna vincere, attenderò unicamente a quelle cure che m'avrete imposte.

Dopo un anno che studiamo insieme, non abbiamo fatto che letture disordinate e quasi a caso, più per pro-

vare il vostro gusto che per istruirlo. Per altro il turbamento della nostra anima non ci concedeva alcuna libertà di spirito. Gli occhi mal si applicavano al libro, la
bocca ne pronunciava le parole ma l'attenzione era assente. La vostra cuginetta, non così preoccupata, ci rin-
facciava la nostra disattenzione, e si concedeva il facile
onore di precederci. Insensibilmente è diventata il maestro del maestro, e anche se talvolta abbiamo riso delle
sue pretese, in fondo è la sola dei tre che sappia qualche cosa di quanto abbiamo imparato.

Per riacquistare il tempo perduto (ah, Giulia, mai ce
ne fu di meglio impiegato?) ho steso una specie di piano che dovrebbe riparare col metodo il danno che le distrazioni hanno fatto al sapere. Ve lo mando; fra poco
lo leggeremo insieme, qui mi limito a qualche leggera
osservazione[1].

Se volessimo, mia bella amica, caricarci d'un'ostentata
erudizione, e sapere per gli altri più che per noi, il mio
sistema non varrebbe niente: perché tende continuamente a ricavare poco da molte cose, a riassumere in
breve una grande biblioteca. Per quasi tutti coloro che
la coltivano, la scienza è una moneta di cui si fa gran
conto, ma che però non giova al benessere se non in
quanto è comunicata, e non vale che commerciata. Togliete ai nostri scienziati il piacere di farsi ascoltare, il
loro sapere si annienta. Non accumulano nel loro studio che per spandere in pubblico; non vogliono esser
sapienti che agli occhi del prossimo, e non si occupe-
rebbero più degli studi se non avessero più ammiratori[a]. Per noi, che invece vogliamo cavar profitto dalle nostre conoscenze, non le accumuliamo per rivenderle,
ma per farne uso; non per caricarcene, ma per nutrir-
cene. Leggere poco e molto meditare le nostre letture,
o (che fa lo stesso) parlarne molto tra noi, è il miglior
mezzo per digerirle bene. Mi pare che quando si ha l'intelletto aperto grazie all'abitudine di riflettere, è sempre preferibile trovare in sé le cose che si possono tro-

---

[a] Così pensava lo stesso Seneca. "Se mi si desse la scienza,"
dice "a patto di non mostrarla, non l'accetterei!" Sublime filosofia, quest'è dunque il tuo scopo! (N.d.A.)

vare nei libri: questo è il vero segreto di adattarle bene alla propria testa e di appropriarsele. Mentre che accettandole così come ce le comunicano, quasi sempre stanno sotto una forma che non è la nostra. Siamo più ricchi di quanto crediamo, ma, dice Montaigne, siamo avvezzzi al prestito e all'accatto; ci insegnano a servirci del bene altrui più che del nostro, o meglio accumulando senza posa non osiamo toccar niente: siamo come quegli avari che non pensano ad altro che a riempire i granai, e in seno all'abbondanza muoiono di fame.

Ammetto che c'è parecchia gente alla quale questo metodo riuscirebbe assai nocivo: hanno bisogno di legger molto e di meditar poco, perché hanno la testa fatta male e non c'è di peggio di quello che producono da sé. Vi raccomando il sistema opposto, perché voi nelle letture mettete più assai di quanto ci trovate, e con l'attività del vostro spirito fate un libro sul libro, spesso assai migliore del primo. Dunque ci comunicheremo le nostre idee; vi dirò quello che gli altri hanno pensato, sullo stesso argomento voi mi direte che cosa pensate voi, così che spesso uscirò dalla lezione più istruito di voi.

Meno letture farete, con più cura bisognerà sceglierle, ed ecco le ragioni della mia scelta. Il grande errore di chi studia è, come vi ho detto, che si fidano troppo dei libri e che non ci mettono abbastanza del proprio; senza pensare che fra tutti i sofisti quello che ci inganna meno è quasi sempre la nostra ragione. Appena uno fa tanto di tornare in sé, subito sente ciò che è bene, discerne ciò che è bello; non abbiamo bisogno che ci insegnino a conoscere né questo né quello, sono cose nelle quali uno non si lascia impressionare se non quel tanto che vuole. Ma gli esempi di ciò che è molto buono e molto bello sono più rari e meno noti, bisogna andarli a cercare fuori di noi. La vanità, che commisura le forze della natura alla nostra debolezza, fa che consideriamo chimeriche le qualità che non sentiamo di possedere; la pigrizia e il vizio si appoggiano a questa pretesa impossibilità, e il debole pretende che ciò che non si vede tutti i giorni non si vede mai. Ecco un errore da sterminare. Bisogna avvezzarsi a sentire a a vedere questi grandi oggetti, per togliersi qualsiasi pretesto per non imitarli. L'anima s'innalza, il cuore s'infiamma contemplando codesti divini modelli; a forza di considerarli si cerca di assimilarsi a loro, non si sopporta più cosa mediocre senza una nausea mortale.

Non andiamo dunque a scovare nei libri principi e regole che troviamo più sicuramente in noi. Lasciamo tutte le vane dispute dei filosofi sulla felicità e sulla virtù; usiamo a farci buoni e felici il tempo che loro per¹ dono a escogitare come lo si deve essere, e proponiamoci grandi esempi da imitare, piuttosto che vani sistemi da seguire.

Ho sempre creduto che il buono non è altro che il bello in azione, che l'uno è intimamente legato all'altro, e che entrambi avevano una sorgente comune nella ben ordinata natura. Da quest'idea consegue che il gusto si perfeziona con gli stessi mezzi della saggezza, e che un'anima aperta alle seduzioni della virtù deve nella stessa misura essere sensibile a tutti gli altri generi di bellezza. Ci si addestra a vedere come a sentire, o meglio una vista squisita non è che un sentimento delicato e fine. Così un pittore davanti a un bel paesaggio o davanti a un bel quadro va in estasi per cose che uno spettatore volgare nemmeno nota. Quante cose non si percepiscono che grazie al sentimento, e non è possibile darne ragione! Quanti di questi "non so che" si ripresentano spesso, dei quali il gusto soltanto può giudicare! Il gusto è in certo modo il microscopio del giudizio, in quanto gli mostra le minime cose, e le sue operazioni cominciano dove terminano quelle del giudizio. Cosa occorre dunque per coltivarlo? addestrarsi a vedere come a sentire, a giudicare del bello per ispezione come del buono per sentimento. No, sostengo che non è nemmeno concesso a tutti i cuori d'essere commossi al primo sguardo di Giulia.

Ecco, o mia bella scolara, perché limito tutti i vostri studi a libri di gusto e di costume. Ecco perché volgo tutto il mio metodo in esempi, e non vi do come definizione della virtù che uno spettacolo di persone virtuose, né altre regole per ben scrivere che libri scritti bene.

Non siate quindi meravigliata se diminuisco molto le vostre letture; sono convinto che occorre restringerle per renderle utili, ogni giorno meglio vedo che tutto quanto non dice niente all'anima non è degno di occuparvi. Sopprimeremo le lingue, salvo l'italiano che conoscete e vi piace. Lasceremo da parte gli elementi di geometria e di algebra. Lasceremmo persino la fisica, se i paragoni che vi fornisce me ne lasciassero il coraggio. Rinunceremo per sempre alla storia moderna, salvo quella della nostra patria; e semplicemente perché è un paese libero e semplice, dove si trovano uomini antichi nei tempi moderni: giacché non vi dovete lasciar abbagliare da quelli che dicono che la storia più interessante è per ognuno quella del proprio paese. Non è vero. Ci sono paesi la cui storia non si può nemmeno leggere, a meno d'essere imbecilli o diplomatici. La storia più interessante è quella nella quale si trovano più esempi di costumi, di caratteri d'ogni specie; in una parola, più ammaestramenti. Vi diranno che ce n'è non meno da noi che dagli antichi. Non è vero. Aprite la loro storia e fateli tacere. Ci sono popoli senza fisionomia ai quali non occorrono pittori, ci sono governi senza carattere ai quali non occorrono storici, e dove basta sapere il posto che un uomo occupa per sapere anticipatamente tutto quanto farà. Diranno che ci mancano i buoni storici; ma domandate un po' perché. Non è vero. Fornite materia a buone storie e i buoni storici si troveranno. Per finire diranno che gli uomini di tutti i tempi si somigliano, che hanno gli stessi vizi e le stesse virtù, che si ammirano gli antichi perché sono antichi. Non è vero nemmeno questo: perché una volta si facevano grandi cose con piccoli mezzi, e oggi si fa tutto l'opposto. Gli antichi erano contemporanei dei loro storici, eppure ci hanno insegnato ad ammirarli. È certo che se i posteri ammireranno i nostri, non lo avranno imparato da noi.

Per riguardo alla vostra inseparabile cuginetta ho lasciato alcuni libri di letteratura amena, che per voi non avrei lasciato. Fuori del Petrarca, del Tasso, del Metastasio, e dei grandi scrittori francesi di teatro, non ammetto né poeti né libri d'amore, contrariamente a quanto si usa per il vostro sesso. Cosa potremmo imparare dell'amore da codesti libri? Ah, Giulia, il nostro cuore ce ne dice assai di più, il linguaggio affettato dei libri è assai freddo per chiunque è appassionato davvero! Per altro codesti studi snervano l'anima, la gettano nella mollezza, le tolgono ogni energia. Invece il vero amore è un fuoco ardente che comunica il suo ardore agli altri sentimenti e li anima di novello vigore. Ecco perché è stato detto che l'amore faceva degli eroi. Felice colui che la sorte avesse designato per diventarlo e che avesse Giulia per amante!

LETTERA XIII

DI GIULIA

Ve lo dicevo bene che eravamo felici; niente ce lo dimostra meglio della noia che provo a ogni minimo mutamento di stato. Avessimo dolori cocenti, forse che un'assenza di due giorni ci addolorerebbe così? Dico noi, perché so che il mio amico condivide la mia impazienza; la condivide perché io la sento, e la sente già di per sé: non occorre che mi ripeta codeste cose.

Siamo in campagna da ieri sera, non è ancora l'ora in cui vi vedrei in città, e tuttavia lo spostamento mi fa già sentire intollerabile la vostra assenza. Se non m'aveste proibito la geometria, vi direi che la mia inquietudine è in ragione composta degli intervalli di tempo e di luogo; da tanto mi pare che la distanza aggiunge al dolore dell'assenza!

Ho portato con me la vostra lettera e il piano di studi per meditare l'una e l'altro, e già ho riletto due volte la prima: la fine mi commuove moltissimo. Vedo, amico, che voi provate il vero amore, perché non vi ha tolto il gusto delle cose oneste, e che nell'angolo più sensibile del vostro cuore ancora sapete offrire dei sacrifici alla virtù.¹ Infatti, servirsi dell'istruzione per corrompere una donna è la più colpevole di tutte le seduzioni; e commuovere la propria amante coi romanzi significa esser ben poveri di risorse. Se voi aveste nelle vostre lezioni piegato la filosofia al vostro intento, se aveste cercato di affermare delle massime propizie al vostro interesse, volendomi ingannare mi avreste ben presto disingannata; ma la più pericolosa delle vostre seduzioni è che non ne adoperate nessuna. Da quando la sete di amare si impadronì del mio cuore, e vi sentii nascere il bisogno d'un affetto eterno, non domandai al cielo di unirmi a un amabile uomo, ma a un uomo che avesse l'anima bella; perché sentivo bene che di tutte le qualità che si possono avere, è la meno esposta alla sazietà, e che la dirittura e l'onore ornano tutti i sentimenti ai quali si accompagnano. Per aver scelto bene, come Salomone ho ricevuto quello che domandavo e anche quello che non domandavo[1]. M'è di ottimo augurio per gli altri miei desideri il compimento di quel primo, e non dispero, o amico, di potervi un giorno far felice come meritate. I mezzi sono lenti, difficili, incerti; gli ostacoli tremendi. Non oso promettervi nulla; ma credetemi che tutto quanto la pazienza e l'amore possono fare sarà fatto.[2] Frattanto continuate a compiacere in tutto mia madre, e preparatevi, quando sarà tornato mio padre, che finalmente dopo trent'anni di servizio si ritira, a sopportare l'alterigia d'un vecchio gentiluomo burbero ma pieno d'onore, che vi vorrà bene senza farvi carezze e vi stimerà senza dirlo.

Ho interrotto questa lettera per andare a spasso nei boschetti che sono vicini a casa. O mio dolce amico! ti portavo con me, o meglio ti portavo nel mio seno. Sceglievo i luoghi da percorrere insieme; segnavo gli asili degni di trattenerci; i nostri cuori si effondevano in anticipo in quei deliziosi ritiri che aumentavano il piacere di stare insieme, e a loro volta acquistavano un nuovo pregio dal soggiorno di due veri amanti; e mi stupivo di non aver osservato da sola le bellezze che ci trovavo insieme a te.

Tra i boschetti naturali che stanno in quell'ameno luogo, ce n'è uno più piacevole degli altri, nel quale mi trovo più a mio agio e dove serbo una piccola sorpresa al mio amico. Non sia detto che lui sarà sempre rispettoso e io mai generosa. È lì che voglio fargli provare, nonostante i volgari pregiudizi, che ciò che il cuore dà è più prezioso di ciò che l'insistenza estorce. Del resto, perché la vostra vivace immaginazione non si inquieti troppo, debbo prevenirvi che non andremo in quel boschetto senza l'*inseparabile cugina*.

A proposito, è deciso (se non vi dispiace troppo) che verrete a trovarci lunedì. Mia madre manderà il calesse a mia cugina; andrete da lei alle dieci, e verrete insieme; trascorrerete la giornata con noi, e torneremo tutti insieme l'indomani dopo desinare.

A questo punto della lettera mi viene in mente che non ho per farvela avere le comodità che ho in città. Dapprima ho pensato di mandarvi un libro per mezzo di Agostino, figlio del giardiniere, e di avvolgere il libro in una carta nella quale avrei incluso la lettera. Ma lasciando che magari non avreste pensato a cercarvela, sarebbe un'imperdonabile imprudenza esporre a tali rischi il destino della nostra vita. Mi contenterò quindi di farvi sapere con un semplice biglietto l'appuntamento di lunedì, e terrò la lettera per consegnarvela di presenza. E poi ho paura che ci sarebbero troppi commenti sul mistero del boschetto.

LETTERA XIV

A GIULIA

Che hai mai fatto, ahi! che hai mai fatto, o mia Giulia? volevi ricompensarmi e m'hai rovinato. Sono ebbro, o meglio insensato. I miei sensi sono alterati, tutte le mie facoltà sconvolte da quel bacio mortale.[1] Volevi alleviare i miei mali? Crudele, li inasprisci. Sulle tue labbra ho colto veleno; ora fermenta, mi infiamma il sangue; mi uccide, e la tua pietà mi fa morire.

O immortale ricordo di quell'istante di illusione, di delirio e di estasi, mai mai non sarai cancellato dall'anima mia, e finché ci saranno impresse le bellezze di Giulia, finché questo cuore agitato mi darà sentimenti e sospiri, sarai il supplizio e la felicità della mia vita!

Ahimè! godevo d'un'apparente tranquillità; sottomesso alle tue supreme volontà, non mormoravo più di un destino al quale ti degni di presiedere. Avevo domato i focosi slanci d'una temeraria immaginazione; avevo coperto i miei sguardi con un velo e messo una pastoia al mio cuore; i miei desideri non ardivano più manifestarsi se non a metà, ero contento quanto potevo essere. Ricevo il tuo biglietto, volo dalla tua cugina; corriamo a Clarens, ti vedo, il mio seno palpita; il dolce suono della tua voce vi eccita un'altra agitazione; mi accosto a te come smemorato, avevo estremo bisogno della diversione di tua cugina per nascondere il mio turbamento a tua madre. Percorriamo il giardino, pranziamo tranquillamente, in segreto mi consegni la lettera che non oso leggere davanti a quel temibile testimonio; il sole comincia a declinare, tutti e tre evitiamo nel bosco i suoi ultimi raggi, la mia placida semplicità non immaginava nemmeno uno stato più dolce del mio.

Avvicinandoci al boschetto mi avvidi, non senza una segreta emozione, dei vostri segni di intelligenza, dei vostri scambievoli sorrisi, e del nuovo splendore che ti accendeva le gote. Entrandoci, vidi con meraviglia tua cugina accostarsi a me e in tono scherzosamente supplice domandarmi un bacio. Senza niente capire di tanto mistero abbracciai quella cara amica, e per quanto amabile e piccante sia mi fece intendere più di sempre che le sensazioni sono semplicemente ciò che il cuore le fa essere. Ma cosa divenni un momento dopo, quando sentii... la mano mi trema... un dolce fremito... la tua bocca di rosa... la bocca di Giulia... posarsi, premere la mia, e il mio corpo stretto tra le tue braccia? No, il fuoco del cielo non è più ardente né più veloce di quello che immediatamente mi arse. Tutte le mie potenze si radunarono sotto quel delizioso contatto. Il fuoco s'esalava con i nostri sospiri dalle nostre labbra ardenti, il mio cuore smoriva sotto il peso della voluttà... quando a un tratto ti vidi impallidire, chiudere i begli occhi, appoggiarti a tua cugina e cadere svenuta. Così la paura spense il piacere, la mia felicità non fu che un lampo.

A malapena conosco ciò che m'è capitato dopo quel fatale momento. La profonda impressione ricevuta non potrà cancellarsi mai più. Un favore?... è un orrendo tormento... No, tienti i tuoi baci, non li so sopportare... sono troppo acri, troppo penetranti, trafiggono, bruciano fino al midollo... mi farebbero impazzire. Uno solo, uno solo m'ha gettato in uno smarrimento dal quale non mi so riavere. Non sono più lo stesso, non ti vedo più la stessa. Non ti vedo più come prima, severa e inibitrice; ma ti sento e ti tocco senza posa, stretta al mio seno come sei stata per un istante. O Giulia! qualunque sia la sorte che mi si annuncia con un'estasi che non so padroneggiare, qualunque sia il trattamento che il tuo rigore mi assegna, non posso più vivere nello stato in cui mi trovo, sento che finalmente devo spirare ai tuoi piedi... o nelle tue braccia.

LETTERA XV

DI GIULIA

È necessario, amico, che ci separiamo per un poco, questa è la prima prova dell'ubbidienza che m'avete promesso. Se l'esigo in questa occasione, credete che ne ho fortissime ragioni: bisogna, e lo sapete anche troppo, che ne abbia per decidermi a tanto; quanto a voi, deve bastarvi la mia sola volontà.

È un pezzo che dovete fare un viaggio nel Vallese. Vorrei che lo poteste far subito, prima che venga il freddo. Benché l'autunno qui sia ancora gradevole, vedete che già s'imbianca la vetta della Dent-de-Jamant, fra sei settimane non vi permetterei di far viaggio in così aspro paese. Cercate quindi di partire subito domani: mi scriverete all'indirizzo che vi spedisco, mi manderete il vostro quando sarete a Sion.

Non m'avete mai voluto parlare dello stato dei vostri affari; ma non siete nella vostra patria; so che possedete una modesta fortuna e che non fate altro che diminuirla stando qui, dove non stareste se io non ci fossi. Posso quindi supporre che una parte della vostra borsa sta nella mia, e vi mando un piccolo acconto in quella che sta nella scatola che non dovete aprire davanti al latore. Non voglio prevenire un rifiuto, vi stimo troppo per credervi capace di crearmene.

Vi proibisco non soltanto di tornare senza un ordine

mio, ma di venire a dirci addio. Potete scrivere a me o a mia madre, semplicemente per avvertirci che siete costretto a partire· immediatamente per un affare im- previsto, e per darmi, se credete, qualche indicazione per le mie letture, fino al vostro ritorno. Il tutto na- turalmente e senza alcuna apparenza di mistero. Addio, amico mio, non dimenticate che portate con voi il cuo- re e il riposo di Giulia.

LETTERA XVI

RISPOSTA

Rileggo la tremenda vostra lettera, a ogni riga rab- brividisco. Tuttavia ubbidirò, l'ho promesso, lo devo; ubbidirò. Ma non sapete, o barbara, non saprete mai che cosa un siffatto sacrificio costa al mio cuore. Ah, non avevate bisogno della prova del boschetto per far- melo più acerbo! È una raffinatezza crudele, inutile per la vostra anima impietosa; io posso almeno sfidarvi a far- mi più infelice.

Riceverete la vostra scatola così come me l'avete man- data. Aggiungere l'obbrobrio alla crudeltà è troppo; se vi ho lasciato padrona del mio destino, non v'ho però lasciata arbitra del mio onore. È un deposito sacro (l'uni- co, ahimè, che mi rimanga) di cui, fin che vivo, nessuno sarà incaricato, se non io soltanto[1].

LETTERA XVII

REPLICA

La vostra lettera mi fa pietà; è l'unica cosa sciocca che abbiate mai scritto.

Dunque offendo il vostro onore, io che per lui darei la mia vita? Dunque offendo il tuo onore, ingrato! tu che m'hai vista sul punto di abbandonarti il mio? Dov'è dunque, quest'onore che offendo? Dimmelo, cuore abietto, anima senza delicatezza! Ah! quanto sei spregevole, se non possiedi che un onore che Giulia non conosce! Come mai, coloro che voglion spartire la loro sorte non ardiranno spartire i loro beni, e colui che si professa mio si considera oltraggiato dai miei doni? E da quando mai ciò che il cuore dà disonora il cuore che accetta: ma si disprezza un uomo che riceve da un altro? si disprezza colui che ha bisogni più grandi degli averi? E chi lo disprezza? le anime abiette che metton l'onore nella ricchezza, e valutano le virtù a peso d'oro. Forse che un uomo da bene mette il suo onore in codeste vili massime, e il pregiudizio stesso della ragione non è forse in favore del più misero?

Certo ci sono dei doni vili che un uomo da bene non può accettare; ma sappiate che quelli non disonoran se non la mano che li offre, e che un dono nobilmente offerto può sempre essere nobilmente accettato; ora il mio cuore non mi rinfaccia affatto questo dono, anzi se ne gloria[a]. Non conosco cosa più spregevole d'un uomo di cui si possono comperare cuore e cure, se non la donna che li paga; ma tra due cuori uniti la comunanza dei beni è un giusto dovere; e se mi trovo ad avere più di quanto vi ho dato, accetto senza scrupolo ciò che mi serbo, e vi sono debitrice di quello che non vi ho dato. Ah! se i doni dell'amore pesano, qual cuore potrà mai essere riconoscente?

Supponete forse che nego ai miei bisogni ciò che destino a soddisfare i vostri? Vi voglio dare la prova irrefragabile del contrario. E cioè, la borsa che vi rimando contiene il doppio di quanto conteneva la prima volta, e non dipenderebbe che da me di raddoppiarla ancora. Mio padre mi passa per le mie minute spese una pensione, modica in verità, ma alla quale non debbo mai mettere mano, da tanto mia madre è pronta a pensare a ogni cosa; senza contare che mi provvedo da me di merletti e ricami. È vero che non sono sempre

[a] Ha ragione. Dato il segreto motivo del viaggio, è chiaro che mai denaro fu più nobilmente adoperato. È un vero peccato che il profitto non sia stato migliore. (N.d.A.)

78

stata così ricca; le cure d'una fatale passione m'hanno fatto trascurare certi doveri ai quali consacravo il superfluo; ragione di più per disporne come faccio; bisogna umiliarvi per il male che avete causato, e che l'amore espii le colpe che fa commettere.

Veniamo all'essenziale. Dite che l'onore vi proibisce di accettare i miei regali. Se è così non ho più nulla da dire, e ammetto con voi che non vi è concesso di rinunciare a tale cura. Se dunque mi potete dimostrare questa cosa, fatelo chiaramente, incontestabilmente, e senza vacue sottigliezze; perché sapete che odio i sofismi. Allora mi potrete restituire la borsa, la ripiglierò senza lagnarmi e non ne parleremo mai più.

Ma siccome non mi piacciono né i puntigliosi né il falso punto d'onore, se mi rimandate una volta ancora la borsa senza giustificarvi, o con una vana giustificazione, non ci vedremo mai più. Addio; pensateci.

LETTERA XVIII

A GIULIA

Ho ricevuto i vostri doni, sono partito senza vedervi, eccomi assai lontano da voi. Siete soddisfatta delle vostre tirannie, e vi ho ubbidito abbastanza?

Non vi posso parlare del mio viaggio; a malapena so come è stato. Ci ho messo tre giorni a fare venti leghe; ogni passo che m'allontanava da voi mi separava l'anima dal corpo, e mi faceva pregustare la morte. Volevo descrivervi ciò che vedevo. Vano pensiero! Non ho visto altro che voi, non vi posso dipingere che Giulia. Le potenti emozioni che ho appena e così fittamente provate m'hanno continuamente distratto; mi sentivo sempre dove non ero; avevo appena bastevole presenza di spirito per continuare e domandare la strada, e sono giunto a Sion senza esser partito da Vevey.

Così ho escogitato il segreto di eludere i vostri rigori e di vedervi senza disubbidirvi. Sì, crudele, checché abbiate potuto fare, non avete potuto separarmi del tutto da voi. Non ho trascinato meco nell'esilio che la minima parte di me: tutto quanto c'è di vivo in me rimane incessantemente accanto a voi. Impunemente erra sui vostri occhi, sulle vostre labbra, sul vostro seno, su tutte le vostre bellezze; penetra per ogni dove come un vapore sottile, e sono più felice vostro malgrado di quanto mai sia stato col vostro consenso[1].

Devo trovare qui alcune persone, e provvedere ad alcuni affari; ecco ciò che mi affligge. Non sono da compiangere quando son solo, allora mi posso occupare di voi e trasportarmi nei luoghi dove state. Soltanto la vita attiva che mi richiama tutto a me stesso mi riesce insopportabile. Farò male e in fretta, per trovarmi subito libero e potermi smarrire a mio agio nei luoghi selvatici che ai miei occhi fanno le bellezze di questo paese. Bisogna evitare tutto e vivere solo al mondo, se non ci si può vivere insieme a voi.

LETTERA XIX

A GIULIA

Soltanto i vostri ordini mi trattengono qui; i cinque giorni che vi ho trascorsi sono stati più che sufficienti per i miei affari; se tuttavia si posson chiamare affari quelli nei quali non c'entra il cuore. Insomma, non avete altri pretesti, e non potete tenermi lontano da voi se non per tormentarmi.

Comincio a essere assai inquieto sulla sorte della mia prima lettera; l'ho scritta e messa alla posta arrivando; ho fedelmente ricopiato l'indirizzo come me l'avete mandato; vi ho mandato il mio con la stessa cura, e se aveste fatto esattamente risposta l'avrei già in mano. Eppure la risposta non viene, il mio spirito agitato si figura tutte le possibili e funeste ragioni di tale ritardo. O mia Giulia, quante impreviste catastrofi possono capitare in otto giorni e spezzare per sempre i più dolci legami del mondo! Fremo pensando che per me non c'è che un unico modo di essere felice, e infiniti di essere infelice[a]. Giulia, m'avresti forse dimenticato? Ah! quello è il più orrendo dei miei timori! Posso preparare la mia costanza a sopportare qualsiasi altra sventura, ma tutte le forze dell'anima mia scompaiono al solo sospetto di questa[1].

Vedo che i miei timori sono poco fondati, ma non sono capace di calmarli. Il sentimento dei miei mali s'inasprisce continuamente lontano da voi, e come se non ne avessi abbastanza per opprimermi, vado fabbricandomene di incerti per irritare tutti gli altri. Sulle prime le mie inquietudini erano meno vive. La partenza improvvisa, l'agitazione del viaggio distraevano i miei affanni; ma nella tranquilla solitudine si ravvivano. Ahimè! combattevo; un ferro mortale m'ha trafitto il seno, il dolore non s'è fatto sentire che assai dopo la ferita.

Cento volte ho riso leggendo nei romanzi i freddi lamenti degli amanti circa l'assenza. Ah, allora ignoravo che la vostra mi sarebbe stata un giorno intollerabile! Oggi sento quanto un'anima tranquilla è poco atta a giudicare delle passioni, e quanto è insensato ridere dei sentimenti che non si sono provati. Tuttavia ve lo debbo dire? Non so quale idea dolce e consolante tempera in me l'amarezza della vostra lontananza, pensando che l'avete comandata voi. I mali che mi vengono da voi mi sembrano meno crudeli di quanto mi sembrerebbero se mi fossero mandati dalla fortuna; se giovano a soddisfarvi non vorrei non provarli; sono altrettante garanzie di risarcimento, conosco troppo bene l'anima vostra per reputarvi barbara gratuitamente.

Se volete mettermi alla prova non mormoro più; è giusto che sappiate se sono costante, paziente, docile, in una parola degno dei beni che mi riservate. O Dei! se

[a] Mi si dirà che è dovere d'un editore correggere gli errori di lingua. Sì certo, per gli editori che danno importanza a tali correzioni; sì certo, per le opere di cui è possibile correggere lo stile senza rifonderlo o sciuparlo; sì certo, quando si è sicuri della propria penna abbastanza da non temere di sostituire i propri errori a quelli dell'autore. Al postutto, che guadagno ci sarebbe, a far parlare uno svizzero come un accademico? (N.d.A.)

fosse tale l'intento vostro, mi lagnerei di non soffrire abbastanza. Ah, no! per nutrire in cuore così dolce attesa, se vi riesce inventatemi dei mali più degni di tale premio.

LETTERA XX

DI GIULIA

Ricevo insieme le vostre due lettere, e dall'inquietudine che manifestate nella seconda circa la sorte della prima mi avvedo che quando l'immaginazione galoppa la ragione non si affretta tanto, spesso lascia che vada sola. Vi siete immaginato che arrivando a Sion un corriere bell'e pronto non aspettava altro che la vostra lettera per partire, che quella lettera mi sarebbe stata recapitata appena giunta, e che occasioni non meno favorevoli avrebbe trovato la mia risposta? Non così vanno le cose, caro il mio amico. Le vostre due lettere mi sono arrivate insieme perché il corriere, il quale non passa che una volta la settimana, è partito soltanto con la seconda. Ci vuole un certo tempo per distribuire le lettere; ce ne vuole perché il mio incaricato mi recapiti la mia segretamente, e il corriere non riparte subito il giorno dopo; tenuto calcolo di tutto, ci occorrono otto giorni, a patto di scegliere bene quello del corriere, per avere una risposta; ve lo spiego per calmare una volta per sempre l'impaziente vostra vivacità. Intanto che voi declamate contro la fortuna e la mia negligenza, vedete che io mi informo destramente di tutto ciò che può garantire la nostra corrispondenza e prevenire le vostre incertezze. Giudicate voi chi di noi dimostra più tenere cure.

Non parliamo più di pene, mio caro amico; ah, rispettate e condividete piuttosto il piacere che provo rivedendo dopo otto mesi d'assenza l'ottimo dei padri! È arrivato giovedì sera, e da quel felice momento non ho pensato che a lui[a]. O tu che mi sei caro più d'ogni altra co-

[a] L'articolo che precede dimostra che mente. (N.d.A.)

82

sa al mondo, dopo gli autori dei miei giorni, perché le tue lettere, le tue querimonie vengono a contristarmi l'anima e a turbare i primi piaceri d'una famiglia riunita? Vorresti che il mio cuore s'occupasse incessantemente di te; ma dimmi un poco, il tuo potrebbe amare una figlia snaturata che per i fuochi dell'amore dimenticasse i diritti del sangue, e diventasse insensibile alle carezze d'un padre per ascoltare i lagni d'un amante? No, o mio degno amico, non avvelenare con ingiusti rimproveri l'innocente gioia che così dolce sentimento mi ispira. O tu che hai l'anima così tenera e sensibile, non intendi che diletto sia sentire in questi puri e sacri abbracci il seno d'un padre palpitare di gioia contro quello di sua figlia? Ah! credi forse che allora il cuore possa dividersi per un momento senza defraudare la natura?

Sol che son figlia io mi rammento adesso[2].

Non andate tuttavia a pensare che vi dimentico. Forse che si può dimenticare colui che s'è amato? No, le più vive impressioni che si provano per un momento, non riescono a cancellare le altre. Non vi ho visto partire senza affanno, non senza piacere vi vedrò tornare. Ma... Portate pazienza come faccio io, poiché è necessario, e non domandate altro. Siate certo che vi richiamerò al più presto possibile, e pensate che non sempre colui che getta alti lai è quello che patisce di più.

LETTERA XXI

A GIULIA

Quanto ho sofferto ricevendola, questa lettera così ardentemente sospirata! Aspettavo il corriere alla posta. Appena aperto il sacco do il mio nome, insisto; mi dicono che c'è una lettera; trasalisco; la richiedo, agitato e mortalmente impaziente; finalmente la ricevo. Giulia, scorgo i caratteri dell'adorata tua mano! La mia trema nel ricevere così prezioso pegno. Vorrei baciare mille volte quei sacri caratteri. O cautele d'un timido amore! Non oso portare la lettera alle labbra, né aprirla davanti a testimoni. Mi affretto ad andarmene. Le ginocchia mi tremano, l'emozione crescente mi permette appena di intravvedere la strada; alla prima svolta apro la lettera; la percorro, la divoro, non appena arrivo alle righe nelle quali dipingi così bene i piaceri del tuo cuore nell'abbracciare quel rispettabile padre scoppio in lagrime, mi guardano, infilo un viale per sottrarmi agli occhi della gente; abbraccio con trasporto quel padre felice che conosco appena, la voce della natura mi ricorda il mio, e verso altre lagrime sull'onorata sua memoria.

E cosa mai volevate imparare, o incomparabile fanciulla, dalla mia vana e triste scienza? Ah, da voi bisogna imparare tutto quanto di buono e di onesto può entrare in un'anima umana, soprattutto quel divino accordo della virtù, dell'amore e della natura che in voi soltanto si ritrova! No, non esiste sano affetto che non trovi albergo nel vostro cuore, che non ci si distingua grazie alla sensibilità che è propria di voi; e perché io sappia come regolare il mio, così come ho sottomesso tutte le mie azioni alle vostre volontà, allo stesso modo mi avvedo che devo sottomettere tutti i miei sentimenti ai vostri.

Ma pure, tra il vostro stato, e il mio, degnatevi di considerare che differenza passa! Non alludo al rango o alla fortuna, qui l'onore e l'amore devono supplire a tutto. Ma voi siete circondata da gente che amate e che vi ama; le cure d'una tenera madre e di un padre di cui siete l'unica speranza; l'amicizia d'una cugina che non par vivere che per voi; tutta una famiglia, della quale siete l'ornamento; tutta una città orgogliosa d'avervi vista nascere: ogni cosa occupa e partecipa alla vostra sensibilità: e quanto ne rimane per l'amore non è che una minima parte, quanto gli lasciano i diritti del sangue e dell'amicizia. Ma io, Giulia, ahimè! errante, senza famiglia e quasi senza patria, non ho altri che voi sulla terra, l'amore soltanto mi compensa di tante assenze! Non meravigliatevi quindi, benché la vostra anima sia la più sensibile, se la mia è capace di amare meglio;

e se, inferiore a voi in tante cose, riesco almeno a ottenere il premio dell'amore.

Tuttavia non temete che torni a importunarvi ancora con i miei lagni indiscreti. No, rispetterò i vostri piaceri, sia perché sono puri, sia perché li provate voi. Cercherò di raffigurarmene nello spirito il patetico spettacolo; li condividerò da lontano, e non potendo esser felice della mia felicità, cercherò di esserlo della vostra. Quali che siano i motivi che mi tengono lontano da voi, li rispetto; a che mi gioverebbe conoscerli, se anche dovendoli disapprovare sarei ugualmente costretto a ubbidire alle vostre volontà? Forse che tacere mi riuscirà più grave che avervi lasciata? non dimenticate mai, o mia Giulia, che l'anima vostra deve governare due corpi; e quello che vivifica per sua scelta le sarà sempre il più fedele:

> nodo più forte,
> Fabbricato da noi, non dalla sorte[1].

Quindi taccio, e fin quando vi piacerà di por termine al mio esilio cercherò di temperarne il fastidio percorrendo le montagne del Vallese, fin che sono ancora praticabili. M'accorgo che questo paese sconosciuto merita l'attenzione degli uomini, e che per essere ammirato non gli mancano che spettatori capaci di vederlo. Cercherò di cavarne alcune osservazioni degne di piacervi. Per divertire una bella donna bisognerebbe dipingere un popolo amabile e galante. Ma, o mia Giulia, lo so bene, lo spettacolo d'un popolo felice e semplice è fatto per piacere al tuo cuore.

LETTERA XXII

DI GIULIA

Finalmente il primo passo è fatto, abbiamo parlato di voi. Nonostante il disprezzo che dimostrate per la mia scienza, mio padre ne è rimasto meravigliato; ha ammïrato molto i miei progressi in musica e in disegno[a], e con gran stupore di mia madre, prevenuta dalle vostre calunnie[b], è stato contentissimo di tutti i miei talenti; salvo l'araldica, che gli è parsa trascurata. Ma tanti talenti non si acquistano senza maestro: bisognò fare il nome del mio, e l'ho fatto enumerando pomposamente tutte le scienze che m'ha voluto insegnare, salvo una. S'è ricordato d'avervi veduto varie volte nell'ultimo suo soggiorno, e non si direbbe che abbia conservato di voi un'impressione sfavorevole.

Poi s'è informato della vostra fortuna: gli dicemmo che è mediocre; della vostra nascita: gli dicemmo che è civile. Questa parola, civile, suona equivoca all'orecchio d'un gentiluomo, e ha svegliato qualche sospetto che poi si è chiarito e confermato. Non appena seppe che non siete nobile, ha chiesto quanto vi davamo al mese. Mia madre rispose che non era nemmeno pensabile, simile combinazione: anzi, che avete sempre rifiutato tutti i minimi regali che aveva cercato di farvi, e in cose che non si rifiutano; ma questo tono di fierezza non ha fatto altro che eccitare quella di mio padre: come è possibile tollerare l'idea di dover qualche cosa a un plebeo? S'è quindi stabilito che vi si offrirà un onorario; e caso mai lo rifiutaste, nonostante tutti i vostri meriti riconosciuti, sarete ringraziato e licenziato. Ecco, caro amico, il riassunto d'una conversazione sul conto dell'onoratissimo mio maestro, durante la quale la sua umilissima allieva non era del tutto tranquilla. M'è parso di non por tempo in mezzo a darvene notizia, per darvi modo di rifletterci con agio. Non appena avrete preso una decisione, avvertitemi subito; perché si tratta di cosa di vostra competenza, i miei diritti non arrivano fin lì.

Sento con dispiacere che progettate escursioni in montagna; non che non possiate trovarci una piacevole diversione e che il racconto di quanto avrete visto non mi riesca assai piacevole: ma temo che non siate in

[a] Ecco, mi sembra, uno scienziato di vent'anni che conosce una quantità di cose straordinarie! È vero che a trent'anni Giulia si rallegrerà con lui perché non è più tanto sapiente. *(N.d.A.)*

[b] Si riferisce a una lettera della madre, scritta in tono equivoco, che è stata soppressa. *(N.d.A.)*

grado di sopportarne le eccessive fatiche. Per altro la stagione è assai inoltrata; da un giorno all'altro la neve può coprire ogni cosa, e prevedo che dovrete patire anche più del freddo che delle fatiche. Se vi ammalaste lì dove siete sarei inconsolabile. Tornate quindi, amico, nelle mie vicinanze. Non è ancora tempo di tornare a Vevey, ma voglio che abitiate un soggiorno meno aspro, e che ci permetta di più facilmente scambiarci le nostre reciproche notizie. Vi lascio padrone di scegliere la località. Soltanto fate in modo che qui non si sappia dove siete, e siate discreto senza essere misterioso. Non mi dilungo su questo capitolo: confido nell'interesse che avete di essere prudente, e più ancora in quello che ho che voi lo siate.

Addio, amico mio; non posso trattenermi oltre con voi. Sapete quante precauzioni mi occorrono per scrivervi. E non è tutto qui. Mio padre ha portato con sé un rispettabile straniero, suo amico, e che gli salvò la vita in guerra. Figuratevi se abbiamo fatto di tutto per accoglierlo bene! Domani parte, e noi ci facciamo un dovere di procurargli, per quest'ultimo giorno, tutti i divertimenti che gli possano dimostrare la nostra riconoscenza. Mi chiamano: devo terminare. Addio, ancora una volta.

LETTERA XXIII

A GIULIA

Ho speso appena otto giorni percorrendo un paese che esigerebbe anni di osservazione; ma non soltanto la neve mi caccia, son voluto tornare incontro alla posta che spero mi rechi una lettera di voi. Aspettando che giunga, comincio scrivendovi questa, dopo la quale se occorre ne scriverò un'altra per rispondere alla vostra.

Non starò a farvi una descrizione particolareggiata del mio viaggio e delle osservazioni fatte; ne ho steso una relazione che vi porterò. Dobbiamo consacrare la nostra corrispondenza alle cose che ci interessano più da vicino. Mi accontenterò di parlarvi della condizione dell'anima mia: è giusto che vi si dia conto dell'uso che si fa di ciò che vi appartiene.

Ero partito rattristato dalle mie pene e consolato dalla vostra gioia: e così mi trovavo in un certo stato languido che non è senza incanto per un cuore sensibile. Lentamente e a piedi scalavo sentieri assai erti, con un uomo che avevo preso come guida; ma durante tutta la strada ebbi in lui piuttosto un amico che un mercenario. Avrei voluto fantasticare, ma sempre qualche spettacolo inaspettato mi distraeva. Ora immense rupi mi pendevano sul capo come rovine. Ora alte e fragorose cascate m'inondavano con il loro fitto pulviscolo. Ora un torrente eterno mi spalancava accanto un abisso di cui i miei occhi non ardivano misurare la profondità. A volte mi smarrivo nell'oscurità di un folto bosco. A volte, uscendo da un burrone, un'amena prateria improvvisamente mi rallegrava lo sguardo. Uno stupefacente miscuglio della natura selvatica e della natura educata denunciava la mano dell'uomo dove non si sarebbe mai creduto che fosse penetrata: accanto a una caverna si trovavano case; si vedevano tralci secchi dove non si sarebbero cercati che rovi, vigneti sulle frane, ottimi frutti sulle rocce, e campi nei precipizi.

Ma non soltanto il lavoro umano rendeva questi paesi così stranamente contrastanti: pareva che anche la natura si compiacesse di contraddire se stessa; da tanto era diversa nello stesso luogo, sotto vari aspetti! A levante così i fiori della primavera, a mezzogiorno i frutti dell'autunno, a settentrione i ghiacci dell'inverno: riuniva tutte le stagioni nello stesso momento, tutti i climi nello stesso posto, terreni opposti sullo stesso suolo; e accordava in modo mai visto altrove i prodotti del piano con quelli delle alpi. A tutto questo aggiungete le illusioni ottiche, le vette dei monti variamente illuminate, il chiaroscuro del sole o delle ombre, e tutti gli accidenti di luce che ne risultavano mattina e sera: avrete così una vaga idea delle continue scene che incessantemente attiravano la mia ammirazione, e che mi sembravano presentate in un vero teatro; perché la prospettiva delle montagne è verticale e colpisce l'occhio contemporaneamente, in modo assai più potente di quella della pianura, che si vede soltanto di scorcio, sfugge e ogni oggetto ve ne nasconde un altro.

Al piacere di tale varietà attribuii il primo giorno la calma che mi sentivo rinascere dentro. Ammiravo la potenza che sulle nostre passioni hanno gli esseri più insensibili, e sprezzavo la filosofia che sull'anima non può quello che può una serie di oggetti inanimati. Ma poiché questo stato tranquillo durò la notte e l'indomani si accrebbe, potei avvedermi subito che ci doveva essere qualche altra causa sconosciuta. Quel giorno raggiunsi le montagne meno alte; poi, percorrendone l'andamento disuguale, quelle più alte che m'erano più vicine. Dopo d'aver errato nelle nuvole, raggiunsi un più sereno soggiorno, da dove si vede nella stagione propizia formarsi sotto di sé il tuono e l'uragano; immagine troppo vana dell'anima dell'uomo saggio, di cui non esistette mai l'esemplare, o semmai non esiste se non nei luoghi stessi donde se ne è tratto l'emblema.

Lassù, nella purità di quell'aria, riuscii a districare sensibilmente la vera cagione del mio umore mutato e del ritorno di quella pace interna che avevo smarrito da tanto tempo. È infatti una impressione generale, che tutti gli uomini risentono anche se non tutti se ne rendono conto: sulle alte montagne dove l'aria è pura e sottile, la respirazione è più agevole, il corpo più agile, lo spirito più sereno, i piaceri meno ardenti, le passioni più moderate. Le meditazioni assumono lassù non so che carattere grande e sublime, proporzionato agli oggetti che ci colpiscono, una non so che voluttà tranquilla che non ha niente d'acre o di sensuale. Si direbbe che, alzandosi al di sopra del soggiorno degli uomini, ci si lascino tutti i sentimenti bassi e terrestri, e che, a mano a mano che ci si avvicina alle regioni eteree, l'anima sia toccata in parte dalla loro inalterabile purezza. Ci si sente gravi senza malinconia, placidi senza indolenza, contenti d'esistere e di pensare: tutti i desideri troppo intensi si smorzano; perdono quella punta acre che li rende dolorosi, non lasciano in fondo al cuore altro che una lieve e dolce emozione: in tal modo un clima felice fa che giovino alla beatitudine dell'uomo le passioni che altrove sono il suo tormento. Credo che nessuna violenta agitazione, nessuna indisposizione di vapori possa resistere a un prolungato soggiorno lassù, e mi meraviglio che salutari bagni nell'aria benefica delle montagne non siano uno dei massimi rimedi della medicina e della morale.

Qui non palazzi, non teatro o loggia,
Ma 'n lor vece un abete, un faggio, un pino,
Tra l'erba verde e 'l bel monte vicino,
. . . .
Levan di terra al ciel nostr'intelletto[1].

Immaginate tutte insieme le impressioni che vi ho descritte, e avrete un'idea della deliziosa situazione nella quale mi trovavo. Immaginate la varietà, la grandezza, la bellezza di mille spettacoli meravigliosi; il piacere di non vedersi intorno che oggetti nuovi, uccelli strani, piante bizzarre e sconosciute; di osservare insomma una natura diversa, di trovarsi in un mondo nuovo. Tutto ciò presenta all'occhio un indicibile miscuglio, il cui incanto è aumentato dalla sottigliezza dell'aria che fa più vivi i colori, i tratti più energici, e ravvicina tutti i punti di vista; le distanze sembrano minori che in pianura, dove l'aria densa vela la terra, l'orizzonte presenta all'occhio oggetti più numerosi di quanti ne potrebbe contenere: in una parola, lo spettacolo ha un non so che di magico e di soprannaturale che rapisce lo spirito e i sensi: si dimentica tutto, si dimentica se stesso, non si sa più dove si è[2].

Avrei trascorso tutto il viaggio immerso nell'incanto del paesaggio, se il commercio della gente non me ne avesse offerto uno anche più dolce. Nella mia descrizione troverete un rapido schizzo dei loro costumi, della semplicità, della costanza d'umore, della placida tranquillità che li fa felici, sottraendoli alle pene più ancora che procurando loro piaceri. Ma quello che non sono riuscito a dipingervi e che non è possibile immaginare, è la loro disinteressata umanità, la premurosa ospitalità per lo straniero che il caso o la curiosità conducono tra loro. Ne feci una stupefacente esperienza, io che non ero conosciuto da nessuno e che camminavo con una guida. Quando la sera giungevo in un villaggio, tutti accorrevano con tanta premura a offrirmi la propria casa

che non sapevo quale scegliere, e il preferito sembrava
così contento che la prima volta scambiai quell'ardore
per avidità. Ma fui ben sorpreso quando, dopo essermi
comportato in casa dell'ospite suppergiù come alla locanda, lo vidi il giorno dopo respingere il denaro, mo-
strandosi anzi offeso dall'atto; e dappertutto fu la stessa cosa. Avevo cioè preso l'amore dell'ospitalità, di solito piuttosto tiepido, per avidità di guadagno, da tanto
era vivo. Sono così totalmente disinteressati che in tutto il viaggio non ebbi modo di spendere un solo scudo.
Infatti, come spendere denaro in un paese dove i padroni non ricevono il prezzo delle loro imprese, né i domestici quello delle loro fatiche, e dove non c'è nessun
mendicante? Quindi il denaro è assai raro nell'alto Vallese, ma proprio perciò gli abitanti sono agiati: perché
le derrate vi abbondano e non hanno smercio fuori, e
dentro non c'è lusso; in tal modo il contadino di montagna (i cui piaceri sono i lavori) non diventa meno
laborioso. Se mai possederanno più denaro saranno infallibilmente più poveri. Sono saggi abbastanza per saperlo, nel paese ci sono miniere d'oro ma è proibito
sfruttarle [1].

Sulle prime ero assai meravigliato dal contrasto di
questi costumi con quelli del basso Vallese; dove, sulla strada d'Italia, i viaggiatori sono spremuti piuttosto aspramente; e non riuscivo a conciliare nello stesso popolo due contegni così diversi. Un vallesano me
ne spiegò il perché. Mi disse che i viaggiatori che passano nella valle sono dei mercanti, o gente esclusivamente intesa al commercio e al guadagno. "È giusto che
ci lascino una parte dei loro profitti, noi li trattiamo
come loro trattano gli altri. Ma quassù nessun affare
richiama gli stranieri, perciò siamo certi che chi ci viene è disinteressato; e disinteressata è l'accoglienza che
gli riserviamo. È gente che ci viene a trovare perché ci
vuol bene, perciò li accogliamo amichevolmente.

"Per altro," soggiunse sorridendo "è un'ospitalità non
dispendiosa, pochi credono di doverne cavar profitto."
"Ah, lo credo!" gli risposi. "Che cosa si può fare in mezzo a gente che vive per vivere, non per guadagnare o
per brillare? Gente felice e degna di esserlo, mi piace
pensare che bisogna in parte somigliarvi per trovar piaceri in mezzo a voi."

Quello che più mi piaceva nella loro accoglienza era la mancanza di qualsiasi traccia di soggezione, né per loro né per me. Vivevano nella loro casa come se io non ci fossi stato, non dipendeva che da me di starci come se fossi stato solo. Ignorano la scomoda vanità di farne gli onori agli estranei, quasi per farli attenti alla presenza d'un padrone, dal quale pertanto si dipende. Se non dicevo niente supponevano che volevo vivere a modo loro; bastava che dicessi una parola per vivere a modo mio, senza mai avvertire da parte loro il minimo segno di ripugnanza o di stupore. L'unico complimento che mi fecero, quando seppero che ero svizzero, fu di dirmi che eravamo fratelli, e che dovevo considerarmi a casa loro come a casa mia. Poi non s'occuparono altrimenti di quello che facevo, non immaginavano neppure che potessi minimamente dubitare della sincerità delle loro profferte, né provare il minimo scrupolo a prevalermene. Si comportano tra loro con la stessa semplicità; i ragazzi in età di ragione sono considerati eguali ai loro padri, i servi si siedono alla stessa tavola con i padroni; la stessa libertà regna nelle case e nella repubblica, e la famiglia è l'immagine dello stato.

La sola cosa nella quale non godevo libertà era l'eccessiva durata dei pasti. Ero sì padrone di non mettermi a tavola; ma una volta che ci stavo ci dovevo restare una parte della giornata e bere in proporzione. Come immaginare che un uomo e uno svizzero non beva volentieri? Infatti confesso che il buon vino mi sembra ottima cosa, e che non mi spiace affatto goderne, a patto di non esserci costretto. Ho sempre osservato che gli uomini falsi sono sobri, e un esagerato ritegno a tavola denuncia assai spesso costumi ipocriti e anime doppie. Un uomo schietto non teme l'affettuoso cicaleccio e le tenere effusioni che precedono l'ebbrezza; ma bisogna sapersi fermare e prevenire l'eccesso. Ecco una cosa che non m'era possibile fare con bevitori risoluti come i vallesani, con vini violenti come quelli del paese, e a mense dove l'acqua non compare mai. Come risolversi a fare scioccamente la parte del saggio e indispettire così brava gente? Insomma, mi ubriacavo per riconoscenza, e non potendo pagare lo scotto con la borsa, lo pagavo con la ragione.

Un altro costume che non mi infastidiva meno era

di vedere, anche in casa dei magistrati, la moglie e le figlie di casa ritte dietro la mia sedia servire a tavola come domestici. La galanteria francese avrebbe avuto non poco da fare per metter riparo a codesta incongruenza, tanto più che la bellezza delle vallesane fa sì che anche i servizi delle domestiche sarebbero imbarazzanti. Credetemi pure, sono belle poiché mi son sembrate tali. Occhi avvezzi a vedervi non sono di facile contentatura in fatto di bellezza.

Quanto a me, che rispetto le usanze dei paesi dove vivo piuttosto che quelle della galanteria, accoglievo i loro servizi in silenzio, con la gravità di don Chisciotte in casa della duchessa. A volte sorridevo confrontando le vaste barbe e l'aspetto rozzo dei commensali con lo splendido incarnato 'di quelle timide e giovani bellezze, che una parola bastava a far arrossire, rendendole anche più carine. Ma mi dispiacque un poco l'enorme ampiezza del loro seno, che soltanto nella splendida bianchezza possiede una virtù del modello col quale ardivo paragonarlo: modello unico e velato, i contorni del quale, furtivamente contemplati, mi danno idea di quelli della celebre coppa alla quale il più bel seno del mondo fece da stampo.

Non meravigliatevi trovandomi così dotto su dei misteri che sapete così ben nascondere: lo sono vostro malgrado; a volte un senso riesce a istruirne un altro: nonostante la più gelosa vigilanza, anche al meglio concertato abbigliamento sfugge qualche minimo interstizio, grazie al quale la vista acquista l'effetto del tatto. L'occhio avido e temerario si insinua impunemente sotto i fiori d'un mazzolino; erra sotto la ciniglia e i veli, e fa provare l'elastica resistenza alla mano la quale non ardirebbe sperimentarla.

> Parte appar de le mamme acerbe e crude,
> Parte altrui ne ricopre invida vesta;
> Invida, ma s'a gli occhi il varco chiude,
> L'amoroso pensier già non arresta[1]...

Notavo anche un grosso difetto nel vestire delle vallesane: quello di avere dei corpetti così alti dietro che paiono gobbe; il che produce un effetto singolare, con quelle loro cuffiette nere e col resto del costume, che per altro non è senza semplicità né senza eleganza. Vi porterò un costume completo alla vallesana, spero che vi starà bene; l'ho fatto fare sulla misura della più slanciata vita del paese.

Intanto che mi beavo percorrendo questi luoghi così poco conosciuti e così degni d'ammirazione, che cosa facevate, o mia Giulia? il vostro amico v'aveva dimenticata? Giulia dimenticata! Non mi dimenticherei piuttosto io stesso, e che cosa sarei se fossi solo per un momento, io che non vivo che grazie a voi? Non ho mai osservato così chiaramente con che istinto colloco la nostra esistenza comune in vari posti, a seconda del mio stato d'animo. Quando sono triste, la mia anima si rifugia presso la vostra, e cerca consolazioni nei luoghi dove siete; così accadeva quando vi lasciai. Quando godo un piacere, non lo posso godere da solo, e per dividerlo con voi allora vi chiamo dove io sono. Così mi è capitato durante tutta questa escursione: la verità degli oggetti richiamandomi continuamente a me stesso, vi conducevo dappertutto con me. Non muovevo passo che non lo facessimo insieme. Non ammiravo una veduta senza affrettarmi a farvela vedere. Tutti gli alberi che trovavo vi offrivano la loro ombra, tutti i prati vi facevano da sedile. Ora seduto accanto a voi vi aiutavo a percorrere con l'occhio ogni cosa; ora ai vostri ginocchi contemplavo l'oggetto più degno degli sguardi d'un uomo sensibile. C'era un passo difficile? vi vedevo sorpassarlo con l'agilità d'un cerbiatto che saltella accanto alla madre. Bisognava passare un torrente? ardivo premere tra le mie braccia così dolce fardello; traversavo adagio il torrente, deliziandomi, mi rammaricavo vedendo che stavo per raggiungere il sentiero. Ogni cosa mi richiamava a voi in quel pacifico soggiorno; e le commoventi bellezze della natura, l'inalterabile purezza dell'aria, e i semplici costumi degli abitanti, e la loro sicurezza e tranquilla saggezza, e l'amabile pudore del sesso, e le sue grazie innocenti, e tutto quanto piacevolmente mi colpiva gli occhi e il cuore raffigurava colei che sempre cercano.

"O mia Giulia!" dicevo intenerito "perché non posso trascorrere i miei giorni con te in questi luoghi ignorati, felici della nostra fortuna e non dello sguardo degli uomini! Perché non posso raccogliere quassù tutta l'anima mia in te sola, ed essere a mia volta l'universo per te! Adorate bellezze, allora godreste degli omaggi che vi sono dovuti! Delizie dell'amore, allora sì che i nostri cuori vi assaporerebbero senza posa! Una lunga e dolce ebbrezza ci lascerebbe ignorare il corso degli anni: e quando finalmente l'età avesse attenuato i nostri primi ardori, l'abitudine di pensare e di sentire insieme farebbe succedere ai loro trasporti una non meno tenera amicizia. Tutti gli onesti sentimenti nutriti in gioventù con quelli dell'amore ne riempirebbero un giorno l'immenso vuoto; in mezzo a questo popolo felice e seguendo il suo esempio, praticheremmo tutti i doveri dell'umanità: incessantemente ci uniremmo per fare il bene, e non moriremmo senza aver vissuto."

Arriva la posta, bisogna che termini questa lettera e che corra a ricevere la vostra. Come mi palpita il cuore in questo momento! Ahimé! ero felice con le mie chimere: la mia felicità svanisce con loro; che cosa sto per diventare?

LETTERA XXIV

A GIULIA

Immediatamente rispondo a quanto nella vostra lettera tocca il pagamento, e grazie a Dio non ho alcun bisogno di stare a riflettere. Ecco, o mia Giulia, quello che penso su questo punto.

In ciò che si chiama onore distinguo quello che dipende dalla pubblica opinione da quello che deriva dalla stima di se medesimo. Il primo consiste in vari pregiudizi, mobili più di un'onda agitata; il secondo è fondato sulle eterne verità della morale. L'onore del mondo può essere di vantaggio alla fortuna, ma non penetra nell'anima e non influisce affatto sulla vera felicità. Il vero onore invece ne costituisce l'essenza, perché in lui soltanto si trova quel sentimento costante di interna soddisfazione che solo può far felice un essere che pensa. O mia Giulia, applichiamo questi principi al vostro argomento; sarà subito chiarito.

Se mi erigessi a maestro di filosofia e, come il pazzo della favola[1], accettassi denaro per insegnare la saggezza, codesto impiego sembrerebbe abbietto agli occhi del mondo, e ammetto che ha in sé qualcosa di ridicolo; tuttavia, poiché nessun uomo può cavare da sé la propria sussistenza, e il modo più logico è di cavarla dal proprio lavoro, metteremo quel disprezzo tra i più pericolosi pregiudizi; non saremo sciocchi al punto di sacrificare la felicità a così insensata opinione; voi non mi stimereste meno e io non sarò da compiangere se dovessi vivere sui talenti da me coltivati.

Ma qui, o mia Giulia, ci sono altre considerazioni da fare. Lasciamo la gente e guardiamo in noi stessi. Che cosa sarei in realtà per vostro padre se ricevessi da lui il salario delle lezioni che vi dessi, vendendogli una parte del mio tempo, cioè della mia persona? Un mercenario, un salariato, una specie di servo; per pegno della sua fiducia, per la sicurezza di ciò che gli appartiene, avrebbe da me la mia tacita fede, come quella dell'ultimo dei suoi domestici.

Ora, qual bene potrebbe possedere un padre, più prezioso dell'unica sua figlia, foss'anche un'altra e non Giulia? Cosa farà dunque colui che gli vende i suoi servizi? farà tacere i suoi sentimenti per lei? ah! tu sai se è possibile! Oppure, abbandonandosi senza ritegno all'inclinazione del suo cuore, offenderà forse nel punto più sensibile colui al quale deve fedeltà? Allora in un simile maestro non vedo altro che un perfido il quale calpesta i più sacri diritti[a], un traditore, un seduttore domestico che le leggi giustissimamente condannano a morte. Spero che colei alla quale parlo mi saprà intendere; non

[a] Infelice giovane! chi non si avvede che, lasciandosi pagare in riconoscenza ciò che rifiuta di ricevere in denaro, viola dei diritti ancora più sacri? Invece di istruire corrompe; invece di nutrire avvelena; si fa ringraziare da una madre ignara di averle perduta la figlia. Tuttavia si sente che egli ama sinceramente la virtù, ma è traviato dalla sua passione; se la sua estrema giovinezza non lo scusasse, con tutti i suoi bei discorsi non sarebbe che uno scellerato. I due amanti son degni di compassione, soltanto la madre è inescusabile. (N.d.A.)

temo la morte, temo la vergogna di esserne degno, e il disprezzo di me stesso.

Quando vi capitarono tra mano le lettere di Eloisa e di Abelardo, sapete che cosa vi dissi di codesta lettura e della condotta del teologo. Ho sempre compianto Eloisa; aveva un cuore fatto per amare: ma Abelardo non m'è mai sembrato altro che un miserabile degno della sua sorte, ignaro dell'amore non meno che della virtù.[1] E dopo averlo così giudicato dovrò imitarlo? guai a chiunque predica una morale e non è disposto a praticarla! Colui che la passione acceca a tal punto è punito ben presto dalla sua stessa passione, e perde il gusto dei sentimenti ai quali ha sacrificato l'onore. L'amore rimane privo della sua massima attrattiva, quando l'onestà lo abbandona; per valutarne tutto il pregio bisogna che il cuore se ne diletti, e che ci innalzi innalzando l'oggetto amato. Sopprimete l'idea di perfezione e sopprimete l'entusiasmo; sopprimete la stima e l'amore è ridotto a niente. Come mai una donna potrebbe onorare un uomo che si disonora? E come quell'uomo potrà adorare colei che non ha temuto di abbandonarsi a un vile corruttore? Così ben presto si disprezzeranno a vicenda; per loro l'amore non sarà più che un vile commercio, avranno perduto l'onore e non avranno trovato la felicità[2].

Non così vanno le cose, o mia Giulia, tra due amanti della stessa età, entrambi accesi dallo stesso fuoco, uniti da un vicendevole attaccamento, non impacciati da alcun legame privato, che godono tutti e due della loro prima libertà, e il loro reciproco legame non è proscritto da nessun diritto. Le leggi più severe non possono imporre loro alcuna pena, se non il prezzo stesso del loro amore; l'unico castigo per essersi amati è l'obbligo di amarsi eternamente; e se esiste al mondo una infelice regione, dove l'uomo barbaro spezza queste innocenti catene, ne è certamente punito dai delitti che derivano da codesta violenza.

Ecco le mie ragioni, saggia e virtuosa Giulia; non sono che un freddo commento di quelle che m'avete esposto con tanta energia e vivacità in una delle vostre lettere; ma bastano per dimostrarvi quanto ne sono compreso. Vi rammentate che non insistetti nel rifiuto, e che nonostante la ripugnanza che mi deriva dal pregiudizio, accettai i vostri doni in silenzio, non trovando infatti nel vero onore delle salde ragioni per rifiutarli. Ma qui il dovere, la ragione, l'amore stesso, tutto parla in modo che non posso fraintendere. Se bisogna scegliere tra voi e l'onore, il mio cuore è pronto a perdervi: vi vuol troppo bene, o Giulia, per conservarvi a tal prezzo.

LETTERA XXV

DI GIULIA

La relazione del vostro viaggio è piacevole, caro amico; mi farebbe amare colui che l'ha scritta, anche se non lo conoscessi. Tuttavia devo sgridarvi circa un passo, e sapete bene qual è; benché non mi sia riuscito di non ridere della scaltrezza con cui vi siete messo a riparo del Tasso, come dietro un baluardo. Come mai non avete sentito che una cosa è scrivere per il pubblico e un'altra scrivere all'amata? L'amore, così timido, così scrupoloso, non esige forse maggiori riguardi che il decoro? Potevate ignorare che codesto stile non è di mio gusto, cercavate forse di spiacermi? Ma basta, su un argomento che era opportuno non toccare. Del resto la vostra seconda lettera mi interessa troppo, per rispondere particolareggiatamente alla prima. Perciò, amico, lasciamo il Vallese per un'altra volta, ora limitiamoci ai nostri affari: basteranno a occuparci.

Sapevo bene quale sarebbe stata la vostra decisione. Ci conosciamo troppo per fermarci a così semplici quesiti. Se mai la virtù ci abbandona, non sarà certo, credetemi, in occasioni che esigono coraggio e sacrifici[a]. Negli assalti vivaci il primo moto è di resistenza; e spero che vinceremo, se il nemico ci darà avviso di prendere le armi. Bisogna diffidare delle sorprese nel sonno, o in seno a un dolce riposo; ma soprattutto è la continuità dei mali che fa intollerabile il loro peso, l'ani-

---

[a] Si vedrà presto che la predizione non potrebbe quadrar peggio con il fatto. (N.d.A.)

ma resiste assai più facilmente ai grandi dolori che alla tristezza prolungata. Questa, amico, è la dura specie di battaglia che ormai dovremo sostenere: il dovere non ci domanda azioni eroiche, ma una resistenza ancora più eroica a incessanti pene.

L'avevo previsto anche troppo; il tempo felice è passato come un baleno; comincia quello della sventura, e niente mi aiuta a prevedere quando finirà.¹ Tutto m'inquieta e mi scoraggia; un mortale languore mi occupa l'anima; senza una precisa ragione lagrime involontarie mi sgorgan dagli occhi; non vedo nel futuro inevitabili mali; ma nutrivo la speranza e ogni giorno la vedo appassire. A che giova, ahimè, innaffiare il fogliame se l'albero è tagliato al piede?

Amico mio, sento che il peso dell'assenza mi opprime. Sento che non posso vivere senza di te; ed è ciò che più mi spaventa. Cento volte al giorno percorro i luoghi che abitavamo insieme, e mai non ti trovo. Ti aspetto alla solita ora; l'ora passa e tu non vieni. Tutte le cose che vedo svegliano in me un'idea della tua presenza per dirmi che ti ho perduto. Tu non soffri quest'orrendo supplizio. Soltanto il cuore può dirti che ti manco. Ah, sapessi che atroce tormento è rimanere quando ci si separa, come preferiresti il tuo stato al mio!

Potessi almeno lagnarmi! potessi parlare delle mie pene, mi sentirei sollevata dei mali di cui mi potrei lagnare. Ma fuori di qualche sospiro esalato segretamente in seno a mia cugina, devo soffocare tutti gli altri; devo trattenere le lagrime; devo sorridere mentre muoio.

> Sentirsi, oh Dio, morir,
> E non poter mai dir:
> Morir mi sento²!

Il peggio è che tutti questi mali aggravano continuamente il male maggiore, e più il ricordo di te mi affligge più mi piace richiamarlo. Dimmi, amico, mio dolce amico! senti come un cuore che langue è tenero, e come la tristezza fa fermentare l'amore?

Volevo parlarvi di mille cose; ma, lasciando che è

opportuno aspettare di saper con certezza dove siete, non posso continuare questa lettera nello stato in cui mi trovo. Addio, amico mio; lascio la penna ma siate certo che non lascio voi.

BIGLIETTO

Mando per mezzo d'un barcaiuolo questo biglietto al solito indirizzo, per avvertirvi che ho scelto per asilo Meillerie sulla sponda opposta; per poter godere almeno della vista del luogo al quale non ardisco avvicinarmi.

LETTERA XXVI

A GIULIA

Come è cambiato il mio stato in pochi giorni! Quante amarezze si mescolano alla dolcezza di avvicinarmi a voi! Quante tristi riflessioni mi assediano! Quante traversie mi fanno temere i miei timori! O Giulia, che fatale dono del cielo è un'anima sensibile![1] Colui che l'ha ricevuto non deve aspettarsi che pene e dolori sulla terra. Vile trastullo dell'aria e delle stagioni, il sole o le nebbie, il cielo coperto o sereno regoleranno la sua sorte, e sarà lieto o triste secondo i venti. Vittima dei pregiudizi, troverà in massime assurde un invincibile ostacolo ai giusti voti del suo cuore. Gli uomini lo castigheranno perché ha rette opinioni su ogni cosa, e perché ne giudica secondo verità e non secondo convenzioni.[2] Basterebbe da solo a fare la propria infelicità, abbandonandosi senza discrezione alle divine attrattive dell'onesto e del bello, mentre le pesanti catene della necessità lo legano all'ignobiltà. Cercherà la suprema felicità senza ricordarsi che è un uomo: il cuore e la ragione saranno eternamente in guerra in lui, desideri sterminati gli prepareranno eterne privazioni.

Questa è la crudele situazione in cui mi tengono il destino che m'opprime, i sentimenti che mi innalzano, e tuo padre che mi disprezza, e tu che sei l'incanto e il tormento della mia vita. Senza di te, fatale bellezza! non avrei mai provato l'intollerabile contrasto di grandezza in fondo all'anima e di bassezza nella fortuna; sarei vissuto tranquillo e morto contento, senza degnarmi di notare il rango da me occupato sulla terra. Ma averti vista e non poterti possedere, adorarti e non essere che un uomo! essere amato e non poter essere felice! abitare i medesimi luoghi e non poter vivere insieme! O Giulia cui non posso rinunciare! O destino che non posso vincere! che orrende battaglie scatenate in me, senza mai poter superare i miei desideri e la mia impotenza!

Strano e inconcepibile effetto! Da quando mi sono riavvicinato a voi, non volgo in me che pensieri funesti. Forse il soggiorno che abito contribuisce a tanta malinconia: è triste e orribile, ma così è tanto più conforme allo stato dell'anima mia, non potrei abitarne uno più piacevole con altrettanta pazienza. Una fila di sterili rocce cinge il pendio e la mia abitazione, resa anche più tremenda dall'inverno. Ah! Giulia, sento che se dovessi rinunciare a voi non ci sarebbe per me né altro soggiorno né altra stagione.

Nei violenti trasporti che mi agitano non riesco a star fermo; corro, m'inerpico con ardore, mi slancio sugli scogli; percorro a grandi passi tutti i dintorni, e dappertutto trovo nelle cose l'orrore che regna dentro di me. Non c'è più traccia di verde, l'erba è gialla e inaridita, gli alberi spogli, i venti boreali accumulano neve e ghiacci, tutta la natura è morta ai miei occhi, come la speranza in fondo al mio cuore.

Tra le rocce di questo pendio ho scoperto in un rifugio solitario una breve spianata da dove si scorge tutta la felice città che abitate. Figuratevi con che avidità portai gli occhi su quell'amato soggiorno. Il primo giorno feci mille sforzi per discernere la vostra casa; ma la grande distanza li rese vani, m'accorsi che l'immaginazione mia illudeva gli occhi affaticati. Corsi dal curato a farmi prestare un telescopio col quale vidi o mi parve di vedere la vostra casa, e da allora passo intere giornate in questo asilo contemplando i muri fortunati che racchiudono la sorgente della mia vita. Nonostante la stagione ci vengo già la mattina e non me ne vado che à notte. Con un fuocherello di foglie e di qualche ramo secco e con il moto riesco a proteggermi dal freddo eccessivo. Mi sono così innamorato di questo luogo selvaggio che ci porto persino penna e carta, ora sto scrivendo questa lettera su un macigno che il gelo ha staccato dalla rupe vicina.

Qui, o Giulia, il tuo infelice amante gode gli estremi piaceri che forse potrà gustare al mondo. Di qui, attraverso l'aria e i muri, ardisce penetrare segretamente fino nella tua camera. Le tue seducenti bellezze lo colpiscono ancora; i tuoi teneri sguardi ravvivano il suo cuore moribondo; sente il suono della tua dolce voce; ardisce cercare ancora tra le tue braccia il delirio gustato nel boschetto. Vani fantasmi d'un'anima agitata, che si smarrisce nei propri desideri! Costretto ben presto a tornare in me, mi limito a contemplare minutamente l'innocente tua vita; seguo da lontano le varie occupazioni della tua giornata, me le raffiguro nel tempo e nei luoghi dove a volte ne fui il fortunato testimonio. Ti vedo sempre occupata in cure che ti fanno anche più stimabile, il mio cuore si intenerisce deliziosamente pensando all'inesauribile bontà del tuo. Ora, mi dico la mattina, si desta da un placido sonno, il suo colorito è fresco come di rosa, l'anima sua gode di una dolce pace; offre al creatore del suo essere un giorno che non sarà perduto per la virtù. Ora va a trovare sua madre; sfoga i teneri affetti del suo cuore con gli autori dei suoi giorni, li aiuta nelle varie cure domestiche, forse ottiene il perdono per un servo imprudente, forse lo esorta segretamente, forse impetra una grazia per un altro. Poi attende senza infastidirsi ai lavori del suo sesso, orna la sua anima con utili cognizioni, aggiunge al suo gusto squisito le grazie delle belle arti, quelle della danza alla sua naturale agilità. Ora vedo che un'elegante e semplice veste fa da ornamento a bellezze che non ne hanno bisogno; qui la vedo che consulta un venerando pastore sulla nascosta miseria d'una famiglia bisognosa, là soccorrere o consolare la mesta vedova e l'orfano abbandonato. Ora incanta una garbata compagnia con i suoi discorsi sensati e modesti; ora ridendo con le compagne riconduce la scherzosa giovinezza al tono della saggezza e dei buoni costumi. A volte, perdona! oso perfino vederti che ti occupi di me; ti vedo scorrere con occhi inteneriti una lettera mia; dal dolce tuo languore capisco che le righe che tracci sono dirette al tuo fortunato amante, vedo che parli di lui teneramente emozionata alla tua cugina. O Giulia! Giulia! e non saremo uniti? i nostri giorni non scorreranno insieme? saremo separati per sempre? No, questa orrenda idea non si presenti giammai alla mia mente! In un attimo muta il mio intenerimento in furore; la rabbia mi fa errare di caverna in caverna; ruggisco come una leonessa irritata; sono capace di tutto, salvo di rinunciare a te, e non c'è niente, niente che io non faccia per possederti o per morire[1].

Ero a questo punto della lettera e non aspettavo che un'occasione sicura per mandarvela, quando ricevetti da Sion l'ultima che m'avete scritto. La tristezza che respira, come s'è accordata con la mia! E che stupendo esempio ci ho visto di quanto mi dicevate, dell'unione delle anime nostre in luoghi lontani! Confesso che il vostro affanno è più paziente, il mio più impetuoso; ma bisogna che lo stesso sentimento assuma il colore dei caratteri che lo provano, ed è naturale che le maggiori perdite provochino i maggiori dolori. Che dico, perdite? Ah! chi mai potrebbe sopportarle? No, sappiatelo finalmente, o mia Giulia, un decreto eterno del cielo ci destinò l'uno all'altra; questa è la prima legge da osservare; e la prima cura della vita è quella di unirci a chi ce la deve addolcire. M'accorgo, e ne gemo, che ti smarrisci in vani progetti; vuoi forzare barriere insormontabili e trascuri i soli mezzi possibili; l'entusiasmo dell'onestà ti fa sragionare, la tua virtù non è più altro che delirio.

Ah! se tu potessi rimanere sempre giovane e brillante come ora, non domanderei al cielo altro che di saperti eternamente felice, che di vederti una volta, una sola volta l'anno lungo tutta la mia vita; e trascorrere il resto dei miei giorni contemplando da lungi il tuo asilo, e adorarti tra questi scogli. Ma ahimè! vedi come è rapido questo astro che non si ferma mai; vola e il tempo scorre, l'occasione fugge, la tua bellezza, anche la tua bellezza ha un termine, deve declinare e un giorno perire come un fiore che cade senz'esser colto; e frattanto io gemo e soffro, la mia giovinezza si consuma nelle lagrime, appassisce nel dolore. Pensa, pensa, Giulia, che già contiamo anni perduti per il piacere. Pensa che non torneranno mai più; che la stessa sorte aspetta quelli che ci rimangono, se lasciamo che ci sfuggano. O cieca amante! tu cerchi una chimerica felicità per il tempo in cui non esisteremo più; guardi un avvenire lontano, e non vedi che incessantemente ci consumiamo, e che le nostre anime stremate di amore e di dolore si struggono e scorrono come l'acqua. Ravvediti, ravvediti, o mia Giulia, fin che è tempo, da codesto errore funesto. Lascia i tuoi progetti e sii felice. Vieni, anima mia, vieni nelle braccia del tuo amico a riunire le due metà dell'essere nostro; vieni, in faccia al cielo che guida la nostra fuga ed è testimonio dei nostri giuramenti, vieni a giurare che vivremo e moriremo l'uno per l'altro.[1] So bene che non devo rassicurarti contro il timore dell'indigenza. Siamo felici e poveri, ah, che tesori avremo acquistati! Ma non facciamo all'umanità l'affronto di credere che non rimane sulla terra un rifugio per due amanti sventurati. Ho due braccia, sono forte; il pane guadagnato col mio lavoro ti sembrerà più delizioso dei manicaretti dei festini. Un pasto preparato dall'amore, come potrà mai essere insipido? Ah, tenera e cara amante, non dovessimo essere felici che un sol giorno, vorresti lasciare questa breve vita senza aver assaporato la felicità?

Non mi resta da dirvi che una parola, o Giulia! Sapete l'antica usanza dello scoglio di Leucade, estremo rifugio di tanti amanti infelici. Questo posto gli somiglia assai. La rupe è scoscesa, l'acqua profonda, e io sono disperato.

LETTERA XXVII

DI CLARA

Il dolore mi concede appena la forza di scrivervi. Le vostre sciagure e le mie sono al colmo: l'amabile Giulia è allo stremo, forse non ha più nemmeno due giorni di vita. Lo sforzo che fece per allontanarvi cominciò a minare la sua salute. La prima conversazione che ebbe sul conto vostro con suo padre provocò nuovi attacchi: altri affanni più recenti hanno accresciuto la sua agitazione, la vostra ultima lettera ha fatto il resto. Ne rimase così vivamente commossa che dopo una notte trascorsa in orrendi contrasti, ieri fu assalita da febbre ardente che è andata continuamente aumentando e l'ha portata al delirio. In questo stato vi nomina incessantemente e parla di voi con una veemenza che dimostra a che segno l'avete colpita. Teniamo lontano suo padre per quanto è possibile; il che dimostra che mia zia ha concepito qualche sospetto; anzi m'ha chiesto tutta inquieta se non eravate tornato, e vedo che il pericolo in cui versa sua figlia cancella per ora qualsiasi altra considerazione, tanto che non le dispiacerebbe di vedervi qui.

Quindi venite senza ritardo. Ho noleggiato questa barca apposta per farvi avere questa lettera; è a vostra disposizione, adoperatela per tornare, soprattutto non perdete un solo minuto se volete rivedere l'amante più tenera che mai sia esistita.

LETTERA XXVIII

DI GIULIA A CLARA

La tua assenza, come mi fa amara la vita che m'hai restituita! Che convalescenza! Una passione più terribile della febbre e del delirio mi trascina alla rovina.' Crudele! mi lasci quando più ho bisogno di te; m'hai lasciata per otto giorni, forse non mi rivedrai mai più. Ah, sapessi che cosa quell'insensato osa propormi!... e con che tono!... fuggire! seguirlo! rapirmi!... sciagurato!... di chi mi lagno? il mio cuore, l'indegno mio cuore mi suggerisce cose cento volte più ardite... gran Dio! cosa capiterebbe, se sapesse tutto?... diventerebbe furioso, mi rapirebbe, bisognerebbe partire... fremo...

Ma insomma, mio padre m'ha forse venduta? tratta

sua figlia come una merce, una schiava, si sdebita a mie spese! paga la sua vita con la mia!... perché lo sento bene, non potrò sopravvivere... padre barbaro, snaturato! meriterebbe... che, meritare? è il migliore dei padri; vuole unire sua figlia al suo amico, questo è il suo delitto. Ma mia madre, la tenera mia madre! che male m'ha fatto?... Ah! molto! m'ha voluto troppo bene, m'ha rovinata.

Clara, che cosa farò? cosa sarà di me? Hanz non viene. Non so come farti avere questa lettera. Prima che tu la riceva... prima che tu sia tornata... chissà... fuggitiva, errante, disonorata... è finita, è finita, la crisi è giunta. Un giorno, un'ora, un istante, forse... chi mai può evitare il proprio destino?... Oh, in qualunque luogo io viva o muoia; in qualunque oscuro asilo io trascini la mia vergogna e la mia disperazione: Clara, ricordati della tua amica... Ahimè, la miseria e l'obbrobrio mutano i cuori... Ah, se mai il mio ti dimenticasse, sarebbe molto mutato.

LETTERA XXIX

DI GIULIA A CLARA

Rimani, ah rimani! non tornare mai più; arriveresti troppo tardi. Non ti devo più vedere; come potrei sostenere la tua vista?

Dov'eri mai, dolce mia amica, mia salvaguardia, angelo mio tutelare? m'hai abbandonata e io son caduta! E che, quel fatale viaggio era così necessario, così urgente? potevi mai abbandonarmi a me stessa nel momento più pericoloso della mia vita? Quanti rimorsi non ti sei preparata, con questa colpevole negligenza! Saranno eterni, come le mie lagrime. La tua rovina non è meno irreparabile della mia, trovarti un'altra amica degna di te è difficile come per me ritrovare la mia innocenza.

Cosa t'ho detto, sciagurata? Non posso né parlare né tacere. A che giova il silenzio quando il rimorso grida?

L'intero universo non mi rinfaccia forse la mia colpa? la mia vergogna non è forse scritta su tutte le cose? Se non sfogo il mio cuore nel tuo dovrò soffocare. E tu non ti rimproveri niente, facile e troppo fiduciosa amica? Ah, perché non m'hai tradita? La tua fedeltà, la tua cieca amicizia, la tua infelice indulgenza m'hanno perduta.

Che demonio ti ispirò di richiamarlo, quel crudele che è causa del mio obbrobrio? le sue perfide sollecitudini dovevan forse ridarmi la vita per poi rendermela odiosa? che fugga per sempre, barbaro! che un residuo di pietà lo commuova; non venga più a raddoppiare i miei tormenti con la sua presenza; rinunci al feroce piacere di contemplare le mie lagrime. Che dico, ahimè? egli non è colpevole; io sola sono colpevole; tutte le mie sventure sono opera mia, non devo rimproverare che me sola. Ma il vizio m'ha ormai corrotto l'anima; il primo suo effetto è di indurci a accusare gli altri dei nostri delitti.

No, no, egli non fu mai capace di violare i suoi giuramenti. Il suo cuore virtuoso non conosce l'arte abbietta di oltraggiare ciò che ama. Ah! certo egli è capace di amare meglio di me, perché è più capace di vincersi. Cento volte i miei occhi furono testimoni delle sue lotte e della sua vittoria; i suoi splendevano del fuoco del desiderio, si slanciava verso di me con l'impeto d'un cieco trasporto; a un tratto si fermava; era come se una invalicabile barriera m'avesse circondata, mai il suo amore impetuoso ma onesto avrebbe osato varcarla. Ardii contemplare troppo quel pericoloso spettacolo. I suoi trasporti mi turbavano, i suoi sospiri mi opprimevano il cuore; condividevo i suoi tormenti e mi figuravo di compatirli. Lo vidi agitato, convulso, sul punto di svenirmi ai piedi. Forse l'amore solo m'avrebbe risparmiata; oh, cugina, è stata la pietà che m'ha perduta[1].

Era come se la mia funesta passione volesse per sedurmi coprirsi con la maschera di tutte le virtù. Quello stesso giorno m'aveva con più foga di sempre pregata di seguirlo. Sarebbe stato come desolare il migliore dei padri; come immergere un pugnale nel seno materno; resistetti, respinsi inorridita quel progetto. L'impossibilità di mai vedere compiersi i nostri voti, il mistero che dovevo fargli di questa impossibilità, il rammarico di ingannare un amante così sottomesso e così tenero dopo di aver lusingata la sua speranza, tutto congiurava per togliermi coraggio, per aumentare la mia debolezza, per alienare la mia ragione. Avrei dovuto uccidere gli autori dei miei giorni e il mio amante, oppure me stessa. Senza sapere che cosa facevo scelsi la mia sventura. Dimenticai tutti, non mi rammentai che, dell'amore. Ecco come un istante di smarrimento m'ha perduta per sempre. Sono caduta in un abisso di ignominia, dal quale una ragazza non risorge mai più; e se vivo è soltanto per essere più infelice.

Cerco gemendo qualche avanzo di consolazione sulla terra. Non ci vedo altri che te, amabile mia amica; non privarmi di così caro soccorso, te ne supplico; non privarmi delle dolcezze dell'amicizia tua.' Ho perduto ogni diritto su di essa, eppure non ne ebbi mai così gran bisogno. Fai che la pietà supplisca alla stima. Vieni, o cara, e apri l'anima ai miei gemiti; vieni a raccogliere le lagrime della tua amica; preservami se è possibile dal disprezzo di me stessa, e fammi credere che non ho perduto tutto, poiché mi rimane il tuo cuore.

LETTERA XXX

RISPOSTA

Sventurata fanciulla! Ahimè, che hai fatto? Dio mio! eri così degna di essere virtuosa! Cosa dirò, nell'orrore della tua situazione, nello scoramento in cui ti immerge? Porterò oltre l'oppressione del tuo povero cuore, o ti offrirò consolazioni che il mio non accoglie? Ti farò vedere le cose come sono, o come ti è opportuno vederle? santa e pura amicizia! reca al mio spirito le tue dolci illusioni, e nella tenera pietà che mi ispiri illudimi per prima sui mali che ormai non puoi più guarire.

Sai che ho temuto la sventura che ora gemi. Quante volte te l'ho predetta senza che tu mi ascoltassi!... è effetto d'una temeraria confidenza... Ah! ormai non si tratta più di questo. Certamente avrei tradito il tuo segreto se così avessi potuto salvarti: ma ho letto meglio di te nel tuo troppo sensibile cuore; lo vidi consumarsi d'un fuoco ardente che nulla valeva a spegnere. Sentii in quel cuore palpitante d'amore che dovevi essere felice o morire, e quando la paura di soccombere ti fece sbandire l'amante con tante lagrime, capii che o presto tu saresti morta o che presto lui sarebbe stato richiamato. Ma quale non fu il mio spavento vedendoti disgustata della vita, e così vicina alla morte! Non accusare né il tuo amante né te stessa d'una colpa che pesa sulla mia coscienza, poiché l'ho prevista senza prevenirla.

È vero che partii mio malgrado; hai visto, bisognò ubbidire; se t'avessi saputa così vicina alla tua rovina, m'avrebbero fatta a pezzi ma non strappata da te. Mi ingannai sul momento del pericolo. Tuttavia debole e languente, ti credetti sicura contro così breve assenza: non seppi prevedere la pericolosa alternativa nella quale ti dovevi trovare; dimenticai che la tua debolezza¹ lasciava indifeso contro se stesso il tuo cuore depresso. Ne domando perdono al mio, stento a pentirmi d'un errore che t'ha salvato la vita; non ho quel fiero coraggio che ti faceva rinunciare a me; non avrei potuto perderti senza una mortale disperazione, e preferisco vederti viva e piangente.

Ma perché tanti pianti, mia cara e dolce amica? Perché codesti rammarichi più grandi assai della colpa, e codesto non meritato disprezzo di te stessa? Una debolezza basterà dunque a cancellare tanti sacrifici, e lo stesso pericolo dal quale esci non è forse una prova della tua virtù? Tu non pensi che alla tua sconfitta, e dimentichi tutte le penose vittorie che l'hanno preceduta. Se hai combattuto più di quelle che resistono, non hai forse fatto più di loro per l'onore? e se niente ti può giustificare, pensa almeno a ciò che ti scusa. Conosco pressappoco quello che si dice amore; saprò sempre resistere ai trasporti che ispira; ma avrei opposto minor resistenza a un amore come il tuo, e senz'esser vinta sono meno casta di te.

Questo linguaggio ti spiacerà; ma la tua sventura più grande è di averlo reso necessario; darei la mia vita perché non ti convenisse; perché odio le cattive massime più ancora che le cattive azioni[a]. Se l'errore fosse ancora da commettere e avessi la viltà di parlarti a questo modo, e tu quella di darmi ascolto, saremmo tutt'e due vilissime creature. Ora, mia cara, ti devo parlare così, e tu mi devi ascoltare o sei perduta: perché rimangono in te mille adorabili qualità che soltanto la stima di te stessa può mantenere, ma che un eccesso di vergogna e l'avvilimento che ne deriva infallibilmente distruggerebbero; e il tuo merito reale sarà proporzionato alla stima che farai di te stessa.

Stai dunque attenta di non ricadere in una pericolosa prostrazione che ti avvilirebbe più ancora della tua debolezza. Il vero amore è forse fatto per degradare l'anima? Un errore commesso dall'amore non deve privarti di quel nobile entusiasmo per ciò che è onesto e bello che sempre t'ha innalzata sopra te stessa. Una macchia compare forse nel sole? quante virtù ti rimangono, per una che s'è alterata? Sarai forse meno dolce, meno sincera, meno modesta, meno benefica? Sarai forse meno degna, in una parola, dei nostri omaggi? L'onore, l'umanità, l'amicizia, il puro amore saranno forse meno cari al tuo cuore? Amerai meno quelle stesse virtù che hai perduto? No, mia cara e buona Giulia, la tua Clara compiangendoti ti adora; sa e sente che non c'è nessun bene che non possa ancora sgorgare dalla tua anima. Ah! credimi, potresti perdere ancora molto, prima che qualche altra più saggia di te ti possa mai eguagliare[1].

Insomma tu mi rimani; mi posso consolare di tutto, fuori della tua perdita. La tua prima lettera m'ha fatto fremere. Quasi m'avrebbe fatto desiderare la seconda, se non l'avessi ricevuta insieme. Abbandonare la tua amica! immaginare di fuggire senza di me! Tu non fai parola del tuo più grande fallo: di questo avresti dovuto arrossire cento volte di più. Ma l'ingrata non pensa che al suo amore... Vedi, sarei corsa a ucciderti in capo al mondo.

[a] Sentimento giusto e sano. Le passioni sregolate ispirano le cattive azioni; ma le massime cattive corrompono la ragione stessa, e non concedono più nessun mezzo di tornare al bene. *(N.d.A.)*

Con mortale impazienza conto i momenti che sono costretta a passare lontano da te. Si prolungano crudelmente; staremo ancora sei giorni a Losanna, dopo di che volerò dall'unica mia amica. Andrò a consolarla o a desolarmi con lei, ad asciugare o a dividere le sue lagrime. Nel tuo dolore farò parlare piuttosto la tenera amicizia che l'inflessibile ragione. Cara cugina, dobbiamo gemere, volerci bene, tacere e, se possibile, cancellare a forza di virtù un errore che non si può rimediare piangendo. Ah! povera la mia Chaillot!

LETTERA XXXI

A GIULIA

Che celeste prodigio sei tu, inconcepibile mia Giulia? e con quale arte nota a te soltanto puoi riunire in un cuore tanti moti incompatibili? Ebbro d'amore e di voluttà, il mio nuota nella tristezza; soffro e languo di dolore nel seno stesso della suprema felicità, mi rinfaccio come un delitto l'eccesso della mia felicità. O Dio! che spaventoso tormento è di non potersi abbandonare del tutto a nessun sentimento, di combatterli senza posa l'uno con l'altro, di sempre mescolare l'amarezza al piacere! Sarebbe cento volte meglio essere soltanto infelici.

A che mi giova, ahimè, d'essere felice? Non risento più i miei mali, ma i tuoi, e con forza ben maggiore. Invano cerchi di nascondermi le tue pene; tuo malgrado le leggo nel languore e nell'avvilimento dei tuoi occhi. Quei tuoi patetici occhi possono forse nascondere qualche segreto all'amore? Vedo, vedo sotto un'apparente serenità gli occulti affanni che ti opprimono; velata d'un dolce sorriso la tua tristezza non riesce che più amara al mio cuore.

Non è ormai più tempo di nasconderti a me. Ieri stavo nella camera di tua madre; mi lascia solo un momento, sento dei gemiti che mi trafiggono l'anima, perciò potevo forse non conoscerne la sorgente? M'avvicino al posto da dove sembrano uscire; entro nella tua camera, penetro fin nel tuo gabinetto. Cosa divenni socchiudendo la porta e vedendo colei che dovrebbe stare sul trono dell'universo accovacciata per terra, con la testa appoggiata a una poltrona bagnata di lagrime? Ah! avrei sofferto meno se fosse stata bagnata del mio sangue! Quali rimorsi non mi straziarono allora? La mia felicità si mutò in supplizio; non sentii più altro che le tue pene, avrei voluto riscattare con la mia vita le tue lagrime e tutti i miei piaceri. Volevo gettarmi ai tuoi piedi, volevo asciugare con le mie labbra quelle lagrime preziose, raccoglierle in fondo al cuore, morire o fermarle per sempre. Ma sento che tua madre torna; devo tornare di furia al mio posto portando con me tutti i tuoi dolori, e dei rimpianti che non finiranno che con quelli.

Quanto sono umiliato, quanto sono avvilito dal tuo pentimento! Dunque sono davvero spregevole, se la nostra unione fa sì che disprezzi te stessa, e se la delizia dei miei giorni è il tormento dei tuoi? Sii più giusta verso di te, o mia Giulia; considera con occhio meno mal disposto i sacri legami formati dal tuo cuore. Non hai forse seguito le più pure leggi della natura?[1] Non hai forse liberamente contratto il più sacro degli impegni? Che cosa hai fatto che le leggi divine e umane non possano e non debbano autorizzare? Che cosa manca al nodo che ci unisce, se non una pubblica dichiarazione? Se vuoi essere mia, ecco che non sei più colpevole. O mia sposa! O mia degna e casta compagna! o gloria e felicità della mia vita! No, non è quello che il tuo amore ha fatto che può esser considerato delitto, sì quello che tu gli vorresti togliere: soltanto se accetti un altro sposo offenderai l'onore. Se vuoi essere innocente sii costantemente dell'amico del tuo cuore. La catena che ci unisce è legittima, soltanto l'infedeltà che la dovesse rompere sarebbe biasimevole, ormai tocca all'amore a farsi garante della virtù[2].

Ma anche se il tuo dolore fosse ragionevole, anche se i tuoi rimpianti fossero fondati, perché mi sottrai ciò che mi appartiene? perché i miei occhi non versano la metà delle tue lagrime? Tu non devi avere una pena che io non senta, non un sentimento che io non condivida, il mio cuore giustamente geloso ti rimprovera tutte le lagrime che non versi nel mio seno. Dimmi, fredda e misteriosa amante, tutto ciò che la tua anima non comunica alla mia non è forse un furto che fai all'amore? Ogni cosa non deve forse essere comune fra noi, non ti ricordi di averlo detto? Ah! se tu sapessi amare come me, la mia felicità ti consolerebbe, come la tua pena mi addolora, tu sentiresti i miei piaceri come io sento la tua tristezza!

Ma vedo, tu mi disprezzi come un insensato, perché la mia ragione si smarrisce tra le delizie. I miei trasporti ti spaventano, il mio delirio ti ispira pietà, tu non senti che tutta la forza umana non può resistere alla felicità sterminata. Come vuoi che un'anima sensibile assapori con moderazione dei beni infiniti? Come vuoi che sopporti insieme tante specie di trasporti senza smarrire l'equilibrio?¹ Non sai che esiste un termine, dove nessuna ragione più non resiste, e che non c'è uomo al mondo il cui buon senso sia a tutta prova? Abbi dunque pietà dello smarrimento nel quale m'hai gettato, e non disprezzare gli errori che sono opera tua. Io non mi appartengo più, lo confesso, la mia anima alienata vive tutta in te. Così sono anche più capace di sentire le tue pene, e più degno di condividerle. O Giulia, non sottrarti a te stessa!

LETTERA XXXII

RISPOSTA

Ci fu un tempo, mio amabile amico, che le nostre lettere erano facili e piacevoli; il sentimento che le dettava scorreva con elegante semplicità; non aveva bisogno né di arte né di colori, la purezza era l'unico suo ornamento. Quel tempo felice non è più, ahimè! né può tornare; primo effetto di così crudele cambiamento, i nostri cuori hanno già cessato di intendersi.

Coi tuoi occhi hai veduto i miei dolori. Ti sembra di

averne penetrata la sorgente; cerchi di consolarmi con vani discorsi, ma quando credi di avermi ingannata, caro amico, l'ingannato sei tu. Credimi, credi al tenero cuore della tua Giulia; il mio rammarico non è tanto di aver accordato troppo all'amore, ma bensì di averlo privato della sua massima seduzione. Quel dolce incanto della virtù è svanito come un sogno: i nostri fuochi han perduto quel divino ardore che li animava purificandoli; abbiamo cercato il piacere e la felicità ci ha abbandonati. Ricordati di quei deliziosi momenti che i nostri cuori s'univano tanto più quanto più ci rispettavamo, che la passione ricavava dal suo stesso eccesso la forza di vincersi, che l'innocenza ci consolava della costrizione, che gli omaggi resi all'onore ridondavano a profitto dell'amore. Paragona così piacevole stato con la nostra situazione attuale: quante agitazioni! quanti spaventi! quante mortali angosce! quanti sentimenti hanno ormai perduta la loro primitiva dolcezza! Cos'è diventato quello zelo di saggezza e d'onestà con cui l'amore animava tutte le azioni della nostra vita, e che a sua volta faceva più delizioso l'amore? Le nostre gioie erano placide e durevoli; non ci restano che trasporti: quest'insensata felicità che somiglia ad accessi di furore piuttosto che a tenere carezze. Un puro e sacro fuoco ardeva i nostri cuori; abbandonati agli errori dei sensi, non siamo ormai più che volgari amanti; troppo felici se l'amore geloso si degna ancora di presiedere a piaceri che il più vile dei mortali riesce a gustare senza di lui [1].

Ecco, amico, le perdite che abbiam fatto, e che rimpiango per te non meno che per me. Non aggiungo parola sulle mie, il tuo cuore è fatto per sentirle. Vedi la mia vergogna e gemi, se sai amare. La mia colpa è irreparabile, le mie lagrime non asciugheranno mai. O tu che le fai scorrere, bada di non attentare a così giusti dolori; tutta la mia speranza è di renderli eterni; il peggiore dei miei mali sarebbe di consolarmene, e l'estremo grado dell'abbiezione è di perdere insieme all'innocenza il sentimento che ce la fa amare.

Conosco la mia sorte, ne provo tutto l'orrore, e tuttavia una consolazione mi rimane nella mia disperazione, una sola ma dolce. È da te che l'aspetto, dolce mio amico. Da quando non ardisco più rivolgere su di me i miei sguardi, li dirigo con maggior piacere su colui che amo. Ti restituisco tutto quanto mi togli della mia propria stima, e costringendomi a odiarmi tu mi diventi di tanto più caro. L'amore, questo fatale amore che mi rovina, ti aggiunge nuovi pregi; tu ti innalzi intanto che io mi degrado; è come se la tua anima avesse profittato di tutto l'avvilimento della mia. Sii ormai l'unica mia speranza, tocca a te giustificare, se mai è possibile, il mio errore; coprilo con l'onestà dei tuoi sentimenti; il tuo merito cancelli la mia vergogna, compensa a forza di virtù la perdita di quelle che mi sei costato. Sii tutto l'essere mio, ora che io non sono più niente. L'unico onore che mi rimane è tutto in te, e fin che tu sarai degno di rispetto io non sarò spregevole del tutto.

Per quanto mi rammarichi il ritorno della salute, non lo posso dissimulare oltre. Il mio volto smentirebbe i miei discorsi, la mia finta convalescenza non può più ingannare nessuno. Affrettati dunque, prima che io sia costretta a riprendere le mie solite occupazioni, a fare il passo che abbiamo stabilito. Vedo chiaro che mia madre ha concepito qualche sospetto e che ci sorveglia. Mio padre non ancora, ammetto: questo orgoglioso gentiluomo non immagina nemmeno che un plebeo si possa innamorare di sua figlia; ma insomma, sai cos'ha deciso; ti preverrà se non lo previeni; per aver voluto mantenerti il solito accesso in casa nostra, te ne bandirai affatto. Dammi retta, parla a mia madre fin che siamo in tempo. Piglia a pretesto che certi affari non ti permettono di continuare a darmi lezioni, e rinunciamo a vederci così spesso, per poterci vedere almeno qualche volta: perché se ti chiudon la porta non potrai più tornare, se invece la chiudi tu stesso le tue visite dipenderanno insomma dalla tua discrezione; e con un po' d'astuzia e di favore le potrai fare più frequenti in seguito, senza che se ne avvedano o che ci trovino a ridire. Stasera ti dirò i mezzi che immagino per trovare altre occasioni di vederci, e ammetterai che l'inseparabile cugina, che un tempo era cagione di tanti lagni, ora non sarà inutile a due amanti che non avrebbe mai dovuto lasciar soli[1].

115

LETTERA XXXIII

DI GIULIA

Ah! amico, che pessimo rifugio è per due amanti una società! Che tormento, vedersi e doversi frenare! Sarebbe cento volte meglio non vedersi. Come fingere un tono tranquillo, con tante emozioni? Come essere così diversi da se stessi? Come pensare a tante cose quando una sola ci occupa? Come frenare gesti e occhi quando il cuore vola? Non ho mai provato in vita mia un turbamento come quello che provai ieri quando ti annunciarono dalla signora d'Hervart. Il tuo nome mi parve un rimprovero a me rivolto; mi sembrò che tutti insieme mi osservassero; non sapevo più che cosa facevo, e quando entrasti arrossii talmente che mia cugina, che mi sorvegliava, fu obbligata a sporgere la testa e il ventaglio come per parlarmi all'orecchio. Temetti che anche questo gesto non producesse un pessimo effetto, e che non si vedesse qualche mistero in questo bisbiglio. Insomma, dappertutto trovavo nuovi motivi di inquietarmi, e non provai mai con più chiarezza quanto una coscienza colpevole arma contro di noi testimoni che non ci pensan nemmeno.

Clara afferma che tu non facevi miglior figura; le parevi impacciato, incerto sul da fare, incapace di andare e di venire, di accostarti a me o di allontanarti; e che giravi gli occhi intorno per aver pretesto, dice, di fissarli su di noi. Un tantino rimessa dalla mia agitazione, mi sembrò di accorgermi anch'io della tua, finché la giovane signora Belon ti rivolse la parola e tu sedesti accanto a lei chiacchierando e così ti calmasti.

Sento, amico, che questo modo di vivere, che procura tanto impaccio e così poco piacere, non va per noi: ci amiamo troppo per poterci sorvegliare così. Questi convegni pubblici non convengono che a persone le quali, senza conoscere l'amore, stanno volentieri insieme e posson fare a meno di mistero. Dalla mia parte ci son troppe inquietudini, dalla tua indiscrezioni troppo pericolose, e non posso sempre avermi al fianco una signora Belon che faccia da paravento.

Riprendiamo, riprendiamo quella vita solitaria e calma dalla quale così inopportunamente t'ho levato. Quella ha fatto nascere e ha nutrito i nostri fuochi; i quali forse si indebolirebbero in una vita più dissipata. Tutte le grandi passioni nascono nella solitudine;[1] non se ne vedono di simili nella società, dove nessun oggetto riesce a fare una impressione profonda, e dove la molteplicità dei gusti snerva la forza dei sentimenti. Quello stato è pure più conveniente alla mia malinconia, che si nutre dello stesso alimento dell'amore: la tua cara immagine sostiene l'una e l'altro, e preferisco vederti tenero e sensibile in fondo al mio cuore che impacciato e distratto in società.

Per altro potrebbe venire un tempo in cui io sia costretta a un più rigoroso ritiro; fosse già venuto, quel tempo desiderato! La prudenza e la mia indole esigono parimenti che io mi avvezzi anticipatamente alle abitudini conformi a quanto la necessità potrebbe impormi. Ah! se dalle mie colpe potesse nascere il modo di ripararle! La dolce speranza di essere un giorno... ma senza accorgermi direi più di quanto voglio dire sul progetto che mi sta in testa. Perdonami questo mistero, o mio unico amico, il mio cuore non avrà mai segreti che non ti siano dolci a sapere. Tuttavia devi ignorare questo, tutto quanto posso dire per ora è che l'amore che fece i nostri mali deve somministrarcene il rimedio. Ragiona, commenta, se così ti piace, nella tua testa; ma ti proibisco di interrogarmi.

LETTERA XXXIV

RISPOSTA

No, non vedrete mai
  Cambiar gli affetti miei,
  Bei lumi, onde imparai
  A sospirar d'amor[2].

Quanto le devo voler bene, a quella graziosa signora Belon, per il piacere che m'ha procurato! Perdonamelo, divina Giulia, per un momento ardii godere dei tuoi teneri spaventi, e quel momento fu uno dei più dolci della mia vita. Quant'erano incantevoli, quegli sguardi inquieti e curiosi che si fissavano furtivamente su di noi, e subito si abbassavano per evitare i miei! Cosa faceva allora il tuo felice amante? Chiacchierava con la signora Belon? Ah, mia Giulia, come lo puoi credere? No, no, incomparabile fanciulla; aveva più degna occupazione. Con che incanto il suo cuore seguiva i moti del tuo! Con che impaziente avidità i suoi occhi divoravano le tue bellezze! Il tuo amore, la tua bellezza riempivano, rapivano l'anima sua, che appena poteva resistere a tanti sensi deliziosi. L'unico mio rammarico era di gustare a spese di colei che amo dei piaceri che lei non condivideva. Cosa so mai di tutto quanto m'avrà detto in quel tempo la signora Belon? Che cosa di quanto le avrò risposto? lo sapevo forse durante il colloquio? L'ha potuto sapere lei stessa, e poteva forse capire qualche cosa dei discorsi d'un uomo che parlava senza pensare e rispondeva senza capire?

Com'huom, che par ch'ascolti, e nulla intende.

Perciò ha concepito per me il più perfetto disprezzo. Ha detto a tutti, magari anche a te, che son privo di buon senso, peggio, che non ho la minima intelligenza, che sono sciocco non meno dei miei libri. Che m'importa di quello che dice e di quello che pensa? La mia Giulia non decide forse, lei sola, del mio essere e del rango che mi compete? Il resto della terra può pensare di me quello che vuole, ogni mio merito sta nella tua stima.

Ah, credi pure che né la signora Belon né tutte le bellezze superiori alla sua potranno mai fare come dici tu da paravento, né allontanare per un momento il mio cuore e i miei occhi da te! se tu potessi dubitare della mia sincerità, se tu potessi far così mortale ingiuria al mio amore e alle tue grazie, dimmi, chi mai avrebbe potuto notare così esattamente tutto quanto è capitato intorno a te? Non ti vidi forse brillare tra quelle giovani bellezze come il sole tra gli astri che fa impallidire? Non vidi forse i cavalieri[a] accalcarsi intorno alla tua seggiola? Non vidi nel dispetto delle tue compagne l'ammirazione che quelli ti dimostravano? Non vidi i loro omaggi premurosi, i loro rispetti, le loro galanterie? Non ti vidi ricevere tutte queste manifestazioni con quell'aria tra di modestia e di indifferenza che intimidisce più della superbia? Non vidi forse, quando ti toglievi il guanto per il rinfresco, l'effetto che il braccio scoperto produsse sugli spettatori? Non vidi il giovane straniero che raccolse il tuo guanto far l'atto di baciare la mano gentile che lo riceveva? Non ne vidi un altro, più temerario, che con l'occhio ardente mi succhiava il sangue e la vita, costringerti, quando te ne accorgesti, a mettere una spilla di più al tuo scialle? Non ero distratto come credi; vidi tutto, Giulia, e non ne fui geloso: perché conosco il tuo cuore. So bene che non è di quelli che si possono innamorare due volte. Vuoi forse accusare il mio di essere così?

Riprendiamola, certo, quella vita solitaria che non ho abbandonato senza rimpianto. No, il cuore non si nutre nel tumulto della società. I falsi piaceri gli fanno più amara la privazione dei veri, e preferisce la sofferenza ai vani compensi. Ma, o mia Giulia, ci sono, ci possono essere dei compensi più concreti alla costrizione nella quale viviamo, e si direbbe che li dimentichi! E che, trascorrere quindici giorni interi così vicini l'uno all'altra senza trovarsi, senza dirsi niente! Ah, cosa vuoi che un cuore bruciato dall'amore faccia durante tanti secoli? l'assenza stessa sarebbe meno crudele. A che giova un'eccessiva prudenza se ci procura più mali di quanti ne previene? A che giova prolungare la vita suppliziandosi? Non sarebbe forse cento volte meglio vedersi un momento solo e poi morire?

Non ti nascondo, mia dolce amica, che preferirei penetrare l'amabile segreto che mi celi, non ce ne fu mai di così interessante per noi; ma faccio vani sforzi. Tuttavia saprò mantenere il silenzio che mi imponi, e fre-

[a] *Cavalieri*: parola antiquata, non usa più. Ora si dice uomini. M'è sembrato di dovere quest'importante osservazione ai provinciali, per essere una volta almeno utile al pubblico. *(N.d.A.)*

nare una indiscreta curiosità; ma rispettando così dolce mistero, perché non posso almeno affrettarne la dichiarazione? Chissà, chissà mai se codesti tuoi progetti non siano fondati sulle chimere? Cara anima della mia vita, ah! cominciamo almeno a realizzarle per bene.

P.S. Dimenticavo di dirti che il signor Roguin m'ha offerto una compagnia nel reggimento che sta reclutando per il re di Sardegna. Sono stato assai sensibile alla stima di quel bravo ufficiale; gli dissi ringraziandolo che ho la vista troppo corta per il servizio militare, e che la mia passione per lo studio mal si accorda con una vita così attiva. Ma non ho fatto nessun sacrificio all'amore. Credo che ognuno deve vita e sangue alla patria, che non è lecito alienarsi a prìncipi ai quali non si deve niente, e meno ancora vendersi e ridurre il più nobile mestiere del mondo a quello di vile mercenario. Queste erano le massime di mio padre, e sarei felice di poterlo imitare nel suo amore per il dovere e per la patria. Non volle mai mettersi al servizio d'un principe straniero. Ma nella guerra del 1712 portò con onore le armi per la patria; partecipò a parecchie battaglie, in una delle quali fu ferito; e in quella di Willmergen ebbe la fortuna di strappare una bandiera al nemico sotto gli occhi del generale de Sacconex.

LETTERA XXXV

DI GIULIA

Non mi pare, amico, che le due parole scherzose dette sulla signora Belon meritassero così seria spiegazione. Tanta premura a giustificarsi a volte provoca un effetto opposto, e soltanto l'attenzione che si accorda alle inezie le fa diventare cose importanti. Ecco una cosa che certamente non capiterà tra noi; perché i cuori molto occupati non sono puntigliosi, e le baruffe degli amanti per cose da niente hanno quasi sempre un fondamento assai più concreto di quanto non paia.

Tuttavia non mi dispiace che quest'inezia ci fornisca il destro di trattare tra noi della gelosia; argomento sfortunatamente troppo importante per me.

Caro amico, intendo dalla tempra delle nostre anime e dall'affinità dei nostri gusti che l'amore sarà la cosa più importante della nostra vita. Se ha prodotto una volta le profonde impressioni che ne abbiamo ricevute, bisogna che spenga o che assorba tutte le altre passioni; il minimo raffreddamento sarebbe ben presto per noi un languore mortale: un invincibile disgusto, una noia eterna succederebbero all'amore estinto, e non vivremmo più a lungo una volta scomparso l'amore.[1] Per quanto mi riguarda, capisci che soltanto il delirio della passione riesce a velarmi l'orrore della mia situazione attuale, e che devo o amare con trasporto oppure morire di dolore. Vedi quindi se ho ragione di discutere seriamente un punto dal quale deve dipendere la felicità o l'infelicità dei miei giorni!

Per quanto posso giudicare di me stessa, mi sembra che, pur facile ad affliggermi vivacemente, sono però poco incline a moti violenti. Bisognerebbe che i miei affanni avessero fermentato a lungo dentro di me, perché ardissi svelarne la causa al loro autore; e siccome son persuasa che non si può far offesa senza intenzione, sopporterei cento motivi di lagnarmi piuttosto che una scenata. Un carattere siffatto deve portare lontano, per poco che uno sia incline alla gelosia, e temo assai di sentire in me codesta pericolosa inclinazione. Non già che io non sappia che il tuo cuore è fatto per il mio e non per un altro. Ma ci si può ingannare, scambiare un gusto effimero per una passione, e fare per immaginazione altrettante cose di quante si sarebbero fatte per amore. Ora, se tu puoi crederti incostante senza esserlo, tanto più io ti posso accusare ingiustamente di infedeltà. Quest'orrendo dubbio m'avvelenerebbe tuttavia la vita; gemerei senza lagnarmi e morrei inconsolabile senza che tu avessi smesso di amarmi.

Ti supplico, preveniamo una sventura la cui sola idea mi fa rabbrividire. Giurami, caro amico mio, non per amore (giuramenti che si osservano solo quando sono superflui); ma per il sacro nome dell'onore, da te tanto rispettato, che io non smetterò mai di essere la confidente del tuo cuore, e che mai vi avverrà mutamento che io non ne sia istruita per prima. Non protestare che non avrai mai niente da dirmi; lo credo, lo spero; ma previeni le mie folli ansie, e dammi, nelle tue proteste di fedeltà per un avvenire che non esisterà, l'eterna sicurezza del presente. Sarei meno da compiangere se sapessi da te le mie reali sventure che se soffrissi incessantemente per sventure immaginarie; godrei almeno dei tuoi rimorsi; se tu non condividessi più la mia fiamma, condivideresti ancora le mie pene, e le lagrime che dovessi versare nel tuo seno mi parrebbero meno amare.

Ecco perché, amico, mi felicito doppiamente della mia scelta, e per il dolce legame che ci unisce e per l'onestà che lo garantisce; ecco a che giova questa regola di saggezza nelle cose di puro sentimento; ecco come la virtù severa sa allontanare le pene del tenero amore. Se avessi un amante senza principî, anche se mi amasse eternamente, dove sarebbero per me le garanzie della sua costanza? In che modo mi potrei liberare dalla mia perpetua diffidenza, e in che modo accertarmi di non essere ingannata, o dalla sua perfidia o dalla mia credulità? Ma tu, mio degno e rispettabile amico, tu che non sei capace né d'artificio né di sotterfugi, tu manterrai, ne sono sicura, la fedeltà che mi avrai promessa. La vergogna di confessare un'infedeltà non riuscirà a vincere, nella rettitudine dell'anima tua, il dovere di mantenere la parola, e se tu potessi non più amare la tua Giulia, lè diresti... sì, potresti dirle, o Giulia, io non... Amico, non scriverò mai codesta parola[1].

Che ti pare di questo espediente? Sono certa che è l'unico capace di sradicare in me qualsiasi sentimento di gelosia. C'è non so quale delicatezza che mi sorride, raccomandando il tuo amore alla tua buona fede, e a togliermi la possibilità di credere a una infedeltà che non mi fosse palesata da te. Ecco, caro, il sicuro effetto dell'impegno che ti impongo; perché potrei crederti volubile amante, ma non amico infido, e se anche dubitassi del tuo cuore non potrei mai dubitare della tua fede. Che piacere assaporo pigliando queste precauzioni inutili, prevenendo le apparenze d'un mutamento di cui sento chiara l'impossibilità! Che delizia, parlar di gelosia con un così fedele amante! Ah, se tu potessi smettere di esserlo, non credere che te ne parlerei così! Il mio povero cuore non sarebbe così savio all'occorrenza, e la minima diffidenza mi toglierebbe subito la voglia di garantirmene.

Ecco, onoratissimo maestro mio, un argomento di discussione per questa sera: perché so che le due vostre umili scolare avranno l'onore di pranzare con voi stasera, dal padre dell'inseparabile. I vostri dotti commenti sulla gazzetta v'hanno fatto trovar grazia presso di lui al punto che non occorsero molti raggiri per farvi invitare. La figlia ha fatto accordare il cembalo, il padre ha sfogliato lo storico Lamberti; io ripeterò forse la lezione del boschetto di Clarens: o dottore in tutte le discipline, dappertutto avete qualche scienza da esibire. Il signor d'Orbe, che non è stato dimenticato, come potete pensare, a un certo momento comincerà una dotta dissertazione sul prossimo omaggio al re di Napoli, durante la quale andremo tutti e tre nella camera della cugina. E lì, o mio fedele, ginocchioni davanti alla vostra dama e signora, le mani nelle sue e in presenza del suo cancelliere, le giurerete fedeltà e lealtà a tutta prova, non amore eterno: impegno che nessuno è padrone né di mantenere né di rompere; bensì verità, sincerità, schiettezza inviolabile. Non giurerete di esser sempre sottomesso, ma di non commettere atto di fellonia, e di dichiarare almeno la guerra prima di scuotere il giogo. Così facendo riceverete l'abbraccio e sarete riconosciuto unico vassallo e leale cavaliere.

Addio, caro amico, l'idea del pasto di stasera mi mette allegria. Ah! quanto mi sarà dolce quando vedrò che la condividi!

LETTERA XXXVI

DI GIULIA

Bacia questa lettera e salta di gioia per la notizia che sto per darti; però pensa che, pur non saltando né avendo cosa da baciare, io non ne sono meno lieta di te. Mio padre, costretto a recarsi a Berna per il suo processo e a Soletta per la pensione, ha proposto alla mamma di accompagnarlo e lei ha accettato sperando qualche salutare effetto per la sua salute da questo mutamento d'aria. Volevano farmi la grazia di portarmi con loro, e non giudicai opportuno di esprimere il mio parere: ma le complicazioni delle vetture hanno fatto sì che il progetto è stato abbandonato, e fan di tutto per consolarmi di essere esclusa dalla gita. Bisognava fingersi rattristata, e l'obbligo in cui mi vedo di simularlo mi rattrista talmente che il rimorso quasi quasi m'ha dispensato dalla finzione.

Durante l'assenza dei miei genitori non sarò padrona di casa; mi affidano al padre della mia cugina, così che durante quel tempo sarò davvero inseparabile dall'inseparabile. Inoltre mia madre ha creduto bene di far a meno della cameriera, e di lasciarmi la Babi come governante: specie di non pericoloso Argo di cui non occorre corrompere la fedeltà né farsene una confidente, ma che all'occorrenza è facile da allontanare facendole brillare qualche speranza di piacere o di guadagno.

Capisci quanto ci sarà facile trovarci per una quindicina di giorni; ma bisognerà che la discrezione pigli il posto della costrizione, e volontariamente dovremo saperci imporre lo stesso riserbo al quale siamo altrimenti costretti. Quando starò dalla mia cugina non soltanto non dovrai venirci più spesso del solito, per non compromterla; spero anzi che non sarà necessario parlarti né dei riguardi dovuti al suo sesso, né dei sacri diritti dell'ospitalità, e che un gentiluomo non avrà bisogno di farsi istruire sul rispetto dovuto dall'amore all'amicizia che gli offre asilo. Conosco la tua vivacità, ma ne conosco pure gli inviolabili confini. Se tu non avessi mai fatto dei sacrifici all'onestà, oggi non saresti in condizione di poterne fare.

Da dove viene codesta aria scontenta e codesto occhio triste? Perché mormorare contro le leggi imposte dal dovere? Lascia alla tua Giulia il compito di addolcirle; ti sei forse mai trovato malcontento di esser stato docile alla sua voce? Vicino ai fioriti pendii dove sgorga la Veveyse c'è un casolare solitario che a volte serve da rifugio ai cacciatori e non dovrebbe servir d'asilo che agli amanti. Intorno all'abitazione principale, che appartiene al signor d'Orbe, sono sparsi variamente dei *chalets* [a] che con i tetti di paglia posson proteggere l'amore e il piacere, amici della rustica semplicità. Le fresche e discrete lattaie sanno mantenere per gli altri il segreto di cui loro pure hanno bisogno. I ruscelli che bagnano le praterie sono orlati di arbusti e di deliziosi boschetti. Folti boschi offrono più lontano asili più solitari e cupi.

> Al bel seggio, riposto, ombroso e fosco,
> Né pastori appressavan, né bifolci[1] ...

Né l'arte né la mano dell'uomo vi manifestano la loro inquietante presenza; per ogni dove non si scorgono che le tenere cure della madre comune. Lì soltanto, o amico, non si vive che sotto i suoi auspici e non si possono ascoltare che le sue leggi. Su invito del signor d'Orbe, Clara ha già persuaso suo padre di aver voglia d'andarci per due o tre giorni a caccia con alcuni amici, e di portarci le inseparabili. Ma le inseparabili ne hanno altri, come sai anche troppo. Uno di loro in rappresentanza del padron di casa ne farà naturalmente gli onori; l'altro con meno pompa potrà fare alla sua Giulia gli onori d'un umile capanna, e quella capanna consacrata dall'amore sarà per loro il Tempio di Gnido. Per mandare felicemente e sicuramente a effetto questo piacevole progetto, basterà concertare tra noi alcune piccole cose, le quali pure parteciperanno ai piaceri che devono favorire. Addio, amico, ti lascio subito per paura d'essere sorpresa. Davvero sento che il cuore della tua Giulia vola un po' troppo presto ad abitare quella capanna.

P.S. Tutto ben considerato, credo che senza indiscrezione ci potremo vedere tutti i giorni; e cioè uno sì uno no in casa della cugina, e l'altro al passeggio.

[a] Case di legno, dove si lavorano i latticini in montagna. *(N.d.A.)*

LETTERA XXXVII

DI GIULIA

Sono partiti stamattina, quel tenero padre e quell'incomparabile madre, colmando delle più tenere carezze una figlia prediletta e troppo indegna delle loro bontà. Quanto a me, li abbracciavo con una leggera stretta al cuore, mentre, dentro, questo ingrato cuore snaturato mi scoppiettava di odiosa gioia. Ahimè, cos'è diventato quel tempo felice quando incessantemente menavo sotto i loro occhi una vita innocente e savia, quando non ero contenta che stretta al loro seno, e non potevo lasciarli nemmeno un passo senza dispiacere? Ora, timida e colpevole, tremo pensando a loro, arrossisco pensando a me; tutti i miei buoni sentimenti si corrompono, e mi struggo in vani e sterili rimpianti che un vero pentimento non anima nemmeno.[1] Queste amare riflessioni m'hanno ridata tutta la tristezza che il loro commiato sulle prime non m'aveva dato. Una segreta angoscia mi soffocava l'anima dopo la partenza di questi cari genitori. Intanto che Babi faceva le valige, sono entrata senza pensarci nella camera di mia madre, e vedendo sparse ancora alcune sue cose, le ho baciate tutte l'una dopo l'altra scoppiando in lagrime. Questo intenerimento m'ha un poco sollevata, ho gustato una certa consolazione sentendo che i dolci moti della natura ancora non sono del tutto spenti nel mio cuore. Ah, tiranno! invano vuoi assoggettarti del tutto questo tenero e troppo debole cuore; tuo malgrado, e malgrado le tue seduzioni, gli rimangono almeno alcuni legittimi sentimenti; rispetta e predilige tuttavia dei diritti più sacri dei tuoi.

Perdona, dolce amico, questi involontari moti, e non temere che porti queste riflessioni fin dove pur dovrei. So bene che il momento in cui il nostro amore è più libero non è forse quello dei rimpianti; non ti voglio né nascondere le mie pene, né fartele pesare; bisogna che tu le sappia non per portarle ma per addolcirle. Nel seno di chi le potrei sfogare, se non ardissi farlo nel tuo? Non sei forse tu il mio tenero consolatore? Non sei forse tu che sostieni il mio vacillante coraggio? Non sei forse tu che alimenti nell'anima mia il gusto della virtù, anche dopo che l'ho perduta? Senza di te, senza quest'adorabile amica la cui mano pietosa asciugò spesso le mie lagrime, quante volte non mi sarei già accasciata sotto un mortale scoramento? Ma le vostre tenere sollecitudini mi sostengono; non ardisco avvilirmi fin che mi stimate ancora, e non senza compiacimento mi dico che non mi amereste così l'uno e l'altra, se non fossi degna d'altro che di disprezzo. Volo tra le braccia di quella cara cugina, o meglio di quella tenera sorella, a depositarle in fondo al cuore quest'importuna tristezza. E tu stasera vieni a finir di restituire al mio la gioia e la serenità perdute.

LETTERA XXXVIII

A GIULIA

O Giulia, è impossibile che io ti veda ogni giorno come t'ho vista il giorno prima: bisogna che il mio amore aumenti e cresca incessantemente insieme alle tue seduzioni, tu sei per me una inesauribile sorgente di sensi nuovi che non avrei nemmeno immaginato. Che indicibile serata! Quante ignote delizie hai fatto gustare al mio cuore! O maliarda tristezza! O languori d'una anima intenerita! quanto siete superiori ai piaceri turbolenti, alla spensierata letizia e alla scatenata gioia e a tutti i trasporti che uno smisurato ardore offre agli sfrenati desideri degli amanti! calma e pura gioia, ignota alla voluttà dei sensi, il tuo pungente ricordo non si cancellerà giammai dal mio cuore, giammai. O Dei! che inebriante spettacolo, o piuttosto che estasi, vedere due così patetiche bellezze abbracciarsi teneramente, il volto dell'una chinarsi sul seno dell'altra, le dolci loro lagrime mescolarsi e bagnare quell'incantevole seno come la rugiada del cielo irrora un giglio appena sbocciato! Ero geloso di così tenera amicizia; ci vedevo un non so che più interessante dello stesso amore, e quasi

mi volevo male per non poterti offrire consolazioni così care, senza turbarle con l'agitazione dei miei trasporti. Niente, no, niente sulla terra è capace di eccitare un
così voluttuoso intenerimento, se non le vostre reciproche carezze, e lo spettacolo di due amanti avrebbe offerto ai miei occhi una sensazione meno deliziosa[1].

Ah, in quel momento quanto sarei stato innamorato
di così amabile cugina, se Giulia non fosse esistita! Ma
no, era Giulia che in persona spandeva l'invincibile suo
incanto su tutto quanto la circondava. La tua veste, la
tua acconciatura, i tuoi guanti, il tuo ventaglio, il tuo
lavoro: tutto quanto mi colpiva lo sguardo intorno a
te mi incantava il cuore, tu sola eri l'incantatrice. Cessa, o mia dolce amica! a forza di accrescere la mia ebbrezza mi priverai del piacere di sentirla. Ciò che fai
gustare s'avvicina a un vero delirio, temo di finalmente
perderne la ragione. Lascia almeno che abbia coscienza
d'un delirio che fa la mia felicità; lasciami assaporare
questo nuovo entusiasmo, più sublime, più vivo di tutte
le idee che avevo dell'amore. E che, ti puoi credere
avvilita? la passione ti toglie dunque il senno? A me
sembra che sei troppo perfetta per una mortale. Ti penserei d'una specie più pura, se il fuoco ardente che penetra la mia sostanza non mi unisse alla tua facendomi
sentire che sono eguali. No, nessuno al mondo ti conosce; non ti conosci nemmeno da te; il mio cuore soltanto ti conosce, ti sente, sa assegnarti il tuo giusto posto.
O mia Giulia! Ah, di che omaggi saresti privata, se non
fossi che adorata! Ah! se tu non fossi che un angelo,
quanto perderesti del tuo pregio!

Dimmi, come mai è possibile che una passione come
la mia possa aumentare? Non lo so, ma lo vedo. Benché
tu mi sia sempre presente, da alcuni giorni soprattutto
la tua immagine più bella che mai mi persegue e tormenta con un'insistenza alla quale né tempo né luogo
mi possono sottrarre; e credo che m'hai lasciato con lei
nella capanna che abbandonasti quando terminasti la
tua lettera. Da quando hai accennato a quel campestre
convegno, sono uscito tre volte dalla città; ogni volta
i miei passi m'hanno portato dalle stesse parti, ogni volta la prospettiva d'un così desiderato soggiorno m'è sembrata più piacevole.

> Non vide il mondo sì leggiadri rami,
> Né mosse il vento mai sì verdi frondi[1]...

La campagna mi sembra più ridente, la verzura più fresca e viva, l'aria più pura, il cielo più sereno; il canto degli uccelli mi pare più tenero e voluttuoso; il mormorìo delle acque ispira un più amoroso languore; la vigna in fiore esala più dolci profumi; un segreto incanto abbellisce ogni cosa o m'affascina i sensi, è come se la terra si ornasse per preparare al tuo fortunato amante un letto nuziale degno della bellezza che adora e del fuoco che lo consuma. O Giulia! cara e preziosa metà dell'anima mia, affrettiamoci ad aggiungere alle grazie della primavera la presenza di due fedeli amanti; portiamo il sentimento del piacere in luoghi che non ne offrono altro che una vana immagine; andiamo ad animare la natura tutta, che è morta senza i fuochi dell'amore. E che! tre giorni di attesa? ancora tre giorni? Ebbro d'amore, affamato di trasporti, aspetto quel lento momento con dolorosa impazienza. Ah! quanto potremmo essere felici se il cielo togliesse dall'esistenza tutti i noiosi intervalli che separano simili istanti!

LETTERA XXXIX

DI GIULIA

Non uno solo dei tuoi sentimenti, mio buon amico, è ignorato dal mio cuore; ma non parlarmi più di piacere, mentre gente che vale più di noi soffre, geme, e io mi devo rinfacciare i suoi dolori. Leggi la lettera qui acclusa, e vedi se puoi rimanere tranquillo. Quanto a me, che conosco l'amabile e buona ragazza che l'ha scritta, non l'ho potuta leggere senza lagrime di rimorso e di pietà. Il sentimento della mia colpevole negligenza m'ha penetrato l'anima, e mi avvedo con amara confusione che la dimenticanza del mio primo dovere m'ha fatto scordare tutti gli altri. Avevo promesso che mi sarei occupata di questa povera ragazza; la proteggevo presso mia madre; in certo senso la tenevo sotto la mia custodia; ma, incapace di custodire me stessa, la abbandono senza ricordarmi di lei, la espongo a pericoli peggiori di quelli ai quali io sono dovuta soccombere. Fremo pensando che due giorni ancora e la mia pupilla sarebbe stata rovinata; che l'indigenza e la seduzione avrebbero perduta una brava ragazza che un giorno sarà un'ottima madre di famiglia. O mio amico, come ci possono essere al mondo uomini abbastanza vili da comperar dalla miseria un bene che soltanto il cuore può pagare, e ricevere da una bocca affamata i teneri baci dell'amore!

Dimmi, potresti forse non commuoverti davanti alla pietà filiale della mia Fanchon, ai suoi onesti sentimenti, alla sua innocente ingenuità? Non sei commosso dalla rara tenerezza di questo amante che vende se stesso per sollevare la sua amata? Non sarai felice di contribuire a formare così ben assortito nodo? Ah! se non siamo pietosi noi dei cuori uniti che si vogliono dividere, chi mai lo sarà? Quanto a me, ho deciso di riparare a ogni costo alla mia mancanza, e di fare in modo che quei due giovani si possano unire in matrimonio. Spero che il cielo benedirà la mia impresa, la quale sarà per noi di buon augurio. Ti prego, ti scongiuro in nome della nostra amicizia, di partire oggi stesso se puoi, o al più tardi domani per Neuchâtel. Vai a trattare con il signor de Merveilleux per il congedo di questo bravo giovane; non risparmiare né le suppliche né il denaro; porta con te la lettera della mia Fanchon, non c'è cuore sensibile che non possa intenerire. Insomma, ci costi quel che costi di piacere e di denaro, non tornare senza il congedo definitivo di Claudio Anet;[1] altrimenti credi che mai più l'amore mi potrà dare un momento di pura gioia.

Sento tutte le obiezioni che il tuo cuore mi vuol fare; credi forse che il mio non le abbia fatte prima di te? Insisto: affinché questo nome di virtù non sia che un vano nome, bisogna che imponga dei sacrifici. Amico, mio degno amico, un convegno perduto può tornare mille volte; alcune ore gradevoli svaniscono come un lampo e non esistono più: ma se la felicità di una coppia onesta sta nelle tue mani, pensa all'avvenire che ti prepari. Credimi, l'occasione di far felice qualcuno è più rara di quanto non si creda; la pena di averla perduta è di non più ritrovarla, e l'uso che sapremo fare di questa ci lascerà un sentimento eterno di contentezza o di pentimento. Perdona al mio zelo questi superflui discorsi; dico troppo a un uomo onesto, cento volte troppo al mio amico. So quanto ti spiace la crudele voluttà che ci fa impietosi dei mali altrui. L'hai detto mille volte tu stesso, guai a chi non è capace di sacrificare un giorno di piacere ai doveri dell'umanità.

LETTERA XL

DI FANCHON REGARD A GIULIA

Signorina,

perdonate a una poveretta disperata che non sa più cosa fare e ardisce ricorrere ancora alle vostre bontà. Perché voi non siete mai stanca di consolare gli afflitti, e io sono così infelice che soltanto a voi e al Signore i miei lamenti non danno noia. Mi è rincresciuto molto di dover lasciare il tirocinio che m'avevate procurato; ma ho avuto la disgrazia di perdere la mamma quest'inverno e ho dovuto tornare dal padre che è paralitico e deve stare a letto.

Non ho dimenticato il consiglio che avevate dato alla mamma, cercare di accasarmi con un bravo uomo che si curasse della famiglia. Il Claudio Anet che il signor vostro padre ha portato con sé tornando dal servizio militare è un bravo giovane, assestato, ha un buon mestiere e mi vuol bene. Dopo tutta la carità che avete avuto per noi non osavo più scomodarvi, lui ci ha dato da vivere per tutto l'inverno. Doveva sposarmi questa primavera; non pensava che al matrimonio. Ma mi hanno così tormentata per farmi pagare la pigione di tre anni scaduta a Pasqua perché non sapevamo dove prendere tanto denaro contante perché quel poveretto s'è arruolato ancora senza dirmi niente nella compagnia del signor de Merveilleux, e m'ha portato il denaro dell'ingaggio. Il signor de Merveilleux non starà più che sette o otto giorni a Neuchâtel, e Claudio Anet dovrà partire fra tre o quattro: così che non abbiamo né il tempo né i mezzi per sposarci, e io resto senza risorsa. Se col vostro credito o quello del signor barone poteste ottenere almeno una dilazione di cinque o sei settimane, faremmo in modo o di poterci sposare o di rimborsare quel bravo giovane; ma lo conosco bene, non vorrà mai più ripigliare il denaro che mi ha dato.

Stamattina è venuto un signore molto ricco a offrirmene assai di più; ma Dio m'ha fatto la grazia di rifiutarlo. Ha detto che tornerà domattina a pigliare la risposta definitiva. Gli ho già detto di non scomodarsi e che la sapeva già. Dio lo benedica, domani sarà accolto come oggi. Potrei anche ricorrere alla borsa dei poveri, ma poi si è così sprezzati che è meglio patire; e poi Claudio Anet è giovane onorato e non piglierebbe mai una ragazza assistita.

Scusate la libertà che prendo, mia buona signorina; a voi soltanto ho il coraggio di confessare le mie pene, e ho il cuore così afflitto che devo finire la lettera. La vostra umilissima e affezionata serva

Fanchon Regard.

LETTERA XLI

RISPOSTA

Io non ho avuto memoria, cara la mia ragazza, e tu fiducia; abbiamo sbagliato tutt'e due, ma il mio sbaglio è imperdonabile; cercherò almeno di ripararlo. La Babi che ti porta questa lettera è incaricata di provvedere ai bisogni più urgenti. Tornerà domattina per aiutarti a mandar via quel signore, se mai tornasse, e dopo pranzo verremo a trovarti, mia cugina e io; perché so che non puoi abbandonare il tuo povero padre, e voglio rendermi conto da me dello stato della vostra casa.

Quando a Claudio Anet, non darti pensiero; mio padre è assente; ma aspettando che torni faremo il possibile, stai certa che non abbandonerò né te né quel bravo ragazzo. Addio, figliuola, che il Signore ti consoli. Hai fatto bene a non ricorrere alla borsa pubblica; è cosa da evitare fin tanto che rimane qualche cosa in quella della gente per bene.

LETTERA XLII

A GIULIA

Ricevo la vostra lettera e parto immediatamente: ecco la mia risposta. Ah, crudele! come il mio cuore è lontano da quella odiosa virtù che mi attribuite e che detesto![1] Ma voi comandate, bisogna ubbidire. Dovessi morirne cento volte, bisogna che Giulia mi stimi.

LETTERA XLIII

A GIULIA

Arrivai ieri mattina a Neuchâtel; seppi che il signor de Merveilleux era in campagna; corsi a cercarlo, era a caccia, dovetti aspettarlo fino a sera. Quando gli ebbi esposto la ragione del mio viaggio e lo ebbi pregato di dirmi il prezzo del congedo di Claudio Anet, mi oppose molte difficoltà. Credetti di vincerle offrendogli una somma piuttosto ragguardevole, anzi aumentandola a mano a mano che rifiutava; ma non potei ottenerne niente e fui costretto a ritirarmi, dopo di essermi accertato che stamattina lo avrei potuto ritrovare; decisissimo a non lasciarlo finché, o a forza di denaro o a forza di importunità o in qualsiasi altro modo, non avessi ottenuto quanto ero venuto a chiedergli. Mi son alzato quindi assai per tempo, e stavo per salire a cavallo quando ricevetti per espresso questo biglietto del signor de Merveilleux, con il congedo del giovane in debita forma.

"Ecco, signore, il congedo che avete sollecitato. Non l'ho concesso alle vostre offerte. Lo accordo alle vostre caritatevoli intenzioni, e vi prego di credere che non esigo prezzo per una buona azione."

Dalla gioia che vi procurerà questo esito felice giudicate di quella che provai io stesso. Ma perché mai bisogna che non sia perfetta come dovrebbe essere? Non posso fare a meno di andare a ringraziare e rimborsare il signor de Merveilleux, e se questa visita ritarda come temo la mia partenza d'un giorno, non ho forse il diritto di dire che s'è dimostrato generoso a mie spese? Non conta, ho fatto quanto vi piace, a questa condizione posso sopportare qualsiasi cosa. Che fortuna, poter far del bene servendo colei che si ama, e così riunire nello stesso atto i piaceri dell'amore e quelli della virtù! Lo confesso, o Giulia, partii col cuore colmo d'impazienza e d'affanno. Vi rinfacciavo di esser tanto sensibile alle pene altrui e di contare per nulla le mie, come se io solo al mondo non avessi nessun merito ai vostri occhi. Mi pareva cosa barbara, dopo d'avermi lusingato con così dolce speranza, privarmi senza necessità d'un bene che voi stessa m'avete fatto brillare. Tutte queste lagnanze sono svanite; sento al loro posto nascermi in fondo all'anima un'ignota contentezza; già assaporo il risarcimento[1] che m'avete promesso, voi che grazie all'abitudine di far del bene sapete bene il gusto che ci si trova. Che strano impero è il vostro, che fa le privazioni dolci quanto i piaceri, e a ciò che si fa per voi dà lo stesso diletto che si proverebbe accontentando se stesso! Ah, l'ho detto cento volte, sei un angelo del cielo, o mia Giulia! con tanta autorità sulla mia, la tua anima è certamente più divina che umana. Come non essere eternamente tuo, se il tuo regno è celeste; e a che gioverebbe smettere di amarti, se bisogna sempre adorarti?

P.S. Secondo il mio calcolo, ci restano almeno cinque o sei giorni prima che torni tua madre. Non sarebbe possibile in questo frattempo fare un pellegrinaggio alla capanna?

LETTERA XLIV

DI GIULIA

Non lamentarti tanto, amico, di questo precipitoso ritorno. Ci riesce di maggior vantaggio di quanto sembra; avessimo fatto per calcolo quello che abbiamo fatto per beneficenza, non saremmo riusciti meglio. Considera cosa sarebbe capitato se non avessimo ubbidito che alle nostre voglie. Io sarei andata in campagna proprio il giorno prima del ritorno di mia madre in città; avrei ricevuto un espresso prima di aver potuto combinare il nostro convegno: avrei dovuto partire immediatamente, magari senza poterti avvertire, e lasciarti in mortali perplessità: ci saremmo separati nel momento più doloroso. Inoltre avrebbero saputo che tutt'e due eravamo in campagna; nonostante le nostre precauzioni, avrebbero forse saputo che stavamo insieme; per lo meno l'avrebbero sospettato, e tanto sarebbe bastato. L'indiscreta avidità del presente ci toglieva ogni risorsa per l'avvenire, il rimorso d'un'opera buona trascurata ci avrebbe tormentati tutta la vita.

Ora paragona questo stato alla nostra vera situazione. Anzitutto la tua assenza ha fatto ottimo effetto. Il mio Argo avrà certamente detto a mia madre che ti sei lasciato veder poco da mia cugina; sa del tuo viaggio e del perché: ragione di più per stimarti; come è mai possibile figurarsi che due che se l'intendono approfittino per abbandonarsi dell'unico momento di libertà che hanno per vedersi? Quale astuzia abbiamo messo in opera per fugare una diffidenza anche troppo fondata? La sola, a parer mio, che sia lecita a gente per bene, cioè di esser tale a un punto quasi incredibile, così da far pigliare uno sforzo virtuoso per un atto indifferente. Caro amico, quanto dev'esser dolce un amore nascosto con tali mezzi ai cuori che lo gustano! Aggiungi il piacere di riunire due amanti afflitti, di far felici due giovani così degni di esserlo. Hai visto la mia Fanchon; non è forse carina, di', e non merita forse tutto quello che hai fatto per lei? Non ti par troppo bella e troppo sventurata per restar zitella impunemente? Da parte sua Claudio Anet, che per miracolo è stato capace di resistere a tre anni di servizio militare, chi sa se sarebbe stato capace di sopportarne altrettanti senza diventare un poco di buono come tutti gli altri? Invece, ecco che si vogliono bene e saranno uniti; sono poveri e saranno aiutati; sono onesti e potranno continuare a esserlo; perché mio padre s'è incaricato di metterli a posto. Quanti benefici hai procurato a loro e a noi con la tua compiacenza, senza parlare dell'obbligo di cui ti sono debitrice! Questo, amico, è il sicuro effetto dei sacrifici che si fanno alla virtù: spesso costano, ma è sempre dolce cosa l'averli compiuti, e non s'è mai visto nessuno pentirsi d'una buona azione.

Temo forte che anche tu, come l'inseparabile, mi chiamerai *la predicatrice*, ed è vero che non faccio come dico, proprio come la gente del mestiere. Se le mie prediche non valgono quanto le loro, ho però la consolazione che non son buttate al vento come quelle. Confesso, caro amico, che vorrei aggiungere alle tue virtù tutte quelle che un folle amore m'ha fatto perdere, e siccome non mi posso più stimare da me mi piace potermi stimare in te. Per te non si tratta che di amare perfettamente, il resto verrà da sé. Con che piacere devi veder crescere continuamente i debiti che l'amore è obbligato a pagarti!

La mia cugina ha saputo dei colloqui che hai avuti con suo padre circa il signor d'Orbe; te ne è grata come se in fatto di servizi amichevoli non fossimo sempre suoi debitori. Dio mio, amico, che ragazza felice sono io! quanto sono amata e come mi piace esserlo! Padre, madre, amica, amante, ho un bell'amare tutti quelli che mi stanno intorno, sempre sono o prevenuta o superata. Si direbbe che tutti i più dolci sentimenti del mondo vengano incessantemente a visitare la mia anima, e mi rincresce di non averne che una per poter godere interamente la mia felicità.

Dimenticavo di annunciarti una visita per domattina. È milord Bomston che viene da Ginevra, dove ha trascorso sette o otto mesi. Dice che tornando dall'Italia t'ha visto a Sion, e che eri assai triste; ma dice gran bene di te, come penso io. Ieri fece il tuo elogio così bene e così a proposito davanti a mio padre, che m'ha messo voglia di fare il suo. Infatti mi pare sensato, spiritoso e pieno di fuoco nella conversazione. Narrando grandi azioni la voce gli si alza e l'occhio gli si accende, come capita a chi è capace di compierne. Parla con interesse anche di argomenti di gusto, tra l'altro della musica italiana che porta alle stelle; mi pareva 'di ascoltare il mio povero fratello. Per altro, nel suo discorso c'è più forza che grazia, anzi dirò che il suo spirito mi sembra alquanto ruvido[a]. Addio, amico.

LETTERA XLV

A GIULIA

Stavo leggendo la tua lettera per la seconda volta soltanto, quando è entrato milord Edoardo Bomston.[1] Siccome ho tante altre cose da dirti, come avrei pensato a parlarti di lui, o mia Giulia? Quando due si bastano a vicenda, come potrebbero pensare a un terzo? Ma ti dirò tutto quanto ne so, poiché mi pare che lo desideri.

Valicato il Sempione, era sceso fino a Sion a incontrare un calesse che da Ginevra dovevano mandargli a Briga; quando gli uomini non hanno niente da fare diventano socievoli, così cercò la mia compagnia. Facemmo una conoscenza intima, per quanto è concesso a un inglese naturalmente poco incline alle espansioni, e a un uomo assai preoccupato e voglioso di solitudine. Tuttavia ci avvedemmo che andavamo d'accordo; esiste un certo unisono delle anime, che si avverte immediatamente; dopo otto giorni eravamo amici, ma per tutta la vita, come due francesi lo sarebbero stati dopo otto ore, ma per quel tempo soltanto. Mi parlò dei suoi viaggi; sapendolo inglese, credetti che mi volesse parlare di edifici e di pitture; ma ben presto mi avvidi con piacere che le tele e i monumenti non gli avevan fatto tra-

---

[a] Parola locale, in accezione metaforica. In senso proprio significa una superficie ruvida al tatto e che provoca un brivido sgradevole passandoci la mano, come quella d'una spazzola assai fitta o del velluto di Utrecht. *(N.d.A.)*

scurare lo studio del costume e degli uomini. Tuttavia mi parlò di belle arti con assai giudizio, ma con moderazione e senza pretese. Mi parve che giudicasse piuttosto con sentimento che con scienza, piuttosto secondo l'effetto che secondo le regole, il che mi confermò la sensibilità della sua anima. Quanto alla musica italiana, mi parve entusiasta come a te; anzi me ne fece ascoltare, perché porta con sé un virtuoso: il suo cameriere è ottimo violinista e lui suona passabilmente il violoncello. Scelse alcuni pezzi assai patetici a suo giudizio; ma, vuoi perché un accento così nuovo per me esige un orecchio più esercitato, vuoi perché l'incanto della musica, dolcissimo nella melanconia, svanisce nella profonda tristezza, quei pezzi non mi fecero gran piacere; la melodia me ne parve piacevole in verità, ma strana e senza espressione.

Parlammo anche di me, e milord si informò con interesse della mia situazione. Gli dissi tutto quello che era opportuno ne sapesse. Mi propose un viaggio in Inghilterra, con progetti di fortuna impossibili in un paese dove non c'è Giulia. Mi disse che intendeva passar l'inverno a Ginevra, l'estate a Losanna, e che sarebbe venuto a Vevey prima di ripartire per l'Italia. Ha tenuto parola e ci siamo rivisti con rinnovato piacere.

Quanto al carattere, mi pare vivace e impetuoso, ma virtuoso e costante. Si picca di filosofia e di quei principi di cui un tempo abbiamo parlato. Ma in fondo credo che sia per temperamento quello che crede di essere per metodo, e la vernice stoica che dà alle sue azioni non è che un bel ragionamento destinato a ornare ciò che il cuore gli ha dettato. Tuttavia ho saputo con dispiacere che aveva avuto alcune baruffe in Italia e che s'era battuto varie volte in duello.

Non capisco che cosa trovi di ruvido nelle sue maniere; in verità non sono gran che affabili, ma non ci vedo niente di spiacevole. Il suo fare non è aperto come il suo cuore, è vero, e disdegna certe minime cerimonie; ma tuttavia mi pare che sia di piacevole commercio. Se non ha quella cortesia riservata e circospetta regolata esclusivamente sulle esteriorità - come i nostri giovani ufficiali ci recano dalla Francia -, ha però quella dell'umanità[1] che non si preoccupa tanto di distinguere alla prima occhiata rango e condizione, ma rispetta in generale tutti gli uomini. Te lo devo dire schiettamente? L'assenza di grazia è un difetto che le donne non perdonano, nemmeno al merito, e temo che Giulia sia stata donna una volta in vita sua.

Poi che sono in vena di sincerità, ti dirò anche, mia bella predicatrice, che è inutile voler menar per l'aia i miei diritti, e che un amore affamato non si nutre di prediche. Pensa, pensa ai risarcimenti promessi e dovuti: perché tutta la morale che m'hai snocciolato è ottima; ma, checché tu ne dica, la capanna era assai migliore.

LETTERA XLVI

DI GIULIA

Dunque, amico, sempre la capanna? la storia di quella capanna t'è restata in gola, e m'avvedo che viva o morta dovrò darti ragione della capanna! Ma luoghi dove non fosti mai ti sono cari al punto che non sia possibile compensartene altrove, e l'amore che fece il palazzo d'Armida in fondo a un deserto non sarà capace di farci una capanna in città? Dammi retta: la Fanchon sta per sposarsi. Mio padre, al quale non spiacciono le feste e le pompe, vuol celebrare nozze alla grande, e tutti parteciperemo; sarà una cerimonia piuttosto rumorosa. A volte il mistero è riuscito a stendere i suoi veli in seno alla turbolenta gioia e al clamore dei banchetti. Amico, tu m'intendi: non sarebbe forse dolce ritrovare nel risultato delle nostre premure i piaceri che abbiamo loro sacrificato?

Mi sembra che ti riscaldi piuttosto inutilmente a far l'apologia di milord Edoardo, del quale non penso affatto male. D'altronde, come potrei giudicare di un uomo che ho visto soltanto un pomeriggio, e come ne potresti giudicare tu stesso, su una conoscenza di pochi giorni? Non ne parlo che per ipotesi, e anche tu non ne puoi sapere molto di più; perché le proposte che t'ha fatto appartengono a quelle vaghe offerte di cui gli stranieri sono generosi, sia per darsi aria di potenza che per la facilità di poi eluderle. Ci vedo la solita tua vivacità e quanto sei incline a giudicare quasi a prima vista delle persone, in bene come in male. Tuttavia esamineremo con calma le proposte che t'ha fatto. Se l'amore favorisce il progetto che ho in mente, forse ne troveremo di più favorevoli per noi. O mio buon amico, la pazienza è amara ma porta dolci frutti!

Per tornare al tuo inglese, t'ho detto che mi pareva avere un'anima grande e forte, e uno spirito più istruito che ornato. Dici pressappoco la stessa cosa, ma poi, con quell'aria di superiorità maschile che non abbandona mai i nostri umili adoratori, mi rinfacci d'esser stata anch'io donna una volta in vita mia, come se una donna dovesse mai smettere di esserlo. Ti ricordi che leggendo la tua *Repubblica* di Platone abbiamo discusso sulla diversità morale dei sessi? Mantengo la mia opinione di allora, e dico che non è possibile immaginare un modello comune per due esseri così differenti. L'attacco e la difesa, l'audacia degli uomini e il pudore delle donne non sono convenzioni, come credono i tuoi filosofi, ma istituzioni naturali di cui è facile darsi ragione, e dalle quali è facile dedurre tutte le altre distinzioni morali. Del resto, lo scopo della natura non essendo identico, le inclinazioni, il modo di vedere e di sentire devono essere diretti diversamente, secondo le sue mire; non occorrono i medesimi gusti né la medesima costituzione per lavorare la terra e per allattare i bambini. Una statura più alta, una voce più forte, e lineamenti più decisi non pare abbiano relazione alcuna con il sesso; ma le diversità esterne rivelano l'intenzione dell'operaio nelle diversità dello spirito. Una donna perfetta e un uomo perfetto non devono somigliarsi né d'anima né di fattezze; vane imitazioni dell'altro sesso sono il colmo della pazzia: fanno ridere il saggio e fuggire gli amori. Insomma, mi sembra che se non si hanno cinque piedi e mezzo di statura, la voce di basso e la barba, è meglio non pretendere di essere uomo[1].

Vedi come gli amanti sono inesperti in fatto di ingiurie! Tu mi rinfacci una colpa che non ho commesso o che tu commetti non meno di me, e l'attribuisci a un difetto del quale mi onoro. Vuoi che, sincerità per sincerità, ti dica schiettamente ciò che penso della tua? Non ci vedo che un raffinamento di adulazione, per poter giustificare ai tuoi occhi, con questa apparente schiettezza, gli entusiastici elogi di cui continuamente mi colmi. Sei così accecato dalle mie supposte perfezioni che, per smentire i rimproveri che segretamente ti fai per esser così parziale in mio favore, non riesci a escogitare un rimprovero fondato da farmi.

Dammi retta, non incaricarti di spiattellarmi la verità, te la caveresti troppo male; per acuti che siano, gli occhi dell'amore sanno forse vedere i difetti? È compito dell'integra amicizia, e qui la tua scolara Clara è cento volte più sapiente di te. Sì, amico, lodami, ammirami, trovami bella, incantevole, perfetta. I tuoi elogi mi piacciono senza abbagliarmi, perché m'avvedo che sono il linguaggio dell'errore e non della falsità, e che tu inganni te stesso; ma che però non mi vuoi ingannare. O quanto sono amabili le illusioni dell'amore! In un certo senso le sue lusinghe sono verità: il giudizio tace, parla il cuore. L'amante che loda le perfezioni che non abbiamo, effettivamente le vede come le dice; non mente pur dicendo menzogne; adula senza avvilirsi, e lo si può almeno stimare pur senza credergli[1].

Ho sentito non senza qualche palpito di cuore che domani avremo due filosofi a cena. Uno è milord Edoardo, l'altro è un saggio la cui gravità a volte s'è un tantino scomposta ai piedi d'una giovane scolara; non lo conoscete? Vi prego di esortarlo perché domani cerchi di mantenere il filosofico decoro un pochino meglio del solito. Vedrò anche di avvertire la giovane scolara che abbassi gli occhi e compaia meno carina che sia possibile agli occhi di lui.

LETTERA XLVII

A GIULIA

Ah, perversa! Questa è dunque la circospezione che m'avevi promesso? In questo modo hai riguardo per il mio cuore e veli le tue bellezze? Quante contravvenzioni alle tue promesse! Anzitutto non eri ornata, e sai benissimo che non sei mai tanto pericolosa. Poi, il tuo contegno, così dolce e modesto, così atto a far meglio notare tutte le tue grazie. Le tue parole più rare, più meditate, più intelligenti ancora del solito, che comandavano l'attenzione di tutti e facevan volare orecchio e cuore incontro a ogni parola. L'aria che cantasti a mezza voce, per fare ancora più dolce il tuo canto, e che, sebbene francese, piacque anche a milord Edoardo. Il tuo timido sguardo, gli occhi furtivi che con i loro lampi inaspettati mi gettavano in un inevitabile turbamento. In una parola, quel non so che di indicibile, di seducente, che pareva sparso sulla tua persona per far girar la testa a tutti, senza che nemmeno tu ci pensassi. Quanto a me, non so come fai; ma se questo è il tuo modo di esser meno carina che sia possibile, t'avverto che così lo sei molto di più di quanto occorra per avere intorno a te dei filosofi.

Ho gran paura che il povero filosofo inglese abbia sentito lui pure la medesima influenza. Quando ebbimo riaccompagnato la tua cugina, siccome eravamo ancora assai svegli, ci propose di andare da lui a far musica e a bere punch. Intanto che i suoi servi si radunavano, non smise di parlare di te con un ardore che mi dispiacque, e il tuo elogio sulla sua bocca non mi fece il piacere che a te il mio. In generale ammetto che non mi piace che qualcuno, salvo tua cugina, mi parli di te; mi sembra che ogni parola mi rubi una parte del mio segreto o dei miei piaceri, e qualsiasi cosa dicano, ci mettono un interesse così sospetto, o rimangono così lontani da quello che sento io, che non mi piace ascoltare che me stesso su questo argomento.

Non che mi senta portato alla gelosia, come te. Conosco meglio l'anima tua; ho delle garanzie che non mi permettono nemmeno di immaginare un tuo possibile cambiamento. Dopo le tue promesse, non ti dico più nulla degli altri tuoi pretendenti. Ma questo, o Giulia!... condizioni vantaggiose... i pregiudizi di tuo padre... Sai che si tratta della mia vita; quindi degnati di dirmi una parola. Una parola di Giulia, e sarò per sempre in pace.

Ho trascorso la notte a ascoltare o a suonare musica italiana; ci sono stati dei duetti e mi sono dovuto arrischiare a far la mia parte. Non oso parlarti dell'effetto che ha fatto su di me; ho paura, ho gran paura che l'impressione della cena di ieri si sia estesa a quanto ascoltavo, e che quello che mi pareva incanto della musica non fosse che effetto delle tue seduzioni. Quella stessa ragione che me la faceva sembrar noiosa a Sion, perché, mutate le condizioni, non potrebbe rendermela piacevole qui? Non sei forse tu la sorgente prima delle affezioni dell'anima mia, e posso forse resistere agli incanti della tua magia? Se veramente la musica avesse prodotto quell'incantesimo, avrebbe agito su tutti quelli che l'ascoltavano. Ma intanto che io andavo in estasi a quei canti, il signor d'Orbe dormiva placidamente in una poltrona, e in mezzo ai miei trasporti s'è limitato a chiedermi se tua cugina sa l'italiano.

Chiariremo meglio tutto questo domani; perché abbiamo stabilito un altro convegno musicale per stasera. Milòrd vuol far le cose bene e ha mandato a prendere un altro violino a Losanna, dice che è piuttosto bravo. Io porterò dei recitativi e delle cantate francesi, vedremo come andrà!

Tornando a casa ero accasciato, per non aver l'abitudine di vegliar tardi, ma scrivendoti mi sento rianimare. Tuttavia bisogna cercar di dormire qualche ora. Vieni con me, mia dolce amica, non lasciarmi durante il sonno; ma sia che la tua immagine lo turbi o lo secondi, sia che mi offra o meno le nozze della Fanchon, c'è un istante delizioso che non mi può sfuggire e che il sonno mi appresta, cioè il sentimento di felicità svegliandomi.

LETTERA XLVIII

A GIULIA

Ah, Giulia mia! che cosa ho sentito? Quali suoni commoventi? quale musica? che deliziosa sorgente di sentimenti e di piaceri?[1] Non perdere un minuto; raccogli ben bene tutte le tue opere, le tue cantate, la tua musica francese, accendi un bel fuoco ardentissimo, buttaci tutta codesta robaccia e attizzalo per bene, così che ci si possa bruciare tutto quel ghiaccio e per una volta almeno emanar calore. Fai codesto sacrificio propiziatorio al Dio del gusto, per espiare il tuo e mio delitto d'aver profanato la tua voce con quella greve salmodia, e d'aver scambiato così a lungo un rumore che non fa altro che stordire l'orecchio per il linguaggio del cuore. O quanta ragione aveva il tuo degno fratello! In che strano errore sono vissuto fin qui, sulle produzioni di quest'arte incantatrice? Avvertivo il loro scarso effetto e l'attribuivo alla mia debolezza. Mi dicevo: la musica non è che un vano suono che può accarezzar l'orecchio, ma non agisce se non indirettamente e leggermente sull'anima. L'impressione degli accordi è soltanto meccanica e fisica; che cos'ha da spartire col sentimento, e perché mai dovrei sperare 'di esser più commosso da una bella armonia che da un bell'accordo di colori? Non vedevo, negli accenti della melodia applicati a quelli della lingua, il potente e segreto legame delle passioni con i suoni; non vedevo che l'imitazione dei vari toni, i cui sentimenti animano la voce parlante, conferisce a sua volta alla voce cantante il potere di agitare i cuori; e che l'energico quadro dei moti dell'anima di colui che si fa udire è ciò che forma il vero incanto di coloro che lo ascoltano.

Così m'ha fatto notare il cantore di milord; che, pur essendo musicista, sa parlare abbastanza bene della sua arte. Mi diceva che l'armonia non è che un debole accessorio della musica imitativa; nell'armonia propriamente detta non c'è nessun principio di imitazione. Garantisce le intonazioni, è vero; dimostra la loro giustezza e, facendo più sensibili le modulazioni, aggiunge energia all'espressione e grazia al canto: ma l'invincibile potenza degli accenti appassionati nasce esclusivamente dalla sola melodia; da quella deriva tutta la potenza della musica sull'anima; combinate le più dotte successioni di accordi senza mescolarvi melodia, dopo un quarto d'ora sentirete la noia. Bei canti senza alcuna armonia resistono a lungo alla prova della noia. Se l'accento del sentimento anima i più semplici canti, ecco che diventano interessanti. Per contro una melodia che non parla canta sempre male, e l'armonia da sola non ha mai saputo dir niente al cuore.

Ecco in che cosa (continuò) consiste l'errore dei francesi circa la potenza della musica. Non hanno e non possono avere una melodia loro propria con una lingua che non ha accento e con una poesia affettata che non conobbe mai la natura; quindi non immaginano altri effetti se non quelli dell'armonia, e scoppi di voce che non rendono i suoni più melodiosi, ma più rumorosi; e sono così maldestri nelle loro pretese che si vedono sfuggire persino quell'armonia stessa che ricercano; a forza di volerla caricare non guardano più a scelta, non distinguono più le cose che producono effetto, non fanno più altro che inzeppare; si guastan l'orecchio, non sono più sensibili che al rumore: così che la più bella voce per loro è soltanto quella che canta più forte. Non possiedono un genere loro proprio, perciò non hanno mai fatto altro che seguire faticosamente e da lontano i nostri modelli, e dopo il loro celebre Lulli (o meglio il nostro), il quale non fece altro che imitare le opere di cui l'Italia era già ricca al suo tempo, li abbiamo sempre visti copiare e sciupare i nostri vecchi autori, con un ritardo di trenta o quarant'anni; insomma, fare con la nostra musica quello che gli altri popoli fanno con la loro moda. Quando vantano le loro canzoni pronunciano la loro condanna; fossero capaci di cantare dei sentimenti non canterebbero l'intelligenza, ma siccome la loro musica non esprime niente ecco che si presta meglio alle canzoni che all'opera; perché la nostra è invece tutta appassionata, ecco che è più adatta all'opera che alle canzoni.

Poi mi recitò senza cantarle alcune scene italiane, e così mi fece capire il rapporto della musica con le parole nei recitativi, e della musica con i sentimenti nelle arie: e sempre l'energia che l'esatta misura e la scelta degli accordi aggiungono all'espressione. Infine, dopo di aver unito alla conoscenza che ho della lingua la miglior idea possibile dell'accento oratorio e patetico, cioè dell'arte di parlare all'orecchio e al cuore in una lingua senza articolar parola, mi misi ad ascoltare quella musica incantatrice; e ben presto intesi, dalle emozioni che me ne derivavano, che quest'arte ha un potere superiore a quello che avevo immaginato. Insensibilmente mi penetrava non so che voluttuosa sensazione. Non era più una vana sequela di suoni come nei nostri assoli. A ogni frase qualche immagine mi entrava in testa o qualche sentimento nel cuore; il piacere non si fermava all'orec-

145

chio, penetrava fino all'anima; l'esecuzione scorreva senza sforzo, con incantevole facilità; tutti gli esecutori parevano animati da uno stesso spirito; il cantante padrone della sua voce ne traeva agevolmente tutto ciò che canto e parole esigevano da lui; e soprattutto provai un gran sollievo a non più udire quelle goffe cadenze, né quei penosi sforzi di voce, né quella costrizione che da noi è imposta al cantante dalla perpetua battaglia del canto e della misura e che, non potendosi mai accordare, non stancan meno l'ascoltatore che l'esecutore.

Ma quando, dopo una serie di piacevoli arie, si venne ai grandi pezzi d'espressione, capaci di eccitare e dipingere il disordine delle passioni violente, perdevo continuamente l'idea di musica, di canto, di imitazione: mi sembrava di udire la voce del dolore, della furia, della disperazione; mi sembrava di vedere madri in lagrime, amanti traditi, tiranni furibondi: e provando così potenti agitazioni stentavo a star fermo. Allora capii perché questa stessa musica, che altre volte m'aveva annoiato, ora mi riscaldava fino al delirio: è perché avevo cominciato a intenderla, e non appena può agire agisce con la massima forza. No, Giulia, simili impressioni non si provano a metà; o sono eccessive o non sono, mai deboli o mediocri; bisogna o restare insensibili o commuoversi fuor di misura; o è il vano rumore d'un linguaggio che non s'intende, o è l'impeto dei sentimenti che vi trascina, e al quale l'anima non può assolutamente resistere.

Non provavo che un rammarico, ma non mi lasciava: cioè che quei suoni che mi commovevano tanto fossero formati da altri che da te, e di veder uscire dalla bocca d'un vile *castrato* le più tenere espressioni amorose. O mia Giulia! non tocca forse a noi rivendicare tutto quanto spetta al sentimento? Chi proverà, chi dirà meglio di noi quello che deve dire e provare un'anima intenerita? Chi saprà pronunciare con più patetico tono il *cor mio*, l'*idolo amato*? Ah, che energia il cuore darà all'arte, se mai canteremo insieme uno dei questi graziosi duetti che fanno scorrere così deliziose lagrime! Anzitutto ti scongiuro di ascoltare un saggio di questa musica, a casa tua o in quella dell'inseparabile. Milord ci porterà tutta la sua gente, e sono sicuro che con un organo sensibile come il tuo e con maggior cognizione della mia della declamazione italiana, un'unica prova basterà a portarti al punto in cui sono io, e a farti condividere il mio entusiasmo. Inoltre ti propongo e ti prego di approfittare del soggiorno del virtuoso per prendere lezioni da lui, come, io stesso ho cominciato a fare stamattina. Ha un modo di insegnare semplice, pulito, più in pratica che in discorsi; non dice quello che bisogna fare, lo fa, e qui come in tanti altri casi l'esempio vale più della regola. Capisco già che si tratta soltanto di assoggettarsi alla misura, di sentirla bene, di fraseggiare e di punteggiare con cura, di sostenere con eguaglianza i toni, e non di gonfiarli: insomma, di evitare con la voce gli scoppi e tutte le bagattelle francesi, per renderla giusta, espressiva e flessibile; la tua, naturalmente così leggera e dolce, piglierà facilmente questa nuova piega; subito troverai nella tua sensibilità l'energia e la vivacità d'accento che anima la musica italiana,

E 'l cantar che ne l'anima si sente[1].

Abbandona dunque per sempre codesto noioso e lamentoso cantare francese che somiglia piuttosto agli strilli della colica che ai trasporti delle passioni. Impara a formare questi divini suoni ispirati dal sentimento, che soli son degni della tua voce, soli degni del tuo cuore, e che portano sempre con loro l'incanto e il fuoco dei caratteri sensibili.

LETTERA XLIX

DI GIULIA

Sai, amico, che non ti posso scrivere se non di soppiatto, sempre col rischio di farmi sorprendere. Perciò, non potendo vergar lunghe lettere, mi limito a rispondere a ciò che c'è di più essenziale nelle tue, o a supplire quanto non ho potuto dirti nelle conversazioni, non meno furtive per bocca che per scritto. Così farò, oggi specialmente che le due parole su milord Edoardo mi fanno dimenticare il resto della tua lettera.

Amico mio, hai paura di perdermi e mi parli di canzoni! che bell'argomento di chiacchiere fra due amanti che si accordassero meno bene di noi. Davvero non sei geloso, lo si vede bene; ma stavolta non sarò gelosa nemmeno io, perché ho penetrato l'anima tua e sento soltanto la tua fiducia dove altri crederebbero di sentire una tua freddezza. O che dolce e deliziosa sicurezza, quella che deriva dal sentimento di una perfetta unione! Grazie a lei, lo so, tu trai dal tuo cuore la buona testimonianza del mio, e pure grazie a lei il mio ti giustifica; ti crederei assai meno innamorato se ti vedessi più inquieto.

Non so e non voglio sapere se milord Edoardo ha per me altre attenzioni di quelle che tutti gli uomini hanno per le persone della mia età; non si tratta dei suoi sentimenti, ma di quelli di mio padre e dei miei: i quali si accordano sul suo conto come su quello dei supposti pretendenti di cui dici di non voler dir nulla. Se la sua e la loro esclusione bastano alla tua pace, sii tranquillo. Per quanto la domanda di un uomo del suo rango ci possa onorare, Giulia d'Etange non sarà mai lady Bomston, né col consenso del padre né con quello della figlia. Ecco una cosa di cui puoi star sicuro.

Tuttavia non andare a credere che mai si sia parlato di lord Edoardo; sono sicura che di noi quattro tu sei il solo che riesca a supporre in lui un certo gusto per me. Comunque sia, conosco la volontà di mio padre anche se non ne hai mai parlato né a me né a nessuno, e non la conoscerei meglio se me l'avesse positivamente dichiarata. Ecco quanto deve bastare a calmare i tuoi timori, cioè quanto ne devi sapere. Il resto non sarebbe altro che mera curiosità tua, e sai che ho deciso di non soddisfarla. Hai un bel rinfacciarmi questo riserbo e definirlo fuori posto nei nostri comuni interessi. L'avessi sempre avuto, oggi mi sarebbe meno importante. Senza il rapporto indiscreto che ti feci d'un discorso di mio padre, non saresti andato a disperarti a Meillerie; non m'avresti scritto la lettera che m'ha rovinata; vivrei innocente e ancora potrei aspirare alla felicità. Da quello che mi costa una sola indiscrezione puoi giudicare quanto temo di commetterne altre! Sei troppo impetuoso per essere prudente; saresti più capace di vincere le tue passioni che di dissimularle. Il minimo sospetto ti farebbe infuriare; al minimo barlume propizio saresti sicuro di tutto! Leggerebbero tutti i nostri segreti nella tua anima, a forza di zelo distruggeresti tutti i risultati delle mie cure. Quindi lascia che io vigili sul nostro amore, tu tientene soltanto i piaceri; non è una spartizione penosa per te, capisci che l'unica cosa che puoi fare per la nostra felicità è di non ostacolarla.

Ahimè, a che mi gioveranno queste tardive precauzioni? Forse che ancora è tempo di far più cauti i passi in fondo al precipizio, e di prevenire i mali che ci opprimono? Ah, sventurata fanciulla, proprio a te spetta di parlare di felicità! Forse che può mai stare dove regnano la vergogna e il rimorso? Dio! che crudele stato, non potere né tollerare il proprio peccato né pentirsene; essere assediata da mille paure, lusingata da mille vane speranze, e non più poter godere nemmeno dell'orrenda tranquillità della disperazione! Sono ormai tutta in balia del destino. Non si tratta più di forza né di virtù, ma di fortuna e di prudenza; non di spegnere un amore che deve durare quanto la mia vita, ma di renderlo innocente o di morire colpevole. Considera questa mia situazione, amico, e vedi se ti puoi fidare del mio zelo.

LETTERA L

DI GIULIA

Ieri lasciandovi non vi ho voluto spiegare la ragione della tristezza che m'avevate rimproverata, perché non eravate in condizione di comprendermi. Nonostante l'avversione che ho per le spiegazioni, vi sono debitrice di questa; e mi sdebito.

Non so se ricordate gli strani discorsi che m'avete tenuto ieri sera e i modi con cui li accompagnavate; quanto a me, non li dimenticherò mai abbastanza presto per il vostro onore e la mia tranquillità; sfortunatamente sono troppo sdegnata per poterli dimenticare facilmente. Espressioni consimili m'avevano colpito qualche volta l'orecchio passando accanto al porto; ma non avrei mai creduto che potessero uscire dalla bocca di un uomo per bene; per lo meno sono certissima che non entreranno mai nel dizionario degli amanti, ed ero lontanissima dal pensare che mai potessero essere usate tra me e voi. Gran Dio, che amore è mai il vostro, se assapora in tal modo i suoi piaceri! È vero che uscivate da un lungo banchetto, e capisco che bisogna perdonare qualche cosa, in questo paese, agli eccessi che vi si possono commettere: ed è proprio per quello che vi parlo. Siate certo che, se m'aveste trattato in quel modo a quattr'occhi e di sangue freddo, non vi avrei riveduto mai più.

Ma ciò che mi inquieta nel caso vostro è che spesso la condotta d'un uomo riscaldato dal vino non è altro che l'effetto di quanto solitamente accade nel fondo del suo cuore. Dovrò dunque credere che in uno stato nel quale non si nasconde niente vi siete mostrato quale siete? Cosa sarebbe di me se quando siete digiuno voi pensaste come parlavate ieri sera? Piuttosto che tollerare simile disprezzo preferirei spegnere un ardore così grossolano, e perdere un amante che onora così male il suo amore da meritarne così poco la stima. Ditemi, o voi che prediligevate i sentimenti decenti, sareste mai caduto nel crudele errore di credere che l'amore felice non deve più aver riguardi per il pudore, e che non si deve nessun rispetto alla donna di cui non si temono più i rigori? Ah! se aveste sempre pensato così, sareste stato meno pericoloso e io non sarei così infelice! Non illudetevi, amico, non c'è niente di così pericoloso per i veri amanti quanto i pregiudizi del mondo; tanti parlano dell'amore ma così pochi sanno amare, che i più scambiano le sue pure e dolci leggi per le ignobili massime d'un commercio abbietto che, ben presto sazio di sé, ricorre ai mostri dell'immaginazione e si deprava per potersi mantenere[1].

Non so se m'inganno; ma mi sembra che il vero amore sia il più casto di tutti i legami. È l'amore, è il suo fuoco divino che sa purificare le nostre naturali inclinazioni, concentrandole in un unico oggetto; è l'amore che ci sottrae alle tentazioni, e che fa sì che, salvo quest'unico oggetto, un sesso non è più niente per l'altro. Per una donna qualsiasi, qualsiasi uomo è sempre un uomo; ma per colei che ama non c'è che un solo uomo, il suo amante. Che dico? Un amante è forse soltanto un uomo? Ah no, è un essere assai più sublime! Non esiste uomo per colei che ama: il suo amante è qualcosa di più; tutti gli altri qualcosa di meno; lei e lui sono gli unici della loro specie. Non desiderano, amano. Il cuore non segue i sensi, li guida; copre i loro errori con un velo delizioso. Non c'è cosa oscena, se non la dissolutezza e il suo rozzo linguaggio. Il vero amore è sempre modesto, non strappa mai audacemente i suoi favori, li invola trepido. Il mistero, il silenzio, il timido pudore aguzzano e celano i suoi dolci trasporti. La sua fiamma onora e purifica tutte le sue carezze; la decenza e l'onestà l'accompagnano nel seno stesso della voluttà, lui solo sa concedere tutto ai desideri senza nulla togliere al pudore. Ah, ditemi! voi che avete conosciuto i veri piaceri, come mai una cinica sfrontatezza si potrebbe alleare a loro? Come potrebbe non sbandire tutto il loro delirio e i loro incanti? Come potrebbe non insozzare l'immagine di perfezione sotto la quale piace contemplare l'oggetto amato? Credetemi, amico, la dissolutezza e l'amore non potranno mai abitare insieme, e nemmeno compensarsi. Quando si vuol bene il cuore fa la vera felicità, e niente la può sostituire quando non si ama più!

Ma anche supponendovi abbastanza sventurato da compiacervi di così disonesto linguaggio, come mai avete potuto decidervi ad adoperarlo così fuor di luogo, e ad assumere con colei che vi è cara un tono e dei modi che un uomo onorato non deve nemmeno conoscere? Da quando mai è cosa dolce affliggere colei che si ama? e cos'è questa barbara voluttà che si diletta di godere dei tormenti altrui? Non ho dimenticato di aver perduto il diritto d'essere rispettata; ma se mai lo dimenticassi, tocca forse a voi rammentarmelo? Tocca all'autore del mio fallo aggravarne la punizione? Semmai toccherebbe a lui consolarmene. Tutti hanno il diritto di disprezzarmi, salvo voi. Voi mi siete debitore del prezzo dell'umiliazione nella quale m'avete ridotta, e tante lagrime versate sulla mia debolezza meriterebbero che

voi me la faceste sentire meno crudelmente. Non sono
né bigotta né austera.[1] Ahimè, quanto ne sono lontana,
io che non ho saputo nemmeno essere savia! Non lo
sapete che troppo, ingrato, che questo cuore non sa rifiutare niente all'amore. Ma almeno ciò che gli concede non lo vuol concedere che a lui, e m'avete insegnato anche troppo bene il suo linguaggio per potergliene
ora sostituire uno così differente. Ingiurie o percosse mi
offenderebbero meno di siffatte carezze. O rinunciate a
Giulia, o sappiate farvi stimare da lei. Già ve l'ho detto, non conosco amore senza pudore, e se mi costerebbe
assai perdere il vostro, mi costerebbe assai di più con-
servarmelo a tale prezzo.

Mi restano molte altre cose da dirvi sull'argomento; ma devo terminare questa lettera, saranno per
un'altra volta. Frattanto considerate un effetto delle vostre false massime sull'uso smodato del vino. Il vostro
cuore non è colpevole, ne sono certa. Tuttavia avete
offeso il mio, e senza vedere bene che cosa facevate, vi
divertivate a desolare questo cuore troppo incline a spaventarsi, e per il quale niente è indifferente di quanto
gli viene da voi.

LETTERA LI

RISPOSTA

Non c'è riga della vostra lettera che non mi agghiac-
ci il sangue, e dopo averla riletta venti volte non riesco a credere che sia indirizzata a me. E che, io, io? io
offendere Giulia? io profanare le sue bellezze? Colei alla quale offro adorazioni in ogni momento della mia vita, sarebbe stata bersaglio dei miei oltraggi? No, mi sarei mille volte trafitto il cuore prima di neppur sognare così barbara intenzione. Ah, quanto male conosci questo cuore che ti idolatra! questo cuore che vola e si pro-
sterna davanti a ogni tuo passo! questo cuore che vorrebbe inventare per te nuovi omaggi, ignoti ai mortali!
Quanto male lo conosci, o Giulia, se l'accusi di mancare verso di te di quel rispetto solito e comune che an-

che un volgare innamorato avrebbe per la sua amante! Non credo di essere né impudente né brutale, odio i discorsi disonesti e non son mai entrato nei luoghi dove si impara a farli. Ma lascia che lo ridica anch'io dopo di te, che aumenti la giusta tua indignazione: quand'anche fossi il più vile dei mortali, e avessi trascorso i miei primi anni nelle gozzoviglie, e il gusto dei piaceri vergognosi potesse trovar albergo in un cuore sul quale tu regni, oh dimmi, Giulia, angelo del cielo, dimmi come mai potrei esibire davanti a te quella sfrontatezza che non è possibile usare se non con quelle che la gustano? Ah no, non è possibile! Uno solo dei tuoi sguardi m'avrebbe chiusa la bocca e purificato il cuore. L'amore avrebbe velato i miei sfrenati desideri con le grazie della tua modestia; l'avrebbe vinta senza oltraggiarla, e nella dolce unione delle nostre anime soltanto il loro delirio avrebbe prodotto l'errore dei sensi. Mi appello alla tua stessa testimonianza. Dimmi, se in tutti i furori d'una passione smisurata, ho mai cessato di rispettarne l'incantevole oggetto? Se ho avuto il premio che il mio ardore meritava, dimmi se abusai della mia felicità per oltraggiare la dolce tua vergogna? se con timida mano l'ardente amore attentò qualche volta alle tue bellezze, dimmi se mai una brutale temerità ardì profanarle? Quando un'indiscreta foga scosta per un momento il velo che le copre, l'amabile pudore non vi sostituisce forse subito il suo? Questa sacra veste ti abbandonerebbe forse un solo istante, se tu non ne avessi altra? Incorruttibile come la tua anima onesta, tutti i fuochi della mia l'hanno forse mai alterata? Questa così tenera e toccante unione non basta forse alla nostra felicità? Non fa essa sola tutta la felicità dei nostri giorni? Conosciamo forse piaceri al mondo, se non quelli concessi dall'amore? Ne vorremmo conoscere altri? Puoi immaginare in che modo questo incanto sarebbe potuto svanire? Come avrei potuto dimenticare un solo momento l'onestà, il nostro amore, il mio onore, e l'invincibile rispetto che avrei sempre avuto per te, quand'anche non ti avessi adorata? No, non crederlo; non sono io che t'ha potuta offendere. Non ne ho nessuna memoria; e se fossi stato colpevole un momento, come il rimorso potrebbe abbandonarmi? No, Giulia, un demonio geloso d'una sorte troppo felice per un mortale, ha assunto il mio aspetto per turbarla, e m'ha lasciato il cuore per farmi anche più infelice.

Abiuro, detesto un misfatto da me commesso, poiché me ne accusi, ma al quale la mia volontà non ha avuto parte. Quanto la devo aborrire, questa fatale intemperanza che mi pareva favorevole alle effusioni del cuore, e che ha potuto invece smentire così crudelmente il mio! Faccio per te un irrevocabile giuramento: da oggi rinuncio per sempre al vino come al più mortale dei veleni; giammai questo funesto liquore turberà i miei sensi; mai non insozzerà le mie labbra, e il suo insensato delirio non mi farà mai più colpevole a mia insaputa. Se mai violo questo solenne giuramento: o amore, opprimimi con il castigo di cui sarò degno; immediatamente possa l'immagine della mia Giulia uscirmi per sempre dal cuore, e abbandonarlo all'indifferenza e alla disperazione.

Non credere che io voglia espiare il mio delitto con così leggera pena. È una precauzione, non un castigo. Aspetto da te quello che merito. L'imploro, per alleviare i miei rimorsi. Che l'amore offeso si vendichi e si plachi; puniscimi senza odiarmi, soffrirò senza mormorare. Sii giusta e severa; è necessario che tu lo sia, acconsento; ma se vuoi lasciarmi in vita, privami di tutto salvo del tuo cuore.

LETTERA LII

DI GIULIA

Ma come, amico: rinunciare al vino per l'amante? Questo sì che si chiama sacrificio! Oh, sfido chicchessia a trovare, nei quattro cantoni, un uomo più innamorato di te! Non che non ci siano, tra i nostri giovani, certi signorini infranciosati che bevono acqua per snobismo, ma tu sarai il primo al quale l'amore ne avrà fatto bere; è un esempio da citare nei fasti della Svizzera galante. Mi sono anche informata del tuo contegno, e ho saputo con estrema mia edificazione che ieri sera, a cena dal signor de Vueillerans, lasciasti fare il giro della tavola a sei bottiglie dopo il pasto senza toccarle, e che scialavi coi bicchieri d'acqua non meno dei convitati con quelli di vino. Poi questa penitenza dura da tre giorni dopo la mia lettera, e tre giorni fanno almeno sei pasti. A quei sei pasti osservati per fedeltà se ne possono aggiungere sei altri per timore, e sei per vergogna, e sei per abitudine, e sei per ostinazione. Quanti motivi possono prolungare le dure privazioni di cui l'amore soltanto avrà la gloria? Si degnerà di onorarsi di quanto potrebbe non spettargli?

Eccoti delle perfide canzonature, più numerose dei brutti discorsi che m'hai fatto; è ora di finirla. Tu sei di natura grave; mi sono accorta che uno scherzo prolungato ti accende, come una lunga passeggiata riscalda un uomo grassottello; ma mi prendo di te la vendetta che Enrico IV si prese del duca di Mayenne, e la tua sovrana vuol imitare la clemenza dell'ottimo dei re. D'altronde avrei paura che a furia di rimpianti e di scuse tu non finissi col farti un merito d'una colpa così ben riparata; voglio fare in fretta a dimenticarla, temo che se aspettassi troppo non sarebbe più generosità ma ingratitudine.

Quanto alla tua decisione di rinunciare per sempre al vino, non è poi così splendida ai miei occhi come potresti credere; le passioni forti non pensano affatto a questi piccoli sacrifici, e l'amore non si pasce di galanteria. D'altronde c'è a volte più abilità che coraggio a cavar profitto immediato da un avvenire incerto, e a ricompensarsi in anticipo d'un'astinenza eterna, alla quale si rinuncia quando si vuole. Eh, mio caro amico! in tutto quanto carezza i sensi l'abuso è forse inseparabile dal piacere? l'ubriachezza è forse inevitabilmente unita al gusto del vino, e la filosofia sarebbe dunque così vana o crudele da non offrire altro mezzo di usare con moderazione delle cose che piacciono, che quello di farne del tutto a meno?

Se mantieni la tua promessa, ti privi di un innocente piacere, e rischi di far danno alla salute cambiando sistema di vita: se la violi, l'amore è doppiamente offeso, e ne patisce persino il tuo onore. Perciò faccio uso in quest'occasione dei miei diritti e non soltanto ti sciolgo da un voto invalido, siccome fatto senza mio consenso, ma ti proibisco anche di osservarlo oltre i limiti che ti prescrivo. Martedì avremo qui la musica di milord Edoardo: durante il rinfresco ti manderò una coppa piena a metà d'un nettare puro e benefico. Voglio che sia vuotata in mia presenza e a mia intenzione, dopo averne fatta espiatoria libazione di alcune gocce alle Grazie. Dopo di che il mio penitente ripiglierà durante i pasti l'uso moderato del vino, temperato col cristallo delle fontane; come dice il tuo buon Plutarco, calmando gli ardori di Bacco col frequentare le ninfe.

A proposito del concerto di martedì, quello sventato d'un Regianino non è andato a mettersi in testa che io dovrei cantare un'aria italiana e persino un duetto con lui? Voleva che io lo cantassi con te, per unire i suoi due scolari; ma in quel duetto c'è un certo *ben mio* pericoloso da pronunciare sotto gli occhi d'una madre, se vi partecipa il cuore; meglio rimandare il saggio al primo concerto che si farà dall'inseparabile. Attribuisco la facilità con la quale ho preso gusto a questa musica a quello che mio fratello m'aveva dato per la poesia italiana; l'ho coltivato così bene insieme a te che sento con facilità la cadenza dei versi, e che, a sentire Regianino, ne colpisco abbastanza bene l'accento. Comincio tutte le lezioni leggendo alcune ottave del Tasso, o qualche scena del Metastasio: poi mi fa dire e accompagnare qualche recitativo, e mi sembra di continuare a parlare o a leggere, il che certo non mi capitava col recitativo francese. Dopo di che devo sostenere in misura suoni eguali e giusti; esercizio che mi è reso difficile dagli scoppi di voce ai quali ero avvezza. Infine passiamo alle arie, ed ecco che la giustezza e la pieghevolezza della voce, l'espressione patetica, i suoni rinforzati e tutti i passaggi sono un effetto naturale della dolcezza del canto e della precisione del ritmo: così che ciò che mi sembrava più difficile da imparare non mi deve nemmeno essere insegnato. Il carattere della melodia è così strettamente unito al tono della lingua, e ha una così gran purezza di modulazione, che basta ascoltare il basso e saper parlare per decifrare agevolmente il canto. Tutte le passioni vi hanno espressioni acute e forti;

proprio all'opposto dell'accento strascicato e penoso del canto francese, il suo è sempre dolce e facile, ma vivo e toccante, e dice assai con poco sforzo. Insomma, sento che questa musica agita l'anima e riposa il petto; ed è proprio quello che ci vuole per il mio cuore e i miei polmoni. A martedì, dunque, mio caro amico, maestro mio, mio penitente, apostolo mio, ahimè! che cosa non sei per me! Perché mai bisogna che un unico titolo manchi a tanti diritti?

P.S. Sai che si parla di una bella passeggiata sul lago, come quella che facemmo due anni fa con la povera Chaillot? Quant'era timido allora il mio astuto maestro! Come tremava porgendomi la mano all'uscir dalla barca! Ah, che ipocrita!... come è cambiato!

LETTERA LIII

DI GIULIA

Dunque tutto sconvolge i nostri progetti, tutto delude la nostra attesa, tutto tradisce questi fuochi che il cielo avrebbe dovuto coronare! Vili giocattoli d'una cieca fortuna, tristi vittime d'una beffarda speranza, staremo sempre per raggiungere il piacere che fugge senza mai poterlo afferrare? Queste nozze troppo vanamente desiderate dovevan celebrarsi a Clarens, il cattivo tempo costringe a celebrarle in città. Dovevamo aver modo di combinare un abboccamento; entrambi assediati da importuni, non possiamo fuggirli insieme, quando uno riesce a evitarli ecco che all'altro è impossibile raggiungerlo! Infine si presenta un momento favorevole, ma una crudelissima madre ce lo rapisce, e quel momento che doveva far felici i due sventurati quasi quasi è quello della loro rovina! Ma tanti ostacoli non solo non hanno vinto il mio coraggio, lo hanno anzi irritato. Mi sento animata da non so che nuova forza, mi sento ardita come non mai; e se tu sei parimenti ardito, questa sera, questa sera stessa potrà compiere le mie promesse e pagare in una volta sola tutti i debiti dell'amore.

Esaminati bene, amico, e vedi fino a che punto la vita ti è dolce; perché l'espediente che ti propongo può condurci tutti e due alla morte. Se la temi non terminare questa lettera, ma se la punta d'una spada non spaventa oggi il tuo cuore, come non lo spaventavano i precipizi di Meillerie, il mio si espone allo stesso rischio e non ha esitato. Ascolta.

La Babi che di solito dorme in camera mia son tre giorni che è malata, io volevo assisterla a ogni costo, ma l'hanno portata altrove mio malgrado; ora sta meglio e forse tornerà già domani. La stanza dove mangiamo è lontana dalla scala che porta all'appartamento di mia madre e al mio: all'ora di cena tutta la casa è deserta, salvo la cucina e la sala da pranzo. In questa stagione poi la notte è già scura a quell'ora, il suo velo può nascondere facilmente chi passa nella strada agli occhi altrui, e tu conosci benissimo la disposizione della casa.

Tanto basta perché tu mi capisca. Questo pomeriggio vieni dalla mia Fanchon; ti spiegherò il resto e ti darò le necessarie istruzioni. Se non potrò te le lascerò per scritto nell'usato ripostiglio delle nostre lettere, dove troverai questa mia come t'ho avvertito: perché è cosa troppo importante per poterla affidare ad altri.

O come vedo palpitare il tuo cuore, ora! Come vi leggo i tuoi trasporti, e come li condivido! No, dolce mio amico, no, non lasceremo questa breve vita senza aver gustato per un istante la felicità. Tuttavia pensa che questo istante è circondato dagli orrori della morte; che la tua venuta è esposta a mille casi imprevisti, la permanenza pericolosa, la partenza estremamente rischiosa; che siamo perduti se siamo scoperti, che tutto ci deve favorire per evitare di esserlo. Non facciamoci illusioni; conosco troppo bene mio padre per non esser certa di vederlo immediatamente trafiggerti il cuore di sua mano, anche se dovesse cominciare da me; perché sicuramente io non sarei altrimenti risparmiata; e puoi credere che ti vorrei esporre a tanto rischio senza esser sicura di condividerlo?

Rifletti anche a questo: non si tratta affatto di fidarti

del tuo coraggio; non bisogna nemmeno pensarci, anzi ti proibisco di portare qualche arma per tua difesa, nemmeno la spada; tanto ti sarebbe del tutto inutile; perché se siamo sorpresi io sono decisa a buttarmi nelle tue braccia, a stringerti fortemente nelle mie, e a ricevere il colpo mortale in modo da non più dovermi separare da te; più felice in morte di quanto non fui in vita.

Spero che più clemente sorte ci sia riservata; almeno sento che ci è dovuta, e che la fortuna si stancherà di mostrarsi ingiusta. Vieni dunque, anima del mio cuore, vita della mia vita, vieni a unirti con te stesso. Vieni sotto gli auspici del tenero amore a ricevere il premio della tua ubbidienza e dei tuoi sacrifici. Vieni a confessare che, nel seno stesso dei piaceri, il massimo incanto deriva dall'unione dei cuori[1].

LETTERA LIV

A GIULIA

Giungo colmo d'un'emozione che s'accresce entrando in quest'asilo. Giulia! eccomi in camera tua, eccomi nel santuario di tutto ciò che il mio cuore adora. La fiaccola dell'amore guidava i miei passi, son venuto senz'essere visto. Incantevole luogo, luogo fortunato, che un tempo vedesti tanti teneri sguardi repressi, tanti ardenti sospiri soffocati; tu che vedesti nascere e crescere i miei primi fuochi, li vedrai coronati per la seconda volta; testimonio della mia immortale costanza, sii testimonio della mia felicità, e nascondi per sempre i piaceri del più fedele e del più felice degli uomini.

Quant'è incantevole questo misterioso soggiorno! Qui tutto lusinga e accresce l'ardore che mi divora. O Giulia! è tutto pieno di te, e la fiamma dei miei desideri si stende su tutte le tue vestigia. Sì, i miei sensi tutti sono inebriati. Per tutto galleggia non so quale profumo quasi insensibile, più dolce della rosa, più tenue dell'iris. Mi sembra di udire il carezzoso suono della tua voce. Tutti i capi del tuo vestiario qui sparsi raffigurano all'ardente mia immaginazione le parti di te stessa che nascondono. Questa lieve cuffia, che finge di coprire i lunghi capelli biondi che la ornano; questo felice scialletto contro il quale una volta almeno non dovrò mormorare; questa elegante e semplice vestaglia che accusa tanto bene il gusto di colei che la porta; queste graziose pantofolette che un agile piede facilmente riempie; questo flessibile busto che tocca e abbraccia... che delizioso vitino... sul davanti due lievi sporgenze... o voluttuosa vista... la stecca di balena ha ceduto al contatto... deliziose impronte, che io vi baci mille volte!... O dei! dei! che sarà quando... Ah, già mi sembra di sentire quel tenero cuore palpitare sotto una mano felice! Giulia! mia adorata Giulia! ti vedo, ti sento per ogni dove, ti respiro nell'aria che tu hai respirato; tu penetri tutta la mia sostanza; questo tuo soggiorno, quant'è ardente e doloroso per me! È tremendo per la mia impazienza. Deh vieni, vola, o sono perduto.

Che fortuna, aver trovato carta e calamaio! Esprimo ciò che sento per così temperarne l'eccesso, distraggo i miei trasporti descrivendoli.

Mi par di sentire rumore. Che sia il barbaro tuo padre? Non credo di essere codardo... ma in questo istante quanto mi riuscirebbe orrenda la morte! La mia disperazione sarebbe eguale all'ardore che mi consuma. O cielo! Ti chiedo un'ora ancora di vita, il rimanente del mio essere lo abbandono al tuo rigore. O desidèri! o tema! o crudeli palpiti!... aprono!... entrano!... è lei! è lei! la intravvedo, l'ho vista, sento che richiude la porta. Mio cuore, mio debole cuore, tu soccombi a tanta agitazione. Ah, riunisci le forze per sopportare la felicità che ti opprime!

LETTERA LV

A GIULIA

Deh, moriamo, dolce mia amica! moriamo, diletta del mio cuore! Che fare ormai d'una giovinezza insipida, della quale abbiamo esaurito tutte le delizie? Spiegami se sai quello che ho provato in questa inconcepibile notte; dammi un'idea d'una vita trascorsa così, o lascia che abbandoni quella che non ha più nulla di quanto ho provato con te. Avevo gustato il piacere e credevo di figurarmi la felicità. Ah, non avevo provato che un vano sogno, e non immaginavo che la felicità d'un bambino! I miei sensi ingannavano la mia rozza anima; cercavo in loro soltanto il bene supremo, e m'avvedo che esaurire quei piaceri non era altro che iniziare i miei. O unico capolavoro della natura! Divina Giulia! delizioso possesso, al quale bastano a stento tutti i trasporti dell'amore più ardente! No, non sono codesti trasporti che più rimpiango; ah, no; negami se bisogna codesti inebrianti favori, per i quali darei mille vite; ma ridammi tutto quanto non era loro, e che li vinceva mille volte. Ridammi quella stretta unione delle anime, che m'avevi promesso e m'hai fatto così perfettamente gustare. Ridammi quel così dolce languore, riempito dalle effusioni dei nostri cuori; ridammi quel sonno incantato che trovai sul tuo seno; ridammi quell'ancor più delizioso risveglio, e quei rotti sospiri, e quelle dolci lagrime, e quei baci che una voluttuosa stanchezza ci faceva assaporare lentamente, e quei gemiti così teneri durante i quali stringevi al tuo cuore questo cuore fatto per unirsi a lui.

Dimmi, o Giulia, tu che dalla tua sensibilità sai così bene giudicare quella altrui, credi che quanto sentivo prima fosse davvero amore? Sii certa che i miei sentimenti da ieri hanno mutato natura; hanno un non so che di meno impetuoso, sono più dolci, più teneri, più deliziosi. Ricordi quell'ora intera che trascorremmo parlando tranquilli del nostro amore e dell'avvenire cupo e tremendo che ci faceva anche più sensibile il presente; di quell'ora ahi troppo breve, con quel velo di tristezza che faceva anche più patetici i nostri discorsi? Ero tranquillo e tuttavia stavo accanto a te; ti adoravo e non desideravo più nulla. Non immaginavo nemmeno una felicità che non fosse quella di sentire il tuo volto accanto al mio, il tuo respiro sulla mia guancia, il tuo braccio attorno al mio collo. Che calma in tutti i miei sensi! Che pura, continua, universale voluttà! L'incanto della gioia era nell'anima; non la lasciava più; durava sempre. Che differenza, tra i furori dell'amore e una così placida condizione! Per la prima volta in vita mia l'ho provato accanto a te; e tuttavia giudica che strano mutamento provò: di tutte le ore della mia vita è quella che più mi è cara, e la sola che avrei voluto prolungare eternamente[a]. Giulia, dimmi dunque se prima non ti amavo, oppure se ora non ti amo più.

Se non ti amo più? Quale dubbio! ho dunque cessato di esistere, e la mia vita non è forse nel tuo cuore non meno che nel mio? Sento, sento che mi sei mille volte più cara di sempre, e nel mio languore ho trovato nuove forze per amarti anche più teneramente. Ho per te dei sentimenti più tranquilli, è vero, ma più affettuosi e più variati; senza indebolirsi si sono moltiplicati; le dolcezze dell'amicizia temperano gli slanci dell'amore, e a fatica riesco a pensare qualche legame che non mi unisca a te. O mia adorata amante, o mia sposa, mia sorella, mia dolce amica! rispetto a quello che sento, t'avrò detto assai poco quando avrò adoperato tutti i nomi più cari al cuore dell'uomo[!]

Devo confessarti un sospetto natomi nella vergogna e l'umiliazione di me stesso: che cioè tu sappia amare meglio di me. Sì, mia Giulia, sei tu che componi la mia vita e il mio essere; e io ti adoro con tutte le facoltà dell'anima mia; ma la tua è più amante, l'amore l'ha penetrata più profondamente; lo si vede, lo si sente; l'amore anima le tue grazie, regna nei tuoi discorsi, dà ai tuoi occhi quella loro penetrante dolcezza, alla tua voce quei suoi patetici accenti; è l'amore che grazie alla sola tua presenza comunica agli altri cuori, senza che se ne avvedano, la tenera emozione del tuo. Quanto io sono lontano da codesto stato meraviglioso, che basta a se stesso! io voglio godere e tu vuoi amare; io sono tutto slanci, e tu passione; tutti i miei deliri non valgono il tuo delicato languore, e il sentimento di cui si nutre il tuo cuore è la sola suprema felicità. Ieri soltanto ho potuto gustare questa così pura voluttà. M'hai lasciato qualcosa di quell'indicibile incanto che è in te,

[a] Troppo facile donna, volete sapere se siete davvero amata? esaminate il vostro amante quando esce dalle vostre braccia. O amore! Se rimpiango l'età in cui ti si può gustare, non è per l'ora del piacere, ma per l'ora che lo segue. *(N.d.A.)*

e credo che con il dolce tuo alito m'hai ispirato un'anima nuova. Affrettati, ti scongiuro, a perfezionare l'opera tua: prendi quanto rimane della mia e al suo posto metti tutta la tua. No, angelica bellezza, anima celeste, soltanto sentimenti come i tuoi possono onorare le tue bellezze. Tu sola sei degna di ispirare un perfetto amore, tu sola sei capace di sentirlo. Ah, dammi il tuo cuore, o mia Giulia, per amarti secondo il tuo merito!

LETTERA LVI

DI CLARA A GIULIA

Cara cugina, devo darti una notizia molto importante. Ieri sera il tuo amico e milord Edoardo ebbero una lite che potrebbe aver serie conseguenze. Ecco quanto me ne ha detto il signor d'Orbe che era presente e che assai allarmato è venuto stamattina a informarmene.

Avevano cenato tutti e due in casa di milord, e dopo un'ora o due di musica si misero a chiacchierare e a bere punch. Il tuo amico ne bevette un solo bicchiere con acqua; gli altri due non furono così temperanti e benché il signor d'Orbe non ammetta di essersi ubriacato, mi riservo di poi dirgli il fatto suo. La conversazione cadde naturalmente su di te, sai bene che a milord piace parlare soltanto di te. Queste confidenze spiacciono al tuo amico, infatti le accolse con tanta malagrazia che finalmente Edoardo, scaldato dal punch e offeso da quel tono, arrivò a dire, lagnandosi della tua freddezza, che non era poi così generale come si poteva credere e che un tale che non diceva niente non era trattato male come lui. Immediatamente il tuo amico, sai come è suscettibile, replicò a questo dire con insulti e furie; l'altro smentì, e così si slanciarono sulle loro spade. Bomston, brillo com'era, correndo prese una storta che lo costrinse a sedersi. La gamba gli si gonfiò di colpo, il che calmò la disputa più efficacemente del signor d'Orbe che s'era affannato a far da paciere. Ma, attento a quanto accadeva, vide che il tuo amico uscendo s'avvicinò a milord Edoardo, e lo udì che diceva: "Non appena sarete in condizione di uscire fatemi sapere vostre notizie, oppure penserò io a informarmene". "Non scomodatevi," gli rispose Edoardo con un sorriso beffardo "le avrete presto." "Vedremo" replicò freddamente il tuo amico, e se ne andò. Il signor d'Orbe consegnandoti questa lettera ti spiegherà tutto più partitamente. Ora tocca alla tua prudenza suggerirti i mezzi di soffocare questo spiacevole affare, o indicarmi in che modo io vi posso contribuire. Frattanto il latore è ai tuoi ordini; farà tutto quanto gli vorrai ordinare, e puoi star certa della sua segretezza[1].

Mia cara, bisogna che la mia amicizia te lo dica, ti stai rovinando. Il legame che hai contratto non può rimanere a lungo segreto in una cittadina come questa, ed è un vero miracolo che, cominciato da più di due anni, tu non sia ancora sulla bocca di tutti. Ma lo sarai se non fai attenzione; già lo saresti, se tu fossi meno benvoluta; c'è una ripugnanza diffusa a sparlare di te, è un pessimo modo di farsi benvolere e uno sicurissimo di farsi odiare. Ma ogni cosa ha un termine; temo assai che sia venuto quello del mistero circa il tuo amore, ed è probabilissimo che i sospetti di milord Edoardo gli derivino da qualche chiacchiera malevola da lui ascoltata. Pensaci bene, figliuola. La guardia notturna disse qualche tempo fa di aver veduto il tuo amico uscir di casa tua alle cinque del mattino. Per fortuna la cosa venne subito all'orecchio dell'amico, che corse dalla guardia e trovò il segreto di farlo tacere; ma cos'è un simile silenzio, se non il modo di confermare chiacchiere che corrono sottovoce? Anche la diffidenza di tua madre aumenta ogni giorno più; sai quante volte te l'ha fatto capire. Anche a me ne ha accennato in modo piuttosto duro, se non temesse la violenza di tuo padre è certo che gliene avrebbe già fatto parola; ma non osa farlo, tanto più che si sentirebbe dire che la colpa è sua, è stata lei a iniziare questa conoscenza.

Non te lo ripeterò mai abbastanza: pensa ai casi tuoi fin che sei in tempo. Allontana il tuo amico prima che se ne parli; spegni dei sospetti nascenti, che la sua assenza farà certamente dileguare: perché insomma cosa si può credere che ci stia a fare, qui? Fra sei settimane o un mese sarà forse troppo tardi. Se la minima parola venisse all'orecchio di tuo padre, trema pensando a cosa nascerebbe dallo sdegno d'un militare con le sue idee sull'onore della casa, e dalla petulanza d'un giovane focoso incapace di tollerare checchessia. Ma innanzi tutto bisognerà rimediare in un modo o nell'altro all'alterco con milord Edoardo; perché immancabilmente irriteresti il tuo amico e ne avresti un giusto rifiuto se gli parlassi di andarsene prima di averlo liquidato.

LETTERA LVII

DI GIULIA

Amico, mi sono informata minutamente di quanto è capitato fra voi e milord Edoardo. Fondata sull'esatta conoscenza dei fatti la vostra amica vuol esaminare con voi in che modo dovete comportarvi in questo frangente, secondo i principi che professate e di cui suppongo non fate vana e menzognera esibizione.

Non voglio sapere se siete versato nell'arte della scherma, né se vi sentite in grado di affrontare un uomo che in tutta Europa ha fama di abilissimo spadaccino, e che in cinque o sei duelli ha sempre ferito, ucciso o disarmato il suo avversario. Capisco che nel vostro caso non si sta a consultare la propria abilità ma il proprio coraggio, e che la miglior maniera di vendicarsi di un eroe che vi insulta è di fare in modo che vi ammazzi. Lasciamo stare così giudiziosa massima; mi direte che il vostro onore e il mio vi sono più cari della vita. Questo è il principio sul quale bisogna ragionare.

Cominciamo da quanto vi tocca. Spiegatemi un poco perché mai siete personalmente offeso da un discorso che riguardava me sola? Se poi toccava a voi in questo caso assumere la mia difesa, è cosa che vedremo fra poco; frattanto non potrete negare che la disputa è assolutamente estranea al vostro onore personale, a meno che prendiate per un affronto il sospetto di essere amato da me. Ammetto che siete stato insultato; però siete stato voi a cominciare, con un atroce insulto; io appartengo a una famiglia di militari e ho sentito anche troppo discutere queste orrende questioni, quindi so benissimo che un oltraggio in risposta a un altro non lo cancella, e che il primo insultato è il solo offeso: come in uno scontro di sorpresa l'aggressore è il solo colpevole, chi ferisce o uccide per difendersi non è colpevole d'omicidio.

Ora veniamo a quanto tocca me; ammettiamo che il discorso di milord Edoardo mi oltraggiasse, benché non facesse altro che dire il vero. Volete sapere cosa fate difendendomi con tanto indiscreto ardore? Aggravate l'oltraggio; dimostrate che aveva ragione; sacrificate il mio onore a un falso punto d'onore; diffamate la vostra amante per acquistarvi al più la fama di buon spadaccino. Di grazia, fatemi vedere che rapporto c'è tra il vostro modo di giustificarmi e la mia vera giustificazione. Immaginate forse che assumendo con tanto ardore la mia causa date una grande prova che non c'è nessun legame tra noi, e che basta mostrarvi coraggioso per dimostrare che non siete il mio amante? State certo che tutti i discorsi di milord Edoardo mi nuocciono meno della vostra condotta; siete voi che con tutto questo chiasso vi incaricate di pubblicarli e di confermarli. Quanto a lui potrà sì evitare la vostra spada nel duello; ma né la mia riputazione né i miei giorni non potranno forse evitare il colpo mortale che gli portate.

Son queste ragioni troppo sode perché possiate in qualche modo ribatterle; ma prevedo che combatterete la ragione allegando l'uso; mi direte che ci sono fatalità che nostro malgrado ci travolgono; che in nessun caso è possibile tollerare una smentita; e che quando le cose hanno preso una certa piega, ci si trova a scegliere tra il duello e il disonore. Vediamo un poco.

Vi ricordate d'una distinzione che mi faceste in una occasione importante tra l'onore vero e l'onore apparente? In quale delle due classi metteremo quello che oggi è in giuoco? Per me, non vedo nemmeno la possibilità di discuterne. Che c'è di comune tra la gloria di sgozzare un uomo e la testimonianza d'un'anima retta, e che presa può mai avere la vana opinione altrui sul vero onore, di cui le radici affondano nel cuore?[1] E che! le virtù che veramente si posseggono possono forse svanire sotto le menzogne d'un calunniatore? le ingiurie d'un ubriaco dimostrano forse che sono meritate, e l'onore dell'uomo da bene sarà dunque in balia del primo pazzo che capita? Mi direte che un duello dimostra che si è coraggiosi, e che tanto basta a scancellare la vergogna o il rimprovero di tutti gli altri vizi? Starò a domandarvi quale onore può imporre tale decisione, e quale ragione la può giustificare? Se così fosse un furfante basta che si batta per smettere d'essere un furfante; i discorsi d'un bugiardo diventano verità, non appena sono sostenuti sulla punta della spada, e se vi accusassero di aver ucciso un uomo ne vorreste forse uccidere un altro per dimostrare che non è vero? A questo modo virtù, vizio, onore, infamia, verità, menzogna, tutto dipenderà dall'esito di uno scontro; una sala d'armi è la sede d'ogni giustizia; non esiste altro diritto fuori della forza, altra ragione fuori dell'omicidio; la sola riparazione dovuta agli oltraggiati è di ucciderli, e qualsiasi offesa è lavata parimenti bene nel sangue dell'offensore e in quello dell'offeso? Ditemi: se i lupi sapessero ragionare, avrebbero forse altre massime? Vedete da voi se nel caso in cui siete ne esagero l'assurdità. Di che si tratta qui, per voi? D'una smentita avuta in un'occasione in cui effettivamente mentivate. Vi figurate forse di uccidere la verità insieme a colui che volete punire di averla detta? Riflettete che sottomettendovi al caso di un duello, chiamate il cielo a testimonio di una cosa falsa, e che avete l'ardire di dire all'arbitro dei combattimenti: vieni a sostenere la causa ingiusta e a far trionfare la menzogna? Simile bestemmia non vi spaventa? Simile assurdità non vi rivolta? O Dio! cos'è questo miserabile onore che non teme il vizio ma il rimprovero, e che non vi consente di sopportare da un altro una smentita che il vostro stesso cuore v'ha già dato?

Voi che pretendete che si cavi profitto dalle letture, vedete di cavarne dalle vostre, e cercate un po' se mai si vide una sola sfida sulla terra quand'era popolata di eroi. I più valorosi uomini dell'antichità pensaron forse di vendicarsi delle loro personali ingiurie con singolari tenzoni? Cesare mandò forse un cartello di sfida a Catone, o Pompeo a Cesare, per tutti i reciproci affronti; e il più gran capitano della Grecia si reputò forse disonorato per esser stato minacciato col bastone ? Altri tempi, altri usi: lo so; ma forse che ci sono soltanto buoni usi, e non sarà lecito indagare se l'uso di un'epoca è proprio quello che il vero onore esige? No, l'onore non è mutevole, non dipende né dal tempo né dai luoghi né dai pregiudizi, non può né tramontare né rinascere, ha la sua eterna sorgente nel cuore dell'uomo giusto e nella regola inalterabile dei suoi doveri. Se i popoli più illuminati, più valorosi, più virtuosi della terra hanno ignorato il duello, dico che non è una istituzione dell'onore, ma una moda orrenda e barbara, degna della sua feroce origine. Bisogna poi vedere se, quando si tratti della sua vita o di quella altrui, l'uomo da bene si regola sulla moda e se in quel caso non c'è più e più vero coraggio a sfidarla piuttosto che a seguirla. Cosa dovrebbe fare, secondo voi, uno che vorrebbe uniformarvisi nei paesi dove regna un costume diverso? A Messina o a Napoli andrebbe ad aspettare l'avversario dietro il canto d'una strada e lo pugnalerebbe nella schiena. Il che si dice essere bravo in quel paese[1], dove l'onore non consiste nel farsi ammazzare dal proprio nemico bensì nell'ammazzarlo.

State quindi attento a non confondere il sacro nome dell'onore con codesto feroce pregiudizio che affida tutte le virtù alla punta della spada, e non giova che a creare dei valorosi scellerati. Anche ammettendo che questo metodo possa fornire un supplemento alla probità: dappertutto dove regna la probità un supplemento non è forse inutile? e cosa si dovrà pensare d'un uomo che si espone alla morte per esimersi dall'essere onesto? Non vedete che i delitti che l'onore e la vergogna non hanno saputo impedire, sono coperti e moltiplicati da un'errata vergogna e dalla paura del biasimo? È questa vergogna che fa l'uomo ipocrita e bugiardo; che gli fa versare il sangue d'un amico per una parola indiscreta che dovrebbe dimenticare, per un meritato rimprovero che gli riesce intollerabile. È dessa che trasforma in furia infernale una ragazza ingannata e timida; che, o potente Iddio! può armare la mano materna contro il tenero frutto... sento che l'anima mi vien meno a questa orrenda idea, e almeno rendo grazie a colui che scandaglia i cuori d'aver allontanato dal mio questo atroce onore che non ispira altro che misfatti e fa fremere la natura.

Tornate quindi in voi e considerate se vi è lecito aggredire deliberatamente la vita d'un uomo ed esporre la vostra per soddisfare una barbara e pericolosa fantasia che non ha nessun fondamento ragionevole; e se il triste ricordo del sangue versato in tale occasione può smettere di gridar vendetta in fondo al cuore di colui che lo ha fatto scorrere. Conoscete forse delitto pari all'omicidio volontario? e se fondamento di tutte le virtù è l'umanità, cosa dovremo pensare dell'uomo sanguinario e depravato che ardisce offenderla nella vita del suo prossimo? Ricordatevi di quanto m'avete detto voi stesso contro il servizio mercenario. Avete dimenticato che il cittadino deve la sua vita alla patria e che non ha il diritto di disporne senza il consenso delle leggi, tanto meno quindi contro il loro divieto? O amico mio! se davvero amate la virtù, imparate a servirla secondo la sua moda, non secondo la moda degli uomini. Ammetto che ne possa nascere qualche inconveniente: ma dunque questo nome di virtù per voi non è che un vano nome, e non sarete virtuoso che quando potrete esserlo senza discapito?

Ma quali sono in fondo questi inconvenienti? Le mormorazioni degli sfaccendati, dei malvagi che cercano di divertirsi delle sventure altrui e vorrebbero sempre avere qualche nuova storiella da raccontare. Ecco un bellissimo motivo per sgozzarsi a vicenda! Se il filosofo e il saggio si regolano nei massimi affari della vita sugli insensati discorsi della folla, a che giova tutto quest'apparato di studi se rimangono uomini volgari? Dunque non ardite sacrificare il risentimento al dovere, alla stima, all'amicizia, temendo che vi si accusi di temere la morte? Pesate bene le cose, caro amico, e vedrete che c'è assai più codardia nel timore di tale rimprovero che in quello della morte stessa. Il millantatore, il codardo vuole a ogni costo esser stimato valoroso:

> Ma verace valor, ben che negletto,
> È di se stesso a sé fregio assai chiaro[1].

Colui che finge di affrontare la morte senza spavento è bugiardo. Tutti temono di morire; è la gran legge degli esseri sensibili, senza la quale qualsiasi specie mortale presto andrebbe distrutta. Codesta paura è un semplice moto della natura, non soltanto indifferente ma buono in se stesso e conforme all'ordine. Ciò che la fa vergognosa e biasimevole è che può impedirci di ben fare e di attendere ai nostri doveri. Se la codardia non costituisse mai un ostacolo alla virtù, cesserebbe di essere un vizio. Chiunque è più attaccato alla vita che al proprio dovere non potrà essere realmente virtuoso, lo ammetto. Ma spiegatemi un poco, voi che pretendete di ragionare, che razza di merito ci può essere nello sfidare la morte per commettere un delitto?

Anche se fosse vero che ricusando di battersi uno incorre nel disprezzo, quale disprezzo è più da temere, quello degli altri quando si fa bene, o il proprio quando si fa male? Credetemi, colui che davvero stima se stesso è poco sensibile all'ingiusto disprezzo altrui, e non ha che un timore, quello di meritarselo: perché il buono e l'onesto non dipendono dal giudizio degli uomini, bensì dalla natura delle cose, e anche se la terra intera approvasse l'azione che state per compiere, questa non sarebbe meno vergognosa. Ma poi non è vero che astenendosene per virtù si incorra nel disprezzo. L'uomo retto, la cui vita è illibata e che mai non diede segno di codardia, rifiuterà di macchiarsi la mano d'un omicidio e ne sarà tanto più onorato. Sempre pronto a servire la patria, a proteggere il debole, a compiere i più pericolosi doveri e a difendere a costo del proprio sangue, in qualsiasi occasione giusta e onesta, ciò che più gli è caro, egli mette nella sua condotta quell'irremovibile fermezza che non si dà senza il vero coraggio. Nella sicura testimonianza della propria coscienza egli cammina a testa alta, non fugge né cerca il proprio nemico. È facile avvedersi che teme assai meno di morire che di agire male, che teme il delitto e non il pericolo. Se i vili pregiudizi si alzano per un momento contro di lui, tutti i giorni della onorata sua vita sono altrettanti testimoni che li contraddicono, e in una condotta così coerente una azione è giudicata nel quadro di tutte le altre.

Ma sapete che cosa fa così penosa questa moderazione a un uomo volgare? È la difficoltà di sostenerla in modo degno. È la necessità di non commettere in seguito nessuna azione biasimevole. Perché se la tema di commettere il male non lo trattiene in quest'ultimo caso, perché l'avrebbe trattenuto nell'altro, nel quale si può scorgere un motivo più naturale? Allora risulta chiaro che quel rifiuto non deriva da virtù ma da codardia, e si ha ragione di ridere d'uno scrupolo che non si presenta che nel pericolo. Non avete osservato che gli uomini ombrosi e prontissimi a provocare gli altri sono quasi sempre gente spregevole; siccome temono di vedersi apertamente manifestato il disprezzo che si nutre per loro, si sforzano di coprire con qualche impegno d'onore l'infamia della loro vita? Tocca forse a voi imitare codesta gente? Non parliamo dei militari di professione che vendono il loro sangue per denaro; e che, per mantenere il loro posto, calcolano interessatamente quanto devono al loro onore, e sanno benissimo quanto vale la loro vita. Amico mio, lasciate che codesta gente si batta in duello. Non c'è niente di meno onorevole di codesto onore di cui menano tanto scalpore; non è che una moda forsennata, una falsa imitazione della virtù che si fa bella dei più grandi delitti. L'onore di un uomo par vostro non è in balia d'un altro, sta in lui e non nell'opinione della gente; non si difende né con la spada né con lo scudo, ma con una vita integra e irreprensibile; e questa battaglia non è da meno dell'altra, quanto a coraggio.

Su questi principi dovete mettere d'accordo gli elogi che non ho mai lesinati al vero valore con il disprezzo che ho sempre mostrato per i finti valorosi. Mi piace la gente coraggiosa, non posso sopportare i vigliacchi; la romperei con un amante codardo che fuggisse il pericolo, e come tutte le donne reputo che il fuoco del coraggio anima quello dell'amore. Ma voglio che il valore si dimostri nelle occasioni legittime, non che ci si affretti a farne intempestivamente una vana ostentazione, come se si avesse paura di non più poterla fare. C'è chi fa uno sforzo e per una volta si dimostra ardito, per avere il diritto di nascondersi per il resto della vita. Il vero coraggio è più costante e meno frettoloso; è sempre ciò che deve essere; non bisogna né eccitarlo né trattenerlo. L'uomo da bene lo porta dappertutto con sé: nella lotta contro il nemico; in una conversazione in favore degli assenti e della verità; nel letto, contro gli assalti del dolore e della morte. La forza d'animo che lo ispira è ognora attiva; pone sempre la virtù sopra gli eventi, e consiste non nel battersi ma nel non temere niente. Questa, amico, è la specie di coraggio che spesso ho lodato, e che mi piace trovare in voi. Il resto non è che sventatezza, stravaganza, ferocia; è da codardi sottomettercisi, e provo non minor disprezzo per colui che va a cercare un inutile pericolo che per colui il quale fugge un pericolo che deve affrontare.

Vi ho dimostrato, se non vado errata, che nel vostro alterco con milord Edoardo il vostro onore non è implicato; che compromettete il mio ricorrendo alla via delle armi; che codesta via non è né giusta, né ragionevole, né lecita; che non si può accordare con i sentimenti che professate; che non si addice se non a gente esecranda, la quale supplisce con le bravate alle virtù che non possiede, o agli ufficiali che non si battono per l'onore ma per interesse; che c'è più vero coraggio a sdegnarla che a seguirla; che gli inconvenienti ai quali ci si espone rifiutandola sono inseparabili dalla pratica dei veri doveri, e più apparenti che reali; infine, che gli uomini più pronti a ricorrere a tal via sono sempre quelli la cui probità è più sospetta. Concludo quindi che in questa occasione non potete né lanciare né accettare una sfida senza rinunciare nel tempo stesso alla ragione, alla virtù, all'onore e a me. Voltate come volete i miei ragionamenti, accumulate pure sofisma su sofisma; resterà sempre vero che un uomo coraggioso non è un codardo, e che un uomo da bene non può essere un uomo senza onore. Ora mi pare di avervi dimostrato che l'uomo coraggioso sdegna il duello, e che l'uomo da bene lo aborrisce.

In materia così grave m'è parso, amico, di dover far parlare soltanto la ragione, e mostrarvi le cose come sono esattamente. Avessi voluto dipingerle come le vedo, e far parlare il sentimento e l'umanità: avrei adottato un linguaggio ben diverso. Sapete che un mio padre da giovane ebbe la sventura di uccidere un uomo in duello; quell'uomo era suo amico; si batterono a malincuore, costrettivi dall'insensato punto d'onore. Il colpo mortale che tolse la vita a uno tolse per sempre il riposo all'altro. Da quel momento il triste rimorso non è mai più uscito dal suo cuore; spesso lo si sente piangere e gemere nella solitudine; gli sembra di sentire ancora il ferro spinto dalla sua mano crudele che entra nel cuore dell'amico; nell'ombra della notte vede il suo corpo pallido e insanguinato; contempla fremendo la piaga mortale; vorrebbe fermare il sangue che scorre; è preso dal terrore, grida, quell'orrendo cadavere non cessa di inseguirlo. Sono cinque anni che ha perduto il caro sostegno del nome e la speranza della famiglia: se ne rinfaccia la morte come un giusto castigo del cielo che sull'unico figlio vendicò il padre infelice da lui orbato del suo.

Vi confesso che questo fatto, unito alla istintiva mia avversione per la crudeltà, mi ispira un tale orrore per i duelli che li considero come l'estremo grado di brutalità a cui possano giungere gli uomini. Colui che va a battersi a cuor leggero ai miei occhi non è altro che una belva feroce che cerca di sbranarne un'altra, e se nell'anima loro rimane una briciola di sentimento naturale mi pare che colui che perisce sia meno da compiangere del vincitore. Vedete codesti uomini avvezzi al sangue: non sfidano i rimorsi che soffocando la voce della natura; a poco a poco si fanno crudeli, insensibili; si fanno giuoco della vita altrui, e per esser stati senza umanità sono puniti col perderla finalmente del tutto. Che cosa sono, in quello stato? dimmi, vuoi diventare anche tu come loro? No, tu non sei fatto per così atroce abbrutimento; temi il primo passo che ti potrebbe portare a tanto; la tua anima è ancora innocente e sana; non cominciare a depravarla a rischio della tua vita, con uno sforzo senza virtù, un delitto senza piacere, un punto d'onore senza ragione.

Non t'ho detto nulla della tua Giulia; certamente è meglio che lasci parlare il tuo cuore. Una parola, una sola parola e poi ascolta lui. Qualche volta m'hai onorata del tenero nome di sposa: forse in questo momento debbo portare quello di madre. Vuoi lasciarmi vedova prima che un sacro nodo ci unisca?

P.S. In questa lettera mi valgo d'un'autorità alla quale mai nessun uomo saggio ha resistito. Se rifiutate di arrendervi, non ho più nulla da dirvi; ma prima pensateci bene. Pigliatevi otto giorni per riflettere e meditare su così importante argomento. Non vi domando questa dilazione in nome della ragione, ma in nome mio. Ricordatevi che in quest'occasione faccio uso del diritto che voi stesso m'avete dato e che si estende almeno fin qui.

LETTERA LVIII

DI GIULIA A MILORD EDOARDO

Vi scrivo, milord, non per lagnarmi di voi: dal momento che mi oltraggiate, bisogna che io abbia ai vostri occhi delle colpe che ignoro. Come immaginare che un uomo onesto voglia disonorare senza motivo una stimabile famiglia? Appagate quindi la vostra vendetta, se la credete legittima. Questa lettera vi offre un facile mezzo di rovinare una sventurata fanciulla che non saprà mai consolarsi di avervi offeso, e che mette a vostra discrezione l'onore che le volete togliere. Sì, milord, le vostre affermazioni erano fondate: ho un amante e lo amo; è padrone del mio cuore e della mia persona; soltanto la morte potrà spezzare così dolce nodo. Il mio amante è quello stesso che voi onoravate della vostra amicizia; ne è degno, poiché vi vuol bene ed è virtuoso. Tuttavia perirà per mano vostra; so che l'onore offeso esige sangue; so che il suo stesso valore sarà la sua rovina; so che in uno scontro così poco pericoloso per voi il suo intrepido cuore cercherà impavido il colpo mortale. Ho cercato di trattenere il suo zelo sconsiderato; ho fatto parlare la ragione. Ahimè! scrivendo la lettera ne sentivo l'inutilità, e con tutto il rispetto che ho per le sue virtù non spero ne abbia di così sublimi che lo inducano a rinunciare a un falso punto d'onore. Assaporate in anticipo il piacere che proverete trafiggendo il petto del vostro amico; ma sappiate, o barbaro uomo, che non avrete quello di godere delle mie lagrime e di contemplare la mia disperazione. No, lo giuro per l'amore che mi geme in fondo al cuore; siate testimone d'un giuramento che non sarà certo vano: non sopravviverò un giorno solo a colui per il quale respiro, e potrete gloriarvi di aver spinto nella tomba, con un colpo solo, due sventurati amanti, che non ebbero nessuna colpa volontaria verso di voi, e che si compiacevano di onorarvi.

Si dice, milord, che avete un'anima bella e un cuore sensibile. Se vi concedono di assaporare in pace una vendetta che non riesco a capire e la dolcezza di fare degli infelici, possano, quando io non sarò più, ispirarvi qualche cura per un padre e una madre inconsolabili, che la perdita dell'unica figlia che rimane loro sta per dare in balia a un eterno dolore.

LETTERA LIX

DEL SIGNOR D'ORBE A GIULIA

Secondo i vostri ordini, signorina, mi affretto a riferirvi circa la commissione di cui m'avete incaricato. Torno dalla casa di milord Edoardo, l'ho trovato che ancora soffre della storta e non si può muovere in camera che aiutandosi col bastone. Gli ho consegnato la vostra lettera, l'ha aperta premurosamente; leggendola m'è sembrato commosso; è rimasto un poco soprappensiero, poi è tornato a rileggerla con più evidente agitazione. Ecco cosa m'ha detto terminandola: "Sapete, signore, che le questioni d'onore hanno le loro regole, che non possiamo violare; avete visto com'è capitata questa; bisogna che la terminiamo regolarmente. Cercatevi due amici e abbiate la cortesia di presentarvi qui domattina insieme a loro; vi dirò allora la mia decisione". Gli ho fatto osservare che, siccome tutto s'era svolto tra noi, era forse meglio evitare ogni pubblicità.

Mi rispose bruscamente: "So che cosa è opportuno, farò quanto è giusto. Portate i vostri due amici, altrimenti non ho più niente da dirvi". Su questo l'ho lasciato, e vado lambiccandomi inutilmente il cervello per sapere cosa mai sarà questo suo strano disegno; comunque, avrò l'onore di incontrarvi questa sera e domani farò quanto mi vorrete ordinare. Se vi sembra opportuno che mi presenti a lui con quel seguito, cercherò persone di cui potersi fidare in ogni caso.

LETTERA LX

A GIULIA

Calma i tuoi timori, mia tenera e cara Giulia, conosci e condividi i miei sentimenti ascoltando ciò che è capitato.

Ero così sdegnato quando ricevetti la tua lettera che a stento la potei leggere con l'attenzione che meritava. Avevo un bell'essere incapace di confutarla, la cieca collera era più forte. Puoi anche aver ragione, dicevo tra me, ma non propormi mai di lasciarti avvilire. Dovessi anche perderti e morire colpevole, non tollererò che ti si manchi del debito rispetto, e fin che avrò soffio di vita sarai onorata da quanti ti avvicinano come lo sei dal mio cuore. Tuttavia non ebbi incertezze circa gli otto giorni che mi domandavi; la storta di milord Edoardo e il mio voto d'obbedienza concorrevano a far necessaria quella dilazione. Deciso secondo i tuoi ordini a impiegare quel tempo a meditare sul contenuto della tua lettera, continuamente l'andavo rileggendo e riflettendoci, non per mutar di proposito, ma per giustificare il mio.

Stamattina avevo ripreso quella lettera, a mio gusto troppo savia e giudiziosa, e l'andavo rileggendo inquieto, quando sento bussare all'uscio della mia camera. Un momento dopo vedo entrare milord Edoardo, senza spada, appoggiato a un bastone; era seguito da tre persone, tra le quali riconobbi il signor d'Orbe. Sorpreso da così inaspettata visita, aspettavo in silenzio che se ne dichiarasse il senso, quando Edoardo mi chiese di accordargli un momento di udienza, e di lasciarlo agire e parlare senza interromperlo. "Vi chiedo" disse "la vostra parola; la presenza di questi signori, che sono vostri amici, deve garantirvi che non la impegnate indiscretamente." Promisi senza esitare; e non avevo ancora finito che vedo con lo stupore che puoi pensare milord Edoardo in ginocchio davanti a me. Sorpreso da così strano atteggiamento, cercai immediatamente di rialzarlo; ma dopo d'avermi rammentato la mia promessa, mi parlò in questi termini: "Vengo, signore, a ritrattare solennemente gli ingiuriosi discorsi che l'ebbrezza m'ha fatto fare in vostra presenza; sono così ingiusti che riescono più offensivi per me che per voi, quindi li debbo smentire a me stesso. Mi sottometto al castigo che mi vorrete imporre, e non reputerò riparato il mio onore che quando avrò riparato la mia colpa. A qualsiasi costo accordatemi il perdono che vi chiedo e rendetemi la vostra amicizia". "Milord," gli risposi immediatamente "ora riconosco la vostra grande e generosa anima; e so distinguere in voi i discorsi che il cuore vi detta da quelli che fate quando non siete in voi; dimentichiamoli per sempre." Subito l'ho aiutato a rialzarsi, e ci siamo abbracciati. Dopo di che milord si rivolse agli spettatori e disse: "Signori, vi ringrazio della vostra benevolenza. Gente come voi" soggiunse in tono fiero e animato "deve sentire che colui il quale ripara a questo modo i suoi torti, non è capace di sopportarne da nessuno. Potete pubblicare quanto avete visto". Poi ci ha invitati tutti e quattro a cena stasera, e quei signori se ne sono andati.

Non appena ci trovammo soli, tornò ad abbracciarmi in modo anche più tenero e amichevole; poi prendendomi la mano e sedendosi accanto a me: "Fortunato mortale," ha esclamato "godete di una felicità di cui siete degno. Il cuore di Giulia è vostro; possiate tutti e due..." "Che dite mai, milord?" lo interruppi "smarrite il senno?" "No," mi disse sorridendo "ma c'è mancato poco che lo perdessi, e forse era finita per me, se colei che mi toglieva il senno non me l'avesse restituito." Allora mi porse una lettera che con sorpresa vidi vergata da una mano che non scrisse mai a nessun uomo[a], se non a me. Che moti non provai leggendola! Vedevo una incomparabile amante disposta a perdersi per salvarmi, e riconoscevo Giulia. Ma quando giunsi al punto in cui giura di non voler sopravvivere al più felice dei mortali, fremetti al pensiero dei pericoli da me corsi, e mormorai di esser troppo amato, i miei terrori mi fecero sentire che tu, ahimè, sei mortale. Ah! ridammi il coraggio che mi togli; ne avevo per sfidare la morte che non minacciava altri che me, non ne ho per morire tutto intero.

Intanto che con l'anima mi abbandonavo a queste amare riflessioni, Edoardo mi andava facendo discorsi ai quali sulle prime non feci che poca attenzione; tuttavia m'ha costretto ad ascoltarlo a forza di parlarmi di te: perché quanto diceva piaceva al mio cuore e non eccitava più la mia gelosia. Mi parve compreso di rimorsi d'aver turbato i nostri amori e la tua tranquillità; tu sei la persona che più venera al mondo, e siccome non ardisce presentarti le scuse che ha fatto a me, m'ha pregato di accoglierle in nome tuo e di fartele accettare. "Vi ho considerato" mi disse "come suo rappresentante, e non ho potuto umiliarmi troppo davanti a colui che lei ama, non potendo senza comprometterla rivolgermi alla sua persona, anzi nemmeno nominarla." Ammette di aver concepito per te i sentimenti che non si possono evitare quando ti si vede con troppa premura; ma era una tenera ammirazione più che amore. Non gli hanno mai ispirato né pretese né speranza; li ha sacrificati tutti ai nostri non appena li ebbe conosciuti, e i brutti discorsi che gli son sfuggiti erano l'effetto del punch e non della gelosia. Tratta l'amore da filosofo che reputa la propria anima superiore alle passioni; quanto a me, o mi sbaglio o ne ha già provato una che non permette alle altre di germogliare profondamente.[1] Scambia per virtù della ragione ciò che è effetto dell'esaurimento del cuore; e io so che amar Giulia e rinunciare a lei non è virtù umana.

Ha voluto sapere partitamente la storia dei nostri amori e le ragioni che si oppongono alla felicità del tuo amico; m'è parso che dopo la tua lettera una confidenza monca sarebbe stata pericolosa e inopportuna;

[a] Suppongo bisognerà eccettuarne suo padre. (N.d.A.)

178

gliel'ho fatta intera e lui m'ha ascoltato con un'attenzione che dichiarava la sua sincerità. Più d'una volta
gli ho visto gli occhi inumidirsi e l'anima intenerirsi;
soprattutto ho osservato la potente impressione che tutti i trionfi della virtù facevano sul suo animo, e credo
di aver procurato a Claudio Anet un nuovo protettore
non meno zelante di tuo padre. "In tutto quanto m'avete narrato" mi disse "non ci sono né accidenti né avventure; le catastrofi d'un romanzo mi appassionerebbero
assai meno, tanto è vero che i sentimenti suppliscono
alle situazioni, e i modi onesti alle azioni clamorose.
Le vostre due anime sono così straordinarie che non è
possibile giudicarle secondo le regole comuni; per voi
la felicità non si trova sulla stessa strada e non è della
stessa specie che per gli altri uomini, i quali non cercano che la potenza e gli sguardi altrui: mentre a voi
non occorre che la tenerezza e la pace. Al vostro amore si aggiunge una emulazione di virtù che vi innalza,
e varreste meno l'uno e l'altra se non vi foste amati.
L'amore passerà," soggiunse (perdoniamogli questa bestemmia, pronunciata nell'ignoranza del suo cuore)
"l'amore passerà e le virtù rimarranno." Ah, possano
esse durare quanto l'amore, o mia Giulia! il cielo non
esigerà altro[1].

Insomma m'accorgo che la durezza filosofica e nazionale non altera punto in questo bravo inglese la naturale umanità, e che veramente prende parte alle nostre pene. Se il credito e la ricchezza ci potessero giovare, credo che potremmo sicuramente contare su di
lui. Ma ahimè! a che giovano la potenza e il denaro
quando si tratta di far felici i cuori? Durante questo colloquio non contavamo le ore, e così venne quella del
pranzo; feci portare un pollo, e dopo il pasto continuammo a discorrere. M'ha parlato del suo gesto di stamattina, e non potei fare a meno di mostrare una certa
sorpresa davanti a una condotta così notevole e così poco moderata; ma, oltre la ragione che già me ne aveva
dato, aggiunse che una mezza soddisfazione era indegna d'un uomo coraggioso; che doveva essere totale
o non essere, per non rischiare di avvilirsi senza riparare niente, e per non attribuire al timore un gesto
fatto a malincuore e di mala grazia. "Per altro," soggiunse "la mia fama è fatta; posso esser giusto senza

179

sospetto di codardia; ma voi che siete giovane e nuovo nel mondo, bisogna che veniate fuori così pulito dal primo scontro che nessuno si senta tentato di procurarvene un secondo. Il mondo è pieno di astuti vigliacchi che cercano, come si dice, di palpare l'uomo: cioè di scoprire qualcuno di ancora più vigliacco, a spese del quale possano brillare. Voglio risparmiare a un uomo d'onore come siete voi la necessità di castigare senza gloria uno di codesti individui; e preferisco, se han bisogno d'una lezione, che la ricevano da me che da voi; perché uno scontro di più non toglie nulla a chi ne ha avuti parecchi; ma averne uno è sempre una specie di macchia, e bisogna che l'amante di Giulia ne sia esente."

Ecco in breve la lunga conversazione mia con milord Edoardo. M'è parso necessario dartene conto affinché tu mi possa prescrivere il modo di comportarmi con lui.

Ora che sei rassicurata, ti scongiuro di scacciare quelle idee funeste che da qualche giorno ti preoccupano. Pensa ai riguardi che esige l'incertezza del tuo stato attuale. Oh se presto tu potessi triplicare il mio essere! Se presto un adorato pegno... speranza già troppo delusa, vuoi tornare ancora a ingannarmi?... o brame! o timori! Incantevole amica del mio cuore, viviamo per amarci, e che il cielo disponga del resto.

P.S. Dimenticavo di dirti che milord m'ha dato la tua lettera, e che l'ho ricevuta senza far storie, mi sembra che un tale deposito non deve rimanere nelle mani di un terzo. Te la restituirò alla prima occasione, perché quanto a me non so più che farne. È scritta troppo bene in fondo al mio cuore perché mai senta il bisogno di rileggerla.

LETTERA LXI

DI GIULIA

Portami domani milord Edoardo perché mi possa gettare ai suoi piedi, come lui s'è gettato ai tuoi. Che grandezza! che magnanimità! Oh quanto siamo piccoli davanti a lui! Conserva così prezioso amico come la pupilla dei tuoi occhi. Forse varrebbe meno, fosse più sobrio; un uomo senza difetti ebbe forse mai grandi virtù?

Mille angosce d'ogni specie m'avevano accasciata; la tua lettera è venuta a rianimare il mio estinto coraggio. Dissipando i miei terrori m'ha fatto più tollerabili le mie pene. Ora mi sento abbastanza forte per soffrire. Tu vivi; tu mi ami, il tuo sangue, il sangue del tuo amico non è stato versato, e il tuo onore è illeso: quindi non sono miserabile del tutto.

Non mancare al convegno di domani. Non ho mai avuto tanto bisogno di vederti, né così poca speranza di vederti a lungo. Addio, mio caro e unico amico. Mi pare che non hai detto bene: viviamo per amarci. Ah! bisognava dire: amiamoci per vivere.

LETTERA LXII

DI CLARA A GIULIA

Dunque, amabile mia cugina, dovrò sempre compiere verso di te soltanto i più mesti doveri dell'amicizia? Dovrò sempre nell'amarezza del mio cuore affliggere il tuo con crudeli avvertimenti? Ahimè! abbiamo in comune tutti i nostri sentimenti, lo sai bene, e non potrei annunciarti nuovi dolori che non li abbia già sofferti in me. Ah, perché non posso nascondere la tua sventura senza aumentarla? e perché la tenera amicizia non ha tutti gli incanti dell'amore? Ah! come rapidamente cancellerei tutti gli affanni che ti procuro!

Ieri, tornando dopo il concerto, tua madre accettò il braccio del tuo amico, e tu quello del signor d'Orbe: così che i nostri due padri rimasero a discorrere di politica con milord; argomento di cui sono talmente stufa che la noia mi cacciò in camera mia. Una mezz'ora dopo sentii ripetutamente nominare il tuo amico, e con assai veemenza; così capii che il discorso aveva cambiato argomento e tesi l'orecchio. Dai discorsi potei capire che Edoardo aveva osato proporre di sposarti col tuo amico, che proclamava essere anche il suo, e al quale si profferiva di fare, in tale qualità, una posizione onorevole. Tuo padre aveva respinto con disprezzo tale proposta, e lì i discorsi cominciavano a riscaldarsi. "Sappiate" diceva milord "che nonostante i vostri pregiudizi è di tutti gli uomini il più degno di lei, e forse il più capace di farla felice. Tutti i doni che non dipendono dagli uomini egli li ha avuti da natura, e a quelli ha aggiunto tutti i talenti che dipendevano da lui. È giovane, alto, ben fatto, vigoroso, agile; possiede educazione, senso, costumi e coraggio; ha lo spirito ornato, l'anima retta, che cosa gli manca quindi per meritarsi il vostro consenso? La ricchezza? L'avrà. Il terzo del mio patrimonio basta per fare di lui il più ricco cittadino privato di Vaud, se occorre ne darò anche la metà. La nobiltà? Vana prerogativa, in un paese dove è più nociva che utile. Ma egli la possiede, siatene certo, non scritta con l'inchiostro su vecchie pergamene, ma scolpita in fondo al cuore in caratteri indelebili. In una parola, se al pregiudizio preferite la ragione, e se volete più bene a vostra figlia che ai vostri titoli, la darete a lui."[1]

Tuo padre allora si arrabbiò non poco. Definì quella proposta ridicola e assurda. "E che! Milord," disse "un uomo d'onore come voi può mai pensare soltanto che l'ultimo rampollo d'un'illustre famiglia vada a spegnere o a degradare il proprio nome in quello d'un individuo senza asilo, ridotto a vivere di elemosine?..." "Fermatevi" lo interruppe Edoardo; "parlate del mio amico, riflettete che prendo per me tutti gli oltraggi che gli son fatti in mia presenza, e che le ingiurie fatte a un uomo d'onore sono anche più tali per colui che le pronuncia. Individui così sono più rispettabili di tutti i nobilucci rurali d'Europa, e vi sfido di trovare un mezzo più onorevole di giungere alla fortuna che gli omaggi della stima e i doni dell'amicizia. Se il genero che vi propongo non può vantare come voi una lunga serie di avi sempre incerti, sarà il fondamento e l'onore della sua casa, come il vostro primo antenato lo fu della vostra. Ma allora vi sareste considerato disonorato imparentandovi con il capo della vostra famiglia, e quel disprezzo non ricadrebbe forse su di voi? Quanti grandi nomi tornerebbero nell'oblio, se si tenesse conto soltanto di quelli che sono stati iniziati da un uomo stimabile? Giudichiamo il passato col presente; per due o tre cittadini che si illustrano con mezzi onesti, mille farabutti nobilitano tutti i giorni la loro famiglia; e che cosa potrà dimostrare codesta nobiltà di cui i discendenti saranno tanto orgogliosi, se non i furti e l'infamia dei loro antenati[a]? Ammetto che si trovano non pochi furfanti tra i plebei; ma si può sempre scommettere venti contro uno che un gentiluomo discende da un furfante. Ma lasciamo in disparte l'origine, se volete, e pesiamo i meriti e i servizi. Voi avete portato le armi per un principe straniero, suo padre le ha portate gratuitamente per la patria. Se avete servito bene, siete anche stato ben pagato; e per quanti onori abbiate acquistato in guerra, cento plebei ne hanno acquistato anche più di voi.

"Di che cosa si onora mai" continuò milord Edoardo "codesta nobiltà di cui andate tanto orgoglioso? Che cosa fa per la gloria della patria, o per la felicità del genere umano? Nemica mortale delle leggi e della libertà, che cosa ha mai prodotto nella maggior parte dei paesi dove brilla, se non la forza della tirannia e l'oppressione dei popoli? Avete l'ardire in una repubblica di gloriarvi d'uno stato che distrugge le virtù e l'umanità? d'uno stato nel quale ci si vanta della schiavitù e nel quale ci si vergogna di essere uomini? Leggete gli annali della vostra patria[b]; in che cosa il vostro ordine ha ben meritato di lei? Quali nobili si contano tra i suoi liberatori? I Furst, i Tell, gli Stauffacher erano forse gentiluomini? Qual è dunque codesta gloria insensata di cui menate tanto vanto? Quella di servire un uomo e di essere a carico dello stato."

Figurati, mia cara, quanto soffrivo vedendo questo bravo uomo con la sua intempestiva asprezza nuocere

---

[a] Le lettere di nobiltà sono rare in questo secolo, ma almeno una volta vi sono state illustrate. Ma quanto alla nobiltà che si acquista a prezzo di denaro e che si compera con una carica, tutto quanto ci vedo di più onorevole è il privilegio di non essere impiccato. (N.d.A.)

[b] Assai inesatto. Il paese di Vaud non ha mai fatto parte della Svizzera. È una conquista dei bernesi, i suoi abitanti non sono né cittadini né liberi, bensì soggetti. (N.d.A.)

agli interessi dell'amico che intendeva favorire. Infatti tuo padre, irritato da tante e così pungenti invettive, benché generali, cominciò a respingerle con accenni personali. Disse chiaro a milord Edoardo che mai uomo della sua condizione aveva fatto discorsi come quelli che erano appena sfuggiti a lui. "Non state a difendere inutilmente la causa altrui" soggiunse in tono brusco; "per gran signore che siate, non so se potreste difendere utilmente la vostra nel caso in discussione. Chiedete mia figlia per il vostro preteso amico, senza sapere se voi stesso sareste buono per lei; conosco abbastanza la nobiltà inglese per cavare dai discorsi che fate una assai mediocre opinione della vostra."

"Per Dio!" disse milord "pensate di me ciò che volete, ma sarei assai mortificato di non aver altra prova del mio merito che quella d'un uomo morto cinquecento anni fa. Se conoscete la nobiltà inglese dovete sapere che è la più illuminata, la meglio istruita, la più saggia e valorosa d'Europa; con questo non sto a ricercare se è la più antica: perché quando si discute di ciò che è, non occorre indagare ciò che è stato. È vero che non siamo schiavi del principe, bensì amici suoi; non tiranni del popolo, bensì suoi capi. Garanti della libertà, sostegni della patria e del trono, noi costituiamo un invincibile equilibrio fra il popolo e il re. Il nostro primo dovere è quello verso la nazione; il secondo, verso colui che la governa: non consultiamo la sua volontà, consultiamo il suo diritto. Ministri supremi delle leggi nella camera dei pari, a volte anzi legislatori, rendiamo giustizia parimenti al popolo e al re, e non tolleriamo che qualcuno dica: *Dio e la mia spada,* ma soltanto: *Dio e il mio diritto.*

"Ecco, signore," continuò "qual è questa rispettabile nobiltà, antica quanto qualsiasi altra, ma orgogliosa piuttosto del suo merito che dei suoi antenati, e della quale parlate senza conoscerla. Non sono l'ultimo in questo illustre ordine, e nonostante le vostre pretese credo di esservi in tutto pari. Ho una sorella da marito: è nobile, giovane, amabile, ricca; non cede a Giulia se non per le qualità che non sono niente per voi. Se colui che ha conosciuto i meriti e le grazie di vostra figlia potesse voltare altrove gli occhi e il cuore, quale onore sarebbe per me di accettare per cognato, povero com'è, colui che vi propongo per genero con la metà dei miei beni!"

Dalla risposta di tuo padre intesi che questa discussione non faceva altro che inasprirlo; e pur essendo penetrata d'ammirazione per la generosità di milord Edoardo, capii che un uomo così poco conciliante non poteva far altro che rovinare per sempre la causa da lui difesa. Mi affrettai quindi a ricomparire prima che le cose si mettessero al peggio. Infatti interruppero la conversazione, e subito dopo si lasciarono piuttosto freddamente. Quanto a mio padre mi parve che si comportasse molto bene in questo alterco. Dapprima appoggiò calorosamente la proposta; ma vedendo che tuo padre non ne voleva sapere, e che il diverbio cominciava a scaldarsi, si mise come di giusto dalla parte del suo cognato; e interrompendoli opportunamente con discorsi moderati, riuscì a trattenerli tutti e due entro i limiti dai quali certamente sarebbero usciti se fossero stati soli. Una volta partiti mi confidò quanto era accaduto, e siccome prevedevo dove sarebbe andato a finire, mi affrettai a dirgli che così stando le cose non era più opportuno che quella tal persona ti incontrasse qui tanto spesso, anzi che sarebbe opportuno non ci venisse più affatto, non fosse che per evitare quasi un affronto al signor d'Orbe di cui è amica; ma che tuttavia lo pregherei di portarcela più di rado, come anche milord Edoardo. Ecco, cara mia, quanto ho potuto fare per evitare di chiudergli affatto l'uscio di casa mia.

Ma non è tutto. La crisi in cui ti vedo mi costringe a ripeterti i miei precedenti consigli. Lo scontro di milord Edoardo e del tuo amico ha fatto in città tutto quello scalpore che ci si poteva aspettare. Benché il signor d'Orbe abbia mantenuto il segreto sul motivo del diverbio, ci son troppi indizi che lo svelano perché possa rimanere nascosto. Si fanno supposizioni, congetture, si fa il tuo nome: il rapporto della guardia di notte non è stato così ben soffocato che non se ne rammenti qualcosa, e sai bene che per la gente una verità sospettata è vicinissima all'evidenza. Tutto quanto ti posso dire per consolarti è che generalmente si approva la tua scelta, e che l'unione di così bella coppia sarebbe vista con piacere; il che conferma che il tuo amico s'è comportato bene qui da noi, ed è amato non meno di te. Ma cos'importa la voce pubblica all'inflessibile tuo padre? Tutte queste dicerie gli sono o gli saranno note, e fremo al pensiero dell'effetto che possono produrre, se non ti affretti a prevenire la sua collera. Devi aspettarti da lui una spiegazione tremenda per te, e forse anche peggiore per il tuo amico: non che io immagini che alla sua età voglia misurarsi con un giovane che non reputa degno della sua spada; ma l'autorità di cui gode in città gli fornirebbe, se volesse, mille modi di metterlo in difficoltà, e c'è da temere che il suo furore non gliene ispiri la volontà.

Ti scongiuro in ginocchio, dolce mia amica, pensa ai pericoli che ti circondano, ai rischi che vanno continuamente aumentando. Una fortuna inaudita t'ha finora preservata; fin che ancora è tempo, poni il suggello della prudenza al mistero dei tuoi amori, e non provocare la sorte, che potrebbe coinvolgere nelle tue sventure colui che ne è la cagione. Credimi, angelo mio, l'avvenire è incerto; col tempo mille cause possono offrire insperate risorse; ma per ora te l'ho detto e te lo ripeto con forza: allontana il tuo amico, o sei perduta.

LETTERA LXIII

DI GIULIA A CLARA

Tutto quanto avevi previsto è capitato. Un'ora dopo il nostro ritorno mio padre entrò nella camera di mia madre, con gli occhi sfavillanti e il volto in fiamme; insomma, in uno stato in cui non l'avevo mai visto. Capii subito che aveva avuto un diverbio, o che voleva attaccar briga: e la mia coscienza inquieta mi fece tremare anticipatamente.

Cominciò prendendosela in modo assai vivo ma generico contro le madri di famiglia che sconsideratamente chiamano in casa giovani senza stato e senza nome, il cui commercio non procura altro che vergogna e disonore a quelle che li ascoltano. Vedendo poi che tanto non bastava, per strappare qualche replica a una donna spaurita, citò senza alcun riguardo, a mo' di esempio, quanto era capitato in casa nostra da quando ci si era introdotto un sedicente bello spirito, un cialtrone, assai più proprio a corrompere una brava ragazza che a darle qualche utile istruzione. Mia madre, vedendo che aveva poco da guadagnare tacendo, lo interruppe sentendo la parola corruzione, e gli domandò se vedeva qualche cosa, nella condotta o nella fama dell'uomo di cui parlava, che potesse autorizzare tali sospetti. "Non ho mai pensato" soggiunse "che l'intelligenza e il merito fossero titoli che escludono dalla buona società. A chi mai dovremo aprire la nostra casa, se i talenti e i buoni costumi non vi hanno accesso?" "A gente della nostra condizione, signora," rispose mio padre incollerito "che siano in grado di riparare l'onore di una ragazza, se mai l'offendessero." "No" disse lei: "ma a gente da bene, che non l'offendono." "Sappiate" disse lui "che l'ardire di sollecitare l'alleanza d'una casa senza nessun titolo per meritarla, equivale a offenderne l'onore." "Non solo" replicò mia madre "non ci vedo un'offesa, ci vedo invece un attestato di stima. Del resto non mi consta che colui contro il quale siete sdegnato abbia mai domandato tale cosa." "L'ha fatto, signora, e farà anche peggio se non ci metto riparo; ma siate certa che veglierò io ai doveri che adempite tanto male."

Allora cominciò un pericoloso alterco dal quale capii che i miei genitori ignorano quelle dicerie di cui parli, ma durante il quale la tua indegna cugina avrebbe voluto essere a cento piedi sotto terra. Figurati la migliore e la più ingannata delle madri che fa l'elogio di sua figlia colpevole, e che la loda, ahimè! per tutte le virtù che ha perduto, con le più onorevoli, o per meglio dire con le più umilianti parole.[1] Figurati un padre irritato, che abbonda di espressioni oltraggiose, ma che in tutta la sua furia non se ne lascia sfuggire una sola che denunci il minimo dubbio circa la virtù di colei che è straziata dal rimorso e schiacciata dalla vergogna davanti a lui. O incredibile tormento d'un'avvilita coscienza che deve rinfacciarsi delle colpe che la collera e lo sdegno non saprebbero neppure sospettare! Che schiacciante e intollerabile peso, quello d'una lode non meritata, e d'una stima che il cuore segretamente respinge! Mi sentivo talmente oppressa che per liberarmi da così cru-

187

dele supplizio ero pronta a svelare ogni cosa, se mio padre me ne avesse lasciato il tempo; ma nell'impeto della sua furia tornava a ripetere cento volte le stesse cose e cambiava continuamente argomento. Notò il mio contegno smarrito, umiliato, indice dei miei rimorsi. Ma non ne cavò la prova del mio fallo, bensì quella del mio amore; e per aumentare la mia vergogna ne oltraggiò l'oggetto in termini così odiosi e sprezzanti che nonostante tutti gli sforzi non seppi trattenermi, e lo interruppi.

Cara amica, non so dove trovai tanto ardire, e che smarrimento mi fece così dimenticare dovere e modestia; ma se ebbi il coraggio di uscire per un momento da un rispettoso silenzio, ne portai anche e duramente la pena, come vedrai. "In nome del cielo," gli dissi "vogliate calmarvi; mai uomo degno di tante ingiurie sarà pericoloso per me." Immediatamente mio padre, che credette di sentire un rimprovero nelle mie parole, e la cui furia non aspettava che un pretesto, si slanciò contro la povera tua amica: per la prima volta in vita mia ricevetti uno schiaffo che non rimase solo; abbandonandosi poi al suo impeto con una violenza pari a quella che l'aveva provocato, mi malmenò senza nessun riguardo, benché mia madre si fosse gettata fra noi due e m'avesse fatto scudo del suo corpo, pigliandosi alcune percosse destinate a me. Tirandomi indietro per evitarle misi un piede in fallo e caddi, battendo il viso contro la gamba d'una tavola, e cominciai a sanguinare.

Qui termina il trionfo della collera e comincia quello della natura. La caduta, il sangue, le lagrime mie e di mia madre lo commossero. Mi rialzò tutto inquieto e premuroso, e fattami accomodare su una sedia, tutti e due affannosamente guardarono se non fossi ferita. Non avevo che una leggera contusione alla fronte e il sangue era dal naso. Tuttavia dal mutamento dell'aspetto e della voce di mio padre mi avvidi che era spiacente di quanto aveva fatto. Non mi trattò a carezze, la dignità paterna non tollerava così brusco cambiamento; ma si rivolse a mia madre con tenere scuse e capivo bene, dalle occhiate che furtivamente mi gettava, che almeno per metà erano indirettamente indirizzate a me. Credimi, cara, non c'è confusione più patetica di quella d'un tenero padre persuaso di aver fallato. Il cuore d'un padre sente che è fatto per perdonare, non per aver bisogno di perdono.

Era l'ora di cena; la fecero ritardare per darmi tempo di rimettermi; mio padre, che non voleva che i domestici mi vedessero in disordine, andò lui stesso a prendermi un bicchiere d'acqua, intanto che la mamma mi faceva delle compresse. Ahimè, povera mamma! Già debole e malaticcia, proprio avrebbe fatto volentieri a meno di una scenata simile, e non aveva meno bisogno di assistenza di me.

A tavola mio padre non mi rivolse la parola; ma era un silenzio di vergogna, non di sdegno; affettava di trovare ottimo ogni piatto per dire alla mamma di servirmene; e la cosa che più mi commosse fu di osservare che cercava tutte le occasioni di dire "mia figlia" e non "Giulia" come di solito.

Dopo cena l'aria era frescolina e mia madre fece far fuoco in camera sua. Lei si sedette da una parte e mio padre dall'altra. Stavo per prendere una sedia e per mettermi in mezzo a loro quando mio padre, pigliandomi per la veste e attirandomi a sé senza dir parola, mi fece sedere sulle sue ginocchia. Tutto così rapidamente, e con una specie di movimento involontario, che subito dopo ebbe come un moto di pentimento. Ma ormai gli stavo sulle ginocchia e non poteva più disdirsi; e la cosa era tanto più imbarazzante che mi doveva tener abbracciata in così scomoda posizione. E tutto in silenzio; ma ogni tanto sentivo le sue braccia che mi premevano i fianchi con un sospiro piuttosto mal represso. Non so che rispetto umano non permetteva a quelle braccia paterne di abbandonarsi a quelle dolci strette; una certa gravità che non si osava abbandonare, una certa confusione che non si sapeva vincere mettevano tra il padre e la figlia quel tenero imbarazzo che il pudore e l'amore danno agli amanti;[1] frattanto una tenera madre, giubilante, divorava in segreto così dolce spettacolo. Vedevo, sentivo tutto, angelo mio, e non seppi resistere più a lungo all'intenerimento che mi vinceva. Finsi di scivolare; per trattenermi gettai un braccio al collo di mio padre; chinai il mio sul suo venerato volto e subito lo coprii di baci e lo inondai di lagrime. Da quelle che gli sgorgavano dagli occhi sentii che anche lui era sollevato da una grande pena; mia madre si unì a noi per condividere i nostri trasporti. Dolce e pacifica innocenza, tu sola eri assente dal mio cuore per fare di questa scena della natura il più delizioso momento della mia vita!

La stanchezza e l'indolenzimento della caduta mi trattennero a letto oltre il solito; mio padre entrò in camera mia prima che mi fossi alzata; s'è seduto accanto al letto e s'è teneramente informato della mia salute; m'ha preso una mano tra le sue, s'è chinato fino a baciarla parecchie volte chiamandomi la sua cara figliuola ed esprimendomi rincrescimento per essersi lasciato trasportare dalla collera. Quanto a me gli ho detto (e lo penso) che mi sentirei troppo felice di essere picchiata tutti i giorni a quel prezzo, e che non c'è duro maltrattamento che una sola delle sue carezze non sappia cancellarmi in fondo al cuore.

Dopo di che, pigliando un tono grave, m'ha riportata sull'argomento di ieri e m'ha espresso la sua volontà, in termini cortesi ma precisi. "Sapete" m'ha detto "a chi vi ho destinata, ve l'ho detto appena tornato e non muterò mai idea su questo punto. Circa l'uomo di cui m'ha parlato milord Edoardo, benché non gli neghi il merito che tutti gli accordano, non so se la ridicola speranza di imparentarsi a me è nata nella sua testa o se qualcuno gliel'ha suggerita; ma anche se non avessi nessuno in vista e lui fosse padrone di tutte le ghinee d'Inghilterra, siate certa che non accetterei mai un tal genero. Vi proibisco di vederlo e di parlargli mai più; sia per la sicurezza della sua vita che per il vostro onore. Non m'è mai riuscito molto simpatico; ma ora lo odio soprattutto per gli eccessi che m'ha fatto commettere, e non gli perdonerò mai più la mia brutalità."

Su queste parole è uscito senza aspettare la mia risposta, e con un'aria severa quasi quanto quella che s'era appena rimproverato. Ah, cugina mia, che mostri infernali sono questi pregiudizi che depravano i cuori migliori e fanno tacere continuamente la natura?[1]

Ecco, o mia Clara, come s'è svolta la scenata che tu avevi previsto e di cui non ho potuto intendere la ragione prima di aver letto la tua lettera. Non son capace di dirti che rivoluzione si è fatta in me, ma da quel momento mi sento tutta cambiata. Mi pare che considero con maggior rimpianto il tempo felice che vivevo tranquilla e contenta in seno alla mia famiglia, e che sento aumentare il sentimento del mio fallo con quello dei beni che m'ha fatto perdere.[1] Dimmi, crudele, dimmi se ne hai il coraggio, sarebbe mai trascorso il tempo dell'amore e non potremo mai più rivederci? Ah, intendi quello che c'è di cupo e di orrendo in questa funesta idea? Tuttavia l'ordine di mio padre è preciso, il pericolo del mio amante è chiaro! Sai che cosa producono in me tanti moti diversi che si eliminano a vicenda? Una specie di istupidimento che mi rende l'anima quasi insensibile e non mi concede l'uso né delle passioni né della ragione. È un momento critico, me l'hai detto e lo sento; tuttavia non sono mai stata così incapace di governarmi. Ho tentato venti volte di scrivere a colui che amo: a ogni riga mi sento venir meno, non saprei vergarne due di seguito. Non mi resti che tu, dolce mia amica, degnati di pensare, di parlare, di agire in vece mia; affido alle tue mani il mio destino; qualunque sia la tua decisione, anticipatamente approvo tutto quanto farai; affido alla tua amicizia quel funesto potere che l'amore m'ha venduto a così caro prezzo. Separami per sempre da me stessa; dammi la morte se devo morire, ma non costringermi a trafiggermi il cuore con le mie mani.

Oh angelo mio! mia protettrice! che orribile compito ti lascio! Avrai mai il coraggio di adempierlo? sarai capace di addolcirne la barbarie? Ahimè! non bisogna lacerare soltanto il mio cuore. Clara, tu sai, tu sai quanto sono amata! Non ho nemmeno la consolazione di essere la più da compiangere. Di grazia! fai parlare il mio cuore con la tua bocca; fa' che il tuo si penetri della tenera commiserazione dell'amore; consola uno sventurato! Digli cento volte... Ah, digli... Non credi forse, cara amica, nonostante tutti i pregiudizi, tutti gli ostacoli, tutti i rovesci, che il cielo ci ha fatti l'uno per l'altro? Sì, sì, ne sono certa; ci destina a essere uniti. Mi riesce impossibile perdere questa idea; mi riesce impossibile rinunciare alla speranza che l'accompagna. Digli che si guardi dallo scoraggiamento e dalla disperazione. Non stare a chiedergli in nome mio amore e fedeltà; anche meno a promettergliene da parte mia. Non ne abbiamo forse la certezza in fondo all'anima? Non sentiamo forse che le nostre anime sono indivisibili, che non ne abbiamo ormai più che una sola in due? Digli soltanto che speri; e, se il destino ci perseguita, che si fidi dell'amore; perché sento, cara cugina, sento che l'amore guarirà in un modo o nell'altro i mali che ci procura, e comunque il cielo disponga di noi, non vivremo per un pezzo divisi.

P.S. Scritta questa lettera, sono andata in camera da mia madre; ma mi son sentita così male che sono costretta a tornare e a rimettermi a letto. Anzi mi accorgo... temo... ah, mia cara! temo che la caduta di ieri non abbia qualche conseguenza più funesta di quanto pensavo. Così tutto è finito per me; tutte le mie speranze mi abbandonano insieme.

LETTERA LXIV

DI CLARA AL SIGNOR D'ORBE

Stamattina mio padre m'ha riferito il colloquio che ebbe ieri con voi. Vedo con piacere che tutto si avvia verso ciò che vi compiacete di chiamare la vostra felicità. Io spero, come sapete, di trovarci anche la mia; stima e amicizia vi sono assicurate, e per voi sono pure i sentimenti più teneri che il mio cuore può nutrire. Ma non illudetevi; come donna sono una specie di mostro, per non so quale stranezza della natura in me l'amicizia è più forte dell'amore. Quando vi dico che la mia Giulia mi è più cara di voi, voi ridete, eppure non c'è niente di più vero. Giulia lo avverte così bene che è più gelosa per voi di quanto lo siate voi stesso; e mentre voi sembrate soddisfatto, lei dice sempre che non vi voglio abbastanza bene. Ma c'è di più: mi affeziono talmente a tutto quanto le è caro, che il suo amante e voi occupate pressappoco lo stesso posto nel mio cuore, e sia pure in modo diverso. Per lui non provo che amicizia, ma è vivissima; credo di sentire un pochino d'amore per voi, ma è più placido. Benché questi sentimenti possano sembrare egualmente atti a turbare la pace d'un geloso, non credo che la vostra ne rimanga molto alterata[1].

Quei poveri ragazzi, quanto sono lontani dalla dolce tranquillità di cui noi osiamo godere; e come questa nostra contentezza è stonata, poiché i nostri amici sono nella disperazione! Ormai non c'è più rimedio, bisogna che si lascino; ecco forse l'istante della loro eterna separazione, e quella tristezza che rimproverammo loro il giorno del concerto era forse il presentimento che si vedevano per l'ultima volta. Frattanto il vostro amico ignora ancora la sua sventura: nella certezza del suo cuore assapora ancora la felicità ormai perduta; nel momento della disperazione gusta nel pensiero un'ombra di felicità; e come colui che è rapito da una morte inopinata, il poveretto pensa a vivere e non s'avvede che la morte sta per coglierlo. Ahimè! e deve ricevere questo colpo funesto dalla mia mano! O divina amicizia! unico idolo del mio cuore! vieni ad animarla con la tua santa crudeltà. Dammi il coraggio di essere barbara, e di servirti degnamente in così doloroso dovere.

In questo frangente conto su di voi, e ci conterei anche se voi m'amaste meno; perché conosco l'anima vostra; so che non ha bisogno dello zelo dell'amore, quando parla quello dell'umanità. Anzitutto si tratta di invitare il vostro amico a venire da me domani mattina. Tuttavia badate di non fargli nessun accenno di niente. Oggi sono libera e andrò a trascorrere il pomeriggio da Giulia; cercate di trovare milord Edoardo e di venire soltanto con lui ad aspettarmi alle otto, per concertare insieme che cosa bisognerà fare per convincere quel poveretto a partire e per ovviare alla sua disperazione.

Spero molto nel suo coraggio e nelle nostre premure. Spero anche più nel suo amore. La volontà di Giulia, il pericolo che corrono la sua vita e il suo onore sono ragioni alle quali non resisterà. In ogni modo vi dichiaro che non parleremo di nozze fra noi fin che Giulia non sarà tranquilla, e che mai le lagrime della mia amica bagneranno il nodo che ci deve unire. Così che, signore, se è vero che mi amate, in quest'occasione il vostro interesse coincide con la vostra generosità; non si tratta tanto del bene altrui quanto del vostro stesso bene.

LETTERA LXV

Tutto è finito; nonostante le sue imprudenze, la mia Giulia è in salvo. I segreti del tuo cuore sono sepolti nell'ombra del mistero; sei ancora in seno alla tua famiglia e al tuo paese, amata, onorata, godi di una fama illibata, sei universalmente stimata. Fremi considerando i pericoli ai quali la vergogna o l'amore ti hanno esposta, esagerando in più o in meno. Impara a non più voler conciliare sentimenti incompatibili, e ringrazia il cielo, troppo cieca amante o troppo timida figlia, d'una felicità riservata a te sola[1].

Volevo evitare al tuo triste cuore i particolari di così crudele e necessaria partenza. Ma tu l'hai voluto e io ho promesso, quindi manterrò parola con quella schiettezza che ci è comune e che sempre preferì a tutto la buona fede. Leggi dunque, cara e lagrimevole amica; leggi, poiché bisogna; ma fatti coraggio e dominati.

Tutte le cautele che avevo preso e di cui ti parlai ieri sono state puntualmente osservate. Tornando a casa trovai il signor d'Orbe e milord Edoardo. Cominciai dichiarando a quest'ultimo che eravamo al corrente dell'eroica sua generosità, e quanto gliene eravamo grate tutt'e due. Poi esposi loro le gravi ragioni che ci inducevano ad allontanare subito il suo amico, e le difficoltà che prevedevo per risolverlo a tanto. Milord intese tutto benissimo e si mostrò assai addolorato delle conseguenze del suo zelo intempestivo. Ammisero che importava affrettare la partenza del tuo amico, e approfittare di un momento di consenso per prevenire nuove perplessità, e così strapparlo a un continuo pericolo. Pensavo di incaricare il signor d'Orbe di provvedere a sua insaputa ai necessari preparativi; ma milord volle incaricarsene, affermando esser questo suo dovere. Mi promise che il suo calesse sarebbe stato pronto per stamattina alle undici, soggiunse che avrebbe accompagnato l'amico fin dove fosse stato necessario, e propose di indurlo a andarsene sotto un altro pretesto, per potervelo poi decidere con più comodo. Ma codesto espediente non mi sembrò abbastanza leale per noi e per il nostro amico, e nemmeno lo volli esporre lontano da noi ai primi assalti d'una disperazione che poteva più facilmente sfuggire agli occhi di milord che ai miei. Per lo stesso motivo ricusai la sua proposta di parlargli lui stesso e di strappargli il consenso. Prevedevo che sarebbe stato affare delicato e volli incaricarmene io sola; perché conosco con più certezza i lati sensibili del suo cuore, e so che tra uomini regna sempre una certa asciuttezza che invece una donna sa addolcire. Tuttavia capii che le premure di milord non ci sarebbero state inutili per preparare ogni cosa. Previdi l'effetto che su un cuore virtuoso potevano avere i discorsi d'un uomo sensibile che si immagina di non esser altro che filosofo, e che calore la voce d'un amico poteva prestare ai ragionamenti di un saggio.

Pregai quindi milord di trascorrere con lui la serata, e senza affatto alludere a cosa che avesse diretto riferimento alla sua situazione, di disporgli insensibilmente l'anima a una stoica fermezza. "Voi che conoscete così bene il vostro Epitteto," gli dissi "questo è il momento o mai di utilmente usarlo. Distinguete attentamente i beni apparenti dai beni reali; quelli che sono in noi da quelli che sono fuori di noi. In un momento in cui la prova si prepara al di fuori, dimostrategli che l'uomo non riceve mai alcun danno se non da sé, e che il saggio porta sempre con sé la propria felicità."[1] Dalla sua risposta intesi che la mia lieve ironia, la quale non lo poteva offendere, bastava a eccitare il suo zelo, e che si riprometteva di mandarmi il giorno dopo il tuo amico ben disposto. Era quanto domandavo: perché, se in fondo non faccio gran caso di tutta codesta filosofia chiacchierona, come te del resto, sono però persuasa che un galantuomo prova sempre una certa vergogna a mutar di massime dalla sera alla mattina, e di smentire il giorno dopo nel suo cuore tutto quanto la ragione gli dettava il giorno prima.

Il signor d'Orbe voleva unirsi a loro e trascorrere insieme la serata, ma lo pregai di rinunciare; non avrebbe fatto altro che annoiarsi o ostacolare il colloquio. Il bene che gli voglio non mi impedisce di vedere che non ha la statura degli altri due. Quel maschio pensare delle anime forti, che a loro dà un idioma così caratteristico, è una lingua di cui egli non possiede la grammatica. Lasciandoli pensai al punch, e temendo anticipate confidenze ne feci parola ridendo a milord. "State tranquilla," mi disse "mi abbandono a codeste abitudini quando non ci vedo pericolo; ma non ne sono mai stato schiavo; qui si tratta dell'onore di Giulia, del destino e fors'anche della vita d'un uomo e di un mio amico. Berrò punch secondo il mio solito, per non conferire al colloquio un tono straordinario; ma non sarà che semplice limonata, e siccome lui non beve non se ne accorgerà." Non ti pare, o mia cara, che dev'essere piuttosto umiliante aver contratto abitudini che costringono a simili sotterfugi?

Ho trascorso una notte agitatissima, e non soltanto pensando a te. Gli innocenti piaceri della nostra prima giovinezza; la dolcezza d'un'antica familiarità; i contatti anche più frequenti tra lui e me da un anno a questa parte, per la difficoltà che aveva di vederti: tutto accresceva nell'animo mio l'amarezza di questa separazione. Sentivo che stavo per perdere, con la metà di te stessa, una parte della mia esistenza. Contavo inquieta le ore, e all'albeggiare non ho visto senza spavento nascere il giorno che doveva decidere della tua sorte. Ho trascorso la mattinata riepilogando i miei discorsi e riflettendo sull'impressione che avrebbero prodotto. Finalmente è giunta l'ora e ho visto entrare il tuo amico. Pareva inquieto, m'ha domandato ansiosamente tue notizie; perché il giorno dopo la scenata di tuo padre aveva saputo che eri malata, e milord Edoardo ieri gli aveva detto che non avevi lasciato il letto. Per non entrare in particolari, gli ho detto subito che ieri sera t'avevo lasciata che stavi meglio, soggiungendo che fra un momento ne avrebbe saputo di più da Hanz che avevo mandato da te. Inutili precauzioni: m'ha rivolto mille domande sulla tua salute, e siccome mi allontanavo dall'argomento, gli ho dato risposte asciutte e a mia volta mi son messa a interrogarlo.

Ho cominciato tastando il suo stato d'animo. L'ho trovato grave, metodico, pronto a pesare il sentimento sulle bilance della ragione. Mi son detta che, grazie al cielo, il mio filosofo pareva ben disposto; non si trattava che di metterlo alla prova. Benché di solito si usi comunicare per gradi le tristi notizie, l'esperienza che ho della sua focosa immaginazione, che basta una parola per spingerla all'estremo, m'ha decisa a seguire il cammino opposto ed ho preferito abbatterlo di colpo per poi procurargli qualche conforto, piuttosto che moltiplicare inutilmente i suoi dolori e farglieli provare mille volte invece di una. Assumendo quindi un tono assai serio e guardandolo fisso: "Caro amico," gli ho detto "voi conoscete i limiti del coraggio e della virtù in un'anima forte; riputate che rinunciare a colei che si ama sia uno sforzo superiore all'umanità?" Immediatamente è balzato in piedi furente e battendo le mani e portandosele così giunte al viso: "Vi capisco," gridò "Giulia è morta. Giulia è morta!" ripeté con un tono che mi fece fremere. "Lo sento dai vostri menzogneri riguardi, che non giovano ad altro che a far più lenta e crudele la mia morte."

Benché spaventata da così improvviso movimento, ne intesi subito la ragione, e capii che le notizie della tua malattia, le esortazioni di milord Edoardo, l'appuntamento di stamattina, le mie risposte elusive e le domande che gli avevo rivolto avevano potuto indurlo in falsi timori. Vedevo anche il vantaggio che potevo cavare dal suo errore lasciandovelo per un poco; ma non mi son potuta risolvere a tanta barbarie. L'idea della morte della persona amata è così orrenda che non ce n'è altra che non sia dolce in confronto; quindi mi sono affrettata a prevalermene. "Forse non la vedrete più," gli ho detto "ma vive e vi ama. Ah! se Giulia fosse morta, forse che Clara avrebbe qualcosa da dirvi? Ringraziate il cielo che nella vostra sventura vi risparmia dei mali che vi potrebbero annientare." Era così stupito, così sbigottito, così smarrito, che dopo d'averlo costretto a rimettersi a sedere, ho avuto tempo di dirgli con ordine e particolareggiatamente ciò che doveva sapere, e ho messo in risalto i passi fatti da milord Edoardo perché la riconoscenza procurasse qualche diversione al dolore del suo cuore onesto, con il sentimento della riconoscenza.

"Ecco, caro mio," proseguii "come stanno attualmente le cose. Giulia è sull'orlo dell'abisso, sul punto di vedersi oppressa dal disonore pubblico, dallo sdegno della sua famiglia, dalle violenze d'un padre irato, e dalla sua propria disperazione. Il pericolo aumenta continuamente: a ogni istante il pugnale di suo padre o suo sta a due dita dal suo cuore. Non resta che un unico mezzo di ovviare a tanti mali, e quel mezzo dipende esclusivamente da voi. Il destino della vostra amante è nelle vostre mani. Vedete un poco se avete il coraggio di salvarla allontanandovi da lei in ogni modo non le è più concesso di vedervi), oppure se preferite essere l'autore e il testimonio della sua rovina e del suo obbrobrio. Dopo di aver fatto tutto per voi, ora vedrà che cosa il vostro cuore vuol fare per lei. C'è da stupirsi se la sua salute soccombe ai suoi affanni? Siete inquieto circa la sua vita: sappiate che ne siete l'arbitro."

Mi stava ad ascoltare senza interrompermi; ma non appena ebbe capito di che si trattava, ho visto svanire quel gesto ardito, quello sguardo furente, quell'aspetto spaventato ma vivace e bollente che prima aveva. Un cupo velo di tristezza e di costernazione gli ha coperto il viso: l'occhio spento e il contegno avvilito denunciavano l'accasciamento del suo cuore. A stento riusciva ad aprir bocca per rispondermi. "Bisogna partire" disse d'un tono che un altro avrebbe potuto credere tranquillo; "ebbene, partirò. Non ho forse vissuto abbastanza?" "Certamente no" replicai immediatamente; "dovete vivere per colei che vi ama; avete dimenticato che i suoi giorni dipendono dai vostri?" "Non bisognava dividerli, allora" replicò subito; "lei ha potuto e lo può tuttavia." Ho finto di non aver inteso queste ultime parole, e cercavo di rianimarlo con qualche speranza alla quale però il mio cuore rimaneva chiuso, quando Hanz tornò portando buone notizie. In quell'attimo di gioia che ne provò esclamò: "Ah, che viva! e che sia felice... se è possibile. Non voglio altro che darle i miei estremi addii... e parto". "Ma non sapete" gli dissi "che non può più vedervi? Ahimè, i vostri addii sono fatti, siete già separati! Il vostro destino vi sembrerà meno crudele quando sarete lontano da lei; avrete almeno il piacere di averla messa al sicuro. Fuggite oggi stesso, in questo stesso momento; abbiate paura che così gran sacrificio non riesca troppo tardivo; tremate

198

di provocare la sua rovina dopo di esservi sacrificato per lei." "E che!" m'ha detto con una specie di furore "partire senza rivederla? Che! non vederla mai più? No, no, periremo tutti e due se occorre; so bene che la morte non le riescirà dura insieme a me. Ma la vedrò, capiti quel che capiti; lascerò cuore e vita ai suoi piedi, prima di strapparmi a me stesso." Non m'è stato difficile fargli vedere la pazzia e la crudeltà di simile progetto. Ma quel: *che! non la vedrò più!* che tornava sempre con tono doloroso, pareva voler chiedere almeno qualche consolazione per l'avvenire. "Perché," gli ho detto "perché immaginare dei mali che non esistono? Perché rinunciare alle speranze che nemmeno Giulia ha lasciato cadere? Credete forse che potrebbe separarsi da voi, se pensasse che è per sempre? No, caro amico, voi dovete pur conoscere il suo cuore. Dovete sapere quanto preferisce il suo amore alla vita. Temo, purtroppo temo (confesso di aver soggiunto queste parole) che fra poco non lo preferisca a tutto. Persuadetevi quindi che spera, poiché consente a vivere: persuadetevi che i riguardi che la prudenza le consiglia vi toccano più di quanto possa parere, e che non si rispetta meno per voi che per se stessa." Allora ho tirato fuori la tua ultima lettera, e mostrandogli le tenere speranze di questa accecata fanciulla che crede di non più avere amore, ho rianimato le sue a quel così dolce calore. Quelle poche righe parevano distillare un balsamo salutare sulla sua acerba ferita. Ho visto i suoi sguardi farsi dolci e gli occhi inumidirsi; ho visto l'intenerimento succedere a poco a poco alla disperazione; ma quelle ultime così patetiche parole, come il tuo cuore ne sa dire: *non vivremo per un pezzo divisi*, l'hanno fatto scoppiare in lagrime. "No, Giulia; no, mia Giulia," disse alzando la voce e baciando la lettera "non vivremo un pezzo divisi; il cielo congiungerà i nostri destini sulla terra, o i nostri cuori nel soggiorno eterno."

Quello era lo stato in cui desideravo vederlo. Quel suo asciutto e cupo dolore mi inquietava. Non l'avrei lasciato partire in tale stato d'animo; ma non appena l'ho visto piangere, e ho udito il tuo caro nome uscire dolcemente dalla sua bocca, non ho più temuto per la sua vita; non c'è nulla di meno tenero della disperazione. In quel momento dall'emozione del suo cuore trasse un'obiezione che non avevo previsto. M'ha parlato dello stato in cui tu sospetti di trovarti, giurando che morirebbe mille volte piuttosto che abbandonarti a tutti i pericoli che ti minacceranno. Mi guardai bene dal fargli parola del tuo incidente; gli ho detto semplicemente che la tua speranza era stata ancora delusa e che non c'era più nulla da sperare. "Così" mi disse sospirando "non rimarrà nessun monumento della mia felicità sulla terra; è scomparso come un sogno senza realtà."[1]

Mi rimaneva da eseguire l'ultima parte del tuo incarico, e non m'è parso che, data l'intimità in cui siete vissuti, occorressero preparativi o misteri. Non avrei nemmeno evitato un diverbio su questo futile argomento, per eludere quello che poteva riaccendersi sull'argomento del nostro incontro. Gli ho rinfacciato la sua negligenza nella cura dei suoi affari. Gli ho detto il tuo timore di non vederlo cambiare per un bel pezzo, e che in attesa che cambiasse gli comandavi di conservarsi per te, di meglio provvedere ai suoi bisogni, e di accettare il piccolo supplemento che gli dovevo consegnare da parte tua. Non m'è sembrato né umiliato dalla proposta, né voglioso di far storie. M'ha semplicemente detto che tu sai bene che non c'è cosa che gli venga da te che non accetti con entusiasmo; ma che la tua precauzione era superflua, e che una casetta che ha appena venduto a Grandson, resto del misero suo patrimonio, gli aveva procurato più denaro di quanto mai ne avesse posseduto. "Del resto," soggiunse "ho alcuni talenti che posso far fruttare dove che sia. Sarei troppo felice di trovare, esercitandoli, qualche diversione ai miei mali, e da quando ho veduto più da vicino l'impiego che Giulia fa del suo superfluo, lo considero come il sacro tesoro della vedova e dell'orfano, dal quale l'umanità non mi permette di niente sottrarre." Gli ho rammentato il suo viaggio nel Vallese, la tua lettera e la precisione dei tuoi ordini. Le stesse ragioni sussistono... "Le stesse ragioni!" m'interruppe in tono sdegnato. "La pena del mio rifiuto era di non più vederla; allora mi lasci restare e accetto. Se ubbidisco, perché mi punisce? Se rifiuto, cosa potrà farmi di peggio?... Le stesse!" ripeteva insistentemente. "La nostra unione cominciava; ora sta per finire; forse sto per separarmi da lei per sempre; non c'è più nulla di comune fra me e lei; stiamo per diventare estranei l'uno all'altro." Ha pronunciato queste ultime parole con tale uno stringimento di cuore che ho temuto di vederlo ricadere nello stato da cui l'avevo cavato con tanta fatica. "Siete un ragazzo" mi sono sforzata di dirgli ridendo; "avete ancora bisogno di un tutore: lo sarò io. Tengo questo denaro e per poterne disporre nel commercio che avremo insieme, voglio che mi informiate di tutti i vostri affari." Cercavo di stornare in tal modo le idee funeste con quella di una corrispondenza familiare e continuata fra noi, e quell'anima semplice, che non cerca che di aggrapparsi a quanto ti tocca, s'è lasciata facilmente illudere. Poi ci siamo intesi sugli indirizzi delle lettere, e poiché questi particclari non potevano che riuscirgli gradevoli, li prolungai fino all'arrivo del signor d'Orbe, il quale m'ha fatto segno che tutto era pronto.

Il tuo amico ha subito capito di che si trattava; ha chiesto insistentemente di poterti scrivere, ma mi son guardata bene dal consentire. Prevedevo che un eccessivo intenerimento gli avrebbe allentato il coraggio, e che a metà della lettera non ci sarebbe più stato modo di farlo partire. "Ogni ritardo è pericoloso" gli ho detto; "affrettatevi a raggiungere la prima posta, di lì le potrete scrivere a vostro agio." Così dicendo ho fatto segno al signor d'Orbe; mi sono accostata e col cuore gonfio di singhiozzi ho premuto il mio viso contro il suo; non ho più potuto vedere cos'era di lui, le lagrime mi offuscavano la vista, la testa mi si confondeva, era tempo che il mio compito terminasse.

Un momento dopo li udii che scendevano a precipizio. Sono uscita sul pianerottolo per seguirli con gli occhi. Al mio turbamento non mancava che questo: ho visto l'insensato gettarsi in ginocchio a metà scala, e baciarne mille volte i gradini, e il povero signor d'Orbe che a fatica lo poteva strappare a quella fredda pietra che premeva col corpo, con la testa e le braccia, cacciando lunghi gemiti. Ho sentito che stavo per scoppiare in singhiozzi, son tornata dentro di corsa per paura di dar spettacolo a tutta la casa.

Pochi momenti dopo il signor d'Orbe è tornato premendosi il fazzoletto sugli occhi. "È finita," disse "sono in strada. Arrivando a casa sua il vostro amico ha trovato il calesse sulla porta; milord Edoardo lo aspettava; gli è corso incontro e stringendoselo al petto con tono commosso gli ha detto: 'Vieni, uomo sventurato, vieni a versare i tuoi dolori in questo cuore che ti ama. Vieni, forse sentirai che non si è perduto tutto sulla terra, quando ci si ritrova un amico come me'.' Immediatamente con braccio robusto l'ha fatto salire sul calesse, e sono partiti tenendosi strettamente abbracciati."

PARTE SECONDA

LETTERA I

A GIULIA [a]

Cento volte ho preso e lasciato la penna; esito già alla prima parola; non so che tono prendere; non so da dove cominciare; e voglio scrivere a Giulia! Ah sventurato! che cosa son diventato? Dunque è passato quel tempo che mille sentimenti deliziosi mi scorrevano dalla penna, come un torrente inesauribile! Quei dolci momenti di confidenza e di effusione sono passati. Non ci apparteniamo più l'uno all'altro, non siamo più gli stessi, e io non so più a chi scrivo. Vi degnerete di ricevere le mie lettere? i vostri occhi si degneranno di scorrerle? vi parranno abbastanza riservate, abbastanza circospette? Ardirò mettervi ancora un'antica familiarità? Ardirò parlare d'un amore spento o sprezzato, e non mi trovo forse più escluso che il primo giorno in cui vi scrissi? Che differenza, o cielo, tra quei giorni incantevolmente dolci e questa mia orrenda miseria! Ahimè! cominciavo appena a esistere ed eccomi piombato nel nulla; la speranza di vivere mi animava il cuore; davanti a me non ho più che l'immagine della morte, e nello spazio di tre anni s'è chiuso il ciclo fortunato dei miei giorni. Ah, perché non li ho terminati prima che sopravvivessi a me stesso! Perché non ho dato retta ai miei presentimenti, dopo quei brevi istanti di delizia durante i quali non vedevo cosa della vita che fosse

[a] Non credo d'aver bisogno di avvertire che in questa seconda parte e nella successiva i due amanti non fanno altro che sragionare e delirare; hanno perduto la testa, poveretti. *(N.d.A.)*

203

degna di prolungarla! Certo, bisognava o limitare la vita a quei tre anni, oppure toglierli dalla sua durata; meglio sarebbe stato non gustare la felicità che gustarla e perderla. Avessi scavalcato quel periodo fatale, avessi evitato quel primo sguardo che mi cambiò l'anima in petto, avrei ancora la mia ragione, compirei i doveri di un uomo, e forse seminerei qualche virtù lungo l'insipida mia carriera. Un istante d'errore ha cambiato tutto. Il mio occhio ardì contemplare ciò che bisognava non vedere. Quella vista ha prodotto il suo inevitabile effetto.[1] Dopo d'essermi perduto grado a grado, non sono più altro che un pazzo i cui sensi sono alienati, un vile schiavo senza forza e senza coraggio, che nell'ignominia trascina le sue catene e la sua disperazione.

Vani sogni d'uno spirito smarrito! Falsi e ingannevoli desideri, subito respinti dal cuore che li ha formati! A che giova immaginare chimerici rimedi, che rigetterei se mi fossero offerti? Ah! chi mai, esperto dell'amore e conoscendoti, potrà credere che esista una felicità che io sarei pronto ad acquistare a prezzo dei miei primi ardori? No, no, il cielo si tenga i suoi benefici e mi lasci, insieme alla miseria, il ricordo della mia trascorsa felicità. Preferisco i piaceri che esistono nel mio ricordo e i rimpianti che mi lacerano l'anima, a una felicità dove non sia la mia Giulia. Vieni, o adorata immagine, vieni a rempire un cuore che vive soltanto grazie a te; seguimi nel mio esilio, consolami nelle mie pene, rianima e sorreggi la mia estinta speranza. Questo cuore sventurato sarà sempre il tuo inviolabile santuario, dal quale né il destino né gli uomini non riusciranno mai a strapparti. Se sono morto alla felicità, non sono morto all'amore che me ne fa degno. Quest'amore è invincibile, come l'incanto che l'ha fatto nascere. È fondato sull'incrollabile base del merito e delle virtù; non è possibile che si spenga in un'anima immortale; non ha più bisogno del sostegno della speranza, il passato gli fornisce forze per un avvenire infinito[2].

Ma tu, o Giulia, tu che sei stata capace di amare una volta! come mai il tenero tuo cuore ha dimenticato di vivere? Come quel fuoco sacro ha potuto spegnersi nella tua pura anima? Come hai potuto perdere il gusto di quei celesti piaceri che tu sola eri capace di sentire e di far sentire? Tu mi scacci senza pietà; tu mi sbandisci con obbrobrio; tu mi abbandoni alla mia disperazione, e non ti avvedi, nell'errore che ti travia, che facendomi miserabile sopprimi la felicità dei tuoi giorni. Ah, Giulia! credimi; invano cercherai un altro cuore che sia amico del tuo. Mille ti adoreranno, certamente, ma il mio soltanto ti sapeva amare.

Ora rispondimi, amante ingannata o ingannatrice: che cosa son diventati quei progetti formati con tanto mistero? Dove sono quelle vane speranze con le quali hai spesso lusingato la mia credula semplicità? Dov'è quella santa e desiderata unione, dolce oggetto di tanti ardenti sospiri, con la quale la tua penna e la tua bocca illudevano le mie speranze? Ahimè! sulla fede delle tue promesse io ardivo aspirare al sacro nome di sposo, e già mi reputavo il più felice dei mortali. Dimmi, crudele! non mi lusingavi che per far più cocente il mio dolore e più profonda la mia umiliazione? Mi son forse attirato queste sventure con le mie colpe? Son venuto meno all'ubbidienza, alla docilità, alla discrezione? M'hai forse visto desiderare così fiaccamente da meritarmi di essere scacciato, o preferire i focosi miei desideri alla tua suprema volontà? Ho fatto di tutto per compiacerti e tu mi abbandoni! Tu ti incaricavi della mia felicità e mi hai perduto! Ingrata, rendimi conto del deposito che ti ho affidato: rendimi conto di me stesso dopo di avermi incantato il cuore in quella suprema felicità che m'hai mostrato e che mi togli. Angeli del cielo! avrei sprezzata la vostra sorte. Sarei stato il più felice degli esseri... Ahimè! non sono più nulla, un istante m'ha spogliato di tutto. Sono precipitato senza transizione dal colmo dei piaceri agli eterni rimpianti: sento ancora la felicità che mi sfugge... la sento ancora e la perdo per sempre!... Ah! se potessi crederlo! se i resti d'una vana speranza mi sostenessero... O rupi di Meillerie che il mio occhio frenetico misurò tante volte, perché non avete secondato la mia disperazione! Avrei rimpianto meno la vita, poiché non ne conoscevo il valore.

LETTERA II

DI MILORD EDOARDO A CLARA

Appena giunti a Besançon mi affretto a darvi notizie del nostro viaggio che, se non proprio tranquillo,
è stato tuttavia senza incidenti; la salute del vostro amico è buona, per quanto può esserlo con un cuore così
malato. Cerca anzi di ostentare una certa tranquillità
esteriore. Si vergogna del suo stato, e davanti a me
si sorveglia molto; ma le segrete sue inquietudini trapelano per ogni dove, e se fingo di non avvedermene è
per lasciarlo alle prese con se stesso, e così impegnare
una parte delle forze del suo animo a combattere l'effetto dell'altra parte.

Il primo giorno fu assai accasciato; e feci poca strada, perché vedevo che la rapidità del viaggio inaspriva
il suo dolore. Non mi rivolse parola, né io a lui; le consolazioni indiscrete non fanno altro che irritare le gravi afflizioni. L'indifferenza e la freddezza non stentano
a trovar parole; ma la tristezza e il silenzio sono in
quel caso il vero linguaggio dell'amicizia. Ieri cominciai a scorgere le prime scintille del furore che fatalmente succederà a questo letargo: eravamo smontati
per il pranzo da un quarto d'ora appena, che mi si ac-
costò spazientito. "Cosa aspettiamo per andarcene," mi
disse con un amaro sorriso "perché fermarci un momento così vicino a lei?" La sera parlò molto, senza dire una
parola di Giulia. Tornava a farmi domande alle quali
avevo già risposto dieci volte. Volle sapere se eravamo
già in terra di Francia, poi domandò se saremmo giunti presto a Vevey. La prima cosa, a ogni fermata, è cominciare una lettera che subito straccia o butta nel fuoco. Son riuscito a salvare due o tre di queste minute,
dalle quali potrete vedere in che stato si trova. Tuttavia credo che è riuscito a scrivere una lettera intera.

È facile prevedere il furore annunciato da questi primi sintomi; ma non saprei prevederne l'effetto e la fine, perché dipende dalla combinazione del carattere del-
l'uomo, dal genere della sua passione, dalle circostanze
che possono nascere, da mille cose che nessuna prudenza umana può determinare. Quanto a me, posso rispon-

dere dei suoi furori ma non della sua disperazione, e per quanto si faccia un uomo resta sempre padrone della propria vita.

Tuttavia mi piace credere che rispetterà la sua persona e le mie premure; per la qual cosa spero meno nello zelo dell'amicizia, il quale non sarà certo risparmiato, che nel carattere della sua passione e in quello della sua amata. L'anima non può occuparsi con forza e a lungo di un oggetto senza derivarne disposizioni conformi a quello. La gran dolcezza di Giulia deve temperare l'acre fuoco di passione che gli ispira, e d'altra parte sono certo che l'amore d'un uomo così vivace riuscirà a dare a lei un'attività maggiore di quanto avrebbe naturalmente senza di lui.

Faccio conto anche sul suo cuore; è fatto per lottare e per vincere. Un amore come il suo non è tanto una debolezza quanto una forza usata male. Una fiamma ardente e infelice è capace di assorbire per qualche tempo, o magari per sempre, una parte delle sue facoltà; ma è essa stessa una prova della loro eccellenza, e del vantaggio che ne potrebbe ricavare per coltivar la saggezza: perché la sublime ragione non si alimenta che con la stessa energia dell'anima la quale fa le grandi passioni, e non si serve degnamente la filosofia se non con il fuoco stesso che si prova per un'amante[1].

Siatene certa, amabile Clara; non mi interesso meno di voi al destino di questa infelice coppia; non già per un senso di commiserazione che potrebbe non esser altro che debolezza; ma per considerazioni di giustizia e di ordine, che domandano che ognuno abbia il posto più vantaggioso per se stesso e per la società. Queste due belle anime sono state fatte dalla natura l'una per l'altra; quindi avrebbero potuto dare luminosi esempi se fossero dolcemente unite, in seno alla felicità, libere cioè di spiegare le loro energie e di esercitare le loro virtù. Perché mai un dissennato pregiudizio deve intervenire a mutare le eterne disposizioni e sconvolgere l'armonia degli esseri pensanti? Perché la vanità di un barbaro padre deve nascondere in questo modo la fiaccola sotto il moggio, e far gemere nelle lagrime dei cuori teneri e benefici, nati per asciugare quelle del prossimo? Il nodo coniugale non è forse il più libero e il più sacro dei vincoli? Sì, tutte le leggi che lo ostacolano sono ingiuste; tutti i padri che ardiscono stringerlo o romperlo sono dei tiranni. Questo casto nodo della natura non è sottomesso né al potere sovrano, né all'autorità paterna, ma alla sola volontà del padre comune che sa comandare ai cuori, e che può costringerli ad amarsi, quando li voglia unire[a].[1]

Che cosa significa questo sacrificare le convenienze della natura alle convenienze dell'opinione? La diversità di fortuna e di condizione svanisce e si perde nel matrimonio, non contribuisce per niente alla felicità; ma la diversità di carattere e di umore rimane, ed è questa che fa felici o infelici.[2] Il ragazzo che non ha altra regola fuori dell'amore sceglie male, il padre che non conosce altra regola fuori dell'opinione sceglie anche peggio. Un buon padre deve certamente supplire al difetto di ragione e di esperienza di sua figlia. Il suo diritto, anzi il suo dovere è di dire: figlia mia, è un brav'uomo; oppure: è un farabutto; è un uomo sensato, oppure è un pazzo. Queste sono le convenienze che deve conoscere, ma il giudizio di tutte le altre appartiene alla figlia. Gridando che così facendo si turberebbe l'ordine della società, codesti tiranni son loro che lo turbano. Il rango che è determinato dal merito, e l'unione dei cuori dalla libera elezione: ecco il vero ordine sociale; coloro che lo voglion regolare o sulla nascita o sulle ricchezze sono i veri perturbatori di quest'ordine; son loro che devono essere screditati o castigati[3].

La giustizia universale esige quindi che questi abusi vengano corretti; ed è dovere dell'uomo di opporsi alla violenza, di contribuire all'ordine; se mi fosse pos-

---

[a] Ci sono paesi nei quali codesta conformità di condizione e di fortuna è preferita a quella della natura e dei cuori a tal punto che l'assenza della prima basta per impedire o rompere i più felici matrimoni, senza riguardo all'onore perduto delle sventurate che ogni giorno son vittima di codesti odiosi pregiudizi. Ho visto discutere davanti al parlamento di Parigi una celebre causa, nella quale l'onore del rango aggrediva insolentemente e pubblicamente l'onestà, il dovere, la fede coniugale; e l'indegno padre che vinse il processo ebbe il coraggio di diseredare suo figlio, che non volle acconsentire a essere uomo senza parola. Non si può dire fino a che punto, in questo paese così galante, le donne sono tiranneggiate dalla legge. Come meravigliarsi poi che se ne vendichino così crudelmente coi loro costumi? *(N.d.A.)*

sibile di unire i nostri due amanti a dispetto d'un vecchio irragionevole, siate certa che così facendo perfezionerei l'opera del cielo, senza stare a inquietarmi dell'approvazione degli uomini.

Voi, amabile Clara, siete più fortunata; avete un padre che non pretende di saper meglio di voi in che cosa consiste la vostra felicità. Non forse per alte vedute di saggezza, né per eccessiva tenerezza vi lascia arbitra del vostro destino; ma che cosa conta la causa, se l'effetto è identico e se, nella libertà che vi concede, l'indolenza fa le veci della ragione? Non solo non abusate di questa libertà, la scelta che avete fatto a vent'anni sarebbe approvata dal più savio dei padri. Assorbito da un'amicizia senza pari, il vostro cuore non lascia che poco posto ai fuochi dell'amore. Al loro posto mettete tutto quanto vi può supplire nel matrimonio: piuttosto amica che amante, se non siete la sposa più tenera sarete certo la più virtuosa, e codesta unione formata dalla saggezza crescerà con gli anni e durerà quanto loro. L'impulso del cuore è più cieco, ma è più invincibile: mettersi nella necessità di resistergli è un mezzo sicuro di perdersi. Felici coloro che l'amore unisce come avrebbe fatto la ragione, e che non devono vincere ostacoli né combattere pregiudizi! Così sarebbero i nostri due amanti senza l'ingiusta resistenza d'un padre ostinato. E così potrebbero essere suo malgrado, se uno dei due fosse consigliato bene.

L'esempio vostro e quello di Giulia dimostrano tutt'e due che tocca soltanto agli sposi giudicare se si sentono fatti l'uno per l'altro. Se non regna l'amore, sceglierà la ragione sola; è il caso vostro; se regna l'amore, la natura ha già scelto; ed è il caso di Giulia.' La sacra legge della natura è tale che non è permesso all'uomo di violarla, e che non si viola mai impunemente; né può essere abrogata da considerazioni di stato o di rango, se non a prezzo di sventure e di delitti.

Sebbene l'inverno s'avvicini e io debba andare a Roma, non abbandonerò l'amico che ho in custodia, se prima non vedo la sua anima in uno stato di fermezza sul quale mi possa affidare. È un deposito che mi è caro per il suo valore, e perché me l'avete confidato voi. Se non lo posso far felice, procurerò almeno che sia savio e che sopporti virilmente i mali dell'umanità. Ho deciso di trattenermi qui una quindicina di giorni insieme a lui, in questo frattempo spero riceveremo notizie di Giulia e vostre, e che tutt'e due mi aiuterete a mettere qualche balsamo sulle ferite di questo cuore malato, che ancora non riesce ad ascoltare la ragione se non attraverso il sentimento.

Unisco alla presente una lettera per la vostra amica: vi prego di non affidarla a nessuno, ma di consegnargliela voi stessa.

FRAMMENTI

UNITI ALLA LETTERA PRECEDENTE

1

Perché non ho potuto vedervi prima della partenza? Temevate che spirassi lasciandovi? cuore pietoso! rassicuratevi. Sto bene... non soffro... vivo tuttavia... penso a voi... penso al tempo in cui vi fui caro... ho il cuore un poco oppresso... la vettura mi stordisce... sono acasciato... oggi non vi potrò scrivere a lungo. Forse domani sarò più in forze... o non ne avrò più bisogno...

II

Dove mi trascinano, questi così veloci cavalli? Dove mi porta con tanta premura quest'uomo che mi si dice amico? Forse lontano da te, Giulia? E forse per tuo ordine? In luoghi dove tu non sei?... Ah, insensata ragazza!... misuro con gli occhi la strada che percorro così veloce. Da dove vengo? dove vado? e perché tanta fretta? Avete paura, o crudeli, che io non corra abbastanza veloce alla mia rovina? O amicizia! o amore! questa dunque è la vostra intesa? questi i vostri benefici?...

III

Hai consultato per bene il tuo cuore, scacciandomi con tanta violenza? Dimmi, Giulia, hai potuto rinunciare per sempre... No, no, questo tenero cuore mi ama; lo so bene. Malgrado il destino, suo malgrado, mi amerà fino alla tomba... Capisco, ti sei lasciata consigliare[a]... così ti prepari un eterno rammarico!... ahimè! troppo tardi... e che, potresti dimenticare... e che, t'avrei conosciuta male!... Ah, pensa a te, pensa a me, pensa a... Ascolta, sei ancora in tempo... m'hai scacciato barbaramente. Fuggo più veloce del vento... Di' una parola, e per sempre saremo uniti. Dobbiamo essere uniti;... e lo saremo... Ah! il vento porta via i miei lagni!... e frattanto io fuggo; vado a vivere e a morire lontano da lei... vivere lontano da lei!...

LETTERA III

DI MILORD EDOARDO A GIULIA

Sentirete da vostra cugina le notizie del vostro amico. Del resto, credo che vi scriva con questo stesso corriere. Cominciate accontentando con quella la vostra ansia, poi leggerete pacatamente questa lettera; perché vi avverto che l'argomento esige da voi la massima attenzione.

Conosco gli uomini: ho vissuto molto in pochi anni; mi son fatta una grande esperienza a mie spese, e son giunto alla filosofia seguendo la strada delle passioni. Ma di tutto quanto potei osservare sin qui, non ho mai visto cosa così straordinaria come voi e il vostro amante. E non perché abbiate, né l'uno né l'altro, un carattere singolare, di cui alla prima occhiata si possano definire i tratti salienti; anzi il non potervi facilmente definire potrebbe farvi scambiare, da un osservatore superficiale, per anime qualsiasi. Ma appunto quello che vi distingue è l'impossibilità di distinguervi; e i tratti del comune modello, alcuni dei quali sempre mancano in qualsiasi individuo, brillano tutti indistintamente in voi. Allo stesso modo ogni stato di una stampa ha i suoi

[a] Dal seguito si vedrà che questi sospetti toccavano milord Edoardo, ma che Clara li ha presi per sé. (N.d.A.)

propri difetti che lo caratterizzano; ma, capitandone una perfetta, anche se la si trova bella a prima vista, bisogna considerarla a lungo per riconoscerla tale. La prima volta che vidi il vostro amante fui colpito da un sentimento nuovo, che andò crescendo di giorno in giorno a mano a mano che la ragione lo giustificava. Quanto a voi, fu una cosa del tutto diversa, un sentimento così forte che mi ingannai sulla sua natura. Era una impressione prodotta non tanto dalla diversità dei sessi, sì piuttosto un carattere di perfezione ancora più evidente, che il cuore avverte anche indipendentemente dall'amore. Vedo benissimo ciò che sareste senza il vostro amico; invece non vedo che cosa sarebbe lui senza di voi; molti uomini possono somigliargli, ma non c'è che una Giulia al mondo. Dopo un errore che non potrò mai perdonarmi, la vostra lettera venne a illuminarmi sui miei veri sentimenti. Vidi che non ero geloso e quindi che non ero innamorato; conobbi che eravate troppo amabile per me; a voi occorrono le primizie di un'anima, la mia non sarebbe degna di voi[1].

Da quel momento provai per la vostra comune felicità una sollecitudine che non si estinguerà mai. Persuaso di appianare ogni ostacolo, feci presso vostro padre un passo indiscreto, l'esito negativo del quale è una ragione di più per accrescere il mio zelo. Degnatevi di ascoltarmi, sono ancora in grado di por riparo a tutto il male che vi ho fatto.

Esaminate bene il vostro cuore, Giulia, e vedete se vi riesce di spegnere il fuoco che lo divora. Un tempo forse ne avreste potuto fermare i progressi; ma se Giulia, pur così pura e casta, ha potuto soccombere, come potrà mai rialzarsi dopo la caduta? Come potrà resistere all'amore vincitore, e armato della pericolosa immagine di tutti i piaceri trascorsi? Giovane innamorata, non illudetevi oltre, rinunciate alla fiducia che vi ha sedotta: siete perduta se bisogna ancora combattere: sarete avvilita e vinta, il sentimento della vostra vergogna soffocherà a poco a poco tutte le vostre virtù. L'amore s'è insinuato troppo profondamente nella sostanza della vostra anima perché possiate mai più ricacciarlo; ne penetra e rafforza tutti i tratti, come un acido corrosivo; non ne potrete mai scancellare la profonda impressione senza insieme scancellare tutti gli squisiti sentimenti che aveste dalla natura, e quando non avrete più amore non avrete più niente che sia degno di stima. Che cosa vi tocca dunque fare, se non potete più mutare lo stato del vostro cuore? Una sola cosa, Giulia, ed è di renderlo legittimo. Perciò vi voglio proporre l'unico mezzo che vi rimane; approfittatene, fin che siete in tempo; restituite all'innocenza e alla virtù la sublime ragione che il cielo vi ha affidato, o altrimenti rischiate di avvilire per sempre il più prezioso dei suoi doni.

Nel ducato di York ho un possedimento piuttosto ragguardevole, che fu a lungo soggiorno dei miei avi. È un castello antico, ma in buon stato e comodo; i dintorni sono solitari, ma gradevoli e variati. Il fiume Ouse che scorre in fondo al parco offre insieme una piacevole prospettiva alla vista e un facile sbocco alle derrate; il prodotto della terra basta al decente sostentamento del padrone, sotto gli occhi del quale potrebbe raddoppiarsi. L'odioso pregiudizio non può penetrare in quella felice contrada. I pacifici abitanti conservano i semplici costumi d'un tempo, ci si trova quasi un'immagine del Vallese descritto in termini così commoventi dalla penna del vostro amico. Quella terra è vostra, o Giulia, se vi degnate di abitarla con lui, lassù si potranno avverare tutti i teneri voti con i quali termina la lettera di cui parlo[1].

Venite, o modello unico dei veri amanti; venite, coppia amabile e fedele, venite a prender possesso d'un luogo fatto per esser l'asilo dell'amore e dell'innocenza. Venite a stringere, in faccia al cielo e agli uomini, quel dolce nodo che vi unisce. Venite a onorare con l'esempio delle vostre virtù un paese dove saranno adorate e la gente semplice le imiterà. In questo luogo tranquillo possiate gustare sempre, nei sentimenti che vi uniscono, la felicità delle anime pure; possa il cielo benedire i casti ardori con una famiglia che vi somigli; possiate prolungarvi i vostri giorni in una onorata vecchiaia, e finirli placidamente tra le braccia dei vostri figli; e possano i vostri nipoti, percorrendo con segrete delizie quel monumento della felicità coniugale, dire un giorno nella tenerezza dei loro cuori: *Questo fu l'asilo dell'innocenza; questa fu la dimora dei due amanti.*

Il vostro destino vi sta tra le mani, Giulia; ponderate attentamente la mia proposta e non consideratene che la sostanza; perché mi incarico di garantire anticipatamente e irrevocabilmente al vostro amico l'impegno che mi assumo; mi incarico pure della sicurezza della vostra partenza, e di vegliare con lui a quella della vostra persona fino al vostro arrivo. Lassù potrete sposarvi subito senza ostacoli; perché da noi una ragazza nubile non ha nessun bisogno del consenso altrui per disporre di sé. Le nostre savie leggi non abrogano quelle della natura, e se nasce qualche inconveniente da questo felice accordo, è certo meno grave di quelli ai quali vuol ovviare. Ho lasciato a Vevey il mio cameriere, uomo di tutta fiducia, coraggioso, prudente, d'una fedeltà a tutta prova. Potrete facilmente concertarvi con lui a voce o per scritto giovandovi di Regianino, senza che costui sappia di che si tratta. Quando sarà il momento partiremo per venirvi a incontrare, e non abbandonerete la casa paterna che sotto la scorta del vostro sposo.

Vi lascio alle vostre riflessioni; ma, ripeto, abbiate paura dei pregiudizi e della seduzione degli scrupoli che spesso menano al vizio seguendo la strada dell'onore. Prevedo che cosa vi capiterà se rifiutate la mia offerta. La tirannia d'un padre intrattabile vi precipiterà in un abisso di cui non vi renderete conto che dopo d'esservi caduta. La vostra estrema dolcezza qualche volta degenera in timidezza: sarete sacrificata alla chimera delle condizioni[a]. Dovrete accettare un impegno che il vostro cuore disapproverà. L'approvazione pubblica sarà continuamente smentita dal grido della coscienza; sarete onorata e spregevole. Meglio essere dimenticata e virtuosa[1].

P.S. Nel dubbio della vostra decisione, vi scrivo senza che lo sappia il vostro amico, perché temo che un vostro rifiuto distrugga in un attimo tutto l'effetto delle mie cure.

[a] La chimera delle condizioni! Un pari d'Inghilterra che parla così! E volete che tutta questa roba non sia una finzione! Lettore, cosa ne dici? *(N.d.A.)*

LETTERA IV

Oh, mia cara! in che turbamento m'hai lasciata ieri sera, e che notte ho trascorso pensando a quella lettera fatale! No, mai tentazione così pericolosa mi assalì il cuore; mai non provai tanta agitazione, e mai non vidi meno il modo di calmarla. Un tempo un certo barlume di saggezza e di ragione dirigeva la mia volontà; in tutte le occasioni difficili subito scorgevo la soluzione più onesta e subito la abbracciavo. Adesso, avvilita e sempre vinta, non faccio altro che ondeggiare tra le opposte passioni: il mio debole cuore non può far altro che scegliere i suoi falli, e mi trovo così deplorevolmente accecata che se per caso abbraccio il miglior partito non lo faccio guidata dalla virtù, e ne proverò egualmente rimorso. Sai il marito che mio padre mi destina; sai in che lacci m'ha stretta l'amore. Se voglio esser virtuosa, l'ubbidienza e la fede mi impongono doveri opposti. Se voglio seguire l'inclinazione del mio cuore, chi scegliere, tra un amante e un padre? Ahimé, dando retta all'amore o alla natura, non posso fare a meno di ridurre l'uno o l'altro alla disperazione;[1] sacrificandomi al dovere non posso non commettere un delitto, a qualsiasi partito mi decida bisogna che muoia insieme infelice e colpevole.

Ah! mia cara e tenera amica, tu che sempre sei stata la mia sola risorsa e che tanto spesso m'hai salvata dalla morte e dalla disperazione, considera l'orrendo stato della mia anima e vedi se mai le tue soccorrevoli premure mi furon più necessarie! Sai come sono ascoltati i tuoi pareri, sai come i tuoi consigli sono seguiti, hai appena visto che a costo della felicità della mia vita sono capace di ascoltare le lezioni dell'amicizia. Abbi dunque pietà dell'abbattimento in cui m'hai ridotta; finisci, poi che hai cominciato; supplisci al mio coraggio esausto, pensa per colei che non pensa più che grazie a te. Insomma tu sai leggere in questo cuore che ti ama; tu lo conosci meglio di me. Insegnami dunque che cosa voglio e scegli in vece mia, poiché non ho più la forza per volere né la ragione per scegliere.

Rileggi la lettera di quel generoso inglese; rileggila mille volte, angelo mio. Ah! lasciati commuovere dal seducente quadro della felicità che l'amore, la pace, la virtù mi possono ancora promettere! Dolce e incantevole unione delle anime! indicibili delizie, pur in seno ai rimorsi! O Dio! che cosa sareste per il mio cuore in seno alla fede coniugale? E che! la felicità e l'innocenza sarebbero ancora in mio potere? Che, potrei spirare di gioia e d'amore tra uno sposo adorato e i cari pegni della sua tenerezza!... eppure esito un solo istante, e non volo a riparare la mia colpa tra le braccia di colui che me la fece commettere? e non sono ancora sposa virtuosa e casta madre di famiglia?... Oh, perché gli autori dei miei giorni non mi voglion lasciar uscire dal mio avvilimento! Perché non possono essere testimoni del modo con cui a mia volta saprei adempire tutti i sacri doveri che essi hanno adempito verso di me!... e i tuoi? figlia ingrata e snaturata; chi li potrà adempiere presso di loro, intanto che tu li dimentichi? Forse immergendo il pugnale nel seno d'una madre ti prepari a esser madre a tua volta? Colei che disonora la propria famiglia potrà forse insegnare ai suoi figli a onorarla? Degno oggetto della cieca tenerazza d'un padre e d'una madre idolatri, abbandonali al rincrescimento di averti fatta nascere; copri i loro vecchi giorni di dolore e di obbrobrio... e godi, se puoi, godi d'una felicità acquistata a questo prezzo[1].

Dio mio! quanti orrori mi circondano! lasciare furtivamente il proprio paese; disonorare la propria famiglia, abbandonare insieme padre, madre, amici, parenti, e te pure! e te, dolce mia amica! e te, prediletta del mio cuore! te, da cui già da bambina non potevo restar lontana un sol giorno: fuggirti, lasciarti, perderti, non vederti mai più!... ah no!... giammai... quanti tormenti lacerano la povera tua amica! che insieme sente tutti i mali tra i quali deve scegliere, senza che nessuno dei beni che le rimangono la possano consolare. Ahimè, mi smarrisco. Tutte queste lotte superano le mie forze e mi turbano la ragione; insieme perdo il coraggio e il senno. Non spero più che in te sola. Scegli, oppure lasciami morire[2].

LETTERA V

Le tue perplessità sono anche troppo fondate, mia cara Giulia; le ho previste e non le ho potute prevenire; le provo e non le so calmare; e la cosa peggiore, nel tuo stato, è che nessuno te ne può cavare, se non tu sola. Trattandosi di prudenza, l'amicizia vola al soccorso d'un'anima agitata; dovendosi scegliere tra il bene e il male, la passione che pur non li distingue può tacere davanti a un consiglio disinteressato. Ma nel tuo caso, qualunque sia il partito che abbracci, la natura lo autorizza e lo condanna, la ragione lo biasima e lo approva, il dovere o tace oppure si mette contro di sé; le conseguenze sono del pari tremende, da tutt'e due le parti; non puoi né rimanere indecisa né scegliere bene; non puoi che confrontare delle pene, il tuo cuore rimane l'unico giudice.[1] Quanto a me, l'importanza della decisione mi spaventa e il suo effetto mi rattrista. Qualunque sia la strada che scegli, sarà sempre poco degna di te, e trovandomi nell'impossibilità di additarti una soluzione che sia opportuna, né di portarti alla vera felicità, non mi sento il coraggio di decidere il tuo destino. Questo è il primo diniego che mai ricevesti dalla tua amica, e sento bene, dalla pena che mi costa, che sarà anche l'ultimo; ma ti tradirei, volessi consigliarti in un caso nel quale la ragione stessa si impone di tacere, e in cui la sola regola da seguire è di dar retta alla propria inclinazione.

Non essere ingiusta verso di me, dolce mia amica, e non giudicarmi prima del tempo. So che esistono amicizie circospette le quali, per tema di compromettersi, rifiutano consigli nelle occasioni difficili, e che più il pericolo dell'amico aumenta più si fanno riservate. Ah! vedrai se questo cuore che ti vuol bene conosce codeste timide precauzioni! e concedimi che invece di parlare dei tuoi affari ti parli per un momento dei miei.

Non hai mai osservato, angelo mio, a che segno tutti quelli che ti avvicinano ti si affezionano? Che un padre e una madre prediligano una figlia unica, non c'è da stupirsene oltre modo, lo so bene; che un giovane ardente si infiammi per così amabile oggetto, nemmeno questo è cosa straordinaria; ma che un uomo ormai maturo e freddo come il signor di Wolmar si commuova vedendoti la prima volta in vita sua; che tutta una famiglia unanime ti idolatri; che tu sia cara a mio padre, uomo assai poco sensibile, e cara quanto e forse più dei suoi stessi figli; che gli amici, le conoscenze, i domestici, i vicini e tutta intera la città ti adorino concordemente e si interessino a te così teneramente: ecco, o mia cara, un consenso meno verosimile, e che non si verificherebbe se non ci fosse in te qualche ragione speciale. E sai che cosa è questa ragione? Non è né la tua bellezza, né la tua intelligenza, né la tua grazia, né niente di quanto si intende dicendo capacità di piacere; ma è quella tua anima tenera e quella tua dolcezza incomparabile di affezione; è quel tuo dono di amare, o mia Giulia, che ti fa amare. A tutto si può resistere, salvo alla benevolenza, e non c'è mezzo più sicuro di conquistare l'affetto altrui che spandere il proprio affetto. Mille donne sono più belle di te; parecchie possiedono altrettante grazie; tu sola possiedi oltre le grazie un non so che di più seducente che non soltanto piace, ma che commuove, e che richiama tutti i cuori attorno al tuo. Si sente che il tuo tenero cuore non domanda che di spendersi, e codesto suo dolce sentimento fa sì che gli altri pure lo provino[2].

Per un esempio: tu vedi con meraviglia l'incredibile affezione di milord Edoardo per il tuo amico; vedi quanto è sollecito della vostra felicità; accogli con ammirazione le sue generose offerte, e le attribuisci alla sola virtù; e la mia Giulia si intenerisce! Errore, inganno, mia diletta cugina! Dio mi guardi dal voler diminuire i benefici di milord Edoardo, o sprezzare la sua grande anima. Ma codesto zelo, per puro che sia, sarebbe, credimi, sarebbe meno ardente se in circostanze identiche si rivolgesse ad altre persone. Sono il tuo irresistibile ascendente e quello dell'amico tuo che lo spingono con tanta energia (senza che nemmeno se ne renda conto) e gli fanno compiere per affezione quello che lui crede di fare semplicemente per cortesia.

È questa una cosa che deve capitare a tutte le anime d'una certa tempera; per così dire trasformano tutte le altre in se stesse; hanno una sfera d'attività nella quale niente resiste loro: non è possibile conoscerle senza volerle imitare, e dall'alto della loro sublime altezza attirano a sé tutto quanto le circonda. Ecco perché, o mia cara, né tu né il tuo amico non conoscerete forse mai gli uomini; perché li vedrete come voi li fate piuttosto che come essi sono di per sé. Darete il tono a tutti coloro che vivranno con voi; o vi eviteranno o diventeranno simili a voi, e quanto avrete visto non avrà forse l'uguale in tutto il resto del mondo.

E ora veniamo a me, cara cugina; a me che uno stesso sangue, una stessa età e soprattutto una perfetta conformità di gusti e di umore (pur con diverso temperamento) uniscono a te fin dall'infanzia.

Congiunti eran gli alberghi,
Ma più congiunti i còri:
Conforme era l'etate,
Ma 'l pensier più conforme[1].

Che cosa credi che quella tua influenza magica, che si esercita su quanti ti avvicinano, abbia prodotto in colei che ha trascorso tutta la vita con te? Credi che tra noi possa regnare una volgare unione? I miei occhi non ti esprimono dunque la dolce gioia che ogni giorno attingo nei tuoi ritrovandoti? Non leggi nel mio cuore intenerito il piacere di poter condividere le tue pene e di piangere con te? Posso forse dimenticare che nella prima ebbrezza d'un amore nascente l'amicizia non ti riuscì importuna, e che le lagnanze del tuo amante non poterono deciderti a allontanarmi da te, e a sottrarmi lo spettacolo della tua debolezza? Fu un momento critico, o mia Giulia; so quanto pesa nel modesto tuo cuore il sacrificio d'una vergogna che non è reciproca. Non sarei mai stata la tua confidente se ti fossi stata amica a metà, e le nostre anime si sono conosciute troppo bene unendosi perché qualcosa le possa più separare.

Che cosa fa così tiepide ed effimere le amicizie tra donne, dico tra quelle capaci di amare? Sono gli interessi dell'amore; è l'impero della bellezza; è la gelosia delle conquiste. Ora, se qualcosa di simile avesse potuto dividerci, la divisione sarebbe già avvenuta; ma anche se il mio cuore fosse meno incapace di amore, anche se ignorassi che i vostri ardori sono di natura tale da non spegnersi che con la vita, il tuo amante è mio amico, come dire mio fratello; e chi mai ha visto una vera amicizia trasformarsi in amore? Quanto al signor d'Orbe, dovrà lodarsi a lungo dei tuoi sentimenti, prima che io pensi a lagnarmene; e non mi sento tentata di trattenerlo con la forza più di quanto tu sia tentata di portarmelo via. Eh, cara mia! piacesse al cielo che a costo del suo affetto potessi guarirti dal tuo amore; me lo tengo con piacere, lo cederei con gioia[1].

Per quanto riguarda la nostra avvenenza: potrei esser bella quanto voglio, non sei certo tu che mi vorresti contrastare; sono certissima che non ti passò mai per la testa di sapere chi di noi due è la più bella. Io non posso dire di esser stata altrettanto indifferente, so come stanno le cose e lo so senza provarne minimamente dispiacere. Mi pare anzi di esserne piuttosto altera che gelosa; perché insomma le bellezze del tuo volto non sono quelle che meglio converrebbero al mio, quindi non mi tolgono niente di quanto ho, e sono bella della tua bellezza, amabile delle tue grazie, ornata dei tuoi talenti; mi orno di tutte le tue perfezioni e pongo in te il mio amor proprio più ragionato. Certo non mi piacerebbe d'esser brutta da far paura, ma sono abbastanza graziosa per il bisogno che ho di esserlo. Il resto non mi interessa, e non devo essere umile per confessarmi inferiore a te.

Sei impaziente di vedere dove voglio andare a parare. Ecco: non ti posso dare il consiglio che mi chiedi, ti ho detto perché; ma la decisione che prenderai per conto tuo la prenderai anche per la tua amica, e qualunque sia il tuo destino sono decisa a condividerlo. Se parti ti seguo; se rimani rimango; così sono fermissimamente decisa, così devo e niente mi potrà dissuadere. La mia fatale indulgenza ha provocato la tua rovina; il tuo destino dev'essere il mio, e poiché siamo state inseparabili fin dall'infanzia, o mia Giulia, così dobbiamo esserlo fino alla tomba.

Prevedo che giudicherai molto sconsiderato questo mio progetto; ma in fondo è più sensato di quanto sembra, e io non ho i tuoi motivi di irresolutezza. Anzitutto, per quanto tocca la mia famiglia, se abbandono un padre condiscendente, abbandono un padre piuttosto indifferente, che lascia che i suoi figli facciano quello che gli pare, e più per indifferenza che per tenerezza; sai infatti che gli affari dell'Europa lo interessano più assai dei suoi propri, e che sua figlia gli è meno cara della prammatica sanzione. Poi non sono come te figlia unica, e con i figli che gli rimangono quasi non si accorgerà che gliene manca uno.

Tronco un matrimonio sul punto di concluderlo? *Manco male* [1], mia cara; tocca al signor d'Orbe a consolarsi, se mi vuol bene. Quanto a me, pur stimando il suo carattere, e pur provando qualche affetto per lui, e pur stimandolo uomo assai per bene, che cosa è mai per me appetto alla mia Giulia? Dimmi, mia cara, l'anima ha forse un sesso? Veramente io non me ne accorgo. Posso avere dei capricci, ma d'amore assai poco. Un marito mi può tornare utile, magari, ma per me non sarà mai altro che un marito; e uno così, libera come sono e non spiacevole, lo posso trovare dove che sia.

Bada bene, cara cugina, che se io non esito non vuol dire che tu non debba esitare, né che io intenda suggerirti di abbracciare il partito che io abbraccerò se parti. Tra noi la differenza è grande, e i tuoi doveri sono assai più rigorosi dei miei. E poi sai che un affetto quasi unico mi riempie il cuore e assorbe talmente tutti gli altri sentimenti che quasi sono ridotti a niente. Un'invincibile e dolce abitudine mi lega a te dall'infanzia; non amo perfettamente che te sola, e se devo spezzare qualche legame seguendoti il tuo esempio mi sarà di incoraggiamento. Mi dirò che imito Giulia e mi reputerò giustificata.

BIGLIETTO

DI GIULIA A CLARA

Ti capisco, incomparabile amica, e ti ringrazio. Almeno una volta avrò fatto il mio dovere, e non sarò del tutto indegna di te.

LETTERA VI

DI GIULIA A MILORD EDOARDO

La vostra lettera, milord, mi penetra di intenerimento e di ammirazione. L'amico che vi degnate di proteggere non sarà meno commosso quando saprà tutto quanto avete voluto fare per noi. Ahimè! soltanto gli sventurati possono apprezzare le anime generose. Abbiamo anche troppe prove di quanto valga la vostra, le vostre eroiche virtù ci commuoveranno sempre ma non ci meraviglieranno più.

Quanto mi riuscirebbe dolce essere felice sotto gli auspici di così generoso amico, e di dovere ai suoi benefici una felicità che la fortuna m'ha negato! Ma, milord, vedo con disperazione che essa rende vani i vostri ottimi disegni; il mio destino crudele vince il vostro zelo, la dolce immagine dei beni che mi offrite non giova che a rendermene più amara la privazione. Date un asilo piacevole e sicuro a due amanti perseguitati; legittimate con una solenne unione i loro ardori, e sono certa che la vostra protezione mi sottrarrebbe alle persecuzioni d'una famiglia irritata. È molto per l'amore, ma basta forse per la felicità?' No, se volete che io sia tranquilla e contenta, offritemi un asilo ancora più sicuro, dove sia possibile sottrarsi alla vergogna e al rimorso. Voi prevenite i nostri bisogni e con una incomparabile generosità vi private a nostro vantaggio d'una parte dei beni che vi appartengono. Ricca e onorata grazie ai vostri benefici più di quanto sarei grazie al mio patrimonio, posso recuperare tutto presso di voi, e voi vi degnereste di farmi da padre. Ah! milord! sarei mai degna di trovarne uno, quando avessi abbandonato quello datomi dalla natura?

Questa è la fonte dei rimorsi d'una coscienza spaventata, e delle segrete rampogne che mi lacerano il cuore. Non si tratta di sapere se ho diritto di disporre di me contro il volere degli autori dei miei giorni, ma di sapere se ne posso disporre senza mortalmente addolorarli, se posso fuggire da loro senza gettarli nella disperazione. Ahimè! sarebbe come discutere se ho il diritto di privarli della vita. Da quando mai la virtù soppesa in questo modo i diritti del sangue e della natura? Da quando mai un cuore sensibile segna con tanta cura i limiti della riconoscenza? Non equivale forse già a essere colpevoli, la volontà di andare fino al punto in cui si comincia a diventarlo? e si cerca forse così scrupolosamente il limite dei propri doveri se non si è tentati di varcarlo? Chi, io? io abbandonare spietatamente quelli per cui respiro, quelli che mi conservan la vita che m'hanno dato e me la fanno cara; quelli che non hanno altra speranza, altro piacere che in me sola? Un padre quasi sessagenario! una madre sempre cagionevole! Io, loro unica figlia, io li abbandonerei senza assistenza nella solitudine e negli acciacchi della vecchiaia, quando sarebbe il momento di render loro le cure che m'hanno prodigate? Lascerei i loro ultimi giorni in preda alla vergogna, ai rimpianti e alle lagrime? Il terrore, il grido della coscienza agitata mi raffigurerebbero incessantemente mio padre e mia madre che spirano senza conforti, e maledicono l'ingrata figlia che li abbandona e li disonora! No, milord: la virtù che ho abbandonato m'abbandona a sua volta e non parla più al mio cuore; ma codesta terribile idea parla in sua vece e sarebbe un tormento che mi seguirebbe in ogni istante della mia vita, mi farebbe infelice in seno alla felicità. Se il mio destino è di abbandonare ai rimorsi il resto dei miei giorni, questo sarebbe troppo orrendo per poterlo sopportare; preferisco sfidare tutti gli altri.

Confesso che non so rispondere alle vostre ragioni, mi sento anche troppo incline ad apprezzarle; ma, milord, voi non siete sposato, non sentite che soltanto un padre può avere il diritto di consigliare i figli altrui? Quanto a me, sono decisa: i miei genitori mi faranno infelice, lo so benissimo; ma mi riuscirà meno duro gemere nella mia sventura che aver procacciata la loro: non diserterò mai la casa paterna. Perciò vattene, dolce chimera d'un'anima sensibile, felicità così seducente e desiderata, vai a perderti nella notte dei sogni, per me non avrai più nessuna realtà. E voi, troppo generoso amico, dimenticate i vostri amabili progetti, e non ne rimanga traccia che in fondo a un cuore troppo riconoscente per dimenticarli. Se l'eccesso delle nostre sventure non scoraggia la vostra grande anima, se le generose vostre bontà non sono esaurite, vi resta il modo di esercitarle con gloria: colui che onorate del titolo di amico può, grazie a voi, meritare di esserlo. Non giudicatelo sullo stato in cui lo vedete: se è così prostrato non è per codardia, è per il suo carattere ardente e fiero che si irrigidisce contro la fortuna. Spesso c'è più stupidità che coraggio in un'apparente costanza; l'uomo volgare non conosce i dolori violenti, le grandi passioni non germogliano nei deboli. Ahimè! egli ha messo nella sua passione quell'energia dei sentimenti che distingue le anime nobili:[1] e che oggi mi riempie di vergogna e di disperazione. Degnatevi di credermi, milord: se fosse uomo volgare, Giulia non sarebbe caduta.

No, no: codesta segreta affezione che in voi precedette una fondata stima non vi ha ingannato. È degno di tutto quanto avete fatto per lui senza conoscerlo a fondo; farete ancora di più, se possibile, quando lo avrete conosciuto. Sì, siate suo consolatore, suo protettore, suo amico, suo padre, ve ne supplico per voi e per lui; egli giustificherà la vostra fiducia, onorerà i vostri benefici, seguirà le vostre lezioni, imparerà da voi la saggezza. Ah, milord! quanto sarete orgoglioso della vostra opera, il giorno in cui egli dovesse diventare ciò che le sue possibilità promettono!

LETTERA VII

DI GIULIA

E tu pure, mio dolce amico! tu unica speranza del mio cuore, tu pure vieni a trafiggerlo mentre si muore di tristezza! Ero preparata ai colpi della fortuna, lunghi presentimenti m'avevano avvertita; li avrei sopportati pazientemente; ma da te, ah! quelli che mi vengono da te sono i soli intollerabili, e mi riesce orrendo vedere che le mie pene sono accresciute da colui che doveva farmele care! Quante dolci consolazioni che avevo vagheggiato svaniscono insieme al tuo coraggio!

Quante volte m'ero lusingata che la tua forza avrebbe animato il mio languore, che il tuo merito avrebbe cancellato la mia colpa, che le tue virtù avrebbero risollevato la mia anima accasciata! Quante volte mi asciugai le lagrime dicendomi: soffro per lui, che ne è degno; sono colpevole, ma lui è virtuoso; mille angosce mi assediano, ma la sua costanza mi sostiene, in fondo al suo cuore trovo il compenso di tutto quanto ho perduto! Vana speranza, distrutta dalla prima prova! Dov'è ora quel sublime amore che sa innalzare tutti i sentimenti e far brillare la virtù? Dove sono quelle altere massime? e cos'è diventata l'imitazione dei grandi uomini? Dov'è quel filosofo che la sventura non può scuotere, e che soccombe al primo incidente che lo separa dall'amante? Con che pretesto ormai giustificare la mia vergogna ai miei stessi occhi, se in colui che m'ha sedotta non vedo altro che un uomo senza coraggio, infiacchito dai piaceri, che un vile cuore vinto dalla prima avversità, che un insensato che rinuncia alla ragione non appena ne ha bisogno? Oh Dio! che estrema umiliazione, vedermi ridotta ad arrossire della mia scelta non meno che della mia debolezza!

Considera fino a che punto ti abbandoni: la tua anima smarrita e vile scende fino alla crudeltà? ardisci muovermi rimproveri? ardisci lagnarti di me?... della tua Giulia?... barbaro!... come mai il rimorso non ha trattenuto la tua mano? E come le più dolci testimonianze dell'amore più tenero che mai sia stato han potuto lasciarti l'ardire di oltraggiarmi? Ah, se tu dovessi dubitare del mio cuore, quanto il tuo sarebbe spregevole!... ma no, tu non ne dubiti, non ne puoi dubitare, mi sento di sfidare il tuo furore; e in questo stesso momento in cui odio la tua ingiustizia, vedi benissimo qual è la ragione del primo moto di collera che mai io abbia provato in vita mia.

Come mai puoi incolparmi, se mi sono rovinata per una cieca fiducia e se i miei disegni sono andati a vuoto? Quanto ti vergogneresti della tua durezza, se tu sapessi quale speranza m'aveva sedotta, quali disegni ardivo formare per la tua felicità e la mia, e come tutto è svanito insieme a tutte le mie speranze! Ma un giorno (voglio crederlo) un giorno ne saprai di più, e allora il tuo rammarico mi vendicherà dei tuoi rimproveri. Sai la volontà di mio padre; non ignori le chiacchiere pubbliche; ne previdi le conseguenze, te le feci esporre, le giudicasti come noi, e per conservarci l'uno all'altro dovemmo sottometterci al destino che ci voleva separati.

Dunque ti ho scacciato, come ardisci dire? Ma per chi l'ho fatto, amante senza delicatezza? Ingrato! l'ho fatto per un cuore assai più onesto di quanto si crede, e che morirebbe mille volte piuttosto che vedermi avvilita. Dimmi, che sarà di te quando io sarò abbandonata all'obbrobrio? Speri forse di poter sopportare lo spettacolo del mio disonore? Vieni, o crudele, vieni ad accogliere il sacrificio della mia reputazione con quel coraggio con cui io te lo posso offrire. Vieni, non temere di essere smentito da colei alla quale fosti caro. Sono pronta a dichiarare in faccia al cielo e agli uomini tutto quanto provammo l'uno per l'altro; sono pronta a proclamarti apertamente mio amante, a morire di vergogna e di amore tra le tue braccia: preferisco che il mondo intero conosca la mia tenerezza che vedere te dubitarne per un solo istante, i tuoi rimproveri mi riescono più amari dell'ignominia.

Tronchiamo, te ne supplico, queste reciproche querele, che mi riescono intollerabili. O Dio! come è mai possibile litigare quando ci si vuol bene, e adoperare per tormentarsi a vicenda dei momenti in cui si ha tanto bisogno di consolazione? No, amico mio, non giova simulare un rancore che non esiste. Lagniamoci della sorte e non dell'amore; che non formò mai così perfetta unione, mai ne formò così durevole. Le nostre anime troppo intimamente unite non possono più separarsi, noi non possiamo più vivere lontani uno dall'altro se non come parti di un solo tutto. Come mai quindi puoi sentire soltanto le tue pene? Come puoi non sentire quelle della tua amica? Come puoi non udire nel tuo seno i suoi teneri lamenti? Quanto sono più dolorosi dei tuoi gridi furenti! E come i suoi mali ti riuscirebbero più crudeli dei tuoi, se tu li sapessi condividere!

Tu reputi deplorevole il tuo destino! Considera quello della tua Giulia, e non piangere che su di lei. Nelle nostre comuni sventure considera la condizione del mio sesso e del tuo, e giudica quale dei due è più da compiangere! Affettare insensibilità nel turbine delle passioni; fingersi lieta e contenta pur in preda a mille pene; con l'anima agitata aver volto sereno; dir sempre l'opposto di quanto si sente; esser falsa per dovere, e bugiarda per modestia: questa è la condizione solita di qualsiasi ragazza della mia età. In tal modo trascorrono i giorni più belli sotto la tirannia delle convenienze, tirannia aggravata da quella dei genitori che impongono un legame male assortito. Ma inutilmente si ostacolano le nostre inclinazioni; il cuore non accetta altre leggi che le sue; si sottrae alla schiavitù; liberamente si dà. Sotto un giogo ferreo non imposto dal cielo non·si può piegare che un corpo senz'anima: la persona e la fede rimangono impegnate separatamente, e si costringe al delitto una vittima sciagurata costringendola a venir meno da tutt'e due le parti al sacro dovere della fedeltà.[1] Ce ne sono di più savie? ah, lo so! Non hanno amato? Felici loro! Resistono? Anch'io ho voluto resistere. Sono forse più virtuose? Amano forse maggiormente la virtù? Senza di te, soltanto senza di te l'avrei sempre amata. Dunque è vero che non l'amo più?... tu m'hai rovinata, e sono io che ti consolo!... ma io, che cosa sarà di me?... quando mancano quelle dell'amore, come sono deboli le consolazioni dell'amicizia! Chi dunque mi consolerà nelle mie pene? Che orrenda sorte prevedo, io che per esser vissuta nella colpa non posso vedere che una nuova colpa in aborriti e forse inevitabili legami! Dove trovar lagrime bastevoli a pianger la mia colpa e il mio amante, se cedo? dove trovar forza abbastanza per resistere, nell'accasciamento in cui mi trovo? Già mi par di vedere le furie di un padre irritato! Già mi par di udire il grido della natura commuovermi le viscere, o i gemiti dell'amore che mi lacerano il cuore! Senza di te mi trovo senza risorse, senza sostegno, senza speranza; il passato mi avvilisce, il presente m'affligge, l'avvenire mi spaventa. Credevo di aver fatto tutto per la nostra felicità, non ho fatto altro che renderci più miseri, preparandoci un distacco più crudele. I vani piaceri sono svaniti, i rimorsi restano, la vergogna che mi umilia non ha rimedio.

Tocca a me, tocca a me esser debole e infelice. Lasciami piangere e soffrire; le mie lagrime non asciugheranno, come la mia colpa non si riparerà, e anche il tempo che guarisce ogni cosa non mi offre che nuove ragioni di lagrime. Ma tu che non devi temere nessuna violenza, tu che non sei avvilito dalla vergogna, tu che niente costringe a dissimulare vilmente i tuoi sentimenti; tu che non provi altro che il colpo della sventura e godi ancora delle tue prime virtù: come mai osi degradarti fino a sospirare e gemere come una donna, a infuriarti come un demente? Non basta forse il disprezzo che mi son meritata per te, senza accrescerlo diventando spregevole tu stesso, e senza opprimermi insieme con il mio obbrobrio e con il tuo? Ritrova dunque la tua fermezza, sappi sopportare la sventura e sii uomo. Sii ancora, se ardisco dirlo, l'amante scelto da Giulia. Ah! se non son più degna di animare il tuo coraggio, ricordati almeno di ciò che io fui un giorno; cerca di meritare che per te io abbia cessato di essere tale; e non mi voler disonorare due volte.

No, mio degno amico, non ti riconosco in quella lettera effeminata che voglio dimenticare per sempre e che suppongo ormai ripudiata anche da te. Per confusa e avvilita che io sia, ardisco sperare che il mio ricordo non ti ispiri così bassi sentimenti, che l'immagine mia regni con anche maggior gloria in un cuore che ho saputo infiammare, e che non mi dovrò rimproverare, insieme alla mia debolezza, anche la viltà di colui che ne è stato causa.

Felice pur nella tua sventura, tu trovi il risarcimento più prezioso che anima sensibile conosca. Nella tua sciagura il cielo ti dà un amico e ti lascia incerto se quello che ti concede non sia migliore di quello che ti toglie. Ammira e ama il troppo generoso uomo che a costo del suo riposo si degna di aver cura dei tuoi giorni e della tua ragione. Quanto ti commuoveresti se sapessi tutto quanto ha voluto fare per te! Ma a che giova incoraggiare la tua riconoscenza esacerbando i tuoi dolori? Non hai bisogno di sapere fino a che punto ti ama per conoscere quanto vale; e non lo puoi stimare come merita senza amarlo come devi.

LETTERA VIII

DI CLARA

Avete più amore che delicatezza, e quanto a sacrifici siete più capace di compierli che di metterli in valore. Come mai potete scrivere in tono di rimprovero a Giulia, nello stato in cui si trova; e perché soffrite, ve la pigliate con lei che soffre più di voi? Ve l'ho detto mille volte, in vita mia non ho mai visto un amante più brontolone di voi; sempre pronto a litigare su tutto, per voi l'amore non è che uno stato di guerra, o se a volte siete docile non è che per poi lagnarvi di esserlo stato. Oh quanto son da temere simili amanti; e mi reputo fortunata di non mai averne voluto che di quelli che si possono licenziare quando che sia, senza che nessuno spanda una sola lagrima!

Datemi retta, mutate linguaggio con Giulia se volete che viva; è davvero troppo per lei, sopportare insieme le sue pene e le vostre rampogne. Imparate una buona volta ad aver riguardo di quel suo troppo sensibile cuore; gli dovete le più tenere consolazioni; e badate di non aumentare i vostri mali a furia di lagnarvene, o per lo meno non lagnatevene che con me, che mi confesso unica autrice della vostra partenza. Sì, amico caro, avete indovinato: sono stata io a suggerirle la decisione che il suo onore pericolante esigeva, o meglio l'ho costretta a prenderla esagerando il pericolo; vi ho deciso voi pure, e ognuno ha fatto il proprio dovere. Ho fatto di più: l'ho persuasa a non accettare le profferte di milord Edoardo; ho soppressa la vostra felicità, ma quella di Giulia mi sta più a cuore della vostra; sapevo che non avrebbe potuto essere felice una volta abbandonati i genitori in preda alla vergogna e alla disperazione; e non riesco a concepire che felicità avreste potuto godere voi stesso, a spese della sua.

Comunque sia, questa è stata la mia azione e queste le mie colpe; e poiché vi piace pigliarvela con quelli che vi vogliono bene, avete modo di pigliarvela con me sola; così, pur non cessando di essere ingrato, potete almeno cessare di essere ingiusto. Quanto a me, quale che sia per essere il vostro contegno, sarò sempre la stessa per voi; vi avrò caro finché Giulia vi amerà, direi di più se fosse possibile. Non mi pento né di aver favorito né di aver combattuto il vostro amore. Sempre guidata dal puro zelo dell'amicizia, mi sento giustificata per quanto ho fatto per voi e contro di voi; e se qualche volta ebbi per i vostri ardori un interesse forse maggiore di quanto fosse opportuno, la testimonianza del' mio cuore basta alla mia pace; non mi vergognerò mai di aver favorito la mia amica, semmai mi rimprovero di averlo fatto invano.

Non ho dimenticato quanto mi avete detto una volta, della costanza del saggio nell'avversità, e credo che vi potrei rammentare alcune massime in proposito; ma l'esempio di Giulia mi insegna che una fanciulla della mia età è, per un filosofo della vostra, un pessimo precettore non meno che un pericoloso alunno; e non sarebbe decente che dessi lezioni al mio maestro.

LETTERA IX

DI MILORD EDOARDO A GIULIA

Abbiamo vinto, amabile Giulia; uno sbaglio del nostro amico l'ha ricondotto alla ragione. La vergogna di essersi messo per un istante dalla parte del torto ha dissipato ogni suo furore, e l'ha reso così docile che ormai ne possiamo fare tutto quanto vorremo. Mi avvedo con piacere che è più amareggiato che indispettito dell'errore commesso, e capisco che mi vuol bene dal fatto che davanti a me è umile e confuso, ma non impacciato né perplesso. Ha coscienza troppo viva del suo errore perché io me ne ricordi, e una colpa riconosciuta in questo modo fa più onore a colui che la ripara che a colui che la perdona.

Ho approfittato di questo mutamento e dell'effetto da esso prodotto per concertarmi con l'amico su alcune cose prima di separarci; ormai non posso differire oltre la mia partenza. Faccio conto di tornare l'estate prossima, così abbiamo stabilito che lui andrà ad aspettarmi a Parigi, e che poi andremo insieme in Inghilterra, Londra è l'unico teatro degno dei grandi talenti, che vi trovano le maggiori possibilità di carriera[a]. I suoi talenti sono singolari e non dispero di vederlo in poco tempo, sostenuto da alcuni amici, fare una strada degna dei suoi meriti. Vi spiegherò più minutamente i miei disegni passando da costì. Frattanto capite che a forza di successi è possibile sopprimere parecchie difficoltà, e che la considerazione a un certo punto può supplire alla nascita, persino nella testa di vostro padre. Mi sembra che sia l'estremo tentativo da sperimentare per la felicità vostra e sua, poiché il destino e i pregiudizi vi hanno tolto tutti gli altri.

Ho scritto a Regianino che venga a raggiungermi in posta, per godere della sua arte negli otto o dieci giorni che ancora potrò stare col nostro amico. La sua tristezza è troppo profonda perché si possa conversare molto insieme. La musica riempirà i vuoti del silenzio, lo farà fantasticare e a poco a poco muterà il suo dolore in melanconia. Aspetto che sia in questo stato per lasciarlo a se stesso; prima non mi fiderei. Quanto a Regianino, lo riporterò passando e non lo ripiglierò che tornando dall'Italia; e allora son certo che vi sarà ormai inutile, grazie ai progressi che avrete fatto tutte e due. Per il momento certo non vi è necessario, non vi tolgo niente togliendovelo per qualche giorno.

[a] Singolare prevenzione in favore del proprio paese; perché non ho mai sentito dire che ci sia paese al mondo dove gli stranieri siano accolti meno bene e dove si trovino maggiori ostacoli per farsi strada che in Inghilterra. Il costume della nazione non li favorisce affatto; la forma del governo li impedisce di combinare checchessia. Ma dobbiamo ammettere che l'inglese non va accattando all'estero l'ospitalità che rifiuta agli stranieri. In quale corte salvo quella londinese si vedono strisciare vilmente quegli alteri isolani? in qual paese fuori del loro vanno ad arricchirsi? È vero che sono duri; ma è una durezza che non mi dispiace quando va di pari passo con la giustizia. Mi pare bello che siano soltanto inglesi, visto che non han bisogno di essere uomini. (N.d.A.)

LETTERA X

A CLARA

Perché mai debbo ancora aprire gli occhi su me stesso? Quanto sarebbe stato meglio chiuderli per sempre, piuttosto che vedere l'avvilimento nel quale sono caduto; piuttosto che trovarmi l'ultimo dei mortali, dopo di esser stato il più fortunato! Amabile e generosa amica, che tanto spesso siete stata il mio rifugio, ardisco ancora versare la mia vergogna e le mie pene nel vostro compassionevole cuore; ardisco ancora implorare le vostre consolazioni contro il sentimento della mia indegnità; ardisco ricorrere a voi, trovandomi abbandonato da me stesso. O cielo, come mai così spregevole uomo ha potuto essere amato da lei, o come mai così divino fuoco non ha saputo purificare l'anima mia? Quanto dovrà ora arrossire della sua scelta, colei che non son più degno di nominare! Quanto deve gemere vedendo profanata la propria immagine in un cuore così abbietto e vile! Quanto sdegno e quanto odio deve a colui che poté amarla e non essere che un codardo! Considerate tutti i miei errori, amabile cugina[a]; considerate il mio delitto e il mio pentimento; siate il mio giudice e condannatemi a morte; o siate il mio intercessore perché colei che è il mio destino si degni anche di esserne l'arbitro.

Non vi parlerò dell'effetto che produsse in me l'inopinata separazione; non vi dirò nulla del mio stupefatto dolore né dell'insensata mia disperazione: ve ne potrete fare anche troppo un giudizio sull'incredibile furore in cui m'hanno precipitato. Più provavo tutto l'orrore del mio stato, e meno mi pareva che fosse possibile rinunciare volontariamente a Giulia; e l'amaro di questo sentimento, unendosi alla meravigliosa generosità di milord Edoardo, svegliarono in me dei sospetti che non potrò mai rammentare senza inorridire, e che non potrei dimenticare senza mostrarmi ingrato con l'amico che me li perdona.

[a] Sull'esempio di Giulia, lui la chiamava cugina; e sull'esempio di Giulia, lei lo chiamava amico. *(N.d.A.)*

232

Riconsiderando nel delirio tutte le circostanze della mia partenza, mi parve di scorgervi un disegno premeditato, ed ebbi l'ardire di attribuirlo al più virtuoso dei mortali.[1] Non appena codesto spaventoso dubbio mi penetrò nello spirito, ogni cosa mi parve che lo confermasse. La conversazione di milord con il barone d'Etange; il tono poco conciliante con cui l'aveva condotta (e gliene facevo colpa); il diverbio che ne derivò; la proibizione di vedermi; la decisione di farmi partire; la rapidità e la segretezza dei preparativi; la conversazione con me il giorno prima; e infine la rapidità con la quale fui rapito piuttosto che condotto via: tutto mi pareva dimostrasse che milord aveva formato il disegno di allontanarmi da Giulia; in più sapevo che doveva tornare da lei, il che svelava compiutamente, a mio parere, lo scopo delle sue premure. Tuttavia decisi di chiarir meglio le cose prima di esplodere, perciò mi limitai a osservar le cose più attentamente. Tutto concorreva a raddoppiare i miei ridicoli sospetti, e il sentimento dell'umanità non gli ispirava nessuna cortese premura verso di me che la mia cieca gelosia non ci scorgesse qualche indizio di tradimento. A Besançon seppi che aveva scritto a Giulia senza comunicarmi la lettera, senza farmene parola. Allora mi sentii del tutto convinto e non aspettai che la risposta (che speravo lo avrebbe deluso) per pretendere da lui la spiegazione desiderata.

Ieri sera rincasammo piuttosto tardi, e seppi che c'era un plico proveniente dalla Svizzera, ma non me ne parlò quando ci lasciammo. Gli lasciai il tempo d'aprirlo; dalla mia camera lo sentivo che mormorava qualche parola leggendo. Tesi attento l'orecchio. "Ah! Giulia," diceva con rotte parole "ho voluto farvi felice... rispetto la vostra virtù... ma deploro il vostro errore..." A queste e altrettali parole che udii perfettamente, non seppi più dominarmi; afferrai la spada, aprii o meglio sfondai la porta, entrai come un pazzo. No, non insozzerò questa carta né i vostri occhi con le ingiurie dettatemi dalla rabbia per costringerlo a battersi immediatamente con me.

O mia cugina! in quel momento potei conoscere che cosa vale l'impero della vera saggezza, anche sugli uomini più sensibili, quando ne vogliono ascoltare la voce. Sulle prime non poté capir nulla delle mie parole, mi credette in preda al delirio. Ma il tradimento di cui l'ac-

233

cusavo, i segreti disegni che gli rinfacciavo, la lettera di Giulia che aveva ancora in mano e alla quale continuamente alludevo, gli fecero finalmente capire la ragione del mio furore. Sorrise; poi freddo freddo mi disse: "Avete smarrito la ragione, non mi batto con un demente. Aprite gli occhi, o cieco che siete," soggiunse in tono più mite "son proprio io che accusate di tradirvi?" Nel tono del suo discorso sentii un non so che assai lontano da ogni perfidia; il suono della sua voce mi commosse il cuore; non appena ebbi fissato i miei occhi nei suoi che tutti i miei sospetti svanirono, e cominciai ad avvedermi con spavento della mia stravaganza.

Si avvide immediatamente del mio mutamento; mi tese la mano.. "Venite," mi disse "se non vi foste ravveduto prima della mia giustificazione, non vi avrei mai più riveduto. Ora che siete tornato in voi leggete questa lettera e finalmente conoscete chi vi è amico." Volli ricusare di leggerla; ma con l'autorità che tanti vantaggi gli davano su di me me lo ordinò recisamente; come segretamente bramavo io pure, benché i miei sospetti fossero svaniti.

Figuratevi in che stato mi trovai dopo tale lettura, che mi svelò gli inauditi benefici di colui che avevo osato calunniare così indegnamente. Mi gettai ai suoi piedi, e con il cuore oppresso d'ammirazione, di rammarico e di vergogna gli abbracciai i ginocchi a tutta forza, senza poter proferir parola. Accolse il mio pentimento come aveva accolto i miei oltraggi, e non pretese altro, come prezzo del perdono che mi volle accordare, che di non mai oppormi al bene che mi volesse fare. Ah! ormai faccia tutto quanto vuole, la sua anima sublime è al di sopra di quella umana, e non è lecito resistere ai suoi benefici più che a quelli della divinità.

Poi mi consegnò due lettere a me indirizzate, che non aveva voluto darmi prima che avessi letto la sua, e fossi istruito della decisione della vostra cugina. Leggendole vidi che amante e che amico il cielo m'ha accordato; vidi quanti sentimenti e quante virtù ha adunato intorno a me per far più amari i miei rimorsi e più spregevole la mia viltà. Ditemi, chi è mai codesta unica mortale, che nella bellezza ha il minimo suo impero, e che, simile alle potenze eterne, è egualmente adorabile sia per i beni che per i mali che dispensa? Ahimè! m'ha rapito ogni cosa, quella crudele, eppure l'amo anche più. Più mi fa infelice più mi pare perfetta. Si direbbe che tutti i tormenti che mi infligge siano un altro suo merito verso di me. Il sacrificio che ha fatto ai sentimenti naturali mi affligge e mi incanta; aumenta ai miei occhi il pregio di quello che ha fatto all'amore. No, il suo cuore non sa negare cosa alcuna senza aumentare il valore di quanto concede.

E voi, degna e amabile cugina, voi unico e perfetto modello d'amicizia, che sarete citata sola fra tutte le donne, e che i cuori che non somigliano al vostro giudicheranno chimera: ah! non parlatemi più di filosofia! Disprezzo codesta fallace pompa che non consiste in altro che in vane chiacchiere; codesto fantasma che non è se non un'ombra, che ci incita a minacciar da lontano le passioni e non appena si avvicinano ci abbandona come un vano millantatore. Vi supplico di non abbandonarmi ai miei errori; di accordare ancora le vostre bontà d'un tempo a questo sventurato che non le merità più, ma che le brama ardentemente e ne ha maggior bisogno di sempre; degnatevi di richiamarmi a me stesso, e che la dolce vostra voce prenda il posto di quella della ragione in questo cuore malato.

No, voglio sperare, non sono caduto in un avvilimento eterno. Sento ravvivarsi in me il fuoco puro e santo che mi arse; l'esempio di tante virtù non sarà perduto per colui che ne è stato l'oggetto, che le ama, le ammira, e vuole sempre imitarle. O cara amante, di cui devo onorare la decisione! O amici, dei quali voglio recuperare la stima! la mia anima si risveglia e nelle vostre ritrova forza e vita. Il casto amore e la sublime amicizia mi ridaranno il coraggio che una vile disperazione rischiò di togliermi; i puri sentimenti del mio cuore suppliranno in me alla saggezza; grazie a voi sarò quello che devo essere, e vi obbligherò a dimenticare la mia caduta se per un istante mi potrò rialzare. Non so né voglio sapere il destino che il cielo mi riserva; qualunque sia, voglio esser degno di quello di cui ho goduto. Quest'immagine immortale che porto in me mi sarà egida e farà invulnerabile l'anima mia ai colpi della fortuna. Non son forse vissuto abbastanza per la mia felicità? Ora voglio vivere per la gloria di lei. Ah, perché non posso stupire il mondo con le mie virtù, così che un giorno ammirandole si possa dire: poteva forse far meno? Giulia lo ha amato!

P.S. Aborriti e *forse inevitabili* legami! Cosa significano queste parole? Stanno nella sua lettera. Clara, sono pronto a tutto; sono rassegnato, disposto a sopportare la mia sorte. Ma queste parole... mai, a nessun patto, non partirò di qui che non abbia avuto la spiegazione di queste parole.

LETTERA XI

DI GIULIA

Dunque è vero che l'anima mia non è negata al piacere, e che ancora vi può penetrare un sentimento di gioia? Ahimè, dopo la tua partenza credevo di non esser più sensibile che al dolore; credevo di non esser più capace che di soffrire lontano da te, non riuscivo a immaginare qualche conforto alla tua assenza. La cara tua lettera a mia cugina è venuta a disingannarmi; l'ho letta e baciata con lagrime di tenerezza; ha sparso la frescura d'una dolce rugiada sul mio cuore inaridito di affanno e appassito di tristezza; la serenità che me ne è rimasta mi fa sentire che non hai minore autorità da lontano che da vicino sugli affetti della tua Giulia.

Amico mio! che incanto per me, vedendoti riacquistare il vigore di sentimento che si addice al coraggio virile! Ti stimerò di più, e mi disprezzerò meno per non avere in tutto avvilito la dignità d'un onesto amore, né corrotto due cuori in una volta. Dirò di più, ora che liberamente possiamo parlare delle nostre cose: ciò che aumentava la mia disperazione era di vedere che la tua ci toglieva l'unica risorsa che ci restasse, cioè l'impiego dei tuoi talenti. Ora conosci il degno amico che il Cielo ti ha dato: non basterebbe tutta la tua vita a rimeritare i suoi benefici; non basterà mai a riparare l'offesa che gli hai fatto, e spero che non avrai più bisogno d'altre lezioni per moderare la tua focosa immaginazione.

Sotto gli auspici di codesto rispettabile uomo stai per entrare nel mondo; appoggiato al suo credito, guidato dalla sua esperienza, ti appresti a tentar di vendicare il merito dimenticato dai rigori della fortuna. Fai per lui quello che non faresti per te, cerca almeno di onorare le sue bontà facendo sì che non siano inutili. Vedi che ridente prospettiva ti si offre ancora; vedi che successo puoi sperare in una carriera nella quale tutto concorre a favorire il tuo zelo. Il cielo t'ha prodigato i suoi doni; la felice tua indole coltivata dal tuo gusto t'ha ornato di tutti i talenti; non hai ancora ventiquattro anni e già unisci alle grazie della gioventù la maturità che viene più tardi a risarcire del progresso degli anni:

Frutto senile in sul giovenil fiore[1].

Lo studio non ha attutito la tua vivacità, né appesantito la tua persona; la sciocca galanteria non t'ha immiserito lo spirito, né smussata la ragione. L'ardente amore, ispirandoti tutti i sublimi sentimenti di cui è padre, t'ha dato quell'elevatezza di idee e quella giustezza di senso che ne sono inseparabili[a]. Ho visto la tua anima spiegare le sue brillanti facoltà al suo dolce calore, come un fiore s'apre ai raggi del sole: tu possiedi insieme e tutto quanto conduce alla fortuna, e tutto quanto la fa disprezzare. Per ottenere gli onori del mondo non ti mancava che degnarti di aspirarvi, e io spero che un oggetto più caro al tuo cuore ti ispirerà per essi quello zelo di cui non sono degni.

Dolce mio amico, stai per allontanarti da me?... O mio amato, stai per fuggire la tua Giulia?... È necessario; è necessario che ci separiamo se vogliamo rivederci un giorno felici, il risultato di quanto stai per intraprendere è l'estrema nostra speranza. Possa così cara idea animarti, consolarti durante questa amara e lunga separazione![2] possa darti l'ardore che vince gli ostacoli e doma la fortuna! Ahi, il mondo e gli affari saranno per te continua distrazione, utile diversivo alle pene dell'assenza! Ma io sarò abbandonata a me sola o sarò in balia

[a] Giustezza di senso inseparabile dall'amore? Buona Giulia, non brilla qui nel vostro. (N.d.A.)

delle persecuzioni, tutto mi costringerà a rimpiangerti incessantemente. Felice se almeno vani timori non venissero ad aggravare i miei tormenti reali, e se insieme ai miei mali non sentissi in me anche tutti quelli ai quali stai per esporti!

Fremo pensando ai pericoli di mille sorta che correranno la tua vita e i tuoi costumi. Ho in te tutta la fiducia che un uomo può ispirare; ma, se la sorte ci deve separare, perché non sei che un uomo? Quanti consigli ti sarebbero necessari, nel mondo ignoto nel quale stai per entrare! Non tocca a me, giovane inesperta, meno istruita e meno riflessiva di te, darti pareri in proposito; è una cura che lascio a milord Edoardo. Mi limito a raccomandarti due cose, che dipendono più dal sentimento che dall'esperienza; perché, se conosco poco il mondo, mi pare di ben conoscere il tuo cuore: non abbandonar mai la virtù, e non dimenticare mai la tua Giulia!

Non starò a rammentarti tutti i sottili argomenti che tu stesso m'hai insegnato a disprezzare; riempiono tanti libri e non hanno mai fatto un uomo da bene. Ah, squallidi ragionatori! quanti dolci rapimenti i loro cuori non hanno mai né provato né fatto provare! Lascia codesti vani moralisti, amico mio, e scendi in fondo alla tua anima;[1] lì troverai sempre la sorgente di quel fuoco sacro che tante volte ci infiammò dell'amore delle sublimi virtù; lì vedrai quel simulacro eterno della vera bellezza, la cui contemplazione ci anima d'un santo entusiasmo, e che le nostre passioni incessantemente macchiano senza mai poterlo scancellare[a]. Ricordati delle lagrime silenziose che ci sgorgavano dagli occhi, dei palpiti che soffocavano i nostri cuori agitati, dei trasporti che ci innalzavano sopra noi stessi leggendo quelle vite eroiche le quali fanno inescusabile il vizio e sono l'onore dell'umanità. Vuoi sapere che cosa è veramente da desiderare, se la fortuna oppure la virtù? pensa a quella che il cuore preferisce, quando la sua scelta è imparziale. Pensa in che senso l'interesse ci guida, leg-

[a] La vera filosofia degli amanti è quella di Platone;[2] mentre dura l'incanto non ne hanno mai altra. Un uomo commosso non può lasciare questo filosofo; un lettore freddo non lo può tollerare. (N.d.A.)

gendo la storia. T'è mai venuto in mente di desiderare i tesori di Creso, o la gloria di Cesare, o il potere di
Nerone, o i piaceri di Eliogabalo? Perché mai, se erano
felici, i tuoi desideri non ti portavano verso di loro? È
perché non erano felici e tu lo sentivi bene; è perché
erano vili e spregevoli, perché un malvagio felice non
fa gola a nessuno. Quali uomini allora contemplavi con
maggior piacere? Di quali adoravi gli esempi? A chi avresti più voluto somigliare? Misterioso incanto e imperitu-
ro della bellezza! era l'Ateniese che beve la cicuta, era
Bruto che muore per la patria, era Regolo tra i tormenti, era Catone che si lacera le viscere, erano tutti
quei virtuosi sfortunati a farti invidia, e tu sentivi in
fondo al cuore la vera felicità che i loro mali apparenti
nascondono. Non credere che codesto sentimento sia
soltanto tuo; è quello di tutti gli uomini, a volte loro
malgrado. Il divino modello che ognuno di noi porta in
sé ci incanta nostro malgrado; non appena la passione
ci permette di vederlo, vogliamo somigliargli, e se il più
malvagio degli uomini potesse essere altro da quello che
è, vorrebbe essere un uomo da bene.

Perdonami questi trasporti, amabile amico mio; sai
che mi vengono da te, l'amore che me li ha dati te li
deve restituire. Non voglio stare a insegnarti le tue proprie massime, voglio soltanto fartene l'applicazione per
vedere in che cosa ti possono giovare: perché questo è
ormai il tempo di praticare le tue stesse lezioni, di far
vedere come mettere in pratica ciò che sai dire. Non si
tratta di essere un Catone o un Regolo; tuttavia ognuno deve amare la propria patria, essere integerrimo e
coraggioso, mantenersi fedele anche a costo della vita.
Spesso le virtù private sono tanto più sublimi in quanto
non aspirano all'approvazione altrui, ma unicamente
alla buona testimonianza propria; la coscienza del giusto gli vale quanto le lodi dell'universo. Quindi sentirai
che la grandezza dell'uomo appartiene a qualsiasi stato,
e che nessuno può essere felice se non gode della propria stima; perché se il vero godimento dell'anima sta
nella contemplazione del bello, come mai il malvagio
potrà amarla negli altri senza essere costretto a odiare
se stesso?

Non ho paura che i sensi e i grossolani piaceri ti cor-
rompano. Sono insidie poco pericolose per un cuore sen-

sibile, che ne domanda di più delicate. Ma ho paura delle massime e delle lezioni del mondo; ho paura della forza tremenda che deve avere l'esempio universale e incessante del vizio; ho paura degli abili sofismi di cui si colora. Ho paura infine che il tuo cuore stesso non ti inganni, e non ti faccia meno delicato circa i mezzi per conquistare una considerazione che tu sapresti sdegnare, se non potesse avere come frutto la nostra unione.

Ti faccio avvertito di questi pericoli, amico mio; la tua saggezza farà il resto; perché giova molto a guardarsene il fatto d'averli saputi prevedere. Non aggiungerò che una riflessione la quale mi pare vincere la falsa ragione del vizio, gli orgogliosi errori degli insensati, e che deve bastare a dirigere verso il bene la vita dell'uomo saggio. Ed è che la sorgente della felicità non sta tutta né nell'oggetto desiderato, e nemmeno nel cuore che lo possiede, ma nel rapporto che li unisce; e che, siccome non tutti gli oggetti dei nostri desideri sono propri a generare la felicità, non tutti gli stati del cuore sono atti a provarla. Se l'anima più pura non basta da sola a fare la propria felicità, è certissimo che tutte le delizie della terra non sapranno mai fare quella d'un cuore depravato; perché dalle due parti c'è una necessaria preparazione, un certo concorso dal quale risulta questo prezioso sentimento ricercato da ogni essere sensibile, e sempre ignoto al falso saggio che si ferma al piacere dell'istante, perché ignora una durevole felicità.[1] A che gioverebbe quindi acquistare uno di questi vantaggi a spese dell'altro, guadagnare al di fuori per perdere anche più al di dentro, e insomma procurarsi i mezzi d'essere felice perdendo insieme l'arte di adoperarli? Non è forse preferibile, se non è possibile ottenere che uno solo di questi vantaggi, sacrificare quello che la sorte ci potrebbe restituire a quello che una volta perduto non si ritrova più? Chi lo può sapere meglio di me, che non ho fatto altro che avvelenare le dolcezze della mia vita credendo di portarle al colmo? Lascia dunque dire i malvagi che esibiscono la loro fortuna e nascondono il loro cuore, e stai certo che se c'è un solo esempio di felicità sulla terra, lo si trova in un uomo da bene. Tu hai avuto dal cielo una felice propensione verso tutto ciò che è buono e onesto; non dar retta che ai tuoi desideri, non seguire che le tue naturali inclinazioni; pensa soprattutto ai nostri primi amori. Fin che questi puri e deliziosi momenti torneranno alla tua memoria, non è possibile che tu cessi di amare colei che te li ha resi così dolci, che l'incanto del bello morale si scancelli dalla tua anima, né che tu mai voglia ottenere la tua Giulia con mezzi indegni di te. Come godere di un bene di cui si avesse perduto il gusto? No, per poter possedere colei che si ama, bisogna conservare il cuore con cui la si è amata.

Ma eccomi al secondo punto, come vedi non ho dimenticato il mio impegno. Amico mio, senza amore si possono nutrire i sublimi sentimenti di un'anima forte: ma un amore come il nostro finché arde la sostiene e la incuora; non appena si spegne essa illanguidisce, e un cuore logoro non è più capace di nulla. Dimmi, che cosa saremmo se non amassimo più? Ah! non sarebbe forse preferibile cessare di esistere piuttosto che esistere senza sentir niente; e potresti forse risolverti a trascinar sulla terra l'insipida esistenza d'un uomo qualunque, dopo di aver assaporato tutti i trasporti che possono rapire un'anima umana?[1] Tu stai per abitare le grandi città, dove il tuo aspetto e la tua età più ancora che il tuo merito tenderanno mille insidie alla tua fedeltà. L'insinuante civetteria affetterà il linguaggio della tenerezza, e ti piacerà senza sedurti: non cercherai l'amore ma i piaceri; li gusterai senza di lui, e non li potrai riconoscere. Non so se potrai trovare altrove il cuore di Giulia, ma ti sfido di mai provare accanto a un'altra ciò che hai provato accanto a lei. La tua anima sfinita t'annuncerà la sorte che t'ho predetta; la tristezza e la noia ti opprimeranno in mezzo ai frivoli divertimenti. Il ricordo dei nostri primi amori ti perseguiterà tuo malgrado. La mia immagine, cento volte più bella di quanto mai io sia stata, verrà inaspettatamente a sorprenderti. Immediatamente un velo di disgusto coprirà tutti i tuoi piaceri, e mille amari rimpianti ti nasceranno in cuore. Mio amato, mio dolce amico! ah, se mai mi dimentichi... Ahimè! non potrei che morirne; ma tu vivrai vile e infelice, e io morirò troppo vendicata[2].

Non dimenticarla dunque mai, questa Giulia che è stata tua, né il suo cuore che non sarà mai d'altri. Non posso dirti niente di più nella soggezione in cui il cielo mi ha posta; ma dopo d'averti raccomandata la fedeltà, è giusto che della mia ti dia l'unico pegno che sia in mio potere. Ho interrogato non i miei doveri, il mio spirito smarrito non li riconosce più, ma il mio cuore, estrema regola di chi non ne sa più seguire alcuna; ed ecco quanto mi ha ispirato. Non ti sposerò mai senza il consenso di mio padre; ma non ne sposerò mai un altro senza il tuo consenso. Te ne do la mia parola, non c'è forza umana che mi possa far venir meno a questa parola che mi sarà sacra, qualunque cosa capiti. Non aver dunque nessuna inquietudine su quel che io possa diventare in tua assenza. Vai, amabile amico, vai a cercare sotto gli auspici del tenero amore una sorte degna di coronarlo. Il mio destino sta nelle tue mani, per quanto è in mio potere; non muterà mai senza il tuo consenso.

LETTERA XII

A GIULIA

O qual fiamma di gloria e d'onore,
Scorrer sento per tutte le vene,
Alma grande, parlando con te[1]!

Giulia, lasciami respirare. Tu mi fai ribollire il sangue; mi fai trasalire, mi fai palpitare. La tua lettera arde come il tuo cuore del santo amore della virtù, tu porti in fondo al mio il suo celeste ardore. Ma perché tante esortazioni, dove bastavano ordini? Stai pur certa che, se mi dovessi dimenticare al punto d'aver bisogno di ragioni per agir bene, non ne cercherò a te, mi basta la tua sola volontà. Non sai forse che sarò sempre quello che tu vorrai, e che commetterei persino il male prima di poterti disubbidire? Sì, avrei bruciato il Campidoglio se tu me lo avessi comandato, per-

242

ché ti amo sopra ogni altra cosa; ma sai perché ti amo così? Ah! incomparabile donna! è perché non puoi volere se non ciò che è onesto, e che l'amore della virtù fa più invincibile quello che io ho per i tuoi incanti.

Parto, incuorato dall'impegno che hai preso e che potevi semplificare; giacché promettere di non essere di nessuno senza il mio consenso non significa forse promettere di non essere mai altro che mia? Quanto a me, te lo dico più liberamente, e te ne do oggi la mia parola d'onore, che mai non sarà violata: non so a che destino mi chiamerà la fortuna nella carriera nella quale mi voglio provare per compiacerti; ma giammai i nodi dell'amore o dell'imene non mi uniranno ad altra che a Giulia d'Etange; non vivo, non esisto che per lei, e morirò o libero o suo sposo.¹ Addio, l'ora incalza e parto immediatamente.

LETTERA XIII

A GIULIA

Arrivai ieri sera a Parigi, e colui che non poteva vivere separato da te da due strade si trova ora a più di duecento leghe! O Giulia! compiangimi, compiangi il tuo sventurato amico. Se il mio sangue scorrendo avesse segnato quest'immenso cammino, mi sarebbe sembrato meno lungo, non avrei sentito l'anima mia venir meno con maggior languore. Ah, se almeno conoscessi il momento che ci deve riunire come conosco lo spazio che ci separa, compenserei la lontananza dei luoghi con il procedere del tempo, conterei in ogni giorno tolto alla mia vita i passi che mi avvicinano a te! Ma questa strada dolorosa è coperta dalle tenebre dell'avvenire: il termine che la deve limitare si sottrae ai miei deboli occhi. O dubbio! o supplizio! il mio cuore inquieto ti cerca e non trova nulla. Il sole si leva e non mi restituisce più la speranza di vederti; si corica e non ti ho vista: i miei giorni vuoti di piacere e di gioia scorrono in una lunga notte. Ho un bel tentar di rianimare la spenta speranza, non mi offre che una incerta risorsa e infide consolazioni. Cara e tenera amica del mio cuore, ahimè! che mali mi dovrò mai aspettare, se debbono esser pari alla mia felicità trascorsa?

Questa mia tristezza non ti inquieti, te ne scongiuro, è l'effetto momentaneo della solitudine e delle riflessioni del viaggio. Non temere che tornino le passate mie debolezze; il mio cuore è nelle tue mani, o Giulia, e poiché tu lo sostieni non si lascerà più avvilire. Una delle idee consolanti, frutto dell'ultima tua lettera, è che ora sono sostenuto da una doppia forza, e anche se l'amore avesse annientato la mia ci troverei un vantaggio: perché il coraggio che mi viene da te mi sostiene assai meglio di come avrei potuto sostenermi da me. Sono persuaso che non è bene che l'uomo sia solo.[1] Bisogna che le anime umane si uniscano per spiegare tutto il loro valore, e la forza congiunta degli amici, come quella delle lamine d'una calamita artificiale, è incomparabilmente maggiore della somma delle loro forze individuali. Divina amicizia, questo è il tuo trionfo! Ma che cos'è la semplice amicizia in confronto di quella perfetta unione che aggiunge all'energia dell'amicizia dei legami cento volte più sacri? Dove sono i rozzi uomini che considerano i trasporti amorosi una mera febbre dei sensi, un desiderio della natura inferiore? Vengano, osservino, provino ciò che avviene in fondo al mio cuore; vedano un amante infelice lontano da ciò che ama, incerto di mai poterlo ritrovare, senza speranza di mai riconquistare la perduta felicità; e tuttavia animato dagli immortali ardori attinti nei tuoi occhi e nutriti dai tuoi sublimi sentimenti, pronto a sfidare la fortuna, a sopportare i suoi rigori, a vedersi persino privato di te, e disposto a fare con le virtù da te ispirategli il degno ornamento dell'adorabile impronta che mai non si cancellerà dall'anima sua. Giulia, che cosa sarei mai stato senza di te? La fredda ragione m'avrebbe illuminato, forse; tiepido ammiratore del bene, lo avrei amato almeno negli altri. Ma farò di più: lo praticherò con zelo e penetrato delle savie tue lezioni farò che un giorno coloro che ci hanno conosciuti dicano: "O che uomini saremmo, se il mondo fosse pieno di Giulie e di cuori capaci di amarle!"

Meditando strada facendo l'ultima tua lettera, ho deciso di riunire insieme tutte quelle che m'hai scritto, ora che non posso più ascoltare i tuoi consigli dalla tua viva voce. Anche se non ce n'è nemmeno una che non sappia a memoria, esattamente, credimi che mi piace rileggerle continuamente, non foss'altro che per rivedere i caratteri di quella mano amata che sola può fare la mia felicità. Ma a poco a poco la carta si sciupa, e prima che siano lacerate le voglio ricopiar tutte in un libro vergine che ho scelto a questo effetto. È piuttosto grosso, ma penso all'avvenire e spero di non morir così giovane da dovermi accontentare di questo volume. Consacrerò le serate a quest'amabile occupazione, e per farla durare di più andrò avanti adagio. Questa preziosa raccolta non mi lascerà mai più; sarà il mio manuale nel mondo nel quale sto per entrare; sarà il contravveleno delle massime che vi si respirano; mi consolerà nei mali; preverrà o correggerà i miei errori; mi istruirà fin che sarò giovane, sempre mi edificherà, e a mio giudizio saranno queste le prime lettere d'amore delle quali si sarà fatto tale uso.

Quanto all'ultima, che mi sta sotto gli occhi: per bella che mi sembri, ci trovo tuttavia un passo da sopprimere. Già è un giudizio piuttosto strano; ma è anche più strano che quel passo sia quello appunto che ti riguarda, e ti rimprovero d'aver avuto il pensiero di scriverlo. Come puoi parlare di fedeltà, di costanza? Un tempo conoscevi meglio il mio amore e il tuo potere. Ah Giulia! forse che tu ispiri sentimenti perituri, e anche se non avessi promesso nulla cesserei forse di esser tuo per sempre? No no, il primo sguardo dei tuoi occhi, la prima parola della tua bocca, la prima estasi del mio cuore m'accesero in petto la fiamma eterna che nulla più potrà spegnere. Non t'avessi vista che quel primo momento, sarebbe bastato; ormai non era più possibile dimenticarti. E come potrei dimenticarti ora? Ora che inebriato della mia trascorsa felicità, basta il suo ricordo per restituirmela? Ora che oppresso dal peso dei tuoi vezzi non respiro che per loro? Ora che la mia anima di prima è scomparsa, e che sono animato da quella che tu m'hai dato? Ora, o mia Giulia, che mi indispettisco contro di me per esprimerti così male tutto quanto sento? Ah! tentino pure di sedurmi tutte le bellezze dell'universo! forse che ce n'è altra che la tua ai miei occhi? Tutto cospiri pure a strapparmela dal cuore; lo si trafigga, lo si laceri, lo si spezzi, questo fedele specchio di Giulia, la pura sua immagine non cesserà di brillare fin nell'ultimo frammento; nulla è capace di distruggervela. No, nemmeno la suprema potenza non potrebbe riuscirvi; può annientarmi l'anima, ma non fare che esista e smetta di adorarti.

Milord Edoardo s'è incaricato di istruirti passando da costì di quanto mi concerne e dei suoi progetti in mio favore; ma ho paura che non terrà questa sua promessa per quel che tocca le sue attuali disposizioni. Sappi che ardisce abusare del diritto che su di me gli danno i suoi benefici per estenderli al di là d'ogni decenza. Grazie a una pensione che ha voluto impormi mi trovo in condizione di fare una figura assai superiore alla mia nascita; e così sarò probabilmente costretto a fare a Londra per secondare i suoi disegni. Ma qui, dove non ho nessun impegno particolare, continuerò a vivere a modo mio, e non sarò tentato di sperperare in spese inutili il superfluo. O mia Giulia, tu m'hai insegnato che i veri bisogni, o per lo meno i più sensibili, sono quelli d'un cuore benefico, e fin che ci sarà chi manca del necessario, chi mai potrà possedere il superfluo?

LETTERA XIV

A GIULIA [a]

Entro con segreto orrore in questo vasto deserto del mondo.[1] È un caos che non mi offre che un'orrenda solitudine, dove regna un cupo silenzio. La mia anima angustiata cerca di espandersi e dappertutto è oppressa.

[a] Senza prevenire il giudizio del lettore e quello di Giulia circa queste relazioni, credo di poter dire che se dovessi farle io non le farei forse meglio, ma certamente le farei assai diverse. Sono stato più volte in forse se toglierle e sostituirle con altre composte da me, ma per finire ce le lascio e mi vanto di questo coraggio. Mi dico che un giovane di ventiquattr'anni che entra nel mondo non lo può vedere come un uomo di cin-

Non sono mai meno solo di quando son solo, diceva un antico; io non sono solo che nella folla, dove non posso appartenere né a te né agli altri. Il mio cuore vorrebbe parlare, ma sente che nessuno l'ascolta; vorrebbe rispondere, ma non ode niente che possa giungere fino a lui. Non capisco la lingua del paese, e qui nessuno capisce la mia.

Non già che non mi si facciano festose accoglienze, e carezze, e cortesie, e che mille premure non paiano corrermi incontro. Ma di questo appunto mi lagno. Come mai si può essere subito amico di qualcuno che non s'è mai visto? La cortese sollecitudine umana, la semplice e commovente effusione d'un'anima schietta hanno un linguaggio ben diverso dalle false esibizioni della cortesia e dalle ingannevoli apparenze volute dal costume sociale. Temo molto che quel tale che al primo incontro mi tratta come un amico di vent'anni, non mi tratti in capo a vent'anni come uno sconosciuto, dovessi chiedergli un servizio di qualche importanza; e quando vedo uomini così dissipati esibire una così tenera sollecitudine per tanta gente, mi induco a credere che non ne hanno per nessuno.

Tuttavia qualcosa di vero c'è, il francese è naturalmente buono, aperto, ospitale, liberale; però ci sono mille modi di dire che non bisogna prendere alla lettera, mille profferte apparenti fatte soltanto perché siano rifiutate, mille sorte di tranelli che la cortesia tende alla rustica buona fede. Non ho mai sentito dire così spesso: "Fate conto su di me, caso occorrendo; disponete del mio credito, della mia borsa, della mia casa, della mia carrozza". Se le cose fossero proprio così, non ci sarebbe popolo meno attaccato alla proprietà, la comunanza dei beni sarebbe qui pressoché stabilita; il ricco che continuamente offre e il povero che accetta sempre finirebbero con lo stabilire naturalmente un equilibrio sociale

quanta, al quale l'esperienza ha insegnato anche troppo a conoscerlo. Inoltre mi dico che, pur non avendovi rappresentato una parte molto importante, non sono tuttavia più in grado di parlarne imparzialmente. Lasciamo quindi queste lettere così come sono. Ci rimangano i vieti luoghi comuni, e le osservazioni triviali; è un male ben piccolo. Ma importa all'amico della verità che fino alla fine le sue passioni non vengano a macchiare i suoi scritti. (N.d.A.)

che nemmeno Sparta conobbe. In realtà Parigi è probabilmente la città nella quale le fortune sono più disuguali, dove insieme regnano la più fastosa opulenza e la miseria più deplorevole. Tanto basta per capire che cosa significano codesta apparente commiserazione chè par sempre prevenire i bisogni del prossimo, e codesta superficiale tenerezza di cuore che in un istante contrae eterne amicizie.

Se invece di questi sentimenti sospetti e di questa ingannevole confidenza voglio cercar lumi e istruzione, qui ne trovo l'amabile sorgente. Si è subito e piacevolmente meravigliati della sapienza e della ragione che animano le conversazioni, e non soltanto quelle dei dotti e dei letterati, ma degli uomini di qualsiasi condizione e persino delle donne. Il tono della conversazione è scorrevole e naturale; non è né pesante né frivolo; è dotto senza pedanteria, ilare senza chiasso, cortese senza smancerie, galante ma non insipido, faceto senza equivoci. Egualmente lontano dalla dissertazione e dell'epigramma; vi si ragiona senza argomentare; si scherza senza giuochi di parole; si associano sapientemente lo spirito e la ragione, le massime e le arguzie, l'acuta satira, l'abile adulazione e l'austera morale. Si parla di tutto perché ciascuno possa dire qualche cosa; non si sta a approfondire i problemi per evitare la noia, si propongono così di scorcio, si discutono rapidamente, la precisione genera l'eleganza. Ognuno esprime il proprio parere e lo sostiene con poche parole; nessuno si scaglia con foga contro quello altrui, nessuno difende ostinatamente il proprio; si discute per chiarire le idee, ci si ferma prima del diverbio; ognuno si istruisce, ognuno si diverte, tutti se ne vanno soddisfatti, e persino il saggio può portar via da questi colloqui degli argomenti degni d'essere meditati in silenzio.

Ma in fondo che cosa credi si possa imparare in queste così piacevoli conversazioni? Forse a rettamente giudicare delle cose del mondo? a far buon uso della società, a conoscere almeno le persone con le quali si vive? Niente affatto, cara Giulia. Ci si impara a difendere con arte la causa della menzogna, a scuotere a furia di filosofia tutti i principi della virtù, a colorare di sottili sofismi le proprie passioni e i propri pregiudizi, e a conferire all'errore un certo aspetto alla moda, secondo le massime correnti. Non occorre conoscere il carattere delle persone, ma soltanto i loro interessi per indovinare a un dipresso che cosa diranno su ogni cosa. Quando un uomo parla, non è lui ma per così dire è il suo abito che esprime un parere; e ne muterà senza tante storie mutando di stato. Dategli successivamente una lunga parrucca, un'uniforme d'ordinanza o una croce pettorale: lo sentirete successivamente predicare con pari zelo le leggi, il dispotismo e l'inquisizione. Esiste una comune ragione per la toga, un'altra per la finanza, un'altra per la spada. Ognuna dimostra benissimo che le due altre sono cattive, conseguenza che è poi facile applicare a tutte e tre[a]. In questo modo nessuno mai dice cosa pensa, ma che cosa è opportuno che faccia pensare agli altri, e in loro l'apparente zelo per la verità non è mai altro che la maschera dell'interesse[1].

Crederete magari che almeno le persone private e indipendenti avranno un loro modo di pensare: niente affatto; sono anche loro macchine che non pensano, e che si fanno pensare meccanicamente. Basta informarsi delle loro società, delle loro conventicole, dei loro amici, delle donne che frequentano, degli autori che conoscono: su quello si può anticipatamente stabilire il giudizio che daranno su un libro che sta per uscire e che ancora non hanno letto, su un lavoro teatrale che sta per essere rappresentato e che non hanno visto, su questo o quell'autore che non conoscono, su questo o quel sistema di cui non hanno nessuna idea. E come una pendola non si carica di solito che per ventiquattro ore, così tutta codesta gente va ogni sera in società a imparare che cosa dovrà pensare il giorno dopo.

In questo modo ci sono pochi uomini e poche donne

---

[a] Bisogna perdonare questo ragionamento a uno svizzero che vede il suo paese governato bene, senza che nessuna di queste tre professioni vi sia stabilita. E che! lo stato può forse sussistere senza chi lo difenda? no, occorrono difensori allo stato; ma tutti i cittadini han da essere soldati per dovere, nessuno per mestiere. Presso i romani e presso i greci gli stessi uomini erano ufficiali in campo, magistrati in città, e mai codeste due funzioni furono meglio riempite che allorché erano ignoti gli strani pregiudizi che le separano e le disonorano. (N.d.A.)

che pensano per tutti gli altri e per conto dei quali tutti gli altri parlano e agiscono; e siccome ognuno pensa al proprio interesse e nessuno al bene comune, e che gli interessi privati sono sempre opposti tra loro, ne risulta un perpetuo urtarsi di brighe e di cabale, un flusso e riflusso di pregiudizi, di opinioni contrarie; e i più scalmanati, aizzati dagli altri, non sanno quasi mai di che cosa si tratta. Ogni conventicola ha le proprie regole, i propri giudizi, i propri principi che altrove non sono ammessi. Colui che è galantuomo in una casa, nella casa vicina è un furfante. Il buono, il cattivo, il bello, il brutto, la verità, la virtù non hanno che un'esistenza locale e circoscritta. Colui al quale piace conversare e frequentare varie società, dev'essere più flessibile di Alcibiade, mutare di principi come muta di società, modificare il proprio spirito quasi a ogni passo, e adattare le proprie massime all'apparenza. Bisogna che a ogni visita si spogli della propria anima, se ne ha una; che ne indossi un'altra dai colori della casa, così come un servo indossa una livrea; e che allo stesso modo la lasci uscendo e se gli pare ripigli la sua propria fino alla prossima occasione.

Ma c'è di più; ognuno si mette continuamente in contraddizione con se stesso, senza che nessuno ci trovi a ridire. Ci sono dei principi per la conversazione, e altri principi per la pratica; nessuno si scandalizza se sono in contrasto, tutti son d'accordo che non si debbano somigliare. Nemmeno da un autore, e soprattutto da un moralista, si esige che parli come i suoi libri, né che agisca come parla. Scritti, discorsi e condotta sono tre cose diversissime, che lo scrittore non è tenuto a conciliare. Insomma, tutto è assurdo eppure niente offende, perché ci si è avvezzi, anzi in codesta incongruenza c'è una specie di eleganza di cui parecchia gente si fa bella. In realtà, anche se tutti predicano fervorosamente le massime della loro professione, tutti si piccano d'assumere il tono di un'altra. Il leguleio si dà l'aria del cavaliere; il finanziere fa il signore; il vescovo si picca di galanteria; il cortigiano parla di filosofia, lo statista discorre come un damerino; persino il semplice artigiano, che non può assumere altro carattere dal suo proprio, la domenica si veste di nero per somigliare all'avvocato. Fanno eccezione i militari, i quali, sdegnando qualsiasi altra condizione, mantengono senza tante storie il tono della loro e riescono intollerabili in buona fede. Non che il signor Muralt[1] non avesse ragione quando dava la preferenza alla loro società; ma quello che ai suoi tempi era vero ora non lo è più. I progressi della letteratura hanno migliorato il tono generale; soltanto i militari non hanno voluto cambiare e il loro tono, che prima era il migliore, ha finito col diventare il peggiore[a].

Così che gli uomini ai quali si parla non sono quelli coi quali si conversa; i sentimenti non gli nascono dal cuore, i loro lumi non gli stanno nello spirito, i loro discorsi non esprimono i loro pensieri, di loro non si scorge altro che l'aspetto esterno, e in una società uno si trova pressappoco come davanti a un quadro mobile, nel quale il pacifico spettatore è l'unico essere semovente.

Questa è l'idea che mi son fatta del gran mondo, su quello che ho veduto qui a Parigi. Forse è un'idea relativa alla mia situazione personale più che al vero stato delle cose, e che certamente muterà quando avrò fatto altre esperienze. Del resto non frequento che le società nelle quali sono stato introdotto dagli amici di milord Edoardo, e sono convinto che dovrò scendere ad altri ceti per conoscere l'autentico costume di una nazione, perché quello dei ricchi è quasi dappertutto eguale. Cercherò di chiarir meglio le cose in seguito. Frattanto vedi se non ho ragione di chiamar deserto quella folla, e di spaventarmi d'una solitudine nella quale altro non trovo che una vana apparenza di sentimenti e di verità, un'apparenza che muta a ogni istante e si distrugge da sé, nella quale non vedo altro che larve e fantasmi che colpiscon la vista e dileguano non appena si cerca di afferrarli. Finora non ho visto altro che maschere; quando mai potrò vedere volti umani?

[a] Vero o falso che sia, questo giudizio non può riferirsi che ai subalterni e a chi vive lontano da Parigi. Perché tutto quanto c'è di illustre nel regno presta servizio, e la corte stessa è tutta militare. Ma corre gran differenza, quanto ai modi che ci si contraggono, tra 'fan servizio in tempo di guerra e trascorrere tutta la vita nelle guarnigioni. *(N.d.A.)*

251

LETTERA XV

DI GIULIA

Sì, amico mio, saremo uniti nonostante la lontananza, nonostante il destino saremo felici. La vera felicità è costituita dall'unione dei cuori; la loro attrazione ignora le leggi della distanza, i nostri si congiungerebbero anche ai due capi del mondo. Come a te, mi pare che gli amanti hanno mille modi di addolcire il sentimento dell'assenza, e di riavvicinarsi immediatamente. A volte ci si vede persino più di spesso di quando ci si vedeva ogni giorno; perché non appena uno dei due si trova solo, immediatamente entrambi sono uniti. Se tu assapori questo piacere ogni sera, io lo assaporo cento volte il giorno; vivo più solitaria; sono circondata dalle tue tracce, non posso fissare gli occhi sulle cose che mi stanno intorno senza vederti accanto a me.

Qui cantò dolcemente, e qui s'assise;
Qui si rivolse, e qui rattenne il passo;
Qui co' begli occhi mi trafisse il core;
Qui disse una parola, e qui sorrise...[1]

Ma tu, riesci a fissarti su queste placide situazioni? riesci a gustare un amore tenero e tranquillo che parla al cuore senza commuovere i sensi, e i tuoi rimpianti sono più savi oggi di quanto lo fossero i tuoi desideri d'un tempo? Il tono della tua prima lettera mi fa tremare. Ho paura di codesti ingannevoli ardori, tanto più pericolosi in quanto l'immaginazione che li provoca non ha limiti, e temo che a forza di amarla finirai con l'oltraggiare la tua Giulia. Ah! tu non senti, no, il tuo cuore poco delicato non sente quanto l'amore s'offende d'un fallace omaggio; non consideri né che la tua vita mi appartiene, né che spesso si corre verso la morte credendo di secondare la natura. Non sarai mai capace di amare, o uomo sensuale? Ricorda, ricorda quel così dolce e calmo sentimento che conoscesti una volta e che descrivesti con accenti così teneri e commoventi. Non è soltanto il più delizioso che mai abbia gustato l'amore felice, è anche l'unico concesso agli amanti divisi, e quando lo si è potuto gustare una volta non bisogna più desiderarne altro. Ricordo le riflessioni che facevamo leggendo il tuo Plutarco, su un gusto depravato che offende la natura. Anche se i suoi tristi piaceri non avessero altro difetto che di non essere condivisi, dicevamo che tanto basterebbe per renderli insipidi e spregevoli. Applichiamo lo stesso pensiero agli errori di una immaginazione troppo vivace, ai quali si addice perfettamente. Disgraziato! di che cosa godi se sei solo a godere? Codeste solitarie voluttà sono voluttà morte. O amore! le tue sono vive, animate come sono dall'unione delle anime, e il piacere che si dà a colui che si ama aumenta quello che lui ci restituisce[1].

Dimmi, ti prego, mio caro amico, dimmi in che lingua o meglio in che gergo è scritta la tua ultima lettera? Non si tratta alle volte d'un linguaggio da bello spirito?[2] Se pensi di adoperarlo spesso con me, dovresti mandarmene il dizionario. Cos'è, per cortesia, il parere dell'abito di un uomo? Che cosa un'anima che si indossa come una livrea? Che cosa delle massime da adattare all'apparenza? Cosa vuoi che una povera svizzerotta capisca di queste sublimi figure? Invece di assumere come gli altri delle anime dai colori delle case, non stai forse già dando al tuo spirito il colore di quello di codesto paese? Stai attento, amico, temo che quel colore non si addica molto al tuo. A tuo giudizio, i 'traslati' del cavalier Marino, dei quali ridevi spesso, si sono mai avvicinati a codeste metafore? e se in una lettera si può attribuire un'opinione al vestito d'un uomo, perché non si dovrebbe poter far sudare il fuoco in un sonetto[3]?

In tre settimane osservare tutte le società d'una grande città; determinare il carattere dei discorsi che ci si fanno, distinguendovi esattamente il vero dal falso, il reale dell'apparente, e ciò che si dice da ciò che si pensa: è appunto quello di cui si accusano i francesi di fare a volte con gli altri popoli, ma che uno straniero non dovrebbe fare con loro; perché mettono conto di essere studiati con calma. E nemmeno approvo che si dica male del paese dove si vive e si è trattati bene;

preferirei che ci si lasciasse ingannare dalle apparenze che di predicare la morale a spese dei propri ospiti. Insomma giudico sospetto qualsiasi osservatore che vuol essere spiritoso; temo sempre che senza avvedersene sacrifichi la verità delle cose ai pensieri smaglianti, e che faccia brillare le sue frasi a spese della giustizia.

Tu non ignori, caro amico, che lo spirito è la mania dei francesi, come dice il nostro Muralt; vedo che sei portato alla stessa mania; con questo: che in loro ha una certa grazia, e che di tutti i popoli del mondo noi siamo quello cui meno si addice. In parecchie tue lettere c'è ricercatezza e giuoco. Non alludo a quel tono vivace e a quelle espressioni piene di animazione ispirate dalla forza del sentimento; parlo di quell'affettazione di stile che non essendo naturale non si presenta spontaneamente a nessuno, e denuncia la pretensione di colui che ne fa uso. Santo cielo! pretensioni con chi si ama! non sarebbe forse meglio collocarle nell'oggetto amato, e non ci si gloria forse noi stessi di tutto il merito che possiede più di noi? No, se è lecito animare una conversazione indifferente con qualche arguzia pungente come una freccia, codesto linguaggio non è opportuno tra due amanti; e il gergo infiocchettato della galanteria è assai più remoto dal sentimento che il tono più semplice che si possa immaginare. Giudica tu stesso. Forse che lo spirito ebbe mai modo di far capolino nei nostri convegni? e se l'incanto d'un colloquio appassionato lo respinge e gli impedisce di comparire, come mai lo possono tollerare delle lettere sempre un po' amareggiate dall'assenza, nelle quali il cuore parla con maggior tenerezza? Benché ogni grande passione sia seria, e che persino la gioia eccessiva strappi le lagrime piuttosto che il riso, non voglio che l'amore sia sempre triste; ma voglio che sia di una letizia semplice, disadorna, senz'arte, nuda come lui; in una parola, che splenda delle sue proprie grazie e non degli orpelli del bello spirito.

L'inseparabile, nella camera della quale ti scrivo questa lettera, pretende che cominciandola ero in quello stato sorridente che l'amore ispira o tollera; ma non so che cosa sia diventato. A mano a mano che procedevo, un certo languore mi occupava l'anima e mi lasciava appena la forza di scriverti le ingiurie che quella perfida ha voluto che ti dicessi; perché è opportuno che ti dica che la critica della tua critica è assai più opera sua che mia; me ne ha dettato il primo articolo ridendo come una matta e senza permettermi di attenuarlo minimamente. Dice che è per insegnarti a mancar di rispetto al Marino che lei protegge e tu deridi.

Ma sai che cos'è che ci mette tutt'e due di così buon umore? È il suo imminente matrimonio. Il contratto è stato firmato ieri sera, e il giorno è stabilito per lunedì a otto. Se mai ci fu amore allegro è certo il suo; non s'è mai vista una ragazza così buffamente innamorata. Quel buon signor d'Orbe, al quale pure gira la testa, è deliziato da così lieta accoglienza. Meno difficile di te, si presta di buon grado allo scherzo, e considera un capolavoro dell'amore l'arte di rallegrare la sua amante. Quanto a lei, si ha un bel predicarle, rammentarle le convenienze, dirle che così vicino al gran giorno deve assumere un contegno più serio, più grave, e fare un pochino meglio gli onori dello stato che sta per lasciare. Dice che son tutte sciocche smorfie, afferma davanti al signor d'Orbe che il giorno della cerimonia sarà di ottimo umore, e che non si è mai abbastanza allegri andando a nozze. Ma quella piccola commediante non dice tutto; stamattina l'ho vista con gli occhi rossi; e scommetto che le lagrime notturne compensano le risate del giorno. Sta per formare nuove catene le quali allenteranno i dolci legami dell'amicizia; sta per cominciare una vita diversa da quella che aveva così cara; era contenta e tranquilla, ora sta per esporsi ai rischi ai quali anche il miglior matrimonio espone; e checché dica, come un'acqua pura e calma si turba all'avvicinarsi dell'uragano, così il suo cuore timido e casto non vede senza una certa inquietudine l'imminente mutamento della sua sorte[1].

O amico, quanto sono felici! Si vogliono bene; stanno per sposarsi; gusteranno senza ostacoli il loro amore, senza paure, senza rimorsi! Addio addio, non posso dirne altro.

P.S. Non abbiamo visto milord Edoardo che un momento, aveva una gran fretta di continuare il viaggio. Col cuore traboccante di quanto gli dobbiamo, volevo esprimergli i miei e i tuoi sentimenti; ma mi trattenne una certa vergogna. In verità sarebbe fare affronto a un uomo come lui ringraziarlo di qualche cosa.

LETTERA XVI

A GIULIA

Come diventan bambini gli uomini dominati dalle passioni impetuose! E come un amore forsennato è incline a nutrirsi di chimere, e come è facile illudere i più sfrenati desideri con futilissimi oggetti! Ho ricevuto la tua lettera con quel trasporto che m'avrebbe dato la tua presenza, e nella furiosa mia gioia una vana carta faceva le tue veci. Uno dei massimi mali dell'assenza, e l'unico contro il quale la ragione è impotente, è l'inquietudine sullo stato attuale della persona amata. Salute, vita, riposo, amore, tutto sfugge a colui che teme di perder tutto; si è incerti del presente come dell'avvenire, e tutti i possibili accidenti avvengono continuamente nello spirito d'un amante che li teme. Insomma, respiro, vivo, tu stai bene, mi ami, o meglio dieci giorni fa le cose stavano così; ma chi me ne assicura? O assenza! o tormento! o strano e funesto stato, nel quale non si può godere che dell'istante trascorso, e il presente ancora non esiste!

Anche se non m'avessi fatto il nome dell'inseparabile, avrei riconosciuto la sua malizia nella critica della mia relazione, e il suo malanimo nell'apologia del Marino; ma, se mi fosse lecito di far la mia, non sarei senza argomenti da replicare.

Anzitutto, cara cugina (perché a lei voglio rispondere): quanto allo stile, non ho fatto altro che prendere
quello dell'argomento; ho cercato di darvi insieme l'idea
e l'esempio del tono delle conversazioni di moda, e con-
formandomi a un antico precetto vi ho scritto pressappoco come si parla in certe cerchie. Del resto nel cavalier Marino non biasimo l'uso, bensì la scelta delle figure. Chi abbia un tantino di calore nello spirito ha bisogno di metafore e di espressioni figurate per esprimersi. Persino le vostre lettere ne sono piene, senza che
ve ne accorgiate, e io sostengo che soltanto un geome-
tra o uno sciocco posson parlare senza figure. Infatti,
forse che uno stesso giudizio non è suscettibile di cento gradazioni di forza? E in che modo determinare il
grado che deve avere, se non con il modo di esprimer-
lo? Confesso che le mie stesse frasi mi fanno ridere,
mi paiono assurde, grazie alla premura che vi siete date di isolarle; ma lasciatele un poco dove io le ho messe, e vedrete che sono chiare, anzi energiche. Se quei
vispi occhietti che sapete far parlare così bene fossero separati l'uno dall'altro e dalla vostra faccia: cara
cugina, cosa credete che esprimerebbero, con tutto il
loro fuoco? In fede mia, niente del tutto; nemmeno al
signor d'Orbe.

La prima cosa che è dato osservare nel paese dove
si arriva non è forse il tono generale della società?
Bene, questa è appunto la prima osservazione che ho
fatto qui, vi ho parlato di quello che si dice a Parigi,
non di quello che ci si fa. Se ho notato un contrasto tra
i sentimenti i discorsi e le azioni della gente per bene,
è perché questo contrasto salta agli occhi immediatamente. Se osservo gli stessi uomini mutar di massime
a seconda delle conventicole, molinisti in una e giansenisti nell'altra, vili cortigiani davanti a un ministro e
aspri critici insieme a uno scontento; se osservo un uomo dorato sprezzare il lusso, un finanziere le imposte,
un prelato la sregolatezza; se sento una dama di corte
che parla di modestia, un gran signore di virtù, uno
scrittore di semplicità, un abate di religione, e vedo che
codeste assurdità non urtano nessuno: non devo forse
concludere immediatamente che qui non ci si cura né
di udire la verità né di dirla, e che non soltanto non si
vuol persuadere coloro ai quali si parla, ma non si cer-

ca nemmeno di dar loro l'illusione che si crede a quanto si dice?

Ma basta con queste punzecchiature alla cugina. Smetto un tono che ci è estraneo a tutti tre, e spero che non mi vedrai né pigliar gusto alla satira né al linguaggio dei bellimbusti. Ora devo rispondere a te, o mia Giulia; perché so distinguere la critica scherzosa dai rimproveri gravi.

Non riesco a capire come mai avete potuto ingannarvi tutt'e due sull'argomento della mia lettera. Non mi sono proposto di osservare i francesi: perché se non è possibile determinare il carattere delle nazioni altro che per le differenze, come mai potrei azzardarmi a dipingere questa, io che finora non ne conosco nessuna? Inoltre non sarei così goffo da scegliere la capitale come teatro delle mie osservazioni. So benissimo che le capitali differiscono meno tra loro che non i popoli, e che i caratteri nazionali vi si cancellano e confondono in massima parte, sia per la comune influenza delle corti, che son tutte uguali, sia per il comune effetto d'una società numerosa e chiusa, effetto che è quasi lo stesso su tutti gli uomini e alla fine prevale sul carattere originale.

Se volessi studiare un popolo andrei a osservarlo nelle province più appartate, dove gli abitanti mantengono le loro naturali inclinazioni. Percorrerei adagio e attentamente parecchie di queste province, le più discoste tra loro; le differenze che potrei notare mi darebbero il genio particolare di ognuna; quello invece che avessero in comune, e che gli altri popoli non hanno, costituirebbe il genio nazionale; quello che invece si trova per ogni dove sarebbe proprio dell'uomo in generale. Ma non nutro così vasto progetto, né ho l'esperienza necessaria per eseguirlo. Il mio intento è di conoscere l'uomo, il mio metodo di studiarlo nelle sue diverse relazioni. Finora non l'ho visto che in ristrette società, sparso e quasi isolato sulla terra. Ora sto per considerarlo stipato in moltitudini nello stesso posto, e di qui comincerò a giudicare i veri effetti della società; perché se è vero che migliori gli uomini, quanto più è numerosa e folta, tanto più buoni essi saranno; e per un esempio, i costumi saranno assai più puri a Parigi che nel Vallese. E se mai si dovesse verificare il contrario, bisognerà cavarne una conseguenza opposta.

Ammetto che questo metodo potrebbe portarmi anche alla conoscenza dei popoli, ma per una strada così lunga e complicata che non sarei forse mai in grado di dare un giudizio su uno solo. Dovrei cominciare osservando ogni cosa nel primo dove mi trovassi a vivere; poi che definissi le differenze a mano a mano che percorro gli altri paesi; che confrontassi la Francia a ognuno di questi, come si descrive l'ulivo confrontandolo col salice, o la palma col pino; e che aspettassi a giudicare il primo popolo di aver osservato tutti gli altri.

Quindi vi prego, amabile mia predicatrice, di distinguere l'osservazione filosofica dalla satira nazionale. Io non studio i parigini, bensì gli abitanti d'una grande città, e non so se quello che vedo non si addica a Roma o a Londra non meno che a Parigi. Le regole della morale non dipendono dal costume dei popoli; così, nonostante i pregiudizi imperanti, sento benissimo ciò che è male in sé; ma codesto male non so se bisogna assegnarlo al francese o all'uomo, se è frutto del costume o della natura. Lo spettacolo del vizio offende ovunque un occhio imparziale, e non è riprovevole il biasimarlo nel paese dove regna, anche se uno ci vive, più di quanto sia riprovevole notare i difetti dell'umanità, benché si viva tra gli uomini. Non sono forse anch'io un abitante di Parigi, ora? Forse e senza saperlo già ho contribuito al disordine che ci vedo; forse un soggiorno troppo prolungato corromperebbe la mia stessa volontà; forse in capo a un anno non sarei più che un borghese, se per mantenermi degno di te non conservassi l'anima d'un libero uomo e i costumi di un cittadino. Permetti dunque che ti dipinga liberamente degli oggetti ai quali arrossirei di somigliare, e che lo spettacolo dell'adulazione e della menzogna mi animi al puro zelo della verità.

Fossi padrone delle mie occupazioni e del mio destino stai sicura che sceglierei altri argomenti per le mie lettere; e tu non eri scontenta di quelle che ti scrivevo dal Vallese e da Meillerie; ma, cara amica, per trovare la forza di sopportare il fracasso del mondo nel quale sono costretto a vivere, bisogna che almeno mi consoli descrivendotelo, e che il pensiero di allestirti delle relazioni mi inciti a cercarne gli argomenti. Altrimenti lo scoramento mi coglierebbe a ogni passo, e dovrò abbandonare ogni cosa se non consenti a vedere ogni cosa con me. Pensa che per vivere in un modo così poco conforme al mio gusto faccio uno sforzo che non è indegno del suo motivo; e per giudicare quali cure possono portarmi a te, lascia che qualche volta io ti parli delle massime che occorre conoscere e degli ostacoli che bisogna superare.

Nonostante la mia lentezza e le inevitabili distrazioni, la raccolta era ormai terminata quando è giunta felicemente la tua lettera a prolungarla, e vedendola così breve mi meraviglio di come il tuo cuore ha saputo dirmi tante cose in così breve spazio. No, sostengo che non c'è lettura così deliziosa, persino per chi non ti conosce, purché abbia un'anima simile alle nostre. Ma come non conoscerti leggendo le tue lettere? Come attribuire così patetico tono e così teneri sentimenti ad altri che a te? A ogni frase non si vede forse il dolce sguardo dei tuoi occhi? A ogni parola non si sente forse l'incantevole tua voce? Chi se non Giulia ha mai amato, pensato, parlato, agito, scritto come lei? Quindi non meravigliarti se queste lettere che ti dipingono tanto bene a volte fanno sul tuo amante l'effetto della tua stessa presenza. Rileggendole smarrisco la ragione, la testa mi si perde in un continuo delirio, un fuoco ardente mi consuma, il sangue mi si accende e bolle, trasalisco di furore. Mi pare di vederti, di toccarti, di stringerti contro il mio seno... adorato oggetto, incantatrice, fonte di delizie e di voluttà; vedendoti come non si può non vedere le uri create per i beati?... ah! vieni... la sento... mi sfugge, e non abbraccio che un'ombra... È vero, cara amica, sei troppo bella e sei stata troppo tenera per il debole mio cuore, che non riesce a dimenticare né la tua bellezza né le tue carezze; le tue bellezze vincono l'assenza, mi perseguitano dovunque, mi fanno temere la solitudine; il colmo della mia miseria è che non ardisco occuparmi continuamente di te.

Dunque saranno congiunti nonostante gli ostacoli, o meglio nel momento in cui scrivo già lo sono. Amabili e degni sposi! Possa il cielo colmarli con la felicità che il loro savio e tranquillo amore, l'innocenza del loro costume, l'onestà delle loro anime meritano! Possa con-

ceder loro quella preziosa felicità di cui è così avaro
con i cuori fatti per gustarla! Quanto saranno felici,
se accorda loro tutto quanto, ahimè, ci nega! Ma tuttavia non provi una certa consolazione nei nostri mali?
Non senti che l'eccesso della nostra miseria non è senza
compenso, e che se loro provano piaceri che a noi mancano, noi ne abbiamo di quelli che loro non possono
conoscere? Sì, dolce mia amica, nonostante l'assenza, le
privazioni, le inquietudini, nonostante la stessa disperazione, gli slanci potenti di due cuori hanno sempre una segreta voluttà che le anime tranquille ignorano. Uno dei miracoli dell'amore è il piacere che proviamo soffrendo; e considereremmo come l'estrema
sventura uno stato di indifferenza e di dimenticanza che
ci toglierebbe il sentimento delle nostre pene. Lagniamoci quindi della nostra sorte, o mia Giulia! ma non
invidiamo quella di nessuno. Forse, a ben considerare
ogni cosa, non c'è esistenza preferibile alla nostra; e
così come la divinità trae da sé tutta la sua felicità, i
cuori scaldati da un fuoco celeste trovano nei loro sentimenti una specie di piacere puro e delizioso, che non
dipende né dalla fortuna né dal resto dell'universo!'

LETTERA XVII

A GIULIA

Eccomi finalmente travolto dal torrente. Terminata
la raccolta, ho cominciato a frequentare spettacoli e cene. Trascorro l'intera mia giornata tra la gente, sono
tutt'occhi e tutto orecchi, ma non trovando cosa che ti
valga mi raccolgo in mezzo al rumore e segretamente
converso con te. Non che questa vita chiassosa e tu-
multuosa non abbia le sue attrattive, e che la prodigiosa
varietà degli oggetti non offra qualche piacere a colui che
è appena sbarcato; ma per provarli bisognerebbe avere

261

il cuore vuoto e lo spirito frivolo; l'amore e la ragione paiono allearsi per disgustarmene: poiché tutto non è altro che vana apparenza e muta continuamente, non ho né il tempo di gustare, né quello di esaminare cosa alcuna.

Comincio cioè ad avvedermi delle difficoltà che lo studio del mondo presenta, e non so nemmeno che posto bisogna occupare per conoscerlo bene. Il filosofo è troppo lontano, l'uomo di mondo troppo vicino. Questo vede troppo per poter riflettere, quello troppo poco per poter giudicare dell'intero complesso. A ogni oggetto che lo colpisce, il filosofo lo considera separatamente, e non potendone discernere né i legami né i rapporti con altri oggetti che non gli sono a portata d'occhio, non lo può mai vedere al posto suo e non ne avverte né la ragione né i veri effetti. L'uomo di mondo vede tutto e non ha tempo di pensare a niente. La mobilità delle cose non gli concede che di scorgerle, non di osservarle; si elidono a vicenda rapidamente, di tutto non gli rimane altro che un caos di confuse impressioni.

E nemmeno è possibile vedere e meditare alternatamente, perché lo spettacolo esige una continuità d'attenzione che la riflessione romperebbe. Un uomo che volesse dividere il suo tempo tra la società e la solitudine, non sarebbe al suo posto né qui né là, sempre agitato nel suo ritiro e sempre estraneo tra la gente. L'unico mezzo sarebbe di spartire tutta la propria vita in due grandi porzioni, l'una per vedere l'altra per riflettere; ma anche questo è pressoché impossibile, perché la ragione non è un mobile che si possa lasciare e riprendere a piacimento, e se uno è riuscito a viver dieci anni senza pensare non penserà mai più.

Mi pare anche che sia pazzia voler studiare il mondo in veste di semplice spettatore. Colui che pretende di soltanto osservare non osserva niente, perché inutile negli affari e importuno nei piaceri, non sarebbe ammesso in nessun posto. Non si vedono agire gli altri che in quanto si agisce; nella scuola del mondo come in quella dell'amore, bisogna cominciare praticando ciò che si vuol imparare.

A che partito mi appiglierò dunque, io straniero che

non posso esercitare nessun ufficio in questo paese: e basterebbe la differenza di religione a eliminarmi[1] ? Sono ridotto a umiliarmi per istruirmi, e non potendo essere utile devo cercare di essere divertente. Cerco di addestrarmi a diventar civile senza falsità, compiacente senza viltà, e a profittare di quanto c'è di buono nella società in modo da farmi tollerare senza però abbracciarne i vizi. Qualsiasi uomo sfaccendato che voglia praticare la società deve per lo meno prenderne i modi, fino a un certo punto; perché con qual diritto si potrebbe pretendere di essere accolto tra gente alla quale non si è di nessuna utilità, se non si avesse almeno l'arte di piacere? Epperò, quando ha imparato quell'arte, non gli si domanda altro, soprattutto se è straniero. Può esimersi dal partecipare alle cabale, agli intrighi, alle contese; se si comporta correttamente con tutti, se non esclude né preferisce certe donne, se mantiene il segreto di ogni società nella quale è accolto, se non pubblica i ridicoli d'una casa nell'altra, se evita le confidenze, se non contribuisce ai pettegolezzi, se mantiene sempre una certa dignità potrà tranquillamente frequentare il mondo, mantenere il proprio costume, la propria onestà, persino la propria schiettezza, a patto tuttavia che gli derivi dallo spirito di libertà e non da uno spirito partigiano. È quanto ho cercato di fare, così consigliato da alcune persone illuminate che ho scelto a guida tra le conoscenze procuratemi da milord Edoardo. Così son stato via via ammesso in società meno numerose e più scelte. Finora non avevo partecipato che a pranzi consueti, nei quali non compare altra donna fuori della padrona di casa, dove sono accolti tutti gli sfaccendati di Parigi e dove ciascuno paga come gli riesce in spirito-saggini e adulazioni; e hanno un tono chiassoso e disordinato che non differisce molto da quello d'una locanda.

Ora sono iniziato a misteri più segreti. Partecipo a cene private, dove la porta è chiusa ai non invitati, e dove si è certi di non trovare se non persone ben affiatate, se non tra loro, per lo meno coi padroni di casa. Lì le donne si sorvegliano meno e si può cominciare a studiarle; lì circolano più sicuramente i discorsi più raffinati e satirici; invece delle pubbliche novità, spettacoli promozioni morti e nozze di cui s'è parlato la mat-

tina, lì si passano discretamente in rassegna gli aneddo-
ti parigini, si svelano i fatti segreti della cronaca scandalosa, il bene e il male diventano egualmente gradevoli e ridicoli; e dipingendo con arte e secondo l'interesse particolare i caratteri delle persone, ogni interlocutore senza avvedersene dipinge anche meglio il suo proprio; un rimasuglio di cautela fa inventare davanti ai
servi un certo linguaggio contorto, e così fingendo di far
più oscura la satira non la si fa che più amara; insomma
lì si affila accuratamente il pugnale, col pretesto di far
meno male, ma in realtà per immergerlo più a fondo.

Frattanto, considerando questi discorsi secondo le nostre idee, sbaglieremmo chiamandoli satirici; perché
sono più irridenti che mordenti, e colpiscono meno il
vizio che il ridicolo.[1] Generalmente la satira non ha molta voga nelle grandi città, dove quello che è semplicemente male è talmente semplice che non mette conto di
parlarne. Cosa rimane da biasimare dove la virtù non
è più stimata, e di chi si potrebbe dir male quando non
c'è più nulla che sembri male? Soprattutto a Parigi, dove non si considerano le cose che dal lato piacevole, tutto quanto dovrebbe accendere sdegno o ira è accolto
sempre male, a meno che sia messo in canzoni o epi-
grammi. Le belle donne non si arrabbiano volentieri;
perciò non si arrabbiano di niente; ridono volentieri; e
poiché non è facile scherzare sul delitto, i furfanti sono
brava gente come tutti; ma guai a chi presta il fianco
al ridicolo, la cui impronta caustica non si cancella più;
non sbrana soltanto i costumi, la virtù, ma bolla persino lo stesso vizio; va fino a calunniare i malvagi. Ma
torniamo alle nostre cene.

La cosa che più m'ha colpito in queste società raffinate, è vedere sei persone scelte appositamente perché
si intrattengano gradevolmente insieme, e che spesso
sono legate tra loro da segrete intese, incapaci di rimanere un'ora tra loro sei senza far intervenire metà Parigi; come se i loro cuori non avessero niente da dirsi
e non fosse presente nessuna persona capace di interes-
sarli. Ricordi, Giulia, come cenando da tua cugina o in
casa tua sapevamo, nonostante il mistero e la soggezione, far cadere il discorso su argomenti che ci toccavano,
e come a ogni riflessione patetica, a ogni sottile allusione, un'occhiata più viva della folgore, un sospiro più

indovinato che sentito, ne trasmetteva il dolce sentimento da cuore a cuore?

Se per caso la conversazione cade sui convitati, di solito è in un gergo chiuso che per capirlo bisogna possederne la chiave. Giovandosi di quella chiave si fanno a vicenda e secondo il gusto della moda mille brutti scherzi, nei quali il più sciocco non è quello che brilla meno, mentre invece un terzo mal informato è ridotto alla noia e al silenzio, oppure a ridere di quello che non intende. Ecco, salvo i colloqui intimi che mi sono e resteranno sempre sconosciuti, tutto quanto c'è di piacevole e di affettuoso nelle amicizie di questo paese.

Tuttavia se un uomo di peso propone un discorso grave o una questione seria, subito l'attenzione di tutti si concentra su questo nuovo argomento; uomini, donne, vecchi, giovani, ognuno cerca di considerarlo sotto tutti gli aspetti; e si rimane stupiti dal buon senso e dalla ragione che a gara escono da quelle teste leggere[a]. Un punto di morale non sarebbe discusso in una riunione di filosofi meglio che nel salotto d'una bella donna di Parigi; anzi le conclusioni sarebbero spesso meno severe, perché il filosofo che vuol agire come parla ci pensa due volte; mentre qui dove la morale è mera chiacchiera, non c'è pericolo a essere austeri; e in fondo non spiacerebbe a questa gente, per umiliare un poco l'orgoglio filosofico, di collocare la virtù così in alto che nemmeno il saggio potesse arrivarci. Del resto tutti, uomini e donne, istruiti dall'esperienza del mondo e soprattutto dalla loro coscienza, si riuniscono per dire tutto il possibile male della loro specie, sempre tristemente filosofando, sempre degradando per vanità l'uma-

---

[a] A patto, tuttavia, che uno scherzo non venga improvvisamente a turbare questa gravità; perché allora tutti contribuiscono allo scherzo, tutto va all'aria e non c'è più modo di ritrovare il tono serio. Mi ricordo d'un cartoccio di pasticcini che disturbò assai comicamente una rappresentazione alla fiera. È vero che gli attori disturbati non erano che animali; ma quante cose sono come pasticcini per molta gente! Si sa a chi allude Fontenelle con la sua storiella degli abitanti di Tirinto. *(N.d.A.)*

na natura, cercando sempre in qualche vizio la causa di tutto quanto si fa di bene, sempre sparlando del cuore dell'uomo, sull'esempio del loro.

Nonostante quest'avvilente dottrina, uno degli argomenti preferiti di queste pacifiche riunioni è il sentimento; parola che non significa affatto un'affettuosa effusione nel seno dell'amore o dell'amicizia: sarebbe cosa insipida da morire. È il sentimento messo in solenni massime, quintessenziato da tutte le sottigliezze della metafisica. Devo dire che non ho mai tanto sentito parlare del sentimento in vita mia, né di aver capito meno quanto se ne diceva. Sono inconcepibili raffinatezze. O Giulia, i nostri rozzi cuori non hanno mai saputo nulla di queste belle massime, e temo che presso la gente mondana capiti al sentimento quello che capita a Omero presso i pedanti, che gli vanno inventando mille chimeriche bellezze per non saper scorgere le effettive. Così spendono tutto il loro sentimento in spirito, e ne fanno tanto scialo nei discorsi che non ne rimane più per la pratica. Per fortuna le convenienze vi suppliscono, e si agisce per abitudine pressappoco come si farebbe per sentimento; s'intende, fin dove non si tratta che di formule o di qualche leggera noia, che si accetta per far parlar bene di sé; perché se i sacrifici si prolungano eccessivamente o pesan troppo, addio sentimento; le convenienze non esigono tanto. Salvo questo caso, è incredibile fino a che segno tutto è compassato, misurato, pesato, in quello che chiamano il modo di fare; tutto quello che non deriva più dal sentimento l'hanno messo in regole e tutto è regolato fra loro. Anche se questo popolo di imitatori fosse pieno di originali, sarebbe impossibile avvedersene: perché nessuno ardisce essere se stesso. "Bisogna fare come gli altri"; è la prima massima della saggezza locale. "Questo si fa, quest'altro non si fa." Ecco la suprema sentenza.

Quest'apparente regolarità conferisce all'uso corrente un tono comicissimo, persino nelle cose più serie. Si sa esattamente quando bisogna mandare a prender notizie; quando bisogna farsi iscrivere, cioè fare una visita che non si fa; quando bisogna farla di persona; quando è lecito essere in casa; quando non è opportuno esserci, anche se ci si è; che profferte uno deve fare; che profferte l'altro deve respingere; che grado di tristezza bisogna assumere per tale o talaltra morte[a], quanto tempo è opportuno affliggersi in campagna; il giorno in cui è lecito tornare in città a consolarsi; l'ora e il minuto in cui l'afflizione permette di dare un ballo o di andare a teatro. Tutti fanno insieme la stessa cosa nella stessa circostanza. Tutto è regolato come i movimenti d'un reggimento in battaglia. Si direbbe che sono altrettante marionette inchiodate sullo stesso asse e mosse dallo stesso filo.

Ora poiché non è possibile che tutta questa gente che fa esattamente la stessa cosa sia animata dagli stessi sentimenti, è chiaro che bisognerà trovare altri mezzi per conoscerla; è chiaro che tutto questo gergo non è che un vuoto formulario, il quale serve a giudicare non tanto il costume quanto il tono che domina a Parigi. In questo modo si sentono i discorsi che si fanno ma niente di quanto potrebbe servire ad apprezzarli. Altrettanto si dica della maggior parte degli scritti nuovi; altrettanto del teatro stesso, che dopo Molière è un luogo dove si tengono garbate conversazioni e non la rappresentazione della vita civile. Qui ci sono tre teatri[1], in due dei quali si rappresentano esseri chimerici, cioè in uno Arlecchini, Pantaloni,. Scaramuccia; nell'altro dèi e diavoli e stregoni. Nel terzo si rappresentano le opere immortali che ci procuravano tanto piacere leggendole, e altre più moderne che vi compaiono ogni tanto. Parecchie di queste opere sono tragiche ma poco patetiche, e se anche ci si trovano alcuni sentimenti naturali e qualche vera relazione col cuore umano, non offrono tuttavia nessun elemento sui costumi propri del popolo che divertono.

Gli inventori della tragedia le avevano dato un fondamento religioso che bastava a giustificarla. Per altro

---

[a] Affliggersi della morte di qualcuno è un sentimento d'umanità e dimostrazione di buona natura, ma non un dovere di virtù, anche se quel qualcuno fosse nostro padre. Chiunque in quel caso non provi vera afflizione in cuore, non ne deve far dimostrazione fuori; perché è assai più essenziale evitare la falsità che uniformarsi alle convenienze. *(N.d.A.)*

forniva ai greci uno spettacolo istruttivo e piacevole con le sventure dei persiani loro nemici, con i delitti e le pazzie dei re dai quali quel popolo s'era liberato. Rappresentando a Berna, a Zurigo o all'Aja l'antica tirannia di Casa d'Austria, l'amore della patria e della libertà conferirà non poco interesse a tali lavori; ma mi si dica di che utilità sono qui le tragedie di Corneille, e cosa importa ai parigini di Pompeo o di Sertorio. Le tragedie greche rappresentavano avvenimenti veri o supposti tali dagli spettatori, fondati su tradizioni storiche. Ma cosa può produrre una fiamma eroica e pura nell'anima dei grandi? Non si direbbe forse che le battaglie dell'amore e della virtù spesso procuran loro brutte nottate, e che il cuore c'entra parecchio nei matrimoni regali? Vedi tu quale può essere la verosimiglianza e l'utilità di tante tragedie che trattano questo chimerico argomento!

Quanto alla commedia, è certo che deve rappresentare in modo naturale i costumi del popolo per il quale è fatta, affinché si corregga dei suoi vizi e difetti, come ci si pulisce la faccia davanti allo specchio. Terenzio e Plauto vennero meno a quest'impegno. Ma prima di loro Aristofane e Menandro avevano spiegato davanti agli ateniesi i costumi ateniesi, e dopo di loro soltanto Molière dipinse anche più schiettamente quelli dei francesi del secolo scorso. Il quadro è cambiato, ma non s'è presentato un altro pittore. Ora si copiano nel teatro le conversazioni d'un centinaio di salotti parigini. Fuori di lì non s'impara niente dei costumi francesi. In questa grande città ci sono cinque o seicentomila anime delle quali non si fa mai parola sulla scena. Molière ebbe l'ardire di dipingere borghesi e artigiani non meno che marchesi; Socrate faceva parlare cocchieri, falegnami, calzolai e muratori. Ma gli autori d'oggi son gente d'altra levatura, si stimerebbero disonorati se sapessero cosa capita nella bottega d'un mercante, nell'officina d'un operaio; non voglion altro che interlocutori illustri, e nel rango dei loro personaggi cercano quell'elevazione che non possono trovare nel loro genio. Persino gli spettatori si son fatti così schizzinosi che hanno paura di compromettersi alla commedia come in visita, e non si degnerebbero di assistere a una rappresentazione di gente di ceto inferiore al proprio. Si considerano come gli unici abitanti della terra; gli altri non esistono ai loro occhi. Avere una carrozza, un portiere, un maggiordomo equivale a essere come tutti gli altri. Per essere come gli altri bisogna essere come sono pochissime persone. Quelli che vanno a piedi non sono gente; sono borghesi, uomini, popolo, gente dell'altro mondo; e si direbbe che una carrozza non è tanto necessaria come mezzo di locomozione quanto come modo di esistere. Esiste così un pugno di impertinenti per i quali loro soli contano nell'universo, e che non val la pena di contare, se non per il male che fanno. Per loro soltanto son fatti gli spettacoli. Vi compaiono insieme come rappresentati in mezzo al palcoscenico, e come rappresentanti dalle due parti; sono personaggi sulla scena e attori sui banchi. In tal modo la sfera del mondo e degli autori si restringe; in tal modo la scena moderna non si scosta più dalla sua noiosa dignità. Non ci compaiono più che uomini in vesti gallonate d'oro. Si direbbe che la Francia non è popolata che di conti e di cavalieri, e che più il popolo è misero e straccione più la pittura del popolo è brillante e magnifica. Così capita che dipingendo il ridicolo dei ceti che sono esempio agli altri, più che spegnerlo lo si diffonde, e che il popolo, sempre scimmiescamente imitatore dei ricchi, va a teatro meno per ridere delle loro pazzie che per studiarle e diventare anche più pazzo di loro imitandoli. Lo stesso Molière provocò questo effetto; seppe correggere la corte ma contagiando la città, i suoi ridicoli marchesi furono i primi esemplari dei damerini borghesi che vennero poi.

In genere sulla scena francese ci sono parecchi discorsi e poca azione; forse perché il francese parla più di quanto non agisca, o per lo meno perché attribuisce a quanto si dice un valore assai più grande che a quanto si fa. Qualcuno diceva, uscendo da uno spettacolo di Dionigi il Tiranno: "Non ho visto niente ma ho udito molte parole". Così si può dire del teatro francese. Racine e Corneille con tutto il loro genio non sono che dei bei parlatori, il loro successore è il primo che imitando gli inglesi abbia avuto qualche volta il coraggio di mettere un po' di spettacolo sulla scena'. Di solito tutto procede a forza di bei dialoghi ben congegnati e sonori, e subito ci si avvede che la prima cura di ogni interlocutore è di far brillante figura. Quasi tutto è detto in forma di massime generali. Per agitati che siano, pensan sempre più al pubblico che a se stessi; una sentenza gli costa meno d'un sentimento; salvo le opere di Racine e di Molière *a*, il pronome *io* è sbandito dalla scena con uno scrupolo pari agli scritti di Port-Royal, e le passioni umane, modeste quanto la cristiana umiltà, si esprimono soltanto con il *si* impersonale.[1] Inoltre c'è nei gesti e nei discorsi una certa manierosa dignità che non concede mai che la ragione parli il suo linguaggio né che l'attore si investa del suo personaggio e si trasporti sul posto dell'azione, ma lo tiene sempre incatenato sul teatro e sotto gli occhi degli spettatori. Quindi le situazioni più frementi non gli lascian mai dimenticare un'armoniosa combinazione di frasi né eleganti atteggiamenti; e se la disperazione gli pianta un pugnale in cuore, non si accontenta di cadere in modo decente come Polissena, ma non cade affatto, la decenza lo fa star ritto dopo morto, e tutti i morti se ne tornan via con le proprie gambe.

Tutto deriva dal fatto che il francese non ricerca sulla scena la naturalezza e l'illusione, non ci vuole che spirito e pensieri; tende al piacevole e non all'imitazione, e non domanda di lasciarsi sedurre, purché lo si diverta. Nessuno va a teatro per il piacere dello spettacolo, ma per vedere il pubblico, per esser visto, per aver materia di chiacchiere a spettacolo finito, e non bada a quanto si vede se non per sapere che cosa se ne dirà. Per loro l'attore è sempre l'attore, non è mai il personaggio che rappresenta. Quell'uomo che parla da padrone del mondo non è Augusto, ma Baron; la vedova di Pompeo è Adrienne, Alzira è la signorina Gaussin, e quel truce selvaggio è Grandval. Da parte loro gli attori trascurano del tutto l'illusione, vedendo che nessuno se ne

---

a Non bisogna però metter sullo stesso piano Molière e Racine; perché quello è pieno di massime e di sentenze, come tutti gli altri, specialmente nelle commedie in versi; ma in Racine tutto è sentimento, ha saputo far parlare ogni personaggio distintamente, e appunto perciò è davvero unico tra i drammaturghi della sua nazione. *(N.d.A.)*

cura. Collocano gli eroi dell'antichità tra sei file di giovani parigini, sulla toga romana adattano la moda francese: vedete Cornelia con due dita di rossetto, Catone incipriatissimo, e Bruto in guardinfante. Il che non offende nessuno e non compromette il successo delle tragedie; siccome non si vede altro che l'attore nel personaggio, così non si vede che l'autore nel dramma, e se il costume è trascurato è cosa che si perdona facilmente: tanto si sa che Corneille non era sarto, né Crébillon parrucchiere.

Insomma, da qualsiasi parte si considerino le cose, qui tutto è ciancia, gergo, chiacchiere senza conseguenza. Sulla scena come in società, si ha un bell'ascoltare quanto si dice, non si sa mai niente di ciò che si fa; e del resto, perché saperlo? Non appena uno ha parlato, chi mai va a informarsi della sua condotta, non ha forse fatto quanto doveva fare, non è forse giudicato? il galantuomo qui non è colui che fa buone azioni, ma colui che dice belle cose; e basta una parola imprudente, detta senza pensarci, a rovinare irreparabilmente colui che l'ha detta, è un peccato che quarant'anni di vita integerrima non riuscirebbero a cancellare. Insomma anche se le opere degli uomini non somigliano alle loro parole, vedo che son valutati secondo le parole, non si tien conto delle azioni; e vedo anche che in una grande città la società sembra più dolce, più facile, persino più sicura che tra gente meno raffinata; ma in realtà forse che gli uomini lì sono più umani, più moderati, più giusti? Non lo so. Non si tratta che di apparenze, e sotto un aspetto così affabile e piacevole i cuori sono forse più nascosti, più chiusi dei nostri. Straniero, isolato, senza occupazione, senza relazioni, senza piaceri, e deciso a vedere le cose da me, come mai potrei giudicare?

Tuttavia comincio a provare l'ebbrezza che questa esistenza agitata e chiassosa dà a coloro che la vivono, mi sento stordito come un uomo davanti agli occhi del quale si fanno scorrere rapidamente una quantità di oggetti. Non uno di quelli che mi colpiscono mi parla al cuore, ma tutti insieme lo turbano e ne sopprimono gli affetti, tanto che a momenti dimentico persino chi sono e a chi appartengo. Ogni giorno uscendo di casa metto sotto chiave i miei sentimenti, per assumerne altri convenienti ai frivoli oggetti che mi aspettano. Insensibilmente giudico e ragiono come vedo che tutti giudicano e ragionano. Se qualche volta tento di scuoter via i pregiudizi e di vedere le cose come sono, ecco che subito mi aggredisce una verbosità che potrebbe somigliare a un ragionamento. Mi si dimostra con la massima evidenza che soltanto il semifilosofo considera la realtà delle cose; che il vero sapiente non le considera che sulle apparenze; che deve prendere i pregiudizi per principi, le convenienze per leggi; che la sublime saggezza consiste nel vivere come i pazzi.

In tal modo, costretto a mutar l'ordine delle mie affezioni morali; costretto a stimare delle chimere e a far tacere la natura e la ragione: vedo deformare il divino modello che porto dentro di me e che insieme era oggetto dei miei desideri e regola delle mie azioni: così ondeggio tra capriccio e capriccio; i miei gusti sono continuamente soggetti all'opinione, così che non posso mai sapere che cosa mi piacerà l'indomani[1].

Confuso, umiliato, costernato di sentir dentro di me degradare la natura umana, e di vedermi respinto così profondamente sotto quella grandezza intima alla quale i nostri cuori infiammati cercavano di innalzarsi reciprocamente, la sera rincaso immerso in una segreta tristezza, oppresso da un mortale disgusto, col cuore vuoto e gonfio come un pallone pieno di vento. O amore! o puri sentimenti che me ne derivano!... con che diletto torno in me! con che trasporto vi ritrovo i miei primi affetti e la mia prima dignità! quanto mi consolo vedendo che ancora vi brilla in tutto il suo splendore l'immagine della virtù, contemplando la tua immagine, o Giulia, su un trono di gloria, che con un soffio fa svanire tutte queste illusioni! Sento che la mia anima oppressa torna a respirare, mi sembra di ritrovare la mia esistenza e la mia vita, insieme al mio amore ripiglio tutti i sublimi sentimenti che lo fanno degno del suo oggetto.

LETTERA XVIII

Mio caro amico, ho appena goduto d'uno degli spettacoli più dolci che mai abbiano incantato i miei occhi. La più savia, la più amabile delle giovani è finalmente diventata la più degna e la migliore delle spose. Il brav'uomo del quale ha così coronato i voti, tutto stima e amore per lei, non respira che per amarla, adorarla, farla felice, e io assaporo l'indicibile piacere di assistere alla felicità della mia amica, che è come dire condividerla. Tu non vi sarai meno sensibile, ne sono certa, tu che sempre sei stato amato da lei tanto teneramente, tu che le fosti caro quasi fin dalla sua infanzia; e tanti favori te l'hanno fatta anche più cara. Sì, tutti i sentimenti che lei prova sono sensibili al nostro come al suo cuore. Se per lei sono piaceri, per noi sono consolazioni, e l'amicizia che ci unisce è tale che la felicità di uno dei tre basta per alleviare i mali degli altri due.

Tuttavia non nascondiamoci che quest'incomparabile amica sta per sfuggirci in parte. È entrata in un nuovo ordine di cose, è soggetta a nuovi impegni, a nuovi doveri, e il suo cuore, che apparteneva soltanto a noi, ora si deve ad altre affezioni, alle quali bisogna che l'amicizia ceda il primo posto.[1] E c'è di più, caro amico: da parte nostra dobbiamo farci più scrupolosi nell'accettare le testimonianze delle sue premure; non dobbiamo consultare unicamente il suo affetto per noi e il bisogno che abbiamo di lei, ma anche ciò che è opportuno nel suo nuovo stato, e che può essere gradito o spiacevole al suo marito. Non dobbiamo stare a cercare che cosa in simile caso esigerebbe la virtù; bastano le leggi dell'amicizia. Colui che per suo interesse privato ardisse compromettere un amico, sarebbe forse degno di averne? Quand'era ragazza era libera, non doveva dar conto delle sue azioni che a se stessa, la rettitudine delle sue intenzioni bastava a giustificarla ai suoi propri occhi. Ci considerava come due sposi destinati l'uno all'altro, il suo puro e sensibile cuore univa il più scrupoloso pudore per lei alla più tenera compassione per la sua colpevole amica: è così copriva la mia colpa senza condividerla. Ma ora tutto è mutato: ella deve render conto della sua condotta a un altro; ha non soltanto impegnato la sua fede, ha alienato la sua libertà. Contemporaneamente depositaria dell'onore di due persone, non le basta essere virtuosa, bisogna altresì che sia onorata; non le basta non compiere che il bene, bisogna altresì che non faccia nulla che non sia approvato. Una donna virtuosa non deve soltanto meritarsi la stima di suo marito, la deve ottenere; se egli la biasima, ella è biasimevole; e anche se fosse innocente, non appena è sospettata è dalla parte del torto; perché anche le apparenze sono tra i suoi doveri.

Non vedo ben chiaro se tutte queste ragioni sono buone, giudicale tu; ma un certo sentimento intimo mi dice che non è buona cosa che mia cugina continui a essere mia confidente, né che me lo dica lei per prima. Spesso mi sono sbagliata nei miei ragionamenti, mai invece sui moti segreti che me li ispirano, così che ho più fiducia nel mio istinto che nella mia ragione.

Perciò ho già colto un pretesto per farmi restituire le tue lettere, che per tema di qualche sorpresa avevo affidate a lei. Me le ha rese con una stretta al cuore, e che ho avvertito col mio cuore: sono quindi sicura di aver fatto quello che andava fatto. Non una parola di spiegazione, ma i nostri sguardi parlavano, mi ha abbracciata piangendo; senza dir nulla sentivamo che il tenero linguaggio dell'amicizia fa volentieri a meno delle parole.

Circa l'indirizzo da sostituire al suo, dapprima avevo pensato a Fanchon Anet, e sarebbe certo il modo più sicuro che potremmo scegliere; ma se quella giovane è di condizione inferiore a quella di mia cugina, è forse un motivo per esser meno riguardosi con lei per quanto tocca la correttezza? Anzi, non si dovrebbe forse temere che sentimenti meno elevati le facciano più pericoloso il mio esempio, e che quello che per l'una era lo sforzo d'una sublime amicizia non sia per l'altra un inizio di corruzione, e che abusando della sua riconoscenza io non costringa la virtù a farsi strumento del vizio? Ah, che forse non mi basta essere colpevole senza coinvolgere dei complici, e senza aggravare le mie colpe col peso di quelle altrui? Non pensiamoci, amico; ho immaginato un altro espediente, invero assai meno sicuro, però assai meno biasimevole in quanto non compromette nessuno e non suppone nessun confidente. Cioè, scrivermi sotto un nome supposto, per esempio du Bosquet, e mettere la lettera in una busta indirizzata a Regianino, che avrò cura di avvertire. Così nemmeno Regianino ne saprà niente, al massimo avrà qualche sospetto che però non vorrà chiarire, perché milord Edoardo dal quale dipende la sua fortuna mi risponde di lui. Intanto che la nostra corrispondenza continuerà in questo modo vedrò se sarà possibile ripigliare quello che ci servì durante il tuo viaggio nel Vallese, o qualche altro che sia permanente e sicuro.

Anche se ignorassi lo stato del tuo cuore, dal tono che regna nelle tue lettere mi avvedrei che l'esistenza che meni non è di tuo gradimento. Le lettere del signor de Muralt, delle quali i francesi si son lagnati, erano meno severe delle tue; come un ragazzino indispettito contro i suoi maestri, tu ti vendichi di dover studiare la società su quelli che per primi te la insegnano. Ciò che soprattutto mi meraviglia è che ti rivolta proprio quello che colpisce favorevolmente tutti gli stranieri, cioè l'accoglienza dei francesi e il tono generale della loro conversazione, benché tu stesso confessi che non hai che da lodartene. Non ho dimenticato la distinzione tra Parigi in particolare e una grande città in generale; ma mi avvedo che, per non conoscere ciò che si addice all'una o all'altra, tu anticipi la tua critica prima di sapere se è una maldicenza o un'osservazione. Comunque io amo la nazione francese, e sentirne dir male mi dispiace. Agli ottimi libri che ci fornisce devo la massima parte delle istruzioni che abbiamo imparato assieme. A chi siamo debitori se il nostro paese non è più barbaro? I due più grandi, i due più virtuosi moderni, cioè Catinat e Fénelon, erano entrambi francesi. Enrico IV, il re che amo, il re buono, pure era francese. Se la Francia non è il paese degli uomini liberi, è però quello degli uomini veri, agli occhi del saggio questa libertà vale quanto l'altra. Ospitali, protettori dello straniero, i francesi gli perdonano persino la verità che li ferisce, e a Londra ci si farebbe lapidare se si dicesse agli inglesi metà del male che i francesi lasciano che si dica di loro a Parigi. Mio padre che ha trascorso la sua vita in Francia non parla che con entusiasmo di codesto buono e amabile popolo. Se ha versato il suo sangue per il principe, il principe non lo ha dimenticato nel suo ritiro, e continua a onorarlo con i suoi benefici; perciò mi considero interessata alla gloria d'un paese nel quale mio padre ha trovato la sua. Amico mio, se ciascun popolo ha buone e cattive qualità, onora la verità che loda non meno della verità che biasima[1].

Dirò di più: perché mai vuoi perdere in visite oziose il tempo che ti rimane da trascorrere in codesto paese? Parigi è forse meno di Londra teatro dei talenti, e gli stranieri vi fanno forse meno facilmente fortuna? Credimi, non tutti gli inglesi sono come milord Edoardo, e non tutti i francesi sono simili a quei bei ciarlatori che ti dispiacciono tanto. Tenta, prova, fai qualche tentativo, non foss'altro che per conoscere più addentro i costumi e giudicare dalle azioni codesta gente che parla così bene. Il padre di mia cugina dice che tu conosci ·la costituzione dell'impero e gli interessi dei prìncipi. Anche milord Edoardo giudica che tu hai studiato abbastanza bene i princìpi della politica e i vari sistemi di governo. Ho fisso in testa che il paese che meglio ti si addice è quello nel quale il merito è maggiormente onorato, e che non hai bisogno che di essere conosciuto per essere apprezzato. Circa la religione, perché mai dovrebbe nuocere a te più che ad altri? Il preservativo dell'intolleranza e del fanatismo non è forse la ragione? Forse che ci son più baciapile in Francia che in Germania? e chi mai ti impedirebbe di fare a Parigi la strada che il signor di Saint-Saphorin ha fatto a Vienna? Se consideri la mèta, i tentativi più solleciti non devon forse affrettare i successi? Se paragoni i mezzi, non è forse ancora più meritorio far fortuna grazie ai propri talenti che grazie agli amici? se pensi... ah, quel mare!... un viaggio più lungo... preferirei l'Inghilterra, se Parigi si trovasse al di là.

A proposito di questa città, mi concedi di rilevare un'affettazione che noto nelle tue lettere? Tu che mi parlavi con tanto piacere delle vallesane, perché non mi dici nulla delle parigine? Queste galanti e celebri signore meritan dunque meno di esser dipinte di alcune montanare semplici e rozze? Hai forse paura di inquietarmi raffigurando le creature più seducenti del mondo? Stai attento, amico: la cosa peggiore che puoi fare per la mia tranquillità è di non parlarmi di loro, checché tu me ne dica il tuo silenzio mi riuscirebbe assai più sospetto dei tuoi elogi.

Mi piacerebbe pure che tu mi dicessi qualche cosa dell'Opéra di Parigi, della quale qui si dicono meraviglie[a]; perché insomma anche se la musica è cattiva lo spettacolo può aver le sue bellezze; se non ne avesse sarebbe argomento per la tua maldicenza, e non offenderesti nessuno.

Non so se mette conto di dirti che per via delle nozze di mia cugina i giorni scorsi mi si son presentati due pretendenti insieme. Uno è di Yverdon, che se la spassa a caccia di castello in castello; l'altro è un tedesco arrivato con la diligenza di Berna. Il primo è una specie di bellimbusto che parla con sufficiente sicumera perché chi non bada che al tono trovi spiritose le sue spiritosaggini. L'altro è uno spilungone timido, non di quella cara timidezza che deriva dalla paura di dispiacere, ma dall'impaccio d'uno sciocco che non sa cosa dire e d'un libertino che non si trova a suo agio accanto a una ragazza per bene. Siccome conosco bene le intenzioni di mio padre circa questi due messeri, mi diverto approfittando della libertà che mi concede di trattarli a mio modo, e non credo che il mio capriccio conceda lunga vita a quello che li ha portati qui. Li odio perché ardiscono attaccare un cuore sul quale tu regni, e senza armi per contrastartene il possesso; ne avessero, li odierei anche più, ma dove mai le prenderebbero, loro, e altri, e l'universo tutto? No no, stai tranquillo, amabile amico mio. Anche se scoprissi un merito pari al tuo, anche se mi si presentasse un altro te stesso, non

[a]Avrei pessima opinione di coloro che, conoscendo il carattere e la condizione di Giulia, non capissero subito che questa non è curiosità sua. Presto si vedrà che il suo amante non ci si è sbagliato. Diversamente, non l'avrebbe più amata. (N.d.A.)

darei ascolto ad altri che al primo. Quindi non stare a inquietarti di questi due tomi di cui appena mi degno di farti parola. Come mi piacerebbe servir loro due porzioni di disgusto così perfettamente eguali da deciderli ad andarsene insieme come insieme sono venuti, e che potessi farti sapere insieme la partenza di entrambi.

Il signor de Crouzas[1] ci ha dato una confutazione delle epistole del Pope che ho letto malvolentieri. A dir vero non so chi abbia ragione, di questi due autori; ma capisco che il libro del signor de Crouzas non farà mai compiere una buona azione, e che chiudendo il libro di Pope non c'è buona cosa che uno non sia tentato di fare. Non ho altro modo di giudicare delle mie letture, se non esaminare la disposizione nella quale lasciano l'animo mio, e non riesco a figurarmi che specie di bontà possa avere un libro che non induca i suoi lettori al bene[a].

Addio, mio troppo amato amico, non vorrei finire così presto; ma mi aspettano, mi chiamano. Ti lascio a malincuore, perché sono lieta e mi piace dividere con te i miei piaceri; che sono animati e raddoppiati dal fatto che mia madre sta meglio da qualche giorno, si è sentita abbastanza in forze da assistere alle nozze e far da madre alla sua nipote, o meglio alla sua seconda figlia. La povera Clara piangeva di gioia. Figurati la tua Giulia, che merita così poco di conservarla e trema sempre di perderla. Davvero che fa gli onori della festa con perfetta grazia, come se fosse in salute, anzi mi sembra che un residuo di languore faccia anche più commovente la sua ingenua gentilezza. No, questa incomparabile madre non fu mai tanto buona, così affascinante, così degna d'essere adorata!... Sai che ha domandato più volte notizie di te al signor d'Orbe? Anche se non mi parla mai di te, so bene che ti ama e che se mai fosse ascoltata, la tua e la mia felicità sarebbe la sua prima cura. Ah! se il tuo cuore è sensibile, quanto lo deve essere! e quanti debiti deve soddisfare!

---

[a] Se il lettore è d'accordo con questa regola, e se ne serve per giudicare quest'opera, l'editore non protesterà contro il suo giudizio. *(N.d.A.)*

LETTERA XIX

A GIULIA

Coraggio, o Giulia mia, sgridami, rimproverami, picchiami; sopporterò ogni cosa, ma non di meno continuerò a dirti ciò che penso. Chi mai sarà il depositario dei miei sentimenti, se non tu che li illumini; e con chi il mio cuore potrà parlare, se tu gli neghi ascolto? Quando ti riferisco le mie osservazioni e i miei giudizi, è perché tu li corregga, non perché tu li approvi; e con più errori posso commettere, più mi devo affrettare a istruirtene. Se biasimo gli abusi che mi urtano in questa grande città, non mi scuserò certo dicendo che ne parlo in privato; perché d'una terza persona non dico mai cosa che non sia disposto a dirle in faccia, e in tutto quanto ti dico dei parigini non faccio altro che ripetere quello che dico a loro tutti i giorni. Non me ne vogliono male, anzi mi danno ragione su vari punti. Credo bene che si lamentavano del nostro Muralt; si vede, si sente quanto li odia, persino negli elogi che fa loro; e mi sbaglio di grosso se nella mia critica non si avverte l'opposto. La stima e la riconoscenza che le loro bontà mi ispirano non fanno che aumentare la mia schiettezza, la quale può essere non del tutto inutile a qualcuno; e dal modo con cui sopportano la verità in bocca mia mi lusingo che siamo degni, loro di ascoltarla e io di dirla. In questo modo, o mia Giulia, la verità che biasima è più onorevole della verità che loda; perché la lode non giova che a corrompere coloro che la gustano, e i più indegni sono sempre i più affamati; mentre la censura è utile e soltanto il merito è capace di sopportarla. Te lo dico in tutta verità, onoro il popolo francese come l'unico che davvero ami gli uomini e che sia naturalmente benefico; ma appunto perciò sono meno incline ad accordargli quell'ammirazione generale alla quale aspira persino per i difetti che confessa. Se i francesi non avessero virtù, non ne direi niente; se non avessero vizi, non sarebbero uomini. Hanno troppi lati lodevoli perché sempre li si lodi.

Circa i tentativi di cui mi parli, non mi sono possibili perché per farli bisognerebbe usare certi mezzi che non mi si addicono e che tu stessa m'hai proibito. L'austerità repubblicana non ha corso in questo paese; occorrono virtù più flessibili, che sappiano piegarsi meglio agli interessi degli amici o dei protettori. Ammetto che il merito è onorato; ma qui i talenti che portano alla fama non sono quelli che menano alla fortuna, e quand'anche avessi la sventura di possederli, Giulia potrebbe forse piegarsi a diventar moglie di un *parvenu*? In Inghilterra le cose vanno altrimenti, e benché i costumi vi siano peggiori che in Francia, ci si può tuttavia arrivare per strade più oneste: laggiù il popolo partecipa maggiormente al governo, quindi la stima pubblica è un più potente mezzo di credito. Sai bene che l'intenzione di milord Edoardo è di adoperare questo mezzo in mio favore, e la mia di giustificare il suo zelo. Il luogo sulla terra dove mi sento più lontano da te è dove non posso far nulla che mi ti avvicini. O Giulia! se è difficile ottenere la tua mano, è assai più difficile meritarla, questo è il nobile compito che l'amore mi impone.

Mi togli un peso dal cuore con le buone notizie di tua madre. Già vedevo che ne eri così inquieta prima della mia partenza che non osavo dirtene il mio pensiero: ma mi pareva dimagrita, cambiata, e temevo qualche pericolosa malattia. Conservamela perché mi è cara, perché il mio cuore l'onora, perché le sue bontà sono la mia unica speranza, e soprattutto perché è madre della mia Giulia.

Quanto ai due pretendenti ti dirò che questa parola mi dispiace, anche se scherzosa. Per altro il tono con cui ne parli non mi permette di temerli, e non odio questi sventurati dal momento che tu credi di odiarli. Ma come ammiro la tua semplicità! Credi di conoscere l'odio: ma non vedi che lo scambi con l'amore indispettito? Così mormora la bianca tortorella che vede perseguitato il suo bene. O Giulia, o incomparabile fanciulla, quando potrai odiare qualche cosa io potrò cessare di amarti.

P.S. Quanto mi spiace di saperti assediata da quei due importuni! Per amore di te spicciati a mandarli via.

LETTERA XX

DI GIULIA

Caro amico, ho consegnato al signor d'Orbe un involto che s'è incaricato di farti avere all'indirizzo del signor Silvestre, dove lo potrai ritirare; ma ti avverto di aspettare ad aprirlo che tu sia solo e in camera tua. In quell'involto troverai un piccolo oggetto destinato a te.

È una specie di amuleto che gli amanti portano volentieri su di sé. Il modo di servirsene è assai strano. Tutte le mattine bisogna contemplarlo per un quarto d'ora, fino a che ci si senta compresi da un certo intenerimento. Allora lo si applica sugli occhi, sulla bocca, sul cuore; il che è un preservativo per tutto il giorno contro l'aria pericolosa del paese della galanteria. Si attribuisce pure a queste specie di talismani una virtù elettrica singolarissima, ma che non agisce che tra gli amanti fedeli. Hanno cioè la virtù di comunicare all'uno l'impressione dei baci dell'altro, a più di duecento leghe di distanza. Non ti garantisco l'esito dell'esperienza; ti dico soltanto che non dipende che da te di farla.

Quanto ai due galanti o pretendenti o come altrimenti li vuoi chiamare, stai tranquillo, il nome è scomparso con la cosa. Se ne sono andati: così vadano in pace; da quando non li vedo più ho smesso di odiarli.

LETTERA XXI[1]

A GIULIA

Proprio desideri, o Giulia, che ti dipinga queste amabili parigine? Orgogliosa che sei! mancava ancora questo omaggio alle tue bellezze! Con tutta la tua finta gelosia, e la tua modestia e il tuo amore, in questa curiosità mi pare si nasconda vanità piuttosto che paura. Comunque sia, sarò veritiero; lo posso; e lo sarei anche più volentieri se potessi lodare di più. Perché non sono cento volte più affascinanti! perché non hanno vezzi a sufficienza per tributare un nuovo onore ai tuoi!

Ti lagnavi del mio silenzio? Santo cielo, cosa ti dovevo dire? Leggendo questa lettera capirai perché mi piaceva parlarti delle vallesane e perché non ti parlavo delle donne di qui. È perché quelle mi richiamavano continuamente a te, e perché queste... leggi, poi giudicherai. Per altro pochi pensano come me delle dame francesi, anche se non sono del tutto solo ad averne questa opinione. Giustizia vuole che te lo dica subito, perché tu sappia che io le dipingo non forse come sono, ma come le vedo. Tuttavia, se sono ingiusto con loro sgridami pure, così sarai anche più ingiusta di me: perché tutta la colpa è tua.

Cominciamo dal di fuori, al che si limitano quasi tutti gli osservatori. Se li imitassi, le donne di questo paese avrebbero anche troppa ragione di lagnarsene: hanno un aspetto esteriore, sia del carattere come del volto; e siccome questo non gli è più favorevole di quello, sarebbe ingiusto non giudicarle che così. Di volto sono al più al più passabili, e piuttosto male che bene; tralascio le eccezioni. Piuttosto esili che ben fatte, non hanno un vitino svelto, perciò adottano volentieri le mode che lo nascondono; in questo mi paiono piuttosto sempliciotte le donne degli altri paesi, sempre disposte a seguir delle mode fatte per nascondere dei difetti che loro non hanno.

Hanno un'andatura sciolta e comune. Non hanno nulla di affettato nel portamento, perché non gli piace la costrizione; ma hanno naturalmente una certa *disinvoltura*[1] che non è senza grazia: spesso si compiacciono di spingerla fino alla sventatezza. L'incarnato mediocremente bianco, e sono di solito piuttosto magre, il che non giova a far più bella la pelle. Quanto al seno, stanno all'opposto delle vallesane. Stringendo fortemente il busto cercano di illudere circa la consistenza; con altri mezzi, di illudere circa il colore. Benché io non abbia visto codesti oggetti che assai da lontano, si possono contemplare con tanta libertà che resta assai poco da indovinare. Si direbbe che queste signore non servon bene il loro interesse; perché per poco che il volto sia piacente, l'immaginazione dello spettatore le servirebbe assai meglio che gli occhi; e come dice il filosofo guascone, la fame intera è assai più aspra di quella che s'è già saziata almeno con un senso[1].

Hanno fattezze poco regolari, ma se non sono belle hanno però molto carattere che supplisce alla bellezza e a volte l'eclissa. Occhi vivaci e brillanti, che però non sono né penetranti né dolci: benché cerchino di animarli a forza di rossetto, l'espressione così ottenuta sa piuttosto del fuoco della collera che di quello dell'amore; naturalmente non sono che briosi, oppure se a volte sembrano domandare un sentimento tenero non lo promettono però mai[a].

Sanno acconciarsi così bene, o per lo meno ne hanno così ferma la fama, che in questo come nel resto sono modello al resto dell'Europa. Davvero che non si possono portare con più gusto vestiti più strani. Di tutte le donne sono le meno schiave della loro stessa moda. La moda domina le provinciali, ma le parigine dominano la moda e sanno piegarla ciascuna a suo proprio vantaggio. Quelle sono come dei copisti ignoranti e servili che copiano persino gli errori di ortografia; queste invece sono autori che copiano da maestri e sanno raddrizzare le cattive lezioni.

Vestono con ricercatezza più che con magnificenza; con più eleganza che ricchezza. La rapidità delle mode che da un anno all'altro invecchiano ogni cosa, il gusto della pulitezza per cui si cambiano molto spesso, le preservano da una ridicola sontuosità; non che spendano meno, ma spendono meglio: invece di vesti stupende e rammendate come in Italia, si vedon qui abiti più semplici sempre freschi. Una stessa moderazione regna nei due sessi, la stessa delicatezza: cosa che mi fa molto piacere: non mi piace vedere né macchie né galloni. Non c'è popolo, salvo il nostro, dove le donne in modo parti-

[a] Parliamo per noi, caro il mio filosofo; perché un altro non dovrebbe esser più fortunato? Soltanto una civetta promette a tutti ciò che non dovrebbe concedere che a uno solo. (N.d.A.)

colare portino meno stoffe dorate. Sempre gli stessi tessuti in tutte le condizioni, e si faticherebbe a distinguere una duchessa da una borghese, se quella non avesse l'arte di trovare certe distinzioni che questa non osa imitare. Il che non va esente da una certa difficoltà: perché, qualsiasi moda si adotti a corte, immediatamente quella moda è imitata in città, le cittadine di Parigi non sono come le provinciali o le straniere, che sono sempre alla moda di ieri. E non va qui come altrove, dove i più potenti sono anche i più ricchi, così che le loro donne si distinguono con un lusso che le altre non possono imitare. Se le dame di corte si mettessero su questa strada, subito sarebbero eclissate dalle mogli dei banchieri.

Quindi cos'hanno escogitato? Hanno scelto dei mezzi più sicuri, più astuti e che importano maggiore intelligenza. Sanno che le idee di pudore e di modestia sono profondamente impresse nello spirito del popolo. Ecco ciò che ha suggerito loro delle mode inimitabili. Hanno capito che il popolo ha orrore del rossetto, che si ostina a nominare rozzamente belletto; se ne son messe quindi quattro dita, non di belletto ma di rossetto; perché mutando il nome muta anche la cosa. Si sono accorte che un petto scoperto è scandaloso per il pubblico; perciò hanno largamente scollacciato il busto. Hanno visto... oh quante cose che la mia Giulia, pur essendo donna, non vedrà certamente mai! Nelle loro maniere hanno introdotto quello stesso spirito che sovrintende alla loro acconciatura. Hanno stimato vile e plebeo quell'incantevole pudore che distingue, onora e abbellisce il tuo sesso; hanno animato i loro gesti e discorsi con una nobile impudicizia, e non c'è uomo da bene al quale il loro sguardo ardito non faccia abbassar gli occhi. Di modo che, smettendo di esser donne per paura di andar confuse con altre donne, preferiscono il loro rango al sesso e imitano le cortigiane pur di non essere imitate.

Non so fin dove giunga questa loro imitazione, ma so che non son riuscite a evitare del tutto quella che volevano appunto escludere. Per quanto è del rossetto e delle scollacciature, hanno fatto tutto il possibile progresso. Le cittadine hanno preferito rinunciare al loro naturale incarnato e alle seduzioni che poteva prestar loro l'*amoroso pensier* [1] degli amanti, piuttosto che ve-

284

stirsi come le borghesi; e se quest'esempio non ha contagiato gli strati sociali più bassi, è perché una donna appiedata in questa foggia non sarebbe troppo sicura contro gli insulti della plebe. Questi insulti sono il grido del pudore offeso, e in questa come in tante altre occasioni, la brutalità del popolo, più onesta che la decenza delle persone educate, trattiene forse migliaia di donne entro i limiti della modestia; ed è appunto ciò che si son proposte le astute inventrici di queste mode.

Quanto al contegno soldatesco e al tono da granatiere, colpisce meno, visto che è più diffuso e non è avvertito che da coloro che sono appena sbarcati a Parigi. Dal sobborgo di St. Germain fino al mercato, ci son poche donne il cui contatto e il cui sguardo non sia d'una sfrontatezza tale da sbalordire chiunque non ha visto niente di simile a casa sua; e dalla meraviglia provocata da tali strani modi nasce quell'aria impacciata che si rimprovera ai forestieri. Peggio ancora appena apron la bocca. Non è la voce dolce e carezzosa delle nostre vodesi. È un certo accento duro, agro, interrogativo, prepotente, beffardo e più forte di quello dell'uomo. Se nel loro tono rimane qualche grazia del sesso, quel loro modo intrepido e curioso di fissare la gente non dura fatica a dissiparla. Si direbbe che si compiacciono di veder nell'imbarazzo coloro che le vedono per la prima volta; ma c'è da credere che se ne compiacerebbero meno, se ne distinguessero meglio la ragione.

Tuttavia, sia parzialità mia verso la bellezza, sia istinto della bellezza a mettersi in valore, direi che le belle donne mi sembrano in generale un po' più modeste, vedo una maggior decenza nel loro contegno. Codesta riservatezza non gli costa, sanno benissimo che cosa gli è vantaggioso, sanno di non aver bisogno di stuzzicarci per attrarci. Forse bisogna dire che l'impudicizia è più avvertibile e offensiva se congiunta alla bruttezza, e certamente si coprirebbe piuttosto di schiaffi che di baci una brutta faccia sfrontata, mentre invece se modesta ecciterebbe una tenera compassione che a volte porta all'amore. Ma benché si noti generalmente un che di più dolce nel contegno delle belle, c'è tanta smanceria nel loro fare, e sono così evidentemente e sempre occupate di sé, che in questo paese non si è mai esposti alla tentazione che a volte pigliava il signor de Muralt in Inghilterra, di dire a una donna che è bella per il piacere di farglielo sapere.

Né la naturale ilarità della nazione né il desiderio di imitare il fare dei grandi sono le uniche ragioni di questa libertà di discorsi e di contegno che si nota qui nelle donne. Si direbbe che ha una radice più profonda nel costume, dovuta all'indiscreta e continua promiscuità dei due sessi che si contagiano a vicenda con il proprio tono, linguaggio e contegno. Le nostre donne svizzere godono di riunirsi tra loro[a], in una dolce familiarità; e se pur non è da credere che odiano il commercio degli uomini, è certo che la presenza di questi mette un certo impaccio in questa piccola ginecocrazia. A Parigi è l'esatto contrario; alle donne piace soltanto vivere con gli uomini, non stanno bene che con loro. In ogni conversazione la padrona di casa è quasi sempre sola in mezzo a un circolo di uomini. Non si riesce a capire come mai tanti uomini riescano a spargersi per ogni dove; ma Parigi è piena di avventurieri e di scapoli che trascorron la vita correndo di casa in casa, e come le monete così gli uomini paiono moltiplicarsi grazie alla circolazione. Quindi è così che una donna impara a parlare, agire e pensare come loro, e loro come una donna. È così che, unico oggetto delle loro minute galanterie, la donna gode tranquillamente di codesti ingiuriosi omaggi ai quali non ci si degna nemmeno di dare un aspetto di sincerità. Cosa conta? sul serio o per ridere, gli uomini si occupano di lei e lei non domanda altro. Se sopraggiunge un'altra donna, ecco che il tono cerimonioso subentra alla familiarità, comincia il fare sostenuto, la premura degli uomini si spartisce e un segreto impaccio regna su ognuno, un impaccio dal quale non ci si libera che uscendo[1].

Le donne di Parigi vanno volentieri agli spettacoli, come dire a farsi vedere; ma ogni volta che ci vogliono andare c'è l'impiccio di doversi trovare una compagna; perché l'uso non concede a nessuna donna di an-

[a] Le cose son cambiate radicalmente. Dalle circostanze si direbbe che queste lettere non sono state scritte che una ventina d'anni fa. Ma dai costumi e dallo stile si direbbero del secolo passato. (N.d.A.)

darci sola, foss'anche col marito o con un altro uomo. Non si può dire quanto sia difficile formare tali combinazioni in un paese pur così socievole: su dieci che se ne progettano nove vanno a male; si alleano per la voglia di andare a teatro, la noia di andarci insieme le disunisce. Credo che le donne potrebbero facilmente sopprimere questa insulsa usanza; infatti, per qual ragione non è possibile farsi vedere in pubblico da sola? Ma forse è appunto perché è senza ragione che la si mantiene. È profittevole concentrare la decenza sulle cose dove se ne potrebbe fare a meno. Che vantaggio deriverebbe a una donna dal diritto di andare all'opera senza compagna? Non è forse meglio mantenere il diritto di ricevere in privato i propri amici?

È certo che mille segreti legami devono nascere da questo loro modo di vivere sparse e isolate in mezzo a tanti uomini. Oggi tutti ne convengono, e l'esperienza ha distrutto l'assurda massima che dice di vincere le tentazioni moltiplicandole. Quindi non si dice più che quest'usanza è più decente, ma che è più gradevole, il che per altro non mi sembra maggiormente vero; perché che amore può mai regnare là dové il pudore è deriso, e che incanto può mai avere un'esistenza priva a un tempo di amore e di decenza? Quindi, siccome il massimo flagello di tutta questa gente dissipata è la noia, le donne non si curan tanto di essere amate quanto di essere divertite, per loro la galanteria e le premure valgono di più dell'amore; e, purché uno si mostri assiduo, non importa che sia appassionato. I nomi stessi di amore e di amante sono sbanditi dalla società privata dei due sessi e relegati, con quelli di *catene* e di *fiamma*, nei romanzi che più nessuno legge.

Si direbbe che qui l'ordine dei sentimenti naturali è rovesciato. Il cuore non crea nessun legame, alle giovani non è lecito formarne uno. È un diritto riservato unicamente alle donne sposate, e dalla scelta non è escluso nessuno salvo il marito. Sarebbe preferibile che una madre avesse venti amanti piuttosto che la figlia uno solo. L'adulterio non fa scandalo, non ci si trova nulla che offenda il decoro; i romanzi più decenti, quelli che tutti leggono per istruirsi, ne vanno zeppi, e la sregolatezza non è più biasimevole se è congiunta all'infedeltà. O Giulia! Una donna che s'è fatto lecito di lordare cento volte il letto coniugale oserebbe con la sua bocca impura accusare il nostro casto amore, e condannare l'unione di due cuori sinceri che mai non sono venuti meno alla fede. Si direbbe che a Parigi il matrimonio non abbia la natura che ha altrove. È un sacramento, a quanto dicono, ma un sacramento che non ha il vigore d'un minimo contratto civile: non è che l'accordo di due persone libere che decidono di abitare insieme, di portare lo stesso nome, di riconoscere gli stessi figli; ma che per il resto non hanno alcun diritto vicendevole; e un marito al quale venisse in mente di sorvegliare la cattiva condotta della moglie susciterebbe qui non meno bisbigli che da noi colui che tollerasse la pubblica sregolatezza della sua. Da parte loro le donne non esigono niente dai loro mariti, e non s'è ancora visto che li facciano condannare per aver imitato le loro infedeltà. D'altronde, come ci si potrebbe aspettare da questa o da quella parte risultati più decenti da un legame dal quale il cuore è stato escluso? Colui che non sposa altro che la ricchezza o la condizione, non va debitore di niente alla persona[1].

Persino l'amore, l'amore ha perduto i suoi diritti e non è meno snaturato del matrimonio. Se gli sposi qui non sono che uno scapolo e una nubile che abitano insieme per poter vivere più liberamente, gli amanti sono persone indifferenti che si trovano per spasso, per moda, per abitudine, o per un momentaneo bisogno. Il cuore non c'entra in quei rapporti, non si consultano che l'opportunità e certe convenienze esteriori. Insomma non è altro che conoscersi, convivere, combinarsi, trovarsi o meno ancora se è possibile. Una relazione galante dura un pochino più d'una visita; è una raccolta di garbate conversazioni e di graziose lettere piene di ritratti, di massime, di filosofia e di spiritosaggini. Quanto al fisico, non richiede tanti misteri; assai giudiziosamente s'è stabilito che era opportuno accordare l'immediatezza del desiderio con la facilità di soddisfarlo: la prima venuta, il primo venuto, l'amante o un altro, un uomo è sempre un uomo, tutti vanno egualmente bene; c'è per lo meno una certa coerenza, perché insomma si dovrebbe essere più fedeli all'amante che al marito? E poi a una certa età tutti gli uomini sono suppergiù eguali, tutte le donne pure; queste bambole escon tutte dalla stessa modista, la scelta è decisa dalla comodità.

Di queste cose non so niente per esperienza mia, me ne hanno parlato con un tono così straordinario che non m'è riuscito di capir bene cosa m'è stato detto. Quello che ho capito è che per la maggior parte delle donne l'amante è come un domestico: se non fa il suo dovere lo si licenzia e se ne piglia un altro; se trova un'occasione migliore o è stanco di servire se ne va, e se ne piglia un altro. Dicono che ci sono donne così capricciose da voler gustare persino il maggiordomo, che insomma anche lui è una specie d'uomo. È un capriccio effimero, una volta passato lo si scaccia e se ne piglia un altro, oppure se si ostina lo si tiene e se ne piglia un altro.

"Ma" dicevo a colui che mi spiegava queste strane usanze "in che modo si comporta una donna con tutti costoro che sono stati o che si sono licenziati?" "Be'," mi rispose "non ci si vede, non ci si conosce più. Se mai dovesse nascere il capriccio di ricominciare, sarebbe come fare una nuova conoscenza, sarebbe tanto se ci si rammentasse d'essersi conosciuti." "Capisco" dissi; "ma ho un bel diminuire queste esagerazioni, non riesco a capire come mai dopo così tenera unione ci si possa incontrare con indifferenza; come mai il cuore non palpiti al nome un tempo amato; come mai si possa non trasalire incontrandolo!" "Mi fate ridere, con questi vostri trasalimenti!" mi rimbeccò; "vorreste che le nostre donne non facessero altro che svenire?"

Sopprimi una parte di questo quadro certamente troppo esagerato; metti accanto al resto Giulia e ricordati del mio cuore; non ho altro da dirti.

Tuttavia devo confessare che parecchie di queste sgradevoli impressioni l'abitudine le cancella. Se pure il male si presenta prima del bene, non gli impedisce tuttavia di farsi vedere a sua volta; le seduzioni dell'intelligenza e della spigliatezza mettono in valore quelle della persona. Una volta vinta, la prima ripugnanza si trasmuta in un sentimento opposto. Ecco l'altro punto di vista del quadro, e giustizia vuole che io non mi limiti a esporne soltanto il lato negativo.

Il primo svantaggio delle grandi città è che gli uomini diventano diversi da quello che sono, e che la società assegna loro per così dire un altro essere. È vero a Parigi soprattutto, e soprattutto riguardo alle donne, che dagli sguardi altrui ricavano la sola esistenza che gli stia a cuore. Accostandosi a una dama in una conversazione, vi sembra di vedere una parigina, mentre invece non vedete che un simulacro della moda. Statura, corporatura, portamento, vita, petto, incarnato, tono, sguardo, discorsi, modi, niente le appartiene; se la vedeste nel suo stato naturale non la riconoscereste. È un cambiamento che di rado è vantaggioso per chi lo fa, generalmente non c'è da guadagnare sostituendo qualcosa alla natura. Ma non si riesce mai a cancellarla del tutto; sempre scappa fuori da qualche parte, l'arte di osservare consiste appunto nel saperla destramente cogliere. Non è un'arte difficile con le donne di questo paese; perché, siccome hanno più carattere di quanto credono, per poco che si frequentino assiduamente, peŕ poco che si riesca a staccarle da quell'eterna rappresentazione che a loro piace tanto, presto si vedono come sono, ed ecco che tutta quell'avversione che sulle prime hanno ispirato si muta in stima e amicizia.

Ebbi occasione di accertarmene la settimana scorsa, in una escursione in campagna alla quale alcune donne avevano spensieratamente invitato me e alcuni altri sbarcati qui di recente, senza star tanto a vedere se era cosa opportuna, o fors'anche per il piacere di poter ridere di noi a loro agio. Così infatti andò il primo giorno. Dapprima ci aggredirono con frecce piacevoli e aguzze che rimasero senza replica e così la loro faretra fu ben presto vuota. Allora mutarono sistema di buona grazia e, non potendoci ridurre al loro tono, si ridussero loro al nostro. Non so se si trovaron soddisfatte di questo baratto, quanto a me ne fui oltremodo soddisfatto; vidi con meraviglia che mi istruivo con loro più di quanto avrei fatto con parecchi uomini. La loro intelligenza ornava così bene il buon senso che rimpiangevo quella che avevan spesa per sfigurarlo e, giudicando più favorevolmente le donne di questo paese, deploravo che così amabili persone fossero prive di ragione semplicemente perché non ne volevano avere. Mi avvidi anche che le grazie familiari e naturali offuscavano insensibilmente il tono affettato della città; perché senza avvedersene si assumono dei modi confacenti alle cose che si dicono, e non c'è modo di accordare discorsi sensati con le smorfie della civetteria. Mi parevano tanto più graziose da quando non cercavano più di esserlo, e capii che per piacere non avevan bisogno d'altro che di non mascherarsi. Su queste osservazioni arrivai a supporre che Parigi, conclamata sede del gusto, è nel mondo intero il posto dove ce n'è meno, poiché tutte le cure che vi si prendono per piacere sfigurano la vera bellezza[1].

Rimanemmo insieme così per quattro o cinque giorni, contenti gli uni degli altri e di noi stessi. Invece di passare in rivista Parigi e le sue pazzie, la dimenticammo. Ogni nostra cura si limitava a godere fra noi d'una società gradevole e dolce. Non avemmo bisogno né di satire né di scherzi per metterci di buonumore, il nostro era un ridere non di beffa ma di allegria, come quello di tua cugina.

Un'altra cosa venne a mutar del tutto la mia opinione su di loro. Spesso in mezzo ai nostri più sollazzevoli trattenimenti venivano a sussurrare una parola all'orecchio della padrona di casa, che usciva, andava a chiudersi per scrivere, e per un pezzo non si faceva più vedere. Era facile attribuire codeste eclissi a qualche corrispondenza sentimentale, o di quelle che così si nominano. Una donna azzardò un accenno in questo senso, ma fu mal accolta; il che mi fece credere che se l'assente non aveva amanti, doveva però avere degli amici. Tuttavia la curiosità mi fece star attento, e quale non fu la mia meraviglia quando seppi che quei pretesi messaggeri parigini erano invece dei contadini della parrocchia che nelle loro sventure venivano a implorare la protezione della loro signora! Questo oppresso dalle imposte, a sgravio d'uno più ricco di lui; quello arruolato nella milizia nonostante l'età e i figli[a]; l'uno angariato con un ingiusto processo dal potente vicino; l'altro rovinato dalla grandine e costretto rigorosamente a pagare egualmente il fitto. Insomma tutti avevano da chiedere qualche grazia, a tutti si prestava paziente attenzione, nessuno era respinto e il tempo at-

[a] Così s'è visto nell'altra guerra, non, ch'io sappia, in questa. Gli uomini ammogliati si risparmiano, così molti sono indotti ad ammogliarsi. (N.d.A.)

tribuito ai bigliettini amorosi era adoperato per scrivere in favore di quegli infelici. Non potrei tacere lo stupore mio quando lo seppi, né il piacere che una signora così giovane e dissipata aveva nell'adempiere a così amabili doveri, mettendoci il minimo di ostentazione. Ma come? mi domandavo, tutto intenerito; nemmeno Giulia agirebbe altrimenti! Da quell'istante non l'ho più guardata che con rispetto, e tutti i suoi difetti si son dileguati ai miei occhi.

Non appena le mie inchieste si son rivolte in quella direzione, son venuto a sapere mille cose in favore di quelle stesse signore che sulle prime m'eran riuscite così insopportabili. Tutti gli stranieri sono unanimi nel dire che, lasciando stare i discorsi sulla moda, non c'è paese al mondo nel quale le donne siano più istruite, sappiano parlare in generale con più buon senso e giudizio, e all'occorrenza sappiano dare migliori consigli. Se si dimentica il gergo galante e prezioso, che profitto caveremo dalla conversazione d'una spagnuola, di un'italiana, d'una tedesca? Nessuno; e tu sai, Giulia, come stanno le cose da noi in Svizzera. Ma per poco che s'abbia il coraggio di farsi reputare poco galante e di cavare le francesi da codesta fortezza - dalla quale invero escon poco volentieri -, è ancora possibile trovare con chi parlare in campo aperto e si crederebbe di combattere con un uomo, da tanto la donna sa armarsi di ragione e fare di necessità virtù. Quanto alla bontà del carattere, non starò a citare lo zelo col quale servono i loro amici; perché in questo può dominare un certo calore d'amor proprio, come dappertutto; ma benché di solito non vogliano bene che a se stesse, quando sono costanti abbastanza per contrarre una lunga consuetudine, essa riesce a far le veci di un sentimento piuttosto vivace. Quelle che riescono a sopportare un'amicizia di dieci anni, di solito la conservano per tutta la vita, e ai vecchi amici voglion bene più teneramente, o per lo meno più sicuramente che ai loro giovani amanti.

Un'osservazione piuttosto comune e che sembrerebbe deporre contro le donne è che in questo paese son loro che fanno tutto, quindi più male che bene; ma si possono giustificare dicendo che fanno il male aizzate dagli uomini e il bene per loro proprio movimento. Il che non contraddice affatto quanto dicevo prima, che il cuore non c'entra per niente nei rapporti tra i due sessi: perché la galanteria francese ha dato alle donne un potere universale che non ha bisogno di nessun tenero sentimento per sostenersi. Tutto dipende da loro; non si fa niente che da loro o per loro; Olimpo e Parnaso, gloria e fortuna, tutto sta sotto le loro leggi. I libri non hanno valore, non stima gli scrittori che se le donne sono disposte ad accordargliene; loro decidono sovranamente delle più alte cognizioni come delle più piacevoli. Poesia, letteratura, storia, filosofia, politica persino, subito ci si avvede dallo stile di tutti i libri che sono scritti per divertire le belle donne; si è persino ridotta la bibbia in storielle galanti. Negli affari dispongono per ottenere quanto vogliono di un gran potere persino sui loro mariti, non perché siano loro mariti, ma perché sono uomini, ed è cosa intesa che un uomo non rifiuterà mai checchessia a una donna, fosse pur anco sua moglie.

Per altro questa autorità non suppone né devozione né stima, ma soltanto cortesia e pratica del mondo; perché d'altra parte è cosa non meno essenziale alla galanteria francese di sprezzare le donne che di servirle. Questo sprezzo è una specie di merito che le intimidisce; è testimonianza che si è vissuti abbastanza con loro per poterle conoscere. Chiunque le rispettasse sarebbe da loro considerato un novizio, un paladino, un uomo che non ha frequentato le donne che nei romanzi. Esse si giudicano così equamente che onorarle varrebbe quanto dichiararsi indegni di esser loro graditi, e la prima qualità d'un uomo fortunato in galanteria è d'essere sovranamente impertinente.

Comunque sia, hanno un bel pretendersi cattive; sono buone loro malgrado, ed ecco a che cosa è soprattutto utile la loro bontà di cuore. In qualsiasi paese le persone molto occupate negli affari sono sempre scostanti e spietate, e siccome Parigi è il centro degli affari del più grande popolo dell'Europa, coloro che vi attendono sono quindi i più duri fra gli uomini. Quindi ci si rivolge alle donne per ottenere delle grazie; esse sono il rifugio dei bisognosi; non chiudon le orecchie ai loro lamenti; li ascoltano, li consolano e li servono. In così frivola esistenza sanno sottrarre alcuni momenti al piacere per destinarli alla loro naturale bontà, e se alcune di loro fanno un infame commercio dei benefici che procurano, mille altre si industriano ogni giorno e gratuitamente a soccorrere il povero con la loro borsa e l'oppresso col loro credito. È vero che spesso le loro premure sono indiscrete e che nuocciono senza scrupolo allo sventurato che non conoscono per favorire lo sventurato che conoscono. Ma come si fa a conoscere tutti in un così grande paese, e che cosa può fare di più la bontà dell'animo separata dalla vera virtù, il cui sublime sforzo non è tanto di compiere il bene quanto di non commettere mai il male? A parte questo, è certo che sono inclinate al bene, che ne fanno parecchio, che lo fanno di buon cuore, che loro solo mantengono a Parigi quel poco di umanità che ancora vi regna, e che senza di loro si vedrebbero gli uomini avidi e insaziabili scannarsi come lupi.

Ecco delle cose che non avrei saputo se mi fossi limitato alle pitture dei romanzieri e dei commediografi, i quali vedono nelle donne i ridicoli che hanno in comune con loro piuttosto che le buone qualità che essi non hanno; che dipingono capolavori di virtù che le donne si dispensano dall'imitare definendole chimere, invece di incoraggiarle al bene lodando quello che esse effettivamente fanno. Forse i romanzi sono l'estrema istruzione che si possa dare a un popolo abbastanza corrotto perché ogni altra gli riesca inutile; quindi vorrei che la composizione di siffatti libri non fosse permessa che a persone oneste ma sensibili, capaci di versare il cuore nei loro scritti, a ‛scrittori che non fossero al di sopra delle umane debolezze, che non mostrassero a un tratto la virtù in un cielo inaccessibile agli uomini, ma che gliela facessero amare dipingendola dapprima meno austera, e poi dal seno del vizio li portassero a poco a poco verso di lei.

Già t'ho detto che non condivido l'opinione corrente sulle donne di questo paese. Tutti sono unanimi nell'ammirare il loro incantevole commercio, le più seducenti grazie, la più raffinata civetteria, una sublime galanteria e l'arte di piacere sovranamente. Io invece le trovo sgradevoli al primo incontro, la loro civetteria mi ripugna, le loro maniere mi sembrano immodeste. Mi figuro che il cuore si deve chiudere a tutte le loro profferte, e nessuno mai mi persuaderà che siano capaci di parlar dell'amore un solo momento senza dimostrarsi incapaci insieme di ispirarlo e di provarlo.

D'altra parte la fama ammonisce di non fidarsi del loro carattere, le dipinge frivole, astute, artificiose, stordite, volubili, capaci di parlare bene ma incapaci di pensare e ancor meno di sentire, e che spendono tutto il loro merito in vane chiacchiere. A me tutto questo mi sembra sia esteriorità, come il loro rossetto e i loro guardinfanti. Sono vizi d'apparenza che a Parigi sono necessari, e che insomma nascondono in loro il buon senso, la ragione, l'umanità, la naturale bontà; sono meno indiscrete, meno importune che da noi, meno forse che dappertutto altrove. ·Hanno una più soda istruzione, quindi un più sano giudizio. Insomma, se mi dispiacciono per tutto ciò che caratterizza il loro sesso che hanno deformato, le stimo per caratteri che hanno in comune con il nostro e che ci onorano; e mi sembra che potrebbero essere cento volte uomini di valore piuttosto che amabili donne.

In conclusione: se Giulia non fosse esistita, se il mio cuore avesse potuto tollerare qualche altra affezione che non fosse quella per la quale è nato, a Parigi non avrei mai scelto una moglie e tanto meno un'amante; ma volentieri mi sarei fatta un'amica, e quel tesoro m'avrebbe forse consolato di non poterci trovare gli altri due[a].

LETTERA XXII

A GIULIA

Da quando ho avuto la tua lettera, sono andato tutti i giorni dal signor Silvestre a cercare il pacchetto. Non arrivava mai, divorato da una mortale impazienza feci

---

[a] Mi guarderò bene dal giudicare questa lettera; ma dubito che un giudizio il quale accorda liberalmente a quelle che sono in causa delle qualità da loro sprezzate, e che nega quelle sole di cui sono bramose, sia fatto per essere bene accetto a loro. (N.d.A.)

il viaggio sette volte, invano. All'ottava finalmente lo trovai. Non appena l'ebbi tra le mani, senza pagare il porto, senza domandar niente, senza dir niente a nessuno sono uscito come un insensato, non vedevo il momento di rincasare, infilavo precipitosamente vie che non conoscevo così che in capo a mezz'ora, cercando la via de Tournon dove abito mi son trovato nel Marais, all'altro capo di Parigi. Sono stato costretto a pigliare una carrozzella per tornare più in fretta; è la prima volta che mi capita di prenderla di mattina per i miei affari, di solito non me ne servo, e a malincuore, che per alcune visite il pomeriggio; perché ho due ottime gambe, e mi spiacerebbe che una maggior agiatezza me ne facesse trascurare l'uso.

Ero assai imbarazzato in carrozza con il pacchetto; non lo volevo aprire che a casa, come m'hai comandato. D'altronde una specie di voluttà che mi fa trascurare ogni comodo nelle cose comuni, me lo fa ricercare con gran cura nei veri piaceri. Allora non posso tollerare nessuna distrazione, voglio aver tempo e agio per assaporare tutto quanto mi viene da te. Tenevo il pacchetto con una curiosità inquieta che non riuscivo a padroneggiare, tentavo di palpare attraverso l'involucro che cosa mai poteva contenere, si sarebbe detto che mi scottava le mani, a vedere il moto continuo che faceva dall'una all'altra. Non che dal volume, dal peso e dal tono della tua lettera non nutrissi qualche sospetto della verità; ma come immaginare in che modo avevi potuto trovare l'artista e l'occasione? Ecco una cosa che ancora non capisco; è un miracolo dell'amore; tanto più oltrepassa la mia ragione e tanto più mi incanta il cuore: uno dei piaceri che ne ricavo è che non riesco a capirci nulla.

Finalmente giungo, volo, mi chiudo in camera, mi siedo tutto ansante, con mano tremante rompo il sigillo. O primo influsso del talismano! sentivo il cuore che mi palpitava a ogni carta che svolgevo, e ben presto mi sono trovato così oppresso che sono stato costretto a tirare il fiato un momento prima dell'ultimo involucro... Giulia!... O mia Giulia!... il velo è squarciato...¹ ti vedo... vedo le tue divine bellezze! La bocca e il cuore le rendono il primo omaggio, piego le ginocchia... Vezzi adorati, una volta ancora mi avrete incantato gli occhi. Quanto è veloce e potente il magico effetto delle tue care fattezze! No, non occorre un quarto d'ora per provarlo, come tu dici; un minuto, un attimo basta per strapparmi dal petto mille ardenti sospiri, e con la tua immagine richiamare quella della mia trascorsa felicità. Perché bisogna che la gioia di possedere così prezioso tesoro sia mista a così mortale amarezza? Con che violenza mi rammenta i tempi che non sono più! Vedendolo mi pare di rivederti; mi pare di ritrovare quei deliziosi istanti il cui ricordo forma ora l'infelicità della mia vita, e che il cielo m'ha accordato e rapito nella sua collera! Ahimè, un attimo mi delude; tutto il dolore dell'assenza si ravviva e s'inasprisce dissipando l'errore che l'ha sospeso, sono come quegli infelici di cui si interrompono i tormenti soltanto per renderglieli più sensibili. O dèi! che torrenti di fiamma i miei avidi occhi attingono in questo inaspettato oggetto! oh, come rianimai in fondo al cuore tutti gli impetuosi movimenti che vi faceva nascere la tua presenza! o Giulia, se fosse vero che potesse trasmettere ai tuoi sensi il delirio e l'illusione dei miei... Ma perché mai non lo farebbe? Perché queste impressioni che l'anima risente con tanta vivacità non andrebbero lontano come lei? Ah, cara amante! dovunque tu sia, checché tu faccia nel momento in cui scrivo questa lettera, nel momento in cui il tuo ritratto riceve tutto quanto il tuo idolatra amante rivolge alla tua persona, non senti il tuo incantevole volto inondato dalle lagrime dell'amore e della tristezza? Non senti gli occhi, le guance, la bocca, il seno stretti, compressi, oppressi dai miei baci ardenti? Non ti senti ardere tutta del fuoco delle mie labbra brucianti?... Cielo, che sento? Qualcuno viene... Ah, riponiamo, nascondiamo il mio tesoro... un importuno!... Maledetto sia quel crudele che viene a turbare così dolci trasporti!... Possa egli non mai amare... o vivere lontano da ciò che ama!

LETTERA XXIII

ALLA SIGNORA D'ORBE

A voi, amabile cugina, a voi debbo render conto dell'Opéra; perché anche se non ne fate cenno nelle vostre lettere, e Giulia non ne ha fatto parola, capisco da dove le viene questa curiosità. Ci andai una volta per soddisfare la mia; ci son tornato altre volte per voi due. Dopo questa lettera vi prego di considerarmi sdebitato. Ci posso tornare ancora per sbadigliare soffrire e morire per servirvi; ma non mi è possibile rimanervi sveglio e attento.

Prima di dirvi ciò che penso di questo celebre teatro, voglio riferirvi ciò che qui se ne dice; il giudizio dei competenti potrà correggere il mio se mi sbaglio.

A Parigi, l'Opéra di Parigi è reputata il più pomposo, il più voluttuoso, il più mirabile spettacolo che l'arte umana abbia mai inventato. Dicono che è il più splendido monumento della magnificenza di Luigi XIV. Non crediate che sia concesso a chicchessia di esprimere il proprio giudizio su così grave argomento. Si può discutere di tutto, salvo la musica e l'Opéra, su questo punto è pericoloso non saper dissimulare; la musica francese si regge grazie a una severissima inquisizione, la prima cosa che si insinua a erudizione di tutti gli stranieri che vengono in questo paese è che tutti gli stranieri sono d'accordo nel dire che non esiste al mondo cosa più bella degli spettacoli dell'Opéra di Parigi. Per la verità dirò che i più discreti stanno zitti, e non ardiscon riderne che tra loro.

Bisogna tuttavia ammettere che vi si rappresentano con grandi spese non soltanto tutte le meraviglie della natura, ma anche altre e ben maggiori meraviglie che nessuno mai ha visto, e sicuramente il Pope ha alluso a questo strano teatro parlando di quello dove, dice, si vede un guazzabuglio di dèi, di folletti, di mostri, di re, di pastori, di fate, e furore gioia fuoco, una giga una battaglia e un ballo[1].

Questo magnifico e ordinatissimo complesso è considerato come se davvero contenesse tutte le cose che rappresenta. Quando compare un tempio si è compresi di

sacro rispetto, e per poco che la dea sia graziosa mezza la platea è pagana. Qui non si è schizzinosi come alla Comédie-Française. Gli stessi spettatori che non
riescono a dimenticare l'attore nel personaggio, all'o-
pera non sanno separare un attore dal personaggio rappresentato. Si direbbe che gli spiriti si irrigidiscano
contro una finzione ragionevole, e che invece la am-
mettano se sia assurda e grossolana; o forse che du-
ran meno fatica a concepire gli dèi che gli eroi. Giove
è d'una natura diversa dalla nostra, quindi se ne può
pensare ciò che pare; ma Catone era un uomo, e quanti uomini hanno il diritto di credere che Catone sia mai
potuto esistere?

Quindi l'Opéra di Parigi non è, come capita altrove,
una compagnia di attori pagati per darsi in spettacolo
al pubblico; è vero che è gente pagata dal pubblico perché si dia in spettacolo; ma ogni cosa muta di natura
visto che si tratta d'un'Accademia Reale di musica, una
specie di corte suprema che giudica inappellabilmente
le proprie cause e non si immischia di giustizia o di
fedeltà[a]. Ecco, cara cugina, in che modo in certi paesi
l'essenza delle cose dipende dalle parole, e in che modo
delle parole oneste bastano a onorare ciò che non lo è
affatto.

I membri di questa nobile accademia non perdono affatto i diritti della nobiltà. Invece sono scomunicati, il
che è esattamente l'opposto di quanto capita altrove; ma
forse, potendo scegliere, preferiscono esser nobili e dannati che plebei e benedetti. Ho visto sulla scena un cavaliere moderno non meno orgoglioso del suo mestiere di quanto l'infelice Laberio fosse umiliato dal suo[b],
benché lo facesse per forza e non recitasse che le sue

---

[a] A dirlo in parole schiette sarebbe anche più vero; ma qui
sono parte in causa e devo tacere. Dovunque si è meno sottomessi alle leggi che agli uomini, bisogna saper sopportare l'ingiustizia. (N.d.A.)

[b] Costretto dal tiranno a salire sul palcoscenico, deplorò la
sua sorte in patetici versi, capacissimi di accendere lo sdégno
di qualsiasi galantuomo contro quel così vantato Cesare. "Dopo esser vissuto sessant'anni onoratamente," disse "stamane ho
lasciato casa mia cavaliere romano e stasera ci tornerò vile

299

proprie opere. Infatti l'antico Laberio non poté rioccupare il suo posto nel circo tra i cavalieri romani, mentre quest'altro ne trova sempre uno sulle panche della Comédie-Française, tra la prima nobiltà del paese, e mai non si sentì parlare a Roma con tanto rispetto della maestà del popolo romano come si sente a Parigi della maestà dell'Opéra[1].

Questo è quanto ho potuto raccogliere dagli altrui discorsi su questo splendido spettacolo; lasciate ora che vi dica ciò che ho visto io.

Figuratevi un andito largo una quindicina di piedi e lungo in proporzione; è il palcoscenico. Sui due lati si collocano a intervalli dei fogli di paravento, sui quali sono rozzamente dipinti gli oggetti che la scena deve rappresentare. Il fondo è un gran tendone dipinto allo stesso modo, e quasi sempre bucato o lacerato, il che raffigura abissi in terra oppure buchi in cielo, secondo la prospettiva. Se qualcuno passa dietro il telone e lo tocca, provoca una specie di terremoto assai gradevole da vedere. Il cielo è rappresentato da certi cenci azzurrastri sospesi a bastoni o corde, come la biancheria d'una lavandaia. Il sole, poiché a volte lo si vede, è una fiaccola in una lanterna. I carri degli dèi e delle dèe son composti di quattro travicelli in quadro sospesi a una robusta corda, come un'altalena; su questi travicelli un'asse, sulla quale è seduto il dio, e davanti pende un pezzo di tela grossolana e imbrattata alla meglio, che fa da nuvola a così magnifico cocchio. Sotto la macchina si scorgono due o tre puzzolenti candele mal smoc-

---

istrione. Ahimè, son vissuto un giorno di troppo. O fortuna! se era pur necessario disonorarmi, perché non lo facesti quando la giovinezza e la forza mi concedevano almeno un aspetto piacevole; ma ora non sono che un melanconico oggetto esposto al disprezzo del popolo romano: una voce spenta, un corpo infermo, un cadavere, un sepolcro ambulante che di me non conserva altro che il nome." Tutto il prologo da lui recitato in quell'occasione, l'ingiustizia fattagli da Cesare punto dalla nobile libertà con la quale vendicava l'onore offeso, l'affronto subito nel circo, la bassezza di Cicerone che insultò al suo obbrobrio, la fine e pungente risposta che gli diede Laberio: tutto ci è stato trasmesso da Aulo Gellio, e secondo me è il brano più curioso e interessante della sua insipida raccolta. (N.d.A.)

colate che affumicano abbondantemente l'attore il quale frattanto si storce e urla ballonzolando sulla sua altalena. Degno incenso della divinità.

Poiché questi cocchi sono la parte più cospicua delle
macchine dell'Opéra, da loro potete giudicare le altre. Il mare agitato è composto di lunghe lanterne an-
golari scanalate, di tela o di cartone azzurro, infilate
su stanghe parallele e fatte girare da alcuni monelli.
Il tuono è una greve carretta che si fa passare sulla
volta, e non è lo strumento meno gradevole di questa
bella musica. I lampi si fanno con dei pizzichi di pece
e resina sulla fiamma d'una torcia; il fulmine è una
castagnola in cima a un razzo.

La scena è fornita di piccole botole quadrate che occorrendo si aprono annunciando che i demoni stanno
per uscir di cantina. Se devono alzarsi in aria, si sostituiscono destramente con demonietti di tela bruna
impagliata, a volte anche con veri spazzacamini che
oscillano in aria sospesi alle corde, fin che non scompaiono maestosamente nei cenci di cui ho parlato sopra. Ma cosa davvero tragica è quando le corde sono
manovrate male o si spezzano: perché allora gli spiriti
infernali e gli dèi immortali stramazzano, si storpiano
e a volte si ammazzano. Al quadro aggiungete i mostri
che fanno commoventi certe scene, come dragoni, lu-
certoloni, tartarughe, coccodrilli, enormi rospi che circolano con aria minacciosa sulla scena e fanno vedere
all'Opéra le tentazioni di sant'Antonio. Sono figure mosse da qualche goffo spazzacamino che non è intelligente abbastanza da far la bestia.

Ecco, cara cugina, in che consiste suppergiù l'augusto apparato dell'Opéra, per quanto l'ho potuto osservare dalla platea giovandomi del binoccolo; perché
non dovete andare a credere che si tratti di trucchi ben
nascosti e che producano un effetto imponente; vi dico
semplicemente quello che ho visto coi miei occhi, quello
che qualsiasi spettatore non prevenuto può vedere come me. Tuttavia dicono che c'è una grandissima quantità di macchine per muovere tutta questa roba; più
d'una volta me le hanno volute far vedere, ma non sono mai stato curioso di vedere come si posson fare piccole cose con grandi sforzi.

È incredibile la quantità di gente occupata nell'Opéra.

L'orchestra e i cori riuniscono un centinaio di persone; c'è una folla di ballerini, tutte le parti sono doppiate o triplicate[a], come dire che ci sono sempre uno o due attori subalterni pronti a sostituire l'attore principale, e pagati per non far niente fino a che piaccia a costui di non far niente a sua volta, il che capita sempre abbastanza presto. Dopo alcune rappresentazioni i primi attori, che sono importanti personaggi, smettono di onorare il pubblico con la loro presenza; lasciano il posto ai loro sostituti, e ai sostituti dei loro sostituti. All'ingresso si esige sempre lo stesso prezzo, ma lo spettacolo non è più quello. Ognuno si piglia un biglietto come alla lotteria, non sa cosa gli capiterà, ma comunque vada nessuno ardirà protestare; perché sappiate che i nobili membri di questa accademia non devono nessun rispetto al pubblico, è il pubblico che ne deve a loro.

Non vi dirò nulla della musica, la conoscete. Ma non potete avere idea dei gridi spaventosi, dei lunghi muggiti di cui risuona il teatro durante le rappresentazioni. Si vedono delle attrici quasi in convulsioni strapparsi a forza quegli strilli dai polmoni, coi pugni stretti contro il seno, la testa rovesciata, il volto in fiamme, le vene gonfie, il petto ansante; non si può dire se sia più sgradevolmente offeso l'occhio o l'orecchio; con quei loro sforzi fanno soffrire coloro che li stanno a guardare, come coi loro canti coloro che li ascoltano, e il colmo è che codesti urli sono pressoché l'unica cosa che gli spettatori applaudono. Vedendoli batter le mani si prendono per sordi lieti di cogliere qua e là alcuni suoni acuti, e che incitano gli attori a raddoppiarli. Quanto a me sono certo che si applaudono gli strilli di un'attrice all'opera come le prodezze d'un giocoliere alla fiera: se ne ricava una sensazione spiacevole e penosa; si soffre fin che durano, ma si è così contenti di vederli finire senza accidenti che volentieri si esterna la propria gioia. Figuratevi che questo modo di cantare è adoperato per esprimere quanto di più galante e tenero Quinault ha saputo dire. Immaginate le muse, le grazie,

[a] In Italia non si sa cosa siano i "doppi", il pubblico non li tollererebbe: e quindi lo spettacolo è molto meno caro: costerebbe troppo e varrebbe meno. (N.d.A.)

gli amori, Venere stessa che si esprimono con questa delicatezza, e vedete che effetto ne può riuscire! Pazienza per i diavoli, è una musica il cui carattere infernale gli si addice bene. Perciò le magie, le evocazioni, tutte le cerimonie del barlotto delle streghe sono le cose più ammirate all'Opéra francese.

A codesti graziosi suoni, intonati non meno che dolci, si sposano degnissimamente quelli dell'orchestra. Immaginate uno sterminato fracasso di strumenti senza melodia, un russare monotono e perpetuo di bassi: che è la cosa più lugubre e deprimente che mai abbia udito in vita mia, e che non ho mai potuto tollerare mezz'ora senza buscarmi un violento mal di capo. Il tutto forma una specie di salmodia che di solito va senza canto né misura. Ma se per caso ci si trova qualche aria un po' saltellante, ne nasce un trepestio universale, si sente tutta la platea in movimento che accompagna con gran fatica e gran baccano un certo uomo dell'orchestra[a]. Beati di udire per un poco una misura che sentono così di rado, si tormentano l'orecchio, la voce, le braccia, i piedi e tutto il corpo per rincorrer la misura[b] sempre sul punto di sfuggirgli, mentre il tedesco e l'italiano che ne sono intimamente penetrati la sentono e la seguono senza nessun sforzo, e non provan mai il bisogno di batterla. Almeno Regianino m'ha detto spesso che nei teatri d'opera italiani, dove è così sentita e viva, non si ode né si vede mai, né nell'orchestra né tra gli spettatori, il benché minimo movimento che la segni. Ma qui tutto denuncia la durezza dell'organo musicale; le voci sono ruvide e senza dolcezza, le inflessioni aspre e forti, i suoni sforzati e strascicati; nessuna cadenza, nessun accento melodioso delle arie popolari: gli strumenti militari, i pifferi della fanteria, le trombe della cavalleria, tutti i corni, tutti gli oboi, i canterini di strada, i violini delle bettole, tutto è stonato tanto da offendere l'orecchio meno delicato. Non tutti i talenti sono concessi agli stessi uomini, e in ge-

[a] Il taglialegna. *(N.d.A.)*
[b] Direi che è buono il paragone che s'è fatto tra le arie leggere della musica francese e il galoppo d'una vacca, o un'oca grassa che tenta di volare. *(N.d.A.)*

nerale il francese pare, di tutti i popoli europei, quello
che è meno atto alla musica. Milord Edoardo pretende che anche gli inglesi lo sono piuttosto poco; con la
differenza che questi lo sanno e non se la pigliano, mentre i francesi rinuncerebbero a mille fondati diritti e
accetterebbero un giudizio negativo su qualsiasi altra
cosa, piuttosto che ammettere che non sono i primi mu-
sicisti dell'universo. C'è persino chi vorrebbe considerare la musica a Parigi come un affare di stato, forse
perché fu tale a Sparta il taglio di due corde alla lira
di Timoteo: e capite che non c'è da replicare. Comunque, l'Opéra di Parigi potrebbe essere una assai bella
istituzione politica, che la gente di gusto non potrebbe
esserne più soddisfatta. Torniamo alla descrizione[1].

Mi rimane da parlare dei balletti, che sono la cosa
più brillante di quest'Opéra, e considerati a sé sono uno
spettacolo gradevole, magnifico e veramente teatrale;
ma sono parte costitutiva dello spettacolo, e come tali
vanno considerati. Conoscete i melodrammi di Quinault, e sapete che parte vi hanno gli intermezzi; così,
se non peggio, vanno le cose con i suoi successori. In
ogni atto l'azione è di solito interrotta nel momento
dell'interesse più vivo da una festa offerta agli attori
seduti, e che la platea vede in piedi. Così capita che gli
attori dell'opera sono del tutto dimenticati, oppure che
gli spettatori guardano gli attori, i quali guardano altrove. Il modo di inserire queste feste è semplice. Se il
principe è allegro, si partecipa alla sua allegria e si
balla; se è triste lo si vuol rallegrare e si balla. Non
so se nelle corti vige la moda di dare un ballo ai re
quando sono di malumore. Quanto a questi, so che non
è possibile ammirare abbastanza la stoica costanza con
la quale stanno a vedere gavotte o ad ascoltare canzo-
nette, intanto che dietro la scena si sta decidendo della
loro corona o del loro destino. Ma ci sono anche altri
motivi per ballare; gli atti più gravi della vita si compiono ballando. Ballano i preti, ballano i soldati, ballano gli dèi, i diavoli ballano, si balla persino ai funerali
e tutti ballano per qualsiasi motivo.

Quindi la danza è la quarta delle arti adoperate nella costituzione della scena lirica: le altre tre concorrono all'imitazione, ma questa che cosa imita? Niente. È
quindi cosa gratuita, quando è adoperata come danza:

perché cosa ci stanno a fare i minuetti, i rigodoni, le ciaccone in una tragedia? Dirò di più, la danza non sarebbe meno fuori posto se imitasse qualche cosa, perché di tutte le unità la più indispensabile è quella del linguaggio; e un'opera nella quale l'azione si svolgesse metà cantando, metà danzando, sarebbe anche più ridicola di quella nella quale si parlasse metà italiano e metà francese.

Non contenti di introdurre la danza come parte essenziale della scena lirica, si sono sforzati persino di farne qualche volta l'oggetto principale, ci sono melodrammi detti balletti che rispondono così male al titolo che la danza ci si trova spaesata come in tutti gli altri. Quasi tutti questi balletti importano soggetti distinti e separati quanti sono gli atti, e quei soggetti sono collegati fra loro da certi rapporti metafisici che lo spettatore non si sognerebbe nemmeno, se l'autore non pensasse ad avvertirlo con un prologo. Le stagioni, le età, i sensi, gli elementi: mi domando che rapporto ci può mai essere tra questi titoli e la danza, e che cosa possono in tal modo offrire all'immaginazione. Alcuni poi sono meramente allegorici, come il carnevale e la pazzia, e sono i più intollerabili di tutti; perché, pur con molto spirito e molta finezza, non hanno né sentimenti, né quadri, né situazioni, né calore, né interesse, né niente di quanto possa fornire appiglio alla musica, molcere il cuore e nutrire l'immaginazione. In questi cosiddetti balletti l'azione si svolge sempre cantando, la danza interrompe sempre l'azione, o non c'entra che occasionalmente, e non imita niente. L'unica cosa da dire è che, siccome questi balletti sono anche meno interessanti della tragedia, le interruzioni sono meno avvertite: fossero meno freddi, offenderebbero di più; ma un difetto nasconde l'altro, e l'arte degli autori sta nel comporre opere abbastanza noiose perché la danza non stanchi.

Il che mi porta insensibilmente a ricercare la vera costituzione del dramma lirico, argomento troppo impegnativo perché possa entrare in questa lettera, e che mi porterebbe lontano dall'argomento mio; ne ho composto una piccola dissertazione che troverete inclusa a questa e di cui potrete discutere con Regianino. Sull'Opéra francese mi resta da dirvi che il massimo difet-

to che mi pare di scorgervi è un falso gusto della magnificenza col quale si vuol rappresentare il meraviglioso; il quale, essendo fatto per essere immaginato soltanto, è al posto suo in un poema epico ma ridicolissi-
mo sulla scena. Avrei durato fatica a credere, se non
l'avessi visto, che ci sono degli artisti abbastanza sciocchi da voler imitare il carro del sole, e degli spettatori
abbastanza bambini da andar a vedere tale imitazione.
La Bruyère non poteva capire come mai uno spettacolo magnifico come l'opera lo potesse annoiare e costar
così caro[1]. Lo posso capire io che non sono un La Bruyère, e sostengo che per qualsiasi uomo che non sia
sprovveduto di gusto artistico la musica francese, la
danza e il meraviglioso mescolati insieme faranno sempre dell'opera di Parigi il più noioso spettacolo del mondo. Al postutto forse non ne occorre di più perfetti ai
francesi, almeno quanto a esecuzione; non che non siano capacissimi di conoscere una buona esecuzione, ma
perché qui il male li diverte più del bene. Preferiscono
deridere che applaudire; il piacere della critica li risarci-
sce della noia dello spettacolo, e sono più soddisfatti
di potersene far beffe quando non ci stanno che di goderselo quando ci stanno.

LETTERA XXIV

DI GIULIA

Sì, sì, vedo bene che la felice Giulia ti è sempre cara. Quel fuoco stesso che ti splendeva negli occhi, l'ho
sentito nella tua ultima lettera; ci ritrovo tutto l'ardore che mi anima, e che ne riesce anche più aumentato.
Sì, o amico, la sorte ha un bel separarci, stringiamo insieme i nostri cuori, manteniamo comunicandoli il calore naturale contro il freddo dell'assenza e della di-

sperazione, e facciamo in modo che tutto quanto dovrebbe allentare i nostri nodi serva invece a vieppiù stringerli.

Ma vedi un poco la mia semplicità; da quando ho ricevuto questa lettera risento in parte i deliziosi effetti di cui parla, e questo scherzo del talismano, benché l'abbia inventato io stessa, non lascia tuttavia di sedurmi e di sembrarmi verità. Quando son sola cento volte il giorno trasalisco, come se tu mi fossi vicino. Mi figuro che tieni in mano il mio ritratto, sono così folle da immaginarmi di provare l'impressione delle carezze che gli fai e dei baci che gli dai; la mia bocca crede di riceverli, il mio tenero cuore di assaporarli. O dolci illusioni! o chimere, estreme risorse degli infelici! Ah, se è possibile, mettetevi per noi al posto della realtà! Siete pur qualche cosa ancora per colcro che non conoscono più la felicità.

Quanto al modo con cui son riuscita ad avere questo ritratto, è sì una premura dell'amore; ma credimi pure che, fosse vero che fa dei miracoli, non questo sarebbe stato scelto. Ecco la chiave dell'enigma. Fu qui da noi un miniaturista che veniva dall'Italia, aveva con sé lettere di milord Edoardo il quale forse prevedeva quello che poi è capitato. Il signor d'Orbe volle approfittare dell'occasione per avere il ritratto di mia cugina: volli averlo io pure. Lei e mia madre vollero avere il mio, e io pregai il pittore di farne segretamente un'altra copia. Poi, senza stare a inquietarmi se copia o originale, scelsi il più somigliante dei tre per mandartelo. È una birbonata che non m'è costata grandi scrupoli; perché un po' più o un po' meno di somiglianza non conta per mia madre o mia cugina; ma se tu dovessi offrire omaggi a un'effigie che non fosse la mia, sarebbe una specie di infedeltà: tanto più pericolosa se il ritratto fosse più bello di me; e io non voglio in nessun modo che tu ti innamori di bellezze che io non posseggo. Per altro non è dipeso da me che fossi vestita con più cura; non m'hanno voluta ascoltare e persino mio padre ha voluto che il ritratto rimanesse così come è. Però ti prego di credere che, salvo l'acconciatura del capo, il resto non è stato dipinto dal vero, che il pittore ha lavorato di fantasia abbellendo la mia persona con i frutti della sua immaginazione.

LETTERA XXV

A GIULIA

Cara Giulia, bisogna che torni a parlarti del tuo ri- tratto; non più con quel primo rapimento al quale sei stata tanto sensibile, bensì con il rammarico d'un uo- mo ingannato da una vana speranza e della cui perdita non può essere risarcito in nessun modo. Il tuo ritrat- to non è senza grazia né senza bellezza, e proprio della tua; è abbastanza somigliante, e dipinto abilmente, ma per esserne soddisfatti bisognerebbe non conoscerti.

Quello che anzitutto gli rimprovero è di somigliarti e di non esser te, d'avere il tuo volto e di essere insen- sibile. Invano il pittore ha cercato di rendere esatta- mente i tuoi occhi e i tuoi lineamenti; non è stato ca- pace di rendere quel dolce sentimento che li anima e senza il quale, per incantevoli che siano, non sarebbe- ro niente. Nel tuo cuore, o mia Giulia, sta il belletto del tuo volto, ed è inimitabile. Ammetto che dipende dal- l'insufficienza dell'arte; e però è colpa dell'artista di non esser stato preciso in tutto quello che dipendeva da lui. Per esempio, la radice dei capelli l'ha messa troppo di- stante dalle tempie, il che conferisce alla fronte un pro- filo meno piacevole e una minor finezza allo sguardo. Ha dimenticato quei rametti di porpora che lì fanno due o tre venuzze sotto la pelle, quasi come nei giag- gioli che un giorno guardavamo nel giardino di Cla- rens. Il colore delle gote è troppo vicino agli occhi, non sfuma deliziosamente in rosa scendendo, come nel mo- dello. Sembra piuttosto rossetto artificiale, impiastric- ciato come il carminio delle donne di qui. Non è un difetto da poco, perché ti fa l'occhio meno dolce e l'aria più ardita.

Ma dimmi, cosa ha fatto di quelle due fossette d'amo- re che si nascondono agli angoli della tua bocca, e che nei giorni felici a volte ardivo scaldare con la mia? Non ha dato la loro grazia a quegli angoli, non ha dato alla bocca quel che di affabile e di serio che muta a ogni tuo minimo sorriso, e trasmette al cuore non so che ignoto incanto, non so che improvviso rapimento che non si può esprimere. È vero che il ritratto non può passare dalla serietà al sorriso. Ah! proprio di questo mi lamento: per poter esprimere le tue bellezze bisognerebbe dipingerti in tutti i momenti della tua vita.

Perdoniamo al pittore l'omissione di alcune bellezze; ma non ha offeso meno il tuo volto omettendone i difetti. Non ha segnato quella macchiolina quasi invisibile che hai sotto l'occhio destro, né quella che sta a sinistra del collo. Non ha messo... o dèi, ma era di bronzo quell'uomo?... Ha dimenticato la piccola cicatrice che t'è rimasta sotto il labbro. T'ha dipinto capelli e sopracciglia dello stesso colore, il che non è vero. Le sopracciglia più castane, i capelli più cenerini.

Bionda testa, occhi azzurri e bruno ciglio[1].

Ha disegnato il mento perfettamente ovale. Non ha notato quella lieve sinuosità che separa il mento dalle guance e così ne fa il profilo meno regolare e più grazioso. Ecco i più evidenti difetti, ne ha omessi altri parecchi e non gliene sono affatto riconoscente; perché sono innamorato non soltanto delle tue bellezze, ma di te tutta intera come sei. Se tu non vuoi che il pennello ti aggiunga qualche cosa, io non voglio che ti tolga niente, e il mio cuore è egualmente incurante dei vezzi che non hai e geloso di ciò che li sostituisce.

Quanto all'abbigliamento, non son disposto a passarlo sotto silenzio; perché, trasandata o accurata, t'ho sempre vista messa con assai più gusto di quanto appare dal ritratto. L'acconciatura del capo è troppo carica; mi si dirà che non sono che fiori: benissimo, quei fiori son di troppo. Ricordi quel ballo in cui portavi un costume vallesano, e tua cugina diceva che io ballavo come un filosofo? Non avevi altra acconciatura che la lunga treccia dei tuoi capelli arrotolata intorno alla testa e assicurata con una spilla d'oro, come le contadine bernesi. No, il sole con tutti i suoi raggi non ha lo splendore col quale colpivi occhi e cuori, e certamente chi ti vide quel giorno non ti dimenticherà mai più. Così, o mia Giulia, tu ti devi pettinare; devi ornarti con l'oro dei tuoi capelli e non con quella rosa che li nasconde e che il tuo incarnato fa impallidire. Di' alla tua cugina, perché ci ritrovo le sue cure e il suo gusto, che quei fiori di cui ha coperto profanandola la tua capigliatura non sono d'un gusto migliore di quello che può cogliere nell'*Adone*; e che, se si può concedere che suppliscano alla bellezza, non si può tollerare che la nascondano.

Quanto al busto, è strano che un amante sia più severo di un padre, ma davvero che non mi sembri vestita con bastevole attenzione. Il ritratto di Giulia dev'essere modesto come lei. Amore! questi segreti non appartengono che a te. Tu dici che il pittore li ha cavati dalla sua immaginazione. Lo credo, lo credo! Ah, avesse scorto la minima di codeste tue bellezze, l'avrebbe divorata con gli occhi ma la sua mano non avrebbe ardito dipingerla; e perché mai la sua arte temeraria ha osato immaginarle? Non è soltanto una mancanza di tatto, affermo che è anche una mancanza di gusto. Sì, il tuo volto è troppo casto per tollerare il disordine del tuo seno; è chiaro che uno di questi due oggetti deve impedir l'altro di farsi vedere; non c'è che il delirio dell'amore che li sappia accordare, e quando la sua ardente mano ardisce scoprire quello che è coperto dal pudore, l'ebbrezza dei tuoi occhi turbati dice che lo dimentichi, non che lo esponi.

Ecco la critica che risulta da una prolungata osservazione del tuo ritratto. M'è venuta l'idea di ritoccarlo secondo le mie idee. Le ho comunicate a un bravo pittore, e su quello che già ha fatto spero di poterti presto vedere più simile a te stessa. Per non rovinare il ritratto proviamo le correzioni su una copia che gli ho fatto fare, e non le trasferisce sull'originale che quando siamo ben certi dell'effetto. Anche se disegno in modo mediocre, il pittore non si stanca di ammirare la sottigliezza delle mie osservazioni; non capisce che colui che le ispira è un artista assai più bravo di lui. A volte gli devo sembrare piuttosto strano: dice che sono il primo amante che si preoccupi di velare gli oggetti che agli altri non sembrano mai abbastanza esposti; e quando gli dico che ti vesto con tanta cura per meglio vederti tutta intera, mi guarda come si guarda un pazzo. Ah! quanto sarebbe più commovente il tuo ritratto, se potessi inventare il modo di far comparire la tua anima insieme al tuo volto, e di dipingerci insieme la tua modestia

e i tuoi vezzi! Ti giuro, o mia Giulia, che così guada-
gnerebbero non poco. Non ci si vedeva che quelli supposti dal pittore, così lo spettatore commosso li potrà supporre come sono. Non so che segreto incanto regna nella tua persona, e tutto quanto la tocca ne partecipa;
basta scorgere un lembo della tua veste per adorare colei che la porta. Si sente osservando il tuo abbigliamento che dappertutto è il velo delle grazie che copre la bellezza; e il gusto del tuo modesto vestire pare annunci
al cuore tutti gli incanti che nasconde.

LETTERA XXVI

A GIULIA

Giulia! Giulia! che un tempo potevo dir mia e di cui
oggi profano il nome! La penna sfugge alla mano tremante; le lagrime inondano la carta; a stento riesco
a formare le prime parole d'una lettera che non si sarebbe dovuta scrivere mai; non so né tacere né parlare! Vieni, onorata e diletta immagine, vieni a purificare e rianimare un cuore avvilito dalla vergogna e
spezzato dal pentimento. Sostieni il mio coraggio che va-
cilla; dai ai miei rimorsi la forza di confessare l'involontario delitto che la tua assenza m'ha lasciato commettere.

Quanto disprezzo avrai per me colpevole; eppure sarà minore di quello che sento per me stesso! Per abbietto che apparirò ai tuoi occhi, ai miei lo sono cento volte
di più: perché vedendomi come sono, la cosa che ancor
più mi umilia è di vederti, di sentirti in fondo al cuore,
in un posto ormai così poco degno di te, e di pensare
che il ricordo dei veri piaceri dell'amore non è bastato
a garantire i miei sensi da una trappola pur senza esca
e da un delitto senza attrattive.

Sono in un tale eccesso di confusione che ricorrendo
alla tua clemenza, ho paura di contaminare i tuoi sguardi con queste righe che confessano il mio fallo. Perdona, anima pura e casta, un racconto che risparmierei al-

la tua modestia, se non fosse un mezzo di espiare i miei traviamenti; sono indegno delle tue bontà, lo so; sono vile, abbietto, spregevole; ma almeno non sarò né falso né ingannatore, e preferisco che tu mi tolga e cuore e vita piuttosto che ingannarti un solo momento. Per non lasciarmi tentare a cercar delle scuse che non gioverebbero che a farmi più colpevole, mi limiterò a farti un racconto esatto di quanto m'è capitato. Sarò sincero come il mio rammarico; e non dirò altro in mio favore.

Avevo fatto conoscenza con alcuni ufficiali delle guardie, e altri giovani nostri compatriotti, che mi sembravano avere qualche virtù naturale, e mi spiaceva di vedere che la sciupavano imitando non so che stolte maniere che non sono fatte per loro. A loro volta però si burlavano di me, vedendo che a Parigi mantenevo la semplicità dell'antico costume elvetico. Presero le mie massime e il mio contegno per lezioni indirette e se ne adontarono, così che decisero di farmi mutar tono a qual· siasi costo. Dopo vari tentativi andati a vuoto, ne escogitarono uno meglio concertato e che non riuscì che troppo bene. Ieri mattina vennero a propormi di andare a cena dalla moglie di un colonnello di cui mi fecero il nome, e che la fama della mia saggezza, mi dissero, aveva invogliato a conoscermi. Sciocco abbastanza da dare in tale tranello, dissi loro che sarebbe stato meglio farle prima una visita; ma si fecero beffe del mio scrupolo dicendo che la schiettezza svizzera non comportava tanti complimenti, e che tutte queste cerimonie le avrebbero dato cattiva opinione di me. Dunque, alle nove andammo da quella signora, che venne a riceverci sullo scalone, cosa che non avevo mai visto fare altrove. Entrando vidi sul caminetto certe vecchie candele appena accese, e dappertutto una cert'aria di ostentazione che non mi garbò affatto. La padrona di casa mi parve bella, benché un po' attempatella; altre donne della stessa età e d'aspetto simile stavano in sua compagnia; erano acconciate piuttosto bene, però con più sfarzo che buon gusto; ma già avevo notato che su questo punto non si può giudicare la condizione di una donna, in questo paese.

I primi complimenti furono suppergiù quelli soliti; la pratica della società insegna ad abbreviarli o a voltarli allo scherzo prima che vengano a noia. Ma così non andarono le cose non appena la conversazione si fece generale e seria. Mi parve di notare in quelle dame un che di forzato e di impacciato, come se quel tono non gli fosse familiare, e per la prima volta da che sono a Parigi vidi delle donne imbarazzate a sostenere una conversazione seria. Per trovar più facile materia si misero a parlare dei loro affari di famiglia, e siccome non ne conoscevo nessuna, ognuna disse ciò che volle della sua. Non avevo mai sentito parlar tanto del signor colonnello; il che mi meravigliava in un paese dove l'uso è di chiamar la gente col proprio nome e non con i titoli, e dove chi ha un titolo militare di solito ne porta un altro.

Questa simulata dignità fece però subito posto a maniere più naturali. Presero a chiacchierar sottovoce, e ripigliando senza avvedersene un tono di poco decente familiarità, bisbigliavano, sorridevano guardandomi, e frattanto la padrona di casa andava interrogandomi sullo stato del mio cuore con un certo tono deciso, per niente atto a sedurlo. Fu servita la cena, e la libertà della tavola che sembra confondere tutte le condizioni, ma che colloca ognuno al posto che gli compete senza che se ne avveda, finì di svelarmi in che posto mi trovavo. Era troppo tardi per ritirarmi. La mia ripugnanza mi garantiva, e così consacrai quella serata a far da osservatore, deciso a usare per la conoscenza di quelle signore l'unica occasione di tutta la mia vita. Non cavai gran frutto dalle mie osservazioni; eran così poco coscienti del loro stato attuale, così imprevidenti dell'avvenire, e salvo il gergo del loro mestiere così assolutamente sciocche che il disprezzo cancellò quasi subito la pietà che sulle prime avevo provato per loro. Persino parlando del piacere mi avvidi che erano incapaci di provarlo. Mi par-vero violentemente avide in tutto quello che poteva toccare la loro avarizia; e fuori di lì non udii uscir dalla loro bocca nessuna parola che venisse dal cuore. Mi domandavo come mai uomini per bene potevano tollerare così disgustosa compagnia. Pensavo che sarebbe stata crudelissima pena condannarli a quel genere di vita che loro stessi sceglievano..

Frattanto la cena andava per le lunghe e si faceva rumorosa. In mancanza d'amore il vino riscaldava i commensali. I discorsi non erano teneri ma indecenti, le donne cercavano di eccitare col disordine delle loro vesti quei desideri che avrebbero dovuto provocarlo. Sulle prime tutto questo produsse su di me un effetto opposto, tutti i loro sforzi per sedurmi non valevano che a nausearmi. Dolce pudore! andavo dicendo tra me, suprema voluttà dell'amore; a quanta seduzione rinuncia una donna, non appena rinuncia a te! se conoscessero il tuo potere, quante cure adoprerebbero per mantenerti, se non per decenza almeno per civetteria! Ma non si può simulare il pudore. Non c'è artificio più ridicolo di quello che si propone di imitarlo. Che differenza, pensavo, tra la rozza impudicizia di queste creature, tra i loro spudorati equivoci, e quegli sguardi timidi e appassionati, quei discorsi pieni di modestia, di grazia e di sentimento, di cui... non ardivo terminare; arrossivo di così indegni paragoni... mi rinfacciavo come altrettanti delitti gli incantevoli ricordi che mi perseguitavano mio malgrado... In che luogo osavo pensare a lei... Ahimè! incapace di allontanare dal mio cuore un'immagine troppo amata, cercai di velarla.

Il baccano, i discorsi che ascoltavo, gli oggetti che mi colpivano gli occhi a poco a poco mi riscaldarono; le mie due vicine non smettevano di stuzzicarmi e aizzarmi, in modo così spinto che non potei rimanere impassibile. Sentii che la testa mi si confondeva; avevo sempre bevuto il vino molto annacquato, aumentai l'acqua, finii bevendo acqua pura. Allora soltanto mi accorsi che quella sedicente acqua era vinc bianco, e che m'avevano ingannato durante tutta la cena. Rinunciai a protestare, sarebbe stato un modo sicuro di farmi deridere; smisi di bere. Ma era troppo tardi, il male era fatto. Ben presto l'ubbriachezza mi tolse quel poco di coscienza che mi restava. Tornando in me fui meravigliato di trovarmi in un gabinetto appartato, tra le braccia d'una di quelle creature, e nello stesso istante ebbi la disperazione di sentirmi in tutto e compiutamente colpevole...'

Ho finito quest'orrendo racconto; possa non più contaminare i tuoi sguardi né la mia memoria. O tu che mi devi giudicare, imploro il tuo rigore, lo merito. Qualunque sia il castigo, sarà meno crudele del ricordo del mio delitto.

LETTERA XXVII

RISPOSTA

Rassicuratevi, non temete di avermi irritata. La vostra lettera m'ha cagionato più dolore che collera. Non avete offeso me, avete offeso voi con un disordine al quale il cuore non ha partecipato. Ne sono tanto più afflitta. Preferirei vedermi oltraggiata da voi che vedervi avvilito, il male che fate a voi stesso è il solo che non riesco a perdonarvi.

A considerare soltanto la colpa di cui arrossite, vi stimate assai più colpevole del giusto; in questa congiuntura non vedo da rimproverarvi altro che l'imprudenza. Ma è cosa che ha origine più remota, una radice profonda che non vedete e che l'amicizia vi deve rivelare.

Il primo vostro sbaglio è stato d'aver preso una cattiva strada entrando nel mondo; e più andate avanti più vi traviate, fremendo mi avvedo che se non voltate strada siete perduto. A poco a poco vi lasciate condurre nel tranello che paventavo. I rozzi allettamenti del vizio non potevano sedurvi subito, ma la cattiva compagnia ha cominciato ingannando la vostra ragione per poi corrompere la vostra virtù, e già compie sui vostri costumi il primo saggio delle sue massime[1].

Quantunque non mi abbiate detto nulla di preciso sulle vostre abitudini parigine, è facile giudicare delle vostre compagnie dalle vostre lettere, e di coloro che vi mostrano le cose dal vostro modo di vederle. Non vi ho fatto mistero della mia poca soddisfazione circa le vostre relazioni; avete continuato sullo stesso tono, il mio dispiacere così è andato aumentando. Davvero che si potrebbero scambiare le vostre lettere con i sarcasmi di un bellimbusto[a][2] piuttosto che con le osservazioni di un filosofo, e si dura fatica a crederle della stessa mano di quelle che mi scrivevate una volta. E che! credete di

---

[a] Dolce Giulia, quanto vi farete ridere alle spalle! E che! siete davvero in ritardo. Non sapete dunque che ci sono delle *petites-maîtresses*, ma che non ci sono più dei *petits-maîtres*? Santo cielo, che cosa sapete allora? *(N.d.A.)*

studiare gli uomini nelle affettazioni di qualche conventicola di preziose o di gente sfaccendata, e codesta vernice esterna e mutevole che doveva appena fermare i vostri occhi costituisce il fondo di tutte le vostre osservazioni! Metteva forse conto di raccogliere con tanta cura
degli usi e delle convenienze che fra dieci anni saranno
scomparsi, mentre gli eterni moventi del cuore umano, il segreto e durevole meccanismo delle passioni sfuggono alle vostre ricerche? Prendiamo la vostra lettera
sulle donne: che cosa ci potrei trovare che mi aiuti a
conoscerle? Alcune descrizioni del loro vestire, cosa che
tutti sanno; alcune malevole osservazioni sul loro modo
di acconciarsi e di comportarsi, alcune idee sulle sregolatezze di poche ingiustamente generalizzate; come se
tutti i sentimenti decenti fossero spenti a Parigi, e tutte
le donne non andassero che in carrozza e nei primi pal-
chetti. M'avete forse detto qualche cosa che mi informi
concretamente sui loro gusti, le loro massime, il loro
vero carattere; e non è forse strano che parlando delle
donne di un paese un uomo savio abbia dimenticato ciò
che tocca le cure domestiche e l'educazione dei figli[a]?
L'unica cosa che mi sembra vostra in tutta questa lettera è il piacere col quale lodate il loro buon carattere, il
che vi fa onore. Col che non avete fatto altro che render giustizia al sesso in generale; ma in che parte del
mondo la dolcezza e la commiserazione non sono l'amabile privilegio delle donne?

Come sarebbe stato diverso il quadro, se m'aveste dipinto non quello che v'hanno detto bensì quello che
avete visto; o per lo meno se aveste consultato gente di
buon senso! Toccava proprio a voi, che avete posto tanta cura nel mantenere il vostro giudizio, andare a per-
derlo quasi deliberatamente nel commercio d'una gioventù sconsiderata, che nella compagnia dei saggi cerca
non già di imitarli ma di sedurli. Voi badate a infon-
date convenienze di età che non vi toccano, e trascurate quelle dei lumi e della ragione che vi sono essenzia-

---

[a] E perché non l'avrebbe dimenticato? Sono forse cure che
le riguardano? E che sarebbe del mondo e dello stato, e voi, illustri autori e accademici brillanti, cosa sarebbe di voi, se le
donne abbandonassero il governo della letteratura e degli affari per prender quello della famiglia? (N.d.A.)

li. Nonostante tutto il vostro sdegno siete il più agevole degli uomini, e nonostante la maturità del vostro spirito, vi lasciate governare da coloro coi quali vivete, in modo tale che non potreste frequentare gente della vostra età senza diminuirvi e ridiventar bambino. Così che vi degradate credendo di uniformarvi, ed è cosa che non vi fa onore il non sapervi scegliere amici più savi di voi.

Non vi rimprovero di esservi lasciato condurre inconsapevolmente in una casa di malaffare; ma vi rimprovero di esservi stato condotto da giovani ufficiali che probabilmente non conoscevate, ai quali per lo meno non dovevate lasciar la cura delle vostre distrazioni. Circa il progetto di ricondurli ai vostri princìpi, mi sembra più zelante che prudente; se siete troppo serio per esser loro compagno, siete troppo giovane per essere il loro mentore, e non dovete impicciarvi di riformare il prossimo se non quando non avrete più nulla da riformare in voi.

Un secondo errore anche più grave e assai meno veniale è che avete potuto trascorrer volontariamente la serata in luogo così poco degno di voi, e di non esser fuggito immediatamente quando avete saputo dove eravate. Qui le vostre scuse sono pietose. "Era troppo tardi per ritirarmi"; come se in simili luoghi ci fossero convenienze da osservare, o se le convenienze dovessero mai vincere la virtù, e se fosse mai troppo tardi per impedirsi di fare il male! Quanto alla sicurezza che vi derivava dalla ripugnanza, non farò parola, l'esperienza vi ha dimostrato quanto fosse fondata. Parlate più schiettamente a colei che sa leggervi in cuore; siete stato trattenuto dal rispetto umano. Avete avuto paura che si burlassero di voi vedendovi uscire: avete avuto paura d'un po' di fischi, avete preferito esporvi al rimorso piuttosto che alle beffe. Ma sapete che massima avete seguito così facendo? Quella che per prima introduce il vizio in un'anima bennata, soffoca la voce della coscienza col clamore pubblico, e reprime il coraggio di far bene con la paura del biasimo. C'è chi saprebbe vincere le tentazioni e cede ai cattivi esempi; chi arrossisce di essere modesto e per vergogna diventa sfrontato, e codesto rispetto umano corrompe più cuori onesti che le cattive inclinazioni. Ecco una cosa dalla quale dovete soprattutto preservare il vostro; checché facciate, la paura del ridicolo che pur sprezzate vi domina vostro malgrado. Sfidereste cento pericoli piuttosto che uno scherno, non s'è mai vista tanta timidezza congiunta a un'anima tanto intrepida.

Senza stare a far esibizione contro questo difetto di massime morali che ·sapete meglio di me, mi contenterò di proporvi un mezzo per guardarvene, più facile e sicuro, forse, di tutti i ragionamenti della filosofia. E cioè: fate nel vostro spirito una leggera trasposizione temporale, anticipate di alcuni minuti il futuro. Se in quella sciagurata cena vi foste fortificato contro un attimo di scherni dei convitati con il pensiero dello stato in cui la vostra anima si sarebbe trovata appena in strada; vi foste figurato la soddisfazione intima di esser sfuggito ai lacci del vizio, il vantaggio di prender subito l'abitudine di vincere, che ne facilita il potere, il piacere che vi avrebbe procurato la coscienza della vostra vittoria, quello di potermela descrivere, quello che io stessa ne avrei ricavato: è forse da credere che tutto questo non avrebbe avuto la meglio su una ripugnanza momentanea, alla quale non avreste mai ceduto se ne aveste previsto le conseguenze? Inoltre, che ripugnanza è mai questa, che attribuisce valore alle beffe di gente indegna di qualsiasi stima? Questa riflessione vi avrebbe infallantemente risparmiato, per un attimo di rispetto umano, una vergogna assai più fondata, più durevole, i rimpianti, il pericolo e, per non nascondervi nulla, la vostra amica avrebbe versato qualche lagrima di meno.

Direte che avete voluto approfittare di quella serata per le vostre osservazioni? Che preoccupazione! Che profitto! quanto queste vostre scuse mi fanno arrossire di voi! Non avreste forse altrettanta curiosità di osservare un giorno i ladri nelle loro caverne, e di vedere come fanno a svaligiare i viandanti? Non sapete che ci son cose così odiose che non è nemmeno lecito a un uomo d'onore di vederle, e che lo sdegno della virtù non può tollerare lo spettacolo del vizio? Il saggio osserva il pubblico disordine che non può fermare; lo osserva, e sulla sua faccia attristata dimostra il dolore che ne prova; ma ai disordini privati si oppone, oppure volge altrove gli occhi, temendo che non si credano autorizzati dalla sua presenza. Del resto, occorreva forse vedere simili compagnie per sapere che cosa vi capita e i discorsi che vi si fanno? Quanto a me, sulla cosa in sé più che su quel poco che me ne avete detto, mi pare di indovinare facilmente tutto il resto, e l'idea dei piaceri che vi si trovano mi fa conoscere abbastanza le persone che li ricercano.

Non so se la vostra comoda filosofia già fa sue le massime che si dicono stabilite nelle grandi città per tollerare codesti luoghi; spero che perlomeno non sarete di coloro che si disprezzano abbastanza per concedersene l'uso, col pretesto di non so che chimerica necessità che soltanto la gente depravata conosce; come se i due sessi fossero di natura diversa su questo punto, e se nell'assenza o nel celibato l'uomo onesto dovesse ricorrere a risorse delle quali la donna onesta non ha bisogno. Se questo errore non vi porta dalle prostitute, ho paura tuttavia che continui a traviarvi. Ah! se volete essere spregevole, siatelo almeno senza pretesti, non aggiungete la menzogna alla dissolutezza. Tutti codesti pretesi bisogni non hanno affatto origine nella natura, ma nella volontaria depravazione dei sensi. Persino le illusioni dell'amore si purificano in un cuore casto, e non corrompono se non un cuore già corrotto. Per contro la castità si sostiene da sé; i desideri continuamente repressi si abituano a non più rinascere, le tentazioni non si moltiplicano che grazie all'abitudine di soccombervi. L'amicizia m'ha fatto vincere due volte la ripugnanza a trattare questo argomento, e questa sarà l'ultima; perché con qual diritto potrei sperare di ottenere da voi ciò che avete rifiutato alla decenza, all'amore e alla ragione?

Torno sul punto importante col quale ho cominciato questa lettera. A ventun anni mi mandavate dal Vallese delle descrizioni gravi e giudiziose; a venticinque da Parigi mi scrivete delle bagattelle nelle quali senso e ragione sono sempre sacrificati a un certo fare festevole assai lontano dal vostro carattere. Non so come avete fatto; ma da quando vivete nel soggiorno dei talenti, i vostri mi sembrano diminuiti; avevate acquistato con i contadini, ora perdete in mezzo ai begli ingegni. Non è colpa del paese dove vivete, ma delle conoscenze che avete fatto; perché non c'è nulla che esiga tanta scelta quanto il miscuglio dell'ottimo e del pessimo. Se volete studiare il mondo, frequentate gente di buon senso che lo conosce per lunga consuetudine e tranquille osservazioni, non giovani storditi che non ne vedono altro che la superficie e i lati ridicoli da loro stessi costituiti. Parigi è piena di scienziati abituati a riflettere, ai quali codesto gran teatro ne offre ogni giorno argomento. Non mi farete credere che quegli uomini gravi e studiosi corrono come voi di casa in casa, di conventicola in conventicola, per divertire le donne e i giovanetti, e spicciolare tutta la filosofia in chiacchiere. Sono troppo pieni di dignità per avvilire in codesto modo la loro condizione, prostituire i loro talenti e sostenere col loro esempio dei costumi che dovrebbero correggere. E anche se i più lo facessero, è certo che parecchi non lo fanno, e sono questi ultimi che dovresti ricercare.

Non è forse strano che voi stesso cadiate nel difetto che rinfacciate ai moderni autori comici, e che Parigi per voi non sia piena che di gente agiata; che quelli della vostra condizione siano i soli di cui non parlate; come se i vani pregiudizi nobiliari non vi costassero abbastanza caro per odiarli, e vi sembrasse di degradarvi frequentando onesti borghesi, che costituiscono il ceto forse più rispettabile del paese dove state? Avete un bel giustificarvi con le conoscenze di milord Edoardo: grazie a quelle ne avreste potuto fare tante altre in un ordine inferiore. C'è così tanta gente che vuol salire che riesce sempre facile scendere, e voi stesso ammettete che l'unico mezzo di conoscere i veri costumi d'un popolo è di studiare la vita privata nelle classi più numerose; perché limitarsi alla gente che sempre sta in scena è come non vedere altro che attori.

Vorrei che la vostra curiosità si spingesse anche oltre. Perché in una città così ricca il popolino è tanto misero, mentre l'estrema miseria è così rara da noi, dove non esistono milionari? Mi pare che questo problema è degno delle vostre ricerche; ma non crediate di poterlo risolvere tra la gente con la quale vivete. Lo scolaretto va a imparare l'uso del mondo negli appartamenti dorati; ma il saggio ne impara i misteri nella capanna del povero. Lì si vedono chiaramente le oscure manovre del vizio, che in una conversazione si cela sotto parole menzognere; lì si impara con che segrete iniquità il potente e il ricco strappano un tozzo di pan nero all'op-

320

presso che pubblicamente fingono di compiangere. Ah, se posso prestar fede ai nostri vecchi soldati, quante cose potreste imparare nelle soffitte su al quinto piano, cose che nei palazzi del sobborgo St. Germain sono sepolte in un profondo segreto; e quanti bei parlatori rimarrebbero confusi con le loro false massime se tutti gli infelici da loro fatti si presentassero per smentirli!

So che non piace lo spettacolo della miseria che non si può alleviare, e che il ricco volta via gli occhi dal povero che non vuol soccorrere; ma gli infelici non han bisogno soltanto di denaro, e son quelli che non voglion fare il bene che sono capaci di farlo soltanto con la borsa in mano. Le consolazioni, i consigli, le cure, gli amici, la protezione: ecco le risorse che la commiserazione vi offre, se mancano le ricchezze per sollevare l'indigente. Spesso gli oppressi sono tali soltanto perché incapaci di far sentire le loro lagnanze. A volte non si tratta che di una parola che non sanno pronunciare, d'una ragione che non sanno esporre, della soglia d'un potente che non sanno varcare. L'intrepido soccorso della virtù disinteressata basta per sopprimere un'infinità di ostacoli, e l'eloquenza d'un uomo dabbene riesce a spaventare la tirannia in mezzo a tutta la sua potenza.

Quindi, se davvero volete essere uomo, imparate a ridiscendere. L'umanità scorre come un'acqua pura e salutare e va a fecondare i terreni bassi; cerca sempre il livello e lascia in secco le aride rocce che minacciano la campagna e non danno che un'ombra nociva, o macigni per schiacciare i vicini.

Ecco, o amico, come si può trar profitto dal presente per istruirsi per l'avvenire, e come la bontà anticipa il beneficio delle lezioni della saggezza, in modo che, anche se i lumi così acquistati dovessero rimanere inutili, non vada perduto il tempo speso per acquistarli. Colui che si trova a vivere in mezzo ai potenti non potrà mai garantirsi abbastanza contro le loro massime avvelenate, e soltanto la pratica continua della beneficenza riesce a preservare i cuori migliori dal contagio degli ambiziosi. Datemi ascolto, provate questo nuovo genere di studio: è più degno di voi di quelli che avete praticato; e così come l'intelligenza diminuisce a mano a mano che l'anima si corrompe, allo stesso modo e all'opposto sentirete presto quanto l'esercizio delle sublimi virtù eleva e alimenta il genio; e quanto un affettuoso interesse alle sventure altrui serva a meglio scorgerne la fonte, e ad allontanarci in ogni senso dai vizi che le hanno prodotte.

Dovevo esprimermi con tutta la schiettezza dell'amicizia, nella critica situazione in cui mi sembrate essere; per tema che un altro passo verso la dissolutezza non vi perdesse affatto, prima che abbiate il tempo di ravvedervi. Ora non vi posso nascondere, o mio amico, quanto la vostra pronta e sincera confessione m'ha commossa; perché sento quanto vi deve essere costata la vergogna di questa confessione, e quindi quanto quella del vostro fallo doveva pesarvi sul cuore. Un errore involontario si dimentica e perdona facilmente. In avvenire tenete ben presente questa massima, dalla quale io non mi scosterò: chi può sbagliarsi due volte in simile caso, non s'è sbagliato nemmeno la prima.

Addio amico; veglia accuratamente sulla tua salute, te ne supplico, e rifletti che non deve rimaner traccia d'un fallo da me perdonato.

P.S. Ho veduto tra le mani del signor d'Orbe la copia di parecchie vostre lettere a milord Edoardo, che mi obbligano a ritrattare in parte le mie critiche sulla materia e lo stile delle vostre osservazioni. Queste lettere devo ammettere che trattano argomenti importanti e mi sembrano piene di riflessioni gravi e giudiziose. Per contro è chiaro che ci dovete disprezzare non poco, mia cugina e me, o che fate ben poco caso della nostra stima; non mandandoci che delle relazioni così atte ad alterarla, mentre che per il vostro amico ne scrivete di assai migliori. Mi pare che fate assai poco onore alle vostre lezioni, giudicando le vostre allieve indegne di ammirare i vostri talenti; almeno per vanità dovreste fingere di reputarci in grado di capirvi.

Confesso che la politica non è affare delle donne, e mio zio ci ha talmente annoiate che capisco il vostro timore di fare altrettanto. Del resto a dirla schietta non è lo studio che vorrei preferire; è di una utilità troppo remota da me per interessarmi, i suoi lumi son troppo sublimi per colpire vivamente i miei occhi. Costretta ad amare il governo sotto il quale il cielo m'ha fatta nascere, poco mi curo di sapere se ve ne è di migliori. A che mi gioverebbe conoscerli, con così limitata capacità di stabilirli, e perché dovrei attristarmi l'anima considerando mali così grandi contro i quali sono impotente, mentre ne vedo altri intorno a me che mi è possibile alleviare? Ma vi amo; e l'interesse che non ho per gli argomenti, l'ho per l'autore che li tratta. Raccolgo con tenera ammirazione tutte le prove del vostro genio, e orgogliosa d'un merito così degno del mio cuore, non domando all'amore che quel tanto di intelligenza che mi occorre per poter sentire la vostra. Perciò non negatemi il piacere di conoscere e di amare tutto quello che fate di bene. O volete farmi provare l'umiliazione di credere che se il cielo dovesse unire i nostri destini, non giudichereste la vostra compagna degna di pensare con voi?[1]

LETTERA XXVIII

DI GIULIA

Tutto è perduto! Tutto è scoperto! Non trovo più le tue lettere nel posto dove le avevo nascoste. C'erano ancora ieri sera. Non le hanno portate via che oggi soltanto. Soltanto mia madre le può aver trovate. Se le vedesse mio padre, sono morta! Ah, a che serve che non le veda, se bisogna rinunciare... Oh Dio! mia madre mi fa chiamare. Dove fuggire? Come sostenere il suo sguardo? Perché non posso nascondermi nel seno della terra?... Tremo in tutto il corpo, sono incapace di muovere un passo... la vergogna, l'umiliazione, i cocenti rimproveri... tutto ho meritato, sopporterò tutto. Ma il dolore, le lagrime d'una madre desolata... o mio cuore, che strazio!... Mi aspetta; non posso tardare oltre... vorrà sapere... bisognerà dir tutto... Regianino sarà licenziato. Non scrivermi più fino a nuovo avviso... chissà se mai... potrei... e che, mentire?... mentire a mia madre... Ah, se dobbiamo salvarci con la menzogna, addio, siamo perduti![2]

PARTE TERZA

LETTERA I

DELLA SIGNORA D'ORBE

Quanti mali procurate a coloro che vi amano! Quante lagrime avete già fatto scorrere in una famiglia sventurata, di cui voi soltanto turbate la pace! Temete ora di aggiungere il lutto alle nostre lagrime, temete che la morte d'una madre afflitta non sia l'estremo effetto d'un veleno che versate nel cuore di sua figlia, e che un disordinato amore non diventi finalmente per voi stesso fonte di eterno rimorso. L'amicizia m'ha fatto tollerare i vostri errori, fin che un'ombra di speranza li poteva nutrire; ma come tollerare una vana costanza condannata dall'onore e dalla ragione? Poiché non può ormai provocare altro che sventure e affanni, non merita che il nome di ostinazione[1].

Sapete in che modo il segreto della vostra passione, sottratto così a lungo ai sospetti di mia zia, le è stato rivelato dalle vostre lettere. Benché un tale colpo sia assai sensibile a questa madre tenera e virtuosa, è meno irata contro di voi che contro se stessa, non accusa che la sua cieca negligenza, deplora la sua fatale illusione; il suo più cocente dolore è di aver potuto stimare sua figlia oltre il merito, e il suo dolore è per Giulia un castigo cento volte più amaro dei rimproveri[2].

Non si può dire quanto la mia povera cugina sia accasciata. Bisogna vederla per capirlo. Il suo cuore sembra soffocato dall'affanno, l'eccesso dei sentimenti che la opprimono le dà un aspetto di istupidimento che spaventa più che acute strida. Sta ginocchioni notte e giorno al capezzale di sua madre, il volto spento, l'occhio a

325

terra, in profondo silenzio; l'assiste con più attenzione e premura di sempre, poi ricade in un annientamento che la farebbe scambiare per un'altra. È chiaro che le forze della figlia sono sostenute dalla malattia della madre; se l'ardore che mette a servirla non stimolasse il suo zelo ci sarebbe da temere, vedendola con gli occhi spenti, pallida, mortalmente accasciata, che non piuttosto a lei occorrano urgentemente tutte le cure che presta a mia zia. La quale pure se ne accorge, l'inquietudine con la quale mi raccomanda segretamente la salute di sua figlia mi dice quanto il cuore combatte, da entrambe le parti, contro il silenzio che si impongono, e quanto si deve voler male a voi che turbate così dolce unione.

L'impacciato silenzio è accresciuto dalla premura di nasconderlo agli occhi di un padre iracondo, al quale una madre che trema per la vita di sua figlia vuol nascondere così pericoloso segreto. Si fanno un dovere di fingere in sua presenza l'antica familiarità; ma se la tenerezza materna approfitta volentieri di questo pretesto, la figlia confusa non ardisce abbandonarsi col cuore a carezze che reputa finte e che le riescono tanto più crudeli quanto più le sarebbero dolci se osasse crederle sincere. Quando suo padre la carezza, guarda sua madre con aria così tenera e umiliata che si direbbe il cuore parli attraverso gli occhi e dica: Ah, perché non sono degna di riceverne altrettante da voi!

La signora d'Etange m'ha parlato varie volte da sola a sola, e dalla dolcezza dei suoi rimproveri e dal tono con cui m'ha parlato di voi ho facilmente inteso che Giulia ha fatto grandi sforzi per calmare il suo anche troppo fondato sdegno contro di noi, e che non ha tralasciato nulla che potesse giustificarci tutti e due a sue spese. Persino la vostre lettere costituiscono, con il loro tono d'un amore eccessivo, una specie di scusa che non le è sfuggita; rimprovera a voi di aver abusato della sua fiducia meno di quanto si rinfacci di avervela accordata con troppa semplicità. Vi stima abbastanza per credere che nessun altro uomo al vostro posto avrebbe resistito meglio di voi; accusa la stessa virtù delle vostre colpe. Dice che adesso capisce che una troppo vantata onestà non impedisce a un galantuomo innamorato di corrompere, se gli riesce, una ragazza onesta, e di disonorare senza scrupolo una famiglia intera pur di soddisfare un momento di furore. Ma a che giova rivangare il passato? Ora bisogna nascondere sotto un velo eterno questo odioso mistero, cancellarne se possibile anche l'estremo vestigio, e secondare la bontà del cielo che non ne ha lasciato sensibile testimonianza. Il segreto è limitato a sei persone di tutta fiducia. La pace[1] di coloro che avete amato, i giorni d'una madre disperata, l'onore di una rispettabile famiglia, la vostra stessa virtù, tutto dipende ancora da voi; tutto vi detta il vostro dovere; potete riparare il male che avete compiuto; potete rendervi degno di Giulia e giustificare il suo errore rinunciando a lei; e se il vostro cuore non m'ha ingannata, non rimane·più altro che la grandezza di un simile sacrificio che possa eguagliare quella dell'amore che lo esige.[2] Fondandomi sulla stima che sempre ho nutrito per i vostri sentimenti, rinvigoriti dalla più tenera unione che mai sia esistita, ho promesso in nome vostro tutto quanto dovete mantenere; abbiate l'ardire di smentirmi se ho potuto troppo presumere di voi, oppure siate oggi quello che dovete essere. Bisogna immolare o la vostra amante o il vostro amore l'uno all'altro, e dimostrarvi o il più vile o il più virtuoso degli uomini.

Questa madre sventurata ha cercato di scrivervi; aveva persino cominciato. O Dio, quanti colpi di pugnale sarebbero state per voi le sue amare lagnanze! Come vi avrebbero straziato il cuore i suoi patetici rimproveri! Di qual vergogna v'avrebbero penetrato le sue umili preghiere! Ho stracciato quella lettera tremenda, che non avreste potuto sopportare; non ho potuto tollerare, estremo orrore, la vista d'una madre umiliata davanti al seduttore di sua figlia: siete pur degno che non si adoperino contro di voi simili armi, fatte per piegare dei mostri o per far morire di dolore un uomo sensibile.

Fosse questo il primo sacrificio richiestovi dall'amore, potrei essere incerta dell'esito e della stima che vi si deve: ma il sacrificio che avete fatto all'onore di Giulia lasciando questo paese mi rassicura su quello che state per fare alla sua tranquillità troncando un inutile commercio. Le prime azioni virtuose sono sempre le più difficili, e sono certa che non vorrete perdere il premio d'uno sforzo che v'è costato tanto ostinandovi a continuare una vana corrispondenza, che per la vostra amante rappresenta un rischio tremendo, nessun compenso né per l'uno né per l'altro, e che non gioverebbe se non a inutilmente prolungare i tormenti di entrambi. Persuadetevi ormai, quella Giulia che vi fu tanto cara deve cessar di esistere per colui che ha tanto amato; invano cercate di dissimularvi le vostre sventure: l'avete perduta nel momento in cui vi siete staccato da lei. O meglio, il cielo ve l'aveva tolta, anche prima che vi si concedesse; perché suo padre appena tornato l'ha promessa, e sapete anche troppo che la parola di quest'inflessibile uomo è irrevocabile.[1] Qualunque sia per essere la vostra condotta, il destino invincibile si oppone ai vostri desideri, e non la possederete mai. L'unica scelta che vi rimane è questa: o precipitarla in un abisso di sventure e di obbrobri, oppure onorare in lei ciò che avete adorato, e restituirle, invece della perduta felicità, la saggezza, la pace, o almeno la sicurezza di cui i vostri fatali legami la privano.

Quanto vi affliggereste, come vi struggereste in rimpianti, poteste contemplare lo stato attuale della vostra infelice amica, e l'avvilimento in cui l'hanno ridotta i rimorsi e la vergogna! Come è offuscato il suo splendore! quanto languiscono le sue grazie! e come tutti i suoi così dolci e incantevoli sentimenti svaniscono tristemente in quell'unico che li assorbe! Persino l'amicizia ne risulta intiepidita; a mala pena Giulia gusta ancora il piacere che provo vedendola, il suo cuore malato non esprime più altro che amore e dolore. Ahimé, che cosa è mai di quel carattere amoroso e sensibile, di quel gusto così puro per le cose elevate, di quel così tenero interesse per le pene e i piaceri altrui? Confesso che tuttavia è dolce, generosa, compassionevole; l'amabile abitudine del bene non potrebbe cancellarsi in lei; ma non è più altro che una cieca abitudine, un gusto senza coscienza. Fa ancora tutte le stesse cose, ma non le fa più con lo stesso zelo; quei sentimenti sublimi si sono infiacchiti, quella divina fiamma s'è smorzata, quell'angelo non è più che una donna qualunque. Ah, che anima avete tolta alla virtù!

LETTERA II

Penetrato da un dolore che deve durare quanto me stesso, mi getto ai vostri piedi, signora, non per significarvi un pentimento che non dipende dal mio cuore, ma per espiare un delitto involontario e rinunciare a tutto quanto poteva far la dolcezza della mia vita. Poiché sentimenti umani mai non si avvicinarono a quelli ispiratimi dalla vostra adorabile figlia, non ci fu mai sacrificio pari a quello che sto per fare alla più rispettabile delle madri; ma Giulia m'ha anche troppo insegnato in che modo bisogna immolare la felicità al dovere; me ne ha troppo coraggiosamente dato l'esempio, perché io non lo sappia imitare almeno una volta. Se il sangue mio bastasse a medicare le vostre pene, lo verserei in silenzio e mi lagnerei di non darvi che così debole prova del mio zelo: ma spezzare il più dolce, il più puro, il più sacro legame che mai abbia unito due cuori, ah, è uno sforzo che l'universo intero non mi avrebbe fatto fare e che soltanto voi potevate ottenere!

Sì, prometto di vivere lontano da lei fino a quando voi lo esigerete; mi asterrò dal vederla e dallo scriverle; lo giuro sui preziosi vostri giorni, tanto necessari alla conservazione dei suoi. Mi sottometto, non senza spavento ma senza mormorare, a tutto quanto vi degnerete di disporre di lei e di me. Dirò assai più: la sua felicità può consolarmi della mia miseria, e morirò contento se le darete uno sposo degno di lei. Ah, trovatelo! e osi dirmi: saprò amarla meglio di te! Signora, inutilmente avrà tutto quanto mi manca; se non ha il mio cuore non avrà mai niente per Giulia: ma io non ho che questo cuore onesto e tenero. Ahimè! non ho niente altro. L'amore che ravvicina ogni cosa non innalza la persona; innalza soltanto i sentimenti. Ah! se avessi avuto il coraggio di non ascoltare che quelli che provo per voi, quante volte parlandovi la mia bocca avrebbe pronunciato il dolce nome di madre?

Degnatevi di fidarvi di questi giuramenti che non saranno vani, e di un uomo che non è impostore. Se un giorno potei abusare della vostra stima, per primo ingannai me stesso. Il mio cuore inesperto non conobbe il pericolo che quando non era più possibile fuggirlo, ancora non avevo imparato da vostra figlia l'arte crudele di vincere l'amore con l'amore,[1] quell'arte che poi m'ha così bene insegnato. Bando ai timori, vi scongiuro. C'è forse qualcuno al mondo che abbia a cuore quanto me la sua tranquillità, la sua felicità, il suo onore? No, la mia parola e il mio cuore vi sono garanti dell'impegno che prendo in nome dell'illustre, mio amico e mio. Siate certa che non si commetterà nessuna indiscrezione, esalerò l'estremo sospiro senza che si sappia qual è il dolore che m'ha ucciso. Calmate quindi quello che vi consuma e che inasprisce il mio: asciugate quelle lagrime che mi lacerano l'anima; ristabilite la vostra salute; restituite alla figlia più tenera che mai sia esistita la felicità alla quale ha rinunciato per voi; voi stessa siate felice in lei; e vivete per farle amare la vita. Ah, nonostante i traviamenti dell'amore, esser madre di Giulia è pure un destino bello abbastanza per rallegrarsi di vivere!

LETTERA III

ALLA SIGNORA D'ORBE
mandandole la precedente

Ecco, crudele, questa è la mia risposta. Leggendola struggetevi in lagrime, se conoscete il mio cuore e se il vostro è ancora sensibile; ma soprattutto non opprimetemi più con quella impietosa stima che mi vendete a così caro prezzo e che è il tormento della mia vita.

Dunque la vostra barbara mano ha osato spezzare quei dolci nodi formati sotto i vostri occhi quasi ancora bambini, e che la vostra amicizia pareva condividere con tanto piacere? Ecco che sono infelice quanto volete e quanto mi è possibile essere. Ah! avete coscienza di tutto il male che mi fate? Sentite che mi strappate l'anima, che non c'è compenso a quello che mi togliete, e che è cento volte meglio morire che non più vivere l'uno per l'altro? Come potete parlarmi della felicità di Giulia? Forse che è possibile esser felici se il cuore non è contento? Come potete parlarmi del pericolo di sua madre? Ah, che cosa è mai la vita d'una madre, la mia, la vostra, persino la sua, cos'è mai l'esistenza del mondo tutto rispetto al delizioso sentimento che ci univa? Stolta e feroce virtù! ubbidisco alla tua voce, ma senza merito; ti aborro dandoti retta.[1] Cosa sono le tue vane consolazioni rispetto ai vivi dolori dell'anima? Va', triste idolo degli infelici, tu non fai altro che aumentare la loro miseria, togliendo loro le risorse che la fortuna pur gli lascia. Tuttavia, o crudele, ubbidirò, sì ubbidirò: se è possibile mi farò insensibile e feroce come voi. Dimenticherò tutto quello che m'è stato caro al mondo. Non voglio più né udire né pronunciare il nome di Giulia né il vostro. Non voglio più rammentarmene l'intollerabile ricordo. Un'ira, un'inflessibile rabbia mi inasprisce contro tante sventure. Una dura ostinazione mi farà le veci del coraggio: ho pagato troppo caro la mia sensibilità; meglio è rinunciare all'umanità.

LETTERA IV

DELLA SIGNORA D'ORBE

M'avete scritto una lettera desolante; ma la vostra condotta è così piena d'amore e di virtù che cancella l'amarezza dei vostri lamenti: siete troppo generoso perché si abbia il coraggio di rimproverarvi. Nonostante qualsiasi furore, colui che sa immolarsi a questo modo a ciò che ama merita piuttosto lodi che rimbrotti, e nonostante le vostre ingiurie non mi siete mai stato tanto caro come ora che conosco tutto il vostro valore.

Ringraziate quella virtù che credete di odiare, e che per voi fa più ancora dello stesso vostro amore. Avete sedotto persino mia zia con un sacrificio che ella sa esattamente valutare. Non ha potuto leggere la vostra lettera senza intenerirsi; ha persino avuto la debolezza di farla vedere a sua figlia, e la povera Giulia ha dovuto fare uno sforzo tale per frenare sospiri e lagrime a questa lettura che è caduta senza sensi.

Questa tenera madre, già potentemente commossa dalle vostre lettere, comincia a capire da quanto vede che i vostri due cuori sono fuori della regola comune, e che il vostro amore ha una naturale impronta di simpatia che né il tempo né gli sforzi umani saprebbero cancellare. Lei che pure ha tanto bisogno di consolazione consolerebbe volentieri sua figlia se non fosse frenata dalle convenienze, ed è così prossima a farsene la confidente che certamente mi perdonerà di esserlo stata. Ieri s'è lasciata andare a dire in sua presenza, forse un tantino indiscretamente[a]: "Ah, se non dipendesse che da me...", e benché si sia trattenuta e non abbia terminata la frase, dal bacio ardente che Giulia le impresse sulla mano vidi che l'aveva intesa benissimo. So anzi che ne volle più d'una volta far parola al suo inflessibile sposo; ma, sia che temesse di esporre la figlia al furore d'un padre irato, sia che temesse per sé, fu sempre frenata dalla sua timidezza; la sua debolezza e i suoi mali vanno così aumentando che temo di vederla non più in grado di effettuare tale risoluzione prima di averla fortemente formata.

Comunque sia, e nonostante le colpe da voi provocate, l'onestà di cuore che avverte nel vostro reciproco amore le ha dato tale un'opinione di voi che si fida alla parola di entrambi circa l'interruzione della vostra corrispondenza e che non ha preso nessuna precauzione particolare per meglio sorvegliare sua figlia; infatti, se Giulia non corrispondesse a tale fiducia, non sarebbe più degna delle sue cure, e bisognerebbe strozzarvi tutti e due se foste capaci di ingannare ancora la migliore delle madri e di abusare della stima che ha di voi.

Non cerco di riaccendervi in cuore una speranza che non ho nemmeno io; ma voglio farvi vedere che effettivamente il partito più onesto è anche il più savio, e che se qualche risorsa può sopravvivere per il vostro amore sta appunto nel sacrificio che onore e ragione vi impongono. Madre, parenti, amici, tutti vi sono favorevoli, salvo un padre che si potrà vincere per questa

[a] Clara, siete forse meno indiscreta voi? E lo sarete per l'ultima volta? (N.d.A.)

strada se mai lo si potrà vincere. Nonostante le imprecazioni che un momento di disperazione vi ha potuto
dettare, ci avete dimostrato cento volte che non c'è via
per raggiungere la felicità più sicura di quella della
virtù. Se la si raggiunge, è perciò stesso più pura, più
salda e più dolce; se non la si raggiunge, lei sola ce ne
può dare qualche compenso. Ritrovate quindi il vostro
coraggio, siate uomo e siate ancora voi stesso. Se ho conosciuto bene il vostro cuore, per voi il modo più crudele di perdere Giulia sarebbe di essere indegno di ottenerla.

LETTERA V

DI GIULIA

Ella non è più. I miei occhi hanno visto i suoi chiudersi per sempre; la mia bocca ha accolto il suo ultimo
sospiro; il mio nome è stato l'ultima parola da lei pronunciata; il suo sguardo estremo è stato rivolto a me.
No, non pareva che lasciasse la vita; non ero stata capace di rendergliela cara. Si staccava da me soltanto.
Mi vedeva senza guida e senza speranza, oppressa dalle
sventure e dalle colpe: morire non è stato niente per lei,
il suo cuore non ha gemuto che abbandonando sua figlia in questo stato. Purtroppo aveva ragione. Cosa mai
doveva rimpiangere sulla terra? Che cosa poteva valere quaggiù ai suoi occhi quanto l'immortale premio che
l'aspettava in cielo, compenso della sua pazienza e delle
sue virtù? Che cosa le rimaneva da fare al mondo, se
non deplorare il mio obbrobrio? Anima pura e casta, degna sposa e incomparabile madre, ora vivi nel soggiorno della gloria e della felicità; tu vivi; io invece, in balia al pentimento e alla disperazione, orbata per sempre
delle tue cure, dei tuoi consigli, delle dolci tue carezze,
io sono morta alla felicità, alla pace, all'innocenza; non
sento altro che la tua perdita; non vedo altro che la
mia vergogna; la mia vita non è altro che affanno e dolore. Madre mia, mia tenera madre, ahimè, io sono assai più morta di te!

Dio mio! che delirio fa vaneggiare una sventurata e le fa dimenticare i suoi propositi? Dove mai verso le mie lagrime e sfogo i miei gemiti? Li affido al crudele che ne è cagione! Oso deplorarli con colui che ha provocato le sventure della mia vita! Sì, sì, o barbaro, dividete con me i tormenti che mi fate soffrire. Voi m'avete fatto piantare il coltello nel seno di mia madre, gemete quindi sui mali che mi avete procurati, provate con me l'orrore d'un matricidio che è opera vostra. Agli occhi di chi ardirei mostrarmi spregevole come sono? Davanti a chi mi avvilirei come vogliono i miei rimorsi? E chi, se non il complice del mio delitto, lo potrebbe conoscere appieno? Il più intollerabile supplizio è di non essere accusata se non dal mio cuore, e di vedere che si attribuiscono a bontà di cuore queste impure lagrime che un cocente rimorso mi strappa. Vidi, fremendo vidi il dolore che avvelenava e abbreviava gli estremi giorni della mia povera madre. Inutilmente la sua pietà per me non le concedeva di ammetterlo; invano fingeva di attribuire i progressi del suo male alla causa che l'aveva provocato; invano mia cugina così pregata mi teneva gli stessi discorsi. Nulla ha potuto ingannare il mio cuore dilaniato dal rimorso, e per eterno tormento conserverò fino alla tomba l'idea atroce di aver abbreviato la vita di colei che me la diede.

O voi, suscitato dal cielo irato per farmi infelice e colpevole, accogliete per l'ultima volta nel vostro seno le lagrime di cui siete autore. Non vengo più come una volta a dividere con voi affanni che ci erano comuni. Questi sono i sospiri di un addio estremo che mi sfuggono mio malgrado. È finita: l'impero dell'amore è spento in un'anima tutta in preda alla disperazione. Consacro il resto dei miei giorni a piangere la migliore delle madri; saprò sacrificarle i sentimenti che le sono costati la vita; sarei troppo contenta se vincerli mi costasse abbastanza per espiare tutto quanto le hanno fatto soffrire.[1] Ah, se il suo spirito immortale mi penetra in fondo al cuore, certamente sa che la vittima che le sacrifico non è in tutto indegna di lei! Sostenete uno sforzo da voi fattomi necessario. Se vi rimane qualche rispetto per la memoria di un nodo sì caro e funesto, in nome suo vi scongiuro di evitarmi per sempre, di non mai più scrivermi, di non più esacerbare i miei rimorsi, di lasciare che dimentichi, se possibile, ciò che fummo l'uno per l'altro. Che i miei occhi non vi vedano mai più; che io non senta più pronunciare il vostro nome; che il vostro ricordo non venga più a turbarmi il cuore. Ardisco ancora parlare in nome di un amore che non deve più esistere; a tanti motivi di dolore non aggiungete quello di vedere disprezzato l'estremo suo desiderio. Addio dunque per l'ultima volta, unico e caro... Ah, figlia insensata... addio per sempre.

LETTÉRA VI

ALLA SIGNORA D'ORBE

Finalmente il velo è squarciato;[1] è svanita questa lunga illusione; questa così dolce speranza s'è spenta; per alimentare una fiamma eterna non mi resta altro che un ricordo amaro e delizioso che sostiene la mia vita e nutre i miei tormenti col vano sentimento d'una felicità che non esiste più.

È dunque vero che ho gustato la suprema felicità? Sono proprio io quell'essere che un giorno fu felice? Colui che può sentire ciò che soffro, non è forse nato per soffrir sempre? Colui che poté godere i beni da me perduti, come può perderli e continuare a vivere, e sentimenti tanto contrari posson forse nascere nello stesso cuore? Giorni di piacere e di gloria, no, non eravate mortali, eravate troppo belli per essere effimeri. Una dolce estasi assorbiva tutta la vostra durata e la concentrava in un punto, come quella dell'eternità. Per me non esisteva né passato né avvenire, gustavo a un tempo le delizie di mille secoli. Ahimè! siete scomparsi come un lampo! Questa eternità di gaudio non fu che un attimo della mia vita. Il tempo ha ritrovato la sua lentezza nei momenti della mia disperazione, e la noia misura con lunghi anni il deplorevole avanzo dei miei giorni.

Per farmeli in tutto intollerabili, quanto più mi opprimono gli affanni tanto più tutto quanto mi era caro

335

sembra staccarsi da me. Signora, è possibile che mi vogliate ancora bene; ma altre cure vi sollecitano, altri doveri vi occupano. I miei lamenti, che un tempo ascoltavate con simpatia, ora sono indiscreti. Giulia! persino Giulia si scoraggia e mi abbandona. I tristi rimorsi hanno scacciato l'amore. Tutto è mutato per me; soltanto il mio cuore è sempre lo stesso, il che fa anche più spaventosa la mia sorte.

Ma che importa, ciò che sono e ciò che devo essere? Giulia soffre, è forse tempo di pensare a me? Ah, sono le sue pene che fanno le mie anche più amare. Sì, preferirei che cessasse di amarmi e così fosse felice... Cessare di amarmi!... forse che lo spera?... Giammai, giammai. Ha un bel proibirmi di vederla e di scriverle. Così non sopprime il tormento, ahimè, bensì il consolatore! La perdita d'una tenera madre la deve forse privare d'un amico anche più tenero? Crede forse di alleviare i suoi mali moltiplicandoli? O amore! è possibile vendicare la natura a tue spese?[1]

No, no; invano crede di potermi dimenticare. Potrà mai staccarsi dal mio, il suo tenero cuore? Non lo posseggo forse, suo malgrado? È mai possibile dimenticare sentimenti come quelli che noi abbiamo provati, e rammentarli senza tornare a provarli? L'amore vincitore fece la sventura della sua vita; l'amore vinto non la farà che maggiormente deplorevole. Trascorrerà i suoi giorni nel dolore, tormentata insieme da inutili rimpianti e da vani desideri, senza mai poter soddisfare né l'amore né la virtù[2].

Non crediate tuttavia che deplorando i suoi errori mi dispensi dal rispettarli. Dopo tanti sacrifici è troppo tardi per imparare a disubbidire. Dal momento che comanda, basta: non sentirà mai più parlare di me. Vedete se la mia sorte non è orrenda: la mia massima disperazione non è di dover rinunciare a lei. Ah! i miei più cocenti dolori sono nel suo cuore, sono più infelice della sua che della mia sventura. Voi che siete amata da lei più di qualsiasi altra cosa, e che sola, dopo di me, la sapete amare degnamente: Clara, amabile Clara, voi siete l'unico bene che le rimanga. Bene abbastanza prezioso per farle tollerare la perdita di tutti gli altri. Compensatela delle consolazioni che le sono tolte e di quelle che lei rifiuta; che una santa amicizia supplisca in pari tempo per lei alla tenerezza d'una madre, a quella d'un amante, e alle dolcezze dei sentimenti tutti che la dovevano far felice. Sia felice se è possibile, a qualsiasi prezzo; ritrovi la pace e la tranquillità che le ho rapito; sentirò meno i tormenti che m'ha lasciato. Poiché il mio destino è di trascorrer la vita morendo per lei, mi consideri come morto; acconsento, se tale idea la può calmare. Possa ritrovare accanto a voi le sue virtù, la sua felicità d'un tempo! Possa tornare a essere, grazie a voi, quella che sarebbe stata senza di me!

Ahimè! era figlia e non ha più madre! Ecco una perdita irreparabile, e che non ammette consolazioni per chi se ne deve accusare. La sua agitata coscienza torna a domandarle quella madre tenera e diletta, e in così crudele dolore l'orrendo rimorso si aggiunge alla sua afflizione. O Giulia, dovevi mai conoscere questo orribile sentimento? Voi che siete stata testimonio della malattia e degli estremi momenti di quella madre sventurata: ditemi, ve ne supplico, ve ne scongiuro, ditemi che cosa ne devo pensare? Laceratemi il cuore se sono colpevole. Se il dolore delle nostre colpe l'ha fatta scendere nella tomba, siamo due mostri indegni di vivere; è un delitto pensare a così funesti legami, è un delitto vedere la luce. No, non posso credere che così puro fuoco abbia potuto produrre così neri effetti. L'amore ci ispirò sentimenti troppo nobili per indurci a misfatti di anime snaturate. Il cielo, il cielo sarebbe ingiusto a tal punto; e lei, che ebbe la forza di immolare la sua felicità agli autori dei suoi giorni, meritava forse di costar loro la vita?

LETTERA VII

RISPOSTA

In che modo si potrebbe amarvi meno, se ogni giorno siete degno di maggior stima? In che modo potrei perdere i miei sentimenti d'un tempo per voi, se ogni giorno ne meritate di nuovi? No, mio caro e degno amico; saremo per il resto dei nostri giorni ciò che siamo stati gli uni per gli altri fin dalla prima giovinezza; e se il nostro reciproco affetto non s'accresce, è perché non è più possibile che s'accresca. Di nuovo c'è che vi volevo bene come a un fratello e ora vi voglio bene come a un figlio; perché, anche se siamo tutt'e due più giovani di' voi, e vostre allieve, vi considero un poco come nostro figlio. Insegnandoci a pensare, avete però imparato da noi a sentire; e checché affermi il vostro filosofo inglese, questa educazione è almeno pari all'altra; se la ragione forma l'uomo, è però il sentimento che lo dirige[1].

Sapete perché la mia condotta verso di voi pare cambiata? Non che il mio cuore non sia sempre il medesimo, credetemi; è la vostra condizione che è cambiata. Fin che rimaneva uno spiraglio di speranza ho favorito la vostra passione. Ma da quando ostinandovi ad aspirare a Giulia non potete far altro che renderla infelice, compiacervi non sarebbe che nuocervi. Preferisco sapere che siete meno da compiangere pur scontentandovi anche più. Quando la felicità comune è impossibile, cercare la propria in quella dell'essere amato non è forse l'unica cosa che resti all'amore disperato?

Ma voi non vi limitate a questo sentimento, o mio generoso amico; lo eseguite col più doloroso sacrificio che mai abbia fatto fedele amante. Rinunciando a Giulia acquistate la sua pace a spese della vostra, e per lei rinunciate a voi stesso.

Quasi quasi non ho il coraggio di dirvi che strane idee mi vengono; ma sono consolanti, perciò eccole. Anzitutto, mi pare che il vero amore, come pure la virtù, abbia questo vantaggio: che sa ricompensare di tutto quanto gli si sacrifica, e che in certo senso si gode delle privazioni che ci si impone col sentimento stesso di quanto costano e della ragione che ci induce a farle? Potrete darvi testimonianza di aver amato Giulia come meritava di essere amata, e così l'amerete anche di più e ne sarete più felice. Questo squisito egoismo che trae vantaggio da tutte le più dolorose virtù mescolerà il suo incanto a quello dell'amore. Vi direte che sapete amare con un piacere più duraturo e più delicato di quanto provereste dicendo: "Posseggo quella che amo!" Perché questo piacere si consuma a forza di goderne;

338

mentre l'altro rimane sempre e ne potreste godere persino se aveste cessato di amare.

Se inoltre è vero quello che Giulia e voi m'avete ripetuto spesso, che l'amore è il sentimento più delizioso che possa entrare nel cuore dell'uomo, tutto ciò che lo prolunga e lo consolida, sia pure a costo di mille dolori, è tuttavia un bene. Se l'amore è un desiderio che gli ostacoli inaspriscono (come mi dicevate) non è bene che sia soddisfatto; è preferibile che duri e sia infelice, anziché spegnersi in seno ai piaceri. La vostra passione ha vinto la prova del possesso, lo ammetto, e quella del tempo, e dell'assenza, e di dolori d'ogni specie; ha vinto tutti gli ostacoli, salvo il più potente di tutti, che è di non più averne da superare, e di nutrirsi esclusivamente di sé. L'universo non ha mai visto passione capace di sostenere tale prova; che diritto avete mai di sperare che la vostra l'avrebbe sostenuta? Il tempo avrebbe aggiunto alla sazietà d'un lungo possesso l'avanzarsi degli anni e il declino della bellezza; si direbbe che con la separazione si consolidi in vostro favore; sarete sempre l'uno per l'altro nel fior degli anni; vi vedrete sempre così come vi siete visti lasciandovi; i vostri cuori uniti fino alla tomba prolungheranno in una deliziosa illusione la vostra giovinezza e i vostri amori!

Se non foste stati felici, un'invincibile inquietudine vi potrebbe tormentare; il vostro cuore rimpiangerebbe sospirando dei beni di cui era degno; la vostra ardente immaginazione esigerebbe incessantemente quelli che non aveste potuto ottenere. Ma l'amore non ha delizie di cui non v'abbia colmato, e per adoperare le vostre parole, in un anno avete dato fondo ai piaceri di tutta una vita. Ricordatevi di quella così appassionata lettera, scritta l'indomani d'un temerario convegno. La lessi con un'emozione che non conoscevo; non ci si trova lo stato durevole d'un'anima intenerita, bensì il delirio estremo d'un cuore ardente di amore e ebbro di voluttà. Voi stesso avete ammesso che simili trasporti non si possono gustare due volte in tutta la vita, e che dopo averli provati bisognerebbe morire. Quello, o amico, fu il colmo; la fortuna e l'amore avrebbero potuto accordarvi qualsiasi bene, la vostra passione e la vostra felicità non potevan far altro che declinare. Quel momento fu pure l'inizio delle vostre sventure, l'amante vi fu tolta nel momento stesso in cui non vi rimanevano altri sentimenti ignoti da gustare accanto a lei; si direbbe che il destino ha voluto preservare il vostro cuore da un inevitabile esaurimento, e lasciarvi nel ricordo dei vostri piaceri trascorsi un piacere più dolce di tutti quelli che avreste potuto ancora gustare[1].

Consolatevi quindi della perdita d'un bene che sempre vi sarebbe sfuggito e inoltre vi avrebbe rapito quello che vi rimane. Felicità e amore sarebbero svaniti insieme; così almeno ne avete conservato il sentimento; finché si ama non si è senza piaceri. L'immagine dell'amore spento spaventa un tenero cuore più di quella dell'amore infelice, il disgusto di quanto si possiede è cento volte peggiore del rimpianto di quanto s'è perduto.

Se fossero fondati i rimproveri che la mia sconsolata cugina si fa circa la morte di sua madre, ammetto che così crudele ricordo avvelenerebbe quello dei vostri amori, un'idea tanto funesta li dovrebbe anzi spegnere per sempre; ma non date retta ai suoi dolori, che l'ingannano; o meglio, il chimerico motivo di cui si compiace di aggravarli non è altro che un pretesto per giustificarne l'eccesso. Quest'anima tenera teme sempre di non affliggersi abbastanza, per lei è una specie di piacere aggiungere al sentimento delle proprie pene tutto ciò che le può inasprire. Siate certo che si inganna; non è sincera con se stessa. Ah! se sinceramente credesse di aver abbreviato i giorni di sua madre, come potrebbe il suo cuore sostenere così atroce rimorso? No no, amico: non la piangerebbe, l'avrebbe seguita. La malattia della signora d'Etange era nota: era un'idropisia di petto, inguaribile, ormai la si dava perduta anche prima che avesse scoperto la vostra corrispondenza. Fu un violento dolore per lei; ma quanti piaceri non riparano il male che le poteva fare? Che consolazione per quella tenera madre vedere, mentre gemeva sulle colpe della figlia, quante virtù le riscattavano, ed esser costretta, pur deplorando la sua debolezza, ad ammirarne l'anima! Quanto le riuscì dolce sentire in che modo ne era amata! Che infaticabile zelo! Che continue cure! Che incessante assiduità! Che disperazione di averla afflitta! Quanti rammarichi, quante lagrime, quante patetiche carezze, che inesauribile sensibilità! Negli occhi della figlia si poteva leggere tutto quanto pativa la madre; lei la serviva di giorno, lei la vegliava di notte; ogni soccorso le veniva dalla sua mano. Pareva di vedere un'altra Giulia: scomparsa la sua naturale delicatezza, era forte e robusta, le cure più penose non le costavano niente, era come se la sua anima le avesse dato un altro corpo. Faceva tutto e pareva che non facesse niente; era dappertutto e non si muoveva dal capezzale della madre. La si vedeva sempre in ginocchio accanto al letto, la bocca premuta sulla mano, in atto di gemere sul suo fallo o sul male di sua madre, mescolando anzi questi due sentimenti per maggiormente affliggersene. Non ho visto nessuno entrare nella camera di mia zia, durante gli ultimi giorni, che non si commovesse fino alle lagrime di così commovente spettacolo. Si vedeva lo sforzo che quei due cuori facevano per unirsi anche più strettamente nell'attimo di una funesta separazione. Si vedeva che soltanto il rammarico di separarsi affliggeva la madre e la figlia, e che vivere o morire non sarebbe stato niente per loro, avessero potuto rimanere o andarsene insieme.

Non soltanto dovete respingere le nere idee di Giulia, ma esser certo che tutto quanto ci si può aspettare dagli umani soccorsi e dalle consolazioni del cuore, tutto ha contribuito grazie a lei a rallentare i progressi della malattia di sua madre, e che certissimamente la sua tenerezza e le sue cure ce l'hanno conservata più a lungo di quanto avremmo potuto fare senza di lei. Anche mia zia mi disse cento volte che i suoi ultimi giorni erano i momenti più dolci della sua vita, e che la felicità di sua figlia era la sola cosa che mancasse alla sua propria.

Se bisogna attribuire la sua morte al dolore, quel dolore risale più lontano e bisogna addebitarlo al marito. Per tanto tempo volubile e incostante, prodigò il fuoco della sua giovinezza a mille oggetti meno degni di piacere della sua virtuosa compagna; e quando gli anni lo ebbero ricondotto a lei, mantenne con la moglie quell'inflessibile asprezza che i mariti infedeli di solito aggiungono alle loro colpe. La mia povera cugina l'ha

provata. Una vana ostinazione nobiliare e quella rigi-
dità di carattere che niente riesce a flettere hanno provocato le sue e le vostre sventure. Sua madre ebbe sempre simpatia per voi; e si avvide del vostro amore quan-
d'era ormai troppo tardi per spegnerlo, sopportò a lungo segretamente il dolore di non poter vincere l'inclinazione di sua figlia né l'ostinazione del marito, e di essere la causa prima d'un male che non era capace di
guarire. Quando la scoperta delle vostre lettere le disse
fino a punto avevate abusato della sua fiducia, ebbe
paura di perder tutto volendo salvar tutto e di porre
a repentaglio i giorni di sua figlia per riparare al suo
onore. Parecchie volte ma senza esito cercò di scandagliare il marito. Parecchie volte volle rischiare un'intera
confidenza e mostrargli tutta l'estensione del suo dovere, ma sempre la paura e la timidità la trattennero.
Fin che poté parlare esitò; quando volle parlare era
troppo tardi, le mancarono le forze; morì col suo fatale segreto; e io che conosco il carattere di quell'uomo severo ma non so fin dove i sentimenti naturali
avrebbero potuto temperarlo, ora mi sento sollevata vedendo che almeno i giorni di Giulia sono sicuri.

Ella non ignora niente di questo; ma devo dirvi cosa
penso dei suoi apparenti rimorsi? L'amore è più ingegnoso di lei. Addolorata com'è per sua madre, vorrebbe
dimenticarvi, ma suo malgrado l'amore la inquieta e la
costringe a pensare a voi. Vuole che le sue lagrime si
riferiscano a ciò che ama. Non ardirebbe più occuparsene direttamente, l'amore la costringe a occuparsene tuttavia, almeno col suo pentimento. La inganna così sottilmente che ella preferisce soffrire di più, purché abbiate parte alla causa delle sue pene. Forse il vostro cuore
non può intendere queste complicazioni del suo: e tuttavia sono naturali, perché l'amore di entrambi voi, sebbene eguale in forza, non è simile negli effetti. Il vostro
è bollente e vivo, il suo tenero e dolce; voi esternate i
vostri sentimenti con veemenza, i suoi si internano in
lei, penetrano la sostanza della sua anima, la alterano e
insensibilmente la modificano. L'amore anima e sostiene il vostro cuore, mentre opprime e prostra il suo;
ogni suo slancio è illanguidito, la sua forza annientata,
il coraggio spento, la virtù ridotta a niente. Tutte que-

ste eroiche facoltà non sono annientate ma sospese: un momento di crisi le potrebbe rinvigorire, oppure spegnerle irrimediabilmente. Se fa ancora un passo verso lo scoramento, è perduta; ma se quest'anima egregia si risolleva un momento solo, sarà più grande, più forte, più virtuosa che mai, e non ci sarà più pericolo di ricaduta. Credetemi, caro amico, in una situazione così delicata dovete rispettare colei che avete amato. Qualsiasi cosa le venga da voi, fosse pure contro di voi, le riuscirebbe mortale. Se vi ostinate, potrete facilmente trionfare; ma invano crederete di possedere la stessa Giulia, non la ritroverete mai più.

LETTERA VIII

DI MILORD EDOARDO

Avevo acquistato diritti sul tuo cuore; mi eri necessario, stavo per venire da te. Ma cosa t'importano i miei diritti, i miei bisogni, le mie premure? M'hai dimenticato; non ti degni più di scrivermi. Sento che meni una vita solitaria e selvatica; intendo i tuoi segreti disegni. La vita ti è venuta a noia.

Muori dunque, o insensato giovane; muori, o uomo insieme feroce e codardo: ma sappi morendo che lasci, nell'anima d'un galantuomo che ti ebbe caro, il dolore di aver servito un ingrato.

LETTERA IX

RISPOSTA

Venite, milord; credevo di non saper più gustare qualche piacere sulla terra: ma ci rivedremo. Non è vero che mi potete confondere con gli ingrati: il vostro cuore non è fatto per incontrarne, né il mio per esserlo.

BIGLIETTO

DI GIULIA

È tempo di rinunciare agli errori della giovinezza, e di abbandonare una fallace speranza. Non sarò mai vostra. Restituitemi la libertà che v'ho accordata, mio padre ne vuole disporre; oppure portate al colmo i miei dolori con un rifiuto che sarà la rovina di entrambi, e non vi sarà di giovamento alcuno.

Giulia d'Etange

LETTERA X

DEL BARONE D'ETANGE
nella quale stava il biglietto precedente

Se nell'anima d'un seduttore può rimanere qualche sentimento d'onore e di umanità, rispondete a questo biglietto d'una sciagurata di cui avete corrotto il cuore, e che non vivrebbe più se dovessi pensare che ha potuto dimenticare se stessa anche più in là. Non mi stupirebbe molto che quella filosofia stessa che la persuase a gettarsi nelle braccia del primo venuto le insegnasse anche a disubbidire a suo padre. Tuttavia rifletteteci. Mi piace in ogni circostanza prendere la via della dolcezza e della cortesia, quando penso che possono bastare; ma se mi comporto così con voi, non crediate che io ignori in che modo si vendica l'onore di un gentiluomo, offeso da un uomo che non è tale.

LETTERA XI

RISPOSTA

Signore, lasciate stare inutili minacce che non mi spaventano, e ingiusti rimproveri che non mi possono umiliare. Sappiate che tra due persone della stessa età il solo seduttore è l'amore, e che non potrete mai avvilire un uomo che vostra figlia ha onorato della sua stima.

Che sacrificio ardite impormi, e con qual diritto lo pretendete? Forse che debbo immolare l'estrema mia speranza all'autore di tutti i miei mali? Voglio rispettare il padre di Giulia; ma si degni di essere il mio, se devo imparare a ubbidirgli. No, no, signore, qualunque stima facciate del vostro modo di agire, non mi costringerete a rinunciare per voi a così cari diritti, che il mio cuore ha ben meritati. Voi siete la sventura della mia vita; non vi devo altro che odio, e voi non avete niente da pretendere da me. Ma Giulia ha parlato: ecco il mio consenso. Ah! sempre sia ubbidita! Un altro la possederà; ma così io sarò anche più degno di lei.

Se vostra figlia si fosse degnata di consultarmi sui limiti della vostra autorità, siate certo che le avrei insegnato a resistere alle vostre ingiuste pretese. Qualunque sia l'autorità di cui abusate, i miei diritti sono più sacri dei vostri; la catena che ci lega è il limite della potestà paterna, anche davanti ai tribunali umani; e se avete il coraggio di appellarvi alla natura, voi solo siete colui che ne viola le leggi[1].

E nemmeno allegate quello strano e suscettibile onore che dite di voler vendicare; voi solo lo offendete. Rispettate la scelta di Giulia e il vostro onore è salvo; perché il mio cuore vi onora nonostante i vostri oltraggi, e nonostante le vostre gotiche massime nessuno mai s'è disonorato imparentandosi con un galantuomo. Se questa mia presunzione vi offende, aggredite pure la mia vita, non la difenderò mai contro di voi; lasciando che non mi interessa affatto di sapere in che cosa consiste l'onore di un gentiluomo; quanto a quello d'un galantuomo, esso mi appartiene, lo so difendere e lo manterrò puro e senza macchia fino all'estremo sospiro.

Suvvia, o padre barbaro e poco degno di così dolce nome, meditate orrendi parricidi, intanto che una figlia sottomessa e tenera immola la sua felicità ai vostri pregiudizi. I vostri rimorsi mi vendicheranno un giorno dei mali che mi procurate, troppo tardi vi avvedrete che il vostro odio cieco e snaturato non è riuscito meno funesto a voi che a me. Sarò certamente infelice; ma se mai la voce del sangue si alzi in fondo al vostro cuo-

re, voi vi troverete anche più infelice per aver sacrificato a delle chimere l'unico frutto delle vostre viscere;
unico al mondo per bellezza, meriti e virtù, e al quale il
cielo prodigo di doni non negò altro che un padre migliore!

BIGLIETTO

accluso alla lettera precedente

Restituisco a Giulia d'Etange il diritto di disporre di
sé, e di accordare la sua mano senza consultare il suo
cuore.
S. G.[1]

LETTERA XII

DI GIULIA

Volevo descrivervi la scena appena capitata, e che
ha provocato il biglietto che certo avete ricevuto; ma
mio padre ha misurato il tempo così bene che è finita
soltanto un momento appena prima della partenza del
corriere. La sua lettera è arrivata in tempo alla posta,
senz'altro; questa purtroppo no; avrete preso una decisione e la vostra risposta sarà ormai partita prima che
vi arrivi questa mia: così che ogni particolare ormai è
inutile. Ho fatto il mio dovere; voi farete il vostro: ma
il destino si accanisce contro di noi, l'onore ci tradisce;
saremo divisi per sempre, e per colmo d'orrore sto per
passare nelle... Ahimè! son potuta vivere tra le tue!
O dovere, a che mai giovi? O provvidenza!... bisogna
gemere e tacere.
La penna mi sfugge di mano. Da qualche giorno stavo

male, il colloquio di stamane m'ha straordinariamente scossa... mi duole la testa e il cuore... mi sento venir meno... il cielo avrà mai pietà delle mie pene?... Non mi posso reggere... sono costretta a mettermi a letto, mi consolo con la speranza di mai più potermi alzare. Addio, mio unico amore. Addio, per l'ultima volta, caro e tenero amico di Giulia. Ah! se non devo più vivere per te, non ho forse già cessato di vivere?

LETTERA XIII

DI GIULIA ALLA SIGNORA D'ORBE

Dunque è vero, cara e crudele amica, che mi richiami alla vita e ai miei dolori? Ho visto il momento fortunato in cui stavo per raggiungere la più tenera delle madri; le impietose tue cure m'hanno incatenata per piangerla più a lungo; e quando il desiderio di seguirla mi strappa alla terra, ecco che il rammarico di abbandonarti mi trattiene. Se mi consolo di vivere è con la speranza di non essere del tutto sfuggita alla morte. Sono scomparsi, quei vezzi del mio volto che il mio cuore ha pagato tanto caro: la malattia dalla quale esco me ne ha liberata. Questa felice perdita frenerà il rozzo ardore d'un uomo abbastanza indelicato da potermi sposare senza il mio consenso. Non troverà più in me ciò che gli piacque, e poco si curerà del resto. Senza mancar di parola a mio padre, senza offendere l'amico al quale deve la vita, saprò respingere codesto importuno: non aprirò bocca, ma il mio aspetto parlerà per me. Il suo disgusto mi salverà dalla sua tirannia, mi giudicherà troppo brutta per degnarsi di farmi infelice.

Ah, cara cugina! Tu conoscesti un cuore più costante e più tenero, che non si sarebbe sentito respinto. Il suo gusto non si limitava alle fattezze e al volto; amava me, non il mio aspetto. Eravamo uniti con tutto il nostro essere, e fino a quando Giulia sarebbe stata la stessa, la bellezza poteva svanire, l'amore sarebbe rimasto. Tuttavia ha potuto consentire... ingrato!... ha do-

347

vuto, perché io ho potuto esigerlo. Chi trattiene con la parola data quelli che vogliono svincolare il cuore? Dunque ho voluto svincolare il mio?... l'ho fatto?... O Dio! perché tutto e sempre mi deve rammentare un tempo che non esiste più, e una passione che non deve più esistere? Invano cerco di strapparmi dal cuore questa immagine diletta; sento che gli è troppo fortemente unita; lo strazio senza liberarlo, i miei sforzi per cancellare così dolce ricordo non giovano che a imprimervelo maggiormente.

Ardirò narrarti un delirio della febbre, che invece di dileguare con quella mi tormenta vieppiù dopo che sono guarita? Sì, devi conoscere e compiangere lo spirito traviato della sventurata tua amica, e ringrazia il cielo di aver preservato il tuo cuore da così orribile passione. In uno dei momenti peggiori del mio male, raddoppiandosi l'ardore della febbre, mi parve di vedere accanto al letto quell'infelice: non qual era un tempo, quando incantava gli occhi miei nella breve felicità della mia vita; ma pallido, disfatto, scomposto, con la disperazione negli occhi. Stava in ginocchio; mi prese una mano e senza inorridire dello stato in cui era, senza temere il contagio di un veleno così terribile, la copriva di baci e di lagrime. Vedendolo provai quella intensa e deliziosa emozione che a volte mi procurava la sua vista inaspettata. Volli slanciarmi verso di lui; mi trattennero; tu lo strappasti dalla mia presenza, e la cosa che più mi commosse furono i suoi gemiti che mi parve di udire a mano a mano che si allontanava.

Non ti posso esprimere lo straordinario effetto che questo sogno produsse in me.[1] La febbre è stata lunga e violenta; rimasi senza conoscenza per parecchi giorni; spesso ho sognato di lui nel delirio; ma nessun sogno m'ha lasciato tracce tanto profonde nell'immaginazione quanto quest'ultimo: tracce così forti che non mi è possibile cancellarle dalla memoria e dai sensi. Ogni minuto, ogni istante mi pare di vederlo in quell'atteggiamento; ancora i miei occhi sono colpiti dal suo aspetto, dal suo vestire, dal gesto, dallo sguardo triste; ancora mi pare di sentir le sue labbra premermi la mano, la sento bagnata dalle sue lagrime; il suono della sua voce lamentosa mi fa trasalire; vedo che lo trascinano via

348

da me; mi sforzo di trattenerlo: tutto mi ripete una scena immaginaria con più vigore dei fatti che mi sono capitati davvero.

Ho esitato un pezzo prima di farti questa confidenza; mi vergogno di fartela a voce; ma il mio turbamento invece di scemare aumenta ogni giorno più, non sono più capace di resistere al bisogno di confidarti la mia pazzia. Ah! se si impossessasse di me tutta. Così potessi perdere del tutto la ragione, poiché quel poco che me ne rimane non giova che a tormentarmi!

Torno al mio sogno. Cara cugina, burlati se vuoi della mia semplicità; ma in quella visione c'è un che di misterioso che non c'è nei soliti sogni. Che sia il presentimento della morte del migliore degli uomini? Un avvertimento che ormai ha finito di esistere? Forse che il cielo si degna di guidarmi una volta ancora, e mi esorta a seguire colui che mi fece amare? Ahimè! l'ordine di morire sarà per me il primo dei suoi favori.

Ho un bel rammentare tutte quelle vuote chiacchiere con le quali la filosofia diverte la gente insensibile: non mi fanno più impressione, sento che le disprezzo. Non si vedono gli spiriti, d'accordo; ma due anime così strettamente unite non potrebbero aver tra loro una comunicazione immediata, indipendente dal corpo e dai sensi? L'impressione diretta che l'una riceve dall'altra non potrebbe trasmetterla al cervello e per contraccolpo ricevere da lui le sensazioni ch'essa gli ha dato?... Povera Giulia, quante stravaganze! Come ci rendono credule le passioni; e come un cuore fortemente commosso si stacca a malincuore dagli errori che pur riconosce per tali!

LETTERA XIV

RISPOSTA

Ah, mia troppo sventurata e troppo sensibile amica, sei dunque nata soltanto per soffrire? Invano vorrei risparmiarti qualche affanno, si direbbe che tu li ricerchi senza posa, e il tuo pianeta è più potente di tutte le mie cure. A tanti veri motivi di dolore non stare ad aggiungere delle chimere; e poiché la mia discrezione ti nuoce più che non ti giovi, esci da un inganno che ti tormenta: forse la triste realtà ti riuscirà meno crudele. Sappi dunque che il tuo sogno non è un sogno; che hai visto non l'ombra del tuo amico, ma lui in persona; e che quella patetica scena continuamente presente alla tua immaginazione s'è svolta realmente in camera tua, due giorni dopo il colmo della malattia.

Il giorno prima t'avevo lasciata piuttosto tardi, e il signor d'Orbe che quella notte voleva prendere il mio posto accanto a te stava per uscire, quando a un tratto vedemmo entrare di colpo e gettarsi ai nostri piedi quel povero infelice, in uno stato da far pietà. Appena ricevuta la tua lettera aveva preso la posta, correndo notte e giorno aveva fatto il viaggio in tre giorni, e non s'era fermato che all'ultima stazione per aspettar la notte e poi entrare in città. Lo confesso a mia confusione: fui meno pronta del signor d'Orbe a gettarmigli al collo; ignoravo la ragione del suo viaggio, ma ne prevedevo le conseguenze. Tanti amari ricordi, il tuo stato, il suo, il disordine in cui lo vedevo: tutto avvelenava una così dolce sorpresa, ero troppo scossa per fargli molte carezze. Tuttavia lo abbracciai, con una stretta al cuore che anche lui provò, e che reciprocamente esprimemmo con muti abbracci, più eloquenti delle grida e delle lagrime. La sua prima parola fu: "Che cosa fa? Ah, che cosa fa? datemi la vita o la morte". Allora capii che sapeva della tua malattia, e credendo che non ne ignorasse nemmeno la specie, gliene parlai con 'la sola precauzione di attenuare il pericolo. Non appena seppe che era il vaiuolo, cacciò un grido e svenne. La stanchezza e l'insonnia unite al turbamento dello spirito l'avevano gettato in un tale accasciamento che ci volle non poco a farlo tornare in sé. Poteva parlare a stento; lo mettemmo a letto.

Vinto dalla natura, dormì dodici ore di fila, ma era un sonno così agitato che doveva piuttosto spossarlo che riposarlo. Il giorno dopo, altro problema: voleva assolutamente vederti. Gli rappresentai il pericolo che c'era di sconvolgerti tutta; disse che avrebbe aspettato finché il rischio fosse scomparso; ma anche il suo soggiorno era un rischio, e tremendo; cercai di farglielo capire. Mi troncò duramente la parola. "Tenetevi la vostra barbara eloquenza, mi disse sdegnato, smettete di esercitarla a mio danno. Non sperate di scacciarmi, come già avete fatto una volta. Verrò cento volte d'in capo al mondo per vederla un solo istante. Ma giuro per l'autore del mio essere" soggiunse con impeto "che non partirò senza averla vista. Vediamo un poco se riuscirò a impietosirvi o se mi farete mentitore."

Era ormai deciso. Il signor d'Orbe disse che bisognava trovare il modo di accontentarlo, per poterlo mandar via prima che il suo ritorno fosse noto; perché in casa non lo sapeva che il solo Hanz, del quale ero sicura, e davanti ai domestici l'avevamo chiamato con un nome non suo[a]. Gli promisi che t'avrebbe vista la notte successiva; a patto che sarebbe rimasto un momento solo, che non avrebbe parlato e che sarebbe ripartito l'indomani prima di giorno. Mi diede la sua parola: così tranquillizzata lo lasciai insieme a mio marito e tornai accanto a te.

Ti trovai sensibilmente migliorata, l'eruzione era finita; il medico mi ridiede coraggio e speranza. Mi accordai anticipatamente con Babi, e poiché l'accesso febbrile, benché diminuito, ti aveva sconvolta, ne approfittai per allontanare tutti e far dire a mio marito di portare l'ospite, pensando che prima che l'accesso finisse non saresti stata in grado di riconoscerlo. Dovemmo faticare moltissimo per mandar via il tuo afflittissimo padre, che come ogni notte si ostinava a rimanere. Finalmente gli dissi in tono irato che così non risparmiava nessuna fatica a nessuno, che ero decisa a vegliare e che sapeva benissimo, benché padre, che la sua tenerezza non era più vigilante della mia. Se ne andò a malincuore; rimanemmo sole. Il signor d'Orbe giunse verso le undici, mi disse che aveva lasciato l'amico giù in strada. Andai a prenderlo: tremava come una foglia. Passando nell'anticamera le forze gli vennero meno; respirava a fatica, dovette sedersi.

Allora, distinguendo alcuni oggetti nel fievole chiaro-

[a] Si vedrà nella parte quarta che il nome finto era Saint-Preux. (N.d.A.)

re d'un lume lontano: "Sì," disse con un profondo sospiro "riconosco questi stessi luoghi. Ci son passato una volta in vita mia... a quest'ora... segretamente come ora... tremavo come adesso... il cuore mi batteva così... o temerario! io mortale osavo gustare... che cosa sto per vedere ora in questo stesso asilo dove tutto respirava la voluttà che mi inebriava? in quell'oggetto stesso che provocava e divideva i miei trasporti? L'immagine della morte, un ferale apparato, la virtù infelice e la bellezza spirante!"

Cara cugina: risparmio al tuo povero cuore i particolari di questa patetica scena. Ti vide e ammutolì, come aveva promesso. Ma che silenzio! Si gettò ginocchioni; singhiozzando baciava le cortine; alzava mani e occhi; cacciava sordi gemiti; durava fatica a trattenere il dolore e le grida. Pur senza vederlo, macchinalmente sporgesti una mano; se ne impossessò con una specie di furore; i baci infuocati che applicava su quella mano malata ti svegliarono, più che il rumore e la voce di quanto ti stava intorno; vidi che l'avevi riconosciuto, e nonostante la sua resistenza e i suoi lamenti lo trascinai immediatamente fuori della camera, sperando di poter eludere col pretesto del delirio una così fugace apparizione. Ma poi, vedendo che non ne facevi parola, credetti che tu l'avessi dimenticata, proibii a Babi di parlartene e so che m'ha ubbidita. Vana prudenza, sbaragliata dall'amore, non è giovata che a far fermentare un ricordo che ormai non è più possibile cancellare!

Partì come aveva promesso, gli feci giurare che non si sarebbe fermato nei dintorni. Ma non è tutto, mia cara: bisogna che ti dica quello che in ogni modo non ignoreresti a lungo. Due giorni dopo passò milord Edoardo; si affrettò per raggiungerlo, lo trovò malato a Digione. L'infelice aveva contratto il vaiuolo. M'aveva nascosto di non mai averlo avuto, e io te l'avevo condotto senza nessuna precauzione. Non potendo guarire il tuo male, lo volle condividere. Rammentandomi il modo con cui ti baciava la mano, non posso dubitare che non se l'abbia inoculato volontariamente. Non era possibile esser preparato peggio di così; ma era l'amore che lo inoculava, e riuscì felicemente. L'amore padre della vita l'ha conservata al più tenero amante che mai

352

sia stato: è guarito e dall'ultima lettera di milord Edoardo credo che a quest'ora sono partiti per Parigi.

Ecco, o mia amabile cugina, in che modo puoi bandire i funebri terrori che ti spaventavano. Da tempo hai rinunciato alla persona del tuo amico, la sua vita è sicura. Non pensar dunque che a mantenere la tua e a compiere serenamente il sacrificio che il tuo cuore ha promesso all'amor paterno. Cessa finalmente di esser giuoco d'una vana speranza e di pascerti di chimere. Ti affretti un po' troppo a andar superba della tua bruttezza; sii più umile, credimi, non hai che troppa ragione di esserlo. Hai subìto un male tremendo, ma il tuo volto è rimasto illeso. Quelle che prendi per cicatrici non sono che macchie rossastre che presto scompariranno. Io fui trattata un po' peggio, e tuttavia vedi che non sono troppo sfigurata. Angelo mio, resterai bella tuo malgrado, e l'indifferente Wolmar che tre anni di assenza non son riusciti a guarire d'un amore concepito in otto giorni, potrà mai guarire vedendoti continuamente? Oh, se l'unica tua risorsa è la bruttezza, il tuo caso è disperato!

LETTERA XV

DI GIULIA

È troppo, è troppo. Amico, hai vinto. Non posso reggere alla prova di tanto amore; la mia resistenza è esaurita. Ho messo in opera tutte le mie forze, ne ho la consolante testimonianza della coscienza. Possa il cielo non chiedermi più di quanto m'ha dato. Questo triste cuore, che tante volte hai vinto e che è costato tanto al tuo, ti appartiene senza più riserve; ti appartenne dal primo momento in cui i miei occhi ti videro; sarà tuo fino al mio ultimo sospiro. L'hai meritato troppo per poterlo perdere, e io sono stanca di servire a spese della giustizia una chimerica virtù.

Sì, o tenero e generoso amante, la tua Giulia sarà

sempre tua, ti amerà sempre: così dev'essere, così voglio, così devo. Ti restituisco l'impero·che l'amore t'ha dato; non ti sarà mai più tolto. Invano una voce bugiarda mormora in fondo all'anima mia; non mi ingannerà più.· Cosa sono i vani doveri che mi va predicando, contro quello di amare per sempre colui che il cielo m'ha fatto amare? Il dovere più sacro di tutti non è forse quello verso di te? Non ho forse promesso tutto a te soltanto? Il primo voto del mio cuore fu di non mai dimenticarti, la tua inviolabile fedeltà non è forse un nuovo legame per la mia? Ah! nel trasporto d'un amore che mi restituisce a te, il mio unico rimpianto è di aver resistito a sentimenti così cari e legittimi. Natura, o dolce natura, riprendi tutti i tuoi diritti! abiuro le barbare virtù che ti annientano. Le inclinazioni che m'hai dato sono forse più fallaci d'una ragione che tante volte m'ha traviata?[1]

Rispetta queste tenere inclinazioni, o amabile mio amico, alle quali devi troppo per poterle odiare; ma sopporta che siano divise, sopporta che i diritti del sangue e dell'amicizia non siano spenti da quelli dell'amore. Non pensare che per seguirti io possa mai abbandonare il tetto paterno. Non sperare che io mi sottragga ai legami impostimi da un'autorità sacra. La crudele perdita d'uno degli autori dei miei giorni m'ha purtroppo insegnato a temere di affliggere l'altro. No, colei dalla quale aspetta ormai ogni sua consolazione non contristerà mai la sua anima oppressa dagli affanni; non darò la morte a tutti quelli che m'hanno data la vita. No, no, conosco il mio delitto, e non riesco a odiarlo. Dovere, onore, virtù: nomi che non mi dicono più nulla; ma tuttavia non sono un mostro; sono debole, non snaturata.[2] Sono decisa, non voglio desolare nessuno di quelli che amo. Che un padre schiavo della sua parola e geloso d'un vano titolo disponga pure della mano che ha promesso; che l'amore soltanto disponga del mio cuore; che le mie lagrime non smettano di scorrere nel seno d'una tenera amica. Che io sia pure vile e infelice; ma che tutti coloro che mi sono cari siano felici e contenti se è possibile. Formate tutti e tre la mia unica esistenza, e che la vostra felicità mi faccia dimenticare la mia miseria e la mia disperazione.

LETTERA XVI

Torniamo a vivere, o mia Giulia; tutti i veri sentimenti delle nostre anime riprendono il loro corso. La
natura ci ha conservato l'esistenza, l'amore ci rende alla vita. Ne dubitavi? Hai avuto il coraggio di credere
che mi potevi togliere il tuo cuore? Vai, lo conosco meglio di te, codesto cuore che il cielo ha creato per il
mio. Sento che sono uniti da un'esistenza comune che
la morte soltanto può sopprimere. Dipende forse da noi
di poterli separare, o quanto meno di volerlo? Forse che
sono stretti da legami che gli uomini abbiano formato
e che possano spezzare? No, no, Giulia, se la sorte crudele ci nega il dolce nome di sposi, nessuno potrà toglierci quello di fedeli amanti; sarà la consolazione dei
nostri tristi giorni, con noi lo porteremo nella tomba.

Ecco che ricominciamo a vivere per ricominciare a
soffrire; e il sentimento dell'esistenza per noi non è
altro che un sentimento di dolore.[1] Sventurati! Cos'è
stato di noi? Come abbiamo cessato di essere ciò che
fummo? Dov'è l'incanto della suprema felicità? Dove sono quei deliziosi rapimenti con i quali la virtù animava i nostri ardori? Di noi non rimane altro che il nostro amore; rimane l'amore soltanto, ma il suo fascino
s'è eclissato. Figlia troppo sottomessa, amante senza coraggio; tutti i nostri mali provengono dai tuoi errori.
Ahimè! un cuore meno puro t'avrebbe traviata meno.
Sì, è l'onestà del tuo che ci rovina; i retti sentimenti che
lo riempiono ne hanno sbandita la saggezza. Hai voluto conciliare la tenerezza filiale con l'indomabile amore;
ti sei abbandonata insieme a tutte le tue inclinazioni,
ma invece di accordarle le hai confuse, sei colpevole a
forza di virtù. O Giulia, quale non è il tuo inconcepibile
impero! Con che strano potere affascini la mia ragione!
Pur facendomi arrossire dei nostri ardori, riesci a farti
stimare per i tuoi errori; mi costringi ad ammirarti pur
condividendo i tuoi rimorsi... Rimorsi!... toccava a te
sentirne?... te, che amavo... te, che non posso smettere
di adorare... potrebbe mai il delitto accostarsi al tuo cuore... Crudele! restituendomi codesto cuore che m'ap-

partiene, restituiscimelo qual era quando mi fu dato.

Cosa m'hai detto?... cosa ardisci farmi capire?... tu, passare nelle braccia d'un altro?... un altro possederti?... Non esser più mia?... o per colmo d'orrore non esser più soltanto mia! Io, sopportare così orrendo supplizio?... ti vedrei sopravvivere a te stessa?... No. Preferisco perderti che dividerti... Perché il cielo non m'ha dato un coraggio pari ai trasporti che mi agitano!... prima che la tua mano si sia avvilita in codesto nodo funesto, aborrito dall'amore e riprovato dall'onore, con la mia verrei a piantarti un pugnale in seno. Svuoterei il tuo casto cuore d'un sangue non insozzato dall'infedeltà; a quel puro sangue mescolerei quello che nelle mie vene brucia d'un inestinguibile fuoco. Cadrei nelle tue braccia; esalerei sulle tue labbra l'estremo sospiro... riceverei il tuo... Giulia morente!... quei così dolci occhi spenti dall'orrore della morte!... quel seno, trono dell'amore, straziato dalla mia mano, versare a fiotti il sangue e la vita... No, vivi e soffri, porta la pena della mia codardia. No, vorrei che tu fossi morta; ma non ti posso amare abbastanza da pugnalarti.

Ah, se tu conoscessi lo stato del mio cuore stretto dall'angoscia! Non bruciò mai d'un fuoco tanto sacro. Mai la tua innocenza e la tua virtù gli furono così care. Sono amante, sono capace di amare, lo sento: ma non sono che un uomo, e rinunciare alla suprema felicità supera le forze umane. Una notte, una sola notte m'ha per sempre mutata l'anima. Toglimi questo pericoloso ricordo, e sono virtuoso. Ma quella notte fatale mi regna in fondo al cuore e coprirà con la sua ombra fatale il resto della mia vita. Ah, Giulia! Oggetto adorato! Se bisogna essere miseri per sempre, ancora un'ora di felicità, e poi eterni rimpianti!

Ascolta colui che ti ama. Perché dovremmo essere più saggi noi soli di tutti gli altri uomini, e seguire come semplici fanciulli delle chimeriche virtù di cui tutti parlano e che nessuno pratica? E che! vorremmo essere più avveduti moralisti noi di quelle turbe di sapienti che popolano Londra e Parigi, che tutti si fanno beffe della fedeltà coniugale e considerano l'adulterio mero giuoco? Gli esempi non sollevano scandalo; non è nemmeno lecito trovarci da ridire, e tutti i galantuomini riderebbero di colui che per rispetto del matrimonio volesse resistere alle sue inclinazioni. Infatti, dico-no, un peccato che non esiste se non nell'opinione non è forse inesistente se è segreto? Che male deriva a un marito da un'infedeltà che ignora? Con quali compia-cenze una donna non sa rimediare ai suoi falli[a]? Che dolcezza adopera per prevenire o per guarire i sospet-ti? Privato d'un bene immaginario, il marito vive dav-vero più contento, e quel preteso delitto di cui si me-na tanto scalpore non è altro che un legame sociale di più.

Non voglia Iddio, o cara amica del mio cuore, che io cerchi di rassicurare il tuo con queste massime vergo-gnose. Le aborro pur non sapendo combatterle, mi op-pongo a loro assai meglio con la coscienza che con la ragione. Non che mi voglia prevalere d'un coraggio che odio, né che accetti una virtù così costosa: ma mi sen-to meno colpevole rinfacciandomi le mie colpe che sfor-zandomi di giustificarle; e mi sembra che sopprimere il rimorso sia il colmo del delitto.

Non so che cosa scrivo; ho l'anima in uno stato or-rendo, peggio ancora di come era prima che ricevessi la tua lettera. La speranza che mi dai è così triste e cupa: spegne quella così pura luce che ci guidò tante volte; i tuoi vezzi si offuscano e si fanno anche più pa-tetici; ti vedo tenera e infelice; il mio cuore è inonda-to dalle lagrime che sgorgano dai tuoi occhi, e amara-mente mi rimprovero una felicità che non posso più gustare se non a spese della tua.

Sento tuttavia che un segreto ardore ancora mi ani-ma, e mi ridà il coraggio che i rimorsi mi vorrebbero togliere. Cara amica, ah, sai di quante perdite un amo-re come il mio è capace di compensarti? Sai fino a che punto un amante che non respira che per te può farti amare la vita? Capisci che ormai non voglio vivere, agi-re, pensare e sentire che per te sola? No, o deliziosa fon-te del mio essere, non avrò più altra anima che la tua

[a] Dove mai ha potuto vederlo, il nostro bravo svizzero? È un pezzo che le donne galanti hanno alzato la cresta. Cominciano a fieramente istallarsi l'amante in casa, e il marito è tollerato soltanto se sa comportarsi col dovuto rispetto. Una donna che dovesse nascondere un commercio illecito darebbe a credere che se ne vergogna, e sarebbe disonorata; nessuna donna one-sta consentirebbe a riceverla. (N.d.A.)

anima, non sarò altro che una parte di te stessa, in
fondo al mio cuore troverai una così dolce esistenza che
non potrai sentire quello che la tua avrà perduto di incanto. Ebbene, saremo colpevoli ma non saremo malvagi; saremo colpevoli, ma sempre ameremo la virtù;
non che scusare i nostri falli, insieme ne gemeremo e
li piangeremo; se è possibile li riscatteremo a forza di
bontà e di beneficenza. Giulia! o Giulia! che farai, che
cosa puoi fare? Non puoi sfuggire al mio cuore: non ha
forse sposato il tuo?

Quei vani progetti di fortuna che m'hanno così grossolanamente illuso sono dimenticati da gran tempo. Ora
non penserò ad altro che a quanto debbo a milord Edoardo; vuol portarmi in Inghilterra, afferma che gli posso
essere utile laggiù. Va bene, lo seguirò. Ma ogni anno
scomparirò; verrò segretamente a trovarti. Se non ti
potrò parlare, ti avrò almeno vista; avrò almeno baciato i tuoi passi; uno sguardo dei tuoi occhi m'avrà accordato dieci mesi di vita. Costretto a ripartire, allontanandomi da colei che amo conterò per consolarmi i
passi che mi devono riavvicinare a lei. Questi viaggi
illuderanno il tuo sventurato amante; gli parrà già di
godere della tua vista partendo per ritrovarti; il ricordo dei suoi trasporti lo farà beato durante il ritorno;
nonostante la sorte crudele, i suoi tristi passi non saranno perduti del tutto; non uno sarà privo di piacere, e i
brevi momenti che trascorrerà presso di te si moltipli-
cheranno lungo la sua vita tutta.

LETTERA XVII

DELLA SIGNORA D'ORBE

La vostra amante non esiste più, ma io ho ritrovato
la mia amica, e voi ne avete acquistata una che col suo
cuore vi potrà dare assai più di quanto avete perduto.
Giulia è sposata, e degna di far felice il bràv'uomo che
ha unito il suo destino a quello di lei. Dopo tante imprudenze, ringraziate il cielo che vi ha salvati tutt'e due:
lei dall'ignominia, voi dal rimorso di averla disonorata.

Rispettate la sua nuova condizione; non le scrivete, è lei che ve ne prega. Aspettate che vi scriva lei; lo farà tra poco. Questo è il momento che saprò se siete degno della stima che nutrii per voi, e se il vostro cuore è sensibile a un'amicizia pura e disinteressata.

LETTERA XVIII[1]

DI GIULIA

Siete da tanto tempo depositario di tutti i segreti del mio cuore che non gli è più possibile perdere così dolce abitudine. Nell'occasione più importante della mia vita vuole confidarsi con voi. Apritegli il vostro, amabile amico mio; accogliete nel vostro seno i lunghi discorsi dell'amicizia: se a volte fa prolisso colui che parla, fa però sempre paziente l'amico che ascolta[2].

Legata al destino di uno sposo, o meglio alla volontà di un padre, con una indissolubile catena, entro in una nuova carriera che non finirà che con la morte. Al momento di iniziarla, gettiamo per un istante gli occhi su quella che termino; non dev'esserci doloroso rammentare così caro tempo. Forse io ci posso trovare lezioni per ben adoperare quello che mi rimane; forse voi ci troverete dei lumi per spiegare quello che nella mia condotta sempre ci fu di oscuro ai vostri occhi. Per lo meno, considerando ciò che fummo l'uno per altro, i nostri cuori sentiranno anche meglio ciò che si devono fino al termine dei nostri giorni.

Sono circa sei anni che vi vidi la prima volta. Eravate giovane, ben fatto, amabile; altri giovani m'erano sembrati più belli e meglio fatti di voi; nessuno m'ha fatto provare la benché minima emozione, il mio cuore vi appartenne immediatamente appena vi ebbi visto[a]. Mi par-

[a] Richardson deride non poco queste affezioni nate a prima vista e fondate su indefinibili conformità. Va bene deriderle, ma dal momento che ne esistono anche troppe di siffatte, invece di divertirsi a negarle non sarebbe forse meglio insegnare a vincerle? *(N.d.A.)*[3]

ve di scorgere sul vostro volto le sembianze dell'anima di cui la mia aveva bisogno. Mi parve che i miei sensi non fossero altro che organi di sentimenti più nobili; e in voi amai non tanto ciò che vedevo quanto ciò che mi sembrava di sentire in me. Ancora due mesi fa pensavo che non m'ero sbagliata; mi dicevo che il cieco amore aveva ragione; eravamo fatti l'uno per l'altro; sarei sua se l'ordine umano non avesse sconvolto i rapporti naturali, e se fosse lecito a qualcuno di essere felice, avremmo dovuto esserlo insieme.

Questi miei sentimenti ci furono comuni; li avessi provati io sola, mi avrebbero ingannata. L'amore come lo conobbi non può nascere che da una reciproca convenienza e da un accordo delle anime. Non si ama se non si è amati; per lo meno, non si ama a lungo. Quelle passioni non ricambiate che si dice fanno tanti infelici non sono fondate che sui sensi, se qualcuna penetra fino all'anima è grazie a rapporti errati e subito smentiti. L'amore sensuale non può rinunciare al possesso, e il possesso lo estingue. L'amore vero non può fare a meno del cuore, e dura quanto i rapporti che l'hanno fatto nascere[a]! Tale fu il nostro sull'inizio; tale rimarrà, spero, fino alla fine dei nostri giorni, quando l'avremo regolato meglio. Vidi e sentii che ero amata e che dovevo esserlo. La bocca era muta; lo sguardo sorvegliato; ma il cuore si faceva sentire. Ben presto provammo tra noi quel non so che che fa eloquente il silenzio, che fa parlare gli sguardi abbassati, che infonde una temeraria timidezza, che esprime i desideri con il timore e dice tutto quanto non ardisce esprimere.

Sentii il mio cuore e mi credetti perduta alla prima vostra parola. Vidi la costrizione del vostro contegno; approvai quel rispetto, vi amai anche più; cercavo di risarcirvi d'un silenzio penoso e necessario, senza che ne scapitasse la mia innocenza; feci forza al mio carattere, imitai la mia cugina, mi feci allegra e scherzosa come lei, per evitare spiegazioni troppo gravi e far passare mille tenere carezze sotto il colore di quella simulata allegria. Volevo che il vostro stato attuale fosse tanto dolce da farvi temere qualsiasi mutamento e così co-

[a] Quando questi rapporti sono chimerici, dura quanto l'illusione che li ispira. *(N.d.A.)*

stringervi a mantenervi rispettoso. Ma tutto mi riuscì male; non si può mutare impunemente il proprio carattere. Da quell'insensata che ero accelerai la mia rovina invece di prevenirla, adoperai il veleno come palliativo, e ciò che doveva farvi tacere fu quello che appunto vi fece parlare. Ebbi un bello scostarvi con una voluta freddezza quand'eravamo soli; fui tradita proprio da quella vigilanza: mi scriveste. Invece di buttar nel fuoco la vostra prima lettera, o di darla a mia madre, la aprii. Quello fu il mio delitto, il resto ne fu la conseguenza. Volli costringermi a non rispondere a quelle lettere funeste che non potevo proibirmi di leggere. Questa atroce battaglia mi alterò la salute. Vidi l'abisso nel quale stavo per precipitare. Ebbi orrore di me stessa, ma non potei risolvermi a lasciarvi partire. Caddi in una specie di disperazione; avrei preferito di sapervi inesistente piuttosto che non mio: giunsi fino a invocare la vostra morte, fino a domandarvela. Il cielo ha veduto il mio cuore; questo sforzo deve pur riscattare alcune colpe.

Vedendovi pronto a ubbidirmi, dovetti parlare. La Chaillot m'aveva dato delle lezioni che mi fecero conoscere anche meglio i pericoli di quella confessione. L'amore che me la strappava mi insegnò a eluderne l'effetto. Voi foste il mio estremo rifugio; ebbi abbastanza fiducia in voi per darvi armi contro la mia debolezza, vi credetti degno di salvarmi da me stessa, e così vi resi giustizia. Vedendo che rispettavate così caro deposito, vidi che la mia passione non mi accecava sulle virtù che mi faceva scoprire in voi. Mi abbandonai con tanta più sicurezza in quanto mi parve che i nostri cuori si bastavano reciprocamente. Certa di non trovare in fondo al mio altro che sentimenti onesti, assaporai senza precauzioni l'incanto di una dolce familiarità. Ahimè! non m'avvedevo che la mia negligenza inveterava il male, e che l'abitudine era più pericolosa dell'amore. Commossa dal vostro ritegno, credetti di poter allentare il mio senza pericolo; nell'innocenza dei miei desideri mi figuravo di incoraggiare in voi la virtù con le tenere carezze della amicizia. Nel boschetto di Clarens mi avvidi che m'ero troppo fidata di me, e che non bisogna accordar nulla ai sensi, se si vuol negar loro qualche cosa. Un attimo, un attimo solo infuocò i miei d'un fuoco che nulla può estinguere, e se la mia volontà resisteva tuttavia, da quel momento il mio cuore fu corrotto.

Il mio smarrimento fu da voi condiviso; la vostra lettera mi fece tremare. Il pericolo era duplice: per garantirmi da me e da voi fu necessario allontanarvi. Fu l'estremo sforzo d'una virtù spirante; la vostra fuga compì la vostra vittoria; e non appena non vi vidi più, il mio languore mi tolse le poche forze che mi rimanevano per resistervi.

Abbandonando l'esercito mio padre aveva portato con sé il signor di Wolmar; gli doveva la vita, e un'amicizia di vent'anni gli faceva così caro quell'amico che non poteva separarsene. Il signor di Wolmar era già in là con gli anni e, benché ricco e nobile, non riusciva a trovare una moglie che gli garbasse. Mio padre gli aveva parlato di sua figlia come se desiderasse che l'amico gli diventasse genero; e fecero il viaggio insieme con lo scopo appunto di vedermi. Destino volle che piacessi al signor di Wolmar, il quale non aveva mai amato. Si accordarono segretamente; il signor di Wolmar doveva regolare parecchi affari in una corte del nord, dove aveva famiglia e beni, quindi domandò una dilazione e se ne andò su quell'intesa. Una volta partito mio padre dichiarò a mia madre e a me che me l'aveva destinato per marito, e comandò a me intimidita, in tono che non ammetteva replica, che mi disponessi a ricevere la sua mano. Mia madre, la quale aveva anche troppo capito l'inclinazione del mio cuore, e che sentiva per voi una naturale simpatia, tentò varie volte di smuoverlo da quella risoluzione; senza avere il coraggio di proporvi, parlava in modo da ispirare a mio padre molta considerazione per voi e il desiderio di conoscervi; ma la qualità che vi mancava lo fece insensibile a tutte quelle che possedevate, e se ammetteva che la nascita non le poteva sostituire, pretendeva però che essa sola le poteva mettere in valore.

L'impossibilità di essere felice irritò gli ardori che avrebbe dovuto spegnere. Una fallace lusinga mi sosteneva nei miei affanni: con quella perdetti la forza di sopportarli. Se mi fosse rimasta qualche speranza di potervi appartenere, forse avrei potuto vincermi; mi sarebbe costato meno resistervi tutta la vita che rinunciare per sempre a voi, e la sola idea d'un'eterna battaglia mi tolse ogni coraggio di vincere.

La tristezza e l'amore mi consumavano il cuore; caddi in un accasciamento che si esprimeva nelle mie lettere. Quella che mi scriveste da Meillerie fu la goccia estrema; ai miei dolori si unì il sentimento della vostra disperazione. Ahimè! è sempre l'anima più debole che sopporta le pene di entrambe. Il partito che avevate il coraggio di propormi portò al massimo le mie perplessità. La rovina dei miei giorni era sicura, non mi rimaneva che una scelta inevitabile, se aggiungervi la rovina dei miei genitori oppure la vostra. Non potei sopportare quell'orrenda alternativa; le forze della natura hanno un limite; tutte quelle agitazioni spossarono le mie. Desiderai d'essere liberata della vita. Il cielo parve aver pietà di me, ma la morte crudele mi risparmiò per rovinarmi. Vi vidi, guarii e fui perduta.

Se non trovai la contentezza nei miei falli, non avevo però mai sperato di trovarvela. Sentivo che il cuore era fatto per la virtù, e che senza di lei non poteva essere felice; soccombetti per debolezza e non per errore;[1] non ebbi nemmeno la scusa d'essere accecata dalla passione. Non mi restava speranza alcuna; non potevo esser altro che sventurata. L'innocenza e l'amore m'erano ugualmente necessari; non li potevo conservare tutti e due; vedendo il vostro smarrimento non pensai che a voi nella mia scelta e mi perdetti per salvarvi.

Ma rinunciare alla virtù non è facile come si crede. Tormenta a lungo coloro che l'abbandonano, il suo fascino che è delizia delle anime pure è il primo supplizio del malvagio, che lo ama tuttavia e non può più goderlo. Colpevole ma non depravata, non potei sottrarmi al rimorso che mi aspettava; anche dopo averla perduta, l'onestà mi fu cara;[2] la mia vergogna non fu meno amara per essere segreta, non l'avrei provata più vivamente anche se tutto l'universo ne fosse stato testimonio. Nel mio dolore mi consolai come un ferito che teme la cancrena, e nel quale il sentimento del suo male sostiene la speranza di poter guarire.

Tuttavia questa condizione di obbrobrio m'era odiosa. A furia di voler soffocare il rimorso senza rinunciare al peccato, mi capitò quello che capita a qualsiasi anima onesta e traviata che si compiace nel proprio traviamento. Un'altra illusione venne ad addolcire l'amarezza del pentimento; sperai di ricavare dal mio fallo un mezzo per ripararlo, ebbi il coraggio di voler costringere mio padre alla nostra unione. Il primo frutto del nostro amore doveva stringere quel dolce legame. Lo implorai dal cielo come pegno del mio ritorno alla virtù e della nostra comune felicità. Lo desiderai come un'altra al posto mio avrebbe potuto temerlo: il tenero amore temperava col suo prestigio il mormorare della coscienza, mi consolava della mia debolezza con l'effetto che ne aspettavo, e di così cara attesa faceva la delizia e la speranza della mia vita.

Non appena i segni del mio stato fossero diventati sensibili, avevo deciso di farne pubblica dichiarazione, davanti a tutta la famiglia, al pastore di qui, signor Perret. È vero che sono timida; sentivo quanto mi sarebbe costato tale passo, ma l'onore animava il mio coraggio, e preferivo sopportare una sola volta la confusione che meritavo piuttosto che nutrire un'eterna vergogna in fondo al cuore. Sapevo che mio padre m'avrebbe data la morte o accordato il mio amante; alternativa che non aveva nulla di spaventoso per me, in un modo o nell'altro ci vedevo il termine delle mie sventure.

Tale era, mio caro amico, il mistero che vi volevo nascondere e che tentavate di penetrare con la vostra curiosa inquietudine. Mille ragioni mi costringevano a tale riserva con un uomo impetuoso come siete; lasciando che non bisognava fornire un'altra arma alla vostra indiscreta importunità. Occorreva soprattutto allontanarvi durante una scena così pericolosa, e sapevo benissimo che non avreste mai consentito ad abbandonarmi in simile pericolo, vi fosse stato noto.

Ahimè, anche questa cara speranza mi deluse! Il cielo respinse dei disegni formati nel delitto; non meritavo l'onore di esser madre; la mia attesa rimase vana, non potei espiare la mia colpa a spese della mia reputazione! Nella disperazione che me ne derivò, l'imprudente convegno che metteva a repentaglio la vostra vita fu una audacia che il mio folle amore velava con sì dolce scusa: mi arrabbiavo con me del cattivo esito dei miei voti, il mio cuore ingannato dal suo desiderio non vedeva, nell'ardore di soddisfarlo, altro che l'intento di renderlo legittimo un giorno.

Per un momento credetti quel desiderio compiuto; errore che fu la fonte dei miei più cocenti rimpianti, l'amore esaudito dalla natura fu anche più crudelmente tradito dal destino. Avete saputo *a* dell'accidente che distrusse, insieme al germe che portavo in seno, l'estremo appoggio delle mie speranze. La disgrazia m'accadde appunto durante la vostra assenza: come se il cielo avesse voluto opprimermi con tutti i mali da me meritati, e insieme spezzare tutti i legami che ci potevano unire.

La vostra partenza segnò la fine dei miei errori come dei miei piaceri; riconobbi, troppo tardi, le chimere che m'avevano illusa. Mi vidi spregevole come ero infatti, e sventurata come sarei sempre stata, con un amore senza innocenza e desideri senza speranza, che tuttavia non potevo sopprimere. Tormentata da mille vani rimpianti, rinunciai a pensieri non meno inutili che dolorosi; non valeva più la pena che pensassi a me, quindi consacrai la mia vita a occuparmi di voi. Non avevo più altro onore che il vostro, nessuna speranza se non nella vostra felicità, i sentimenti che mi derivavano da voi erano i soli che ancora mi potessero commuovere.

L'amore non mi accecava sui vostri difetti, ma me li faceva cari; l'illusione era tale che vi avrei amato meno, foste stato più perfetto. Conoscevo il vostro cuore, le vostre furie; sapevo che con più coraggio di me avevate meno pazienza, e che i mali che m'opprimevano l'anima v'avrebbero ridotto alla disperazione. Ecco perché vi nascosi sempre gli impegni di mio padre; e quando ci separammo, approfittando dello zelo di milord Edoardo per il vostro avvenire e cercando di ispirarvene altrettanto a voi, vi lusingai con una speranza che non avevo. Feci di più: conoscendo il pericolo che ci minacciava, presi l'unica precauzione che ce ne poteva garantire, e impegnando con la parola la mia libertà per quanto m'era possibile, cercai di ispirar fiducia a voi e a me fermezza, con una promessa tale che non osassi romperla e che vi potesse tranquillizzare. Era un impegno puerile, ammetto, e tuttavia non lo avrei violato mai. La virtù è così necessaria ai nostri cuori che, una volta che s'è lasciata quella vera, ce ne forgiamo una a

a Il che suppone lettere perdute. *(N.d.A.)*

nostro modo, alla quale ci attacchiamo più tenacemente forse perché è opera nostra.

Non vi farò parola delle agitazioni provate dopo la vostra partenza. La più dolorosa era la paura di essere dimenticata. Il luogo dove stavate mi faceva tremare; il vostro modo di vivere accresceva il mio spavento. Già mi pareva di vedervi avvilito al punto di non esser più che un uomo galante. Tale ignominia mi riusciva più crudele di tutti i miei mali; avrei preferito sapervi infelice piuttosto che spregevole; dopo tante pene, alle quali ero abituata, il sapervi disonorato era l'unica che non avrei saputo sopportare[1].

Tali timori parevano confermati dal tono delle vostre lettere, quando fui rassicurata da un mezzo che avrebbe portato al massimo le inquietudini di un'altra. Alludo al disordine nel quale vi lasciaste trascinare; ma la pronta e libera confessione che ne faceste fu di tutte le prove della vostra sincerità quella che più mi commosse. Vi conoscevo troppo per non sapere quanto tale confessione vi doveva costare, anche se non vi fossi più stata cara; vidi che soltanto l'amore vincitore della vergogna ve l'aveva potuta strappare. Mi parve che un cuore così sincero era incapace di nascondere un'infedeltà; giudicai il vostro peccato inferiore al merito di averlo confessato, e rammentando le vostre antiche promesse mi liberai per sempre dalla gelosia.

Caro amico, non fui più felice per questo; al posto d'un tormento scomparso mille altri rinascevano, e non mi persuasi mai tanto che è cosa insensata cercare nei traviamenti del cuore un riposo che non si trova se non nella virtù.[2] Da un pezzo piangevo nel segreto del mio cuore la migliore delle madri, che un languore mortale andava insensibilmente consumando. La Babi, alla quale il fatale esito della mia caduta m'aveva costretto a confidarmi, mi tradì e le manifestò i nostri amori e i miei falli. Avevo appena ritirato le vostre lettere da mia cugina che furono scoperte. Era una testimonianza convincente; la tristezza finì di togliere a mia madre le poche forze che la malattia le aveva lasciato. Fui sul punto di spirare di dolore ai suoi piedi. Non soltanto non mi espose alla morte che meritavo, ma velò la mia vergogna, si limitò a gemerne: nemmeno voi, che pure l'avevate così crudelmente ingannata, le siete riuscito odioso. Fui testimonio dell'effetto che la vostra lettera produsse sul suo cuore tenero e compassionevole. Ahimè! desiderava la vostra e la mia felicità. Più di una volta tentò... che giova richiamare una speranza del tutto spenta? Il cielo aveva disposto altrimenti. Finì i suoi mesti giorni nel dolore di non aver potuto piegare un marito severo, e di lasciare una figlia così poco degna di lei.

Afflitta da una perdita così crudele, la mia anima non ebbe più altra forza che quella di sentirla; la voce della natura che gemeva soffocò i lagni dell'amore. Provai una specie di orrore per la causa di tanti mali; volli finalmente soffocare l'odiosa passione che me li aveva procurati e rinunciare per sempre a voi. Così dovevo, certamente; non avevo infatti sufficienti ragioni per piangere tutto il resto della mia vita, senza stare a cercare altri motivi di lagrime? Tutto pareva secondare la mia decisione. Se la tristezza intenerisce l'anima, una profonda afflizione la indura. Il ricordo di mia madre morente cancellava il vostro; eravamo lontani; la speranza m'aveva abbandonata; l'incomparabile mia amica non fu mai tanto sublime né tanto degna di occupare lei sola tutto il mio cuore. Con la sua virtù, la sua ragione, la sua amicizia, le sue tenere carezze pareva lo avesse purificato; vi credetti dimenticato, mi credetti guarita. Troppo tardi: quello che avevo scambiato per la freddezza d'un amore spento non era che l'accanimento della disperazione.

Come un malato che smette di patire venendo meno, e tornando in sé soffre i più vivi dolori, così sentii ben presto rinascere tutti i miei quando mio padre m'annunciò prossimo il ritorno del signor di Wolmar. Allora l'invincibile amore mi restituì quelle forze che credevo perdute. Per la prima volta in vita mia ebbi il coraggio di resistere apertamente a mio padre. Gli dichiarai risolutamente che il signor di Wolmar non sarebbe mai stato niente per me; che ero decisa a morir nubile; che era padrone della mia vita ma non del mio cuore, e che niente avrebbe potuto smuovere la mia volontà. Non vi dirò nulla né della sua collera né dei maltrattamenti che dovetti subire. Fui irremovibile: la mia timidezza una volta vinta m'aveva portata all'estremità opposta, e se il mio tono era meno imperioso di quello di mio padre, era però altrettanto risoluto.

Vide che ero ormai decisa e che non avrebbe ottenuto niente con l'autorità. Per un momento mi credetti libera dalle sue persecuzioni. Ma cosa divenni quando mi vidi ai piedi il più severo dei padri intenerito e piangente? Senza concedermi di rialzarlo mi stringeva i ginocchi, e fissando i suoi occhi lagrimosi nei miei, con una voce patetica che ancora mi suona dentro mi disse: "Figlia mia! rispetta i capelli bianchi del tuo infelice padre; non farlo scendere addolorato nella tomba, come colei che ti portò in seno. Ah! vuoi dar la morte a tutta la tua famiglia?"

Figuratevi la mia emozione. Quell'atteggiamento, quel tono, quel gesto, quel discorso, quell'orrenda idea mi sconvolsero talmente che mi lasciai cadere tramortita tra le sue braccia, e ci volle non poco a vincere i singhiozzi che mi opprimevano; allora gli risposi con voce alterata e flebile: "O padre mio! avevo armi contro le vostre minacce, non ne ho contro le vostre lagrime. Tocca a voi far morire vostra figlia".¹

Eravamo entrambi così agitati che per un pezzo non ci potemmo ricomporre. Frattanto, ripetendo tra me le sue ultime parole, capii che ne sapeva più di quanto pensassi; decisa a prevalermi contro di lui delle sue stesse cognizioni, mi preparavo a fargli, a rischio della vita, una confessione troppo a lungo differita, quando fermandomi vivacemente, come se avesse previsto e temesse ciò che stavo per dirgli, mi parlò in questo modo:

"So che capriccio indegno d'una ragazza bennata nutrite in fondo al cuore. È tempo di sacrificare al dovere e alla decenza una vergognosa passione che vi disonora e che non potrete soddisfare che a spese della mia vita. Ascoltate infine ciò che l'onore d'un padre e vostro esige da voi, e giudicatene da voi.

"Il signor di Wolmar è un uomo di sicura nobiltà, ornato di tutte le qualità che la possono sostenere; che gode della pubblica considerazione e che la merita. Gli debbo la vita; conoscete gli impegni che ho preso con lui. Quello che ancora non sapete è che, tornato nel suo paese per riordinare i suoi affari, s'è trovato coinvolto nell'ultima rivoluzione, ha perduto i suoi beni e non è potuto sfuggire all'esilio in Siberia che per una singo-

lare fortuna; ora torna con i miseri resti della sua fortuna, facendo assegnamento sull'amico che non ha mai
tradito la sua parola con nessuno. Dettatemi ora l'accoglienza che dobbiamo riservargli. Gli dirò forse: 'Signore, v'ho promesso mia figlia quand'eravate ricco, ora
che non avete più niente mi ritiro, mia figlia non ne
vuol sapere di voi?' Se non dichiarerò in questo modo
il mio rifiuto, lo si interpreterà comunque così: i vostri
amori saranno considerati un pretesto, o non saranno
che un altro affronto per me: saremo considerati, voi
una ragazza perduta, io un disonesto che sacrifica dovere e parola data a un vile interesse, e aggiunge l'ingratitudine all'infedeltà. Figlia mia! è troppo tardi per finire nell'obbrobrio una vita immacolata, non si rinuncia in un quarto d'ora a sessant'anni onorati.

"Vedete, quindi," soggiunse "che tutto quanto mi potreste dire è ormai intempestivo. Vedete se un'inclinazione che il pudore smentisce e qualche effimera fiamma
giovanile posson mai esser messe a confronto col dovere d'una figlia e l'onore compromesso di un padre. Se
non si trattasse, per l'uno o l'altro, che di immolare la
propria felicità a quella dell'altro, la mia tenerezza vi
contrasterebbe un sacrificio così dolce; ma, figlia mia,
l'onore ha parlato e nel sangue dal quale esci è sempre l'onore che decide".

Non mi mancarono buone risposte a questo discorso;
ma i pregiudizi di mio padre gli danno dei principi così
diversi dai miei che certe ragioni, che mi parevano inoppugnabili, non riuscivano nemmeno a scuoterlo. D'altronde, non sapevo né da chi gli fossero venuti quei
lumi che pareva avere circa la mia condotta, né fin dove
giungessero; temevo che quella sua premura a interrompermi non significasse altro che ormai tutto era irremediabilmente deciso; e più ancora trattenuta da un
pudore che non son mai riuscita a vincere, preferii
adottare una scusa che mi sembrò più sicura, perché
più conforme al suo modo di pensare. Gli dichiarai francamente l'impegno che avevo assunto con voi; gli protestai che mai non vi avrei mancato di parola; e che,
qualunque cosa accadesse, non mi sarei mai sposata senza il vostro consenso.

Infatti mi avvidi con gioia che quel mio scrupolo non
era per spiacergli; mi rimproverò vivamente quella mia

promessa, alla quale non obiettò nulla: talmente un gentiluomo pieno di onore nutre naturalmente un'idea assai alta della fede e della parola data, e la considera cosa sacra! Ma invece di divertirsi a discutere la validità di quella promessa, cosa che non avrei mai ammesso, mi costrinse a scrivere un biglietto al quale aggiunse una lettera che vi fu spedita immediatamente. Con che agitazione aspettai la vostra risposta! quanti voti feci perché vi dimostraste meno delicato di quanto avreste dovuto! Ma vi conoscevo troppo bene per dubitare della vostra ubbidienza, e sapevo che con più il sacrificio richiestovi vi fosse riuscito duro, con più sareste stato pronto a imporvelo. Venne la risposta; me la tennero nascosta durante la mia malattia; una volta ristabilita i miei timori furono confermati e non mi rimase più alcuna scusa. O per lo meno mio padre dichiarò che non ne avrebbe più ammesse, e con l'ascendente che la tremenda parola che m'aveva detto gli conferiva sulla mia volontà, mi fece giurare che non avrei detto nulla al signor di Wolmar che lo potesse distogliere dallo sposarmi; affermando che gli sarebbe sembrata cosa combinata fra noi e che a qualsiasi costo quel matrimonio doveva esser concluso, o che altrimenti sarebbe morto di dolore.

Sapete, amico mio, che la mia salute, resistente contro le fatiche e le ingiurie del clima, non sa resistere alle intemperie delle passioni; nel mio troppo sensibile cuore è la sorgente di tutti i miei mali, del corpo come dell'anima.' Sia che i lunghi affanni m'avessero corrotto il sangue; sia che la natura avesse approfittato di quel tempo per purificarlo da un lievito funesto, mi sentii malissimo alla fine di quel colloquio. Uscita dalla camera di mio padre mi sforzai di scrivervi una parola, ma mi sentii così male che mettendomi a letto speravo di non più poterne uscire. Conoscete anche troppo il resto; la mia imprudenza provocò la vostra. Veniste, vi vidi e mi parve di non aver fatto altro che uno di quei sogni che mi offrivano la vostra immagine durante i miei deliri. Ma quando seppi che eravate venuto, che vi avevo visto davvero, e che per dividere con me il male dal quale non mi potevate guarire v'eravate contagiato apposta: non potei più sopportare questa estrema prova, e vedendo un così tenero amore sopravvivere alla speranza, il mio, che m'ero sforzata tanto di soffocare, non conobbe più freno e si riaccese più ardente di sempre. Vidi che dovevo amare mio malgrado; sentii che dovevo essere colpevole; che non potevo resistere né a mio padre né al mio amante, e che non avrei mai potuto accordare i diritti dell'amore e del sangue se non a spese dell'onestà. Così tutti i miei buoni sentimenti si spensero del tutto; tutte le mie facoltà si alterarono; il peccato perdette ogni orrore ai miei occhi; mi sentii tutta diversa dentro di me; per finire, i deliri sfrenati d'una passione fatta furiosa dagli ostacoli mi gettarono nella più orrenda disperazione che possa schiacciare anima umana: giunsi fino a disperare della virtù. La vostra lettera, più capace di svegliare i rimorsi che di prevenirli, finì di traviarmi. Il mio cuore era così corrotto che la mia ragione non seppe resistere ai discorsi dei vostri filosofi. Orrende immagini, di cui mai l'idea m'aveva insozzato lo spirito, mi si presentarono. La volontà le combatteva, sì, ma l'immaginazione si avvezzava a vederle, e se già non portavo in fondo al cuore il delitto, non ci trovavo però più quelle generose decisioni che sole gli possono resistere[1].

Duro fatica a continuare. Fermiamoci un momento. Rammentate quel tempo d'innocenza e contentezza, quando il fuoco così vivo e dolce che ci animava purificava tutti i nostri sentimenti, quando il suo santo ardore [a] ci faceva più caro il pudore e più amabile l'onestà, quando persino i desideri parevan nascere soltanto per darci l'onore di vincerli e così di essere più degni l'uno dell'altro. Rileggete le nostre prime lettere; ripensate a quei momenti così fugaci e troppo poco assaporati in cui l'amore si ornava ai nostri occhi di tutti gli incanti della virtù, e in cui ci amavamo troppo per stringere tra noi dei legami che la virtù disapprovasse.

Che cosa eravamo, e che cosa siamo diventati? Due teneri amanti trascorsero insieme tutto un anno nel più rigoroso silenzio, a mala pena ardivano esalare i loro sospiri; ma i loro cuori si capivano: credevano di soffrire ed erano felici. A forza di capirsi si parlarono: ma contenti di sapersi vincere e di rendersene recipro-

[a] Santo ardore! Giulia, Giulia! che parola, per una donna ben guarita come credete di essere! (N.d.A.)

camente onorevole testimonianza, trascorsero un altro anno in un riserbo non meno severo; si confidavano le loro pene ed erano felici. Quelle lunghe battaglie non poterono sostenersi a lungo: un momento di debolezza li traviò; si dimenticarono nei piaceri. Ma se cessarono di essere casti, rimasero tuttavia fedeli; il cielo e la natura autorizzavano tuttavia i nodi da loro formati; la virtù gli era sempre cara; l'amavano tuttavia e ancora la sapevano onorare: erano piuttosto avviliti che corrotti. Meno degni di essere felici, lo erano tuttavia.

Che cosa fanno adesso quegli amanti così teneri, che ardevano d'una fiamma così pura, che sentivano così bene il valore dell'onestà? Chi lo potrà sapere, e non gemere su di loro? Eccoli in balia del male. Nemmeno l'idea di macchiare il talamo coniugale riesce più a inorridirli... meditano l'adulterio! E che, sono proprio gli stessi? Le loro anime non sono mutate? Come mai quell'immagine incantevole, che il malvagio non poté mai scorgere, può cancellarsi dai cuori dove una volta ha brillato? E come la seduzione della virtù può non disgustare per sempre dal vizio coloro che l'hanno provata una volta? Quanti secoli hanno potuto produrre questo strano mutamento? Che durata di tempo ha potuto distruggere quell'affascinante ricordo, e far perdere il vero sentimento della felicità a chi ha potuto gustarlo una volta? Ah, se il primo errore è difficile e lento, come son facili e pronti tutti gli altri! Prestigio delle passioni! così tu affascini la ragione, inganni la saggezza e muti la natura prima ancora che ce ne accorgiamo. Ci si smarrisce un solo istante, si esce d'un solo passo dalla retta via: ed ecco che una china inevitabile ci trascina e ci perde; si finisce nell'abisso, ci si risveglia spaventati trovandosi così carichi di colpe, pur con un cuore nato per la virtù. Mio caro amico, lasciamo ricadere il velo. Abbiamo forse bisogno di vedere il precipizio orrendo che ci nasconde, per evitarlo? Riprendo il mio racconto [1].

Il signor di Wolmar giunse e non si sentì respinto dal mutamento del mio volto. Mio padre non mi lasciò fiatare: il lutto di mia madre stava per finire, il mio dolore era provato dal tempo. Non potevo allegare né questo né quello per eludere la mia promessa: dovetti mantenerla. Il giorno che doveva per sempre togliermi a voi e a me mi parve l'estremo della mia vita. Con minor spavento avrei assistito ai preparativi della mia sepoltura che a quelli del mio matrimonio. Più mi avvicinavo al momento fatale, meno riuscivo a sradicarmi dal cuore gli antichi affetti, cercando di spegnerli non facevo che irritarli. Finalmente mi sentii spossata di combattere invano. Nello stesso istante in cui ero pronta a giurare eterna fedeltà a un altro, il mio cuore giurava amore eterno a voi; e mi condussero al tempio come una vittima impura, che contamina l'altare sul quale sta per essere immolata.

Giunta in chiesa, provai entrando un'emozione che non avevo mai sentita. Non so che terrore si impadronì dell'anima mia in quel luogo così semplice e augusto, pieno della maestà di colui che vi si adora. Un improvviso spavento mi fece rabbrividire; tremante e sul punto di svenire, a fatica mi potei trascinare fino ai piedi del pulpito. Durante la cerimonia il mio turbamento non solo non diminuì, ma andò aumentando: se riuscivo a scorgere qualche oggetto, ne sentivo spavento. La fioca luce dell'edificio, il profondo silenzio degli assistenti, il loro contegno modesto e raccolto, il corteo di tutti i miei parenti, l'aspetto imponente del mio venerato genitore, tutto conferiva a quanto stava per accadere un tono solenne che mi incitava all'attenzione e al rispetto, e che m'avrebbe fatta fremere al solo pensiero di uno spergiuro. Mi parve di vedere l'organo della provvidenza, e di udire la voce di Dio nel ministro che gravemente celebrava la santa liturgia. La purità, la dignità, la santità del matrimonio, che le parole della Scrittura espongono con tanta efficacia, i suoi casti e sublimi doveri così essenziali alla felicità, all'ordine, alla pace, alla durata del genere umano, e così dolci da essere osservati in sé: tutto mi fece un'impressione tale che credetti sentire dentro di me un'improvvisa rivoluzione.[1] Una potenza ignota parve correggere a un tratto il disordine dei miei affetti e ristabilirli secondo la legge del dovere e della natura. L'occhio eterno che tutto vede, mi andavo dicendo, ora mi legge in fondo al cuore; paragona la mia segreta volontà alla risposta della mia bocca: il cielo e la terra sono testimoni dell'impegno sacro che assumo; e così saranno testimoni della mia fedeltà a osservarlo. Qual diritto rispetterà mai tra gli uomini colui il quale ardisce violare il primo e più sacro?

Un'occhiata gettata per caso sui coniugi d'Orbe, che stavano insieme e mi fissavano con occhi inteneriti, mi commosse anche più potentemente di quanto avevan fatto tutti gli altri oggetti. Amabile e virtuosa coppia, forse che siete meno uniti perché conoscete meno bene l'amore? Il dovere e l'onestà vi uniscono; teneri amici, sposi fedeli, senza ardere del fuoco divoratore che strugge l'anima, vi amate con un senso puro e dolce che la alimenta, che la saggezza autorizza e che la ragione governa; così che siete anche più saldamente felici.¹ Ah! potessi io in questo luogo ritrovare la stessa innocenza e godere della stessa contentezza; se non l'ho meritata come voi, cercherò di farmene degna seguendo il vostro esempio. Questi sentimenti risvegliarono in me la speranza e il coraggio. Considerai il sacro nodo che stavo per stringere come un nuovo stato che mi doveva purificar l'anima e restituirla a tutti i suoi doveri. Quando il pastore mi domandò se promettevo ubbidienza e perfetta fedeltà a colui che accettavo per sposo, la mia bocca e il mio cuore promisero. Manterrò fino alla morte.

Tornati a casa, anelavo a un'ora di solitudine e di raccoglimento. Mi fu concessa, non senza difficoltà, e benché fossi assai sollecita di trarne profitto, sulle prime non mi esaminai che con ripugnanza, temendo di non aver provato altro che un'effimera emozione nel mutar di stato, e di ritrovarmi sposa, poco degna, come ero stata ragazza poco prudente. La prova era sicura ma pericolosa: cominciai pensando a voi. Potevo attestare che nessun tenero ricordo aveva profanato il solenne impegno che avevo appena assunto. Non riuscivo a capire come mai l'insistente vostra immagine avesse potuto lasciarmi in pace così a lungo, pur con tante ragioni di rammentarla; avrei diffidato dell'indifferenza e della dimenticanza come di uno stato fallace, troppo poco naturale per essere durevole. Non dovevo temere tale illusione: sentivo che vi amavo come prima o forse più ancora; ma lo sentii senza arrossire. Mi avvidi che non avevo bisogno, per pensare a voi, di dimenticare che ero la sposa d'un altro. Dicendomi quanto m'eravate caro, il mio cuore era commosso, ma la mia coscienza e i miei sensi erano tranquilli, e da quel momento conobbi che veramente ero cambiata. Che torrente di pura gioia allora mi inondò l'anima! Che sentimento di pace, da tanto tempo spento, venne a rianimare questo cuore avvizzito dall'ignominia, e a spandere in tutto il mio essere una nuova serenità! Credetti di sentirmi rinascere; di ricominciare un'altra vita.[1] Dolce e consolante virtù, per te la ricomincio; tu me la farai cara; a te la voglio consacrare. Ah, ho saputo anche troppo quanto costi perderti, perché ti possa abbandonare un'altra volta!

Nell'estasi di così grande mutamento, così rapido e insperato, osai considerare lo stato in cui mi trovavo il giorno prima; fremetti pensando all'indegno avvilimento in cui m'aveva ridotto la dimenticanza di me, e a tutti i pericoli corsi nel mio traviamento. Quale felice rivoluzione m'aveva mostrato l'orrore della colpa che m'aveva pur tentata, e risvegliava in me il gusto della virtù? Per quale rara fortuna ero stata più fedele all'amore che all'onore che pur mi fu tanto caro? Per qual favore del destino la vostra o la mia incostanza non mi aveva data in balia ad altre inclinazioni? Come avrei potuto opporre a un altro amante la resistenza che il primo aveva ormai vinto, e un pudore avvezzo a cedere al desiderio? Avrei forse rispettato maggiormente i diritti d'un amore spento, di quanto avevo rispettato quelli della virtù ancora nella pienezza del loro vigore? Che certezza avrei potuto avere di non amare altro che voi solo, se non quel sentimento interno che si illudono di avere tutti gli amanti i quali si giurano perpetua costanza, e diventano spergiuri ogni volta che piace al cielo di cambiare i loro cuori? Ogni sconfitta avrebbe così preparata la successiva; l'abitudine del vizio ne avrebbe cancellato l'orrore ai miei occhi. Trascinata dal disonore all'infamia senza trovar cosa cui aggrapparmi; da amante tradita sarei diventata una ragazza perduta, obbrobrio del mio sesso e disperazione della mia famiglia. Chi m'ha preservata da così naturale conseguenza del mio primo errore? Chi m'ha trattenuta dopo il primo passo? Chi m'ha conservato la buona reputazione e la stima dei miei cari? Chi m'ha posta sotto la protezione d'uno sposo virtuoso, saggio, amabile sia per il suo carattere che per la sua persona, e pieno d'un rispetto e d'un affetto da me così poco meritati? Chi infine mi concede di aspirare ancora al titolo di donna onesta, e mi restituisce il coraggio di esserne degna? Vedo, sento che la mano soccorrevole che m'ha guidata attraverso le tenebre è quella stessa che mi toglie dagli occhi il velo dell'errore e mi restituisce a me mio malgrado. La voce segreta che non smetteva di mormorarmi in fondo al cuore s'alza e tuona con più forza nel momento stesso che stavo per perdermi. L'autore di tutte le verità non ha voluto che uscissi dalla sua presenza colpevole d'un vile spergiuro, e prevenendo la colpa col rimorso m'ha fatto vedere l'abisso nel quale stavo per precipitare. O provvidenza eterna, che fai strisciare l'insetto e girare i cieli, tu vegli su ogni tua minima opera! Tu mi richiami al bene che m'hai fatto amare; degnati di accettare da un cuore purificato dalle tue cure un omaggio che tu sola fai degno di esserti offerto!

Immediatamente, penetrata dal vivo sentimento del pericolo dal quale ero liberata e della condizione onorata e sicura in cui mi sentivo ristabilita, mi prosternai a terra, alzai al cielo supplici mani, invocai l'essere di cui è il trono e che sostiene o distrugge quando vuole, con le nostre stesse forze, la libertà che ci accorda. Voglio, gli dissi, il bene che tu vuoi, e di cui sei l'unica fonte. Voglio amare lo sposo che m'hai dato. Voglio essere fedele, perché è il primo dovere che lega la famiglia e la società tutta. Voglio essere casta, perché è la virtù che nutre tutte le altre. Voglio tutto quanto è conforme all'ordine della natura da te stabilito, e alle regole della ragione che m'hai data. Metto il mio cuore sotto la tua tutela, e i miei desideri nella tua mano. Che tutte le mie azioni siano conformi alla mia costante volontà che è la tua, e l'errore d'un momento non prevalga più sulla scelta di tutta la mia vita[1].

Dopo questa breve preghiera, la prima da me fatta con vero zelo, mi sentii così confermata nei miei propositi, e mi sembrò così facile e dolce mantenerli, che chiarissimamente vidi dove dovevo ormai cercar la forza di cui avevo bisogno per resistere al mio cuore, e che non potevo trovare in me. Da questa sola scoperta ricavai una nuova fiducia, e deplorai il triste accecamento che me ne aveva privata così a lungo. Non ero mai stata del tutto senza religione; ma sarebbe forse meglio non averne del tutto piuttosto che una esteriore e affettata, la quale senza toccare il cuore rassicura la coscienza; piuttosto che limitarsi a formule e credere fermamente in Dio durante certe ore, per non pensarci più il resto del giorno. Scrupolosamente osservante del culto pubblico, non ne ricavavo niente per regolare la mia vita. Mi sapevo allevata bene e mi abbandonavo alle mie inclinazioni; mi piaceva riflettere e mi fidavo della mia ragione; non potevo accordare lo spirito del vangelo con quello del mondo, né la fede con le opere, avevo quindi scelto una via di mezzo che accontentava la mia vana saggezza; avevo certe massime per credere, e altre per agire; dimenticavo in un posto ciò che avevo pensato in un altro, ero devota in chiesa e filosofa in casa. Ahimè! non ero niente né qui né là; le mie preghiere erano mere parole, i miei ragionamenti sofismi, e non avevo altra luce che mi guidasse se non il fallace barlume dei fuochi fatui che mi portavano alla rovina.

Non vi posso dire quanto questo principio interno che finora m'era mancato m'ha fatto disprezzare quelli che m'hanno così mal guidata. Qual era, ditemi, la loro ragione prima, e su che base si fondavano? Un felice istinto mi porta al bene, si alza una violenta passione che ha la sua radice in quell'istinto stesso; cosa farò per distruggerla? Dalla considerazione dell'ordine ricavo la bellezza della virtù, la sua bontà dall'utilità comune; ma cosa conta tutto questo contro il mio interesse particolare? E che cosa m'importa maggiormente, la mia felicità a spese degli altri uomini, o la felicità altrui a spese della mia? se la paura della vergogna o del castigo mi impediscono di commettere il male a mio profitto, ecco che commetterò il male segretamente: la virtù non ha più nulla da dire, e se mi colgono in fallo si castigherà, come a Sparta, non il delitto ma la poca abilità nel nasconderlo. Ammesso che il carattere e l'amore del bello siano impressi dalla natura in fondo all'anima mia, avrò una regola finché non saranno alterati; ma in che modo garantirmi che sarà mantenuta sempre nella sua purezza codesta effige interna, che tra gli esseri sensibili non ha modello al quale possa essere paragonata? Non è forse noto che gli affetti sregolati corrompono il giudizio e la volontà, e che la coscienza[1] si altera e modifica insensibilmente in ogni epoca, in ogni popolo, in ogni individuo, secondo l'incostanza e la varietà dei pregiudizi?

Adorate l'Essere Eterno, mio degno e savio amico; con un soffio farete svanire codesti fantasmi della ragione, vane apparenze che fuggono come un'ombra davanti all'immutabile verità. Niente esiste se non grazie a colui che è. È lui che assegna uno scopo alla giustizia, una base alla virtù, un valore a questa breve vita impiegata a piacergli; lui che non smette di gridare ai colpevoli che i loro segreti delitti son stati visti, e che sa dire al giusto dimenticato: le tue virtù hanno un testimonio; lui, la sua inalterabile sostanza che è il vero modello delle perfezioni di cui tutti portiamo un'immagine dentro di noi. Le nostre passioni hanno un bel sfigurarla; tutti i suoi caratteri, legati all'infinita essenza, sempre si ripresentano alla ragione e le servono per ristabilire ciò che è stato alterato dall'impostura e dall'errore. Queste mi sembrano facili distinzioni; il buon senso basta a farle. Tutto ciò che non si riesce a separare dall'idea di questa essenza è Dio; tutto il rimanente è opera degli uomini. Contemplando questo divino modello l'anima si purifica e innalza, impara a disprezzare le basse inclinazioni e a vincere i suoi mali istinti. Un cuore penetrato da queste sublimi verità rifiuta le meschine passioni degli uomini; questa infinita grandezza lo disgusta del loro orgoglio; il fascino della meditazione lo strappa ai terrestri desideri; e quand'anche l'immenso Essere di cui si occupa non esistesse, sarebbe pur utile che se ne occupasse tuttavia e continuamente, per essere meglio padrone di se stesso, più forte, più contento e più saggio.

Volete un sensibile esempio dei vani sofismi d'una ragione che non si fonda che su di sé? Consideriamo pacatamente i discorsi dei vostri filosofi, degni apologisti del delitto, ma che non seducono mai se non cuori già corrotti. Non si direbbe forse che, attaccando direttamente il più santo e solenne degli impegni, codesti pericolosi ragionatori hanno deciso di annientare insieme tutta l'umana società, la quale è fondata non altrimenti che sulla fede delle convenzioni? Ma vedete un

378

poco in che modo scolpano un adulterio segreto! Dicono che non ne deriva nessun male, nemmeno per il coniuge che lo ignora. Come possono esser certi che lo ignorerà sempre? come se per autorizzare lo spergiuro e l'infedeltà bastasse che non nuocciano altrui! come se, per aborrire il delitto, non bastasse il male che fa a coloro che lo commettono! E che! non è un male venir meno alla fede, annientare per quanto dipende da noi la forza del giuramento, e dei più inviolabili contratti? Non è un male costringersi da sé a farsi frodolento e mentitore? Non è un male stringere legami che vi costringono a desiderare il male e la morte altrui? la morte di quello stesso che si dovrebbe amare più di tutti e col quale si è giurato di voler vivere? Non è un male uno stato di cui mille altri delitti sono sempre il frutto? Persino un bene che dovesse produrre tanti mali sarebbe perciò stesso un male.

Uno dei due penserà di essere innocente, forse perché è libero e non manca di fede a nessuno? Si sbaglia grossolanamente. Non è soltanto nell'interesse degli sposi, ma in quello della causa comune degli uomini tutti, che la purità del matrimonio rimanga inalterata. Ogni volta che due sposi si uniscono con un nodo solenne, c'è un tacito impegno di tutto il genere umano che codesto sacro legame sia rispettato e che in loro sia onorata l'unione coniugale; e mi pare questa una ragione assai forte contro i matrimoni clandestini i quali, non esibendo nessun segno di questa unione, espongono cuori innocenti a bruciare di adulteri ardori. Il pubblico è in certo modo garante d'una convenzione firmata in sua presenza, e si può dire che l'onore d'una donna pudica è sotto la speciale tutela di tutta la gente dabbene. Perciò chiunque ardisce corromperla pecca anzitutto perché la induce a peccare, e sempre si è partecipi dei delitti che si fanno commettere agli altri; ma pecca anche direttamente lui stesso, perché viola la pubblica e sacra fede del matrimonio, senza il quale non può sussistere nulla nell'ordine legittimo delle cose umane[1].

Il delitto è segreto, dicono, non ne risulta male alcuno per nessuno. Se codesti filosofi credono nell'esistenza di Dio e nell'immortalità dell'anima, come mai possono chiamare segreto un delitto che ha per testimonio colui che ne è offeso per primo e che ne è solo giudice? Strano segreto, quello che si sottrae agli occhi di tutti salvo a quelli di colui al quale più importerebbe nasconderlo! Anche se non riconoscessero la presenza della divinità, come mai possono sostenere che non fanno male a nessuno? come possono dimostrare che è indifferente per un padre avere degli eredi che non sono del suo sangue; di trovarsi carico di più figli di quanti ne avrebbe forse avuti, e costretto a dividere i suoi beni con quelli che sono la prova del suo disonore e per i quali non sente viscere di padre? Supponiamo che codesti ragionatori siano materialisti; si è anche più autorizzati a opporre loro la dolce voce della natura, che in fondo a tutti i cuori protesta contro un'orgogliosa filosofia, e che non fu mai impugnata con valide ragioni. Infatti, se è il corpo soltanto che produce il pensiero, e il sentimento dipende esclusivamente dagli organi, due esseri formati da uno stesso sangue non devon forse sentire tra sé una più forte somiglianza, un più forte affetto reciproco, e somigliarsi d'anima come di volto, il che è una gran ragione di volersi bene?

Dunque a vostro parere non è commettere male annientare o turbare con un sangue alieno questa unione naturale, e alterare nel suo principio il mutuo affetto che deve legare tra loro i membri tutti di una famiglia? C'è galantuomo al mondo che non inorridisca di scambiare il suo col figlio di un altro dalla balia, e perché mai il delitto sarebbe minore cambiandolo nel seno della madre?

Se considero particolarmente il mio sesso, quanti mali scorgo in quel disordine che si pretende non provochi nessun male! Non foss'altro che l'avvilimento d'una donna colpevole, alla quale la perdita dell'onore toglie ben presto qualsiasi altra virtù! Quanti indizi, anche troppo sicuri per uno sposo, di una intelligenza che credono di giustificare col segreto! Non fosse che quello di non più essere amato dalla propria moglie. Cosa farà, con le artificiose sue premure, se non dimostrare meglio la propria indifferenza? Forse che si può ingannare l'occhio dell'amore con finte carezze? e che supplizio, accanto a un essere amato, sentire che la mano vi carezza e che il cuore vi respinge! Ammettiamo pure che la fortuna assecondi una prudenza da lei così spesso delusa; per un momento non consideriamo la temerità che c'è nell'affidare la propria pretesa innocenza e il riposo altrui a delle precauzioni che il cielo si compiace di confondere: quante falsità, quante menzogne, quante astuzie per velare un iniquo commercio, per ingannare un marito, per corrompere dei domestici, per illudere la gente! Che scandalo per i complici! che esempio per i figli! Cosa sarà della loro educazione, in mezzo a tante premure per soddisfare impunemente colpevoli ardori? Cosa diventa la pace di casa e l'unione dei capi? E che! in tutto questo lo sposo non sarà leso? Ma chi lo compenserà di un cuore che era dovuto a lui? Chi gli potrà restituire una moglie stimabile? Chi gli darà il riposo e la sicurezza? Chi lo guarirà dei suoi giusti sospetti? Come potrà un padre affidarsi al sentimento della natura abbracciando il suo proprio figliuolo?

Quanto ai pretesi legami che l'adulterio e l'infedeltà posson formare tra le famiglie, si tratta, più che di una seria ragione, di uno scherzo assurdo e brutale, che non merita altro che il disprezzo e lo sdegno. I tradimenti, le liti, le lotte, gli assassinii, gli avvelenamenti che questo disordine ha sempre sparso sulla terra, dimostrano a sufficienza che cosa ci si può aspettare per la pace e l'unione degli uomini da un affetto formato dal delitto. Se da così vile e spregevole commercio può nascere qualche cosa che somigli a una società, sarà come quella dei briganti, che occorre distruggere e annientare perché le società legittime siano sicure.

Ho cercato di far tacere lo sdegno che codeste massime mi ispirano per discuterle pacatamente con voi. Più mi sembrano insensate e meno devo dispensarmi dal confutarle, per vergognarmi di averle forse ascoltate con non bastevole avversione. Vedete come male sopportano l'esame della retta ragione; ma dove cercare la retta ragione se non in colui che ne è la fonte, e cosa si dovrà pensare di coloro che adoperano per rovinare gli uomini questa divina fiaccola che gli è stata data per dirigerli? Diffidiamo d'una filosofia parolaia; diffidiamo d'una falsa virtù che insidia tutte le virtù, e si industria di giustificare tutti i vizi per autorizzarsi ad averli tutti. Il miglior modo di vedere che cosa è bene, è di cercarlo sinceramente, e non lo si può cercare a lungo senza risalire all'autore di ogni bene. Così mi pare di aver fatto da quando cerco di rettificare i miei sentimenti e la mia ragione; ed è ciò che farete meglio di me quando vi risolverete a seguire la stessa strada. Mi consolo pensando che spesso avete nutrito il mio spirito con le grandi idee della religione; il vostro cuore non ebbe mai niente di nascosto per me, sono certa che non me ne avreste parlato in quel modo se aveste avuto altri sentimenti. Mi pare anzi che quelle conversazioni non fossero senza fascino per noi. La presenza dell'Essere Supremo non ci riuscì mai importuna; ci ispirava speranza più che spavento; non spaventò mai se non l'anima del malvagio; a noi piaceva averlo a testimonio dei nostri colloqui, innalzarci insieme fino a lui. Se a volte eravamo umiliati dalla vergogna, ci dicevamo deplorando le nostre debolezze che lui ci leggeva in fondo al cuore, e così eravamo più tranquilli.

Se codesta sicurezza ci rovinò, tocca ora al principio sul quale era fondata a ricondurci sulla retta via. Non è forse del tutto indegno d'un uomo, quel non mai potersi accordare con se stesso, e avere una regola per le azioni e un'altra per i sentimenti, e pensare come se fosse senza corpo, e agire come se fosse senz'anima, e non mai appropriarsi interamente qualcosa di ciò che compie nella sua vita?[1] Quanto a me, mi pare che si è forti abbastanza con le nostre antiche massime, quando non siano limitate a vane speculazioni. La debolezza è dell'uomo, e il Dio clemente che lo creò gliela perdonerà certamente; ma il delitto è del malvagio, che non rimarrà impunito davanti all'autore di ogni giustizia.[2] Un incredulo che sia bennato pratica le virtù che ama; fa il bene per inclinazione e non per elezione. Se tutti i suoi desideri sono retti, li segue senza costrizione; li seguirebbe egualmente se non lo fossero: infatti, perché dovrebbe farsi violenza? Ma colui che riconosce e serve il padre comune degli uomini si crede riservato a più alto destino; l'ardore di poterlo adempiere anima il suo zelo, e seguendo una regola più sicura delle sue inclinazioni, sa fare il bene che gli costa e sacrificare i desideri del suo cuore alla legge del dovere. Tale, o amico, è il sacrificio eroico al quale siamo entrambi chiamati. L'amore che ci univa avrebbe fatto l'incanto della nostra vita. Sopravvisse alla speranza, sfidò il tempo e la lontananza; sopportò tutte le prove. Un così perfetto sentimento non doveva spegnersi da sé; era degno di non essere immolato che alla virtù.

Dirò di più. Fra noi tutto è cambiato; bisogna forzatamente che cambi anche il vostro cuore. Giulia di Wolmar non è più la vostra Giulia di un tempo; la rivoluzione dei vostri sentimenti verso di lei è inevitabile, non vi rimane altra scelta che di far onore di tale cambiamento al vizio o alla virtù. Ricordo il passo di un autore che non rifiuterete. "L'amore" dice "è privo della sua massima attrattiva, quando l'onestà lo abbandona; per valutarne tutto il pregio bisogna che il cuore se ne diletti, e che ci innalzi innalzando l'oggetto amato. Sopprimete l'idea di perfezione e sopprimete l'entusiasmo; sopprimete la stima, e l'amore è ridotto a niente. Come mai una donna potrebbe onorare un uomo che si disonora? E come quell'uomo potrà adorare colei che non ha temuto di abbandonarsi a un vile corruttore? Così ben presto si disprezzeranno a vicenda; per loro l'amore non sarà più che un vile commercio, avranno perduto l'onore e non avranno trovato la felicità"[a].

Questa è la nostra lezione, amico, l'avete dettata voi. I nostri cuori non si amarono mai con maggior delizia, e mai l'onestà gli è stata più cara che nei tempi felici in cui quella lettera fu scritta. Vedete quindi dove ci condurrebbero oggi degli ardori colpevoli nutriti a spese dei più dolci trasporti che possano incantare l'anima. L'orrore del vizio, che ci è connaturato, toccherebbe ben presto il complice delle nostre colpe; ci odieremmo per esserci troppo amati, e l'amore si spegnerebbe nei rimorsi. Non è forse meglio purificare un sentimento così caro per farlo più durevole? Non è forse meglio conservarne almeno quanto si può accordare con l'innocenza? E così non è forse conservarne quanto ebbe di più incantevole? Sì, mio caro e degno amico, per poterci amar sempre dobbiamo rinunciare l'uno all'altro! Dimentichiamo tutto il resto e siate l'amante dell'anima mia. Questa è un'idea così dolce che mi consola di tutto.

Ecco il fedele quadro della mia vita, e l'ingenua storia di quanto è avvenuto nel mio cuore. Vi amo sem-

[a] Vedi la lettera XXIV della prima parte. (N.d.A.)

pre, siatene certo. Il sentimento che mi lega a voi è ancora così tenero e vivo che un'altra ne sarebbe magari allarmata; quanto a me, ne conobbi uno troppo diverso per diffidare di questo. Sento che è mutato di natura, e almeno in questo le mie colpe passate sono fondamento della mia attuale sicurezza. So che la rigorosa convenienza e la virtù ostentata esigerebbero anche di più e non sarebbero contente di vedervi non del tutto dimenticato. Ma credo di possedere più sicura regola, alla quale mi attengo. Ascolto in segreto la mia coscienza; non mi rimprovera nulla, come non inganna mai un'anima che la consulti sinceramente.[1] Se tanto non basta a giustificarmi agli occhi del mondo, basta tuttavia alla mia pace. Come è avvenuto così felice mutamento? Non lo so. So soltanto che l'ho ardentemente desiderato. Dio solo ha fatto il resto. Penso che una volta corrotta un'anima è corrotta per sempre, e da sola non torna più al bene; a meno che qualche subitanea rivoluzione, qualche improvviso mutamento di fortuna e di situazione non cambi di colpo i suoi rapporti, e con una violenta scossa non l'aiuti a ritrovare una sicura base. Rotte tutte le sue abitudini, e modificate le sue passioni, in quel generale scombussolamento a volte si riprende il carattere primitivo, si diventa come un essere nuovo, appena uscito dalle mani della natura. Allora il ricordo dell'avvilimento di prima può servire da preservativo contro una ricaduta. Ieri si era abietti e deboli; oggi, forti e magnanimi. Considerandosi così da vicino in due stati tanto diversi, si sente meglio il valore di quello al quale si è risaliti, si diventa più attenti a mantenercisi. 'Il mio matrimonio m'ha fatto provare qualcosa di simile a quanto cerco di spiegarvi. Questo così temuto legame mi libera da una schiavitù assai più temibile, e il mio sposo mi diventa più caro per avermi restituita a me stessa[2].

Eravamo troppo uniti, noi due, perché mutando specie la nostra unione si sciolga. Se perdete una tenera amante, acquistate un'amica fedele;[3] e nonostante tutto quanto ne abbiamo potuto dire durante le nostre illusioni, credo che questo cambiamento vi sarà di vantaggio. Vi scongiuro di ricavarne gli stessi miei propositi, per farvi migliore e più saggio, e per purificare con cristiani costumi le lezioni della filosofia. Non sarò mai felice che non siate felice pure voi, e più che mai sento che non c'è contentezza fuori della virtù.[1] Se mi amate davvero accordatemi la dolce consolazione di vedere che i nostri cuori si accordano nel loro ritorno al bene non meno di quanto si accordassero nel loro traviamento.

Non credo d'aver bisogno di scuse per questa lunga lettera. Se voi mi foste meno caro sarebbe più breve. Prima di terminarla mi rimane da chiedervi una grazia. Un crudele fardello mi pesa sul cuore. Il signor di Wolmar ignora la mia condotta passata; ma una sincerità senza riserve fa pur parte della fedeltà che gli debbo. Gli avrei confessato tutto già mille volte; voi solo m'avete trattenuta. Benché conosca la saggezza e la moderazione del signor di Wolmar, nominarvi equivale pur sempre a compromettervi, e non lo voglio fare senza il vostro consenso. Vi farei dispiacere domandandovelo, e avrei forse presunto troppo di voi e di me lusingandomi di ottenerlo? Vi supplico di pensare che questa mia riserva non sarebbe innocente, che mi diventa ogni giorno più crudele, e che fino a quando non avrò una vostra risposta non avrò un momento di pace.

LETTERA XIX

RISPOSTA

Dunque non sareste più la mia Giulia? Ah! non ditelo, degna e rispettabile donna. Lo siete più che mai. Voi siete colei che merita gli omaggi dell'universo intero. Voi siete colei che adorai cominciando a essere sensibile alla vera bellezza; voi siete colei che non smetterò di adorare, nemmeno dopo morto, se mi rimanga ancora nell'anima qualche memoria del fascino veramente celeste che la incantò durante la vita. Codesto sforzo di coraggio che vi riconduce all'intera vostra virtù non fa che rendervi più simile a voi stessa. No, no, per grande che sia il supplizio che provo sentendolo e dicendolo, non siete mai stata tanto la mia Giulia quanto nel momento in cui rinunciate a me. Ahimè! perdendovi vi ho ritrovata. Ma io, che mi sento il cuore fremere al solo pensiero di imitarvi, io tormentato da una passione peccaminosa che non posso né sopportare né vincere, sono io forse quello che credevo di essere? Ero degno di piacervi? Che diritto avevo di importunarvi coi miei lamenti e la mia disperazione? Toccava proprio a me osare di sospirar per voi! Ah! chi ero, per potervi amare?

Insensato! come se non provassi bastevoli umiliazioni, senza andare a cercarne altre! Perché calcolare differenze che l'amore fece sparire? Mi innalzava, mi faceva vostro eguale, il mio ardore mi sosteneva; i nostri cuori s'erano confusi, tutti i loro sentimenti ci erano comuni, e i miei partecipavano della grandezza dei vostri. Eccomi ora ripiombato nella mia bassezza! Dolce speranza, che nutrivi l'anima mia e mi illudesti così a lungo, eccoti dunque spenta senza rimedio? Non sarà più mia? La perdo per sempre? Ella fa la felicità d'un altro?... o rabbia! o tormento infernale!... Infedele! ah! dovevi mai... Perdono, perdono, signora, abbiate pietà dei miei furori. O Dio! l'avete detto anche troppo bene, non è più... non è più, quella tenera Giulia alla quale potevo mostrare tutti i moti del mio cuore. Che! potevo sentirmi infelice e mi potevo lagnare?... e lei mi poteva ascoltare? Ero infelice?... ma che cosa dunque sono oggi?... No, non vi farò mai più arrossire, né di voi né di me. È finita, dobbiamo rinunciare l'uno all'altro; dobbiamo lasciarci. La virtù stessa ha pronunciato la sentenza; la vostra mano l'ha potuta vergare. Dimentichiamoci... o almeno, dimenticatemi.[1] Ho deciso, lo giuro; non vi parlerò più di me.

Ardirò parlarvi ancora di voi, e conservare l'unico interesse che mi rimanga al mondo: quello della vostra felicità? Esponendomi lo stato dell'anima vostra, non m'avete detto nulla della vostra condizione. Ah! per compensare un sacrificio che dovete sentire voi pure, degnatevi di cavarmi questo dubbio intollerabile. Giulia, siete felice?[2] Se lo siete datemi l'unica consolazione di cui io sia capace nella mia disperazione; se non lo siete, per pietà degnatevi di dirmelo, sarò meno a lungo infelice.

Più rifletto sulla confessione che intendete fare, meno mi sento di consentirvi;[3] e quella stessa ragione che

386

sempre mi tolse il coraggio di opporvi un rifiuto, mi deve rendere inesorabile in questo. È un argomento importantissimo, e vi esorto a pesare attentamente le mie ragioni. Anzitutto mi sembra che l'estrema vostra delicatezza qui vi fa cadere in errore, non riesco a vedere su che fondamento la più austera virtù potrebbe esigere una tale confessione. Nessun impegno al mondo può avere effetto retroattivo. Non si possono assumere impegni per il passato, né promettere ciò che non si è più in grado di mantenere; e perché mai si dovrebbe dar conto a colui con il quale ci impegniamo dell'uso che prima si è fatto della propria libertà e d'una fedeltà che non gli era stata promessa? Non ingannatevi, Giulia, non al vostro sposo avete mancato di parola, ma al vostro amante. Prima della tirannia di vostro padre, il cielo e la natura ci avevano uniti l'un l'altro. Formando altri nodi avete commesso un delitto che né l'amore né forse l'onore vi possono perdonare, e a me soltanto spetta di reclamare un bene che il signor di Wolmar m'ha rapito.

Se mai esiste un caso nel quale il dovere possa esigere tale confessione, è quando il pericolo d'una ricaduta costringe una donna prudente a prendere delle precauzioni per garantirsene. Ma la vostra lettera m'ha istruito più di quanto pensiate sui vostri sentimenti. Leggendola ho sentito nel mio cuore quanto il vostro avrebbe aborrito da vicino, anche in seno all'amore, un colpevole impegno di cui la lontananza ci nascondeva l'orrore.

Dal momento che né il dovere né l'onestà non esigono tale confidenza, la saggezza e la ragione la proibiscono; perché sarebbe come rischiare senza bisogno la cosa più preziosa che esista nel matrimonio, cioè la reciproca fiducia, la pace della casa. Avete riflettuto abbastanza su un tale passo? Conoscete abbastanza bene vostro marito per sentirvi sicura dell'effetto che produrrà su di lui? sapete quanti uomini esistono ai quali non occorrerebbe altro per concepire una sfrenata gelosia, un invincibile disprezzo, e forse per attentare ai giorni d'una moglie? In questo delicato esame bisogna tener conto del tempo, dei luoghi, dei caratteri. Nel paese dove sono, simili confidenze son prive di pericolo, quelli che trattano con tanta leggerezza la fede coniugale non son gente da dare tanta importanza agli errori che precedono il matrimonio. Senza parlare delle ragioni che a volte rendono indispensabili tali confessioni e che non sono del vostro caso, conosco donne non gran che stimabili che con poca spesa si sono fatte un merito di tale sincerità, forse per ottenere a quel prezzo una confidenza di cui magari abusare, caso occorrendo. Ma nei luoghi dove la santità del matrimonio è più rispettata, nei luoghi dove questo sacro legame forma una salda unione e dove i mariti hanno una vera affezione per la moglie, essi esigono da queste un conto più severo; vogliono che i loro cuori abbiano provato un sentimento tenero soltanto per loro; usurpando un diritto che non hanno, esigono che siano loro proprietà prima ancora di appartenergli, e non perdonano l'abuso della libertà più di quanto perdonerebbero una effettiva infedeltà.

Credetemi, o virtuosa Giulia, diffidate d'uno zelo senza utilità né necessità. Tenete per voi un pericoloso segreto che niente vi costringe a rivelare, confidando il quale potreste perdervi, e che non è di nessun utile al vostro marito. Se è degno di tale confessione, la sua anima se ne contristerà, l'avrete afflitto senza motivo; se non ne è degno, perché volete fornire una scusante ai torti che potrebbe avere verso di voi? Come potete sapere se la vostra virtù, che vi ha sostenuta contro gli assalti del vostro cuore, potrà sostenervi anche contro sempre rinascenti domestici dispiaceri? Non peggiorate volontariamente i vostri mali, temete che divengano più forti del vostro coraggio, temete di ricadere a forza di scrupoli in uno stato peggiore di quello da cui siete faticosamente uscita. La saggezza è base di qualsiasi virtù; consultatela, ve ne scongiuro, nell'occasione più importante della vostra vita, e se questo fatale segreto vi pesa così crudelmente, aspettate almeno per sgravarvene che il tempo, gli anni, vi diano una più perfetta conoscenza di vostro marito, e accrescano nel suo cuore l'effetto della vostra bellezza, l'effetto anche più sicuro delle virtù del vostro carattere, e la dolce abitudine di sentirle. Insomma, se queste pur concrete ragioni non riuscissero a persuadervi, non chiudete l'orecchio alla voce che ve le presenta. O Giulia, ascoltate un uomo capace di qualche virtù, e che merita per lo meno qualche vostro sacrificio, in premio di quello che oggi compie per voi.

Devo terminare questa lettera. Sento che non potrei impedirmi di riprendere quel tono che non dovete mai più sentire. Giulia, vi devo lasciare! O tempo, che non tornerai mai più! tempo per sempre trascorso, fonte di eterni rimpianti! piaceri, trasporti, dolci estasi, momenti deliziosi, celesti rapimenti! o miei amori, unici miei amori, onore e incanto della mia vita! addio per sempre.

LETTERA XX

DI GIULIA

Mi domandate se sono felice. È una domanda che mi commuove, e facendomela mi aiutate a rispondere; perché, lungi dal cercare quella dimenticanza che dite, confesso che non potrei essere felice se voi cessaste di amarmi; ma lo sono in tutti i modi, nulla manca alla mia felicità se non la vostra. Se nella mia lettera precedente ho evitato di parlare del signor di Wolmar, l'ho fatto per riguardo a voi. Conosco troppo la vostra sensibilità, temevo di inasprire le vostre pene: ma siete inquieto sulla mia condizione, quindi sono costretta a parlare di colui dal quale dipende; non ve ne parlerò che in maniera degna di lui, come si addice alla sua sposa e a un'amica della verità.

Il signor di Wolmar è sui cinquant'anni; una vita piana, ordinata, e passioni assai calme gli hanno conservato una costituzione così sana e un aspetto così fresco che ne dimostra appena quaranta; d'un'età matura non ha altro che l'esperienza e la saggezza. Ha una fisionomia nobile e affabile, un aspetto semplice e schietto, modi piuttosto cortesi che premurosi; parla poco e assai sensatamente, senza però ostentare né pedanteria né sentenze. È uguale per tutti, non ricerca né evita nessuno, le sue preferenze sono sempre quelle della ragione.

Nonostante la sua naturale freddezza, secondando le

389

intenzioni di mio padre il suo cuore credette di capire che io gli piacevo, e per la prima volta in vita sua concepì un legame affettivo. Codesto gusto moderato ma costante s'è regolato così bene sulle convenienze e s'è conservato così eguale che non ha avuto bisogno di mutar di tono mutando di stato; e senza offendere la gravità coniugale conserva con me dopo le nozze gli stessi modi che aveva prima. Non l'ho mai veduto né allegro né triste, ma sempre contento; non mi parla mai di sé, raramente di me; non mi ricerca, ma non gli dispiace che io lo cerchi, e mi lascia piuttosto a malincuore. Non ride affatto; è serio senza però dar la voglia di esserlo; anzi, quel suo contegno sereno pare mi inviti all'allegria, e siccome i piaceri che gusto sono i soli ai quali sembra essere sensibile, un riguardo che gli devo è di cercare di divertirmi. Insomma, vuole che io sia felice; non me lo dice, ma lo vedo; e volere la felicità della propria consorte non è forse come averla ottenuta?

L'ho osservato con la massima attenzione, ma non ho potuto scoprire in lui altra passione che quella che nutre per me. Inoltre questa passione è così calma e temperata che si direbbe non ami che quel tanto che vuol amare, e non lo vuole che in quanto lo consenta la ragione.[1] È effettivamente ciò che milord Edoardo crede di essere; in questo mi sembra assai superiore a tutti noi sentimentali che ci ammiriamo tanto da noi; perché il cuore ci inganna in mille modi, e non agisce che per un motivo sempre sospetto. Mentre la ragione non ha altro scopo che il bene; le sue regole sono sicure, chiare, facili per il governo della vita; e non si smarrisce mai, se non in inutili speculazioni che non son fatte per lei.

Il massimo piacere del signor di Wolmar è osservare. Gli piace giudicare il carattere degli uomini e le azioni che vede fare. Ne giudica con profonda saggezza e perfetta imparzialità. Se un nemico gli facesse del male, ne discuterebbe le ragioni e i mezzi con la massima calma, come se si trattasse di cosa indifferente. Non so come, ha sentito parlare di voi, e me ne ha parlato varie volte con molta stima: so che è incapace di finzione. M'è parso di vedere che durante quei discorsi a volte mi osservava, ma è assai probabile che questa impressione non sia altro che il frutto d'una coscienza inquieta. Comunque sia, qui ho fatto il dovere mio: né il timore né la vergogna non m'hanno ispirato nessun ingiusto ritegno e ho reso giustizia a voi davanti a lui, come la rendo a lui davanti a voi.

Dimenticavo di parlarvi delle nostre rendite e della loro amministrazione. I relitti dei beni del signor di Wolmar uniti a quelli di mio padre, il quale non s'è riservata che una pensione, gli costituiscono una fortuna onesta e moderata, di cui fa un uso nobilmente saggio, mantenendo in casa non lo scomodo e vano apparato del lusso, ma l'abbondanza, le vere comodità della vita[a], e il necessario in casa dei vicini indigenti. L'ordine da lui stabilito in casa è immagine di quello che regna nell'anima sua, e si direbbe imiti in una modesta economia domestica l'ordine stabilito nel governo del mondo. Non ci si vede né quella regolarità che è più di impaccio che di vantaggio e non è tollerabile che per colui che la impone; né quella malintesa confusione che in mezzo all'abbondanza toglie la possibilità di godere di qualche cosa. Ci si riconosce sempre la mano del padrone ma non la si sente mai; ha così bene ordinato ogni cosa sul bel principio che ora tutto cammina da sé, e che si gode insieme della regola e della libertà.

Eccovi, caro amico, un'idea succinta ma fedele del ca-

[a] Non c'è unione più frequente di quella del fasto con la spilorceria. Si sottrae alla natura, ai veri piaceri, persino al bisogno, ciò che si dà poi all'opinione. C'è chi orna il proprio palazzo a spese della cucina; c'è chi preferisce splendide stoviglie a un buon pranzo; c'è quello che dà un banchetto d'apparato e muor di fame nel resto dell'anno. Quando vedo vasellame dorato, son certo che il vino mi avvelenerà. Quante volte, in villa, respirando il fresco mattutino, la vista d'un bel giardino vi seduce! Ci si alza presto, si passeggia, si sveglia l'appetito, si vorrebbe far colazione: il maggiordomo è assente, oppure mancano le provviste, o la signora non ha dato ordini, e vi seccano a furia di aspettare. Capita a volte che prevengano i vostri desideri, magnificamente vi esibiscono di tutto, a patto però che non accetterete niente. Bisogna star digiuni fino alle tre, o far colazione con i tulipani. Mi rammento d'aver passeggiato in un bellissimo parco, la cui padrona si diceva era assai golosa di caffè ma non ne beveva mai, perché costava quattro soldi la tazza: e poi dava tranquillamente mille scudi al giardiniere. Io preferirei avere gli alberi dei viali potati meno esattamente, e bere caffè un po' più spesso. (N.d.A.)

rattere del signor di Wolmar, per quanto l'ho potuto conoscere da quando vivo con lui. Così m'è parso il primo giorno, così mi pare oggi, senza nessun cambiamento; il che mi fa credere che ho visto bene e che non mi resta più niente da scoprire; perché non mi pare che potrebbe mostrarsi altrimenti senza scapitarci.

Su questo quadro credo che potete ormai rispondervi da voi; e bisognerebbe disprezzarmi non poco per non credermi felice con tanti motivi di esserlo[a]. Un pensiero che m'ha illuso a lungo, e che forse continua a illudervi, è che l'amore è necessario per formare un matrimonio felice. Caro amico, è un errore; l'onestà, la virtù, certi rapporti, non tanto di condizione e di età quanto di carattere e di umore, bastano tra due sposi; il che non impedisce affatto che da tale unione non risulti un affetto assai tenero il quale, pur non essendo esattamente amore, non è meno dolce ed è più durevole. L'amore va continuamente unito a un'inquietudine, di gelosia o di privazione, che non si accorda col matrimonio: il quale è uno stato di pacifico godimento. Non ci si sposa per pensare esclusivamente l'uno all'altro, ma per adempiere insieme i doveri della vita civile, governare con prudenza la casa e educare bene i figli. Gli amanti non vedono altro che se stessi, non si occupano d'altro che di sé, l'unica cosa che sappian fare è amarsi. Non basta per degli sposi, che hanno tante altre cose cui pensare. Non c'è passione fertile di illusioni quanto l'amore: si crede di vedere nella sua violenza un segno della sua durata; il cuore oppresso da così dolce sentimento lo estende per così dire sul futuro, e fin che dura si crede che l'amore non finirà mai. Ma invece è proprio il suo stesso ardore che lo consuma; si logora con la giovinezza, si scancella con la bellezza, si spegne sotto il ghiaccio dell'età; e da quando il mondo è mondo non si sono mai visti due amanti coi capelli bianchi sospirare l'uno per l'altro. Quindi bisogna pensare che presto o tardi si cesserà di adorarsi; e allora, distrutto l'idolo, ci si vede come effettivamente si è. Si cerca stupiti l'oggetto già amato; e non trovandolo più ci si sdegna con-

---

[a] Certamente non aveva ancora scoperto quel fatale segreto che in seguito la tormenterà tanto; oppure non lo voleva ancora confidare all'amico. (N.d.A.)

tro colui che rimane, e spesso l'immaginazione lo deforma non meno di quanto lo aveva abbellito.¹ Pochi sono
coloro, dice il La Rochefoucauld, che non si vergognino
di essersi amati, quando non si amano più*. E allora
quanto bisognerà paventare che la noia non succeda a
sentimenti troppo vivi; che, senza fermarsi all'indifferenza, non scendano declinando fino al disgusto; che
infine non ci si ritrovi stufi l'uno dell'altro; e che, per
essersi troppo amati da amanti, non si finisca con l'odiarsi da sposi! Mio caro amico, mi siete sempre sembrato
tanto amabile, assai troppo per la mia innocenza e la
mia pace; ma non vi ho mai* visto che innamorato: come posso sapere che cosa sareste diventato, smettendo di
esserlo? L'amore spento v'avrebbe lasciata la virtù, certo; ma basta la virtù per essere felici in un legame che
l'amore deve stringere? E quanti uomini virtuosi riescono intollerabili mariti! Su questo ne potete sapere quanto me.

Quanto al signor di Wolmar, nessuna illusione ci fa
parziali: ci vediamo come siamo; il sentimento che ci
unisce non è il cieco trasporto dei cuori appassionati,
ma l'invariabile e costante affetto di due persone oneste
e ragionevoli le quali, destinate a trascorrere insieme
il resto dei loro giorni, sono contente della loro sorte e
cercano di addolcirsela a vicenda. Si direbbe che nemmeno se ci avessero formati apposta per unirci le cose
potrebbero andar meglio. Se lui avesse un cuore tenero
come il mio, sarebbe impossibile che così grande sensibilità dalle due parti non si urtasse qualche volta e non
ne nascesse qualche litigio. Se io fossi calma come lui,
tra noi ci sarebbe troppa freddezza, la nostra unione sarebbe meno gradevole e dolce. Se non mi volesse bene
vivremmo male uniti; se mi volesse troppo bene mi
riuscirebbe importuno. Ognuno dei due è esattamente
quello che occorre per l'altro: lui mi illumina e io lo
scaldo; così uniti, il nostro valore aumenta, si direbbe
che siamo destinati a non formare che un'anima sola,
della quale lui è l'intelletto e io la volontà. Persino la
sua età piuttosto inoltrata riesce di comune vantaggio:

*Mi stupirei non poco che Giulia leggesse e citasse La Ro-
chefoucauld in altra occasione: la gente dabbene non apprez-
zerà mai quel suo triste libro. (N.d.A.)

perché, con la passione che mi tormentava, fosse stato più giovane l'avrei sposato anche più malvolentieri, e quest'eccesso di ripugnanza avrebbe ostacolato la felice rivoluzione che s'è operata in me.

Amico mio, il cielo illumina la buona intenzione dei padri, e ricompensa la docilità dei figli. Non che io voglia, Dio liberi, fare oltraggio alle vostre pene. Soltanto il desiderio di rassicurarvi pienamente sulla mia condizione mi induce ad aggiungere ciò che sto per dirvi. Se con i sentimenti che nutrii un tempo per voi e l'esperienza che ho adesso fossi ancora libera e padrona di scegliermi un marito, chiamo in testimonio della mia sincerità quel Dio che si degna di illuminarmi e mi legge in fondo al cuore, non sceglierei voi ma sceglierei il signor di Wolmar.

Forse per guarirvi del tutto bisogna che vi dica anche quello che mi pesa sul cuore. Il signor di Wolmar è più anziano di me. Se per punirmi dei miei falli il cielo mi togliesse il degno sposo da me così poco meritato, sono fermamente decisa a non prenderne un altro. Se non ha avuto la fortuna di trovare una ragazza illibata, lascerà almena una vedova casta. Mi conoscete troppo per credere che, un volta fatta questa dichiarazione, io sia donna da ritrattarmene mai.

Ciò che ho detto per dissipare i vostri dubbi può servire anche per risolvere in parte le vostre obiezioni contro la confessione che credo di dover fare a mio marito. È troppo saggio per castigarmi d'una confessione umiliante, che soltanto il pentimento può strapparmi; e io sono incapace di prevalermi delle astuzie di quelle signore di cui parlate, come lui di sospettarmene. Circa la ragione che adducete per affermare che quella confessione non è necessaria, si tratta di un sofisma: perché, pur non essendo obbligate a niente verso un marito ancora inesistente, non siamo tuttavia autorizzate a darci a lui per quello che non siamo. Così avevo sentito, anche prima di sposarmi; se il giuramento strappatomi da mio padre non mi concesse di fare quanto avrei dovuto, mi fece anche più colpevole, perché è un delitto fare un giuramento ingiusto, e un delitto mantenerlo. Ma avevo un'altra ragione che il mio cuore non osava confessarsi, e che mi faceva assai più colpevole. Grazie al cielo, è scomparsa.

Una considerazione più legittima, e di maggior peso, è il pericolo di turbare inutilmente il riposo di un bravo uomo che ricava da sua contentezza dalla sua stima che ha per sua moglie. È certo che ormai non dipende più da lui di spezzare il nodo che ci unisce, né da me di esserne stata più degna. Così, con una confidenza indiscreta, arrischio di affliggerlo senza nessun frutto, senza ricavare dalla mia sincerità altro vantaggio che di sgravarmi il cuore d'un funesto segreto che mi opprime crudelmente. Sento che una volta che glielo avrò dichiarato sarò più tranquilla; ma forse lui lo sarà meno, e sarebbe un malo modo di riparare i miei falli preferendo la mia alla sua pace.

Che fare, in questo dubbio? Aspettando che il cielo mi illumini meglio sui miei doveri, seguirò il vostro amichevole consiglio; tacerò, nasconderò le mie colpe al mio sposo, e cercherò di cancellarle con una condotta che un giorno possa meritarne il perdono.

Per iniziare così necessaria riforma, concedete, caro amico, che tronchiamo qualsiasi rapporto tra noi. Se mi fossi confessata al signor di Wolmar, lui potrebbe decidere fino a che punto potremmo nutrire i sentimenti dell'amicizia che ci unisce, ed esprimerceli ingenuamente; ma, poiché non ardisco consultarlo in proposito, ho troppo imparato a mie spese quanto ci possono traviare le abitudini in apparenza più legittime. È tempo di metter giudizio. Nonostante la sicurezza del mio cuore, non voglio più esser giudice nella mia propria causa, né abbandonarmi, da moglie, a quella presunzione che da ragazza mi rovinò. Questa è l'ultima lettera che riceverete da me: e vi supplico di non più scrivermene. Tuttavia, siccome non smetterò di teneramente interessarmi a voi, e questo è un sentimento puro come la luce del giorno, sarò ben contenta di sapere ogni tanto le vostre notizie e di vedervi raggiungere la felicità che meritate. Potrete ogni tanto scrivere alla signora d'Orbe, quando avrete qualche interessante avvenimento da comunicarci. Spero che l'onestà dell'animo vostro si rispecchierà sempre nelle vostre lettere. D'altronde la mia cugina è abbastanza virtuosa e savia per non comunicarmi altro che quello che è opportuno e per troncare questa corrispondenza se foste capace di abusarne.

Addio, mio caro e buon amico; se credessi che la ricchezza vi può far felice, vi direi: correte alla fortuna; ma forse avete ragione di sprezzarla, con tanti tesori che vi permettono di farne a meno; preferisco dirvi: correte alla felicità, è la fortuna del saggio. Abbiamo sempre sentito che non esiste mai senza la virtù; ma state attento che questa parola, virtù, troppo astratta, non sia più brillante che solida, e non sia un nome che serva piuttosto ad abbagliare il prossimo che a contentare noi. Fremo pensando che certa gente che si portava l'adulterio in fondo al cuore ardiva parlare di virtù. Sapete davvero ciò che significava per noi un nome così rispettabile e profanato, mentre eravamo invischiati in un rapporto peccaminoso? quell'amore forsennato che ci infuocava tutti e due mascherava i suoi trasporti sotto questo santo entusiasmo, per farceli ancora più cari e illuderci più a lungo. Voglio credere che eravamo fatti per seguire e amare la vera virtù; ma ci eravamo traviati cercandola, perseguivamo un vano fantasma. È tempo che l'illusione scompaia; è tempo di ravvedersi da così lungo traviamento. Amico, ciò non vi riuscirà difficile: avete una guida in voi stesso; avete potuto trascurarla, ma non l'avete mai rifiutata. Avete un'anima sana, che si affeziona a tutto quanto è bene; e se a volte il bene le sfugge, è perché non ha adoperato tutte le sue forze per trattenerlo. Rientrate nel fondo della vostra coscienza, e vedete se non vi riesce di rintracciarvi qualche principio dimenticato, che giovi meglio a ordinare tutte le vostre azioni, a legarle più saldamente tra loro e a indirizzarle a uno scopo comune! Non basta, credetemi, che la virtù sia la base della vostra condotta, se non stabilite quella base stessa su un incrollabile fondamento. Ricordate quegli indiani che immaginano il mondo portato da un elefante, e l'elefante da una tartaruga; ma quando gli si domanda su che cosa sta la tartaruga, non sanno più cosa dire.

Vi scongiuro di prestare qualche attenzione ai discorsi della vostra amica, e di scegliere per dirigervi verso la felicità una strada più sicura di quella che ci ha così a lungo traviati. Non smetterò di implorare dal cielo, per voi e per me, questa pura felicità, e non sarò contenta che quando l'avremo conseguita tutti e due. Ah! se mai nostro malgrado i nostri cuori rammenteranno gli errori della nostra giovinezza, facciamo almeno in modo che il ravvedimento da loro provocato ne autorizzi il ricordo, e che possiamo dire con l'antico[1]: ahimè! perivamo se non fossimo periti!

Qui terminano le prediche della predicatrice; d'ora in poi avrà abbastanza da fare predicando a se stessa. Addio, amabile mio amico, addio per sempre; così vuole l'inflessibile dovere: ma siate certo che il cuore di Giulio non sa dimenticare ciò che gli è stato caro... Dio mio! che faccio?... Lo vedrete anche troppo dallo stato della carta. Ah! non è forse lecito intenerirsi dando al proprio amico l'estremo addio?

LETTERA XXI

DELL'AMANTE DI GIULIA A MILORD EDOARDO

Sì, milord, è vero, il peso della vita opprime l'anima mia; da un pezzo mi riesce intollerabile: ho perduto tutto quanto me la poteva render cara, non me ne rimangono che gli affanni. Ma dicono che non è lecito disporne senza l'ordine di colui che me l'ha data. So pure che appartiene a voi per più d'una ragione: le vostre premure me l'hanno salvata due volte, i vostri benefici me la conservano continuamente; non ne disporrò mai senza esser certo di poterlo fare senza errare, né finché mi rimarrà una minima speranza di poterla spendere per voi[2].

Dicevate che vi ero necessario: ma perché ingannarmi? Da quando siamo a Londra, non soltanto non pensate a adoperarmi per voi, non fate altro che occuparvi di me. Superflue cure! Sapete, milord, che odio il male ancor più della vita; adoro l'Essere eterno. Vi devo tutto, vi amo, voi solo mi legate alla terra: l'amicizia, il dovere possono incatenarvi uno sventurato; ma pretesti o sofismi non ve lo potranno trattenere. Illuminatemi la ragione, parlatemi al cuore, sono disposti ad ascoltarvi: ma ricordatevi che non si può ingannare la disperazione.

Volete ragionare: benissimo! ragioniamo. Volete che la deliberazione sia proporzionata alla materia trattata; d'accordo. Pacatamente, tranquillamente. cerchiamo la verità; discutiamo la proposizione generale come se si trattasse d'un altro. Robeck fece l'apologia della morte volontaria prima di darsela[1]. Non voglio imitarlo scrivendo un libro, e il suo non mi soddisfa molto; ma spero d: imitare il suo sangue freddo in questa discussione.

Ho meditato a lungo su questo grave argomento; lo dovete sapere, perché conoscete il mio destino, e tuttavia vivo. Più rifletto e più mi sembra che la questione si riduca a questa proposizione principale: cercare il proprio bene e fuggire il proprio male in quanto non offende altrui, è diritto naturale. Quando per noi la nostra vita è male, e non è bene per nessuno, è quindi lecito disfarsene. Se c'è al mondo massima evidente e certa, credo sia questa; e se si riuscisse a demolirla, non c'è azione umana di cui non si possa fare un delitto.

Cosa dicono a proposito i nostri sofisti? Anzitutto considerano la vita come cosa che non ci appartiene, perché ci è stata data: ma appunto perché ci è stata data ci appartiene. Forse che Dio non ha dato loro due braccia? e tuttavia quando temono la cancrena se ne fanno tagliare uno, e anche tutt'e due se occorre. Per chi crede nell'immortalità dell'anima il parallelo è esatto; perché se io sacrifico un braccio per conservare una cosa più preziosa, cioè il mio corpo, io sacrifico il corpo per conservare una cosa più preziosa, cioè il mio benessere. Se tutti i doni che il cielo ci ha concessi sono per noi naturalmente dei beni, sono anche troppo soggetti a mutar di natura; ed egli vi aggiunse la ragione per insegnarci a distinguerli. Se codesta regola non ci autorizzasse a scegliere gli uni e a rifiutare gli altri, a che gioverebbe mai tra gli uomini?

Questa così poco salda obiezione la voltano in mille modi. Essi considerano l'uomo sulla terra come un soldato di fazione. Dicono: Dio t'ha posto al mondo, perché ne esci senza il suo consenso? Ma anche tu, non t'ha forse posto nella tua città, perché ne esci senza il suo consenso? Il consenso non è forse nel malessere stesso? Dovunque mi collochi, sia in un corpo sia sulla terra, è perché ci resti finché mi ci trovo bene, e per uscirne non appena mi ci trovo male. Questa è la voce della natura e la voce di Dio. Bisogna aspettare l'ordine, d'accordo; ma quando muoio naturalmente, Iddio non mi comanda di lasciare la vita, me la toglie: rendendomela intollerabile mi ordina di lasciarla. Nel primo caso, resisto con tutte le mie forze; nel secondo, ho il merito di ubbidire.

Potete immaginare gente abbastanza ingiusta da tacciare la morte volontaria di ribellione contro la provvidenza, come se ci si volesse sottrarre alle sue leggi? Non già per sottrarvisi si cessa di vivere, ma per eseguirle. E che! Iddio non avrebbe potere che sul mio corpo? c'è forse luogo nell'universo dove un essere esistente non sia sotto la sua mano? e agirà forse meno immediatamente su di me quando la mia sostanza purificata sarà più omogenea e più simile alla sua? No, la sua giustizia e la sua bontà sono la mia speranza; e se credessi che la morte mi può sottrarre alla sua potenza, vorrei non mai morire.

Eccovi uno dei sofismi del *Fedone*, per altro pieno di sublimi verità. Se il tuo schiavo si uccidesse, dice Socrate a Cebete, non lo puniresti forse, se ti fosse possibile, per averti ingiustamente privato del tuo bene? Buon Socrate, cosa dite mai? Non si appartiene dunque più a Dio, una volta morti? Non è affatto così; bisognava dire: se tu metti indosso al tuo schiavo un vestito che lo impaccia nel servizio che ti deve, lo punirai per aver smesso quell'abito onde servirti meglio? Il grande errore è di attribuire troppa importanza alla vita; come se il nostro essere ne dipendesse, e dopo la morte non esistessimo più. La nostra vita non è nulla agli occhi di Dio, non è nulla agli occhi della ragione, non deve essere nulla ai nostri; e quando abbandoniamo il nostro corpo non facciamo altro che smettere un vestito scomodo. Val forse la pena di far tanto rumore? Milord, questi declamatori non sono in buona fede; assurdi e crudeli nei loro ragionamenti, aggravano il preteso crimine come se si sopprimesse l'esistenza, e lo punscono come se si continuasse a esistere.

Quanto al *Fedone*, che fornì loro l'unico argomento prezioso che mai abbiano adoperato, questo problema non vi è toccato che assai leggermente, quasi appena sfiorato. Condannato da una ingiusta sentenza a perdere la vita fra qualche ora, Socrate non aveva bisogno di esaminare molto attentamente se gli era lecito disporne. Supponendo che davvero abbia tenuto il discorso che Platone gli fa tenere, credetemi pure, milord, lo avrebbe meditato con più cura nell'occasione appunto di metterlo in pratica; e la prova che da quell'immortale opera non si può ricavare nessuna valida obiezione contro il diritto di disporre della propria vita, è che Catone la lesse due volte per intero la notte stessa che abbandonò la terra.

Questi stessi sofisti domandano se la vita può mai essere un male. Considerando la caterva di errori, di tormenti e di vizi che la riempiono, si sarebbe semmai tentati di domandarsi se sia mai stata un bene. L'uomo più virtuoso è continuamente tentato dal delitto: in ogni momento della sua vita è sul punto di diventar preda del malvagio, o malvagio lui stesso. Combattere e soffrire: ecco il suo destino nel mondo; commettere il male e soffrire, ecco quello del disonesto. In tutto il resto sono differenti, in comune non hanno che le miserie della vita. Se mai vorreste autorità e fatti, vi citerei oracoli, e risposte di sapienti, e atti virtuosi compensati con la morte. Ma lasciamo stare, milord; parlo a voi e vi domando qual è quaggiù l'occupazione principale del saggio, se non quella di concentrarsi, per così dire, in fondo all'anima sua, e di sforzarsi d'esser morto durante la vita? L'unico modo escogitato dalla ragione per sottrarci ai mali dell'umanità, non è forse di staccarci dagli oggetti terrestri e da tutto quanto in noi è mortale, per raccoglierci nel nostro intimo ed elevarci alle contemplazioni sublimi? E se le nostre passioni e i nostri errori sono le nostre sventure, con che ardore dobbiamo sospirare e tendere verso uno stato che ci liberi dalle une e dagli altri?[1] Cosa fanno gli uomini sensuali che moltiplicano così indiscretamente i loro dolori con le loro voluttà? annientano per così dire la loro esistenza a furia di estenderla sulla terra; aggravano il peso delle loro catene accrescendo i loro affetti; non hanno gioia che non prepari loro mille amare privazioni: più sentono e più soffrono; più si sprofondano nella vita e più sono infelici.

Ma che in generale sia un bene per l'uomo questo suo triste strisciare sulla terra, lo voglio anche ammettere: non pretendo che l'intero genere umano debba immolarsi di comune accordo, né mutare il mondo in un vasto sepolcro. Ma ci sono, ci sono degli sventurati troppo privilegiati per seguire la strada comune, e per i quali la disperazione e gli amari dolori sono il passaporto della natura: quelli sarebbero insensati se credessero che la loro vita è un bene, non meno del sofista Possidonio tormentato dalla gotta e che negava che fosse un male[1]. Finché il vivere è un bene lo desideriamo ardentemente, e non c'è che il sentimento dei mali estremi che possa vincere in noi codesto desiderio: perché tutti abbiamo avuto dalla natura un grandissimo orrore della morte, orrore che maschera ai nostri occhi le miserie dell'umana condizione. Si sopporta a lungo una vita penosa e dolorosa prima di risolversi ad abbandonarla; ma se il fastidio di vivere riesce a vincere l'orrore della morte, allora la vita è evidentemente un gran male, dal quale non ci si può liberare troppo presto. Così, benché non sia possibile stabilire esattamente un punto nel quale cessa di essere un bene, per lo meno si conosce certissimamente che è un male assai prima che ci sembri tale; e in qualsiasi uomo assennato il diritto di rinunciarvi ne precede sempre di molto la tentazione.

Ma c'è altro: una volta negato che la vita possa essere un male, per toglierci il diritto di rifiutarla, dicono che è un male, per poterci rimproverare di non saperla tollerare. Secondo loro è una vigliaccheria sottrarsi alle sue pene e ai suoi dolori, e soltanto i vigliacchi si danno la morte. O Roma, conquistatrice del mondo, che esercito di codardi te ne procurò l'impero! Che Arria, Eponina, Lucrezia siano del numero, passi, erano donne. Ma Bruto, ma Cassio, e tu, che spartivi con gli dèi il rispetto della terra stupefatta, grande e divino Catone, tu, la cui augusta e sacra immagine animava i romani di sacro zelo e faceva fremere i tiranni, i tuoi fieri ammiratori ignoravano che un giorno, in un polveroso cantuccio di collegio, dei vili rètori avrebbero dimostrato che non sei che un codardo, per aver negato al vizio trionfante l'omaggio della virtù in catene. Forza e grandezza degli scrittori moderni, quanto siete sublimi; e come sono intrepidi con la penna in mano! Ma ditemi, animoso e valente eroe che scappate tanto coraggiosamente da una battaglia per poter sopportare più a lungo la pena di vivere: quando un tizzone ardente cade su codesta eloquente mano, perché la tirate indietro così in fretta? E che! siete codardi al punto di non tollerare l'ardore del fuoco! Dite che niente vi costringe a sopportare il tizzone; e io allora, chi mi costringe a sopportare la vita? Forse che generare un uomo è costato alla provvidenza più che generare una pagliuzza, e l'uno e l'altro non sono forse opera sua?

Certamente ci vuol coraggio per sopportare costantemente i mali che non si possono evitare; ma soltanto un insensato può sopportare volontariamente quelli ai quali può sottrarsi senza mal fare, e spesso è un grandissimo · male sopportare un male senza necessità. Colui che non sa liberarsi da una vita dolorosa con una rapida morte è simile a colui che preferisce lasciare che una piaga incancrenisca piuttosto che affidarla al ferro salutare d'un chirurgo. Vieni, o rispettabile Parisot[*], tagliami questa gamba che mi farà morire. Ti vedrò fare senza batter ciglio, e lascerò che mi dia del vigliacco quel prode che vede la sua cadere in putredine, perché non ha il coraggio di sopportare la stessa operazione.

Ammetto che ci sono doveri verso il prossimo, i quali non concedono a chicchessia di disporre di sé; ma per contro quanti ve ne sono che lo impongono? Che un magistrato dal quale dipende la salute della patria, che un padre di famiglia che deve provvedere il pane ai suoi figli, che un debitore insolvibile che rovinerebbe i suoi creditori si sacrifichino a qualsiasi costo al loro dovere; che mille altre relazioni civili e domestiche costrin-

---

[*] Chirurgo di Lione, uomo d'onore, buon cittadino, amico tenero e generoso trascurato, ma non dimenticato da chiunque fu onorato dalla sua beneficenza. *(N.d.A.)*

gano un brav'uomo sfortunato a sopportare la sventura di vivere, per evitare la disgrazia anche più grande di essere ingiusto: ma perciò è forse lecito, in condizioni affatto diverse, mantenere a danno d'una folla di miserabili una vita che non è utile se non a colui che non ha il coraggio di morire? Uccidimi, figliuolo, dice il selvaggio decrepito al figlio che lo porta e si curva sotto il peso; ecco i nemici: vai a combattere insieme ai tuoi fratelli, vai a salvare i tuoi figli, non mettere tuo padre al rischio di cader vivo tra le mani di coloro di cui ha mangiato i genitori. Anche se la fame, i mali, la miseria, nemici domestici peggiori dei selvaggi, concedessero a un povero storpio di consumare in letto il pane d'una famiglia che riesce a malapena a guadagnarne abbastanza per sé; colui che non ha affetti, colui che il cielo ha ridotto a viver solo sulla terra, colui che con la sua vita non può produrre nessun bene, perché non dovrebbe avere almeno il diritto di abbandonare un soggiorno dove i suoi lamenti sono importuni e i suoi mali senza profitto?

Ponderate queste considerazioni, milord; riunite tutte queste ragioni e vedrete che si riducono al più semplice dei diritti naturali, che mai uomo sensato mise in dubbio. Infatti, perché sarebbe lecito guarirsi della gotta e non della vita? L'una e l'altra non ci vengono forse dalla stessa mano? Se è doloroso morire, cosa significa? Forse che le medicine sono piacevoli da prendersi? Quanta gente preferisce la morte alle medicine? Prova che la natura ripugna a quella e a queste. Mi si dimostri dunque perché è lecito liberarsi da un male passeggero con i medicamenti, e non da un male inguaribile togliendosi la vita; e perché si è meno colpevoli prendendo il chinino contro la febbre che l'oppio contro la pietra. Se consideriamo lo scopo, è quello di liberarsi da un malessere; se consideriamo il mezzo, è naturale nei due casi; se consideriamo la ripugnanza, ce n'è qui come là; se consideriamo la volontà del padrone, che male potremo combattere che non ci venga da lui? a che dolore sottrarci che non provenga dalla sua mano? Qual è il limite dove finisce il suo potere, e dove si può legittimamente resistere? Dunque non ci è lecito mutare lo stato di cosa alcuna, perché tutto ciò che è, è come lui ha voluto? Bisogna non far nulla al mondo, per paura di violare le sue leggi, e checché si faccia, sarà mai possibile violarle? No, milord, la vocazione dell'uomo è più grande e più nobile. Dio non gli ha dato la vita perché rimanga immobile in un eterno quietismo. Ma gli ha dato la libertà per fare il bene, la coscienza per volerlo, e la ragione per sceglierlo.[1] Lo ha costituito unico giudice delle sue proprie azioni. Ha scritto nel suo cuore: fai ciò che ti riesce salutare e non nuoce a nessuno. Se sento che mi giova morire, resisto al suo ordine ostinandomi a vivere; perché, facendomi desiderabile la morte, mi prescrive di ricercarla.

Bomston, mi appello alla vostra saggezza e al vostro candore: quali massime più sicure la ragione può ricavare dalla religione circa la morte volontaria? Se i cristiani ne hanno stabilito altre e opposte, non le hanno ricavate né dai princìpi della loro religione, né dall'unica sua regola che è la Bibbia, ma soltanto dai filosofi pagani. Lattanzio e Agostino, che per primi affermarono questa nuova dottrina di cui né Cristo né gli apostoli avevan fatto parola, non si appoggiarono che al ragionamento del Fedone che già ho confutato; così che i fedeli, i quali sono persuasi di seguire in questa cosa l'autorità del vangelo, non seguono che quella di Platone. Infatti, dove trovare in tutta la Bibbia una legge contro il suicidio, o anche solo una semplice disapprovazione; e non è forse strano che negli esempi di coloro che si son dati la morte non si trovi una sola parola di biasimo contro alcuno di quegli esempi? Inoltre, quello di Sansone è autorizzato da un miracolo che lo vendica dei suoi nemici. Quel miracolo si sarebbe mai compiuto per giustificare un delitto, e quest'uomo che perdette il suo vigore per essersi lasciato sedurre da una donna, l'avrebbe forse riacquistato per commettere un misfatto autentico, come se Iddio stesso avesse voluto ingannare gli uomini?

Non uccidere, dice il decalogo. Cosa ne consegue? Se il comandamento dev'esser preso alla lettera, non bisogna uccidere né i malfattori né i nemici; e Mosè che fece morire tanta gente osservava assai male il proprio precetto. Se c'è qualche eccezione, la prima è certamente in favore della morte volontaria, perché è esente di violenza e di ingiustizia, che sono le due uniche considerazioni che possano fare dell'omicidio un delitto, e d'altra parte la natura vi ha messo un bastevole ostacolo.

Ma, dicono anche, tollerate con pazienza i mali che Dio vi manda; fatevi un merito dei vostri dolori. Come intende male lo spirito del cristianesimo, colui che ne applica in questo modo le massime! L'uomo è esposto a mille mali, la sua vita è un tessuto di miserie, si direbbe nato soltanto per soffrire. Di questi mali, la ragione vuole che eviti quelli che si possono evitare, e la religione, che non è mai contraria alla ragione, lo consente. Ma quant'è piccola la loro somma, appetto a quelli che è costretto a soffrire suo malgrado! Di questi un Dio clemente concede agli uomini di farsi un merito; accetta come volontario omaggio il tributo forzato che ci impone, e segna a credito dell'altra vita la rassegnazione in questa. La vera penitenza dell'uomo gli è imposta dalla natura; se pazientemente sopporta ciò che è costretto a sopportare, ha fatto tutto quanto Dio gli domanda, e se qualcuno è abbastanza orgoglioso da voler fare di più, è un pazzo da metter sotto chiave, o un birbone che bisogna punire. Evitiamo quindi senza scrupoli i mali che possiamo evitare, ce ne resterà sempre abbastanza da soffrire. Liberiamoci senza rimorso dalla stessa vita, non appena diventa un male per noi, poiché dipende da noi il farlo, e così facendo non offendiamo né Dio né gli uomini. Se bisogna fare un sacrificio all'Essere supremo, morire è forse poca cosa? Offriamo a Dio la morte che egli ci impone con la voce della natura, e versiamo tranquillamente nel suo seno quest'anima che egli ridomanda.

Questi sono i precetti generali dettati dal buon senso a tutti gli uomini, e autorizzati dalla religione[a]. Tornia-

[a] Strana lettera, per la decisione di cui tratta! Si può ragionare tanto placidamente su una questione del genere, quando si è personalmente in giuoco? La lettera è scritta a freddo, oppure l'autore non vuol altro che essere confutato? Semmai può far dubitare l'esempio di Robeck da lui citato e che sembra giustificare il suo. Robeck deliberò con tanta calma che ebbe tempo di scrivere un libro, un librone, assai lungo, assai greve e assai freddo: e quand'ebbe stabilito che secondo lui era lecito darsi la morte, se la diede con quella stessa tranquillità. Diffidiamo dei pregiudizi del secolo e della nazione. Quando il suicidio non è di moda, soltanto i forsennati si uccidono; tutti gli

mo a noi. Vi siete degnato di aprirmi il vostro cuore; conosco le vostre pene; non soffrite meno di me; i vostri mali sono irrimediabili come i miei, e tanto più irrimediabili in quanto la leggi dell'onore sono più immutabìli di quelle della fortuna. Ammetto che le sopportate con fermezza. Siete sorretto dalla virtù; ancora un passo, e siete libero.[1] Mi esortate a soffrire; milord, io ardisco esortarvi a mettere un termine alle vostre pene: giudicate voi chi di noi è più caro all'altro.

Perché tardare a compiere un passo che in ogni modo bisogna fare? Aspetteremo che la vecchiaia e gli anni ci attacchino vilmente alla vita dopo di avercene tolti i diletti, e che trasciniamo con stento, ignominia e dolore un corpo infermo e rotto? Siamo in un'età in cui il vigore dell'anima la stacca facilmente dai suoi impacci, e in cui l'uomo ancora sa morire; più tardi si lascia strappare la vita gemendo. Approfittiamo d'un tempo in cui il fastidio di vivere ci fa desiderare la morte; temiamo che essa non venga con i suoi orrori in un momento in cui non ne vorremmo più sapere. Mi rammento che a un certo punto non domandai che un'ora sola al cielo, e sarei morto disperato se non l'avessi ottenuta. Ah! quanto si fatica a spezzare i nodi che legano i nostri cuori alla terra, e quant'è saggio abbandonarla non appena si sono spezzati. Sento, milord, che entrambi siamo degni d'un'abitazione più pura; la virtù ce l'addita, il destino ci invita a cercarla. Che l'amicizia che ci unisce ci unisca anche nell'ultima nostra ora. O che voluttà, per due veri amici, troncare volontariamente i loro giorni nelle braccia l'uno dell'altro, confondere i loro estremi sospiri, esalare insieme le due metà della loro anima! Che dolore, che rimpianto potrà mai avvelenare i loro ultimi istanti? Che cosa abbandonano lasciando la terra? Se ne vanno insieme; non abbandonano niente.

atti coraggiosi non sono che chimere per le anime deboli; ognuno giudica del prossimo soltanto rispetto a sé. Tuttavia, quanti esempi abbiamo di uomini, ragionevoli in tutto il resto, i quali senza rimorso, senza furore, senza disperazione, rinunciano alla vita soltanto perché gli è di peso, e muoiono più tranquillamente di come sono vissuti? (N.d.A.)

LETTERA XXII

RISPOSTA

O giovane, sei traviato da un cieco trasporto; sii più discreto; non consigliare domandando consiglio. Ho conosciuto ben altri dolori dei tuoi. Ho l'anima salda; sono inglese, so morire; perché so vivere e soffrire da uomo. Ho veduto la morte da vicino, e la guardo con troppa indifferenza per andarla a cercare. Parliamo di te.

È vero, mi eri necessario; la mia anima aveva bisogno della tua; le tue premure mi potevano essere utili; la tua ragione mi poteva illuminare nella più importante contingenza della mia vita; se non me ne servo, con chi te la pigli? Dov'è? che cosa è diventata? Che cosa puoi fare? A che puoi servire, nello stato in cui sei ridotto? Che servizi posso mai sperare da te? Un dolore insensato ti fa stupido e impietoso. Non sei un uomo; non sei niente; e se non pensassi a ciò che puoi essere, così come sei non vedo nulla al mondo che sia meno di te.

Non ne voglio altra prova che la tua stessa lettera. Un tempo trovavo in te sentimento e verità. I tuoi sentimenti erano giusti, pensavi rettamente, non ti amavo soltanto per inclinazione ma per elezione, come un mezzo in più per coltivare la saggezza.[1] Che cosa ho mai trovato nei ragionamenti di codesta lettera, di cui sembri tanto contento? Un misero e incessante sofisma, che nel traviamento della tua ragione denuncia quello del tuo cuore, e che non mi degnerei nemmeno di osservare se non avessi pietà del tuo delirio.

Per annientarla con una sola parola, mi limito a domandarti una cosa. Tu che credi nell'esistenza di Dio, nell'immortalità dell'anima e nella libertà dell'uomo, certamente non puoi pensare che un essere intelligente riceva un corpo e sia collocato sulla terra così a caso, soltanto per vivere soffrire e morire. Ci sarà pure uno scopo, un fine, un oggetto morale per la vita umana, no? Ti prego di rispondermi chiaramente su questo punto; dopo di che ripiglieremo capo per capo la tua lettera e tu arrossirai di averla scritta.

Ma lasciamo da parte le massime generali, delle quali si fa di solito gran rumore senza mai seguirne alcuna; perché c'è sempre nell'applicazione qualche condizione speciale, che muta talmente lo stato delle cose che ognuno si reputa dispensato dall'ubbidire alla regola che prescrive agli altri; ed è noto che qualsiasi uomo che stabilisce delle regole generali sottintende che esse obblighino tutti gli altri, salvo se stesso. Ma, torno a dire, parliamo di te.

Dunque, secondo te, ti è lecito cessar di vivere? La prova è assai singolare, ed è che hai voglia di morire. Ecco un argomento comodissimo per gli scellerati: ti devono essere assai grati delle armi che fornisci loro; non ci sarà più misfatto che non possano giustificare con la tentazione di commetterlo, e non appena la violenza della passione sarà più forte dell'orrore del delitto, nel desiderio di delinquere troveranno pure il diritto.

Dunque t'è lecito di cessar di vivere? Vorrei proprio sapere se hai mai cominciato. E che! sei stato posto sulla terra per non far niente? Il cielo non t'ha imposto, insieme alla vita, un compito da riempire? Se hai compiuta la tua giornata prima di sera, riposa il resto del giorno, è giusto; ma vediamo un poco cos'hai fatto. Che risposta hai pronta per il Giudice supremo, quando ti domanderà conto del tuo tempo? Parla, cosa gli dirai? Ho sedotto una ragazza onesta. Abbandono un amico nei guai. Disgraziato! trovami un giusto che si vanti d'esser vissuto abbastanza; ch'io impari da lui in che modo bisogna aver sopportato la vita per avere il diritto di lasciarla.

Tu enumeri i mali dell'umanità. Non arrossisci dando fondo a luoghi comuni ripetuti cento volte, e dici: la vita è un male. Ma guarda, cerca nell'ordine delle cose se mai trovi qualche bene che non sia mescolato al male. Il che significa forse che non esiste nessun bene nell'universo, e come puoi confondere ciò che è male per sua natura con ciò che è male se non per accidente? L'hai detto tu stesso, la vita passiva dell'uomo non conta niente, e non riguarda che un corpo dal quale presto sarà liberato; ma la sua vita attiva e morale, la quale deve influire su tutto il suo essere, consiste nell'esercizio della sua volontà. La vita è un male per il malvagio che prospera, e un bene per il galantuomo sfortunato: perché non è già una modificazione passeggera, ma il rapporto con il suo oggetto che la fa buona o cattiva. E cosa sono finalmente quei così crudeli dolori che ti costringono a lasciarla? Credi forse che io non sia stato capace di intravvedere, sotto la tua finta imparzialità nell'enumerare i mali di questa vita, la vergogna di parlare dei tuoi? Credimi, non abbandonare tutte insieme le tue virtù. Conserva almeno la tua antica schiettezza, e di' apertamente al tuo amico: ho perduto la speranza di corrompere una donna onesta, eccomi costretto a diventare un uomo per bene; preferisco morire.

La vita ti infastidisce e dici: la vita è un male. Presto o tardi sarai consolato e mi dirai: la vita è un bene. Dirai cosa più vera, ma non ragionerai meglio: perché non sarà cambiato nulla, tu solo sarai cambiato. Cambia dunque oggi stesso, e poiché il male risiede nella mala disposizione dell'animo tuo, correggi i tuoi affetti sregolati, non bruciare la tua casa per evitare la noia di ordinarla.

Mi dici: soffro; dipende forse da me di non soffrire? Anzitutto questo è cambiare la domanda; perché non si tratta di sapere se tu soffri, ma se per te la vita è male. Avanti. Tu soffri, e devi cercare di non più soffrire. Vediamo se per questo occorre morire.

Considera un istante il naturale progresso dei mali dell'anima, direttamente opposto al progresso dei mali del corpo, così come le due sostanze sono opposte per loro natura. I mali del corpo inveterano, peggiorano con gli anni e finalmente distruggono questa macchina mortale. Gli altri invece, alterazioni esterne e passeggere d'un essere immortale e semplice, si cancellano insensibilmente e lo lasciano nella sua forma originale, che niente riesce ad alterare. La tristezza, la noia, i rimpianti, la disperazione sono dolori poco durevoli, che non metton mai radice nell'anima, e l'esperienza smentisce sempre quel sentimento d'amarezza che ci fa considerare i nostri come se fossero eterni. Dirò di più: non posso credere che i vizi che ci corrompono ci siano più inerenti dei nostri affanni; credo non soltanto che periscano con il corpo che ne è occasione, ma sono certo che una più lunga vita basterebbe a correggere gli uomini, e che parecchi secoli di giovinezza ci insegnerebbero che non c'è niente di meglio della virtù.

Comunque sia: poiché la maggior parte dei nostri mali fisici non fa che aumentare incessantemente, violenti dolori corporali, se siano inguaribili, possono autorizzare un uomo a disporre di sé: perché tutte le sue facoltà sono alienate dal dolore, e siccome il male è senza rimedio, egli non ha più l'uso della sua volontà né della sua ragione; smette di essere uomo prima di morire, e togliendosi la vita non fa altro che finire di abbandonare un corpo che lo impaccia e dal quale la sua anima è ormai fuggita.

Ma non va così con i dolori dell'anima; i quali, per vivi che siano, portano sempre con sé il loro rimedio. Infatti cos'è che rende intollerabile un male qualsiasi? è la durata. Le operazioni chirurgiche sono generalmente più crudeli delle sofferenze che si propongono di guarire; ma il dolore del male è permanente, quello dell'operazione passeggero, e quindi lo si preferisce. Che bisogno c'è quindi di operazione per dolori che sono estinti dalla loro stessa durata, la quale soltanto li potrebbe rendere intollerabili? È forse ragionevole applicare rimedi così violenti a mali che si cancellano da sé? Per colui che fa caso della costanza e non stima gli anni che per il poco che valgono, quale sarà da preferire, dei due mezzi di liberarsi dalle sofferenze, la morte o il tempo? Aspetta, e guarirai. Cosa vuoi di più?

Ah, proprio il pensiero che finiranno raddoppia le mie pene! Vano sofisma del dolore! Arguzia senza né ragione né giustezza e fors'anche senza buona fede. Che assurdo motivo di disperazione, la speranza di terminare la propria miseria[*]! Anche ammettendo così strano sentimento, chi non preferirebbe inasprire per un mo-

*No, milord, non si mette un fine alla propria miseria in questo modo, la si porta al colmo, si spezzano gli ultimi nodi che ci attaccavano alla felicità. Rimpiangendo ciò che ci è stato caro, si aderisce ancora all'oggetto del proprio dolore grazie al dolore stesso, e questo stato è meno orrendo che non aderire più a niente. *(N.d.A.)*[1]

mento il dolore attuale con la certezza di vederlo finire, come si scarnifica una piaga per farla cicatrizzare? e anche se il dolore avesse una seduzione che ci facesse caro il patire, privandosene col togliersi la vita non sarebbe provare immediatamente ciò che si teme nel futuro?

Pensateci bene, giovanotto; cosa sono dieci, venti o trent'anni per un essere immortale? Pena e piacere passano come un'ombra; la vita scorre in un momento; non è niente di per sé, il suo valore dipende dall'uso che se ne fa. Soltanto il bene che si fa rimane, e grazie a lui la vita è qualche cosa.

Non dire dunque più che per te la vita è male, poiché dipende da te solo che sia un bene, e che, se è un male essere vissuti, è una ragione di più per continuare a vivere. E nemmeno dì che ti è lecito morire; perché sarebbe come dire che ti è lecito di non essere uomo, che ti è lecito ribellarti contro l'autore del tuo essere, e di deludere il tuo fine. Soggiungendo che la tua morte non fa male a nessuno rifletti che hai il coraggio di dirlo al tuo amico?

La tua morte non fa male a nessuno? Capisco! morire a nostre spese non ti importa affatto, non dai nessun peso ai nostri rimpianti. Non ti parlo più dei diritti dell'amicizia, che tu disprezzi; ma non ce ne sono altri e più cari, che ti costringono a preservarti[*]? Se c'è al mondo una persona che ti ha amato abbastanza da non poterti sopravvivere, e alla quale per essere felice manca la tua felicità, credi che non le devi qualche cosa? i funesti tuoi progetti, una volta eseguiti, non turberanno forse la pace d'un'anima che con tanto sforzo ha riconquistato la sua originaria innocenza? Non temi forse di riaprire in quel troppo tenero cuore ferite mal rimarginate? Non temi che la tua perdita ne provochi un'altra anche più crudele, togliendo al mondo e alla virtù il loro più degno ornamento? e se ella ti sopravvive,

---

[*] Diritti più cari di quelli dell'amicizia? Ed è un saggio che lo dice! Ma codesto preteso saggio era innamorato lui pure. (N.d.A.)

non temi di eccitare nel suo cuore il rimorso, più duro da sopportare della vita? Ingrato amico, amante senza delicatezza, non sarai mai preoccupato che di te stesso? Non penserai mai ad altro che alle tue pene? Non sei sensibile alla felicità di chi ti è stato caro? e non sarai capace di vivere per colei che volle morire con te?[1]

Parli dei doveri del magistrato e del padre di famiglia, e perché non ti sono imposti ti credi libero affatto. E la società alla quale devi la tua conservazione, i tuoi talenti, i tuoi lumi; la patria alla quale appartieni, i miseri che hanno bisogno di te, non devi loro niente? O che esatta enumerazione fai! tra i doveri che citi non dimentichi che quelli dell'uomo e del cittadino. Dov'è quel virtuoso patriotta che si rifiuta di vendere il proprio sangue a un principe straniero, perché non lo deve versare che per il suo paese, e che ora lo vuol spandere da disperato contro l'espresso divieto delle leggi? Le leggi, le leggi, giovanotto! forse che il saggio le disprezza? Socrate innocente, per rispetto a quelle non volle uscire di prigione. Tu non esiti a violarle per uscire ingiustamente dalla vita, e chiedi: che male faccio?

Vuoi appoggiarti a esempi. Ardisci nominare i romani! Tu, i romani! Proprio a te tocca pronunciare quegli illustri nomi! Dimmi un poco, Bruto morì disperato amante, e Catone si squarciò le viscere per la sua bella? Piccolo e debole ometto, che c'è di comune fra te e Catone? Fammi vedere la misura comune fra quell'anima sublime e la tua. Temerario, ah! taci! Mi pare di profanare il suo nome esaltandolo. Davanti a quel nome santo e augusto, ogni amico della virtù deve chinar la testa nella polvere e onorare in silenzio la memoria del più grande degli uomini.

Come sono scelti male i tuoi esempi, e come male giudichi i romani, se credi che si riputassero in diritto di togliersi la vita non appena gli era di peso. Considera i bei tempi della repubblica e vedi se ci trovi un solo cittadino virtuoso che così si sottrae al peso dei suoi doveri, anche dopo le più atroci sventure. Tornando a Cartagine, Regolo prevenne forse con la morte i tormenti che lo aspettavano? Cosa non avrebbe dato Postumio perché tale risorsa gli fosse concessa alle Forche Caudine? Che magnanimo coraggio lo stesso senato ammirò nel console Varrone, che volle sopravvivere alla sconfitta! Per quale ragione tanti generali si lasciarono volontariamente consegnare ai nemici, loro che tanto temevano l'ignominia e così poco gli costava morire? È perché dovevano il loro sangue alla patria, e la vita, e gli estremi sospiri, e perché né l'onta né i rovesci della fortuna non potevano esentarli da codesto sacro dovere. Ma quando le leggi furono annientate e lo stato divenne preda dei tiranni, i cittadini ripigliarono la loro naturale libertà e i loro diritti su di sé. Quando Roma cessò di esistere fu lecito ai romani di cessar di vivere; adempiute le loro funzioni sulla terra, non avevano più patria, avevano il diritto di disporre di sé e di riconquistare per sé quella libertà che non potevano restituire al loro paese. Dopo di aver speso la vita per servire Roma spirante, e a lottare per le leggi, morirono virtuosi e grandi come avevano vissuto, e anche la loro morte fu un tributo alla gloria del nome romano, perché in nessuno di loro si vedesse l'indegno spettacolo di veri cittadini che servono l'usurpatore.

Ma tu, chi sei? Cosa hai fatto? Credi di giustificarti con la tua oscurità? La tua debolezza ti sottrae forse ai tuoi doveri, e perché non hai né nome né rango nella tua patria, sei per questo meno sottomesso alle sue leggi? Come ti si addice di parlar di morire, mentre invece devi adoperare la tua vita in pro dei tuoi simili! Sappi che una morte come tu la mediti è vergognosa e furtiva. È un furto fatto al genere umano. Prima di lasciarlo, restituiscigli quanto ha fatto per te. Ma non ho affetti... sono inutile al mondo... Filosofo a buon mercato! Non sai che non potresti muovere un passo sulla terra senza trovare qualche dovere da riempire, e che ogni uomo è utile all'umanità per il fatto solo che esiste?

Dammi retta, giovane insensato; mi sei caro; ho pietà dei tuoi errori. Se in fondo al cuore ti rimane un minimo sentimento di virtù, vieni, ti insegnerò ad amare la vita. Ogni volta che sarai tentato di lasciarla, di' a te stesso: "Ch'io compia ancora una buona azione prima di morire". Poi vai a cercare qualche indigente da soccorrere, qualche sventurato da consolare, qualche oppresso da difendere. Ravvicina a me gli infelici intimoriti dalla mia presenza; non temere di abusare né della mia borsa né del mio credito; prendi: dai fondo ai miei beni, fammi ricco. Se oggi questa considerazione ti trattiene, ti tratterrà anche domani, dopo domani, tutta la vita. Se non ti trattiene: muori, non sei che un malvagio.

LETTERA XXIII

DI MILORD EDOARDO

Mio caro, oggi non vi potrò abbracciare come speravo, sono trattenuto ancora per due giorni a Kensington. La vita di corte è che si lavora assai senza far nulla, e che tutti gli affari si succedono e non si liquidano. Quello che mi trattiene qui da otto giorni non richiedeva che un paio d'ore; ma siccome il massimo affare dei ministri è di mostrarsi sempre indaffarati, perdono più tempo a rimandarmi di quanto ne spenderebbero a sbrigarmi. La mia impazienza, anche troppo evidente, non abbrevia questi ritardi. Sapete che la corte non mi piace affatto; mi riesce anche più intollerabile da quando viviamo insieme, e preferisco mille volte dividere la vostra melanconia che la noia dei servi che popolano questo paese.

Tuttavia, discorrendo con questi sfaccendati, m'è venuta un'idea che vi concerne e non aspetto altro che il vostro consenso per poi disporre di voi. Vedo che combattendo le vostre pene patite a un tempo del male e della resistenza. Se volete vivere e guarire, non è tanto perché l'onore e la ragione lo esigono, quanto per compiacere agli amici. Ma non basta, caro mio. Bisogna ripigliar gusto alla vita per poi poterne riempir bene i doveri, chi è indifferente a tutto non riesce mai a nulla. Abbiamo un bel darci dattorno, noi due: la sola ragione non vi restituirà mai la ragione. Bisogna che una quantità di oggetti nuovi e notevoli riescano a strappare una parte almeno dell'attenzione che il vostro cuore non accorda che al solo oggetto che lo occupa. Bisogna che per restituirvi a voi stesso voi usciate da dentro voi stesso, soltanto nell'agitazione d'una vita attiva potrete ritrovare il riposo[1].

Ora si presenta per tale prova un'occasione che non è da rifiutare; si tratta d'una grande impresa, e bella, e tale che da anni non se ne vedono di simili. Dipende da voi di esserne testimonio e compartecipe. Vedrete lo spettacolo più grande che possa colpire occhio umano; il vostro gusto di osservatore avrà modo di appagarsi. Avrete onorevoli funzioni che, con i talenti vostri, non domanderanno altro che coraggio e salute. Vi troverete più pericoli che noia, perciò non vi converranno che maggiormente; infine, il vostro impegno non sarà troppo lungo. Oggi non vi posso dire di più; perché questo progetto, che è sul punto di nascere, è ancora segreto e io non lo posso svelare. Vi dirò soltanto che se trascurate questa felice e rara occasione, non la ritroverete probabilmente mai più, e la rimpiangerete forse tutta la vita.

Ho dato ordine al mio corriere che vi porta questa lettera di cercarvi dovunque, e di non tornare senza la vostra risposta; perché è urgente, e io devo dar la mia prima di lasciare questo posto.

LETTERA XXIV

RISPOSTA

Fate pure, milord, disponete di me; non vi smentirò in niente. Aspettando di meritare di servirvi, lasciate almeno che vi ubbidisca.

415

LETTERA XXV

DI MILORD EDOARDO

Poiché accettate l'idea che m'è venuta, non voglio por tempo in mezzo a dirvi che tutto è deciso e a spiegarvi di che si tratta, secondo il permesso che mi è accordato portandomi garante per voi.

Sapete che s'è armata a Plimouth una squadra di cinque navi da guerra, e che è pronta a metter vela. La deve comandare Giorgio Anson, abile e valente ufficiale, mio caro amico.[1] È destinata ai mari del sud, dove deve giungere passando dallo stretto di Le Maire, e tornerà per le Indie orientali. Vedete quindi che si tratta nientemeno che del giro del mondo; si calcola che la spedizione durerà circa tre anni. Avrei potuto farvi iscrivere come volontario; ma per darvi maggior considerazione davanti all'equipaggio ho fatto aggiungere un titolo, e siete iscritto nel registro in qualità di ingegnere delle truppe di sbarco; il che vi si addice tanto meglio in quanto il genio era la vostra prima destinazione, e so che l'avete imparato già da ragazzo.

Penso di tornare domani a Londra[*] e di presentarvi all'ammiraglio Anson fra due giorni. Frattanto pensate al vostro corredo e a provvedervi di strumenti e di libri; perché l'imbarco è imminente, non si aspetta che l'ordine di partenza. Mio caro amico, spero che Dio vi ricondurrà sano di corpo e di cuore da questo lungo viaggio, e che tornando ci ritroveremo per non lasciarci mai più.

[*] Non riesco a capir bene. Kensington è a un quarto di lega da Londra, i signori che vanno a corte non vi passan la notte; e tuttavia milord Edoardo vi deve trascorrere non so quanti giorni. *(N.d.A.)*

LETTERA XXVI

ALLA SIGNORA D'ORBE

Parto, cara e gentile cugina, parto per fare il giro del mondo; vado a cercare in un altro emisfero la pace di cui non ho potùto godere in questo. Insensato! Errerò nell'universo senza trovare un posto per riposarvi il mio cuore; vado cercando al mondo un asilo dove io possa stare lontano da voi! Ma bisogna rispettare la volontà d'un amico, d'un benefattore, d'un padre. Senza speranza di guarigione, bisogna almeno volerla, poiché Giulia e la virtù così comandano. Fra tre ore sarò in balia delle onde; fra tre giorni non vedrò più l'Europa; fra tre mesi sarò in mari ignoti dove regnano eterne burrasche; fra tre anni forse... quanto sarebbe orribile, non più vedervi! Ahimè! il massimo pericolo sta in fondo al mio cuore: perché, qualunque sia il mio destino, ho deciso, lo giuro, mi rivedrete degno di comparire ai vostri occhi o non mi rivedrete mai più.

Milord Edoardo che torna a Roma vi consegnerà questa mia passando, e vi informerà di tutto quanto mi riguarda. Conoscete l'anima sua, vi sarà facile indovinare quello che non vi dirà. Conosceste la mia; vedete di capire anche quello che io non vi dico... Ah milord! i vostri occhi le rivedranno!

La vostra amica ha dunque, come voi, la fortuna di esser madre? Dunque era destinata a esserlo?... Inesorabile cielo!... O madre mia, perché il cielo nella sua collera vi diede un figlio?

Sento che devo terminare. Addio, adorabili cugine. Addio, incomparabili bellezze. Addio, anime pure e celesti. Addio, tenere e inseparabili amiche, donne uniche sulla terra. Ognuna di voi è l'unico oggetto degno del cuore dell'altra. Fate reciprocamente la vostra felicità. Degnatevi di rammentare qualche volta la memoria di uno sventurato che non esisteva che per dividere tra voi tutti i sentimenti dell'anima sua, e che cessò di vivere nel momento in cui si allontanò da voi. Se mai... ma sento il segnale e i gridi dei marinai; vedo che il vento rinfresca e le vele sono spiegate. Devo salire a bordo, devo partire. Mare vasto, mare immenso, che forse mi devi inghiottire nel tuo seno; possa io ritrovare sulle tue onde la calma che sfugge al mio cuore agitato![1]

PARTE QUARTA

LETTERA I'

DELLA SIGNORA DI WOLMAR ALLA SIGNORA D'ORBE

Quanto tardi a tornare! Tutti questi andirivieni non mi garbano per niente. Quante ore perdute per venire dove dovresti sempre stare, e peggio ancora per allontanartene! Il pensiero di vederti per così breve tempo sciupa il piacere di stare insieme. Non capisci che questo stare alternatamente a casa tua e a casa mia è come non star bene in nessun posto; e non sai escogitare qualche mezzo per far sì che tu possa essere insieme a casa mia e a casa tua?

Cosa facciamo, cara cugina? Quanti preziosi istanti perdiamo, ora che non li possiamo più prodigare! Gli anni aumentano, la giovinezza comincia a fuggire; la vita scappa; la fuggevole felicità che ci offre sta nelle nostre mani, e noi trascuriamo di goderne! Ricordi il tempo che eravamo ancora ragazze, quei primi tempi così incantevoli e dolci che poi non si ritrovano più, e che il cuore dimentica così difficilmente? Quante volte, costrette a lasciarci per pochi giorni o magari per poche ore, ci dicevamo tristemente abbracciandoci: ah! se mai potremo disporre di noi, non ci vedranno mai più separate? Ora ne possiamo disporre, e trascorriamo metà dell'anno lontane l'una dall'altra. E che! forse che ci vogliamo meno bene? Cara e tenera amica, tutt'e due sentiamo quanto il tempo, l'abitudine e i tuoi benefici hanno fatto più forte e indissolubile l'affetto che ci lega. Quanto a me, la tua assenza mi pare ogni giorno più intollerabile, e non posso più vivere un solo istante senza di te. Questo aumento della nostra amicizia è più naturale di quanto potrebbe parere: ha la sua ragione nella nostra condizione e nei nostri caratteri. A mano a mano che ci si inoltra negli anni, tutti i sentimenti si concentrano. Tutti i giorni si perde qualche cosa di quanto ci fu caro, e non lo si sostituisce più. Così moriamo per gradi, fino a quando non amiamo più altro che noi stessi e così abbiamo finito di sentire e di vivere prima di finire di esistere. Ma un cuore sensibile si difende con tutte le forze contro questa morte anticipata; quando il freddo prende le estremità, raccoglie intorno a sé tutto il suo calore naturale; più perde e più si attacca a ciò che gli rimane; e si stringe per così dire all'ultimo oggetto con tutti i legami che lo legavano agli altri[1].

Ecco quanto mi sembra già di provare, benché giovane ancora. Ah, mia cara, il mio povero cuore ha tanto amato! S'è esaurito così presto che invecchia prima del tempo, ed è stato così assorbito da varie affezioni che non ha più posto per nuovi affetti. Tu mi hai conosciuta ragazza, amica, amante, sposa e madre. Tu sai quanto tutti questi titoli mi son stati cari! Di questi legami alcuni sono distrutti, altri allentati. Mia madre, la mia tenera madre non è più; non mi rimane che da offrir lagrime alla sua memoria, non gusto più che a metà il più dolce sentimento della natura. L'amore è spento, è spento per sempre, ed è un altro posto che non sarà più occupato. Abbiamo perduto il tuo degno e buon marito che amavo come la cara metà di te stessa, e che meritava così bene la tua tenerezza e la mia amicizia. Se i miei figli fossero più grandicelli, l'amor materno riempirebbe tutti questi vuoti: ma come tutti gli altri anche questo amore ha bisogno di comunicazione, e che contraccambio può aspettarsi una madre da un bambino di quattro o cinque anni? I nostri figli ci sono cari assai prima di quando possono sentirlo e amarci a loro volta; e tuttavia, com'è grande il bisogno di dire quanto si amano a qualcuno che ci può capire! Mio marito mi capisce; ma non mi corrisponde abbastanza, a gusto mio; la testa non gli gira come a me: la sua tenerezza per loro è troppo ragionevole; ne vorrei una più viva, più simile alla mia. Ho bisogno di un'amica, di una madre che vada pazza come me per i miei e i suoi figli. Insomma, la maternità mi fa anche più necessaria l'amicizia, vuole il piacere di parlare continuamente dei miei figli senza annoiar nessuno.[1] Sento che godo doppiamente delle carezze del mio Marcellino quando tu le condividi. Quando abbraccio la tua bambina mi sembra di stringer te al seno. L'abbiamo detto cento volte: vedendo tutti i nostri bambini che giuocano insieme, i nostri cuori uniti li confondono, non sappiamo più a chi di noi due appartiene ognuno di loro tre.

Ma non è tutto, ho altre forti ragioni per desiderarti continuamente accanto a me, la tua assenza mi riesce crudele in vari modi. Pensa come sono aliena da qualsiasi dissimulazione, e l'incessante riserbo in cui vivo da ormai quasi sei anni con l'uomo che mi è più caro al mondo. L'odioso mio segreto mi pesa sempre più, e ogni giorno mi sembra diventi più indispensabile.[2] Più la sincerità vorrebbe che lo svelassi, e più la prudenza mi costringe a mantenerlo. Capisci che orrenda condizione per una donna, dover portare la diffidenza, la menzogna e il timore fin nelle braccia d'uno sposo, non ardire aprire il suo cuore a colui che ne è padrone, e nascondergli metà della sua vita per garantire il riposo dell'altra? A chi, gran Dio, debbo dissimulare i miei più segreti pensieri e celare l'intimo di un'anima della quale dovrebbe pur essere contento? Al signor di Wolmar, a mio marito, allo sposo più degno col quale il cielo avrebbe potuto compensare una ragazza onesta. Per averlo ingannato una volta, dovrò ingannarlo ogni giorno, e sentirmi continuamente indegna di tutte le sue bontà. Il mio cuore non ardisce accettare nessuna testimonianza della sua stima, le sue più tenere carezze mi fanno arrossire, tutti i segni di rispetto e di considerazione che mi dà si trasformano nella mia coscienza in obbrobrio e in segni di disprezzo. Che cosa dura, doversi continuamente dire: non onora me, ne onora un'altra. Ah, se mi conoscesse, non mi tratterebbe così! No, non posso sostenere quest'orrendo stato; non sono mai sola con questo rispettabile uomo che non mi senta disposta a gettarmi in ginocchio davanti a lui, a confessargli il mio fallo e a morire di dolore e di vergogna ai suoi piedi.

Tuttavia le ragioni che m'hanno fatta tacere in principio acquistano nuove energie ogni giorno, e non ho un motivo di parlare che non sia una ragione di tacere.

Considerando lo stato pacifico e dolce della mia famiglia, non posso pensare senza spavento che una sola parola potrebbe provocare un irreparabile disordine. Dopo sei anni di così perfetta unione, come turbare la pace d'un marito così buono e saggio, che non ha che una sola volontà con la sua sposa, né altro piacere che di vedere l'ordine e la pace regnare nella sua casa? Come contristare con dissapori domestici i vecchi giorni d'un padre che vedo così contento, così beato della felicità di sua figlia e del suo amico? Come esporre questi cari bambini, questi amabili figli che promettono così bene, a non avere che un'educazione negligente o scandalosa, a vedersi tristi vittime delle discordie dei loro genitori, tra un padre infiammato di giusto sdegno, agitato dalla gelosia, e una madre sventurata e colpevole, sempre bagnata di lagrime? Conosco il signor di Wolmar che stima sua moglie; chissà come sarà quando non la stimerà più? Forse è così moderato soltanto perché la passione che potrebbe dominare il suo carattere non ha avuto modo di svilupparsi. Forse sarà non meno violento nel turbine della sua collera di quanto è dolce e placido fin che non ha motivo di irritarsi.

Se devo tanti riguardi a tutti quanti mi stanno intorno, non ne devo forse qualcuno anche a me stessa? Sei anni d'un esistenza pudica e regolare non cancellano forse nulla degli errori giovanili, e dovrò espormi ancora alla pena d'una colpa che piango da tanto tempo? Te lo confesso, cugina, non volgo gli occhi sul passato senza ripugnanza; mi umilio fino allo scoraggiamento, son troppo sensibile all'onta per poterne sopportare il pensiero senza ricadere in una specie di disperazione. Per ritrovare un po' di sicurezza debbo considerare il tempo trascorso dopo le mie nozze. Lo stato attuale mi ispira una fiducia che importuni ricordi mi vorrebbero togliere. Mi piace nutrire il mio cuore con i sentimenti d'onore che mi pare di ritrovare in me. La condizione di sposa e di madre mi innalza l'anima e mi sostiene contro i rimorsi d'un altro stato. Quando vedo intorno a me i miei figliuoli e il loro padre mi sembra che tutto respiri la virtù: scacciano dal mio spirito persino l'idea delle antiche mie colpe. La loro innocenza è salvaguardia della mia; mi fanno migliore e così mi sono anche più cari; tutto quanto offende l'onestà mi ispira tale orrore che stento a credermi quella stessa che un giorno la poté dimenticare. Mi sento così lontana da ciò che ero, così certa di ciò che sono, che quasi quasi considero ciò che dovrei dire come una confessione che non mi riguarda e che non sono più tenuta a fare.

Questo è lo stato d'incertezza e di ansietà nel quale continuamente ondeggio quando sei assente. Sai che cosa capiterà un giorno? Fra poco mio padre partirà per Berna, deciso a non tornare che non abbia visto la finé del suo lungo processo; è un fastidio che non vorrebbe lasciarci, anche perché suppongo non si fidi gran che del nostro zelo a proseguirlo. Durante la sua assenza resterò sola con mio marito, e sento che sarà quasi impossibile che il fatale mio segreto non mi sfugga. Quando ci sono visite sai che il signor di Wolmar lascia spesso la compagnia e va a spasso solo nei dintorni: parla con i contadini; si informa della loro condizione; esamina lo stato delle loro terre; li aiuta, caso occorrendo, con la borsa e con i consigli. Ma quando siamo soli non esce a passeggio se non con me; di rado abbandona moglie e figli, partecipa ai loro giuochi con una così graziosa semplicità che provo per lui un sentimento anche più tenero del solito. Tali momenti di intenerimento sono tanto più pericolosi per il riserbo, in quanto lui stesso mi dà modo di abbandonarmi alle confidenze, eccitandomi anzi con discorsi ripetuti cento volte. Presto o tardi bisognerà che gli apra il mio cuore, lo sento; ma poiché vuoi che la cosa sia concertata tra noi, e con tutte le precauzioni ammesse dalla prudenza, torna e accorcia le tue lunghe assenze; o non rispondo più di nulla.

Dolce mia amica, devo andare fino in fondo, e quanto mi rimane a dire mi costa anche di più, tanto è importante. Tu mi sei necessaria non soltanto quando sto con i miei figli o con mio marito, ma soprattutto quando son sola con la tua povera Giulia, e la solitudine mi riesce pericolosa appunto perché mi è dolce, e spesso la cerco senza nemmeno pensarci. Non che il mio cuore soffra ancora delle antiche ferite, lo sai; no, è guarito, lo sento, ne sono certissima, ora mi posso credere virtuosa. Non temo il presente, è il passato che mi tormenta. Ci sono ricordi non meno formidabili del sentimento attuale; ci si intenerisce per reminiscenza;[1] ci si vergogna di sentirsi piangere, e così si raddoppiano le lagrime. Sono lagrime di pietà, di rimpianto, di pentimento; l'amore non c'entra più, non mi tocca più; ma piango i mali che ha provocati; piango il destino d'un rispettabile uomo al quale una passione indiscretamente fomentata ha tolto la pace e fors''anche la vita. Ahimè! certamente è perito nel lungo e pericoloso viaggio nel quale s'è imbarcato per disperazione. Se fosse in vita, d'in capo al mondo ci avrebbe mandato qualche notizia; son quasi quattro anni che è partito. Dicono che quella squadra ha avuto mille disastri, che ha perduto i tre quarti degli equipaggi, che parecchie navi sono affondate, che non si sa cosa sia avvenuto del resto. Non è più, non è più. Me lo dice un segreto presentimento. Lo sventurato non sarà stato meno offeso di tanti altri. Il mare, le malattie, la tristezza che è anche più crudele avranno abbreviato i suoi giorni. Così si spegne tutto quanto brilla per un istante sulla terra. Ai tormenti della mia coscienza mancava ancora di dovermi rimproverare la morte di un galantuomo. Ah, amica mia! Che anima, la sua!... come sapeva amare!... era degno di vivere!... al giudice sovrano avrà presentato un'anima debole, ma sana e amante della virtù... Invano mi sforzo di scacciare questi tristi pensieri; tornano continuamente mio malgrado. Per sbandirli, o per dominarli, la tua amica ha bisogno della tua assistenza; e poiché non posso dimenticare quello sventurato, preferisco parlarne con te che pensarci da sola.

Vedi quante ragioni aumentano il continuo bisogno che sento di averti qui con me! Più savia e più felice, se ti mancano queste ragioni, il tuo cuore ne sente perciò meno il bisogno? Se è vero che non ti vuoi risposare, e se la tua famiglia non ti dà soddisfazioni, quale casa ti sarà più favorevole di questa? Quanto a me, soffro sapendoti a casa tua; perché anche se sai dissimulare so come ci vivi, e non mi lascio ingannare dall'allegria che vieni a esibirci qui a Clarens. M'hai rinfacciato non pochi difetti in vita mia, ma ora ne ho io uno grandissimo da rimproverarti: ed è che il tuo dolore è sempre concentrato e solitario. Ti nascondi per affliggerti, come se avessi vergogna di piangere davanti alla tua amica. Questo non mi piace, Clara. Non sono ingiusta come te; non biasimo i tuoi rimpianti; non voglio che in capo a due anni, a dieci, a tutta la vita, tu smetta di onorare la memoria di così tenero sposo; ma ti biasimo, tu che hai trascorso i tuoi più bei giorni a piangere con la tua Giulia, di sottrarle la dolcezza di piangere a sua volta con te, e di detergere con più degne lagrime la vergogna di quelle versate nel tuo seno. Se ti arrabbi perché ti affliggi, ahi! non conosci la vera afflizione! E se ci provi un certo piacere, perché non vuoi che io lo condivida? Non sai che la comunicazione dei cuori infonde nella tristezza un non so che di dolce e di patetico che la contentezza non ha? e l'amicizia non è forse stata concessa specialmente agli infelici per alleviare i loro mali e consolare le loro pene?[1]

Queste, o mia cara, sono le considerazioni che dovresti fare, e alle quali devi aggiungere che, domandandoti di venire a stare con me, ti parlo non meno in nome di mio marito che mio. Spesso m'è sembrato sorpreso e direi quasi scandalizzato che due amiche come noi non vivano insieme; afferma di averlo detto anche a te, e non è uomo che parli alla leggera. Non so cosa deciderai dopo queste mie lagnanze, spero proprio che mi vorrai fare contenta. Comunque sia, la mia decisione è presa e non la cambierò. Non ho dimenticato il tempo che volevi seguirmi in Inghilterra. Incomparabile amica, ora è la mia volta. Sai quanto sono avversa alla città, e quanto mi piace la campagna, i lavori rustici, e come mi è cara la mia casa di Clarens, dopo tre anni che ci sto. Inoltre non ignori che grosso fastidio è cambiar casa con tutta la famiglia, e che sarebbe davvero abusare della bontà di mio padre mutandogli domicilio così di spesso. Eppure, se non vuoi lasciare la tua casa e venire a governare la mia, sono decisa a pigliare una casa a Losanna, dove verremo ad abitare con te. Così ha da essere: ora pensaci. Io ti devo tutto, cuore, dovere, felicità, l'onore conservato, la ragione riacquistata, la mia situazione, e il marito e i figli e me stessa; tutto quanto posseggo di bene lo devo a te, non vedo niente che non mi ti rammenti, senza di te non sono nulla. Vieni dunque, o mia diletta, o mio angelo tutelare; vieni a mantenere la tua opera, vieni a godere dei tuoi benefici. Non dobbiamo più avere che una sola famiglia, così come non abbiamo che un'anima sola per amarla; tu veglierai sull'educazione dei miei figli, io veglierò su quella della tua figlia: ci divideremo i doveri materni, e ne raddoppieremo i piaceri. Alzeremo insieme i nostri cuori a colui che grazie alle tue cure purificò il mio; e, senza più nulla desiderare in questo mondo, aspetteremo in pace l'altra vita nel seno dell'innocenza e dell'amicizia.

LETTERA II

RISPOSTA

Dio mio, che piacere m'ha fatto la tua lettera, cara cugina! Adorabile predicatrice!... adorabile in verità. E tuttavia predicatrice. Meravigliosamente eloquente: ma poco di sodo. L'architetto ateniese!... quel bel parlatore!... ricordi... nel tuo vecchio Plutarco... Magnifiche descrizioni, tempio splendido!... ma quando ha finito di parlare viene l'altro: un uomo comune: con un fare semplice, grave e calmo... diciamo, come la tua cugina Clara... Con una voce fonda, lenta e un tantino nasale... *ciò che costui ha detto, io lo farò.* Tace, e scoppiano gli applausi. Addio al bel parlatore. Figlia mia, siamo noi quei due architetti; e il tempio è quello dell'amicizia[1].

Vediamo un po' di riassumere le belle cose che m'hai detto. Anzitutto, che ci vogliamo bene; poi, che ti sono necessaria; poi, che tu lo sei a me; e poi che, libere di trascorrere insieme i nostri giorni, insieme li dobbiamo trascorrere. E hai trovato tutta questa roba da sola? Davvero che sei eloquente persona. Ora stai a sentire che cosa facevo io, intanto che tu meditavi quella sublime lettera. Dopo di che vedrai da te cos'è meglio, quello che tu dici oppure quello che io fo.

Quando perdei il mio consorte, subito tu hai riempito il vuoto da lui lasciatomi nel cuore. Da vivo egli ne di-

426

videva con te gli affetti; da quando non è più non appartengo che a te sola; e secondo la tua osservazione dell'accordo della tenerezza materna e dell'amicizia, la mia stessa figlia non era che un nuovo legame tra noi. Non soltanto decisi allora di trascorrere la mia vita con te, ma formai un progetto anche più vasto. Per far sì che le nostre due famiglie non ne formassero che una sola, e considerando l'opportunità dei rapporti, mi proposi di unire un giorno mia figlia al tuo figlio maggiore, e quel nome di marito trovato per giuoco mi parve di ottimo augurio per darglielo un giorno davvero[1].

A tale scopo procurai anzitutto di sbrogliare una successione piuttosto confusa; ero in grado di poter sacrificare qualche cosa per liquidare il rimanente, così provvidi a sistemare la parte di mia figlia in titoli solidi e al sicuro da ogni processo. Sai che sono piuttosto ricca di capricci in varie cose: qui il mio piacere era di farti una sorpresa. M'ero messa in testa di entrare una mattina in camera tua, con la mia bambina in una mano e nell'altra un portafogli, e di presentarti l'una e l'altro e con un bel complimento depositare nelle tue mani la madre, la figlia e i loro averi, cioè la dote di questa. Amministrala, volevo dirti, secondo gli interessi di tuo figlio; perché ormai è suo e tuo compito; quanto a me, non me ne impiccio più.

Invaghita di così bella idea, dovevo pur aprirmi con qualcuno che mi aiutasse a realizzarla. Indovina un poco chi scelsi a mio confidente? Un certo signor di Wolmar: non lo conosci? Mio marito, cugina? Sì, tuo marito, cugina. Quell'uomo stesso al quale fatichi tanto per nascondergli un segreto che gli importa di non conoscere, è colui che è stato capace di tacertene uno che t'avrebbe fatto tanto piacere. Quello era il vero argomento di quei misteriosi colloqui che tu combattevi in modo così buffo. Vedi come sono simulatori, questi mariti. Non è divertente che proprio loro ci accusino di dissimulazione? Dal tuo pretesi anche di più. Vedevo benissimo che tu andavi meditando il mio stesso progetto, ma più intimamente, da donna che non manifesta i propri sentimenti se non a mano a mano che si abbandona a quelli. Cercando quindi di prepararti una sorpresa anche più piacevole, volevo che, quando tu gli avresti proposto questa riunione, lui non si mostrasse molto favorevole, anzi piuttosto freddo a consentirvi. Mi diede allora una risposta che ho tenuta a mente e che tu non dimenticherai; perché sono certa che da quando ci sono mariti al mondo nessuno mai ne diede una simile. Eccola: "Cara cugina, conosco Giulia... la conosco bene... meglio forse di quanto lei crede. Il suo è un cuore troppo onesto perché si debba resistere a cosa da lei desiderata, e troppo sensibile perché si possa farlo senza affliggerlo. Siamo uniti da cinque anni, e non credo di averle mai dato il benché minimo motivo di afflizione; spero di morire senza mai avergliene dato". Riflettici bene, cugina: così è fatto quel marito del quale tu continuamente mediti di turbare indiscretamente il riposo.

Quanto a me, fui meno delicata, o per lo meno ebbi maggior fiducia nella tua dolcezza; scostai così naturalmente i discorsi ai quali il tuo cuore sempre ti riconduceva che tu, non potendo incolpare il mio di farsi tiepido per te, ti sei messa in testa che io mi preparavo a seconde nozze, e che ti amavo più di ogni altra cosa, eccetto un marito. Perché vedi, povera la mia figliuola, non c'è in te moto segreto che mi sfugga. Ti indovino, ti penetro; ti vedo fino in fondo in fondo all'anima, ed è per questo che t'ho sempre adorata. Questo sospetto, che ti ingannava così felicemente, mi parve ottimo da alimentare. Mi misi a fare la vedova civetta così bene da ingannare anche te. È una parte per la quale ho assai più talento che inclinazione. Ho messo destramente in opera quel tono stuzzicante che so assumere abbastanza bene, e col quale mi son divertita qualche volta a pigliare in giro qualche giovane bellimbusto. Tu ti sei lasciata ingannare ben bene, e mi hai creduta pronta a cercarmi un successore a un uomo al quale più che a qualsiasi altro nel mondo è difficilissimo trovarne uno. Ma sono troppo schietta per saper fingere a lungo, e ti sei presto rassicurata. Tuttavia voglio rassicurarti anche meglio spiegandoti i miei veri sentimenti in proposito.

Te lo dissi cento volte da ragazza: non ero fatta per far la moglie. Fosse dipeso da me, non mi sarei mai sposata. Ma nel nostro sesso la libertà si acquista soltanto con la schiavitù, e bisogna cominciare facendo la serva per diventar padrona un giorno. Benché mio padre non mi desse noia, avevo però dissapori in famiglia. Per liberarmene sposai il signor d'Orbe. Era un così brav'uomo e mi voleva così bene che a mia volta presi a volergli bene. L'esperienza mi diede del matrimonio un'idea migliore di quella che m'ero fatta, e distrusse le impressioni che m'aveva lasciato la Chaillot. Il signor d'Orbe mi fece felice e non ebbe a pentirsene. Anche con un altro avrei sempre riempito i miei doveri, ma l'avrei afflitto, e sento che ci voleva un marito così buono per far di me una buona moglie. Figurati che mi dovevo lagnare proprio di questo. Figlia mia, ci volevamo troppo bene, e non eravamo allegri. Una amicizia più leggera sarebbe stata più lieta; io l'avrei preferita, e credo che mi sarebbe piaciuto vivere meno contenta a patto di poter ridere più spesso[1].

A questo vennero ad aggiungersi i motivi particolari di inquietudine che mi dava la tua situazione. Non occorre che ti rammenti i pericoli ai quali una passione sregolata t'ha esposta: e io assistevo fremendo. Se tu non avessi rischiato che la tua vita, forse avrei potuto conservare un residuo di allegria: ma la tristezza e lo spavento mi penetrarono l'anima, e fin che non ti vidi sposata non ebbi mai un momento di pura gioia. Conoscesti il mio dolore, lo provasti. Molto ha potuto sul tuo buon cuore, e non smetterò mai di benedire quelle buone lagrime che forse sono la causa del tuo ravvedimento.

Così è trascorso tutto il tempo che son vissuta con mio marito. Vedi tu se, poiché Iddio me l'ha tolto, potrei sperare di trovarne un altro che fosse altrettanto secondo il mio cuore, e se son tentata di cercarlo! No, cara cugina, il matrimonio è uno stato troppo grave; la sua dignità non si accorda col mio umore, mi intristisce e non mi si addice; senza contare che m'è intollerabile qualsiasi costrizione. Tu che mi conosci, pensa cosa dev'essere ai miei occhi un'unione che non m'ha concesso in sette anni di ridere sette volte a cuore aperto! Non voglio fare la matrona a ventott'anni come te. Mi sembra di essere una vedovella abbastanza piacente, ancora abbastanza sposabile, e credo che se fossi uomo non mi accorderei male con me. Ma risposarmi, cugina mia! Sentimi: piango molto sinceramente il mio povero marito, avrei dato metà della mia vita per trascorrere con lui l'altra metà; tuttavia, se potesse tornare, credo che non lo riprenderei se non perché ormai l'avevo già preso.

T'ho esposto le mie vere intenzioni. Se ancora non le ho potute mandare a effetto nonostante le premure del signor di Wolmar, è perché le difficoltà paiono crescere col mio ardore a volerle superare. Ma il mio zelo vincerà, e prima che sia trascorsa l'estate spero di riunirmi a te per il resto dei miei giorni.

Mi rimane da giustificarmi dell'accusa che mi fai, di nasconderti le mie pene e di piangere lontano da te; non lo nego, è un'occupazione che qui mi tôglie buona parte del mio tempo. Non entro mai in casa senza ritrovarvi le tracce di colui che me la faceva cara. Non ci muovo passo, non fisso oggetto senza scorgere qualche segno della sua tenerezza e della bontà del suo cuore. E vorresti che il mio non si commuova? Quando sono qui non sento altro che la perdita che ho fatto. Quando sono con te, non vedo altro che quanto m'è rimasto. Puoi farmene un delitto, di questo tuo potere sul mio umore? Se piango in tua assenza e se rido accanto a te, quale ne è la causa? Piccola ingrata, è perché tu mi consoli di tutto e quando ti posseggo non c'è più cosa che mi possa affliggere.

Hai detto tante belle cose sulla nostra antica amicizia, ma non ti perdono d'aver dimenticato quella che più mi fa onore: e cioè, che ti prediligo anche se mi eclissi. O mia Giulia, tu sei fatta per regnare. Il tuo è l'impero più assoluto che conosco. Si estende anche sulle volontà, e io lo sento più di tutti. Come mai è così, o cugina? Tutt'e due amiamo la virtù; l'onestà ci è egualmente cara, abbiamo gli stessi talenti; io sono quasi intelligente come te, e non sono meno bella. Lo so benissimo, e tuttavia tu mi domini, mi soggioghi, mi atterri, il tuo genio schiaccia il mio, e davanti a te non sono niente. Anche quando vivevi in una relazione che tu stessa disapprovavi, e, non avendo io imitato la tua colpa, avrei dovuto acquistare anch'io un certo ascendente, tu restavi egualmente superiore. Biasimavo la tua debolezza, e mi sembrava quasi una virtù; non potevo a meno di ammirare in te ciò che avrei biasimato in un'altra. Insomma, perfino in quel tempo non ti accostavo senza un certo moto di rispetto involontario, ed è certo che occorreva tutta la tua dolcezza, tutta la fami-

liarità del tuo commercio per farmi tua amica: naturalmente io avrei dovuto essere tua serva. Spiegami un
poco questo enigma, se sei capace; io per me non ci
capisco niente.

Tuttavia sì, qualcosa capisco, anzi credo di averlo spiegato una volta. Gli è che il tuo cuore vivifica tutti coloro che ti stanno intorno e dà loro per così dire un
essere nuovo, di che sono costretti a rendergli omaggio,
poiché non l'avrebbero avuto senza di lui. T'ho reso
grandi servizi, lo ammetto; me li hai ricordati così spesso che non c'è modo di dimenticarli. Non lo nego: senza di me eri perduta. Ma che cos'ho fatto, se non resti-
tuirti ciò che avevo avuto da te? È forse possibile vederti a lungo senza sentirsi l'anima penetrata dall'incanto della virtù e dalle dolcezze dell'amicizia? Non sai
che tutto quanto ti si avvicina è armato da te stessa
in tua difesa, e che sugli altri non ho che il vantaggio
delle guardie di Sesostris [1], d'essere cioè della tua età
e del tuo sesso, e d'esser stata allevata insieme a te?
Comunque sia, la tua Clara si consola di essere da meno
della sua Giulia, in quanto senza Giulia varrebbe assai
meno ancora; e poi, a dirti il vero, credo che noi avevamo gran bisogno l'una dell'altra, e che ognuna di noi
perderebbe non poco se il destino ci avesse separate.

La cosa che più mi affligge, trovandomi ancora trattenuta qui, è il tuo segreto, sempre sul punto di sfug-
girti di bocca. Ti scongiuro di considerare che ciò che
ti induce a mantenerlo è una ragione forte e salda, e
che ciò che ti induce a rivelarlo non è che un cieco sentimento. Persino i nostri sospetti, che quel segreto non
sia più tale per l'interessato, devono essere una ragione
di più per non dichiararglielo che con la massima circospezione. Forse il riserbo di tuo marito è un esempio
e una lezione per noi: perché in queste materie c'è spesso una gran differenza tra ciò che si finge di ignorare
e ciò che si è costretti a sapere.

Aspetta dunque, lo esigo, che ne deliberiamo una volta ancora. Se i tuoi presentimenti fossero fondati e il
deplorevole tuo amico morto, il miglior partito che rimarrebbe da prendere sarebbe di lasciare la sua storia
e le tue sventure sepolte con lui. Se come spero vive, le
cose possono andare altrimenti; ma bisogna stare a vedere come le cose si presenteranno. In ogni modo, credi

di non dover nessun riguardo agli estremi consigli d'uno sventurato, i mali del quale sono opera tua?

Quanto ai pericoli della solitudine, capisco e approvo le tue paure, pur sapendole assai mal fondate. I tuoi falli passati ti fanno timorosa; ne auguro tanto maggiormente bene per il presente, e tu lo saresti assai meno se ti restasse qualche motivo di esserlo. Ma non posso ammettere il tuo spavento circa il destino del nostro povero amico. Ora che i tuoi affetti hanno mutato specie, credi che non mi è meno caro che a te. Tuttavia ho dei presentimenti affatto opposti ai tuoi, e più conformi alla ragione. Milord Edoardo ha avuto a due riprese sue notizie, e m'ha scritto che nella seconda lettera diceva di trovarsi nei mari del sud, già superati i pericoli di cui parli. Ma lo sai non meno bene di me, e ti affanni come se non ne sapessi niente. Quello che invece non sai e che bisogna dirti, è che il vascello sul quale si trova è stato visto or sono due mesi all'altezza delle Canarie, e faceva vela per l'Europa. È quanto hanno scritto dall'Olanda a mio padre, il quale si è affrettato a farmene parte, secondo la sua abitudine di istruirmi sugli affari pubblici assai più che sui suoi privati. Il cuore mi dice che non staremo un pezzo senza ricever notizie dal nostro filosofo, e che le tue lagrime si riveleranno inutili, a meno che dopo di averlo pianto per morto tu non ti metta a piangere perché è ancora in vita. Ma grazie a Dio non sei più in tale stato.

Deh! fusse or qui, quel miser, pur un poco,
Ch'è già di pianger, e di viver lasso[1]!

Ecco quanto ti dovevo rispondere. Colei che ti ama ti offre e condivide la dolce speranza d'un'eterna riunione. Vedi che non ne hai formato il progetto né tu sola né per prima, e che l'esecuzione è più avanzata di quanto pensavi. Porta dunque pazienza ancora per questa estate, dolce mia amica: meglio ritardare un poco la riunione che doversi ancora separare.

Or dunque, mia bella signora, ho mantenuto la mia parola, e il mio trionfo è completo? Orsù, si inginocchi

e baci rispettosamente questa lettera e riconosca umil·
mente che almeno una volta in vita sua Giulia di Wol·
mar è stata vinta in amicizia[a].

LETTERA III

ALLA SIGNORA D'ORBE

Mia cugina, mia benefattrice, amica mia; torno dalle
estremità della terra, e riporto un cuore tutto pieno di
voi. Ho traversato quattro volte l'equatore; ho percorso i due emisferi; ho visto le quattro parti del mondo;
sono stato agli antipodi; ho fatto tutto il giro del globo
e non mi son potuto sottrarre un solo istante a voi. Si
ha un bel fuggire ciò che ci è caro, la sua immagine
più veloce del mare e dei venti ci segue in capo all'universo, ovunque si arrivi si porta con sé ciò che ci fa
vivere. Ho sofferto molto; ho visto soffrire anche di
più. Quanti sventurati ho visto morire! Ahimè, davano
così gran valore alla vita! e io son sopravvissuto... Forse
ero meno da compiangere; ero più sensibile alle miserie
dei miei compagni che alle mie; li vedevo del tutto immersi nelle loro pene; dovevano soffrire più di me.
Mi dicevo: qui sto male, ma c'è un angolo di terra dove sono felice e placido, sulle rive del lago di Ginevra

[a] Quant'è felice questa brava svizzera di esser allegra quan-
d'è allegra, senza spiritosaggini, senza ingenuità, senza finezza!
Non ha idea delle cerimonie che occorrono tra noi per far accettare il buon umore. Non sa che questo buon umore non si
ha per sé ma per gli altri, e che non si ride per ridere, ma per
essere applauditi. *(N.d.A.)*

mi rifarò di quanto ho dovuto patire sull'Oceano. Ho la fortuna di vedere arrivando che le mie speranze sono confermate, milord Edoardo mi dice che tutte e due godete la pace e la salute; e che se voi avete perduto il dolce titolo di sposa, vi restano però quelli di amica e di madre, che devono bastare alla vostra felicità.

Ho troppa fretta di farvi giungere questa mia lettera per narrarvi subito e partitamente il mio viaggio. Spero di averne presto un'occasione più propizia. Qui mi contenterò di darvene una fuggevole idea, più per stuzzicare che per soddisfare la vostra curiosità. Ho speso quasi quattro anni a compiere l'immenso viaggio che v'ho detto, e son tornato sullo stesso vascello sul quale ero partito, l'unico che il comandante ha potuto riportare di tutta la squadra[1].

Ho visto anzitutto l'America meridionale, vasto continente che la mancanza di ferro ha sottomesso agli europei, che ne hanno fatto un deserto per poterlo dominare. Ho visto le coste del Brasile, dove Lisbona e Londra attingono i loro tesori mentre i miseri indigeni calpestano l'oro e i diamanti senza osare metterci mano. Ho traversato placidamente i mari tempestosi che stanno sotto il circolo antartico; nel Pacifico ho incontrato le più orrende tempeste:

E in mar dubbioso e sotto ignoto polo
Provai l'onde fallaci e 'l vento infido[2].

Ho visto da lontano il soggiorno di quei pretesi giganti, che non sono grandi che in coraggio, e la cui indipendenza è garantita da una vita semplice e frugale più che dall'alta statura. Ho soggiornato tre mesi in un'isola deserta e deliziosa, dolce e commovente immagine dell'antica bellezza della natura, e che pare confinata in capo al mondo per servirvi da asilo all'innocenza e all'amore perseguitati: ma l'avido europeo ubbidisce al suo umore selvaggio e non concede all'indiano pacifico di abitarla; però si rende giustizia non abitandola nemmeno lui.

Ho visto sulle rive del Messico e del Perù lo stesso spettacolo che nel Brasile: ho visto i pochi e sfortunati abitanti, tristi resti di due potenti popoli, oppressi di catene, di obbrobri e di miserie in mezzo ai loro ricchi metalli, rinfacciare piangendo al cielo i tesori che ha loro prodigati. Ho visto l'orrendo incendio d'una intera città senza resistenza e senza difensori. Tale è il diritto di guerra tra i sapienti, umani e civili popoli dell'Europa. Non ci si limita a fare al nemico tutto il possibile male dal quale si può cavare un profitto; ma si reputa profitto tutto il male che gli si può fare in pura perdita. Ho costeggiato quasi tutta la parte occidentale dell'America; non senza gran meraviglia nel vedere millecinquecento leghe di coste e il più gran mare del mondo sottomessi all'impero d'una sola potenza, che per così dire tiene in mano le chiavi di tutto un emisfero del globo.

Dopo di aver traversato il grande mare, ho trovato un nuovo spettacolo nell'altro continente. Ho visto la più illustre e numerosa nazione dell'universo sottomessa a un pugno di briganti; ho visto da vicino quel popolo celebre, e non mi son più meravigliato di vederlo schiavo. Conquistato tutte le volte che fu aggredito, sempre preda del primo venuto, così sarà fino alla fine dei secoli. M'è sembrato degno della sua sorte, privo com'è del coraggio di gemerne. Letterato, codardo, ipocrita e ciarlatano; grandi chiacchiere senza dir niente, pieno di spirito senza nessun genio, fertile di segni e sterile di idee; cortese, complimentoso, abile, astuto e birbone; che pone ogni dovere nell'etichetta, tutta la morale in smancerie, e non conosce altra umanità che i saluti e le riverenze. Sbarcai in un'altra isola deserta e anche più ignota, più seducente ancora della prima, dove un crudele accidente rischiò di confinarci per sempre. Probabilmente fui io il solo a non spaventarmi di così dolce esilio: non sono ormai in esilio dappertutto? In quel luogo di delizie e di spavento vidi che cosa sa tentare l'umana industria per cavare l'uomo civile da una solitudine nella quale nulla gli manca e tornare a immergerlo in un abisso di nuovi bisogni.

Nel vasto oceano, dove dovrebbe pur essere così dolce agli uomini incontrarne altri, ho visto due vascelli inseguirsi, raggiungersi, attaccarsi e combattere furio-

435

samente, come se quell'immenso spazio fosse troppo piccolo per loro. Li ho visti vomitarsi contro ferro e fiamme. In una battaglia piuttosto breve ho potuto vedere l'immagine dell'inferno. Ho udito i gridi di gioia dei vincitori soffocare i lamenti dei feriti e i gemiti dei moribondi. Ho ricevuto arrossendo la mia parte d'un immenso bottino; ma l'ho ricevuta in deposito, tolta a degli infelici sarà restituita a infelici.

Ho visto l'Europa trasportata all'estremità dell'Africa, da quel popolo avaro, paziente e laborioso che con il tempo e la costanza ha vinto ostacoli che tutto l'eroismo degli altri popoli non ha mai saputo superare. Ho visto quelle vaste e sventurate contrade che sembrano destinate a non altro che a coprir la terra di mandre di schiavi. Ho voltato via gli occhi dal loro vile aspetto, pieno di sdegno, di orrore e di pietà: e vedendo la quarta parte dei miei simili trasformata in bestie a servizio degli altri uomini ho pianto di essere uomo.

Finalmente ho visto nei miei compagni di viaggio un popolo intrepido e fiero, che con l'esempio e la libertà ristabiliva ai miei occhi l'onore della mia specie, e per i quali il dolore e la morte non contano, non temono al mondo altro che la fame e la tetra noia. Nel loro capo ho visto un capitano, un soldato, un pilota, un saggio, un grand'uomo, e, per dire forse ancora di più, il degno amico di Edoardo Bomston. Ma ciò che non ho potuto vedere in tutto il mondo, è qualcuno che somigli a Clara d'Orbe e a Giulia d'Etange, e che sappia consolare di averle perdute un cuore che le seppe amare.

Come parlarvi della mia guarigione? Da voi mi tocca conoscerla. Torno più libero e saggio di quando son partito? Voglio crederlo, ma non posso affermarlo. Nel mio cuore regna sempre la stessa immagine; sapete se è mai possibile cancellarla; ma il suo impero è più degno di lei, e se non faccio errore regna in questo cuore sventurato come nel vostro. Sì, cara cugina, mi pare che la sua virtù m'ha soggiogato, che per lei non sono che il migliore e più tenero amico che mai sia stato, che non faccio altro che adorarla come l'adorate pure voi; o meglio, mi sembra che i miei sentimenti non si siano indeboliti ma rettificati, e che per quanto accuratamente mi esamini li trovo puri come l'oggetto che li ispira. Cosa posso dirvi di più, prima della prova che mi potrà permettere di giudicarmi? Sono sincero e vero; voglio essere ciò che devo essere; ma come rispondere del mio cuore, con tante ragioni di diffidarne? Sono forse padrone del passato? Posso far sì che mille fuochi non m'abbiano divorato? In che modo distinguere, con la sola immaginazione, ciò che è da ciò che fu? e come potrò rappresentarmi amica colei che non conobbi che amante?[1] Checché pensiate del segreto motivo della mia premura, è onesto e ragionevole, e merita la vostra approvazione. Rispondo anticipatamente, almeno delle mie intenzioni. Permettete che vi veda ed esaminatemi voi stessa, oppure lasciate che veda Giulia, così saprò cosa sono.

Devo accompagnare milord Edoardo in Italia. Passerò vicino a voi, e non vi vedrò! Ah! se aveste la barbarie di esigerlo, meritereste di non essere ubbidita! Ma perché lo vorreste esigere? Non siete quella stessa Clara, buona e compassionevole non meno che virtuosa e saggia, che si degnò di amarmi già da fanciulla, e che deve amarmi assai più, oggi che le devo tutto?[a] No, no, cara e gentile amica, un rifiuto così crudele non sarebbe degno di voi né fatto per me; non metterà il colmo alle mie miserie. Ancora una volta, una volta ancora in vita mia metterò il cuore ai vostri piedi. Vi vedrò, consentirete. La vedrò, consentirà. Tutte due conoscete anche troppo il mio rispetto per lei. Sapete se sono uomo da presentarmi ai suoi occhi sentendomene indegno. Ha tanto deplorato l'opera delle sue seduzioni, ah! per una volta veda l'opera della sua virtù.

P.S. Milord Edoardo è trattenuto qui dai suoi affari ancora per qualche tempo; se mi è concesso di vedervi, perché non lo precederei per arrivare prima accanto a voi?

[a] Che cosa le deve mai, a lei che è causa delle sue sventure? Sciagurata domanda! Le deve l'onore, la virtù, la quiete di colei che ama; le deve tutto. (N.d.A.)

LETTERA IV

DEL SIGNOR DI WOLMAR

Benché non ci conosciamo ancora, sono incaricato di scrivervi. La più saggia e la più amata delle mogli ha aperto il cuore al felice suo marito. Egli vi crede degno d'esser stato amato da lei, e vi offre la sua casa, dove regnano la pace e l'innocenza; vi troverete l'amicizia, l'ospitalità, la stima e la fiducia. Consultate il vostro cuore, e se non c'è nulla che vi spaventi, venite senza timore. Non partirete di qui senza lasciarci un amico!

Wolmar

P.S. Venite, amico mio, vi aspettiamo con impazienza. Non avrò il dolore di vedere che ci rispondete con un rifiuto.

Giulia

LETTERA V

DELLA SIGNORA D'ORBE

e nella quale era inclusa la precedente

Ben arrivato! Cento volte benvenuto, caro Saint-Preux;[2] perché voglio che vi resti questo nome[a], almeno tra noi. Il che mi pare significa che non c'è nessuna voglia di escludervi, a meno che l'esclusione non venga da voi. Dalla lettera acclusa vedrete che ho fatto

---

[a] È quello che gli aveva dato davanti ai domestici nel suo precedente viaggio. Si veda la lettera XIV della terza parte. *(N.d.A.)*

più di quanto mi domandavate: così imparate ad avere un po' più di fiducia nei vostri amici, e a non più rinfacciare al loro cuore gli affanni che condividono quando la ragione li costringe a infliggervene. Il signor di Wolmar vi vuol vedere, vi offre la sua casa, la sua amicizia, i suoi consigli; non occorreva tanto per calmare tutti i miei timori circa il vostro viaggio, e mi offenderei io stessa se potessi diffidare di voi un momento. Non basta: pretende di guarirvi e dice che altrimenti né Giulia né lui né voi né me, non potremo essere del tutto contenti. Benché non mi aspetti non poco dalla sua saggezza e più ancora dalla vostra virtù, ignoro che esito avrà quest'impresa. Quello che so è che con la moglie che ha, questo suo atto è pura generosità verso di voi.

Venite dunque, o amabile amico, con la sicurezza di un cuore sincero, venite a soddisfare la voglia che noi tutti abbiamo di abbracciarvi e di vedervi tranquillo e contento; venite nel vostro paese e tra i vostri amici a riposarvi dei vostri viaggi e a dimenticare tutti i mali che avete sofferto. L'ultima volta che mi vedeste ero una solenne matrona, e la mia amica era gravissima; ma ora che lei sta bene e io sono tornata ragazza, sono allegra e quasi bella come prima delle mie nozze. Certissimo è che per voi non sono affatto cambiata, e che potreste fare il giro del mondo parecchie volte prima di trovare qualcuno che vi voglia bene come me.

LETTERA VI

A MILORD EDOARDO

Mi alzo nel cuor della notte per scrivervi. Non riesco a trovare un momento di riposo. Il mio cuore agitato è in estasi, non lo posso contenere nel petto: deve effondersi. Voi che così spesso l'avete garantito dalla disperazione, siate il caro depositario dei primi piaceri che abbia gustati da tanto tempo.

L'ho vista, milord! i miei occhi l'hanno vista! Ho udito la sua voce; le sue mani hanno toccato le mie; m'ha riconosciuto; ha manifestato gioia nel vedermi; m'ha chiamato amico, suo caro amico; m'ha accolto in casa; più felice di quanto mai fui in vita mia, vivo con lei sotto lo stesso tetto, e adesso che vi scrivo sono a trenta passi da lei.

Le mie idee sono troppo vivaci per ordinarsi; si affacciano tutte insieme; si urtano tra loro. Bisogna che mi fermi e tiri il fiato, per cercare di sistemare in qualche modo il mio racconto.

Dopo tanta assenza m'ero appena abbandonato accanto a voi ai primi trasporti del mio cuore abbracciando il mio amico, il mio liberatore, il mio padre, che pensaste al viaggio in Italia. Me lo faceste desiderare con la speranza di potermi finalmente sollevare dal fardello della mia inutilità per voi. Siccome non potevate terminare subito gli affari che vi trattenevano a Londra, mi proponeste di partire prima per aver più tempo qui aspettandovi. Vi chiesi la licenza di venirci; l'ottenni, partii, e benché già avessi Giulia davanti agli occhi al pensiero che mi andavo avvicinando a lei, tuttavia provai dispiacere allontanandomi da voi. Milord, siamo pari, basta questo sentimento a pagarvi di tutto.

Non occorre dirvi che durante tutta la strada non ero occupato che dall'oggetto del mio viaggio; ma devo osservare una cosa, e cioè che cominciai a considerare sotto un altro punto di vista quell'oggetto stesso che mai m'era uscito dal cuore. Fino a quel momento m'ero sempre rammentata Giulia raggiante come un tempo delle seduzioni della sua prima giovinezza. Avevo sempre visto i suoi begli occhi animati dal fuoco che mi ispirava. Le sue care sembianze non offrivano ai miei sguardi che garanzie di felicità; il suo e il mio amore si univano così strettamente al suo volto che non mi riusciva di separarli. Ora stavo per vedere Giulia sposata, Giulia madre, Giulia indifferente! Ero inquieto dei mutamenti che otto anni d'intervallo avevan potuto produrre nella sua bellezza. Aveva avuto il vaiuolo: a che punto poteva averla cambiata? La mia immaginazione si rifiutava ostinatamente a mettere delle macchie su quel volto adorato, e non appena lo vedevo segnato dal vaiuolo, ecco, non era più quello di Giulia. E poi pensavo all'incontro che ci aspettava, all'accoglienza che mi avrebbe fatto. Quel primo incontro mi si presentava sotto mille diversi aspetti, e quel momento che doveva trascorrere così veloce mi tornava davanti mille volte al giorno.

Quando scorsi la cime dei monti il cuore mi batté violentemente, mi dissi: lei è lì. La stessa cosa m'era capitata in mare, scorgendo le coste dell'Europa. La stessa cosa m'era capitata altre volte a Meillerie, scorgendo la casa del barone d'Etange. Il mondo non è mai diviso per me che in due regioni: quella dove sta lei, e quella dove non sta. La prima si estende quando m'allontano, e si restringe a mano a mano che mi avvicino, come un luogo dove non potrò mai giungere. Adesso è limitata dalle quattro pareti della sua camera. Ahimè! questo unico luogo è abitato; tutto il resto dell'universo è vuoto.

Più mi avvicinavo alla Svizzera e più mi sentivo commosso. Il momento in cui dalle alture del Giura scoprii il lago di Ginevra fu un momento d'estasi e di rapimento. La vista del mio paese, di questo paese così prediletto dove torrenti di piacere m'avevano inondato il cuore; l'aria delle alpi, così pura e salutare; la dolce aria della patria, più soave dei profumi dell'Oriente; questa terra ricca e fertile, questo paesaggio senza pari, il più bello che mai abbia colpito occhio umano; quest'incantevole soggiorno, al quale non avevo trovato nulla da potergli opporre facendo il giro del mondo; l'aspetto di questo popolo felice e libero; la dolcezza della stagione, la serenità del clima; mille deliziosi ricordi che svegliavano tutti i sentimenti che avevo gustati: tutto mi gettava in estasi indescrivibili, e pareva restituirmi la gioia di tutta la mia vita.

Scendendo provai un'impressione sconosciuta, di cui non avevo idea. Era un certo moto di spavento che mi stringeva il cuore e mi turbava mio malgrado. Questo spavento, di cui non riuscivo a scoprire la ragione, andava aumentando a mano a mano che mi avvicinavo alla città; rallentava la mia fretta di giungere e fece, per finire, tali progressi che mi inquietai non meno della mia diligenza che di quanto fino allora avevo fatto del-

la mia lentezza. Entrando in Vevey provai una sensazione niente affatto gradevole: mi prese una violenta
palpitazione, che mi impediva di respirare; parlavo con
voce alterata e tremante. Durai fatica a farmi capire
domandando del signor di Wolmar; perché non ebbi
mai il coraggio di nominare sua moglie. Mi dissero che
abitava a Clarens. Questa notizia mi tolse dal petto un
peso di cinquecento libbre; le due leghe che mi rimanevano da fare erano come una tregua, mi rallegrai di
quello che in altre condizioni mi avrebbe afflitto; ma
con vero rincrescimento seppi che la signora d'Orbe stava a Losanna. Entrai in un albergo per rifarmi le forze che cominciavano a mancarmi: non riuscii a inghiottire un solo boccone; mi soffocavo bevendo, e non potevo vuotare il bicchiere che a piccoli sorsi. Quando vidi
che stavano attaccando i cavalli per ripartire il mio terrore raddoppiò. Credo che avrei dato tutto pur di veder
spezzarsi una ruota sulla strada. Non vedevo più Giulia: la mia immaginazione sconvolta non mi presentava
che confusi oggetti; avevo l'anima in tumulto.[1] Esperto
del dolore e della disperazione, li avrei preferiti a quel-
l'orribile stato. Insomma, posso dire di non aver mai
provato in vita mia più crudele agitazione di quella
che provai in quel breve tratto, e sono convinto che
non l'avrei potuta sopportare un giorno intero.

Arrivato, feci fermare al cancello; non mi sentivo
capace di fare un passo, perciò mandai il postiglione a
dire che uno straniero desiderava parlare col signor di
Wolmar: era fuori a spasso con la moglie. Andarono
ad avvertirli, infatti vennero ma da un'altra parte, e
intanto io con gli occhi fissi sul viale aspettavo, in ansia mortale, che qualcuno ci comparisse.

Non appena Giulia mi ebbe visto mi riconobbe. Immediatamente, vedermi, esclamare, slanciarsi nelle mie
braccia fu per lei una cosa sola. Al suono di quella voce
trasalisco; mi volto, la vedo, la sento. O milord! o amico mio!... non posso parlare... Addio timore, addio terrore, spavento, rispetto umano. Il suo sguardo, il suo
grido, il suo gesto mi ridanno immediatamente confidenza, coraggio e forze. Nelle sue braccia riattingo calore e vita; fremo di gioia stringendola tra le mie. Un
sacro rapimento ci tiene strettamente abbracciati, in un
lungo silenzio, e soltanto dopo così dolce trasporto le no-

stre voci cominciano a confondersi, e i nostri occhi a mescolare le loro lagrime. Il signor di Wolmar era presente; lo sapevo, lo vedevo; ma che cosa avrei potuto vedere? No, nemmeno se l'universo intero si fosse alleato
contro di me, nemmeno se l'apparecchio dei supplizi mi
avesse circondato, non avrei sottratto il mio cuore alla
minima di quelle carezze, tenere primizie d'un'amicizia
pura e santa che porteremo con noi in cielo![1]

Interrotto quel primo impeto, la signora di Wolmar
mi prese per mano e voltandosi verso suo marito gli
disse, con una certa grazia d'innocenza e di candore
che mi commosse: "Benché sia un mio vecchio amico,
non ve lo presento, lo ricevo da voi, e soltanto se onorato della vostra amicizia potrà avere la mia". "Se i nuovi amici sono meno ardenti dei vecchi," mi disse lui ab-
bracciandomi "diventeranno vecchi a loro volta; e non
saranno da meno degli altri." Ricevetti i suoi abbracci;
ma il mio cuore era ormai esaurito, non feci altro che
accoglierli.

Dopo questa breve scena notai con la coda dell'occhio
che avevano portato via il mio baule e portato in rimessa il calesse. Giulia mi prese sotto braccio, e con loro andai verso la casa, quasi oppresso dal piacere vedendo che si impossessavano di me[2].

Allora, contemplando con più agio quel volto adorato, che avevo temuto di trovare imbruttito, vidi con
amara e dolce sorpresa che invero era più bella e più
splendida di sempre. I suoi incantevoli lineamenti si sono formati anche meglio: è leggermente ingrassata, il
che non fa che aumentare la sua abbagliante bianchezza. Il vaiuolo non ha lasciato sulle sue guance che
leggere tracce, quasi impercettibili. Invece di quel pudore dolente che un tempo le faceva continuamente abbassare gli occhi, nel suo casto sguardo si scorge la sicurezza della virtù allearsi alla dolcezza e alla sensibilità; il suo contegno per esser meno timido non è meno
modesto; un fare più sciolto e una grazia più schietta hanno preso il posto di quelle maniere sorvegliate,
miste di tenerezza e di vergogna; e se il sentimento
della sua colpa la faceva allora più patetica, quello della sua purezza la fa oggi più celeste.

Non appena fummo in sala scomparve; tornò un momento dopo. Non era sola. Chi credete che aveva con

sé? Milord, erano i suoi figliuoli: i suoi due figli più belli del giorno, e che già hanno nella loro fisionomia puerile l'incanto e la seduzione della madre. Cosa divenni a quella vista? Non si può né dire né intendere, bisogna sentirlo. Mille moti contrari mi assalirono insieme. Mille crudeli e deliziose rimembranze si divisero il mio cuore. O spettacolo! o rimpianti! Mi sentivo straziare di dolore e trasportare di gioia. Vedevo per così dire moltiplicarsi colei che mi fu tanto cara. Ahimè! vedevo nello stesso istante la prova anche troppo viva che ormai non era più nulla per me, e le mie perdite parevano moltiplicarsi con lei.

Me li condusse per mano. "Ecco," mi disse con un tono che mi trafisse l'anima "questi sono i figli della vostra amica; un giorno saranno vostri amici. Siate il loro già da oggi." Subito quelle due creaturine mi vennero accanto, mi presero le mani, e assediandomi con le loro innocenti carezze mutarono la mia emozione in intenerimento. Li presi entrambi nelle mie braccia, e premendoli contro il mio cuore agitato: "Cari e amabili bambini," dissi con un sospiro "avete un grande compito da riempire. Possiate somigliare a coloro che vi hanno dato la vita; possiate imitare le loro virtù, e un giorno con le vostre fare la consolazione dei loro amici sventurati". La signora di Wolmar commossa mi saltò un'altra volta al collo e pareva volermi compensare con le sue carezze di quelle che facevo ai suoi figli. Ma che differenza, tra quell'abbraccio e il primo! Lo sentii e mi sorprese. Abbracciavo una madre di famiglia; la vedevo circondata dal suo marito e dai suoi figli; era un accompagno imponente. Vidi sul suo volto un'aria di dignità che dapprima non m'aveva colpito; mi sentivo costretto a portarle un'altra specie di rispetto; la sua familiarità quasi mi pesava; per bella che mi paresse, avrei baciato l'orlo della sua veste con cuore più tranquillo che la sua guancia. In una parola, da quel momento conobbi che né lei né io non eravamo più gli stessi, e cominciai davvero a bene augurarne per me!

Prendendomi per mano, il signor di Wolmar mi condusse poi nell'alloggio che m'era destinato. "Ecco" mi disse entrandovi "il vostro appartamento; non è quello d'un estraneo, e non sarà più di un altro, da questo momento rimarrà vuoto oppure occupato da voi." Figuratevi se quel complimento mi riuscì gradito, ma non lo meritavo abbastanza per udirlo senza confusione. Il signor di Wolmar mi risparmiò l'impaccio d'una risposta. M'invitò a fare il giro del giardino. Fece in modo che mi trovassi più a mio agio, e con il tono d'un uomo istruito dei miei antichi errori, ma pieno di fiducia nella mia onestà, mi parlò come un padre a un figliuolo, e a forza di stima mi pose nell'impossibilità di smentirla. No, milord, non s'è ingannato; non dimenticherò che devo giustificare la vostra e la sua. Ma perché mai bisogna che il mio cuore si restringa davanti ai suoi benefici? Perché bisogna che un uomo che devo amare sia il marito di Giulia?

Quella giornata pareva destinata a tutte le possibili prove che potevo subire. Tornati accanto alla signora di Wolmar, il marito fu chiamato per certi ordini da impartire, e io rimasi solo con lei.

Allora mi trovai altrimenti imbarazzato, più penosamente e in modo del tutto imprevisto. Che dirle? come cominciare? Ardirò rammentarle i nostri antichi legami, e tempi così vicini alla mia memoria? Le lascerò pensare che li ho dimenticati e che non me ne curo più? Che tormento, trattare da estranea colei che portiamo in fondo al cuore! Che infamia, abusare dell'ospitalità per tenerle discorsi che lei non deve più ascoltare! In questa perplessità non sapevo più che contegno tenere, avevo il viso in fiamme, non ardivo più né parlare né alzare gli occhi né fare il minimo gesto: e credo che sarei rimasto in questo stato violento fino al ritorno del suo marito, se non avesse pensato lei a liberarmene. Si sarebbe detto che questo trovarsi da soli non la turbasse minimamente. Mantenne lo stesso contegno e gli stessi modi di prima; continuò a parlarmi sullo stesso tono; mi parve soltanto di vedere che ci mettesse anche più libertà e allegria, con uno sguardo non timido né tenero, ma dolce e affettuoso, come per incoraggiarmi a farmi animo e a uscire da un impaccio del quale non poteva non accorgersi.

Mi parlò dei miei lunghi viaggi: volle saperne i particolari; soprattutto i pericoli che avevo corso, i mali che avevo sofferto; perché diceva che la sua amicizia doveva in certo modo risarcirmene. "Ah! Giulia," le dissi con tristezza "non è che un momento che sto con voi; e già

445

volete rispedirmi alle Indie?" "No, no," rispose ridendo "ma ci voglio andare anch'io."

Le dissi che vi avevo mandato una relazione sul mio viaggio, e che gliene portavo una copia. Allora mi chiese notizie di voi, cosa che non potei fare senza accennare alle pene che avevo sofferto e a quelle che vi avevo dato. Ne fu commossa: e cominciò con tono più serio a giustificarsi, e a dimostrarmi che aveva dovuto fare ciò che aveva fatto. Il signor di Wolmar tornò frattanto, ma ciò che mi confuse è che lei continuò il suo dire in sua presenza, come se non ci fosse stato. Egli non poté trattenere un sorriso vedendo la mia confusione. Quando Giulia ebbe finito, egli mi disse: "Questo è un esempio della schiettezza che qui regna. Se intendete sinceramente essere virtuoso, imparate a imitarla: è la sola preghiera e la sola lezione che vi voglio fare. Il primo passo verso il vizio è quel circondare le azioni innocenti di mistero, e chiunque si nasconde volentieri presto o tardi ha motivo di nascondersi. Un unico precetto di morale può tenere il posto di tutti gli altri; eccolo: non fare né dire mai cosa che non vuoi che tutti vedano e ascoltino;[1] quanto a me, ho sempre considerato come l'uomo più degno di stima quel romano il quale voleva che la sua casa fosse costruita in modo che si vedesse tutto quanto ci si faceva. Ho da proporvi due partiti" soggiunse. "Scegliete liberamente quello che preferite, ma scegliete l'uno o l'altro."

Allora, prendendo la mano di sua moglie e la mia mi disse stringendola: "La nostra amicizia comincia, e questo ne è il caro legame; così possa essere indissolubile. Abbracciate la vostra sorella e amica, trattatela sempre come tale; più sarete familiare con lei e più penserò bene di voi. Ma vivete da soli come se io fossi presente, o davanti a me come se non ci fossi; ecco tutto quanto vi chiedo. Se preferite il secondo partito, fatelo tranquillamente; poiché, visto che mi riserbo il diritto di avvertirvi di tutto quanto mi spiace, finché non dirò nulla sarete certo che non mi sarete dispiaciuto".

Due ore prima quel discorso m'avrebbe non poco sconcertato; ma il signor di Wolmar cominciava a prendere su di me una così forte autorità che quasi mi ci ero abituato. Riprendemmo a discorrere tranquillamente tutti e tre, e ogni volta che mi rivolgevo a Giulia sempre la chiamavo *signora*. "Parlatemi schiettamente" disse dopo un poco il marito interrompendomi; "un momento fa dicevate *signora*?" "No" risposi un po' imbarazzato; "ma le convenienze..." "Le convenienze" replicò lui "non sono che la maschera del vizio; sono inutili dove regna la virtù; non le ammetto. Chiamate mia moglie *Giulia* quando sono presente, o *signora* quando siete soli: per me fa lo stesso." Allora cominciai a conoscere con che uomo avevo da fare, e decisi di sempre tenere il mio cuore in condizione da poter esser visto da lui.

Stremato di fatica, il mio corpo aveva gran bisogno di nutrimento, e il mio spirito di riposo; a tavola trovai l'uno e l'altro. Dopo tanti anni di assenza e di dolori, dopo così lunghi viaggi, mi andavo dicendo quasi in estasi: sono qui con Giulia, la vedo, le parlo; sto a tavola con lei, lei mi vede senza inquietudine, mi accoglie senza timore; nulla turba il piacere che abbiamo di stare insieme. Dolce e preziosa innocenza, non avevo mai gustato le tue delizie, da oggi soltanto comincio a esistere senza soffrire!

La sera, ritirandomi, passai davanti alla camera dei padroni di casa; li vidi entrarci insieme; mi ritirai tristemente nella mia, e quel momento non fu il più piacevole di quella giornata.

Ecco, milord, come s'è svolto questo primo incontro, tanto appassionatamente desiderato, e tanto crudelmente temuto. Appena solo ho cercato di raccogliermi, mi son sforzato di esplorare il mio cuore: ma l'agitazione della giornata si prolunga tuttavia, così subito è impossibile che io possa giudicare del mio vero stato. Quello che so certissimamente è che se i miei sentimenti per lei non hanno cambiato specie, hanno però cambiato assai di forma; che desidero sempre che tra noi ci sia un terzo; e che temo di trovarmi solo con lei non meno di quanto una volta lo desiderassi[1].

Fra due o tre giorni faccio conto di andare a Losanna. Finché non avrò visto la sua cugina, mi sembrerà di non aver visto Giulia che a metà; quell'amabile e cara amica, alla quale debbo tanto, dividerà sempre con voi la mia amicizia, le mie premure, la mia riconoscenza, e tutti i sentimenti di cui il mio cuore è ancora padrone. Appena tornato vi potrò dire di più. Ho bisogno dei vostri consigli e voglio esaminarmi attentamente.

Conosco il mio dovere e saprò farlo. Per quanto mi sia dolce abitare questa casa, ho deciso, lo giuro: se mai dovessi accorgermi che mi riesce troppo piacevole, immediatamente la abbandonerò.

LETTERA VII

DELLA SIGNORA DI WOLMAR ALLA SIGNORA D'ORBE

Se tu ci avessi concesso la dilazione che ti domandavamo, prima di andartene avresti avuto il piacere di abbracciare il tuo protetto. È arrivato ier l'altro e oggi voleva venirti a trovare; ma una estrema spossatezza dovuta alla fatica e al viaggio lo costringe a letto, e stamattina è stato salassato[a]. Del resto avevo fermamente deciso di non lasciarlo partire così presto, per castigarti; quindi, o vieni tu a trovarlo qui, o altrimenti ti garantisco che per un pezzo non lo vedrai. Davvero che sarebbe bella, se vedesse separatamente le inseparabili!

Veramente, cara cugina, non so che vani terrori mi avevano ammaliato lo spirito circa questo viaggio, e mi vergogno di essermici opposta così ostinatamente. Più temevo di rivederlo e più oggi sarei spiacente di non averlo visto; perché la sua presenza ha distrutto i timori che ancora mi inquietavano, e che a forza di pensare a lui potevano diventar legittimi.[1] Non solo l'affetto che provo per lui non mi spaventa, ma credo che se mi fosse meno caro mi fiderei meno di me; l'amo teneramente come sempre, senza tuttavia amarlo allo stesso modo. Dal paragone di quanto provo vedendolo, con quanto provavo un tempo, ricavo la sicurezza della mia condizione attuale, e in sentimenti così diversi la differenza si fa sentire in proporzione della loro vivacità?

Quanto a lui, l'ho riconosciuto sì immediatamente, ma l'ho trovato assai cambiato e, cosa che un tempo non

[a] Perché salassato? È di moda anche in Svizzera? *(N.d.A.)*

avrei immaginata possibile, cambiato in meglio sotto vari aspetti. Il primo giorno dimostrò un certo imbarazzo, e io stessa durai fatica a nascondergli il mio. Ma presto riprese quel tono fermo e quel fare schietto che si addice al suo carattere. L'avevo sempre visto timido e peritoso; la tema di spiacermi e forse anche la segreta vergogna di fare una parte indegna d'un galantuomo, gli davano davanti a me non so che contegno servile e pavido, di cui ti sei burlata spesso e con ragione. Invece della sottomissione d'uno schiavo ora ha il rispetto d'un amico capace di onorare ciò che stima, e tiene discorsi saggi con bella sicurezza; non teme che le sue massime virtuose danneggino i suoi interessi; non teme né di far torto a sé né affronto a me lodando le cose lodevoli, in tutto quanto dice si sente la fiducia di un uomo retto e sicuro di sé, il quale ricava dal suo cuore quell'approvazione che un tempo cercava nei miei occhi. Inoltre l'uso del mondo e l'esperienza gli hanno tolto quel fare dogmatico e tagliente che è proprio di chi si chiude nel suo studiolo; mi pare che è meno pronto a giudicare gli uomini da quando ne ha osservati molti, meno sollecito a stabilire massime universali da quando ha visto tante eccezioni, e che in generale l'amore della verità lo ha guarito dallo spirito di sistema;[1] così che è diventato meno brillante e più ragionevole, e che con lui ci si istruisce assai più da quando non è più tanto sapiente.

Anche il suo fisico è cambiato, e non meno in bene; ha un fare più sicuro, un contegno più sciolto, un aspetto più fiero; dalle sue campagne ha portato una cert'aria marziale che gli si addice tanto più in quanto il suo gestire, vivace e rapido quando si anima, è tuttavia più grave e posato di un tempo. È un marinaio dall'atteggiamento flemmatico e freddo, dal discorso bollente e impetuoso. A trent'anni passati il suo volto è quello dell'uomo nella sua perfezione, e al fuoco della giovinezza aggiunge la maestà dell'età matura. Non si riconosce più il suo incarnato: è nero come un moro, e assai butterato dal vaiuolo. Cara mia, devo dirti tutto: quei segni a volte mi fanno pena quando li guardo, e spesso mi sorprendo a guardarli mio malgrado.

Mi par di vedere che, se io lo esamino, lui non è meno attento a esaminare me. Dopo un'assenza tanto lunga, è naturale che ci si consideri reciprocamente con una certa curiosità; ma se questa curiosità sembra partecipare dell'antico affetto, quale differenza nel modo non meno che nel motivo! Se i nostri sguardi si incontrano meno spesso, ci guardiamo più liberamente. Si direbbe che tra noi c'è un patto tacito, per considerarci alternatamente. Ognuno sente, per così dire, quand'è la volta dell'altro, e a sua volta volge altrove lo sguardo. È mai possibile rivedere senza piacere, anche se la emozione è scomparsa, ciò che un tempo si è amato così teneramente, e che oggi si ama così puramente? Chissà se l'amor proprio non cerca di giustificare gli errori trascorsi? Chi sa se ognuno dei due, quando la passione non lo acceca più, non si compiaccia dicendo: non avevo poi scelto tanto male? Comunque sia, te lo torno a dire senza rossore, conservo per lui dei sentimenti dolcissimi, che dureranno quanto la mia vita. Non solo non mi rinfaccio questi sentimenti, ma me ne congratulo; arrossirei di non averli, come d'un vizio di carattere e segno di un cuore cattivo. Quanto a lui, voglio credere che dopo la virtù io sono la cosa che più ama al mondo. Sento che si onora della mia stima; a mia volta io mi onoro della sua, e farò in modo di meritare di conservarmela. Ah! vedessi con che tenerezza accarezza i miei bambini, sapessi che piacere ha nel parlare di te, o cugina, sapresti che gli sono ancora cara!

La mia fiducia nell'opinione che noi due avevamo di lui è raddoppiata dal fatto che il signor di Wolmar la condivide, e che da quando l'ha conosciuto non pensa per conto suo tutto il bene che gliene avevamo detto. Le due sere passate me ne ha parlato molto, rallegrandosi della decisione da lui presa e rinfacciandomi la mia resistenza. "No," mi diceva ieri "non permetteremo che un uomo così da bene dubiti di sé; gli insegneremo ad avere maggior fiducia nella propria virtù, e un giorno forse godremo (meglio di quanto credete) del frutto delle nostre premure. Per ora già vi dico che il suo carattere mi piace, e che lo stimo soprattutto per un fatto al quale certamente non pensa, e cioè per la freddezza che mi dimostra. Con meno amicizia mi dimostra, con più me ne ispira; non vi posso dire quanto temevo che mi accarezzasse. È la prima prova alla quale lo volevo sottomettere; ce ne sarà una seconda*, durante la quale lo osserverò; dopo di che non lo osserverò più." "Quanto a questa," gli dissi "non dimostra altro che la schiettezza del suo carattere: perché non s'è mai potuto risolvere a pigliare un tono sottomesso e compiacente con mio padre, benché fosse cosa così importante per lui e ne lo avessi pregato insistentemente. Vidi con dolore che rinunciava a quest'unica risorsa, ma non potei volergli male per essere incapace di falsità." "È un caso assai diverso" replicò mio marito; "tra vostro padre e lui c'è un'antipatia naturale, fondata sull'opposizione dei loro principi. Quanto a me, che non ho né sistemi né pregiudizi, sono certo che non mi vuol male. Nessuno mi vuol male; un uomo spassionato[1] non può ispirare avversione a nessuno. Ma io gli ho rapito il suo bene, e non potrà perdonarmelo tanto presto. Ma mi vorrà anche più bene quando sarà perfettamente convinto che il male che gli ho fatto non mi impedisce di vederlo di buon occhio. Se mi accarezzasse ora sarebbe un birbante; se non mi accarezzasse mai sarebbe un mostro."

Ecco, o mia Clara, a che punto siamo; comincio a credere che il cielo benedirà la dirittura dei nostri cuori e le benefiche intenzioni di mio marito. Ma davvero che son troppo buona partecipandoti tutte queste notizie; tu non meriti che io provi tanto piacere discorrendo con te; ho deciso di non più dirti niente di niente, se vuoi sapere qualche cosa deciditi a venire.

P.S. Tuttavia devo dirti ancora quanto è capitato a proposito di questa lettera. Sai con quanta indulgenza il signor di Wolmar ha accolto la tardiva confessione che questo imprevisto ritorno m'ha costretta a fare. Hai visto con quanta dolcezza ha asciugato le mie lagrime e dissipato ogni mia vergogna. Sia che la cosa non gli giungesse nuova, come abbastanza ragionevolmente tu pensavi, sia che effettivamente fosse commosso da una confessione che non poteva essere ispirata che dal pentimento: non soltanto ha continuato a vivere con me come prima, ma mi sembra che ha raddoppiato di cu-

---

* La lettera nella quale si trattava di questa seconda prova è stata soppressa; ma ne parlerò occorrendo. (N.d.A.)

re, di confidenza, di stima, e che voglia compensarmi a furia di premure della vergogna che quella confessione mi è costata. Cara cugina, conosci il mio cuore; giudica che impressione mi deve fare così nobile condotta!

Non appena lo vidi deciso a permettere che tornasse il nostro antico maestro, da parte mia decisi di prendere la miglior precauzione possibile contro di me: cioè di scegliere mio marito come confidente, di non aver colloquio intimo che non gli riferissi, di non scriver lettera che non gli mostrassi. Mi imposi anzi di scrivere ogni lettera come se lui non la dovesse vedere, e poi di fargliela vedere. Nella presente troverai un passaggio che m'è venuto così, e se scrivendolo non son riuscita ad astenermi dal pensare che lui l'avrebbe visto, mi rendo tuttavia la testimonianza che ciò non m'ha fatto mutare nemmeno una parola; ma quando volli mostrargli la lettera s'è burlato di me e non s'è degnato di leggerla.

Ti confesso che quel rifiuto m'ha un pochino stizzita, come se non si fosse fidato della mia buona fede. Questa mia reazione non gli è sfuggita, ma il più schietto e generoso degli uomini subito m'ha rassicurata. "Confessate" mi disse "che in questa lettera avete parlato di me meno del solito." Lo ammisi; era forse opportuno parlarne molto per poi fargli vedere quello che ne avevo detto? "Benissimo," soggiunse sorridendo "preferisco che parliate più di me e non sapere che cosa dite." Poi, in tono più serio: "Il matrimonio è uno stato troppo austero e troppo grave per ammettere quelle piccole effusioni ammesse dalla tenera amicizia. La quale a volte tempera opportunamente l'estrema severità di quello, ed è bene che una moglie onesta e savia cerchi in una fedele amica le consolazioni, i lumi e i consigli che non avrebbe il coraggio di chiedere a suo marito su certi argomenti. Benché non diciate mai tra voi cosa di cui non mi vorreste informare, badate di non farvene una legge, perché codesto dovere non diventi un impaccio, e che le vostre confidenze facendosi più estese non diventino meno dolci. Credetemi, le effusioni dell'amicizia si limitano davanti a qualsiasi testimonio. Ci sono mille segreti che tre amici devono sapere e che non si possono confidare che a due a due. Voi dite certamente le stesse cose alla vostra amica e a vostro marito, ma non allo stesso modo; e se volete confondere ogni cosa finirà che le vostre lettere saranno scritte a me più che a lei, e che non sarete a vostro agio né con l'una né con l'altro. Vi parlo così non meno nel vostro che nel mio interesse. Non vi accorgete che già avete paura del giusto rossore di lodarmi in mia presenza? Perché volete privarci, voi del piacere di dire alla vostra amica quanto vi è caro il vostro marito, e a me quello di pensare che nei vostri colloqui più segreti vi compiacete di dirne del bene? Giulia! Giulia!" soggiunse stringendomi la mano, e guardandomi con bontà: "vorrete abbassarvi a precauzioni così poco degne di ciò che siete, e non sarete mai capace di stimarvi al vostro giusto valore?"[1]

Mia cara amica, non saprei dirti come fa questo incomparabile marito: ma non riesco più ad arrossire davanti a lui. Mio malgrado mi innalza al di sopra di me, e sento che a furia di fiducia mi insegna a meritarla.

LETTERA VIII

RISPOSTA

Ma come, cugina! il nostro viaggiatore è arrivato e ancora non me lo sono visto ai piedi carico delle spoglie dell'America? Ti avverto che non lui accuso di questo ritardo; perché so che gli pesa non meno che a me: ma mi avvedo che non ha dimenticato il suo antico mestiere di schiavo così bene come tu dici, e mi lagno meno della sua negligenza che della tua tirannia. E mi sembri non meno buffa esigendo che una pinzochera grave e formalista come me faccia i primi passi e che, lasciando qualsiasi altra cura, corra a baciare una faccia nera e butterata che è passata quattro volte sotto l'equatore e ha visto il paese delle spezie! Ma soprattutto mi fai ridere quando ti affretti a sgridarmi, per paura che ti sgridi io per prima. Ma vedi un poco di cosa ti impicci! Attaccar brighe è il mio mestiere; mi piace; ci riesco benissimo e mi si addice a meraviglia; tu invece sei goffa a più non posso, e non sei davvero fatta per quello. Invece, sapessi come sei graziosa quando hai torto, come l'aria contrita e l'occhio supplice ti fanno adorabile, invece di sgridare passeresti la vita chiedendo perdono, se non per dovere almeno per civetteria.

Per ora domandami perdono in ogni modo. Bel progetto, il tuo, di pigliare tuo marito per confidente, e che graziosa precauzione per un'amicizia santa come la nostra! Anima ingiusta, e pusillanime donna! a chi mai potrai affidare la tua virtù sulla terra, se diffidi dei tuoi e dei miei sentimenti? Come puoi, senza offenderci entrambe, temere il tuo cuore e la mia indulgenza nei sacri legami in cui vivi? Non riesco a capire come l'idea soltanto di ammettere un terzo nei segreti cicalecci di due donne non t'abbia fatto orrore! Quanto a me, molto mi piace chiacchierare distesamente con te; ma sapessi che l'occhio d'un uomo ha frugato nelle mie lettere, non avrei più nessun piacere a scriverti; insensibilmente la freddezza s'insinuerebbe tra noi con il ritegno, e non ci ameremmo più che come due donne qualsiasi. Vedi un poco a cosa ci esponeva la tua sciocca diffidenza, se il tuo marito non fosse stato più savio di te.

È stato assai prudente rifiutando di leggere la tua lettera. Forse ne sarebbe stato meno soddisfatto di quanto pensavi, e meno di quanto non lo sia io stessa; lo stato in cui ti ho vista mi insegna a giudicar meglio quello in cui ti vedo. Tutti questi filosofi contemplativi che hanno speso la vita a studiare il cuore umano, sui veri segni dell'amore ne capiscono meno della meno sveglia delle donne sensibili. Il signor di Wolmar avrebbe anzitutto notato che tutta la tua lettera è spesa nel parlare del nostro amico, ma non avrebbe visto il poscritto, nel quale non ne fai parola. Se tu avessi scritto quel poscritto dieci anni fa, figlia mia, non so come avresti fatto, ma l'amico ci sarebbe sempre entrato di straforo, tanto più che il marito non lo doveva vedere.

Il signor di Wolmar avrebbe inoltre notato l'attenzione con la quale hai esaminato il suo ospite, e il piacere che provi descrivendolo; ma macinerebbe Aristotile e Platone prima di sapere che si guarda l'amante ma non lo si esamina. Qualsiasi esame suppone un sangue freddo che non si può avere quando si vede l'amato.

Infine, si figurerebbe che tutti quei mutamenti che hai osservato sarebbero sfuggiti a un'altra, ma io temo invece di trovarne che ti sono sfuggiti. Per diverso che il tuo ospite sia da quello che era, potrebbe mutare anche più che, se il tuo cuore non fosse cambiato, lo vedresti sempre come prima. Comunque sia, tu volti via gli occhi quando ti guarda; altro buon segno. Li volti via, cugina? Dunque non li abbassi più? perché è certo che non hai scambiato una parola per l'altra. Credi che il nostro filosofo avrebbe notata questa cosa?

Altro argomento capacissimo di inquietare un marito è quel non so che di patetico e di affettuoso che rimane nel tuo linguaggio, toccando di colui che ti fu caro. Leggendoti o ascoltandoti parlare, bisogna conoscerti molto bene per non ingannarsi circa i tuoi sentimenti; bisogna sapere che parli soltanto di un amico, o che parli così di tutti i tuoi amici; ma è un effetto naturale del tuo carattere che tuo marito conosce troppo bene per inquietarsene. Come pretendere che in così tenero cuore la pura amicizia non risenta ancora un poco dell'amore? Ascoltami, cugina, tutto quanto ti dico deve pur darti coraggio, ma non temerità. I tuoi progressi sono sensibili, ed è molto. Non facevo conto che sulla tua virtù, ora comincio a farne anche sulla tua ragione: ora considero che sei, se non perfettamente guarita, sulla buona strada per diventarlo, e che quanto hai raggiunto basta per farti inescusabile se non porti l'opera a compimento.

Prima di arrivare al poscritto già avevo notato il breve passaggio che hai avuto la sincerità di non cancellare o modificare pensando che l'avrebbe letto tuo marito. Sono certa che leggendolo avrebbe raddoppiato la sua stima per te, se fosse possibile; ma non sarebbe stato molto contento di quella frase. In generale la tua lettera andava benissimo per ispirargli molta fiducia nella tua condotta e molta inquietudine circa la tua inclinazione.[1] Ti confesso che quei segni del vaiuolo che guardi tanto mi fanno paura, mai l'amore seppe escogitare così pericoloso belletto. So che per un'altra non sarebbe niente; ma, o cugina, ricordatene sempre, colei che né la giovinezza né l'avvenenza d'un amante non avevano potuto sedurre, si perdette pensando ai mali che egli aveva sofferto per lei. Certamente il cielo ha voluto che gli rimanessero i segni di quella malattia per esercitare la tua virtù, e che non te ne rimanessero per esercitare la sua.

Torno all'argomento principale della tua lettera; sai che quando ebbi quella del nostro amico volai: era un caso grave. Ma ora sapessi in che imbarazzo m'ha messo questa breve assenza, e quanti affari mi premono, capiresti che non mi è possibile lasciare di nuovo la mia casa senza creare altri ostacoli e mettermi nella necessità di trascorrere qui anche l'inverno prossimo; il che non conviene né a te né a me. Non è forse meglio rinunciare a vederci due o tre giorni di furia, per riunirci sei mesi prima? Suppongo anche che non sarà inutile che io discorra un poco in privato e con agio con il nostro filosofo: sia per scandagliare e rianimare il suo cuore, sia per dargli qualche utile consiglio sul modo di comportarsi con tuo marito e anche con te; perché mi figuro che non gli puoi parlare molto liberamente di questo, e anche dalla tua lettera mi avvedo che ha bisogno di qualche consiglio. Ci siamo talmente abituate a dirigerlo che siamo un pochino responsabili di lui davanti alla nostra coscienza, e fin tanto che la sua ragione non è del tutto libera dobbiamo supplirvi noi. Quanto a me, è una cura che assumerò sempre con piacere; perché s'è mostrato sempre così deferente ai miei non sempre facili consigli che non lo dimenticherò mai, e che non c'è uomo al mondo, dopo la morte del mio povero marito, che stimi e ami quanto lui. Del resto gli riservo anche il piacere di essermi utile. Ho un mucchio di carte disordinate che mi aiuterà a ordinare, e alcuni affari spinosi per i quali a mia volta avrò bisogno dei suoi lumi e della sua assistenza. Per altro penso di non trattenerlo che cinque o sei giorni al massimo, e forse te lo rispedirò subito il giorno dopo; perché son troppo vanitosa per aspettare che lo pigli l'impazienza di tornare, e ho l'occhio troppo perspicace per sbagliarmi.

Non appena si sarà rimesso mandamelo dunque subito, o meglio lascia che venga: qui non ammetto scherzi. Sai bene che se rido quando piango non perciò sono meno afflitta, anche quando strillo rido ma non perciò sono meno arrabbiata. Se sarai brava brava e farai le

cose per benino, ti prometto che con lui ti manderò
un grazioso regalino che ti farà piacere, moltissimo piacere; ma se mi fai languire ti avverto che non avrai
niente di niente.

P.S. A proposito, dimmi un poco: il nostro marinaio
fuma? bestemmia? beve acquavite? Porta uno sciabolo-
ne? ha proprio l'aspetto d'un filibustiere? Dio buono,
quanto sono curiosa di vedere che faccia si ha quando
si torna dagli antipodi!

LETTERA IX

DI CLARA A GIULIA

Ecco, cugina, che ti rispedisco il tuo schiavo. È stato
il mio per otto giorni, ha portato le sue catene con tanta grazia che si vede che è nato per servire. Ringrazia-
mi di non averlo trattenuto altri otto giorni; perché,
con tua buona grazia, se avessi aspettato che s'annoi
con me, non te lo avrei rimandato tanto presto. L'ho
trattenuto senza scrupoli; però ho avuto quello di non
alloggiarlo in casa mia. A volte ho provato quel senso
di fierezza che sdegna le servili convenienze e si addice
tanto bene alla virtù. Questa volta sono stata più ri-
guardosa, non so perché; ciò che è certo è che sarei
più incline a rimproverarmi questo ritegno che a ral-
legrarmene.

Ma tu, sai perché il nostro amico si tratteneva così
placidamente? Anzitutto stava con me, e io affermo che
è già un buon motivo per portar pazienza. Mi risparmiava delle seccature e mi tornava utile nei miei affari; un amico non si annoia in queste condizioni. Un
terzo motivo l'hai bell'e indovinato, anche se fai finta
di nulla, ed è che mi parlava di te; e se dovessimo sottrarre il tempo di questi discorsi da quello che ha
trascorso qui, vedresti che ne rimarrebbe assai poco per
me. Ma che strano capriccio, allontanarsi da te per avere il piacere di parlarne! Non così strano come potreb-

be parere. In tua presenza si sente in soggezione; deve continuamente sorvegliarsi; la minima indiscrezione sarebbe un guaio, e in quei momenti pericolosi soltanto il dovere si fa sentire dai cuori onesti; ma lontani da chi ci fu caro ci concediamo di pensarci ancora. Se si soffoca un sentimento diventato colpevole, perché rimproverarsi di averlo provato quando era lecito? Il dolce ricordo d'una legittima felicità può forse essere peccaminoso?¹ Suppongo che un ragionamento come questo non ti converrebbe, ma insomma lui se lo può permettere. Ha ricominciato per così dire il progresso dei suoi antichi amori. La sua prima giovinezza è rivissuta un'altra volta nei nostri colloqui. Mi rifaceva tutte le sue confidenze; rammentava quei tempi felici in cui gli era lecito amarti; rappresentava al mio cuore gli incanti d'un amore innocente... ma certamente li abbelliva!

M'ha parlato poco del suo stato attuale rispetto a te, e quello che m'ha detto sa più di rispetto e ammirazione che d'amore; così che lo vedo tornare assai più tranquillo circa il suo cuore di quando è arrivato. Non già che, non appena si tratta di te, non si scorga in fondo a quel suo troppo sensibile cuore un certo intenerimento che l'amicizia sola, pur non meno commovente, manifesta però in altro modo; ma da un pezzo ho osservato che nessuno può vederti o pensare a te con animo tranquillo: e se si aggiunge al sentimento universale ispirato dalla tua vista il sentimento più dolce che un incancellabile ricordo deve avergli lasciato, si vedrà che è difficile, o meglio impossibile,' che con la più austera delle virtù egli si comporti altrimenti di come fa. L'ho interrogato ben bene, e osservato e seguito; l'ho esaminato per quanto m'è stato possibile; non riesco a leggergli bene nell'anima, dove lui pure non riesce a veder chiaro: ma posso garantirti almeno che è compreso della forza dei suoi doveri e dei tuoi, e che il pensiero di una Giulia spregevole e corrotta gli farebbe, a soltanto pensarci, più orrore del suo proprio annientamento. Cugina, non ti posso dare che un consiglio, e ti prego di seguirlo attentamente: evita di tornare sul passato e ti rispondo dell'avvenire.

Circa la restituzione di cui mi parli, non bisogna più

pensarci. Esaurite tutte le possibili ragioni, l'ho pregato, sollecitato, scongiurato, gli ho fatto il broncio, l'ho baciato, gli ho preso le mani, mi sarei messa in ginocchio se me lo avesse permesso: non m'ha nemmeno ascoltata. S'è ostinato al punto da giurare che avrebbe consentito a non più vederti piuttosto che a privarsi del tuo ritratto. Infine, in un trasporto di sdegno, e facendomelo toccare sul suo cuore: "Eccolo," disse con tono così commosso che quasi non poteva più respirare "eccolo quel ritratto, l'unico bene che mi rimane, e che pur mi si invidia. Siate certa che non me lo strapperanno che con la vita!" Dammi retta, cugina, siamo savie e lasciamoglielo. In fondo, cosa t'importa che lo tenga? Peggio per lui se si ostina a tenerlo.

Dopo di aver ben sfogato e sollevato il cuore, m'è parso abbastanza tranquillo per potergli parlare dei suoi affari. Ho visto che né il tempo né la ragione non gli hanno fatto mutar di sistema, e che limitava ogni sua ambizione a passar la vita con milord Edoardo. Non ho potuto che approvare così onesto proposito, così conforme al suo carattere, e così degno della riconoscenza che deve a benefici incomparabili. M'ha detto che anche tu eri dello stesso parere; ma che il signor di Wolmar non aveva detto niente. Mi viene un'idea: dalla singolare condotta di tuo marito e da altri indizi, suppongo che ha qualche segreta intenzione circa il tuo amico. Lasciamolo fare e fidiamoci della sua saggezza. Il suo modo di agire dimostra abbastanza che, se la mia supposizione è fondata, non può pensare che al vantaggio di colui per il quale si dimostra così premuroso.

Non hai descritto male il suo aspetto e le sue maniere, e mi sembra un segno favorevole che tu l'abbia osservato più precisamente di quanto pensavo; ma non ti sembra che i suoi lunghi dolori e l'abitudine di sentirli hanno reso anche più interessante la sua fisionomia? Nonostante quello che m'avevi scritto, temevo di trovare in lui quella cortesia manierata, quei modi un po' da scimmia che sempre si acquistano a Parigi, e che, nella quantità di inezie di cui laggiù si riempie una giornata oziosa, si piccano di avere una forma ben precisa. Ma sia che tale vernice non aderisca su certe anime, sia che l'aria del mare l'abbia del tutto cancellata, non ne ho visto in lui nessuna traccia; e in tutte le premure che m'ha dimostrato non ho visto altro che il desiderio di accontentare il suo cuore. M'ha parlato del mio povero marito; ma preferiva piangerlo con me che consolarmi, e non m'ha snocciolato nessuna massima galante. Ha accarezzato mia figlia, ma invece di condividere la mia ammirazione per lei, m'ha rimproverato come fai tu i suoi difetti e s'è rammaricato vedendo che la guasto; ha atteso con zelo ai miei affari e non è quasi mai stato della mia opinione. Per altro, la troppa luce m'avrebbe rovinato gli occhi senza che si desse pensiero di andare a chiudere una tenda; mi potevo stancare a passare da una camera all'altra che un lembo del suo vestito galantemente steso sulla sua mano non mi sarebbe venuto in aiuto; il mio ventaglio ieri è stato un bel momento per terra senza che si slanciasse a raccoglierlo dall'altro capo della stanza, come se fosse stato nel fuoco. La mattina prima di venire da me non ha mai mandato nemmeno una volta a chieder mie notizie. A passeggio non affetta di avere il cappello inchiodato in testa, per dimostrare che è al corrente della moda [a]. A tavola gli ho domandato spesso la tabacchiera, che non chiama la sua scatola; e me l'ha sempre presentata sulla mano, mai su un piatto come un lacchè; non ha tralasciato di bere alla mia salute due volte almeno per pasto, e scommetto che se rimane quest'inverno lo vedremo seduto con noi al fuoco, come un bravo vecchio borghese. Tu ridi, cugina; ma indicami qualcuno dei nostri che, tornato di fresco da Parigi, abbia mantenuto questa cara semplicità. Per altro mi pare che devi aver trovato il nostro filosofo peggiorato su un punto solo: ed è che si occupa un pochino di più della gente che gli parla; il che non può esser fatto che a tuo pregiudizio; senza per altro giungere fino a riconciliarlo con la signora Belon. Quanto a

[a] A Parigi ci si preoccupa soprattutto di far più comodo e facile il commercio mondano, e codesta facilità consiste in una quantità di regole di questo peso. Nella buona società tutto è regola e legge. Queste regole nascono e svaniscono in un lampo. L'uso del mondo consiste nel sempre stare all'erta, nell'afferrarle al volo, nell'ostentarle, nel dimostrare che si conosce l'ultima. Il tutto per la maggior semplicità. (N.d.A.)

me mi sembra migliorato in quanto è più grave e più serio di sempre. Cara mia, tienimelo con la massima cura fino al mio arrivo. È proprio come lo voglio io, per il piacere di tormentarlo tutto il giorno quant'è lungo.

Ammira la mia discrezione; ancora non t'ho detto niente del regalo che ti mando, e che te ne promette un altro fra poco: ma l'hai accolto prima di aprire questa lettera, e tu sai quanto ne sono idolatra e quanto ho ragione di esserlo; tu che eri così impazientemente bramosa di questo regalo, ammetterai che mantego più di quanto avevo promesso. Ah, povera piccina! intanto che leggi queste righe è già tra le tue braccia; è più felice di sua madre; ma fra due mesi sarò più felice di lei, perché sentirò meglio la mia felicità. Ahimè! cara cugina, non mi possiedi già tutta intera? dove sei tu, dov'è mia figlia, cosa manca ancora di me? Eccotela, questa cara bambina; tienila come se fosse tua; te la cedo, te la regalo; rassegno fra le tue mani il potere materno; correggi i miei errori, incaricati delle cure di cui a tuo giudizio mi sdebito così male; fin da oggi sii la mamma di lei che un giorno sarà tua nuora, e per farmela anche più cara fanne se è possibile un'altra Giulia. Già ti somiglia di volto; vedo che per carattere sarà seria e predicatrice; quando avrai corretto i capricci che mi accusano di aver favorito, vedrai che mia figlia si darà l'aria di essere mia cugina; ma, più felice, dovrà versare meno lagrime e sostenere meno battaglie. Se il cielo le avesse conservato l'ottimo dei padri, quanto si sarebbe guardato dall'ostacolare le sue inclinazioni, e così ce ne guarderemmo noi! Con che incanto già la vedo assecondare i nostri progetti! Sai che già non sa più fare a meno del suo piccolo 'malito' e che anche per questa ragione te la mando? Ieri ebbi con lei una conversazione che fece sbellicar dalle risa il nostro amico. Anzitutto, non le rincresce affatto di lasciarmi, io che tutto il giorno sono la sua umilissima serva, e che non so resistere a nulla di quanto vuole; tu invece, che sei temuta da lei e le dici di no venti volte al giorno, tu sei la sua mammina per eccellenza, dalla quale si corre con gioia, e di cui si apprezzano i rifiuti più di tutti i miei dolci. Quando le dissi che volevo mandarla da te, ebbe quei trasporti di gioia che puoi immaginare;

ma per stuzziçarla le dissi che tu mì ávresti mandato invece il suo piccolo malito, e allora non fu più d'accordo. Mi domandò tutta confusa che cosa ne volevo fare. Le risposi che lo volevo pigliare per me; mi fece il
broncio. "Enrichetta, non me lo vuoi lasciare, il piccolo
malito?" "No" rispose secca secca. "No? Ma se nemmeno io te lo voglio lasciare, chi potrà metterci d'accordo?" "Mamma, sarà la mammina." "Allora avrò io la preferenza, perché sai che vuol sempre ciò che voglio io."
"Oh, la mammina non vuole mai altro che la ragione!"
"Ma come, signorina, non è la stessa cosa?" La furbac-
chiona si mise a sorridere. "Ma poi," soggiunsi "per qual
ragione non mi darebbe il piccolo malito?" "Perché
per voi non va bene." "E perché non andrebbe bene per
me?" Altro sorriso, non meno malizioso del primo. "Dimmi la verità, ti pare che son troppo vecchia per lui?"
"No, mamma, ma lui è troppo giovane per voi..." Cugina mia, una ragazzina di sette anni... Davvero che se
non ne andassi già pazza, bisognerebbe dire che sono
pazza.

Mi divertii a stuzzicarla ancora. "Cara Enrichetta," le
dissi in tono serio "ti assicuro che non va bene nemmeno per te." "E perché mai?" esclamò tutta inquieta. "Perché è troppo sventato per te." "Oh, mamma, non è che
questo? Lo farò diventar savio." "Ma se per disgrazia
ti facesse ammattire?" "Ah, cara la mia mamma, mi
piacerebbe tanto somigliare a voi!" "Somigliare a me?
impertinente!" "Sì, mamma: continuate a dire tutto il
santo giorno che siete pazza di me; io sarò pazza di
lui, ecco."

So che tu non approvi questo gentile battibecco, e
che saprai moderare la sua chiacchiera. Non la voglio
giustificare nemmeno io, anche se mi piace moltissimo;
vorrei soltanto farti vedere che la tua bambina vuol già
molto bene al suo malitino, e che se lui ha due anni di
meno, lei non sarà indegna dell'autorità che le conferisce il diritto di anzianità. Del resto vedo, opponendo
il tuo e il mio esempio a quello della tua povera mamma, che quando la casa è governata dalla donna le cose
non vanno peggio. Addio, carissima; addio, mia inseparabile; pensa che il tempo s'avvicina e che non si
farà la vendemmia senza di me.

LETTERA X[1]

A MILORD EDOARDO

Quanti piaceri conosciuti troppo tardi sto gustando da tre settimane! Che dolce cosa, trascorrere i giorni nel seno d'una tranquilla amicizia, al riparo dalla tempesta delle impetuose passioni! Che spettacolo piacevole e commovente, milord, quello d'una casa semplice e ben governata, nella quale regnano l'ordine, la pace, l'innocenza; dove si vede riunito, senza apparato e senza fasto, tutto quanto risponde al vero destino dell'uomo! La campagna, il ritiro, la stagione, la vasta distesa di acqua che si offre ai miei occhi, l'aspetto selvaggio delle montagne: tutto qui mi ricorda la deliziosa mia isola di Tinian. Mi par di vedere esauditi i voti ardenti che tante volte formai laggiù. Meno una vita secondo il mio gusto, con una società secondo il mio cuore. In questo luogo non mancano che due persone perché ci sia raccolta tutta la mia felicità, e spero di vedercele presto.

Aspettando che voi e la signora d'Orbe veniate a mettere il colmo ai piaceri così dolci e puri che imparo a gustare qui dove sono, voglio darvene un'idea descrivendovi un'economia domestica che denuncia la felicità dei padroni di casa e ne fa partecipi coloro che la abitano. Spero che queste mie riflessioni potranno esservi utili un giorno nell'opera che progettate, e questa speranza giova a eccitarle.

Non starò a descrivervi la casa di Clarens. La conoscete. Sapete quanto è piacevole, quanti interessanti ricordi mi offre, e quanto mi deve essere cara, sia per ciò che mi mostra che per ciò che mi rammenta. La signora di Wolmar preferisce questo soggiorno a quello di Etange, e ha ragione; quello è un magnifico e grande castello, ma vecchio, triste, scomodo, e che nei dintorni non offre nulla da potersi paragonare a ciò che si vede intorno a Clarens.

Da quando i padroni vi hanno stabilito la loro dimora, hanno ridotto all'utile tutto quanto non serviva che all'ornamento; non è una casa fatta per esser veduta, ma per essere abitata. Hanno murato grandi file di camere per mutar posto a porte situate male, hanno diviso grandi locali per avere appartamenti meglio distribuiti. Al posto di mobili antichi e ricchi ne hanno messo di semplici e comodi. Tutto vi è gradevole e ridente; tutto respira l'abbondanza e la pulizia, niente sa di lusso o di ricchezza. Non c'è una sola camera dove non si senta di essere in campagna, e nella quale non si ritrovino tutte le comodità cittadine. All'esterno si notano gli stessi cambiamenti. Il cortile s'è ingrandito a spese delle scuderie. Al posto d'un vecchio biliardo in rovina è sorto un bel torchio, e una cascina dove stavano gli striduli pavoni, ormai scomparsi. L'orto era troppo esiguo per la cucina; se n'è fatto un altro nell'aiuola, ma tanto pulito e ben ideato che l'aiuola così travestita piace all'occhio anche più di prima. Agli scuri tassi che coprivano i muri sono succedute delle belle spalliere. Invece dell'inutile ippocastano, giovani gelsi cominciano a dar ombra al cortile, e al posto dei vecchi tigli son state piantate due file di noci a fiancheggiare il viale d'ingresso. Per ogni dove al piacevole è succeduto l'utile, che quasi sempre risulta anche più piacevole. A gusto mio almeno, mi pare che i rumori della corte, il canto dei galli, il muggito del bestiame, i cavalli coi carretti, i pasti nei campi, il ritorno degli operai, e tutto l'insieme della vita rustica conferisce a questa casa un tono più campestre, più vivo, più animato, più lieto, un non so che pieno di gioia e di benessere che non aveva prima nella sua inerte dignità.

Le terre non sono date in affitto ma coltivate per conto loro; e questa coltura costituisce gran parte delle loro occupazioni, dei loro beni e dei loro piaceri. La baronia d'Etange ha soltanto prati, campi e boschi; ma Clarens possiede un'estensione cospicua di vigneti, coltivazione che porta un profitto maggiore del grano: così che aver preferito Clarens porta anche un vantaggio economico. Tuttavia quasi ogni anno si recano alla mietitura sulle loro terre, e il signor di Wolmar ci va spesso da solo. Hanno come principio di ricavare tutto quanto si può dalla coltura, non per aumentare il guadagno ma per poter nutrire un maggior numero di persone. Il signor di Wolmar afferma che la terra produce in proporzione delle braccia che la lavorano: coltivata meglio rende di più; questa sovraproduzione fornisce il modo di coltivarla anche meglio; più gente e bestiame ci si mette, più fornisce al loro mantenimento. Dice che non si sa fin dove può arrivare questo continuo e reciproco aumento di prodotti e di coltivatori. Per contro le terre trascurate si fanno meno fertili: meno uomini produce un paese, meno derrate produce. È la scarsità di abitanti che non gli permette di nutrire quei pochi che ci sono, in ogni paese che si spopola presto o tardi si morirà di fame.

Siccome possiedono molte terre e tutte coltivate con gran cura, hanno bisogno di una gran quantità di giornalieri, oltre la servitù stabile: il che gli procura il piacere di poter sostentare parecchia gente senza incomodo. Scegliendo questi giornalieri preferiscono sempre quelli del paese o dei dintorni agli estranei e agli sconosciuti. Se si perde qualche cosa a non scegliere sempre i più vigorosi, lo si riguadagna grazie all'affezione che questa preferenza ispira ai prescelti, al vantaggio di averli sempre vicini e di poter far conto su di loro in ogni tempo, benché non siano pagati che una parte dell'anno.

Con tutti questi operai si fanno sempre due prezzi. Uno è il prezzo di rigore e di diritto, il prezzo corrente nella regione, il compenso obbligato per il loro lavoro. L'altro, un po' più alto, è un prezzo di "beneficenza", che non è pagato se non in quanto si è contenti: e quasi sempre capita che il lavoro che fanno perché il padrone sia contento vale più del soprapprezzo. Perché il signor di Wolmar è giusto e severo, non permette mai che le istituzioni di grazia e di favore degenerino in costume e in abuso. Ci sono degli assistenti che sorvegliano e stimolano gli operai. Questi sorveglianti sono servitori stabili che pure lavorano e sono interessati al lavoro degli altri, perché, oltre il salario, ricevono un compenso speciale sul prodotto delle loro cure. Inoltre il signor di Wolmar li va a vedere quasi ogni giorno, spesso più di una volta al giorno, e sua moglie partecipa a quelle visite. Durante i grandi lavori Giulia dà ogni settimana venti "batz"[a] al lavoratore, sia

[a] Minima moneta del paese. (N.d.A.)

giornaliero o domestico, che durante gli otto giorni è stato più attivo, a giudizio del padrone. Tutti questi mezzi di emulazione, che potrebbero parere dispendiosi, se usati con prudenza e giustizia giovano insensibilmente a far sì che tutti diventino laboriosi e diligenti; e rendono più di quanto costano. Ma siccome non se ne vede il profitto che con il tempo e la costanza, son pochi che sappiano e vogliano servirsene.

Ma c'è un mezzo anche più efficace, il solo al quale non si pensa per interesse, e che è il più consono al carattere della signora di Wolmar: e consiste nell'acquistarsi l'affetto di quella brava gente accordandogli il proprio. Ella non crede di poter soddisfare col denaro le fatiche fatte per lei, e si crede in dovere di render servizi a chiunque ne ha reso a lei. Operai o domestici, tutti coloro che l'hanno servita, foss'anche per un giorno solo, diventan tutti suoi figliuoli: partecipa ai loro piaceri, ai loro affanni, alla loro sorte; si informa dei loro affari, fa propri i loro interessi; si incarica di mille cure per loro, gli dà consigli, appiana le loro discordie, e dimostra loro il suo carattere affabile non con vane e melate parole, ma con azioni concrete e continui atti di bontà. Dal canto loro essi lasciano tutto al suo minimo cenno; quando parla, volano; lo sguardo di lei basta ad animare il loro zelo, sono contenti quando è presente, quando è assente parlano di lei e si incitano a servirla. Le sue grazie e le sue parole fanno molto, la sua dolcezza e le sue virtù fanno anche più. Ah, milord! che adorabile e potente impero, quello della bellezza benefica!

Per il servizio personale dei padroni, ci sono in casa otto domestici, tre donne e cinque uomini, oltre il cameriere del barone e i servitori rurali. Non capita mai di esser serviti male da pochi domestici; ma dallo zelo di questi si direbbe che ognuno oltre il suo servizio si senta incaricato anche di quello degli altri sette; e dal loro accordo, che tutto sia fatto da uno solo. Non si vedono mai oziosi e scioperati, giuocare in un'anticamera o far birichinate in cortile, ma son sempre occupati in qualche utile lavoro: danno una mano nel pollaio, o in cantina, o in cucina; il giardiniere non ha che loro come garzoni, e la cosa più bella è che si vedon sempre lavorare allegramente e con piacere.

Si prendono per tempo per formarli come si vuole. Non c'è qui il principio che ho visto regnare a Parigi e a Londra, di assumere cioè dei domestici finiti, cioè dei birboni matricolati, avidi di guadagno, che dappertutto dove entrano contraggono insieme i vizi dei servi e dei padroni; e se il loro mestiere è di servire tutti, non si affezionano mai a nessuno. Tra simile gente non può regnare né onore, né fedeltà, né zelo; quest'accozzaglia di farabutti rovina i padroni e corrompe i figli di tutte le case opulente. La scelta dei domestici qui è cosa importante. Non si considerano soltanto come mercenari, dai quali non si esige altro che un servizio preciso; ma come membri della famiglia, che una scelta sbagliata potrebbe sconvolgere. La prima cosa che si esige da loro è che siano onesti, la seconda di amare i padroni, la terza di servirli a modo loro; ma per poco che un padrone sia ragionevole e un domestico intelligente, la terza segue le altre due. Non si scelgono quindi in città ma in campagna. Qui cominciano a servire e certamente finiranno qui, se valgono qualche cosa. Si pigliano in qualche famiglia numerosa e carica di figli, i genitori vengono a offrirli spontaneamente. Si scelgono giovani, ben fatti, sani e d'aspetto piacevole. Il signor di Wolmar li interroga, poi li presenta alla moglie. Se riescono graditi a entrambi, sono ammessi, prima in prova; poi entrano a far parte dei domestici, cioè dei figliuoli di casa. Durante vari giorni si insegna loro, con assai pazienza e attenzione, ciò che devono fare. Il servizio è così semplice, così piano e così uniforme, i padroni sono così poco capricciosi che, l'affetto, aiutando le cose vanno subito bene. Si trovano in una dolce situazione, godono di un benessere che a casa loro ignoravano; ma non si permette che l'ozio padre dei vizi li infiacchisca. Non si tollera che si diano arie da signori e si insuperbiscano di servire. Continuano a lavorare come facevano nella casa paterna; hanno per così dire soltanto cambiato padre e madre. Così che non sdegnano la vita rustica di un tempo. Se mai uscissero di qui, non ce n'è uno che non ripigliasse la sua condizione di contadino più volentieri d'un'altra. Insomma, non ho mai visto una casa dove ognuno fa tanto bene il proprio lavoro senza pensare che serve.

In questo modo, formando e addestrando i propri domestici, non si deve fare la solita e poco sensata obiezione: li avrò formati per gli altri. Formateli come si deve, si potrebbe replicare, e non serviranno mai gli altri. Se pensate soltanto a voi formandoli, quando vi lasceranno avranno ragione di non pensare che a sé; ma occupatevi un pochino più di loro, e vi resteranno affezionati. Soltanto l'intenzione merita gratitudine, e colui che approfitta di un bene che non intendo fare che a me non mi deve nessuna riconoscenza.

Per meglio prevenire questo stesso inconveniente, i signori di Wolmar usano anche un altro espediente che mi sembra assai opportuno. Installandosi qui, si son domandati quanti domestici potevano mantenere in una casa organizzata secondo la loro condizione, e si son detti che ce ne volevano quindici o sedici; per esser serviti meglio hanno ridotto quel numero alla metà, così che con meno complicazioni il loro servizio è molto più preciso. Per esser serviti anche meglio, hanno interessato i loro domestici a servirli a lungo. Un domestico appena assunto riceve il salario ordinario; ma quel salario aumenta ogni anno di un ventesimo; in capo a vent'anni sarebbe quindi più che raddoppiato, e il mantenimento dei domestici allora corrisponderebbe circa alle rendite dei padroni; ma non occorre essere gran matematico per accorgersi che le spese di quegli aumenti sono più apparenti che reali, che avranno da pagare pochi salari doppi, e che anche se li pagassero a tutti il vantaggio di esser stati serviti bene durante vent'anni compenserebbe abbondantemente l'aumento della spesa. Capite bene, milord, che è un espediente sicuro per accrescere continuamente lo zelo dei domestici e affezionarseli a mano a mano che ci si affeziona a loro. Un sistema come questo non è soltanto prudente, ma anche equo. È forse giusto che un nuovo venuto, senza legame affettivo, e magari un poco di buono, riceva entrando lo stesso salario che si dà a un vecchio servitore, lo zelo e la fedeltà del quale sono provati da lunghi anni di servizio, e che inoltre s'avvicina alla vecchiaia, quando non sarà più in grado di guadagnarsi la vita? Del resto quest'ultima ragione qui non vale, perché potete ben credere che padroni così umani non trascurano dei doveri che altri padroni, pur senza carità, adempiono per ostentazione; e che non abbandonano i domestici i quali per malattia o vecchiaia non li possono più servire.

Proprio in questo momento apprendo un esempio assai eloquente di questa attenzione. Il barone d'Etange, volendo compensare i lunghi servizi del suo cameriere con una onorevole pensione, è riuscito a ottenere per lui dalle Eccellenze bernesi un impiego lucrativo e di poca fatica. Giulia ha appena ricevuto da quel vecchio domestico una lettera che strappa le lagrime, nella quale la supplica di dispensarlo dall'accettare quell'impiego. "Sono vecchio," dice "ho perduto tutta la mia famiglia; non ho più altri parenti che i miei padroni; la mia speranza è di poter terminare in pace i miei giorni nella casa dove sono vissuto... Signora, tenendovi nelle mie braccia appena nata, domandavo al Signore di potere un giorno tener così i vostri figli; m'ha accordato questa grazia; non rifiutatemi quella di vederli crescere e prosperare come voi... io che sono avvezzo a vivere in una casa pacifica, dove ne potrei trovare una simile per riposarvi i miei vecchi anni?... Fatemi la carità di scrivere al signor barone in mio favore. Se è malcontento di me, mi scacci e non mi procuri altro impiego; ma se per quarant'anni l'ho fedelmente servito, lasci che termini i miei giorni al suo e al vostro servizio; non potrebbe ricompensarmi in modo migliore." Non occorre domandare se Giulia ha scritto. Vedo che le spiacerebbe di perdere quel brav'uomo almeno quanto a lui di lasciarla. Ho forse torto, milord, di paragonare padroni così amati a dei padri, e i loro domestici ai figli? Vedete che così si considerano loro stessi.

Non s'è mai dato il caso in questa casa che un domestico abbia chiesto il suo congedo. È pure raro che si minacci di darlo a qualcuno. È una minaccia che spaventa in proporzione alla piacevole dolcezza del servizio. I migliori sono quelli che la temono di più, e non bisogna mai mandarla a effetto se non con quelli che non meritano di essere rimpianti. Anche qui c'è una regola. Quando il signor di Wolmar ha detto: vi scaccio, si può implorare l'intercessione della signora, a volte ottenerla e tornare in grazia; ma se è lei che dà il congedo, è irrevocabile, non c'è più da sperar grazia. È un accordo opportuno per temperare insieme l'eccesso di confidenza che si potrebbe prendere nella dolcezza della moglie e l'estremo timore che inspirerebbe l'inflessibilità del marito. Ma è una parola temutissima in bocca a un padrone equo e senza ira; perché non solo non si è certi di ottenere la grazia, che non è mai accordata due volte allo stesso; ma con quella parola si perde ogni diritto di anzianità, e si deve ricominciare da capo: il che frena l'insolenza dei vecchi domestici e accresce la loro attenzione a mano a mano che hanno più da perdere.

Le tre donne sono la cameriera, la bambinaia e la cuoca. Quest'ultima è una contadina pulitissima e molto brava, alla quale la signora di Wolmar ha insegnato a cucinare; perché in questo paese ancora semplice[a] le giovinette di qualsiasi condizione imparano a fare da sé tutti i lavori che un giorno le domestiche faranno per loro nella loro casa, affinché sappiano dirigerle all'occorrenza e non si lascino infinocchiare. La cameriera non è più la Babi; l'hanno mandata a Etange, dove è nata; le hanno affidato la cura del castello e la sorveglianza delle rendite, così che è diventata in certo senso l'ispettrice dell'economo. Da tempo il signor di Wolmar insisteva perché sua moglie consentisse a quella disposizione, senza riuscire a deciderla a mandar via una vecchia cameriera di sua madre, benché avesse più d'una ragione di lagnarsene. Finalmente ha acconsentito e la Babi se n'è andata. È una donna intelligente e fedele, ma indiscreta e chiacchierona. Ho ragione di sospettare che più d'una volta ha tradito i segreti della sua padroncina, e che il signor di Wolmar lo sa; che per ovviare a tali indiscrezioni davanti a un estraneo quel prudente uomo ha saputo occuparla in modo da approfittare delle sue buone qualità e di evitare le cattive. Al suo posto è venuta quella stessa Fanchon Regard della quale m'avete sentito parlare con tanto piacere un tempo. Nonostante gli auguri di Giulia, e i benefici di lei e di suo padre, e i vostri, questa giovane così brava e buona non è stata fortunata nel matrimonio. Claudio Anet, che aveva sopportato tanto bene la miseria, non ha saputo sopportare una condizione più dolce. Sentendosi agiato ha trascurato il suo mestiere, e rovinatosi a furia di sregolatezze è scappato abbando-

[a] Semplice! Dunque è assai cambiato. *(N.d.A.)*

nando la moglie con un bambino che poi è morto. Giulia l'ha voluta con sé e le ha insegnato tutti i piccoli lavori d'una cameriera; quando arrivai fui piacevolmente sorpreso di trovarla già in funzione. Il signor di Wolmar la stima molto, e con la moglie le ha affidato il compito di vegliare sia sui loro bambini che su colei che li governa. Anche quest'ultima è una paesana semplice e credulona, ma attenta, paziente e docile; così che non s'è trascurato nulla perché i vizi delle città non penetrassero in una casa dove i padroni non li hanno né li tollerano.

Tutti i domestici siedono alla stessa mensa, però non ci sono molti contatti tra i due sessi: è cosa alla quale qui si dà molta importanza. Non si è del parere di quei padroni che non pensano che al proprio interesse, che non domandano che di esser ben serviti senza per altro inquietarsi di ciò che fa la servitù. Si è persuasi invece che chi non vuol altro che esser servito bene non lo sarà a lungo. I legami troppo intimi tra i due sessi non producono mai altro che male. Dai conciliaboli che si tengono tra le cameriere nascono per lo più i disordini della famiglia. Se ce n'è una che piace al maggiordomo, immancabilmente la seduce a spese del padrone. L'accordo degli uomini tra loro, e delle donne tra loro, non è mai tanto saldo da impensierire. Ma sempre tra uomini e donne si stabiliscono quei monopoli segreti che a lungo andare rovinano le famiglie più opulente. Quindi si veglia sull'onestà e la modestia delle donne, non soltanto per ragioni di morale, ma anche per un beninteso interesse; checché se ne dica, nessuno fa bene il proprio dovere se non lo ama, e soltanto le persone onorate sanno amare il proprio dovere.

Per ovviare a una pericolosa familiarità tra i due sessi, qui non si cerca di ostacolarla con leggi positive che tutti sarebbero tentati di violare segretamente; ma senza darsene l'aria si stabiliscono delle norme più potenti dell'autorità stessa. Non si vieta loro di vedersi, ma si fa in modo che non ne abbiano né l'opportunità né la voglia. Ci si riesce dando loro occupazioni, abitudini, gusti e piaceri del tutto diversi. Dal mirabile ordine che qui regna sentono che in una casa ben regolata uomini e donne devono avere poco commercio tra loro. Uno che magari tacerebbe di capriccio tale volontà del padrone, si sottomette senza ripugnanza a un costume di vita che non gli è formalmente prescritto ma che lui stesso giudica migliore e più naturale. Giulia afferma che tale è effettivamente; sostiene che dall'amore e dall'unione dei coniugi non deve risultare un continuo commercio dei due sessi. A suo giudizio marito e moglie sono sì destinati a vivere insieme, ma non allo stesso modo; devono agire di comune accordo senza però fare le stesse cose. La vita che piacerebbe all'uno, dice, sarebbe intollerabile all'altro; le naturali inclinazioni sono non meno diverse delle funzioni ·che la natura gli impone; i loro svaghi non sono meno differenti dei loro doveri; insomma, concorrono entrambi alla comune felicità, ma per vie diverse, e quella divisione di lavori e di cure è il legame più forte della loro unione!

Quanto a me, confesso che le mie osservazioni si accordano abbastanza con queste massime. Infatti, non è forse uso costante presso tutti i popoli del mondo, eccetto il francese e quelli che lo imitano, che gli uomini vivano tra loro e le donne tra loro? Se si vedono, è per incontri quasi furtivi e fuggevoli, come gli sposi lacedemoni, piuttosto che per un'indiscreta e perpetua promiscuità, capace di confondere e alterare in loro le più savie distinzioni della natura. Nemmeno i selvaggi non si vedono indistintamente mescolati, uomini e donne. La sera la famiglia si riunisce, ognuno trascorre la notte accanto alla propria moglie; con il giorno la separazione ricomincia, i due sessi non hanno più nulla in comune, se non i pasti al massimo. Tale è l'ordine che la sua universalità dimostra essere il più naturale, e se ne incontrano vestigia persino nei paesi dove è pervertito. In Francia, dove gli uomini si sono adattati a vivere come le donne, e a rimanere continuamente chiusi con quelle nelle camere, la loro involontaria agitazione sta a dimostrare che non erano destinati a tale esistenza. Mentre le donne rimangono tranquillamente sedute o coricate sui divani, vedete gli uomini che si alzano, vanno, vengono, tornano a sedere, perpetuamente inquieti; un istinto fisico combatte continuamente la costrizione alla quale si condannano, e loro malgrado li spinge verso quella vita attiva e laboriosa che la natura impose loro. È l'unico popolo al mondo in cui gli uomini stanno in piedi a teatro, come se andassero in platea a riposarsi d'esser stati tutto il santo giorno seduti nel salotto. In una parola, avvertono così chiaramente la noia di codesta indolenza effeminata e casalinga, che per mescolarvi almeno una certa attività cedono agli estranei il loro posto e vanno dalle mogli altrui a cercare un temperamento a tanto disgusto.

La massima della signora di Wolmar è confermata benissimo dall'esempio della sua casa. Ognuno trovandosi per così dire immerso nel proprio sesso, le donne ci vivono molto separate dagli uomini. Per prevenire legami sospetti tra loro, il suo gran segreto è di occupare incessantemente gli uni e le altre; perché i loro lavori sono così differenti che l'ozio soltanto li può riunire. La mattina ognuno attende alle proprie occupazioni, nessuno ha modo e tempo di andare a disturbare quelle d'un altro. Il pomeriggio gli uomini badano al giardino, agli animali da cortile, o ad altre cure contadinesche; le donne lavorano nella camera dei bambini fino all'ora della passeggiata che fanno con quelli, spesso anche con la padrona, e che apprezzano come l'unico momento di prendere un po' d'aria. Gli uomini, abbastanza stanchi dal lavoro della giornata, non hanno gran voglia di andare a spasso, e si riposano stando a casa.

Tutte le domeniche dopo la predica della sera le donne tornano a riunirsi nella camera dei bambini, con qualche parente o amica invitata a turno con il consenso della signora. Intanto che aspettano una merendina offerta da lei, parlano, cantano, giuocano al volano, ai birilli, o a qualche altro giuoco di destrezza che possa piacere agli occhi dei bambini, aspettando che questi possano farli da sé. Poi viene la merenda, composta di latticini, di cialde, di ciambelle e d'altre cose che piacciono ai bambini e alle donne. Il vino è affatto escluso e gli uomini, che sempre compaiono assai raramente nel gineceo, non sono mai ammessi a questa merenda, alla quale spessissimo partecipa Giulia. Finora sono stato io l'unico privilegiato. A forza di insistenza domenica scorsa ebbi il permesso di accompagnarvela. Ebbe cura di esaltarmi questo favore, disse forte che me l'accordava quest'unica volta, e che l'aveva negato persino al signor di Wolmar. Figuratevi se la piccola vanità femminile era lusingata, e con che faccia un servitore avrebbe potuto pretendere di essere ammesso se anche il padrone era escluso!

Fu una merenda deliziosa. C'è mai cibo al mondo che possa sostenere il confronto coi latticini di qui? Immaginate come devono essere quelli che escono da una latteria alla quale sovrintende Giulia, e mangiati accanto a lei. La Fanchon mi servì latte cagliato con e senza crema, e brigidini e pan pepato. Ogni cosa spariva immediatamente. Giulia rideva del mio appetito. "Vedo" diceva porgendomi un altro piatto di crema "che il vostro stomaco si fa onore dappertutto, e che ve la cavate non meno bene a tavola con le donne che con i vallesani." "Non più impunemente" replicai; "a volte ci si ubriaca qui come là, e si può smarrire la ragione in una cascina come in una cantina." Lei abbassò gli occhi senza rispondere, arrossì e si mise a carezzare i suoi bambini. Tanto bastò per mettermi addosso un po' di rimorso. È stata la mia prima indiscrezione, milord, e spero che sarà l'ultima.

Su quella piccola assemblea regnava una cert'aria di antica semplicità che mi toccava il cuore; su tutti i volti leggevo la stessa allegria e forse una maggior schiettezza che se ci fossero stati degli uomini. Fondata sulla confidenza e l'affetto, la familiarità che regnava tra serve e padrona confermava il rispetto e l'autorità, le cortesie ricevute e rese non sembravan altro che testimonianze di una reciproca amicizia. Persino la scelta delle vivande contribuiva a far più interessante la riunione. I latticini e lo zucchero rispondono a uno dei gusti naturali del sesso, sono quasi il simbolo dell'innocenza e della dolcezza che ne formano il più caro ornamento. Gli uomini invece preferiscono in generale i sapori robusti e i liquori spiritosi; alimenti più adatti alla vita attiva e laboriosa che la natura gli impone; quando questi vari gusti cominciano ad alterarsi e confondersi, è quasi infallibilmente indizio della disordinata mescolanza dei sessi. Infatti ho notato che in Francia, dove le donne vivono continuamente con gli uomini, esse hanno perduto affatto il gusto dei latticini, e gli uomini molto quello del vino; mentre in Inghilterra, dove i due sessi sono meno confusi, il loro gusto particolare s'è mantenuto meglio. In generale direi che spesso si potrebbe trovare un indizio del carattere della gente nella scelta degli alimenti preferiti. Gli italiani che mangiano molti erbaggi sono effeminati e molli. In voi inglesi, grandi mangiatori di carne, e nelle vostre inflessibili virtù, c'è qualche cosa di duro che sa ancora di barbarico. Lo svizzero, naturalmente freddo, pacifico e semplice, ma violento e sfrenato nell'ira, gusta l'uno e l'altro, beve latte e beve vino. Il francese, pieghevole e volubile, mangia di tutto e si piega a tutti i caratteri. Persino Giulia potrebbe fornirmi un esempio: benché sia sensuale e ghiotta a tavola, non gusta né la carne, né le salse, né il sale, e non ha mai bevuto vino mero. Ottimi legumi, uova, crema, frutti: questi sono i suoi cibi soliti, e non fosse il pesce di cui è assai ghiotta sarebbe un'autentica pitagorica.

Non serve tenere a freno le donne se non si tenessero a freno anche gli uomini, e questa parte, non meno importante dell'altra, è anche più difficile; perché di solito l'attacco è più vivace della difesa: tale è l'intenzione del conservatore della natura. Nella repubblica i cittadini sono frenati dai costumi, dai principi, dalla virtù; ma in che modo frenare dei domestici, dei mercenari, se non con la costrizione e la soggezione? L'arte del padrone sta tutta nel saper nascondere questi freni sotto il velo del piacere o dell'interesse, così che siano indotti a pensare di volere ciò che sono costretti a fare. L'ozio domenicale, il diritto che non gli si può togliere di andare dove meglio gli aggrada quando i loro doveri non li trattengono in casa, spesso distruggono in un solo giorno l'esempio e le lezioni degli altri sei. L'abitudine dell'osteria, la pratica e l'esempio dei compagni, il commercio con femmine dissolute fanno presto a perderli, per il padrone e per se stessi; e così con mille difetti diventano incapaci al lavoro e indegni della libertà.

Si rimedia a questo inconveniente trattenendoli con le ragioni stesse che li inducono a uscire. Cos'andavano a fare altrove? A bere e giuocare all'osteria. Bevono e giuocano a casa. La sola differenza è che il vino non costa nulla, che non si ubriacano, e che se c'è chi guadagna al giuoco non c'è mai chi perde. Ecco in che modo si fa.

Dietro la casa c'è un viale coperto, lì è il campo da giuoco. Lì lacchè e servitori si riuniscono le domeniche d'estate dopo il sermone per giuocare; e giuocano non a denari, che non è lecito, né per vino, lo hanno gratuito: giuocano una posta fornita dalla liberalità dei padroni. La posta è sempre qualche oggetto o capo di vestiario. Il numero dei giuochi è proporzionato al valore della posta, così che quando la posta è d'una certa importanza, mettiamo delle fibbie d'argento, un fazzoletto da collo, o calze di seta, o un cappello fino o altro del genere, bisognerà disputarsela con parecchie partite. Non ci si limita a un sol genere di giuochi, ma si variano, perché colui che è più bravo in uno non si porti via tutti i premi, e perché tutti diventino più agili e forti con svariati esercizi. Ora si fa a chi arriva primo in capo al viale, ora a chi lancia più distante la stessa pietra, ora a chi regge più a lungo lo stesso peso. A volte si tira al bersaglio. A questi giuochi si aggiunge una piccola cerimonia che li prolunga e li fa divertenti. Spesso il padrone e la padrona li onorano con la loro presenza; a volte ci portano i bambini e anche gli estranei accorrono curiosi, molti anzi domandano di poter concorrere; ma nessuno è ammesso senza il beneplacito dei padroni e senza il consenso dei giuocatori, che evidentemente non hanno interesse a concederlo facilmente. A poco a poco quest'uso è diventato una specie di spettacolo nel quale gli attori, animati dagli sguardi del pubblico, preferiscono la gloria degli applausi al valore del premio. Diventati così più vigorosi e agili, si stimano di più, e si abituano a considerare ciò che sanno fare piuttosto che ciò che posseggono; e sebbene servi hanno più caro l'onore del denaro.

Sarebbe lungo enumerarvi tutti i vantaggi che si ricavano da una istituzione che potrebbe parere puerile ed è sdegnata dagli spiriti volgari; mentre è carattere del genio di produrre grandi effetti con piccoli mezzi. Il signor di Wolmar m'ha detto che spendeva sì e no cinquanta scudi l'anno per questi giuochi ideati per prima da sua moglie. "Ma" dice "quante volte credete che ricuperi questa somma, sia in casa che nei campi, grazie alla vigilanza e all'attenzione che mettono nel loro servizio dei domestici affezionati che ricevono anche i loro divertimenti dai padroni; grazie all'interesse che prendono per una casa che considerano casa loro; grazie al fatto che nei loro lavori applicano il vigore acquistato nel giuoco; inoltre si mantengono sempre sani, preservandoli in questo modo dai soliti eccessi dei loro pari e dalle malattie che sono solitamente la conseguenza di quegli eccessi; così si prevengono in loro le birbonate che il disordine porta immancabilmente con sé, e si conservano sempre onesti; infine abbiamo il piacere di avere in casa e con poca spesa dei divertimenti che ci sono graditi. Se poi tra la servitù c'è qualcuno, uomo o donna, che non gradisce le nostre regole e preferisce di andarsene liberamente dove crede, con qualche pretesto: non gliene neghiamo mai il permesso; ma consideriamo codesto gusto dell'indipendenza come un indizio assai sospetto, e non tardiamo molto a licenziare coloro che lo dimostrano. In tal modo quei divertimenti stessi che trattengono i migliori, servono da banco di prova per sceglierli."

Milord, confesso di non mai aver visto se non qui dei padroni che allo stesso tempo e con gli stessi uomini formano dei buoni domestici per il loro servizio personale, dei buoni contadini per lavorar la terra, dei buoni soldati per difendere la patria, e dei galantuomini in tutte le condizioni dove la fortuna li potrà chiamare.

D'inverno i piaceri cambiano specie, così come i lavori. La domenica tutta la servitù e anche i vicini, uomini e donne, si radunano dopo il servizio divino in una sala a pianterreno dove trovan fuoco, vino, frutta, dolci e un violino per ballare. La signora di Wolmar non manca mai, compare almeno per qualche momento per mantenere con la sua presenza l'ordine e la modestia; e non di rado balla anche lei, magari con un servo. Quando lo seppi mi parve che fosse cosa meno conforme alla severità del costume protestante. Lo dissi a Giulia, ed ecco pressappoco cosa mi rispose:

"La pura morale è talmente carica di severi doveri che, se la si sovraccarica con inutili formalità, quasi sempre è a spese dell'essenziale. Dicono che così càpiti alla maggior parte dei frati i quali, sottomessi a mille inutili regole, non sanno più cosa sia onore e virtù. È un difetto che regna meno tra noi, però non ne siamo del tutto esenti. I nostri pastori, pur essendo superiori in fatto di saggezza a tutti gli altri preti, così come la nostra religione è superiore a tutte le altre in santità, seguono tuttavia alcune massime che sembrano fondate su un pregiudizio piuttosto che sulla ragione. Una di queste è quella che biasima il ballo e le riunioni, come se fosse peggio ballare che cantare (e sono due divertimenti egualmente ispirati dalla natura), e come se fosse un delitto rallegrarsi in compagnia con una ricreazione innocente e onesta. Io invece penso che ogni volta che si riuniscono i due sessi, ogni pubblico divertimento diventa innocente, per il fatto stesso che è pubblico; mentre la più lodevole occupazione è sospetta da solo a solo[a]. L'uomo e la donna sono destinati l'uno all'altro, lo scopo della natura è che si uniscano in matrimonio. Ogni religione falsa combatte la natura; la nostra, che sola la segue e la rettifica, annunzia una istituzione divina e opportuna all'uomo. Quindi non deve aggiungere alle strette regole dell'ordine civile circa il matrimonio delle difficoltà che non sono prescritte dal vangelo e sono contrarie allo spirito del cristianesimo. Di grazia, mi si dica dove i giovani dei due sessi possono trovare l'occasione di concepir simpatia reciproca e di incontrarsi con più decenza e circospezione che in una riunione dove gli occhi del pubblico li vegliano e li costringono a sorvegliarsi con la massima cura. Come si offenderà Dio in un esercizio piacevole e salutare, conforme alla vivacità giovanile, che consiste nel presentarsi a vicenda con grazia e decenza, e al quale gli spettatori impongono una gravità dalla quale nessuno ardirebbe scostarsi? Si può forse immaginare un mezzo più onesto di non ingannare nessuno, almeno per quanto tocca l'aspetto, e di farsi vedere con i pregi e le manchevolezze che si hanno alla gente interessata a conoscerci bene prima di mettersi a volerci bene? Il dovere di amarsi a vicenda non comporta fors'anche quello di piacersi, e non è forse una sollecitudine degna di due persone virtuose e cristiane, che pensano a unirsi, quella di preparare in tal modo i loro cuori al mutuo amore che Dio impone loro?

"Cosa capita, nei luoghi dove regna una perpetua co-

[a] Nella mia *Lettera a D'Alembert sugli spettacoli* ho trascritto dalla presente il brano che segue, e alcuni altri; ma siccome allora attendevo a preparare questa edizione, mi parve di dover aspettare che fosse pubblicata per citare quello che ne avevo cavato. *(N.d.A.)*

strizione, dove si castiga come un delitto la più ingenua allegria, dove i giovani dei due sessi non ardiscon
mai riunirsi in pubblico, e dove l'indiscreta severità d'un
pastore non è capace di predicare in nome di Dio che
una servile soggezione e la tristezza e la noia? Si elude
un'intollerabile tirannia, condannata dalla natura e dalla ragione; ai piaceri leciti di cui la si priva una gioventù allegra e scherzosa ne sostituisce altri più pericolosi.
I convegni segreti astutamente combinati pigliano il posto delle pubbliche adunate. A furia di nascondersi come se si fosse colpevoli, nasce la tentazione di esserlo.
La gioia innocente volentieri si manifesta alla luce, ma
il vizio è amico delle tenebre, l'innocenza e il mistero
non abitarono mai a lungo insieme. Mio caro amico,"
mi disse stringendomi la mano come per comunicarmi
il suo pentimento e trasmettere al mio cuore la purità
del suo "chi meglio di noi deve sentire tutta l'importanza di questa massima? Quanti dolori e quante pene,
quanti rimorsi e quante lagrime ci saremmo risparmia-
ti, in tanti anni, se amando tutti e due la virtù come
sempre abbiamo fatto, avessimo saputo prevedere da
lontano i pericoli ai quali è esposta nei convegni segreti!

"Torno a dire," continuò la signora di Wolmar in
tono più tranquillo "non è nelle numerose adunanze,
dove tutti ci vedono e ci sentono, ma nei convegni privati, nei quali regna la segretezza e la libertà, che i costumi sono esposti ai rischi. Con questa persuasione
sono ben contenta, quando i domestici dei due sessi si
radunano, son ben contenta che ci siano tutti. Anzi approvo che invitino quelli tra i giovani del vicinato il
cui commercio non può riuscire nocivo, e sento con
grandissimo piacere che per lodare i costumi di qualche giovane vicino la gente dica: è ammesso in casa
dei signori Wolmar. In questo poi abbiamo anche un'altra mira. Gli uomini al nostro servizio sono tutti scapoli, e tra le donne la governante dei bambini è ancora nubile; non è giusto che la segregazione in cui vivono qui gli uni e gli altri li privi dell'occasione di un
buon matrimonio. In queste piccole assemblee cerchiamo di procurar loro quell'occasione sotto i nostri occhi,
per aiutarli a sceglier meglio, e contribuendo così a for-

mare delle unioni felici aumentiamo la felicità della nostra.

"Dovrei ora giustificarmi, siccome ballo anch'io con questa brava gente; ma preferisco lasciarmi condannare senz'altro, confesso sinceramente che la vera ragione è il piacere che ci trovo. Sapete che ho sempre condiviso la passione che la mia cugina ha per il ballo; ma dopo la morte di mia madre rinunciai per sempre al ballo e a qualsiasi riunione pubblica. Ho tenuto parola persino nelle mie nozze, e la terrò, senza però credere di violarla ballando qualche volta qui in casa con i miei ospiti e i miei domestici. È un esercizio utile alla salute, nell'esistenza sedentaria che si è costretti a fare durante l'inverno. È un innocente divertimento; perché quando ho ballato molto il mio cuore non mi rimprovera per niente. Anche il signor di Wolmar si diverte; in questo ogni mia civetteria si limita a fargli piacere. Per me viene anche lui dove si balla; così la servitù è più contenta sentendosi onorata dagli sguardi del padrone; e danno segni di gioia vedendomi tra loro. Finalmente mi pare che questa familiarità moderata crea tra noi dei legami dolci e un'affezione che ci riconduce all'umanità naturale, temperando la bassezza della servitù e il rigore dell'autorità."

Ecco, milord, quanto mi disse Giulia a proposito del ballo, e io rimasi stupito vedendo come insieme a tanta affabilità potesse regnare tanta subordinazione, e come lei e suo marito sappiano scendere e mettersi così spesso al livello dei loro dipendenti senza che questi siano tentati di prenderli in parola e di sentirsi pari a loro. Non credo che esistano in Asia dei sovrani serviti nei loro palazzi con maggior rispetto che questi ottimi padroni in casa loro. Non c'è niente di meno imperioso dei loro ordini, e niente di così rapidamente eseguito. Pregano, e i servi volano; scusano, e quelli avvertono il loro fallo. Non ho mai sentito così bene che la forza delle cose che si dicono dipende assai poco dalle parole che si adoperano.

Il che m'ha suggerito un'altra riflessione sulla inutile gravità dei padroni. Sono disprezzati non tanto per la loro familiarità quanto per i loro difetti, e l'insolenza dei domestici annuncia un padrone vizioso piuttosto che debole: perché niente ispira loro tanta audacia quanto la cognizione dei suoi vizi, e tutti quelli che vanno scoprendo in lui sono altrettanti motivi, ai loro occhi, che li dispensano dall'ubbidire a un uomo che non rispettano più.

I servi imitano i padroni, e imitandoli rozzamente fanno anche più evidenti nella loro condotta i difetti che una vernice di educazione nasconde in quelli. A Parigi mi facevo idea dei costumi delle signore che conoscevo sull'aria e il tono delle loro cameriere, ed è una regola che non m'ha mai ingannato. Non solo la cameriera, una volta che s'è fatta depositaria del segreto della padrona, le fa pagar cara la sua discrezione; ma agisce come la padrona pensa, e svela le di lei massime mettendole goffamente in pratica. In ogni cosa l'esempio dei padroni è più forte della loro autorità, e non è naturale che i servitori siano più onesti di loro. Si ha un bel gridare, imprecare, maltrattare, scacciare, sbrattare la casa: non così ci si procura un servizio per bene. E se colui al quale non importa di essere disprezzato e odiato si considera servito bene, vuol dire che si contenta di quanto vede e di una precisione apparente, senza calcolare mille mali segreti che continuamente gli si fanno, e dei quali non scorge mai l'origine. Ma dov'è l'uomo così spoglio del senso d'onore da sopportare il disprezzo di quanti gli stanno intorno? Dov'è la donna abbastanza abbietta da non più esser sensibile alle offese? Quante signore, a Parigi e a Londra, che si considerano onoratissime, scoppierebbero a piangere se sentissero ciò che si dice di loro in anticamera. Fortunatamente riescono a stare in pace figurandosi che questi Argo sono degli imbecilli, e lusingandosi che non vedono niente di quanto esse non si degnano di nascondere. Perciò nella loro ribelle ubbidienza non nascondono affatto alle padrone tutto il disprezzo che nutrono per loro. Padroni e servitori sentono che non val la pena di farsi stimare reciprocamente.

Mi sembra che il giudizio dei domestici sia la più sicura e difficile prova della virtù dei padroni; e mi ricordo, milord, di aver giudicato bene della vostra nel Vallese, senza conoscervi, semplicemente osservando che, pur parlando piuttosto bruscamente ai vostri servi, essi vi erano pur assai affezionati, e che tra loro dimostravano non meno rispetto per voi assente che se foste stato presente. È stato detto che non esiste eroe per il proprio cameriere; forse è vero; ma l'uomo giusto è stimato dal suo servitore: il che dimostra bene che l'eroismo non è che una vana apparenza, e che non c'è nulla di solido se non la virtù. In questa casa soprattutto si riconosce la forza del suo impero nel suffragio dei domestici. Suffragio che è tanto più certo in quanto non consiste in vani elogi, ma nella naturale espressione di quanto sentono. Non udendo mai niente che possa loro far credere che gli altri padroni non somigliano ai loro, non li lodano di virtù che suppongono comuni a tutti; ma nella loro semplicità lodano Iddio di aver posto dei ricchi sulla terra, per la felicità di chi li serve e per il sollievo dei poveretti.

La servitù è così poco naturale all'uomo che non potrebbe esistere senza qualche lamentela. Tuttavia si rispetta il padrone e non se ne dice nulla. Che se si lascia sfuggire qualche mormorazione contro la padrona, è cosa che vale anche più degli elogi. Nessuno si lagna di non godere della di lei benevolenza, ma perché quella benevolenza è accordata a tutti; nessuno può tollerare che ella metta a confronto il proprio zelo con quello dei compagni, ognuno vorrebbe essere primo nelle sue grazie, come si crede primo nella devozione. Quest'è la sola lamentela e la loro massima ingiustizia.

Alla subordinazione degli inferiori si unisce la concordia tra gli eguali, e questa parte dell'amministrazione domestica non è la meno difficile. Nelle rivalità di gelosia e di interesse che dividono continuamente i domestici d'una casa, anche se, così poco numerosi come in questa, essi non rimangono mai uniti che a spese del padrone. Se si intendono, è per derubarlo insieme; se sono fedeli, ognuno si fa valere a spese degli altri; bisogna che siano o nemici o complici, si stenta a vedere il modo di evitare insieme la loro birbanteria e le loro dissensioni. La maggior parte dei padri di famiglia non conoscono altro che l'alternativa tra questi due inconvenienti. Gli uni preferiscono l'interesse all'onestà, quindi favoriscono l'inclinazione dei servitori alle denunce segrete, e si immaginano che sia un capolavoro questo farli spioni e sorveglianti gli uni degli altri. Altri più indolenti preferiscono essere derubati e vivere in pace; si fanno una specie di punto d'onore di sempre accoglier male gli avvertimenti che qualche volta un verace zelo strappa a un fedele servo. Si ingannano sia gli uni che gli altri. I primi eccitano continuamente dei torbidi in casa, incompatibili con la regola e il buon ordine; mantengono un branco di bricconi e di delatori che si tradiscono tra loro e forse si preparano così a tradire un giorno i padroni. I secondi, ricusando di sapere ciò che capita in casa loro, autorizzano le cospirazioni a loro danno, incoraggiano i malvagi, disgustano i buoni e a grandi spese non fanno altro che mantenere dei birboni arroganti e pigri i quali, mettendosi d'accordo a spese del padrone, considerano i loro servizi come tante grazie e i loro furti come un diritto*.

Nell'economia domestica, come in quella civile, è un grande errore il voler combattere un vizio con un altro, o formare tra loro una specie di equilibrio, come se ciò che scalza i fondamenti dell'ordine potesse mai giovare a consolidarlo! Con questa pessima politica non si fa altro che riunire tutti gli svantaggi. I vizi tollerati in una casa non vi regnano soli; permettete che uno spunti, subito sarà seguito da mille. In breve rovinano i servi che li hanno e il padrone che li tollera, corrompono o scandalizzano i bambini che li osservano attentamente. Qual padre indegno ardirebbe barattare un qualsiasi vantaggio con quest'ultimo male? Qual galantuomo vorrebbe mai essere capo di famiglia, se non gli fosse possibile riunire in casa sua la pace e la fedeltà, e se occorresse comperare lo zelo dei domestici a spese della loro reciproca benevolenza?

Colui che avesse visto soltanto questa casa non riuscirebbe a immaginare che possa esistere tale difficoltà, da tanto l'unione dei membri pare derivi dalla loro devozione ai capi. Qui si trova la dimostrazione concreta che non si può amare sinceramente il padrone senza amare tutto ciò che gli appartiene; verità che è ba-

---

* Ho osservato da vicino l'organizzazione delle grandi case, e ho visto chiaramente che è impossibile che il padrone il quale ha venti domestici riesca mai a sapere se tra loro c'è un galantuomo, e che non pigli per tale il più scellerato di tutti. Basterebbe questo a disgustarmi della condizione dei ricchi. Uno dei piaceri più dolci della vita, il piacere cioè della fiducia e della stima, per codesti infelici non esiste più: comperano il loro oro a ben caro prezzo. *(N.d.A.)*

se della carità cristiana.[1] Non è forse cosa assai semplice che i figli dello stesso padre si trattino tra loro da fratelli? Così ci dicono ogni giorno nel tempio, senza farcelo sentire; così sentono gli abitanti di questa casa senza che glielo si dica.

Questa disposizione alla concordia comincia con la scelta dei domestici. Il signor di Wolmar non si preoccupa soltanto, accogliendoli, se convengono a sua moglie o a lui, ma anche se si convengono tra loro; una schietta antipatia tra due ottimi servitori basterebbe per farne licenziare uno immediatamente: perché, come dice Giulia, una casa così poco numerosa, una casa dalla quale non escono mai e dove si trovan sempre vicini gli uni agli altri, deve essere gradita a tutti; sarebbe un inferno per loro se non fosse una casa di pace. Devono considerarla come la loro casa paterna, dove tutti compongono una sola famiglia. Basterebbe uno solo che spiacesse agli altri per renderla odiosa a tutti, e avendo sempre davanti agli occhi codesto sgradevole compagno, non si troverebbero bene né per loro né per i padroni.

Dopo di averli accordati con ogni cura, si cerca di unirli tra loro con le cortesie che in certo senso sono costretti a farsi, e si fa in modo che ognuno abbia un interesse sensibile a essere amato da tutti i compagni. Nessuno è accolto meglio di colui che viene a chiedere non per sé ma per un altro; perciò colui che desidera ottenere una grazia cerca di indurre un altro a parlare in suo favore, cosa tanto più facile in quanto, sia che la grazia è accordata o meno, se ne fa sempre un merito a colui che se ne è fatto intercessore. Invece si respingono coloro che non pensano che a sé. "Perché mai" dicono loro "dovrei concedere ciò che mi si chiede per voi, che non avete mai domandato niente per nessuno? È forse giusto che voi siate più fortunato dei vostri compagni, perché sono più cortesi di voi?" Si fa anche di più, li si incoraggia a rendersi reciprocamente dei favori, senza ostentazione, senza mettersi in vista. Il che è tanto meno difficile da ottenere in quanto sanno benissimo che il padrone, testimonio di questa discrezione, accresce la sua stima per loro; di modo che ci guadagna l'interesse e l'amor proprio non ci perde nulla. Sono così convinti di questa disposizione generale, e tra

484

loro regna una così gran fiducia, che quando qualcuno ha da chiedere una grazia ne accenna nella conversazione a tavola; spesso senza aver fatto altro vede che la cosa è stata chiesta e ottenuta, non sa a chi dir grazie e si sente riconoscente verso tutti.

Con questo e altri simili mezzi si fa regnare tra loro una devozione che nasce da quella che tutti hanno per il padrone, e che gli è subordinata. Perciò, non solo non se la intendono a suo danno, ma non si uniscono che per servirlo meglio. Per interesse che abbiano a volersi bene tra loro, ne hanno uno anche maggiore a piacere al padrone; lo zelo per il suo servizio è più grande della loro reciproca benevolenza; e siccome si considerano tutti danneggiati dalle perdite che gli impedirebbero di ricompensare un buon servitore, sono egualmente incapaci di sopportare in silenzio il danno che uno di loro gli vorrebbe fare. Questa parte della regola stabilita in casa mi sembra avere qualcosa di sublime, e non riesco ad ammirare bastevolmente il modo con cui i signori di Wolmar hanno saputo mutare il vile mestiere del delatore in una funzione di zelo, di integrità, di coraggio, non meno nobile o diciamo non meno lodevole che presso i romani.

Hanno cominciato distruggendo o prevenendo in modo chiaro e semplice, e con esempi concreti, quella colpevole e servile morale, quella reciproca tolleranza a danno del padrone che un servo malvagio sempre va predicando ai buoni, come fosse una massima caritatevole. Hanno fatto capir loro ben bene che il comandamento di non svelare le colpe del prossimo non si riferisce che a quelle che non danneggiano nessuno; che vedere un'ingiustizia che pregiudica un terzo e tacere è come farsene autore; e che, siccome è soltanto il sentimento dei nostri propri difetti che ci costringe a perdonare quelli del prossimo, nessuno consente a tollerare i malvagi se non è malvagio lui stesso. Su queste massime, vere generalmente da uomo a uomo, e anche più rigorose nel più stretto rapporto tra servo e padrone, si considera verità incontestabile che colui che vede fare un danno ai padroni senza denunciarlo è più colpevole ancora di colui che lo commette; perché quest'ultimo si lascia traviare dal profitto che pensa di poter ricavare dalla sua azione, mentre nell'altro, freddamente e senza interesse, il silenzio ha come unico motivo una profonda indifferenza per la giustizia, per il bene della casa che serve, e un segreto desiderio di imitare l'esempio da lui taciuto. Così che quando si tratti d'una colpa considerevole, colui che l'ha commessa può qualche volta sperare nel perdono, ma il testimonio che ha taciuto è immancabilmente congedato come uomo portato al male.

Per contro non si tollera nessuna accusa che possa esser sospetta di ingiustizia o di calunnia; come dire che non se ne accetta che in presenza dell'accusato. Se qualcuno si presenta privatamente a fare qualche rapporto contro un suo compagno, o a lagnarsi personalmente di lui, gli domandano se si è bastantemente informato, cioè se ha cominciato chiarendo la cosa con colui del quale si lagna. Se dice di no, gli si domanda come mai può giudicare un'azione della quale non conosce abbastanza i motivi. Gli si fa osservare che quell'azione dipende magari da qualche motivo a lui sconosciuto; che c'è forse qualche circostanza che la può giustificare o scusare. Come mai ardite condannare questa condotta, gli dicono, prima di conoscere le ragioni di colui che l'ha tenuta? Una parola di chiarimento l'avrebbe magari giustificata ai vostri occhi, perché rischiare di biasimarla ingiustamente ed esporci a condividere la vostra ingiustizia? Se poi afferma di aver parlato con l'accusato: perché mai, gli replicano, venite senza di lui, come se aveste paura di sentirlo smentire ciò che voi dite? Con che diritto trascurate per me la precauzione che avete creduto bene di prendere per voi? È forse giusto che io giudichi fondandomi sul vostro rapporto un'azione che voi non avete voluto giudicare sulla testimonianza dei vostri occhi, e non sareste forse responsabile del giudizio parziale che ne potrei dare, se mi contentassi della vostra sola deposizione? Poi gli propongono di chiamare l'accusato; se consente, la cosa è subito regolata; se si oppone lo mandan via con una buona lavata di capo, ma non palesano la cosa; poi osservano così bene i due interessati che ben presto sanno quale dei due aveva torto.

È una regola così nota e saldamente stabilita che non si sente mai un domestico di questa casa sparlare d'un compagno assente, perché tutti sanno che quello è il modo di passare per codardo e mentitore. Quando uno di loro ne accusa un altro, lo fa apertamente, schiettamente, e non soltanto in sua presenza, ma davanti a tutti i compagni, per poi avere nei testimoni del suo dire i garanti della sua buona fede. Quando si tratti di liti personali, si appianano quasi sempre grazie a qualche mediatore, senza importunare la signora; ma se si tratta del sacro interesse del padrone, la cosa non può rimanere segreta: bisogna che il colpevole si accusi o che qualcuno lo accusi. Questi minimi processi sono assai rari, e si celebrano soltanto a tavola, quando Giulia compare come ogni giorno al pranzo o alla cena della servitù; e il signor di Wolmar dice ridendo che sono le sue udienze solenni. Ascoltate pazientemente l'accusa e la difesa, se la cosa riguarda il suo servizio ella ringrazia l'accusatore del suo zelo. "So" gli dice "che volete bene al vostro compagno, me ne avete sempre parlato bene, e vi lodo perché l'amore del dovere e della giustizia vince in voi gli affetti privati: così agisce un servo fedele e un uomo onesto." Poi, se l'accusato non è colpevole, aggiunge sempre qualche lode alla sua giustificazione. Ma se risulta colpevole, gli risparmia una parte della vergogna davanti ai compagni. Suppone che abbia qualche cosa da dire in sua discolpa, e che non la vuole dichiarare davanti a tutti; gli stabilisce un'ora per ascoltarlo in privato, e allora o lei o suo marito gli parlano come merita. La cosa singolare è che il più severo dei padroni non è il più temuto, e che si ha meno paura delle gravi ammonizioni del signor di Wolmar che dei patetici rimproveri di Giulia. Quello, facendo parlare la giustizia e la verità, umilia e confonde i colpevoli; questa eccita in loro un mortale rincrescimento di esser tali, facendo vedere quello che lei prova trovandosi costretta a toglier loro la sua benevolenza. Spesso gli strappa lagrime di dolore e di vergogna, e non di rado si commuove anch'ella vedendo il loro pentimento, nella speranza di non esser costretta a mantener parola.

Colui che volesse giudicare di tutti questi riguardi fondandosi su quanto capita in casa sua o dal vicino, potrebbe forse trovarli inutili o spiacevoli. Ma voi, milord, che avete così grandi idee dei doveri e dei piaceri del padre di famiglia, e che conoscete il naturale impero che il genio e la virtù esercitano sul cuore umano, voi capite l'importanza di questi particolari e intendete da cosa dipende il loro successo. Non è la ricchezza che fa ricchi, dice il *Romanzo della Rosa*[1]. I beni d'un uomo non stanno nei suoi forzieri, ma nell'uso che fa di quanto vi attinge; perché non facciamo nostre le cose che possediamo se non adoperandole, e gli abusi sono sempre più inesauribili delle ricchezze; perciò non si gode in proporzione di ciò che si spende, ma in proporzione di una spesa ben ordinata. Un pazzo può gettare verghe d'oro nel mare e dire che ne ha goduto: ma che rapporto tra questo stravagante godimento e quello che un uomo savio avrebbe saputo cavare da una somma assai minore? Soltanto l'ordine e la regola che moltiplicano e perpetuano l'uso dei beni possono trasformare il piacere in contentezza. Perché, se la vera proprietà nasce dal rapporto tra le cose e noi; se si è ricchi non tanto per l'acquisto delle ricchezze quanto per l'uso che ne facciamo, cosa starà a cuore del padre di famiglia più dell'economia domestica, e del buon governo della casa, dove tutto si riferisce a lui direttamente, e dove il benessere di ogni membro accresce quello del capo?

I più ricchi sono forse i più felici? Quanto giova dunque l'opulenza alla felicità? Qualsiasi casa ben ordinata è immagine del padrone. Le pareti dorate, il lusso e la magnificenza non proclamano che la vanità di colui che ne fa pompa; mentre invece dove vedrete regnare la regola sorridente, la pace senza schiavitù, l'abbondanza senza scialo, dite con certezza: qui comanda un uomo felice.

Quanto a me penso che il segno più sicuro della vera contentezza dello spirito è la vita ritirata e domestica; e chi continuamente corre a cercarla altrove vuol dire che non la trova in casa sua. Un padre di famiglia che si compiace nella sua casa, in compenso delle continue cure che le consacra gode continuamente dei più dolci sentimenti naturali.[2] Solo di tutti i mortali, è padrone della sua felicità, perché è felice come Dio stesso, senza nulla desiderare all'infuori di quanto gode; come quell'essere immenso, non pensa ad aumentare i suoi possedimenti ma a farseli veramente suoi con rapporti più perfetti e con un governo meglio inteso; non si arricchisce con nuovi acquisti, si arricchisce possedendo meglio ciò che ha. Non godeva che delle rendite delle sue terre, ora gode delle terre stesse vigilandone la coltura e percorrendole continuamente. Il suo domestico gli era estraneo: ora lo fa suo, se lo appropria, ne fa il suo figliuolo. Non aveva diritto che sulle sue azioni, ora ne ha sulla sua volontà. Non era padrone che grazie al denaro, ora lo è grazie al sacro impero della stima e dei benefici. Anche se la fortuna lo spogliasse dei suoi beni, non potrebbe però togliergli i cuori che gli sono affezionati, non toglierà i suoi figli al padre; ecco tutta la differenza: ieri era lui che li nutriva, domani saranno loro a nutrir lui. Così si impara a veramente godere dei propri beni, della propria famiglia e di se stesso; così le minime faccende d'una casa diventano deliziose per l'uomo che ne sa apprezzare il valore; così non solo non considera i suoi doveri come un peso, ma ne forma la sua felicità, e da queste nobili e belle funzioni ricava la gloria e il piacere d'essere uomo.

Se questi preziosi vantaggi sono sprezzati o poco conosciuti, e se i pochi che li ricercano riescono così di rado a ottenerli, dipende dalla stessa ragione. Ci sono dei doveri semplici e sublimi che soltanto pochi sanno amare e compiere. Tali sono quelli del padre di famiglia, per i quali il tono e il frastuono del mondo non ispirano altro che disgusto, e che si compiono male anche quando vi si è indotti da motivi d'avarizia o d'interesse. C'è chi crede di essere un buon padre di famiglia e non è che un attento spilorcio; prospera il patrimonio e la casa va male. Per illuminare e dirigere così importante amministrazione e farla fiorire occorrono vedute più nobili. La prima sollecitudine, per il buon ordine di una casa, è di non tollerarvi che gente da bene, la quale non desideri segretamente di disturbare l'ordine. Ma la servitù e l'onestà vanno così d'accordo che si possa sperare di trovare dei domestici onesti? No, milord, per averli non bisogna cercarli, bisogna farli; e soltanto l'uomo da bene conosce l'arte di formarne altri. Un ipocrita ha un bel volersi dare le arie della virtù, non ne ispirerà il gusto a nessuno: se sapesse renderla amabile l'amerebbe anche lui. A che giovano fredde lezioni smentite da un continuo esempio, se non a far credere che colui che le impartisce si fa beffe dell'altrui credulità? Che assurda cosa dicono coloro che ci esortano a fare come dicono e come non fanno! Colui che non fa come dice non lo dice mai bene; perché gli manca il linguaggio del cuore che commuove e persuade. Ho ascoltato qualche volta certi discorsi goffamente preparati che si tengono davanti ai domestici come davanti ai ragazzi, per dar loro indirettamente delle lezioni. Non solo non ho mai creduto che se ne lasciassero persuadere, ma li ho sempre visti sogghignare segretamente dell'inetto padrone che li pigliava per sciocchi, snocciolando loro sguaiatamente delle massime che sapevano benissimo non essere le sue.

Tutte queste vane sottigliezze non hanno luogo in questa casa, l'arte dei padroni di foggiare i propri domestici come desiderano consiste nel farsi vedere così come si è. La loro condotta è sempre schietta e aperta, perché non temono che le loro azioni smentiscano i loro discorsi. Siccome non hanno per sé una morale differente da quella che vogliono dare agli altri, non devono essere circospetti nelle loro parole; una parola imprudente che gli scappi di bocca non distrugge i principi che si sono sforzati di stabilire. Non svelano indiscretamente tutti i loro affari, ma liberamente esprimono tutte le loro massime. A tavola, alla passeggiata, in privato o davanti a tutti, il linguaggio è sempre quello; si dice ingenuamente ciò che si pensa su qualsiasi cosa, e senza pensare a nessuno in particolare, ognuno ne può ricavare qualche istruzione. Siccome i domestici non vedono mai i padroni fare qualche cosa che non sia diritto, giusto ed equo, non considerano la giustizia come il tributo del povero, come il giogo dello sventurato, come una delle miserie della loro condizione. Si bada di non far correre invano gli operai e di non fargli perdere intere giornate per venire a sollecitare il salario dovutogli, e così si avvezzano a sentire il valore del tempo. Vedendo come i padroni tengono da conto il tempo altrui, ognuno conclude che il suo proprio è prezioso per loro e considera l'ozio grande colpa. La fiducia che i domestici hanno nell'integrità dei padroni, conferisce ai loro ordinamenti un'autorità indiscussa che previene ogni abuso. Non si teme che nella gratificazione settimanale la padrona sia sempre del parere che il più diligente sia stato il più giovane o il più piacente. Un vecchio servitore non teme che gli facciano storie per aver pretesto a negargli l'aumento del salario. Non si spera di approfittare della loro discordia per mettersi in mostra e ottenere da uno ciò che un altro avrà rifiutato. Quelli che stanno per accasarsi non temono che gli creino ostacoli per poterlo trattenere più a lungo, e che la sua fedeltà gli riesca di danno. Se qualche servo estraneo venisse a dire a questi domestici che padrone e servitù sono in un vero e proprio stato di guerra, che i servi facendo tutto il possibile male al padrone esercitano una giusta rappresaglia, che siccome i padroni sono usurpatori, bugiardi e birbanti non c'è nessun male a trattarli come loro trattano il principe o il popolo o i privati, e a render loro astutamente il male che loro fanno scopertamente: colui che tenesse simili discorsi non sarebbe inteso da nessuno. Qui non si pensa nemmeno a combattere o prevenire simili discorsi; soltanto coloro che li fanno nascere sono costretti a confutarli.

Non c'è mai né malumore né malanimo nell'ubbidienza, perché non c'è né alterigia né capriccio nel comando, perché non si domanda niente che non sia sensato e utile, e perché si rispetta abbastanza la dignità dell'uomo anche se servo per non impiegarlo in cose che lo avviliscano. Inoltre qui non c'è che il vizio che sia abbietto, tutto ciò che è utile e giusto è onesto e opportuno.

Se non si tollera nessun raggiro al di fuori, bisogna dire che nessuno è tentato di farne. Sanno benissimo che la loro fortuna più certa è legata a quella del padrone, e che non mancherà loro niente finché la casa sarà prospera. Servendola provvedono quindi al loro patrimonio, e lo aumentano facendo piacevole il servizio: è il loro massimo interesse. Ma codesta parola non è al posto suo in quest'occasione, perché non ho mai veduto nessun ordinamento nel quale l'interesse fosse così saggiamente diretto e avesse così poca influenza come in questo. Si fa tutto per devozione; si direbbe che queste anime venali si purificano entrando in questo soggiorno della saggezza e dell'unione. Si direbbe che una parte dei lumi del padrone e dei sentimenti della padrona si sono trasfusi in ognuno dei domestici, da tanto sono giudiziosi, benefici, onesti e superiori alla loro condizione. La loro massima ambizione è quella di farsi stimare, considerare, benvolere; e apprezzano le buone parole che gli dicono come altrove i regali che gli danno.

Ecco, milord, le principali osservazioni sulla parte dell'economia di questa casa che concerne i domestici e i mercenari. Circa il tenore di vita dei padroni e il governo dei bambini, son due argomenti che meritano una lettera apposita.[1] Sapete con che intenzione ho cominciato queste osservazioni: ma in verità tutto concorre a comporre un quadro così affascinante che per goderselo non occorre altro che il piacere che ci si trova.

LETTERA XI

A MILORD EDOARDO

No, milord, non mi disdico; non si vede niente in questa casa che non unisca il piacevole all'utile; ma le occupazioni utili non si limitano alle cure che danno profitto; comprendono anche qualsiasi svago innocente e semplice che favorisce il gusto del ritiro, del lavoro, della moderazione, e mantiene in colui che lo esercita un'anima sana, un cuore libero dai tumulti della passione. Se l'indolente ozio non genera altro che tristezza e noia, i piaceri d'un dolce agio son frutti d'una vita laboriosa. Non si lavora che per godere; quest'alternativa di pena e di godimento è la nostra vera vocazione. Il riposo che ci ristora delle fatiche trascorse e ci incoraggia a farne altre è necessario all'uomo non meno del lavoro stesso.

Dopo di aver ammirato l'effetto della vigilanza e delle cure della più rispettabile madre di famiglia nell'ordine della sua casa, ho vìsto quello dei suoi svaghi in un luogo appartato che è la sua passeggiata preferita e che chiama il suo Eliso[1].

Eran parecchi giorni che sentivo parlare di questo Eliso circondato da un certo mistero. Finalmente ieri dopo il pranzo, che il gran caldo era intollerabile non meno in casa che fuori, il signor di Wolmar propose a sua moglie di accordarsi un po' di vacanza, e invece di ritirarsi come di solito nella camera dei bambini fin quasi a sera, di venire con noi a respirare nel verziere. Ella acconsentì, e ci andammo insieme.

Quel luogo, benché vicinissimo alla casa, è così ben nascosto dal viale coperto che ne lo separa, che non lo si vede da nessuna parte. Il fitto fogliame che lo circonda non concede all'occhio di penetrare; ed è sempre attentamente chiuso a chiave. Ero appena dentro che, voltandomi, non vidi più da che parte ero entrato, la porta è talmente vestita di alni e nocciuoli che non concedono che due stretti passaggi laterali; e non vedendo più la porta mi parve di esser lì come piovuto dal cielo.

Entrando in quel preteso verziere fui colpito da una piacevole sensazione di frescura che il cupo rezzo, la verzura animata e vivace, i fiori ovunque sparsi, il chioccolio di acque correnti e il canto di mille uccelli comunicarono alla mia immaginazione non meno che ai miei sensi; ma in pari tempo mi parve di scorgere il posto più selvatico e più solitario della natura, mi sembrava di essere il primo mortale che mai fosse penetrato in quel deserto. Meravigliato, colpito, trasportato da uno spettacolo così imprevisto, rimasi immobile un momento ed esclamai, rapito da un involontario entusiasmo: "O Tinian! o Juan Fernandez[a]! Giulia, avete a portata di mano il mondo più remoto!" "Parecchi hanno la vostra stessa impressione" disse lei con un sorriso; "ma venti passi bastano a ricondurli a Clarens: vediamo un poco se l'incantesimo durerà più a lungo per voi. Questo è lo stesso verziere dove avete passeggiato altre volte, e dove con mia cugina facevate battaglie a colpi di pesche. Ricordate che l'erba era piut-

[a] Isole deserte dei mari del Sud, celebrate nel viaggio dell'ammiraglio Anson. (N.d.A.)

tostc arida, gli alberi radi, l'ombra piuttosto scarsa, e che non c'era acqua. Eccolo adesso fresco, verde, frònzuto, ornato, fiorito, irrigato; quanto credete che mi sia costato a metterlo nello stato attuale? Perché è opportuno che vi dica che io ne sono la sovrintendente, e che mio marito me ne lascia disporre a mio talento." "Ma" le risposi "credo che non vi sia costato che un po' di negligenza. È un posto incantevole, è vero ma agreste e abbandonato; non vedo traccia di lavoro umano. Avete chiusa la porta; l'acqua ci è venuta non so come; la natura sola ha provveduto a tutto il resto, voi stessa non sareste stata capace di fare altrettanto." "È vero" disse lei "che la natura ha fatto tutto, però sotto la mia direzione, e non c'è niente che non sia stato ordinato da me. Torno a dire: indovinate." "Anzitutto," dissi "non capisco come mai con il lavoro e il denaro sia stato possibile sostituire il tempo. Gli alberi..." "Quanto a questo," disse il signor di Wolmar "osserverete che non ce n'è molti di alti, e son quelli che già c'erano. Inoltre, Giulia ha cominciato assai prima del matrimonio, quasi subito dopo la morte di sua madre, quando venne qui con suo padre a cercare la solitudine." "Be'," dissi "poiché dite che questi gruppi d'alberi, queste grandi pergole, queste verzure pendule, questi boschetti così ben ombreggiati sono cresciuti in sette o otto anni, e che l'arte vi ha concorso, suppongo che se avete fatto tutto, in un recinto così vasto, per duemila scudi, ve la siete cavata a buon mercato." "Non dite che duemila scudi di troppo" disse lei; "non m'è costato niente." "Ma come, niente?" "No, niente; a meno che vogliate calcolare una dozzina di giornate l'anno del mio giardiniere, altrettante di un paio di servitori nostri, e qualcuna del signor di Wolmar che qualche volta s'è degnato di farmi da garzone giardiniere." Non capivo nulla di quel mistero; ma Giulia, che fino allora m'aveva tenuto fermo, mi disse lasciandomi andare: "Continuate e capirete. Addio, Tinian, addio Juan Fernandez, addio ogni incanto! Fra un momento sarete di ritorno d'in capo al mondo".

Mi misi a percorrere estatico quel verziere così metamorfosato; e se non vi trovai piante esotiche e prodotti delle Indie, ci trovai quelli indigeni disposti e riuniti in modo da produrre un effetto più ridente e pia cevole. L'erbetta verdeggiante, folta ma corta, era mista di serpillo, di menta, di timo, di maggiorana e d'altre erbe odorose. Vi brillavano mille fiori dei campi, tra i quali l'occhio ne discerneva con meraviglia alcuni di giardino che parevano crescere spontanei con gli altri. Ogni tanto incontravo tratti ombrosi, impenetrabili ai raggi del sole, come nelle più folte foreste; erano alberi più flessibili, di cui avevano incurvati i rami fino a terra e costretti a mettervi radici, facendo con arte ciò che spontaneamente fanno i manghi in America. Nei luoghi più scoperti vedevo qua e là, senz'ordine né simmetria, cespugli di rose, di lamponi, di ribes, e folti di giaggioli, di nocciuoli, di sambuchi, di serenelle, di ginestre, di trifogli che vestivan la terra e la facevan sembrare incolta. Seguivo viali tortuosi e irregolari costeggiati di queste macchie fiorite e coperti di mille ghirlande di vigna di Giudea, di vite vergine, di luppolo, di convolvoli, di clematidi e altre piante del genere, tra le quali il gelsomino e il caprifoglio si degnavano di mescolarsi. Parevano ghirlande negligentemente gettate da un albero all'altro, come avevo osservato altre volte nelle foreste, e formavano sopra di noi come un baldacchino che ci riparava dal sole, mentre sotto i piedi avevamo un morbido asciutto e comodo tappeto formato dal muschio fino, senza sabbia né erba né scabri germogli. Allora soltanto mi accorsi non senza sorpresa che quelle verdi e folte ombre che mi avevano tanto colpito da lontano non eran formate che da questi parassiti rampicanti i quali, guidati intorno agli alberi, ne circondavano le fronde con un foltissimo fogliame e davan ombra e frescura ai loro piedi. Osservai che persino, con un mezzo assai semplice, avevan fatto metter radice a vari di questi rampicanti sui tronchi degli alberi, così che si spandevano anche più dovendo fare meno strada. Capirete che in questo groviglio i frutti non si avvantaggiano gran che; ma soltanto qui si è sacrificato l'utile al gradevole, nelle altre terre si sono curati alberi e piante così bene che pur con questo verziere in meno il raccolto della frutta è assai più abbondante di prima. Se pensate al piacere che si ha in fondo a un bosco scoprendo un frutto selvatico e mangiandolo, capirete il piacere che si prova in questo deserto artificiale trovandovi ottimi e maturi frutti, benché radi e di non brillante aspetto: il che provoca il piacere della scoperta e della scelta.

Tutti quei vialetti erano costeggiati e traversati da un'acqua limpida e chiara che un po' serpeggiava tra l'erba e i fiori in rivoli quasi impercettibili, un po' in ruscelli più grandi, dove scorreva su una ghiaia pura e intarsiata che faceva l'acqua anche più brillante. Si vedevano sorgenti gorgogliare e uscir di terra, e a volte canali più profondi dove l'acqua placida rifletteva l'immagine delle cose. "Ora capisco tutto" dissi a Giulia; "ma queste acque che vedo per ogni dove..." "Vengono di lassù" mi disse additando la terrazza del suo giardino; "vengono da quella condotta che fornisce con grande spesa alle aiuole uno zampillo al quale nessuno bada. Il signor di Wolmar non lo vuol sopprimere, per rispetto a mio padre che lo ha fatto fare; ma con che piacere veniamo qui tutti i giorni a veder scorrere in questo verziere quell'acqua alla quale non facciamo attenzione nel giardino! Lo zampillo funziona per gli estranei, il ruscello scorre qui per noi. È vero che ci ho aggiunto l'acqua della fontana pubblica che andava al lago lungo la strada maestra e la rovinava con pregiudizio dei viandanti e senza vantaggio di nessuno. Faceva un gomito in fondo al verziere, tra due file di salici; le ho incluse nel mio recinto e per altre vie ci conduco la stessa acqua."

Vidi allora che non s'era trattato d'altro che di far circolare quelle acque con economia, dividendole e riunendole opportunamente, risparmiando al massimo i pendii per prolungarne il corso e procurarsi il mormorio di qualche cascatella. Uno strato di argilla, ricoperto di ghiaia del lago mista a qualche conchiglia formava il letto dei ruscelli. Quegli stessi ruscelli, scorrendo a volte sotto larghe tegole ricoperte di terra e di erba a livello del terreno, formavano riuscendo altrettante sorgenti artificiali. Alcuni zampilli, grazie a dei sifoni, si alzavano sul terreno scabro e ricadevano spumeggiando. Insomma la terra, così rinfrescata e inumidita, dava continuamente nuovi fiori e manteneva l'erba sempre verdeggiante e bella.

Più percorrevo quel piacevole posto e più sentivo aumentare la sensazione deliziosa che avevo provato entrando; tuttavia la curiosità mi teneva sospeso. Ero più ansioso di vedere le cose che di esaminarne le impressioni, mi piaceva abbandonarmi a quella incantevole contemplazione senza affannarmi a pensare; ma la signora di Wolmar, cavandomi dalla mia fantasticheria, mi disse pigliandomi a braccetto: "Tutto quanto vedete non è che la natura vegetale e inanimata; checché si faccia, lascia sempre un'impressione di solitudine che rattrista. Venite a vederla animata e sensibile. Lì, in ogni momento del giorno, vi parrà ornata di nuove attrattive". "Mi prevenite," le dissi "odo un gorgheggio rumoroso e confuso, ma vedo pochi uccelli; ora capisco, avete un'uccelliera." "È vero," disse "andiàmoci." Non ardivo ancora dirle cosa pensavo dell'uccelliera, ma quell'idea aveva qualcosa che mi dispiaceva, non mi pareva accordarsi col resto.

Scendemmo per mille giri in fondo al verziere dove trovai tutta l'acqua raccolta in un grazioso ruscello che scorreva placido tra due file di vecchi salici scapitozzati. Con le teste vuote e quasi calve formavano come dei vasi da dove uscivano, con l'industria di cui ho parlato, ciuffi di caprifoglio che in parte si impigliavano intorno ai rami, in parte ricadevano graziosamente lungo il ruscello. Quasi in fondo al recinto stava un piccolo bacino orlato di erbe, di giunchi, di canne, che faceva da abbeveratoio per l'uccelliera ed era l'ultima fermata di quell'acqua così preziosa e ben distribuita.

Al di là di quel bacino c'era un terrapieno che nell'angolo del recinto terminava con un monticello vestito d'una quantità di alberetti di ogni specie; sulla vetta i più piccoli, poi i più alti a mano a mano che la china scendeva: così che le cime formavano un piano quasi orizzontale, o per lo meno indicavano che così sarebbe stato un giorno. Davanti stava una dozzina di alberi ancora giovani, ma destinati a crescere molto, come il faggio, l'olmo, il frassino e la robinia. Era questa collinetta coi suoi alberi che dava asilo alla moltitudine di uccelli dei quali avevo udito da lontano il gorgheggio, e all'ombra di queste fronde, come sotto un grande parasole, li si vedeva volteggiare, correre, cantare, stuzzicarsi e litigare come se non ci avessero visti. Quando ci avvicinammo fuggirono così poco che secondo l'idea che m'ero fatto li credetti sulle prime chiusi da una rete; ma come raggiungemmo l'orlo del bacino ne vidi parecchi scendere e accostarsi a noi su una specie di breve viale che divideva in due il terrapieno e congiungeva il bacino all'uccelliera. Allora il signor di Wolmar fece il giro del bacino e sparse sul vialetto due o tre manate di grani misti che aveva in tasca, e una volta che si fu ritirato gli uccelli accorsero e si misero a mangiare come galline, con tanta familiarità che mi persuasi che erano avvezzi a quel trattamento. "Che bello!" esclamai. "Quella parola, uccelliera, m'aveva colpito in bocca vostra; ma ora capisco, vedo che volete avere ospiti, non prigionieri." "Chi chiamate ospiti?" replicò Giulia; "siamo noi i loro ospiti. Qui son padroni loro, e noi gli paghiamo tributo per esser tollerati ogni tanto." "Benissimo" replicai; "ma in che modo questi padroni si sono impossessati del posto? Come avete fatto a riunirvi tanti abitanti volontari? Non ho mai sentito dire che mai si sia tentata una cosa simile, e non avrei creduto che ci si potesse riuscire, non ne avessi la prova sotto gli occhi."

"La pazienza e il tempo" disse il signor di Wolmar "hanno compiuto il miracolo. Sono espedienti ai quali la gente ricca non pensa affatto nei suoi piaceri. Sempre ansiosi di godere, la forza e il denaro sono gli unici mezzi a loro noti; posseggono uccelli in gabbia e amici a un tanto al mese. Se mai dei servi si accostassero a questo posto, vedreste gli uccelli sparire; se ora sono così numerosi, è perché ce n'è sempre stati. Non si fanno venire quando non ce n'è, ma quando ce n'è è facile attirarne altri provvedendo ai loro bisogni, non spaventandoli mai, lasciando che covino in pace e non insidiando le nidiate; perché così 'quelli che ci sono rimangono, e rimangono anche quelli che vi capitano. Questo boschetto c'era già, ma era separato dal verziere; Giulia l'ha semplicemente incluso circondandolo d'una siepe viva, togliendo quella che ne lo separava, ingrandendolo e ornandolo con nuovi alberi. A destra e a sinistra del viale che vi conduce vedete due spazi pieni di una confusione di erba, di paglie e d'ogni specie di vegetazione. Ogni anno ella vi fa seminare grano, miglio, girasoli, canape e vecce, in generale i grani che piacciono agli uccelli, e li lasciamo stare. Inoltre, quasi ogni giorno, estate come inverno, o lei o io portiamo loro da mangiare, quando non ci siamo noi di solito ci pensa la Fanchon; hanno l'acqua a due passi, come vedete. La signora di Wolmar spinge la premura fino a provvederli ogni primavera di mucchietti di crine, di paglia, di lana, di muschio e altre materie atte a fare il nido. La prossimità del materiale, l'abbondanza dei viveri e la cura che ci mettiamo nell'allontanare tutti i nemici[a], la costante tranquillità di cui godono li induce a covare in un posto comodo dove non manca niente, dove nessuno li disturba. In questo modo la patria dei padri è pure quella dei figli, e la popolazione si mantiene e si accresce."

"Ah," disse Giulia "ora non vedete più niente! ora ognuno non pensa che a sé; gli sposi inseparabili, lo zelo delle faccende domestiche, la tenerezza paterna e materna, ormai li avete perduti. Bisognava esser qui due mesi fa per pascer gli occhi con lo spettacolo più incantevole, e il cuore con il più dolce sentimento della natura." "Signora," dissi io piuttosto mesto "voi siete sposa e madre; sono piaceri che voi conoscete." Subito il signor di Wolmar mi prese la mano e stringendomela disse: "Avete degli amici, e questi amici hanno figli; come mai l'affetto paterno vi può essere estraneo?" Lo guardai, guardai Giulia, tutt'e due si guardarono tra loro e mi diedero uno sguardo così commovente che abbracciandoli l'uno dopo l'altro dissi intenerito: "Mi sono cari come a voi". Non so per quale strana ragione una parola può cambiare un'anima, ma da quel momento il signor di Wolmar mi sembra un altro uomo, e in lui vedo meno il marito di colei che ho tanto amato che il padre dei due bambini per i quali darei la vita.[1]

Volli fare il giro del bacino per andare a vedere più da vicino quel grazioso ricetto e i suoi minimi abitanti; ma la signora di Wolmar mi trattenne. "Nessuno" mi disse "va a disturbarli a casa loro, anzi siete voi il primo nostro ospite che io abbia condotto fin qui. Ci son quattro chiavi del verziere, ne abbiamo una ciascuno mio padre e noi due; la Fanchon ha la quarta, perché è ispettrice e perché a volte ci porta i bambini; favore tanto più prezioso in quanto si esige da loro una grandissima circospezione quando ci stanno. Lo stesso Gostino non c'è mai entrato che in compagnia di

[a] Ghiri, topi, civette, e soprattutto i ragazzi. (N.d.A.)

uno dei quattro; anzi, trascorsi i due mesi primaverili che esigono i suoi lavori, non ci entra quasi più, pensiamo noi a tutto il resto." "Così," le dissi "perché gli uccelli non siano vostri schiavi, vi siete fatti schiavi voi di loro." "Questa è davvero la parola d'un tiranno," mi replicò "che non crede di godere della libertà se non in quanto turba quella degli altri."

Stavamo per tornare quando il signor di Wolmar gettò un pugno d'orzo nel bacino; guardando vidi che ci stavano alcuni pesciolini. "Ah, ah!" dissi subito "questi però sono prigionieri!" "Sì," disse lui "sono prigionieri di guerra, che abbiamo graziati della vita." "Certamente" soggiunse sua moglie; "qualche tempo fa la Fanchon rubò in cucina alcuni piccoli pesci persici e li portò qui, a mia insaputa. Ce li lascio, temerei di mortificarla riportandoli nel lago. Perché mi sembra meglio tenere dei pesciolini un po' alla stretta che dar dispiacere a una brava persona." "Avete ragione," risposi "e questi non devono lagnarsi, se così son sfuggiti alla padella."

"Allora, cosa ve ne pare?" mi chiese ella tornando. "Siete ancora in capo al mondo?" "No," dissi "anzi ne sono del tutto fuori, in verità mi avete trasportato nell'Eliso." "Il nome pomposo da lei dato a questo verziere" disse il signor di Wolmar "merita questo scherzo. Lodate modestamente questi giuochi puerili, e riflettete che non hanno mai tolto nulla ai doveri della madre di famiglia." "Lo so," replicai "ne sono certissimo, e in questo genere i giuochi puerili mi piacciono più che i lavori degli uomini.

"Tuttavia," continuai "qui c'è una cosa che non riesco a capire. Che cioè un posto così diverso da ciò che era sia diventato ciò che è semplicemente con un po' di coltura e di attenzione; eppure non vedo qui la minima traccia di coltura. Tutto è verdeggiante, fresco, vigoroso, ma la mano del giardiniere non la si vede; non c'è niente che smentisca l'idea d'un'isola deserta che m'è venuta entrando, e non scorgo nessuna traccia umana." "Ah," disse il signor di Wolmar "è perché si è avuto gran cura di cancellarla. Spesso son stato testimonio, a volte anche complice di questa birbonata. Si semina fieno in tutti i posti arati, e l'erba ha presto fatto a nascondere le tracce del lavoro; l'inverno si coprono con un po' di letame i luoghi magri e aridi, il letame mangia il muschio, rianima erbe e piante; persino gli alberi ci si trovano meglio, e l'estate non si vede più niente. Quanto al muschio che copre alcuni viali, è milord Edoardo che dall'Inghilterra ci ha mandato il segreto per farlo crescere. Questi due lati" continuò "erano chiusi da muri; i muri son stati mascherati non con spalliere, ma con folti alberetti che fanno scambiare i confini del luogo per l'inizio di un bosco. Dalle due altre parti regnano robuste siepi vive, fitte di aceri, di biancospino, di agrifoglio, di ligustri e d'altri arbusti misti che gli tolgono l'aspetto di siepe e gli conferiscono quella d'una selvetta cedua. Non c'è nulla di allineato, di livellato; qui non è mai entrata la riga né la squadra, cose ignote alla natura; le sinuosità apparentemente irregolari sono accortamente intese per prolungare la passeggiata, nascondere i confini dell'isola e ampliarne l'ampiezza apparente senza tuttavia fare giri inutili e troppo frequenti.*"

Considerando queste cose, mi pareva piuttosto strano che avessero fatto tanta fatica per nascondere la fatica fatta; non sarebbe stato meglio non farne affatto? "Nonostante tutto quanto vi abbiamo detto," mi rispose Giulia "giudicate il lavoro dall'effetto, e vi sbagliate. Tutte quelle che vedete sono piante selvatiche o vigorose che basta piantare, crescono poi da sé. Del resto si direbbe che la natura voglia nascondere agli occhi degli uomini le sue vere bellezze, alle quali essi non sono abbastanza sensibili, e che sciupano non appena possono: la natura evita i luoghi frequentati; sulla cima delle montagne, in fondo alle selve, nelle isole deserte essa spiega i suoi incanti più belli. Coloro che l'amano e non possono andarla a trovare tanto lontano sono obbligati a farle violenza, a costringerla in certo modo a venire ad abitare con loro, cosa che non si può fare senza un pochino d'illusione."

A quelle parole mi si presentò un'immagine che li fece ridere. "Mi figuro" dissi "un riccone di Parigi o di Londra, padrone di questa casa, che ci porta un architetto pagato profumatamente per sciupare la natura.

* Quindi questi non sono quei boschettini alla moda, così ridicolmente cincischiati, dove si cammina a zig-zag e a ogni passo bisogna fare una piroetta. *(N.d.A.)*

Con che disdegno entrerebbe in un luogo così semplice
e meschino! con che sprezzo farebbe sradicare tutta
questa miseria! Che belle linee rette traccerebbe! Che
bei viali farebbe aprire! Che bei crocicchi, che begli alberi a parasole, a ventaglio! Che belle pergole ar-
tisticamente scolpite! Che bei gruppi di carpini, ben di-
segnati, ben squadrati, ben cincischiati! Che bei tappe-
ti verdi d'erbetta inglese, tondi, quadrati, lunati, ovali!
Che bei tassi potati a forma di draghi, di pagode, di nani,
di mostri d'ogni sorta! Che bei vasi di bronzo, che bei
frutti di pietra ornerebbero il suo giardino!..."[a]" "Fatto
tutto questo," disse il signor di Wolmar "avrebbe creato
un bellissimo posto nel quale nessuno andrà, dal quale
tutti usciranno di corsa per andare in campagna, un
luogo triste dove nessuno mai passeggerà, ma da dove
si passerà per andare a passeggio; mentre io, quando
son fuori in campagna, spesso mi affretto a tornare
per venir qui a passeggiare.

"In quei così vasti e così ornati terreni non vedo altro che la vanità del proprietario e dell'artista, i quali,
sempre ansiosi di spiegare l'uno le sue ricchezze, l'altro
i suoi talenti, non fanno altro, con grandi spese, che
preparar noia a chi vorrà godere della loro opera.
Un falso gusto di grandezza che non è fatto per l'uomo
avvelena i suoi piaceri. Ogni grandigia è sempre triste: fa pensare alla miseria di colui che ne fa pompa.
In mezzo alle sue aiuole e ai suoi viali, la sua meschina persona non diventa più grande; un albero di venti piedi lo copre come uno di sessanta[b]; lui non occu-

[a] Sono persuaso che è prossimo il tempo in cui non si am-
metterà più nulla nei giardini di quanto appartiene alla campagna; non ci si tollereranno più né alberi né arbusti; non ci si
metteranno che fiori di porcellana, mascheroni, pergolati, sab-
bie di ogni colore e bei vasi pieni di nulla. (N.d.A.)

[b] Avrebbe dovuto soffermarsi un poco sul pessimo gusto di
potare in modo ridicolo gli alberi per slanciarli verso le nuvole,
privandoli delle loro belle teste e d'ombra e di linfa e ostaco-
landone lo sviluppo. È vero che questo metodo fornisce legna
ai giardinieri, ma ne toglie alla nazione, che già non ne ha
molta. Si direbbe che in Francia la natura è diversa dal resto
del mondo, da tanto si fatica per sconciarla. I parchi sono piantati di lunghe pertiche; sono foreste di antenne e di "maggi",
si passeggia in mezzo ai boschi senza trovar nessuna ombra.
(N.d.A.)

pa che i suoi tre piedi di spazio, e si perde come un verme nei suoi sterminati possedimenti.

"Esiste un altro gusto, esattamente opposto a quello, e anche più ridicolo, in quanto non permette nemmeno che si goda della passeggiata per la quale i giardini sono fatti." "Capisco," gli dissi "è quel gusto dei piccoli dilettanti di cose rare, di quei meschini fioristi che svengono davanti a un ranuncolo, e si prosternano davanti ai tulipani." E qui narrai loro, milord, quanto m'era capitato un giorno a Londra in quel giardino dove fummo introdotti con tante cerimonie, e dove vedemmo splendere pomposamente tutti i tesori dell'Olanda su quattro strati di letame. Non dimenticai la cerimonia del parasole e della bacchettina con cui onorarono me indegno, così come gli altri spettatori. Umilmente confessai loro come, volendomi a mia volta mettere in mostra, mi azzardai a cadere in estasi davanti a un tulipano il cui colore m'era sembrato vivace e la forma elegante: ma fui deriso, sbeffeggiato e fischiato da tutti i sapienti; e come il professore del giardino, dal disprezzo del fiore passando a quello del panegirista, non si degnò più di guardarmi per tutta la seduta. "Suppongo" soggiunsi "che gli rincrebbe non poco per la sua bacchettina e il suo parasole profanati."

"Quel gusto," disse il signor di Wolmar "quando degenera in mania ha un che di meschino e di vano che lo fa puerile e ridicolmente dispendioso. L'altro ha almeno una certa nobiltà e grandezza e una specie di verità; ma cos'è mai il valore d'una radice o d'una cipolla che un insetto rode o forse ha già distrutto mentre la si contratta, e d'un fiore che a mezzogiorno è prezioso ed è appassito prima che il sole sia tramontato? Cos'è una bellezza convenzionale che è sensibile soltanto agli occhi dei collezionisti, ed è bellezza soltanto perché a loro piace che sia tale? Forse verrà un tempo in cui si cercherà nei fiori l'opposto di quanto ci si cerca oggi, e con non meno ragione; allora sarete voi il sapiente, e il curioso sarà l'ignorante. Tutte queste minime osservazioni che degenerano in mania non si addicono all'uomo ragionevole che vuol fare un esercizio fisico moderato o distrarre lo spirito passeggiando e conversando con gli amici. I fiori son fatti per divertire i nostri occhi e non per essere così studiosamente anatomizzati*. Vedete la loro regina che splende per ogni dove in questo verziere. Profuma l'aria e incanta gli occhi, e non costa quasi nessuna cura né coltura. Ecco perché i fioristi la sdegnano; la natura l'ha fatta così bella che non riescono ad aggiungerle delle bellezze convenzionali, e non potendosi tormentare coltivandola non ci trovan niente che li seduca. L'errore della sedicente gente di gusto è di voler arte dappertutto, e di non esser mai contenti se l'arte non compare; mentre il vero gusto consiste nel nasconderla, segnatamente quando si tratti di opere della natura. Cosa significano quei viali così diritti, così ben inghiaiati che si vedono dappertutto; e quei crocicchi a stella con i quali non solo non si estende l'ampiezza di un parco, come credono, ma non si fa altro che esibirne goffamente i confini? Forse che si trova sabbia di fiume nei boschi, e il piede riposa più soavemente su quella sabbia che sul muschio o l'erba? Forse che la natura adopera continuamente la riga e la squadra? hanno paura che la si possa riconoscere in qualche particolare, nonostante i loro sforzi per sfigurarla? Insomma, non è forse da ridere che, come se fossero già stanchi di passeggiare cominciando, essi affettino di farla in linea retta per giungere più presto in fondo? Non si direbbe forse che pigliando la più corta fanno un viaggio piuttosto che una passeggiata, e si affrettano di uscire non appena entrati?

"Cosa farà dunque l'uomo di gusto che vive per vivere, che è capace di godere di sé,[1] che ricerca piaceri veri e semplici, e che vuol procurarsi un passeggio sulla porta di casa? Lo farà così comodo e gradevole che ci si possa compiacere a tutte le ore del giorno, ma insieme così semplice e naturale che sembri non abbia fatto niente. Riunirà l'acqua, la verzura, l'ombra e la frescura; perché anche la natura riunisce queste cose. Non concederà niente alla simmetria, che è nemica della natura e della varietà; mentre tutti i viali dei soliti giardini sono così uguali che si crede sempre di stare nel

---

* Il saggio Wolmar non ci aveva badato abbastanza. Lui, così abile osservatore degli uomini, osservava dunque così male la natura? Ignorava forse che se il suo Autore è grande nelle grandi cose, è grandissimo nelle piccole? *(N.d.A.)*

medesimo. Sgombrerà il terreno per poterci passeggiare con comodo; ma i due lati dei suoi viali non saranno mai esattamente paralleli; non andranno sempre in linea retta, avranno un certo che di incerto, come l'andatura dello sfaccendato che vaga passeggiando: non si curerà di aprire belle prospettive lontane. Il gusto dei punti di vista e delle lontananze deriva dall'inclinazione della maggior parte degli uomini, che non stanno bene che là dove non sono. Sempre avidi di quanto è lontano da loro, per contentarli l'artista incapace di soddisfarli con quanto li circonda ricorre a questa risorsa; ma l'uomo del quale parlo non prova codesta inquietudine, e se sta bene dove è non si cura di andare altrove. Qui, per esempio, non c'è veduta fuori di questo verziere, e si è assai contenti che non ce ne sia. Ci si immagina volentieri che tutte le seduzioni della natura ci stanno riunite, e temo molto che il minimo spiraglio di veduta esterna toglierebbe molto del suo piacere a questa passeggiata[a]. Indubbiamente qualsiasi uomo che non si compiace di trascorrere i giorni di bel tempo in un posto così semplice e gradevole non ha il gusto puro né l'anima sana. Confesso che non bisogna portarci solennemente gli estranei; ma in cambio ci si può stare contenti da sé, senza mostrarlo a nessuno."

"Signore," gli dissi "quei ricchi che fanno così bei giardini hanno le loro buone ragioni di non andarci a passeggiare soli, né di trovarsi a faccia a faccia con se stessi; perciò fanno benissimo non pensando che agli altri.

[a] Non so se si è mai tentato di imprimere ai lunghi viali sfocianti in un rondò una leggera curva, così che l'occhio non riesca a seguire ogni viale fino in fondo, e l'estremità opposta rimanga nascosta allo spettatore. È vero che si perderebbe il piacere dei punti di vista; ma si avrebbe il vantaggio, così caro ai padroni, di ingrandire con l'immaginazione il posto dove ci si trova; e stando in una stella piuttosto limitata ci si sentirebbe perduti in un parco sterminato. Sono persuaso che sarebbe meno noioso passeggiarci, anche se più solitario: perché tutto quanto tocca l'immaginazione eccita le idee e nutre lo spirito; ma i costruttori di giardini non sono gente da badare a queste cose. Quante volte in un posto rustico la matita gli cadrebbe di mano, come al Le Nôtre nel parco di Saint-James, se come lui conoscessero ciò che dà vita alla natura, e interesse alla sua vista? (N.d.A.)

Del resto, in Cina ho veduto dei giardini così come piacciono a voi, e fatti con tanta arte che l'arte non vi compariva, ma creati con tanto dispendio e d'un mantenimento così costoso che l'idea mi toglieva tutto il piacere che avrei potuto avere vedendoli. Eran grotte, rocce, cascate artificiali in luoghi piani e sabbiosi dove non c'è che acqua di pozzo; eran fiori e piante rare di tutti i climi della Cina e della Tartaria riuniti e coltivati nello stesso terreno. Invero non ci si vedevano né bei viali né spartizioni regolari; ma vi stavano ammucchiate con profusione meraviglie che non si trovano che sparse e separate. La natura vi si presentava sotto mille aspetti diversi, ma l'insieme non era naturale. Qui non si sono trasportate né terre né pietre, non si son fatte né pompe né serbatoi, non si ha bisogno né di serre, né di stufe, né di campane né di stuoie. Un terreno quasi piano non ha avuto che semplicissimi ornamenti. Erbe comuni, arbusti comuni, alcuni ruscelletti che scorrono senza apparato né sforzo son bastati ad abbellirlo. È un giuoco senza sforzo, la cui facilità comunica allo spettatore un nuovo piacere. Sento che questo soggiorno potrebbe magari essere più piacevole e piacermi infinitamente meno. Tale è per esempio il celebre parco di milord Cobham a Staw; è un insieme di luoghi bellissimi e assai pittoreschi, i cui aspetti son stati scelti in vari paesi, e di cui tutto sembra naturale, salvo l'insieme, appunto come nei giardini cinesi di cui vi ho parlato. Il padrone e creatore di quella stupenda solitudine ci ha fatto costruire rovine, templi, edifici antichi, così che i tempi e i luoghi vi sono riuniti con una magnificenza più che umana. Ecco la cosa di cui appunto mi dolgo. Vorrei che i divertimenti degli uomini avessero sempre un tono facile, che non faccia cioè pensare alla loro debolezza, e che ammirando queste meraviglie l'immaginazione non fosse stancata dalle somme e dai lavori che son costate. La sorte non ci grava a sufficienza di fatiche senza andare a metterne persino nei nostri giuochi?

"Non ho che un solo rimprovero da muovere al vostro Eliso," soggiunsi guardando Giulia "ma che vi sembrerà grave: è un divertimento superfluo. Perché stare a farvi un'altro passeggio, dal momento che dall'altra parte della casa avete dei boschetti così graziosi e trascurati?" "È vero," rispose lei un po' impacciata "ma questo mi piace di più." "Se aveste ben riflettuto alla vostra domanda prima di farla," interruppe il signor di Wolmar "sarebbe più che indiscreta. Dopo le nozze mia moglie non ha mai messo piede nei boschetti di cui parlate. Ne conosco la ragione, anche se lei me l'ha sempre taciuta. Voi che non l'ignorate, imparate a rispettare i luoghi dove siete; son stati piantati dalle mani della virtù."[1]

M'ero appena presa questa giusta riprensione che la famigliuola condotta da Fanchon entrò, mentre stavamo uscendo. Quei tre cari bambini si buttarono al collo dei signori di Wolmar, e anch'io ebbi parte alle loro carezze. Giulia ed io tornammo nell'Eliso a far qualche passo insieme a loro; poi andammo a raggiungere il signor di Wolmar che parlava con degli operai. Strada facendo ella mi disse che da quand'era diventata madre le era nata su quel passeggio un'idea che l'aveva incitata a farlo anche più bello. "Ho pensato" mi disse "al divertimento dei miei bambini e alla loro salute quando si saran fatti più grandicelli. Il mantenimento di questo posto richiede più cura che fatica; si tratta più di piegare in un certo modo i rami degli alberi che di zappare e vangare la terra; un giorno voglio che siano i miei piccoli giardinieri: faranno il moto necessario per rinvigorire il loro temperamento, ma non troppo da stancarlo. Del resto potranno far fare ciò che è troppo pesante per la loro età, e si limiteranno al lavoro che li può divertire. Non vi so dire" soggiunse "che piacere provo immaginando i miei bambini occupati a restituirmi le piccole cure che faccio così volentieri per loro, e la gioia dei loro cuoricini vedendo la loro mamma passeggiare deliziata sotto le ombre coltivate dalla loro mano. In verità, caro amico, "mi disse con voce commossa" dei giorni trascorsi in questo modo partecipano della felicità della vita ultraterrena, e non senza un perché pensandoci ho anticipato a questo luogo il nome di Eliso."[2]Milord, questa incomparabile donna è madre come è sposa, come è amica, come è stata fanciulla, e come per l'eterno supplizio del mio cuore è stata amante.

Entusiasmato da così incantevole soggiorno, la sera li pregai di permettere, durante il tempo che sarei stato con loro, che la Fanchon mi confidasse la sua chiave e la cura di nutrire gli uccelli. Subito Giulia fece portare in camera mia il sacco delle granaglie e mi diede la sua chiave. Non so perché, la ricevetti con un vago dispiacere, mi parve che avrei preferito quella del signor di Wolmar.

Stamattina mi sono alzato di buonora e con la premura d'un bambino sono andato a rinchiudermi nell'isola deserta. Quanti piacevoli pensieri speravo di portare in quel posto solitario, dove il dolce aspetto della semplice natura doveva scacciare dal mio ricordo tutto l'ordine sociale e artificioso che m'ha fatto tanto infelice! Tutto quanto mi sta intorno è opera di colei che m'è stata tanto cara. La contemplerò intorno a me. Non vedrò cosa che non sia stata toccata dalla sua mano; bacerò i fiori calpestati dal suo piede; respirerò con la rugiada l'aria che lei ha respirato; il suo gusto negli svaghi mi farà presenti tutte le sue bellezze, la troverò in ogni dove come mi sta in fondo al cuore.

Entrando con tali disposizioni nell'Eliso, a un tratto mi son ricordato l'ultima parola dettami ieri dal signor di Wolmar, lì in quello stesso posto. Il ricordo di quella sola parola ha immediatamente mutato il mio stato d'animo. M'è parso di vedere l'immagine della virtù là dove cercavo quella del piacere. Quell'immagine mi si è confusa nello spirito con quella della signora di Wolmar, e per la prima volta dopo il mio ritorno ho visto Giulia, lei assente, non così come fu per me e come mi piace ancora raffigurarmela, ma così come mi si mostra agli occhi ogni giorno.[1] Milord, m'è parso di vedere quella donna così incantevole, così casta e virtuosa, in mezzo al corteo che ieri le stava intorno. Vedevo intorno a lei tre amabili bambini, onorevole e prezioso pegno dell'unione coniugale e della tenera amicizia, farle e riceverne mille tenere carezze. Vedevo al suo fianco il grave Wolmar, quello sposo prediletto, così felice e così degno di esserlo. Mi pareva di vedere il suo occhio acuto e giudizioso penetrarmi fino in fondo al cuore e farmi arrossire ancora; mi pareva di udire dalla sua bocca dei rimproveri anche troppo meritati, e delle lezioni troppo male ascoltate. Vedevo dietro di lei quella Fanchon Regard che è vivente prova del trionfo della virtù e dell'umanità sul più ardente amore. Ah! che sentimento di colpa potrebbe mai penetrare fino a lei attraverso così inviolabile scorta? Con che indignazione avrei soffocato i vili trasporti d'una passione colpevole e mal spenta, e come mi sarei disprezzato macchiando con un solo sospiro un così incantevole quadro di innocenza e di decenza! Riandavo nella memoria i discorsi che mi aveva fatto uscendo; poi, risalendo con lei un avvenire che contempla con tanta grazia, vedevo quella tenera madre asciugare il sudore sulla fronte dei suoi ragazzi, baciare le loro guance infiammate, e abbandonare quel suo cuore fatto per amare al sentimento più dolce della natura. Persino quel suo nome di Eliso giovava a governare in me gli scarti dell'immaginazione e mi portava nell'anima una calma preferibile al tumulto delle passioni più seducenti. Mi dipingeva in certo modo l'intimo di lei che l'aveva escogitato; pensavo che con una coscienza agitata non si sarebbe scelto tal nome. Mi dicevo: la pace le regna in fondo al cuore come nell'asilo da lei battezzato.

M'ero ripromesso una piacevole fantasticheria; ho sognato più piacevolmente di quanto m'ero immaginato. Ho trascorso nell'Eliso due ore alle quali non posso preferire nessun altro tempo della mia vita. Vedendo con che incanto e che rapidità erano passate, m'è parso che c'è nella meditazione dei pensieri onesti una sorta di benessere che i malvagi non conobbero mai; e cioè di star volentieri con se stesso.[1] Se ci si pensasse senza pregiudizi, non so quale altro piacere gli si potrebbe eguagliare. Sento che chiunque ama la solitudine quanto l'amo io, deve temere di prepararvisi dei tormenti. Forse da questi stessi principî si potrebbe ricavare la chiave degli errati giudizi umani sui vantaggi del vizio e su quelli della virtù: perché il godimento della virtù è tutto intimo e non è avvertito che da colui che lo prova; mentre tutti i vantaggi del vizio colpiscono la vista altrui, e soltanto colui che li ha conosce il prezzo che costano.

> Se a ciascun l'interno affanno
> Si leggesse in fronte scritto,
> Quanti mai che invidia fanno,
> Ci farebbero pietà![a2]

[a] Avrebbe potuto aggiungere il seguito, bellissimo, e non meno opportuno all'argomento: "Si vedrìa che i lor nemici ‖ Han-

S'era fatto tardi senza che me ne avvedessi, perciò il signor di Wolmar è venuto a chiamarmi e a dirmi che Giulia e il tè mi aspettavano. "Siete voi" dissi loro scusandomi "che mi impedivate di stare con voi; la serata di ieri m'ha così deliziato che stamattina son tornato a rigodermela; per fortuna, siccome m'avete aspettato, non ho perduto la mia mattinata." "Dite benissimo" rispose la signora di Wolmar; "sarebbe meglio aspettare fino a mezzogiorno che perdere il piacere di far colazione insieme. Gli estranei non sono mai ammessi di mattina nella mia camera, e fanno colazione nella loro. La colazione è il pasto degli amici; i servi non compaiono, gli importuni non si fan vedere; si dice ciò che si pensa, si svelano tutti i segreti, non si reprime nessun sentimento; ci si abbandona senza imprudenza a quelli della fiducia e della familiarità. È quasi il solo momento in cui sia lecito essere ciò che si è; peccato che non duri tutto il giorno!" "Ah, Giulia!" stavo per replicare: "questo è un desiderio assai interessato!", ma ho taciuto. La prima cosa che ho soppresso, insieme all'amore, è stata la lode. Lodare qualcuno in faccia (salvo la propria amante) che cos'è se non tacciarlo di vanità? Voi sapete, milord, se la signora di Wolmar merita tale accusa. No, no; la onoro troppo per non onorarla in silenzio. Vederla, sentirla, osservare la sua condotta, non è forse lodarla abbastanza?

LETTERA XII

DELLA SIGNORA DI WOLMAR ALLA SIGNORA D'ORBE

Sta scritto, cara amica, che tu debba essere in ogni tempo la mia salvaguardia contro me stessa, e che dopo d'avermi liberata con tanta fatica dai lacci del mio cuore tu mi debba garantire anche da quelli della mia ragione. Dopo tante crudeli prove ho imparato a diffi-

no in seno; e si riduce || Nel parere a noi felici || Ogni lor felicità". *(N.d.A.)*

dare degli errori come delle passioni di cui assai spesso sono l'effetto. Perché non ho sempre avuto quella precauzione? Se in passato mi fossi fidata meno dei miei lumi, avrei dovuto arrossir meno dei miei sentimenti.

Questo preambolo non ti inquieti. Sarei indegna del tuo amore se ancora dovessi consultarti su argomenti gravi. La colpa fu sempre estranea al mio cuore, e ora voglio crederla più che mai lontana. Ascoltami dunque tranquillamente, cara cugina, e credi che non avrò mai bisogno di consigli circa i dubbi che la mera onestà basta a risolvere.

Da sei anni che vivo con il signor di Wolmar nell'unione più perfetta che possa regnare tra due coniugi, sai che non mi ha mai parlato né della sua famiglia né di se stesso; e per averlo ricevuto da un padre non meno geloso della felicità di sua figlia che dell'onore della sua casa, non mi sono mai mostrata ansiosa di saperne su di lui più di quanto gli pareva opportuno di dirmene. Contenta di dovergli, insieme alla vita di colui che me l'ha data, il mio onore, e il riposo, e la ragione, e i miei figli, e tutto ciò che può rifarmi stimabile ai miei occhi, ero sicura che quanto ignoravo di lui non smentiva quello che ne sapevo, e non avevo bisogno di saperne di più per amarlo, stimarlo e onorarlo quanto era in mio potere.

Stamattina a colazione ci ha proposto di fare un giretto prima del caldo; poi, col pretesto di non andare intorno in veste da camera, ci ha portati nei boschetti, e precisamente, cara mia, in quello stesso boschetto dove ebbero inizio tutte le sventure della mia vita. Accostandomi a quel luogo fatale il cuore mi palpitava tremendamente, e mi sarei rifiutata di entrarci se la vergogna non m'avesse trattenuta, e se il ricordo d'una parola pronunciata l'altro giorno nell'Eliso non m'avesse fatto temere cattive interpretazioni. Non so se il filosofo fosse più tranquillo; ma un momento dopo, alzando per caso gli occhi su di lui, lo vidi pallido, mutato, né ti posso dire quanta pena m'abbia fatto.

Entrando nel boschetto ho visto mio marito gettarmi un'occhiata e sorridere. S'è seduto in mezzo a noi e dopo un momento di silenzio, pigliandoci entrambi per mano, disse: "Cari figliuoli, comincio ad avvedermi che i miei progetti non saranno vani, e che potremo essere

511

uniti tutti e tre con un durevole legame, capace di fare la nostra comune felicità, e la mia consolazione nelle miserie d'una vecchiaia che s'avvicina. Ma vi conosco tutti e due meglio di quanto voi mi conosciate; è giusto metterci alla pari, e benché non abbia niente di assai interessante da dirvi, dal momento che non avete più segreti per me non voglio che io ne abbia per voi".[1]

Allora ci ha rivelato il mistero della sua nascita, che finora era noto soltanto a mio padre. Quando lo saprai, capirai fin dove giungono la calma e la moderazione di un uomo capace di tacere per sei anni un tale segreto a sua moglie; ma quel segreto non è nulla per lui, e ci pensa troppo poco per dover fare un grande sforzo tacendolo.

"Non vi tratterrò" ci disse "sugli avvenimenti della mia vita; vi importa assai più conoscere il mio carattere che le mie avventure. Le quali sono semplici come quello, e quando saprete chi sono capirete facilmente che cosa ho fatto. Ho naturalmente l'animo tranquillo e il cuore freddo. Sono uno di quegli uomini ai quali si crede di far ingiuria dicendo che sono insensibili: come dire che non hanno nessuna passione che li distolga dal seguire la vera guida dell'uomo. Poco sensibile al piacere e al dolore, non provo che assai debolmente persino quel sentimento d'interesse e di umanità che ci fa proprie le affezioni altrui. Se mi rincresce di veder soffrire la gente per bene, la pietà non c'entra affatto, perché non ne provo vedendo soffrire i malvagi. L'unico mio principio attivo è un naturale amore dell'ordine, e la coincidenza fortunata del giuoco della fortuna e delle azioni umane mi piace esattamente come una bella simmetria in un quadro, o come una commedia ben condotta. Se c'è in me passione dominante è quella dell'osservazione: mi piace leggere nel cuore degli uomini; siccome il mio poco mi illude, siccome osservo calmo e disinteressato, e siccome una lunga esperienza m'ha fatto abbastanza sagace, non mi sbaglio nei miei giudizi; ed è questa la sola ricompensa dell'amor proprio in questo continuo studio; perché non mi piace recitare una parte, ma soltanto vedere gli altri che recitano. La società mi piace in quanto la contemplo, non in quanto ne faccio parte. Se potessi mutare la natura del mio essere e diventare un occhio vivente, farei volentieri questo baratto. Così la mia indifferenza per gli uomini non mi fa indipendente da loro, senza preoccuparmi di esser visto da loro ho bisogno di vederli, e pur senza essermi cari mi sono necessari[1].

"Le due prime condizioni sociali che ebbi modo di osservare furono i cortigiani e i servi; due classi di uomini meno diverse di quanto possa parere, e così indegne di esser studiate, così facili da conoscere, che vederli e annoiarmi fu una cosa sola. Lasciando la corte dove subito si tocca il fondo delle cose, mi sottrassi senza saperlo al pericolo che lì mi minacciava e al quale non sarei sfuggito. Cambiai nome e per conoscere il mondo militare entrai al servizio d'un principe straniero; dove ebbi la fortuna di essere utile a vostro padre che, disperato di aver ucciso un amico, si esponeva temerariamente e contro il proprio dovere. Il cuore sensibile e riconoscente di questo bravo ufficiale cominciò a darmi un'opinione un po' migliore dell'umanità. Mi si legò d'un'amicizia che non mi era possibile non ricambiare, e da quel tempo non smettemmo mai di sentirci sempre più strettamente uniti. In quella mia nuova condizione seppi che l'interesse non è l'unico movente delle azioni umane, come avevo creduto, e che tra gli innumerevoli pregiudizi che combattono la virtù ce n'è anche di quelli che la favoriscono. Capii che il carattere generale dell'uomo è un amor proprio di per sé indifferente, ma fatto buono o cattivo dagli accidenti che lo modificano e che dipendono dai costumi, dalle leggi, dai ceti, dalla fortuna e insomma da tutta l'organizzazione sociale. Perciò mi abbandonai alla mia inclinazione, e sprezzando la vana opinione delle condizioni, mi gettai via via nei vari stati che mi potevano aiutare a paragonarli tutti e a conoscere gli uni grazie agli altri. Sentii, come avete notato anche voi in una lettera," disse rivolgendosi a Saint-Preux "che non si vede niente finché ci si contenta di guardare, che occorre agire per vedere agire gli uomini, e così mi feci attore per essere spettatore. È sempre facile discendere: provai una quantità di condizioni, cosa che mai uomo della mia qualità s'è sognato di fare. Mi feci persino contadino, e quando Giulia mi prese come aiuto giardiniere non m'ha trovato novizio come credeva.

"Insieme alla vera conoscenza degli uomini, di cui

l'oziosa filosofia non dà che l'apparenza, trovai un altro vantaggio che non mi aspettavo. Quello cioè di far più acuto, grazie alla vita attiva, quell'amore dell'ordine datomi dalla natura, e di acquistare un gusto più vivo per il bene grazie al piacere di contribuirvi. Quel sentimento mi fece un po' meno contemplativo, mi conciliò un po' più con me stesso, e per un effetto abbastanza naturale di quel cambiamento mi accorsi che ero solo. La solitudine, che sempre m'aveva infastidito, mi divenne orrenda, e non potevo più sperare di evitarla a lungo.' Senza aver perduta la mia freddezza sentivo il bisogno d'un affetto; l'immagine della caducità senza conforto m'affliggeva anzi tempo, e per la prima volta in vita mia conobbi l'inquietudine e la tristezza. Parlai di questo mio affanno al barone d'Etange. 'Non bisogna invecchiare scapoli' mi disse. 'Anch'io, dopo di aver vissuto quasi indipendente pur nei legami del matrimonio, sento il bisogno di ridiventare sposo e padre, e sto per ritirarmi nel seno della mia famiglia. Non dipenderà che da voi di fare che sia anche la vostra e di restituirmi il figlio che ho perduto. Ho una figlia unica, da marito; non è senza qualità; ha un cuore sensibile e l'amore del dovere fa che ella ama tutto quanto ne dipende. Non è né una bellezza né un miracolo di intelligenza; ma venite a vederla e, credetemi pure, se non sentite niente per lei vuol dire che non sentirete mai niente per nessuno al mondo.' Venni e vi vidi, o Giulia, e mi parve che vostro padre avesse parlato modestamente di voi. I vostri trasporti, le vostre lagrime nel riabbracciarlo mi fecero ,provare la prima, o meglio la sola emozione della mia vita. Se fu un'impressione leggera, era però unica, e i sentimenti non hanno bisogno di forza per agire se non in relazione a quelli che vi si oppongono. Tre anni di assenza non mutarono lo stato del mio cuore. Lo stato del vostro non mi sfuggì, tornando, e qui debbo ripagarvi d'una confessione che vi è costata tanto." Giudica, o mia cara, con che strana sorpresa seppi allora che tutti i miei segreti gli erano stati svelati prima delle nozze, e che m'aveva sposata senza ignorare che appartenevo a un altro.

"Era una condotta imperdonabile" proseguì il signor di Wolmar. "Offendevo la delicatezza; peccavo contro la prudenza; mettevo a repentaglio il mio e il vostro onore; dovevo aver paura di precipitarci entrambi in un abisso di sventura senza rimedio: ma vi amavo, non amavo che voi sola. Tutto il resto mi lasciava indifferente. Come reprimere una passione, anche la più debole, quando non ha contrappeso? Questo è l'inconveniente dei caratteri freddi e calmi. Tutto va bene finché la loro freddezza li preserva dalle tentazioni: ma basta che se ne presenti una che li tocchi, essere attaccati e vinti è la stessa cosa; e la ragione, che guida finché è sola, non ha mai la forza di resistere al minimo assalto. Non sono stato tentato che una sol volta, e son caduto. Se l'ebbrezza di qualche altra passione mi avesse fatto vacillare ancora, ci sarebbero stati altri passi falsi e altre cadute: soltanto le anime di fuoco sanno combattere e vincere. Tutti i grandi sforzi, tutte le azioni sublimi sono opera loro; e la fredda ragione non ha mai compiuto alcun fatto illustre, e non si trionfa delle passioni che opponendole tra loro. Quando s'alza quella della virtù, essa domina incontrastata e tiene tutto in equilibrio; ecco in che modo si forma il vero saggio, che non è al riparo dalle passioni più degli altri, ma che solo è capace di vincerle per mezzo loro: come un pilota sa navigare pur coi venti opposti[1].

"Vedete che non pretendo minimizzare il mio fallo; fosse stato tale, l'avrei infallantemente fatto; ma vi conoscevo, o Giulia, e non fallai sposandovi. Sentii che da voi sola dipendeva tutta la felicità di cui ero capace, e che se qualcuno vi poteva far felice quello ero io.[2] Sapevo che l'innocenza e la pace erano necessarie al vostro cuore, che l'amore che lo riempiva non gliele avrebbe mai concesse, e che soltanto l'orrore della colpa poteva scacciarne l'amore. Vidi che l'anima vostra era oppressa e che non poteva uscir da quello stato che con un'altra battaglia; e che soltanto sentendo quanto potevate ancora essere stimabile potevate imparare a esserlo.

"Il vostro cuore era estenuato per l'amore; quindi non tenni conto d'una differenza d'età che mi toglieva il diritto di accampar pretese su un sentimento del quale colui che ne era oggetto non poteva godere, e che nessun altro avrebbe potuto ottenere. Anzi, vedendo che in una vita ormai trascorsa più che per metà mi si era fatto sentire un solo affetto, mi parve di poter giudica-

515

re che sarebbe stato durevole e mi compiacqui di consacrargli il resto dei miei giorni. Nelle mie lunghe ricerche non avevo trovato niente che vi eguagliasse, quindi pensai che ciò che voi non avreste fatto, nessun'altra persona al mondo l'avrebbe potuto fare; ebbi il coraggio di credere alla virtù e vi sposai. Non mi meravigliò affatto il segreto che mantenevate; ne conoscevo il perché, e nella vostra savia condotta vidi la garanzia della sua durata. Per riguardo a voi imitai il vostro riserbo, e non volli privarvi dell'onore di farmi un giorno voi stessa, spontaneamente, una confessione che continuamente vi vedevo sulla punta della lingua. Non mi sono sbagliato; e voi avete mantenuto tutto quanto m'ero ripromesso da voi. Quando volli sceglier mi una sposa, desiderai di trovare in lei una compagna amabile, saggia e felice. Le due prime condizioni sono riempite. Figlia mia, spero che la terza non ci deluderà."

A quelle parole, nonostante tutti i miei sforzi per non interromperlo se non con le mie lagrime, non mi son potuta trattenere dal saltargli al collo esclamando: "Mio caro marito! ottimo e prediletto fra gli uomini! ditemi che cosa manca alla mia felicità, se non la vostra, e di saperla più meritata..." "Siete felice al massimo" mi disse interrompendomi; "meritate di esserlo; ma è ora di godere in pace di una felicità che finora v'è costata tante cure. Se mi fosse bastata la vostra fedeltà, poiché me l'avete promessa potevo star tranquillo; ma volli inoltre che vi riuscisse facile e dolce, e ci siamo dati da fare tutti e due per farla tale, di comune intesa, pur senza farne parola. Giulia, siamo riusciti; e più di quanto pensate, forse. L'unico vostro torto è di non aver saputo riprendere la fiducia in voi che vi dovete, e di apprezzarvi meno del giusto. L'estrema modestia ha i suoi pericoli, come l'orgoglio. Così come una temerarietà che ci impegna oltre le nostre forze le rende impotenti, allo stesso modo uno spavento che ci impedisce di farne uso le rende inutili. La vera prudenza consiste nel conoscerle bene e nel limitarsi a quelle. Voi ne avete acquistato di nuove mutando condizione. Non siete più quella ragazza sventurata che deplorava la sua debolezza eppure ci si abbandonava; siete la più virtuosa delle donne, che non conosce altra legge fuori di quella del dovere e dell'onore, e alla quale il ricordo troppo cocente delle sue colpe è l'unica colpa che le si possa rimproverare. Non solo non dovete più prendere contro di voi precauzioni che vi fanno ingiuria, ma dovete imparare a contare su di voi per poterci contare sempre meglio. Allontanate ingiuste diffidenze capaci a volte di svegliare il sentimento che le ha prodotte. Rallegratevi piuttosto di aver saputo scegliere un uomo onesto in un'età nella quale è facile sbagliarsi, e d'aver preso prima un amante che oggi potete aver amico sotto gli occhi del vostro stesso marito. Non appena mi furon note le vostre relazioni, vi valutai l'uno per l'altro. Vidi quale ingannevole entusiasmo vi aveva traviati tutti e due; esso non agisce che sulle belle anime; a volte le perde, ma con un'attrattiva che seduce soltanto quelle.' Mi parve che quel medesimo gusto che aveva creato la vostra unione l'avrebbe sciolta non appena essa sarebbe diventata colpevole, e che il vizio poteva sì entrare in cuori come i vostri, ma non però mettervi radice.

"Quindi capii che tra voi esistevano legami che non bisognava spezzare; che il vostro reciproco affetto dipendeva da tante cose lodevoli, che bisogna regolarlo piuttosto che sopprimerlo; e che nessuno dei due avrebbe potuto dimenticare l'altro senza perder molto del proprio valore. Sapevo che le grandi battaglie non fanno altro che irritare le grandi passioni, e che se gli sforzi violenti irrobustiscono l'anima, le costano però dei tormenti che alla lunga la possono stremare. Adoperai la dolcezza di Giulia per temperare la sua severità. Nutrii la sua amicizia per voi" disse a Saint-Preux; "ne tolsi quanto poteva rimanerci di troppo, e credo di avervi conservato del suo cuore forse più di quanto lei ve ne avrebbe lasciato, se l'avessi abbandonata a se stessa [2].

"I risultati mi incoraggiarono, e volli tentare di guarirvi come avevo guarito lei; perché vi stimavo, e nonostante il precedente del vizio, ho sempre visto che non c'è niente di buono che non si possa ottenere dalle belle anime con la fiducia e la schiettezza. Vi ho visto, non mi avete ingannato; non mi ingannerete; e benché ancora non siate ciò che dovete essere, vi vedo meglio di quanto pensiate, e sono più contento di voi di quanto lo siate voi stesso. So bene che la mia condotta sembra piuttosto strana e che urta tutte le massime correnti;

ma le massime diventano sempre meno generali a mano a mano che si legge meglio nei cuori, e il marito di Giulia non deve comportarsi come un altro uomo. Cari figliuoli" ci disse con un tono tanto commovente in quanto stava in bocca a un uomo pacifico; "siate ciò che siete,' e saremo tutti contenti. Il pericolo sta soltanto nell'opinione; non abbiate timore di voi e non dovrete temer nulla; non pensate che al presente, rispondo io dell'avvenire. Oggi non vi posso dire di più; ma se i miei disegni si realizzano e se la mia speranza non mi delude, i nostri destini si compiranno meglio e sarete tutti e due più felici che se foste appartenuti l'uno all'altro."

Alzandosi ci abbracciò, e volle che ci abbracciassimo noi pure, in quel posto... in quello stesso posto dove un giorno... Clara, mia buona Clara, come mi hai sempre amata! Non opposi nessuna resistenza. Ahimè! quanto avrei sbagliato opponendola! Quel bacio non ebbe niente di quello che m'aveva reso così tremendo il boschetto. Me ne rallegrai mestamente, e conobbi che il mio cuore era più cambiato di quanto avevo osato credere fino allora.

Tornando verso casa mio marito mi trattenne per la mano e additandomi il boschetto dal quale uscivamo mi disse ridendo: "Giulia, non temete più codesto asilo; ormai è profanato".[2] Tu non mi crederai, cugina, ma ti giuro che mio marito ha qualche virtù soprannaturale per leggere in fondo ai cuori. Che il cielo gliela lasci sempre! con tanti diritti di disprezzarmi, certamente a codesta sua virtù vado debitrice della sua indulgenza.

Fin qui non vedi che ci sia da darmi dei consigli; abbi pazienza, angelo mio, ora ci siamo; ma la conversazione che ti ho riferito era necessaria a chiarire il resto.

Tornando, mio marito, che da un pezzo è aspettato a Etange, mi disse che faceva conto di andarci domani, che ti avrebbe fatto visita passando, e che ci sarebbe rimasto cinque o sei giorni. Senza dire tutto quanto pensavo d'una partenza così intempestiva, gli dissi che non mi pareva indispensabile al punto da costringere il signor di Wolmar a lasciare un ospite da lui stesso invitato in casa. "Volete dunque" mi replicò "che gli faccia i miei onori per fargli sentire che non è a casa sua?

Io sono per l'ospitalità dei vallesani. Spero che qui egli trovi la loro franchezza e che ci lasci la nostra libertà." Vedendo che non mi voleva intendere, mi appigliai a un altro partito e cercai di persuadere il nostro ospite ad accompagnarlo. "Troverete" gli dissi "un soggiorno che possiede le sue bellezze, e proprio di quelle che vi piacciono; visiterete il patrimonio dei miei padri e mio; l'interesse che avete per me non mi consente di credere che quella conoscenza vi lasci indifferente." Avevo la bocca ancora aperta per soggiungere che quel castello somiglia a quello che milord Edoardo... ma per fortuna feci in tempo a mordermi la lingua. Mi rispose semplicemente che avevo ragione e che avrebbe fatto quanto mi fosse piaciuto. Ma il signor di Wolmar, che pareva volermi chiudere la bocca, replicò che doveva fare ciò che piaceva a lui. "Cosa preferite, venire o rimanere?" "Rimanere" rispose senza esitare. "Benissimo, rimanete" ripigliò mio marito prendendogli la mano: "uomo onesto e sincero, sono assai contento di questa parola." Non c'era modo di bisticciarsi molto davanti al terzo che ci ascoltava. Son stata zitta e non riuscii a nascondere il mio disappunto in modo che mio marito non se ne avvedesse. "E che," ripigliò con tono scontento in un momento che Saint-Preux s'era allontanato "avrò dunque difeso inutilmente la vostra causa contro voi stessa, e la signora di Wolmar si contenterebbe forse d'una virtù che avesse bisogno di scegliersi le occasioni? Quanto a me, sono più difficile; voglio dovere la fedeltà di mia moglie al suo cuore e non al caso, e non mi basta che mantenga la sua fede; sono offeso se ne dubita."

Poi ci condusse nel suo studio, dove rischiai di venir meno dalla sorpresa vedendolo cavare da un tiretto, insieme alle copie di alcune relazioni del nostro amico che io gli avevo dato, gli originali stessi di tutte le lettere che io credevo d'aver visto bruciare dalla Babi in camera di mia madre. "Ecco," mi disse facendocele vedere "ecco le basi della mia sicurezza; se mi ingannassero, sarebbe pazzia affidarsi a cosa alcuna di quanto gli uomini rispettano. Consegno mia moglie e il mio onore in deposito a colei che, ragazza e sedotta, ha preferito un atto di beneficenza a un convegno unico e sicuro. Affido Giulia sposa e madre a colui che, padrone di sod-

519

disfare le sue voglie, seppe rispettare Giulia amante e nubile. Colui che di voi due si disprezza abbastanza per supporre che ho torto, lo dica, immediatamente mi disdico." Cugina, credi forse che fosse facile rispondere a questo linguaggio?

Tuttavia ho cercato un momento durante il pomeriggio per pigliare a parte mio marito; e, senza entrare in ragionamenti che non avrei potuto spingere molto lontano, mi son limitata a chiedergli due giorni di tempo. Immediatamente me li concesse; li adopero per mandarti questa mia per espresso e per aspettare la tua risposta, e sapere che cosa devo fare.

So bene che non avrei che da chiedere a mio marito di non partire affatto, e lui che non m'ha mai rifiutato nulla non mi rifiuterebbe così piccola grazia. Ma, cara mia, vedo che piglia gusto alla fiducia che mi dimostra, e temo di perdere in parte la sua stima se credesse che ho bisogno di maggior riserbo di quanto lui me ne concede. So pure bene che basterebbe una mia parola e Saint-Preux non esiterebbe un momento ad accompagnarlo: ma mio marito si lascerà illudere, e posso agire così senza mantenere verso Saint-Preux un tono autoritario che potrebbe lasciargli a sua volta qualche diritto? D'altra parte temo che da questa precauzione egli deduca che la reputo necessaria, e questo mezzo che potrebbe sulle prime sembrare il più facile in fondo è forse il più pericoloso. E finalmente non ignoro che nessuna considerazione deve far esitare davanti a un pericolo reale; ma codesto pericolo esiste davvero?

Più vorrei scandagliare lo stato attuale del mio animo e più mi pare di dovermi rassicurare. Il mio cuore è puro, la mia coscienza tranquilla, non provo né ansia né timore, e in tutto quanto avviene in me la sincerità con mio marito non mi costa nessun sforzo. Non che certi involontari ricordi non provochino in me un intenerimento da cui sarebbe meglio che fossi esente;[1] ma quei ricordi non soltanto non sono provocati dalla vista di colui che ne è causa, ma mi sembrano più rari da quando è tornato; e per dolce che mi sia vederlo, per non so quale stranezza pensare a lui mi riesce anche più dolce. Insomma, mi pare che non ho nemmeno bisogno dell'aiuto della virtù per rimanere tranquilla davanti a lui, e che quand'anche non provassi orrore della colpa, i sentimenti distrutti dalla virtù stenterebbero non poco a rianimarsi.

Ma, angelo mio, è forse sufficiente che il mio cuore mi rassicuri, se la ragione mi deve allarmare? Ho perduto il diritto di fare assegnamento su di me. Chi mi potrà garantire che la mia fiducia non è una nuova illusione del vizio? e come affidarmi a sentimenti che mi hanno tanto spesso ingannata? La colpa non comincia forse sempre con l'orgoglio, che ci fa disprezzare la tentazione, e sfidare pericoli ai quali s'è già dovuto soccombere non significa forse voler soccombere ancora?

Pesa tutte queste considerazioni, cara cugina, e ti avvedrai che, anche se sono vane in se stesse, toccano però un argomento grave abbastanza per meritare che ci si pensi. Cavami dunque dall'incertezza nella quale m'hanno messa. Dimmi come mi devo comportare in così delicata occasione; perché gli errori trascorsi mi hanno alterato il giudizio e mi fanno incerta a decidermi su qualsiasi cosa. Qualunque sia il giudizio che fai di te, la tua anima è calma e tranquilla, ne sono sicura; le cose ci si riflettono come sono; mentre la mia sempre commossa come un'acqua inquieta le altera e le deforma. Non ho più il coraggio di fidarmi di ciò che vedo o di ciò che sento, e nonostante così lungo pentimento m'avvedo con dolore che il peso d'un'antica colpa è un carico che bisogna portare per tutta la vita.

LETTERA XIII

RISPOSTA

Povera la mia cugina! quanti tormenti ti infliggi senza posa, con tanti motivi di vivere in pace! Tutto il tuo male vien da te, o Israele! Se tu seguissi le tue proprie regole, e nelle cose del sentimento non ascoltassi che la voce intima, e il tuo cuore facesse tacere la ragione: ti abbandoneresti senza scrupoli alla sicurezza che il cuore ti ispira e non ti sforzeresti, contro la sua testimonianza, di temere un pericolo che non può derivare che da lui.

Ti capisco, ti capisco bene, o mia Giulia; più sicura di te di quanto vorresti far credere, ti vuoi umiliare sulle tue colpe passate col pretesto di evitarne di nuove, e i tuoi scrupoli sono non tanto delle precauzioni per l'avvenire che una pena imposta alla temerità che un tempo ti ha fatto cadere. Tu paragoni i tempi; scherziamo? paragona pure le condizioni, e ricordati che già allora ti rimproveravo la tua confidenza, come oggi ti rimprovero le tue paure.

Ti inganni, cara la mia figliuola; ma non è lecito illudersi così da sé. Se è possibile stordirsi e non pensare al proprio stato, non appena ci pensiamo lo vediamo così come è, e non ci nascondiamo né le nostre virtù né i nostri vizi. La tua dolcezza, la tua devozione ti inclinano all'umiltà. Non fidarti di questa pericolosa virtù che non fa altro che stimolare l'amor proprio concentrandolo, e credi che la nobile schiettezza d'un'anima diritta è da preferirsi all'orgoglio degli umili. Se occorre moderazione nella saggezza, ne occorre anche nelle precauzioni che ispira, per evitare che certe cure indegne della virtù non avviliscano l'anima, e non facciano effettivo un pericolo chimerico a forza di farcelo temere. Non vedi che una volta che ci siamo rialzati dopo una caduta bisogna stare in piedi, e che pendere dalla parte opposta a quella dove si è caduti è un bel modo di tornare a cadere? Cara cugina, sei stata amante come Eloisa, ecco che ora sei devota come lei; voglia Iddio che sia con miglior esito! In verità, se conoscessi meno la tua naturale timidezza, questi tuoi terrori potrebbero spaventare anche me, e se fossi altrettanto scrupolosa, a furia di temere per te finiresti col farmi tremare anche per me.

Pensaci meglio, amabile mia amica; tu che hai una morale non meno facile e dolce di quanto è onesta e pura, non metti forse una troppo ruvida asprezza (difforme dal tuo carattere) nelle tue massime sulla separazione dei sessi? Ammetto con te che non devono vivere insieme, né allo stesso modo; ma vedi un poco se questa importante regola non ha bisogno di parecchie distinzioni nella pratica, se la si può applicare indistintamente e senza eccezione alle donne e alle fanciulle, alla società in generale e ai colloqui privati, agli affari e ai divertimenti; e se la decenza e l'onestà che la ispirano non la devono ogni tanto temperare. Tu vuoi che in un paese di buoni costumi, dove nel matrimonio si cercano armoniosi rapporti, ci siano riunioni dove la gioventù dei due sessi si possa incontrare, conoscere e scegliere; ma con buone ragioni non permetti che ci siano convegni privati. Ma non dovrebbe forse essere l'opposto per le donne sposate e le madri di famiglia che non hanno nessun legittimo motivo di farsi vedere in pubblico, che sono trattenute in casa dalle cure domestiche, e che non devono sottrarsi a niente che riguardi la padrona di casa? Non mi piacerebbe vederti andare per le cantine a far assaggiare il vino ai mercanti, né lasciare i tuoi bambini per andare a regolare i conti con un banchiere; ma se si presenta un brav'uomo che viene a trovar tuo marito, o per trattare qualche affare con lui, vorresti ricusare di accogliere l'ospite in sua assenza e di fargli gli onori di casa, temendo di trovarti da sola a solo con lui? Risali ai principi e tutte le regole si chiariranno. Perché crediamo che le donne devono vivere ritirate e separate dagli uomini? Vogliamo offendere il nostro sesso pensando che sia per motivi ricavati dalla sua debolezza, e soltanto per evitare il pericolo delle tentazioni? No, cara mia, codesti indegni timori non si addicono a una brava donna, a una madre di famiglia continuamente circondata da oggetti che nutrono in lei sentimenti d'onore, e che attende ai più degni doveri della natura. Ciò che ci separa dagli uomini è la natura stessa, la quale ci prescrive altre occupazioni; è la dolce e timida modestia, la quale pur senza toccare la castità, ne è tuttavia la più sicura custode; è l'attenta e piccante riservatezza la quale, alimentando nei cuori degli uomini il desiderio e il rispetto insieme, è per così dire la civetteria della virtù.[1] Ecco perché nemmeno i coniugi vanno esenti da questa regola. Ecco perché le più oneste donne mantengono in generale una grande autorità sui mariti; perché grazie a questa savia e discreta riservatezza, senza capricci e senza rifiuti, sanno tenerli a una certa distanza, pur nella più tenera unione, e così evitano la pericolosa sazietà. Ammetterai con me che il tuo precetto è troppo generale, per non soffrire delle eccezioni; e che, per non essere fondato su un rigoroso dovere, la stessa convenienza che lo prescrive a volte ne può dispensare.

La circospezione che tu fondi sulle tue antiche colpe è offensiva per la tua attuale condizione; non la perdonerei mai al tuo cuore, e mi costa non poco perdonarla alla tua ragione. Come mai il baluardo che difende la tua persona non ha saputo garantirti da così ignominiosa paura? Com'è possibile che la mia cugina, la mia sorella, la mia amica, la mia Giulia confonda le debolezze d'una fanciulla troppo sensibile con le infedeltà d'una donna colpevole? Guardati intorno, non vedrai nulla che non debba innalzarti e sostenerti l'anima. Il tuo marito, che tanto presume e di cui devi giustificare la stima; i tuoi bambini che intendi formare al bene e che un giorno si onoreranno d'averti avuta madre; il venerando tuo padre, che ti è tanto caro, che gode della tua felicità e si vanta della sua figlia anche più che dei suoi antenati; la tua amica, il cui destino dipende dal tuo e alla quale vai debitrice d'un ravvedimento al quale ha contribuito; la figlia di lei, alla quale devi l'esempio delle virtù che le vuoi ispirare; il tuo amico, cento volte più idolatra delle tue virtù che della tua persona, e che ti rispetta più di quanto tu non lo tema; tu stessa, infine, che nella tua saggezza trovi la ricompensa degli sforzi che t'è costata, e non vorrai certo perdere in un istante il frutto di tante pene: quanti motivi capaci di animare il tuo coraggio ti rinfacciano codesta diffidenza verso te stessa! Ma per rispondere alla mia Giulia, ho forse bisogno di considerare ciò che è? Mi basta di sapere che cosa fu negli errori da lei deplorati. Ah! se mai il tuo cuore fosse stato capace di infedeltà, ti permetterei di sempre temerla; ma nel momento stesso in cui ti pareva di intravvederla, lontana, giudica quanto ti avrebbe fatta inorridire, presente, dall'orrore che ti ispirò non appena il solo pensarci sarebbe stato come essere infedele.

Mi rammento lo stupore col quale un tempo imparavamo che ci sono paesi nei quali la debolezza d'una giovane amante è un delitto imperdonabile, mentre l'adulterio d'una donna si fregia del dolce nome di galanteria; e dove una volta sposate ci si rifà scopertamente della breve soggezione in cui si stava da fanciulle. Conosco le massime che si praticano in proposito nel gran mondo, dove la virtù non è nulla, dove tutto non è altro che apparenza vana, dove le colpe si cancellano con la difficoltà di provarle, dove la prova stessa riesce ridicola contro l'uso che le autorizza. Ma tu, o Giulia, tu che ardendo d'una fiamma pura e fedele non eri colpevole che agli occhi degli uomini, e non avevi nulla da rinfacciarti davanti al cielo! tu che ti facevi rispettare in mezzo alle tue colpe; tu che in balìa di vani rimpianti ancora ci costringevi ad adorare le virtù che più non avevi; tu che ti sdegnavi di dover sopportare il tuo stesso disprezzo, mentre tutto pareva volerti giustificare: osi ancora temere la colpa dopo di aver pagato tanto caramente la tua debolezza? Osi temere di essere oggi da meno che nei tempi che ti son costati tante lagrime? No, mia cara, i tuoi antichi errori non solo non devono inquietarti, ma devono rianimare il tuo coraggio; un così cocente pentimento non deve portare ai rimorsi, e chiunque è sensibile alla vergogna non è capace di sfidare l'infamia.

Se mai anima debole ebbe sostegni contro la propria debolezza, quelli appunto ti si offrono; se mai anima forte seppe sostenersi da sé, forse che la tua ha bisogno di sostegni? Dimmi dunque quali sono i tuoi ragionevoli motivi di timore. Tutta la tua vita non è stata che una battaglia continua, dove, anche dopo la tua sconfitta, l'onore e il dovere non hanno mai smesso di resistere e hanno finito col vincere. Ah, Giulia! dovrò credere che dopo tanti tormenti e tante pene, dodici anni di lagrime e sei anni di gloria ti fanno temere una prova di otto giorni? In poche parole, sii sincera con te stessa; se esiste un pericolo, salva la tua persona e arrossisci del tuo cuore; se non esiste, è oltraggiare la tua ragione, è offendere la tua virtù questo temere un pericolo che non la può toccare. Ignori forse che ci sono tentazioni disonorevoli che non si affacciano mai a una anima onesta, che è persino vergognoso vincerle, e che premunirsi contro di loro è piuttosto avvilirsi che umiliarsi?

Non pretendo che queste mie ragioni siano invincibili, voglio semplicemente farti vedere che ce ne sono che possono combattere le tue, il che basta ad autorizzare la mia opinione. Non riferirti né a te, che non sei capace di farti giustizia, né a me che non ho mai saputo vedere nei' tuoi difetti altro che il tuo cuore, e ti ho sempre adorata; ma a tuo marito, che ti vede così come sei, e ti giudica esattamente secondo il tuo merito. Pronta, come tutte le persone sensibili, a giudicar male quelle che non sono tali, diffidavo della sua capacità di penetrare i segreti dei cuori teneri; ma dopo l'arrivo del nostro viaggiatore, da quello che mi scrive mi avvedo che legge benissimo nei vostri, e che nessuno dei moti loro sfugge alle sue osservazioni. Anzi mi paiono così fini e giuste che ho addirittura rovesciato quel mio primo sentimento, e ora sarei volentieri disposta a credere che gli uomini freddi, che ascoltano i loro occhi piuttosto che il loro cuore, sono migliori giudici delle passioni altrui che le persone turbolente e vive o vane come me, che cominciam sempre mettendosi nei panni degli altri e non sono mai capaci di vedere se non ciò che sentono. Comunque sia, il signor di Wolmar ti conosce bene, ti stima, ti ama, il suo destino è legato al tuo. Cosa gli manca perché tu non gli lasci tutto il governo della tua condotta, che ti ispira tante ansie? Forse che, sentendo la vecchiaia che s'avvicina, vuole prevenire, con prove atte a rassicurarlo, le gelose inquietudini che una giovane moglie solitamente ispira a un marito vecchio; forse il suo disegno esige che tu possa vivere familiarmente col tuo amico, senza allarmare né te né tuo marito; forse vuole semplicemente darti una testimonianza di fiducia e di stima degna di quella che ha per te. Non bisogna mai negarsi a tali sentimenti, come se non si fosse capaci di reggerne il peso; quanto a me, penso insomma che non puoi agire con più prudenza e modestia che affidandoti in tutto alla sua tenerezza e ai suoi lumi.

Vuoi, senza far dispiacere al signor di Wolmar, punirti d'un orgoglio che non avesti mai, e preservarti da un pericolo inesistente? Una volta sola col tuo filosofo, prendi contro di lui tutte le precauzioni superflue, che un tempo ti sarebbero state così necessarie; imponiti tutta quella riservatezza che dovresti usare se, nonostante la tua virtù, tu diffidassi ancora del tuo e del suo cuore. Evita i colloqui troppo affettuosi, le tenere rimembranze del passato; interrompi o previeni i convegni intimi e prolungati; circondati sempre dei tuoi bambini; rimani poco sola con lui in camera, nell'Eliso, nel boschetto, nonostante la profanazione. Soprattutto prendi queste misure in modo così naturale che sembrino effetto del caso, e che lui non possa immaginare un sol momento che lo temi. Ti piace andare in barca, e rinunci perché a tuo marito non piace l'acqua, e perché non vuoi esporre i tuoi figli al pericolo. Approfitta di questa assenza per concederti questo piacere, lasciando i bambini in custodia della Fanchon. È un modo di abbandonarti senza rischio alle dolci effusioni dell'amicizia e di godere di una lunga intimità sotto la protezione dei barcaiuoli, che vedono senza udire, e alla quale non ci si può sottrarre prima di pensare a ciò che si fa.

Mi viene un'altra idea che farebbe ridere tanta gente, ma che a te piacerà, ne sono certa: di tenere cioè un fedele diario durante l'assenza di tuo marito, per poi farglielo leggere al suo ritorno; e di pensare al diario in tutti i colloqui che vi saranno riferiti.[1] In verità non credo che tale espediente tornerebbe utile a molte donne; ma un'anima schietta e incapace di mala fede possiede parecchie risorse contro il vizio, che sempre mancheranno alle altre. Non c'è nulla di spregevole in ciò che tende a preservare la purezza, e sono le piccole precauzioni che mantengono le grandi virtù.

Del resto, poiché tuo marito verrà a trovarmi passando, spero che mi vorrà dire le vere ragioni del suo viaggio, e se non mi parranno ben solide o lo persuaderò a non proseguirlo, oppure farò quanto lui non avrà voluto fare, a qualsiasi costo: ne puoi star sicura. Frattanto, ecco che mi diffondo più di quanto occorra per rassicurarti contro una prova di otto giorni. Orsù, cara Giulia, ti conosco troppo per non rispondere di te quanto e più che di me stessa. Tu sarai sempre ciò che devi e che vuoi essere. Anche se ti abbandonassi alla sola dirittura dell'anima tua, non rischieresti niente; perché non credo alle sconfitte impreviste. Si ha un bel coprire col vano nome di debolezze delle colpe sempre volontarie; nessuna donna è mai caduta che non abbia voluto cadere, e se credessi che tale sorte ti aspetta, credimi, credi alla mia tenera amicizia, credi a tutti i sentimenti che posson nascere nel cuore della tua povera Clara, sarei troppo ansiosa di preservartene per abbandonarti a te sola.

Ciò che il signor di Wolmar ha dichiarato di sapere di te prima delle nozze non mi sorprende gran che: sai che ne ho sempre dubitato; ti dirò anzi di più, i miei sospetti non si sono limitati alle indiscrezioni della Babi. Non ho mai potuto credere che un uomo diritto e vero come tuo padre, e che per lo meno aveva anche lui i suoi sospetti, potesse ingannare il suo genero e amico. Che se ti esortava tanto insistentemente al segreto, è perché il modo di rivelarlo era assai diverso, dalla sua alla tua bocca; e certo gli voleva dare un aspetto meno atto a disgustare il signor di Wolmar di quello che era sicuro tu gli avresti immancabilmente dato. Ma bisogna che ti rimandi il corriere, parleremo di tutto e con tutto agio fra un mese.

Addio, cuginetta, basta con le prediche alla predicatrice; ora ripiglia il tuo antico mestiere, che ne hai bisogno. Sono assai inquieta di non essere ancora con te. Imbroglio tutti i miei affari col volermi spicciare e finirli, non so più che cosa faccio. Ah Chaillot, Chaillot!... se fossi meno pazza... ma spero di esserlo sempre.

P.S. A proposito: dimenticavo di rendere omaggio alla tua Altezza. Dimmi, ti prego, monsignor tuo marito è Atteman, Knes o Boiardo? Quanto a me, mi parrebbe di bestemmiare se dovessi chiamarti madama boiarda*[a]. O poveretta! Tu che hai gemuto tanto per esser nata damigella, eccoti ben fortunata di trovarti moglie di un principe! Tuttavia, sia detto fra noi, per una dama di così alta qualità mi pare che i tuoi timori siano piuttosto plebei. Non sai che i piccoli scrupoli non si addicono che alla genterella, e che si ride d'un figlio di buona famiglia che pretenda di esser figlio di suo padre?

*[a] La signora d'Orbe certamente non sapeva che i due primi sono titoli importanti, ma che un boiardo non è che un semplice gentiluomo. *(N.d.A.)*

LETTERA XIV

DEL SIGNOR DI WOLMAR ALLA SIGNORA D'ORBE

Parto per Etange, cuginetta, avevo deciso di venirvi a trovare passando; ma un ritardo di cui avete colpa mi costringe a far diligenza, e così preferisco pernottare a Losanna tornando per trascorrere qualche ora di più con voi. Infatti vi devo consultare su parecchie cose, delle quali è bene farvi parola in anticipo, così che abbiate modo di rifletterci prima di dirmene la vostra opinione.

Non ho voluto spiegarvi il mio disegno riguardo al giovanotto, prima che la sua presenza mi avesse confermato nella buona opinione che me ne ero formato. Ora mi pare di essermi assicurato abbastanza di lui per confidarvi che quel disegno è di affidargli l'educazione dei miei figli.[1] So bene che queste importanti cure sono il primo dovere di un padre; ma quando sarà ora di assumerlo sarò troppo vecchio per adempierlo; e poi, tranquillo e contemplativo come sono per indole, non ebbi mai un'attività abbastanza intensa per poter regolare quella della gioventù. D'altronde, per la ragione che sapete[a], Giulia sarebbe inquieta vedendomi assumere una funzione che poi non saprei assolvere a modo suo. Siccome per mille altre ragioni il vostro sesso non è atto a queste cure, Giulia si dedicherà tutta all'educazione di Enrichetta; quanto a voi, vi affido la direzione della casa secondo il piano che vedrete stabilito e che avete approvato; il mio sarà quello di vedere tre brave persone concorrere alla felicità della casa, e di assaporare nella vecchiaia un riposo che sarà opera loro.

Ho sempre notato che a mia moglie ripugnerebbe moltissimo affidare i suoi figli a mani mercenarie, e non posso biasimare questi suoi scrupoli. La rispettabile condizione di precettore esige tanti di quei talenti che non si possono compensare, tante di quelle inestimabili virtù che non è possibile cercarle col denaro.

---

[a] Nemmeno il lettore conosce quella ragione, per ora; ma lo prego di portar pazienza. *(N.d.A.)*

Soltanto in un uomo di genio si può sperare di trovare i lumi di un maestro; soltanto a un amico assai tenero il cuore può ispirare lo zelo d'un padre; e il genio non è da vendere, l'affetto anche meno.

Il vostro amico mi sembra riunisca in sé tutte le qualità opportune, ed ho conosciuto così bene la sua anima che non posso immaginare per lui maggiore felicità che quella di fare, in questi cari figliuoli, la felicità della loro madre. L'unico ostacolo che mi par di vedere è il suo affetto per milord Edoardo, che difficilmente gli consentirà di staccarsi da un così caro amico, al quale deve tanto: a meno che Edoardo non lo esiga. Aspettiamo presto quell'uomo straordinario, e siccome avete molto ascendente sul suo spirito, se non smentisce l'idea che me ne avete data, potrei incaricarvi di negoziare con lui questa cosa.

Così avete, cuginetta, la chiave di tutta la mia condotta, che non può che parere assai strana senza questa spiegazione, e che avrà ormai, spero, la vostra approvazione e quella di Giulia. Il vantaggio di avere una moglie come la mia m'ha indotto a ricorrere a mezzi che sarebbero impossibili con un'altra. Se la lascio con piena fiducia insieme al suo ex amante, sotto la sola tutela della sua virtù, sarei pazzo se introducessi in casa quell'amante prima di essermi accertato che ormai non è più tale, e come potrei accertarmene se avessi una moglie di cui fossi meno sicuro?

Vi ho vista qualche volta sorridere a certe mie osservazioni sull'amore; ma questa volta ho modo di umiliarvi. Ho fatto una scoperta che né voi né donna al mondo, pur con tutta la sottigliezza che si attribuisce al vostro sesso, non avreste mai fatta; e che vi parrà dimostrata appieno quando vi avrò spiegato su che cosa la fondo. Dirvi che i miei due giovani sono più innamorati che mai, non è certo cosa meravigliosa; dirvi invece che sono perfettamente guariti, siccome sapete che cosa possono la ragione e la virtù, anche questo non è gran miracolo. Ma che le due cose contrarie siano vere insieme; che ardono più fortemente che mai l'uno per l'altro, e che tra loro non esiste più altro che un onesto affetto; che siano sempre amanti e non siano più altro che amici: ecco, mi pare, cosa che meno vi aspettavate, che durerete più fatica a capire; e tuttavia non è altro che l'esatta verità[1].

Questo è l'enigma delle frequenti contraddizioni che spesso avrete notato in loro, sia nei discorsi che nelle lettere. Ciò che avete scritto a Giulia a proposito del ritratto ha giovato più di tutto a illuminarmi questo mistero, e mi avvedo che sono sempre in buona fede, pur smentendosi continuamente. Quando dico loro, penso soprattutto al giovanotto; quanto alla vostra amica, non se ne può parlare che per congettura. Un velo di saggezza e d'onestà le mette tante di quelle pieghe intorno al cuore, che occhio umano non è più capace di penetrarlo, nemmeno direi il suo. La sola cosa che mi fa sospettare che in lei sussista qualche diffidenza è che continuamente va cercando in se stessa che cosa farebbe se fosse del tutto guarita; e lo fa così esattamente che non lo farebbe meglio se fosse davvero guarita.

Quanto all'amico vostro, il quale pur virtuoso si spaventa meno dei sentimenti che gli rimangono, vedo in lui tutti quelli che ebbe nella sua prima giovinezza; ma li vedo senza avere il diritto di offendermene. Non è innamorato di Giulia di Wolmar, bensì di Giulia d'Etange; non mi vuol male come a colui che possiede la persona da lui amata, ma come colui che gli ha rapito quella che amava. La moglie di un altro non è la sua amante, la madre di due bambini non è più la sua ex scolara. È vero che le somiglia molto e che spesso gliela rammenta. L'ama nel passato: questa è la chiave dell'enigma. Toglietegli la memoria e sarà senza amore[2].

Non è una vana sottigliezza, cuginetta, è un'osservazione assai concreta; la quale, estesa ad altri amori, avrebbe forse un'applicazione assai più generale di quanto possa parere. Anzi suppongo che non sarebbe difficile da spiegare in quest'occasione con le vostre stesse idee. Il tempo in cui avete separato i due amanti era quello in cui la loro passione toccava il massimo di veemenza. Forse, se fossero rimasti insieme più a lungo, a poco a poco si sarebbero raffreddati; ma la loro immaginazione vivamente commossa li ha incessantemente offerti l'uno all'altro così come erano nel momento in cui si sono separati.[3] Il giovane, non vedendo nella sua amante i cambiamenti che il procedere del tempo faceva, l'amava così come quando l'aveva vista, non come infatti era[a]. Per farlo felice non si tratterebbe soltanto di dargliela, ma di dargliela della stessa età e nelle stesse circostanze in cui era al tempo dei loro primi amori; la minima alterazione sarebbe altrettanto di sottratto alla felicità che s'era ripromessa. Si è fatta più bella, ma è cambiata; quanto ha acquistato in certo senso torna a suo pregiudizio; perché è innamorato di quella d'una volta e non di un'altra.

L'errore che lo illude e lo turba è che confonde i tempi e spesso si rinfaccia come fosse un sentimento attuale quello che è semplicemente l'effetto d'un ricordo troppo tenero; ma non so se è meglio finire di guarirlo piuttosto che disilluderlo. Per questo si caverà maggior profitto dal suo errore che dai suoi lumi. Scoprirgli il vero stato del suo cuore sarebbe come dirgli che l'oggetto del suo amore è morto; sarebbe infliggergli una pericolosa afflizione, in quanto lo stato di tristezza è sempre favorevole all'amore.

Liberato dagli scrupoli che lo impacciano, forse nutrirebbe con maggior compiacenza dei ricordi che dovrebbero svanire; ne parlerebbe con meno riserbo, e i lineamenti della sua Giulia non sono così scancellati nella signora di Wolmar che a furia di cercarveli non finisse col trovarceli. Ho pensato che invece di togliergli l'idea dei progressi che crede di aver fatti e che lo stimola a continuare, era meglio fargli perdere la memoria di tempi che deve dimenticare, sostituendo destramente altre idee a quelle che gli sono così care. Voi che contribuiste a farle nascere potete contribuire più di chicchessia a cancellarle; ma soltanto quando vi sarete definitivamente stabilita con noi vi dirò che cosa bisogna fare per questo; ed è incarico che, o mi sbaglio, non vi riuscirà troppo oneroso. Frattanto cerco di

[a] Siete ben pazzerelle, voi donne, a voler dar consistenza a un sentimento frivolo ed effimero come l'amore. Nella natura tutto cambia, e tutto è in un perpetuo fluire, e voi credete di ispirare ardori costanti? Con che diritto pretendete di essere amate oggi perché eravate amate ieri? Ma allora conservate lo stesso volto, la stessa età, lo stesso umore; siate sempre le stesse e sarete sempre amate, se è possibile. Ma cambiare continuamente e volere che vi si ami sempre, è come volere che a ogni momento si smetta di amarvi; non è cercare cuori costanti, bensì cercarne di volubili quanto voi. *(N.d.A.)*

familiarizzarlo con gli oggetti che lo spaventano, presentandoglieli in modo che non gli riescano più pericolosi. È ardente, ma debole e facile da soggiogare. Approfitto di questo vantaggio per ingannare la sua immaginazione. Invece della sua amante lo costringo a veder sempre la sposa d'un brav'uomo e la madre dei miei figli: cancello un quadro con un altro, copro il passato con il presente. Si porta un destriero ombroso vicino alla cosa che lo spaventa, perché non se ne spaventi più. Così bisogna procedere con questi giovani la cui immaginazione arde ancora quando il loro cuore già si è raffreddato, e da lontano offre loro dei mostri che spariscono quando si avvicinano.

Mi pare di conoscere bene le forze dell'uno e dell'altro, e non li espongo che a prove che possono sostenere; perché la saggezza non consiste già nel prendere qualsiasi specie di precauzioni, ma nello sceglier quelle che sono utili e nel tralasciare le superflue. Gli otto giorni durante i quali li lascerò soli basteranno forse ad aiutarli a distinguere i loro veri sentimenti e a conoscere che cosa sono realmente l'uno per l'altro. Con più si vedranno da soli, più facilmente capiranno il loro errore paragonando ciò che proveranno con ciò che in simile situazione avevano un tempo provato. Aggiungete che importa loro assuefarsi senza rischio alla familiarità nella quale forzatamente dovranno vivere se i miei progetti si avvereranno. Dalla condotta di Giulia mi avvedo che ha avuto da voi dei consigli che non poteva rifiutare senza mettersi dalla parte del torto. Che piacere avrei dandole la prova che sento tutto quanto vale, se fosse una moglie con la quale un marito potrebbe farsi un merito della sua fiducia! Ma anche se non fosse riuscita a niente sul suo cuore, la sua virtù resterebbe la stessa; le costerebbe di più, ma vincerebbe egualmente. Mentre che se oggi le rimane qualche intima pena da sopportare, non può trovarla che nell'intenerimento d'un colloquio di rimembranze che saprà presentire e sempre prevenire. Vedete quindi che non bisogna giudicare la mia condotta secondo le solite regole, ma secondo le intenzioni che me la ispirano, e secondo il carattere unico di colei per la quale la adotto.

Cara cuginetta, arrivederci al mio ritorno. Benché io

non abbia dato tutte queste spiegazioni a Giulia, non pretendo che gliene facciate mistero. Ho per massima di non insinuare segreti tra amici, perciò affido questo alla vostra discrezione; fatene l'uso che la prudenza e l'amicizia vi ispireranno. So che non farete niente se non per il migliore e il più onesto dei fini.

LETTERA XV

A MILORD EDOARDO

Il signor di Wolmar è partito ieri per Etange, e non mi so capacitare dello stato di tristezza in cui m'ha lasciato la sua partenza. Credo che l'assenza di sua moglie mi affliggerebbe meno della sua. Mi sento anche più impacciato che in sua presenza; un inerte silenzio mi grava il cuore, un segreto spavento ne soffoca il mormorio e, meno turbato di desideri che di paura, provo i terrori della colpa senza averne le tentazioni[1].

Sapete, milord, dove l'anima mia riesce a rassicurarsi e a disperdere queste indegne paure? Accanto alla signora di Wolmar. Non appena mi accosto a lei la sua vista acqueta il mio turbamento, i suoi sguardi mi purificano il cuore.[2] È tale l'ascendente del suo che sembra sempre ispirare agli altri il sentimento della sua innocenza, e la pace che ne è il risultato. Sfortunatamente per me la sua regola di vita non la trattiene tutto il giorno con gli amici, e nei momenti che sono costretto a star senza vederla soffrirei meno se fossi più lontano da lei.

Ciò che inoltre contribuisce ad alimentare la melanconia che mi opprime, è una parola che ella mi disse ieri, dopo la partenza di suo marito. Benché fino a quel momento avesse tenuto un contegno assai degno, ella lo seguì a lungo con gli occhi con un'aria intenerita che sulle prime attribuii semplicemente alla partenza del caro marito; ma dal suo discorso capii che c'era anche un'altra ragione di quell'intenerimento, una ragione che non conoscevo. "Vedete come viviamo," mi disse "e sape-

te quanto mi sia caro. Non crediate, tuttavia, che il sentimento che m'unisce a lui, non meno tenero né potente
dell'amore, ne abbia anche le debolezze. Se ci rincresce quando la dolce abitudine di vivere uniti è interrotta, la ferma speranza di riprenderla tra poco ci consola subito. Una condizione così permanente lascia temere poche vicissitudini, e in un'assenza di qualche giorno sentiamo meno il dolore d'un intervallo così breve che il piacere di vagheggiarne la fine. L'afflizione
che mi leggete negli occhi ha una ragione più grave,
e benché abbia rapporto con il signor di Wolmar, non
è provocata dalla sua lontananza[1].

"Caro amico," soggiunse con tono commosso "non esiste la vera felicità sulla terra.[2] Ho per marito l'uomo
più onesto e più dolce che ci sia; una reciproca inclinazione si aggiunge al dovere che ci unisce; non ha altri desideri fuori dei miei; ho dei bambini che non danno e non promettono altro che piaceri alla loro mamma; non ci fu mai amica più tenera, più virtuosa, più
amabile di quella che il mio cuore idolatra, e fra poco
trascorrerò con lei i miei giorni; anche voi contribui-
te a farmeli cari giustificando così bene la stima e i
sentimenti che nutro per voi; un lungo e fastidioso processo sta per finire e ci riporterà tra le braccia il migliore dei padri; tutto prospera intorno a noi; l'ordine
e la pace regnano nella nostra casa; i nostri domestici sono zelanti e fedeli, i nostri vicini ci dimostrano
ogni sorta di affetto, godiamo della pubblica benevolenza. Favorita in ogni cosa dal cielo, dalla fortuna e
dagli uomini, vedo che tutto concorre alla mia felicità.
Ma un segreto affanno, un solo dolore l'avvelena, e non
sono felice." Disse queste ultime parole con un sospiro che mi trafisse l'anima, e mi accorsi che io non ci
avevo purtroppo parte alcuna. Non è felice, mi dissi
sospirando a mia volta, e non sono più io che le impe-
disco di esserlo!

Questa funesta idea sconvolse in un attimo tutte le
mie e turbò il riposo che cominciavo a godere. Insoffe-
rente dell'intollerabile dubbio in cui il suo discorso mi
aveva gettato, insistetti talmente perché mi aprisse del
tutto il suo cuore che infine ella versò nel mio il suo
fatale segreto e mi autorizzò a rivelarvelo. Ma ecco l'ora

della passeggiata, la signora di Wolmar sta uscendo dal gineceo per andare a spasso coi suoi bambini, e mi fa avvertire. Corro, milord, per questa volta vi lascio, riprenderò il discorso interrotto in una prossima lettera.

LETTERA XVI

DELLA SIGNORA DI WOLMAR A SUO MARITO

Vi aspetto per martedì, come mi accennate, troverete tutto in ordine secondo le vostre intenzioni. Visitate tornando la signora d'Orbe; vi dirà cos'è capitato durante la vostra assenza; preferisco che lo sappiate da lei.

Wolmar, è vero, credo di meritare la vostra stima; ma la vostra condotta non mi sembra perciò più opportuna, godete con molta durezza della virtù di vostra moglie.

LETTERA XVII'

A MILORD EDOARDO

Milord, vi voglio raccontare un pericolo che abbiamo corso uno di questi giorni, dal quale però siamo fortunatamente scampati con un po' di paura e di fatica. Merita una lettera a parte; leggendola capirete cosa mi spinge a scrivervela.

Sapete che la casa è poco discosta dal lago, e che alla signora di Wolmar piace andare in barca. L'assenza di suo marito, che ci lascia un po' sfaccendati, e la bellezza della serata, tre giorni fa ci indussero a decidere una passeggiata sul lago per il giorno dopo. Al levar del sole eravamo sulla riva; prendemmo una barca con reti da pesca, tre barcaiuoli, un domestico, e ci imbarcammo con alcune provviste per il pranzo. Avevo preso il fucile per tirare ai *besolets*[a]; ma la signora mi svergognò: uccidere senza profitto degli uccelli, per il mero piacere di far del male! Allora mi divertii a richiamare ogni tanto dei *gros-sifflets*, dei *tiou-tiou*, dei *crenets*, dei *sifflassons*[b]; e tirai un colpo solo, da molto lontano, a un'arzavola, però senza colpirla.

Passammo un paio d'ore pescando a cinquecento passi dalla riva. Pesca abbondante; ma, salvo una trota che era stata colpita da un remo, Giulia volle che ributtassimo tutto in acqua. "Sono degli animali che soffrono," disse "liberiamoli; godiamo del piacere che proveranno sfuggendo al pericolo." Così facemmo, adagio, a malincuore, non senza qualche mormorazione; era chiaro che i nostri uomini avrebbero gustato più volentieri il pesce che la morale che gli salvava la vita.

Poi ci inoltrammo nel lago; e, per una spavalderia giovanile, dalla quale sarebbe ora che guarissi, mi misi a *nuotare*[c], dirigendo talmente al largo che ben presto ci trovammo a più d'una lega dalla riva[d]. Lì spiegai a Giulia tutte le parti del magnifico orizzonte che ci circondava. Le mostrai da lontano la foce del Rodano, il cui corso impetuoso si ferma di colpo dopo un quarto di lega, come se temesse di lordare con le sue acque fangose l'azzurro cristallo del lago. Le facevo osservare i profili delle montagne, i cui angoli corrispondenti e paralleli formano nello spazio che li divide un letto degno del fiume che lo riempie. Scostandola poi dalle nostre rive, mi compiacevo di farle ammirare quelle ricche è deliziose del paese di Vaud, dove la frequenza delle città, l'innumerevole popolazione, i pendii verdeggianti e ornati da ogni parte formano un quadro mirabile; dove la terra, dappertutto coltivata e feconda, ovunque offre al contadino, al pastore e al vignaiuo-

[a] Uccello di passo sul lago di Ginevra. Non commestibile. *(N.d.A.)*
[b] Varie specie di uccelli del lago di Ginevra; tutti ottimi da mangiare. *(N.d.A.)*
[c] Espressione dei barcaiuoli ginevrini. Significa: tenere il remo che fa da timone. *(N.d.A.)*
[d] Come mai? Davanti a Clarens il lago non ha certo due leghe di larghezza. *(N.d.A.)*

lo il frutto sicuro delle loro fatiche, non divorato dall'avido pubblicano. Poi mostrandole lo Chablais sulla riva opposta, paese non meno favorito dalla natura, ma che tuttavia non offre se non uno spettacolo di miseria, le facevo discernere concretamente i vari effetti dei due governi, nella ricchezza, nel numero e nella felicità degli uomini. "Così" le dicevo "la terra apre il suo seno fecondo e prodiga i suoi tesori ai popoli felici che la coltivano per sé. Si direbbe che sorrida e si animi al dolce spettacolo della libertà; si compiace di nutrire degli uomini. Invece le tristi catapecchie, l'erica e i rovi che coprono una terra semideserta annunciano da lontano che un padrone assente la domina, e che malvolentieri essa offre a degli schiavi qualche magro prodotto dal quale non cavan nessun profitto."

Intanto che ci divertivamo piacevolmente a percorrere con gli occhi le sponde vicine, un vento da nord che ci spingeva di sbieco verso la riva opposta si alzò, e rinfrescò considerevolmente così, che quando pensammo a tornare la resistenza fu tale che la nostra fragile imbarcazione non fu più in grado di vincerla. Presto le onde si fecero tremende; dovemmo dirigerci verso la sponda savoiarda e tentare di approdare al villaggio di Meillerie che ci stava di fronte e che è quasi il solo posto di quella sponda che offra un comodo approdo. Ma il vento che era cambiato e si faceva più violento, rendeva vani gli sforzi dei nostri barcaiuoli, e ci faceva derivare verso una fila di scogli dirupati dove non c'era possibilità di scampo.

Ci mettemmo tutti ai remi, e ,quasi nello stesso momento ebbi il dolore di vedere che Giulia si sentiva male, era sul punto di venir meno sulla sponda della barca. Per fortuna, abituata come è all'acqua, non durò molto in quello stato. Frattanto i nostri sforzi crescevano col pericolo; il sole, la fatica e il sudore ci ridussero allo stremo delle forze. Ritrovando allora tutto il suo coraggio, Giulia rianimava il nostro con le sue compassionevoli premure; ci asciugava a tutti indistintamente il viso, e mescolando vino e acqua in un vaso (per paura di ubriacarci) ne andava offrendo alternatamente ai più stremati. No, l'adorabile vostra amica non brillò mai di così vivo splendore come in quel momento: il calore e l'agitazione avevano acceso il suo incarnato d'un fuoco più intenso; e, cosa che aumentava anche più le sue grazie, dalla sua aria intenerita si capiva che tutte le sue cure erano mosse non tanto da paura per lei quanto da compassione per noi. Una volta soltanto, che le due tavole furono sconnesse da un colpo d'acqua che ci inzuppò tutti, ella credette che la barca fosse sfasciata e, in una esclamazione di quella tenera madre potei chiaramente intendere queste parole: "O miei figli, non vi vedrò dunque più?" Quanto a me, con la mia immaginazione che va sempre oltre il male, benché potessi giudicare esattamente il pericolo, mi pareva di vedere a ogni istante la barca inghiottita, quella così patetica bellezza dibattersi tra le onde, e il pallore della morte offuscare le rose del suo volto.

Finalmente, a forza di braccia risalimmo fino a Meillerie, e dopo aver lottato per più di un'ora a dieci passi dalla riva, riuscimmo ad approdare. Toccando terra dimenticammo tutte le fatiche. Giulia espresse tutta la sua riconoscenza per quanto ognuno aveva fatto, e così come nel pieno del pericolo non aveva pensato che a noi, a terra le pareva che non avessimo salvato altri che lei.

Mangiammo con l'appetito che procura una violenta fatica. Cucinata la trota, Giulia che ne è assai ghiotta ne mangiò poco, e capii che per togliere ai barcaiuoli il rincrescimento del loro sacrificio, desiderava che anch'io non ne mangiassi molto. L'avete detto mille volte, milord: nelle piccole come nelle grandi cose quest'anima amante sempre si esprime.

Dopo il pranzo l'acqua era sempre assai mossa e la barca aveva bisogno di qualche rattoppo: perciò le proposi una passeggiata. Giulia pretestò il sole, il vento, e pensava alla mia fatica. Ma avevo le mie mire, seppi replicare a tutto. "Sono avvezzo fin da ragazzo" le dissi "ai duri lavori; non solo non nuocciono alla mia salute, ma la rafforzano, il mio ultimo viaggio m'ha irrobustito anche più. Quanto al sole e al vento, avete il vostro cappello di paglia, poi entreremo al riparo dei boschi; non si tratta che di salire su alcune rupi, la fatica sarà lieve per voi che non amate la pianura." Fece quello che volli, e partimmo intanto che i nostri uomini pranzavano.

Sapete che dopo il mio esilio nel Vallese tornai dieci

539

anni fa a Meillerie, aspettando il permesso di tornare. Qui trascorsi dei giorni così tristi e deliziosi, esclusivamente occupandomi di lei, di qui le scrissi una lettera che la commosse non poco. Avevo sempre bramato di rivedere quel solitario ritiro che mi fece da asilo in mezzo ai ghiacci, e dove il mio cuore si compiaceva di conversare tra sé con quanto ebbe mai di più caro al mondo. L'occasione di visitare così un luogo tanto prediletto, in una più favorevole stagione, e insieme a lei, la cui immagine l'aveva abitato con me, fu il segreto motivo della passeggiata. Mi facevo un piacere di mostrarle antichi monumenti d'una passione così costante e infelice.

Ci giungemmo dopo un'ora di cammino, per sentieri tortuosi e freschi i quali, salendo insensibilmente tra alberi e rocce, di scomodo non avevano altro che la lunghezza. Avvicinandomi e riconoscendo quei miei antichi luoghi, fui sul punto di svenire; ma mi vinsi, nascosi il mio turbamento e arrivammo. Quel posto solitario forma un asilo selvaggio e deserto; ma pieno di quelle bellezze che piacciono alle anime sensibili e sembrano orrende alle altre. Un torrente nutrito dallo sciogliersi delle nevi precipitava a venti passi da noi le sue acque torbide, trascinando fragorosamente fango, sabbia e pietre. Dietro di noi una catena di inaccessibili rupi separava lo spiazzo sul quale stavamo da quella parte delle alpi detta "i ghiacciai", perché coperti fin dal principio del mondo da enormi cime di ghiaccio che continuamente si accrescono*. Foreste di neri abeti mettevano una triste ombra a destra. A sinistra un gran bosco di querce stava oltre il torrente, e sotto di noi quella sterminata distesa d'acqua che il lago forma in mezzo alle alpi ci separava dai ricchi pendii del paese di Vaud, quadro coronato dalla cima imponente del Giura.

Tra questi grandi e magnifici oggetti il poco terreno sul quale stavamo spiegava gli incanti d'un soggiorno ri-

---

* Queste montagne sono così alte che mezz'ora dopo il tramonto le loro cime sono ancora rischiarate dai raggi del sole, il cui rosso tinge quelle candide vette d'un bel color rosa che si scorge da molto lontano. (N.d.A.)

dente e campestre; alcuni ruscelli trapelavano dalle rocce e scorrevano sul verde come fili di cristallo. Alcuni alberi da frutta selvatici curvavano su di noi i rami; la terra umida e fresca era coperta d'erba e di fiori. Paragonando così dolce soggiorno agli oggetti che lo circondavano, pareva che quel luogo deserto dovesse essere il rifugio di due amanti scampati loro soli allo sconvolgimento della natura.

Quand'ebbimo raggiunto quello spiazzo e lo ebbi contemplato un momento: "E che!" dissi a Giulia guardandola con umido occhio "il cuore non vi dice niente, non provate una segreta emozione all'aspetto di un luogo così pieno di voi?" Allora, senza aspettare la sua risposta, la condussi verso una rupe e le mostrai la sua cifra incisa in mille posti, e vari versi del Petrarca e del Tasso relativi alla situazione in cui mi trovavo incidendoli. Rivedendoli dopo tanto tempo, sentii come la presenza degli oggetti può potentemente rianimare i sentimenti violenti che ci scossero accanto a quelli. Le dissi con una certa veemenza: "O Giulia, incanto eterno del mio cuore! Ecco i luoghi dove per te sospirò un tempo il più fedele amante del mondo. Ecco il soggiorno dove la tua cara immagine faceva la sua felicità, e preparava quella che finalmente ricevette da te. Non ci si vedevano allora né questi frutti né queste ombre: né verdura né fiori tappezzavano questo terreno, né il corso di questi ruscelli lo divideva; questi uccelli non facevano udire i loro gorgheggi, il vorace sparviero, il corvo funesto e la terribile aquila alpina facevan soli echeggiare coi loro stridi queste caverne; immensi ghiacci pendevan da queste rocce; festoni di neve eran l'unico ornamento di questi alberi; tutto qui respirava i rigori dell'inverno e gli orrori del gelo; soltanto i fuochi del mio cuore mi facevano tollerabile questo luogo, e trascorrevo i giorni interi pensando a te. Ecco la pietra sulla quale mi sedevo per contemplare da lontano il tuo felice soggiorno; su questa scrissi la lettera che ti toccò il cuore; queste pietre aguzze mi serviron da bulino per incidere la tua cifra; qui passai il torrente ghiacciato per ripigliare una tua lettera rapitami da un turbine; là venni a rileggere e a baciare mille volte l'ultima che mi scrivesti; ecco il ciglio dal quale con occhio avido e cupo misuravo la profondità di questi abissi; e qui, prima della mia triste partenza, qui venni a piangerti morente e a giurare di non sopravviverti. Donna amata con troppa costanza, io ero nato per te! Ora mi devo ritrovare con te in questi stessi luoghi, e rimpiangere il tempo che vi trascorsi gemendo la tua assenza?..."[1] Volevo continuare; ma Giulia, che s'era spaventata vedendo che mi avvicinavo al ciglio e m'aveva preso la mano, me la strinse senza dir nulla, guardandomi con tenerezza e trattenendo a stento un sospiro; poi a un tratto volgendo altrove lo sguardo e tirandomi per un braccio: "Andiamocene, caro amico" mi disse con voce commossa; "l'aria di questo posto non è buona per me". Partii con lei gemendo, ma senza rispondere, e per sempre lasciai quel triste asilo, come se avessi lasciato la stessa Giulia.

Tornati lentamente al porto, dopo qualche giro ci separammo. Volle rimanere sola, e io continuai a camminare senza sapere dove andassi; quando tornai la barca non era ancora pronta, né l'acqua tranquilla, perciò cenammo mestamente, a occhi chini, con aria assente; mangiammo poco e parlammo anche meno. Dopo cena andammo a sederci sulla riva aspettando il momento di partire. Insensibilmente spuntò la luna, l'acqua si fece più tranquilla, e Giulia propose di partire. Le diedi la mano per entrare nella barca, e sedendomi accanto a lei continuai a tenerle la mano. Eravamo silenziosissimi. Il rumore eguale e cadenzato dei remi m'incitava a sognare. Il canto piuttosto lieto dei beccaccini[a], rammentandomi i piaceri d'un'altra età, invece di rallegrarmi mi rattristava. A poco a poco sentii aumentare la melanconia che mi opprimeva. Un cielo sereno, il dolce raggio della luna, il fremito d'argento dell'acqua che ci brillava intorno, il concorso delle più piacevoli sensazioni, persino la presenza di quell'oggetto adorato: nulla riuscì a distogliere il mio cuore da mille dolorose riflessioni. •

Cominciai rammentandomi una passeggiata consimile fatta con lei al tempo dei nostri primi incantevoli

---

[a] Il beccaccino del lago di Ginevra non è l'uccello così chiamato in Francia. Il canto più vivace e animato del nostro conferisce al lago, nelle notti estive, un tono di vita e di freschezza che ne fa anche più deliziose le rive. *(N.d.A.)*

amori. Tutti i sentimenti deliziosi che allora mi riempivano l'anima mi si ripresentarono per affliggerla; tutti i fatti della nostra giovinezza, gli studi, i colloqui,
le lettere, i convegni, i piaceri,

> E tanta fede
> E sì dolci memorie
> E sì lungo costume[1]!

una quantità di minimi oggetti che mi offrivan l'immagine della mia felicità d'un tempo, tutto tornava per accrescere la mia miseria attuale, tutto mi tornava a mente. È finita, mi andavo dicendo, quei tempi, quei tempi
felici non esistono più; sono scomparsi per sempre. Ahimè, non torneranno più; e viviamo, siamo insieme, e
i nostri cuori sono sempre uniti! Mi pareva che avrei
sopportato più pazientemente la morte o l'assenza di
lei, e che avevo sofferto meno nel tempo trascorso
lontano da lei. Quando gemevo nella solitudine, la speranza di rivederla mi alleviava il cuore; mi lusingava
il pensiero che un istante solo della sua presenza avrebbe cancellato tutte le mie pene; immaginavo almeno
tra le cose possibili uno stato meno crudele del mio.
Ma trovarsi accanto a lei; ma vederla, toccarla, parlarle, amarla, adorarla, e quasi possederla ancora, e sentirla perduta per sempre per me: ecco quanto mi gettava in accessi di furore e di rabbia che a grado a grado mi agitarono fino alla disperazione. Cominciai ben
presto a rimuginare tra me funesti progetti, e in un
delirio di cui fremo a ripensarci mi sentii violentemente tentato di precipitarla con me nelle onde, e di finire
così tra le sue braccia la mia vita e i miei lunghi tormenti. Quest'orrenda tentazione si fece infine così violenta che fui costretto a lasciare bruscamente la sua
mano, e ad appartarmi sulla prora della barca[2].
Lì le mie vive agitazioni cominciarono a prendere
un'altra direzione; un sentimento più dolce mi si in-
sinuò a poco a poco nell'anima, l'intenerimento vinse
la disperazione; mi misi a versare torrenti di lagrime, e
questo stato, in confronto a quello dal quale uscivo,

non era privo di qualche piacere. Piansi forte, a lungo, e mi sentii sollevato. Quando fui ben rimesso tornai accanto a Giulia; le ripresi la mano. Teneva il fazzoletto; sentii che era zuppo. "Ah!" le dissi piano "vedo che i nostri cuori non hanno mai smesso di intendersi!" "È vero" disse lei con voce alterata; "ma che sia l'ultima volta che abbiano parlato così." Allora riprendemmo a discorrere tranquillamente, e dopo un'ora di navigazione approdammo senz'altro incidente. Quando fummo a casa mi accorsi al lume che aveva gli occhi rossi e assai gonfi; i miei non dovettero sembrarle in condizione migliore. Dopo le fatiche di quella giornata ella aveva gran bisogno di riposo: si ritirò e io mi coricai.

Ecco, amico, il racconto del giorno della mia vita in cui provai le emozioni più forti. Spero che saranno la crisi che mi restituirà a me stesso.[1] Per altro vi dirò che quest'avventura m'ha convinto, più di tutti gli argomenti, della libertà dell'uomo e del merito della virtù. Quanta gente è debolmente tentata e soccombe? Quanto a Giulia, i miei occhi videro e il mio cuore sentì: ella sostenne in quel giorno la più gran battaglia che essere umano abbia mai sostenuto; e tuttavia vinse: ma cos'ho fatto io per rimanere così indietro da lei? O Edoardo! quando sedotto dalla tua amante sapesti vincere insieme i tuoi e i suoi desideri, eri soltanto un uomo?[2] senza di te forse ero perduto. Cento volte in quel pericoloso giorno il ricordo della tua virtù m'ha ridata la mia.

PARTE QUINTA

LETTERA I

DI MILORD EDOARDO[a]

Esci dall'infanzia, amico, svegliati. Non abbandonare tutta la tua vita al lungo sonno della ragione. Il tempo vola, non te ne rimane più altro che per metter giudizio. A trent'anni passati è ora di pensare a sé; torna quindi in te, e sii uomo una volta almeno prima di morire[1].

Mio caro, il vostro cuore è prevalso a lungo sui vostri lumi. Avete voluto filosofare prima di esserne capace; avete preso il sentimento per la ragione e, contento di stimare le cose secondo l'impressione che vi facevano, ne avete sempre ignorato il vero valore. Ammetto che un cuore retto è il primo organo della verità; colui che non ha provato nulla non può imparare nulla; non fa che vagare di errore in errore; non acquista che un vano sapere e sterili conoscenze, perché gli rimane nascosto il vero rapporto delle cose con l'uomo, che è la scienza principale. Ma si limita alla prima metà di quella scienza colui che non studia anche i rapporti che le cose hanno tra loro, per poter meglio giudicare quelli che le cose hanno con noi. Conoscere le passioni umane non è gran cosa, se non se ne sanno apprezzare gli oggetti; e questo secondo studio non può esser fatto che nella calma della meditazione.

La giovinezza del saggio è il tempo delle esperienze,

[a] Questa lettera pare sia stata scritta prima di aver ricevuto la precedente. (N.d.A.)

le sue passioni ne sono gli strumenti; ma dopo di aver applicato l'anima agli oggetti esterni per sentirli, la ritira poi nel suo intimo per considerarli, confrontarli, conoscerli. Questo è appunto il vostro caso. Tutto quanto un cuore sensibile può sperimentare di piaceri e di dolori ha riempito il vostro; tutto quanto un uomo può vedere, i vostri occhi l'hanno visto. Nello spazio di dodici anni avete dato fondo a tutti i sentimenti che possono essere disseminati in una lunga vita, e giovane ancora avete acquistato l'esperienza d'un vecchio. Le prime vostre osservazioni si sono fissate su gente semplice e quasi appena uscita dalle mani della natura, quasi per servirvi da termine di paragone. Esiliato nella capitale del popolo più celebre dell'universo, siete per così dire balzato all'estremità opposta: il genio supplisce a quanto sta fra i due. Passato poi nell'unica nazione di uomini che rimanga tra le varie greggi che copron la terra, se non avete visto le leggi regnare per lo meno le avete viste ancora esistenti; avete imparato a quali segni si riconosce il sacro organo della volontà popolare, e che l'impero della ragione pubblica è il vero fondamento della libertà. Avete percorso tutti i climi, avete visto tutte le regioni illuminate dal sole. Uno spettacolo più raro e degno dell'occhio del saggio, lo spettacolo d'un'anima sublime e pura, che trionfa delle sue proprie passioni e regna su di sé, è quello di cui ora godete. Il primo oggetto che colpì il vostro sguardo è quello che ancora lo colpisce, la vostra ammirazione per lui è tanto meglio fondata in quanto ne avete contemplato tanti altri. Non vi rimane più nulla da sentire o da vedere che meriti la vostra attenzione. Non vi rimane altro oggetto da osservare che voi stesso, né delizia da godere se non quella della saggezza. Avete vissuto questa breve vita; pensate a vivere per quella che durerà per sempre.

Siete stato a lungo schiavo delle vostre passioni, che però vi hanno lasciato virtuoso. Questa è tutta la vostra gloria; è grande, certamente, ma non andatene tanto superbo. Persino la vostra forza è opera della vostra debolezza. Sapete ciò che vi ha sempre fatto amare la virtù? È perché ha preso ai vostri occhi l'aspetto di quell'adorabile donna che la rappresenta tanto bene; sarebbe difficile che così cara immagine ve ne facesse perdere il gusto. Ma non l'amerete mai per se stessa, non vi dirigerete verso il bene con le vostre sole forze, come ha fatto Giulia con le sue? Inerte entusiasta delle sue virtù, vi limiterete sempre ad ammirarle senza mai imitarle? Parlate con calore del modo con cui riempie i suoi doveri di sposa e di madre; ma voi, quand'è che riempirete, seguendo il suo esempio, i vostri doveri di uomo e di amico? Una donna ha trionfato di se stessa, e un filosofo stenta a vincersi! Non volete dunque esser mai altro che un chiacchierone come gli altri, e limitarvi a scrivere buoni libri invece di compiere buone azioni*? State attento, mio caro; nelle vostre lettere regna ancora un tono molle e languido che mi dispiace, e che è un rimasuglio della vostra passione piuttosto che un effetto del vostro carattere. Odio la debolezza dappertutto, non la voglio tollerare nel mio amico. Non c'è virtù senza forza, la strada del vizio è la codardia.[1] Come potrete contare su di voi con un cuore senza coraggio? Sventurato! Se Giulia fosse debole, soccomberesti domani e non saresti che uno spregevole adulte-

---

*No, questo secolo della filosofia non finirà senza aver prodotto un vero filosofo. Ne conosco uno, uno solo, ammetto; ma è ancora molto; e per colmo di felicità, esiste nel mio paese. Ardirò nominarlo qui, lui che come vera gloria ha quella di esser rimasto quasi sconosciuto? Saggio e modesto Abauzit, la sublime vostra semplicità perdoni al mio cuore uno zelo che non ha per oggetto il vostro nome. No, non voi voglio far conoscere a questo secolo indegno di ammirarvi; voglio illustrare Ginevra che si onora della vostra presenza; voglio onorare i miei concittadini dell'onore che vi fanno. Felice il paese dove il merito che si nasconde è tanto più stimato! Felice il popolo dove l'intera gioventù abbassa il suo tono dogmatico e arrossisce del suo vano sapere davanti alla dotta ignoranza del saggio! Venerabile e virtuoso vegliardo! non sarete stato esaltato da falsi dotti, i vostri elogi non saranno risuonati nelle loro fragorose accademie; invece di depositare come loro la vostra saggezza nei libri, l'avete posta nella vostra vita a esempio della patria che vi siete degnato di scegliere, che amate e che vi rispetta. Sarete vissuto come Socrate; ma quegli morì per mano dei suoi concittadini, mentre i vostri vi prediligono. (N.d.A.)

ro. Ma eccoti solo con lei; impara a conoscerla, e arrossisci di te.

Spero di potervi presto raggiungere. Sapete qual è lo scopo di questo viaggio. Dodici anni di errori e di turbamenti mi fanno sospetto a me stesso; per resistere mi sono bastato, ma per scegliere mi occorrono gli occhi d'un amico; è per me un piacere far sì che tutto sia comune fra noi; la riconoscenza non meno dell'affetto. Tuttavia non ingannatevi; prima di accordarvi la mia fiducia, esaminerò se ne siete degno e se meritate di avere per me le premure che io ho avuto per voi. Conosco il vostro cuore e ne sono contento; ma non basta; ho bisogno del vostro giudizio in una scelta alla quale deve presiedere la sola ragione, e nella quale la mia mi potrebbe ingannare. Non ho paura delle passioni che ci fanno guerra apertamente e così ci avvertono di metterci sulle difese: checché facciano, ci lasciano la coscienza dei nostri falli; e non si cede loro che volontariamente. Ho paura delle illusioni loro, che ingannano invece di aggredirci, e ci fanno fare senza che ce ne rendiamo conto il contrario di quanto vorremmo. Non si ha bisogno che di se stesso per reprimere le proprie inclinazioni; ma a volte si ha bisogno dell'aiuto altrui per discernere quello che è lecito seguire: a tanto serve l'amicizia d'un uomo saggio che vede per noi, da un altro punto di vista, gli oggetti che ci importa di conoscere bene.[1] Provvedete quindi a esaminarvi e vedete se, ancora in balia di vani rimpianti, sarete sempre inutile a voi e agli altri; oppure se, ritrovando finalmente il dominio di voi stesso, potete metter l'anima vostra in grado di illuminare quella del vostro amico.

I miei affari non mi trattengono più a Londra che per una quindicina di giorni; passerò poi nelle Fiandre, dove rimarrò altrettanto con l'esercito: così che non mi dovete aspettare prima della fine del mese prossimo o del principio d'ottobre. Non scrivetemi più a Londra, ma all'armata, con l'indirizzo qui accluso. Continuate le vostre descrizioni; nonostante il brutto tono delle vostre lettere, mi commuovono e mi istruiscono e mi ispirano propositi di vita ritirata e di riposo, come si addicono alle mie massime e alla mia età. Soprattutto, calmate l'inquietudine che m'avete dato circa la signora di Wolmar: se il suo stato non è felice, chi mai potrà aspirare a esserlo? Dopo il suo circostanziato racconto, non riesco a capire che cosa manchi alla sua felicità*.

LETTERA II[1]

A MILORD EDOARDO

Sì, milord, ve lo confermo con trasporti di gioia, la scena di Meillerie è stata la crisi della mia pazzia e dei miei mali. Le spiegazioni del signor di Wolmar m'hanno del tutto rassicurato sul vero stato del mio cuore. Questo troppo debole cuore è guarito per quanto può esserlo, e preferisco la tristezza d'un immaginario rimpianto al terrore di essere continuamente spiato dal delitto.[2] Dopo il ritorno di questo degno amico, non esito più a dargli un nome così caro, del quale m'avete così bene fatto sentire tutto il valore. È il minimo titolo che devo a chiunque mi aiuta a restituirmi alla virtù. La pace abita in fondo al mio cuore come nel soggiorno dove vivo. Comincio a vedermici senza inquietudine, a viverci come a casa mia; e se non assumo del tutto l'autorità d'un padrone, provo un piacere anche maggiore considerandomi come un membro della casa. La semplicità e l'eguaglianza che ci regnano hanno un fascino che mi commuove e mi induce al rispetto. Trascorro giorni sereni tra la ragione vivente e la virtù sensibile. Frequentando questi felici sposi, sento che il loro ascendente insensibilmente mi soggioga, e che il mio cuore a poco a poco si mette all'unisono col loro: così come la voce assume senza che ci si pensi il tono di colui col quale si parla.

Che delizioso ritiro! che incantevole dimora! E quan-

* Mi piace il guazzabuglio di questa lettera, che risponde così bene al carattere del buon Edoardo: il quale non è mai tanto filosofo come quando commette delle sciocchezze; e non ragiona mai tanto come quando non sa che cosa dice. (N.d.A.)

to la dolce abitudine di viverci ne aumenta il valore! e come, se a tutta prima l'aspetto non pare brillante, come è difficile non amarla non appena la si conosce! Il piacere col quale la signora di Wolmar adempie i suoi nobili doveri, e pensa a render felici e buoni coloro che l'avvicinano, si comunica a tutto quanto ne forma l'oggetto, al marito, ai figli, agli ospiti, ai domestici. Il tumulto, i giuochi rumorosi, i grandi scoppi di risa non risuonano in questo pacifico soggiorno; ma per ogni dove ci si trovano cuori contenti e volti allegri. Se a volte ci si versano lagrime, sono di tenerezza o di gioia. Le negre cure, la noia, la tristezza non si accostano a questa casa, né il vizio e i rimorsi che ne sono i frutti.

Quanto a lei, è certo che, salvo la pena segreta che la tormenta e di cui vi ho svelato la ragione nella mia lettera precedente[a], tutto concorre a farla felice. Tuttavia, con tante ragioni di esserlo, mille altre si dispererebbero al suo posto. Questa sua vita uniforme e ritirata riuscirebbe loro insopportabile; si spazientirebbero del rumore dei bambini; le cure domestiche verrebbero loro a noia; non potrebbero tollerare la campagna; la saggezza e la stima d'un marito poco espansivo non le compenserebbero né della sua freddezza né della sua età; persino la sua presenza e il suo affetto sarebbe loro di peso. Oppure troverebbero il modo di allontanarlo da casa e di starci in libertà; o, allontanandosene loro stesse, sprezzerebbero i piaceri del loro stato, ne cercherebbero altri più pericolosi altrove, e non starebbero a loro agio in casa loro che sentendocisi estranee. Occorre un'anima sana per gustare i piaceri della vita ritirata; soltanto le persone dabbene si compiacciono in seno alla loro famiglia e ci si rifugiano volontariamente; se c'è vita felice al mondo è la loro. Ma gli strumenti della felicità non sono niente per chi non li sa adoperare, e non si capisce in che cosa consista la vera felicità se non in quanto si è capaci di gustarla[1].

Se dovessi dire con esattezza che cosa si fa in questa casa per essere felici, mi parrebbe di risponder bene dicendo: *ci si sa vivere*. Non nel senso che si dà in Francia a questa parola, cioè di usare con la gente

[a] Questa lettera non si ritrova. Se ne vedrà fra poco il perché. *(N.d.A.)*

certe maniere volute dalla moda; ma della vita dell'uomo, per la quale è nato; della vita di cui mi parlate e di cui m'avete dato l'esempio, che dura oltre se stessa e che non si reputa perduta il giorno della morte.

Giulia ha un padre che si preoccupa del benessere della sua famiglia; lei ha dei bambini, bisogna provvedere opportunamente alla loro sussistenza. Questo è il compito principale dell'uomo socievole, ed è appunto il primo di cui lei e suo marito si sono occupati insieme. Mettendo su casa hanno considerato lo stato dei loro beni; non tanto badando se eran proporzionati alla loro condizione, sì piuttosto ai loro bisogni; e vedendo che non c'era famiglia decente che non se ne potesse accontentare, non hanno avuto così cattiva opinione dei loro figli da temere che il patrimonio che gli lasceranno non potesse bastar loro. Quindi si son preoccupati di migliorarlo piuttosto che di estenderlo; hanno collocato il loro denaro in modo piuttosto sicuro che vantaggioso. Invece di acquistare altre terre, hanno valorizzato quelle che già possedevano, e l'esempio della loro condotta è il solo tesoro col quale intendano accrescere la loro eredità.

È vero che una sostanza che non si accresce corre rischio di diminuire per mille accidenti; ma se è una buona ragione per aumentarla una volta, quando questa stessa ragione smetterà di essere un pretesto per aumentarla sempre? Bisognerà dividerla tra parecchi figli; ma dovranno forse rimanere oziosi? Il lavoro di ciascuno non è forse un supplemento alla sua parte, e la sua attività non deve forse entrare nel calcolo dei suoi beni? Così l'insaziabile attività si fa strada sotto la maschera della prudenza, e a furia di cercare la sicurezza conduce al vizio. "È invano" dice il signor di Wolmar "che si pretende dare alle cose umane una solidità che non è della loro natura. La ragione stessa vuole che si abbandonino parecchie cose al caso, e se la nostra vita e la nostra fortuna ne dipendono sempre nostro malgrado, che pazzia è quella di tormentarsi realmente per ovviare a mali incerti o a inevitabili pericoli!" La sola precauzione che ha preso in merito è stata di vivere per un anno sul capitale, per concedersi un eguale anticipo sulle entrate: così che il prodotto è sempre in anticipo di un anno sulla spesa. Ha preferito diminuire un poco il capitale piuttosto che sempre rincorrere le rendite. Questo vantaggio, di non esser costretto a ricorrere a espedienti rovinosi per un minimo accidente imprevisto, l'ha già risarcito parecchie volte di tale anticipo. Così l'ordine e la regola sostituiscono il risparmio per lui, che si arricchisce di quanto ha speso.

I padroni di questa casa godono di una sostanza mediocre, se la si giudica secondo le idee correnti; ma in fondo non conosco nessuno di opulento come loro. Non esiste la ricchezza assoluta. È una parola che non significa altro che un rapporto di eccedenza tra i desideri e le facoltà d'un uomo ricco. C'è chi è ricco con una pertica di terreno; e chi è miserabile in mezzo a mucchi d'oro. Il disordine e i capricci non hanno limiti, e creano più poveri che non i veri bisogni. Qui il rapporto è stabilito su una base incrollabile, e cioè sul perfetto accordo tra i due coniugi. Il marito s'è incaricato della riscossione delle rendite, la moglie ne dirige l'impiego: la sorgente delle loro ricchezze sta nell'armonia che regna tra loro.

La cosa che m'ha subito colpito in questa casa è che ci si trovano gli agi, la libertà e l'allegria in mezzo all'ordine e alla precisione. Il gran difetto delle case ben governate è che hanno un aspetto triste e austero. La estrema sollecitudine dei padroni puzza sempre un po' d'avarizia. Tutto intorno a loro respira il rigore: l'ordine eccessivo ha un che di servile che non si può sopportare senza fatica. I domestici fanno il loro dovere, ma lo fanno in maniera triste e scontenta. Gli ospiti sono accolti bene, ma approfittano con diffidenza della libertà che hanno, e come ci si sente sempre fuori della regola, si ha sempre paura di essere indiscreti. Si sente che quei padri schiavi non vivono per sé ma per i loro figli; senza pensare che non sono soltanto padri, ma uomini, e che devon dare ai loro figli l'esempio della vita umana e della felicità inerente alla saggezza. Qui si seguono regole più giudiziose. Si è persuasi che uno dei principali doveri d'un buon padre di famiglia non è soltanto di far sì che la casa sia ridente e che i bambini ci stiano volentieri, ma di viverci lui pure una vita piacevole e dolce, affinché sentano che si è felici vivendo come lui vive, e non siano mai tentati di prendere, per essere felici, una strada opposta alla sua. Una delle massime che il signor di Wolmar ripete più spesso, circa gli svaghi delle due cugine, è che la vita triste e meschina dei padri e delle madri è quasi sempre la prima fonte del disordine dei figli.

Quanto a Giulia, che non ebbe mai altra regola fuori del suo cuore e non ne potrebbe avere una più sicura, ella vi si abbandona senza scrupolo, e per far bene fa tutto quanto il cuore le comanda. Non che gli domandi poco; ma nessuno sa meglio di lei apprezzare le dolcezze della vita. Come quest'anima sensibile potrebbe essere insensibile ai piaceri? Anzi li ama, li ricerca, non si proibisce nessun piacere di quelli che le piacciono; si vede che li sa gustare; ma sono i piaceri di Giulia. Non trascura né le proprie comodità, né quelle della gente che le è cara, cioè di tutti quanti le stanno vicini. Non considera superfluo niente di quanto può contribuire al benessere d'una persona assennata; ma definisce superfluo tutto quanto non serve che a brillare agli occhi altrui, così che nella sua casa si trovano piaceri e sensualità, senza raffinatezze né mollezze. Quanto al lusso fatto di magnificenza e di vanità, non ci si vede altro che quanto ella non ha potuto negare al gusto di suo padre; ma sempre ci si ritrova il suo, che consiste nel dare non tanto lustro e splendore alle cose, quanto grazia ed eleganza. Quando le parlo dei mezzi che quotidianamente si inventano a Parigi o a Londra per molleggiare più dolcemente le carrozze, è abbastanza d'accordo; ma quando le dico fino a che prezzo son salite le vernici, non mi segue più, mi domanda sempre se quelle preziose vernici fanno più comode le carrozze. Crede che io esagero molto circa le pitture scandalose con le quali si decorano a gran spesa le carrozze, invece degli stemmi che ci mettevano altre volte: come se fosse più bello dichiararsi ai passanti per uomo di pessimi costumi piuttosto che per uomo di alta condizione! La cosa che più l'ha rivoltata fu di sapere che le donne avevano introdotto e favorito quel gusto, e che le loro carrozze non si distinguono da quelle degli uomini che per le pitture un po' più lascive. Sono stato costretto a citarle la parola del vostro illustre amico, che le è sembrata dura da digerire. Ero da lui un giorno che gli facevan vedere una carrozzella di questa

sorte. Non appena ebbe buttata un'occhiata ai dipinti, se
ne andò dicendo al carrozziere: "Fate vedere questa carrozza alle dame di corte; un uomo per bene non avrebbe il coraggio di adoperarla [1]".

Così come il primo passo verso il bene è di non fare il male, il primo passo verso la felicità è di non soffrire. Queste due massime che, fossero ben intese, ri-
sparmierebbero molti precetti moralistici, sono assai care alla signora di Wolmar. La quale è sensibilissima allo star male, sia per sé che per gli altri; e non potrebbe essere contenta vedendo gente in miseria, così come
un uomo retto non potrebbe conservare una virtù sempre pura se vivesse in mezzo ai cattivi. Non ha quella
barbara pietà che si contenta di voltar via gli occhi dai
mali che non può alleviare. Va a cercarli per guarirli; è
tormentata non dalla vista ma dall'esistenza degli infelici: non si contenta di non sapere che ce ne sono, perché stia in pace bisogna che sappia che non ce n'è, almeno intorno a lei. Perché sarebbe andar oltre i limiti della ragione se si dovesse far dipendere la propria
contentezza da quella di tutta l'umanità. Si informa
dei bisogni dei vicini con l'ardore che si consacra al
proprio interesse; conosce tutti, per così dire li inclu-
de nel cerchio della sua propria famiglia, e non risparmia fatica per allontanarne tutti i sentimenti di dolore
e di pena ai quali è soggetta la vita umana.

Milord, voglio approfittare delle vostre lezioni; ma
perdonatemi un entusiasmo che non mi rinfaccio più
e che voi condividete. Non ci sarà mai che una sola Giulia al mondo. La provvidenza ha vegliato su di lei, nulla di quanto la tocca è effetto del caso. Si direbbe che
il cielo l'ha concessa alla terra per far vedere insieme
l'eccellenza alla quale può attingere un'anima umana, e
la felicità di cui ella può godere nell'oscurità della vita
privata, senza l'ausilio delle sfolgoranti virtù che la possono innalzare al di sopra di se stessa, né della gloria
che le può onorare. La sua colpa, se mai è stata tale,
non è servita che a spiegare tutta la sua forza e il suo
coraggio. Parenti, amici, domestici, tutti bennati, erano
fatti per amarla ed esserne amati. Il suo paese era il
solo dove era opportuno che nascesse, la semplicità che
la rende sublime doveva regnare intorno a lei; per esse-

re felice doveva vivere tra persone felici. Se per sua sventura fosse nata tra i popoli che gemono sotto il peso dell'oppressione, e senza né speranza né frutto lottano contro la miseria che li consuma, ogni lamento degli oppressi le avrebbe avvelenata la vita; la generale desolazione l'avrebbe schiacciata, il suo benefico cuore, stremato di pene e di fastidi, le avrebbe continuamente fatto soffrire i mali che non poteva alleviare.

Invece qui tutto anima e sostiene la sua naturale bontà. Non deve piangere pubbliche calamità. Non ha sotto gli occhi lo spettacolo orrendo della miseria e della disperazione. I villici agiati[a] hanno bisogno dei suoi consigli più che dei suoi regali. Se c'è qualche orfanello troppo giovane per potersi guadagnare da vivere, qualche vedova dimenticata che soffre in silenzio, qualche vecchio senza figli incapace di sostentarsi, ella non teme che le sue beneficenze riescan loro di peso e faccian gravare su di loro la mano del fisco per esentare qualche birbante ben protetto. Gode del bene che compie, e lo vede prosperare. La felicità che gusta si moltiplica e allarga intorno a lei. Tutte le case dove entra offron ben presto uno spettacolo simile alla sua; l'agiatezza e il benessere sono uno dei minimi suoi benefici, la concordia e i buoni costumi la seguono di casa in casa. Uscendo di casa sua i suoi occhi non sono colpiti che da gradevoli oggetti; tornandoci ne ritrova di anche più dolci; vede per ogni dove cose che piacciono al suo cuore, e quest'anima così poco incline all'amor proprio impara ad amarsi nella sua beneficenza. No, milord, torno a dirlo: nulla di quanto riguarda Giulia è indifferente alla virtù. Le sue grazie, i suoi talenti, i suoi gusti, le sue lotte, i suoi amori, il suo soggiorno, i suoi amici, la sua famiglia, le sue pene, i suoi piaceri e tutto il suo destino, fanno della sua esistenza un esempio

[a] Vicino a Clarens c'è un villaggio, Montreux, abbastanza agiato da poter mantenere tutti gli abitanti, anche se non fossero padroni di una spanna di terreno. Perciò non è meno difficile acquistare la cittadinanza di quel comune che quella di Berna. Peccato che non ci sia qualche bravo magistrato che renda più socievoli i signori di Montreux, e la loro cittadinanza un po' meno cara! (N.d.A.)

incomparabile, che poche donne vorranno imitare ma che loro malgrado dovranno amare.

La cosa che più mi piace nelle cure che qui si hanno per l'altrui felicità, è che sono tutte dirette dalla saggezza e che non ammettono mai un abuso. Non è benefico colui che vuol esserlo, e spesso capita che chi crede di far molto bene provoca grandi mali, di cui non si avvede, per un piccolo bene che vede. Una qualità non comune nelle migliori donne, e che nella signora di Wolmar brilla in modo eminente, è uno squisito discernimento nella distribuzione delle sue beneficenze: sia per la scelta dei mezzi per renderle utili, sia per la scelta delle persone sulle quali spanderle. S'è imposta delle regole dalle quali non si scosta mai. Sa concedere e rifiutare quanto le si chiede, senza che ci sia né debolezza nella sua bontà, né capriccio nel suo rifiuto. Chiunque ha commesso in vita sua una mala azione non deve sperar nulla da lei se non giustizia, e perdono se l'ha offesa; ma non mai favori o protezione che ella possa accordare a più degna persona. L'ho veduta rifiutare in modo asciutto, a un uomo di quella specie, una grazia che non dipendeva che da lei. "Vi auguro ogni bene," gli disse "ma non voglio contribuirvi, per tema di nuocere ad altri mettendovi in grado di far del male. Il mondo non è così spopolato di gente per bene che soffre, perché ci si trovi ridotti a pensare a voi." È vero che tale durezza le riesce assai penosa e che la esercita di rado. La sua massima è di considerare buoni tutti coloro la cui malvagità non le è dimostrata, e son ben pochi i cattivi non abbastanza furbi da non sapersi mettere al riparo delle prove. Non ha quella svogliata carità dei ricchi che paga col denaro il diritto di respingere le loro preghiere, e non sono capaci di dare altro che l'elemosina, a chi gli domanda un beneficio. La sua borsa non è inesauribile, e da quando è madre di famiglia ne regola più attentamente l'uso. Di tutti i soccorsi con i quali si possono consolare gli infelici, l'elemosina è in verità quello che costa meno fatica; ma è anche il più effimero e il meno concreto; e Giulia non cerca già di toglierseli d'attorno, ma di aiutarli efficacemente.

Non accorda indiscriminatamente raccomandazioni e favori, vuol prima sapere se l'uso che se ne intende fare è ragionevole e giusto. Non rifiuta mai la sua protezione a chiunque ne abbia veramente bisogno e sia degno di ottenerla; ma ben di rado riescono a interessarla quelli che l'inquietudine o l'ambizione spinge a voler mutare una condizione nella quale stanno bene. La condizione naturale dell'uomo è di coltivare la terra e vivere dei frutti di quella. Il pacifico abitante dei campi non ha bisogno, per sentire la propria felicità, che di conoscerla. Tutti i veri piaceri dell'uomo sono a sua disposizione; non prova che le pene inseparabili dalla umanità: e sono pene che colui che se ne vorrebbe liberare non fa altro che barattare con altre più crudeli[a]. Questo è il solo stato necessario, e il più utile. Non è infelice che quando gli altri lo tiranneggiano con la violenza, o lo seducono con l'esempio dei loro vizi. In lui consiste la vera prosperità d'un paese, la forza e la grandezza che un popolo trae da sé, che non dipende affatto dalle altre nazioni, che non obbliga mai ad aggredire per sostenersi, e dà i mezzi più sicuri per difendersi. Quando si tratta di stimare la potenza pubblica, il bello spirito visita i palazzi del principe, i porti, gli eserciti, gli arsenali, le città; il vero politico percorre le terre e va nella capanna del contadino. Il primo vede ciò che si è fatto, questi ciò che si può fare.

Su tale principio qui e più ancora a Etange si fa di tutto perché la loro condizione riesca dolce ai contadini, senza mai aiutarli a uscirne. I più benestanti come i più miseri, tutti egualmente hanno la smania di mandare i loro figli in città, gli uni perché diventino un giorno dei signori, gli altri per mettersi in servizio e sgravare i genitori del loro mantenimento. Da parte loro i giovani sono smaniosi di andarsene: le ragazze ambiscono l'abbigliamento cittadinesco, i giovanotti si arruolano negli eserciti stranieri; si immaginano di esser qualche cosa di più se portan con sé, tornando a casa, invece dell'amor patrio e della libertà, il tono insieme altezzoso e servile del mercenario, e il ridicolo disprezzo della loro antica condizione. A tutti si fa vedere l'errore

[a] L'uomo, una volta uscito dalla sua primigenia semplicità, diventa così stupido che non sa più nemmeno desiderare. I suoi desideri esauditi lo porterebbero alla ricchezza, mai alla felicità. (N.d.A.)

di tali pregiudizi, la corruzione dei figli, l'abbandono dei padri, i continui rischi della vita, della fortuna e dei costumi, dove per uno che riesce cento finiscono male. Se si ostinano, non si favorisce il loro insensato capriccio, si lascia che vadano al vizio e alla miseria, si cerca invece di compensare quelli che si son lasciati persuadere del sacrificio fatto alla ragione. Si insegna loro a onorare tale condizione onorando se stessi; non si hanno con i contadini le maniere cittadine, si tratta con loro con sincera e grave familiarità, la quale, mantenendo ognuno al proprio posto, gli insegna a stimarlo. Non c'è bravo contadino che non si possa indurre a considerare se stesso, facendogli vedere la differenza che si fa tra lui e quei meschinelli un po' arricchiti che tornano al paese per brillare un poco e con il loro splendore offuscano i parenti. Il signor di Wolmar e il barone, quando è qui, tralasciano di rado di assistere agli esercizi, alle gare, alle riviste del villaggio e dei dintorni. La gioventù, naturalmente ardente e bellicosa, vedendo questi ex ufficiali che si compiacciono nelle loro assemblee, si stima anche più e acquista maggior fiducia in sé. Anche più ne acquista quando gli si fa vedere che i soldati tornati dal servizio mercenario ne sanno assai meno sotto tutti i rapporti; perché si ha un bel fare, ma cinque soldi di paga e la paura delle bastonate non provocheranno mai un'emulazione come quella che nasce in un uomo libero sotto le armi dalla presenza dei genitori, degli amici, dei vicini, della fidanzata e la gloria del proprio paese.

La grande massima della signora di Wolmar è quindi di non favorire i cambiamenti di condizione, ma di far sì che ognuno sia contento nella sua; e soprattutto di impedire che la più bella di tutte, quella cioè del contadino in uno stato libero, non vada deserta in favore delle altre.

In proposito le muovevo l'obiezione dei vari talenti che la natura sembra distribuire tra gli uomini, perché ognuno li spieghi nel suo ufficio senza badare alla condizione nella quale è nato. Mi rispose che prima del talento bisogna considerare due altre cose, cioè i costumi e la felicità. "L'Uomo" dice "è un essere troppo nobile perché debba servire semplicemente di strumento agli altri, e non lo si deve adoperare in quello che conviene agli altri, senza prima consultare anche quello che con-

558

viene a lui; perché l'uomo non è fatto per il posto, ma il posto è fatto per l'uomo; per distribuire opportuna- mente le cose bisogna cercare nella loro distribuzione non tanto l'impiego al quale ogni uomo è più adatto, quanto l'impiego che più conviene a ogni uomo per ren- derlo buono e contento quanto è possibile. Non è mai lecito deteriorare un'anima umana a vantaggio degli altri, né fare uno scellerato per comodo della gente dabbene.

"Ora, di mille individui che lasciano il villaggio non ce n'è dieci che non vadano a perdersi in città, o che non spingano i vizi anche più in là di coloro dai quali li han- no imparati. Quelli che riescono e fanno fortuna, quasi sempre la fanno per le non oneste vie che vi portano. Gli sciagurati che falliscono non tornan più nel loro sta- to di prima, diventano mendicanti o ladri piuttosto che ridiventare contadini. Se di quei mille uno solo resiste ai mali esempi e si mantiene galantuomo, credete forse che quel tale viva una vita più felice che se fosse rima- sto al riparo delle passioni violente, nella pacifica oscu- rità della sua primitiva condizione?

"Per secondare il proprio talento bisogna conoscerlo. Forse che è facile discernere sempre i talenti degli uo- mini? Se nell'età in cui si sceglie una strada è così arduo conoscere i talenti dei figli che pur si sono osser- vati da vicino, come un povero contadinello potrà mai discernere i suoi? Non c'è nulla di più equivoco delle vocazioni infantili; lo spirito di imitazione pesa più del talento; dipenderanno da un incontro fortuito più che da una inclinazione ben decisa, e la stessa inclinazione non sempre annuncia una disposizione. Il vero talento, il vero genio ha una certa semplicità che lo rende me- no inquieto, meno agitato, meno pronto a mostrarsi di un talento apparente e fallace che si scambia per au- tentico, e che non è altro che un vano desiderio di bril- lare, senza mezzi per riuscirvi. Uno sente il tamburo e vuol diventare generale; un altro vede costruire e si cre- de architetto. Il mio giardiniere Gostino vedendomi dise- gnare ha preso gusto al disegno; lo mandai a Losanna a scuola, già si credeva pittore e non è che giardiniere. L'occasione, la voglia di andare avanti decidono la scel- ta dello stato. Non basta sentire il proprio genio, biso- gna volercisi abbandonare. Un principe si farà forse cocchiere perché guida bene la carrozza? Un duca si farà cuoco perché sa inventare buoni intingoli? Non si hanno talenti se non per salire, nessuno ne possiede per discendere; credete che tale sia l'ordine della natura? Ammettendo che ognuno conosca il proprio talento e lo voglia seguire, quanti lo potrebbero? Quanti saprebbero vincere ingiusti ostacoli? Quanti vincere indegni concorrenti? Colui che avverte la propria debolezza chiama in aiuto l'intrigo e la cabala, che l'altro più sicuro di sé disprezza. Non avete detto voi stesso cento volte che tante provvidenze in favore delle arti non sono che nocive? Moltiplicando indiscretamente gli aspiranti, li si confonde, il vero merito rimane soffocato nella folla, gli onori dovuti al più bravo vanno tutti al più intrigante. Esistesse una società nella quale impieghi e ranghi fossero misurati esattamente sui talenti e il merito personale, ognuno potrebbe aspirare al posto che meglio saprebbe occupare; ma bisogna regolarsi secondo massime più certe e rinunciare al premio dei talenti, dal momento che il più spregevole di tutti è il solo che porta alla fortuna.

"Dirò di più" soggiunse; "stento a credere che tanti talenti diversi debbano tutti essere sviluppati; perciò sarebbe necessario che il numero di coloro che li possiedono fosse esattamente proporzionato ai bisogni della società; e se non si lasciassero al lavoro della terra che coloro che posseggono in grado eminente il talento agricolo, o se si togliessero da quel lavoro tutti coloro che sono più adatti a un altro, non ci sarebbero più contadini bastevoli a coltivarla e darci da vivere. Inclino a credere che i talenti degli uomini sono come le virtù delle droghe che la natura ci fornisce per guarirci dai nostri mali, benché la sua intenzione sarebbe che noi non ne avessimo. Ci sono piante che ci avvelenano, animali che ci divorano, talenti che ci riescono perniciosi. Se si dovesse sempre adoprare ogni cosa secondo le sue proprietà principali, forse si farebbe meno bene che male agli uomini. I popoli buoni e semplici non hanno bisogno di tanti talenti; si sostengono meglio con la loro sola semplicità che non gli altri con la loro industria. Ma a mano a mano che si corrompono i loro talenti si sviluppano, quasi per supplire alle virtù perdute e per costringere anche i malvagi a essere utili loro malgrado."

Un'altra cosa sulla quale non riuscivo a consentire con lei era l'assistenza dovuta ai mendicanti. Qui passa una strada maestra, quindi se ne vedono molti, e a nessuno si nega l'elemosina. Le feci notare che non è soltanto un bene sperperato, sottratto al vero povero; ma che tale uso contribuisce a moltiplicare i pezzenti e i vagabondi che si dilettano di così vile mestiere e, mettendosi a carico della società, le sottraggono inoltre il lavoro che potrebbero fare.

"Vedo bene" mi disse "che nelle grandi città avete adottato le massime con le quali certi compiacenti ragionatori lusingano la durezza dei ricchi; ne avete adottato persino i termini. Credete forse diminuire la dignità di un povero col dargli il nome di pezzente? compassionevole come siete, come avete potuto risolvervi ad adoperarlo? Rinunciatevi, amico, è una parola che stona in bocca vostra. È più disonorevole per l'uomo duro che la adopera che per l'infelice che ne è designato. Non starò a decidere se codesti detrattori dell'elemosina hanno ragione o torto; ma so che mio marito, il quale in fatto di ragione non è da meno dei vostri filosofi, e che spesso mi ha riferito quanto dicono per soffocare nel cuore la pietà naturale ed esercitarlo all'insensibilità, ha sempre disprezzato codesti discorsi e non ha mai disapprovato la mia condotta. Il suo è un ragionamento assai semplice. Dice che si tollerano, anzi si mantengono a grandi spese una quantità di professioni inutili, delle quali parecchie non giovano che a corrompere e rovinare i costumi. A non considerare la condizione del mendico che come un mestiere, non solo non ci sarà niente di simile da temere, ma ci si trova di che nutrire in noi quei sentimenti di interesse e di umanità che dovrebbero unire tutti gli uomini. Se invece la vogliamo considerare dal lato del talento, perché non dovrei compensare l'eloquenza di quel mendicante che mi tocca il cuore e mi induce a soccorrerlo, così come pago un attore che mi fa versare qualche sterile lagrima? Se questo mi fa amare le buone azioni altrui, l'altro mi stimola a compierne io stessa. Tutto ciò che si sente a teatro è dimenticato appena si è usciti; ma la memoria degli infelici che si sono soccorsi

561

dà un piacere che continuamente rinasce. Se il gran numero dei mendicanti è gravoso per lo stato, di quante altre professioni che si incoraggiano o si tollerano non si può dire altrettanto? Tocca al sovrano di fare in modo che non ci siano mendicanti; ma per scoraggiarli dalla loro professione [a] è forse necessario rendere i cittadini disumani e snaturati? Quanto a me," continuò Giulia "senza sapere ciò che i poveri sono per lo stato, so che sono tutti miei fratelli, e che non posso rifiutar loro, senza essere imperdonabilmente dura, il piccolo aiuto che mi domandano. Ammetto che i più sono vagabondi; ma conosco troppo gli affanni dell'esistenza per ignorare quante sventure posson ridurre un bravo uomo a tale condizione; e come potrei essere sicura che lo sconosciuto che si presenta a implorare in nome di Dio la mia benevolenza e un tozzo di pane, non sia proprio quel brav'uomo sul punto di perire di miseria e che un mio rifiuto potrebbe ridurre alla disperazione? L'elemosina che faccio distribuire alla porta è poca cosa. Un soldo e un tozzo di pane non lo si rifiuta a nessuno, a quelli che sono evidentemente invalidi si dà razione doppia. Se trovano altrettanto in tutte le case agiate che stanno sulla loro strada, basta alla loro sussistenza; è quanto dobbiamo al mendicante straniero che passa. Anche se per loro non è un soccorso effet-

[a] Nutrire i mendicanti è come formare un semenzaio di ladri, dicono; è vero il contrario, è impedire che diventino tali. Ammetto che non bisogna incoraggiare i poveri a farsi mendicanti, ma dal momento che lo sono bisogna pur nutrirli, per paura che non diventino ladri. Non c'è niente che stimoli a mutar professione quanto il non poter vivere della propria; ora, tutti coloro che hanno cominciato a gustare codesto mestiere ozioso concepiscono una tale avversione per il lavoro che preferiscono rubare e farsi impiccare piuttosto che tornare ad adoperare le braccia. Un soldo è subito chiesto e negato, ma venti soldi avrebbero pagato la cena di un povero al quale venti rifiuti potrebbero far perder pazienza. Chi mai vorrebbe rifiutare così leggera elemosina se pensasse che in tal modo può salvare due uomini, uno dal delitto e l'altro dalla morte? Ho letto non so più dove che i mendicanti sono come pidocchi che s'attaccano ai ricchi. È naturale che i figli si attacchino ai padri; ma codesti padri opulenti e duri li misconoscono, e lasciano ai poveri la cura di nutrirli. (N.d.A.)

tivo, è almeno la testimonianza che si partecipa alle loro pene, mitiga la durezza del rifiuto, è quasi come un saluto. Un soldo e un tozzo di pane non costano di più e come risposta sono più graditi che un *Dio vi assista*; come se i doni di Dio non fossero in mano agli uomini, e ci fossero altri granai fuori di quelli dei ricchi. Insomma, si pensi ciò che si vuole di questi infelici, se non si deve niente al pezzente che mendica, si è però tenuti a far onore all'umanità sofferente o alla sua immagine, e a non indurire il proprio cuore davanti alla miseria[1].

"Ecco come mi comporto con coloro che domandano la carità per così dire in buona fede; quanto a coloro che si dicono operai e si lagnano di non aver lavoro, qui ci son sempre attrezzi e lavoro che li aspettano. Così si aiutano, si mette alla prova la loro buona volontà, e i bugiardi lo sanno così bene che non se ne vede mai da noi."

In tale modo, milord, quest'anima angelica trova sempre nelle sue virtù il modo di combattere i vani sofismi coi quali la gente crudele maschera i suoi vizi. Tutte queste e altre consimili premure entrano nel novero dei suoi piaceri, e riempiono parte del tempo lasciatole dai suoi più cari doveri. Una volta che s'è sdebitata di tutto quanto deve agli altri, e finalmente pensa a sé, anche quello che escogita per rendersi piacevole la vita deve essere annoverato tra le sue virtù; da tanto il suo motivo è sempre lodevole e onesto, e tanta temperanza e ragione c'è sempre in tutto quanto ella accorda ai suoi desideri! Vuol piacere al marito, il quale la vuol vedere contenta e gaia; vuol ispirare ai figli il gusto dei piaceri innocenti che la moderazione, l'ordine e la semplicità insaporano e che allontanano il cuore dalle passioni impetuose. Si diverte per divertirli, come la colomba ammollisce nello stomaco il grano di cui nutre i suoi piccini.

Giulia ha l'anima e il corpo egualmente sensibili. La stessa delicatezza regna nei suoi sentimenti e nei suoi organi. Era fatta per conoscere e gustare tutti i piaceri, e a lungo non amò la virtù così appassionatamente che come la più dolce delle voluttà.[2] Oggi che sente placidamente questa suprema voluttà, non si priva di nessuna di quelle che le si possono associare; ma il suo modo di gustarle somiglia all'austerità di coloro che se ne privano, e l'arte di godere'è per lei quella delle privazioni; non di quelle privazioni penose e dolorose che offendono la natura e di cui il suo autore sdegna l'insensato omaggio, ma delle privazioni passeggere e moderate, che mantengono alla ragione il suo impero e servono di condimento al piacere ovviando al disgusto e all'abuso. Pretende che tutto quanto è del dominio dei sensi e non serve alla vita, muta di natura non appena diventa abitudine, smette di essere un piacere diventando un bisogno, e che è in pari tempo una catena che ci lega e un piacere di cui ci si priva; e che prevenire sempre i desideri non è l'arte di contentarli ma di spegnerli. L'arte che ella pratica per dar valore alle minime cose è quella di negarsele venti volte per goderne una. Quest'anima semplice mantiene così il suo slancio; i suoi gusti non si logorano; non è mai costretta a ravvivarli con eccessi, e spesso la vedo che gusta deliziosamente un piacere puerile che a qualsiasi altro riuscirebbe insipido.

Uno scopo anche più nobile che si propone così facendo, è di rimaner padrona di sé, di avvezzare le proprie passioni all'ubbidienza, e di piegare ogni suo piacere alla regola. È un nuovo mezzo per esser felici, perché non si gode senza inquietudine che delle cose che si possono perdere senza rammarico, e se la vera contentezza appartiene al saggio, è perché di tutti gli uomini egli è colui al quale la fortuna può rapir meno che agli altri.

La cosa che più mi sembra singolare nella sua temperanza è che essa la pratica in virtù degli stessi principi che precipitano i voluttuosi negli eccessi. "La vita è breve, è vero," dice "quindi bisogna goderla fino in fondo, e spenderne la durata con arte, per cavarne il miglior profitto possibile. Se un giorno di sazietà ci toglie un anno di godimento, è un calcolo sbagliato andar sempre fin dove ci porta il desiderio, senza considerare se non toccheremo prima il termine delle nostre facoltà che quello della nostra carriera, e se il nostro cuore stremato non morirà prima di noi. Vedo che questi volgari epicurei, per non voler perdere un'occasione le perdono tutte, e sempre annoiati in mezzo ai piaceri non riescono mai a trovarne uno. Prodigano il tempo con l'idea di economizzarlo, e si rovinano come gli avari per non saper perdere nulla al momento giusto. Io ho adottato la massima contraria, e credo che preferirei in proposito un po' troppo di severità piuttosto che di rilassamento. A volte mi capita di troncare un piacere semplicemente perché me ne fa troppo; riprendendolo ne godo doppiamente. Frattanto mi abituo a mantenere l'impero della mia volontà su di me, e preferisco esser tacciata di capriccio che di lasciarmi dominare dalle mie voglie."

Questo è il principio sul quale qui si fondano le dolcezze della vita, e le cose di mero diletto. Giulia è incline alla ghiottoneria, e nelle cure che consacra a ogni parte dell'economia domestica, la cucina soprattutto non è trascurata. La tavola risente dell'abbondanza generale, ma non è un'abbondanza rovinosa; vi domina una sensualità senza raffinatezze; tutte le vivande sono comuni, ma ottime nel loro genere, sono preparate con semplicità ma tuttavia con squisitezza. Tutto quanto non è che apparenza, tutto quanto dipende dall'opinione, tutte le vivande fini e ricercate il cui unico pregio è la rarità e che bisogna nominare perché siano trovate buone, ne sono sbandite per sempre; e anche nella delicatezza e nella scelta di quelle che sono ammesse ci si astiene quotidianamente da certe cose che si riservano per dare ad alcuni pasti un tono festivo che li rende più piacevoli senza che siano più dispendiosi. Cosa credete che siano questi manicaretti così parcamente usati? Selvaggina rara? pesci di mare? prodotti stranieri? Meglio, assai meglio. Qualche ottimo legume indigeno, qualcuno dei saporiti erbaggi che crescono nei nostri orti, certi pesci del lago preparati in un certo modo, certi latticini delle nostre montagne, certi dolciumi alla tedesca, al che si aggiunge qualche capo di selvaggina preso dai domestici: ecco tutto lo straordinario che ci compare; ecco ciò che copre e orna la mensa, ciò che eccita e accontenta il nostro appetito nei giorni di festa. Il servizio è modesto, alla rustica, ma pulito e gaio; la grazia e il piacere vi assistono, la gioia e l'appetito lo insaporano. Né trionfi dorati attorno ai quali si muore di fame, né cristalli splendidi carichi di fiori per tutto dessert, vi occupano il posto delle vivande; non vi si pratica l'arte di nutrire lo stomaco attraverso gli occhi, ma si conosce quella di aggiungere grazia alla buona tavola, di mangiar molto senza star male, di rallegrarsi bevendo senza alterare la ragione, di stare a tavola a lungo senza annoiarsi e di uscirne sempre senza nausea.

Al primo piano c'è una saletta da pranzo diversa da quella dove si mangia di solito e che sta a pianterreno. Quella saletta privata è d'angolo e illuminata da due lati. Da una parte dà sul giardino, oltre il quale si vede il lago attraverso gli alberi; dall'altra si scorge il gran vigneto che comincia a spiegare agli occhi le ricchezze che vi si raccoglieranno fra due mesi. È una saletta piccola ma ornata di tutto quanto la può far gaia e piacevole. Lì Giulia offre i suoi piccoli festini a suo padre, al marito, alla cugina, a me, a lei stessa, e a volte ai suoi bambini. Quando ordina di apparecchiare di sopra si sa già prima che cosa vuol dire, e il signor di Wolmar la chiama ridendo la saletta di Apollo; ma quella saletta differisce da quella di Lucullo non meno per la scelta dei convitati che per quella delle vivande. I semplici ospiti non vi sono ammessi; non ci si mangia mai quando vi sono estranei; è l'inviolabile asilo della confidenza, dell'amicizia, della libertà. Lassù la società dei cuori lega quella della mensa; è una specie di iniziazione all'amicizia, e ci si raduna soltanto gente che non vorrebbe separarsi mai più. Milord, questa festa vi aspetta, in questa saletta farete il vostro primo pranzo.

Non ebbi subito tanto onore. Soltanto quando fui tornato dalla signora d'Orbe fui ammesso nella saletta di Apollo. Non potevo immaginare che fosse possibile aggiungere qualche cosa all'accoglienza che m'avevano fatto; ma quella cena mi cambiò le idee. Ci trovai non so che delizioso miscuglio di familiarità, di piacere, di unione, di agio che ancora non avevo gustato. Mi sentivo più libero senza che m'avessero detto di esserlo; mi sembrava che ci intendessimo meglio di prima. L'assenza dei domestici m'invitava a non riservarmi niente in fondo al cuore, e lì ripresi sulle insistenze di Giulia l'abitudine, smessa da anni, di bere con i miei ospiti vino mero alla fine del pasto.

Quella cena mi rapì. Avrei voluto che tutti i nostri pasti si svolgessero a quel modo. "Non conoscevo affatto questa graziosa saletta," dissi alla signora di Wolmar "perché non ci state sempre a mangiare?" "Vedete," mi rispose "vedete quant'è carina! non sarebbe forse peccato sciuparla?" Quella risposta mi parve troppo difforme dal suo carattere perché non ci vedessi qualche significato nascosto. "Ma perché almeno" ripigliai "non radunate sempre intorno a voi le comodità che si trovano qui, così da poter allontanare i domestici e discorrere con maggior libertà?" "È perché" mi rispose "sarebbe troppo gradevole, e la noia di star sempre a proprio agio è la peggiore di tutte." Tanto mi bastò per capire il suo sistema, e mi persuasi che infatti l'arte di dar gusto ai piaceri non è che quella di esserne avari.

Mi pare che si acconci con maggior cura di un tempo. La sola vanità che mai le abbiano rimproverata è quella di trascurare il suo abbigliamento. Ma l'orgogliosa aveva le sue buone ragioni, e non mi dava modo di non riconoscere il suo impero. Ma aveva un bel fare, l'incanto era troppo forte perché mi sembrasse naturale; mi ostinavo a credere che c'era molta arte in quella negligenza; avrebbe messo un sacco in testa che l'avrei accusata di civetteria. Oggi non avrebbe meno potere; ma sdegna di farne uso, e direi che affetta una cura più ricercata per non sembrare altro che una bella donna, se non avessi scoperto la ragione di questa più attenta cura. I primi giorni mi ci ingannai, e senza riflettere che non era vestita altrimenti il giorno del mio arrivo, che non ero aspettato, osai attribuirmi l'onore di quella ricercatezza. Ma mi disingannai durante l'assenza del signor di Wolmar. Subito il giorno dopo scomparve l'eleganza di prima, di cui l'occhio non sapeva saziarsi, come era scomparsa la patetica e voluttuosa semplicità che un tempo mi inebriava. Era una certa modestia che parla al cuore passando dagli occhi, che non ispira che rispetto, e che la bellezza fa anche più imponente. La dignità di sposa e di madre splendeva sopra le sue grazie; quello sguardo timido e tenero si era fatto più grave; si sarebbe detto che un tono più grande e più nobile avesse velato la dolcezza del suo aspetto. Non che ci fosse il minimo cambiamento nel suo contegno o nel suo fare; il suo tranquillo candore ha sempre evitato qualsiasi smorfia. Non faceva altro che mettere in opera quel talento connaturato nelle donne, di cambiare a volte i nostri sentimenti e le nostre idee cambiando il modo di vestire, l'acconciatura dei capelli, una veste di colore diverso, e di esercitare sui cuori l'impero del gusto facendo qualche cosa con niente. Il giorno che doveva tornare il marito ritrovò l'arte di animare le sue grazie naturali senza celarle; era splendida uscendo dalla sua toletta; mi parve che fosse non meno capace di offuscare un magnifico abbigliamento che di ornare il più semplice; e mi domandai, indispettito, intendendo il perché delle sue cure: fece mai altrettanto per l'amore?

Quel gusto si propaga dalla padrona a tutta la casa. Il padrone, i bambini, i domestici, i cavalli, gli edifici, i giardini, i mobili, tutto è tenuto con una cura la quale dimostra che non si è inferiori alla magnificenza, ma che la si sprezza. O meglio, c'è magnificenza, infatti, se è vero che consiste meno nella ricchezza di certe cose che nell'ordine armonioso del tutto, il quale dimostra il concerto delle parti e l'unità di intenzione dell'ordinatore[a]. Quanto a me, mi sembra che sia un'idea più grande e nobile vedere in una casa semplice e modesta poca gente felice della felicità comune, che di veder regnare in un palazzo la discordia e il disordine, e ogni abitante inteso a cercar la propria fortuna nella rovina d'un altro e nel generale scompiglio. La casa ben governata è una, e forma un tutto piacevole a vedersi; nel palazzo non si incontra che un'accozzaglia confusa di vari oggetti, il cui legame non è che apparente. Alla prima occhiata parrebbe di scorgervi una unità; ma guardando meglio si è subito disingannati.

Consultando soltanto l'impressione più naturale, si direbbe che per disdegnare la magnificenza e il lusso occorre meno moderazione che gusto. La simmetria e la regolarità piacciono a tutti gli occhi. L'immagine del

[a] Cosa che mi pare incontestabile. C'è magnificenza nella simmetria d'un gran palazzo; non ce n'è in una quantità di case ammucchiate alla rinfusa. C'è magnificenza nell'uniforme d'un reggimento in ordine di battaglia; non ce n'è nel popolo che lo sta a guardare: anche se non c'è forse nemmeno una persona il cui abito non sia più bello di quello dei soldati. Insomma, la vera magnificenza non è altro che l'ordine fatto sensibile nelle cose grandi; dal che deriva che, di tutti gli spettacoli immaginabili, il più magnifico è quello della natura. (N.d.A.)

benessere e della felicità commuove il cuore umano, che ne è avido; ma un vano apparato che non ha rapporto né con l'ordine né con la felicità e non ha altro oggetto che di colpire gli occhi, quale idea in favore di colui che ne fa pompa può mai destare nello spirito dello spettatore? L'idea del gusto? Ma il gusto non si dimostra forse cento volte meglio nelle cose semplici che in quelle offuscate dalle ricchezze? L'idea della comodità? C'è forse cosa più scomoda del fasto*? L'idea di grandezza? Ma è proprio l'opposto. Quando vedo che s'è voluto costruire un gran palazzo, subito mi domando perché mai quel palazzo non è più grande. Perché colui che ha cinquanta domestici non ne ha cento? Questo bel vasellame d'argento, perché non è d'oro? Quest'uomo che indora la sua carrozza, perché non indora anche le sue stanze? Se le stanze sono dorate, perché non è dorato anche il tetto? L'uomo che volle costruire un'alta torre aveva ragione di volerla portare fino in cielo; altrimenti avrebbe avuto un bell'alzarla; il punto dove si fosse fermato non avrebbe servito ad altro che a fornir la prova della sua impotenza. O piccolo e vano uomo, fammi vedere il tuo potere, che ti farò vedere la tua miseria!

Invece un ordine di cose nel quale nulla è concesso all'opinione, dove tutto ha una sua vera utilità, e che si limita ai veri bisogni della natura, non offre soltanto uno spettacolo approvato dalla ragione, ma che accontenta occhi e cuore, in quanto l'uomo non ci si vede che sotto piacevoli rapporti, come sufficiente a sé; non ci compare l'immagine della sua debolezza, e quel

*Il frastuono dei servi d'una casa turba continuamente il riposo del padrone. Non può nasconder nulla a tanti Argo. La calca dei creditori gli fa pagar cara quella dei suoi ammiratori. I suoi appartamenti son così magnifici che è costretto a coricarsi in un bugigattolo per stare a suo agio, qualche volta la sua scimmia sta meglio di lui. Se vuol mangiare dipende dal suo cuoco e non dalla sua fame; se vuol uscire, dipende dai cavalli; mille intoppi lo fermano per le strade; è impazientissimo di arrivare e ha dimenticato di aver delle gambe. Cloe lo aspetta, il fango lo trattiene, il peso dell'oro del suo vestito lo opprime, non è capace di far venti passi a piedi. Ma se non giunge al convegno con l'amante, è ben compensato dai passanti, ognuno nota la sua livrea, l'ammira e dice forte che è il signor tal dei tali. (N.d.A.)

lieto quadro non eccita mai riflessioni dolorose. Sfido qualsiasi uomo di buon senso a contemplare per un'ora il palazzo d'un principe e il fasto che vi regna senza cadere nella melanconia e deplorare il destino dell'umanità. Ma l'aspetto di questa casa e della vita uniforme e semplice dei suoi abitanti mette nell'anima dello spettatore un segreto incanto che continuamente cresce. Poca gente affabile e pacifica, unita da bisogni reciproci e da reciproca benevolenza, concorre con svariati lavori a un fine comune; ognuno trova nel suo stato tutto quanto occorre perché se ne contenti e non desideri di uscirne, quindi ci si affeziona come se ci dovesse rimaˡ nere per tutta la vita: l'unica ambizione è quella di compier bene i propri doveri. C'è tanta moderazione in chi comanda e tanto zelo in quelli che ubbidiscono, che si sarebbero potuti distribuire tra loro i vari uffici senza che nessuno si lagnasse della sua parte. Così nessuno invidia quella dell'altro; nessuno crede di poter accrescere la propria fortuna se non accrescendo il bene comune; anche i padroni non misurano la propria contentezza che su quella della gente che li circonda. Non si vede che cosa si potrebbe aggiungere o togliere, perché non ci sono che cose utili e ci sono tutte, così che non si desidera niente di quello che non c'è, e che di niente di quanto c'è si può dire: perché non ce n'è di più? Aggiungete pure galloni dorati, quadri, lampadari, immediatamente tutto si immiserisce. Vedendo tanta abbondanza nel necessario, e nessuna traccia del superfluo, si è indotti a credere che se non c'è è perché non s'è voluto che ci fosse, e che se lo si volesse ci sarebbe con la stessa abbondanza. Vedendo continuamente i beni che traboccan fuori in sostegno dei poveri, si è indotti a dire: questa casa non riesce a contenere tutte le sue ricchezze. Questa è, mi pare, la vera magnificenza¹.

Questo tono di opulenza spaventò anche me, quando mi dissero quanto occorreva per mantenerlo. "Ma vi rovinate" dissi ai signori di Wolmar. "Non è possibile che una rendita così modesta basti a tanta spesa." Si misero a ridere, e mi dimostrarono che, senza sottrarre niente alla casa, non dipenderebbe che da loro di far grandi risparmi e di accrescere le proprie rendite, anziché rovinarsi. "Il nostro gran segreto per esser ricchi" mi dissero "è di aver poco denaro, e di evitare al possibile nei nostri beni gli scambi intermediari tra il prodotto e il suo uso. Nessuno di codesti scambi avviene senza perdita, e tante perdite moltiplicate riducono a quasi niente dei mezzi piuttosto cospicui, così come a furia di passar di mano in mano una bella tabacchiera d'oro diventa una cosa da poco. Evitiamo il trasporto dei nostri prodotti adoperandoli sul posto, e lo scambio consumandoli in natura; e nell'inevitabile trasformazione di ciò che abbiamo di troppo in ciò che ci manca, invece delle vendite e delle compere che raddoppiano la perdita, cerchiamo dei baratti diretti nei quali la comodità dei due contraenti sostituisce il guadagno di entrambi."

"Capisco" dissi loro "i vantaggi di questo sistema, ma non mi pare che vada senza inconvenienti. Oltre le cure fastidiose alle quali vi costringe, il guadagno dev'essere più apparente che reale, e quello che perdete nella minuta amministrazione dei vostri beni è probabilmente maggiore del guadagno che ci farebbero i vostri fittavoli; perché un contadino potrà sempre fare il lavoro con maggiore economia, e il raccolto con più cura di voi." "È un errore" mi rispose il signor di Wolmar; "il contadino si preoccupa meno di aumentare il prodotto che di risparmiare sulle spese, perché gli sborsi gli riescono più gravosi di quanto gli siano utili i profitti; siccome il suo intento non è tanto di valorizzare un terreno quanto di farvi poche spese, se si procura un guadagno immediato lo fa piuttosto sfruttando la terra che migliorandola, e il meglio che possa capitare è che invece di sfruttarla la trascuri. Così, per un poco di denaro contante guadagnato senza grattacapi, un proprietario ozioso prepara a sé o ai suoi figli grandi perdite, grandi lavori e qualche volta la rovina del proprio patrimonio.

"D'altronde," proseguì il signor di Wolmar "ammetto che la coltura delle mie terre mi costa più di un fittavolo; però il guadagno del fittavolo è mio, e siccome la coltura è migliore il raccolto è più cospicuo; così che spendendo di più non lascio tuttavia di guadagnare. Ma c'è di più; questo eccesso di spesa non è che apparente, in realtà produce una grande economia: perché, se altri lavorassero le nostre terre, noi saremmo oziosi; dovremmo abitare in città, menare una vita più dispendiosa, avere divertimenti che costerebbero assai più di quelli che abbiamo qui, e saremmo meno sensibili. Queste cure che ci paiono importune sono insieme i nostri doveri e i nostri piaceri; grazie alla previdenza con cui sono ordinati, non riusciranno mai penosi; ci tengono il posto di mille capricci rovinosi, dei quali la vita rustica previene o sopprime il gusto, e tutto quanto contribuisce al nostro benessere è per noi un divertimento.

"Guardatevi intorno," soggiungeva quel sensato padre di famiglia "non vedrete che cose utili, che non ci costano quasi niente e ci risparmiano mille inutili spese. Soltanto le derrate di nostra produzione copron la nostra mensa, soltanto i tessuti locali vestono i nostri mobili e noi: non disprezziamo niente perché comune, né stimiamo niente perché raro. Poiché tutto quanto viene da lontano è facile sia alterato o falsificato, ci limitiamo, sia per raffinatezza che per moderazione, a scegliere quello che c'è di meglio qui da noi, e che è di non sospetta qualità. I nostri cibi sono semplici ma scelti. Non manca alla nostra mensa, perché sia sontuosa, che di essere apparecchiata lontano di qui; perché tutto è di ottima qualità, e tutto sarebbe raro: un raffinato troverebbe le trote del lago assai migliori, se le mangiasse a Parigi.

"L'identica regola vige nella scelta del vestiario, che come vedete non è trascurato; ma sola vi presiede l'eleganza, la ricchezza non vi appare mai, e meno ancora la moda. C'è una gran differenza tra il valore che l'opinione attribuisce alle cose e quello che le cose hanno realmente. Giulia non bada che a quest'ultimo, e quando sceglie una stoffa non sta a vedere se è vecchia o nuova, ma se è buona e se le sta bene. Anzi per lei spesso la novità è ragione bastevole per escluderla, se la novità attribuisce alle cose un valore che non hanno o che non possono mantenere.

"Inoltre dovete considerare che l'effetto di ogni cosa non deriva tanto dalla cosa stessa che dall'uso che se ne fa e dall'accordo con tutto il resto: così che con parti di poco valore Giulia compone un tutto di gran valore. Il gusto si diletta di creare, di attribuire lui solo valore alle cose. Tanto la legge della moda è dispendiosa e incostante, altrettanto la sua è economica e durevole. Ciò che è stato approvato dal buon gusto va sempre bene; se raramente è alla moda, non è però mai ridicolo, e nella sua modesta semplicità ricava dal rapporto delle cose delle regole inalterabili e sicure, che rimangono quando le mode sono ormai tramontate.

"Infine considerate che l'abbondanza del solo necessario non può mai degenerare in abuso; perché il necessario ha la sua misura naturale, e i veri bisogni non danno mai in eccessi. Si può spendere per un solo abito il costo di venti, in un solo pasto mangiare la rendita di un anno; ma non si posson portare due abiti alla volta, né pranzare due volte nello stesso giorno. Perciò l'opinione è illimitata, mentre invece la natura ci ferma da tutte le parti, e colui che in una condizione mediocre si limita al benessere non rischia mai di rovinarsi.

"Ecco, caro mio," continuava il savio Wolmar "ecco in che modo con l'economia e l'attenzione ci si può innalzare al di sopra della fortuna. Non dipenderebbe che da noi di accrescere la nostra, senza mutare il nostro modo di vivere; perché non sborsiamo quasi mai niente che non abbia di mira un guadagno, e tutto quanto spendiamo ci mette in grado di spendere sempre di più.'"

Eppure, milord, a prima vista non ci si avvede di nulla. Per ogni dove c'è un tono di profusione che nasconde l'ordine che la genera; ci vuol un po' di tempo per accorgersi che ci sono leggi suntuarie che ci portano all'agiatezza e al piacere, e sulle prime si stenta a capire come si possa godere di ciò che si risparmia. Ma pensandoci il piacere aumenta, perché ci si avvede che la sorgente ne è inesauribile e l'arte di gustare la felicità della vita serve anche a prolungarla. Come ci si potrebbe stancare di uno stato così conforme alla natura? Come si potrebbe dar fondo al proprio patrimonio se lo si accresce ogni giorno? Come si potrebbe dilapidare la propria fortuna se non si consuma che la rendita? Se ogni anno si è sicuri dell'anno seguente, cosa mai potrà turbare la pace attuale? Qui il frutto del lavoro trascorso sostiene l'abbondanza presente, e il frutto del lavoro presente annuncia l'abbondanza avvenire; si gode insieme di ciò che si spende e di ciò che si raccoglie, e le varie stagioni si uniscono per far più salda la sicurezza del presente.

Mi sono interessato a tutti i particolari dell'economia domestica e dappertutto ho visto che regna lo stesso spirito. Tutti i ricami e i merletti escono dal gineceo; tutta la tela è filata dalla servitù o da povere donne al cui sostentamento si provvede. La lana la si manda alle manifatture dalle quali si ricevono in cambio panni per vestire i domestici; il vino, l'olio e il pane son fatti in casa; per la legna ci sono boschi a sufficienza; il macellaio è pagato in bestiame, il droghiere in grano; il salario degli operai e dei domestici è preso sul prodotto delle terre da loro fatte fruttare; l'affitto delle case in città basta per mantenere quelle in cui si abita; le rendite sui fondi pubblici provvedono al mantenimento dei padroni e al poco vasellame che ci si concede, la vendita dei vini e dei grani che sopravanzano dà un reddito che si mette da parte per spese straordinarie: è un fondo che la prudenza di Giulia non lascia mai esaurire, e che la sua carità lascia anche meno aumentare. Non accorda alle cose di puro piacere che il ricavo del lavoro fatto in casa dalla servitù, quello delle terre dissodate da loro, degli alberi da loro piantati eccetera. In questo modo il prodotto e l'impiego sono sempre compensati dalla natura delle cose, l'equilibrio non può esser rotto, ed è impossibile dissestarsi.

Ma c'è di più: le privazioni che Giulia si impone con la voluttà temperante[1] di cui ho fatto cenno, sono insieme fonti di nuovi piaceri e di nuove risorse economiche. Per esempio, le piace molto il caffè; da ragazza ne prendeva ogni giorno. Ora ha smesso l'abitudine per aumentarne il piacere; si limita a berne soltanto quando ci sono ospiti e nella saletta d'Apollo, per aumentare con questo gli altri segni di festa. È una piccola sensualità che le fa più piacere, le costa meno e con la quale insieme acuisce e regola la gola. Invece, nell'indovinare e soddisfare i gusti di suo padre e del marito consacra un'attenzione instancabile, una prodigalità spontanea e piena di grazia, così che gustano anche più ciò che ella offre loro grazie al piacere che trova a offrirglielo. A tutti e due piace tirare un po' in lungo la fine del pasto, alla svizzera; dopo cena lei non tralascia mai di far servire una bottiglia di vino più delicato e più vecchio del vino solito. Sulle prime mi lasciai ingannare dai nomi pomposi dati a quei vini, che infatti mi paiono ottimi; e, bevendoli come se provenissero dai luoghi dei quali portano i nomi, feci notare a Giulia che erano una manifesta violazione delle sue massime; ma ella ridendo mi rammentò un passo di Plutarco, nel quale Flaminio paragona le truppe asiatiche di Antioco, con mille barbari nomi, agli intingoli svariati sotto i quali un amico gli aveva presentata la stessa vivanda[1]. "Il Rancio, lo Xeres, il Malaga, lo Chassaigne, il Siracusa che bevete con tanto piacere non sono in realtà che vini di Lavaux variamente preparati, e di qui potete vedere il vigneto che ha prodotto tutte queste remote bevande. Se come qualità sono inferiori ai celebri vini di cui portano il nome, non ne hanno però gli inconvenienti, e poiché siamo sicuri di come son fatti li possiamo bere senza rischio. Credo di poter dire" soggiunse "che mio padre e mio marito non li gustano meno dei vini più pregiati." "I suoi" disse allora il signor di Wolmar "hanno per noi un gusto che gli altri non hanno; cioè il piacere che lei ha avuto preparandoli." "Ah," replicò lei "saranno sempre squisiti!"

Potete intendere che fra tante cure l'ozio che fa bramare la compagnia, le visite e la società qui non ha diritto di domicilio. Si frequentano i vicini quel tanto che basta per mantenere rapporti cordiali, non abbastanza per farsene schiavi. Gli ospiti sono sempre ben accolti, non mai desiderati. Non si vede che quel tanto di gente che occorre per mantenere il piacere della vita ritirata; i lavori campestri sostituiscono gli svaghi, a chi trova una dolce compagnia in seno alla famiglia tutte le altre riescono insipide. Il modo di trascorrere il tempo qui è troppo semplice e uniforme per far gola a tanta gente[a]; ma è piacevole grazie alla disposizione del cuore di chi l'ha adottato. Con un'anima sana, è forse possibile an-

[a] Credo che uno dei nostri bellimbusti che, capitando in questo paese, fosse accolto e ospitato in questa casa, farebbe poi agli amici un rapporto assai piacevole della vita da villani che ci si mena. Per altro dalle lettere di milady Catesby vedo che non è un vezzo proprio della Francia, e che anche in Inghilterra si usa compensare gli ospiti mettendoli in ridicolo. (N.d.A.)

noiarsi attendendo ai più cari e gradevoli doveri del-
l'umanità, e a farsi a vicenda felici? Tutte le sere Giulia,
contenta della sua giornata, non ne desidera una diversa per l'indomani, e tutte le mattine chiede al cielo un
giorno simile a quello precedente: fa sempre le stesse
cose perché è bene farle, e non saprebbe cosa far di meglio. Certamente ella gode così di tutta la felicità concessa all'uomo. Compiacerci della durata del proprio stato non è forse un segno sicuro di contentezza?

Se qui non si vedono che di rado quei branchi di sfaccendati che son chiamati buona società, tutte le persone
che ci stanno sono interessanti per qualche aspetto, e
compensano qualche lato ridicolo con mille virtù. Pacifici campagnuoli senza uso di mondo e senza raffinatezze; ma buoni, semplici, onesti e lieti della loro sorte;
ufficiali in pensione; commercianti stanchi di arricchirsi; brave madri di famiglia che educano le loro figlie alla scuola della modestia e dei buoni costumi: questo è il
corteggio che Giulia si compiace di adunare intorno a
sé. Suo marito non disdegna di aggiungervi a volte
qualche avventuriero corretto dall'età e dall'esperienza
e che, rinsavito a proprie spese, torna senza rimpianti a
coltivare il campo dei padri che vorrebbe non mai aver
abbandonato. Se qualcuno racconta a tavola le avventure della propria vita, non sono le meravigliose avventure del ricco Sindbad che in seno alle mollezze orientali
narra in che modo ha adunato i suoi tesori: sono semplici racconti di gente sensata che i capricci della sorte e l'ingiustizia degli uomini hanno disgustato dei falsi
beni invano perseguiti, per ridar loro il gusto dei veri
beni.

Credete che persino la conversazione con i contadini
non è senza pregi per queste anime alte, con le quali
il sapiente si istruirebbe volentieri? Il giudizioso Wolmar trova nell'ingenuità campagnuola dei caratteri più
risoluti, degli uomini che pensano con la propria testa
più che nell'uniformità degli abitanti della città, dove
ognuno si mostra eguale agli altri piuttosto che come
realmente è. In loro la tenera Giulia trova cuori sensibili alla minima gentilezza, che si sentono felici dell'interesse che lei dimostra per la loro felicità. Il loro cuore
e il loro spirito non sono deformati dall'arte; non hanno
imparato a conformarsi ai nostri modelli, e non c'è ri-

schio di trovare in loro l'uomo dell'uomo invece dell'uomo della natura[1].

Spesso nelle sue passeggiate il signor di Wolmar incontra qualche buon vecchio pieno di senso e di ragione, e si compiace di farlo discorrere. Lo conduce dalla moglie, che lo accoglie graziosamente, dimostrandogli non le gentilezze e le arie del proprio stato, ma la benevolenza e l'umanità del proprio carattere. Trattengono il buon vecchio a pranzo, Giulia se lo fa sedere accanto, lo serve, lo blandisce, gli parla con mille premure, si interessa della famiglia, degli affari di lui, non sorride del suo impaccio, non fa attenzione al suo fare rustico, ma lo mette a suo agio con la sua grazia; e trattando con lui non esce da quel tenero e commosso rispetto dovuto alla vecchiaia impotente, onorata da una lunga vita senza macchia. Il vecchio lusingatissimo dà sfogo al suo cuore; per un momento sembra che riprenda la vivacità giovanile. Il vino bevuto alla salute d'una giovane signora gli riscalda il sangue gelato. Si anima parlando dei suoi tempi, dei suoi amori, delle sue campagne, delle battaglie alle quali ha partecipato, del coraggio dei suoi compaesani, del ritorno in patria, della moglie, dei figli, dei lavori campestri, degli abusi da lui notati, dei rimedi che immagina. Spesso dai suoi lunghi discorsi escono ottimi precetti di morale, o lezioni di agricoltura; e anche se nelle cose che dice non ci fosse altro che il piacere con il quale le dice, Giulia ne avrebbe gran piacere.

Dopo il pasto ella va in camera sua, e ne torna portando un regaluccio, qualche coserella per la moglie o per le figliuole del buon vecchio. Glielo fa offrire dai suoi bambini, ai quali il vecchio a sua volta offre qualche semplice regalino di loro gradimento che Giulia segretamente gli ha affidato. Così si forma per tempo l'intima e dolce benevolenza che accomuna le varie condizioni. I bambini si avvezzano a onorare la vecchiaia, a stimare la semplicità, a discernere il merito ovunque si trovi. I contadini, vedendo il loro vecchio padre festeggiato in così rispettabile casa e ammesso alla mensa dei signori, non si sentono offesi per esserne esclusi; non se la pigliano con il loro stato ma con la loro età; non dicono: siamo troppo poveri; ma: siamo troppo giovani per essere trattati così. L'onore che si fa ai loro vecchi e la speranza di poterne un giorno godere li consolano e li incuorano a farsene degni.

Frattanto il buon vecchio, tutto intenerito delle cortesie ricevute, se ne torna al suo casolare, impaziente di mostrare alla moglie e alle figlie i regali che porta. Quelle bagattelle portan la gioia in una famiglia lieta di vedere che qualcuno s'è degnato di occuparsi di loro. Il vecchio narra enfaticamente l'accoglienza fattagli, i piatti serviti, i vini assaggiati, i discorsi cortesi rivoltigli, e come i signori si sono informati di tutti affabilmente, e le attenzioni dei domestici, insomma tutto quanto può ornare i segni di stima e di bontà ricevuti; e narrandoli ne torna a godere, e tutta la casa gode degli onori resi al suo capo. Tutti in coro benedicono l'illustre e generosa famiglia che dà esempio ai grandi e ricovero ai piccoli, che non sdegna il povero e onora la canizie. Questo è l'incenso che piace alle anime benefiche. Se ci sono benedizioni umane che il cielo si degna di esaudire, non sono certo quelle strappate dalla adulazione e dalla bassezza in presenza delle persone lodate; ma quelle dettate in segreto da un cuore semplice e riconoscente, accanto a un rustico focolare.

In questo modo un sentimento piacevole e dolce può far partecipe delle sue grazie una vita che è insipida ai cuori indifferenti; in questo modo le cure, i lavori, la vita ritirata possono trasformarsi in svaghi grazie all'arte di dirigerli. Un'anima sana può render gustose delle occupazioni solite, così come la sanità fisica fa gustosi i cibi più semplici. Tutta còdesta gente annoiata che si diverte con tanta fatica deve incolpare del proprio disgusto i propri vizi, e perde il sentimento del piacere perdendo quello del dovere. Quanto a Giulia, le è capitato esattamente l'opposto, e certe occupazioni che per una vaga accidia dell'anima un tempo avrebbe trascurate, oggi le paiono interessanti grazie al motivo che le ispira. Bisognerebbe essere insensibili per esser sempre senza vivacità. La sua s'è sviluppata per le ragioni stesse che un tempo la reprimevano. Il suo cuore ricercava la solitudine e il ritiro per abbandonarsi in pace agli affetti che la penetravano; ora ha preso una nuova attività creandosi nuovi doveri.[1] Non è di quelle indolenti madri di famiglia che si contentano di studiare quando bisogna agire, che sciupano istruendosi dei doveri altrui il tempo che dovrebbero adoperare a riempire i propri. Oggi ella pratica ciò che un giorno ha imparato. Non studia più, non legge più: agisce. Siccome si alza un'ora dopo il marito, si corica però un'ora più tardi. Quell'ora è il solo tempo che consacra ancora allo studio, e la giornata non le pare mai abbastanza lunga per tutte le cure alle quali si compiace di attendere.

Ecco, milord, ciò che vi dovevo dire circa l'economia di questa casa, e la vita privata dei padroni che la governano. Contenti della loro sorte, ne godono in pace; contenti della loro fortuna, non si affannano ad aumentarla per i loro figli, ma a lasciar loro, con l'eredità avuta, terre in buon stato, domestici affezionati, il gusto del lavoro, dell'ordine, della moderazione, e tutto quanto può far dolce e piacevole per gente sensata il godimento di un bene mediocre, mantenuto con quella saggezza con la quale è stato acquistato.

LETTERA III

A MILORD EDOARDO [a]

Questi giorni passati ci sono stati ospiti. Sono partiti ieri, e noi riprendiamo tra noi tre una vita tanto più piacevole in quanto non ci è rimasto nulla in fondo ai cuori da nasconderci l'un l'altro. Che piacere provo riprendendo un essere nuovo, che mi rifà degno della vostra fiducia! Non ricevo segno di stima da Giulia o da suo marito, ch'io non mi dica con una certa fierezza d'animo: finalmente mi potrò mostrare a lui! Grazie alle

[a] Due lettere scritte in due epoche diverse trattavano l'argomento di questa, il che portava a inutili ripetizioni. Per sopprimerle ho fuso le due lettere in una sola. Per altro, senza voler giustificare l'eccessiva lunghezza di parecchie lettere di questa raccolta, farò notare che le lettere dei solitari sono lunghe e rare; quelle delle persone mondane sono frequenti e brevi. Basta notare tale differenza per intenderne immediatamente la ragione. (N.d.A.)

vostre cure, e sotto i vostri occhi spero di poter onorare il mio stato presente con le mie colpe passate. Se l'amore spento getta l'anima nell'inerzia, l'amore soggiogato le conferisce, con la coscienza della sua vittoria, una nuova elevazione, e un più vivo trasporto per ciò che è grande e bello. Si vorrà mai perdere il frutto d'un sacrificio che ci è costato tanto? No, milord, sento che dietro il vostro esempio il mio cuore trarrà profitto da tutti gli ardenti sentimenti da lui vinti. Sento che bisogna esser stato quello che io fui per diventare ciò che voglio essere.

Dopo sei giorni sciupati con le frivole chiacchiere di gente indifferente, oggi abbiamo trascorso una mattinata all'inglese, uniti e silenziosi, assaporando a un tempo il piacere di stare insieme e la dolcezza del raccoglimento.[1] Le delizie di questo stato sono note a poca gente! Non ho visto nessuno in Francia che ne abbia la più pallida idea. La conversazione degli amici è inesauribile, dicono. È vero, la lingua somministra un facile chiacchiericcio ai mediocri affetti. Ma l'amicizia, milord, l'amicizia! Sentimento vivo e celeste, che discorsi saranno degni di te? Che lingua oserà farsi tua interprete? Ciò che si dice al proprio amico può mai valere ciò che si prova accanto a lui? Dio mio! una stretta di mano, uno sguardo vivo, un abbraccio e il sospiro che lo segue, quante cose dicono, e quant'è fredda la prima parola che si pronuncia poi! O veglie di Besançon! momenti sacri al silenzio e raccolti dall'amicizia! O Bomston! anima grande, sublime amico! No, non ho avvilito ciò che hai fatto per me, la mia bocca non te ne ha mai detto nulla.

È certo che questo stato contemplativo costituisce uno dei massimi incanti per uomini sensibili. Ma sempre m'è parso che gli importuni non permettevano di gustarlo, e che gli amici devono essere senza testimoni per poter dirsi niente a tutto loro agio. Si vuol essere raccolti, per dir così, l'uno nell'altro; le minime distrazioni sono rovinose, la minima costrizione intollerabile. Se a volte una parola sale dal cuore alla bocca, è così dolce pronunciarla senza ritegno. Sembra che non si possa pensare liberamente che ciò che si può dire con pari libertà: sembra che la presenza d'un solo estraneo trattenga il sentimento, e opprima delle anime che senza di lui si intenderebbero così bene.

Trascorremmo due ore in codesta immobilità estatica, mille volte più dolce del freddo riposo degli dèi d'Epicuro. Dopo la colazione i bambini sono entrati come di solito nella camera della mamma; ma invece di poi andare a rinchiudersi con loro nel gineceo, come sempre, per risarcirci in certo senso del tempo perduto senza poter stare insieme, ella li trattenne con noi e non ci siamo più lasciati fino all'ora di pranzo. Enrichetta che comincia a saper lavorar d'ago cuciva seduta davanti alla Fanchon la quale faceva merletti, e teneva il tombolo posato sullo schienale della sua seggiolina. I due bambini sfogliavano sul tavolo un libro illustrato, il maggiore spiegava al minore le figure. Quando si sbagliava Enrichetta, che stava attenta e conosce quelle immagini a menadito, lo correggeva. Spesso faceva finta di non sapere che figura guardavano, così aveva un pretesto per alzarsi e andare e venire dalla seggiola al tavolo e dal tavolo alla seggiola. Quegli andirivieni non le spiacevano affatto e le procuravano sempre qualche moina dal suo piccolo *malito*; spesso anzi ci aggiungeva un bacio con la sua bocca infantile ancora inesperta, ma Enrichetta, più erudita, volentieri gliene risparmiava la fatica. Durante quelle brevi lezioni, date e ricevute senza troppo impegno ma anche senza la benché minima costrizione, il più piccolo di nascosto contava i suoi legnetti di bosso che teneva nascosti sotto il libro.

La signora di Wolmar ricamava accanto alla finestra davanti ai bambini; suo marito ed io stavamo intorno al tavolo da tè leggendo la gazzetta, alla quale ella faceva poca attenzione. Ma sentendo della malattia del re di Francia e dell'affetto singolare del suo popolo, che non ha eguali se non in quello dei romani per Germanico, ella fece alcune riflessioni sul buon naturale di quella nazione dolce e benevola, alla quale tutte voglion male ma che non vuol male a nessuna, soggiungendo che del rango supremo non invidiava altro che il piacere di farsi amare. "Non invidiate niente" le disse il marito con un tono che avrebbe dovuto lasciar prendere a me; "è un pezzo che noi tutti siamo vostri sudditi." A quelle parole il lavòro le cadde di mano; voltò la testa e gettò sul suo degno sposo uno sguardo così patetico, così tenero, che io stesso trasalii. Non disse nulla: ma cosa poteva dire che valesse quello sguardo? Anche i nostri occhi si sono incontrati. Sentii, al modo con cui suo marito mi strinse la mano, che la stessa emozione ci pervadeva tutti e tre, e che la dolce influenza di quell'anima espansiva agiva intorno a lei, e trionfava persino dell'insensibilità.

In questa disposizione d'animo cominciò il silenzio di cui vi parlavo; potete credere che non era di freddezza o di noia. Non era interrotto che dal cicaleccio dei bambini; ma, non appena cessammo di parlare, anche quelli moderarono la voce, come se temessero di turbare il raccoglimento generale. Per prima la piccola governante cominciò ad abbassare la voce, a far segno agli altri, a camminare in punta di piedi, e i loro giuochi si fecero tanto più divertenti con quella lieve costrizione. Era uno spettacolo che pareva ci fosse messo sotto gli occhi per prolungare il nostro intenerimento; e produsse il suo effetto naturale.

Ammutiscon le lingue e parlan l'alme[1].

Quante cose dette senza aprir bocca! Quanti ardenti sentimenti comunicati senza il freddo tramite della parola! A poco a poco Giulia s'è lasciata assorbire da quello che dominava tutti gli altri. Fissò gli occhi sui tre bambini, e il suo cuore rapito in così deliziosa estasi animava il suo bel volto con quanto la tenerezza materna ha di più commovente.

Noi pure abbandonati a quella doppia contemplazione, Wolmar ed io ci lasciavamo trasportare dai nostri pensieri, quando i bambini, che ne erano oggetto, li troncarono. Il maggiore, che si divertiva con le immagini, vedendo che quei legnetti disturbavano l'attenzione del suo fratellino, colse il momento in cui li aveva radunati tutti e con un colpo sulla mano li fece cadere e li sparpagliò per la stanza. Marcellino si mise a piangere, ma senza inquietarsi per farlo smettere la signora di Wolmar disse a Fanchon di portar via quei legnetti.

Il bambino tacque immediatamente, ma i legnetti furon portati via egualmente, senza però che ripigliasse
a piangere come mi sarei aspettato. Questa circostanza, che non significava nulla, me ne rammentò parecchie altre alle quali non avevo prestato attenzione, e
pensandoci non mi ricordo d'aver visto mai dei bambini ai quali si parlasse così poco e che fossero meno
importuni. Non lasciano quasi mai la mamma, e ci si
accorge appena che sono presenti. Sono vivi, sventati,
animati come si addice alla loro età, mai noiosi né rumorosi, e si vede che sono discreti anche prima di sapere che cosa sia la discrezione. Ciò che più mi meravigliava, nelle riflessioni suggeritemi da quest'argomento,
era che le cose andavano quasi spontaneamente, e che
con un'affetto così tenero per i suoi bambini Giulia se
ne desse così poco pensiero. Infatti non la si vede mai
affannata a farli parlare o tacere, né a ordinar loro o
proibire questa o quella cosa. Non li sgrida mai, non li
contraddice nei loro svaghi; si direbbe che si contenta
di vederli e di amarli, e che quando hanno trascorso la
giornata con lei tutto il suo dovere di madre si trova
compiuto[1].

Benché questa placida tranquillità mi sembrasse più
dolce da considerare che non l'inquieta sollecitudine delle altre madri, ero tuttavia colpito da un'indolenza che
mal si accordava con le mie idee. Avrei voluto che non
fosse contenta, pur con tante ragioni di esserlo; un'attività superflua si addice tanto bene all'amor materno!
Tutto quanto di buono vedevo nei suoi bambini avrei
voluto attribuirlo alle sue cure; avrei voluto che dovessero meno alla natura e più alla loro mamma, quasi
avrei desiderato che avessero qualche difetto per vederla più premurosa a correggerli.

Dopo essermi immerso a lungo in queste riflessioni,
ruppi il silenzio per manifestargliele. "Vedo" le dissi
"che il cielo ricompensa la virtù delle madri col buon
naturale dei figli; ma è un buon naturale che bisogna
coltivare. La loro educazione deve cominciare appena
nati. C'è forse un tempo più propizio per formarli di
quello in cui ancora non hanno nessuna forma da distruggere? Se li abbandonate a loro stessi durante l'infanzia, a che età volete che vi siano ubbidienti? Anche

583

se non aveste niente da insegnar loro, bisognerebbe insegnargli a ubbidire." "Vi sembra dunque" mi rispose "che mi disubbidiscano?" "Sarebbe cosa difficile," dissi "poiché non comandate loro niente." Si mise a sorridere guardando il marito, e prendendomi per mano mi condusse nel suo gabinetto, dove potevamo conversare senza essere ascoltati dai bambini.

Lì, spiegandomi con tutto agio le sue massime, m'ha fatto vedere che sotto quella sua apparente negligenza stava la più vigilante attenzione che mai tenerezza materna abbia ispirato. "Per un pezzo" mi disse "ho pensato come voi sull'istruzione prematura, e durante la mia prima gravidanza, spaventata da tutti i doveri e dalle cure che mi aspettavano, ne facevo spesso parola col signor di Wolmar. Quale guida migliore avrei potuto scegliere, di lui illuminato osservatore che alla sollecitudine di un padre unisce l'acutezza del filosofo? Mi diede soddisfazione oltre ogni mia aspettativa; dissipò i miei pregiudizi e mi insegnò a garantirmi con minor fatica un risultato assai più esteso. Mi fece sentire che la prima e più importante educazione, quella che tutti invece dimenticano[a], è di far sì che un bambino sia atto a essere educato. Un errore assai comune tra i genitori che si credono illuminati è di credere che i bambini siano ragionevoli già appena nati, e di parlar con loro come a uomini prima ancora che sian capaci di parlare. Si crede che la ragione sia lo strumento per istruirli, mentre invece sono gli altri strumenti che devon servire a foggiare quello, e che di tutte le istruzioni proprie dell'uomo quella che si acquista più tardi e più difficilmente è appunto la ragione. Parlando loro da piccoli un linguaggio che non possono capire, si avvezzano a contentarsi delle parole, e a contentarne gli altri, a sofisticare su quanto gli si dice, a credersi non meno saggi dei loro maestri, a diventar litigiosi e ribelli; e tutto quello che si crede di poter ottenere da loro

[a] L'ha dimenticata persino il saggio Locke; il quale parla assai più di quanto si deve esigere dai fanciulli che di ciò che bisogna fare per ottenerlo. (N.d.A.)

per motivi ragionevoli, non lo si ottiene in realtà che con il timore o la vanità.

"Non c'è pazienza che un ragazzo così educato non sappia finalmente stancare; ed ecco come, stufi, nauseati, irritati dalla incessante importunità di cui loro stessi hanno dato l'abitudine ai bambini, i genitori, incapaci di più sopportare la noia dei figli, sono costretti ad allontanarli, affidandoli ai maestri; come se fosse mai possibile sperare che un precettore abbia più pazienza e più dolcezza d'un padre.

"La natura" continuò Giulia "vuole che i bambini siano bambini prima di essere uomini. Se vogliamo pervertire quest'ordine, otterremo dei frutti precoci senza né maturità né sapore, e che non tarderanno a corrompersi; otterremo giovani dottori e vecchi bambini. L'infanzia ha il suo proprio modo di vedere, di pensare e di sentire. Non c'è cosa più insensata che volergli sostituire il nostro, e pretendere che un bambino sia alto cinque piedi sarebbe come pretendere che abbia giudizio a dieci anni[1].

"La ragione non comincia a formarsi che in capo a vari anni, e quando il corpo ha acquistato una certa consistenza. L'intenzione della natura dunque è che il corpo si fortifichi, prima di esercitare lo spirito. I bambini sono sempre in moto; il riposo e la riflessione sono invisi alla loro età; un'esistenza applicata e sedentaria non gli permette di crescere e di svilupparsi; né lo spirito né il corpo possono sopportare tale costrizione. Sempre chiusi in camera con i libri, perdono ogni vigore; si fanno delicati, deboli, malsani, inebetiti piuttosto che ragionevoli; e l'anima risente per tutta la vita del deprimento del corpo[2].

"Anche se tutte codeste istruzioni premature fossero profittevoli al loro giudizio non meno di quanto gli nuocciono, ci sarebbe tuttavia un grave inconveniente a impartirgliele indistintamente e senza badare a quelle che più si addicono al genio di ogni singolo bambino. Oltre la costituzione comune alla specie, ognuno trova nascendo un temperamento personale, che determina il suo genio e il suo carattere; non si tratta né di cambiarlo né di costringerlo, ma di formarlo e di perfezionarlo. Tutti i caratteri in sé sono buoni e sani, secondo il signor di Wolmar, il quale dice che non esiste errore nel-

585

la natura[a]. Tutti i vizi che si imputano al temperamento, sono effetto delle forme sbagliate da lui ricevute.' Non c'è scellerato le cui inclinazioni, meglio dirette, non avessero potuto produrre grandi virtù. Non c'è spirito storto dal quale non si fossero potuti cavare utili talenti pigliandolo sotto un certo angolo, come quelle figure deformi e mostruose che risultano belle e ben proporzionate guardandole dal loro giusto punto di vista. Tutto concorre al bene comune nel sistema universale. Ogni uomo ha il suo posto preciso nell'ordine delle cose, si tratta di trovare quel posto e di non pervertire quell'ordine. Cosa risulta da un'educazione iniziata già dalla culla, sempre con la stessa formula, senza riguardo alla prodigiosa varietà degli spiriti? Che ai più si danno istruzioni nocive o fuori posto, che li si priva di quelle che farebbero per loro, che si costringe la natura in tutti i modi, che si cancellano le grandi qualità dell'anima per sostituirle con misere e apparenti qualità, senza nessuna realtà; che esercitando indiscriminatamente alle stesse cose tanti talenti diversi, li si cancella a vicenda, tutti si confondono; che dopo tante cure perdute a rovinare nei bambini i veri doni della natura, ben presto si vede spegnersi l'effimero e frivolo splendore che s'è preferito a quelli, senza che il naturale soffocato possa mai tornare; che finalmente, come compenso di tante fatiche fuori posto, tutti codesti piccoli prodigi diventano spiriti senza forza e uomini senza qualità, notevoli soltanto per la debolezza e l'inutilità."

"Capisco queste massime" dissi a Giulia; "ma stento ad accordarle con le vostre idee circa lo scarso vantaggio che c'è a sviluppare il genio e i talenti naturali di ogni individuo, sia per la sua felicità sia per il vero bene della società. Non sarebbe forse infinitamente meglio formare il modello perfetto dell'uomo ragionevole e del galantuomo, per poi avvicinare ogni fanciullo a codesto modello, con la forza dell'educazione, eccitando questo, trattenendo quello, reprimendo le passioni, perfezionando la ragione, correggendo la natura..." "Correggere la natura!" disse Wolmar interrompendomi; "è una bella

---

[a] Questa dottrina così vera mi meraviglia nel signor di Wolmar; presto si vedrà perché. (N.d.A.)

parola, ma prima di adoperarla bisognava rispondere a ciò che Giulia vi ha detto."

Una risposta assai perentoria, a mio giudizio, era di negare il principio; e così feci. "Voi supponete sempre che codesta diversità di spirito e di genio che distingue gli individui sia opera della natura; il che è tutt'altro che evidente. Perché insomma, se gli spiriti sono diversi, sono disuguali; e la natura li ha fatti disuguali dotando gli uni piuttosto che gli altri d'un po' più di finezza di sensi, di estensione di memoria, o di capacità d'attenzione. Ora, quanto a sensi e memoria, l'esperienza dimostra che i vari gradi di estensione e di perfezione non sono affatto la misura dell'intelligenza degli uomini; e quanto alla capacità di attenzione, essa dipende esclusivamente dalla forza delle passioni che ci animano, ed è pure dimostrato che tutti gli uomini sono per natura suscettibili di passioni abbastanza forti per dotarli di quel grado di attenzione dal quale dipende la superiorità dello spirito.

"Che se la diversità degli spiriti, invece di derivare dalla natura, fosse un effetto dell'educazione, cioè delle varie idee e dei vari sentimenti eccitati in noi fin da bambini dagli oggetti che ci colpiscono, dalle circostanze nelle quali ci troviamo e da tutte le impressioni che riceviamo: non solo non bisognerebbe aspettare, per educare i fanciulli, di conoscere il loro carattere, ma invece bisognerebbe affrettarsi a determinare in modo opportuno codesto carattere con un'educazione appropriata a quello che si vuol dar loro."

A ciò mi rispose dicendo che non è sua abitudine negare ciò che vede, se non riesce a spiegarlo. "Guardate" mi disse "quei due cani giù nel cortile. Sono della stessa covata; sono stati nutriti e trattati allo stesso modo; non si sono mai separati: e tuttavia uno è vivace, allegro, affettuoso, intelligente; l'altro goffo, pesante, ringhioso, e non s'è mai riusciti a insegnarli qualche cosa. La sola diversità dei temperamenti ha prodotto in loro quella dei caratteri, così come la sola diversità dell'organizzazione interna produce in noi quella degli spiriti; tutto il resto è stato eguale..." "Eguale?" interruppi io; "quale diversità! Quanti piccoli oggetti hanno agito su questo e non su quello! quante minime circostanze li hanno colpiti in modo diverso, senza che voi ve ne siate accorto!" "Bravo" replicò lui; "ragionate come gli astrologhi. Quando si faceva notar loro che due uomini nati sotto l'identica combinazione astrale avevano fortune assai diverse, respingevano sdegnosamente quella identità. Sostenevano che, considerata la rapidità dei cieli, c'era una distanza immensa dal tema di uno di quegli uomini a quello dell'altro; e che se si fosse potuto determinare i due istanti esatti della loro nascita, l'obiezione si sarebbe trasformata in prova.

"Ma lasciamo queste sottigliezze, per favore, e stiamo all'osservazione. La quale ci insegna che ci sono caratteri che si dichiarano quasi nascendo, e bambini che è possibile studiare sul petto della balia. Questi formano una classe a sé, e si educano subito cominciando a vivere. Quanto agli altri, che si sviluppano meno rapidamente, voler formare il loro spirito prima di conoscerlo, sarebbe rischiare di sciupare il bene che la natura ha fatto e di sostituirlo con altrettanto male. Il vostro maestro Platone non sosteneva forse che tutta l'umana sapienza e tutta la filosofia non potrebbero ricavare da un'anima umana se non ciò che la natura vi ha messo, così come tutte le operazioni chimiche non hanno mai ricavato da nessuna mistura se non l'oro che già ci stava? Il che non è vero né dei nostri sentimenti né delle nostre idee; ma è vero delle nostre disposizioni ad acquistarli. Per mutare uno spirito bisognerebbe cambiare l'organizzazione interna; per mutare un carattere bisognerebbe cambiare il temperamento dal quale dipende. Avete mai sentito dire che un collerico sia diventato flemmatico, e che uno spirito metodico e freddo sia diventato immaginoso? Quanto a me, mi parrebbe che sia egualmente facile fare un biondo d'un bruno, e d'uno sciocco un uomo intelligente. Quindi si pretenderebbe invano di rifondere i vari spiriti su un modello comune. Si possono costringere, ma non mutare; si può impedire agli uomini di mostrarsi come sono, ma non farli diventare altri; e se nel corso solito della vita sanno dissimulare, li vedrete in tutte le occasioni importanti riprendere il loro carattere originale, e abbandonarsi a quello tanto più sregolatamente in quanto non conoscon più regola abbandonandovisi. Torno a dire che non si tratta di cambiare il carattere e di piegare il naturale, bensì di spingerlo fin dove è possibile che giunga, di coltivarlo e di impedire che degeneri; perché in questo modo un uomo diventa ciò che è possibile che sia, e l'opera della natura è compiuta in lui dall'educazione. Ora, prima di coltivare il carattere bisogna studiarlo, aspettare tranquillamente che si sveli, fornirgli le occasioni di svelarsi, e sempre astenersi dal fare piuttosto che rischiar di far male. A questo genio bisogna fornire ali, a quest'altro pastoie; uno vuol essere spinto, l'altro trattenuto; uno vuol essere lusingato, l'altro intimidito; ora bisogna illuminare, ora spegnere. C'è chi è fatto per portare all'estremo le conoscenze umane; a un altro riesce nocivo persino saper leggere. Aspettiamo la prima scintilla della ragione; a quella tocca rivelare il carattere e dargli la sua vera forma; grazie a lei lo si coltiva, e prima della ragione non esiste vera educazione per l'uomo[1].

"Quanto alle massime di Giulia che dite opposte tra loro, non capisco che cosa ci vedete di contraddittorio; a me sembrano perfettamente coerenti. Ogni uomo nascendo trova un suo carattere, un genio, e i talenti che gli sono relativi. Quelli che sono destinati a vivere nella semplicità rustica non hanno bisogno per esser felici di sviluppare le loro facoltà, e i loro talenti nascosti sono come le miniere d'oro del Vallese, che il pubblico bene non concede che siano sfruttate. Ma nella condizione civile in cui si ha meno bisogno delle braccia che della testa, e nella quale ognuno deve dar conto a sé e agli altri dei propri talenti, è necessario che si impari a cavare dagli uomini tutto quanto la natura ha dato loro, a orientarli nella direzione in cui possono far più strada, e soprattutto ad alimentare le loro inclinazioni con tutto quanto può renderle utili. Nel primo caso non si ha riguardo che alla specie, ognuno fa ciò che fanno tutti gli altri, l'esempio è l'unica regola, l'abitudine il solo talento, e ognuno non esercita della propria anima che la parte comune a tutti. Nel secondo, ci si applica all'individuo, all'uomo in generale: si aggiunge in lui tutto quanto può avere in più di un altro; lo si segue fin dove la natura lo porta, e si farà di lui il più grande degli uomini se ha tutto quanto occorre per diventarlo.[2] Queste massime si contraddicono così poco che si possono applicare già nella prima età. Non istruite il figlio del contadino, perché non è opportuno che sia istruito; non istruite il figlio del cittadinó, perché ancora non sapete che istruzione gli convenga. In ogni modo lasciate che il corpo si formi, fino a quando cominci a spuntare la ragione: quello è il momento di coltivarla."

"Tutto ciò andrebbe benissimo," risposi "se non ci scorgessi un inconveniente che nuoce molto ai vantaggi che vi aspettate da codesto metodo: e cioè, di lasciar prendere ai fanciulli mille cattive abitudini, alle quali non è possibile ovviare che con le buone. Vedete un poco quelli che sono abbandonati a se stessi; ben presto contraggono tutti i difetti di cui hanno esempio, perché è un esempio facile da seguire; ma non imitano mai il bene, che è più difficile da praticare. Abituati a ottenere tutto, a sempre fare la capricciosa loro volontà, diventano riottosi, caparbi, indomabili..." "Ma" replicò il signor di Wolmar "mi pare che abbiate notato l'opposto nei nostri bambini, il che ha dato l'avvio a questa discussione." "Lo ammetto," dissi "ed è appunto la cosa che mi stupisce. Che cosa ha fatto Giulia per renderli docili? Come ha fatto? Cos'ha messo al posto del giogo della disciplina?" "Un giogo assai più inflessibile," mi rispose subito, "il giogo della necessità; ma spiegandovi partitamente il suo modo di agire, vi farà capire meglio il suo intento." E la pregò di spiegarmi il suo metodo; dopo una breve pausa ecco press'a poco che cosa Giulia mi disse:

"Fortunati coloro che son nati bene, mio caro amico! Non faccio sulle nostre cure tutto l'affidamento che fa il signor di Wolmar. Nonostante le sue massime, non credo che si possa mai trarre un buon partito da un cattivo carattere; né che ogni naturale possa essere piegato al bene. Tuttavia, persuasa della bontà del suo metodo, cerco di conformarvi in tutto la mia condotta nel governo della famiglia. La mia prima speranza è che dal mio seno non siano usciti dei malvagi; la seconda, di poter allevare abbastanza bene i figli che Dio m'ha dati, sotto la direzione del loro padre, perché un giorno abbiano la fortuna di somigliargli. Perciò ho cercato di far mie le regole da lui prescrittemi, dando loro un principio meno filosofico e più adatto all'amore materno: cioè di veder felici i miei figli.[1] Fu questo il primo voto del mio cuore, portando il dolce nome di madre, e tutte le mie cure sono rivolte ad adempierlo. La prima volta che tenni il mio figlio maggiore in braccio, pensai che l'infanzia è quasi la quarta parte delle vite più lunghe, che di rado si raggiungono le tre altre, e che è una ben crudele prudenza quella di far infelice questa prima porzione per garantire la felicità delle altre, che magari non verranno mai. Pensai che durante la debolezza della prima età, la natura assoggetta i bambini in tanti modi che sarebbe barbara cosa aggiungere a tanta soggezione anche l'impero dei nostri capricci, togliendo loro una così limitata libertà, della quale possono assai poco abusare. Decisi di risparmiare al mio qualsiasi costrizione, nel limite del possibile, di lasciargli l'uso delle sue piccole forze, e di non ostacolare in nessun modo i moti della natura. Così facendo ho già avuto due grandi vantaggi: quello di rimuovere dalla sua anima nascente la menzogna, la vanità, la collera, l'invidia, in una parola tutti i vizi che nascono dalla schiavitù e che si è costretti a fomentare nei bambini se si vuol ottenere da loro ciò che si vuole; e poi quello di lasciare che il suo corpo si fortifichi liberamente con l'esercizio continuo che l'istinto gli impone. Avvezzo come i contadini a star a testa scoperta al sole, al freddo, a correre, a sudare, si irrobustisce come loro esponendosi all'aria cruda e si fa più robusto vivendo più contento. Così si pensa all'età matura e agli accidenti dell'umanità. Come già vi ho detto, evito quella nefasta pusillanimità che a furia di delicatezze e di riguardi indebolisce un bambino, lo fa effeminato, lo tormenta con un'eterna soggezione, lo incatena con mille vane precauzioni, insomma lo espone per tutta la vita agli inevitabili pericoli dai quali lo vorrebbe preservare, e per evitare qualche raffreddore da ragazzo gli allestisce di lunga mano flussioni di petto, pleuriti, colpi di sole e la morte da grande.

"I bambini abbandonati a se stessi contraggono la maggior parte dei difetti di cui parlavate, perché non contenti di fare la propria volontà la impongono anche agli altri, grazie all'insensata indulgenza delle madri alle quali non si può compiacere che sottomettendosi a tutti i capricci del loro bambino. Caro amico, voglio credere che non avete trovato nei miei nessun tono che sappia di impero e di autorità, nemmeno con l'ultimo dei domestici, e che nemmeno non mi avete mai vista rallegrarmi segretamente delle finte compiacenze che si hanno per loro. Io credo di seguire una strada nuova e sicura per fare un bambino insieme libero, pacifico, affettuoso, docile, semplicemente convincendolo che non è che un bambino.

"Se consideriamo un bambino in sé, c'è forse al mondo essere più debole, più miserabile, più in balia di quanto lo circonda, e che abbia tanto bisogno di pietà, di amore e di protezione? Non si direbbe che appunto per questo le prime voci suggeritegli dalla natura sono gridi e lamenti; che gli abbia dato un aspetto così dolce e commovente affinché tutti quanti si interessino alla sua debolezza e si affrettino a soccorrerlo? Che c'è di più offensivo, di più contrario all'ordine che vedere un bambino imperioso e caparbio, il quale comanda a tutti, e assume impudentemente un tono da padrone con coloro i quali lo lascerebbero perire, dovessero abbandonarlo; o di certi genitori accecati che approvano questa sua audacia e fanno sì che il bambino diventi il tiranno della balia, aspettando che diventi il loro?[1]

"Quanto a me, non ho trascurato niente per allontanare da mio figlio la pericolosa immagine dell'impero e della servitù, e per non dargli modo di pensare che fosse servito per dovere piuttosto che per pietà. Questo è forse il punto più difficile e importante di tutta l'educazione, e non si finirebbe più elencando tutte le precauzioni che dovetti prendere per prevenire in lui codesto istinto, così pronto a distinguere i servizi mercenari dei domestici dalla tenerezza delle cure materne.

"Uno dei principali mezzi da me adoperati è stato, come già vi dissi, di convincerlo fermamente che nella sua condizione gli è impossibile vivere senza la nostra assistenza. Dopo di che non durai fatica a dimostrargli che tutti i soccorsi che si è costretti ad accettare dagli altri sono atti di dipendenza, che i domestici hanno una autentica superiorità su di lui, in quanto non potrebbe fare a meno di loro; mentre invece lui non è affatto utile a loro; così che, invece di insuperbirsi dei loro servizi, li riceve con una specie di umiliazione, come una testimonianza della sua debolezza, e ardentemente sospira il tempo in cui sarà abbastanza grande e robusto da aver l'onore di servirsi da sé."

"Sono idee" dissi io "difficili da istillare in una casa dove padre e madre si facessero servire come i bambini; ma in questa, dove ognuno, cominciando da voi, ha le sue funzioni da riempire, e dove il rapporto tra servi e padroni non è che un continuo scambio di servizi e di premure, non credo che sia impossibile. Tuttavia non riesco a concepire come dei bambini avvezzi a veder prevenuti i loro bisogni non estendano codesto diritto anche ai loro capricci, e come non abbiano da soffrire qualche volta del malumore di un domestico, che considera capriccio un loro autentico bisogno."

"Caro amico," riprese la signora di Wolmar "una madre poco illuminata si spaventa di tutto. I veri bisogni sono assai limitati, nei bambini come negli uomini, e bisogna badare piuttosto alla durata del benessere che al benessere di un momento. Credete che un bambino sano possa davvero patire del malumore della governante, sotto gli occhi della madre? Voi pensate a inconvenienti che nascono da vizi ormai contratti, senza riflettere che ogni mia premura è stata intesa a non permettere che nascano quei vizi. Naturalmente le donne amano i bambini. I malintesi non cominciano che quando l'uno vuol sottomettere l'altro ai suoi capricci. Cosa che qui non può capitare, né al bambino dal quale non si esige nulla, né alla governante alla quale il bambino non deve comandare. In questo mi sono comportata esattamente all'opposto delle altre madri, che fingono di volere che il bambino ubbidisca al domestico, ma in realtà vogliono che il domestico ubbidisca al bambino. Qui nessuno comanda né ubbidisce. Ma il bambino non ottiene da quelli che lo avvicinano se non la cortesia che lui ha per loro. In questo modo, sentendo che non ha nessuna autorità se non quella della benevolenza, diventa docile e compiacente; cercando di affezionarsi i cuori altrui, il suo si affeziona a loro; perché si ama facendosi amare: è l'infallibile effetto dell'amor proprio, e da codesto reciproco affetto, nato dall'eguaglianza, derivano spontaneamente tutte quelle buone qualità che continuamente si predicano a tutti i bambini, senza mai riuscire a ottenerne una.

"M'è sembrato che la parte più essenziale dell'educazione d'un bambino, quella di cui non si parla mai nelle educazioni più accurate, è di fargli sentire la sua miseria, la sua debolezza, la sua dipendenza e, come ha detto mio marito, il pesante giogo della necessità che la natura impone all'uomo; e ciò non soltanto perché sia sensibile a quanto si fa per alleggerirgli quel giogo, ma soprattutto perché conosca presto in che rango l'ha collocato la provvidenza, perché non si innalzi al di sopra di sé e perché nessuna cosa umana gli sembri estranea.

"Indotti appena nati a credere, grazie alla mollezza che li circonda, alle premure che tutti hanno per loro, alla facilità con la quale ottengono quanto desiderano, che tutti debbano piegarsi ai loro capricci, i giovani entrano nel mondo con codesto impertinente pregiudizio, e spesso non se ne correggono che a forza di umiliazioni, di affronti e di dispiaceri; io vorrei risparmiare a mio figlio questa seconda e mortificante educazione, istillandogli con la prima una più giusta opinione delle cose. Dapprima avevo deciso di accordargli tutto quanto avesse chiesto, persuasa che i primi moti della natura sono sempre buoni e salutari. Ma non tardai ad avvedermi che, facendosi un diritto dell'essere ubbiditi, i fanciulli uscivano dallo stato di natura quasi appena nati, ie contraevano i nostri vizi dal nostro esempio e i loro della nostra indiscrezione. Vidi che se avessi voluto soddisfare tutti i loro capricci, li avrei moltiplicati con la mia accondiscendenza, che ci sarebbe sempre stato un punto dove fermarsi, e dove il rifiuto gli sarebbe riuscito tanto più sensibile in quanto non ci sarebbero stati abituati. Quindi, non potendogli risparmiare qualche dolore, aspettando l'età della ragione, ho preferito il più piccolo e meno durevole. Perché un rifiuto gli riuscisse meno crudele, lo avvezzai subito al rifiuto; e per risparmiargli dispiaceri, lamentele, ribellioni, ho voluto che ogni rifiuto fosse irrevocabile. È vero che me ne astengo quanto posso, e che ci penso due volte prima di farlo. Tutto quanto gli si accorda è accordato senza condizioni, subito appena domandato, e con molta indulgenza; ma non ottiene mai niente con l'insistenza; pianti e lusinghe sono egualmente vani. Ne è così ben convinto che non vi ricorre più; si rassegna alla prima parola, e non si affligge di più vedendo chiudersi un cartoccio di dolci che gli fanno gola, che vedendo volar via un uccellino che vorrebbe pigliare; perché sente che è ugualmente impossibile aver questo e quello. In tutto quanto gli si toglie vede soltanto una cosa che non ha potuto tenere, e in ciò che gli si nega una cosa che non ha potuto ottenere; e non soltanto non picchia la tavola alla quale s'è urtato, ma non picchia nemmeno chi gli resiste. In tutto quanto lo affligge sente l'impero della necessità, l'effetto della propria debolezza, mai l'effetto del malvolere altrui... Un momento!" esclamò vivacemente, vedendo che stavo per replicare; "prevedo la vostra obiezione; rispondo subito.

"Ciò che favorisce i piagnistei dei bambini, è l'attenzione che ci si fa, sia per soddisfarli che per contrariarli. Per piagnucolare tutto un santo giorno a volte non occorre altro che s'accorgano che non si vuole che piangano. Siano le lusinghe che le minacce, i mezzi che si usano per farli tacere sono quasi sempre inefficaci. Fin che ci si occupa dei loro pianti, per loro è un motivo per continuarli; ma se ne correggono subito se vedono che non ci si bada; perché, grandi o piccoli, a nessuno piace far fatica inutilmente. Ecco appunto quanto è capitato al mio maggiore. Dapprima era uno strillone che stordiva tutti, ora siete testimone voi che non lo si sente affatto, come se non ci fossero bambini in casa. Piange quando soffre; quella è la voce della natura, che non bisogna mai soffocare; ma tace non appena non soffre più. Perciò sto attentissima al suo pianto, certa che non lo fa mai inutilmente. Così sono certa di sapere quando soffre e quando non soffre, quando sta bene e quando è malato; vantaggio che non si ha con quelli che piangono per capriccio, e soltanto pel gusto di farsi vezzeggiare. Per altro confesso che è cosa non facile da ottenere dalle balie e dalle governanti: perché non c'è cosa più fastidiosa che sentire un bambino che si lagna; e queste buone donne non vedon mai altro che il momento attuale: perciò non pensano che facendo tacere il bambino oggi, domani piangerà anche più. Il peggio è che quest'abitudine ha i suoi effetti nell'età matura. La stessa ragione che lo fa piagnucolare a tre anni lo fa caparbio a dodici, litigioso a venti, imperioso a trenta e intollerabile tutta la vita.

"Ed eccomi a voi" mi disse sorridendo. "In tutto ciò che si accorda ai bambini essi vedono il desiderio di compiacerli; in tutto ciò che si esige o si rifiuta loro, devono supporre motivi pur senza domandarli. È un altro vantaggio che si ha trattandoli con l'autorità piuttosto che con la persuasione in certe occasioni necessarie; perché, così come non è possibile che non scorgano a volte la ragione che ci induce a trattarli in tal modo, è naturale che la suppongano anche quando non riescono a vederla. Invece, una volta che si 'è sottoposto qualche cosa al loro giudizio, pretendono di giudicare tutto, diventano sofisti, sottili, di mala fede, cavillosi, e cercan sempre di far tacere quelli che han la debolezza di cedere ai loro piccoli lumi. Quando si è costretti a dar loro conto di cose che non sono in grado di capire, attribuiscono al capriccio la più prudente condotta, non appena è superiore al loro intendimento. Insomma l'unico modo di renderli docili alla ragione è di non ragionare con loro, ma di persuaderli che la ragione non è della loro età: perché allora la suppongono dalla parte dove deve stare, a meno che non si dia loro un giusto motivo di pensare altrimenti. Sanno bene che non li vogliamo tormentare, se sono sicuri che gli vogliamo bene, e i bambini si sbaglian di rado in questo. Quindi, quando rifiuto qualche cosa ai miei, non sto a ragionare con loro, non dico perché non voglio, ma faccio in modo che lo vedano, per quanto è possibile, e magari a cose fatte. Così si avvezzano a capire che non rifiuto mai senza avere una buona ragione, anche se non sempre la vedono.

"Fondata su questo stesso principio, non tollererò mai che i miei bambini si immischino nella conversazione degli adulti, e si immaginino stupidamente di farci la loro parte come gli altri, perché si tollera il loro indiscreto cicaleccio. Voglio che rispondano modestamente e con poche parole quando sono interrogati, senza mai parlare di loro iniziativa; soprattutto, senza che si faccian lecito di interrogare inopportunamente le persone più vecchie di loro, alle quali devono rispetto."

"In verità, Giulia," le dissi interrompendola "questo mi pare un gran rigore, per una madre così tenera! Pitagora non era più severo con i suoi discepoli di come voi lo siete con i vostri. Non soltanto non li trattate da uomini, ma si direbbe che temete di vederli cessar troppo presto di essere bambini. Qual modo più piacevole e sicuro di istruirsi che quello di interrogare sulle cose che non sanno le persone più illuminate di loro? Cosa penserebbero di queste vostre idee le dame di Parigi, alle quali sembra che i loro bambini non chiacchierano mai abbastanza né troppo presto, e che si fanno un'idea del giudizio che avranno da grandi dalle sciocchezze che snocciolano da piccoli? Wolmar dirà che questo può andare bene in un paese dove il merito maggiore è di saper chiacchierar bene, e dove si è dispensati dal pensare a patto che si parli. Ma voi, che volete preparare ai vostri figli una vita così dolce, come potete metter d'accordo tanta felicità con tanta soggezione; e cosa diventa in mezzo a tutte queste costrizioni la libertà che pretendete lasciar loro?"

"E che," replicò lei immediatamente "forse che è limitare la loro libertà fare in modo che non attentino alla nostra, e non potrebbero esser felici senza che tutta una compagnia ammiri in silenzio le loro puerilità? Non lasciamo nascere la vanità, o per lo meno ostacoliamone i progressi; questo è lavorare veramente per la loro felicità. Perché la vanità umana è la sorgente dei suoi massimi dolori, e non c'è nessuno di così perfetto e acclamato al quale essa non procuri più dispiaceri che piaceri[a].

"Cosa deve pensare di sé un bambino che si vede attorniato da un cerchio di persone sensate che lo ascoltano, lo stuzzicano, lo ammirano, aspettano con vile ansia gli oracoli che gli escon di bocca, e danno in esclamazioni di gioia a tutte le impertinenze che dice? Già la testa d'un uomo farebbe non poca fatica a resistere a tutti codesti falsi applausi; figuriamoci la sua! Le chiacchiere dei bambini sono come le predizioni degli almanacchi: sarebbe un miracolo se fra tante vane parole il caso non offrisse qualche felice combinazione. Figuratevi l'effetto che tutti gli strilli dell'adulazione fanno su una povera madre già troppo ingannata dal suo cuore, e su un bambino che non sa cosa dice e si vede esaltato! Non crediate che per discernere l'errore io ne vada esente. No, vedo l'errore e ci casco. Ma se ammiro le risposte di mio figlio, per lo meno le ammiro in segreto; non impara, vedendo i miei applausi, a diventar chiacchierone e vanesio, e gli adulatori non

[a] Se mai la vanità ha fatto felice qualcuno al mondo, sicuramente quel felice non era che uno sciocco. (N.d.A.)

597

hanno il piacere di ridere della mia debolezza invitandomi a ripeterle.

"Un giorno che c'era gente ero uscita per impartire alcuni ordini; tornando vidi quattro o cinque sciocconi che si divertivano con mio figlio, e mi volevan ripetere enfaticamente non so quante piacevolezze che ne avevano udite e di cui erano assai ammirati. 'Signori,' dissi loro piuttosto freddamente 'non dubito che sappiate far dire cose assai belle alle marionette; ma spero che un giorno i miei figli saranno uomini, che agiranno e parleranno da sé, e allora sentirò sempre con gran gioia ciò che avranno detto e fatto di bene.' Da quando quella gente si è accorta che quel modo di lusingarmi non attecchiva, giuocano con i miei bambini come con dei bambini, non come con dei burattini; e questi non hanno più lodatori e son diventati assai migliori da quando non sono più ammirati.

"Quanto alle domande, non gliele proibiamo loro indiscriminatamente. Sono io la prima a dir loro di domandare con garbo e in privato al loro padre o a me tutto quanto vogliono sapere. Ma non tollero che interrompano una conversazione seria per interessare tutti alla prima impertinenza che gli salta in testa. L'arte di interrogare non è facile come si pensa. È un'arte più da maestri che da discepoli; bisogna già aver imparato parecchie cose per saper domandare ciò che non si sa. Il saggio sa e si informa, dice un proverbio indiano; ma l'ignorante non sa nemmeno di cosa informarsi[a]. Senza questa scienza preliminare i fanciulli in libertà non fanno quasi mai che domande insulse che non servono a niente, o profonde e scabrose, la cui soluzione va oltre il loro comprendonio; e poiché non occorre che sappiano tutto, non devono avere il diritto di domandare tutto. Ecco perché, generalmente parlando, si istruiscono meglio con le domande che si fanno a loro che con quelle che fanno loro stessi.

"Sia pur utile quanto si voglia questo metodo, la prima e più importante scienza per loro non è forse quella di essere discreti e modesti, e ce n'è forse qualche

[a] Questo proverbio è tolto da Chardin, tomo 5, p. 170, in 12°. (N.d.A.)

598

altra che debbano imparare a scapito di questa? Cosa mai può produrre nei fanciulli codesta emancipazione della parola prima di averne l'età, e codesto diritto di sottoporre sfrontatamente agli uomini le loro domande? Dei piccoli curiosi chiacchieroni che domandano meno per istruirsi che per dar noia, per far sì che tutti si occupino di loro, e che pigliano gusto alla loro chiacchiera vedendo l'impaccio in cui le loro domande a volte metton la gente, così che ognuno è inquieto non appena essi apron bocca. Non è un mezzo per istruirli ma piuttosto di renderli storditi e vani; inconveniente assai maggiore, a mio giudizio, dell'utile che ne possono ricavare; perché l'ignoranza diminuisce per gradi, mentre la vanità non fa che aumentare.

"Il peggio che possa capitare a questo riserbo troppo prolungato sarebbe che mio figlio, toccata l'età della ragione, avesse la conversazione meno spigliata, la parola meno vivace e abbondante; ma considerando che quest'abitudine di trascorrer la vita a snocciolare inezie immiserisce lo spirito, sarei propensa a giudicare codesta felice sterilità come un bene piuttosto che come un male. Le persone oziose, sempre annoiate, cercano di dar gran valore all'arte di divertirsi, e si direbbe che l'uso del mondo consista soprattutto a non dire che vane parole, come a non fare che regali inutili; ma l'umana società ha uno scopo più nobile e i veri piaceri sono più solidi. L'organo della verità, il più degno organo dell'uomo, l'unico il cui uso lo distingua dagli animali, non gli è stato dato perché non ne ricavi un utile maggiore dei loro strilli. L'uomo si degrada quando parla per non dir nulla, bisogna che l'uomo sia uomo anche nei suoi svaghi. Se è cortesia stordir tutti con un vano cicaleccio, mi par di vederne una assai più vera nel lasciare che gli altri parlino, a far più caso a quanto dicono che a quanto potremmo dire noi, dimostrando che si stimano troppo per credere di divertirli con scempiaggini. Il vero uso del mondo, che ci fa più ricercati e amati, non è tanto quello di brillare che quello di far brillare gli altri, e a forza di modestia dar libero sfogo al loro orgoglio. Non dobbiamo temere che un uomo intelligente che si astiene dal parlare soltanto per ritegno e discrezione sia mai considerato uno sciocco. In nessun paese sarà mai possibile che un uomo sia giudicato su quanto non ha detto, e sia sprezzato perché ha taciuto. In generale si osserva invece che le persone silenziose incutono soggezione, che davanti a loro si bada a quanto si dice, e che sono attentamente ascoltate quando parlano; così che, avendo la scelta delle occasioni e sicuri che nessuna loro parola va perduta, hanno tutti i vantaggi dalla loro parte. È talmente difficile anche all'uomo più savio di mantenere tutta la opportuna presenza di spirito in un lungo flusso di parole, è talmente raro che non gli sfugga qualche parola di cui avrà tempo di pentirsi, che preferisce trattenere il buono piuttosto che rischiare il cattivo. Insomma, se tace non per mancanza di senno, se non parla, per discreto che sia, la colpa sarà piuttosto di coloro che sono in sua compagnia.

"Ma c'è un bel tratto dai sei ai venti anni; mio figlio non sarà sempre fanciullo, e a mano a mano che la sua ragione spunterà, mio marito è del parere di lasciargliela esercitare. Quanto a me, la mia missione non giunge fino là. Io allevo i figli e non ho la presunzione di formare degli uomini. Spero" disse guardando il marito "che mani più degne si incaricheranno di così nobile compito. Sono donna e madre, so stare al mio posto. Torno a dire che la funzione di cui sono incaricata non è di educare i miei figli, ma di prepararli a essere educati [1].

"Così facendo non faccio altro che uniformarmi esattamente al sistema del signor di Wolmar, e sempre più mi avvedo che è ottimo e giusto, e che insomma si accorda con il mio. Considerate i miei figli, soprattutto il maggiore; ne vedete di più felici sulla terra, di più lieti, di meno importuni? Li vedete saltare, ridere, correre tutto il santo giorno senza mai infastidire nessuno. Di che piaceri e di che indipendenza della loro età non possono godere, o abusano? Sono spontanei e liberi davanti a me come in mia assenza. Anzi, sotto gli occhi della loro mamma hanno sempre una maggior fiducia, e benché tutta la severità che li governa sia opera mia, trovan sempre che la meno severa sono io; perché non potrei rassegnarmi a non essere la persona che hanno più cara al mondo.

"Le uniche leggi che gli sono imposte sono quelle stesse della libertà, e cioè di non infastidire gli altri, come gli altri non infastidiscono loro, di non strillare troppo forte, e siccome non li obblighiamo a occuparsi di noi, non voglio nemmeno che loro pretendano che noi ci occupiamo di loro. Se vengon meno a così giuste leggi, il loro solo castigo è di esser mandati via subito, e la mia arte per far sì che sia davvero un castigo ·è che in nessun posto stiano bene come con noi. Salvo questo non sono costretti a niente; non sono mai obbligati a imparare qualche cosa; non sono mai annoiati con vane correzioni; non sono mai sgridati; le uniche lezioni che ricevono sono lezioni pratiche, prese nella semplicità della natura. Tutti, opportunamente avvertiti, si conformano alle mie intenzioni con un'intelligenza e una premura ammirevoli, e se c'è da temere qualche errore vedo di prevenirlo o almeno di rimediarvi facilmente.

"Ieri per esempio il maggiore aveva tolto un tamburo al minore, facendolo piangere. Fanchon non disse niente, ma un'ora dopo, proprio quando il conquistatore del tamburo ne era occupatissimo, glielo prese; lui le andò dietro piangendo perché glielo ridesse. Lei gli disse: 'L'avete preso a forza a vostro fratello, io lo prendo allo stesso modo; cosa c'è da dire? Non sono forse io la più forte?' Poi si mise a battere il tamburo, come se ci pigliasse gran piacere. Fin qui tutto benissimo. Ma un po' dopo volle ridare il tamburo al minore; allora la fermai: perché non era più la lezione della natura, e di lì poteva nascere un primo germe d'invidia tra i due fratelli. Perdendo il tamburo il minore subì la dura legge della necessità, il maggiore sentì la propria ingiustizia, tutti e due conobbero la loro debolezza e un momento dopo furono consolati."

Un sistema così nuovo e contrario alle idee correnti sulle prime m'aveva un po' spaventato. A forza di spiegarmelo riuscirono però a farmelo ammirare, e sentii che per dirigere l'uomo il cammino della natura è sempre il migliore. L'unico inconveniente che ci vedevo, e mi pareva inconveniente assai grande, era che si trascurava nei fanciulli l'unica facoltà che abbiano in tutto il suo vigore, e che crescendo l'età va sempre più indebolendosi. Mi pareva che, secondo il loro proprio sistema, con più le operazioni dell'intelletto erano deboli, insufficienti, con più si doveva esercitare e fortificare la memoria, così atta, allora, a sostenere il lavoro. "È la memoria" dicevo "che deve supplire alla ragione assen-

te, e arricchirla una volta nata. Uno spirito senza esercizio diventa greve e sordo nell'inazione. La semente
non attecchisce in un campo mal preparato, e mi sembra una strana preparazione, per imparare a diventar
ragionevole, il cominciare con essere stupidi." "Ma come, stupidi!" esclamò subito la signora di Wolmar. "Volete confondere due qualità così diverse e quasi contrarie come la memoria e il giudizio*? Come se la quantità
di cose mal digerite e sconnesse con le quali si riempie
una testa debole non fosse più di danno che di
utile alla ragione! Ammetto che di tutte le facoltà del-
l'uomo la prima a svilupparsi e la più facile da sviluppare nei fanciulli è la memoria; ma a vostro giudizio,
cosa si deve preferire, ciò che riesce loro più facile, oppure ciò che importa maggiormente che sappiano?

"Considerate l'uso che in loro si fa della memoria, la
violenza che bisogna usare e la continua costrizione alla quale si devono sottomettere perché faccian sfoggio
della loro memoria; e confrontate l'utile che se ne ricava con il male che devono patire. E che! costringere
un fanciullo a studiare le lingue che non parlerà mai,
prima ancora che abbia imparata la sua; fargli continuamente ripetere e costruire dei versi che non capisce,
e dei quali l'armonia per lui sta sulla punta delle dita;
imbrogliargli la mente con circoli e sfere di cui non ha
la minima idea; opprimerlo con mille nomi di città e
di fiumi che continuamente confonde e che deve riim-
parare ogni giorno: questo sarebbe coltivare la sua memoria in pro del suo giudizio, e tutte queste frivolezze
valgon forse una sola delle lagrime che gli costano?

"Se tutto questo non fosse che inutile me ne lagnerei meno; ma vi par poco insegnare a un fanciullo a
contentarsi delle parole, e a creder di sapere ciò che
non può capire? come volete che questa congerie non
nuoccia alle prime idee con le quali si deve arredare
una testa umana; e non sarebbe forse meglio non aver
memoria, che riempirla di tutto questo guazzabuglio a
spese delle cognizioni necessarie di cui tiene il posto?

"No, se la natura ha dato al cervello infantile questa

---

* Non mi pare giusto. Non c'è niente che sia necessario al
giudizio quanto la memoria; è vero che non si tratta della
memoria delle parole. (N.d.A.)

pieghevolezza che lo fa capace di accogliere mille impressioni, non è perché ci si stampino nomi di re, date, termini araldici, geometrici e geografici, tutte parole senza senso per la loro età e senza nessun giovamento per qualsiasi età, con le quali si mortifica la loro triste e sterile infanzia; ma è perché ci si iscrivano presto e in caratteri indelebili tutte le idee relative alla condizione umana, tutte quelle che si riferiscono alla sua felicità e lo illuminano sui suoi doveri, che gli siano di guida nella sua vita, in modo conveniente al suo essere e alle sue facoltà.

"Senza studiare nei libri, la memoria d'un fanciullo non resta perciò oziosa: tutto quanto vede, tutto quanto sente lo impressiona, e se ne ricorda; annota dentro di sé le azioni e i discorsi degli uomini, tutto ciò che lo circonda è il libro sul quale senza rendersene conto arricchisce continuamente la sua memoria, aspettando che il suo giudizio ne possa cavar profitto. Nella scelta di quegli oggetti, nella cura di presentargli continuamente quelli che deve conoscere e di nascondergli quelli che deve ignorare, ecco in che cosa consiste la vera arte di coltivare la prima delle sue facoltà, ed è in questo modo che bisogna cercare di formargli un corredo di cognizioni che giovi alla sua educazione da fanciullo e da guida in ogni tempo. È vero che questo metodo non forma dei piccoli prodigi, e non fa brillare né governanti né precettori; ma forma uomini di giudizio, robusti, sani di corpo e di spirito, i quali, senza essersi fatti ammirare da giovani, si fanno onorare da grandi.

"Non crediate, tuttavia," continuò Giulia "che qui si trascurino del tutto quelle cure di cui fate gran conto. Una madre un po' vigilante ha nelle mani le passioni dei suoi figli. Ci sono mezzi per eccitare e alimentare in loro il desiderio di imparare o di fare questa o quella cosa; e per quanto tali mezzi si possano conciliare con la massima libertà del bambino, e non generino in lui nessuna semenza viziosa, li adopero abbastanza volentieri, senza però ostinarmi quando l'esito non è positivo; perché avrà sempre tempo di imparare, ma non bisogna perdere un solo istante per formargli un buon naturale; e il signor di Wolmar ha un'idea così alta del primo sviluppo della ragione, che sostiene che, se anche suo figlio non sapesse niente a dodici anni, non sarebbe per quello meno istruito a quindici; lasciando che non c'è niente di meno necessario che di essere sapienti, e niente di più necessario che di essere saggi e buoni.

"Sapete che il nostro maggiore legge già abbastanza bene. Ecco in che modo gli è nata l'idea di imparare a leggere. Mi proponevo di recitargli ogni tanto qualche favola del La Fontaine per divertirlo, e avevo già cominciato, quando lui mi domandò se i corvi parlano. Immediatamente vidi la difficoltà di fargli sentire chiaramente la differenza che passa tra l'apologo e la bugia; me la cavai come potei e lasciai da parte il La Fontaine: convinta che le favole son fatte per gli uomini e che sempre bisogna dire la nuda verità ai bambini. Presi invece una raccolta di storielle interessanti e istruttive, cavate per lo più dalla Bibbia; ma vedendo che il fanciullo pigliava gusto alle mie storie, ebbi l'idea di rendergliele anche più utili cercando di immaginarne anch'io, e divertenti al massimo, adattandole sempre al bisogno del momento. Le scrivevo a mano a mano, in un bel libro illustrato che riponevo con cura, e ogni tanto gli leggevo qualche novella, di rado, e poco, ripetendo spesso le stesse e commentandole, prima di cominciarne altre. Un fanciullo ozioso è esposto alla noia; le novellette erano una bella risorsa; ma quando lo vedevo avidamente attento, mi ricordavo di qualche ordine da impartire e lo lasciavo sul più bello, col libro aperto davanti. Subito lui andava a pregare la governante o la Fanchon o qualcun altro che continuassero la lettura; ma non deve comandare a nessuno; tutti erano avvertiti, e non sempre lo accontentavano. Uno diceva di no, l'altro balbettava adagio e male, l'altro mi imitava lasciando il racconto a metà. Quando fu stizzito ben bene di tale dipendenza, qualcuno gli suggerì segretamente di imparare a leggere, per essere indipendente e sfogliare il libro a suo piacimento. L'idea gli piacque. Dovette trovare gente abbastanza compiacente per dargli lezioni; nuova difficoltà che fu spinta non troppo lontano. Nonostante tutte queste precauzioni, si stancò tre o quattro volte; lo si lasciò fare. Mi sono sforzata soltanto di rendere le storielle anche più divertenti; è tornato alla carica con tanto ardore che, sebbene non siano ancora sei mesi che ha cominciato davvero a imparare, fra poco sarà in grado di leggersi tutta la raccolta.

"Pressappoco così mi riprometto di eccitare il suo zelo e la sua buona volontà perché acquisti le cognizioni che esigono un'applicazione continuata e che si addicono alla sua età; ma anche se impara a leggere non caverà le sue cognizioni dai libri; perché non ci si trovano, e perché la lettura non conviene affatto ai fanciulli. Voglio pure abituarlo di buonora a nutrirsi di idee e non di parole; ecco perché non gli faccio mai imparare nulla a memoria."[1]

"Mai?" la interruppi. "Mi pare molto, perché bisogna bene che sappia il catechismo e le preghiere." "Vi sbagliate" mi replicò. "Quanto alle preghiere, ogni mattina e ogni sera recito la mia ad alta voce nella camera dei bambini, il che basta perché la imparino senza esserci costretti; quanto al catechismo, non sanno nemmeno cosa sia." "E che! Giulia, i vostri figli non imparano il catechismo?" "No, caro amico; i miei figli non imparano il catechismo." "Ma come!" dissi stupitissimo "una madre così devota!... Non vi capisco. Ma perché i vostri figli non imparano il catechismo?" "Affinché un giorno credano": disse lei "voglio farne dei cristiani." "Ah, capisco!" dissi io "non volete che la loro fede sia fatta di parole, né che si limitino a sapere il catechismo, ma che credano veramente; e siete persuasa giustamente che l'uomo non può credere ciò che non capisce." "Quanto siete difficile" mi disse il signor di Wolmar sorridendo; "siete cristiano, per caso?" "Mi sforzo di esserlo" gli risposi con fermezza. "Della religione credo tutto quello che ne posso capire, il resto lo rispetto senza rifiutarlo." Giulia mi approvò con un cenno, e riprendemmo l'argomento della discussione[2].

Dopo altri particolari che mi fecero capire quanto sia premuroso lo zelo materno, infaticabile e previdente, Giulia conchiuse osservando che il suo metodo si riferisce esattamente ai due scopi che s'è proposti: cioè di lasciare che il naturale dei ragazzi si sviluppi, e di studiarlo. "I miei figli non sono costretti in niente," disse "ma non abusano della loro libertà; il loro carattere non può né depravarsi né subire violenza; si lascia che il loro corpo si fortifichi in pace e che il loro giudizio spunti; la schiavitù non avvilisce la loro anima, gli sguardi altrui non fanno fermentare il loro amor proprio, non si credono né uomini potenti né animali incatenati, ma fanciulli felici e liberi. Per preservarsi dai vizi che non sono in loro, mi pare che abbiano un preservativo più forte assai dei discorsi che non capiscono, e che ben presto li annoierebbero. Hanno l'esempio dei buoni costumi di quanti li circondano; sono i discorsi che sentono, e che sono spontanei, non occorre comporli apposta per loro; è la pace e l'unione di cui sono testimoni; è l'armonia che vedono regnare continuamente nella condotta di tutti e nella condotta e nei discorsi di ognuno.

"Allevati nella primitiva semplicità, da dove gli potrebbero venire dei vizi di cui non hanno esempio, delle passioni che non hanno occasione di sentire, dei pregiudizi che nessuno gli ispira? Vedete che nessun errore li contamina, che nessuna mala inclinazione è in loro. La loro ignoranza non è testarda, i loro desideri non sono ostinati; le inclinazioni al male sono prevenute, la natura è giustificata, tutto mi dimostra che i difetti di cui l'accusiamo non sono opera sua ma nostra.

"Ecco in che modo, abbandonati all'inclinazione del loro cuore, senza che nulla li alteri e deformi, i nostri figli non ricevono una forma esterna e artificiale, ma mantengono esattamente quella del loro carattere originale; in questo modo il loro carattere si sviluppa ogni giorno liberamente sotto i nostri occhi, e noi possiamo studiare i moti della natura persino nei loro più segreti principi. Certi di non esser mai sgridati o puniti, non sanno né mentire né nascondersi, e in tutto quanto dicono, sia tra loro che a noi, mostrano liberamente tutto quanto gli sta in fondo all'anima. Liberi di chiacchierare tra loro tutto il giorno, non pensano nemmeno di sorvegliarsi un solo momento davanti a me. Non li riprendo mai, né li faccio tacere, né fingo di ascoltarli: dicessero pure le più riprovevoli cose del mondo, non darei segno di essermene accorta; ma in realtà li ascolto con la massima attenzione, senza che se ne avvedano; tengo nota esatta di quanto fanno e dicono; sono le naturali produzioni del terreno quelle che si devono coltivare. Una parola viziosa in bocca loro è un'erba cattiva di cui il vento ha portato la semente; se la taglio con una sgridata tornerà a germogliare; invece ne cerco segretamente la radice e la strappo con cura. Non sono altro" mi disse ridendo "che la serva del giardiniere; zappo il giardino, sradico la mala erba, ma tocca a lui coltivare quella buona.

"Ammettiamo pure che con tutte le possibili premure bisognava anche che fossi ben assecondata per poter sperare di riuscire, e che l'esito delle mie cure dipendeva da un concorso di circostanze che forse non s'è mai dato se non qui. Occorrevano i lumi d'un padre avvertito per poter discernere attraverso i pregiudizi correnti la vera arte di governare i bambini appena nati; occorreva tutta la sua pazienza per collaborare all'esecuzione, senza mai smentire le sue lezioni con la condotta; occorrevano dei bambini ben nati, nei quali fosse possibile amare la natura attraverso l'opera sua; occorreva avere intorno a sé soltanto domestici intelligenti e volonterosi, che non si stancassero di conformarsi alle intenzioni dei padroni; un solo servo brutale o adulatore sarebbe bastato per sciupare ogni cosa. In verità, se si pensa quante cause estranee possono nuocere ai più accurati disegni e mandare a male i progetti meglio concertati, bisogna ringraziare la sorte di quanto s'è fatto di bene nella vita e dire che la saggezza dipende molto dalla fortuna."

"Dite," esclamai "dite che la fortuna dipende anche più dalla saggezza! Non vedete che codesto concorso di cui vi rallegrate è opera vostra, e che tutto quanto vi si avvicina è costretto a somigliarvi? Madri di famiglia! Quando vi lagnate di non essere assecondate, quanto male conoscete il vostro potere! Siate ciò che dovete essere, e vincerete tutti gli ostacoli: costringerete tutti a compiere il proprio dovere se compite bene tutti i vostri. I vostri diritti non sono forse quelli della natura?' Nonostante le massime del vizio, saranno sempre cari al cuore umano. Ah! siate donne e madri, e il più dolce impero della terra sarà anche il più rispettato!"

Terminando questo colloquio Giulia fece notare che tutto aveva preso una piega più facile dopo l'arrivo di Enrichetta. "È certo" disse "che avrei bisogno di assai minori premure e accorgimenti, volessi stimolare l'emulazione tra i due fratelli; ma è un mezzo che mi sembra troppo pericoloso; preferisco darmi più da fare e non rischiare niente. Enrichetta vi supplisce; siccome

è di sesso diverso, e più grandina, le vogliono un gran
bene tutti e due, e poiché ha più giudizio dei suoi anni
è in certo modo la loro prima governante: con esito
tanto migliore in quanto le sue lezioni sono meno sospette.

"Quanto a lei, la sua educazione è compito mio; ma
i principi ne sono così diversi che meritano un discorso a parte.¹ Tuttavia posso dire subito che sarà difficile accrescere in lei i doni naturali, e che eguaglierà persino sua madre, se mai qualcuno al mondo la potrà
eguagliare."

Milord, vi aspettiamo di giorno in giorno, questa dovrebbe essere la mia ultima lettera. Ma capisco la ragione che vi trattiene con l'esercito, e ne fremo. Giulia
non è meno inquieta di me; vi prega di darci più spesso vostre notizie, e vi scongiura di riflettere, esponendo la vostra persona, che mettete a repentaglio la pace
dei vostri amici. Quanto a me, non vi dico altro. Fate
il vostro dovere; un timido consiglio non può né uscire
dal mio cuore né avvicinarsi al vostro. Caro Bomston,
lo so anche troppo: l'unica morte degna della tua vita
sarebbe quella di versare il sangue per la gloria del tuo
paese; ma non devi render conto dei tuoi giorni anche
a colui che non ha conservato i propri che per te?

LETTERA IV

DI MILORD EDOARDO

Dalle due vostre ultime lettere mi avvedo che me ne
manca una precedente a quelle, probabilmente la prima che m'avete scritta all'esercito, e nella quale stava
la spiegazione dei segreti affanni della signora di Wolmar. Non ho avuto quella lettera, e suppongo che sarà
stata nella valigia d'un corriere preso dal nemico. Caro amico, vi prego di ripetermi il suo contenuto; la mia
ragione non ci si ritrova, il mio cuore è inquieto; perché, una volta ancora, se la felicità e la pace non stanno

nell'anima di Giulia, dove sarà mai il loro asilo quaggiù?

Rassicuratela circa i pericoli ai quali mi crede esposto; abbiamo davanti un nemico troppo abile perché ci lasci correre qualche pericolo. Con un pugno di soldati paralizza tutte le nostre forze, e ci toglie ogni mezzo di aggredirlo. Tuttavia, siccome abbiamo fiducia, potremmo sopprimere ostacoli insuperabili per i migliori generali, e costringere finalmente i francesi a vincerci. Prevedo che pagheremo cari i nostri primi successi, e che la battaglia vinta a Dettingen[1] ce ne farà perdere una nelle Fiandre. Abbiamo davanti un gran capitano; non basta: gode della fiducia delle sue truppe, e il soldato francese che crede nel suo generale è invincibile. Invece è facile sbaragliarlo quando è comandato da cortigiani che disprezza; cosa che capita così spesso che basta aspettare gli intrighi di corte e l'occasione per vincere la più valorosa nazione del continente. Lo sanno benissimo anche loro. Milord Marl'boroug, vedendo la bella cera e l'aspetto bellicoso d'un soldato fatto prigioniero a Blenheim[a], gli disse: "Ci fossero stati cinquantamila uomini come te nell'esercito francese, non si sarebbe lasciato vincere". "Perbacco!" gli replicò il granatiere "c'erano molti uomini come me; non ce ne mancava che uno come voi.' Ora, un uomo così comanda l'esercito francese, e noi non ce l'abbiamo; ma non pensiamoci.

Comunque sia, voglio vedere le operazioni di questa campagna, e son deciso a rimanerci fino a quando entreremo nei quartieri d'inverno. Sarà un guadagno per tutti. La stagione è troppo inoltrata per traversare le montagne, così passeremo l'inverno a Clarens e non andremo in Italia che con la primavera. Dite ai signori di Wolmar che combino le cose così per poter godere a mio bell'agio del commovente spettacolo che mi descrivete tanto bene, e per vedere la signora d'Orbe installata a casa loro. Continuate, caro amico, a scrivermi con la stessa premura, e mi farete piacere più che mai. Ho perduto il mio bagaglio e sono senza libri; ma leggo le vostre lettere.

[a] Gli inglesi danno questo nome alla battaglia di Hochstet. (N.d.A.)

LETTERA V

A MILORD EDOARDO

Che gioia mi dà l'annuncio che trascorreremo l'inverno a Clarens! ma come me la fate pagar cara prolungando la vostra permanenza costì! La cosa che più mi fa dispiacere è di vedere chiaramente che la decisione di partecipare alla guerra l'avevate presa prima che ci lasciassimo, e che non me ne avete fatto parola. Milord, capisco la ragione di questo segreto, e non mi riesce di esservene grato. Forse che mi disprezzate abbastanza per credere che sarei capace di sopravvivervi, oppure avete visto in me affetti così abbietti da farmeli preferire all'onore di morire col mio amico? Se non meritavo di accompagnarvi, dovevate lasciarmi a Londra, m'avreste offeso meno che mandandomi qui.

Dall'ultima vostra lettera risulta chiaro che una delle mie s'è smarrita, e questa perdita ha dovuto fare assai oscure in più punti le mie due successive; ma i chiarimenti necessari per capirle bene verranno con agio. Per ora la cosa più urgente è di togliervi dall'inquietudine in cui siete circa il segreto affanno della signora di Wolmar.

Non starò a ripetervi il seguito del colloquio avuto con lei dopo la partenza di suo marito. Da allora son capitate parecchie cose che me l'hanno fatto dimenticare in parte; ma lo ripigliammo tante volte durante la sua assenza che mi limito a darvene un sommario per evitare le ripetizioni.

Dunque, mi disse che quello stesso sposo che faceva tutto pur di renderla felice era l'unico autore del suo affanno, e che più il loro reciproco affetto era sincero più la faceva soffrire. Lo credereste, milord? Quest'uomo così savio, così ragionevole, così alieno da qualsiasi vizio, così poco sottomesso alle passioni umane, non crede a niente di quanto dà valore alle virtù; e, pur nell'innocenza d'una vita impeccabile, si porta in fondo al cuore l'orrenda pace dei malvagi.[1] La riflessione che nasce da codesto contrasto aumenta il dolore di Giulia, e si direbbe che gli perdonerebbe più volentieri di misconoscere l'Autore del suo essere se avesse maggiori motivi di temerlo o un più grande orgoglio per sfidarlo. Che un uomo colpevole acqueti la sua coscienza a spese della ragione, che l'onore di pensare in modo diverso dalla plebe animi il superbo, è errore che si può concepire; ma, soggiunse sospirando, un così diritto uomo, e così poco vanitoso del suo sapere, come si può immaginare che sia incredulo?

Bisogna conoscere il carattere dei due sposi, bisogna saperseli immaginare concentrati in seno alla loro famiglia, il resto dell'universo non conta; bisogna conoscere l'unione che regna tra loro in tutto il rimanente, per capire come il disaccordo su questo unico punto è capace di turbare ogni loro pace. Il signor di Wolmar, allevato nel rito greco, non era fatto per tollerare l'assurdità di così ridicolo culto. La sua ragione, troppo superiore al giogo balordo che gli si voleva imporre, lo scosse ben presto con disprezzo, e rifiutando tutto quanto gli derivava da così sospetta autorità, costretto ad essere empio divenne ateo.

In seguito, vissuto sempre in paesi cattolici, non poté concepire un'opinione più vantaggiosa della fede cristiana su quella che vi si professa. Non ci vide altra religione che l'interesse dei ministri. Vide che anche qui tutto consisteva in vane smorfie, camuffate un po' più accortamente con parole che non significano niente, si accorse che tutti i galantuomini erano unanimemente del suo parere e che non ne facevano mistero; che lo stesso clero, un pochino più discretamente, si faceva beffe in privato di ciò che insegnava in pubblico; e spesso m'ha dichiarato che dopo molto tempo e molte ricerche in tutta la sua vita non aveva trovato se non tre preti che credessero in Dio[a]! Con l'intento di chiarir-

[a] Dio mi guardi dall'approvare queste dure e temerarie affermazioni; voglio dire soltanto che c'è gente che le fa, e che la condotta del clero, in tutti i paesi e di tutte le sette, autorizza anche troppo spesso tale indiscrezione. Ma con questa nota non cerco di mettermi codardamente al sicuro; ecco molto chiaramente il mio sentimento su questo punto. Nessun vero credente può essere intollerante o persecutore. Se fossi magistrato e la legge condannasse a morte gli atei, comincerei facendo bruciar come tale chiunque si presentasse a denunciarne un altro. *(N.d.A.)*

si in buona fede su questo argomento, s'era ingolfato nelle tenebre della metafisica, dove l'uomo non ha altra guida che i suoi propri sistemi; e non ci vide per ogni dove altro che dubbi e contraddizioni. Quando finalmente capitò tra veri cristiani, era troppo tardi, la sua fede s'era chiusa ormai alla verità; la sua ragione non era più accessibile alla certezza; tutto quanto gli era dimostrato giovava a distruggere un sentimento piuttosto che a crearne un altro; tanto che finì combattendo qualsiasi dogma, e non smise di essere ateo che per diventare scettico[1].

Questo è il marito che il cielo destinava a Giulia, della quale conoscete la semplice fede e la soave pietà: ma bisogna esser vissuti familiarmente con lei, come la sua cugina ed io, per sapere quanto quest'anima tenera è naturalmente incline alla devozione. Si direbbe che niente di terrestre basti a contentare quel bisogno di amare dal quale è divorata, quindi l'eccesso della sua sensibilità è costretto a risalire alla sua sorgente. Non è, come santa Teresa, un cuore innamorato che si illude e vuol ingannarsi sul suo oggetto; è un cuore veramente inesauribile, né l'amore né l'amicizia hanno potuto soddisfarlo, e che riserva i suoi straripanti affetti sul solo essere degno di assorbirli[*]. L'amore di Dio non la stacca dalle creature, non le dà né durezza né acrimonia. Tutti questi affetti, prodotti da un'unica causa, animandosi tra loro si fanno più deliziosi e dolci; per me, credo che sarebbe meno devota se amasse meno teneramente suo padre, suo marito, i suoi figli, la sua cugina e me stesso[2].

La cosa singolare è che con più è devota con meno crede di esserlo, e che si lagna di sentirsi dentro un'anima arida incapace di amare Dio. "Si ha un bel dire," ripete spesso "il cuore non s'affeziona che per via dei sensi o dell'immaginazione che li rappresenta; e come mai potremo vedere o immaginarci l'immensità dell'Es-

[*] Ma come! Dio non avrà dunque altro che i rimasugli delle sue creature? Anzi! il posto che le creature possono tenere nel cuore umano è così poca cosa, che quando si crede d'averlo riempito con quelle, ecco che è ancora vuoto. Occorre un oggetto infinito per riempirlo. (N.d.A.)

sere supremo*? Quando mi voglio innalzare fino a lui, non so dove sono; non vedo nessun rapporto tra me e lui, quindi non so come raggiungerlo, non vedo né sento più nulla, mi sento come annientata, e se avessi il coraggio di giudicare gli altri su me stessa, temerei che le estasi dei mistici derivino da un cervello vuoto piuttosto che da un cuore pieno.

"Cosa devo fare" soggiunge "per sottrarmi ai fantasmi d'una ragione che si smarrisce? Sostituisco un culto grossolano, ma alla mia misura, a codeste sublimi contemplazioni che vanno oltre le mie facoltà. A malincuore abbasso la divina maestà; tra quella e me frappongo oggetti sensibili; non potendola contemplare nella sua essenza, la contemplo almeno nelle sue opere, l'amo nei suoi benefici; ma checché faccia, non le posso presentare, al posto dell'amore puro che esige, altro che una riconoscenza interessata."

In tal modo tutto si fa sentimento in un cuore sensibile. Nell'intero universo Giulia non trova altro che argomenti di intenerimento e di gratitudine. Per ogni dove scorge la benefica mano della provvidenza; i suoi figli sono il caro deposito datole da quella; raccoglie i suoi doni nelle produzioni della terra; vede la propria mensa imbandita dalle sue cure; si addormenta sotto la sua protezione; a lei deve il suo placido risveglio; ne avverte le lezioni nelle disgrazie, e i favori nei piaceri; i beni di cui godono tutti quelli che le sono cari sono altrettanti argomenti di riconoscenza: e se il Dio dell'universo sfugge ai suoi deboli occhi, vede per ogni dove il padre comune degli uomini. Onorare in questo modo i suoi supremi benefici, non è forse servire al massimo l'Essere infinito?

Immaginate, milord, che tormento è dover vivere ri-

* È certo che bisogna spassar l'anima per innalzarla alle sublimi idee della divinità; un culto più sensibile riposa lo spirito del popolo, il quale esige che gli si propongano oggetti di pietà che lo dispensino dal pensare a Dio. Su queste massime, i cattolici hanno forse sbagliato riempiendo le loro leggende, i loro almanacchi, le loro chiese di angioletti, di bei ragazzi e di graziose sante? Il bambino Gesù tra le braccia d'una bella e modesta madre, è uno degli spettacoli a un tempo più commoventi e più gradevoli che la devozione cristiana possa offrire agli occhi dei fedeli. (N.d.A.)

tirati con colui che divide la nostra esistenza e non può partecipare alla speranza che ce la fa cara! Di non potere insieme a lui né benedire le opere di Dio, né parlare del felice avvenire che la sua bontà ci promette! di vederlo fare il bene pur restando insensibile a tutto quanto ci fa grato il compierlo; e per una stranissima contraddizione, pensare da empio e agire da cristiano! Immaginate Giulia a passeggio col marito; lei che ammira nella splendida e fastosa veste della terra l'opera e i favori dell'Autore dell'universo; lui che in tutto ciò non vede che una combinazione fortuita, tenuta insieme soltanto da una forza cieca. Immaginate due coniugi sinceramente uniti, che non ardiscono, per timore di importunarsi a vicenda, abbandonarsi l'uno alle riflessioni, l'altro ai sentimenti che ispiran loro gli oggetti circostanti; e dal loro stesso affetto ricavare il dovere di continuamente dissimulare. Non passeggiamo quasi mai, Giulia ed io, senza che qualche veduta interessante e pittoresca le rammenti queste dolorose idee. "Ahimè!" dice intenerita "lo spettacolo della natura, così vivo e animato per noi, è morto agli occhi dello sventurato Wolmar, e in questa grande armonia degli esseri, dove tutto con voce così soave parla di Dio, egli non avverte che un eterno silenzio."

Voi che conoscete Giulia, che sapete quanto la sua anima espansiva ama a effondersi, figuratevi quanto soffrirebbe di questa riserva anche se non avesse che l'inconveniente di creare una triste divisione tra coloro che dovrebbero avere tutto in comune. Ma idee ben più funeste sorgono suo malgrado dietro quelle. Ha un bel respingere questi involontari terrori, tornano ogni momento a inquietarla. Che orrore, per così tenera sposa, immaginare l'Essere supremo che vendica la sua misconosciuta divinità; pensare che la felicità di colui che fa la sua deve finire con la vita di lui, e non vedere altro che un reprobo nel padre dei propri figli! A quest'orrenda immagine tutta la sua dolcezza basta appena a difenderla dalla disperazione, e la religione, che le fa tanto amara l'incredulità del marito, può solo darle la forza di sopportarla. "Se il cielo" dice spesso "mi nega la conversione di quest'ottimo uomo, non mi resta da implorare che una sola grazia: di morire per prima."

Questa è, milord, la ragione anche troppo fondata dei

suoi segreti affanni; questa la intima pena che sembra mettere sulla coscienza di lei l'indurimento altrui, e che le riesce tanto più crudele in quanto deve sforzarsi di dissimularla. L'ateismo, che si mostra a viso aperto presso i papisti, è costretto a nascondersi nei paesi dove la ragione permette di credere in Dio, e così toglie agli increduli la loro unica scusa.[1] È un sistema naturalmente disperante: se trova aderenti tra i grandi e i ricchi da lui favoriti, dappertutto riesce orrendo al popolo oppresso e miserabile, il quale vede a un tempo liberi i suoi tiranni dall'unico freno che li potrebbe trattenere, e tolta a sé la speranza d'una vita futura, unica consolazione che gli rimanga in questa. Sentendo il pessimo effetto che avrebbe qui il pirronismo di suo marito, e volendo a ogni costo preservare i suoi figli da così pericoloso esempio, la signora di Wolmar è riuscita facilmente a persuadere al segreto quest'uomo sincero e veritiero, ma discreto, semplice, privo di vanità e assai alieno dal voler togliere agli altri un bene di cui si rammarica di essere privo. Non ne parla mai; viene con noi al tempio, si conforma all'uso stabilito; senza professare con la bocca una fede che non possiede, evita lo scandalo e per quanto concerne il culto regolato dalle leggi egli fa tutto quanto lo stato può esigere da un cittadino[2].

Da circa otto anni che sono uniti, soltanto la signora d'Orbe è al corrente di questo segreto. Per altro le apparenze sono salvate così bene, e così spontaneamente, che dopo sei settimane trascorse con loro nella massima intimità, non avevo concepito il benché minimo sospetto, e non avrei forse mai penetrato la verità se Giulia non me l'avesse svelata.

Varie ragioni l'hanno indotta a questa confidenza. Anzitutto, che ritegno è compatibile con l'amicizia che regna tra noi? E negarsi la consolazione di dividerli con un amico non è forse aggravare i propri dolori? Inoltre non ha voluto che la mia presenza fosse più a lungo un ostacolo ai colloqui che hanno spesso insieme su un argomento che le sta tanto a cuore. Infine, sapendo che ci dovete raggiungere ben presto, ha voluto col consenso del marito che voi foste subito al corrente dei suoi sentimenti; perché si aspetta dalla vostra saggezza un aiuto ai nostri inutili sforzi, e risultati degni di voi.

Il tempo da lei scelto per confidarmi la sua pena m'ha fatto supporre un'altra ragione, della quale non mi ha però parlato. Suo marito partiva; restavamo soli; i nostri cuori s'erano amati; ancora se ne ricordavano; si fossero dimenticati un solo momento, eravamo in balìa dell'obbrobrio. Vedevo chiaramente che temeva la nostra solitudine e che aveva cercato di premunirsi, la scena di Meillerie m'ha insegnato anche troppo che quello di noi due che meno diffidava di se stesso era il solo che avrebbe dovuto diffidarne.

Nell'ingiusto timore che la sua naturale timidezza le ispirava, non escogitò precauzione più sicura che quella di procurarsi un testimonio che bisogna rispettare, di chiamare in terzo fra noi il giudice integro e tremendo che vede le azioni segrete e sa leggere in fondo ai cuori. Si circondava della suprema maestà; continuamente vedevo Iddio tra lei e me. Quale colpevole desiderio avrebbe potuto scavalcare tale ostacolo? il mio cuore si purificava al fuoco del suo zelo, condividevo la sua virtù[1].

Questi gravi discorsi riempirono quasi tutti i nostri colloqui durante l'assenza di suo marito, e dopo il ritorno di lui li riprendiamo spesso in sua presenza. Lui vi partecipa come se si'trattasse di un altro, e non solo non disprezza i nostri sforzi, ma spesso ci dà buoni consigli sul modo di ragionare con lui. È questa una cosa che mi fa disperare dell'esito; perché se fosse meno in buona fede, si potrebbe attaccare il vizio dell'anima che alimenta la sua incredulità; ma se si tratta soltanto di convincere, dove mai troveremo dei lumi che lui stesso non abbia avuti, e delle ragioni che gli siano sfuggite? Quando volli discutere con lui, mi sono accorto che tutti gli argomenti che potevo adoperare erano stati inutilmente adoperati già da Giulia, e che la mia aridità era assai lontana dall'eloquenza del cuore e dalla dolce persuasione che scorre dalla bocca di lei. Milord, non convertiremo mai quest'uomo; è troppo freddo e non è cattivo, non si tratta di commuoverlo; la prova intima o sentimentale gli manca, e quella sola potrebbe rendere invincibili tutte le altre[2].

Per quanto la moglie cerchi di nascondergli la sua tristezza, egli la sente e la condivide: non è possibile ingannare occhio così penetrante. Questo affanno represso gli è anzi più sensibile. M'ha detto di aver avuto più d'una volta l'idea di simulare un cedimento, di fingere sentimenti che non aveva, per tranquillizzarla; ma tale bassezza d'animo è troppo difforme dal suo carattere. Pur senza illudere Giulia, quella dissimulazione non sarebbe stata altro che un nuovo tormento per lei. La buona fede, la schiettezza, l'unione dei cuori che consola di tanti mali si sarebbe eclissata tra loro. Forse che facendosi stimar meno da sua moglie l'avrebbe potuta rassicurare? Invece di dissimulare con lei, le dice sinceramente quello che pensa; ma lo dice con tanta semplicità, con così poco disprezzo delle opinioni volgari, e senza quell'ironica alterigia degli spiriti emancipati, che quelle tristi confessioni affliggono Giulia assai più che irritarla; non potendo trasmettere al marito i suoi propri sentimenti e le sue speranze, ella cerca con maggior cura di radunare intorno a lui quelle effimere dolcezze alle quali egli limita la sua felicità. "Ah!" dice addolorata "se il poveretto si fabbrica il suo paradiso in questo mondo, cerchiamo di farglielo dolce per quanto è possibile![a]"

Il velo di tristezza che questo contrasto di sentimenti getta sulla loro unione dimostra meglio di qualsiasi altra cosa l'invincibile ascendente di Giulia con le consolazioni miste a codesta tristezza, e che forse lei sola al mondo era capace di aggiungervi. Tutti i loro colloqui e le loro dispute su questo così importante argomento non solo non degenerano mai in amarezze o disprezzo o litigi, ma finiscono sempre con qualche scena affettuosa che li fa anche più cari l'uno all'altro.

Ieri il discorso era tornato su quest'argomento che si ripresenta sempre quando siamo noi tre soli; e venimmo a parlare dell'origine del male. Mi sforzai di dimostrare che non soltanto non esiste un male assoluto e generale nel sistema degli esseri, ma che anche i mali

[a] Questo sentimento così umano, quanto è più naturale dell'orrendo zelo dei persecutori, sempre intenti a tormentare gli increduli, quasi volessero dannarli già in questa vita e farsi i precursori dei demoni! Non mi stancherò mai di ripeterlo: è che tali persecutori non sono dei credenti; sono dei furfanti. (N.d.A.)

particolari sono assai minori di quanto non sembri a prima vista; e che insomma sono superati largamente dai beni particolari e individuali. Citai al signor di Wolmar il suo proprio esempio, e compreso dalla felicità della sua situazione, gliela dipinsi con colori così veri che lui stesso ne parve commosso. "Ecco," disse interrompendomi "ecco le seduzioni di Giulia. Ella mette sempre il sentimento al posto della ragione, e lo fa così commovente che non le si può rispondere altrimenti che con un bacio. Sarebbe forse il suo maestro di filosofia" soggiunse ridendo "che le ha insegnato questo bel modo di argomentare?"

Due mesi prima lo scherzo m'avrebbe crudelmente sconcertato, ma ormai il tempo dei timore è passato; risi anch'io, e benché un poco arrossita, Giulia non parve più confusa di me. Continuammo. Senza discutere sulla quantità del male, Wolmar si contentò dell'ammissione (che non potemmo non fare) che insomma il male, poco o tanto, esiste; e da questa sola esistenza egli deduceva un difetto di potenza, d'intelligenza o di bontà nella causa prima. Da parte mia cercavo di dimostrare l'origine del male fisico nella natura della materia, e del male morale nella libertà dell'uomo.[1] Sostenevo che Dio può far tutto, salvo creare altre sostanze perfette come la sua e indenni dal male. Eravamo nel pieno della discussione quando mi accorsi che Giulia era scomparsa. "Indovináte dov'è" mi disse suo marito vedendo che la cercavo con gli occhi. "Mah," risposi "sarà andata a impartire qualche ordine in casa." "No," disse lui "non avrebbe certo mai sottratto tempo a questo affare per darlo ad altri. Tutto è regolato senza che lei mi lasci, e non la vedo mai occupata." "Allora sarà nella camera dei bambini." "Nemmeno; i suoi bambini non le sono più cari della mia salvezza." "Allora," dissi "proprio non so cosa dire; ma sono certissimo che non attende che a cure utili." "Anche meno" disse lui freddo freddo; "venite, venite; vedrete se ho indovinato."

Si mosse piano piano; io gli andai dietro in punta di piedi. Giunti alla porta del gabinetto, la trovammo chiusa. Wolmar l'aprì di colpo. Che spettacolo, milord! Vidi Giulia in ginocchio, le mani giunte, tutta in lagrime. Si alza di scatto, s'asciuga gli occhi, si nasconde la faccia, cerca di scappare: non ho mai visto tanta confusione. Il marito non le diede tempo di fuggire. Le corse incontro con una specie di trasporto. "Cara sposa!" le disse abbracciandola; "persino l'ardore delle tue suppliche tradisce la tua causa. Ma perché non sono efficaci? Ah, se fossero intese, sarebbero subito esaudite." "Lo saranno" rispose lei con voce ferma e sicura; "non ne so l'ora né l'occasione. Potessi acquistarla a prezzo della mia vita! il mio ultimo giorno sarebbe il meglio speso."

Venite, milord, lasciate codeste sciagurate battaglie, venite a compiere un più nobile dovere. Forse che il saggio preferisce l'onore di uccidere degli uomini alle premure che ne possono salvare uno[a]?

LETTERA VI

A MILORD EDOARDO

E che! lasciato l'esercito, ancora un viaggio a Parigi! Ma dimenticate dunque Clarens e colei che vi abita? Ci siete forse meno caro che a milord Hyde? Siete più necessario a codesto vostro amico che a coloro che vi aspettano qui? Ci costringete a far voti contrari ai vostri, e mi fate nascer dentro il desiderio di essere in credito alla corte di Francia perché non vi si concedano i passaporti che aspettate. Siate contento, tuttavia; andate a trovare il vostro degno compatriota. Malgrado suo e malgrado vostro ci vendicheremo di codesta preferenza: per grande che sia il piacere di vivere con lui, so che quando sarete con noi rimpiangerete il tempo che ci avete sottratto.

Ricevendo la vostra lettera dapprima sospettai che una segreta missione... quale più degno mediatore di pace?... ma i re accordan forse la loro fiducia agli uo-

[a] Qui c'era una lunga lettera di milord Edoardo a Giulia. In seguito si parlerà di quella lettera; ma ho dovuto sopprimerla per buone ragioni. (N.d.A.)

mini virtuosi? Hanno il coraggio di ascoltare la verità? sanno almeno onorare il vero merito?... No no, caro Edoardo, non siete fatto per il ministero, ho troppo buona opinione di voi per credere che, se non foste nato pari d'Inghilterra, lo sareste mai diventato.

Vieni, amico, starai meglio a Clarens che a corte.[1] Oh, che inverno trascorreremo insieme, se la speranza della nostra riunione non mi delude! Ogni giorno la prepara riconducendo qui qualcuna di quelle anime privilegiate che sono tanto care l'una all'altra, che son così degne di amarsi, e che si direbbe non aspettano che voi per far a meno del resto dell'universo. Quando avete saputo che per una felice combinazione è passato di qui l'avversario del barone d'Etange, avete preveduto tutto quanto doveva nascere da quest'incontro[a] e che infatti è nato. Quel vecchio litigioso, benché inflessibile e caparbio quasi quanto il suo avversario, non ha saputo resistere all'ascendente che tutti ci ha soggiogati. Dopo di aver visto Giulia e di averla ascoltata, dopo di aver conversato con lei, egli s'è vergognato di avere un processo contro il padre di lei. È partito per Berna così ben disposto, e le cose ora camminano di così buon passo che, stando all'ultima lettera del barone, lo aspettiamo di ritorno fra pochi giorni.

Ma son cose che già avrete saputo dal signor di Wolmar. Quello che invece non sapete probabilmente ancora è che la signora d'Orbe, messi a posto finalmente i suoi affari, è qui da giovedì e non avrà ormai più altro domicilio che quello della sua amica. Siccome sapevo il giorno del suo arrivo, le sono andato incontro all'insaputa della signora di Wolmar (infatti le voleva fare una sorpresa); la incontrai prima di Lutry e tornai insieme a lei.

Mi parve più vivace e gentile che mai, però assente, distratta: non ascoltava, rispondeva anche meno, parlava senza nesso e a scatti, insomma era in balìa di quell'inquietudine dalla quale non ci si può sottrarre quando si è sul punto di ottenere qualcosa che si è troppo

---

[a] Si vede che mancano parecchie lettere intermedie, qui come in vari altri luoghi. Il lettore dirà che è facile cavarsi d'impiccio con simili omissioni, e io condivido appieno la sua opinione. (N.d.A.)

desiderato. Si sarebbe detto che continuamente temesse di dover tornare indietro. Pur tanto differita, questa partenza era stata così affrettata che la testa girava ancora, sia alla padrona che ai domestici. Il piccolo bagaglio che aveva con sé era in un disordine indescrivibile. Se la cameriera temeva di aver dimenticato qualche cosa, Clara affermava di averla fatta mettere nel baule della carrozza: il bello è che si guardava e non ci si trovava niente del tutto.

Siccome non voleva che Giulia udisse la carrozza, scese nel viale, traversò il cortile correndo come una pazza, e salì così rapidamente che dovette tirare il fiato dopo il primo ramo di scale. Il signor di Wolmar le venne incontro; lei non poté dirgli nemmeno una parola.

Aprendo la porta della camera vidi Giulia seduta accanto alla finestra con Enrichetta sulle ginocchia, come spesso faceva. Clara aveva preparato un bel discorsetto a modo suo, misto di sentimento e di allegria; ma porre il piede sulla soglia e dimenticare discorso e allegria fu una cosa sola. Volò verso l'amica esclamando con un trasporto da non si dire: "Cugina, sempre, per sempre, fino alla morte!" Vedendo la mamma, Enrichetta balza e le corre incontro gridando: "Mamma! mamma!" a squarciagola, e le urtò contro così forte che la povera bambina cadde per terra. Quell'improvvisa apparizione, e la caduta, la gioia, il turbamento commossero Giulia così forte che, alzatasi tendendo le braccia con uno strillo acutissimo, ricadde a sedere e si sentì male. Clara vuol rialzare la bambina, .vede l'amica impallidire, esita, non sa chi soccorrere. Finalmente, vedendo che io rialzavo Enrichetta, si slancia per sostenere Giulia che sveniva e si lascia andare su di lei, svenuta¹.

Vedendole tutt'e due immobili, Enrichetta scoppiò a piangere e a strillare: accorre la Fanchon; una corre alla mamma, l'altra alla padrona. Quanto a me, stordito, commosso, fuori di me, giravo a gran passi per la camera senza saper che fare, con rotte esclamazioni e movimenti convulsi che non potevo padroneggiare. Lo stesso Wolmar, il freddo Wolmar si sentì commosso. O sentimento, sentimento! dolce vita dell'anima! qual è il cuore di ferro che non hai mai commosso? qual è lo sventurato mortale al quale non hai mai strappato una lagrima? Invece di correre a Giulia quel felice marito si buttò su una poltrona per contemplare avidamente l'incantevole spettacolo. "Non abbiate paura" ci disse vedendoci affannati. "Queste scene di piacere e di gioia non vincono la natura che fugacemente, per rianimarla con rinnovato vigore; non sono mai pericolose. Lasciatemi godere la felicità che provo e che voi condividete. Cosa dev'essere per voi! Io non ne ho mai conosciuto di eguale, e sono il meno felice dei sei."

Milord, da questo primo momento potete giudicare il resto. Questo arrivo provocò in tutta la casa un clamore di letizia, un fermento che ancora non s'è calmato. Giulia era fuori di sé, agitata come non l'avevo ancora mai vista; non si poté far altro in tutto il giorno che starsi a guardare e tornare ad abbracciarsi continuamente con rinnovati trasporti. Non si pensò nemmeno alla saletta d'Apollo, il piacere era dappertutto, non c'era bisogno di pensarci. Appena il giorno dopo si ritrovò abbastanza calma per organizzare una festa. Senza Wolmar tutto sarebbe andato a soqquadro; ognuno si vestì meglio che poté. Non fu permesso altro lavoro che quello necessario per i divertimenti. La festa fu celebrata non con pompa ma con delirio; vi regnava una confusione che la faceva commovente, e il disordine ne costituiva il più bell'ornamento.

La mattinata fu spesa nell'investire la signora d'Orbe del suo ufficio di intendente o di maggiordoma, lei si affrettava a eseguirne le funzioni con uno zelo puerile che ci faceva ridere. Entrando nella sala da pranzo le due cugine videro per ogni dove le loro cifre intrecciate e formate con fiori. Giulia ne indovinò di colpo l'autore e mi abbracciò in un trasporto di gioia. Contrariamente all'abitudine di un tempo, Clara esitò un poco, incerta se imitarla. Wolmar la prese in giro, e lei arrossendo si decise ad abbracciarmi; quel suo rossore, che notai anche troppo, produsse in me un effetto che non so ridire; ma non mi trovai tra le sue braccia senza emozione.

Il pomeriggio ci fu una bella merenda nel gineceo, dove per eccezione Wolmar e io fummo ammessi. Gli uomini disputarono al bersaglio un premio offerto dalla signora d'Orbe. Vinse il nuovo servitore, benché meno esperto degli altri; ma Clara non si lasciò ingannare dalla sua abilità. Lui stesso, Hanz, se ne avvide e rifiutò il premio; ma tutti i compagni insistettero perché lo accettasse, e potete ben pensare che tanta cortesia non rimase senza ricompensa.

La sera tutta la casa, accresciuta di tre persone, si riunì per ballare. Clara pareva ornata dalla mano delle Grazie; non era mai stata tanto brillante. Ballava, chiacchierava, rideva, dava ordini, arrivava dappertutto. Aveva giurato di stremarmi di fatica, e dopo cinque o sei contraddanze vivacissime e tutte d'un fiato non dimenticò la sua solita osservazione: che cioè ballo come un filosofo. Io le dissi che lei ballava come un folletto, che non provocava meno disastri, e che temevo non mi lasciasse riposare né giorno né notte. "Anzi," replicò lei "così dormirete come un ghiro", e tornò a farmi ballare.

Era instancabile; Giulia invece si reggeva a fatica; le tremavan le ginocchia ballando, era troppo commossa per poter essere allegra. Spesso le si vedevan lagrime di gioia sgorgare dagli occhi; contemplava la cugina con una specie di estasi; si compiaceva immaginando di esser lei l'estranea festeggiata e che Clara era la padrona di casa che organizzava la festa. Dopo la cena accesi dei razzi che avevo portato dalla Cina e che fecero grande effetto. Vegliammo fino a tardi, ma infine bisognò smettere; la signora d'Orbe era stanca o per lo meno doveva esserlo; e Giulia volle che ci coricassimo presto.

A poco a poco la calma torna, e con la calma l'ordine. Scherzosa com'è, Clara riesce tuttavia ad assumere, quando le conviene, un tono autoritario che impone. Per altro ha un senso, un discernimento squisito, ha la penetrazione di Wolmar e la bontà di Giulia, e benché liberale all'estremo, è tuttavia prudentissima. Così che, rimasta vedova ancora giovane, e incaricata della tutela di sua figlia, i beni sia dell'una che dell'altra sono prosperati tra le sue mani; perciò non c'è da temere che sotto la sua guida la casa sia governata meno bene di prima. Così Giulia ha il piacere di consacrarsi tutta all'occupazione che più le sta a cuore, cioè all'educazione dei figli; e sono certo che l'Enrichetta approfitterà moltissimo di tutte le cure di cui una delle sue madri avrà alleggerito l'altra. Dico una delle sue madri, perché dal modo con cui vivono con lei è difficile distinguere la vera, e gente estranea che è qui oggi è o sembra esserne in dubbio. Infatti tutt'e due la chiamano Enrichetta o 'figlia mia', secondo. Lei chiama l'una mamma, e l'altra mammina; dalle due parti regna la stessa tenerezza; e lei ubbidisce egualmente a entrambe. Se qualcuno domanda di chi è, tutt'e due rispondono: è mia. Se interrogano Enrichetta, ecco che ha due madri: dubbio non facile da sciogliere. I più accorti finalmente decidono per Giulia. Enrichetta, il cui padre era biondo, è bionda come lei e le somiglia molto. Una certa tenerezza materna illumina i suoi occhi così dolci, meglio ancora di quelli più lieti di Clara. La piccola piglia un tono più rispettoso accanto a Giulia, più attento e sorvegliato. Istintivamente si mette più spesso accanto a lei, perché Giulia ha più spesso qualcosa da dirle. Bisogna ammettere che tutte le apparenze sono in favore della mammina, e mi sono accorto che quest'errore riesce così piacevole alle due cugine che si potrebbe sospettare che a volte sia volontario, un mezzo insomma di lusingarle.

Milord, fra quindici giorni non mancherete più che voi. Quando ci sarete, bisognerà pensar male di chiunque cercherà delle virtù nel resto della terra, o dei piaceri che non avrà trovato in questa casa.

LETTERA VII[1]

A MILORD EDOARDO

Son tre giorni che la sera cerco di scrivervi. Ma dopo una giornata laboriosa il sonno mi prende rincasando; la mattina all'alba bisogna tornare al lavoro. Un'ebbrezza più dolce di quella del vino mi mette in fondo all'anima un delizioso turbamento, non riesco a sottrarre un istante solo a dei piaceri che per me sono del tutto nuovi.

Non riesco a pensare che soggiorno mi potrebbe spiacere con la gente che sta in questo; ma sapete perché

Clarens mi piace anche in sé? È perché mi ci trovo davvero in campagna, e che è per così dire la prima volta che posso dire così. I cittadini non sanno amare la campagna; non sanno nemmeno starci; e quando ci stanno quasi non sanno che cosa ci si fa. Ne sdegnano i lavori, ne ignorano i piaceri; a casa loro sono come all'estero, non mi stupisce che non ci stiano volentieri. Bisogna esser villani nel villaggio, o rinunciare ad andarci; perché cosa ci si va a fare? Gli abitanti di Parigi che credono di andare in campagna non ci vanno; portano Parigi con sé. I cantanti, i begli spiriti, gli scrittori, i parassiti sono il corteo che li accompagna. Il giuoco, la musica, la commedia sono l'unica loro occupazione[a]. La mensa è apparecchiata come a Parigi; mangiano alle stesse ore, si servon loro gli stessi piatti, con le stesse cerimonie, e si fanno sempre le stesse cose. Tanto valeva rimanere a Parigi: giacché si ha un bell'esser ricchi e prender tutte le premure, si sente sempre qualche privazione, non è possibile portarsi dietro tutto Parigi. Così fuggono quella varietà che pure gli è tanto cara; non conoscono mai che un solo modo di vivere, e se ne annoiano sempre[1].

Il lavoro campestre è piacevole, non ha in sé niente di tanto faticoso da muovere a compassione. È importante, siccome ha per oggetto l'utilità pubblica e la privata; e poi è la prima vocazione dell'uomo, richiama allo spirito un'idea piacevole e al cuore tutti gli incanti dell'età dell'oro. L'immaginazione non rimane fredda alla vista dell'aratura e della mietitura. La semplicità della vita pastorale e rustica ha sempre qualcosa di commovente. Guardando prati coperti di gente che fan fieno cantando, e greggi sparse in lontananza, insensibilmente ci si sente intenerire senza sapere perché. Così qualche volta la voce della natura riesce ancora a ammollire i nostri cuori selvatici, e benché la si ascolti con inutili rimpianti è così dolce che non la si ode mai senza piacere.

[a] Bisogna aggiungere la caccia. Ma la fanno così comodamente che non ci trovan metà fatica né metà piacere. Però non voglio entrare qui nell'argomento della caccia: non lo si potrebbe trattare in una nota. Forse avrò modo di parlarne altrove. *(N.d.A.)*

Ammetto che la miseria che copre le campagne in certi paesi nei quali il pubblicano divora i frutti della terra, l'aspra ingordigia d'un fittavolo avaro, l'inflessibile rigore d'un padrone disumano tolgono parecchie attrattive a queste immagini. Cavalli stecchiti, sul punto di spirare sotto le percosse; infelici contadini estenuati dai digiuni, stremati dalle fatiche e coperti di cenci; villaggi di tuguri offrono un ben triste spettacolo alla vista; quasi si ha vergogna di essere uomini pensando agli infelici di cui si mangia il sangue. Ma che incanto, vedere buoni e savi padroni che della coltura delle loro terre fanno lo strumento dei loro benefici, il loro piacere, il loro divertimento; vederli versare a piene mani i doni della provvidenza, ingrassare tutto quanto li circonda, uomini e bestiame, coi beni di cui traboccano i loro granai, e le cantine, e le rimesse; accumulare intorno a sé l'abbondanza e la gioia, e del lavoro che li arricchisce fare una perpetua festa! Come sottrarsi alla dolce illusione creata da questi oggetti? Dimentichiamo la nostra epoca e i nostri contemporanei; ci trasportiamo al tempo dei patriarchi; vogliamo mettere anche noi mano all'opera, partecipare ai lavori campestri e gustare la felicità che vi è inerente. O tempi dell'amore e dell'innocenza, quando le donne erano tenere e modeste, e gli uomini semplici e contenti! O Rachele! amabile figliuola, costántemente amata, felice colui che per ottenerti non rimpianse quattordici anni di schiavitù! O dolce alunna di Noemi, felice il buon vecchio di cui riscaldavi i piedi e il cuore! No, la bellezza non regna mai con maggior impero che in mezzo ai lavori campestri. Qui le grazie sono sul loro trono, la semplicità le orna, la letizia le anima, e nostro malgrado le dobbiamo adorare. Scusatemi, milord, torno a noi.

Da un mese i calori dell'autunno venivano maturando abbondante vendemmia; le prime brinate le hanno dato inizio[a]; il tralcio bruciato dal gelo scopre il grappolo e svela agli occhi i doni del padre Lieo, come se invitasse i mortali a coglierli. Tutti i vigneti carichi di quel benefico frutto che il cielo offre agli sventurati

[a] Si vendemmia assai tardi nel paese di Vaud; perché il raccolto principale è di uve bianche, alle quali il gelo è salutare. (N.d.A.)

perché dimentichino la loro miseria; il rumore delle botti, dei tini che si stanno racconciando; il canto delle vendemmiatrici di cui risuonano i pendii; i continui andirivieni di coloro che portano la vendemmia al torchio; il rauco suono dei rustici strumenti che animano il lavoro; l'amabile e commovente quadro d'un'allegria generale che pare stesa sulla faccia di tutta la terra; e persino quel velo di nebbia che il sole alza la mattina come un sipario di teatro per scoprire agli occhi uno spettacolo così incantevole: tutto cospira a conferirgli un tono festoso, e riflettendoci la festa si fa anche più bella al pensiero che è la sola nella quale gli uomini hanno saputo unire il piacere all'utile.

Il signor di Wolmar, i cui migliori terreni sono vignati, ha provveduto a tempo a tutti i necessari preparativi. I tini, il torchio, la cantina, le botti non aspettano che il dolce liquore al quale sono destinati. La signora di Wolmar è incaricata della raccolta, della scelta degli operai, dell'ordine e della disposizione del lavoro. La signora d'Orbe presiede ai festini della vendemmia, e al salario dei giornalieri secondo l'ordine stabilito, di cui qui non si violano mai le leggi. Il mio ufficio è di far osservare le prescrizioni di Giulia, la quale non può sopportare il vapore dei tini; e Clara non ha tralasciato di approvare la scelta, dicendo che appartiene di diritto a un bevitore.

Gli incarichi così distribuiti, l'occupazione comune per colmare i vuoti è quella del vendemmiatore. Tutti si alzano di buon mattino; ci si riunisce per andare al vigneto. La signora d'Orbe, che non è mai abbastanza indaffarata a suo gusto, si incarica per soprammercato di far svegliare e sgridare i pigri, e vi posso assicurare che si sgrava verso di me di tale ufficio con maligna premura. Quanto al vecchio barone, intanto che noi tutti lavoriamo lui va a spasso col fucile e ogni tanto viene a togliermi dalle vendemmiatrici per andare con lui a sparare ai tordi; e non mancan mai di sussurrare che l'ho pregato io segretamente di venirmi a chiamare, così che a poco a poco perdo la mia fama di filosofo per acquistarmi quella di fannullone: il che in fondo non fa gran differenza.

Da quanto vi ho detto circa il barone vedete che la nostra riconciliazione è sincera, e che Wolmar ha ragione di rallegrarsi di questa seconda pròva[a]. Io, odiare il padre dell'amica mia! No, anche fossi stato suo figlio, non l'avrei onorato in modo più perfetto. In verità, non conosco uomo più diritto, più schietto, più generoso, più rispettabile sotto tutti gli aspetti. Ma la stranezza dei suoi pregiudizi è grande. Da quando è sicuro che non mi posso imparentare con lui, non c'è onore che non mi voglia fare; a patto che non diventi suo genero, si metterebbe volentieri al di sotto di me. L'unica cosa che non riesco a perdonargli è che quando siamo soli ogni tanto si fa beffe del sedicente filosofo e delle sue lezioni. Sono scherzi che mi riescono amari, li accolgo male; ma lui ride della mia rabbia e dice: "Andiamo a sparare ai tordi, basta con le discussioni". Poi passando grida: "Clara, Clara, prepara una buona cena al tuo maestro, vado ad aguzzargli l'appetito". E davvero alla sua età scorrazza per i vigneti col suo fucile non meno validamente di me, e mira assai meglio. Una cosa che mi vendica un poco dei suoi scherzi è che davanti a sua figlia non ardisce più aprir bocca, e che la scolaretta sa incutere soggezione a suo padre non meno che al suo precettore. Ma torniamo alla vendemmia.

Sono otto giorni che questo gradevole lavoro ci occupa, e siamo appena a metà. Oltre i vini destinati allo smercio e alla provvista solita, ai quali non occorre altro che di esser colti con cura, la fata benefica ne prepara altri più fini per noi bevitori, e io collaboro alle operazioni magiche di cui vi ho parlato, per ricavare dalle stesse uve vini di tutti i paesi. Per uno fa torce-

[a] Il che si capirà meglio leggendo questo brano d'una lettera di Giulia, non inclusa in questa raccolta. "Ecco" mi disse il signor di Wolmar tirandomi in disparte "la seconda prova alla quale lo volevo sottomettere. Se non fosse stato affettuoso con vostro padre, non mi sarei fidato di lui." "Ma" dissi io "come si può conciliare questo affetto e questa prova con l'antipatia che anche voi avete notato tra loro?" "Non esiste più" replicò lui; "i pregiudizi di vostro padre han fatto tutto il male possibile a Saint-Preux; il quale non ha più nulla da temerne, non li odia più, li compiange. Da parte sua il barone non lo teme più; è di buon cuore, sente che gli ha fatto molto male, ne ha pietà. Credo che andranno assai bene d'accordo e che si faranno buona compagnia. Da questo momento mi dico in tutto sicuro di lui." *(N.d.A.)*

re i grappoli maturi e li lascia appassire al sole sulla pianta; per un altro fa sgranare i grappoli e scegliere gli acini prima di buttarli nel tino; per un terzo fa cogliere uva rossa prima della levata del sole, e portarla pian piano al torchio ancora coperta del suo fiore e della rugiada, per spremerne vino bianco; prepara vino di liquore, mescolando nelle botti mosto ridotto a sciroppo sul fuoco, vino secco non lasciandolo fermentare, vino d'assenzio per lo stomaco[a], e vino moscato con erbe semplici. Tutti codesti vini diversi hanno una loro speciale lavorazione, ma tutte sane e naturali; in tal modo un'industriosa economia supplisce alla varietà dei terreni e riunisce venti climi in uno solo.

Non potete immaginare con che zelo e con che allegria si fanno questi lavori. Si canta e si ride tutta la giornata, e il lavoro va anche meglio. Tutti vivono nella massima familiarità; tutti sono eguali, e nessuno trascende.[1] Le signore non si danno arie, le contadine sono decenti, gli uomini scherzosi ma non rozzi. È una gara per trovare le canzoni più belle, per le migliori storie, le più piccanti arguzie. La stessa unione genera scherzose dispute, non ci si stuzzica reciprocamente che per dimostrare quanto si è sicuri gli uni degli altri. Poi non si torna a casa per fare i signori; si trascorre tutta la giornata nel vigneto; Giulia vi ha fatto fare una loggia dove si va a riscaldarsi quando si ha freddo, e dove ci si rifugia in caso di pioggia. Si mangia con i contadini e alla loro ora, così come si lavora con loro. Si mangia di buon appetito la loro minestra un po' grossolana, ma buona, sana e ricca di ottimi legumi. Non si sogghigna orgogliosamente del loro fare goffo e dei loro complimenti rustici; per metterli a loro agio ci si adatta senza affettazione. Sono compiacenze che non sfuggono ai loro occhi; le avvertono, e poiché vedono che usciamo per loro dal nostro posto, stanno tanto più volentieri nel loro. A pranzo si portano anche i bambini, che passan poi il resto della giornata nella vigna. Con che gioia quei buoni villici li vedono venire! O fortunati bambini, dicono stringendoseli al petto con le loro ro-

---

[a] In Svizzera si beve molto vino d'assenzio; in generale, siccome le erbe alpine hanno più virtù di quelle di pianura, ci si fa maggior uso di infusioni. (N.d.A.)

buste braccia, voglia il buon Dio prolungare i vostri giorni a spese dei nostri! somigliate ai vostri genitori e come loro siate la benedizione del paese! Spesso, pensando che quasi tutti questi uomini sono stati sotto le armi e sanno maneggiare la spada e il moschetto così come la falce e la zappa; vedendo Giulia in mezzo a loro, così benevola e rispettata, che accoglie insieme col suoi bambini le loro commoventi acclamazioni: mi rammento l'illustre e virtuosa Agrippina che mostra suo figlio alle truppe di Germanico[1]. Giulia, incomparabile donna! voi esercitate nella semplicità della vita privata il dispotico impero della saggezza e dei benefici: siete per il paese tutto un caro e sacro deposito che ognuno è pronto a difendere e conservare a costo del suo sangue, e in mezzo a tutto un popolo che vi ama, vivete più sicura e più onorata dei re circondati da tutti i loro soldati.

La sera si torna allegramente tutti insieme. Si mantengono e alloggiano gli operai per tutto il tempo della vendemmia, e anche la domenica dopo il sermone ci si riunisce con loro e si balla fino all'ora di cena. Gli altri giorni non ci si lascia tornando a casa, salvo il barone che non cena mai e si corica assai di buon'ora, e Giulia che sale con lui e con i bambini fino a quando si mette a letto. Salvo queste eccezioni, da quando si assume il mestiere del vendemmiatore fino a quando lo si lascia, non si mescola più la vita borghese e la vita rustica. Questi saturnali sono assai più piacevoli e saggi di quelli romani. Il rovesciamento che quelli affettavano era troppo vano perché potesse istruire il padrone o lo schiavo; ma la dolce eguaglianza che qui regna ristabilisce l'ordine della natura, è un'istruzione per gli uni, una consolazione per gli altri e un legame d'amicizia per tutti[a].

[a] Se così nasce uno stato festoso per tutti, non meno dolce per chi scende che per chi sale, non ne consegue forse che le condizioni sono quasi indifferenti di per sé, a patto che si possa e si voglia uscirne ogni tanto? Gli straccioni sono infelici perché sono sempre straccioni; i re sono infelici perché sono sempre re. Le condizioni mediocri, dalle quali è più facile uscire, offrono piaceri sia al di sopra che al di sotto; aumentano i lumi di coloro che le compongono, facendo conoscer

Il luogo di riunione è una sala all'antica con un grande camino dove arde un bel fuoco; è illuminata da tre lampade, alle quali il signor di Wolmar ha fatto aggiungere soltanto dei cappucci di latta per intercettare il fumo e riflettere la luce. Per evitare invidia e rammarichi si fa in modo di non presentare agli occhi della buona gente cose che non possano trovare anche a casa loro, di non ostentare altra opulenza se non la scelta del buono nelle cose comuni e un po' più di abbondanza nella distribuzione. La cena è servita su due lunghe tavole. Non c'è né lusso né apparato, bensì abbondanza e gioia. Tutti si accomodano a tavola, padroni, giornalieri, domestici; ognuno senza distinzione si alza per servire, senza esclusioni, senza preferenze, e il servizio è sempre fatto con grazia e piacere. Si beve a discrezione, la libertà è limitata soltanto dalla decenza. La presenza di padroni così rispettati modera tutti, ma non impedisce che si stia a proprio agio e allegramente. Se mai capita che qualcuno trascenda, non si turba la festa con rimproveri, ma il giorno dopo è irrimediabilmente licenziato[1].

Godo anch'io dei piaceri del paese e della stagione. Riprendo la libera vita alla vallesana, e bevo spesso vino mero: ma non ne bevo goccia che non sia versata dalla mano di una delle due cugine, che si incaricano di misurare la mia sete alle mie forze e di aver riguardo per la mia ragione. Chi meglio di loro sa come bisogna governarla, e conosce l'arte di togliermela e di restituirmela? Se il lavoro del giorno, la durata e l'allegria del pasto danno più forza al vino versato da quelle mani amate, dò sfogo ai miei trasporti con tutta libertà; non hanno niente che debba essere nascosto, niente che sia turbato dalla presenza del saggio Wolmar. Non ho paura che il suo occhio penetrante mi legga in fondo al cuore; e quando un tenero ricordo cerca di rinascere, un'occhiata di Clara lo illude, un'occhiata di Giulia mi fa arrossire.

Dopo cena si veglia ancora un'ora o due a gramola-

loro più pregiudizi e diversi stati da paragonare. Questa è, mi sembra, la ragione principale per cui in generale si trovano gli uomini più felici e di maggior buon senso nelle condizioni mediocri. *(N.d.A.)*

re la canapa; ognuno canta a vicenda una canzone. A volte le vendemmiatrici cantano in coro tutte insieme, oppure alternando una voce sola e il ritornello. Quasi tutte queste canzoni sono vecchie romanze, le arie non sono piccanti; ma hanno un non so che di antico e dolce che alla lunga commuove. Le parole sono semplici, ingenue, spesso tristi: eppure piacciono. Non possiamo fare a meno, Clara di sorridere, Giulia di arrossire, io di sospirare quando ritroviamo in quelle canzoni modi e espressioni da noi adoperate un tempo. Allora guardandole e rammentando i tempi ormai lontani, trasalisco e un peso intollerabile mi cade a un tratto sul cuore, lasciandomi un'impressione funesta che non dilegua che a fatica. Tuttavia trovo in queste veglie un incanto che non vi posso spiegare, al quale però sono assai sensibile. Questa riunione di varie condizioni, la semplicità dell'occupazione, l'idea di riposo, di accordo, di tranquillità, il sentimento di pace che ne deriva all'anima ha qualcosa di tenero che persuade a trovare anche più belle queste canzoni. Anche il concerto delle voci femminili non è senza dolcezza. Quanto a me, sono convinto che di tutte le armonie non ce n'è di più gradevole del canto all'unisono, e che se desideriamo degli accordi è perché il nostro gusto è depravato. Infatti tutta l'armonia non sta forse in un suono qualsiasi? e cosa ci possiamo aggiungere senza alterare le proporzioni che la natura ha stabilito nella forza relativa dei suoni armonici? Raddoppiando gli uni e non gli altri, non rafforzandoli con lo stesso rapporto, non guastiamo forse immediatamente quelle proporzioni? La natura ha fatto ogni cosa nel miglior modo possibile; ma noi vogliamo fare anche meglio e guastiamo tutto.

C'è una grande emulazione in questo lavoro serale, non meno che in quello della giornata; e l'astuzia alla quale volevo ricorrere mi valse ieri un piccolo affronto. Siccome non sono tra i più bravi nel gramolare, e soffro di frequenti distrazioni, stufo di esser sempre notato per aver fatto meno lavoro degli altri, cercavo di radunare col piede, pian piano, dei canapuli dei miei vicini per aumentare il mio mucchio; ma quella spietata d'una signora d'Orbe se ne accorse, fece segno a Giulia la quale, pigliatomi sul fatto, mi sgridò severamente. "Signor briccone," mi disse a voce alta "nessuna ingiustizia, nemmeno per ridere; in questo modo ci si avvezza a diventar cattivi davvero, e, quel che è peggio, a diventarlo scherzando."

Ecco come trascorre la serata. Quando è l'ora di ritirarsi, la signora di Wolmar dice: andiamo a sparare i fuochi artificiali. Subito ognuno prende il suo mucchietto di canapuli, frutto onorato del suo lavoro; si portano in trionfo in mezzo al cortile, se ne compone un trofeo e ci si appicca il fuoco; ma è un onore che non tocca a tutti, Giulia lo assegna presentando la fiaccola a colui o a colei che in quella sera ha lavorato di più; fosse lei stessa, se lo assegna tranquillamente. L'augusta cerimonia è accompagnata da acclamazioni e applausi. I canapuli fanno un fuoco chiaro e luminoso che s'alza fino in cielo, un vero fuoco di gioia intorno al quale si salta e si ride. Poi si offre da bere a tutta l'assemblea; ognuno beve alla salute del vincitore e ci si corica contenti d'una giornata trascorsa nel lavoro, nell'allegria e nell'innocenza; giornata che si vorrebbe volentieri ricominciare l'indomani, e posdomani, e tutta la vita.

LETTERA VIII

AL SIGNOR DI WOLMAR

Caro Wolmar, godete del frutto delle vostre cure. Ricevete gli omaggi d'un cuore purificato, che con tante pene avete fatto degno di esservi offerto. Nessun uomo mai intraprese ciò che voi avete intrapreso, nessun uomo mai tentò ciò che voi avete eseguito; nessuna anima sensibile e riconoscente non provò mai ciò che m'avete ispirato. La mia aveva perduto ogni slancio, ogni vigore e il suo stesso essere; voi m'avete restituito tutto. Ero morto alle virtù come alla felicità: a voi devo la vita morale alla quale mi sento rinascere. O mio benefattore! o mio padre! Dandomi a voi tutto intero, non vi posso offrire, come a Dio stesso, se non i doni che m'avete dato[1].

Debbo confessarvi la mia debolezza e i miei timori?

Finora sempre ho diffidato di me. Soltanto otto giorni fa son dovuto arrossire del mio cuore e ho creduto vane tutte le vostre bontà. Fu un momento crudele, e scoraggiante per la virtù; grazie al cielo, grazie a voi, quel momento è passato e non tornerà più. Non mi credo guarito soltanto perché me lo dite voi, ma perché sento che lo sono. Non occorre più che rispondiate per me. M'avete messo in condizione di poter risponderne io stesso. Mi son dovuto separare da voi e da lei per sapere ciò di cui ero capace senza il vostro appoggio. Lontano dai luoghi da lei abitati, imparo a non più temere di avvicinarmi a lei[1].

Descrivo alla signora d'Orbe i particolari del nostro viaggio; non starò a ripeterveli. Voglio che conosciate tutte le mie debolezze, ma non ho il coraggio di dirvele. Caro Wolmar, questo è l'ultimo mio errore; me ne sento già così lontano che non ci penso senza un certo orgoglio; ma il momento me ne è ancora così vicino che non posso confessarlo senza sforzo. Voi che avete saputo perdonare i miei errori, come non perdonereste la vergogna prodotta dal loro pentimento?

Nulla più manca alla mia felicità, milord m'ha detto ogni cosa. Caro amico, sarò dunque vostro? Educherò i vostri figli? Il maggiore dei tre educherà gli altri due? Con che ardore l'ho desiderato! La speranza d'esser giudicato degno di così caro ufficio come raddoppiava le mie premure per rispondere alle vostre! quante volte ardii svelare questa mia premura a Giulia! Con che piacere spesso interpretavo in mio favore i vostri discorsi e i suoi! Ma, benché ella fosse sensibile al mio zelo, e sembrasse approvarne l'oggetto, non la vidi entrare abbastanza esattamente nelle mie vedute per avere il coraggio di parlarne più apertamente. Sentii che bisognava meritare quell'onore, non domandarlo. Aspettavo da voi e da lei questo pegno della vostra fiducia e della vostra stima. La mia speranza non è andata delusa; amici miei, credetemi, nemmeno la vostra non andrà delusa[2].

Sapete che dopo i nostri colloqui sull'educazione dei fanciulli avevo gettato in carta alcune idee che m'avevano suggerito e che voi avete approvato. Dopo la mia partenza sono nate altre riflessioni su quell'argomento, e ho ridotto il tutto in una specie di sistema che vi comunicherò quando l'avrò ordinato meglio, perché lo esaminiate voi pure. Soltanto una volta arrivati a Roma spero di poterlo ridurre in grado da potervi essere sottoposto. È un sistema che comincia dove finisce quello di Giulia, o meglio non ne forma che la continuazione e lo sviluppo; perché tutto sta nel non guastare l'uomo della natura adattandolo alla società[1].

Grazie alle vostre premure ho ritrovato la mia ragione; tornato libero e sano di cuore, sento che tutti coloro che mi sono cari mi vogliono bene; il più incantevole avvenire mi si disegna davanti agli occhi; la mia dovrebbe essere una situazione deliziosa, ma è detto che non avrò mai l'anima in pace. Avvicinandomi al termine del nostro viaggio, vedo che si avvicina il momento fatale per la sorte dell'illustre mio amico; e tocca a me per così dire deciderla. Sarò capace di fare almeno una volta per lui ciò che lui ha fatto tanto spesso per me? Sarò capace di compiere in modo degno il più grande, il più importante dovere della mia vita?[2] Caro Wolmar, mi porto in fondo al cuore tutte le vostre lezioni, ma per poterle rendere utili perché non posso portar con me anche la vostra saggezza? Ah! se un giorno potessi vedere Edoardo felice; se, giusta il suo e vostro disegno, potessimo riunirci tutti per non mai più separarci: quale voto potrò mai formare? Uno solo, e non dipende né da voi né da me né da nessun uomo al mondo il poterlo esaudire; ma da colui che deve compensare le virtù della vostra sposa e in segreto conta le vostre opere buone.

LETTERA IX

ALLA SIGNORA D'ORBE

Dove siete, graziosa cugina? Dove siete, amabile confidente di questo debole cuore sul quale avete tanti diritti e che tanto spesso avete consolato? venite, che ancora una volta versi nel vostro la confessione del

suo ultimo errore. Non tocca forse a voi di sempre purificarlo, e può forse ancora rimproverarsi i suoi torti,
una volta che ve li ha confessati? No, non sono più lo
stesso, e il merito di questo cambiamento è vostro; voi
m'avete fatto un cuore nuovo, un cuore che vi offre
le sue primizie; ma non mi crederò liberato da quello
che lascio prima di averlo depositato entro le vostre
mani. O voi, che l'avete visto nascere, ricevetene gli
estremi sospiri!

L'avreste mai pensato? il momento della mia vita in
cui mi sentii più contento di me stesso fu quando mi
separai da voi. Ravveduto dei miei lunghi errori, avevo
fissato a quel momento l'epoca tardiva del ritorno ai
miei doveri. Cominciavo finalmente a pagare gli immensi debiti dell'amicizia strappandomi a così diletto soggiorno per seguire un benefattore, un saggio, il quale
fingendo di aver bisogno dei miei uffici metteva alla
prova il risultato delle sue premure. Dopo di aver perduto metà della mia vita a nutrire una passione infelice,
consacrai l'altra a giustificarla, a rendere con le mie virtù un più degno omaggio a colei che ricevette a lungo
tutti gli omaggi del mio cuore. Segnai solennemente il
primo mio giorno in cui non facevo arrossire di me
né voi, né lei, né nessuno di coloro che mi erano cari.

Milord Edoardo aveva temuto l'intenerimento degli addii, e volevamo partire senza essere visti; ma intanto
che tutti dormivano, non potemmo però ingannare la
vigilante vostra amicizia. Vedendo socchiuso il vostro
uscio e la vostra cameriera all'erta, vedendovi venir
verso di noi, e nell'entrare scorgendo preparata la tavola da tè, la coincidenza delle circostanze mi fece pensare ad altri tempi, e paragonando questa partenza con
quella di cui mi rammentava l'idea, mi sentii così diverso da quello che ero allora che, felicitandomi di aver
Edoardo a testimonio di tali differenze, sperai di potergli far dimenticare a Milano la scena indegna di Besançon. Non m'ero mai sentito così pieno di coraggio;
mi gloriavo di potervelo far vedere; mi facevo bello davanti a voi di una fermezza che non mi conoscevate, e
lasciandovi mi gloriavo di comparire per un momento
ai vostri occhi così come stavo per essere. Tale idea accresceva il mio coraggio, la vostra stima mi fortifica-

va, e forse vi avrei detto addio con occhio asciutto se le vostre lagrime scorrendomi sulla guancia non m'avessero costretto a mescolarvi le mie.

Partii col cuore pieno di tutti i miei doveri, penetrato soprattutto di quelli che mi impone la vostra amicizia, e fermamente deciso a spendere il resto della mia vita a meritarmela. Ma Edoardo, facendo l'elenco di tutti i miei errori, mi rimise sotto gli occhi un quadro che non era lusinghiero, e il suo giusto rigore mi avvertì che deplorando tante debolezze non aveva timore di imitarle. Tuttavia fingeva tale timore; mi parlava inquieto del suo viaggio a Roma e dei legami indegni che suo malgrado lo richiamavano laggiù; ma mi persuasi facilmente che esagerava i suoi pericoli perché mi occupassero maggiormente, e così allontanarmi vieppiù da quelli ai quali io ero esposto.

Avvicinandoci a Villeneuve un servo che montava un cavallo bizzarro cadde e si ferì leggermente alla testa. Milord lo fece salassare e volle che ci fermassimo lì per la notte. Pranzammo presto, poi a cavallo andammo a Bex a vedere le saline; milord aveva particolarmente interesse a quella visita, perciò rilevai le misure e il disegno dell'edificio di graduazione; tornammo a Villeneuve che era notte. Dopo cena chiacchierammo bevendo punch fino a tardi. Allora mi rivelò l'ufficio che m'era affidato, e quanto era stato fatto perché la cosa fosse possibile. Potete figurarvi che effetto fece su di me tale notizia: e che una conversazione simile non conciliava il sonno. Tuttavia bisognò andare a letto.

Entrando nella camera che m'era assegnata mi accorsi che era la stessa che un tempo avevo occupato andando a Sion. A tal vista provai un'impressione che non vi posso esprimere. Ne fui colpito così vivacemente che mi parve di ridiventare di colpo quello che ero allora. Dieci anni della mia vita scomparvero, e tutte le mie sventure furono cancellate.[1] Ahimè! fu un breve errore, l'istante seguente mi fece sentire anche più opprimente il peso di tutte le mie pene. Che tristi riflessioni succedettero a quel momento di incanto! Che tristi paragoni s'offrirono al mio spirito! Incanto della prima giovinezza, delizie dei primi amori, perché tornare a mostrarvi a questo cuore oppresso di affanni e fatto grave a se stesso? O tempo, tempo, felice, non esisti più! Amavo, ero amato. Mi abbandonavo nella pace dell'innocenza ai trasporti d'un amore contraccambiato; assaporavo a lunghi sorsi il sentimento delizioso che mi faceva vivere; il dolce vapore della speranza mi inebriava il cuore. Un'estasi, un rapimento, un delirio assorbiva tutte le mie facoltà. Ah, sulle rupi di Meillerie, nel cuore dell'inverno e dei ghiacci, con abissi spaventosi davanti agli occhi, qual essere al mondo godeva una sorte paragonabile alla mia?... e piàngevo! e mi consideravo degno di compassione! e la tristezza ardiva accostarsi a me!... che farò oggi, oggi che ho posseduto tutto e tutto perduto?... Ho ben meritato la mia miseria, perché ho così poco sentito la mia felicità!... allora piangevo?... piangevi?... Sventurato, non piangi più... non hai più nemmeno il diritto di piangere... Perché non è morta? osai esclamare in un impeto di rabbia; sì, sarei meno infelice; potrei abbandonarmi ai miei dolori; abbraccerei senza rimorsi la fredda sua tomba, i miei rimpianti sarebbero degni di lei. Direi: sente le mie grida, vede le mie lagrime, i miei gemiti la commuovono, approva e accoglie il mio puro omaggio... avrei almeno la speranza di poterla raggiungere... Ma lei vive; è felice!... vive, e la sua vita è la mia morte, e la sua felicità il mio supplizio, e il cielo dopo di avermela strappata mi toglie perfino la dolcezza di rimpiangerla!... vive, ma non per me; vive per mia disperazione. Sono cento volte più lontano da lei che se fosse morta [1].

Mi coricai con queste tristi idee, che mi accompagnarono nel sonno e lo riempirono di funeste immagini. Gli amari dolori, i rimpianti, la morte mi si affacciarono nei sogni, tutti i mali da me sofferti riprendevano ai miei occhi cento nuove forme, per tornare a tormentarmi. Soprattutto un sogno, il più crudele di tutti, si ostinava a perseguitarmi, e di fantasma in fantasma tutte quelle confuse apparizioni finivan sempre con quello.

Mi parve di vedere la degna madre della vostra amica morente nel suo letto, e sua figlia ginocchioni davanti a lei, che si scioglieva in lagrime e le baciava le mani raccogliendo il suo estremo sospiro. Rividi la sce-

na che m'avevate un giorno descritta, e che non si cancellerà mai dalla mia memoria. "O madre," diceva Giulia con un accento che straziava l'anima "colei che vi è
debitrice della luce ve la toglie! Ah! ripigliate il vostro
dono, senza di voi per me non è che un dono funesto."
"Figlia mia," rispondeva la tenera madre "devi compiere il tuo destino... Dio è giusto... sarai madre a tua volta..." ma non poté terminare... Volli alzare gli occhi su
di lei; non la vidi più. Vidi Giulia al posto di lei; la vidi, la riconobbi, benché avesse il volto coperto da un
velo. Grido; mi slancio per scostare quel velo; non lo
potei raggiungere; allungavo le braccia, mi tormentavo
e non toccavo niente. "Amico, calmati" mi disse con debole voce. "Questo tremendo velo mi copre, nessuna mano lo può scostare." A quelle parole mi scuoto e faccio
un nuovo sforzo; uno sforzo che mi sveglia; mi trovo
in letto rotto di fatica, molle di sudore e di lagrime!
    Subito il mio terrore si dissipa, mi riaddormento spos-
sato; lo stesso sogno mi ripiomba nelle stesse agitazioni; mi sveglio e mi riaddormento per la terza volta. Sempre quel lugubre spettacolo, sempre quel funereo apparato; sempre quel velo impenetrabile che mi sfugge
dalle mani e mi toglie la vista di lei che sta morendo.
    Nell'ultimo risveglio il mio terrore fu tale che non
riuscii a vincerlo nemmeno da sveglio. Mi butto giù
dal letto senza sapere che cosa faccio. Mi metto a girare per la stanza, spaventato come un bambino dalle
ombre notturne, mi pare d'essere circondato di fantasmi, ancora mi colpisce la voce lamentosa che non ho
mai potuto udire senza commuovermi. L'alba che cominciava a illuminare le cose non fece che trasformarle
secondo la mia immaginazione sconvolta. Lo spavento
raddoppia e mi toglie ogni giudizio; stento a trovare
la porta, fuggo dalla camera mia, entro di colpo in quella di Edoardo. Apro le tende e mi lascio cadere sul suo
letto e ansando grido: è finita, non la vedrò mai più!
Edoardo si sveglia di soprassalto, afferra le armi, crede
di essere aggredito da un ladro. Subito mi riconosce; mi
ritrovo io pure, e per la seconda volta nella mia vita
mi trovo davanti a lui nella confusione che potete figurarvi.
    Mi fece sedere, riavere e parlare. Non appena seppe

di che si trattava, volle voltar la cosa in burla; ma vedendomi profondamente colpito, e che sarebbe stato difficile cancellare quell'impressione, cambiò tono. "Non meritate né la mia amicizia né la mia stima" mi disse piuttosto duramente; "avessi avuto per un mio servo la quarta parte delle cure che ebbi per voi, ne avrei fatto un uomo; ma voi non siete niente." "Ah!" gli dissi "non è che troppo vero. Tutto quanto avevo di buono mi derivava da lei; non la rivedrò mai più; non sono più niente." Sorrise e mi abbracciò. "Calmatevi per oggi," mi disse "domani sarete più ragionevole. Mi incarico io della cosa." Dopo di che, cambiando argomento, mi propose di partire. Consentii; facemmo preparare i cavalli, ci vestimmo. Mettendosi in carrozza milord disse una parola all'orecchio del postiglione, e partimmo.

Andavamo in silenzio. Ero così immerso nel mio sogno funesto che non sentivo né vedevo niente. Non badai nemmeno al fatto che il lago, il quale il giorno prima mi stava a destra, ora si trovava a sinistra. Soltanto il rumore d'un lastricato mi strappò da quel letargo e mi fece vedere, con uno stupore facile da concepire, che stavamo entrando a Clarens. A trecento passi dal cancello milord fece fermare, e tirandomi in disparte mi disse: "Capite qual è il mio disegno; non occorre spiegarvelo. Su, andate, visionario" soggiunse stringendomi la mano; "andate a rivederla. Stimatevi fortunato di non dover mostrare le vostre pazzie che a coloro che vi vogliono bene! Spicciatevi, vi aspetto; ma non tornate senza aver lacerato quel velo fatale tessuto nel vostro cervello".

Cosa potevo dire? Me ne andai senza rispondere. Camminavo rapidamente, ma avvicinandomi alla casa rallentai il passo. Che figura stavo per fare? Come avere il coraggio di farmi vedere? Con che pretesto giustificare così imprevisto ritorno? Con che faccia allegare i miei ridicoli terrori e tollerare lo sguardo sprezzante del generoso Wolmar? Più mi avvicinavo più i miei terrori mi sembravano puerili, la mia stravaganza mi faceva pietà. Tuttavia un funesto presentimento ancora mi agitava, non mi sentivo rassicurato. Avanzavo tuttavia, sempre più adagio, ed ero vicino al cortile quando udii aprire e richiudere la porta dell'Eliso. Non veden-

do uscire nessuno, feci il giro esterno, e lungo il ruscello mi accostai all'uccelliera. Mi avvidi subito che
qualcuno stava avvicinandosi. Tendendo l'orecchio vi
udii parlare tutt'e due, e senza che riuscissi a distinguere una sola parola, nel suono delle vostre voci av-
vertii un non so che di languido e di tenero che mi commosse, e nella sua un accento affettuoso e dolce al solito, ma placido e sereno, che immediatamente mi rista-
bilì e mi svegliò finalmente dal mio sogno.

Mi trovai di colpo così mutato che risi di me stesso e
dei miei vani spaventi. Pensando che non avevo che
una siepe e qualche cespuglio da scavalcare per vedere
piena di vita e di salute colei che avevo temuto di non
mai più rivedere, rinnegai per sempre i miei timori, le
paure, le chimere, e mi decisi subito a ripartire senza
nemmeno rivederla. Clara, vi giuro, non soltanto non
la vidi; ma me ne andai orgoglioso di non averla veduta, di non esser stato del tutto debole e credulo, e di
aver reso all'amico di Edoardo almeno l'onore di collocarlo al di sopra di un sogno.

Ecco, cara cugina, quanto vi dovevo dire, l'ultima
confessione che mi restava da farvi. I particolari del
resto del nostro viaggio non sono interessanti; mi basta di potervi garantire che da quel momento milord è
contento di me; ma che io lo sono anche più sentendomi del tutto guarito, assai meglio di quanto lui può vedere. Per non lasciargli inutili diffidenze, non gli ho detto di non avervi viste. Quando mi chiese se il velo era
scomparso, lo affermai senza esitare, e non ne abbiamo più fatto parola. Sì, cugina, è scomparso per sempre, quel velo che a lungo m'aveva offuscato la ragione. Tutti i miei inquieti trasporti sono spenti. Vedo tutti
i miei doveri e li amo. Mi siete care tutt'e due più che
mai; ma il mio cuore non distingue più l'una dall'altra,
e non separa più le inseparabili.

Arrivammo ieri l'altro a Milano. Ripartiremo posdomani. Fra otto giorni facciam conto di essere a Roma, e
spero di trovar laggiù vostre notizie. Quanto mi tarda
di vedere quelle due strane persone che da un pezzo
turbano la pace del più grande degli uomini! O Giulia!
o Clara! ci vorrebbe una donna eguale a voi per meritare di farlo felice.

LETTERA X

RISPOSTA DELLA SIGNORA D'ORBE

Tutti aspettavamo impazienti vostre notizie, non occorre vi dica il piacere che le vostre lettere hanno fatto alla piccola comunità; tuttavia, cosa che non potreste indovinare così facilmente, di tutta la casa forse sono io quella che se ne è rallegrata meno. Tutti hanno saputo che avevate felicemente passato le alpi; io invece pensavo che ormai eravate più oltre.

Quanto al racconto che m'avete fatto, non abbiamo detto niente al barone, e con tutti ho tralasciato certi soliloqui assai inutili. Il signor di Wolmar è stato bravo, si è limitato a burlarsi di voi; ma Giulia non ha potuto rammentare gli ultimi istanti di sua madre senza nuovi dolori e nuove lagrime. Del vostro sogno non ha notato che quanto poteva rianimare i suoi affanni.

Quanto a me vi dirò, caro il mio maestro, che non sono meravigliata vedendovi in perpetua ammirazione di voi stesso, sempre in procinto di compiere qualche pazzia e sempre cominciando a rinsavire; perché è un pezzo che trascorrete la vita rimproverandovi il giorno prima e lodandovi il giorno dopo.

Vi confesso anche che quel gran sforzo di coraggio che così vicino a noi vi ha fatto tornar via come eravate venuto, non mi pare così meraviglioso come a voi. Mi pare più vano che sensato, e credo che a conti fatti preferirei un po' meno di forza e un tantino più di ragione. Visto codesto modo di andarvene, è lecito chiedervi che cosa eravate venuto a fare? Avete avuto vergogna di farvi vedere, e invece bisognava aver vergogna di non avere il coraggio di farvi vedere; come se il piacere di vedere i propri amici non cancellasse mille volte il piccolo dispiacere delle loro beffe! Non eravate forse troppo fortunato, poterci far vedere la vostra faccia spaventata per farci ridere? Bene; non mi son potuta burlare di voi allora, ma me ne burlo oggi a mille doppi; vero è che, non potendo avere il piacere di farvi arrabbiare, non riesco a ridere con tanto gusto.

Sfortunatamente c'è di peggio; e cioè, mi son presa tutti i vostri terrori senza potermi tranquillizzare come voi. Quel sogno ha qualcosa di spaventoso che mi inquieta e mi attrista mio malgrado. Leggendo la vostra lettera biasimavo le vostre agitazioni; terminandola, ho biasimato la vostra tranquillità. Non si riesce a capire come mai, dopo esser stato tanto commosso, avete potuto tornare tanto tranquillo. Per quale stranezza avete conservato i più funesti presentimenti fino al momento in cui, potendoli distruggere, non lo avete fatto. Un passo, un gesto, una parola, e tutto era finito. Vi siete allarmato senza ragione, e vi siete rassicurato allo stesso modo; ma mi avete contagiata del terrore che voi avete perduto, di modo che, per la sola volta che siete stato forte nella vostra vita, lo siete stato a mie spese. Dopo questa vostra lettera fatale uno stringimento di cuore non m'ha più lasciata; non mi avvicino a Giulia senza tremare di perderla. A ogni momento mi par di scorgere sul suo volto il pallore della morte, e stamattina stringendomela tra le braccia mi son trovata in lagrime senza sapere perché. Quel velo! quel velo!...¹ Ha un non so che di sinistro che mi turba ogni volta che ci penso. No, non vi posso perdonare di non averlo sollevato, pur potendolo; e temo assai che ormai non avrò più un momento di bene prima che vi riveda accanto a lei. Ammettete che, dopo aver tanto parlato di filosofia, vi siete dimostrato filosofo assai intempestivamente. Ah! sognate e fatevi vedere dai vostri amici; è assai meglio che evitarli ed essere filosofo.

Dalla lettera di milord al signor di Wolmar pare che davvero voglia tornare a stabilirsi da noi. Non appena si sarà deciso, e avrà deciso il suo cuore, tornate tutti e due felici e per sempre; è il voto di tutta la piccola comunità e specialmente quello della vostra amica

Clara d'Orbe.

P.S. Del resto, se davvero non avete capito niente della nostra conversazione nell'Eliso, tanto meglio per voi; perché mi sapete abbastanza sveglia per vedere senza essere vista, e abbastanza maligna per schernire quelli che stanno a origliare.

LETTERA XI

RISPOSTA DEL SIGNOR DI WOLMAR

Scrivo a milord Edoardo, e gli parlo di voi così diffusamente che scrivendo a voi mi basta rimandarvi a quella lettera. Forse la vostra esigerebbe un contraccambio di complimenti da parte mia; ma chiamarvi a far parte della mia famiglia; trattarvi come fratello e amico, far vostra sorella di colei che fu vostra amante; rimettervi l'autorità paterna sui miei figli; affidarvi i miei diritti dopo di aver usurpato i vostri: ecco i complimenti di cui vi ho giudicato degno. Da parte vostra, se giustificate la mia condotta e le mie premure, mi avrete lodato abbastanza. Ho cercato di onorarvi con la mia stima, vedete di onorarmi con le vostre virtù. Qualsiasi altro complimento ha da esser sbandito tra noi.

Non soltanto non mi meraviglio di vedervi turbato da un sogno, ma non capisco perché mai vi rimproverate di esserlo stato. Mi sembra che per un filosofo, un sogno di più uno di meno non sia cosa di gran momento.

Ma volentieri vi rimprovererei non tanto l'effetto del sogno quanto la sua natura, e per una ragione assai diversa da quella che potreste immaginare. Una volta un tiranno fece uccidere un uomo che aveva sognato di pugnalarlo. Ricordate la ragione con la quale giustificava quel delitto e applicatevela[1]. E che! state per decidere della sorte del vostro amico e pensate ai vostri antichi amori! Senza la conversazione della sera precedente non vi potrei mai perdonare quel sogno. Pensate di giorno a cosa andate a fare a Roma, così la notte penserete meno a quanto avete fatto a Vevey[2].

La Fanchon è malata, il che occupa molto mia moglie e le toglie il tempo di scrivervi. C'è qui qualcuno che volentieri si incarica di farlo. Fortunato giovane! Tutto cospira alla vostra felicità: tutte le ricompense della virtù vi rincorrono per costringervi a meritarle. Quanto a quella dei miei benefici non se ne incarichi nessuno fuori di voi; l'aspetto da voi solo.

LETTERA XII

AL SIGNOR DI WOLMAR

Questa lettera rimanga tra noi. Un profondo segreto nasconda per sempre gli errori del più virtuoso degli uomini. In che pericoloso frangente mi trovo! O mio saggio e benefico amico, perché non ho tutti i vostri consigli in mente, come ho le vostre bontà nel cuore! Non ebbi mai tanto bisogno di prudenza, e mai la paura di non averne abbastanza nocque tanto al poco che ne ho. Ah, dove sono le vostre paterne cure, dove le vostre lezioni, i vostri lumi? Che sarà di me senza di voi? In questo momento di crisi darei tutta la speranza dalla mia vita per avervi con me per otto giorni.

Mi sono sbagliato in tutte le mie congetture; finora non ho commesso che errori. Non temevo che la marchesa. Quando l'ebbi vista, spaventato dalla sua bellezza, dalla sua destrezza, mi sforzai di alienare da lei l'anima nobile del suo ex amante. Lieto di ridurlo in una parte dove non vedevo cosa alcuna da temere, gli parlai di Laura con la stima e l'ammirazione che ella m'aveva ispirato; allentando il suo più forte affetto mediante l'altro, speravo di poterli finalmente spezzare entrambi.

Sulle prime si piegò al mio disegno; esagerò persino la compiacenza e, forse con l'intento di punire con un po' di inquietudine le mie cure importune, affettò per Laura una premura maggiore di quella che credeva di avere. Cosa vi posso dire oggi? che le sue premure sono sempre quelle, ma non sono simulate. Spossato da tante battaglie, il suo cuore s'è trovato in una condizione di debolezza della quale lei ha approfittato. A qualsiasi altro riuscirebbe difficile fingere a lungo amore per lei, figuratevi lui, oggetto della passione che la divora. Veramente non si può guardare quella sventurata senza sentirsi commossi dal suo aspetto: un'impressione di accasciamento e di languore vela sempre il suo bel volto, e spegnendo la vivacità della sua fisionomia la fa anche più attraente; e come i raggi del sole che trapelano di tra le nuvole, i suoi occhi offuscati dal dolore mandano lampi più ardenti. Persino la sua umiliazíone si orna delle grazie della modestia; vedendola la si compiange, ascoltandola la si onora; insomma debbo dire a giustificazione 'del mio amico che conosco soltanto due uomini al mondo che senza rischio possano stare accanto a lei[1].

Egli sta perdendosi, o Wolmar, lo vedo, lo sento! ve lo confesso nell'amarezza del mio cuore. Fremo pensando fin dove il suo traviamento gli può far dimenticare ciò che è e ciò che si deve.[2] Ho paura che quel suo intrepido amore della virtù, che gli fa sprezzare la pubblica opinione, non lo spinga all'estremità opposta, e gli faccia sfidare anche le sacre leggi della decenza e del decoro. Edoardo Bomston contrarre un simile matrimonio!... capite?... sotto gli occhi del suo amico!... che lo permette!... che lo tollera!... e che gli deve tutto!... Bisognerà che mi strappi il cuore con le sue mani prima di profanarle così.

Cosa fare, frattanto? Come comportarmi? Sapete quanto è violento. Non si ottiene niente da lui con le parole, e le sue da un po' di tempo non sono tali da calmare le mie inquietudini. Dapprima ho finto di non capirlo. Ho fatto parlare indirettamente la ragione in massime generali; a sua volta non mi capisce. Se cerco di toccarlo un po' più sul vivo, risponde con delle sentenze e crede di avermi confutato. Se insisto, si arrabbia e assume un tono che un amico non dovrebbe conoscere e al quale l'amicizia non sa rispondere. Credetemi: in questo frangente non sono né timido né pauroso; quando si compie il proprio dovere si è sempre tentati di essere fieri; ma non si tratta di fierezza, si tratta di riuscire, e dei tentativi sbagliati possono nuocere ai mezzi migliori. Quasi non ardisco affrontare una discussione con lui; perché sento ogni giorno la verità del consiglio che m'avete dato, che in fatto di ragionamento è più forte di me e che non bisogna inasprirlo con le discussioni.

D'altra parte mi sembra che sia un poco raffreddato con me. Si direbbe che io lo inquieto. Un momento di debolezza, come può abbassare un uomo superiore sotto tutti gli aspetti! Il grande, il sublime Edoardo ha paura del suo amico, della sua creatura, del suo allievo! Si direbbe persino, da qualche parola buttata là sul soggiorno che sceglierebbe se non si sposasse, che voglia tentare la mia fedeltà col mio interesse. Sa benissimo che non posso né voglio lasciarlo. O Wolmar, farò il mio dovere e seguirò dappertutto il mio benefattore. Fossi vile e codardo, a che mi gioverebbe la mia perfidia? Giulia e il degno suo sposo potrebbero affidare i loro figli a un traditore?

M'avete detto spesso che le piccole passioni non si lasciano mai ingannare e vanno sempre al loro scopo; ma che è possibile far sì che le grandi passioni si ritorcano contro se stesse. Ho creduto di poter applicare questa vostra massima. Infatti, la compassione, il disprezzo dei pregiudizi, l'abitudine, tutto ciò che determina Edoardo in quest'occasione, sfugge a forza di piccolezza ed è pressoché inattaccabile. Mentre invece il vero amore è inseparabile dalla generosità, grazie alla quale si riesce sempre a commuoverlo. Ho tentato questa via indiretta, e non dispero di riuscire. Pare un mezzo crudele; e non l'ho adottato senza ripugnanza. Eppure, tutto ben considerato, credo di giovare alla stessa Laura. Infatti, cosa potrebbe fare, nella condizione alla quale può salire, se non mostrare la sua passata ignominia? Ma rimanendo quella che è, quanto sarebbe grande! Se capisco bene questa strana ragazza, essa è fatta per godere del suo proprio sacrificio piuttosto che del rango che deve rifiutare[1].

Se dovesse venirmi meno questa risorsa, me ne resterebbe un'altra, quella della religione; ma è un mezzo al quale si deve ricorrere soltanto in caso di estrema necessità e in mancanza di qualsiasi altro; comunque, non voglio risparmiare nulla per ovviare a un matrimonio indegno e sconveniente. O rispettabile Wolmar! sono geloso della vostra stima in tutti i momenti della mia vita: checché vi possa scrivere Edoardo, checché possiate udire, ricordatevi che a qualsiasi costo, e finché il cuore mi batterà in petto, *Lauretta Pisana* non sarà lady Bomston.

Se approvate queste mie misure, non occorre che rispondiate alla mia lettera. Se sbaglio, istruitemi. Ma fate in fretta, non c'è un minuto da perdere. Farò scrivere l'indirizzo da un'altra mano. Fate così anche voi rispondendomi. Quando avrete deliberato sul da farsi, bruciate questa lettera e dimenticate il suo contenuto. Ecco il primo e unico segreto che in vita mia dovrò nascondere alle due cugine; mi fidassi maggiormente dei miei lumi, nemmeno voi ne sareste a parte[a].

LETTERA XIII

DELLA SIGNORA DI WOLMAR ALLA SIGNORA D'ORBE

Pareva che il corriere italiano non aspettasse che la tua partenza per arrivare; come se volesse punirti di non averla voluta differire che per lui. Questa cara scoperta non è mia; mio marito ha notato che, dopo aver fatto attaccare i cavalli alle otto, non sei partita che alle undici: non per amor nostro, ma dopo aver domandato venti volte se erano le dieci, che è l'ora solita in cui la posta arriva.

Sei in trappola, povera la mia cugina, è inutile che neghi. Nonostante le previsioni della Chaillot, questa Clara così pazzerella, o meglio così savia, non è rimasta tale fino in fondo: eccoti negli stessi lacci dai quali con tanta fatica m'hai liberata, non hai potuto conservare per te quella libertà che m'hai restituito.[1] Dunque tocca a me ridere, adesso? Cara amica, bisognerebbe avere il tuo garbo e le tue grazie per poter scherzare come te, e dare anche allo scherzo l'accento tenero e patetico delle carezze. Ma poi, quanta differenza tra noi! Con che faccia ardirei farmi beffe d'un male di cui sono la causa e che ti sei fatta per liberarne me? Non esiste un solo sentimento nel tuo cuore che non offra al mio

---

[a] Per intendere bene questa e la lettera III della sesta parte, bisognerebbe conoscere le avventure di milord Edoardo; e dapprima m'ero deciso ad aggiungerle a questa raccolta. Ripensandoci, non mi son potuto risolvere a sciupare la semplicità della storia dei due amanti con la sua, così romanzesca. Meglio lasciar qualche cosa da indovinare al lettore. (N.d.A.)

qualche motivo di riconoscenza; e in te tutto, persino la tua debolezza, è opera della virtù. Ecco appunto ciò che mi consola e mi rallegra. Bisognava deplorare e piangere le mie colpe; ma è lecito ridere del rispetto umano che ti fa arrossire d'un affetto puro come te.

Torniamo al corriere d'Italia e mettiamo da parte i moralismi. Sarebbe abusare eccessivamente dei miei antichi diritti; perché, se è lecito addormentare il proprio uditorio, non è permesso spazientirlo. Dunque, questo corriere che faccio arrivare così adagio, che cosa t'ha mai portato? Buone notizie della salute dei nostri amici, e una letterona per te. Benissimo! ti vedo sorridere e riprender fiato; l'arrivo della lettera ti fa aspettare con più pazienza il contenuto.

Ma tuttavia ha il suo pregio, pur dopo essersi fatta tanto desiderare; perché respira una così... ma non ti voglio parlare d'altro che di notizie, e certamente ciò che stavo per dire non è tale.

Con quella lettera ne è arrivata un'altra di milord Edoardo per mio marito, con tanti saluti per noi. Questa sì che davvero porta delle notizie, tanto meno aspettate in quanto l'altra non ne fa parola. Il giorno dopo sarebbero partiti per Napoli, dove milord ha qualche affare e dove saliranno sul Vesuvio... Riesci a figurarti quanto quella vista deve essere attraente? Tornati a Roma, Clara, pensa, immagina... Edoardo sta per sposarsi... non, grazie al cielo, a quell'indegna marchesa; anzi dice che sta assai male. Ma chi, allora?... Laura, l'amabile Laura; la quale... ma tuttavia... che matrimonio!... Il nostro amico non ne fa parola. Subito dopo partiranno tutti e tre e torneranno qui a definire gli ultimi accordi. Mio marito non m'ha detto quali; ma è sempre persuaso che Saint-Preux rimarrà con noi.

Ti confesso che il suo silenzio mi inquieta un poco. Non riesco a vederci chiaro in questa storia. Ci vedo situazioni strane, e incomprensibili giuochi del cuore umano. Ma come mai un così virtuoso uomo ha potuto accendersi d'una così duratura passione per una donna malvagia come la marchesa? E come mai lei stessa, col suo carattere violento e crudele, ha potuto concepire e nutrire un amore tanto vivo per un uomo che le somiglia così poco; ammettendo che si possa onorare col nome di amore un furore capace di ispirare delitti? Come mai un cuore giovane e così generoso, così tenero, così disinteressato com'è quello di Laura, ha potuto tollerare le prime sue sregolatezze? E come mai ha potuto liberarsene con quell'ingannevole inclinazione fatta per traviare il suo sesso, e come mai l'amore che rovina tante donne oneste è riuscito a crearne una? Dimmi, Clara: dividere due cuori che si amavano senza accordarsi; unire quelli che si accordavano senza intendersi; far trionfare l'amore dell'amore stesso; dal seno del vizio e dell'obbrobrio trarre la felicità e la virtù; liberare il proprio amico da un mostro e creargli, per così dire, una compagna... sventurata, è vero, ma amabile, persino onesta, se come mi par di poter credere è possibile ridiventarlo: dimmi, colui che avesse compiuto tutte queste cose sarebbe mai colpevole? e colui che le avesse sopportate sarebbe da biasimare?

Lady Bomston, dunque, verrà qui? Qui, angelo mio? Cosa ne dici? Dopo tutto, che prodigio deve essere quella ragazza straordinaria rovinata dall'educazione, salvata dal suo cuore, e per la quale l'amore fu la strada della virtù! Chi la deve ammirare più di me, che feci proprio il contrario, che fui traviata dalla mia inclinazione, mentre tutto cospirava a farmi virtuosa? Mi avvilii meno, è vero; ma mi sono poi innalzata come lei? Ho forse evitato altrettanti pericoli e fatto altrettanti sacrifici? Dall'ultimo scalino della vergogna lei ha saputo risalire al primo gradino dell'onore; è cento volte più rispettabile che se non fosse mai stata colpevole. È sensibile e virtuosa; che cos'altro le occorre per somigliarci? Se non c'è riparo agli errori della gioventù, che diritto ho io a una maggior indulgenza, davanti a chi devo sperare di trovar grazia, e a che onore potrei aspirare se rifiutassi di onorarla?

Eppure, cugina, quando la ragione mi parla così, il mio cuore mormora; e senza potermelo spiegare non riesco ad approvare il matrimonio di Edoardo, né che ci sia implicato il suo amico. Oh, l'opinione, l'opinione! Quant'è difficile scuoterne il giogo! Sempre ci induce all'ingiustizia; il bene passato è cancellato dal male presente; il male passato non sarà dunque mai cancellato da nessun bene?[1]

Non ho nascosto a mio marito una certa inquietudine circa la condotta di Saint-Preux in quest'affare. Gli dissi che mi pareva che avesse vergogna a farne parola a te. È incapace di viltà, ma è debole... Troppo indulgente per gli errori dell'amico... "No," mi rispose "ha compiuto il suo dovere; so che lo compirà; non posso dirvi altro, ma Saint-Preux è un ragazzo diritto. Rispondo di lui, ne sarete contenta..." Clara, è impossibile che Wolmar mi inganni, e che si inganni. Un discorso così positivo m'ha fatta tornare in me; ho capito che tutti i miei scrupoli derivavano da una delicatezza sbagliata, e che se fossi meno vana e più giusta lady Bomston mi sembrerebbe più degna del suo rango.

Ma lasciamo stare lady Bomston e torniamo a noi. Non senti leggendo questa lettera che i nostri amici torneranno prima del previsto, e il tuo cuore non ti dice nulla? Non palpita in questo momento più rapido del solito, codesto cuore troppo tenero e troppo simile al mio? non riflette al pericolo di vivere familiarmente con un così caro oggetto? di vederlo ogni giorno? di abitare sotto lo stesso tetto? e se le mie colpe non mi privarono della tua stima, il mio esempio non ti fa temer nulla per te? Nei nostri giovani anni quante ansie la ragione, l'amicizia, l'onore non ti ispirarono per me, e il cieco amore me le fece sprezzare! Ora è la mia volta, dolce mia amica, e per farmi ascoltare ho in più la triste autorità dell'esperienza. Ascoltami dunque fin che è tempo; e temi che, dopo di aver trascorsa metà della tua vita a deplorare i miei falli, non ti tocchi di trascorrer l'altra a deplorare i tuoi. Soprattutto, non ti fidare di quella scherzosa allegria che protegge le donne che non hanno niente da temere e perde quelle che sono in pericolo. Clara, Clara! un tempo ti facevi beffe dell'amore, perché non lo conoscevi, e per non averne provati gli strali ti consideravi sicura. Ora si vendica e ride a sua volta. Impara a non fidarti della tua gioia traditrice, o temi che un giorno non ti debba costare grandi pianti. Cara amica, è ora che tu ti veda come sei; perché finora non ti sei vista bene; ti sei ingannata sul tuo carattere, non hai saputo stimarti per quello che vali. Ti sei fidata dei discorsi della Chaillot; la quale, vedendoti sventata e allegra, ti ha creduta poco sensibile; ma un cuore come il tuo era troppo in alto per lei. La Chaillot non ti poteva conoscere; nessuno mai t'ha conosciuta bene, salvo io. Persino il nostro amico ha piuttosto intuito che visto il tuo valore. T'ho lasciata nel tuo errore finché t'è potuto esser utile; ora che ti potrebbe perdere bisogna che ti apra gli occhi.

Sei vivace e ti credi poco sensibile. Poverina, quanto ti sbagli! proprio la tua vivacità dimostra il contrario. Non si esercita forse sempre sulle cose del sentimento? Non provengono forse dal tuo cuore le grazie di questa tua allegria? Le tue celie sono prove di interesse assai più commoventi dei complimenti di un altro; quando scherzi, carezzi; ridi, ma il tuo riso penetra l'anima; ridi, ma fai piangere di tenerezza, e quasi sempre vedo che sei seria con chi ti è indifferente.

Se tu fossi soltanto quella che pretendi di essere, dimmi un poco che cosa ci unirebbe così fortemente? dove sarebbe tra noi il legame d'un'amicizia senza pari? per qual prodigio un affetto così grande avrebbe scelto un cuore così poco incline all'affetto? E che! colei che non è vissuta che per la sua amica non sa amare? Colei che voleva abbandonare padre, sposo, parenti e patria per seguirla non è capace di preferire l'amicizia a qualsiasi altra cosa? E che cosa ho mai fatto, io che ho un cuore così sensibile? Cugina, mi son lasciata amare, e con tutta la mia sensibilità ho fatto molto rendendoti un'amicizia pari alla tua.

Queste contraddizioni t'hanno dato sul tuo carattere l'idea più stramba che una pazzerella come te poteva concepire; quella cioè di crederti a un tempo ardente amica e fredda amante. Non potendo negare il tenero affetto che ti penetrava, hai creduto di non essere capace che di quello solo. Salvo la tua Giulia, tu credevi che nessuna cosa al mondo ti poteva commuovere; come se i cuori naturalmente sensibili potessero esserlo soltanto per un unico oggetto; e che, incapace di amare alcun altro fuori di me, mi avessi potuta amare tanto. Domandavi scherzosamente se l'anima ha sesso. No, figliuola, l'anima non ha sesso; ma i suoi affetti distinguono i sessi, e tu cominci a sentirlo anche troppo. Perché il primo amante che ti capitò non seppe commuoverti, hai creduto senz'altro di essere insensibile;

perché non rispondevi all'amore del tuo spasimante, hai creduto di non aver amore per nessuno. Quando divenne tuo marito l'hai però amato, e talmente che ne soffrì persino la nostra intimità; codesta tua anima così poco sensibile seppe inventare un supplemento all'amore ancora abbastanza tenero per soddisfare un brav'uomo.

Povera cugina! Tocca a te ormai risolvere i tuoi dubbi, e se è vero che

Un freddo amante è mal sicuro amico[a]

temo di avere ora un'altra ragione di fidarmi di te; ma bisogna che finisca di dirti tutto quanto penso sull'argomento.

Ho idea che hai amato senza avvedertene, e assai prima di quanto credi, o meglio che quella stessa inclinazione che fece la mia rovina ti avrebbe sedotta se non t'avessi prevenuta. Come puoi pensare che un sentimento così naturale e dolce possa tardar tanto a nascere? Come puoi pensare che nell'età nella quale eravamo sia possibile familiarizzarsi impunemente con un amabile giovane, o che con tanta conformità in tutti i nostri gusti proprio questo soltanto non ci fosse comune? No, angelo mio, sono certa che tu l'avresti amato, se non l'avessi amato io per prima. Meno debole e non meno sensibile, saresti stata più saggia senza essere più fortunata di me. Ma quale inclinazione avrebbe mai potuto vincere nella tua anima diritta l'orrore del tradimento e dell'infedeltà? L'amicizia ti salvò dai lacci dell'amore; non vedesti più altro che un amico nell'amante della tua amica, e così riscattasti il tuo cuore a spese del mio?

Queste congetture sono assai meno congetture di quanto pensi, e se volessi rammentarti dei tempi che è meglio dimenticare, quanto mi sarebbe facile vedere nell'interesse che tu credevi di non nutrire che per me sola, un interesse non meno vivo per colui che mi era caro. Non osavi amarlo e quindi volevi che io l'amassi;

[a] Questo verso è invertito rispetto all'originale e, mi perdonino le belle signore, il senso è così più vero e più bello. (N.d.A.)

credevi che ognuno di noi era necessario alla felicità dell'altro; e codesto tuo cuore, che non ha pari al mondo, ci predilesse anche più teneramente. Sii certa che senza la tua debolezza saresti stata meno indulgente con me; ma ti saresti rimproverata col nome di gelosia una giusta severità. Non ti sentivi in diritto di combattere in me l'inclinazione che avresti dovuto vincere in te, e per paura di esser perfida piuttosto che saggia, immolando la tua alla nostra felicità, credesti di aver fatto abbastanza per la virtù[1].

Mia cara Clara, questa è la tua storia; ecco come la tua tirannica amicizia mi costringe a esserti grata della mia vergogna, e a ringraziarti dei miei falli. Tuttavia non credere che io ti voglia imitare. Non sono disposta a seguire il tuo esempio più di quanto tu sei disposta a seguire il mio, e poiché non devi più temere i miei falli, grazie al cielo io non ho più i tuoi motivi di indulgenza. Qual più degno uso potrei fare della virtù che m'hai restituita, se non aiutarti a conservarla?

Perciò devo dirti il mio parere sul tuo stato attuale. La lunga assenza del nostro maestro non ha mutato le tue disposizioni verso di lui. La tua libertà riconquistata e il suo ritorno hanno iniziato un'epoca nuova, di cui l'amore ha saputo approfittare. Non che un nuovo sentimento sia nato nel tuo cuore, quello che vi è rimasto nascosto tanto a lungo s'è trovato più sciolto. Lieta di potertelo confessare a te stessa, ti sei affrettata a dirmelo. Questa confessione ti pareva quasi necessaria per renderlo affatto innocente; diventando delitto per la tua amica, ecco che non era più tale per te, e forse non ti sei abbandonata al male da te combattuto per tanti anni che per meglio perfezionare la mia guarigione.

Ho sentito tutto questo, mia cara; mi sono poco inquietata d'un'inclinazione che mi faceva da salvaguardia e che tu non ti dovevi rimproverare. Quest'inverno, che abbiamo trascorso tutti insieme in seno alla pace e all'amicizia, m'ha dato anche maggior fiducia, vedendo che non solo non perdevi la tua allegria, ma pareva anzi che tu l'avessi accresciuta. T'ho vista tenera, premurosa, attenta; ma schietta nelle tue carezze, ingenua nei tuoi giuochi, senza misteri, senza malizia alcuna, e nelle tue celie più vivaci la gioia dell'innocenza metteva rimedio a tutto.

Dopo il nostro colloquio nell'Eliso non sono più così contenta di te. Spesso ti vedo triste e assorta. Ti piace star sola non meno che con la tua amica; non hai mutato di linguaggio, ma d'accento; i tuoi scherzi sono più timidi; non osi più parlare di lui tanto spesso; si direbbe che hai sempre paura che egli ti ascolti, e dalla tua inquietudine si vede che tu aspetti sue notizie più di quanto ne domandi.

Ho paura, mia buona cugina, che tu non avverta tutto il tuo male, e che il dardo sia penetrato più addentro di quanto sembravi temere. Dammi retta, esplora bene il tuo cuore malato; domandati se, per saggia che una possa essere, è possibile rimanere a lungo accanto a colui che si ama senza rischio, e se la confidenza che mi rovinò è del tutto senza pericoli per te. Siete liberi entrambi; il che appunto fa più sospette le occasioni. In un cuore virtuoso non c'è debolezza che ceda al rimorso, e ammetto con te che si è sempre abbastanza forti contro il peccato; ma ahimè! chi può evitare di esser debole? Tuttavia considera le conseguenze, pensa agli effetti della vergogna. Bisogna onorarsi per essere onorati, e allora come è possibile meritarsi il rispetto altrui se non se ne ha per sé, e dove si fermerà sulla strada del vizio colei che ha fatto il primo passo senza paura? Ecco quanto direi a quelle donne di mondo per le quali la morale e la religione non contano, e che non hanno altra legge che l'opinione altrui. Ma tu, donna virtuosa e cristiana; tu che vedi e ami il tuo dovere; tu che conosci e segui altre regole che quelle del pubblico giudizio, il primo tuo onore è quello che la tua coscienza ti tributa, ed è quello che bisogna conservare[1].

Vuoi sapere qual è il tuo torto in tutto questo? Torno a dirtelo: è quel tuo arrossire di un sentimento onesto che basterebbe dichiarare per farlo innocente[a]; ma

[a] Perché mai l'editore lascia le continue ripetizioni che riempiono questa come tante altre lettere? Per una ragione assai semplice: perché non si preoccupa affatto che queste lettere abbiano a piacere a coloro che faranno questa domanda. (N.d.A.)

655

con tutta la tua allegria sei più timida di tutti. Scherzi per far l'ardita, e vedo il tuo povero cuore che trema tutto. Con l'amore, di cui fai sembianza di ridere, fai come i bambini che cantan di notte per cacciar la paura. O mia cara amica! Ricordati di averlo detto mille volte: è la vergogna sbagliata che porta a quella vera, e la virtù non arrossisce che di quello che è male. Forse che l'amore in sé è un delitto? Non è forse la più pura e la più dolce inclinazione naturale? Non ha forse uno scopo buono e lodevole? Non sdegna forse le anime basse e striscianti? E non stimola le anime grandi e forti? Non nobilita tutti i loro sentimenti? Non raddoppia forse la loro vitalità? Non le innalza al disopra di se stesse? Ah! se per rimanere oneste e sagge dobbiamo essere inaccessibili ai suoi dardi, dimmi, cosa rimane per la virtù sulla terra? Il rifiuto della natura e i più vili dei mortali[1].

Cos'hai mai fatto da doverti rimproverare? Non hai forse scelto un brav'uomo? Non è forse libero? E tu, non lo sei? Non merita tutta la tua stima? E tu, non possiedi tutta la sua? Non sarai forse troppo felice di poter fare la felicità d'un amico così degno di quel nome, di pagare col tuo cuore e con la tua persona i debiti della tua amica, e di onorare innalzandolo fino a te il merito oltraggiato dalla fortuna?

Vedo i piccoli scrupoli che ti fermano. Smentire una risoluzione presa e dichiarata, dare un successore al morto, esibire la propria debolezza alla gente, sposare un avventuriero: perché le anime vili, sempre prodighe di titoli obbrobriosi, sapranno certo adoperare questo. Ecco le ragioni per le quali preferisci rimproverarti la tua inclinazione piuttosto che giustificarla, e covare i tuoi ardori in fondo al cuore piuttosto che renderli legittimi. Ma dimmi, ti prego: la vergogna è forse sposare colui che si ama, oppure amarlo senza sposarlo? Questa è la scelta che devi fare.[2] L'onore che devi al morto è di rispettare abbastanza la sua vedova per darle un marito piuttosto che un amante, e se la tua giovinezza ti costringe a colmare il suo posto, scegliere un uomo che gli è stato caro non è forse rendere omaggio alla sua memoria?

Quanto alla disparità di condizione, mi parrebbe di offenderti combattendo una così frivola obiezione, quando si tratti di saggezza e di morale. Non conosco altra disparità disonorevole che quella che deriva dal carattere o dall'educazione. Un uomo imbevuto di vili massime, qualunque sia lo stato al quale è pervenuto: è sempre ignobile allearsi a lui. Ma un uomo educato nei sentimenti dell'onore è pari a chicchessia, non c'è condizione dove non sia al suo posto. Sai che cosa pensava tuo padre quando si trattò di me e del nostro amico. Pur oscura, la sua è una famiglia onorata. Gode della pubblica stima, e la merita. E così, foss'anche l'ultimo degli uomini, non bisognerebbe esitare; perché è meglio venir meno alla nobiltà che alla virtù, e la moglie d'un carbonaio è più rispettabile dell'amante di un principe.'

Intravvedo anche un altro ostacolo che ti impedisce di dichiararti per prima; come certo intendi, perché egli ardisca aspirare a te bisogna che tu glielo permetta; ed è una delle giuste vendette della disparità, che spesso costi ciò a colui che sta più in alto, profferte mortificanti. Ti perdono questa difficoltà, ammetto anzi che mi parrebbe assai grave se non mi impegnassi a eliminarla. Spero che fai conto abbastanza sulla tua amica per credere che lo farà senza comprometterti; da parte mia, sono abbastanza certa del buon esito per incaricarmene fiduciosamente. Nonostante quello che tutti e due m'avete esposto una volta circa la difficoltà di trasformare un'amica in amante, se conosco bene un cuore nel quale ho imparato anche troppo a leggere, non credo che l'impresa esiga da me una grande abilità. Lascia quindi che mi incarichi io di questi negoziati, così che tu possa abbandonarti al piacere che ti procurerà il suo ritorno senza misteri, senza rammarichi, senza pericoli e senza vergogna. Ah, cugina! che delizia per me, poter riunire per sempre due cuori così fatti l'uno per l'altro, e che da un pezzo si confondono nel mio. Ci si confondano anche di più, se è possibile; non siate più che uno per voi e per me. Sì, mia Clara, farai un favore all'amica tua coronando il tuo amore, e io sarò più sicura dei miei sentimenti quando non potrò più distinguerli fra voi.

Se poi, nonostante le mie ragioni, questa proposta non ti garbasse, il mio parere è che a qualunque costo si provveda ad allontanare da noi quest'uomo pericoloso, sempre temibile per l'una o per l'altra; perché, qualunque cosa avvenga, l'educazione dei nostri figli ci sta meno a cuore della virtù delle loro madri. Ti lascio il tempo di rifletterci durante il tuo viaggio. Ne riparleremo al tuo ritorno.

Mi decido a spedirti questa lettera direttamente a Ginevra, perché non hai trascorso che una sola notte a Losanna e non ti ci troverebbe più. Portami poi tante notizie della piccola repubblica. Si dice tanto bene di questa bella città, che ti reputerei fortunata di poterla andare a vedere, se potessi stimare i piaceri che si comperano a spese degli amici. Non m'è mai piaciuto il lusso, e ora lo odio per averti tolta a me per non so quanti anni. Figliuola mia, né l'una né l'altra siamo state a Ginevra per le nostre compere di nozze; per quanti meriti possa avere tuo fratello, dubito che la tua cognata, con i suoi merletti di Fiandra e i suoi tessuti indiani, sia più contenta di noi nella nostra semplicità. Tuttavia, nonostante il mio rancore, ti prego di persuaderla di venire a celebrare le nozze a Clarens. Mio padre scrive al tuo, e mio marito alla madre della sposa per invitarli; eccoti le lettere, consegnale loro, e fai più pressante l'invito con i tuoi meriti rinascenti; è tutto quanto posso fare perché la festa non si svolga senza di me; perché ti dichiaro che a nessun costo voglio abbandonare la mia famiglia. Addio, cugina; mandami due parole perché sappia almeno quando ti devo aspettare. Son due giorni che sei partita, e non saprei più vivere a lungo senza di te.

P.S. Intanto che terminavo questa lettera interrotta, madamigella Enrichetta s'è industriata da parte sua di scriverti anche lei.. Poiché voglio che i bambini dicano quello che pensano e non ciò che gli si fa dire, ho lasciato che la piccola curiosa scrivesse tutto quanto le veniva in mente, senza cambiare una sola parola. Terza lettera unita alla mia. Suppongo che non sia nemmeno questa la lettera che cercavi con la coda dell'occhio, frugando nell'involto. Smetti pure di cercarvela, perché non ce la troverai. È indirizzata a Clarens; a Clarens dev'esser letta; aggiustati.

LETTERA XIV

DI ENRICHETTA ALLA SUA MAMMA

Dove siete mai, mamma? Dicono che siete a Ginevra e che è lontano lontano, che bisognerebbe camminare due giorni e tutto il giorno per raggiungervi; ma volete proprio fare anche il giro del mondo? Il paparino è partito stamattina per Etange; il nonnino è a caccia; la mammina s'è ritirata per scrivere; sono qui sola con la Pernette e la Fanchon. Dio mio, non so come, ma dopo la partenza del nostro caro amico tutti si sparpagliano. Voi siete stata la prima, mamma. Ci si annoiava già quando non avevate più nessuno da far stizzire; ma adesso che siete partita è anche molto peggio; perché la mammina non è più di buon umore come quando ci siete voi. Mamma, il mio malitino sta bene, ma non vi ama più, perché ieri non lo avete fatto saltare come di solito. Ma io credo che vi amerò ancora un poco se tornate presto presto, per non farci annoiare tanto. Se volete farmi contenta del tutto, portate al mio malito qualche cosa che gli faccia piacere. Per contentare lui sono sicura che saprete pensare che cosa bisogna fare. Dio mio! se il nostro caro amico fosse qui, l'avrebbe già indovinato! il mio bel ventaglio è tutto rotto; il mio vestitino azzurro non è più che un cencio; il mio pizzo di seta è sbrindellato; i miei guanti a traforo son da buttar via. Addio, mamma, devo finire la lettera perché la mammina ha finito la sua ed esce dal gabinetto. Mi pare che ha gli occhi rossi, ma non ho il coraggio di dirglielo; ma leggendo questa mia lettera vedrà bene che me ne sono accorta. Mia cara mamma, come siete cattiva, se fate piangere la mia mammina!

P.S. Un abbraccio al nonno, un abbraccio agli zii, un abbraccio alla mia nuova zia e alla sua mamma; abbraccio tutti salvo voi, mamma, mi capite bene; per voi non ho le braccia così lunghe.

PARTE SESTA

LETTERA I

DELLA SIGNORA D'ORBE ALLA SIGNORA DI WOLMAR

Prima di partire da Losanna bisogna che ti scriva una parola per dirti che ci sono giunta; tuttavia non così lieta come speravo. Mi rallegravo tanto di questo viaggetto che ha tentato spesso anche te; ma rifiutando di venirci con me me l'hai reso quasi importuno; giacché, che risorsa ci potrò trovare? Se è noioso, avrò la noia tutta per me; se invece è piacevole, mi spiacerà di divertirmi senza di te. Se non ho niente da opporre alle tue ragioni, credi forse perciò che me ne contenti? In verità, cugina, ti sbagli di grosso, ed è un altro motivo di arrabbiarmi, il non essere in diritto di arrabbiarmi. Di' un poco, cattivella, non hai vergogna di sempre aver ragione con la tua amica, e di resistere a ciò che le fa piacere, senza lasciarle nemmeno quello di sgridarti? Se tu avessi piantato lì per otto giorni marito casa e marmocchi, credi forse che tutto sarebbe andato in rovina? Saresti stata stordita, è vero; ma saresti mille volte più simpatica; invece, con la tua mania della perfezione, non varrai più nulla e dovrai cercarti amici tra gli angeli.

Nonostante i dissapori di un tempo, mi son ritrovata in seno alla mia famiglia non senza commozione; m'hanno accolta con piacere, o almeno con molte feste. Per parlarti di mio fratello voglio prima aver fatto conoscenza con lui. Con un aspetto piuttosto bello, ha però il tono inamidato del paese dal quale viene. È serio e freddo; lo direi persino un po' supponente; ho paura per la sposina, mi domando se invece di essere un marito buono come i nostri, non si dia un po' l'aria del signore e padrone.

Mio padre è stato così contento di rivedermi che per abbracciarmi ha messo da parte la relazione d'una gran battaglia che i francesi hanno appena vinto nelle Fiandre[1], quasi per confermare la predizione dell'amico del nostro amico. Che fortuna che non sia presente! Ti figuri il valente Edoardo che vede fuggir gli inglesi e che fugge lui pure?... mai, mai!... si sarebbe fatto uccidere cento volte.

A proposito dei nostri amici, è un pezzo che non ci hanno scritto. Non era ieri il giorno della posta? Se ricevi lettere, spero non dimenticherai quanto mi interesso a loro.

Addio, cugina, devo partire. Aspetto tue notizie a Ginevra, dove facciamo conto di essere domani a pranzo. Del resto ti avverto che in un modo o nell'altro le nozze non saranno celebrate senza di te, e se non puoi venire a Losanna vengo io con tutta la compagnia a mettere Clarens a sacco e a bere tutti i vini del mondo.

LETTERA II

DELLA SIGNORA D'ORBE ALLA SIGNORA DI WOLMAR

Magnificamente, suor predicatrice! ma direi che ti fidi un po' troppo del salutare effetto delle tue prediche; senza star a vedere se un tempo addormentassero molto il tuo amico, ti avverto che oggi non addormentano affatto la tua amica; e quella che m'è arrivata ieri sera non solo non m'ha provocato il sonno ma m'ha tenuta sveglia tutta la notte. Dio ci scampi dalle parafrasi del mio Argo, se mai vede questa mia lettera! ma provvederò, e giuro che ti brucerai le dita piuttosto che fargliela vedere.

Se dovessi risponderti punto per punto, usurperei i

tuoi diritti; meglio andare a modo mio; anzi, per far la modesta e per non darti buon giuoco, non ti parlerò subito dei nostri amici e del corriere d'Italia. Alla peggio, dovesse capitarmi, mi toccherà riscrivere la lettera, mettendo l'inizio alla fine. Parliamo dunque della pretesa lady Bomston.

Basta questo titolo a indignarmi. Non perdonerei mai a Saint-Preux di permettere a quella ragazza di assumerlo, come non perdonerei a Edoardo di darglielo, né a te di ammetterlo. Giulia di Wolmar che riceve in casa sua *Lauretta Pisana*! che la tollera accanto a sé! Ma ci pensi, figliuola? Che crudele dolcezza è mai questa? Non sai che l'aria che circola intorno a te riesce mortale all'infamia? Come potrebbe quella povera sventurata ardire di mescolare il suo fiato al tuo, di respirare accanto a te? Starebbe peggio di un indemoniato a contatto delle reliquie; basterebbe un tuo sguardo a farla scomparire sotterra; la sola tua ombra la ucciderebbe.

Non disprezzo affatto Laura, Dio me ne guardi; anzi, l'ammiro e la rispetto, tanto più che un ravvedimento come il suo è eroico e raro. Ma non basta a giustificare i paragoni umilianti con i quali ardisci profanar te stessa; come se nelle massime sue debolezze il vero amore non preservasse la persona e non facesse l'onore anche più geloso. Ma ti capisco e ti scuso. Ora gli oggetti lontani e bassi si confondono ai tuoi occhi; guardi la terra dall'alto della sublime tua elevazione e non ne avverti le asperità. La devota tua umiltà sa cavar profitto persino dalla tua virtù.

Ma insomma, a che serve tutto questo? I sentimenti naturali non tornan forse fuori? L'amor proprio non se ne prevale forse? Tuo malgrado avverti la tua ripugnanza, la tacci d'orgoglio, vorresti combatterla, ne dai colpa all'opinione. Cara figliuola! ma da quando mai l'obbrobrio del vizio risiede soltanto nell'opinione? Come credi possibile di vivere con una donna davanti alla quale non si potrebbe nominare né la castità, né la decenza, né la virtù, senza farle versare lagrime di vergogna, senza rianimare i suoi dolori, senza quasi insultare al suo pentimento? Credimi, angelo mio, bisogna rispettare Laura ma non frequentarla. Evitarla è un riguardo che le donne per bene le devono; dovrebbe soffrir troppo con noi[1].

Ascoltami. Il tuo cuore ti dice che questo matrimonio non s'ha da fare? Non è come dire che non si farà mai?... Dici che il nostro amico non ne parla nella sua lettera?... nella lettera che, dici, mi scrive?... e dici che è una lettera lunghissima?... e poi ecco il discorso di tuo marito... è assai misterioso, tuo marito!... Siete una coppia di birboni che vi intendete per burlarvi di me; ma... il suo parere mi sembra che qui non era gran che necessario... soprattutto per te che hai visto la lettera... né per me che non l'ho letta... perché son più sicura del tuo amico, del mio, che di tutta la filosofia.

Ma come! Ecco questo importuno che già mette fuori il capo, chissà come. In verità, affinché non torni e già che ho cominciato il suo capitolo, il meglio sarà che lo termini, per non tornarci un'altra volta.

Non andiamo a perderci nel paese delle chimere. Se tu non fossi stata Giulia; se il tuo amico non fosse stato tuo amante, non so che cosa sarebbe stato per te; non so che cosa sarei stata nemmeno io. Quello che so benissimo è che se la sua cattiva stella l'avesse subito indirizzato dalla mia parte, povera la sua testa: pazza o non pazza, l'avrei certamente fatto ammattire. Ma cos'importa quello che avrei potuto essere? Parliamo di ciò che sono. La prima cosa che feci è di amarti. Già dai primissimi nostri anni il mio cuore s'è trasfuso nel tuo. Per tenera e sensibile che fossi, non seppi più né amare né sentire per conto mio. Tutti i miei sentimenti mi derivarono da te; tu sola fosti tutto per me, non vissi che per essere tua amica. Ecco quello che la Chaillot ha visto; ecco su che cosa m'aveva giudicata. Rispondimi, cugina: s'è sbagliata?

Il tuo amico fu mio fratello, lo sai: l'amante della mia amica fu per me come il figlio di mia madre. Questa scelta la fece non la mia ragione, ma il mio cuore. Fossi stata anche più sensibile, non l'avrei amato altrimenti. Abbracciavo te abbracciando la più cara metà di te stessa; la purezza delle mie carezze era garantita dalla loro vivacità. Una giovane tratta forse così colui che ama? Lo trattavi così anche tu? No, Giulia, l'amore per noi è timido e pauroso; il pudore e il ritegno sono i suoi precursori, si manifesta con rifiuti, e non appena trasforma le carezze in favori sa benissimo discernerne il valore. L'amicizia è prodiga, ma l'amore è avaro[1].

Ammetto che legami troppo stretti sono sempre pericolosi nell'età in cui eravamo lui e io; ma tutti e due avevamo il cuore pieno d'uno stesso oggetto, e ci abituammo talmente a sempre averlo tra noi che non ci era possibile, a meno di sopprimerti, di raggiungerci. Persino la familiarità, di cui avevamo preso la dolce abitudine, codesta familiarità in qualsiasi altro caso così pericolosa, fu per noi una salvaguardia. I nostri sentimenti dipendono dalle nostre idee, e quando hanno preso una certa direzione è difficile che la cambino. Avevamo parlato troppo su un certo tono per poter tornare indietro. L'amore vuol farsi la sua strada da sé, non gli piace che l'amicizia gli risparmi metà del cammino. Insomma, l'ho detto altre volte e mi pare di poterlo ridire: non si colgono baci colpevoli da quella bocca dalla quale se ne son colti di innocenti.

A rafforzare questo stato di cose venne colui che il cielo destinava a fare la breve felicità della mia vita. Come sai, cugina, era giovane, bello, cortese, attento, compiacente; non sapeva amare come il tuo amico, ma amava me, e quando il cuore è libero la passione che ci tocca ha sempre qualcosa di contagioso. Gli diedi quindi tutta la parte libera del mio cuore, e fu una parte ancora abbastanza buona perché non rimpiangesse la sua scelta. Così, cosa dovevo mai temere? Confesso anzi che i diritti del sesso, congiunti a quelli del dovere, per un momento nocquero ai tuoi, e che abbandonata al mio nuovo stato sulle prime fui piuttosto sposa che amica; ma tornando a te ti portavo due cuori invece di uno, e in seguito non ho mai più dimenticato che io sola dovevo rispondere di questo doppio debito.

Cosa devo dirti d'altro, mia dolce amica? Quando il nostro maestro tornò, dovetti per così dire fare una nuova conoscenza; mi parve di vederlo con altri occhi; mi parve di provare, abbracciandolo, un fremito che fin'allora non avevo provato; quest'emozione mi fu tanto più deliziosa, in quanto mi ispirò maggior timore; mi rimproverai come una colpa questo sentimento che forse non esisteva se non perché non era più colpevole. Pensai anche troppo che il tuo amante non era più tale, e non poteva più esserlo; sentii anche troppo che era libero e che anch'io lo ero. Il resto lo sai, cara cugina: le mie paure e i miei scrupoli ti furono noti come a me stessa. Il mio cuore inesperto era così intimidito da uno stato per lui affatto nuovo, che mi rimproveravo la fretta di riunirmi a te, come se quella fretta non fosse anteriore al ritorno dell'amico. Non mi piaceva che egli stesse appunto dove io desideravo tanto di stare, e credo che avrei patito meno sentendo quel desiderio più tiepido, che immaginando che non fosse tutto per te.

Insomma, ti raggiunsi e subito mi sentii quasi rassicurata. M'ero rimproverata meno la mia debolezza, dopo di avertela confessata. Accanto a te me la rimproverai anche meno; mi parve di essermi messa a mia volta sotto la tua protezione, e cessai di temere per me. Decisi, anche per tuo consiglio, di non mutare il mio contegno verso di lui. È certo che una maggior riservatezza sarebbe stata una specie di dichiarazione; quelle che mi potevan sfuggire mio malgrado erano anche troppe, senza farne anche una volontaria. Continuai ad essere giocosa per vergogna, e familiare per modestia; ma forse, poiché lo facevo meno naturalmente, non lo facevo più con la stessa misura. Da allegra che ero diventai del tutto pazza, e mi incoraggiò il sentimento di poterlo essere impunemente. Sia che l'esempio del tuo ravvedimento mi desse maggior forza per imitarti; sia che la mia Giulia purifica tutto ciò che le si avvicina: mi sentii del tutto tranquilla, e delle mie prime emozioni non mi rimase che un sentimento dolcissimo, è vero, ma calmo e placido, che non domandava al mio cuore se non che quello stato durasse[1].

Sì, cara amica, sono tenera e sensibile quanto te; ma lo sono altrimenti. I miei affetti sono più vivi, i tuoi più penetranti. Con sensi più vivaci, forse io sono più capace di ingannarli, e quella stessa allegria che a tante altre è costata l'innocenza a me l'ha conservata. Non è sempre facile, bisogna ammetterlo. Come si può rimaner vedova alla mia età e non sentire a volte che i giorni non sono che la metà della vita? Ma come hai detto, e come dimostri, la saggezza è un grande mezzo per rimanere sagge; perché con tutto il tuo nobile contegno ti credo in uno stato non molto diverso dal mio. Allora appunto l'allegria corre in mio soccorso e forse riesce più utile alla virtù delle gravi lezioni della ragione. Quante volte nel silenzio della notte, quando non si può sfuggire a se stessi, ho scacciato idee importune macchinando qualche burla per l'indomani! Quante volte ho schivato i pericoli d'un colloquio intimo con una frase stravagante! Vedi, cara: quando si è deboli c'è sempre un momento che l'allegria si fa seria, ma quel momento non verrà per me. Ecco quanto mi pare di sentire, e di cui ti posso assicurare.

Dopo di che confermo liberamente tutto quanto ho detto nell'Eliso sull'affetto che ho sentito nascere, e sulla felicità di cui ho goduto quest'inverno scorso. Mi abbandonavo tanto più volentieri al piacere di vivere con chi amo, in quanto sentivo che non desideravo niente di più. Se quel tempo fosse durato per sempre, non ne avrei mai desiderato un altro. La mia allegria nasceva dalla contentezza e non dall'artificio. Trasformavo in birichineria il piacere di occuparmi continuamente di lui. Sentivo che limitandomi a ridere non mi preparavo lagrime.

In verità, cugina, a volte m'è parso di vedere che il giuoco non dispiaceva neppure a lui. Quel furbone non si stizziva del fatto che lo facessi stizzire, e se si ammansiva così a stento era semplicemente per farsi ammansire più a lungo. Ne approfittavo per fargli dei discorsi piuttosto teneri con l'aria di burlarmi di lui; facevamo a gara a chi era più bambino. Un giorno che tu eri assente giuocava a scacchi con tuo marito; nella stessa stanza io giuocavo al volano con la Fanchon che era al corrente delle mie intenzioni, e io tenevo d'occhio il nostro filosofo. Dal suo contegno umilmente superbo e dalla prontezza delle sue mosse mi avvidi che stava vincendo. Il tavolino era piccolo, la scacchiera sporgeva. Colsi il momento giusto e come per sbadataggine con un colpo di racchetta mandai all'aria lo scacco matto. Tu non hai mai veduto una collera come quella; era così infuriato che avendogli proposto la scelta tra uno schiaffo e un bacio per penitenza, si voltò via quando gli presentai la guancia. Gli chiesi scusa: fu inflessibile; m'avrebbe lasciata in ginocchio se mi ci fossi messa. Finì che gli combinai un'altra burla per fargli dimenticare la prima, e tornammo più amici di sempre.

Con un altro metodo me la sarei cavata meno bene, certamente, e una volta mi accorsi che se il giuoco si fosse fatto serio lo poteva essere anche troppo. Una sera ci accompagnava quel duetto così semplice e toccante di Leo, *Vado a morir, ben mio*[1]. Tu cantavi un po' sbadatamente, io invece no; avevo appoggiato una mano al cembalo e, nel momento più patetico, egli mi stampò sulla mano un bacio che sentii fin nel cuore. Non conosco i baci dell'amore, ma ti posso dire che mai l'amicizia, nemmeno la nostra, non ne ha mai né dati né ricevuti come quello. Bene, figlia mia, dopo simili momenti che cosa si diventa se si va a sognare nella solitudine portandone con sé il ricordo? Io interruppi la musica, bisognò ballare, feci ballare il filosofo, cenammo alla spiccia, vegliammo fino a tardi e andai a coricarmi assai stanca: non feci che un sonno solo.

Ho quindi ottime ragioni per non reprimere la mia allegria né cambiar contegno. Il momento in cui questo cambiamento sarà necessario è così vicino che non mette conto di anticiparlo. Il tempo di far la bacchettona contegnosa verrà anche troppo presto; fin che conto sulla ventina mi spiccio a usare dei miei diritti; perché toccata la trentina non si è più pazzerelle ma ridicole, e quel criticone d'un tuo marito ha il coraggio di dirmi che non mi restano che sei mesi per rimestare l'insalata con le dita. Pazienza! per contraccambiare il sarcasmo voglio rimestargliela fra sei anni, e ti giuro che la dovrà mangiare; ma torniamo a noi.

Se non dei propri sentimenti, si è però padroni della propria condotta. Certamente, vorrei domandare al cielo un cuore più tranquillo; ma possa io nel giorno estremo offrire al sovrano giudice una vita così poco colpevole come quella vissuta quest'inverno! In verità, non avevo niente da rimproverarmi accanto all'unico uomo che mi poteva rendere colpevole. Cara mia, le cose son cambiate da quando è partito; abituandomi a pensare a lui assente, ci penso in tutti i momenti del giorno, la sua immagine mi riesce più pericolosa della sua persona. Quand'è lontano sono innamorata; quand'è vicino, non sono che pazza; torni, e non lo temerò più?

Al rammarico della sua lontananza s'è venuta ad aggiungere l'inquietudine di quel suo sogno. Se hai messo ogni cosa sul conto dell'amore ti sei sbagliata; anche l'amicizia contava nella mia tristezza. Dopo la loro partenza ti vedevo pallida e mutata; temevo continuamente che ti ammalassi. Non sono credulona, ma paurosa. So benissimo che un sogno non provoca un avvenimento, ma temo sempre che l'avvenimento segua il sogno. Quel maledetto sogno non m'ha concesso una notte tranquilla, fino a quando non ti ebbi vista ben rimessa e coi tuoi bei colori. Anche se in questa premura m'è avvenuto di mettere a mia insaputa un interesse sospetto, è certo che avrei dato qualsiasi cosa al mondo perché si fosse fatto vedere invece di tornare indietro come uno sciocco. Finalmente i miei terrori scomparvero insieme alla tua brutta cera. La tua salute e il tuo appetito hanno fatto assai più che i tuoi scherzi, e a tavola t'ho vista ragionare così bene contro le mie paure che esse si sono del tutto dissipate. Per colmo di felicità egli torna, e ne sono lietissima sotto tutti gli aspetti. Il suo ritorno non mi inquieta affatto, anzi mi rassicura; e appena lo vedremo non temerò più niente, né per i tuoi giorni né per la mia pace. Cugina, conservami la mia amica, e non stare in pensiero per la tua; mi faccio garante di lei finché ti avrà... Ma, o Dio, cos'ho mai che torna a inquietarmi, e mi stringe il cuore senza che io sappia perché? Ah, figlia mia, un giorno una di noi dovrà dunque sopravvivere all'altra? Guai a colei sulla quale deve cadere così crudele destino! Resterà poco degna di vivere, o sarà morta prima di morire.

Mi potresti dire perché sto qui a struggermi in vani lamentele? Basta con questo irragionevole terror panico! Invece di parlar di morte, parliamo di nozze; sarà più divertente. È un pezzo che quest'idea è saltata in testa a tuo marito, e se non me ne avesse fatto parola forse non sarebbe mai saltata in testa a me. Da allora ci ho pensato qualche volta, e sempre con disprezzo. Ohibò! è cosa che fa vecchia una giovane vedovella; se avessi figli di secondo letto, mi crederei nonna di quelli del primo. Sei poi tanto brava, da voler fare così allegramente i primi passi per la tua amica, e di considerare questa combinazione come un effetto della benigna tua carità. Benissimo: ora ti dico che tutte le ragioni fondate su queste tue sollecite cure non pesano quanto l'ultima delle mie ragioni contro un secondo matrimonio.

Parliamo sul serio: non ho l'anima così bassa da far entrare tra queste ragioni la vergogna di ritrattarmi da un impegno temerario e preso con me sola, né la paura del biasimo se faccio il mio dovere, né la disuguaglianza delle fortune in un caso in cui tutto l'onore è per quello dei due al quale l'altro acconsente di esser debitore della sua: ma senza stare a ripetere quanto t'ho detto tante volte circa il mio umore indipendente, e la naturale mia avversione al giogo coniugale, mi limito a una sola obiezione, e la deduco da quella sacra voce che nessuno al mondo rispetta come la rispetti tu: vinci questa obiezione, cugina, e mi arrendo. In tutte quelle burle che ti inquietano tanto la mia coscienza è tranquilla. Il ricordo di mio marito non mi fa arrossire; mi piace chiamarlo a testimonio della mia innocenza, e perché mai dovrei temere di fare davanti alla sua immagine quello che un tempo facevo davanti a lui? Forse che le cose andrebbero così, o Giulia, se violassi i sacri impegni che ci unirono, se avessi il coraggio di giurare a un altro l'amore eterno che giurai a lui tante volte, se il mio cuore diviso in modo indegno sottraesse alla sua memoria ciò che darebbe al suo successore e non potesse, senza offender uno dei due, adempiere a quanto deve all'altro? Questa stessa immagine che mi è così cara non mi procurerebbe che spavento e terrore, continuamente verrebbe ad avvelenare la mia felicità, e il suo ricordo che ora fa la dolcezza della mia vita ne farebbe il tormento. Come ardisci parlarmi di dare un successore a mio marito, dopo di aver giurato di non mai darne uno al tuo? come se le ragioni che tu metti innanzi per me non valessero anche per te! Si amarono? Peggio ancora. Con che sdegno vedrebbe un uomo che gli è stato caro usurpare i suoi diritti e far infedele la sua sposa! Insomma, anche se fosse vero che non devo più nulla a lui, non devo forse niente al caro pegno del suo amore? e come potrei credere che mai m'avesse voluto sposare, se avesse previsto che un giorno avrei esposto la sua unica figlia a vedersi confusa con i figli di un altro?

Una parola ancora, e ho finito. Chi t'ha detto che tutti gli ostacoli nascerebbero da me soltanto? Rispondendo di colui che vi è interessato, non hai forse consultato il tuo desiderio piuttosto che il tuo potere? Quand'anche tu fossi certa del suo consenso, non avresti scrupolo offrendomi un cuore logorato da un'altra passione? Credi che il mio se ne potrebbe contentare, e che potrei essere felice con un uomo che non facessi felice? Cugina, riflettici meglio; senza pretendere a un amore più grande di quello che posso provare io, voglio che tutti i sentimenti che concedo mi siano contraccambiati, e sono donna troppo da bene per rinunciare a piacere a mio marito. Che garanzia hai dunque di queste tue speranze? Un certo piacere a stare insieme, che può esser effetto della semplice amicizia; un effimero trasporto che alla nostra età può nascere dalla semplice diversità del sesso; ma basta tanto per fornire un saldo fondamento? Se quel trasporto avesse prodotto qualche sentimento durevole, come credere che lui non ne avrebbe fatto parola, non con me soltanto, ma con te, o con tuo marito il quale avrebbe certamente prestato orecchio favorevole a tale discorso? Ne ha mai parlato con qualcuno? Nei nostri colloqui abbiamo parlato d'altro che di te? ne avete mai parlato nei vostri? Come potrei pensare che, se avesse avuto da custodire qualche difficile segreto, non mi sarei mai avveduta della sua costrizione, o che non gli sarebbe mai sfuggito inavvertitamente? Insomma, anche dopo la sua partenza, di quale di noi due parla più spesso nelle sue lettere, di quale s'è occupato nei suoi sogni? Ammiro come mai, credendomi sensibile e tenera, non hai pensato che mi sarei dette tutte queste cose! Ma vedo le vostre astuzie, bella mia. Mi accusate d'aver salvato il mio cuore a spese del vostro per aver diritto di rappresaglia. Non mi pigli in trappola!¹

Ecco la mia confessione, cugina. L'ho fatta per illuminarti, non per contraddirti. Mi resta da manifestarti la mia decisione in proposito. Ora conosci il mio intimo come e forse meglio di me; il mio onore e la mia felicità non ti sono meno cari che a me, e nella calma delle passioni la ragione ti farà scorgere anche meglio dove devo cercare quello e questa. Incaricati quindi della mia condotta, te ne affido assolutamente la direzione. Torniamo nel nostro stato naturale e cambiamo di mestiere fra noi, ce la caveremo meglio tutt'e due. Governami, e sarò tranquilla; tocca a te volere ciò che io devo fare, tocca a me fare ciò che tu vorrai. Custodisci l'anima mia nella tua, a che giova alle inseparabili averne due?

Su via! ora torniamo ai nostri viaggiatori; ma dell'uno ho già parlato tanto che non ardisco più parlare nemmeno dell'altro, per paura che la differenza di stile sia troppo sensibile, e che l'amicizia che sento per l'inglese non parli troppo in favore dello svizzero. Ma poi, cosa posso dire di lettere che ncn ho visto? Dovevi per lo meno mandarmi quella di milord Edoardo; ma non hai avuto il coraggio di mandarmela senza l'altra, e hai fatto benissimo... ma avresti potuto fare anche meglio... Ah, evviva le governanti di vent'anni! sono più trattabili che a trenta.

Bisogna almeno che mi vendichi facendoti sapere cosa hai provocato con questa tua bella circospezione. Mi hai fatto immaginare la lettera... questa lettera così... cento volte più *così* di quanto sia in realtà. Dal dispetto mi diverto a riempirla di cose che certo non ci stanno. Stai attenta: se non ci sono adorata, ti toccherà pagare tutto quello che ci sarà in meno.

In verità, non capisco come mai dopo tutto questo ancora hai il coraggio di parlarmi del corriere d'Italia. Mi dimostri che il mio errore non fu di aspettarlo, ma di non averlo aspettato abbastanza. Un misero quarto d'ora in più, andavo incontro al plico, me ne impossessavo per prima, leggevo tutto con comodo, e avrei avuto il sopravvento. L'uva è troppo acerba; mi trattenete due lettere; ma io ne ho altre due che, credimi o no, non baratterei certo contro le vostre, anche se ci fossero tutti i *così* dell'universo. Ti giuro che se quella di Enrichetta non è pari alla tua, è perché le sta sopra, e che né tu né io non scriveremo mai qualcosa di così grazioso. E poi c'è chi si dà l'aria di definire impertinente questo prodigio! Ah, certamente è pura gelosia. Infatti, chi mai ti vede ginocchioni davanti a lei, in atto di baciarle umilmente le mani, una dopo l'altra? Grazie a te, è modesta come una verginella e grave come Catone; rispetta tutti, persino sua madre; non c'è più modo di ridere di quanto dice; di quello che scrive, magari. Da quando ho scoperto questo nuovo talento, e prima che tu riesca a sciupare le sue lettere come hai fatto con i suoi discorsi, ho quindi deciso di creare dalla sua alla mia stanza un corriere d'Italia, del quale non riuscirai a sottrarre i plichi.

Addio, cuginetta, queste risposte ti insegneranno a

rispettare il mio credito che rinasce. Volevo parlarti di questo paese e degli abitanti, ma devo terminare questo volume, e poi m'hai tutta sconvolta con le tue fantasie, così che il marito m'ha quasi fatto dimenticare gli ospiti. Ma abbiamo ancora cinque o sei giorni da star qui, perciò avrò il tempo di rivedere con più calma ciò che ho visto, di modo che non perderai nulla aspettando; prima che io parta stai certa che riceverai un secondo tomo.

LETTERA III

DI MILORD EDOARDO AL SIGNOR DI WOLMAR

No, caro Wolmar, non vi siete ingannato; il giovanotto è sicuro; io invece non lo sono, e ho rischiato di pagar cara l'esperienza che me ne ha convinto. Senza di lui sarei uscito vinto dalla prova destinata a lui. Sapete che per soddisfare la sua riconoscenza e occupare il suo cuore con altri argomenti, fingevo di dare al nostro viaggio un'importanza maggiore del vero. Antiche inclinazioni da lusingare, una vecchia abitudine da secondare ancora una volta: ecco, insieme a quanto riguardava Saint-Preux, ecco le ragioni che mi invitavano a farlo. Dare l'estremo addio ai miei affetti giovanili, portare indietro un amico del tutto guarito, ecco il frutto che me ne ripromettevo.

Vi dissi che il sogno di Villeneuve m'aveva lasciato inquieto. Quel sogno mi rese sospetti i trasporti di gioia ai quali s'era abbandonato quando gli avevo annunciato che era padrone di educare i vostri figli e di trascorrere la sua esistenza con voi. Per meglio sorvegliarlo nelle effusioni del suo cuore, avevo cominciato eliminando le sue obiezioni: gli dichiarai che mi sarei stabilito anch'io da voi, così non aveva più nulla da dire; ma altre decisioni mi fecero mutar di linguaggio.

Quand'ebbe visto tre volte la marchesa ci trovammo d'accordo sul suo conto. Sfortunatamente per lei, volle conquistarlo, così gli scoprì i suoi artifici. Sventurata! Che grandi qualità senza virtù! quanto amore senza onore! Quell'amore ardente e autentico mi commoveva, mi legava, alimentava il mio; ma prese il colore della sua anima nera, e finì col farmi orrore. Non facemmo più parola di lei[1].

Quand'ebbe visto Laura, e conosciuto il suo cuore, la sua bellezza, la sua intelligenza, e quell'affetto incomparabile anche troppo fatto per farmi felice, decisi di servirmene per metter bene in chiaro lo stato di Saint-Preux. "Se sposo Laura," gli dissi "la mia intenzione non è di portarla a Londra, dove qualcuno la potrebbe riconoscere, ma in qualche posto dove si sa onorare la virtù ovunque si trovi; voi attenderete al vostro ufficio e così continueremo a stare insieme. Se non la sposo, è ora di metter giudizio. Conoscete la mia casa nell'Oxford-shire, e potrete scegliere: o allevare i figli d'uno dei vostri amici, o accompagnar l'altro nella sua solitudine." Mi diede la risposta che m'aspettavo; ma volevo vederlo nella sua condotta. Perché, se per vivere a Clarens avesse favorito un matrimonio che doveva disapprovare, o se in così delicata occasione avesse preferito la gloria del suo amico alla sua propria felicità: in questo o in quel caso la prova era fatta, e il suo cuore giudicato.

Sulle prime lo vidi come 'lo desideravo: deciso contro il progetto che fingevo di nutrire, e armato di tutte le ragioni che mi dovevano impedire di sposare Laura. Sentivo quelle ragioni anche meglio di lui, ma continuavo ad andarla a trovare, e la vedevo afflitta e tenera. Il mio cuore, affatto staccato dalla marchesa, si lasciò prendere da quell'assiduo commercio. Trovai nei sentimenti di Laura la ragione di raddoppiare l'affetto che m'aveva ispirato. Mi vergognai di sacrificare all'opinione, da me disprezzata, la stima che dovevo ai suoi meriti; non dovevo forse qualche cosa anche alla speranza che le avevo dato, se non con i miei discorsi, almeno con le mie premure? Pur senza aver promesso nulla, non mantenere niente era come ingannarla; ed era un barbaro inganno. Insomma, unendo una specie di dovere alla mia inclinazione, e pensoso più della mia felicità che della mia fama, finii amandola di ragione; e decisi di spingere la simulazione al massimo, e addirittura fino alla realtà, se non me ne fossi potuto disimpegnare senza ingiustizia.

Frattanto sentivo che la mia inquietudine circa Saint-Preux aumentava, vedendo che non si impegnava con tutte le sue forze nella parte assunta. Si opponeva ai miei disegni, riprovava il nodo che stavo per stringere; ma combatteva debolmente la mia nascente inclinazione, mi parlava di Laura con tanti elogi che, pur sembrando volermi dissuadere dallo sposarla, non faceva altro che accrescere il mio affetto per lei. Queste contraddizioni mi inquietarono. Non mi pareva così deciso come avrebbe dovuto essere. Si sarebbe detto che non osava pigliar di petto il mio sentimento, cedeva contro la mia resistenza, temeva di inasprirmi, secondo me non aveva quell'intrepidezza che il dovere ispira a coloro che lo amano.

Altre osservazioni accrebbero la mia diffidenza; seppi che andava segretamente a trovar Laura, mi avvidi di certi segni di intelligenza tra loro. La speranza di unirsi a colui che aveva tanto amato non la faceva allegra. Nei suoi occhi leggevo sì la stessa tenerezza, ma quella tenerezza non era più mista di gioia vedendomi, la tristezza prevaleva. Nelle sue più dolci effusioni di cuore la vedevo spesso gettare su Saint Preux un'occhiata di sfuggita, e quell'occhiata era seguita da alcune lagrime che cercava di nascondermi. Finalmente quel mistero fu spinto a tal segno che me ne allarmai. Figuratevi la mia sorpresa. Che cosa potevo pensare? Avevo forse scaldato un serpente in seno? Fin dove non temetti di spingere i miei sospetti, rendendogli la sua ingiustizia di un tempo! Deboli e infelici che siamo, siamo noi gli autori dei nostri mali! Perché lagnarci che i malvagi ci tormentano, se anche i buoni si tormentano tra loro?[1]

Tutto questo finì col decidermi. Benché non conoscessi il motivo di quell'intrigo, vedevo che il cuore di Laura rimaneva sempre lo stesso, e questa prova me la faceva anche più cara. Decisi di avere con lei una spiegazione prima di qualsiasi conclusione; ma volevo aspet-

tare fino all'ultimo momento per prima procurarmi da
me tutti i possibili schiarimenti. Quanto al giovane, ero
deciso di convincermi, di convincerlo, insomma di andare fino in fondo prima di parlargliene, e di non prender nessuna decisione a suo riguardo, siccome prevedevo un'infallibile rottura, e non volevo rischiare una
buona indole e venti anni onorati contro dei semplici
sospetti.

La marchesa sapeva tutto quanto avveniva tra noi.
Aveva delle spie nel convento di Laura, e riuscì a sapere che si parlava di matrimonio. Non occorse altro
per svegliare tutti i suoi furori; mi scrisse lettere mi-
nacciose. Non si limitò a scrivere; ma non era la prima volta e noi stavamo in guardia, così i suoi tentativi furono inutili. In tale occasione non ebbi che il piacere di vedere che Saint-Preux sapeva esporsi e che
non risparmiava la sua propria vita per salvare quella
dell'amico.

Stremata dai trasporti della sua rabbia, la marchesa
si ammalò per non più riaversi. Fu la fine dei suoi tormenti[a] e dei suoi delitti. Non potei saperla in quello
stato senza affliggermene. Le mandai il dottor Eswin;
Saint-Preux ci andò per me; lei non volle ricevere né
l'uno né l'altro. Non volle nemmeno sentir parlare di
me, e mi caricò di orrende imprecazioni ogni volta che
intese pronunciare il mio nome. Gemetti sulla sua sorte, e sentii che le mie ferite stavano per riaprirsi; la
ragione ebbe ancora una volta la meglio, ma sarei stato
l'ultimo degli uomini se avessi pensato al matrimonio
mentre una donna che m'era stata cara era in fin di
vita. Temendo che finalmente non potessi resistere al
desiderio di vederla, Saint-Preux mi propose il viaggio
a Napoli e io acconsentii.

Due giorni dopo il nostro arrivo me lo vidi entrare
in camera con aria decisa e grave; aveva in mano una
lettera. Esclamai: "La marchesa è morta!" "Volesse il
cielo!" replicò lui freddamente; "è meglio non più esistere che esistere per commettere il male; ma non di lei
vengo a parlarvi; ascoltatemi." Aspettai in silenzio[1].

---

[a] Dalla precedente e soppressa lettera di milord Edoardo
risulta che era persuaso che le anime dei cattivi fossero annientate alla loro morte *(N.d.A.)*

"Milord," mi disse "dandomi il santo nome di amico m'avete insegnato a portarlo.. Ho adempiuto la funzione di cui m'avete incaricato, e vedendovi sul punto di venir meno a voi stesso ho dovuto richiamarvi al vostro dovere. Non avete potuto rompere una catena che con un'altra. Tutt'e due erano indegne di voi. Se non si fosse trattato che di un matrimonio disuguale, vi avrei detto: 'Riflettete che siete pari d'Inghilterra, e rinunciate agli onori mondani; oppure rispettate l'opinione...' Ma un matrimonio abbietto!... voi!... scegliete meglio la vostra sposa. Non basta che sia virtuosa; deve essere senza macchia... la moglie di Edoardo Bomston non è facile da trovare. Vedete cos'ho fatto."[1]

Allora mi tese la lettera. Era di Laura. L'aprii non senza emozione. "L'amore ha vinto" diceva; "avete voluto sposarmi; sono soddisfatta. Il vostro amico m'ha dettato il mio dovere; lo compio senza rimpianti. Disonorandovi sarei vissuta infelice; lasciandovi la vostra gloria, mi sembra di condividerla. Il sacrificio di tutta la mia felicità a così crudele dovere mi fa dimenticare la vergogna della mia giovinezza. Addio; da questo momento cesso di essere in potere vostro e mio. Addio per sempre. O Edoardo! non portate la disperazione nel mio ritiro; ascoltate l'estremo mio desiderio. Non accordate a nessun'altra il posto che non ho potuto occupare. Ci fu al mondo un cuore fatto per voi; era quello di Laura."[2]

L'agitazione non mi lasciava parlare. Egli approfittò del mio silenzio per dirmi che dopo la mia partenza ella aveva preso il velo nel convento dove stava in pensione e che la corte di Roma, informata che stava per sposare un luterano, aveva dato ordini che non mi fosse concesso di vederla; e schiettamente mi confessò che aveva provveduto a tutto d'accordo con Laura. "Non mi opposi ai vostri progetti" continuò "con tutto l'ardore possibile, perché temevo di vedervi tornare alla marchesa, e perché volevo sviare quella vecchia passione con quella di Laura.[3] Vedendovi andar oltre il limite, feci dapprima parlare la ragione; ma le mie antiche colpe mi davano anche troppo il diritto di non fidarmi di quella, perciò scandagliai il cuore di Laura; ci trovai tutta la generosità che non si può separare dal vero

677

amore, così me ne valsi per indurla al sacrificio che ormai ha compiuto. La certezza di non esser più oggetto del vostro disprezzo la incuorò e la fece più degna della vostra stima. Ha fatto il suo dovere; ora tocca a voi fare il vostro."

Allora avvicinandosi e stringendomi al petto mi disse con trasporto: "Amico, nella sorte comune che il cielo ci manda vedo la legge comune che ci prescrive. Il regno dell'amore è passato, ora cominci quello dell'amicizia; il mio cuore non ascolta più altro che la sua sacra voce, non conosce più altra catena che quella che mi lega a te. Scegli il soggiorno che vuoi abitare: Clarens, Oxford, Londra, Parigi o Roma: tutto va bene, a patto che ci viviamo insieme. Va, vieni dove vorrai; cerca un asilo in qualsiasi posto, ti seguirò ovunque. Lo giuro solennemente davanti al Dio vivente, non ti lascerò che con la morte."

Mi sentii commosso. Lo zelo e il fuoco di quell'ardente giovane gli brillavano negli occhi. Dimenticai e la marchesa e Laura. Che cosa si deve rimpiangere al mondo se si conserva un amico? Mi avvidi anche, dalle decisioni da lui prese senza esitare in quest'occasione, che era guarito davvero e che le vostre fatiche non sono state vane; infine mi persuasi, davanti al giuramento spontaneo di voler rimanere con me, che ormai appartiene alla virtù piuttosto che alle sue antiche inclinazioni. Posso quindi ricondurvelo con piena fiducia; sì, caro Wolmar, egli è degno di educare degli uomini, non solo, ma anche, cosa più ardua, di abitare la vostra casa.

Pochi giorni dopo seppi della morte della marchesa; era un pezzo che era morta per me, quella perdita mi lasciò freddo. Fin qui avevo considerato il matrimonio come un debito che ognuno nascendo contrae verso la propria specie, verso il proprio paese; ed ero deciso a sposarmi per dovere piuttosto che per inclinazione: ora ho mutato parere. L'obbligo di sposarsi non è comune a tutti; per ogni uomo dipende dalla condizione in cui il destino l'ha posto; il celibato è illecito per gli uomini davvero utili, per il popolo, per l'artigiano, per il villano. Per gli ordini che dominano gli altri, ai quali tutto tende continuamente, e che sempre sono anche troppo occupati, il celibato è permesso, anzi opportuno. Altrimenti lo stato non fa che spopolarsi, moltiplicandosi i soggetti che gli sono a carico. Gli uomini avranno sempre abbastanza padroni, e l'Inghilterra avrà penuria di contadini più che di pari[1].

Quindi mi reputo libero e padrone di me, nella condizione in cui il cielo m'ha fatto nascere. Alla mia età non si riparano più le perdite del cuore. Destino il mio a coltivare quanto mi rimane, non lo posso concentrare meglio che a Clarens. Accetto quindi tutte le vostre profferte, a patto che la mia fortuna vi concorra, perché non mi sia inutile. Dopo l'impegno preso da Saint-Preux, non mi rimane altro modo di tenerlo presso di voi che starci io stesso; e se mai dovesse essere di troppo, basterà che io me ne vada. Il solo impiccio che mi rimane è costituito dai miei viaggi in Inghilterra; benché io non abbia più nessun credito in parlamento, il fatto che ne sono membro mi obbliga a fare il mio dovere fino in fondo. Ma ho un collega e amico fidato, lo posso incaricare del mio voto per gli affari correnti. Nelle occasioni in cui mi parrà di doverci comparire, il nostro allievo mi potrà accompagnare, magari con i suoi quando si saran fatti un po' più grandi e se voi ce li vorrete affidare. Sono viaggi che certamente riesciranno utili a loro, ma non lunghi abbastanza per affliggere oltremodo la loro madre.

Non ho fatto vedere questa lettera a Saint-Preux; non fatela vedere tutta alle vostre donne; è opportuno che il progetto di questa prova non sia mai conosciuto da altri che da voi e da me. Per altro non nascondete loro niente di quanto fa onore al degno mio amico, sia pure a mio danno. Addio, caro Wolmar. Vi mando i disegni del mio padiglione. Correggete, mutate come meglio vi parrà, ma fate cominciare subito i lavori, se possibile. Volevo sopprimere la sala di musica, perché ogni mio gusto è spento, e non me ne curo altrimenti. Ma la mantengo su preghiera di Saint-Preux, che si propone di esercitarvi i vostri figli. Riceverete anche alcuni libri per accrescere la vostra biblioteca. Ma che troverete mai di nuovo nei libri? O Wolmar, non vi resta che di imparare a leggere in quello della natura per diventare il più saggio dei mortali[2].

LETTERA IV

Caro Bomston, mi aspettavo questa fine delle vostre avventure. Mi sarebbe parso assai strano se, dopo aver resistito tanto a lungo alle vostre inclinazioni, aveste aspettato per soccombere che un amico venisse a sostenervi; benché a dir vero si sia più spesso deboli appoggiandosi a un altro che quando si fa conto soltanto su di sé. Tuttavia confesso che la vostra ultima lettera, nella quale annunciavate il vostro matrimonio con Laura come cosa assolutamente decisa, m'aveva inquietato. Nonostante la vostra affermazione non credetti alla cosa, ma se la mia aspettativa fosse stata delusa non avrei mai più riveduto Saint-Preux. Avete fatto tutti e due quanto mi aspettavo dall'uno e dall'altro, e avete troppo confermato il giudizio che avevo fatto di voi perché io non sia lietissimo di vedervi tornare nei nostri primi accordi. Venite, uomini rari, venite a aumentare e a dividere la felicità di questa casa. Comunque vada con la speranza dei credenti in una vita futura, mi piace trascorrer questa con loro, e sento che così come siete mi riuscite anche più cari che se aveste la sventura di pensare come me.

Per altro sapete quanto vi dissi di Saint-Preux quando partiste. Per giudicarlo non avevo bisogno della vostra prova; avevo fatto la mia, e mi pare di conoscerlo quanto un uomo può conoscerne un altro. Del resto ho più di un motivo di fidarmi del suo cuore, e garanzie di lui assai migliori di lui stesso. Benché paia volervi imitare nella vostra rinuncia al matrimonio, forse qui troverete di che consigliarlo a mutar di sistema. Mi spiegherò meglio al vostro ritorno.

Quanto a voi, le vostre distinzioni circa il celibato mi sembrano affatto nuove e assai sottili. Le trovo anzi giudiziose per il politico che regola le forze rispettive dello stato per mantenerne l'equilibrio. Ma non so se nei vostri principi queste ragioni sono abbastanza valide per dispensare i cittadini privati dal loro dovere verso la natura. Parrebbe che la vita è un bene che non si riceve che a patto di trasmetterlo, una specie di sostituzione che deve passar di generazione in generazione, e che chiunque ha avuto un padre è tenuto a diventarlo. Finora tale era il vostro parere, era una delle ragioni del vostro viaggio; ma so da dove vi deriva codesta nuova filosofia, e nel biglietto di Laura ho veduto un argomento cui il vostro cuore non può replicare.

La cuginetta è a Ginevra da otto o dieci giorni, sta facendo acquisti con i suoi di casa e attende a vari affari. L'aspettiamo di ritorno da un giorno all'altro. Della vostra lettera ho detto a mia moglie tutto quanto ne doveva sapere. Avevamo già saputo dal signor Miol che il matrimonio era rotto; ma Giulia ignorava la parte che Saint-Preux ci ha avuto. Siate certo che non vedrà mai se non con la massima gioia tutto quanto egli farà per meritarsi i vostri benefici e giustificare la vostra stima. Le ho fatto vedere i disegni del vostro padiglione; li giudica di ottimo gusto; tuttavia faremo alcuni cambiamenti perché il vostro appartamento riesca più comodo; sono certo che li approverete. Prima di metterci mano aspettiamo però il parere di Clara; ormai sapete che senza di lei non si può far nulla. Frattanto ho già fatto cominciare i lavori, e spero che prima dell'inverno la muratura sarà già molto innanzi.

Vi ringrazio dei libri; ma ormai non leggo più quelli che capisco, ed è troppo tardi perché impari a leggere quelli che non capisco. Sono tuttavia meno ignorante di quanto mi accusate di essere. Il vero libro della natura per me è il cuore degli uomini, e la prova che ci so leggere sta nella mia amicizia per voi.

LETTERA V

DELLA SIGNORA D'ORBE ALLA SIGNORA DI WOLMAR

Ho non pochi motivi di rancore contro questo soggiorno, cara cugina. Il più grave è che mi dà voglia di rimanere. La città è piacevole, gli abitanti ospitali, i costumi decenti, e si direbbe che la libertà, che amo sopra ogni cosa, vi si sia rifugiata. Più contemplo questo piccolo stato e più mi pare che è bello avere una patria, e Dio preservi dal male tutti quelli che credono di averne una e invece non hanno che un paese! Quanto a me, sento che se fossi nata in questo avrei un'anima in tutto romana. Tuttavia non ardirei dire adesso

Roma non è più a Roma, ma sta dove io sto[1],

perché avrei paura che nella tua malizia tu pensassi l'opposto. Ma perché mai Roma, e sempre Roma? Restiamo a Ginevra[2].

Non ti dirò nulla dell'aspetto del paese. Somiglia al nostro, salvo che è meno montagnoso, più campestre, e che le cascine non sono così vicine. Non ti dirò nulla nemmeno del governo. Se Dio non te ne preserva, mio padre te ne parlerà anche troppo; trascorre tutto il giorno a discutere di politica con i magistrati, giocondamente, e già vedo che è scandalizzato perché la gazzetta di Francia parla tanto poco di Ginevra. Puoi farti un'idea delle loro discussioni dalle mie lettere. Quando mi stufano scappo e ti annoio per non annoiarmi.

Tutto quello che m'è rimasto delle loro chiacchiere è una gran stima per il molto buon senso che regna in questa città. Osservando l'azione e la reazione reciproca di tutte le parti dello stato che lo mantengono in equilibrio, ci si persuade che c'è più arte e autentico talento nel governo di questa piccola repubblica che in quello dei più vasti imperi, nei quali tutto si sostiene per il proprio peso e dove le redini dello stato posson cadere nelle mani di uno sciocco senza che gli affari ne soffrano. Ti garantisco che qui le cose non andrebbero così. Non sento mai mio padre che parla di quei solenni ministri delle grandi corti senza pensare a quel poveraccio che malmenava così tremendamente l'organo a Losanna, e si considerava abilissimo musicista perché faceva molto rumore. Questi non hanno che una spinetta da niente, ma ne sanno cavare un'ottima armonia, benché sia spesso piuttosto scordata.

Non ti dirò niente nemmeno... ma a furia di non dirti niente non la finirei mai. Parliamo di qualche cosa, così finiremo prima. Di tutti i popoli del mondo il ginevrino è quello che meno nasconde il proprio carattere, e che si può conoscere più presto. I suoi costumi, persino i suoi vizi, sono pieni di schiettezza. Si sente buono naturalmente, il che gli basta perché non tema di farsi vedere così come è. È generoso, sensato, acuto; ma ama troppo il denaro: difetto che attribuisco alla sua situazione, che glielo impone, perché il territorio non basterebbe a nutrire gli abitanti.

Ecco perché i ginevrini sparsi per l'Europa per arricchirsi imitano il fasto degli stranieri, e dopo d'aver contratto i vizi dei paesi dove sono stati[a] li portano a casa loro in trionfo insieme alle loro ricchezze. In questo modo il lusso degli altri popoli gli fa sprezzare l'antica loro semplicità; reputano ignobile la fiera libertà; si fabbricano ceppi d'argento ma li considerano non catene, ma ornamenti[1].

Ma che, eccomi tornata a questa maledetta politica. Mi ci smarrisco, mi ci annego, ne ho fin sopra i capelli, non so più come venirne fuori. Qui non sento parlar d'altro, se non quando mio padre non sta con noi, il che capita all'ora della posta. Siamo noi, figliuola mia, che portiamo dappertutto la nostra influenza; perché d'altronde le conversazioni del paese sono utili e svariate, e non s'impara niente di buono sui libri che qui non si possa imparare nella conversazione. Poiché un tempo i costumi inglesi sono penetrati in questo paese, gli uomini vivono un pochino più separati dalle donne che nel nostro; perciò hanno tra loro un tono più grave e in generale una maggior solidità nei loro discorsi. Ma è un vantaggio che non va senza inconvenienti, di cui subito ci si avvede: discorsi lunghissimi, argomenti, esordi, una certa inamidatura, a volte un po' di retorica, quasi mai un tono leggero, mai quella semplicità ingenua che manifesta il sentimento prima del pensiero, e mette così bene in valore ciò che si dice. Mentre il francese scrive come parla, questi parlano come scrivono, invece di discorrere dissertano; si direbbe che

---

[a] Ora non devono più prendersi la briga di andarli a cercare, glieli portano in casa. (N.d.A.)

stanno sempre sostenendo una tesi. Distinguono, dividono, trattan la conversazione per punti; nei loro discorsi osservano il metodo dei loro libri; sono autori, sempre autori. Si direbbe che leggono parlando, da tanto osservano con scrupolo le etimologie, e fanno accuratamente suonare ogni lettera. Pronunciano *marc* come *Marc* nome d'uomo; dicono esattamente *taba-k* e non *tabà, un pare-sol* e non un *parasol, avan-t-hier e* non *avanhier, secrétaire* e non *segretaire, un lac-d'amour* dove ci si annega e non dove ci si strozza; dappertutto le *s* finali, e le *r* degli infiniti; insomma il loro è un parlare sempre sostenuto, i loro discorsi sono arringhe, chiacchierano come se predicassero.

Il curioso è che con codesto tono dogmatico e freddo sono vivaci, impetuosi, e hanno ardentissime passioni; esprimerebbero anzi abbastanza bene le cose del sentimento se non dicessero tutto, o se non parlassero che alle orecchie. Ma i loro punti e le loro virgole sono così intollerabili, dipingono con tanta calma emozioni assai vive, che quando hanno finito di parlare si cerca accanto a loro l'uomo che sente ciò che hanno descritto.

Per altro debbo dire che ho le mie brave ragioni per pensare bene dei loro cuori, e per credere che non son poi così di cattivo gusto. Ti dirò in confidenza che un gentile signore in cerca di moglie e, dicono, assai ricco, mi onora delle sue attenzioni e che tenendomi discorsi piuttosto teneri non m'ha fatto cercare altrove l'autore di quanto mi diceva. Ah! si fosse presentato diciotto mesi fa, che piacere avrei provato dandomi un sovrano per schiavo, e facendo girar la testa a un magnifico signore! Ma ora la mia non è più abbastanza salda perché il giuoco mi riesca gradevole, e sento che tutte le mie pazzie svaniscono insieme con la mia ragione.

Torniamo a quel gusto della lettura che induce i ginevrini a pensare. È comune a tutte le condizioni e dappertutto si fa sentire utilmente. Il francese legge molto; ma non legge che i libri nuovi, o meglio li scorre, non tanto per leggerli che per dire di averli letti. Il ginevrino non legge che buoni libri; li legge, li digerisce; non li giudica, ma li conosce; il giudizio e la scelta si fanno a Parigi, i libri scelti, quasi soli, vanno a Ginevra. Dal che deriva che la lettura vi è meno svariata ma è fatta con maggior utile. Anche le donne nel loro ritiro[a] leggono, e il loro tono se ne risente, ma in altro modo. Le belle dame sono preziose e leziose esattamente come da noi. Persino le borghesuccie ricavano dai libri una chiacchiera più ordinata, e una certa scelta d'espressioni che si nota con meraviglia in bocca loro, come a volte in quella dei bambini. Ci vuole tutto il buon senso degli uomini, tutta l'allegria delle donne, e tutto lo spirito che posseggono in comune perché i primi non paiano un poco pedanti e le altre un po' leziose.

Ieri sotto la mia finestra due ragazze di operai, assai belline, chiacchieravano davanti alla bottega con un'aria così gioconda che mi incuriosì. Tesi l'orecchio e sentii che una proponeva ridendo di tenere un diario. "Sì," rispose l'altra immediatamente "il diario tutte le mattine, e tutte le sere il commento." Che ne dici, cugina? Non so se è questo il tono delle ragazze artigiane, ma so che bisogna spender benissimo il proprio tempo per non cavare dal corso delle giornate che il commento del proprio diario. Certamente quella ragazza aveva letto le avventure delle *Mille e una notte!*

Pur con codesto stile un po' affettato le ginevrine sono però vivaci e piccanti, e si vedon qui grandi passioni non meno che in qualsiasi altra città del mondo. Nella semplicità del loro abbigliamento hanno gusto e grazia; così come nella conversazione e nel contegno. Siccome gli uomini sono meno galanti che teneri, le donne sono meno civette che sensibili, e codesta sensibilità conferisce persino alle più dignitose un certo tono piacevole e fine che va diritto al cuore e che dal cuore trae ogni sua finezza. Fin tanto che le ginevrine saranno ginevrine, saranno le più amabili donne d'Europa; ma fra poco vorranno far le francesi, e allora le francesi saranno superiori.

Così tutto degenera con i costumi. Il gusto migliore dipende dalla virtù stessa; scompare con lei, e lascia il posto a un gusto affettato e svenevole che è soltanto effetto della moda. Nello stesso caso è anche lo spirito. Non è forse la modestia del nostro sesso che ci costrin-

[a] Non si dimentichi che questa è una lettera di data antica, il che temo sia anche troppo evidente. *(N.d.A.)*

ge a giuocar d'astuzia per respingere le importunità degli uomini; e se loro hanno bisogno d'arte per farsi ascoltare, ne abbiamo forse meno bisogno noi per riuscire a non ascoltarli? Non sono forse loro che ci slegano lo spirito e la lingua, che ci fanno più vivaci a replicare, e ci costringono a farci beffe di loro? Perché insomma hai un bel dire, una certa civetteria maliziosa e beffarda confonde gli spasimanti assai meglio del silenzio e del disprezzo. Che gusto, vedere un bel vagheggino tutto disorientato che si confonde e si smarrisce a ogni botta, e armarsi contro di lui di dardi meno scottanti ma più acuminati di quelli dell'amore, e crivellarlo con punte di ghiaccio che bruciano grazie al freddo! Anche tu che fai sembiante di nulla, non credi che i tuoi modi teneri e ingenui, la tua aria timida e dolce, nascondono meno astuzia e abilità di tutte le mie sventatezze? Davvero, bella mia, se dovessimo far la conta dei galanti che ognuna di noi ha beffato, ho paura che con la tua aria ipocrita saresti tu la più brava! Non posso fare a meno di ridere pensando a quel povero Conflans, che veniva da me tutto infuriato a dirmi che gli volevi troppo bene. "È così carezzosa" mi diceva "che non so di che lagnarmi; mi parla con tanta ragione che mi vergogno di esserne privo davanti a lei, e mi pare così tanto amica mia che non ho il coraggio di essere il suo amante."

Non credo che nel mondo intero ci siano sposi più uniti e famiglie più felici che in questa città; la vita di casa vi è piacevole e dolce; ci si trovano mariti esemplari e starei per dire altre Giulie. Qui si vede benissimo la giustezza del tuo sistema. I due sessi hanno infiniti vantaggi attribuendosi lavori e divertimenti differenti, che li preservano dalla reciproca sazietà e fanno sì che si ritrovano con maggior piacere. Così si acuisce la voluttà del savio: astenersi per godere, ecco la tua filosofia; è l'epicureismo della ragione.'

Sventuratamente quest'antica modestia comincia a declinare. Ci si ravvicina, e i cuori si allontanano. Qui come da noi tutto è misto di bene e di male; ma in proporzioni varie. Il ginevrino cava le sue virtù da se stesso, i vizi gli vengono da altrove. Non soltanto viaggia molto, ma adotta facilmente i costumi e i modi degli altri popoli; parla con facilità tutte le lingue; acquista senza fatica i loro vari accenti, benché lui stesso abbia

un accento strascicato assai sensibile, che si avverte soprattutto nelle donne che viaggiano meno. Più umiliato dalla sua piccolezza che orgoglioso della sua libertà, si vergogna all'estero della sua patria; si affretta per così dire ad acclimarsi al paese dove vive, quasi per far dimenticare il suo; forse la sua fama di avidità contribuisce ad aumentare codesta brutta vergogna. Sarebbe certo meglio se con il suo disinteresse cancellasse l'obbrobrio del nome ginevrino, piuttosto che avvilirsi anche più vergognandosi di portarlo; ma il ginevrino lo disprezza, pur facendolo stimabile, e ha anche più torto evitando di onorare il suo paese con il suo proprio merito.

Per avido che sia, non lo si vede mai correre alla fortuna per vie servili o abbiette; non gli piace farsi ligio ai grandi e strisciare nelle corti. La schiavitù personale non gli riesce meno odiosa della schiavitù civile. Pieghevole e affabile come Alcibiade, non tollera come quello la servitù, e quando si adatta a usi alieni li imita senza farsene schiavo. Di tutti i modi di arricchirsi il commercio è il più compatibile con la libertà, quindi è il preferito dai ginevrini. Sono quasi tutti mercanti o banchieri, e codesto unico oggetto delle loro aspirazioni fa sì che spesso lasciano inoperosi i grandi talenti prodigatigli dalla natura. Il che mi riconduce all'inizio della mia lettera. Hanno genio e coraggio, sono vivaci e penetranti, non c'è nulla di decente o di grande che non sia a loro portata; ma più appassionati di denaro che di gloria, per vivere nell'abbondanza muoiono nell'oscurità, e ai loro figli non lasciano altro esempio che l'amore dei tesori da loro accumulati.

Son cose che ho sentito dagli stessi ginevrini; perché parlano di sé molto imparzialmente. Quanto a me, non so come siano fuori di casa, a casa loro mi paiono assai amabili, e non conosco che un mezzo solo di abbandonar Ginevra senza rimpianti. Che mezzo sarà mai, cugina? Via, hai un bel prendere quella tua aria umile; se dici di non aver capito, menti. Posdomani si imbarcherà la gioconda brigata, in un bel brigantino pavesato a festa; perché abbiamo scelto l'acqua per via della stagione, e per star tutti insieme. La sera stessa facciam conto di dormire a Morges, il giorno dopo a Losanna[a] per la cerimonia, e il giorno successivo... tu mi capisci. Quando vedrai lontano brillare orifiamme, sventolar bandiere e udrai il cannone brontolare: corri come una pazza per tutta la casa gridando: all'armi! all'armi! Ecco i nemici! ecco i nemici!

P.S. Benché la distribuzione degli alloggi rientri incontestabilmente nelle mie mansioni, per questa volta vi rinuncio. Domando soltanto che mio padre sia alloggiato nelle stanze di milord Edoardo per via delle carte geografiche, e che si finisca di tappezzarne da cima a fondo tutto l'appartamento.

LETTERA VI

DELLA SIGNORA DI WOLMAR

Che delizioso sentimento gusto cominciando questa lettera! È questa la prima volta in vita mia che vi posso scrivere senza vergogna e senza timore. Mi onoro dell'amicizia che ci unisce come d'una conversione senza esempio. Si posson soffocare le grandi passioni; depurarle invece è raro.[1] Dimenticare ciò che ci è caro quando è l'onore che lo esige, è lo sforzo d'un'anima onesta e comune; ma dopo di esser stati ciò che fummo, essere ciò che siamo oggi, ecco il vero trionfo della virtù. La ragione che fa cessare l'amore può essere un vizio, ma quella che muta un tenero amore in un'amicizia non meno vivace non può essere equivoca.

Avremmo mai potuto fare questo progresso con le nostre sole forze? Giammai, giammai, amico mio; il solo tentarlo sarebbe stata temerità. Evitarci era per noi la prima legge del dovere, che niente poteva autorizzarci a violare. Ci saremmo certamente stimati sempre; ma avremmo smesso di vederci, di scriverci; ci saremmo

[a] Come mai? Losanna non è sulla riva del lago; dal porto alla città c'è una mezza lega di pessima strada; e poi bisognerà supporre che tutte queste belle combinazioni non saranno contrastate dai venti. (N.d.A.)

688

sforzati di non più pensarci a vicenda, e il massimo onore che avremmo potuto renderci l'un l'altro sarebbe stato quello di rompere qualsiasi commercio tra noi.

Vedete invece qual è la nostra situazione attuale. Ce n'è forse al mondo una più piacevole, e non assaporiamo forse mille volte al giorno il premio delle battaglie che ci è costata? Vederci, amarci, sentirlo, rallegrarsene, trascorrere insieme i giorni in una fraterna familiarità e nella pace dell'innocenza, occuparci l'uno dell'altro, pensarci senza rimorso, parlarne senza arrossire e onorarci ai nostri propri occhi di quell'affetto stesso che così a lungo ci siamo rimproverati: ecco il punto al quale siamo giunti. O amico! che onorata carriera già abbiamo percorso! Facciamocene gloria, per perseverarci e terminarla come l'abbiamo cominciata.

A chi dobbiamo così rara felicità? Lo sapete. Ho visto il vostro sensibile cuore, colmo dei benefici del migliore degli uomini, penetrarsene e goderne; e come mai ci potrebbero riuscire gravosi, a voi e a me? Non ci impongono nuovi doveri, non fanno altro che renderci più cari quelli che già ci erano così sacri. Il solo modo di compensare le sue premure è di esserne degni, il loro valore consiste tutto nel loro esito. Limitiamoci quindi a ciò nell'effusione del nostro zelo. Paghiamo con le nostre virtù quelle del nostro benefattore; ecco quanto gli dobbiamo. Ha fatto abbastanza per noi e per lui se ci ha restituiti a noi stessi.[1] Assenti o presenti, vivi o morti, dappertutto offriremo una testimonianza che non andrà perduta per nessuno di noi tre.

Stavo facendo tra me queste riflessioni quando mio marito vi affidava l'educazione dei suoi figli. Quando milord Edoardo mi annunciò prossimo il suo e il vostro ritorno, queste stesse riflessioni tornarono e altre ancora che è opportuno comunicarvi finché c'è tempo.

Non si tratta di me, si tratta di voi; mi sento anche più in diritto di darvi dei consigli da quando sono affatto disinteressati; non hanno più per scopo la mia sicurezza, non si riferiscono che a voi. La tenera mia amicizia non vi è sospetta, non ho acquistato che troppi lumi perché i miei consigli siano ascoltati.

Permettetemi di offrirvi il quadro della condizione in cui state per trovarvi, perché vediate da voi se c'è cosa che vi debba spaventare. O buon giovane! Se amate la virtù, porgete un casto orecchio ai consigli della vostra amica. Non senza tremare ella comincia un discorso che preferirebbe tacere; ma come tacere senza tradirvi? sarà ancora possibile vedere gli oggetti che dovete temere, una volta che vi avranno traviato? No, amico, io son l'unica persona al mondo che vi è abbastanza familiare per poterveli presentare. Non ho forse il diritto di parlarvi, occorrendo, come una sorella, una madre? Ah! se le lezioni d'un cuore onesto fossero capaci di contaminare il vostro, è un pezzo che non ve ne potrei più dare.

Dite che la vostra carriera è terminata. Ma ammettete che è finita innanzi tempo. L'amore è spento; i sensi gli sopravvivono, e il loro delirio è tanto più da paventare in quanto l'unico sentimento che li arginava non esiste più; quindi sono infinite le occasioni di cadere per colui che non è più legato a nulla.[1] Un uomo ardente e sensibile, giovane e scapolo, vuol essere continente e casto; sa e sente (l'ha detto mille volte) che la forza dell'anima che produce ogni virtù dipende dalla purezza che tutte le alimenta. Se l'amore lo preservò dai cattivi costumi nella giovinezza, vuole che la ragione ne lo preservi ognora; sa che per i doveri più penosi esiste una ricompensa che consola del loro rigore, e se bisogna lottare per vincersi, farà forse meno oggi per il Dio che adora di quanto fece per l'amante da lui servita un giorno? Tali sono, mi pare, le massime della vostra morale; sono quindi anche le regole della vostra condotta, perché sempre avete disprezzato coloro i quali, contenti dell'apparenza, parlano in un modo e agiscono in un altro, e caricano gli altri di pesanti fardelli che loro non vorrebbero nemmeno toccare.

Che genere di vita ha scelto quell'uomo savio per seguire le leggi che s'è imposto? Meno filosofo di quanto sia virtuoso e cristiano, certamente non ha scelto per guida il proprio orgoglio: sa che l'uomo è più libero di evitare le tentazioni che di vincerle, e che non si tratta di reprimere le passioni irritate ma di far sì che non nascano. Si sottrae perciò alle occasioni pericolose? fugge gli oggetti capaci di commuoverlo? dell'umile diffidenza di sé si fa uno scudo per la propria virtù? No affatto, anzi non esita a esporsi ai più temerari cimenti. A trent'anni va a chiudersi nella solitudine con delle donne della sua età, una delle quali gli fu troppo cara perché un ricordo così pericoloso si possa cancellare, l'altra vive con lui nella più stretta familiarità, e la terza gli è legata dai diritti che i benefici hanno sulle anime riconoscenti. Si espone a tutto quanto può svegliare in lui le mal sopite passioni; si impiglia nei lacci che più dovrebbe temere. In questa sua situazione non c'è rapporto che non gli debba ispirare diffidenza delle sue forze, non uno che non lo avvilirebbe per sempre se mai cedesse a una pur effimera debolezza. Dov'è mai, quella gran forza d'animo alla quale ardisce affidarsi? Che cos'ha mai fatto finora, che gli risponda del futuro? Forse che lo cavò dalla casa del colonnello a Parigi? Fu quella a ispirargli l'estate scorsa la scena di Meillerie? L'ha preservato quest'inverno dalle seduzioni di un altro oggetto, e questa primavera dagli spaventi di un sogno? S'è forse vinto una sola volta grazie a lei, perché possa sperare di continuare a vincersi? Quando il dovere lo esige è capace di combattere le passioni d'un amico; ma le sue?... Ahimè, considerando la più bella metà della sua vita, quanto dev'essere modesto prevedendo l'altra!

Si sopporta uno stato violento, se è passeggero. Sei mesi, un anno non sono niente; si scorge un termine, ci si fa coraggio. Ma quando tale stato deve durar sempre, chi lo potrà sopportare? Chi è capace di trionfare di sé fino alla morte? O amico mio! se la vita è breve per il piacere, quanto è lunga per la virtù! Bisogna star continuamente in guardia. Il momento del piacere passa e non torna più; quello del far male passa e torna continuamente: ci si dimentica un attimo e si è perduti. Forse che è possibile trascorrer giorni tranquilli in così spaventoso stato, e quelli stessi che si son salvati dal pericolo non offron forse una ragione di non esporvi gli altri?

Quante occasioni possono rinascere, perigliose come quelle alle quali siete sfuggito; e, quel che è peggio, non meno inaspettate! Credete forse che i monumenti da temere si trovino soltanto a Meillerie? Esistono dovunque siamo; perché li portiamo con noi. Eh! sapete anche troppo che un'anima intenerita coinvolge l'intero universo nella sua passione, e che anche dopo la guarigione tutti gli oggetti della natura ci rammentano ciò che abbiamo provato un tempo vedendoli. Tuttavia credo, sì, ardisco credere che quei pericoli non si ripresenteranno più, e il mio cuore mi è garante del vostro. Ma, perché è superiore alla codardia, codesto facile cuore è forse superiore a una debolezza, e qui sono io sola colei che gli costerà fatica a rispettare? Pensate, Saint-Preux, che tutto quanto mi sta a cuore dev'essere coperto dallo stesso rispetto che dovete a me; pensate che dovrete continuamente sopportare innocentemente gli scherzi innocenti di una donna affascinante; pensate al disprezzo eterno che vi sarete meritato, se mai il vostro cuore dovesse ardire di dimenticarsi un sol momento, e profanare ciò che per tanti motivi è tenuto a onorare.

Ammetto che il dovere, la fede, l'antica amicizia vi trattengano; che l'ostacolo frapposto dalla virtù vi tolga una vana speranza, e che almeno in nome della ragione soffochiate inutili voti; ma sarete per questo liberato dall'impero dei sensi e dalle insidie dell'immaginazione? Costretto a rispettarci entrambe, e a dimenticare in noi il nostro sesso, lo vedrete in quelle che ci servono, e abbassandovi penserete di giustificarvi; ma sarete effettivamente meno colpevole, e la differenza delle condizioni muta forse la natura delle colpe? Anzi, vi avvilirete tanto più quanto i mezzi per riuscire saranno meno onesti. Quali mezzi! E che! voi... Ah! perisca l'uomo indegno che mercanteggia un cuore e fa mercenario l'amore! È lui che copre la terra dei delitti commessi dalla sregolatezza. E come non sarebbe sempre da vendere colei che una volta s'è lasciata comperare? e nell'obbrobrio dove subito cade, chi è autore della sua miseria: l'uomo brutale che la maltratta in un postribolo, o il seduttore che ve la trascina, e che per primo ha messo a prezzo i suoi favori?

Ardirò aggiungere una considerazione che vi interesserà, o m'inganno? Avete visto quante premure mi son presa per stabilire la regola e i buoni costumi in casa; la modestia e la pace vi regnano, tutto vi respira la felicità e l'innocenza. Amico mio, pensate a voi, a me, a ciò che siamo stati, a ciò che siamo, a ciò che dobbiamo essere. Bisognerà che un giorno io dica, rimpiangendo le mie fatiche sprecate: lui ha provocato il disordine in casa mia?

Diciamo tutto, se occorre, e sacrifichiamo anche la modestia al vero amore della virtù. L'uomo non è fatto per il celibato, ed è ben difficile che uno stato così contrario alla natura non provochi qualche disordine pubblico o privato. Come è mai possibile sfuggire continuamente al nemico che sempre si porta con sé? Vedete in certi paesi quei temerari che fanno voto di non essere uomini. Per punirli di aver tentato Iddio, Iddio li abbandona; si dicono santi e sono licenziosi; la loro simulata continenza non è che sozzura, e per aver sdegnato l'umanità ecco che si degradano sotto di quella. Capisco che non costi molto fare il difficile su delle leggi che non si osservano che in apparenza[a]; ma colui che sinceramente vuol essere virtuoso si sente abbastanza oppresso dai doveri dell'uomo senza imporsene altri. Ecco, caro Saint-Preux, la vera umiltà del cristiano: trovare sempre il proprio dovere superiore alle proprie forze, e non aver l'orgoglio di raddoppiarlo. Applicatevi questa regola, e sentirete che uno stato, il quale dovrebbe appena allarmare un altro uomo, per mille ragioni deve farvi tremare. Meno avete paura, e più dovete temere, e se non siete spaventato dai vostri doveri non sperate di poterli adempiere.

Ecco i pericoli che vi aspettano qui. Pensateci fin che è tempo. So che non vi esporrete mai deliberatamente a commettere il male, il solo male che temo per voi è quello che non avrete saputo prevedere. Non vi dico di decidervi su queste mie ragioni, ma di soppesarle. Trovate qualche risposta che vi accontenti e sarò contenta; se avete il coraggio di fidarvi di voi, mi fido anch'io. Ditemi: sono un angelo, e vi accoglierò a braccia aperte.

E che! sempre privazioni e dolori! sempre crudeli doveri da osservare! sempre fuggire le persone che ci sono care! No, mio amabile amico. Felice colui che già in questa vita può offrire un premio alla virtù! Ne

[a] Alcuni uomini sono continenti senza merito, altri lo sono per virtù, e non dubito che parecchi preti cattolici si trovino in quest'ultimo caso; ma imporre il celibato a un corpo numeroso come il clero della Chiesa romana, non equivale tanto a proibirgli di aver moglie, quanto a comandargli di contentarsi di quelle altrui. Sono meravigliato che in paesi dove i buoni costumi sono ancora in onore, le leggi e i magistrati tollerino un voto così scandaloso. (N.d.A.)

vedo uno degno d'un uomo che seppe combattere e soffrire per lei. Se non presumo troppo di me, il premio che ardisco destinarvi vi compenserà di tutto quanto il mio cuore va debitore al vostro, e avrete più di quanto avreste avuto se il cielo avesse benedetto le nostre prime inclinazioni. Poiché non vi potete trasformare in angelo, voglio darvene uno che custodisca la vostra anima, che la purifichi, che la rianimi, e sotto gli auspici del quale possiate vivere con noi nella pace del celeste soggiorno. Non farete fatica, suppongo, a indovinare ciò che vi voglio dire; è l'oggetto che si è quasi stabilito nel cuore che un giorno dovrà riempire, se il mio disegno riesce.

Vedo tutte le difficoltà di tal disegno, senza però disanimarmi: perché è virtuoso. Conosco l'impero che ho sulla mia amica, e non ho paura di abusarne facendone uso in vostro favore. Ma conoscete le sue decisioni, e prima di scuoterle debbo esser certa delle vostre disposizioni, affinché possa rispondere di voi e dei vostri sentimenti esortandola a concedervi di aspirare a lei; perché se la disparità che il destino ha messo tra voi vi toglie il diritto di proporvi direttamente, permette anche meno che quel diritto vi sia concesso senza sapere che uso ne potrete fare.

Conosco tutta la vostra delicatezza, e se avete obiezioni da farmi so che saranno per lei assai più che per voi. Lasciate quei vani scrupoli. Sarete forse più geloso di me dell'onore della mia amica? No, per caro che mi siate, non temete che io mai preferisca l'interesse vostro alla gloria di lei. Ma, così come dò gran valore alla stima della gente sensata, così disprezzo i giudizi temerari della folla, che si lascia abbagliare da un falso splendore e non vede nulla di ciò che è virtuoso. Anche se la disparità fosse cento volte maggiore, non c'è rango al quale i talenti e i costumi non abbiano diritto di aspirare, e come mai una donna potrebbe rifiutare per sposo colui che è onorata di avere per amico? Sapete quali sono in proposito le persuasioni di entrambe noi. Il rispetto umano e la paura del biasimo ispirano più cattive che buone azioni, e la virtù non arrossisce che di ciò che è male.

In quanto a voi, quell'orgoglio che a volte ho visto in voi non potrebbe essere più inopportuno che in quest'occasione, e sarebbe ingratitudine da parte vostra temere un nuovo beneficio da lei. E poi, per difficile che possiate essere, ammettete che è più dolce e conveniente dover la propria fortuna alla sposa che all'amico; perché si diventa il protettore di quella e il protetto di questo, e checché si dica un uomo non avrà mai un amico migliore della moglie.

Che se in fondo all'anima vi rimane qualche ripugnanza a contrarre nuovi impegni, non potete affrettarvi troppo a distruggerla per l'onor vostro e la mia pace:[1] perché non sarò mai contenta di voi né di me se non quando sarete effettivamente ciò che dovete essere, e che amerete i vostri doveri. Eh, amico mio! dovrei forse aver meno paura di codesta ripugnanza che di una sollecitudine troppo legata alle vostre antiche inclinazioni? Che cosa non faccio per sdebitarmi verso di voi! Mantengo più di quanto avevo promesso. Non vi do forse anche Giulia? non possederete forse la miglior parte di me, e non sarete così più cari l'uno all'altra?[2] Con che delizia mi abbandonerò allora e senza ritegno a tutto il mio affetto per voi! Sì, portatele la fede che avete giurata a me; che il vostro cuore riempia con lei tutti gli impegni assunti verso di me; se è possibile, renda a lei tutto quanto è debitore al mio cuore. O Saint-Preux! trasmetto a lei quest'antico credito. Ricordatevi che non è facile pagarlo.

Ecco, caro amico, il mezzo che immagino per riunirci senza più pericolo, accordandovi nella nostra famiglia quel posto che occupate nei nostri cuori. Nei cari e sacri nodi che ci stringeranno tutti, non saremo più tra noi che fratelli e sorelle; non sarete più il vostro nemico né il nostro; i più dolci sentimenti, diventati legittimi, non saranno più pericolosi; quando non occorrerà più soffocarli, non li dovremo temere più. Non solo non resisteremo a così incantevoli sentimenti, ma ne faremo insieme i nostri doveri e i nostri piaceri: allora ci ameremo tutti più perfettamente, e gusteremo davvero riuniti gli incanti dell'amicizia, dell'amore e dell'innocenza. Che se nel compito di cui vi incaricate il cielo ricompensasse con la felicità di esser padre le premure che avrete per i nostri figli, allora conoscerete da voi il prezzo di quanto avrete fatto per noi. Colmato dei veri beni dell'umanità, imparerete a portare con piacere il dolce peso d'una vita utile al vostro prossimo; sentirete infine ciò che la vana saggezza dei malvagi non ha mai potuto credere: che esiste una felicità riservata già in questo mondo ai soli amici della virtù.'

Riflettete con calma al partito che vi propongo; non per sapere se vi conviene, lì non ho bisogno della vostra risposta, ma se conviene alla signora d'Orbe, e se vi sentite di farla felice, come lei farà felice voi. Sapete in che modo ha riempito i suoi doveri in tutte le condizioni del suo sesso; su ciò che è giudicate da voi ciò che ella è in diritto di esigere. Ella ama come Giulia, e dev'essere amata come Giulia. Se sentite di poterla meritare, parlate; la mia amicizia si incarica del resto e si ripromette tutto dalla sua; ma se ho sperato troppo da voi, siete però galantuomo e conoscete la delicatezza di lei: non accettereste una felicità che le costasse la sua. Che il vostro cuore sia degno di lei, o altrimenti non le sia mai offerto.

Una volta ancora, deliberate per bene. Pesate la vostra risposta prima di darmela. Quando si tratta della sorte di tutta la vita, la prudenza non ammette una decisione presa alla leggera; ma ogni decisione non meditata è un delitto quando si tratta del destino dell'anima e della scelta della virtù. Fortificate la vostra, o mio buon amico, con tutti i soccorsi della saggezza. Il rispetto umano dovrebbe mai impedirmi di rammentarvi il più necessario? Siete religioso; ma temo che non caviate dalla religione tutti i vantaggi che offre nella condotta della vita, e che l'alterigia filosofica non sdegni la semplicità del cristiano. So che avete, circa la preghiera, delle massime che non mi sento di approvare. Secondo voi quest'atto di umiltà non ci è di nessun giovamento; e poiché Iddio ci ha posto nella coscienza tutto quanto può portarci al bene, ci abbandona a noi stessi e lascia che agiamo in tutta libertà. Non è questa la dottrina di san Paolo, come sapete; né quella che la nostra chiesa professa. Siamo liberi, è vero, ma siamo ignoranti, deboli, inclini al male; e da dove ci potrebbe venire la luce e la forza, se non da colui che ne è la fonte; e come le potremmo ottenere se non ci degniamo di chiederle?[2] Badate, caro amico, che nelle sublimi idee che vi fate dell'Essere supremo, l'orgoglio umano non mescoli idee abiette che tengono dell'uomo, come se i mezzi che alleviano la nostra debolezza convenissero alla potenza divina, e come se quella avesse bisogno di generalizzare artificiosamente le cose per poterle trattare più facilmente. A sentir voi si direbbe che la divina potenza è messa in imbarazzo dal dovere di vegliare sopra ogni singolo individuo; temete che un'attenzione continuamente divisa la stanchi, e vi pare più bello che attenda a ogni cosa con leggi generali, certamente perché le costano minori premure. O grandi filosofi, quanto vi è grato Iddio di procurargli così dei metodi più comodi, e di semplificargli il lavoro!

A che giova domandargli qualche cosa, soggiungete; non conosce forse tutti i nostri bisogni? Non è forse nostro padre, perché vi provveda? Sappiamo forse meglio di lui ciò che ci occorre, e possiamo volere il nostro bene più veracemente di quanto lo voglia lui stesso? Caro Saint-Preux, quanti vani sofismi! Il massimo nostro bisogno, il solo al quale possiamo provvedere, è di sentire i nostri bisogni, e il primo passo per uscir dalla nostra miseria è conoscerla. Siamo umili per essere saggi; vediamo la nostra debolezza, e saremo forti. Così si accorda la giustizia con la clemenza; così regnano insieme la grazia e la libertà. Schiavi perché deboli, la preghiera ci fa liberi: perché dipende da noi di chiedere e di ottenere la forza che non dipende da noi di trovare in noi stessi.

Imparate quindi a non sempre limitarvi a domandar consiglio a voi soltanto nelle occasioni difficili, ma a colui che unisce la potenza e la prudenza e sa cavare il maggior bene dal partito che ci fa scegliere. Il gran difetto dell'umana sapienza, persino di quella che non ha altro che la virtù per oggetto, è una eccessiva fiducia che fa sì che giudichiamo l'avvenire dal presente, e la vita intera da un momento. Ci sentiamo saldi un attimo e ci figuriamo che non saremo mai vacillanti. Pieni d'un orgoglio contraddetto dall'esperienza quotidiana, crediamo di non più dover temere la trappola che per una volta abbiamo saputo evitare. Il modesto linguaggio del valore è questo: un certo giorno sono stato forte. Ma colui che dice: sono forte, non sa che cosa farà domani, e considerando sua una forza che sua non è, merita di perderla nel momento di servirsene.

Quanto devono essere ridicoli i nostri disegni, e quanto insensati i nostri ragionamenti davanti a Colui per il quale il tempo non ha successione, né i luoghi distanza! Non teniamo conto di ciò che è lontano da noi, non vediamo che ciò che ci è vicino; quando avremo mutato di posto i nostri giudizi saranno del tutto diversi, ma non perciò meglio fondati. Regoliamo l'avvenire su ciò che oggi ci conviene, senza sapere se domani ci converrà ancora; giudichiamo noi stessi come se fossimo sempre eguali, e continuamente cambiamo. Chissà se ci piacerà ciò che ci piace, se vorremo ciò che vogliamo, se saremo ciò che siamo, se gli oggetti estranei e le alterazioni dei nostri corpi non avranno modificato le nostre anime, e se non troveremo la nostra miseria in ciò che avremo disposto per la nostra felicità? Mostratemi la regola della saggezza umana, e la prenderò a guida. Ma se la migliore sua lezione è di insegnarci a non fidarci di lei, ricorriamo a quella che non inganna e facciamo ciò che quella ci ispira. Le domando di illuminare i miei consigli, domandatele di illuminare le vostre decisioni. Qualunque sia la vostra decisione, non sceglierete che ciò che è onesto e buono; ne sono certa. Ma non basta: bisogna volere ciò che sarà sempre tale: e non ne possiamo giudicare, né io né voi.

LETTERA VII

RISPOSTA

Giulia! Una lettera vostra!... dopo sette anni di silenzio... Sì, è lei; lo vedo, lo sento. Come potrebbero i miei occhi non riconoscere quei caratteri che il mio cuore non può dimenticare? E che! vi ricordate ancora del mio nome? Siete ancora capace di scriverlo?... vergando questo nome la vostra mano non ha tremato?... Mi smarrisco, ed è colpa vostra. La forma, il piego, il sigillo, l'indirizzo, tutto in questa lettera me ne rammenta al-

---

Si è detto che Saint-Preux è uno pseudonimo; forse il nome vero stava sull'indirizzo. (*N.d.A.*)

tre, troppo diverse. Il cuore e la mano paiono contraddirsi. Ah! come avete potuto adoperare gli stessi caratteri per tracciare altri sentimenti?

Forse vi parrà che pensare tanto alle vostre lettere di un tempo giustifica anche troppo quest'ultima. Vi ingannate. Sento che non sono più quello, o che voi non siete più quella. Me lo dimostra il fatto che, salvo la grazia e la bontà, tutto quello che ritrovo di voi m'è un nuovo motivo di sorpresa. Quest'osservazione risponde anticipatamente ai vostri timori. Non mi fido affatto delle mie forze, bensì del sentimento che mi dispensa di aver ricorso a loro. Pieno di quanto devo onorare in colei che ho smesso di adorare, so a che cosa si devono indirizzare i miei antichi omaggi. Tutto compreso della più tenera riconoscenza, vi amo più che mai, è vero; ma ciò che mi lega soprattutto a voi è che ho ritrovato la mia ragione, la quale vi mostra a me così come siete; vi serve anche meglio dello stesso amore. No, se fossi rimasto colpevole non mi sareste tanto cara.

Da quando mi sono disingannato e che l'acuto Wolmar m'ha illuminato circa i miei veri sentimenti, ho imparato a conoscermi meglio, e la mia debolezza mi inquieta meno. Che illuda la mia immaginazione, che questo errore mi sia ancora dolce, per mettermi in pace basta che non vi offenda più, e che la chimera dietro la quale mi smarrisco mi salvi da un pericolo reale.

O Giulia! ci sono impressioni eterne, che né il tempo né le cure non riescono a cancellare. La ferita guarisce, ma la cicatrice rimane, ed è un sigillo che preserva il cuore da un nuovo colpo. L'incostanza e l'amore sono incompatibili; l'amante che muta non muta, comincia o finisce di amare. Quanto a me, ho finito: ma smettendo di esser vostro, sono rimasto sotto la vostra custodia. Non vi temo più; ma voi mi impedite di temerne un'altra. No, Giulia, no, rispettabile donna, non vedrete mai in me se non l'amico della vostra persona e l'amante delle vostre virtù: ma i nostri amori, i nostri primi e unici amori non usciranno mai più dal mio cuore. Il fiore dei miei anni non appassirà nella mia memoria. Dovessi vivere interi secoli, il dolce tempo della mia gioventù non potrà più né rinascere, né cancellarsi dalla mia memoria. Abbiamo un bel non più essere gli stessi, non posso dimenticare ciò che siamo stati.¹ Ma parliamo della vostra cugina.

Cara amica, vi debbo confessare che da quando non ardisco più contemplare le vostre bellezze divento più sensibile alle sue. Quali occhi potrebbero trascorrere di bellezza in bellezza senza mai fissarsi sopra qualcuna? I miei l'hanno riveduta forse con troppo piacère, e da quando son lontano la sua immagine già scolpita nel mio cuore vi fa un'impressione più profonda. Il santuario è chiuso, ma la sua immagine sta nel tempio. Insensibilmente divento per lei ciò che sarei stato se non vi avessi mai vista, a voi soltanto toccava farmi sentire la differenza che corre da ciò che lei mi ispira all'amore. I sensi, liberi da quella tremenda passione, si uniscono al dolce sentimento dell'amicizia. Forse che perciò diventa amore? Giulia, quale differenza! Dov'è l'entusiasmo? dove l'idolatria? Dove sono quei divini deliri della ragione, più splendidi, più sublimi, più forti, cento volte migliori della ragione stessa? Un effimero fuoco mi accende, un delirio momentaneo mi prende, mi turba, e mi abbandona. Tra lei e me ritrovo due amici che si vogliono un gran bene e se lo dicono. Ma due amanti si voglion forse bene l'un l'altro? No; *voi* e *io* sono parole escluse dal loro linguaggio; non sono più due, sono uno.

Dunque, sono davvero tranquillo? Ma come potrei esserlo? Ella è graziosa, è amica vostra e mia; la riconoscenza mi lega a lei; fa parte dei miei più dolci ricordi; quanti diritti su di un'anima sensibile! e come potrei dividere un sentimento più tenero da tanti sentimenti così giustamente dovuti? Ahimè! sta scritto che tra lei e voi io non avrò mai un momento di pace!

Donne, donne! cari e funesti oggetti, che la natura ornò per suppliziarci, che punite chi vi sfida, che perseguitate chi vi teme, il vostro odio e il vostro amore sono parimenti fatali, non si possono né ricercare né fuggire impunemente! Bellezza, incanto, seduzione, simpatia! essere o chimera inconcepibile, abisso di dolori e di voluttà! bellezza, più terribile ai mortali dell'elemento nel quale t'hanno fatta nascere, sventurato colui che s'abbandona alla tua calma traditrice! Sei tu che susciti le tempeste che tormentano il genere umano. O Giulia! o Clara! quanto mi fate pagar cara la crudele amicizia della quale osate menar vanto con me!... Son vissuto nelle tempeste e sempre siete state voi a suscitarle; ma qual diversa agitazione avete fatto provare al mio cuore! Quelle del lago di Ginevra non somigliano di più ai flutti del vasto oceano. Quello non ha che onde corte e vivaci che perpetuamente agitano, commuovono, a volte sommergono, senza mai formare un vasto corso. Ma sul mare apparentemente tranquillo ci si sente sollevati, portati piano e lontano da un'onda lenta e quasi insensibile; pare di non muoversi, e si arriva in capo al mondo.

Così è la differenza dell'effetto che su di me hanno prodotto le vostre e le sue attrattive. Quel primo, quell'unico amore che ha fatto il destino della mia vita e che da niente è stato vinto se non da se stesso, era nato senza che me ne fossi accorto; già mi trascinava e ancora lo ignoravo: mi perdetti senza avvedermi che mi smarrivo. Col vento ero in cielo o negli abissi; viene la calma, e non so più dove sono. All'opposto, vedo e avverto il mio turbamento accanto a lei, me lo immagino più grande di quanto non sia; provo effimeri trasporti senza conseguenze, un momento deliro e il momento dopo sono tranquillo; invano l'onda tormenta la nave, il vento non gonfia le vele; il mio cuore si appaga delle sue bellezze ma non le trasfigura con l'illusione; la vedo più bella di come l'immagino, la temo più da vicino che da lontano; è quasi l'opposto dell'effetto che mi viene da voi, a Clarens continuamente provavo l'uno e l'altro!

Da quando son partito è vero che a volte mi si presenta con maggiore autorità. Sgraziatamente non riesco a vederla sola. Ma insomma la vedo, e tanto basta; non mi ha lasciato amore, ma inquietudine.

Ecco esattamente ciò che sono per l'una e per l'altra. Tutto il resto del vostro sesso non mi tocca più, le mie lunghe pene me l'hanno fatto dimenticare:

È fornito 'l mio tempo a mezzo gli anni[2].

Invece della forza la sventura m'ha aiutato a vincere la natura e a trionfare delle tentazioni. Quando si soffre si hanno pochi desideri, e voi m'avete insegnato a estin-

701

guerli resistendo. Una grande passione infelice induce potentemente alla saggezza. Il mio cuore s'è fatto, per dir così, l'organo di tutti i miei bisogni; quand'è tranquillo non ne ho. Lasciatelo in pace tutt'e due, così lo sarà per sempre.

In tale stato che cosa debbo temere di me, e con che crudele precauzione volete privarmi della mia felicità per evitare che la perda? Che capriccio, avermi fatto combattere e vincere, per poi togliermi il premio della vittoria! Non siete forse voi che fate biasimevole un pericolo sfidato senza ragione? Perché avermi richiamato presso di voi con tanti rischi, o perché sbandirmi se sono degno di rimanervi? Dovevate lasciare che vostro marito si travagliasse tanto per niente? Perché non lo avete distolto da tante premure, se avevate deciso di renderle inutili? Perché non dirgli: lasciate che stia in capo al mondo, poiché intendo rimandarvelo. Ahimè! più vivi sono i vostri timori per me, e più dovreste affrettarvi a richiamarmi. No, non è accanto a voi che sta il pericolo, sta nella vostra assenza, e non vi temo se non dove non siete. Quando son perseguitato da quella terribile Giulia, mi rifugio accanto alla signora di Wolmar e mi sento tranquillo; dove fuggirei, se mi fosse tolto questo asilo? Tutti i tempi, tutti i luoghi mi riescono pericolosi lontano da lei; dappertutto trovo Clara o Giulia. Nel passato, nel presente, l'una e l'altra mi agitate a vicenda; la mia immaginazione sempre turbata non s'acqueta che vedendovi, e soltanto accanto a voi mi sento sicuro contro di me. Come spiegarvi il mutamento che provo accostandomi a voi? Voi esercitate sempre lo stesso impero, ma con effetti del tutto opposti: reprimendo i trasporti che altre volte provocavate, codesto impero è ancora più grande, più sublime; la pace e la serenità succedono al turbamento delle passioni; il mio cuore, sempre uniformato al vostro, ama come il vostro e sul suo esempio si fa quieto. Ma codesto riposo non è che una tregua, ho un bell'alzarmi fino a voi in vostra presenza; appena vi lascio ricado in me stesso. In verità, Giulia, mi pare di avere due anime, e quella buona sta nelle vostre mani. Ah, vorreste separarmi da essa?[1]

Ma gli errori dei sensi vi inquietano? temete i residui d'una giovinezza spenta dagli affanni? temete per le giovani donne che vivono sotto la vostra custodia? temete di me ciò che il saggio Wolmar non ha temuto! O Dio! quanto mi umiliano questi timori! Stimate dunque il vostro amico meno dell'ultimo dei vostri servi? Vi posso perdonare di pensar male di me, ma non di non rendere a voi stessa l'onore che vi dovete. No no, i fuochi che mi arsero mi hanno purificato; non ho più nulla d'un uomo comune. Dopo di esser stato ciò che son stato, se dovessi esser vile un solo istante andrei a nascondermi in capo al mondo, e non mi reputerei mai abbastanza lontano da voi.

E che! verrei a turbare quell'amabile ordine che ammiravo con tanto piacere? Contaminerei quel soggiorno dell'innocenza e della pace dove abitavo con tanto rispetto? Potrei esser abbastanza vile... ah! come potrebbe il più corrotto degli uomini non commuoversi a così bello spettacolo? come potrebbe non tornare ad amare il bene in codesto asilo? Non soltanto vi porterebbe i suoi mali costumi, ma se ne spoglierebbe... chi? io, Giulia, io?... così tardi?... sotto i vostri occhi?... Cara amica, apritemi senza timore la vostra casa, che per me è il tempio della virtù; per ogni dove vi scorgo il suo simulacro, e accanto a voi non posso servire se non quella. Non sono un angelo, è vero; ma abiterò la loro casa, imiterò i loro esempi; chi non vuol somigliare a loro li sfugge.

Come vedete, duro fatica a toccare il punto principale della vostra lettera, il primo al quale avrei dovuto pensare, l'unico del quale mi occuperei se avessi l'ardire di pretendere al bene che mi annuncia. O Giulia! anima benefica, incomparabile amica! offrendomi la degna metà di voi stessa, e il tesoro più prezioso che al mondo esista dopo di voi, fate più ancora (se fosse possibile) di quanto avete mai fatto per me. L'amore, il cieco amore poté costringervi a darvi, ma dare la vostra amica è una prova insospettabile di stima. Da questo momento davvero mi sembra di esser uomo di merito; perché sono onorato da voi; ma quanto mi riesce crudele la testimonianza di questo onore! Accettandolo lo smentirei, e per meritarlo bisogna che lo rifiuti. Mi conoscete; giudicatemi. Non basta che l'adorabile vostra cugina sia amata; dev'essere amata come voi, lo so. Potrà mai esserlo? può esserlo? e dipende forse da me, che su questo punto gli sia dato quanto le è dovuto? Ah! se volevate unirmi a lei, perché non m'avete lasciato un cuore da offrirle, un cuore al quale ella ispirasse sentimenti nuovi e che gliene potesse offrire le primizie? Ne esiste uno meno degno di lei di quello che ha saputo amarvi? Bisognerebbe aver l'anima libera e tranquilla come l'ottimo e savio signor d'Orbe per occuparsi unicamente di lei, seguendo il suo esempio. Bisognerebbe valere quanto lui per succedergli; altrimenti il confronto del suo antico stato con il successivo glielo renderebbe intollerabile, e il debole e svagato amore d'un secondo sposo non solo non la consolerebbe del primo, ma glielo farebbe rimpiangere anche più. D'un amico tenero e riconoscente farebbe un marito volgare. Cosa guadagnerebbe a tale cambio? ci perderebbe doppiamente. Il suo cuore delicato e sensibile sentirebbe troppo quella perdita, e io, come potrei io sopportare il continuo spettacolo d'una tristezza di cui sarei la cagione, e dalla quale non la potrei guarire? Ahimè! morirei di dolore anche prima di lei. No, Giulia, non farò la mia felicità a spese della sua. L'amo troppo per sposarla[1].

La mia felicità? No. Come potrei essere felice se non la rendessi felice? uno dei due può forse crearsi una felicità soltanto per sé nel matrimonio? i beni e i mali non vi sono forse comuni, nonostante tutto, e gli affanni che uno provoca non ricadono forse sempre su colui che li ha provocati? Sarei infelice delle sue pene, senza esser felice dei suoi benefici. Grazie, bellezza, merito, affetto, fortuna, tutto concorrerebbe alla mia felicità; il mio cuore, soltanto il mio cuore avvelenerebbe ogni cosa, e mi farebbe miserabile in seno alla felicità.

Se il mio stato attuale è pieno d'incanti vicino a lei, una più stretta unione non solo non aumenterebbe quegli incanti, ma mi toglierebbe i piaceri più dolci che gusto. Il suo umore scherzevole può dar libero sfogo alla sua amicizia, ma soltanto quando ci sono testimoni delle sue carezze. Posso provare qualche troppo vivace emozione accanto a lei, ma solo quando la vostra presenza mi distrae da voi. Sempre presente quando siamo soli io e lei, siete voi che fate deliziosa la nostra intimità. Più il nostro affetto aumenta, e più pensiamo alle catene che l'hanno formato; il dolce legame della nostra amicizia si stringe, e ci amiamo per poter parlare di voi. Così mille ricordi cari alla vostra amica, anche più cari al vostro amico, li riunisce; se altri nodi li unissero, dovrebbero rinunciarvi. Questi troppo seducenti ricordi non sarebbero altrettante infedeltà verso di lei? e con che faccia potrei pigliare una sposa rispettata e amata come confidente degli oltraggi che il mio cuore le farebbe suo malgrado? Questo cuore non ardirebbe più effondersi nel suo, vicino a lei si chiuderebbe. Non ardirei più parlarle di voi, e così ben presto non le parlerei più nemmeno di me. Il dovere, l'onore, imponendomi un nuovo ritegno verso di lei, mi farebbero estranea mia moglie, e non avrei più né guida né consiglio per veder chiaro in me e correggere i miei errori. È forse questo l'omaggio che deve aspettarsi? Il tributo di tenerezza e di riconoscenza che le verrei a portare? In questo modo farei forse la sua e la mia felicità?

Giulia, avete dimenticato i miei giuramenti e i vostri? Quanto a me, non li ho dimenticati. Ho perduto tutto; non mi rimane che la mia fede; e mi rimarrà fino alla tomba. Non ho potuto vivere vostro; morirò libero. Se dovessi prenderne l'impegno, lo prenderei subito oggi; perché se sposarsi è un dovere, un dovere anche più indispensabile è di non fare l'infelicità di nessuno, e tutto quanto mi rimane da provare stringendo altri nodi è l'eterno rimpianto di quelli ai quali ardii aspirare. In quel sacro legame porterei l'idea di quanto speravo di trovarci un tempo: quell'idea farebbe il mio supplizio e quello d'una sventurata. Le domanderei conto dei giorni felici che mi aspettai da voi. Che confronti mi troverei a fare! Qual donna al mondo li potrebbe reggere? Ah! come mi potrei consolare di non esser vostro e insieme di essere d'un'altra?

Cara amica, non insidiate queste risoluzioni dalle quali dipende la pace dei miei giorni; non cercate di cavarmi dall'annientamento nel quale sono caduto; temete che con il sentimento della mia esistenza non riacquisti quello dei miei mali, e che uno stato violento non riapra tutte le mie ferite.¹ Da quando son tornato ho sentito senza inquietarmene l'interesse più vivo che prendevo alla vostra amica; perché sapevo bene che lo stato del mio cuore non gli avrebbe mai permesso di andare troppo in là, e avvertendo questa nuova inclinazione che veniva ad aggiungersi al tenero affetto che sempre ho nutrito per lei, mi sono rallegrato d'un'emozione che mi aiutava a illudermi e mi faceva sopportare l'immagine vostra con meno affanno. Quest'emozione ha qualcosa delle dolcezze dell'amore, senza averne i tormenti. Il piacere di vederla non è turbato dal desiderio di possederla; contento di trascorrere tutta la mia vita come l'ho trascorsa quest'inverno, accanto a voi due trovo quella situazione pacifica *a* e dolce che tempera l'austerità della virtù e fa amabili le sue lezioni. Se qualche vano trasporto mi agita un momento, tutto lo reprime e lo fa tacere; ne ho vinti di ben più pericolosi perché debba temerne ancora qualcuno. Onoro la vostra amica, così come l'amo: ecco tutto. Anche se non pensassi che al mio tornaconto, tutti i diritti della tenera amicizia per lei mi sono troppo cari perché arrischi di perderli cercando di estenderli, e non ho nemmeno avuto bisogno di pensare al rispetto che le devo per non mai dirle una sola parola, nei nostri colloqui da solo a solo, che avesse bisogno di interpretarla o di non udirla. Che se a volte ha forse trovato un'eccessiva premura nei miei modi, certamente non ha visto nel mio cuore la volontà di dimostrargliela. Così come son stato per sei mesi accanto a lei, sarò per tutta la vita. Non conosco nulla che sia, dopo voi, perfetto come lei; ma fosse anche più perfetta di voi, sento che bisognerebbe non mai esser stato vostro amante per poter essere il suo.

Prima di terminare questa lettera bisogna che vi dica ciò che penso della vostra. Con tutta la prudenza della virtù, ci trovo gli scrupoli d'un'anima timida che si fa un dovere di spaventarsi, e crede che bisogna temere tutto per garantirsi da tutto. Codesta estrema timidezza ha i suoi pericoli, non meno di un'eccessiva fiducia. Facendoci continuamente vedere dei mostri dove non ce n'è, strema le nostre forze nel combattere delle chimere, e a furia di spaventarci senza motivo, ci tiene meno in guardia contro i pericoli veri e ce li fa discernere meno bene. Rileggete ogni tanto la lettera che milord Edoardo v'ha scritto l'anno scorso a proposito di vostro

a Ha detto esattamente l'opposto poche pagine prima. Il povero filosofo tra due belle donne mi pare in un bell'impiccio. Si direbbe che non voglia amare né l'una né l'altra per poterle amare tutt'e due. *(N.d.A.)*

marito; vi troverete ottimi avvertimenti che vi posson riguardare sotto vari aspetti. Non biasimo affatto la vostra devozione, che è commovente, amabile e dolce come siete voi, e che deve piacere anche a vostro marito. Ma badate che a furia di rendervi timida e previdente, non vi porti al quietismo per la via opposta, e che facendovi vedere per ogni dove dei rischi, non finisca col non lasciarvi aderire a nulla.' Cara amica, non sapete che la virtù è uno stato di guerra, e che per viverci sempre bisogna sostenere qualche battaglia contro di sé? Occupiamoci meno dei pericoli che di noi, così da mantener l'anima nostra pronta a tutto. Se cercare le occasioni è come meritare di soccombere, fuggirle con troppa cura è spesso come sottrarsi ai grandi doveri, e non è bene pensare continuamente alle tentazioni, nemmeno per evitarle. Non mi vedrete mai ricercare dei momenti pericolosi o dei colloqui intimi con donne; ma in qualsiasi situazione mi voglia collocare la provvidenza, ho per mia sicurezza gli otto mesi trascorsi a Clarens, e non temo più che qualcuno mi possa rapire il premio che voi m'avete fatto meritare. Non sarò più debole di quanto sono stato, e non dovrò sostenere battaglie più dure; ho sentito l'amarezza dei rimorsi, ho gustato le dolcezze della vittoria; dopo tali confronti non si esita più sulla scelta: tutto, persino i miei falli trascorsi mi son garanti dell'avvenire.

Senza voler entrare in nuove discussioni con voi circa l'ordine dell'universo e la direzione degli esseri che lo compongono, mi limiterò a dirvi che su problemi così superiori all'uomo egli non può giudicare delle cose che non vede se non per induzione su quelle che vede, e che tutte le analogie parlano in favore di codeste leggi generali che si direbbe voi volete respingere. La ragione stessa e le idee più sane che ci possiamo fare dell'Essere supremo sono favorevolissime a quest'opinione; poiché, sebbene la sua potenza non abbia bisogno di metodo per facilitare il lavoro, è degno della sua saggezza che preferisca tuttavia le strade più semplici, affinché non ci sia niente di inutile nei mezzi, come pure negli effetti. Creando l'uomo egli l'ha dotato di tutte le facoltà necessarie perché potesse compiere ciò che esigeva da lui, e quando gli chiediamo di poterlo compiere

bene non gli domandiamo cosa che già non ci abbia dato. Ci ha dato la ragione per discernere cosa è bene, la
coscienza per amarlo *a* e la libertà per sceglierlo.[1] In questi doni sublimi consiste la grazia divina, e siccome li
abbiamo avuti tutti, siamo tenuti a renderne conto.

Sento ragionare parecchio contro la libertà dell'uomo,
e disprezzo tutti codesti sofismi; perché un loico avrà
un bel dimostrarmi che non sono libero: il sentimento
intimo, più forte di qualsiasi suo ragionamento, lo smentisce continuamente; e qualunque sia il partito che prendo in qualsiasi deliberazione, sento perfettamente che
dipenderebbe soltanto da me di abbracciare il partito opposto. Tutte queste sottigliezze scolastiche sono vane appunto perché dimostrano troppo, perché combattono la
verità non meno bene della menzogna, e che, esista o
no la libertà, possono servire indifferentemente a dimostrare che non esiste. A sentire codesta gente nemmeno Iddio sarebbe libero, e la parola libertà non avrebbe
nessun senso. Trionfano non per aver risolto il problema, ma perché hanno messo al suo posto una chimera.
Cominciano supponendo che qualsiasi essere intelligente è puramente passivo, e da codesta supposizione de-
ducono delle conseguenze per dimostrare che non è attivo; che comodo metodo, in verità! Se accusano i loro
avversari di ragionare allo stesso modo, hanno torto.
Noi non ci supponiamo attivi e liberi: sentiamo che
siamo tali. Tocca a loro dimostrare non soltanto che questo sentimento ci potrebbe ingannare, ma che effettivamente ci inganna *b*. Il vescovo di Cloyne ha dimostrato
che, senza nulla mutare alle apparenze, la materia e i
corpi potrebbero non esistere; basta tanto per affermare che non esistono? In tutto questo la sola apparenza vale più della realtà; mi attengo a ciò che è più
semplice.[2]

a Saint-Preux fa della coscienza morale un sentimento e
non un giudizio, il che è contrario alle definizioni dei filosofi.
Tuttavia credo che in questo il loro sedicente confratello abbia
ragione. (*N.d.A.*)
b Non si tratta di questo. Si tratta di sapere se la volontà
si determina senza causa, o qual è la causa che determina la
volontà. (*N.d.A.*)

Quindi non credo che, dopo di aver provveduto in tutti i modi ai bisogni dell'uomo, Iddio accordi a questo piuttosto che a quello dei soccorsi straordinari, dei quali è indegno colui che abusa dei soccorsi comuni a tutti, e dei quali colui che ne usa bene non ha bisogno. Codesta discriminazione è ingiuriosa per la divina giustizia. Anche se codesta dura e scoraggiante dottrina si deducesse dalla stessa Bibbia, il mio primo dovere non è forse di onorare Iddio? Qualunque sia il rispetto che devo al testo sacro, ne devo ancora di più al suo autore, e preferirei credere che la Bibbia è stata alterata o è inintelligibile, piuttosto che Iddio è ingiusto o malefico. San Paolo non vuole che il vaso dica al vasaio: perché mi hai fatto così? Il che va benissimo se il vasaio non esige dal vaso se non i servizi che è in grado di fargli; ma se si arrabbiasse col vaso perché non è adatto a un uso per il quale non l'ha foggiato, forse che il vaso avrebbe torto dicendogli: perché m'hai fatto così[1]?

Dobbiamo quindi concludere che la preghiera è inutile? Dio non voglia che io mi privi di questa risorsa contro le mie debolezze. Tutti gli atti dell'intelletto che ci innalzano a Dio ci innalzano sopra di noi; implorando il suo soccorso impariamo a trovarlo. Non è lui che ci cambia, siamo noi che ci cambiamo innalzandoci a lui[a]. Tutto quanto gli domandiamo giustamente ce lo diamo da noi, e come bene avete detto, si aumenta la propria forza riconoscendo la propria debolezza. Ma se si abusa dell'orazione e si diventa mistici, ci si perde a furia di innalzarsi; cercando la grazia si rinuncia alla ragione; per ottenere un dono dal cielo se ne calpesta

[a] Il nostro galante filosofo, dopo aver imitato la condotta d'Abelardo, pare ne voglia adottare anche la dottrina. I loro sentimenti circa la preghiera sono assai vicini. Parecchia gente, considerando questa eresia, dirà che sarebbe stato meglio perseverare nello smarrimento che cadere nell'errore; ma io non la penso così. Sbagliarsi non è un gran male; ma è un gran male comportarsi male. Il che a mio giudizio non contraddice quanto ho detto prima circa il pericolo delle false massime morali. Ma bisogna pur lasciar qualche cosa da fare al lettore. (N.d.A.)

un altro sotto i piedi; ostinandoci a volere che ci illumini si sopprimono i lumi da lui datici. Chi siamo noi per costringere Iddio a compiere un miracolo?

Lo sapete che non c'è nulla di bene che non diventi biasimevole per eccesso; anche la devozione che si converte in delirio. La vostra è troppo pura perché arrivi mai a tal punto; ma l'eccesso che provoca il traviamento comincia prima di questo, e dovete diffidare appunto di questo primo termine. Spesso vi ho sentita · biasimare le estasi degli ascetici; ma sapete come nascono? Prolungando il tempo che si dà alla preghiera oltre i limiti dell'umana debolezza. Allora lo spirito si estenua, la immaginazione si accende e provoca delle visioni, si diventa ispirati, profeti, non c'è più né senso né genio che preservi dal fanatismo. Vi chiudete spesso nel vostro gabinetto, vi raccogliete, pregate senza tregua: ancora non frequentate i pietisti[a], ma leggete i loro libri. Non ho mai biasimato il vostro gusto per gli scritti del buon Fénelon: ma cosa fate di quelli della sua discepola? Leggete Muralt, lo leggo anch'io; ma io scelgo le sue *Lettere*, voi invece scegliete il suo *Istinto divino*. Considerate come è andato a finire, deplorate i traviamenti di questo saggio uomo, e pensate a voi. Donna devota e cristiana, state forse per non esser più che una beghina[1]?

Cara e rispettabile amica, accolgo i vostri consigli con la docilità di un bambino, e vi dò i miei con lo zelo d'un padre. Da quando la virtù ha non rotto ma bensì fatto indissolubili i nostri legami, i suoi doveri si confondono con i diritti dell'amicizia. Le stesse lezioni ci convengono, lo stesso interesse ci guida. I nostri cuori non si parlano mai, i nostri occhi non si incontrano mai senza offrire a tutt'e due un oggetto d'onore e di gloria che ci innalza insieme, e la perfezione di ognuno di noi sarà sempre importante per l'altro. Ma se le deliberazioni

---

[a] Sorta di pazzi che si figuravano di essere cristiani e di osservare il vangelo alla lettera: pressappoco come oggi i metodisti in Inghilterra, i moravi in Germania, i giansenisti in Francia; con l'eccezione, tuttavia, per questi ultimi, ai quali non manca che di essere i padroni, per essere ancora più duri e più intolleranti dei loro nemici. (*N.d.A.*)

sono comuni, non lo è la decisione, essa appartiene soltanto a voi. O voi che avete sempre deciso del mio destino, non smettete di esserne l'arbitra, ponderate le mie riflessioni, decidete; qualsiasi cosa siate per comandare mi sottometto, sarò degno almeno che non cessiate di guidarmi. Dovessi non rivedervi mai più, mi sarete sempre presente, presiederete sempre alle mie azioni; doveste anche togliermi l'onore di educare i vostri figliuoli, non mi toglierete le virtù che mi derivano da voi; sono i figliuoli dell'anima vostra, la mia li adotta, e nulla glieli può rapire.

Parlatemi schietto, Giulia. Ora che vi ho spiegato per bene ciò che sento e ciò che penso, ditemi che cosa devo fare. Sapete fino a che punto il mio destino è legato a quello dell'illustre mio amico. In quest'occasione non l'ho consultato; non gli ho mostrato né questa lettera né la vostra. Se viene a sapere che disapprovate il suo progetto, o meglio quello di vostro marito, lo disapproverà anche lui, e mi guardo bene dal cavarne una obiezione contro i vostri scrupoli; soltanto è opportuno che li ignori fino a che la nostra decisione sarà presa. Frattanto troverò pretesti per differire la nostra partenza; pretesti che lo potranno magari meravigliare, ma ai quali si piegherà certamente. Quanto a me preferisco non più rivedervi che rivedervi per dirvi una volta ancora addio. Imparare a vivere in casa vostra come uno straniero è un'umiliazione che non ho meritato.

LETTERA VIII

DELLA SIGNORA DI WOLMAR

Dunque, risiamo da capo con la vostra immaginazione esaltata? e a proposito di che, vi prego? Sulle più veraci testimonianze di stima e d'amicizia che mai avete avuto da me; sulle tranquille riflessioni che la sollecitudine per la vostra vera felicità mi ispira; sulla proposta più generosa, più vantaggiosa, più onorevole che mai vi sia stata fatta; sull'indiscreta premura di unirvi alla mia famiglia con nodi indissolubili; sul desiderio di fare il mio alleato, il mio parente d'un ingrato che crede o finge di credere che non lo voglio più per amico. Per cavarvi dall'inquietudine nella quale sembrate caduto, bastava prendere quanto vi ho scritto nel suo senso più piano. Ma è un pezzo che vi compiacete tormentandovi con le vostre ingiustizie. La vostra lettera è come la vostra vita, sublime e strisciante, piena di forza e di cose puerili. Caro il mio filosofo, non smetterete mai di essere bambino?

Dove siete andato a sognare che volevo imporvi delle leggi, e romperla con voi e, per usare le vostre stesse parole, spedirvi in capo al mondo? In coscienza, vi pare quello lo spirito della mia lettera? Proprio all'opposto. Pregustando il piacere di vivere con voi, ho temuto gli inconvenienti che potevano turbarlo; mi sono preoccupata dei mezzi per prevenire codesti inconvenienti in modo gradevole e dolce, procurandovi una sorte degna dei vostri meriti e del mio affetto per voi. Ecco tutto il mio delitto; non mi pare che ci fosse materia da inquietarvi tanto.

Avete torto, caro amico, perché non ignorate quanto mi siete caro; ma vi´ piace farvelo ripetere, e siccome non piace meno a me ripeterlo, ecco che ottenete facilmente ciò che volete senza ricorrere ai lamenti e al malumore.

Siate dunque certissimo che, se il vostro soggiorno da noi vi piace, non piace a me meno che a voi, e che di tutto quanto il signor di Wolmar ha fatto per me non c'è cosa che più mi tocchi della premura che ha avuto chiamandovi nella sua casa, e facendo in modo che ci possiate rimanere. Ammetto con piacere che siamo utili l'uno all'altro. Più capaci di accogliere buoni consigli che di trovarli in noi, tutti e due abbiamo bisogno di guida, e chi mai saprà meglio di noi, che ci conosciamo così bene, ciò che ci è opportuno? Chi sentirà meglio di noi il pericolo di traviarci, noi che sappiamo quant'è penoso il ravvedersi? Quale oggetto ci può rammentare più efficacemente quel pericolo? Davanti a chi arrossiremmo altrettanto, per avvilire così gran sacrificio? Dopo di aver spezzato quei legami, non siamo forse debitori alla loro memoria di non commettere cosa indegna del motivo che ce li fece rompere? Sì, una fedeltà che voglio mantenervi per sempre, è che vi prendo a testimonio di tutte le azioni della mia vita; dicendovi a ogni sentimento che mi anima: ecco quanto vi ho preferito. Ah, amico mio! so far onore a ciò che il mio cuore ha sentito così bene: posso esser debole davanti a tutta la terra; ma davanti a voi mi sento sicura.

In questa delicatezza che sempre sopravvive al vero amore, piuttosto che nelle sottili distinzioni del signor di Wolmar, dobbiamo cercare la ragione di quell'elevazione dell'anima e di quell'intima forza che proviamo quando siamo vicini, e che credo di sentire quanto voi. Questa è almeno una spiegazione più naturale, più onorevole per i nostri cuori che non la sua, ed è più efficace per incoraggiarci a ben fare: il che è ragione sufficiente per preferirla. Perciò siate persuaso che non soltanto non mi trovo nella strana disposizione che mi supponete, ma proprio nella disposizione opposta. Che se dovessimo rinunciare al disegno di riunirci, considererei quel cambiamento come una grande disgrazia per voi, per me, per i miei figli, e persino per mio marito; il quale, come sapete, ha gran peso nelle ragioni che ho per desiderare che siate qui. Ma per limitarci alla mia inclinazione personale, ricordatevi del momento del vostro arrivo: ho dimostrato forse vedendovi una gioia minore della vostra? Avete avuto l'impressione che il vostro soggiorno a Clarens m'è riuscito noioso o penoso? v'è parso che vi vedessi partire con piacere? Debbo andare fino in fondo e parlarvi con la mia solita schiettezza? Vi dirò senza ambagi che i sei mesi che abbiamo trascorso insieme sono il tempo più dolce della mia vita, e che in quel breve lasso di tempo ho gustato tutti i beni di cui la mia sensibilità mi abbia suggerito l'idea.

Non dimenticherò mai un giorno di quest'inverno; dopo la lettura in comune dei vostri viaggi e delle avventure del vostro amico, facemmo cena nella saletta d'Apollo: pensando alla felicità che Iddio mi concedeva in questo mondo, vidi intorno a me mio padre, mio marito, i miei figli, la mia cugina, milord Edoardo e voi; senza contare la Fanchon, che non sciupava per niente la scena: e tutto riunito per la felicità di Giulia. Mi dicevo: questa stanzetta contiene tutto ciò che è caro al mio cuore, e forse tutto ciò che di meglio c'è sulla terra; sono circondata da tutto quanto mi sta a cuore, l'universo intero è qui per me; godo insieme dell'affetto che provo per i miei amici, di quello che mi restituiscono e di quello che sentono tra loro; la loro reciproca benevolenza o nasce da me o si riferisce a me; non vedo niente che non estenda la mia esistenza, e niente che la divida; essa consiste tutta in ciò che mi circonda, nessuna porzione è lontana da me; la mia immaginazione non ha più nulla da fare, non ho più nulla da desiderare; sentire e godere sono per me la stessa cosa; vivo insieme in tutto quanto amo, mi sazio di felicità e di vita: o morte, vieni quando vorrai! non ti temo più, ho vissuto, ti ho preceduta, non c'è sentimento ignoto che io debba ancora conoscere, tu non hai più nulla da involarmi[1].

Con più assaporavo il piacere di vivere con voi, più mi riusciva dolce il pensiero che avremmo continuato così, ma anche mi inquietava maggiormente tutto ciò che poteva turbare quel piacere. Lasciamo stare per ora quella timida morale e quella pretesa divozione che mi rinfacciate. Ammettete almeno che tutto l'incanto della nostra società sta in quell'apertura di cuore che mette in comune tutti i sentimenti, tutti i pensieri, e che fa sì che ognuno, sentendo di essere ciò che deve, si mostra a tutti così come è. Supponete per un momento qualche segreto intrigo, qualche legame che si deve nascondere, qualche motivo di riserva o di mistero; immediatamente svanisce tutto il piacere di vedersi, si è impacciati l'uno davanti all'altro, si cerca di sfuggire, quando ci si riunisce si vorrebbe scappare: la circospezione, la convenienza porta con sé la diffidenza e il disgusto. Come si può amare a lungo ciò che si teme? si diventa importuni a vicenda... Giulia importuna!... importuna per il suo amico!... no no, non è possibile; non bisogna mai temere dei mali superiori alle nostre forze.

Esponendovi ingenuamente i miei scrupoli non pretendevo affatto cambiare le vostre decisioni, bensì illuminarle; temendo che, se aveste abbracciato un partito senza prevederne tutte le conseguenze, non aveste avuto a pentirvene quando vi fosse mancato il coraggio di disdirvi. Quanto ai timori che il signor di Wolmar non ha mai avuti, non tocca a lui averli, tocca a voi: nessuno se non voi è giudice del pericolo che nasce da voi. Rifletteteci bene, e poi ditemi che non esiste, e non ci penserò più: perché conosco la vostra rettitudine e non diffido delle vostre intenzioni. Se il vostro cuore è capace di un errore imprevisto, certissimamente il male premeditato non gli si è accostato mai. Ed è ciò che distingue l'uomo debole dal malvagio[1].

Per altro, anche se le mie obiezioni avessero un peso maggiore di quanto credo, perché metter subito le cose al peggio come fate voi? Non prevedo di prendere precauzioni così severe come pare a voi. Si tratta forse di rompere subito tutti i vostri progetti e di fuggirci per sempre? No, amabile amico mio, non occorrono così tristi rimedi. Avete la testa d'un bambino, ma il cuore di un vecchio. Le grandi passioni disgustano delle altre; gli succede una pace dell'anima che è l'unico sentimento che si accresca godendone. Un cuore sensibile teme il riposo che gli è ignoto; se lo prova una volta, non lo vorrà perdere mai più. Paragonando due stati così opposti si impara a preferire il migliore; ma per paragonarli bisogna conoscerli. Quanto a me, il momento della vostra pace mi sembra più vicino forse di quanto pare a voi. Avete sentito troppo per sentire a lungo; avete amato troppo per non diventare indifferente: la cenere che esce dalla fornace non si riaccende più, ma bisogna aspettare che tutto sia finito. Ancora qualche anno di sorveglianza e non avrete più nulla da temere.

Il destino che avrei voluto prepararvi annientava ogni rischio; ma lasciando questa considerazione, era un destino abbastanza dolce perché voi stesso lo desideraste, e se la vostra delicatezza non vi concede di aspirarvi, non occorre che mi diciate quanto un tal ritegno v'è potuto costare. Ma temo che alle vostre ragioni non vengano a mescolarsi pretesti più speciosi che sodi; ho paura che ostentando di voler mantenere degli impegni dai quali tutto vi dispensa e che non interessano più nessuno, non vi facciate una falsa virtù di non so che vana costanza più biasimevole che lodevole, e ormai affatto fuori posto. Già ve l'ho detto altre volte, osservare un giuramento colpevole è una nuova colpa; se il vostro non era tale, lo è però diventato; tanto basta per sopprimerlo. La promessa che bisogna costantemente mantenere è quella di esser galantuomo sempre saldo

715

nel proprio dovere; mutare quando esso muta non è già leggerezza, bensì costanza. Forse allora faceste bene promettendo ciò che oggi fareste male mantenendo. Fate sempre ciò che la virtù domanda, e non vi smentirete mai.

Che se tra i vostri scrupoli c'è qualche obiezione concreta, è cosa che potremo esaminare con calma. Frattanto, non mi rincresce troppo che voi non vi siate gettato sulla mia idea con la mia avidità, così che la mia balordaggine, se mai è tale, vi sia riuscita meno crudele. Avevo meditato quel progetto durante l'assenza di mia cugina. Da quando è tornata e una volta partita la mia lettera, ho avuto con lei alcune conversazioni generali su un secondo matrimonio; ma m'è sembrata così lontana da tale idea che, nonostante tutta l'inclinazione che ha per voi, ho paura che occorra un'autorità maggiore della mia per vincere la sua ripugnanza, sia pure in vostro favore; perché c'è un punto in cui l'impero dell'amicizia deve rispettare quello dell'inclinazione e dei principi che ognuno adotta circa doveri di per sé arbitrari, ma relativi allo stato del cuore che se li impone.

Tuttavia vi confesso che non ho rinunciato del tutto al mio progetto; è così conveniente per tutti noi, vi caverebbe in modo così onorevole dallo stato precario in cui vivete nel mondo, mescolerebbe così bene i nostri interessi, trasformerebbe in dovere così naturale una amicizia che ci è tanto dolce, che non mi sento di abbandonarlo. No, caro amico, non mi apparterrete mai abbastanza da vicino; non basta nemmeno che siate mio cugino; ah! vorrei che foste mio fratello!

Queste idee valgano quello che valgono, siate però più giusto nel giudicare i miei sentimenti per voi. Godete senza ritegno della mia amicizia, della mia fiducia, della mia stima. Ricordate che non vi posso più comandar nulla, e che per altro non credo di averne la necessità. Non toglietemi però il diritto di darvi dei consigli, e non andate a pensare che siano degli ordini. Se vi pare di poter abitare Clarens senza pericolo, venite, stateci, ne sarò beata. Se vi pare di dover accordare ancora qualche anno d'assenza ai residui sempre sospetti d'una impetuosa giovinezza, scrivetemi spesso, venite a trovarci quando vorrete, continuiamo una intima corrispondenza. Qual pena non è alleviata da questa consolazione? Che lontananza non si sopporta, con la speranza di terminare insieme i propri giorni? Farò di più; sono disposta ad affidarvi uno dei miei figli; so che starà meglio nelle vostre che nelle mie mani. Quando me lo riporterete, non so quale di voi due si rallegrerà di più tornando. Se, tornato del tutto in voi, sbandite le vostre chimere e volete meritare la mia cugina: venite, amatela, servitela, fate in modo di piacerle del tutto; in verità penso che avete già cominciato; vincete il suo cuore e gli ostacoli che vi oppone, vi aiuterò con tutte le mie forze. Insomma, fate la felicità di voi due, e la mia sarà perfetta. Ma, qualunque sia il partito che abbraccerete, dopo di averci seriamente riflettuto, abbracciatelo con sicurezza e non oltraggiate oltre la vostra amica accusandola di non fidarsi di voi.

A forza di pensare a voi, dimentico me stessa. Bisogna tuttavia che venga anche la mia volta; perché discutendo con i vostri amici agite come con il vostro avversario agli scacchi, vi difendete attaccando. Vi scusate di esser filosofo accusandomi di essere devota; che è come se avessi rinunciato al vino perché vi siete ubriacato. A vostro giudizio sono dunque bigotta, o sul punto di diventarlo? Sia pure; forse che i nomi sprezzanti mutano la natura delle cose? Se la devozione è buona cosa, perché dev'essere una colpa averne? Ma forse questa parola è troppo abietta per voi. La filosofica dignità sdegna un culto volgare; vuol servir Dio più nobilmente; porta fino in cielo le sue pretese e il suo orgoglio. O poveri i miei filosofi!... Torniamo a noi.

Ho amato la virtù già da bambina, e sempre ho coltivato la mia ragione. Mi son voluta guidare con il sentimento e i miei lumi, e mi son comportata male. Prima di togliermi la guida che mi son scelta, datemene un'altra della quale mi possa fidare. Caro amico! sempre orgoglio, checché si faccia; è l'orgoglio che vi innalza, è l'orgoglio che mi umilia. Credo di non esser da meno di un'altra, ma mille altre son vissute più saggiamente di me. Dunque avevano delle risorse che a me mancavano. Perché mai, sentendomi bennata, ho dovuto nascondere la mia vita? Perché odiavo il male che ho commesso mio malgrado? Non conoscevo altro che la mia forza; non mi è bastata. Credo di aver usato tutta la resistenza che possiamo cavare da noi, eppure ho dovuto soccombere; come fanno quelle che resistono? Hanno un appoggio migliore.

Quando lo ebbi scelto seguendo il loro esempio, ho trovato in questa scelta un altro vantaggio al quale non avevo pensato. Nel regno delle passioni esse aiutano a sopportare i tormenti che procurano; mantengono la speranza accanto al desiderio. Fin che si desidera si può fare a meno di essere felici; si aspetta di esserlo; se la felicità non viene, la speranza si prolunga, l'incanto dell'illusione dura quanto la passione che lo provoca. Così questo stato è sufficiente a sé, l'inquietudine che procura è una specie di godimento che supplisce alla realtà[1].

E forse è migliore. Guai a chi non desidera più niente! perde per così dire tutto quanto possiede. Si gode meno di ciò che si ottiene che di ciò che si spera, non si è felici che prima di essere felici. Infatti l'uomo avido e limitato, fatto per volere tutto e ottenere poco, ha avuto dal cielo una forza consolatrice che avvicina a lui tutto quanto desidera, lo sottomette alla sua immaginazione, glielo fa presente e sensibile, glielo abbandona quasi, e per fargli più dolce codesta illusoria proprietà lo modifica a seconda della sua passione. Ma tutto questo giuoco prestigioso svanisce davanti all'oggetto desiderato; nulla più lo abbellisce agli occhi di colui che lo possiede, l'illusione cessa dove comincia il piacere. Il paese delle chimere è il solo degno di essere abitato quaggiù, e il nulla delle cose umane è tale che salvo[a] l'Essere che esiste di per sé non esiste nulla di bello se non ciò che non esiste[2].

Se tale effetto non si verifica sempre sugli oggetti particolari delle nostre passioni, è però infallibile nel sentimento comune che le abbraccia tutte. Vivere senza soffrire non è condizione umana; vivere così è come es-

---

[a]Bisognava dire "*que hors*" [il testo dice *qu'hors*], e certamente la signora di Wolmar lo sapeva. Ma in più degli errori che le sfuggivano per ignoranza o per inavvertenza, si direbbe che aveva l'orecchio troppo delicato per uniformarsi sempre alle regole che pur conosceva. È possibile adoperare uno stile più puro, ma non più dolce né più armonioso del suo. (N.d.A.)

ser morti. Colui che potesse tutto senza essere Dio sarebbe una misera creatura; gli mancherebbe il piacere di desiderare; qualsiasi altra privazione sarebbe più tollerabile[a].

Ecco ciò che in parte provo da quando son sposata, e da quando siete tornato. Per ogni dove non vedo che argomenti di contentezza, e non sono contenta. Un segreto languore mi si insinua in fondo al cuore; lo sento vuoto e gonfio, come una volta dicevate del vostro; l'affetto che provo per tutto quanto mi è caro non basta per occuparlo, gli rimane una forza inutile di cui non sa che fare. È una ben strana pena, lo ammetto; ma non perciò è meno reale. Amico mio, sono troppo felice; la felicità mi annoia[b].

Conoscete qualche rimedio a questa nausea del benessere? Quanto a me vi confesso che un sentimento così poco ragionevole e così poco volontario mi ha tolto molto del valore che attribuivo alla vita, e non so immaginare che incanto ci si può trovare, che a me manchi o che mi possa bastare. Forse che un'altra sarà più sensibile di me? Potrà amare di più suo padre, suo marito, i suoi figli, i suoi amici, i suoi congiunti? Ne sarà più riamata? Menerà un'esistenza più di suo gusto? Sarà più libera di scegliersene un'altra? Godrà di una salute migliore? Avrà maggiori risorse contro la noia, maggiori legami che la stringono alla gente? Tuttavia vivo inquieta; il mio cuore non sa cosa gli manca; desidera senza che sappia che cosa.

Poiché non trova nulla quaggiù che le basti, l'anima mia cerca avidamente altrove qualcosa che la riempia; innalzandosi alla sorgente del sentimento e dell'esistenza, perde la sua aridità e il suo languore: si sente rinascere, si rianima, vi trova nuove energie, vi attinge

_____

[a] Donde consegue che qualsiasi principe aspiri al dispotismo aspira all'onore di morir di noia. In tutti gli stati del mondo cercate l'uomo che si annoia più di tutti? Andate sempre e direttamente al sovrano: soprattutto se è assoluto. Val proprio la pena di creare tanti infelici! non potrebbe annoiarsi più semplicemente? *(N.d.A.)*

[b] E che, Giulia, anche contraddizioni! Ah! ho paura, adorabile devota, che non siate nemmeno voi molto d'accordo con voi stessa! Per altro mi pare che questa lettera sia il canto del cigno. *(N.d.A.)*

719

una nuova vita; assume un'esistenza diversa che non partecipa delle passioni fisiche, o meglio non è più in me, sta tutta nell'Essere immenso che essa contempla; e sciolta per un momento dai suoi ceppi, si consola di doverci tornare grazie a questo saggio d'una condizione più sublime che spera di far sua un giorno.

Sorridete; vi capisco, amico; ho pronunciata la mia sentenza condannando un giorno questo stato d'orazione che oggi confesso di amare. Non vi posso dire che una parola sola: è che non l'avevo provato. Non pretendo nemmeno di giustificarlo in qualche modo. Non dico che sia un gusto saggio, dico soltanto che è dolce, che supplisce al sentimento della felicità che si esaurisce, che riempie il vuoto dell'anima, e che mette un interesse nuovo nella vita spesa per meritarlo. Se produce qualche male, bisogna senza dubbio rifiutarlo; se illude il cuore con una falsa gioia, bisogna pure rifiutarlo. Ma insomma chi è più ligio alla virtù, il filosofo con i suoi grandi principi, o il cristiano nella sua semplicità? Chi è più felice già in questo mondo, il savio con la sua ragione o il devoto nel suo delirio? Che bisogno ho di pensare, di immaginare, in un momento in cui tutte le mie facoltà sono alienate? L'ebbrezza ha i suoi piaceri, dicevate voi! Benissimo, anche questo delirio è un'ebbrezza. Lasciatemi quindi in uno stato che mi riesce piacevole, oppure fatemi vedere in che modo potrei star meglio.

Ho biasimato le estasi dei mistici. Torno a biasimarle se ci allontanano dai nostri doveri, e disgustandoci della vita attiva con gli incanti della contemplazione, ci portano a quel quietismo al quale mi credete così vicina ma dal quale credo di esser lontana quanto voi.

Servire Iddio non vuol dire trascorrer la vita ginocchioni in un oratorio, lo so benissimo; vuol dire compiere sulla terra i doveri che egli ci impone; vuol dire fare tutto quanto comporta lo stato nel quale ci ha collocati, nell'intento di piacergli:

Il cor gradisce;
E serve a lui chi 'l suo dover compisce[1].

Anzitutto bisogna fare ciò che si deve, e poi pregare quando si può. Questa è la regola che cerco di seguire; non considero quel raccoglimento che mi rimproverate come un'occupazione, bensì come una ricreazione; e non vedo perché, tra i piaceri che sono in mio potere, dovrei proibirmi il più sensibile e innocente di tutti.

Mi sono esaminata con più cura dopo la vostra lettera. Ho studiato gli effetti che mi produce sull'anima quest'inclinazione che sembra tanto spiacervi, e finora non ci vedo niente che mi faccia temere, almeno per adesso, l'abuso di una devozione sbagliata.

Anzitutto non provo per questo esercizio un gusto così vivo da farmi soffrire quando ne sono priva, né che mi metta di malumore quando me ne distraggono. E nemmeno mi dà distrazioni durante il giorno, non mette né disgusto né impazienza nella pratica dei miei doveri. Se mai sento che il mio gabinetto mi è necessario, è quando sono agitata da qualche emozione e sento che starei meno bene in qualsiasi altro posto. Tornando in me, lì ritrovo la calma della ragione. Se qualche affanno mi turba, se qualche pena mi affligge, vado a deporli lì. Tutte queste miserie svaniscono davanti a un più grande oggetto. Pensando a tutti i benefici della provvidenza, mi vergogno di esser sensibile a così deboli affanni e di dimenticare così grandi grazie. Non ho bisogno di fermate né lunghe né frequenti. Quando mio malgrado la tristezza non mi lascia, alcune lagrime versate davanti a colui che consola mi alleviano immediatamente il cuore. Le mie riflessioni non sono mai né amare né dolorose; persino il mio pentimento è scevro di inquietudine; le mie colpe mi fanno meno paura che vergogna; provo rimpianti, non rimorsi. Il Dio che servo è un Dio clemente, un padre; ciò che mi commuove è la sua bontà, che cancella ai miei occhi ogni altro suo attributo; è il solo che capisco. La sua potenza mi stupisce, la sua immensità mi confonde, la sua giustizia... Ha fatto l'uomo debole; siccome è giusto, è clemente. Il Dio vendicatore è il Dio dei malvagi, non lo posso né temere per me né implorarlo contro un altro. O Dio di pace, Dio di bontà, te solo io adoro! sento che sono l'opera tua, e spero di ritrovarti nell'estremo giudizio così come mi parli al cuore durante la mia vita.

Non potrei esprimervi tutta la dolcezza che queste idee mettono nei miei giorni, e tutta la gioia che mi mettono in fondo al cuore. Uscendo dal mio gabinetto così disposta, mi sento più leggera e più lieta. Qualsiasi pena svanisce, tutti gli ostacoli scompaiono; non c'è più nulla di rude, di ostico; tutto diventa facile e scorrevole; tutto assume ai miei occhi un volto più ridente; la compiacenza non mi costa più nulla; voglio anche più bene a coloro cui voglio bene e riesco più amabile per loro. Persino mio marito è più soddisfatto di questo mio umore. Afferma che la devozione è un oppio per l'anima; quando se ne prende poco rallegra, rianima e sostiene; una dose eccessiva addormenta, o rende furiosi, o uccide; spero di non mai arrivarci.

Vedete che questo titolo di devota non mi offende come forse avreste voluto; ma non gli annetto nemmeno tutta l'importanza che potreste supporre. Per esempio, non mi piace affatto che si ostenti questo stato con una ricercatezza esteriore, e quasi come una specie di occupazione che dispensi da tutte le altre. Così quella madama Guyon di cui mi parlate avrebbe fatto meglio, a mio giudizio, riempiendo attentamente i suoi doveri di madre di famiglia, allevando cristianamente i suoi figliuoli, governando saggiamente la sua casa, piuttosto che comporre libri di devozione, discutere con i vescovi, e farsi imprigionare nella Bastiglia per delle fantasie delle quali non si capisce niente.[1] E nemmeno mi garba quel linguaggio mistico e figurato che nutre il cuore con le chimere dell'immaginazione, e al posto del vero amore di Dio mette i sentimenti modellati sull'amore terreno, e troppo atti a risvegliarlo. Più si ha un cuore tenero e un'immaginazione vivace, più si deve evitare tutto quanto tende a commuoverli; perché insomma, come si possono scorgere i rapporti dell'oggetto mistico, se non si vede anche l'oggetto sensuale; e come mai una donna onesta potrà immaginare senza batter ciglio oggetti che non avrebbe il coraggio di guardare[a]?

Ma la cosa che più mi ha scostato dai devoti di pro-

[a] Quest'obiezione mi sembra tanto salda e inoppugnabile che, se avessi il minimo potere nella Chiesa, la adopererei per far togliere dai libri sacri il Cantico dei Cantici, e mi rincrescerebbe non poco di aver aspettato tanto. (N.d.A.)

fessione è quella durezza di costumi che li fa insensibili all'umanità, quell'orgoglio eccessivo che gli fa considerare con commiserazione il resto del mondo. Nella loro sublime elevazione, se mai si degnano di abbassarsi a qualche atto di bontà, lo fanno in modo così umiliante, compiangono gli altri in tono così crudele, la loro giustizia è così rigida, il loro zelo così amaro, il loro disprezzo così simile all'odio, che persino l'insensibilità della gente mondana è meno barbara della loro commiserazione. L'amore di Dio è per loro una scusa per non amare nessuno, non si amano nemmeno tra loro; s'è mai vista una vera amicizia tra i bigotti? Ma con più si staccano dagli uomini, con più esigono da loro, e si direbbe che non si innalzano a Dio che per esercitare la sua autorità sulla terra.

Per tutti codesti abusi provo un'avversione che naturalmente me ne preserva. Se dovessi cascarci, sarà certamente senza volerlo, e spero che l'amicizia di tutti coloro che mi sono vicini me ne vorrà avvertire. Vi confesso che per la sorte di mio marito ho provato un'inquietudine che a lungo andare m'avrebbe guastato l'umore. Per fortuna la savia lettera di milord Edoardo, alla quale con ragione mi rimandate, i suoi colloqui consolanti e sensati, i vostri, hanno del tutto dissipato ogni mio timore e mutato i miei principi. Vedo che l'intolleranza non mi potrà indurire l'anima. Come si possono prediligere teneramente coloro che condanniamo? Che carità si può mantenere in mezzo ai dannati? Amarli sarebbe come odiare Iddio che li punisce. Vogliamo quindi essere umani? giudichiamo le azioni e non gli uomini. Non sconfiniamo nell'orribile funzione dei demoni, non apriamo così facilmente l'inferno ai nostri fratelli. Eh, se fosse destinato a coloro che si sbagliano, qual mortale lo potrebbe mai evitare?

O miei amici, che peso m'avete tolto dal cuore! Insegnandomi che l'errore non è una colpa, m'avete liberata da mille inquietanti scrupoli. Lascio stare la sottile interpretazione dei dogmi che non capisco. Mi attengo alle verità luminose che mi colpiscono gli occhi e convincono la ragione, alle pratiche verità che mi istruiscono sui miei doveri. Quanto al resto, ho adottato come regola la vostra risposta d'un tempo al signor di Wol-

mar[a]. Si è forse padroni di credere o di non credere?
È un delitto non aver saputo argomentare bene? No,
la coscienza non ci dice la verità delle cose, ma la regola dei nostri doveri; non ci detta ciò che bisogna pensare, bensì ciò che si deve fare; non ci insegna a ragionar bene, ma a bene agire. In che cosa mio marito è
colpevole davanti a Dio? Forse che distoglie gli occhi da
lui? Dio stesso gli ha velato la sua faccia. Non fugge la
verità, è la verità che lo fugge. Non è guidato dall'orgoglio; non vuol traviare nessuno, è contento che non
si pensi come pensa lui. Ama i nostri sentimenti, li vorrebbe condividere, ma non può. La nostra speranza, le
nostre consolazioni, tutto gli sfugge. Compie il bene senza aspettarsi una ricompensa; è più virtuoso, più disinteressato di noi. Ahimè, bisogna compiangerlo! ma di
che cosa sarà punito? No no, la bontà, la dirittura, i
costumi, l'onestà, la virtù: ecco ciò che il cielo esige e
premia; ecco il verace culto che Iddio vuole da noi, e
che riceve da lui ogni giorno della sua vita. Se Dio giudica la fede sulle opere, essere uomini da bene significa
credere in lui. Il vero cristiano è l'uomo giusto; i veri
increduli sono i malvagi.

Quindi non stupitevi, o mio caro amico, se non discu-
to con voi parecchi punti della vostra lettera, sui quali
non andiamo d'accordo. So troppo bene ciò che siete, per
darmi pensiero di quanto credete. Che cosa m'interessano tutte codeste oziose questioni sulla libertà? Che io
sia libera di volere il bene per me stessa, o che l'otten-
ga impetrando quella volontà, se infine trovo il modo di
fare il bene, non è forse la stessa cosa? Che mi procuri
ciò che mi manca chiedendolo, o che Dio me lo conceda perché lo prego; se per ottenerlo bisogna comunque
che lo domandi, mi occorre forse qualche altro schiari-
mento? Troppo contenti di andar d'accordo sui punti
principali della nostra fede, cosa vogliamo cercare di più?
Vogliamo forse penetrare in quegli abissi metafisici che
non hanno né fondo né sponda, e perdere disputando
sull'essenza divina questo tempo già così breve che ci è
concesso per onorarla? Non sappiamo che cosa è, ma sappiamo che è, tanto ci basti; si rivela nelle sue opere, si
fa sentire dentro di noi. Possiamo sì discutere contro

[a] Vedi la parte quinta, lettera III. (N.d.A.)

di lei, ma non misconoscerla in buona fede. Essa ci ha dato quel grado di sensibilità che la vede e la tocca; compiangiamo coloro ai quali non ha fatto tale dono, senza lusingarci di poterli illuminare in sua vece. Chi di noi potrà fare ciò che essa non ha voluto fare? Rispettiamo in silenzio i suoi decreti e facciamo il nostro dovere; è il miglior modo di insegnare il loro agli altri.

Conoscete qualcuno che sia più pieno di senso e di ragione del signor di Wolmar? qualcuno che sia più sincero, più diritto, più giusto, più vero, meno schiavo delle sue passioni, e che abbia da guadagnare maggiormente dalla divina giustizia e dall'immortalità dell'anima? Conoscete un uomo più forte, più elevato, più grande, più sfolgorante nella discussione di milord Edoardo? più degno, grazie alla sua virtù, di difendere la causa di Dio, più certo della sua esistenza, più penetrato della sua suprema maestà, più zelante per la sua gloria e più atto a sostenerla? Avete visto ciò che è capitato per tre mesi a Clarens; avete visto quei due uomini reciprocamente pieni di stima e di rispetto, remoti per condizione e gusto da vani puntigli scolastici, trascorrere tutto un inverno a tentare con discussioni sagge e pacifiche, ma vive e profonde, di illuminarsi a vicenda, attaccarsi, difendersi, afferrarsi con tutti i modi possibili all'umano intelletto, su un argomento circa il quale non domandavan di meglio che di trovarsi d'accordo, siccome non ci hanno che un medesimo interesse.

Che cosa è capitato? Hanno raddoppiato la loro reciproca stima, ma ognuno è rimasto fermo nelle sue persuasioni. Se quest'esempio non basta a guarire per sempre un uomo sensato dalla passione della disputa, l'amore della verità sicuramente non lo tocca; cerca di brillare.

Quanto a me, rinuncio per sempre a codesta arma inutile, e son decisa a non più dire a mio marito una sola parola di religione, se non quando si tratterà di render conto della mia. Non che l'idea della divina tolleranza mi abbia fatta indifferente al bisogno che ne ha. Vi confesso anzi che, tranquilla circa la sua sorte futura, non sento per questo diminuire il mio zelo per la sua conversione. Vorrei a costo del mio sangue vederlo convinto: se non per la sua felicità nell'altro mondo, per la sua felicità in questo. Giacché di quante dolcezze non si trova privato? Qual sentimento lo può consolare delle sue pene? Quale spettatore anima le buone azioni che compie in segreto? Qual voce gli parla in fondo all'anima? Che premio può aspettarsi della sua virtù? Come considera la morte? No, io spero che non l'aspetterà in codesto orribile stato. Mi resta un mezzo per cavarnelo, e ci consacro il resto della mia vita; non si tratta di convincerlo ma di commuoverlo; si tratta di mostrargli un esempio che lo trascini, di far sì che la religione gli sembri tanto amabile da non poterle resistere. Ah, amico mio! quale argomento contro l'incredulo, la vita del vero cristiano! credete che ci sia un'anima capace di resistergli? Questo è il compito che ormai mi impongo; aiutatemi tutti ad adempierlo. Wolmar è freddo, ma non insensibile. Che quadro possiamo offrire al suo cuore, il giorno che i suoi amici, i suoi figli, sua moglie, tutti concorreranno a istruirlo edificandolo! quando senza stare a predicargli Iddio nei discorsi, glielo faranno vedere nelle azioni da lui ispirate, nelle virtù di cui è autore, nel piacere che si prova piacendogli! Quando vedrà brillare l'immagine del cielo nella sua casa! quando cento volte al giorno sarà costretto a dirsi: no, l'uomo non è tale di sua natura, qui regna qualche cosa di sovrumano!

Se quest'impresa vi piace, se vi sentite degno di concorrervi, venite, trascorriamo insieme i nostri giorni e non lasciamoci che alla morte. Se questo progetto vi dispiace o vi spaventa, ascoltate la vostra coscienza, che vi detterà il vostro dovere. Non ho altro da dirvi.

A quanto ci dice milord Edoardo, siete aspettati tutti e due verso la fine del mese prossimo. Non riconoscerete più il vostro quartiere; ma nei mutamenti che ci si son fatti, riconoscerete le cure e il cuore di un'amica che si è compiaciuta ornandolo. Ci troverete anche alcuni libri da lei scelti a Ginevra, migliori e di miglior gusto dell'*Adone*; il quale pure ci si trova, per burla. Del resto siate discreto, siccome ella non vuole che sappiate che tutto è opera sua; perciò mi affretto a scrivervelo, prima che mi proibisca di farvene parola.

Addio, amico mio. Quell'escursione al castello di Chillon* che dovevamo fare tutti insieme, la faremo doma-

---

* Il castello di Chillon, antico soggiorno dei balivi di Vevey, è costruito su uno scoglio che forma come una peniso-

ni senza di voi. Non sarà così bella, pure ci andiamo volentieri. Il signor balivo ci ha invitati con i bambini, ıl che m'ha tolto ogni scusa; ma non so perché vorrei già esser di ritorno.

LETTERA IX

DI FANCHON ANET

Ah! signore! Ah, benefattore mio! che cosa sono mai incaricata di comunicarvi!... La signora!... la mia povera padrona... O Dio! già vedo il vostro spavento... ma voi non vedete la nostra desolazione... Non ho un minuto da perdere; vi devo dire... devo correre... vorrei già avervi detto tutto... Ah, cosa sarà di voi quando saprete la nostra sventura?

Ieri tutta la famiglia andò a pranzo a Chillon. Il signor barone partì dopo il pranzo, è andato in Savoia a passare qualche giorno al castello di Blonay. Lo accompagnammo un poco; poi passeggiammo lungo la diga. La signora d'Orbe e la signora del balivo camminavano davanti al signore. La signora veniva dopo, teneva con una mano Enrichetta e con l'altra Marcellino. Io stavo dietro col maggiore. Il signor balivo, che s'era fermato a parlare con qualcuno, ci raggiunse e offrì il braccio alla signora. Per prenderlo lei manda Marcelli-

la nel lago; ho visto fare lì intorno degli scandagli a più di centocinquanta braccia, che sono circa ottocento piedi, senza toccare il fondo. Nello scoglio si son scavate le cantine e le cucine, sotto il livello dell'acqua, la quale vi è condotta per mezzo di rubinetti secondo il bisogno. Nel castello fu tenuto prigioniero sei anni François Bonnivard, priore di San Vittore, uomo di grandi meriti, di fermezza e dirittura a tutta prova, amico della libertà benché savoiardo, e tollerante benché prete. Per altro, nell'anno in cui queste ultime lettere paiono scritte, era un pezzo che i balivi di Vevey non abitavano più il castello di Chillon. Si potrà supporre, volendo, che il balivo di quel tempo ci sia andato a trascorrere alcuni giorni. (N.d.A.)

no da me; lui corre, io gli corro incontro; correndo in-
ciampa, mette un piede in fallo, casca nell'acqua. Io cac-
cio un grido, la signora si volta, vede il suo ragazzo che
cade, veloce come una freccia gli si butta dietro...

Ah! meschina me, perché non feci altrettanto! perché non ci sono rimasta!... Ahimè! trattenevo il maggiore che voleva buttarsi dietro alla mamma... che si
dibatteva stringendo l'altro tra le braccia... non c'era
né gente né barche, ci volle del tempo per tirarli fuori...
il ragazzo s'è rimesso, ma la madre... lo spavento, la
caduta, lo stato in cui si trovava... chi meglio di me può
sapere quant'è pericolosa quella caduta!... rimase un pezzo svenuta. Appena si riebbe domandò di suo figlio...
con che trasporti di gioia lo abbracciò! la credetti salva; ma quella vivacità non durò che un momento; ha
voluto che la riportassimo qui; per strada è svenuta parecchie volte. Da alcuni ordini che m'ha dato vedo che
non crede di potersela cavare. Quanto sono sventurata,
non guarirà più. La signora d'Orbe è ancora più stra-
volta di lei. Tutti sono agitatissimi... Sono io la più calma in tutta la casa... di che mi dovrei inquietare?... O
mia buona padrona! Ah, se vi perdo, non avrò più bisogno di nessuno... Oh, mio caro signore, che il buon
Dio vi sostenga in questa prova... Addio... il medico esce
dalla camera. Gli corro incontro... se ci dà qualche buona speranza ve lo faccio sapere. Altrimenti...

LETTERA X

COMINCIATA DALLA SIGNORA D'ORBE,
E TERMINATA DAL SIGNOR DI WOLMAR

È finita. Uomo imprudente, uomo sventurato, infelice
visionario! Non la rivedrete mai più... il velo...' Giulia
non...

Vi ha scritto. Aspettate la sua lettera: onorate le sue
estreme volontà. Vi rimangono grandi doveri da compiere sulla terra.

LETTERA XI'

DEL SIGNOR DI WOLMAR

Ho lasciato che i vostri primi dolori si sfogassero in silenzio; la mia lettera non avrebbe fatto altro che inasprirli; non eravate in grado di sopportare questa descrizione, né io di farla. Forse oggi riuscirà dolce a tutti e due. Di lei non mi rimangono che ricordi, il mio cuore si compiace di raccoglierli! Non avete altro che pianti da offrirle; avrete la consolazione di versarne per lei. Questo piacere degli sventurati è negato alla mia miseria; sono più infelice di voi.

Non voglio parlarvi della sua malattia, voglio parlarvi di lei. Altre madri sono capaci di precipitarsi dietro il loro bambino: l'incidente, la febbre, la morte sono cose naturali, è il destino comune dei mortali; ma l'uso da lei fatto degli estremi momenti, i discorsi, i sentimenti, l'anima sua, son cose che appartengono a Giulia soltanto. Non è vissuta come un'altra; nessuno che io sappia è morto come lei. Ecco ciò che soltanto io ho potuto osservare, e che non potete sapere se non da me.

Sapete che lo spavento, l'emozione, la caduta e l'acqua evacuata la lasciarono in una debolezza estrema dalla quale non si riebbe che una volta a casa. Appena giunta tornò a chiamare il figlio; non appena lo vide camminare e rispondere alle sue carezze diventò del tutto tranquilla, e consentì a prendere un poco di riposo. Fu un breve sonno, e poiché il medico non arrivava, aspettandolo ci fece sedere intorno al letto, la Fanchon, sua cugina ed io. Ci parlò dei suoi figli, delle cure assidue che esigeva la specie di educazione che aveva scelto per loro, e del pericolo di trascurarli anche per poco. Senza attribuire grande importanza alla sua malattia, prevedeva che l'avrebbe tuttavia distolta per un poco dalle solite cure, e ci incaricò tutti di dividercele tra noi.

Si diffuse su tutti i suoi progetti, sui vostri, sui mezzi più adatti per farli riuscire, sulle osservazioni da lei fatte e che potevano favorirli o danneggiarli, insomma su tutto ciò che poteva metterci in grado di supplire alle sue funzioni di madre, per tutto il tempo che ella sarebbe stata costretta a sospenderle. Pensái che erano precauzioni eccessive, per qualcuno che si reputava distolto da così cara occupazione soltanto per qualche giorno; ma ciò che finì di spaventarmi fu di vedere che per Enrichetta entrava in un ragionamento assai più minuzioso. Per i suoi figli s'era limitata a quanto riguardava la loro prima infanzia, come se volesse scaricarsi sugli altri della cura della loro gioventù; per Enrichetta volle abbracciare tutte le età, e persuasa che nessuno avrebbe potuto supplire su tale argomento le riflessioni che la sua propria esperienza le aveva suggerito, ci espose succintamente ma con forza e chiarezza il piano d'educazione che aveva preparato per lei, mettendo in opera presso la madre della bambina le ragioni più insistenti e le esortazioni più commoventi per indurla a osservarlo.

Tutte codeste idee sull'educazione dei bambini e sui doveri delle madri, miste a frequenti allusioni a se stessa, non potevano non animare il discorso; vidi che si animava eccessivamente. Clara teneva una mano della cugina, continuamente se la premeva contro la bocca singhiozzando a mo' di risposta; la Fanchon non era più calma di lei; quanto a Giulia, notai che le lagrime le sgorgavano sì dagli occhi, ma si proibiva di piangere per non inquietarci anche più. Subito mi dissi: si considera morta. L'unica speranza che mi rimase fu il pensiero che lo spavento la poteva ingannare sul suo vero stato, e farle vedere il pericolo maggiore di quanto era. Sventuratamente la conoscevo troppo per far gran conto di tale errore. Varie volte avevo provato a calmarla; tornai a pregarla che non si agitasse troppo con discorsi che avremmo potuto riprendere poi con agio. "Ah!" disse lei "non c'è nulla che nuoccia alle donne quanto il silenzio! Poi sento che ho un po' di febbre; è meglio che impieghi in argomenti utili quella voglia di chiacchierare che mette addosso, piuttosto che vaneggiare."

L'arrivo del medico provocò in casa uno scompiglio che non si può descrivere. Tutti i domestici accalcati l'uno sull'altro alla porta della camera aspettavano, l'occhio inquieto e a mani giunte, il suo responso sullo stato della padrona, come se fosse la sentenza del loro destino. Quello spettacolo gettò la povera Clara in un'agitazione che mi fece temere per la sua ragione. Bisognò farli andar via con vari pretesti per toglierle davanti agli occhi quel motivo di spavento. Il medico ci diede qualche vaga speranza, ma con un tono che me la toglieva. Nemmeno Giulia non disse quello che pensava; la presenza della sua cugina la tratteneva. Quando il medico uscì, gli andai dietro; anche Clara avrebbe voluto venire, ma Giulia la trattenne e con l'occhio mi fece un segno che intesi. Mi affrettai ad avvertire il medico che se c'era pericolo bisognava nasconderlo alla signora d'Orbe, più e meglio che alla malata, per non gettarla in una disperazione che l'avrebbe scossa del tutto e l'avrebbe resa incapace di servire l'amica. Egli mi dichiarò che effettivamente esisteva pericolo; ma che, siccome non eran trascorse che ventiquattro ore dall'accidente, occorreva aspettare oltre per poter stabilire una diagnosi sicura; che la notte successiva avrebbe deciso dell'esito del male, e che non poteva dir nulla prima del terzo giorno. Soltanto la Fanchon fu testimonio del colloquio; dopo di averla indotta non senza fatica a dominarsi, decidemmo che cosa bisognava dire alla signora d'Orbe e alla casa tutta.

Verso sera Giulia obbligò la sua cugina, che aveva trascorso accanto a lei la notte precedente e voleva starci anche la seguente, ad andare a riposarsi per alcune ore. In quel tempo la malata, saputo che stavano per farle un salasso al piede, e che il medico preparava delle ricette, lo fece chiamare e gli tenne questo discorso: "Signor du Bosson, quando pare opportuno di dover ingannare un malato pieno di paura sul suo stato, è una precauzione di umanità che approvo; ma è una crudeltà quella di prodigare a tutti delle cure superflue e sgradevoli, di cui molti non hanno ormai bisogno. Prescrivetemi tutto quanto vi pare che mi sia utile davvero, obbedirò puntualmente. Quanto alle medicine che non toccano se non l'immaginazione, dispensatemene; è il mio corpo che soffre, non il mio spirito, e non temo di terminare i miei giorni, bensì di adoperar male quanto mi resta. Gli ultimi momenti della vita son troppo preziosi perché sia lecito abusarne. Se non potete prolungare la mia, almeno non me l'accorciate, privandomi dell'uso dei pochi momenti che la natura mi concede. Meno me ne rimane e più li dovete rispettare. Fatemi vivere o lasciatemi stare: sarò ben capace di morir sola." Ecco come quella donna timida e gentile nel commercio solito, sapeva assumere un tono fermo e serio nelle occasioni gravi.

La notte fu crudele e decisiva. Soffocamenti, oppressione, sincopi, la pelle arida e scottante. Una febbre ardente, nella quale la si sentiva spesso chiamare Marcellino, come per trattenerlo; e a volte pronunciare anche un altro nome, già ripetuto spesso in un'occasione simile. Il giorno dopo il medico mi dichiarò senza ambagi che a suo giudizio non le restavan tre giorni di vita. Fui il solo depositario di questo orribile segreto, e l'ora più tremenda della mia vita fu quella in cui me lo chiusi in fondo al cuore, senza sapere che uso farne. Andai solo a girare per i boschetti, riflettendo al partito che dovevo prendere; non senza qualche amara riflessione sul destino che mi riconduceva in vecchiaia a quella solitudine che m'era riuscita di peso anche prima di conoscere una condizione più dolce.

Il giorno prima avevo promesso a Giulia di riferirle fedelmente il giudizio del medico; m'aveva impegnato con tutto quanto mi poteva commuovere a mantenerle la promessa. Mi sentivo questo impegno sulla coscienza; ma che! per un dovere chimerico e inutile dovevo forse contristarle l'anima, e farle assaporare a lunghi sorsi la morte? Come potevo giustificare ai miei occhi così crudele precauzione? Annunciarle l'ora estrema non era come affrettarla? In così breve intervallo che cosa diventano i desideri, la speranza, elementi di vita? Forse che è goderne ancora, trovarsi così vicini al momento di perderla? Toccava forse a me darle la morte?

Camminavo a grandi passi, con un'agitazione che non avevo mai provato. Questa lunga e dolorosa ansietà mi seguiva dappertutto; me ne trascinavo dietro l'intollerabile peso. Finalmente un'idea mi decise. Non cercate di indovinarla; ve la devo dire.

Per chi dunque sto deliberando, per lei o per me? In base a che principio ragiono, sul suo sistema o sul mio? Che cosa mi è dimostrato, di questo o di quello? Per credere ciò che credo non ho che la mia opinione, confortata da qualche probabilità. Non c'è dimostrazione che la distrugga, è vero, ma quale dimostrazione la conferma? Per credere ciò che crede, lei ha del pari la sua opinione, ma ci vede l'evidenza; ai suoi occhi codesta opinione è una dimostrazione. Che diritto ho di preferire, se si tratta di lei, la mia semplice opinione, che io stesso reputo dubbiosa, alla sua che lei considera dimostrata? Paragoniamo le conseguenze di queste due opinioni. Nella sua la disposizione dell'ultima ora decide della sua sorte per l'eternità. Nella mia, i riguardi che vorrei avere per lei fra tre giorni saranno indifferenti. Fra tre giorni, a mio giudizio, lei non sentirà più nulla; ma se per avventura avesse ragione lei, che differenza! Dei beni o dei mali eterni!... Forse!... che parola terribile... sventurato! arrischia l'anima tua, non la sua.

Ecco il primo dubbio che m'ha fatto diventar sospetta quell'incertezza che avete attaccato tanto spesso. Da allora non è l'ultima volta che mi si sia presentato. Comunque sia, questo dubbio m'ha liberato da quello che mi tormentava. Mi decisi immediatamente e per non rischiar di cambiar idea corsi difilato al letto di Giulia. Feci uscire tutti e mi sedetti; potete pensare con che animo! Non adoperai con lei le precauzioni necessarie alle piccole anime. Non dissi nulla; ma lei mi vide, e immediatamente mi capì. "Credete forse di rivelarmelo?" mi disse porgendomi la mano. "No, amico, sento che la morte mi incalza, dobbiamo lasciarci."

Allora mi fece un lungo discorso del quale vi parlerò qualche giorno, e durante il quale mi scrisse il suo testamento nel cuore. Se avessi conosciuto meno bene il suo, quelle sue estreme disposizioni sarebbero bastate per farmelo conoscere.

Mi domandò se il suo stato era noto in casa. Le dissi che tutti erano inquieti, ma che non sapevano niente di positivo, e che du Bosson s'era confidato con me soltanto. Mi scongiurò di mantenere accuratamente il segreto per il resto del giorno. "Clara" soggiunse "non potrebbe mai sopportare questo colpo se non dalla mia mano; se le venisse da un altro morirebbe. Assegno alla notte prossima questo triste dovere. Per questo soprattutto ho voluto sapere il giudizio del medico, per non esporre quella poveretta a ricevere per errore così crudele colpo. Fate in modo che non sospetti di niente prima del tempo, o vi esponete al rischio di rimanere senza amica e di lasciare i vostri figli senza madre."

Mi parlò di suo padre. Le confessai di avergli spedito un espresso; ma mi guardai bene dal soggiungere che quell'uomo, invece di limitarsi a consegnargli la mia lettera, come gli avevo comandato, s'era affrettato a parlare e in modo così grossolano che quel mio caro vecchio, credendo sua figlia annegata, era caduto dallo spavento sulla scala e s'era fatto una ferita che lo tratteneva in letto a Blonay. La speranza di rivedere suo padre la commosse visibilmente, e la certezza che codesta speranza era vana non fu il minore dei mali che mi toccò mandar giù.

L'accesso febbrile della notte precedente l'aveva estenuata al massimo. Questo lungo colloquio non aveva certamente contribuito a fortificarla; nell'accasciamento in cui si trovava cercò di riposare alquanto durante la giornata; soltanto due giorni dopo seppi che non l'aveva trascorsa tutta dormendo.

Frattanto la costernazione regnava in casa. Immersi in un cupo silenzio, tutti aspettavano che tanta pena finisse, nessuno ardiva interrogare nessuno, per tema di venir a sapere ciò che non voleva sapere. Si dicevano: se c'è qualche buona notizia si affretteranno a dircela; se ce n'è di cattive, le sapremo anche troppo presto. Nello spavento che li teneva, bastava loro che non capitasse niente di nuovo. In mezzo a quel lugubre riposo la signora d'Orbe era la sola attiva e parlante. Non appena fuori della camera di Giulia, invece di andare a riposare nella sua, percorreva tutta la casa, fermava tutti, domandava che cosa aveva detto il medico, che cosa si diceva... Era stata testimonio della notte precedente, non poteva non sapere ciò che aveva visto; ma cercava di ingannarsi da sé, di rifiutare la testimonianza dei suoi occhi. Quelli che interrogava non le rispondevano che in modo positivo, il che la incuorava a interrogarne altri, e sempre con una così viva inquietudine, con un tono così spaventoso, che anche se avessero saputo la verità non gliel'avrebbero certo detta.

Accanto a Giulia si dominava, lo spettacolo commovente che aveva sotto gli ccchi la induceva all'afflizione piuttosto che alla smania. Soprattutto temeva di lasciarle scorgere la propria inquietudine, ma ci riusciva piuttosto male. Si scorgeva il suo turbamento nell'affettazione appunto di parer tranquilla. Da parte sua Giulia non risparmiava nulla per ingannarla. Senza menomare il suo male, ne parlava come di una cosa passata, non pareva inquietarsi che del tempo che ci sarebbe voluto per guarire. Per me era un altro supplizio, vedere che cercavano di rassicurarsi a vicenda, io che sapevo così bene che né l'una né l'altra non aveva in cuore la speranza che si sforzava di trasmettere all'altra.

La signora d'Orbe aveva vegliato le due notti precedenti; eran tre giorni che non s'era spogliata. Giulia le propose di coricarsi; non ne volle sapere. "Ebbene," disse Giulia "allestitele un lettuccio nella mia camera; a meno che" soggiunse come per riflessione "non voglia dividere con me il mio. Che ne dici, cugina? il mio non è un male contagioso, tu non senti ripugnanza, coricati con me." La proposta fu accettata. Quanto a me, mi mandaron via, e veramente avevo gran bisogno di riposo.

Mi alzai presto. Inquieto di quanto poteva essere accaduto nella notte, al primo rumore che udii entrai in camera. Pensando allo stato in cui la signora d'Orbe era il giorno prima, prevedevo la disperazione in cui stavo per trovarla, e i furori di cui sarei stato testimonio. Entrando la vidi seduta in una poltrona, disfatta e pallida, o meglio livida, con gli occhi plumbei e quasi spenti; ma dolce, tranquilla, che parlava poco e faceva tutto quello che le si diceva, senza far parola. Quanto a Giulia, mi pareva meno sfinita del giorno prima, aveva la voce più ferma, i gesti più vivaci; pareva avesse acquistato la vivacità della sua cugina. Dal suo colore mi avvidi facilmente che quell'apparente miglioramento era effetto della febbre; ma anche le vidi brillare negli occhi non so che segreta gioia che vi poteva contribuire, e di cui non capivo la ragione. Il medico confermò tuttavia il giudizio del giorno prima; anche la malata continuò a condividere quel parere, così non mi rimase più nessuna speranza.

Costretto ad assentarmi per un poco, notai tornando che la stanza era stata accuratamente riordinata, tutto vi respirava eleganza; aveva fatto mettere vasi di fiori sul caminetto, le tende erano scostate, l'aria era stata cambiata; si sentiva un odore piacevole, non ci si poteva credere nella camera d'una malata. Con la stessa cura aveva fatta la sua toilette: pur in quell'abbigliamento negletto si vedevano la grazia e il gusto, così che pareva una donna di mondo che aspettasse visite piuttosto che una campagnuola che aspettava la sua ultima ora. Si avvide della mia sorpresa, ne sorrise, e leggendomi nel pensiero stava per rispondermi, quando entrarono i bambini. Allora non si occupò più che di loro; figuratevi se, prossima ormai a lasciarli, le sue carezze furono tiepide e moderate! Notai persino che tornava più spesso e con abbracci anche più ardenti a colui che le costava la vita, come se perciò le fosse diventato anche più caro.

Tutti quegli abbracci, quei sospiri, quei trasporti erano altrettanti misteri per quei poveri bambini. L'amavano teneramente, ma con la tenerezza della loro età; non capivano niente dello stato di lei, di quel moltiplicare le carezze, di quel rammaricarsi di non vederli mai più; ci vedevano tristi e piangevano. Non sapevano altro. Benché si insegni ai bambini il nome della morte, non ne hanno nessuna idea; non la temono né per sé né per gli altri; hanno paura di soffrire, non di morire. Quando il dolore strappava qualche lamento alla madre, alzavano acute strida, quando si diceva loro che stavano per perderla, parevano stupidi. Soltanto Enrichetta, un po' più grandicella, e d'un sesso in cui i sentimenti e l'intelligenza si sviluppano prima, pareva turbata e inquieta di veder la sua mammina in letto, lei che sempre era alzata prima dei bambini. Ricordo che a questo proposito Giulia fece una riflessione in tutto degna di lei sull'imbecille vanità di Vespasiano, che rimase coricato mentre avrebbe potuto agire, e si alzò quando ormai non poteva più far niente[a]. "Non so" disse "se un imperatore deve morire in piedi, ma so che una madre di famiglia non deve mettersi a letto che per morire."

Dopo di essersi sfogata il cuore con i figli; dopo di averli presi ognuno separatamente, soprattutto Enrichetta che trattenne assai a lungo e la si udiva piangere e singhiozzare ricevendo i suoi baci: li chiamò tutti e tre, li benedì e additando la signora d'Orbe disse loro: "Andate, figli miei, andate a gettarvi ai piedi di vostra madre; ecco quella che Dio vi dà, non v'ha tolto nulla." Immediatamente corrono a lei, le si gettano ai ginocchi, le prendon le mani, la chiamano mamma, seconda madre. Clara si chinò su di loro; ma stringendoseli tra le braccia cercò invano di parlare, non trovò che gemiti, non poté spiccare una sola parola, soffocava. Figuratevi se Giulia era commossa! La scena cominciava a farsi troppo viva, la troncai.

Passato quel momento di intenerimento, ci rimettemmo a discorrere intorno al letto, e benché la vivacità di Giulia si fosse un poco smorzata con l'accesso febbrile, le si leggeva in volto la stessa aria contenta; parlava di tutto con un'attenzione e un interesse che dimostravano uno spirito del tutto sgombro di affanni; non le sfuggiva niente, seguiva la conversazione come se non avesse avuto altro da fare. Ci propose di far pranzo in camera sua, per lasciarci il meno possibile; figuratevi se le dicemmo di no. Apparecchiarono senza rumore, senza confusione, senza disordine, composti come se fossimo stati nel salotto di Apollo. La Fanchon e i bambini pranzarono a tavola. Vedendoci di poco appetito, Giulia trovò modo di farci mangiare di tutto, ora lodando la sapienza della cuoca, ora domandando se anche lei ne poteva assaggiare un poco, ora dicendo che per poterla servire avevamo bisogno di mangiare e

[a] Non è del tutto esatto. Svetonio dice che Vespasiano lavorava come di solito sul letto di morte, anzi che dava udienze; ma forse sarebbe stato effettivamente meglio se si fosse alzato per dar udienza e ricoricato per morire. So che Vespasiano, pur non essendo un grand'uomo, era un grande principe. Non importa: qualunque sia stata la parte che s'è fatta durante la vita, non si deve morire da commediante. (N.d·A.)

di stare in salute, e sempre mostrando il piacere che le facevamo mangiando, così che ci toglieva il modo di dirle di no: il tutto con un tono allegro assai proprio a distrarci dal triste pensiero che ci occupava. Insomma una padrona di casa, attenta a farne gli onori e in piena salute, non avrebbe potuto avere per degli estranei delle attenzioni più vive, più premurose e più amabili di quelle che Giulia morente aveva per i suoi. Non capitava niente di tutto quanto avevo creduto di dover prevedere, niente di quanto capitava mi pareva vero. Insomma non sapevo più cosa pensare, non mi raccapezzavo più.

Finito il pranzo annunciarono il pastore. Veniva come amico di casa, come spesso faceva. Benché non l'avessi fatto chiamare, perché Giulia non ne aveva espresso il desiderio, vi confesso che il suo arrivo mi fece piacere, e non credo che in simile circostanza il più devoto credente avrebbe potuto vederlo con maggior piacere. La sua presenza mi doveva chiarire molti dubbi e cavarmi da una strana perplessità.

Ricordate il motivo che m'aveva indotto ad annunciarle la sua prossima fine. Dall'effetto che secondo me avrebbe dovuto produrre questo spaventoso annunzio, come concepire quello che realmente aveva prodotto? E che! questa donna devota, che in buona salute non passa giorno senza raccogliersi, che fa della preghiera uno dei suoi piaceri, ora non ha più che due giorni di vita, si vede in procinto di comparire davanti al giudice tremendo; e invece di prepararsi al terribile momento, invece di metter ordine nella sua coscienza, si diverte a ornare la sua camera, a farsi bella, a discorrere coi suoi amici, a rallegrare i loro pasti; e in tutti i suoi discorsi non una parola di Dio né della salvezza! Cosa dovevo pensare di lei e dei suoi veri sentimenti? Come metter d'accordo la sua condotta con le idee che m'ero fatte della sua devozione? Come metter d'accordo l'uso che faceva degli ultimi momenti della sua vita con quanto aveva detto al medico del loro prezioso valore? Tutto mi pareva costituire un inspiegabile enigma. Perché insomma, benché non mi aspettassi da lei tutte le bigotterie delle beghine, mi pareva però che fosse tempo di pensare a ciò che lei stimava di così grande importanza e che non tollerava ritardi. Se si è devoti nel turbine della vita, come non esserlo nel momento in cui la si deve lasciare, e non rimane altro che pensare alla futura?

Queste riflessioni mi portarono a un punto dove non mi sarei mai creduto di arrivare. Cominciai a essere inquieto pensando che le mie opinioni, sostenute indiscretamente, non l'avessero infine convinta. Io non avevo adottato le sue, e tuttavia non avrei voluto che lei vi avesse rinunciato. Se fossi stato malato sarei sicuramente morto nella mia opinione, ma desideravo che ella morisse nella sua; e per così dire mi pareva che ella arrischiasse più di me. Queste contraddizioni vi sembreranno stravaganti; a me non paiono ragionevoli, eppure sono esistite. Non mi curo di giustificarle; mi limito a riferirvele.

Finalmente venne il momento in cui i miei dubbi stavano per essere chiariti. Perché era facile pensare che il pastore avrebbe presto o tardi condotto la conversazione su ciò che costituisce l'oggetto del suo ministero; e anche se Giulia fosse stata capace di dissimulare nelle sue risposte, le sarebbe però stato assai difficile dissimulare al punto che io, attento e prevenuto come ero, non avessi intravvisto i suoi veri sentimenti.

Tutto avvenne come previsto. Lascio stare i luoghi comuni misti a elogi, di cui il ministro si servì per giungere all'argomento; lascio stare anche ciò che le disse circa la fortuna di poter coronare una bella vita con una morte cristiana. Soggiunse che, per la verità, a volte aveva trovato in lei delle opinioni che non si accordavano in tutto con la dottrina della chiesa, cioè con quella che la più sana ragione poteva dedurre dalla Scrittura; ma siccome non s'era mai ostinata a sostenerle, sperava che fosse disposta a morire così come era vissuta nella comunione dei fedeli, e a sottomettersi in tutto alla comune professione di fede.

Poiché la risposta di Giulia era decisiva per i miei dubbi, ve la riferirò quasi letteralmente, perché la ascoltai attentamente e subito la trascrissi.

"Permettetemi, signore, di cominciare ringraziandovi di tutte le premure vostre per guidarmi sulla retta via della morale e della fede cristiana, e della dolcezza con la quale avete corretto o tollerato i miei errori, quando ho errato. Penetrata di rispetto per il vostro zelo e di riconoscenza per le vostre bontà, dichiaro con piacere che vi sono debitrice di tutte le mie buone risoluzioni, e che mi avete sempre indotta a fare ciò che è bene e a credere ciò che è vero.

"Sono vissuta e muoio nella comunione protestante, che deduce l'unica sua regola dalla Sacra Scrittura e dalla ragione; il mio cuore ha sempre confermato ciò che la mia bocca pronunciava, e se non sempre ebbi per i vostri lumi tutta quella docilità che sarebbe forse stata opportuna, fu conseguenza della mia avversione per ogni specie di dissimulazione; non potevo dire di credere ciò che mi era impossibile credere; ho sempre sinceramente cercato ciò che era conforme alla gloria di Dio e alla verità. Mi son potuta sbagliare nelle mie ricerche; non sono orgogliosa al punto di credere di sempre aver avuto ragione; forse ho avuto sempre torto; ma la mia intenzione è stata sempre retta, e sempre ho creduto ciò che dicevo di credere. Era tutto quanto dipendeva da me. Se Iddio non ha illuminato oltre la mia ragione, è però clemente e giusto; potrebbe forse chiedermi conto di un dono che non m'ha fatto?

"Ecco, signore, quanto avevo da dirvi di essenziale circa i sentimenti da me professati. Su tutto il rimanente il mio stato attuale vi è garante per me. Distratta dal male, in preda al delirio della febbre, è forse tempo di ragionar meglio di quanto abbia fatto quando il mio intelletto era del tutto sano? Se allora mi sono sbagliata, mi sbaglierei forse meno oggi, e nell'accasciamento in cui mi trovo dipende forse da me di credere in modo diverso da quanto ho creduto quand'ero in piena salute? La ragione decide circa il sentimento che si preferisce; la mia ha perduto ora le sue più alte funzioni, che autorità può conferire il poco che me ne rimane alle opinioni che scegliessi senza di lei? Che mi rimane dunque da fare? Riferirmi a ciò che ho sempre creduto; perché la rettitudine dell'intenzione è la stessa, e ho in meno il giudizio. Se sono nell'errore, non lo amo però; il che basta a mettermi in pace circa la mia credenza.

"Quanto alla preparazione alla morte, signore, essa è fatta; male, è vero, ma come meglio ho potuto, comunque meglio di quanto la potrei fare ora. Per adempiere questo importante dovere non ho aspettato di esserne incapace. Pregavo da sana; ora mi rassegno. La preghiera del malato è la pazienza; la preparazione alla morte è una buona vita; non ne conosco altra. Quando conversavo con voi, quando mi raccoglievo sola, quando mi sforzavo di adempiere i doveri che Dio mi impone, allora mi disponevo a comparire davanti a lui, allora lo adoravo con tutte le mie forze; che cosa potrei fare oggi che le ho perdute? La mia anima alienata è forse in grado di innalzarsi fino a lui? Questi resti di una vita spenta a metà, oppressa dalla sofferenza, son degni di essergli offerti? No, signore; me li concede perché io li dia a coloro che mi ha fatto amare, e che mi vuol far lasciare; faccio loro i miei addii per andare da lui; mi devo occupare di loro; fra poco non mi occuperò che di lui solo. Gli estremi miei piaceri terrestri sono anche i miei estremi doveri; non è forse servirlo e fare la sua volontà, adempiendo le cure che l'umanità mi impone, prima che abbandoni la mia spoglia? Cosa debbo fare per acquetare dei turbamenti che non provo? La mia coscienza non è affatto allarmata; se a volte m'ha ispirato qualche timore, era da sana assai più che adesso. La mia fiducia li cancella; mi dice che Iddio è più clemente di quanto io sia colpevole, e la mia sicurezza raddoppia sentendo che mi avvicino a lui. Non gli offro un pentimento imperfetto, tardivo e forzato, che, dettato dalla paura, non potrebbe essere sincero, non sarebbe che un inganno. Non gli offro i rimasugli e i rifiuti dei miei giorni, pieni di affanni e di dolori, in balia della malattia, delle sofferenze, delle angosce della morte, e che gli offrirei soltanto quando non saprei più che farne. Gli offro tutta la mia vita, piena di peccati e di errori, ma libera dai rimorsi dell'empio e dai delitti del malvagio.

"A quali tormenti Iddio potrebbe condannare la mia anima? I reprobi, dicono, lo odiano! Bisognerebbe quindi che mi impedisse di amarlo? Non temo di andare ad aumentare il loro stuolo. O Essere immenso, Essere eterno, intelligenza suprema, sorgente di vita e di felicità, creatore, conservatore, padre dell'uomo e re della natu-

ra, Dio onnipotente e ottimo, non dubitai mai un solo
istante di te, e sempre mi piacque vivere sotto i tuoi
occhi! Lo sò, e me ne rallegro, sto per comparire davanti al tuo trono. Fra qualche giorno la mia anima libera dalla sua spoglia comincerà a offrirti in modo più
degno l'omaggio immortale che deve fare la mia felicità eterna. Considero come inesistente tutto quanto
sarò fino a quel momento. Il mio corpo vive ancora,
ma la mia vita morale è terminata. Sono al termine della mia carriera e ormai giudicata sul passato. Soffrire
e morire è quanto mi rimane da fare; è compito della
natura. Ma io ho cercato di vivere in modo da non aver
bisogno di pensare alla morte, e ora che si avvicina la
vedo venire senza spavento. Chi si addormenta nel seno d'un padre non si inquieta del risveglio."

Questo discorso, pronunciato dapprima con tono grave e calmo, poi con maggior forza e voce più alta, fece
su tutti i presenti, me non eccettuato, un'impressione
tanto più viva in quanto gli occhi di colei che lo pronunciava scintillavano d'un fuoco soprannaturale; un
nuovo splendore animava il suo volto, sembrava raggiante, e se c'è cosa al mondo che merita il nome di celeste era il suo volto mentre parlava.

Persino il pastore, commosso e rapito da quanto aveva ascoltato, esclamò alzando gli occhi e le mani al
cielo: "Gran Dio! ecco il culto che ti onora; degnati di
esservi propizio, di rado gli uomini te ne rendono uno
simile".

"Madama," disse poi accostandosi al letto "credevo di
istruirvi, ma siete voi che istruite me. Non ho più nulla
da dirvi. Voi possedete la vera fede, quella che fa amare
Dio. Portate con voi questa preziosa pace d'una buona
coscienza, essa non vi ingannerà; ho visto molti cristiani nello stato in cui siete, non l'ho trovata che in voi.
Che differenza, tra una così placida fine e quella dei pec-
catori tormentati i quali non accumulano tante vane e
aride preghiere che perché sono indegni d'essere esauditi! Madama, la vostra morte è bella come la vostra vita: siete vissuta per la carità; morite martire dell'amor
materno. Sia che Dio vi restituisca a noi perché ci siate
esempio, sia che vi chiami a lui per coronare le vostre

virtù: possa ognuno di noi vivere e morire come voi! Saremmo certissimi della nostra felicità nell'altro mondo!"

Volle andarsene, ma lei lo trattenne. "Siete dei miei amici," gli disse "e uno di quelli che vedo con più vivo piacere; questi miei momenti estremi mi sono preziosi per loro. Stiamo per lasciarci per tanto tempo che non dobbiamo lasciarci in fretta." Il pastore rimase assai lusingato, e io uscii.

Tornando, vidi che la conversazione era continuata sullo stesso argomento, ma in tono diverso, come se si trattasse di una materia indifferente. Il pastore parlava del falso spirito che si attribuisce al cristianesimo facendone esclusivamente la religione dei moribondi, e dei suoi ministri uomini di malaugurio. "Ci considerano" disse "come messaggeri della morte, perché nella comoda credenza che un quarto d'ora di pentimento basta a cancellare cinquant'anni di peccati non si vuol vederci che in quel momento. Dobbiamo vestirci d'un lugubre colore; affettare un aspetto severo; non si risparmia nulla per renderci spaventosi. Peggio ancora in altri culti. Un moribondo cattolico non è circondato che da oggetti di terrore, di cerimonie che lo seppelliscono vivo. Dalle premure per scacciare d'intorno a lui i diavoli, crede di vederne piena la camera; muore cento volte di spavento prima di esalare l'estremo sospiro. In tale stato di terrore la chiesa si compiace di immergerlo per spillargli più facilmente il denaro." "Ringraziamo il cielo" disse Giulia "di non esser nati in codeste religioni venali che ammazzano la gente per farsene eredi e che, vendendo il paradiso ai ricchi, portano anche nell'altro mondo l'ingiusta disuguaglianza che regna in questo. Sono certa che tutte codeste lugubri idee favoriscono l'incredulità, e ispirano una naturale avversione per il culto che le favorisce. Spero" disse guardandomi "che colui che deve educare i nostri figli adotterà massime in tutto opposte, e non renderà loro la religione triste e lugubre, mescolandovi continuamente idee di morte. Se insegna loro a ben vivere, sapranno pure ben morire."

Nel seguito di questo colloquio, che fu meno continuo di quanto vi dico, riuscii a capire appieno le massime di

Giulia e la condotta sua che m'aveva scandalizzato. Tutto dipendeva dal fatto che, sentendosi in condizioni del tutto disperate, non pensava ad altro che a scostare l'inutile e funebre apparato che spaventa i moribondi: sia per ingannare la nostra afflizione, sia per evitare a sé uno spettacolo triste e inutile. "La morte" diceva "è già così penosa! perché farla inoltre orrenda? Le premure che gli altri prendono per prolungarsi la vita, io le destino a godere della mia fino in fondo; non si tratta che di sapersi decidere: tutto il resto viene da sé. Trasformerò la camera mia in ospedale, oggetto di disgusto e di angoscia, mentre l'estrema mia cura è di radunarvi tutti coloro che mi sono cari? se vi lascio regnare l'aria fetida, dovrò allontanare i miei bambini, o mettere a repentaglio la loro salute. Se rimango in un abbigliamento da far paura, nessuno più mi riconoscerà; non sarò più la stessa, vi ricorderete di avermi amata e non mi potrete più tollerare. Avrò da viva lo spettacolo spaventoso dell'orrore che ispirerò ai miei amici, come se già fossi morta. Ho trovato invece l'arte di estendere la mia vita pur senza prolungarla. Esisto, amo, sono amata, vivo fino all'estremo sospiro. L'istante della morte non è niente, il male della natura non è gran cosa; ho sbandito tutti quelli dell'opinione."

Tutti questi discorsi e altri simili avvenivano tra la malata, il pastore, a volte il medico, la Fanchon e me. La signora d'Orbe era sempre presente ma non vi partecipava mai. Attenta ai bisogni dell'amica, era pronta a servirla. Altrimenti stava immobile e come inanimata, la guardava senza far parola, senza udire niente di quanto si diceva.

Quanto a me, temendo che Giulia non si stremasse parlando, colsi il momento che il pastore e il medico stavan parlando tra loro, e accostandomi a lei le dissi all'orecchio: "Quanti discorsi per una malata! e quanti ragionamenti per chi non si crede in grado di ragionare!"

"Sì," mi disse lei piano "parlo troppo per una malata, ma non per una moribonda; fra poco non dirò più nulla. Quanto ai ragionamenti, non ne faccio più, ma ne ho fatti. Sapevo da sana che bisogna morire. Spesso ho pensato alla mia ultima malattia; oggi approfitto della mia previdenza. Non sono più in grado di pensare o di decidere; non faccio altro che dire ciò che ho pensato, e che praticare quanto avevo deciso."

Il resto della giornata, salvo qualche minimo incidente, trascorse altrettanto tranquillo, e quasi come quando tutti stavano bene. Come quand'era in salute, Giulia era dolce e carezzosa; parlava con lo stesso senso, con la stessa libertà di spirito; con un tono sereno che a volte giungeva quasi all'allegria. Insomma continuavo a scorgere nei suoi occhi un moto di gioia che mi inquietava sempre più e decisi di chiarirmene con lei.

Quella sera stessa, vedendo che m'ero arrangiato in modo da rimanere soli, ella mi disse: "M'avete prevenuta; volevo parlarvi". "Benissimo" le dissi; "ma siccome sono stato io il primo, lasciate che mi spieghi."

Allora, sedutomi accanto a lei e guardandola fisso, le dissi: "Giulia, mia cara Giulia! m'avete straziato il cuore; ahimè, avete aspettato tardi! Sì," soggiunsi vedendo, che mi guardava tutta meravigliata, "vi ho intesa; vi rallegrate di morire; siete contenta di abbandonarmi. Rammentatevi la condotta del vostro sposo da quando viviamo insieme; ho meritato da parte vostra così crudele sentimento?" Subito ella mi prese le mani, e con quel suo tono che arriva all'anima mi disse: "E che! io? io vi voglio lasciare? Così sapete leggermi in cuore? Avete così presto dimenticato il nostro colloquio di ieri?" "Tuttavia," replicai "morite contenta... l'ho visto... lo vedo..." "Fermatevi" disse lei; "è vero, muoio contenta; ma contenta di morire come sono vissuta, degna di essere vostra sposa. Non domandatemi altro, non vi dirò niente di più; ma ecco" soggiunse cavando una carta da sotto il guanciale "ciò che vi aiuterà a chiarire del tutto questo mistero."[1] Quella carta era una lettera, e vidi che era indirizzata a voi. "Ve la consegno aperta" disse dandomela "affinché dopo averla letta decidiate se spedirla o se sopprimerla, secondo quanto parrà più opportuno alla vostra saggezza e al mio onore. Vi prego di non leggerla che quando non sarò più, e sono così sicura che esaudirete questa preghiera, che non voglio nemmeno che me lo promettiate." Questa lettera, caro Saint-Preux, la troverete inclusa nella mia. Ho un bel sapere che colei che l'ha scritta è morta; mi costa molto credere che non esiste più.

Poi mi parlò di suo padre, con inquietudine. "E che!" disse "sa che sua figlia è in pericolo, e non sento parlare di lui! Che gli sia capitata qualche disgrazia? Ha forse smesso di amarmi? Che, mio padre!... quel padre così tenero... abbandonarmi in questo modo!... lasciarmi morire senza vederlo!... senza ricevere la sua benedizione... i suoi estremi abbracci!... O Dio! che amari rimproveri si farà quando non mi troverà più!..." Questi pensieri le riuscivano dolorosi. Mi parve che avrebbe sopportato meglio il pensiero di suo padre malato che quello di suo padre indifferente; così mi decisi a svelarle la verità. Infatti, l'inquietudine che ne concepì fu meno crudele di quei sospetti. Tuttavia il pensiero di non più rivederlo l'afflisse vivamente. "Ahimè!" disse "cosa sarà di lui? A chi si affiderà, quando sarò morta? Sopravvivere a tutti i suoi!... Che vita sarà la sua? Sarà solo; non vivrà più." Fu un momento in cui si fece sentire l'orrore della morte, e la natura riprese i suoi diritti. Ella sospirò, giunse le mani, alzò gli occhi al cielo e infatti vidi che ricorreva a quella difficile preghiera che aveva detto esser quella del malato.

Poi tornò a me e mi disse: "Mi sento debole; prevedo che questo colloquio potrebbe esser l'ultimo che avremo insieme. In nome della nostra unione, in nome dei nostri cari figli che ne sono il pegno, non siate più ingiusto verso la vostra sposa. Io, rallegrarmi di abbandonarvi! voi che siete vissuto soltanto per farmi felice e saggia; voi che di tutti gli uomini siete quello che meglio mi conveniva; l'unico forse col quale potevo diventare una donna per bene! Ah, credetemi, se davo un valore alla mia vita era per poterla trascorrere con voi!" Queste parole, pronunciate teneramente, mi commossero talmente che, portando spesso le sue mani alle labbra, le sentii umide delle mie lagrime. Non credevo che i miei occhi fossero fatti per spargerne. Furono le prime, dalla mia nascita; saranno le ultime, fino alla morte. Dopo di averne versate per Giulia, non bisogna più versarne per nessuno.

Quello fu un giorno faticoso per lei. La preparazione

della signora d'Orbe durante la notte, la scena dei bambini la mattina, quella del ministro nel pomeriggio, il colloquio serale con me l'avevano sfinita. La notte riposò un pochino meglio che nelle precedenti, sia per la debolezza sia che in realtà la febbre si fosse fatta meno gagliarda.

La mattina dopo vennero a dirmi che un uomo mal vestito voleva a ogni costo vedere la signora privatamente. Gli avevano detto in che condizioni si trovava, ma aveva insistito dicendo che si trattava d'una buona azione, che conosceva bene la signora di Wolmar, ed era sicuro che fino all'ultimo respiro avrebbe avuto piacere a compierne. Poiché ella aveva stabilito come legge inviolabile di non mai respingere nessuno, in modo speciale i poveretti, prima di mandarlo via vennero a parlarmi di quell'uomo. Lo feci entrare. Era coperto di cenci, aveva l'aspetto e il tono della miseria; del resto non vidi altro nella sua fisionomia o nelle sue parole che mi facesse pensar male di lui. Si ostinava a non voler parlare che a Giulia. Gli dissi che se non si trattava d'altro che di qualche soccorso per vivere, senza annoiare per questo una donna moribonda, avrei fatto io quello che poteva far lei. "No," disse "non chiedo denaro, benché ne abbia estremo bisogno; domando un bene che mi appartiene, un bene che stimo più di tutti i tesori della terra, un bene che ho perduto per colpa mia e soltanto la signora, dalla quale l'ho avuto, può ridarmelo un'altra volta."

Quel discorso mi riuscì incomprensibile ma tuttavia mi decise. Un furfante avrebbe potuto dire le stesse cose, ma non le avrebbe mai dette con quel tono. Esigeva il massimo mistero; né servi né cameriere. Precauzioni che mi sembrarono strane; tuttavia le concessi. Per finire lo portai in camera di Giulia. M'aveva detto che la signora d'Orbe lo conosceva; passò davanti a lei che non lo riconobbe, il che non mi meravigliò. Quanto a Giulia, lo riconobbe immediatamente, e vedendolo in quel misero stato mi rimproverò di non averci messo riparo. Fu uno spettacolo commovente. Svegliata dal rumore, Clara si avvicina e finalmente lo riconosce, non senza manifestare qualche segno di gioia; ma le dimostrazioni del suo buon cuore si spegnevano nella sua profonda afflizione: un unico sentimento assorbiva le sue facoltà, non era più sensibile a niente.

Credo che non occorre che vi dica chi era quell'uomo. La sua presenza rianimò parecchi ricordi. Ma intanto che Giulia lo consolava e gli dava buone speranze, ella fu presa da una soffocazione così violenta che credemmo stesse per spirare. Per evitare scene e evitare distrazioni in un momento in cui non bisognava pensare che a soccorrerla, feci entrar quell'uomo nel gabinetto, avvertendolo di chiuderselo dietro; chiamammo la Fanchon, e a furia di tempo e di cure la malata si riebbe dallo svenimento. Vedendoci tutti costernati intorno al letto ci disse: "Figli miei, non è stata che una prova; non è crudele come si crede".

Tornò la calma; ma lo spavento era stato tale che mi fece dimenticare l'uomo chiuso nel gabinetto; e quando Giulia mi domandò a voce bassa dove era, la tavola era apparecchiata, tutti erano presenti. Volli entrare per parlargli, ma aveva chiuso la porta da dentro, come gli avevo detto; bisognò aspettare la fine del pranzo per farlo uscire.

Durante il pasto il medico, che stava con noi, parlando d'una vedovella che stava per risposarsi, a quanto si diceva, soggiunse qualche parola sulla triste sorte delle vedove. "Ce n'è di quelle" dissi io "che sono anche più da compiangere; sono le vedove il cui marito è ancora vivo." "È vero" disse la Fanchon che s'era avvista che il discorso era indirizzato a lei; "soprattutto quando lo amano ancora." Allora il discorso cadde sul marito di lei, e siccome ne aveva sempre parlato con affetto, era naturale che ne parlasse così nel momento in cui la perdita della sua benefattrice stava per renderle la sua anche più dolorosa. Così appunto fece, in termini tanto commoventi, lodandone la buona indole, deplorando i cattivi esempi che l'avevano traviato, e compiangendolo così sinceramente che, già incline alla tristezza, si commosse fino alle lagrime. A un tratto il gabinetto si spalanca, l'uomo cencioso salta fuori con impeto, le si getta ai ginocchi, li abbraccia e scoppia in lagrime. Lei aveva in mano un bicchiere; le sfugge: "Ah, sventurato, da dove vieni?" e si lascia cadere su di lui;

sarebbe svenuta se non ci fossimo affrettati a soccorrerla.

Il resto si immagina facilmente. In un istante tutta la casa seppe che Claudio Anet era arrivato. Il marito della buona Fanchon!¹ che festa! Appena uscito di camera, eccolo rivestito da capo a piedi. Se ognuno non avesse avuto che due camicie, lui da solo ne avrebbe avute tante quante ne sarebbero rimaste agli altri. Quando uscii per farlo vestire, vidi che m'avevan preceduto, e così bene che dovetti adoperare la mia autorità perché quelli che avevan dato riprendessero la loro roba.

Fanchon non volle però abbandonare la sua padrona. Perché accordasse qualche ora al marito prendemmo il pretesto che i bambini avevan bisogno di prender aria, e la incaricammo di portarli a spasso.

Questa scena non disturbò affatto la malata, come invece le altre; era stata in tutto piacevole, e le fece assai bene. Trascorremmo il pomeriggio Clara ed io soli accanto a lei, ci intrattenemmo per un paio d'ore tranquillamente, e Giulia fece quella conversazione più interessante e piacevole che mai.

Cominciò con alcune osservazioni circa lo spettacolo commovente che ci aveva colpiti e le rammentava così vivamente la sua prima giovinezza. Poi seguendo il filo degli avvenimenti ricapitolò rapidamente tutta la sua vita, per dimostrare che nel suo insieme era stata dolce e fortunata, che di grado in grado era salita al colmo della felicità concessa all'uomo, e che l'accidente che troncava i suoi giorni a mezzo il corso segnava probabilmente il punto, nella sua carriera naturale, che spartiva i beni dai mali.

Ringraziò il cielo di averle dato un cuore sensibile e incline al bene, un intelletto sano, un aspetto grazioso; di averla fatta nascere in un paese di libertà e non in mezzo agli schiavi, da una famiglia onorata e non da una schiatta di malfattori, in una fortuna mediocre e non nelle grandigie del mondo che corrompono l'anima, o nell'indigenza che l'avvilisce. Si rallegrò di esser nata da un padre e da una madre entrambi virtuosi e buoni, pieni di dirittura e di onore, e che temperando a vicenda i loro difetti, avevan modellato la sua ragione sulla loro, senza trasmetterle le loro debolezze o i loro pregiudizi. Vantò la fortuna di esser stata allevata in una religione ragionevole e santa, che non favorisce né l'empietà né il fanatismo, e concede di esser saggi e credenti, di essere insieme umani e devoti.

Dopo di che, stringendo la mano della sua cugina, e guardandola con quell'occhio che sapete e che il languore faceva anche più patetico: "Tutti codesti beni" disse "sono stati concessi a mille altre; ma questo!... il cielo l'ha dato soltanto a me. Ero donna, ed ebbi un'amica. Ci fece nascere insieme; mise nelle nostre inclinazioni un accordo che non s'è mai smentito; fece i nostri cuori l'uno per l'altro, ci unì già dalla culla, ella m'è stata accanto durante tutta la vita e la sua mano ora mi chiude gli occhi. Trovatemi un altro esempio simile al mondo e non mi vanto più di nulla. Che saggi consigli non m'ha dato? Da quali pericoli non m'ha salvata? Di quali mali non mi consolava? Cosa sarei stata senza di lei? Che cosa non avrebbe fatto di me, se l'avessi ascoltata meglio! Oggi forse sarei simile a lei!" Per tutta risposta Clara reclinò la testa in seno all'amica, e cercò di alleviare i suoi singhiozzi con le lagrime: ma non ci riuscì. Giulia se la strinse a lungo al petto, in silenzio. Sono momenti che non hanno né lagrime né parole[1].

Si calmarono, e Giulia continuò: "Quei beni non andavano senza inconvenienti; tale è il destino delle cose umane. Il mio cuore era fatto per l'amore: esigente in fatto di merito personale, indifferente circa i beni dell'opinione. Era quasi impossibile che i pregiudizi di mio padre si accordassero con la mia inclinazione. Volevo un amante che avessi scelto io stessa. Lo trovai; credetti di sceglierlo; certamente il cielo lo scelse per me, affinché, abbandonata agli errori della passione, non fossi in balia anche agli orrori del delitto, e che l'amore della virtù mi rimanesse nell'anima anche dopo di averla perduta. Egli prese quel linguaggio onesto e insinuante con il quale mille bricconi seducono ogni giorno le brave ragazze; ma solo fra tanti era onesto e pensava quello che diceva. Forse che la mia prudenza lo intese? No; dapprima non conobbi di lui altro che il linguaggio, e fui sedotta. Feci per disperazione ciò che le altre fanno per sfrontatezza; mi buttai nelle sue braccia, come diceva mio padre. Lui mi rispettò; allora soltanto lo potei conoscere. Qualsiasi uomo capace di tale azione ha l'anima bella. Allora ci si può far conto; ma io ci feci conto prima, poi ebbi il coraggio di far conto su di me: ed ecco come ci si travia."

Si diffuse compiaciutamente sul merito di quell'amante; gli faceva giustizia, ma si vedeva quanto il suo cuore godeva facendogliela. Lo lodava anche a sue spese. A forza di esser giusta verso di lui diventava iniqua verso se stessa, e si faceva danno per fargli onore. Giunse persino a sostenere che l'adulterio aveva fatto orrore a lui anche più che a lei, senza ricordarsi che lui stesso aveva confutato tale affermazione.

Con lo stesso spirito riandò tutto il resto della sua vita. Milord Edoardo, il marito, i figli, il vostro ritorno, la nostra amicizia, tutto fu messo nella luce più favorevole. Persino le sue disgrazie gliene avevan risparmiate di maggiori. Aveva perduto la madre nel momento in cui la sua perdita le doveva riuscire crudelissima; ma se il cielo gliel'avesse conservata forse sarebbero nati nella sua famiglia grandi disordini. Il sostegno di sua madre, per debole che fosse, sarebbe però bastato a farla più animosa nel resistere a suo padre, il che avrebbe provocato scandali e discordie, forse disastri e disonore; peggio ancora, forse, se suo fratello non fosse morto. Aveva sposato per forza un uomo al quale non voleva bene, ma sosteneva che non sarebbe mai potuta esser tanto felice con un altro, nemmeno con colui che tanto aveva amato. La morte del signor d'Orbe le aveva tolto un amico, ma le aveva restituita l'amica. Considerava come vantaggi persino i suoi affanni e le sue pene, in quanto non avevan permesso che il suo cuore si facesse insensibile alle sventure altrui. "Non si sa" diceva "che dolcezza sia, intenerirsi sui propri mali e sui mali altrui. La sensibilità mette sempre nell'anima una certa soddisfazione di sé, indipendente dalla fortuna e dagli avvenimenti. Quanto gemere! quante lagrime versate! Eppure, dovessi rinascere nelle stesse condizioni, non vorrei sopprimere che il male commesso; quello che ho sofferto mi riuscirebbe ancora grato." Saint-Preux, vi riferisco le sue precise parole; quando avrete letto la sua lettera forse le capirete meglio.

"Vedete quindi" continuò "a quale felicità sono giunta. Ero assai felice, aspettavo di esserlo anche più. La prosperità della mia famiglia, una buona educazione per i miei figli, tutti i miei cari radunati intorno a me o prossimi a esserlo. Il presente e l'avvenire mi lusingavano parimenti; piacere e speranza si univano per farmi felice. La mia felicità, giunta gradatamente al colmo, non poteva che scendere; era venuta senza che l'aspettassi, sarebbe fuggita quando mi sarebbe parsa durevole.[1] Cos'avrebbe fatto la sorte per sostenermi in tale frangente? Forse che l'uomo può aspettarsi uno stato permanente? No, quando s'è ottenuto tutto, bisogna perdere; non foss'altro che il piacere del possesso, che si dilegua possedendo. Mio padre è ormai vecchio; i miei figli in quella tenera età in cui la vita è ancora poco sicura: quante perdite avrebbero potuto affliggermi, e non mi sarebbe rimasto nulla da ottenere! L'affetto materno aumenta continuamente, la tenerezza filiale diminuisce a mano a mano che i figli vivono lontani dalla madre. I miei si sarebbero separati da me crescendo. Sarebbero vissuti nel mondo; avrebbero potuto trascurarmi. Ne volete mandare uno in Russia; quante lagrime mi sarebbe costata la sua partenza! Tutto si sarebbe staccato da me a poco a poco, niente avrebbe potuto supplire alle perdite che avrei fatte. Quante volte mi sarei potuta trovare nello stato in cui vi lascio! E finalmente non avrei forse dovuto morire? Forse morire l'ultima di tutti! Forse sola. e abbandonata! Più si vive e più ci si affeziona alla vita, anche senza godere di niente; avrei provato la noia della vita e il terrore della morte, solita conseguenza della vecchiaia. Invece i miei ultimi momenti sono ancora piacevoli, e ho forza per morire; se è lecito dire che muore chi lascia vivi i suoi cari. No, amici miei, no, o miei figli, non vi lascio; rimango, per così dire, con voi; vi lascio tutti uniti, il mio spirito e il mio cuore rimangono con voi. Mi vedrete continuamente tra voi; vi sentirete continuamente circondati da me... E poi ci ritroveremo, ne sono certa;

nemmeno il buon Wolmar mi sfuggirà. Il ritorno a Dio mi mette l'anima in pace, e m'addolcisce un duro momento; mi promette per voi il mio stesso destino. La mia sorte mi segue e si fa certa. Fui felice, lo sono, sto per esserlo; la mia felicità è sicura, la strappo alla fortuna; i suoi soli confini sono l'eternità."

A questo punto entrò il pastore. Onorava e stimava Giulia sinceramente. Sapeva più di tutti quanto la fede di lei era viva e schietta. Era stato tanto più colpito dal colloquio del giorno prima, e dal contegno che aveva ammirato in lei. Aveva visto spesso morire con ostentazione, mai con serenità. Forse alle premure che aveva per lei si mescolava il segreto desiderio di vedere se tanta calma si sarebbe mantenuta fino in fondo.

Ella non ebbe bisogno di mutar molto l'argomento della conversazione per toccarne uno che convenisse al carattere del nuovo venuto. Poiché i suoi discorsi in piena salute non erano mai frivoli, così non faceva altro che continuare, in letto, con la stessa tranquillità, a discutere di argomenti interessanti per lei e i suoi amici; discuteva indifferentemente di questioni certamente non indifferenti.

Seguendo il filo delle sue idee, e pensando a quanto di lei poteva restare con noi, ci parlava delle sue riflessioni d'un tempo sullo stato delle anime separate dai corpi. Ammirava la semplicità di coloro che promettono agli amici di tornare a dar loro notizie dell'altro mondo. "Sono cose sensate" diceva "come le storie dei fantasmi, che provocano mille disordini e tormentano le buone donne, come se gli spiriti avessero voce per parlare e mani per picchiare [a]! Come mai un puro spirito potrebbe agire su un'anima chiusa in un corpo e che,

[a] Platone dice che, morendo, le anime dei giusti che non si sono macchiati sulla terra si liberano subito dalla materia e si fanno purissime. Quanto a coloro che quaggiù si sono piegati alle passioni, dice che le loro anime non riacquistano subito la primitiva purezza, ma che portano con sé parti terrestri che le tengono come incatenate intorno ai resti del loro corpi. Ecco, dice, in che modo si producono quei simulacri sensibili che a volte si vedono errare pei camposanti, in attesa di nuove trasmigrazioni. È una mania comune ai filosofi di tutti i tempi negare ciò che è, e spiegare ciò che non è. (N.d.A.)

in virtù di codesta unione, non può percepire niente se non per mezzo dei suoi organi? È cosa insensata. Ma ammetto che non vedo cosa ci sia di assurdo nella supposizione che un'anima, liberata da un corpo il quale abbia abitato la terra, ci possa tornare ancora, errare, forse rimanere attorno a ciò che le è stato caro, non già per avvertirci della sua presenza; non ha mezzo alcuno per ciò; non per agire su di noi e per comunicarci i suoi pensieri; non ha modo di scuotere gli organi del nostro cervello; e nemmeno per vedere che cosa facciamo, le mancano i sensi per ciò: ma per conoscere da sé ciò che pensiamo e ciò che sentiamo, con una comunicazione immediata, simile a quella con la quale Iddio legge i nostri pensieri in questa vita, e con la quale leggeremo a vicenda i suoi nell'altra, poiché lo vedremo faccia a faccia*. Perché insomma" soggiunse guardando il pastore "a che potrebbero servire dei sensi, quando non hanno più nulla da fare? L'Essere eterno non si vede né si sente; si fa sentire; non parla né agli occhi né alle orecchie, ma al cuore."

Dalla risposta del pastore e da qualche segno di intelligenza intesi che uno dei punti di contrasto tra loro era appunto la resurrezione dei corpi. Mi avvidi pure che io cominciavo a prestare maggior attenzione agli articoli della religione di Giulia nei quali la fede si accosta alla ragione.

Si compiaceva talmente in codeste idee che, anche se non fosse stata così fermamente decisa nelle sue opinioni, sarebbe stata crudeltà distruggerne una che le riusciva così dolce nello stato in cui si trovava. "Cento volte" diceva "ho provato maggior piacere nel compiere qualche opera buona immaginando che mia madre fosse presente a leggere nel cuore di sua figlia e ad approvarla. C'è qualcosa di così consolante nel pensiero che si continua a vivere sotto gli occhi di chi ci è stato caro! Così che egli non muore che a metà per noi." Potete pensare se durante questo discorso la mano di Clara fosse stata spesso stretta.

*Mi pare pensiero benissimo espresso: perché, cosa significa veder Dio faccia a faccia, se non leggere nella suprema sua intelligenza? *(N.d.A.)*

Benché il pastore rispondesse a tutto con assai dolcezza e moderazione, anzi affettasse di non contraddirla in niente, tuttavia, perché il suo silenzio su certi punti non fosse inteso come un consenso, per un momento almeno fu prete ed espose sulla vita futura una dottrina diversa. Disse che l'immensità, la gloria e gli attributi di Dio saranno l'unico oggetto di cui le anime beate si occuperanno, che codesta sublime contemplazione cancellerà qualsiasi altro ricordo, che non ci vedremo affatto, che non ci riconosceremo, nemmeno in cielo, e che in codesta affascinante visione non si penserà più a niente di terrestre.

"Sarà forse così" replicò Giulia; "c'è una distanza tale tra i nostri bassi pensieri e l'essenza divina che non possiamo giudicare che effetto farà su di noi quando saremo in grado di contemplarla. Tuttavia, siccome per ora non posso ragionare che sulle mie idee, confesso che provo così vivi affetti che mi riuscirebbe penoso pensare che non li proverò più. Mi son persino fabbricato una specie di argomento che lusinga la mia speranza. Mi dico che una parte della mia felicità consisterà nella testimonianza di una buona coscienza. Quindi mi ricorderò di quanto avrò fatto sulla terra; mi ricorderò quindi anche delle persone che mi son state care; quindi mi saranno ancora care. Non più vederle[a] sarebbe una pena, e il soggiorno dei beati non ne ammette. Per altro" soggiunse guardando il pastore con aria piuttosto gaia "se mi sbaglio, un giorno o due di errore passeranno in fretta. Fra poco ne saprò più di voi. Frattanto, ciò che mi pare certissimo è che fino a tanto che mi ricorderò d'aver abitato in terra, amerò coloro che ho amati, e il mio pastore non starà nell'ultimo posto.'"

Così trascorsero i colloqui di quella giornata, durante la quale la sicurezza, la speranza, il riposo dell'anima brillarono più che mai in quella di Giulia, e le die-

[a] È facile intendere che con questa parola, *vedere*, ella vuol significare un puro atto dell'intelletto, simile a quello col quale Dio ci vede e col quale noi vedremo Dio. I sensi non possono immaginare l'immediata comunicazione degli spiriti; ma la ragione la concepisce benissimo, meglio anzi, direi, che la comunicazione dei movimenti nei corpi. *(N.d.A.)*

dero anticipatamente, al dire del pastore, la pace dei beati di cui stava per aumentare il numero. Non fu mai più tenera, più vera, più carezzosa, più amabile, insomma in una parola più lei. Sempre piena di senso, di sentimento, della fermezza del saggio, e sempre della dolcezza del cristiano. Nessuna pretesa, nessun apparato, nessuna sentenza; sempre e soltanto l'ingenua espressione di quanto sentiva; sempre la semplicità del suo cuore. Se a volte comprimeva i lamenti che il dolore avrebbe voluto strapparle, non lo faceva per simulare l'intrepidità stoica, bensì per non affliggere quelli che le stavano intorno; e quando gli orrori della morte facevano a momenti patire la natura, non nascondeva i suoi spaventi, si lasciava consolare. Non appena s'era ripresa, consolava gli altri. Si vedeva, si sentiva che si riaveva, il suo fare carezzoso lo annunciava a tutti. La sua allegria non era voluta, persino i suoi scherzi erano commoventi; eravamo lì col sorriso sulle labbra e gli occhi in lagrime. Togliete lo spavento che non concede di godere di ciò che si sta per perdere, era anche più piacente, più amabile di quand'era in salute; e l'estremo giorno della sua vita è stato il più delizioso.

Verso sera ebbe ancora una crisi che, pur meno grave di quella della mattina, non le concesse di stare a lungo con i bambini. Osservò tuttavia che Enrichetta era cambiata; le dissero che piangeva molto e che non mangiava. "Non la si potrà guarire" disse guardando Clara; "il male è nel sangue."

Sentendosi sollevata, volle che cenassimo in camera sua. Stette con noi anche il medico, come la mattina. La Fanchon, alla quale bisognava sempre dirlo quando si voleva che sedesse a mensa con noi, quella sera venne senza farsi chiamare. Giulia se ne avvide. "Sì, figlia mia," le disse "stasera cena ancora con me; tuo marito ti resterà più a lungo che la tua padrona." Poi mi disse: "Non occorre che vi raccomandi Claudio Anet". "No," risposi "tutto quanto ha avuto l'onore della vostra benevolenza non occorre che mi sia raccomandato."

La cena fu anche più piacevole di quanto mi aspettavo. Vedendo che poteva sopportare il lume, Giulia fece avvicinare la tavola e, cosa incredibile se si pensa allo stato in cui si trovava, sentì appetito. Il medico che ormai non vedeva più alcun inconveniente a soddisfarla, le offrì un petto di pollo. "No," disse lei "mangerei più volentieri un po' di pesce." Gliene servirono un pezzettino; lo mangiò con un po' di pane e le parve buono. Bisognava vedere la signora d'Orbe, intanto che Giulia mangiava; non si può dire come la guardava. Non solo quel poco che mangiò non le fece male, ma parve star meglio durante tutta la cena. Era anzi di così buon umore che mi fece osservare, a mo' di rimprovero, che da un pezzo non avevo bevuto vino estero. "Portate," disse "portate una bottiglia di vin di Spagna a questi signori." Dal contegno del medico capì che credeva di bere autentico vin di Spagna, e sorrise guardando sua cugina. Mi avvidi anche che, senza far attenzione a tutto ciò, da parte sua Clara ogni tanto alzava gli occhi, un po' agitata, ora su Giulia ora sulla Fanchon, alla quale quegli occhi parevano dire o chiedere qualche cosa.

Il vino non compariva. Ebbero un bel cercare la chiave di cantina, non la si trovò; quindi pensarono che (come infatti era) il cameriere del barone, che ne aveva cura, se l'era portata via per sbaglio. Dopo alcune altre inchieste, risultò chiaro che la provvista di un giorno solo era bastata per cinque, e che il vino mancava senza che nessuno se ne accorgesse, nonostante parecchie notti di veglia[a]. Il medico cadeva dalle nuvole. Quanto a me, sia che tale dimenticanza fosse da attribuire alla tristezza oppure alla sobrietà dei domestici, mi vergognai di adoperare con gente così brava le solite precauzioni. Feci sfondare la porta di cantina e comandai che di lì innanzi tutti avessero vino a discrezione.

Comparsa la bottiglia, bevemmo. Il vino fu giudica-

[a] Lettori che avete dei bei lacchè, non state a chiedermi con un risolino ironico dove eran mai andati a pescare servi così. Avete già avuto la risposta: non li erano andati a prendere, li avevano fatti. Tutto il problema dipende da un unico punto: basta trovare Giulia, tutto il resto è trovato. Generalmente gli uomini non sono così e cosà, sono come si vuole che siano. (N.d.A.)

to ottimo. La malata ne ebbe voglia. Ne domandò una cucchiaiata con un po' d'acqua: il medico gliene porse in un bicchiere e volle che lo bevesse puro. Qui le occhiate infittirono tra Clara e la Fanchon; ma di soppiatto, e come se temessero di essere troppo esplicite.

Il digiuno, la debolezza, il solito regime di Giulia diedero a quel sorso di vino una grande attività. "Ah!" disse "m'avete ubriacata! dopo aver tanto aspettato non valeva la pena di cominciare, perché è spettacolo ripugnante, una donna ubriaca." Infatti si mise a chiacchierare, per altro molto sensatamente, come di solito, ma con maggior vivacità di prima. La cosa singolare è che il suo colore non s'era fatto acceso; gli occhi non brillavano che di un fuoco temperato dal languore della malattia; salvo il pallore, la si sarebbe creduta in salute. Ma allora l'emozione di Clara si fece visibilissima. Alzava un occhio timido ora su di Giulia, ora su di me, ora sulla Fanchon, ma soprattutto sul medico; tutte quelle occhiate erano altrettante domande che voleva e non ardiva fare. Pareva sempre che stesse per parlare, ma che temesse una brutta risposta; era così inquieta che pareva oppressa.

La Fanchon, incoraggiata da tutti codesti segni, si azzardò a dire, ma tremando e a voce bassa, che pareva che la signora stesse un po' meno male... che l'ultima convulsione era stata meno forte... che la serata... e la parola le morì in bocca. Intanto che la Fanchon parlava, Clara tremava come una foglia; poi alzò timidi occhi sul medico, li fissò in quelli di lui, l'orecchio teso, senza respirare per non perder sillaba di quanto stava per dire.

Bisognava esser stupidi per non capire il senso di tutta quella commedia. Du Bosson si alza, va a tastare il polso alla malata e dice: "Non c'è né ebbrezza né febbre; il polso è assai buono". Immediatamente Clara esclama tendendo a mezzo le braccia: "Ma dunque, signore!... il polso?... la febbre?..." Le mancava la voce, ma sempre tendeva avanti le mani; gli occhi le scintillavano dall'impazienza, non c'era muscolo sul suo viso che non si muovesse. Il medico non risponde, ripiglia il polso, esamina gli occhi, la lingua, sta un momento sopra pensiero poi dice: "Signora, vi capisco. Per ora non mi è possibile dirvi qualcosa di positivo; ma se domattina a quest'ora le cose stanno ancora così, rispondo della sua vita". A quelle parole Clara si slancia come una freccia, rovescia due seggiole e quasi anche il tavolo, salta al collo del medico, lo abbraccia, lo bacia mille volte singhiozzando e piangendo a calde lagrime; sempre con lo stesso impeto si toglie dal dito un anello prezioso, glielo infila suo malgrado e gli dice ansimando: "Ah signore! se ce la restituite, non salverete lei sola".

Giulia vide tutta la scena, ne fu straziata. Guarda l'amica e le dice, d'un tono tenero e doloroso: "Ah, crudele! quanto mi fai rimpiangere la vita! vuoi farmi morire disperata? Bisogna dunque che ti prepari due volte?" Queste poche parole furono come un fulmine che smorzò di colpo i trasporti di gioia, ma non poté soffocare del tutto la speranza rinata.

In un batter d'occhio la risposta del medico fu conosciuta da tutta la casa. I buoni servitori credettero ormai guarita la loro padrona. Decisero unanimi, se davvero guariva, di fare al medico un regalo tutti insieme: per il quale ognuno offrì tre mesi di salario, e immediatamente il denaro fu consegnato nelle mani di Fanchon; e quelli che potevano prestarono a chi non aveva abbastanza ciò che mancava. La cosa fu combinata con tanto entusiasmo che anche Giulia sentiva dal letto le loro acclamazioni. Figuratevi che effetto, sul cuore di una donna che sta per morire! Mi fece segno e mi disse all'orecchio: "M'han fatto bere fino alla feccia il calice dolce e amaro della sensibilità".[1]

Quando fu il momento di ritirarsi, la signora d'Orbe, che divideva con la cugina il letto come nelle due notti precedenti, fece chiamare la cameriera perché la Fanchon potesse riposare quella notte; ma quella si sdegnò della proposta, anche più, direi, che se suo marito non fosse tornato. La signora d'Orbe si ostinò, così le due cameriere trascorsero insieme la notte nel gabinetto. Io la trascorsi nella camera attigua, la speranza aveva talmente rianimato lo zelo che né ordini né minacce valsero a far andare a letto un solo servitore. Così tutta la casa rimase in piedi quella notte, con un'impazienza tale che ben pochi non sarebbero stati disposti a dare un pezzo della propria vita per esser già alle nove di mattina.

Durante la notte udii qualche andirivieni che non mi inquietò; ma verso mattina, che tutto era tranquillo, un rumore sordo mi colpì l'orecchio. Tendo l'orecchio, mi parve di distinguere dei gemiti. Accorro, entro, apro le tendine... Saint-Preux!... caro Saint-Preux!... vedo le due amiche immobili, abbracciate; l'una svenuta, l'altra moribonda. Grido; voglio fermare o raccogliere il suo estremo sospiro, mi precipito. Era morta.

Adoratore di Dio, Giulia era morta... Non vi dirò che cosa capitò durante alcune ore. Non so nemmeno che cosa divenni io stesso. Riavutomi dal primo sbalordimento, domandai della signora d'Orbe. Seppi che l'avevan dovuta portare in camera sua e persino chiudervela dentro: perché continuamente tornava in quella di Giulia, si buttava sul suo corpo, lo scaldava col suo, si sforzava di rianimarlo, lo stringeva, ci aderiva contro con una specie di rabbia, la chiamava con alte grida, con mille nomi appassionati, con tutti codesti inutili sforzi nutriva la sua disperazione.

Entrando, la trovai affatto insensata, non vedeva né sentiva niente, non conosceva nessuno, si rotolava per la camera torcendosi le mani e mordendo il piede delle seggiole, mormorava parole stravaganti con voce sorda, poi a tratti cacciava stridi acuti che facevan trasalire. La sua cameriera ai piedi del letto stava immobile, costernata, spaventata, non osava fiatare, cercava di non farsi vedere e tremava tutta. Infatti, le convulsioni che agitavano Clara avevan qualcosa di spaventoso. Feci segno alla cameriera che uscisse; perché temevo che una sola parola di consolazione detta a sproposito la facesse montare su tutte le furie.

Non cercai di parlarle; non m'avrebbe ascoltato né capito; ma dopo un po' di tempo, vedendola esausta di stanchezza, la presi e la feci sedere in una poltrona. Mi sedetti accanto a lei, tenendole le mani; ordinai che facessero venire i bambini e glieli misi intorno. Sventuratamente il primo che vide fu appunto l'incolpevole causa della morte dell'amica. Quella vista la infuriò. Vidi alterarsi il suo volto, i suoi occhi volgersi altrove con una specie di orrore, le sue braccia irrigidirsi per respingerlo. Mi tirai accanto il bambino. "Infelice!" gli dissi "per esser stato troppo caro all'una sei odioso all'altra; non in tutto ebbero lo stesso cuore." Queste parole la irritarono violentemente, e me ne valsero di pungentissime. Tuttavia non furono senza farle una certa impressione. Prese il bambino tra le braccia e cercò di carezzarlo, ma invano; lo respinse quasi subito. Anche ora lo vede con meno piacere che l'altro, e sono ben contento che non sia a lui che è destinata sua figlia.

Gente sensibile, che cosa avreste fatto al mio posto? Ciò che faceva la signora d'Orbe. Dopo di aver date disposizioni per i bambini, per la signora d'Orbe, per i funerali della sola persona che mai abbia amato, dovetti montare a cavallo e con la morte in cuore andare a dar la triste notizia al più infelice dei padri. Lo trovai dolorante per la caduta, inquieto, scosso dall'accidente toccato alla figlia. Lo lasciai affranto di dolore, quel dolore dei vecchi che non si vede di fuori, che è senza gesti né gridi, ma che uccide. Son sicuro che non saprà resistere e prevedo ormai l'ultimo colpo che ancora manca all'infelicità del suo amico. Il giorno dopo mi affrettai al massimo per esser di ritorno presto e rendere gli estremi onori alla più degna delle donne. Ma non tutto era terminato; bisognava anche che risuscitasse perché avessi l'orrore di perderla un'altra volta.

Accostandomi a casa vidi un domestico corrermi incontro a perdifiato esclamando da lontano: "Signore, signore, affrettatevi; la signora non è morta." Non capii niente a quelle parole insensate: tuttavia accorsi. Vedo la corte piena di gente che piangeva di gioia benedicendo a gran voce la signora di Wolmar. Domando di che si tratta; tutti son fuori di sé, nessuno mi può rispondere: i miei domestici avevan perduta la testa. Salgo di corsa all'appartamento di Giulia, vedo più di venti persone in ginocchio intorno al letto, con gli occhi fissi su di lei. Mi accosto, la vedo sul letto vestita e ornata; il cuore mi palpita, la guardo... Ahimè! era morta! quell'istante di gioia menzognera e così crudelmen-

te spenta fu il più amaro della mia vita. Non sono col·
lerico, ma mi sentii irritatissimo. Volevo conoscere il
perché di quella scena stravagante. Tutto era falsato,
travisato, mutato: feci una fatica enorme a sbrogliare
la verità. Finalmente ci riuscii, ed ecco la storia del
miracolo.

Il mio suocero, inquietissimo dell'incidente, aveva pen·
sato di fare a meno del cameriere e l'aveva mandato un
poco prima che arrivassi io a prender notizie della fi·
glia. Il vecchio domestico, stanco di cavalcare, aveva pre·
so una barca e di notte aveva traversato il lago; era
arrivato a Clarens la mattina del giorno stesso in cui
tornai io. Arrivando vede la costernazione generale, ne
apprende il motivo, sale gemendo alla camera di Giu·
lia; s'inginocchia ai piedi del letto, la guarda, piange,
la contempla. "Ah, mia buona padrona! ah, perché il
Signore non m'ha preso invece di voi! io che son vec
chio, che non ho più nessuno, che non son più buono
a nulla, cosa sto a fare al mondo? Ma voi che eravate
giovane, che eravate la gloria della vostra famiglia, la
felicità della vostra casa, la speranza degli sventurati...
ahimè, quando vi vìdi nascere, era dunque per dover
vedervi morire?"

Tra quelle esclamazioni che il suo affetto e il suo
buon cuore gli strappavano, con gli occhi sempre fissi
su quel volto, gli parve di scorgere un movimento; l'im·
maginazione gli si accende; vede che Giulia volge gli
occhi, lo guarda, gli fa un cenno col capo. Si alza fuo·
ri di sé e corre per tutta la casa gridando che la signo·
ra non è morta, che l'ha riconosciuto, ne è sicuro, cer·
tamente tornerà in vita. Non occorse altro: tutti accor·
rono, i vicini, i poveri che facevan risuonar l'aria coi
loro lamenti, tutti esclamano: non è morta! La voce
si spande, aumenta; il popolo sempre amante del mera·
viglioso riceve la notizia con avidità; la credono per·
ché la desiderano; ognuno cerca di rallegrarsi e così
aumenta la generale credulità. Ben presto la morta non
aveva soltanto fatto un segno, aveva agito, aveva par·
lato, c'eran venti testimoni oculari di fatti ben definiti
che non erano affatto avvenuti [1].

Non appena si credette che viveva ancora, si fecero

mille sforzi per rianimarla; si davan da fare intorno a lei, le parlavano, l'inondavano di acque spiritose, le tastavano il polso per vedere se non tornava. Le cameriere, sdegnate che il corpo della loro padrona si trovasse circondato da uomini in uno stato tanto negletto, fecero sgomberare la camera e ben presto si avvidero quanto ci si era ingannati. Tuttavia non seppero decidersi a distruggere così caro errore; forse speravano ancora in qualche avvenimento miracoloso. Vestirono il corpo con ogni cura, e benché Giulia avesse lasciato a loro tutta la sua guardaroba, le prodigarono tutti i possibili ornamenti. Poi la esposero sul letto, lasciarono aperte le cortine e tra la pubblica gioia ripresero a piangere.

Io ero arrivato quando questo fermento era al colmo. Subito mi accorsi che non era possibile far intendere ragione alla folla, e che, se avessi fatto chiudere la porta e ordinata la sepoltura, avrei potuto provocare qualche disordine, sarei stato per lo meno considerato un marito omicida che fa seppellir viva la moglie, e tutti mi avrebbero preso in orrore. Decisi di aspettare. Frattanto, dopo oltre trentasei ore, e con il grandissimo caldo, le carni cominciavano a corrompersi; e benché il viso avesse conservato le sue fattezze e la sua dolcezza, già si scorgevano i primi segni della decomposizione. Lo dissi alla signora d'Orbe che stava come tramortita al capezzale. Non aveva il bene di lasciarsi ingannare da così grossolana illusione; ma fingeva di crederci per avere il pretesto di rimanere costantemente nella camera, di straziarsi il cuore in tutti i modi, di pascersi di così mortale spettacolo, e di saziarsi di dolore.

Mi intese e, risoluta, senza far parola, uscì dalla camera. La vidi tornare un momento dopo con in mano un velo d'oro ricamato di perle che le avevate portato dalle Indie*. Poi, accostandosi al letto, baciò il velo,

---

* È chiaro che è il sogno di Saint-Preux, di cui la signora d'Orbe aveva sempre piena la mente, che le suggerisce l'espediente del velo. Credo che se si facesse grande attenzione, si riscontrerebbe questo stesso rapporto nell'avverarsi di parecchie predizioni. L'avvenimento non è predetto perché dovrà capitare; ma capita perché è stato predetto. *(N.d.A.)*

piangendo ne coprì il volto dell'amica e con voce squillante disse: "Maledetta sia la mano indegna che oserà alzare questo velo! maledetto l'occhio empio che oserà guardare questo volto sfigurato!" Questa azione, queste parole colpirono così vivamente gli spettatori che, come per una subitanea ispirazione, mille gridi ripeterono quella stessa imprecazione. La quale fece una tale impressione sui nostri domestici e sulla gente che, messa la morta nella bara con i suoi abiti e con la massima cautela, essa fu portata e seppellita in quello stato, senza che nessuno avesse ardito toccare il velo[a]!

Il peggior destino è di dover consolare anche gli altri. È quello che devo fare con il mio suocero, con la signora d'Orbe, con gli amici, i parenti, i vicini, i domestici. Il resto non è niente; ma il mio vecchio amico! ma la signora d'Orbe! bisogna vedere l'afflizione di lei per poter giudicare quanto aumenti la mia. Non solo non mi è grata delle mie cure, ma me le rinfaccia; le mie premure la irritano, la mia fredda tristezza la inasprisce; vorrebbe vedere amari rimpianti come i suoi, il suo barbaro dolore vorrebbe vedere tutti disperati. La cosa più affliggente è che non si può far nessun conto su di lei, ciò che per un momento la consola un istante dopo la indispettisce. Tutto quello che fa e tutto quello che dice è vicino alla follia, e pare ridicolo a gente sensata. Devo soffrire molto; non mi stancherò di niente. Servendo quelli che Giulia ha amato, mi pare di onorarla meglio che con le lagrime[2].

Un tratto solo vi permetterà di giudicare degli altri. Credevo di aver fatto tutto esortando Clara a conservarsi per adempiere le cure di cui l'amica l'aveva incaricata. Estenuata dall'agitazione, dall'astinenza, dalle notti perdute, pareva finalmente decisa a tornare in sé, a riprendere la sua solita vita, a mangiare con gli altri. La prima volta che venne in sala da pranzo feci mangiare i bambini in camera loro, non volevo arrischiare la prova in loro presenza; perché lo spettacolo delle passioni violente, di qualsiasi specie, è uno dei più pericolosi da mostrare ai bambini. Quelle passioni han-

[a] Benché protestante, il popolo del paese di Vaud è straordinariamente superstizioso. (N.d.A.)

no sempre nei loro eccessi qualcosa di puerile che li diverte, che li seduce, e fa sì che amino ciò che invece dovrebbero temere[a]. Ne avevan già visto anche troppo.

Entrando, ella gettò un'occhiata sulla tavola e vide due coperti. Immediatamente si sedette sulla prima sedia che si trovò accanto, senza volersi mettere a tavola né dire il perché di tale capriccio. Mi parve di capirla, e feci mettere un terzo coperto al posto che di solito era occupato da Giulia. Allora si lasciò prendere per mano e menare a tavola senza far resistenza, raccogliendo accuratamente la veste per non dar noia al posto vuoto. Appena ebbe accostata alla bocca la prima cucchiaiata di minestra, la posò e mi chiese bruscamente che cosa ci stava a fare quel coperto, dal momento che non era occupato. Le dissi che aveva ragione e lo feci portar via. Cercò di mangiare, senza però riuscirvi. A poco a poco le si gonfiava il cuore, il respiro le si faceva rotto e simile a singhiozzi. A un tratto si alzò da tavola e tornò in camera sua senza dire una parola né ascoltar niente di quanto le volevo dire; e in tutto il giorno non prese altro che un poco di tè.

L'indomani dovetti ricominciare. Escogitai un mezzo per ricondurla alla ragione con i suoi stessi capricci, e di intenerire la durezza della sua disperazione con un sentimento più dolce. Sapete che sua figlia somiglia molto alla signora di Wolmar. Clara si compiaceva di insistere sulla somiglianza con vesti della stessa stoffa, e aveva portato loro da Ginevra parecchie vesti eguali, che mettevano negli stessi giorni. Feci dunque vestire l'Enrichetta nel modo più simile che fosse possibile a Giulia, e dopo averla istruita ben bene la feci sedere a tavola davanti al terzo coperto messo come il giorno prima.

Immediatamente Clara capì la mia intenzione, e ne fu commossa; mi gettò un'occhiata tenera e riconoscente. Fu quella la prima delle mie premure alla quale si dimostrò sensibile, e mi parve di poter sperare bene da un espediente che la inteneriva.

Superba di poter far la parte della sua mammina,

[a] Ecco perché il teatro piace a noi tutti, e il romanzo a parecchi. (N.d.A.)

Enrichetta si comportò benissimo, in modo così perfetto che vidi piangere anche i domestici. Però chiamava sempre mamma sua madre, e le parlava con il dovuto rispetto. Ma, incoraggiata dal successo e dalla mia evidente approvazione, ebbe l'idea di prendere un cucchiaio e di dire vivamente: "Clara, ne vuoi?" Il gesto e il tono della voce furono imitati così bene che sua madre trasalì. Un momento dopo scoppiò a ridere, allungò il piatto dicendo: "Sì, figlia mia, dammene; sei brava." E si mise a mangiare con un'avidità che mi meravigliò. Osservandola attentamente vidi che aveva gli occhi stravolti e nel suo fare un che di più brusco e deciso del solito. Non le permisi di mangiare di più e feci bene; perché un'ora dopo ebbe una violenta indigestione che infallantemente l'avrebbe soffocata, avesse mangiato di più. Da quel momento decisi di sopprimere tutte queste scene che le potevano accendere l'immaginazione al punto di non più poterla dominare. Siccome è più facile guarire dal dolore che dalla pazzia, è meglio che soffra di più e che non metta a repentaglio la sua ragione.

Ecco, mio caro, in che condizione ci troviamo. Da quando è tornato il barone, Clara sale in camera sua tutte le mattine, quando ci sto io oppure quando io ne esco; trascorrono insieme un'ora o due, e le cure che ha di lui facilitano un poco quelle che si hanno per lei. D'altronde comincia a farsi più assidua attorno ai bambini. Uno è stato malato, quello appunto al quale vuol meno bene. Questo incidente le ha fatto intendere che potrebbe fare anche altre perdite, e l'ha restituita allo zelo dei suoi doveri. Con tutto ciò, non è ancora arrivata alla tristezza; non sa ancora sparger lagrime; si aspetta voi per spanderne, toccherà a voi asciugarle. Dovete capirmi. Pensate all'estremo consiglio di Giulia; è venuto in mente a me per primo, e son più che mai persuaso che è utile e saggio. Venite a riunirvi con quanto resta di lei. Suo padre, la sua amica, suo marito, i suoi figli, tutti vi aspettano, tutti vi desiderano, siete necessario a tutti. Insomma, senza che mi spieghi oltre, venite a dividere i nostri affanni; forse vi sarò più grato che a qualsiasi altro.

LETTERA XII

DI GIULIA

Questa lettera era inclusa nella precedente

Dobbiamo rinunciare ai nostri disegni. Tutto è cambiato, mio caro amico; sopportiamo questo cambiamento senza lagnarci; ci è dato da una mano più saggia di noi. Speravamo di riunirci: quella riunione non era buona cosa. Averla evitata è un beneficio del cielo; certamente così ha evitato delle sventure.

Mi sono illusa a lungo. Quell'illusione mi fu salutare; dilegua nel momento in cui non ne ho più bisogno. M'avete creduta guarita, anch'io ho creduto di esserlo. Ringraziamo colui che fece durare quest'errore fin che è stato utile; chissà se, vedendomi così vicina all'abisso, non mi sarebbe girata la testa? Sì, ho avuto un bel voler soffocare il primo sentimento che m'ha fatta vivere: è concentrato nel mio cuore. Ecco che si risveglia nel momento in cui non è più pericoloso; mi sostiene ora che le forze mi abbandonano; mi rianima mentre muoio. Amico mio, lo confesso senza vergogna; questo sentimento rimasto in me mio malgrado non ha toccato la mia innocenza; tutto ciò che dipende dalla mia volontà fu consacrato al mio dovere. Se il cuore, che non ne dipende, fu consacrato a voi, quello fu il mio tormento, non la mia colpa. Ho fatto ciò che dovevo fare; la mia virtù rimane intatta, l'amore m'è rimasto senza rimorso[1].

Ardisco gloriarmi del mio passato; ma chi avrebbe potuto rispondere dell'avvenire? Un giorno ancora, forse, ed ero colpevole! Cosa sarebbe stata, tutta la vita passata con voi? A che pericoli mi sono esposta senza avvedermene! A quali maggiori pericoli stavo per essere esposta! Certamente provavo per me i timori che mi immaginavo di provare per voi. Tutte le prove son state fatte, ma potevano facilmente tornare. Non son forse vissuta abbastanza per la felicità e la virtù? Che utile potevo ancora ricavare dalla vita? Togliendomela il cielo non mi toglie nulla che sia da rimpiangere, e mette in sicuro il mio onore. Amico, parto nel momento giusto, contenta di voi e di me; parto con gioia, e la partenza non ha nulla di crudele. Dopo tanti sacrifici mi par leggero quello che mi resta da fare: non è che morire una volta ancora.

Prevedo i vostri dolori, li sento; sarete da compiangere, lo so anche troppo; e il sentimento dei vostri affanni è il dolore più grande che porto con me; ma vedete anche quali consolazioni vi lascio! Quante cure da adempiere verso colei che vi fu cara, e che vi impongono di vivere per lei! Vi rimane da servirla nella parte migliore di lei. Di Giulia non perdete che ciò che da un pezzo avete perduto. Tutto quanto ebbe di meglio vi rimane. Venite a riunirvi alla sua famiglia. Che il suo cuore rimanga in mezzo a voi. Che tutto quanto ella amò si riunisca per darle un'altra esistenza. Le vostre cure, i vostri piaceri, la vostra amicizia, tutto sarà opera sua. Il nodo della vostra unione da lei formato la farà rivivere; ella non morrà che con l'ultimo di voi!

Riflettete che vi rimane un'altra Giulia e non dimenticate quanto le dovete. State entrambi per perdere metà della vostra vita; unitevi per conservare l'altra; è l'unico modo che vi rimanga per sopravvivermi, servendo la mia famiglia e i miei figli. Perché non posso inventare nodi ancora più stretti per unire tutto quanto mi è caro! Quanto dovete esserlo l'uno all'altra! Quanto quest'idea deve rafforzare il vostro reciproco affetto! Le vostre obiezioni contro quest'unione stanno per essere altrettante ragioni per stringerla. Come potrete mai parlare di me senza intenerirvi insieme? No: Clara e Giulia saranno così ben confuse che il vostro cuore non riuscirà a separarle. Il suo vi restituirà tutto quanto avrete sentito per la sua amica, e lei ne sarà la confidente e l'oggetto; sarete felice con quella che vi rimarrà, senza smettere di esser fedele a colei che avete perduta, e dopo tanti rimpianti e tante pène, prima che sia trascorsa la stagione di vivere e di amare, un fuoco legittimo vi avrà infiammato e avrete goduto un'innocente felicità.

In codesto casto legame, senza distrazioni né timori, potrete attendere alle cure che vi affido, e compiute le quali non vi sarà difficile dire il bene da voi fatto quaggiù. Sapete che esiste un uomo degno della felicità alla quale non ardisce aspirare. Quell'uomo è il vostro liberatore, il marito dell'amica che da lui v'è stata restituita. Solo, senza nulla che lo leghi alla vita, senza aspirare a quella che la segue, senza piaceri, senza consolazioni, senza speranza, sarà ben presto il più sventurato dei mortali. Gli siete debitore delle cure che ha avuto per voi, e sapete ciò che le può rendere utili. Ricordatevi della mia lettera precedente. Trascorrete i vostri giorni insieme a lui. Nessuno di quelli che ho amato lo deve abbandonare. Vi ha restituito il gusto della virtù, mostrategliene l'oggetto e il premio. Siate cristiano per indurlo a esserlo. Il successo è più vicino di quanto pensate: ha fatto il suo dovere, farò il mio, fate il vostro. Dio è giusto; la mia fiducia non mi ingannerà[1].

Non ho che una parola da dirvi circa i miei figli. So quante cure vi costerà la loro educazione: ma so anche che quelle cure non vi riusciranno faticose. Nei momenti di noia inseparabili da quell'ufficio, ditevi che sono i figli di Giulia, e ogni pena svanirà. Il signor di Wolmar vi consegnerà le osservazioni da me fatte sia sul vostro programma sia sul carattere dei miei due figli. Questo scritto è appena abbozzato: non ve lo do come regola, lo sottometto ai vostri lumi. Non fatene dei saputelli, fatene degli uomini benefici e giusti. Ogni tanto parlategli della loro madre... sapete quanto le erano cari... dite a Marcellino che non m'è stato duro morire per lui. Dite a suo fratello che per lui amavo la vita. Dite loro... mi sento spossata. Devo finire questa lettera. Lasciandovi i miei figliuoli, mi separo da loro con meno dolore; mi pare di rimanere con loro.

Addio, addio, dolce mio amico... Ahimè! termino la vita come l'ho cominciata. Forse dico troppo, in questo momento in cui il cuore non dissimula più nulla... Ah, perché dovrei temere di esprimere ciò che provo? Non sono più io che ti parlo; sono già tra le braccia della morte. Quando vedrai questa lettera, i vermi roderanno il volto della tua amante, e il suo cuore dove tu non sarai più. Ma la mia anima esisterebbe forse senza di te? senza di te che felicità potrei gustare? No, non ti lascio, vado ad aspettarti. La virtù che ci ha separati sulla terra ci unirà nell'eterno soggiorno. Muoio in questa dolce speranza. Troppo contenta di acquistare a prezzo della mia vita il diritto di sempre amarti senza colpa, e di dirtelo una volta ancora!

LETTERA XIII

DELLA SIGNORA D'ORBE

Sento che cominciate a ristabilirvi, così che si può sperare di rivedervi presto tra noi. Dobbiamo vincere la nostra debolezza, caro amico; dovete fare in modo di varcare le alpi prima che l'inverno ve le chiuda. In questo paese troverete l'aria che vi abbisogna; non ci troverete che dolore e tristezza, ma forse il comune affanno riuscirà di sollievo al vostro. Per sfogarsi, il mio ha bisogno di voi. Io sola non posso né piangere, né parlare, né farmi ascoltare. Wolmar mi intende ma non mi risponde. Il dolore d'un padre sventurato si concentra in sé; non ne può immaginare uno più crudele; non sa né vederlo né sentirlo; i vecchi non si sanno più sfogare. I bambini mi inteneriscono e non sono capaci di intenerirsi. Sono sola in mezzo a tutti. Intorno a me regna un lugubre silenzio. Nel mio insensato accasciamento non ho più commercio con nessuno. Non mi rimane che quel tanto di forza e di vita che basti a farmi sentire gli orrori della morte. Venite, voi che condividete la mia perdita! Venite a condividere i miei dolori. Venite a nutrirmi il cuore coi vostri rimpianti; venite ad abbeverarlo con le vostre lagrime. È l'unica consolazione che mi posso aspettare; l'unico piacere che mi resti.

Ma prima del vostro arrivo, e prima di sapere la vostra opinione su un progetto di cui so che vi hanno parlato, è opportuno che conosciate anticipatamente il mio. Sono ingenua e schietta; non voglio dissimularvi niente. Ho provato amore per voi, lo confesso; forse ne provo ancora; forse ne proverò sempre; non lo so né

770

lo voglio sapere. È cosa nota, lo so bene; non me ne adonto né me ne curo. Ma ecco quanto vi debbo dire e che dovete intendere bene. Un uomo che è stato amato da Giulia d'Etange e che potesse risolversi a sposarne un'altra, non sarebbe ai miei occhi che un indegno, un vile, che mi vergognerei di avere per amico; quanto a me vi dichiaro che qualsiasi uomo, sia chi si sia, che avrà il coraggio di parlarmi d'amore, non tornerà mai più a parlarmene in vita sua[1].

Pensate ai doveri che ci aspettano, all'ufficio che vi è imposto, pensate a colei alla quale avete promesso di adempierli. I suoi figli si fanno grandi, suo padre si consuma a poco a poco, suo marito è inquieto e agitato: nonostante tutto non riesce a crederla annientata; il suo cuore, mal suo grado, si rivolta contro la vana sua ragione. Parla di lei, le parla, sospira. Già mi pare di veder avverarsi i voti da lei formati tante volte, tocca a voi compiere così grand'opera. Quali ragioni, per chiamarvi qui entrambi! È cosa degna del generoso Edoardo che le nostre sventure non gli abbian fatto mutare i suoi propositi.

Venite dunque, cari e rispettabili amici, venite a riunirvi a tutto quanto rimane di lei. Riuniamo tutto quanto le è stato caro. Che il suo spirito ci animi; che il suo cuore si unisca a tutti i nostri; viviamo sempre sotto gli occhi di lei. Mi piace credere che dal luogo dove abita, dal soggiorno dell'eterna pace, quest'anima ancora amante e sensibile si compiace di tornare tra noi, di ritrovare gli amici pieni della sua memoria, di vederli imitare le sue virtù, di sentirsi onorata da loro, di vederli abbracciare la sua tomba e gemere pronunciando il suo nome. No, ella non ha lasciato questi luoghi da lei fatti incantevoli. Sono ancora tutti pieni di lei. La vedo in ogni oggetto, la sento a ogni passo, a ogni momento del giorno sento gli accenti della sua voce... Ella è vissuta qui; qui riposano le sue ceneri... la metà delle sue ceneri. Due volte la settimana, andando al tempio... vedo... vedo quel luogo triste e venerabile... bellezza, quello dunque è il tuo estremo asilo!... fiducia, amicizia, virtù, piaceri, giuochi giocondi, la terra ha inghiottito ogni cosa... mi sento trascinata... mi accosto tremando... temo di calpestare questa sacra terra... mi par di sentirla palpitare e fremere sotto i miei piedi... sento una voce lamentevole che mormora!... "Clara, o mia Clara, dove sei tu? che fai, lungi dall'amica tua?..." La sua bara non la contiene tutta... aspetta il resto della sua preda... non l'aspetterà a lungo[a].

[a] Terminando di rileggere questa raccolta, mi par di capire perché l'interesse che mi ispira, per debole che sia, mi riesce tanto gradevole, e così suppongo a ogni lettore bennato. È perché questo debole interesse è puro e senza affanni; perché non è eccitato da nefandezze, da delitti, né misto al tormento dell'odio. Non riesco a concepire che piacere si possa provare immaginando e componendo il personaggio d'uno scellerato, mettendosi al suo posto intanto che lo si rappresenta, dipingendolo con i più smaglianti colori. Compiango di cuore gli autori di tante tragedie colme di orrori, che trascorrono la vita facendo agire e parlare persone che non si posson né ascoltare né vedere senza soffrire. Mi pare che bisognerebbe gemere, vedendosi condannati a così crudele lavoro; quelli che se ne fanno un piacere devon essere assai divorati dallo zelo del pubblico bene. Quanto a me, ammiro di cuore i loro talenti e il loro bel genio; ma ringrazio Dio di non avermene fatto dono. (N.d.A.)

APPENDICE

GLI AMORI DI MILORD EDOARDO BOMSTON

Le strane avventure di milord Edoardo Bomston a Roma erano troppo romanzesche perché si potessero mescolare con quelle di Giulia senza guastarne la semplicità. Mi contenterò quindi di riassumerne qui quanto serve all'intelligenza di due o tre lettere dove se ne accenna[1].

Nei suoi viaggi in Italia milord Edoardo aveva fatto conoscenza a Roma con una donna di qualità, napoletana, della quale non tardò a innamorarsi fortemente; da parte sua ella concepì per lui una violenta passione che la divorò per il resto della sua vita e finì portandola al sepolcro. Quell'uomo, rude e poco galante, ma ardente e sensibile, estremo e grande in ogni cosa, non poteva ispirare né sentire affetti mediocri[2].

I principi stoici di quel virtuoso inglese inquietavano la marchesa, la quale si decise a farsi passar per vedova durante l'assenza del marito: cosa che le riuscì agevolmente, siccome entrambi erano stranieri a Roma e che il marchese serviva nelle truppe imperiali. L'innamorato Edoardo non tardò a parlare di matrimonio; la marchesa allegò la diversità di religione e altri pretesti. Finalmente annodarono un commercio intimo e libero, fino a che, scoperto che il marito viveva, Edoardo volle rompere con la donna, dopo d'averla coperta di amari rimproveri: offeso di scoprirsi colpevole a sua insaputa d'una colpa che gli faceva orrore.

La marchesa, donna senza principi, ma astuta e piena di seduzioni, non risparmiò nulla per trattenerlo e ci riuscì. Il commercio adultero fu soppresso, ma la relazione continuò. Benché fosse indegna di amare, tuttavia ella amava: dovette piegarsi a vedere senza frutto un uomo adorato che non poteva conservare altrimenti: l'amore, irritato da quella volontaria barriera, si fece vieppiù ardente. La marchesa non tralasciò nessuna premura che potesse far dimenticare all'amante le sue risoluzioni: era bella e seducente, ma tutto fu inutile. L'inglese rimase irremovibile, la sua grande anima resse alla prova. La sua prima passione era la virtù. Avrebbe sacrificata la sua vita all'amante, e l'amante al dovere. Una volta la seduzione si fece troppo urgente; il mezzo che lui stava per adottare onde liberarsene trattenne la marchesa e rese vane tutte le sue insidie. Non è perché siamo deboli, ma perché siamo codardi che i sensi finiscono sempre soggiogandoci. Chiunque tema meno la morte che la colpa non è mai costretto a macchiarsi di colpa.

Sono poche le anime forti che trascinano le altre e le innalzano fino alla loro sfera; ma ce ne sono. Quella di Edoardo era tale. La marchesa sperava di conquistarlo; ma insensibilmente era lui che conquistava lei. Quando le lezioni della virtù assumevano in bocca sua gli accenti dell'amore, la marchesa era commossa, piangeva; il suo sacro ardore animava quell'anima bassa; un sentimento di giustizia e di onore ci insinuava il suo strano incanto; il vero bello cominciava a piacerle: se il malvagio potesse mutar di natura, il cuore della marchesa si sarebbe mutato.

Soltanto l'amore approfitta di quelle lievi emozioni; si fa più delicato; la marchesa cominciò ad amare con generosità; con un temperamento ardente e in un clima dove i sensi hanno tanta potenza, ella dimenticò i suoi piaceri per pensare a quelli dell'amante: e non potendo dividerli, volle almeno che gli venissero da lei. Questa almeno fu l'interpretazione favorevole da lei data di un'azione nella quale il suo carattere e quello di Edoardo, da lei ben conosciuto, potevano trovare un raffinamento di seduzione.

Non risparmiò né premure né spese per scoprire in tutta Roma una persona giovane, facile e sicura; non senza fatica la si trovò. Una sera, dopo un colloquio assai tenero, ella gliela presentò: "Disponetene" gli disse con un sorriso; "possa ella godere del premio del mio amore; ma che sia la sola. A me basta se qualche volta accanto a lei penserete alla mano che ve l'ha data". Volle uscire, ma Edoardo la trattenne. "Fermatevi" le disse; "se mi credete abbastanza codardo da approfittare della vostra offerta nella stessa vostra casa, il sacri-

ficio non è grave e non val la pena di rimpiangermi."
"Poiché non potete essere mio, desidero" disse la marchesa "che non siate di nessuna; ma se l'amore deve perdere i suoi diritti, concedete almeno che ne possa disporre. Perché questo mio dono vi torna sgradito? Avete paura di essere ingrato?" Allora lo costrinse ad accettare l'indirizzo di Laura (così si chiamava la giovane) e gli fece giurare che si sarebbe astenuto da qualsiasi altra relazione. Egli avrebbe dovuto commuoversi, e infatti si commosse. Gli fu più difficile contenere la riconoscenza che l'amore, e questo fu il tranello più pericoloso che mai la marchesa gli abbia teso.

Estrema in tutto, non meno che il suo amante, la marchesa trattenne a cena Laura, le prodigò mille carezze, come per godere con maggior pompa del più gran sacrificio che mai l'amore abbia fatto. Edoardo commosso si abbandonava ai suoi trasporti; la sua anima intenerita e sensibile si esalava negli sguardi, nei gesti: non diceva parola che non fosse l'espressione della più ardente passione. Laura era carina; ma quasi non la guardava. Ella non imitò questa sua indifferenza; guardava e vedeva, nel vero quadro dell'amore, un oggetto per lei affatto nuovo.

Dopo cena la marchesa licenziò Laura e rimase sola con l'amante. Aveva calcolato sui pericoli di quell'intimità; e non si era sbagliata. Ma credendo che egli sarebbe caduto, si sbagliò; tutta la sua abilità non fece altro che far più splendido e più doloroso per entrambi il trionfo della virtù. A questa serata si riferisce, alla fine della quarta parte del romanzo, l'ammirazione di Saint-Preux per la forza dell'amico.

Edoardo era virtuoso, ma uomo. Aveva tutta la semplicità del vero onore, e niente di quelle false convenienze che gli si sostituiscono e che la gente mondana apprezza tanto. Dopo parecchi giorni trascorsi negli stessi trasporti accanto alla marchesa, sentì che il pericolo cresceva; e sul punto di lasciarsi vincere, preferì mancar di delicatezza piuttosto che di virtù: andò a trovare Laura.

Ella trasalì vedendolo; egli la vide triste, e cercò di rallegrarla, sicuro che non sarebbero occorse molte premure per riuscirvi. Ma non gli riuscì facile come aveva creduto. Le sue carezze furono accolte male, le sue profferte respinte con un tono che non era quello che si prende per negar ciò che si vuol accordare.

Una così ridicola accoglienza non lo disgustò, ma lo irritò. Doveva forse avere tanti riguardi per una ragazza di quella specie? Usò senza tanti riguardi dei suoi diritti. Laura, sentendosi vinta nonostante i suoi gridi, le lagrime e la renitenza, fa uno sforzo, si slancia nell'angolo opposto della camera, e con voce forte gli grida: "Uccidetemi se volete; ma non mi toccherete mai viva". Il gesto, lo sguardo, il tono non erano equivoci. Affatto sbalordito, Edoardo si calma, la prende per mano, la fa sedere, le si siede accanto, e guardandola in silenzio aspetta con freddezza lo scioglimento di quella commedia.

Laura taceva; teneva gli occhi bassi; respirava con affanno, il cuore le batteva; in ogni cosa manifestava una straordinaria agitazione. Finalmente Edoardo ruppe il silenzio e le domandò che cosa significava quella strana scena. "Che mi sia sbagliato?" le chiese "non siete forse Lauretta Pisana?" "Piacesse a Dio" disse lei con voce tremante. "E che!" replicò egli con un riso beffardo "avreste per caso cambiato mestiere?" "No," disse Laura " sono sempre quella; non si torna più dallo stato in cui mi trovo." In questa frase e nel modo in cui fu detta egli trovò qualcosa di così straordinario che non sapeva più cosa pensare, e credette che la ragazza fosse diventata pazza. Soggiunse: "Ma perché dunque, bella Laura, sono io il solo escluso? Ditemi che cosa m'attira il vostro odio". "Il mio odio!" esclamò lei con accento vivace. "Non ho amato coloro che ho accolto. Posso tollerare chiunque, salvo voi."

"Ma perché mai? Laura, spiegatevi meglio, non vi capisco." "Eh! mi capisco forse io? Tutto quello che so è che non mi toccherete mai... No!" esclamò con furia "non mi toccherete mai. Sentendomi nelle vostre braccia, penserei che non stringete che una ragazza pubblica, e morirei di rabbia."

Si animava parlando. Edoardo scorse negli occhi di lei dei segni di dolore e di disperazione che lo commossero. Prese maniere meno sprezzanti, un accento più riguardoso e cortese. Lei si nascondeva la faccia, evitava gli sguardi di lui. Egli le prese la mano con affetto. Appena ella sentì quella mano, vi portò la bocca e vi impresse le labbra, singhiozzando e versando un torrente di lagrime.

Quel linguaggio, benché abbastanza chiaro, non era preciso. Soltanto a fatica Edoardo la indusse a esprimersi più decisamente. Il pudore estinto era tornato con l'amore, e Laura non aveva mai fatto copia di sé con la vergogna con cui confessò il suo amore.

Appena nato, quell'amore già era in tutto il suo vigore. Laura era viva e sensibile; abbastanza bella per accendere una passione; abbastanza tenera per condividerla. Venduta ancora bambina da indegni genitori, la sua bellezza contaminata dal vizio aveva perduto ogni forza. Immersa in piaceri ignobili, l'amore la fuggiva; i vili corruttori non potevano né provarlo né ispirarlo. I corpi combustibili non bruciano da sé, bisogna che sian toccati da una scintilla. Così si infiammò il cuore di Laura vedendo i trasporti di Edoardo e della marchesa. A quell'ignoto linguaggio si sentì fremere deliziosamente; tendeva un attento orecchio; i suoi avidi sguardi non si lasciavan sfuggire niente. L'umida fiamma che usciva dagli occhi dell'amante la penetrava fino in fondo al cuore; un sangue più ardente le correva nelle vene; la voce di Edoardo aveva un accento che la turbava; le sembrava che il sentimento si esprimesse in tutti i gesti di lui; il volto animato dalla passione gliela faceva provare. Così la prima immagine dell'amore le fece amare l'oggetto che gliel'aveva offerta. Se egli non avesse sentito nulla per un'altra, forse lei non avrebbe sentito niente per lui[1].

Tutta codesta agitazione la seguì a casa. Il turbamento dell'amore nascente è sempre dolce. Il suo primo movimento fu di abbandonarsi a quel nuovo incanto; il secondo fu di aprire gli occhi su di sé. Per la prima volta in vita sua considerò il proprio stato, e ne ebbe orrore. Tutto quanto alimenta la speranza e i desideri degli amanti si trasformava in disperazione nell'anima sua. Il possesso di colui che amava non le offriva agli occhi che l'obbrobrio d'una creatura vile e abbietta, alla quale si prodiga disprezzo insieme alle carezze; nel premio di un amore fortunato non vide che l'infame prostituzione. I tormenti più intollerabili le venivano anche dai suoi propri desideri. Più le era facile soddisfarli, e più la sua sorte le sembrava orrenda; senza onore, senza speranza, senza risorse, non conobbe l'amore che per rimpiangerne le delizie. Così ebbero inizio le sue lunghe pene e finì la sua effimera felicità.

La passione nascente, che l'umiliava ai suoi propri occhi, la innalzava a quelli di Edoardo. Vedendola capace di amare, non la disprezzò più. Ma quali consolazioni poteva ella mai aspettarsi da lui? Che sentimento le poteva mai esprimere, se non il debole interesse che un cuore onesto e che non è libero può dimostrare per un oggetto pietoso, al quale non rimane che quel tanto di onore che basti a sentire la propria vergogna?

La consolò come poté, e promise di tornare a trovarla. Non le disse parola del suo stato, nemmeno per esortarla a lasciarlo. A che pro aumentare l'orrore che lei ne provava, poiché quell'orrore la induceva a disperare di sé? Una sola parola su quell'argomento poteva sembrare che la avvicinasse a lui: il che non poteva assolutamente essere. La massima sventura dei mestieri infami è che non si guadagna nulla abbandonandoli.

Dopo una seconda visita Edoardo, non dimentico della magnificenza inglese, le mandò un cofanetto di lacca e vari gioielli inglesi. Ella gli mandò indietro tutto con il seguente biglietto:

"Ho perduto il diritto di rifiutare dei regali. Tuttavia ardisco di mandare indietro il vostro; perché forse non avevate l'intenzione di farne segno di disprezzo. Se tornate a mandarmelo, lo dovrò accettare: ma la vostra generosità è ben crudele".

Questo biglietto colpì Edoardo, gli parve insieme umile e orglioso. Senza uscire dalla bassezza del suo stato, Laura dimostrava una certa dignità. Avvilirsi così del suo obbrobrio era quasi come cancellarlo. Edoardo non sentiva più nessun disprezzo per lei; cominciò a stimarla. Continuò ad andare a trovarla senza più far parola di regali; e se non si onorò dell'amore di lei, non poté fare a meno di rallegrarsene[1].

Non nascose quelle visite alla marchesa. Non c'era ragione di nascondergliele; sarebbe stata ingratitudine da parte sua. Ma lei ne volle sapere di più. Egli giurò che non aveva toccato Laura. Questa sua moderazione produsse un effetto del tutto opposto a quello che si aspettava. "E che!" esclamò irata la marchesa "andate a trovarla e non la toccate? Cos'andate dunque a fare da lei?" Così si svegliò in lei quell'infernale gelosia che cento volte la indusse ad attentare alla vita di entrambi, e la consumò di rabbia fino alla morte.

Altre circostanze accesero anche più quella furiosa passione, e manifestarono il vero carattere di quella donna. Già ho notato che Edoardo, nella sua integerrima dirittura, non aveva delicatezza. Fece alla marchesa quel regalo stesso che Laura gli aveva rimandato. La marchesa lo accettò; non per avidità, ma perché usavano farsi dei regali reciprocamente; ed era uno scambio nel quale la marchesa non perdeva. Sfortunatamente venne a sapere a chi era stato prima destinato quel regalo, e in che modo era stato respinto. Non occorre dire che immediatamente ogni cosa fu spezzata e buttata dalla finestra. Figuratevi che cosa dovette pensare in tale congiuntura un'amante gelosa e una donna di qualità.

Frattanto, più Laura sentiva la propria abiezione, e meno cercava di liberarsene; ci restava per disperazione, e lo sdegno che provava per sé si estendeva ai suoi corruttori. Non era orgogliosa; e con che diritto lo sarebbe stata? Ma un sentimento profondo dell'ignominia che invano avrebbe voluto respingere; l'orrenda tristezza dell'obbrobrio che sentiva e non poteva evitare; lo sdegno d'un cuore che tuttavia si onora e si sente disonorato per sempre: tutto versava rimorsi e affanni su piaceri che l'amore aborriva. Un rispetto ignoto a quelle anime vili faceva dimenticar loro il tono del vizio; un turbamento involontario avvelenava i loro trasporti: e commossi dalla sorte della loro vittima se ne tornavano piangendo su di lei e arrossendo di se stessi.

Il dolore la logorava. Edoardo, che a poco a poco prendeva a volerle bene, vide che era anche troppo afflitta, e che occorreva piuttosto rianimarla che deprimerla. L'andava a trovare; era già una grande consolazione per lei. I suoi discorsi fecero di più: la incoraggiarono. Quei discorsi alti e generosi rendevano all'anima accasciata di lei un vigore che aveva perduto. Che effetto non facevano, uscendo da una bocca amata e penetrando in un cuore bennato che la sorte dava in balia all'onta, ma che la natura aveva formato per la virtù? In quel cuore trovavano udienza, e vi portavano efficacemente le lezioni della virtù.

Con tali benefiche premure egli riuscì a mutare la coscienza che Laura aveva di sé. "Se non c'è macchia indelebile se non quella d'un cuore corrotto, sento in me la forza di cancellare la mia vergogna. Sarò sempre disprezzata, ma non meriterò più di esserlo; io non mi disprezzerò più. Sfuggita agli orrori del vizio, l'orrore del disprezzo mi riuscirà meno amaro. Ah! cosa m'importano i disprezzi del mondo intero, se Edoardo mi stima? Veda l'opera sua e se ne compiaccia; lui solo mi consolerà di tutto. Anche se l'onore non ci guadagna niente, l'amore ci guadagnerà. Sì, diamo al cuore che egli accende una più pura abitazione. Delizioso sentimento! Non profanerò più i tuoi trasporti. Non posso essere felice; non lo sarò mai, lo so. Ahimè! Sono indegna delle carezze dell'amore, ma non ne sopporterò mai più altre."

Il suo era uno stato troppo violento perché potesse durare; ma quando cercò di uscirne incontrò ostacoli imprevisti. Si accorse che colei la quale rinuncia a ogni diritto sulla propria persona non lo può ritrovare a suo piacimento, che l'onore è una salvaguardia civile, e che chi lo ha perduto è ridotto assai debole. Non trovò altro espediente per sottrarsi all'oppressione che di andare immediatamente a gettarsi in un convento, abbandonando la sua casa quasi al saccheggio; perché viveva in un fasto comune alle sue simili, soprattutto in Italia, quando l'età e la bellezza le fanno pregiare. Non aveva fatto parola a Bomston del suo disegno, le pareva una specie di viltà parlargliene prima di averlo mandato a effetto. Quando fu al sicuro glielo fece sapere con un biglietto, pregandolo di proteggerla contro i potenti che avevano interesse alle sue sregolatezze e che la sua scomparsa avrebbe offeso. Egli corse a casa di lei in tempo per salvare le sue robe. Benché straniero in Roma, gran signore qual era, ricco, e capace di difendere con forza la causa dell'onestà, trovò subito abbastanza credito per mantenerla in convento e persino per farle continuare una pensione lasciatale da un cardinale al quale i suoi genitori l'avevano venduta.

La andò a trovare. Era bella, amava, era pentita, doveva a lui il suo nuovo stato. Quanti titoli, per commuovere un cuore come il suo! Si presentò pieno di tutti i sentimenti che possono indurre al bene i cuori sensibili; non ci mancava che quello che la poteva far felice, ma che non dipendeva da lui. Laura non aveva mai sperato tanto da lui; si sentiva già nella condizione che si riacquista così difficilmente. Diceva: "Sono onesta; un uomo virtuoso si interessa a me. Amore, non rimpiango più le lagrime e i sospiri che mi sei costato; già m'hai ripagata di tutto. Sei stato la mia forza, sei la mia ricompensa; facendomi amare i miei doveri, sei tu il mio primo dovere. Che felicità, riservata a me sola! È l'amore che mi innalza e mi onora; è l'amore che mi strappa al peccato, all'obbrobrio; non uscirà mai più dal mio cuore che con la virtù. O Edoardo! quando tornerò spregevole avrò cessato di amarti."

Quel ritiro fece rumore: le anime vili, che giudicano gli altri col loro metro, non poterono pensare che Edoardo non avesse messo in tutta la faccenda altro che l'amore dell'onestà. Laura era troppo vezzosa perché le premure di un uomo per lei non fossero sospette. La marchesa che aveva le sue spie fu informata per prima, e le sue invincibili furie finirono col palesare tutto l'intrigo. Il rumore ne giunse al marchese fino a Vienna; e l'inverno successivo venne a Roma a cercarsi una sciabolata per restaurare il suo onore, che per altro non ci guadagnò nulla.

Così ebbe inizio quella doppia relazione che, in un paese come l'Italia, espose Edoardo a mille pericoli di ogni specie; ora da un soldato oltraggiato, ora da una donna gelosa e vendicativa; ora da quelli che avevano interesse a Laura ed erano furiosi d'averla perduta. Strane relazioni, se mai ce ne furono, che lo circondavano di pericoli senza pro e lo dividevano tra due amanti appassionate, senza che ne potesse possedere nessuna; respinto dalla cortigiana che non amava, e respingendo la donna onesta che adorava; sempre virtuoso, è vero; ma sempre illudendosi di servire la saggezza non dando retta che alle sue passioni.

Non è facile dire che specie di simpatia poteva unire

due caratteri così diversi come quello di Edoardo e della marchesa; ma nonostante la differenza dei loro principi, non riuscirono mai a staccarsi del tutto l'uno dall'altra. Si immagini la disperazione di quella donna violenta quando credette di essersi procurata una rivale, e che rivale! con la sua imprudente generosità. I rimproveri, le rabbie, gli oltraggi, le minacce, le tenere carezze, tutto fu messo in opera successivamente per staccare Edoardo da quell'indegno commercio, al quale non poté mai credere che il cuore di lui non fosse interessato. Egli rimase irremovibile; così aveva promesso. Laura aveva limitata ogni sua speranza e felicità a poterlo ogni tanto vedere. La sua virtù nascente aveva bisogno di sostegno, si appoggiava a colui che l'aveva fatta nascere; toccava a lui sostenerla. Ecco quanto egli diceva alla marchesa e a se stesso; e forse non si diceva tutto. Dov'è l'uomo abbastanza severo per evitare gli sguardi d'una vezzosa persona che non gli domanda altro che di lasciarsi amare? dove, colui al quale le lagrime di due begli occhi non gonfiano un poco l'onesto cuore? dove, l'uomo benefico di cui l'utile amor proprio non si compiace di godere del frutto delle sue cure? Egli aveva fatto Laura troppo stimabile per limitarsi a stimarla.

La marchesa, non avendo potuto ottenere che egli non vedesse più quella sventurata, montò su tutte le furie; senza avere il coraggio di romperla con lui, lo prese in orrore. Fremeva vedendo arrivare la sua carrozza, il rumore dei suoi passi quando saliva le scale la faceva palpitare di spavento. Vedendolo, era sul punto di svenire. Fin che gli stava accanto si sentiva il cuore oppresso; quando partiva lo copriva di imprecazioni; non appena era scomparso piangeva di rabbia. Non parlava che di vendetta; il suo sanguinario sentimento non le dettava che progetti degni di lei. Parecchie volte fece aggredire Edoardo quando usciva dal convento di Laura. Tese dei tranelli anche a Laura per farla uscire e rapirla. Ma niente riuscì a guarirlo. Il giorno dopo egli tornava da quella che il giorno prima l'aveva voluto far assassinare, e sempre con il suo chimerico intento di farla tornare alla ragione, metteva a repentaglio la sua e nutriva la sua debolezza con lo zelo della sua virtù.

In capo a qualche mese il marchese, mal guarito della ferita, morì in Germania, forse di dolore per la pessima condotta della moglie. Quel fatto, che doveva ravvicinare Edoardo alla marchesa, non giovò che ad allontanarlo anche più. Vide in lei una tal premura di approfittare della riacquistata libertà, che fremette al pensiero di prevalersene. Il solo dubbio che la ferita del marchese avesse contribuito a farlo morire gli gelò il cuore e fece tacere i suoi desideri. Si diceva che i diritti di un marito muoiono con lui per qualsiasi altro; ma per il suo assassino sopravvivono e si fanno inviolabili. Anche se l'umanità, la virtù e le leggi non prescrivessero niente su questo punto, la ragione sola non ci dice forse che i piaceri inerenti alla riproduzione degli uomini non devono essere il prezzo del loro sangue? Altrimenti i mezzi destinati a darci la vita sarebbero fonte di morte, e il genere umano perirebbe grazie alle cure che invece lo devono mantenere![1]

Così trascorse parecchi anni, diviso tra le due amanti; ondeggiando continuamente tra l'una e l'altra; spesso deciso a rinunciare a tutt'e due e incapace di lasciarne una sola, respinto da cento ragioni e attirato da mille sentimenti, e ogni giorno più stretto nei legami proprio per i vani sforzi fatti per spezzarli; ora cedendo all'istinto, ora al dovere, passando da Londra a Roma e da Roma a Londra senza potersi stabilire né qui né là. Sempre ardente, vivo, passionato, mai debole né colpevole, forte della sua anima grande e bella e credendo di esserlo soltanto della sua ragione.[2] Insomma, escogitando ogni giorno mille pazzie e sempre tornando in sé, disposto a spezzare quelle indegne catene. In quei primi momenti di turbamento fu sul punto di innamorarsi di Giulia, e sembra certo che l'avrebbe fatto se non avesse trovato il posto occupato.

Frattanto la marchesa continuava a perder terreno con i suoi vizi, e Laura a guadagnarne con le sue virtù. Per altro la costanza era pari dalle due parti; ma il merito non era più lo stesso e la marchesa avvilita, degradata da tante colpe finì col dare al suo amore disperato quei supplementi che quello di Laura non era stato capace di sopportare. A ogni viaggio Bomston trovava in quest'ultima nuove perfezioni. Aveva imparato l'inglese, sapeva a memoria tutti i libri che le aveva consigliato di leggere; ella si istruiva in tutte le conoscenze che a lui piacevano: cercava insomma di modellare la propria anima sulla sua, e quanto ci rimaneva della sua propria non sfigurava. Era ancora nell'età in cui la bellezza cresce con gli anni. La marchesa era in quella in cui non fa altro che declinare; e benché avesse quel tono sentimentale che piace e commuove, benché parlasse di umanità, di fedeltà e di virtù con grazia, la sua condotta rendeva tutto ridicolo, la sua reputazione smentiva quei bei discorsi. Edoardo la conosceva troppo bene per sperarne ancora qualche cosa. Insensibilmente se ne staccava, senza tuttavia potersene staccare del tutto; continuamente s'avvicinava all'indifferenza senza tuttavia giungerci mai. Il suo cuore lo attirava continuamente verso la marchesa; i suoi piedi ce lo portavano senza che se ne avvedesse. Un uomo sensibile non dimentica mai, per quanto faccia, l'intimità nella quale eran vissuti. A furia di intrighi, di astuzie e di scelleratezze, ella riuscì finalmente a farsi sprezzare; ma lui la disprezzò senza smettere di compiangerla; senza mai poter dimenticare quanto ella aveva fatto per lui né ciò che lui aveva provato per lei.

Dominato così più ancora dalle sue abitudini che dalla sua inclinazione, Edoardo non riusciva a rompere i legami che lo attiravano a Roma. Le dolcezze di una unione felice gli ispirarono il desiderio di stringerne una così prima di farsi vecchio. A volte si incolpava di ingiustizia e di ingratitudine persino verso la marchesa, e non imputava che alla sua passione i vizi del suo carattere. A volte dimenticava il primo stato di Laura e senza pensarci il suo cuore scavalcava la barriera che lo separava da lei. Cercando sempre nella sua ragione le scuse del suo istinto, col suo ultimo viaggio si creò un'occasione per mettere alla prova il suo amico, senza riflettere che esponeva se stesso a una prova nella quale senza di lui avrebbe dovuto soccombere.

L'esito di quell'impresa e delle scene relative è esposto particolareggiatamente nella XII lettera della quinta parte e nella III della sesta, così che non hanno più niente di oscuro dopo questo riassunto. Amato da due amanti senza possederne nessuna, Edoardo potrebbe sulle prime sembrare in una situazione ridicola. Ma la sua virtù gli procurava un godimento più dolce di quello della bellezza, e che non si esaurisce come quello. Più contento dei piaceri che si negava di quanto sia il voluttuoso di quelli che assapora, amò più a lungo, rimase libero e godette della vita più di quelli che la logorano. Ciechi che siamo, tutti la trascorriamo inseguendo chimere. Ah! non sapremo dunque mai che di tutte le pazzie degli uomini, soltanto quelle del giusto lo sanno rendere felice?

COMMENTO

p. 16

1. Sonetto *Lasciato hai, morte...*

I poeti italiani sono i soli citati nella *Nuova Eloisa*; tra questi, Petrarca, Metastasio, Tasso, Marini. In generale, come ho accennato nell'Introduzione, da essi Rousseau eredita la concezione «cortese» dell'amore, che è un aspetto importante del romanzo.

PREFAZIONE

p. 17

1. Questa prima Prefazione comparve nella I edizione della *Nuova Eloisa*, Edouard Rey, Amsterdam, gennaio 1961.

p. 19

1. Questa seconda Prefazione – la *Préface dialoguée* – comparve nell'edizione Duchesne della *Nuova Eloisa*, del febbraio 1761, corredata dalle dodici incisioni di Gravelot (e sarà inserita dall'editore Rey nell'edizione del marzo 1761).

p. 20

1. La R. sta per Rousseau, la N. per l'interlocutore (equivalente al nostro N.N.).
2. Persio, *Satire*, I, 4: «O due, o nessuno» «Che vergogna, che miseria».
3. Nel '700, il romanzo epistolare viene spesso presentato come raccolta di lettere autentiche.

p. 22

1. La critica rousseauiana dei *philosophes* ricorre più volte nella *Nuova Eloisa*, e verte per lo più sulla critica della «ragione» in-

789

tesa in senso astratto e intellettuale, a cui Rousseau oppone il
«coeur», il sentimento o, per usare un'espressione di P. Burgelin
(*La philosophie de l'existence de J.J. Rousseau*, cit., cap. III), una
«ragione sensitiva», fondata essenzialmente sull'esperienza.
2. Sulla concezione della religione in Rousseau, cfr. l'Introduzione e più avanti nel testo (Parte sesta)

p. 23

1. Ho accennato nell'Introduzione alla contrapposizione piccola comunità/città, che è un *topos* della concezione morale e
politica di Rousseau. Su questo punto, egli tornerà per esempio
nelle lettere su Parigi (Parte seconda, lettere XIII-XVII) e in quelle
su Clarens (Parte quarta, lettera X; Parte quinta, lettere II, III
ecc.).

p. 25

1. Su questo, che è uno dei temi-chiave del romanzo, cfr. l'Introduzione.

p. 27

1. Tasso, *Gerusalemme liberata*, Canto I.
2. Abbiamo già visto nell'Introduzione come questo sia un
aspetto centrale della morale rousseauiana: la conoscenza del
male è necessaria per l'accesso alla virtù e al bene.
3. L'opposizione *sentimento/ragione* percorre l'intera opera di
Rousseau ed è uno dei punti-cardine su cui si fonda la sua critica
ai *philosophes* (cfr. nota 1, p. 22). Ma quella che Rousseau critica è la ragione puramente intellettuale e astratta, pari, come
suggerisce J. Starobinski in *La trasparenza e l'ostacolo*, cit., cap.
III, all'«intelletto» kantiano e propone un concetto di «ragione in-
tuitiva», capace di afferrare la verità in modo immediato.
4. Allusione all'*Astrée* di H. d'Urfé (1607-1627), Masson, Lyon
1925-28, 5 voll.

p. 30

1. Emerge qui la contraddizione tra il Rousseau romanziere e il
Rousseau moralista di cui si è parlato nel paragrafo 1 dell'Introduzione.

p. 31

1. Solo se trasmette questi valori, la vita semplice della natura,
l'autenticità dei piaceri e dei sentimenti ecc., il romanzo può essere moralmente utile.

p. 34

1. Rousseau allude qui all'importanza dell'«éducation domesti-

que», quale unica forma di risposta al processo di corruzione della società, a cui sarà evidentemente dedicato l'*Emile*.

p. 35

1. Nella *Préface* (1752) all'opera giovanile *Narcisse ou l'amant de lui-même* – *OC*, II; trad. it. (della *Prefazione*), in *Opere* – Rousseau riprende i temi trattati nel *Discorso sulle scienze e sulle arti*, *Opere* (*Discours sur les sciences et les arts*, *OC*, III).
2. Rousseau risolve così la contraddizione tra la sua opera di «moralista» e quella di «romanziere»: il romanzo mostra la «virtù» come oggetto di conquista, descrive dunque le passioni allo scopo di mostrare, come ho già detto nell'Introduzione, il *percorso* che attraverso la conoscenza del male porta alla dimensione morale.

p. 37

1. Allusione al *Discorso sull'origine e i fondamenti della disuguaglianza*, che contiene una «dedica» alla Repubblica di Ginevra.
2. Il motto di Rousseau è la massima di Giovenale «Vitam impendere vero», che ricorre in più opere (*Lettre de la montagne*, *Lettera a d'Alembert*, *Passeggiate solitarie*), a confermare l'importanza, nel pensiero rousseauiano, del concetto di «verità».

p. 38

1. Allusione ad un passo di Plutarco conosciuto da Rousseau probabilmente attraverso l'aneddoto citato nel *Gil Blas* di Lesage (l. III, cap. VI).

PARTE PRIMA

p. 41

1. La confessione dell'*amore* avviene, da parte di Saint-Preux, contemporaneamente alla richiesta di *amicizia*. Ho cercato di far vedere nell'Introduzione il complesso intreccio tra questi due termini nella *Nuova Eloisa*, su cui si tornerà più volte.

p. 42

1. Il primo ostacolo all'unione tra Julie e Saint-Preux è un ostacolo «sociale», che rimanda alla concezione tradizionale, cioè aristocratica, del matrimonio e della famiglia, la quale rifiuta ogni forma di «mésalliance». Ma in Rousseau questo aspetto è, come sappiamo, più pretestuoso che reale, poiché il vero ostacolo risiede nella logica stessa della passione.

p. 44

1. Diversamente da Julie, Saint-Preux si compiace del potere «alienante» della passione, a cui aderisce senza riserve.

p. 45

1. Questi versi, erroneamente attribuiti da Rousseau al Metastasio, sono in realtà di Petrarca, nella ballata *Lassare il velo...*

p. 46

1. Nell'obbedienza di Saint-Preux all'amata si possono certamente vedere accenti «cortesi», provenienti cioè da una concezione dell'amore come omaggio e generosa devozione; ma essa si può leggere anche alla luce di quell'atteggiamento di «passività» verso la donna che caratterizza l'intera vita di Rousseau, come emerge, soprattutto, dalle *Confessions*.

p. 50

1. Si delinea subito, da parte di Julie, una visione dell'*amore-passione* come fascinosa «inclinazione» che toglie all'Io il dominio di sé e minaccia la «virtù»: visione che mostra l'influenza di autori legati alla tradizione giansenista come Mme de La Fayette, Racine, Pascal ecc.

Cfr. su questo la voce «Passion», in M. Gilot-J. Sgard, *Le vocabulaire du sentiment dans l'oeuvre de J.J. Rousseau*, Slatkine, Genève-Paris 1980, strumento prezioso di consultazione per i temi che stiamo trattando.

p. 51

1. Su questo concetto-chiave della teoria morale di Rousseau, sul conflitto *amore/virtù* in quanto centrale nella *Nuova Eloisa* ecc., cfr. l'Introduzione.

p. 54

1. Claire rappresenta, come sappiamo, il femminile gaio e razionale, immune dagli eccessi delle passioni, che ha la funzione di sottrarre Julie alla perdita di sé cui essa va incontro a causa dell'amore.

Non bisogna tuttavia dimenticare che Claire stessa cadrà alla fine vittima di un sentimento appassionato (per Saint-Preux), il quale non raggiunge tuttavia l'intensità di quello tra Julie e Saint-Preux, e potrà dunque essere facilmente dominato e superato.

p. 62

1. Alla passione, Julie oppone un amore fondato sull'*innocenza*, sulla purezza originaria che, tuttavia, secondo i principi dell'antropologia e della morale rousseauiane, deve essere perduta per accedere alla *virtù*.

2. Metastasio, *Il tempio dell'eternità*.

3. Questo è, come si è già visto nell'Introduzione, un punto-chiave, che prelude a tutto lo svolgimento successivo della vicenda: il *possesso* minaccia la *durata* dell'amore, in quanto introduce il *divenire* nello stato edenico e atemporale dell'innocenza.

p. 63

1. Saint-Preux si fa qui, come altrove, sostenitore, in contrasto con Julie, della possibilità di conciliazione tra *amore* e *natura*.

2. Si configurano qui due diverse concezioni del *bonheur*, tema-chiave, come abbiamo visto, dell'antropologia settecentesca: mentre Julie lo lega al *repos*, cioè alla pace, alla stabilità, alla continuità, Saint-Preux lo lega «romanticamente» all'*istante*.

p. 65

1. La «forza del desiderio», con tutto il suo carico di ambivalenza e di incontrollabile energia, trova qui una delle prime e più intense espressioni.

2. Concetto basilare dell'antropologia rousseauiana, la *pietà* giocherà un ruolo essenziale nel rapporto tra Julie e i suoi genitori e, di conseguenza, nella sua decisione di separarsi da Saint-Preux. Qui essa ha un ruolo ancora più raffinato, che è quello di alimentare l'amore, spingendo Julie a cedere ad esso (cfr. anche Parte prima, lettera XXIX).

Se è vero quindi, come sostiene J. Derrida – cfr. *De la grammatologie*, Minuit, Paris 1967; trad. it. *Della grammatologia*, Jaca Book, Milano 1969 – che la *pietà* ha in Rousseau la funzione di proteggere gli uomini dalla distruttività della *passione*, è anche vero che essa può fungere da veicolo dell'amore.

p. 66

1. Il *bonheur* non può che fondarsi sulla «virtù» e sull'«onore». Ma, soprattutto, come sappiamo, esso non può essere unilaterale.

p. 68

1. Attraverso le parole di Saint-Preux, Rousseau delinea qui i principi su cui si fonda il suo *sistema di educazione*, che egli svilupperà, come è noto, nell'*Emilio*, e su cui tornerà nella Parte terza, lettera V: critica della scienza e dell'erudizione, della filosofia come «sistema»; teorizzazione della forza pedagogica dell'«esempio», dell'importanza del sentimento nel giudicare; anti-intellettualismo ecc. Su questi temi, cfr. P. Burgelin, *Préface* a *Emile ou de l'éducation*, in *OC*, IV.

1. Si definiscono sempre più le caratteristiche *morali* del «vero amore».

1. *Libro dei Re*, III, 3; V, 5-14.
2. Julie spera di poter convertire l'*amore-passione* in amore coniugale; l'«ostacolo» viene ancora percepito come ostacolo «sociale».

1. Il celebre bacio nel «boschetto» segna un altro momento importante nell'evoluzione della vicenda, poiché rivela agli amanti la «forza del desiderio» (come Julie confesserà più tardi nella Parte terza, lettera XVIII), e prelude alla prima separazione degli amanti.

1. Due volte soltanto Saint-Preux rifiuta di obbedire «cortesemente» all'amata: in questo caso, dove egli si ribella a Julie in nome dell'«onore», che conserva in parte il significato generoso ed eroico della morale di Corneille – si veda su questo A. Stegmann, *L'héroisme cornelien*, Colin, Paris 1968 – della quale restano in generale, nella *Nuova Eloisa*, ben poche tracce; nel secondo caso, quando rifiuterà alla fine, in nome della sua fedeltà alla passione, la proposta fattagli da Julie di sposare Claire.

1. Il dolore dell'assenza è colmato dall'«immaginazione», tema-chiave, come vedremo, non solo della concezione rousseauiana dell'amore, ma anche del suo percorso autobiografico.

1. Emerge qui il tema dell'*oblio*, quale spettro dell'amore, tema strettamente connesso a quello della *memoria*, di cui abbiamo visto l'importanza a proposito del «metodo» di Wolmar. Sulla tematica dell'oblio si sofferma in particolare B. Guyon, sia nelle note alla *Nuova Eloisa*, sia nel saggio *La mémoire et l'oubli dans La Nouvelle Héloïse*, in «Annales J.J. Rousseau», XXXV, A. Jullien, Genève 1959-62.

1. L'obiezione di Julie rimanda all'opposizione tra la *natura* (intesa come legame di sangue, origine) e l'*amore* (inteso come passione).
2. Metastasio, *Attilio Regolo*, atto II, scena IX.

1. È qui evidente l'identificazione di Rousseau con Saint-Preux; entrambi soli e senza patria; cfr. anche le *Quattro lettere al Presidente Malesherbes*, in *Lettere morali*, cit. (*Lettres à Malesherbes, OC*, i, 1135), lettera ii.
2. Metastasio, *Demofoonte*, atto iii, ultima scena.

p. 87

1. Da notare qui la prima allusione a Wolmar.

p. 90

1. Petrarca, il sonetto *Preziosa columna...*
2. Come osserva Guyon, l'intero quadro fa pensare alla *Morale sensitiva* o *Materialismo del saggio*, al cui progetto incompiuto Rousseau allude nelle *Confessioni*, *Opere*, p. 980 (*OC*, i, 409), secondo la quale l'esterno (il clima, le stagioni, i colori ecc.) agisce su di noi, sul nostro corpo e di conseguenza sulla nostra anima, producendo modificazioni. Ad essa si può ricondurre sia la pedagogia dell'*Emilio*, sia, come ha suggerito E. Gilson, lo stesso «metodo» di Wolmar, cfr. *Les idées et les lettres*, Vrin, Paris 1932, pp. 275-98.

p. 91

1. La descrizione del Valais ribadisce l'elogio della vita semplice e comunitaria, ispirata ai valori della generosità, del disinteresse per il denaro, di un'economia «d'uso», per così dire, che implicitamente si oppone alla corruzione e alla disuguaglianza della società civile. Cfr. anche Parte quarta, lettera x e Parte sesta, lettera v.

p. 93

1. Tasso, *Gerusalemme liberata*, iv, 31.

p. 96

1. La Fontaine, *Favole*, ix, 8.

p. 97

1. Prima delle due sole allusioni esplicite (l'altra è nella Parte quarta, lettera xiii) al personaggio ispiratore del titolo del romanzo, su cui mi sono soffermata nell'Introduzione.
2. Per produrre «felicità», il «vero amore» richiede «perfezione», «stima», «onestà», tutti concetti che, nel quadro rousseauiano, sono riconducibili a quello di *virtù*.

p. 99

1. Si annuncia qui il tema del *declino del bonheur*, su cui Julie tornerà nella Parte terza, lettera xx e Parte sesta, lettera viii.
2. Metastasio, *Antigono*, atto i, scena xi.

p. 100

1. Per l'importanza del concetto di «sensibilità» nel '700 e in Rousseau, cfr. l'Introduzione, paragrafi 1 e 2. Ma è opportuno ricordare che solo nel romanzo (Prévost, Mme de Tencin ecc.) viene formulata l'associazione *sensibilità-malheur* che si ritrova in Rousseau.

2. L'opposizione *verità/convenzione* rimanda a quella *natura/società*, *essere/apparire* ecc.

p. 103

1. I toni «wertheriani» di Saint-Preux, la radicale alternativa romantica tra felicità o morte sono solo un aspetto di questo personaggio, che finisce per accettare in realtà la soluzione costruttiva ed etica di Julie. Egli si fa tuttavia portatore, per così dire, di una «filosofia dell'istante» e di una fedeltà alla passione che lo caratterizzano, fino alla fine, in modo peculiare.

p. 104

1. Il forte senso della perdita delle occasioni di felicità attraverso lo scorrere dei giorni spinge Saint-Preux ad opporre a Julie un *bonheur dell'istante*, in cui il «piacere», ben lungi dall'assomigliare alla sensualità intermittente e calcolata del libertino – quale si ritrova ad esempio nei romanzi di Crébillon fils, come *Les égarements du coeur et de l'esprit* (1736), Gallimard, Paris 1977 – non è altro che il veicolo di una fusione androgina e immortale.

p. 105

1. La malattia di Julie mette in evidenza il carattere distruttivo della passione, il quale non esclude, tuttavia, la sua qualità nobile e positiva. Si può parlare in Rousseau di un'*ambivalenza* della passione che lo differenzia sia dalla visione esclusivamente negativa della tradizione giansenista (Mme de La Fayette, Racine ecc.), sia dall'ottimismo dei *philosophes*.

p. 106

1. Siamo al momento-chiave della «caduta» di Julie. Il *senso di colpa* che ne deriva, di matrice evidentemente cristiana, non porta affatto, tuttavia, alla svalutazione dell'oggetto d'amore – come accade invece nella *Clarissa* di Richardson o nel romanzo libertino –; né porta al rifiuto della sessualità. Non bisogna infatti dimenticare che Saint-Preux si fa sostenitore, in una forma straordinaria per l'epoca, dei diritti della sensualità e dell'eroti-

smo, al cui fascino la stessa Julie non saprà sottrarsi (cfr. in Parte prima, lettera XVIII, la proposta che essa fa a Saint-Preux della «notte d'amore»).

p. 107

1. Per un ennesimo paradosso rousseauiano, la *pietà* che, diretta verso i genitori, provoca la negazione della passione, agisce qui come ciò che, al contrario, rompe l'ultima resistenza verso di essa.

p. 108

1. Sui molteplici ruoli dell'*amicizia*, in quanto essenzialmente opposta alla *passione*, mi sono soffermata nell'Introduzione, paragrafo 5. Si tratta di uno dei temi centrali che percorrono tutto il testo della *Nuova Eloisa*.

p. 109

1. La *faiblesse*, non il vizio o la malvagità è responsabile della caduta: «Je succombai par faiblesse et non par erreur», dirà Julie più avanti («soccombetti per debolezza e non per errore», Parte terza, lettera XVIII, p. 363). Sull'importanza di questo concetto nella psicologia rousseauiana, non possiamo soffermarci qui. Basti solo ricordare che il «debole» («faible») – con il quale Jean Jacques tende a identificarsi – è colui che, diversamente dal «malvagio» («méchant»), non è stato corrotto nella sua natura più profonda. Sull'opposizione *debole/malvagio*, cfr. anche *Dialoghi*, *Opere*, pp. 1130-31 (*OC*, I, 671); *Lettere morali*, cit., p. 128 (*OC*, IV, 1081).

p. 110

1. Claire assolve Julie in nome di due assunti importanti: in primo luogo, la colpa è stata commessa per amore, il quale, anche inteso come «passione», non è affatto degradante; in secondo luogo, la perdita della castità e dell'«innocenza» non coincide affatto con la perdita della «virtù».

p. 112

1. Saint-Preux ribadisce con forza quel legame *amore(passione)-natura* che viene condiviso, nella *Nuova Eloisa*, da Lord Bomston, il saggio e aristocratico inglese fautore dell'inviolabilità dei diritti individuali (Parte seconda, lettera II); e che viene invece, come sappiamo, rifiutato da Julie anche nei momenti di più forte adesione all'amore.

2. Saint-Preux propone di conseguenza un'idea di «virtù» come

797

ciò che, ben lungi dall'opporsi all'amore, scaturisce dalla fedeltà ad esso, quale sentimento appassionato ed esclusivo.

p. 113

1. La «sensibilità» è per Saint-Preux, come sappiamo, ciò che conduce all'eccesso dei sentimenti e delle emozioni, e lo legittima. Ma, allo stesso tempo, essa è anche, per Claire e per Julie, ciò che può ricondurre Saint-Preux alla virtù e al sacrificio di sé in nome della felicità dell'altra (cfr. Parte terza, lettera VII); come a riconfermare ancora una volta l'ottica ambivalente di Rousseau.

p. 114

1. Si può qui scorgere l'intreccio tra il tema *cristiano* della perdita dell'innocenza e quello *cortese* dell'amore puro, privo di possesso, con nessuno dei quali, tuttavia, sarebbe legittimo identificare la concezione rousseauiana dell'amore.

p. 115

1. Come espliciterà più avanti (Parte terza, lettera XVIII), Julie spera in questo momento in una gravidanza che le procuri il consenso del padre (cfr. anche la lettera che segue). Inizia qui una fase senza avvenimenti rilevanti che arriva fino alla lettera LXII.

p. 117

1. Il tema della *solitudine* è centrale nell'opera rousseauiana, e alcuni interpreti ne hanno mostrato la rilevanza non solo sul piano degli scritti autobiografici, ma anche nell'ambito della sua riflessione politica; su questo tema cfr., oltre alle opere già citate di B. Baczko e di B. Munteano (cfr. Introduzione), anche R. Polin, *La politique de la solitude*, Sirey, Paris 1981.

Qui essa è sinonimo di «ritorno a sé» e di riscoperta dell'autenticità dei sentimenti.

2. Metastasio, *Ciro riconosciuto*, atto III, scena III.

p. 121

1. Breve ma efficace anticipazione di un tema che verrà esplicitato solo più avanti (Parte terza, lettera XX e Parte sesta, lettera VIII): quello della fine dell'amore e del conseguente irrompere dell'*ennui*.

p. 122

1. Queste dichiarazioni provano che Julie non è affatto preoccupata dell'*incostanza dell'Altro*, come accade alla Principessa di Clèves o alle eroine del romanzo «sentimentale» e libertino set-

tecentesco, tra le quali, ad esempio, la protagonista del romanzo di Crébillon, *Lettres de la Marquise de M. au Comte de R.* (1732), Nizet, Paris 1970 o la Fanny del romanzo di Mme Riccoboni, *Lettres de Fanny Butlerd* (1757), Droz, Genève 1979. Essa è preoccupata invece, essenzialmente, dell'*incostanza della passione*.

A questo si aggiunge inoltre un elemento autobiografico: l'assenza di sospetto, di sfiducia e quindi, in una parola, di gelosia, è un tratto tipico della psicologia di Rousseau, incline, nei rapporti d'amore, a considerarsi come «terzo», al fine, per così dire, di esimersi da ogni reale implicazione (basti solo pensare alla costante presenza del «rivale» nei rapporti più importanti: Claude Anet e Wintzenried per Mme de Warens, St. Lambert per Mme d'Houdetot ecc.).

p. 125

1. Petrarca, la canzone *Standomi un giorno...*

p. 126

1. Dichiarazione importante di Julie: sebbene si senta colpevole, essa non riesce, tuttavia, a «pentirsi» realmente della propria adesione alla passione.

p. 128

1. Questa scena, intrisa di sensualità, mette in evidenza lo sfumato confine tra l'*amore* e l'*amicizia*, e la loro reciproca influenza: l'amore, quando è «vero», attinge le sue qualità dall'amicizia; l'amicizia, quando è intensa ed esclusiva, acquista le forti tonalità dell'amore.

p. 129

1. Petrarca, la sestina *A la dolce ombra delle belle frondi...*

p. 130

1. Rousseau attribuisce a questo personaggio secondario, che più tardi tradirà la fanciulla amata, il nome del suo «rivale» nella relazione con Mme de Warens.

p. 133

1. È da notare qui il tono violento con cui Saint-Preux rinnega la «virtù» alla quale è, per così dire, costretto ad aderire.

p. 134

1. Di matrice cristiana, il concetto di *risarcimento* (*dédommagement*) ricorre spesso nell'opera di Rousseau e in particolare, come ha mostrato J. Starobinski, nelle *Passeggiate solitarie*; cfr. *Introduction* alle *Rêveries du promeneur solitaire*, Garnier, Paris

1960; trad. it. *Introduzione* a *Le Fantasticherie del passeggiatore solitario*, Rizzoli/BUR, Milano 1979.

p. 137

1. Proveniente da un paese – l'Inghilterra – in cui, per la precocità dello sviluppo economico e per un insieme complesso di ragioni su cui non possiamo soffermarci, i diritti dell'individuo si sono affermati storicamente prima che altrove, Lord Bomston riassume in sé la forza dell'aristocrazia e l'emergente liberalismo borghese, la saggezza stoica e l'ardore appassionato di un'«anima sensibile», come subito lo definisce Saint-Preux.

Egli è legato a Saint-Preux da un'amicizia profonda e fedele, speculare, si potrebbe dire, a quella tra Julie e Claire.

p. 138

1. L'«umanità» è per Rousseau la somma di tutte le virtù.

p. 140

1. Si annuncia qui un tema che sarà sviluppato più avanti e sulla cui importanza mi sono soffermata nell'Introduzione, paragrafo 4: il tema della *differenza dei sessi*, cui è strettamente legata l'analisi del *pudore* quale caratteristica naturale eminentemente femminile. Cfr. anche Parte prima, lettera L; Parte seconda, lettera XXV ecc.

p. 141

1. Julie ribadisce le qualità positive del «vero amore», anche quando assume le tonalità estreme della passione: sebbene illusorio, esso non è mai menzognero, perché si fonda sulle «verità del cuore».

p. 143

1. Non stupisce che Rousseau dedichi questa lettera (insieme alla XXIII, Parte seconda) alla musica, che ha rappresentato per lui un interesse costante, e che egli vede sempre legata alle emozioni dell'amore. Basti citare, da un lato, la *Dissertation sur la musique moderne* (1743) e le *Muses galantes* (1745); dall'altro, le opere dedicate all'elogio della musica italiana, da lui molto più amata di quella francese, come la *Lettre sur la musique française* (1753) e l'*Essai sur l'origine des langues* (1754/1781).

p. 147

1. Petrarca, il sonetto *Grazie ch'a pochi il ciel...*

p. 149

1. Julie ribadisce qui con veemenza lo stato di *conflitto* tra sentimenti contrastanti.

1. L'episodio del vino e dell'ubriachezza è preso a pretesto, da Rousseau, per poter aspramente criticare l'*amore libertino*, inteso qui nel suo significato più grossolano di «commercio» (*commerce*) dei sensi, bisognoso di oggetti sempre nuovi e diversi.

1. Ennesimo elogio del *vero amore* che si caratterizza per privilegiare un unico oggetto su tutti gli altri, che è ispirato dal «cuore» e non dai «sensi», sebbene, come si è già accennato altrove, non sia affatto privo di voluttà e di desiderio. Esso filtra infatti quest'ultimo attraverso il *pudore* che, come Claire ribadisce più avanti (Parte quarta, lettera XIII), eccita ed alimenta il desiderio nello stesso momento in cui lo cela e lo purifica.

1. Il testo originale è: «Je ne suis ni prude ni précieuse», e sottolinea evidentemente il contrasto tra due tipologie del femminile diffuse all'epoca: la «prude», cioè la devota, la donna, per lo più di estrazione borghese, che regola la sua vita secondo le norme morali e religiose, di cui Laclos darà una straordinaria rappresentazione nella Mme de Tourvel dei *Legami pericolosi*; e la «précieuse», l'austera e aristocratica sostenitrice del perfetto amore, puro e incontaminato, ispirato alla tradizione platonica e cortese. È chiaro che, sebbene abbia degli aspetti di entrambe, Julie non si identifica né con l'una né con l'altra.

1. La proposta di Julie della «notte d'amore» segna un momento decisivo, poiché essa conferma quella valorizzazione dell'aspetto fisico e sensuale dell'amore che evidentemente Rousseau non vuole affidare esclusivamente a Saint-Preux. Inoltre, essa prelude alla definitiva *separazione degli amanti* come si annuncia nella ripetuta evocazione della morte. Sebbene, come ha mostrato De Rougemont, *op. cit.*, sia un *topos* della concezione occidentale dell'amore-passione, la *separazione degli amanti*, non sfocia qui, tuttavia, come nella vicenda di Tristano e Isotta o in quella degli amanti shakespeariani, Giulietta e Romeo, in un esito tragico; bensì in una soluzione che ho definito *conflittuale* (cfr. Introduzione, paragrafo 5).

1. È interessante notare la diversa reazione che il possesso fisico provoca nei due amanti: mentre Julie, secondo una modalità

tutta femminile, viene afferrata dal senso di colpa, Saint-Preux, in modo peculiarmente maschile, trae dalla soddisfazione dei sensi uno stato d'animo più tenero e pacato, si potrebbe dire pacificato. Inoltre la moltiplicazione dei sentimenti che si produce in lui sembra alludere alla possibilità di una *sintesi* tra le varie dimensioni dell'amore (sensualità, tenerezza, amicizia, passione); sintesi dalla quale il '700 era ben lontano, e che troverà una sua fondamentale codificazione nella concezione *romantica* dell'amore; su questo cfr. P. Kluckhohn, *Die Auffassung der Liebe in der Literatur des 18 Jahrhunderts und in der Deutschen Romantik* (1922), Niemeyer, Tübingen 1966.

p. 164

1. Inizia qui (fino alla lettera LXI) una digressione sul «duello» che ha probabilmente la funzione di riscattare, sul piano dell'immaginario, le umiliazioni del «roturier» Jean Jacques attraverso l'atteggiamento «eroico» di Saint-Preux. Ma essa offre anche il pretesto per consolidare, dopo un breve momento di ostilità, l'*amicizia* tra Saint-Preux e Edouard.

p. 166

1. All'«onore» inteso in senso aristocratico e «cornelliano», legato alla «gloria» e all'arroganza dell'Io – che peraltro mostra ormai aspetti caricaturali – Julie oppone il «vero onore», che si radica nel cuore e nella coscienza ed è, come si chiarisce subito dopo, del tutto simile alla «virtù».

p. 168

1. Gioco di parole tra il termine italiano «bravo», e il termine francese «brave», che vuol dire coraggioso, glorioso.

p. 169

1. Tasso, *Gerusalemme liberata*, II, 60.

p. 178

1. Edouard incarna proprio i limiti dello «stoicismo» di Rousseau. Dietro la capacità stoica e razionale di dominare le passioni, egli mostrerà una vulnerabilità che lo rende preda della passione e delle intime lacerazioni che essa provoca.

p. 179

1. Queste dichiarazioni sembrano provare che la visione «positiva» della passione non rimanda semplicemente a quella «riabilitazione della natura umana» che coinvolge l'intero pensiero settecentesco, ma risente anche dell'influenza della tradizione cortese, protrattasi fino a Descartes, alla «morale eroica» di Cor-

neille e all'*Astrée* di D'Urfé ecc., cui si è già accennato. Sull'evoluzione del concetto di *amour-passion* da Corneille a Mme de La Fayette, mi permetto di rinviare al mio saggio *Il declino dell'amour-passion in epoca moderna*, cit.

p. 182

1. Bomston si fa qui difensore, di fronte ai pregiudizi *ancien régime* del barone d'Etange, del merito e della virtù personali rispetto alla ricchezza e al rango, sostenendo di conseguenza che la scelta del congiunto deve essere fondata sui primi piuttosto che sui secondi.

p. 187

1. Prende corpo qui il rapporto, o meglio, il legame di Julie con i genitori, portatori della «legge naturale» che essa ha infranto per amore. Come si chiarirà più avanti, è soprattutto la *madre*, la quale incarna più di ogni altro la sacralità della *natura*, che produce in Julie il *senso di colpa*, e la spinge alla separazione da Saint-Preux.

p. 189

1. Sui toni fortemente «edipici» di questa scena ci sarebbe molto da dire. Mi limito a ricordare che essa ha ispirato pagine ancora più intense ed esplicite in questo senso; alludo a *La Marchesa di O...*, di H. Von Kleist (1810), Marsilio, Venezia 1989.

È opportuno in ogni caso sottolineare che non con l'*autorità*, ma con l'*amore*, d'Etange persuade Julie a compiere la scelta coniugale da lui voluta. E questo è un ulteriore sintomo, come ho già accennato nell'Introduzione, del mutamento della concezione della famiglia (non solo del rapporto tra coniugi, ma anche di quello tra genitori e figli ecc.), di cui la *Nuova Eloisa* è insieme espressione e strumento di promozione.

p. 190

1. D'Etange rappresenta dunque, nonostante il rapporto affettivo che lo lega alla figlia, la concezione del matrimonio tradizionalmente aristocratica, che abbiamo anche definito *ancien régime*: secondo la quale la scelta del congiunto deve fondarsi sui criteri del rango e del prestigio sociale. Julie ne riconosce e ne condanna i «pregiudizi», ma cederà alle sue richieste affettive.

p. 191

1. Si ripresenta qui quella nostalgia dell'innocenza e del *bonheur* incontaminato che, nel pensiero di Rousseau, non esclude

la consapevolezza del male, e della necessità di conoscerlo e attraversarlo per accedere alla virtù.

p. 193

1. Attraverso le dichiarazioni di Claire, Rousseau ribadisce lo stretto confine tra l'*amore* e l'*amicizia*. Claire privilegia la seconda (per Julie), che tuttavia sembra avere per lei la forza di una vera e propria «passione», mentre il sentimento che la lega a M. d'Orbe è un amore pacato, fondato sulla stima e su di un ragionevole trasporto. Vedremo più avanti (Parte terza, lettera XVIII) l'importante ruolo simbolico che questa coppia gioca nella scelta coniugale di Julie.

p. 194

1. Claire riassume qui in poche, efficaci parole, la situazione conflittuale di Julie, combattuta tra l'amore (passionale) per Saint-Preux e l'amore (naturale) per i genitori.

p. 195

1. La saggezza «stoica» di Edouard e la sua filosofia non avrebbero alcuna efficacia su Saint-Preux senza la sua «sensibilità» e la sua «amicizia».

p. 200

1. In realtà, sebbene sia svanito il sogno di Julie di risolvere tutto attraverso una gravidanza, resta aperta una sia pur esile speranza di riunione. È solo dopo la morte della madre di Julie che la separazione degli amanti diventerà irreversibile.

p. 202

1. Si riconferma la funzione di «consolazione» dell'amicizia, di rimedio e cura delle ferite psicologiche e morali inferte dalla passione.

PARTE SECONDA

p. 204

1. Sullo *sguardo* come fatale veicolo della passione, cfr. anche Parte prima, lettera IV. «Vedere è un atto mortale», afferma J. Starobinski, sottolineando la potenza ineffabile dello sguardo; cfr. *L'occhio vivente*, cit., (il cap. «Il velo di Poppea»).
2. Anche Saint-Preux fa propria l'opposizione *amore/felicità*: se ha dovuto rinunciare alla felicità, egli non ha però rinunciato all'amore, che è indelebile e immortale.

p. 207

1. L'aspetto «positivo» della passione, su cui ci siamo già soffermati altrove, viene qui ricondotto alla sua qualità di «energia» dell'anima, fonte di nobiltà e di virtù, in cui si può vedere una sintesi tra la concezione platonica e cortese dell'eros, da un lato, e, dall'altro, la concezione settecentesca delle passioni.

p. 208

1. Bomston ribadisce ancora una volta il principio della *libera scelta* del congiunto, e la sua visione del matrimonio come legame libero e naturale, che deve essere sottratto all'autorità paterna per essere affidato unicamente alla pura decisione dei singoli contraenti. Ho già sottolineato come questa posizione sia espressione del profondo mutamento che investe la famiglia moderna. Cfr. su questo i recenti studi degli storici della mentalità, come Ph. Ariès, L. Stone, E. Shorter ecc. citati nell'Introduzione.

Ma cfr. anche la teoria antropologica della famiglia di Rousseau, la quale si fonda, sulla scia di Locke – *Two Treatises of Government* (1690); trad. it. *Due trattati sul governo* (con il *Patriarca* di R. Filmer), Utet, Torino 1960 – sulla critica dell'*autorità paterna*, quale autorità dispotica, fondamento del potere assoluto dello Stato (come ad esempio nel *Patriarcha* di R. Filmer); e sulla visione della famiglia come libera associazione di individui autonomi e indipendenti che, da un certo momento in poi, decidono «per convenzione» di restare uniti, in virtù dei legami *affettivi* che si sono sviluppati tra loro; cfr. *Discorso sull'origine e i fondamenti della disuguaglianza*, *Opere*, pp. 69-70 (*OC*, III, 182); *Del contratto sociale*, *Opere*, p. 280 (*Du contrat social*, *OC*, III, 352).

2. Scopo del matrimonio è il *bonheur* degli individui, perciò esso non può fondarsi che su delle «convenienze naturali», cioè sul carattere, sul merito del singolo ecc.

Anche alla voce *Mariage* dell'*Encyclopédie* si legge: «La fin du mariage est la naissance d'une famille ainsi que le bonheur commun des conjoints...» («Il fine del matrimonio è la nascita della famiglia, come pure la felicità comune dei congiunti...»), in Diderot e D'Alembert, *op. cit.*, vol. II.

3. Sebbene «aristocratico», Bomston esprime i principi della borghesia nascente: l'«ordine sociale» non si fonda sull'autorità e sul rango, ma sulla libertà e sul diritto dell'individuo a seguire le proprie inclinazioni soggettive.

p. 209

1. Bomston legittima qui sia quello che all'epoca veniva definito «mariage de raison» (come quello di Claire), sia il «mariage d'amour» (cui avrebbe diritto Julie), purché in entrambi i casi il criterio che lo regola sia quello della libera scelta.

p. 212

1. Sapremo in seguito perché Edouard non è innamorato di Julie. Egli è già preso da un altro oggetto d'amore (cfr. *Gli amori di milord Edoardo Bomston*, pp. 783-87).

p. 213

1. Nella risposta che Julie darà a Bomston (lettera VI), si riassume uno dei momenti-chiave del romanzo.

p. 214

1. Nella sua fosca previsione, Bomston non tiene conto del fatto che, ben lungi dall'essere imposti unicamente dall'esterno, i valori in nome dei quali Julie rinuncia a Saint-Preux – cioè l'amore naturale per i genitori, dietro il quale si cela come ho suggerito nell'Introduzione (paragrafo 2) un più profondo *amore di sé* – sono altrettanto *autentici* e forti della *passione* per Saint-Preux; e proprio questo la preserva dall'abisso, permettendole anzi una soluzione costruttiva.

p. 215

1. L'opposizione *amore/natura* è qui formulata in modo esplicito.

p. 216

1. Il messaggio è essenziale: il *bonheur*, che per definizione non ammette ombre né riserve, non può essere costruito sulla *colpa* dovuta all'infrazione del legame naturale.

2. Come è peraltro chiaro fin dall'inizio, nell'«amicizia» di Claire, Julie non vede solo un mezzo di «consolazione» e sollievo, ma anche la capacità di «restituirla a se stessa», alle proprie radici naturali, al proprio sé coeso e intimamente pacificato.

p. 217

1. Si annuncia qui, sottilmente, l'impossibilità di dare al conflitto di Julie una vera e propria soluzione.

p. 218

1. Viene fatto, per la prima volta, il nome di Wolmar.

2. Sono queste qualità «mitiche» di Julie che le consentiranno di diventare l'anima della comunità di Clarens.

p. 219

1. Tasso, *Aminta*, atto I, scena II.

p. 220

1. Traspare qui il mito rousseauiano di un legame affettivo diffuso, che coinvolga più persone in un'intesa priva di gelosia e di competizione, nel quale l'amore e l'amicizia si confondano l'uno con l'altro, senza dover entrare in collisione. Su questo mito, sempre inseguito da Rousseau sul piano autobiografico, si fonda l'immagine di Clarens.

p. 221

1. In italiano nel testo.

p. 222

1. Interrogativo di fondamentale importanza, come si è già detto altrove, in quanto formula esplicitamente l'opposizione *amore/felicità* (*amour/bonheur*). L'«ostacolo» dunque non è solo materiale e sociale, ma è anche, potremmo dire, «psichico», in quanto risiede nel rifiuto di Julie di rompere il legame naturale con i genitori. Il *bonheur* è tale, per Julie, solo se non fa vittime e coinvolge tutti coloro che la circondano. Ed è proprio questo che l'amore-passione non permette.

p. 224

1. Viene ribadito ancora una volta, accanto ai suoi pericoli, il carattere nobile della passione, di cui solo le «anime nobili», le «anime belle» (concetto che si ritroverà nella letteratura romantica) sono capaci.

p. 227

1. Julie si ribella a quel dovere di *dissimulazione* cui è chiamata la donna (cfr. Introduzione, paragrafo 4) e rivendica il diritto ai propri sentimenti e alle proprie inclinazioni. Ma sappiamo che la sua scelta «contro» la passione è dettata da impulsi e sentimenti altrettanto autentici (amore di sé, desiderio di felicità ecc.): è da qui, infatti, che deriva il conflitto.

p. 233

1. Più che un'eccezione all'assenza di gelosia nel romanzo, sembra legittimo intravvedere in queste affermazioni una sorta di prefigurazione delle imminenti crisi di Jean Jacques, ossessionato dall'idea del «complotto» e dai suoi sospetti verso la «coterie holbachique».

p. 235

1. La critica alla «filosofia», *topos* ricorrente nel pensiero di Rousseau e nella *Nuova Eloisa* (cfr. *Seconda prefazione dell'autore*, Parte prima, lettere XLVI, LXI ecc.) diviene qui particolar-

mente veemente: astratta e vana prosopopea, essa è impotente rispetto alla forza delle passioni.

p. 237

1. Petrarca, il sonetto *In nobil sangue...*
2. Si pensi alla separazione di Emilio e Sofia (*Emilio*, Parte prima, lettera v) e alla necessità del viaggio «iniziatico» di Emilio nel mondo, prima della definitiva riunione con l'amata. Ma il destino di Julie e Saint-Preux sarà diverso.

p. 238

1. È qui implicito, insieme alla critica del razionalismo filosofico, il grande tema rousseauiano del ritorno alla propria interiorità, alla «coscienza» come guida al bene.
2. Rousseau conosceva Platone indirettamente e lo cita più volte nella *Nuova Eloisa* (Parte prima, lettera XLVI; Parte terza, lettera XXI; Parte quinta, lettera III). Il tema dell'influenza platonica sul pensiero di Rousseau meriterebbe certo di essere sviluppato. Nel caso della *Nuova Eloisa*, sembra plausibile che il filosofo greco, autore del *Simposio*, abbia costituito (filtrato magari attraverso l'erotica cortese) la fonte archetipica della concezione dell'amore puro e sublime, che percorre tutto il romanzo; sebbene questo tema si fonda, come ho altrove suggerito, con la concezione peculiarmente *cristiana* dell'amore (l'amore come *agape*), la quale sta sicuramente alla base del tema, peraltro centrale, della trasformazione della passione in *amicizia* ecc.

p. 240

1. Tutto ciò si potrebbe riassumere in una formula: *non c'è bonheur senza virtù*.

p. 241

1. Si può qui intravvedere come, dietro la difesa della virtù, ci sia, da parte di Julie, la volontà più nascosta e profonda di *preservare l'amore* dal mutamento e dall'oblio.
2. Il «piacere», senza l'amore, non può che lasciare disgusto e rimpianto: un'altra occasione, per Rousseau, di criticare l'amore libertino.

p. 242

1. Metastasio, *Attilio Regolo*, atto II, scena II.

p. 243

1. Saint-Preux rimarrà fedele alla sua promessa fino alla fine, rifiutando anche il matrimonio con Claire, al quale, come sappiamo, è Julie stessa a volerlo persuadere.

p. 244
1. Sembra qui che Rousseau voglia implicitamente rispondere all'affermazione contenuta nel *Fils naturel* dell'amico Diderot – «Il n'y a que le méchant qui soit seul» («non c'è altri che il malvagio ad essere solo») – che tanto lo aveva turbato, in quanto egli vi aveva colto una allusione alla propria scelta di una vita solitaria. Abbiamo già parlato dell'atteggiamento contraddittorio di Rousseau verso la *solitudine*, vissuta ora come condanna all'esclusione dal mondo, ora come prezioso strumento per rientrare in sé (cfr. per esempio *Passeggiate solitarie, Opere*, pp. 1321, 1325; *OC*, I, 995, 1002). Ma si può convenire con T. Todorov, *op. cit.*, quando osserva che, in Rousseau, la solitudine, il percorso dell'«individuo isolato» non è ciò che conduce al *bonheur*.

p. 246
1. Le lettere XIV-XXVIII sono dedicate alla descrizione critica di *Parigi*, quale simbolo della città e della corruzione che vi regna, opposta, nella *Nuova Eloisa*, al Valais e soprattutto a *Clarens*, la piccola comunità culla dei valori morali e dell'autenticità dell'Io, della virtù e della fedeltà a se stessi.

p. 249
1. L'opposizione *città/comunità* implica dunque quella tra *essere* e *apparire* (*être/paraître*), la quale rimanda a sua volta, come risulta in particolare dal *Discorso sull'origine e i fondamenti della disuguaglianza*, a quella generale, fondativa di tutto il pensiero rousseauiano, *società/natura*.

p. 251
1. Béat de Muralt, autore delle *Lettres sur les Anglais et les Français et sur les voyages* (1725) è una delle fonti di Rousseau per la descrizione della società parigina. L'altra fonte è Ch. Pinot Duclos, romanziere contemporaneo e amico di Rousseau, autore tra l'altro delle *Considérations sur les moeurs de ce siècle* (1751), e delle *Mémoires pour servir à l'histoire des moeurs du XVIIIe siècle* (1751), ora disponibile nell'edizione Desjonquères, Paris 1986.

p. 252
1. Petrarca, il sonetto *Sennuccio, i' vo' che sappi in qual manera...*

p. 253
1. Evidente allusione all'onanismo, la pratica sessuale «sostitu-

tiva» amata e temuta da Rousseau che lo definisce, nelle *Confessioni*, *Opere*, l. III, il «pericoloso supplemento della natura». Per una lettura, in chiave psicoanalitica, delle pratiche erotiche ed autoerotiche di Rousseau, cfr. P.P. Clément, *J.J. Rousseau. De l'éros coupable à l'éros glorieux*, Ed. de la Baconnière, Neuchâtel 1976.

2. «Bel esprit» sta a indicare una figura della mondanità «galante» e libertina, e allude all'artificiosa «politesse» del linguaggio e dell'atteggiamento. In questo, Rousseau risente probabilmente dell'influenza di Marivaux e dell'opposizione da questi teorizzata *cuore/spirito* (*coeur/esprit*).

3. Rousseau cita in nota – attribuendolo erroneamente al Marino – il verso «Sudate, o fochi, a preparar metalli», tratto dal poema di G. Achillini, *A Luigi XIII dopo la presa de la Rochelle e la liberazione di Casale*.

p. 255

1. L'osservazione di Julie è acuta: dietro la leggerezza e la gaiezza disinvolta di Claire si celano in realtà sentimenti più profondi e turbamenti inconfessati, cioè una «sensibilità» che la renderà vulnerabile all'amore (sebbene in una forma meno intensa di Julie, Claire infatti si innamorerà di Saint-Preux).

p. 261

1. L'esaltazione della passione raggiunge qui uno dei suoi punti culminanti: pur nelle inquietudini che essa provoca, essa è comunque preferibile al calmo *bonheur* di una vita tranquilla. Saint-Preux sembra anzi voler teorizzare una sorta di voluttà del dolore, di *libido della sofferenza* provocata dall'amore, in quanto più vitale e desiderabile di ogni altra condizione.

p. 263

1. A quell'epoca, i protestanti erano esclusi in Francia da ogni impiego.

p. 264

1. La stessa superficialità della vita mondana, dove ogni differenza tra bene e male si perde nella frivolezza dell'«arte della conversazione» e il «sentimento» viene sacrificato allo «spirito» («esprit»), è attribuita da Rousseau alla commedia (per esempio quella di Molière), in quanto essa si limita a colpire «il ridicolo» senza spingere la sua critica fino alla radice del «vizio». Sulla critica del teatro da parte di Rousseau, cfr. anche la *Lettera a d'Alembert sugli spettacoli*, cit

p. 267

1. Cioè la Comédie Italienne all'Hôtel de Bourgogne, l'opera al Palais Royal e la Comédie Française.

p. 269

1. Allusione al grande rivale, Voltaire.

p. 270

1. Traspare qui, nella valorizzazione dell'Io come sede di autenticità e sentimenti profondi, il futuro autore delle *Confessioni*.

p. 272

1. Sono qui riassunti alcuni punti-chiave della morale rousseauiana: critica dell' «apparire» (opposto all'«essere»), dell'«opinione» (opposta alla «verità»), delle «convenienze» (opposte alla «natura») ecc. Ma, insieme all'allarmante consapevolezza dei pericoli di quella che, in una parola, Rousseau definisce *dénaturation*, c'è anche la ferma convinzione nella sempre attuale possibilità di ritornare a sé e al proprio nucleo naturale e autentico.

p. 273

1. Il matrimonio introduce Claire in un «nuovo ordine delle cose», dato essenzialmente dalla condivisione con l'altro della propria esperienza di vita. Esso è, oltre che un atto libero e sovrano dell'individuo, un atto *pubblico* che crea nuovi doveri e responsabilità verso la collettività e richiede persino la trasformazione dei precedenti rapporti di amicizia in un legame meno intimo e segreto.

Lo stesso avverrà per Julie al momento del suo matrimonio con Wolmar.

p. 276

1. Dopo aver condannato attraverso Saint-Preux il conformismo e l'ipocrisia dei parigini, Rousseau ne loda, attraverso Julie, la libertà di pensiero e lo spirito conoscitivo. Le due cose non si escludono.

p. 278

1. J-P. de Crouzas, *Examen de l'Essai de Monsieur Pope sur l'Homme*, Losanna 1737.

p. 281

1. Questa lettera è importante per la concezione rousseauiana della *donna* (su cui cfr. l'Introduzione, paragrafo 4). La critica della donna parigina si inserisce evidentemente nel contesto più generale della critica della grande città ecc. Può apparire singolare, tuttavia, che ciò che Rousseau richiede alla donna nel qua-

dro della teoria formulata sistematicamente nell'*Emilio* – cioè di lasciarsi educare e costruire in funzione del desiderio dell'altro e dello sguardo del mondo – è ciò che egli rimprovera qui alle donne parigine le quali «tirent des regards d'autrui la seule existence dont elles se soucient» («dagli sguardi altrui ricavano la sola esistenza che gli stia a cuore»). Ma in realtà non c'è contraddizione; poiché «piacere all'altro» non deve in nessun caso voler dire tradire la propria più profonda natura che è fatta di modestia, riservatezza, *pudore*; cioè di quelle qualità che le parigine sembrano aver sacrificato alla pura esteriorità e apparenza, ad una sagace intelligenza spesso priva di autentici sentimenti, ad una insidiosa promiscuità che cancella la preziosa differenza dei sessi.

p. 282

1. In italiano nel testo.

p. 283

1. Allusione alla sentenza di Montaigne (*Saggi*, III): «Una fame intera è più aspra di quella che s'è saziata almeno con gli occhi».

p. 284

1. In italiano nel testo.

p. 286

1. In realtà il testo francese dice (per «uscendo») «en se séparant», alludendo così molto più chiaramente al principio, per Rousseau necessario e basilare, della *separazione dei sessi*.

p. 288

1. La riabilitazione dell'amore e del matrimonio, attraverso il concetto fondamentale del «cuore», avviene a partire dalla critica della concezione aristocratica e libertina, che ha degradato il sentimento ad un «piacere» divenuto addirittura indifferente all'oggetto, e il matrimonio ad una relazione di pura convenienza, spesso accompagnata dall'adulterio. Su questo, cfr. anche i romanzi di Ch. Duclos, *Les confessions du Comte de...*(1741), Nizet, Paris 1969, e *Mémoires pour servir à l'histoire des moeurs du XVIIIe siècle* (1751), Desjonquères, Paris 1986.

p. 291

1. Vale dunque, anche per le donne, quello che è un principio generale del pensiero di Rousseau: sebbene deformata, la natura non viene mai cancellata, e basta saperla scorgere e ritrovare dietro le infinite maschere che la sfigurano.

p. 296

1. Ho già accennato all'importanza dell'immagine del *velo* in

Rousseau: essa appare più volte, nella *Nuova Eloisa*, come metafora di una rivelazione (cfr. la lettera IX, Parte quinta, dove Saint-Preux sogna la morte di Julie che gli appare coperta di un velo inafferrabile; o la lettera VI, Parte terza, dove la lacerazione del velo equivale alla fine dell'illusione ecc.).

p. 298

1. Pope, *La Dunciade*, III.

p. 300

1. Nonostante la generale condanna del teatro che il '700 eredita dal '600 (soprattutto da parte della Chiesa), Luigi XIV aveva concesso uno speciale «privilegio» all'Opéra e alla musica.

p. 304

1. Per la critica della musica francese (a tutto vantaggio di quella italiana) cfr. Parte prima, lettera XLVIII.

p. 306

1. Cfr. La Bruyère, *Les Caractères* (il cap. «Des ouvrages de l'Esprit»).

p. 309

1. Marino, *Adone*, III, 23.

p. 314

1. Il senso di colpa di Saint-Preux non proviene dal fatto di aver ceduto ai sensi, ma dall'averlo fatto al di fuori dell'amore. È l'amore che rende il «piacere» innocente. Attraverso la confessione, egli esorcizza la colpa, secondo un meccanismo psicologico che sarà alla base delle *Confessioni* di Rousseau.

p. 315

1. Confermando l'assenza di gelosia nel romanzo, Julie assume qui il ruolo un po' improbabile e saccente di distaccata guida alla virtù, che corregge l'errore dell'altro con la forza dei propri principi morali filtrati attraverso il sentimento.
2. Il termine francese è «petit-maître», termine teso a designare, all'epoca, la figura del libertino settecentesco, ipocrita e fatuo, calcolatore e intrigante; figura, dunque, degradata del libertino del XVII secolo, cioè dell'«homme honnête» e «galant». Esso simbolizza infatti quello che è stato definito il passaggio dalla «galanteria» al «libertinaggio»: cioè da una concezione dell'amore visto come «gioco dello spirito» («jeu d'esprit») che regola il mondo e tutto concede al «piacere» senza nulla togliere alla «gloria», all'amore come pura simulazione e interessata seduzione, che prelude al gioco di potere cinico e crudele del Val-

813

mont dei *Legami pericolosi* di Laclos, cit. Su questo cfr. L. Versini, *Laclos et la tradition. Essai sur les sources et la technique des «Liaisons dangereuses»*, Kliencksieck, Paris 1968.

p. 316

1. È qui evidente che il modello di donna per Rousseau, di contro alle figure aristocratiche delle «femmes savantes», è la donna *moglie e madre*.

p. 321

1. Nell'«umanità» e nella «benevolenza», Julie vede l'antidoto al pericolo della corruzione e del vizio che minaccia Saint-Preux nella grande città.

p. 323

1. Il disinteresse per la politica rientra perfettamente nel quadro che Rousseau ha tracciato delle competenze e delle inclinazioni della donna, sensibile ai problemi di coloro che la circondano piuttosto che agli astratti e lontani problemi del mondo, tesa ad occuparsi di cose concrete e vicine, che fanno parte della sua vita quotidiana; e tuttavia partecipe della vita dell'altro, e desiderosa di conoscerne gli interessi, pur così diversi dai suoi.
2. Entra in scena Mme d'Etange, la madre di Julie, che, come sappiamo, avrà un ruolo discreto ma essenziale nell'ulteriore svolgersi della vicenda.

PARTE TERZA

p. 325

1. Il ruolo di Claire nella separazione definitiva degli amanti è, come si vedrà meglio in seguito, molto importante; sarà lei infatti ad esprimere per prima e chiaramente quello che è il nucleo della concezione rousseauiana dell'amore (il problema del rapporto *amore/tempo*, della «durata» della passione ecc., cfr. lettera VI).
2. Se da un lato Julie è in grado di opporre resistenza all'*autorità del padre*, in quanto espressione, come abbiamo visto, di «pregiudizi» di rango e di classe ormai in declino, essa cederà al *dolore della madre*, quale portatrice *par excellence* della «legge sacra della natura».

p. 327

1. Il termine francese è *repos*, il quale riassume in sé l'idea di tranquillità, pace, durata: concetto centrale non solo in Rous-

seau (esso compare più volte nella *Nuova Eloisa*), ma nel pensiero settecentesco in generale che, come ha sottolineato R. Mauzi, *op. cit.*, lo lega essenzialmente al *bonheur*.
2. Il «vero amore» rende capaci di «sacrificio» per salvare il «repos» e la «virtù» dell'oggetto amato.

p. 328

1. Qui viene detto per la prima volta esplicitamente che Julie è stata promessa da suo padre a Wolmar.

p. 330

1. L'affermazione di Saint-Preux richiama il principio teorizzato sia da Julie che da Wolmar (cfr. Introduzione, paragrafo 2) che è quello di «vincere le passioni con le passioni»; e allude alla capacità del «vero amore» di vincere la passione in nome del «repos» dell'altra.

p. 331

1. Saint-Preux sembra negare qui con particolare violenza ogni carattere «naturale» della «virtù», che invece Julie le riconosce, pur essendo anch'essa consapevole, diversamente dall'ottimismo dell'etica settecentesca, della necessità della lotta e delle rinunce per poterla riconquistare.

p. 334

1. Con la morte della madre, Julie rinuncia definitivamente alla passione per Saint-Preux. Il *senso di colpa* agisce qui ai fini dell'*autoconservazione* e dell'*amore di sé*, riportandola nel seno della «legge naturale», in base alla quale essa sceglierà il matrimonio con Saint-Preux.

Psicologicamente, emerge qui la forza frenante del «materno», sia pure nelle sue qualità positive. Sarebbe interessante, in questo senso, leggere la *Nuova Eloisa* attraverso l'interpretazione «junghiana», che ha prodotto analisi illuminanti sulla categoria del *materno*. Basti citare C.G. Jung, *Gli aspetti psicologici dell'archetipo della madre* (1938/54), in *Opere Complete*, Boringhieri, Torino 1980, vol. 9 (I); e anche E. Neumann, *La psicologia del femminile* (1953), Astrolabio, Roma 1975.

p. 335

1. Sulla metafora del «velo», cfr. nota p. 296.

p. 336

1. Saint-Preux non accetta l'opposizione *natura/amore* e di conseguenza rifiuta l'idea che il rispetto della prima debba implicare la negazione del secondo.
2. Saint-Preux tematizza qui l'impossibilità della soluzione e l'i-

nevitabilità del conflitto. Egli lo fa però in termini troppo radicali, che saranno smentiti dal percorso successivo di Julie la quale, come sappiamo, riesce, attraverso il matrimonio con Wolmar e l'edificazione di Clarens, ad approdare a una fase costruttiva e felice; sebbene questa si riveli alla fine parzialmente illusoria.

p. 338

1. Ci sono qui due aspetti da segnalare: l'accento posto sulla funzione «materna» delle figure femminili che evoca il percorso autobiografico di Rousseau, e in particolare il rapporto con Mme de Warens; e la priorità data alla «sensibilità» e al «sentimento», nella guida delle azioni umane, rispetto alla «ragione», che conserva tuttavia una funzione formativa. Su quest'ultimo punto, cfr. R. Derathé, *Le rationalisme de J.J. Rousseau*, cit.

2. Come si è già visto, il *vero amore* è quello che rende il soggetto amoroso capace di «sacrificio» in nome dell'altro, secondo un principio di *generosità* che sembra fondere, in Rousseau, aspetti della tradizione cristiana (amore come *agape*, *caritas* ecc.) con i principi dell'erotica «cortese» e della morale «eroica» (amore come dono, spesa di sé ecc.). D'altra parte, il sacrificio non è senza «risarcimento».

p. 339

1. Ho già annunciato l'importanza di queste affermazioni di Claire nell'ambito della concezione rousseauiana dell'amore: l'amore muore attraverso il *possesso* e, soprattutto, si estingue nel *tempo*. Il tempo è il principale nemico dell'amore poiché smaschera l'illusione degli inizi, prodotta dall'*immaginazione* ecc. (cfr. Introduzione, paragrafo 2). La passione e il desiderio vivono attraverso l'*ostacolo* e muoiono attraverso la soddisfazione. Perciò, meglio un amore infelice che un amore appagato. La separazione degli amanti permetterà all'amore di *durare*. Su questi temi, cfr. anche F. Van Laere, *Une lecture du temps dans La Nouvelle Héloïse*, Ed. de la Baconnière, Neuchâtel 1968.

p. 340

1. Altro concetto fondamentale: *il bonheur non è uno stato duraturo*; giunto al culmine, esso non può che declinare. Meglio allora tutelare l'amore nello spazio protetto e atemporale della *memoria*, dove esso può essere preservato dagli effetti corrosivi del tempo. È evidente come queste affermazioni smentiscano il principio stesso su cui si baserà il «metodo» di Wolmar, la-

sciando dunque intuire il carattere indelebile della passione e la sua capacità di persistere, proustianamente, proprio attraverso la memoria.

p. 345

1. Saint-Preux ribadisce con forza che i diritti dell'*amore* (passione) sono più sacri di quelli rivendicati dall'autorità paterna, in quanto sono i diritti stessi della *natura*.

p. 346

1. Queste iniziali non corrispondono evidentemente al nome di «Saint-Preux» che è uno pseudonimo e compare solo nella lettera xiv. L'eroe rousseauiano resta misteriosamente senza nome.

p. 347

1. Julie allude al vaiolo che aveva lasciato dei segni sul suo viso. Non si può non pensare anche qui a Sophie d'Houdetot, vittima anch'essa della stessa malattia (cfr. *Confessioni*, l. ix).

p. 348

1. In realtà, non si tratta di un sogno, ma della celebre scena della «inoculazione dell'amore», in cui Saint-Preux si fa contagiare dalla malattia dell'amata (cfr. lettera seguente).

p. 354

1. In questo estremo momento di fedeltà alla passione, Julie arriva a riconoscerle quel carattere «naturale» da sempre negato.
2. Come si è già visto (nota p. 109), il «debole» è diverso dall'uomo corrotto e «malvagio» (l'opposizione ritorna anche nella lettera seguente): è la congenita *faiblesse* della sua condizione, non la sua malvagità, che induce l'uomo all'errore, poiché lo rende vittima delle passioni e lo spinge ad infrangere il «limite» imposto dalla natura. Essere «malvagi» vorrebbe dire persistere nel vizio e divenire corrotti nell'anima, senza più possibilità di redenzione né di ritorno alla virtù.

p. 355

1. C'è qui, come anche altrove, una sorta di autocompiacimento del *dolore*, in quanto esso è l'espressione inequivocabile di un'«anima sensibile».

p. 359

1. Questa lettera è, insieme alla xx, decisiva nell'intero impianto dell'opera, in quanto segna la svolta coniugale di Julie e il «ritorno a sé» dopo il viaggio nel mondo alienante delle passioni.

2. Fin dalle prime parole, Julie imposta le basi per la trasformazione del rapporto con Saint-Preux: dalla *passione* all'*amicizia*.
3. Sull'influenza di S. Richardson su Rousseau, cfr. Introduzione, paragrafo 1.

p. 360

1. Il *vero amore* è ispirato, come già sappiamo, piuttosto dal «cuore» che dai sensi; ed è, soprattutto, destinato a durare.

p. 363

1. Ritorna l'opposizione tra la *faiblesse* e la vera corruzione (cfr. note p. 109 e p. 354); Julie è stata vittima della prima, ma non della seconda; è stata «coupable» («colpevole»), ma non «dépravée» («depravata»).
2. Sulla base della suddetta distinzione, Julie, pur nella *colpa*, conserva l'amore per la *virtù*.

p. 364

1. Si potrebbero qui dedurre importanti implicazioni sul piano psicologico. Julie, che non riesce a diventare madre con Saint-Preux, lo diventerà invece con Wolmar: come a dire che l'amore-passione è infecondo, mentre l'amore coniugale dà i suoi frutti...

p. 366

1. In realtà, dietro la preoccupazione per l'«onore» di Saint-Preux, si nasconde, come Julie stessa peraltro ammette, quella di essere dimenticata; quindi ancora una volta la *paura dell'oblìo*, della *fine dell'amore*.
2. Non esiste *repos*, e quindi, come abbiamo visto, possibilità di *bonheur*, senza *virtù*.

p. 368

1. Mentre si oppone risolutamente all'autorità del padre, Julie cede al suo dolore. È ancora una volta un sentimento di *pietà* che muove le sue azioni.

p. 370

1. Julie ripropone l'idea della *sensibilità* come fonte di sofferenza, che era stata sostenuta soprattutto da Saint-Preux.

p. 371

1. Una delle più intense e struggenti descrizioni della lotta tra la *passione* e la *virtù*.

p. 372

1. Al tempo aurorale del *bonheur*, in cui la perdita dell'innocenza (e della castità) non ha tuttavia corrotto la virtù, Julie op-

pone, ritraendosene con orrore, il momento in cui la colpa rischia di trasformarsi per sempre in corruzione e vizio.

p. 373

1. Passaggio fondamentale, in cui emerge il ruolo trasfigurante della *religione* e del matrimonio ecc. (per cui cfr. Introduzione, paragrafo 3).

p. 374

1. Attraverso il modello della coppia coniugale Claire-d'Orbe, si profila un concetto di *bonheur* come condizione solida e duratura, fondata non sulle emozioni intense e distruttive dell'*amore-passione*, ma sui sentimenti della «tenerezza», dell'«amicizia», su una ragionevole e dolce alleanza.

p. 375

1. Attraverso una sorta di «esame di coscienza» fatto in solitudine – che evoca l'invito rivolto da Jean Jacques a Sophie d'Houdetot nelle *Lettere morali*, cit., l. 6 – dopo il momento sconvolgente della «grazia» e della rivelazione, Julie scopre il proprio *mutamento*, e di conseguenza la trasformazione della *passione* per Saint-Preux in una *amicizia* tenera e affettuosa, non più in contrasto con la «legge naturale» e la «virtù».

p. 376

1. Qui appare quanto mai chiara la concezione della *religione* e della fede nell'esistenza di Dio come *fondamento della morale* (per cui cfr. Introduzione, paragrafo 3).

p. 378

1. Siamo in presenza di un concetto centrale del pensiero rousseauiano: la *coscienza*, il «principio interiore» che guida l'azione morale, su cui cfr. Introduzione, paragrafo 3. Come la «natura», la «coscienza» si altera e si deforma a causa della corruzione sociale, ma essa resta intatta nelle zone più profonde dell'Io ed è possibile ritrovarla, come accade a Julie, attraverso il soccorso della fede.

p. 379

1. L'attacco contro l'adulterio è qui più vibrante che altrove, poiché esso viene chiaramente denunciato come infrazione di un «legame sacro» – il matrimonio – che è a fondamento dell'ordine, in quanto presiede, come Julie aveva affermato sopra, «alla felicità, all'ordine, alla pace, alla durata del genere umano», e rende i contraenti responsabili di fronte all'intera collettività.

p. 382

1. Traspare quell'aspirazione all'*unità dell'Io* e all'assenza di conflitto che percorre soprattutto gli scritti autobiografici di Rousseau.

2. Ritorna l'opposizione *debole/malvagio* che abbiamo più volte sottolineato.

p. 383

1. È qui evidente come la scelta di Julie tenda allo stesso tempo a *salvare se stessa* – il suo sé più autentico, legato alla «legge naturale» e alla virtù – e a *preservare l'amore* dalla fine. «Depurare per durare»: è la formula in cui si riassume, sul piano della gestione dei sentimenti, l'«epicureismo della ragione» di Julie, cioè il nucleo della sua filosofia esistenziale e morale (cfr. Introduzione, paragrafo 2).

p. 384

1. Sulla «coscienza», cfr. sopra, p. 378, nota 1.

2. Quella di Julie è dunque una «rinascita», fondata sul «ritorno a sé», alle radici naturali e quindi autentiche dell'Io, da cui la passione l'aveva allontanata. In questa rinascita, il matrimonio ha un ruolo essenziale.

3. Sul piano dei sentimenti, è questa, come si è già visto, la trasformazione essenziale: quella della *passione* in *amicizia*. Ma sappiamo anche che questa trasformazione si rivelerà in parte illusoria.

p. 385

1. Julie ribadisce il nesso inscindibile *bonheur-vertu*.

p. 386

1. Dichiarazione enfatica, ma non autentica di Saint-Preux. Come sottolinea più volte B. Guyon nelle note al testo, l'*oblio* è proprio ciò che entrambi gli amanti temono sopra ogni cosa. Abbiamo detto infatti che la scelta coniugale di Julie è tesa a mantenere vivo l'amore che la lega a Saint-Preux, sia pure trasformandolo e «depurandolo».

2. La domanda era inevitabile, poiché tutto ciò che è accaduto non avrebbe senso se non fosse servito a raggiungere quello che è, per Rousseau e per tutto il '700, lo scopo primario dell'uomo: il *bonheur*.

3. Il problema della «confessione» evoca evidentemente l'episodio della confessione fatta dalla Princesse de Clèves al marito circa i suoi turbamenti amorosi per Nemours. Ma qui esso perde

di drammaticità poiché avviene *dopo* la scelta coniugale, che resta comunque solida e indiscutibile, mentre per Mme de Clèves significava la messa in crisi del rapporto coniugale. Inoltre, non è alla fedeltà verso Wolmar che Julie ha mancato, ma a quella verso Saint-Preux. Il bisogno di confessione rientra in questo caso nel quadro generale di quel *bisogno di trasparenza* che, come ha mostrato J. Starobinski ne *La trasparenza e l'ostacolo*, cit., caratterizza la psicologia rousseauiana e fonda il suo intero pensiero.

p. 390

1. Wolmar è l'uomo «senza passioni», l'osservatore distaccato, ma non privo di una pacata sensibilità, il cui agire è guidato essenzialmente dalla *ragione*, intesa qui non nei suoi aspetti artificiosi e sofistici, ma nella sua funzione positiva di facoltà-guida, capace di dare certezza e solida capacità di giudizio.

Ma ho tentato di suggerire altrove come dietro una sia pur autentica facciata razionale, si nasconda in Wolmar una insospettata intensità affettiva, mista presumibilmente al senso della propria sovrana autorità, che lo spingono a mettere in atto pratiche di controllo sugli altri non prive di una certa perversione.

p. 393

1. Altro passaggio fondamentale, in cui vengono resi espliciti i temi centrali della concezione dell'amore e del matrimonio: amore e tempo, amore-passione e amore coniugale, amore e immaginazione ecc. Rimando al commento fatto nell'Introduzione, paragrafo 3.

p. 396

1. La virtù non deve essere una mèta razionale ed astratta, ma una qualità che trova il proprio fondamento all'interno di sé, della coscienza. Ho parlato nell'Introduzione, paragrafo 3, di una *fondazione intima della morale* in Rousseau, basata essenzialmente sul meccanismo che Freud ha definito «interiorizzazione».

p. 397

1. Allusione a Plutarco, *Vita di Temistocle*.
2. Inizia qui una digressione sul *suicidio*, riconosciuto da Rousseau come un diritto individuale che si radica nel «diritto naturale» di liberarsi di una vita che non è più che un male per se stessi. Secondo Rousseau, questa argomentazione trova sostegno anche sul piano religioso, in quanto Dio non può che volere il

nostro bene e quindi approvare la nostra rinuncia volontaria ad una vita che non può più darcelo.

È interessante rilevare che Saint-Preux disquisisce sul suicidio, ma non lo mette in atto. Al contrario del Werther goethiano, che finisce per darsi la morte, questo personaggio rousseauiano, che sembra più di ogni altro incline alla *spesa di sé* e alla adesione estrema ai propri sentimenti, conserva in realtà un istinto di *autoconservazione* che rispecchia le scelte di Julie; e che, in questo caso, rende le sue riflessioni più patetiche che tragiche.

p. 398

1. Si tratta della *Johannis Robeck Calmaria Suedi exercitatio philosophica de Eìlogo exagoghé, sive morte voluntaria philosophorum et bonorum virorum etiam Judaeorum et Christianorum*, apparsa nel 1736.

p. 400

1. Questo presunto «stoicismo» è in realtà in Rousseau poco convincente, poiché sappiamo che è proprio il «distacco» dalle cose terrene che né Julie né Saint-Preux riusciranno a raggiungere, restando fino alla fine prigionieri del conflitto e dell'impossibilità di superarlo.

p. 401

1. L'episodio è narrato da Cicerone, *Tusculane*, II, 25.

p. 404

1. Da sottolineare, come ho già detto altrove, l'importanza di entrambe le facoltà – la *coscienza* (o sentimento) e la *ragione* – per l'accesso al bene. Su questo, cfr. Introduzione, paragrafo 2.

p. 406

1. Allusione alla vicenda amorosa di Milord Edouard, di cui Rousseau tratterà nelle Parti quinta e sesta e nell'Appendice, *Gli amori di milord Edoardo Bomston*, cit.

p. 407

1. È questa la parola-chiave di Edouard: la *saggezza* (*sagesse*) è uno stato più alto e perfetto della *virtù* (*vertu*), in quanto si è persa, in essa, ogni traccia di conflitto (cfr. anche Parte quinta, lettera I). Sul rapporto, in Rousseau, tra «virtù» e «saggezza», si sofferma P. Burgelin, *La philosophie de l'existence...*, cit., cap. XIII.

Condannando il suicidio da un punto di vista morale, Edouard cerca di riportare Saint-Preux all'esercizio della volontà e della ragione. Non bisogna tuttavia dimenticare che, come vedremo, il «saggio» Edouard cade anch'egli vittima delle passioni e dei loro effetti distruttivi e alienanti.

p. 410

1. C'è in queste parole una sconcertante prefigurazione del *tema proustiano* dell'affezione al dolore (che altrove ho proposto di definire *libido della sofferenza*), quale unica ed estrema forma di legame con l'oggetto d'amore. Vediamo dunque come la coscienza della irresolubilità del conflitto, la libido della sofferenza ecc., temi peculiari di quella che possiamo chiamare una *soggettività moderna*, siano in Rousseau molto più forti della presenza di tracce della morale stoica.

p. 412

1. Nell'appello alla «sensibilità», intesa come la qualità che fa desiderare il bene altrui, c'è infine una delle più forti obiezioni al suicidio. Ma, come si vede dalle osservazioni finali di Edouard, è importante anche, per il futuro autore del *Contratto sociale*, il sacro dovere di «citoyen».

p. 415

1. L'esortazione di Edouard non smentisce affatto il principio generale di Rousseau secondo il quale, per essere «resi a se stessi», bisogna far ritorno alla propria interiorità. In questo caso, si tratta di sottrarre Saint-Preux a una ossessione che lo spinge a concentrarsi eccessivamente su di sé e la propria vita emotiva, dalla quale egli può uscire solo con un ritorno all'azione.

p. 416

1. Sul *Voyage de l'Amiral Anson* di R. Walter, cfr. più avanti, Parte quarta, lettera III.

p. 418

1. L'immagine dell'*acqua* ricorre spesso negli scritti di Rousseau come simbolo di pace, di *repos*, di puro e perfetto *bonheur*; cfr., nelle *Passeggiate solitarie* (v), la descrizione del tempo felice trascorso nell'amata isola di St. Pierre, sulle rive del lago di Bienne.

PARTE QUARTA

p. 419

1. Sono passati quattro anni dalla partenza di Saint-Preux, e sei dalla separazione da Julie. Questa divenuta moglie di M. de Wolmar e madre, vive a Clarens.

p. 420

1. Julie annuncia già qui quello che sarà il tema centrale delle sue lettere finali: la vita coniugale e familiare crea una condizione di statico *bonheur* che suscita un vago *senso di morte*. Neppure l'amore materno sembra avere il potere di contrastarlo, e Julie si appella all'*amicizia* come ultima risorsa vitale.

Come si vede, la decisione morale di Julie è tutt'altro che priva di ombre e di inquietudini, le quali emergono via via a turbare il *bonheur* della vita domestica.

p. 421

1. L'*amore materno* resta ormai per Julie l'unico sentimento forte; ma anch'esso ha bisogno, per così dire, di essere condiviso per essere alimentato.

2. Sul problema della «confessione», cfr. p. 386, nota 3.

p. 423

1. Dopo le proteste di «guarigione» dall'amore per Saint-Preux, con le quali Julie sembra voler convincere se stessa e gli altri e coprire il suo stato conflittuale, essa ammette chiaramente, riprendendo un tema-chiave del romanzo, che il passato affiora attraverso il *ricordo*, incrinando la sua attuale serenità.

p. 425

1. Viene ribadita la funzione di «consolazione» (*soulagement*) dell'amicizia che, in questo caso, è Julie a svolgere nei confronti di Claire.

p. 426

1. L'aneddoto si trova nei *Precetti d'amministrazione pubblica* di Plutarco, ma esso intende esaltare l'importanza della parola. Poiché è stato inteso in senso contrario da Montaigne (*Saggi*, I), si suppone che Rousseau l'abbia tratto da quest'ultimo.

p. 427

1. Ancora una volta, Claire si fa portatrice dei più alti valori dell'*amicizia*: la quale viene qui proposta come *progetto di vita comune*, all'insegna di sentimenti di complicità, tenerezza, solidarietà ecc.

p. 429

1. Claire incarna una tipologia di femminile gaio e deciso, particolarmente amante della propria autonomia e libertà; ma essa è anche sorprendentemente consapevole del *prezzo* che la conquista della libertà richiede a una donna, e decisa a non più rinunciarvi una volta ottenuta. Essa è più incline alla solidarietà con il

proprio sesso – che, come abbiamo visto, nel caso del rapporto con Julie raggiunge i toni della «passione» – che all'amore per l'altro sesso. Ma non bisogna dimenticare che, come ogni anima «sensibile», Claire si dimostrerà anch'essa vulnerabile all'amore, cui saprà tuttavia rinunciare senza l'estremo sacrificio che esso ha richiesto a Julie.

p. 431

1. Allusione ad una notizia di Diodoro Siculo (*Storie*, I, 53, riportata anche dal Bossuet nel *Discorso sulla storia universale*), secondo la quale il padre di Sesostris fece allevare a corte ed educare tutti i bambini nati nello stesso giorno, perché diventassero poi suoi fedeli ministri e valorosi compagni d'armi.
2. L'*amicizia* implica anche il superamento di ogni competitività. In un mondo armonico e «trasparente», non c'è posto per la gelosia e la competizione.

p. 432

1. Petrarca, il sonetto *Fresco, ombroso...*

p. 434

1. Per questa lettera Rousseau si ispira, sia pure liberamente, al *Voyage de l'Amiral Anson* di R. Walter (Londra 1745), tradotto in Francia nel 1750, e noto probabilmente a Rousseau attraverso la traduzione che ne aveva fatto Prévost nella sua *Histoire générale des voyages*. Rousseau si sofferma, attraverso il resoconto di Saint-Preux sul lungo viaggio in terre lontane, su alcune tematiche antropologiche e sociali care al pensiero settecentesco – basti solo pensare al *Candido* di Voltaire, allo *Spirito delle leggi* di Montesquieu, al *Supplemento al viaggio di Bougainville* di Diderot -, che egli aveva già trattato nei suoi due *Discorsi*. In particolare, egli esprime qui le sue posizioni su argomenti di attualità, come la condanna dello sfruttamento coloniale e della schiavitù, la descrizione della miseria dei popoli oppressi e la critica della civiltà cinese, corrotta dal progresso delle scienze e delle lettere, l'elogio della vita libera e felice nelle isole deserte ecc.
2. Tasso, *Gerusalemme liberata*, III, 4.

p. 437

1. Saint-Preux è quanto mai esitante nel dichiarare la propria «guarigione». In realtà, l'*immagine* di Julie non è mai stata cancellata e la forza del passato pesa fortemente sul presente.

p. 438

1. Lungi dall'essere fuori luogo, come spesso gli interpreti

hanno ritenuto, l'invito di Wolmar a Saint-Preux rientra perfettamente nel «sogno di felicita» («rêve de bonheur») e di vita collettiva senza ombre né contrasti, che rappresenta un *topos* del pensiero rousseauiano. Inoltre, l'atto di Wolmar è, come vedremo più avanti, più astuto di quanto sembri, poiché in tal modo egli potrà sottoporre i due amanti alla propria «osservazione» e guidarli con la propria autorità.

2. Questo nome compare qui per la prima volta ed è uno pseudonimo significativo, in quanto unisce i due termini di «santo» ed «eroe».

p. 442

1. Saint-Preux descrive con particolare efficacia il turbamento prodotto dalla funzione «prefiguratrice» dell'*immaginazione* (su questa, cfr. Introduzione, paragrafo 2), e l'intollerabile tumulto interiore dato dall'attesa.

p. 443

1. Inizia qui, nei fatti, la conversione dell'*amore* tra Julie e Saint-Preux in una *amicizia* che conserva il sentimento e la *tenerezza*, ma che ha espunto da sé la *passione*. Ma sappiamo che si tratta di una operazione in parte fallimentare.

2. Saint-Preux esprime quel *desiderio di essere posseduto*, e in particolare di sottomettersi alla donna amata, che è così caratteristico della psicologia amorosa di Rousseau.

p. 444

1. Passaggio fondamentale, in cui Saint-Preux prende coscienza del *mutamento* e della discrasia tra l'*immagine* (del passato) e la *realtà* del presente.

p. 446

1. L'aneddoto compare in Montaigne, *Saggi*, III.

In pochi punti come in questo è così perfettamente descritto l'ideale della «trasparenza».

p. 447

1. Consapevole del carattere irrisolto dei propri sentimenti, Saint-Preux teme l'incontro a due e anela ad essere sempre sottoposto allo *sguardo* dell'altro.

Sull'importanza dello «sguardo» nella psicologia di Rousseau, su cui egli proietta il divieto (interiorizzato) del desiderio, cfr. Starobinski, *J.J. Rousseau e il pericolo della riflessione*, in *L'occhio vivente*, cit., cap. I.

1. Rousseau si dimostra qui sottilmente consapevole del paradossale meccanismo dell'amore-passione, in cui la *realtà* è comunque meno inquietante dell'*immaginario*, la *presenza* è più rassicurante dell'*assenza*. In generale, su questi temi, cfr. R. Barthes, *Fragments d'un discours amoureux*, Seuil, Paris 1977; trad. it. *Frammenti di un discorso amoroso*, Einaudi, Torino 1979.

2. Julie ribadisce qui il *mutamento* dei suoi sentimenti dalla *passione* in *tenerezza*. Tutta la lettera è tesa a sottolineare la presa d'atto del mutamento, sia di quello indotto nelle rispettive personalità dal passare del tempo, sia di quello dei reciproci sentimenti.

. `Questo è un accento critico ricorrente nel pensiero di Rousseau che considera l'«esprit de système» uno dei peggiori difetti della «filosofia».

1. Il testo originale per «un uomo spassionato» è «un homme sans passions», e rende evidentemente molto meglio l'idea del temperamento di Wolmar.

1. Il concetto espresso da Wolmar, che l'*amicizia*, soprattutto tra due donne, crea un'*intimità* maggiore del *matrimonio*, annuncia la visione di quest'ultimo, espressa più avanti da Julie (Parte quinta) come di un legame fondato sulla «distanza» e sul «pudore».

1. Claire mette evidentemente l'accento sul problema di fondo: la differenza tra la *condotta* virtuosa di Julie e i suoi *sentimenti* per Saint-Preux, ancora intrisi della passione di un tempo. Ma è opportuno ricordare, come ho tentato di mostrare nell'Introduzione, che questa differenza non implica tuttavia un'opposizione tra *interiorità* e *agire morale*, perché anche quest'ultimo, ben lungi dall'essere un insieme di norme imposto dall'esterno, si fonda su impulsi e sentimenti del soggetto (come l'amore di sé ecc.) paralleli e coesistenti con quelli dell'amore.

1. Nuova allusione a quella che, con Proust, possiamo chiamare «memoria affettiva» (cfr. Introduzione, paragrafo 5): Saint-Preux, che conserva il ricordo di Julie amante del passato, sem-

bra voler evitare la Julie sposa di un altro, e madre, del presente. La Julie *reale* rischia di cancellare l'*immagine* impressa nella memoria.

p. 463

1. Questa è la prima, lunga lettera, dedicata alla descrizione di Clarens, che verrà ripresa in Parte quinta, lettere II e III.

Per il commento di questa lettera, rimando interamente alla Introduzione, paragrafo 4.

p. 472

1. Compare qui il principio della *differenziazione dei sessi*, strettamente legato alla *concezione della donna*, per cui cfr. Introduzione, paragrafo 3 e, soprattutto, paragrafo 4.

p. 484

1. Il termine non è casuale: è la *caritas*, il sentimento cristiano di fratellanza universale che si irradia dall'*amore-agape* tra Julie e Wolmar, che sta alla base della solidarietà e della giusta armonia di Clarens. Ancora una volta, *morale* e *religione* appaiono strettamente fuse.

p. 488

1. Il *Roman de la Rose* di Jean de Meung era stato ristampato in Francia nel 1935. Ricorda B. Guyon (note al testo, pp. 1606-7) che esso è il primo testo letterario in cui compare la storia di Abelardo ed Eloisa, alla quale si ispira il titolo del romanzo di Rousseau.

2. I «sentimenti naturali» non sono, evidentemente, quelli che esistono nello stato di natura inteso come stato selvaggio, nel quale nessun «sentimento» ha ancora fatto la sua comparsa, ma quelli che si sviluppano gradualmente senza tradire né sconvolgere, come fanno invece le passioni, la «legge della natura». I primi a nascere, in una prospettiva storico-antropologica, sono proprio i sentimenti che legano tra di loro i membri della famiglia, come Rousseau afferma nel *Discorso sull'origine e i fondamenti della disuguaglianza*, *Opere*, p. 62: «I primi sviluppi dei sentimenti furon effetto di una condizione nuova, che riuniva in una abitazione comune mariti e mogli, padri e figli. L'abitudine di vivere insieme fece nascere i più dolci sentimenti conosciuti dagli uomini, l'amor coniugale e l'amor paterno» (*OC*, III, 168: «Les premiers développemens du coeur furent l'effet d'une situation nouvelle qui réunissoit dans une habitation commune les maris et les femmes, les peres et les enfans; l'habitude de vivre

ensemble fit naître les plus doux sentimens qui soient connus des hommes; l'amour conjugal et l'amour paternel...»).

p. 492

1. Cfr. infatti Parte quinta, lettere II e III.

p. 493

1. La lunga descrizione dell'*Eliso*, il giardino di Julie, sembra avere la funzione di una sospensione dell'intreccio drammatico. L'Eliso è un'isola nell'isola; ed è importante perché è stato creato interamente da Julie attraverso un'operazione tesa a trasformare la natura senza tuttavia deformarla. Esso è il simbolo di quel *bonheur*, per così dire, *secondo natura*, pacato e puro, da lei raggiunto, attraverso la vita coniugale nella comunità di Clarens. Si potrebbe anche osservare che quest'opera di trasformazione della natura, che ne rispetta tuttavia le «sacre leggi» e *sa plasmarla senza violentarla*, si configura come peculiarmente *femminile*.

Non bisogna infine dimenticare l'amore di Rousseau per la botanica, di cui egli parla in *Confessioni*, l. XII, e che, nelle *Passeggiate solitarie* (V), egli descrive come lo studio prediletto di un uomo «pigro» («paresseux»), incline ad un rapporto contemplativo, più che attivo, con la natura.

Ritornano qui le opposizioni tipiche del pensiero rousseauiano: essere/apparire, semplicità/ricchezza, natura/artificio ecc.

p. 499

1. La proiezione paterna di Saint-Preux su Wolmar è qui resa esplicita.

p. 504

1. «Godere di sé», espressione cara a Rousseau, significa quindi aderire alla natura; vuol dire saperla modificare per accordarla alle esigenze dell'uomo, ma senza violarla o addirittura cancellarla. È evidente che la metafora allude sia alla natura «esterna» che alla natura «interna».

p. 507

1. Allusione al «boschetto», dove Julie, come si ricorderà, aveva concesso a Saint-Preux il primo bacio (Parte prima, lettera XIV).
2. Vedremo come questa aspirazione ad un *bonheur* ultraterreno sarà di nuovo espressa da Julie nelle lettere finali.

p. 508

1. Momento decisivo. Per la prima volta, all'immagine passata di «Julie», si sovrappone, anche in sua assenza, quella di «Mme de Wolmar».

p. 509

1. Questo passo, che ritorna sul tema del «godere di sé» («se plaire avec soi-même»), in uno stato di pacificazione interiore, lontano dal tumulto delle passioni, evoca quel «puro sentimento dell'esistenza» che nelle *Passeggiate solitarie* Rousseau descriverà come lo stato di perfetto *bonheur*. Su questo, cfr. Burgelin, *La philosohie de l'existence de J.J. Rousseau*, cit. ed anche M. Raymond, *J.J. Rousseau. La quête de soi et la rêverie*, (Paris 1962), Corti, Paris 1966.

2. Metastasio, *Giuseppe riconosciuto*, I parte.

p. 512

1. Qui Wolmar entra in scena da vero protagonista e principale attore del dramma, svelando, prima attraverso la narrazione di sé, poi attraverso l'illustrazione del proprio «metodo», i tratti salienti della sua personalità. Inoltre, Wolmar è anche colui che dà esplicitamente rilievo all'aspetto squisitamente *psicologico* dell'intreccio amoroso.

p. 513

1. Wolmar torna qui a definirsi, come aveva fatto precedentemente (lettera VII) un uomo «senza passioni», ad eccezione di quella dell'«osservazione», con un istintivo amore per l'*ordine* che – come ricorda Burgelin, *La philosophie de l'existence de J.J. Rousseau*, cit., cap. XII – è un concetto niente affatto secondario della morale rousseauiana, in quanto è direttamente connesso all'*amore di sé* e all'idea di *durata*.

Ma abbiamo già detto come la figura di Wolmar non sia riducibile a queste caratteristiche.

p. 514

1. L'idea di *solitudine* compare in questo caso nel suo significato negativo di mancanza di calore umano, aridità, tristezza.

p. 515

1. Wolmar si fa qui portatore, come sappiamo, di quello che è il nucleo della concezione rousseauiana delle passioni: *le passioni si combattono attraverso le passioni* (si veda Introduzione, paragrafo 2).

2. Wolmar si abbandona dunque alla propria «passione» per Julie più che con l'entusiamo di un'«anima di fuoco», con la tenacia di uno spirito freddo, colpito per la prima volta dalla forza dell'emozione. Egli sente che il legame con Julie permetterà ad entrambi di trovare il *bonheur*, restituendo a lei la pace e la sere-

nità compromesse dall'amore, e a lui stesso il calore del sentimento.

p. 517

1. Anche Wolmar ribadisce il carattere «nobile» della passione tra Julie e Saint-Preux che, proprio per questo, non ha mai corso veramente il rischio di degenerare in vizio.
2. Coerente con la propria concezione delle passioni che, come abbiamo visto, è analoga a quella di Julie, Wolmar sostiene la necessità *non di reprimerle, ma di regolarle, depurandole* dell'elemento pericoloso e nocivo.

p. 518

1. Per depurare la passione, non bisogna far altro che «essere ciò che si è», cioè ritrovare il nucleo più autentico di sé (che, come ho suggerito nell'Introduzione, paragrafo 2, risiede nell'*amore di sé*), ristabilendo un contatto armonico con la «legge naturale», fondamento della «virtù».
2. È il primo atto del «metodo» di Wolmar: la profanazione del «boschetto» che aveva fatto da sfondo al primo bacio tra Julie e Saint-Preux, ha lo scopo di provocare la presa d'atto del mutamento: la stessa scena suscita sentimenti diversi e diverse reazioni. Ma vedremo, nella prova successiva della «passeggiata sul lago» (lettera XVII) che gli amanti sono ben lontani dalla guarigione.

p. 520

1. Julie appare qui evidentemente timorosa e tutt'altro che salda nella certezza del proprio mutamento. Essa sente riaffiorare, proustianamente, quei «ricordi involontari» («souvenirs involontaires)», contro i quali Wolmar sta cercando appunto di combattere.

p. 523

1. Claire chiarisce ulteriormente, togliendogli ogni austerità, artificio o costrizione, il principio *naturale* della *differenziazione dei sessi*.

p. 527

1. È qui il futuro autore delle *Confessioni* che parla: egli vede nella confessione – e soprattutto in quella «scritta» – lo strumento della verità e della «trasparenza». Si veda infatti l'esordio delle *Confessioni, Opere,* p. 904: «Mi accingo ad un'opera senza esempi e senza imitatori. Voglio mostrare ai miei simili un uomo in tutta la verità della natura, e quest'uomo sarò io, io solo» (*OC,*

831

I, p. 5: «Je forme une entreprise qui n'eut jamais d'éxemple, et dont l'exécution n'aura point d'imitateurs. Je veux montrer à mes semblables un homme dans toute la vérité de sa nature; et cet homme, ce sera moi»).

p. 529

1. Sul problema dell'*educazione*, cfr. anche la lettera III, Parte quinta.

p. 531

1. L'analisi di Wolmar è molto sottile da un punto di vista psicologico: il fatto che Julie e Saint-Preux siano riusciti a stabilire un rapporto di amicizia non esclude che, nel profondo, si amino ancora. Ciò è dovuto, come sappiamo, alla *memoria*, la quale mantiene viva in ciascuno l'immagine dell'altro.

2. Questa è dunque la fase-chiave del «metodo» di Wolmar: poiché è la *memoria* a preservare l'amore, l'unica via di guarigione è quella di cancellarla, sovrapponendo all'immagine di «Julie» quella di «Mme de Wolmar». Cfr. Introduzione, paragrafo 5.

3. Riflessione importante: è l'*immaginazione*, la facoltà a cui Rousseau attribuisce il potere di «creare» l'amore (cfr. Introduzione, paragrafo 2), che mantiene viva la *memoria*.

p. 534

1. Il turbamento di Saint-Preux conferma il sospetto di Wolmar che la vera «guarigione» non sia ancora avvenuta.

2. Altro tocco di grande profondità psicologica, che ho già messo in evidenza altrove: l'*immaginazione* si esalta in *assenza* dell'oggetto amato, ma si placa in sua presenza.

p. 535

1. Julie annuncia qui il «segreto» di Wolmar, cioè il suo ateismo, che verrà rivelato soltanto più tardi (cfr. Parte quinta, lettera V).

2. Il tema della fragilità, o impossibilità, del *bonheur*, cui si è già accennato, ritorna nelle lettere finali di Julie.

p. 536

1. Questa lettera, dedicata alla celebre «passeggiata sul lago», in cui esplode l'ultima grande «crisi» degli amanti, è particolarmente importante per la struttura stessa del romanzo. Essa infatti stava presumibilmente a conclusione della prima stesura della *Nuova Eloisa*, quella in *quattro parti*, che doveva appunto terminare con la morte per annegamento degli amanti. Su questo, cfr. Introduzione, paragrafo 1.

1. Qui, ancora una volta, la *memoria affettiva* fa riemergere prepotentemente il passato, un passato di sofferenza, e tuttavia di speranza, che Saint-Preux rimpiange di fronte al vuoto e alla desolazione del presente.

La risposta di Julie, silenziosa e breve, è altrettanto eloquente dell'esplosione violenta di Saint-Preux.

1. Metastasio, *Demofoonte*, atto III, scena IX.
2. Sembra che Saint-Preux si accorga per la prima volta del *mutamento* della situazione; e ciò che lo colpisce è l'implacabile definitività di questo mutamento. La disperazione è conseguente alla fine di ogni attesa e di ogni speranza, di fronte alla quale Saint-Preux non solo rimpiange le sofferenze passate, ma arriva a desiderare la morte, per sé e per l'amata. Per un'«anima sensibile», qualsiasi situazione estrema – anche la morte – è preferibile alla malinconia di una separazione irreversibile.

Ma si è già osservato (nota 2, p. 397) come questo *desiderio di morte* non arrivi mai a tradursi in azione; come dimostra il fatto che Rousseau abbia deciso di sostituire il finale *tragico* con un finale che ho definito *conflittuale*, aggiungendo le altre due parti nella definitiva stesura della *Nuova Eloisa* (cfr. Introduzione, paragrafi 1 e 5).

1. La «crisi» è trasfigurante e catartica, e Saint-Preux dichiara di essere stato «reso a se stesso». Ma se è vero che questa è l'ultima manifestazione dei lati eccessivi della «sensibilità», il cui superamento prelude ad un più solido inserimento di Saint-Preux nella vita di Clarens, è anche vero che l'amore non è spento e la guarigione è solo apparente.
2. Altro riferimento alla vicenda amorosa di Milord Edouard, per la quale si veda più avanti.

PARTE QUINTA

1. Più volte evocato, il «ritorno a sé» («retour à soi») sembra qui avere gli accenti «stoici» di un recupero della *ragione*. Ma si tratta, come Edouard precisa subito dopo, non di una ragione aprioristica e astratta, bensì di una ragione «saggia», arricchita dall'*esperienza delle passioni*.

1. Edouard ribadisce qui la necessità della *forza* e del coraggio per accedere alla *virtù* (sulla «virtù» come lotta cfr. Introduzione, paragrafo 2); egli invita di conseguenza Saint-Preux al superamento della *faiblesse* che è l'origine di tutti i mali e alla conquista della *saggezza*, in quanto ulteriore perfezionamento della virtù stessa.

1. Emerge il lato passionale e vulnerabile del «saggio» Edouard, che si chiarirà ulteriormente più avanti. Ciò che importa qui è l'ennesimo appello all'*amicizia*, intesa non solo come consolazione ecc., ma nel suo senso più attivo di capacità di sottrarre l'altro allo stato di *faiblesse* provocato dalle passioni.

1. Altra lunga lettera su *Clarens*, che richiama la X, Parte quarta (sull'economia domestica ecc.) e la XI, Parte quarta (sull'Eliso); come pure la III (sull'educazione) e la VII (sulla «festa») nella Parte quinta. Ma è qui, come nota giustamente Guyon nelle note al testo, pp. 1647 sgg., che viene trattato in particolare il tema del *bonheur* che irradia dalla coppia coniugale.

2. La corretta traduzione sarebbe in realtà «assediato dal delitto». La frase è piuttosto ambigua: nello stesso momento in cui dichiara di essere «guarito», Saint-Preux fa capire di avere totalmente confinato la sua passione alla sfera dell'immaginario, operando quindi, per così dire, una separazione netta tra *immaginario* e *realtà*. Perciò non è affatto vero, come sostiene Guyon, pp. 1639 e 1649, che Saint-Preux è ormai un «alleato» di Wolmar.

1. È qui tratteggiato il quadro del *bonheur familiare e domestico*, di cui Julie è l'anima, il quale consiste essenzialmente in un insieme equilibrato di «ordine» e di «piacere», in sentimenti moderati come la «tenerezza» e la «gioia»; in una diffusa sensualità e nel gusto della vita quotidiana, che realizza la vera ed eterna essenza dell'uomo. Ritorna la critica della ricchezza e del lusso; l'idea che il *bonheur*, per essere tale, deve essere collettivo e universale; l'elogio della vita rurale opposta alla corruzione della città ecc. Ma su tutto questo, cfr. Introduzione, paragrafo 3.

1. Più che richiamare l'attenzione sul fenomeno del «pauperismo», piaga sociale dell'epoca, Rousseau sembra qui voler riaf-

fermare in generale i valori della «umanità» e della «pietà» sui quali si fonda la sua antropologia.

2. Siamo nel pieno della «morale sensitiva»: la sensibilità è sia fisica che morale, riguarda sia il corpo che l'anima ecc. La virtù stessa – una volta riconquistata attraverso la lotta e il sacrificio – non ha in sé nulla di austero e di opprimente, ma acquista il sapore di una vera e propria «voluttà».

Su questo, va ancora una volta sottolineata l'influenza su Rousseau di Marivaux, che nei suoi *Journaux*, cit., torna più volte sulla definizione della *virtù* come *voluttà* e *piacere*; sebbene manchi in Marivaux, più vicino alla «morale del sentimento», l'idea della virtù come mèta di conquista.

p. 564

1. Si è già sottolineata l'importanza di quest'espressione: tutta l'atmosfera di Clarens si fonda sull'«arte di godere» («art de jouir»), di cui Julie è la principale artefice, poiché sa mantenere il giusto equilibrio tra l'ordine e il godimento, attraverso una saggia gestione del desiderio e del piacere tesa a evitarne ogni eccesso e logoramento. Questa è d'altra parte la funzione per eccellenza della *donna* (cfr. Introduzione, paragrafo 4).

p. 570

1. Rousseau si diffonde qui ulteriormente sui valori che legano la comunità di Clarens: natura *versus* opinione, utile *versus* superfluo, soddisfazione dei bisogni *versus* «grandeur» e ricchezza ecc.

p. 573

1. Sull'organizzazione economica di Clarens – di cui si tratta soprattutto in Parte quarta, lettera x – cfr. Introduzione, paragrafo 3.

p. 574

1. «Voluttà temperante» («volupté temperante»), si è già notato, è la formula in cui si riassumono le qualità e la filosofia di vita di Julie.

p. 575

1. Plutarco, *Vita di Flaminio*.

p. 577

1. Classica opposizione rousseauiana (cfr. il *Discorso sull'origine e i fondamenti della disuguaglianza*): l'«homme de la nature», opposto a «l'homme de l'homme», quale prodotto squisitamente sociale.

p. 578

1. Traspare qui la preoccupazione per l'*ennui*, a cui, nonostante il quadro ottimistico presentato, Julie non riuscirà a sfuggire.

p. 580

1. La descrizione della «matinée à l'anglaise» è un momento simbolico importante del mondo di Clarens, poiché in essa l'intesa diventa tacita, facendo sì che nel raccoglimento e nella contemplazione silenziosa si raggiunga la forma più alta di comunicazione, mediata naturalmente dall'amicizia.

p. 582

1. Marino, *Adone*, III, 151.

p. 583

1. Questa lettera è dedicata al problema dell'*educazione*, che, come è noto, Rousseau tratterà sistematicamente nell'*Emilio*. Essa segue non a caso le lettere su Clarens, quale società ideale. Rousseau sembra a questo punto voler dare indicazioni sugli strumenti attraverso i quali realizzare un mondo non più corrotto: tra questi, l'*educazione domestica* è certamente quello prioritario.

Ma all'educazione dell'individuo si aggiungeranno, come rileva Starobinski, *La trasparenza e l'ostacolo*, cit, cap. I, la riforma morale della persona (cfr. le *Confessioni*) e la formazione politica della collettività (*Contratto sociale*).

p. 585

1. La teorizzazione di uno *statuto proprio dell'infanzia*, che, come gli storici della mentalità hanno di recente sottolineato, si forma, a partire dal XVI secolo, parallelamente al configurarsi della famiglia borghese moderna come area dell'affettività – cfr. in particolare Ph. Ariès, *op. cit.*, E. Shorter, *op. cit.*, L. Stone, *op. cit.*; e anche E. Badinter, *L'amour en plus*, Flammarion, Paris 1980; trad. it. *L'amore in più*, Longanesi, Milano 1981; AA.VV., *Entrer dans la vie*, Gallimard, Paris 1978 – riceve con Rousseau, e soprattutto con l'*Emile*, la più compiuta forma di codificazione (cfr. Introduzione, paragrafo 3).

2. L'importanza data al *corpo* rientra nel progetto rousseauiano della «morale sensitiva», di cui si è già parlato. Cfr. su questo i primi due libri dell'*Emilio*, e Burgelin, *Préface* all'*Emile*, cit.

3. Principio-chiave della pedagogia rousseauiana: l'educazione non ha altro compito che quello di formare e perfezionare il temperamento innato di ogni individuo, rispettandone tutta la

specificità. Essa deve quindi valorizzare l'irriducibile diversità conferita a ognuno dalla *natura*, in modo da consentire a ciascun individuo di diventare ciò che egli è. In questo consiste il rispetto stesso della libertà, intesa come sviluppo armonico delle proprie possibilità e caratteristiche naturali.

Cfr. A. Ravier, *L'éducation de l'homme nouveau*, Ed. Spes 1941, 2 voll. e anche J. Château, *Rousseau. Sa philosophie de l'éducation*, Vrin, Paris 1962.

p. 586

1. Queste affermazioni presuppongono il ben noto fondamento dell'antropologia rousseauiana: l'uomo è naturalmente buono e la società è l'origine del male. Basti ricordare, a questo proposito, oltre, naturalmente, il *Discorso sull'origine e i fondamenti della disuguaglianza*, le affermazioni iniziali dell'*Emilio*, *Opere*, p. 350: «Tutto è bene uscendo dalle mani dell'Autore delle cose, tutto degenera tra le mani dell'uomo» (*OC*, IV, 245: «Tout est bien, sortant des mains de l'auteur des choses; tout dégénère entre les mains de l'homme»).

p. 589

1. Con la prima «scintilla» della ragione, Wolmar allude qui, presumibilmente, alla ragione «sensitiva» che si sviluppa nell'infanzia; essa è legata al corpo e all'esperienza diretta delle cose e costituisce la base della ragione intellettuale (cfr. *Emilio*, l. II).

2. Tutt'altro che contraddittorie con le affermazioni della lettera precedente, le dichiarazioni di Wolmar servono invece a spiegarle: egli non è affatto contro lo sviluppo dei talenti e delle qualità individuali, ma solo contro i «falsi» talenti, che inducono un'inquieta brama di promozione sociale in coloro che sono invece destinati alla semplicità della vita rurale.

p. 590

1. L'obiettivo dell'educazione è anch'esso, in ultima istanza, quello del *bonheur*.

p. 592

1. La *faiblesse*, peculiare, come abbiamo visto, della condizione umana, è ancor più spiccatamente la caratteristica del bambino il quale è, di conseguenza, l'essere che più di ogni altro ha diritto alla *pietà*.

L'idea centrale di Julie è quella che, nell'*Emilio*, Rousseau definisce «educazione negativa»: vale a dire educare il bambino non attraverso la costrizione, ma attraverso la *necessità*, rendendolo cioè consapevole della sua debolezza e fragilità.

p. 600

1. Vale, anche sul piano dell'educazione, il principio della *differenza dei sessi*: il ruolo della donna e madre non è tanto quello di «educare» i figli – compito che spetta al padre, o comunque al precettore di sesso maschile –, ma quello di «allevarli», preparando il terreno allo sviluppo della funzione razionale.

p. 605

1. Tutta la critica del nozionismo e dell'apprendimento «a memoria» tende essenzialmente alla valorizzazione dell'*esperienza* rispetto alla conoscenza libresca e intellettuale.

2. Al problema della *religione* sarà dedicata, in questa stessa parte, la lettera v.

p. 607

1. La *madre* è la figura che incarna più di ogni altra la *legge naturale*.

p. 608

1. Sui principi che regolano l'*educazione della donna*, a cui Rousseau dedicherà il l. v dell'*Emilio*, cfr. Introduzione, paragrafo 4.

p. 609

1. La vittoria inglese di Dettingen è del 27 giugno 1743. La battaglia di Fontenoy (vinta dal maresciallo di Saxe, del quale qui si esalta il genio) è dell'11 maggio 1745.

p. 610

1. Viene finalmente rivelato il «segreto» di Wolmar, già annunciato precedentemente, cioè il suo *ateismo*, che contrasta profondamente con la religiosità di Julie; e permette a Rousseau di prendere posizione contro l'attacco al Cristianesimo sferrato dai *philosophes* e soprattutto da Helvétius nel suo *Dello spirito*. Da qui nasce una importante riflessione sulla *religione*, che riflette, come Rousseau stesso dichiara altrove, una complessa vicenda autobiografica – che Rousseau narra a più riprese nelle *Confessioni*, e richiama nelle *Lettres écrites de la montagne*, *OC*, III, lett. I (trad. it. *Lettere dalla montagna*, in *Scritti politici*, a cura di P. Alatri, UTET, Torino 1970), e nella *Lettre à Ch. de Beaumont*, *OC*, IV; trad. it. *J.J. Rousseau, cittadino di Ginevra, a Ch. de Beaumont, arcivescovo di Parigi*, in *Lettere morali*, cit.).

Da sottolineare la convergenza, per molti aspetti, con la *Pro-*

fessione di fede del vicario savoiardo, cit. Su questo testo in particolare, di cui si è già parlato in Introduzione, paragrafo 3, cfr. P.-M. Masson, *Introduction* alla *Profession de foi du vicaire savoyard*, cit., e Burgelin, *Préface* à *Emile*, cit., paragrafo 6.

p. 611

1. L'ateismo di Wolmar ha dunque origine dalla innegabile degenerazione della religione ufficiale, soprattutto cattolica, nelle cui file è diventato sempre più difficile trovare dei veri credenti. In questo senso, è probabile che i due dei sacerdoti cui si fa qui allusione siano gli stessi che, nelle *Confessioni*, Rousseau riconosce come i modelli ispiratori della *Professione di fede* (l'abbé Gaime e l'abbé Gatier; cfr. *Confessioni*, l. III).

p. 612

1. La *ragione* (intesa come facoltà astratta e intellettuale) è dunque impotente a cogliere delle verità che sono accessibili solo alla *fede*. Tuttavia, come sottolinea Masson nella *Introduction* alla *Profession de foi*, Rousseau non nega il ruolo della ragione, ma lo precisa e lo limita (cfr. anche lettera VII, Parte sesta).

2. Il sentimento religioso, ben lungi dal sottrarre Julie alle cose terrene, è invece la matrice profonda dei suoi affetti. Come ho già sottolineato nell'Introduzione, paragrafo 3, la religione per Rousseau non è misticismo, contemplazione metafisica (di qui la critica agli eccessi del quietismo, che pure attira le sue simpatie), ma è fonte di «vita activa», di amore e cura degli altri. Essa è essenzialmente un *sentimento* che si alimenta della fede nell'esistenza di Dio come «Providence bienfaisante» e delle prove della divinità offerte dalla vita quotidiana; un sentimento che nutre l'anima, diffondendosi all'esterno in forma di pietà, sensibilità, caritas.

p. 614

1. Le parole di Julie prefigurano il «finale» del romanzo.

p. 615

1. Allusione a quella che per Rousseau è la differenza tra la religione protestante, la quale si basa su dogmi accettabili dalla ragione, e la religione cattolica, ai cui dogmi non si può ragionevolmente credere.

2. Della «religione civile», e dei rapporti tra religione e Stato, Rousseau si occuperà nel *Contratto sociale*, cap. VIII.

p. 616

1. Di nuovo allusione alla soluzione «trascendente» dell'amore

tra Julie e Saint-Preux che tuttavia cela, come sappiamo, profondi e irresolubili conflitti.

2. Riaffermazione della priorità, nell'ambito della fede, del «sentimento», del «cuore» rispetto a ogni sforzo della «ragione».

p. 618

1. Abbiamo già detto come questo sia il fondamento stesso dell'antropologia rousseauiana con cui egli risolve il problema della teodicea: il male ha origine dalla libertà dell'uomo, cioè dalla scelta umana di una società ingiusta.

Ciò presuppone, come alcuni interpreti hanno messo in evidenza, che la concezione antropologica di Rousseau sia indissolubilmente legata alla politica, intesa come ciò che permette di uscire dall'ineguaglianza sociale e di fondare un patto giusto, conforme alla libertà essenziale dell'uomo; cfr. M. Duchet, *Anthropologie et histoire au siècle des Lumières*, Maspero, Paris 1971, pp. 322-376; e V. Goldschmidt, *Anthropologie et politique. Les principes du système de Rousseau*, Vrin, Paris 1974.

p. 620

1. È qui evidente la critica alla monarchia del «repubblicano» Rousseau.

p. 621

1. Queste manifestazioni estreme della «sensibilità» sono un *topos* del «roman sentimental» settecentesco, tra cui Prévost ecc. (cfr. Introduzione, paragrafo 1), e troveranno accenti caricaturali nella tradizione romanzesca successiva a Rousseau. Cfr. su questo S. Etienne, *Le genre romanesque en France depuis l'apparition de la Nouvelle Héloïse jusqu'aux approches de la Révolution*, Colin, Paris 1922.

p. 624

1. Questa è la celebre lettera sulla «festa», che fa parte dell'insieme di lettere su Clarens (Parte quarta, lettere x, xi; Parte quinta, lettere ii, iii). Sul significato simbolico della «festa», cfr. Introduzione, paragrafo 3.

p. 625

1. Ritorna qui l'opposizione tra campagna e città, cioè tra la natura, la trasparenza, l'autenticità da un lato, e l'artificio, l'esteriorità, la corruzione dall'altro.

p. 629

1. La traduzione italiana non ha l'efficacia della frase originale: «tout le monde est égal et personne ne s'oublie», la quale de-

scrive, nella sua essenziale brevità, quel legame di uguaglianza «affettiva», di «amicizia», come si dirà poco più avanti, che si crea tra tutti i partecipanti al rito festivo, pur nel rispetto dei ruoli e delle differenze sociali.

p. 630

1. Tacito, *Annali*, l. I, paragrafi 40-41.

p. 631

1. Si può essere d'accordo con Guyon (pp. 1708-9), il quale vede in nuce, in queste pagine, i valori che dovevano ispirare, non molto tempo dopo in Francia, la grande svolta rivoluzionaria: *liberté, égalité, fraternité*.

p. 633

1. La proiezione «paterna» che Saint-Preux fa ripetutamente su Wolmar richiama, come si è già detto, un tratto saliente della psicologia rousseauiana.

p. 634

1. Saint-Preux ritorna qui sulla propria *faiblesse*, lasciando ancora una volta intravvedere che, nonostante i suoi sforzi di guarigione, la passione non è affatto spenta.
2. Come sottolinea Starobinski, *La trasparenza e l'ostacolo*, cit., cap. v, l'assunzione del ruolo di precettore dei figli di Julie permette a Saint-Preux – il quale pure si riconosce come «figlio» – di trovare un ruolo adulto e responsabile nel *ménage* comune di Clarens.

p. 635

1. Chiara allusione all'*Emilio*, che Rousseau stava terminando all'epoca della pubblicazione della *Nuova Eloisa*.
2. Nuovo riferimento alle vicende di Milord Edouard. Anche qui Saint-Preux, possiamo dire, tenta un rovesciamento di ruoli: da protetto diviene protettore, facendosi carico, attraverso l'*amicizia*, della *faiblesse* dell'altro.

p. 637

1. È qui più che mai evidente il ruolo della *memoria involontaria*, già emerso altrove. L'improvvisa «crisi» di Saint-Preux è provocata dall'effetto perturbante della memoria che fa riaffiorare il passato attraverso l'impatto imprevedibile e violento con la stessa scena.

p. 638

1. Il ricordo dei giorni in cui, pur nella sofferenza, era ancora viva la speranza, provoca, come già sul lago di Meillerie, un *desi-*

derio di morte dell'oggetto amato; poiché questa morte sarebbe infinitamente più tollerabile di una prossimità inaccessibile, in cui è finita ogni speranza.

p. 639

1. Testo di grande profondità psicologica che evoca il concetto freudiano di *ambivalenza* nei confronti dell'oggetto amato: il sogno premonitore – che annuncia la vera morte di Julie – conferma il *desiderio* di morte dell'altra, che si manifesta come *paura* della sua morte. La metafora del *velo*, già comparsa più volte, esprime qui il sentimento dell'inaccessibilità dell'oggetto d'amore, il senso di totale separazione da esso.

p. 643

1. È interessante notare come la lucida Claire sia anch'essa turbata dal sogno di Saint-Preux. Tutto ciò che riguarda Julie provoca infatti in lei reazioni irrazionali.

p. 644

1. Ricordo dalla *Vita di Dionigi* in Plutarco: il tiranno fece uccidere l'uomo che aveva sognato di pugnalarlo, dicendo che non ci avrebbe pensato di notte se non ci avesse pensato di giorno.

2. Si chiarisce qui, e nella lettera successiva, la vicenda di Lord Bomston, che Rousseau decise di tagliare dal testo nella redazione definitiva, e di cui si possono conoscere gli sviluppi nell'Appendice, *Gli amori di milord Edoardo Bomston*. La vicenda non è di secondario interesse, poiché in essa Rousseau sviluppa il tema dell'*opposizione amore/matrimonio*.

p. 646

1. Edouard è dunque diviso tra l'amore per Laure, la prostituta che si riscatta attraverso l'amore puro e generoso per il suo benefattore, e la Marchesa, la donna d'alto rango che evoca, nel suo *furor* passionale, le eroine di Racine. Edouard le ama entrambe, sebbene di un diverso sentimento: tenero e protettivo il primo, sensuale e appassionato il secondo. Ma nessuno dei due – vuole dirci Rousseau – può trovare sbocco nel matrimonio. Nel caso di Laure, perché, nonostante il disprezzo di Edouard per le convenzioni, l'abisso morale che lo separa da Laure inquinerebbe e getterebbe ombre inelimabili su di un'unione, quella coniugale, che deve fondarsi sull'«ordine», la «pace», il «bonheur» (cfr. Parte terza, lettera XVIII). Nel caso della Marchesa, perché la sua passione, possessiva e distruttiva, è incompatibile con i sentimenti di comunione, solidarietà, durata, richiesti dal matrimonio.

Cfr. più avanti, oltre *Gli amori...*, la lettera III, Parte sesta.

2. Lo «stoico» Edouard è dunque anch'egli, come si è già detto, non solo vittima della *faiblesse* che caratterizza la condizione umana, ma anche preda del potere alienante delle passioni, da cui era sembrato immune.

p. 647

1. Secondo il principio che «le passioni si superano attraverso se stesse», Saint-Preux tenta di combattere il pericoloso turbamento di Edouard, facendo appello alla «generosità» e all'eroismo «cornelliano» di Laure, capace di quel *vero amore* che sa sacrificarsi ed è fonte di virtù.

p. 648

1. Allusione alla nascita dell'amore di Claire per Saint-Preux, tema lasciato fin qui solo intravvedere e che sarà sviluppato nella lettera XII, Parte quinta e nella Parte sesta. Sull'importanza e sul significato di questo risvolto della vicenda si tornerà più avanti. Ma è interessante notare subito come Rousseau faccia seguire alla «crisi» amorosa di Edouard quella, sia pure meno lacerante, di Claire: come a voler sottolineare l'inevitabile inclinazione e vulnerabilità all'amore di due personaggi che simboleggiano sì la ragione, nella sua forma più alta, e la saggezza, ma sono anche, e soprattutto, delle «anime sensibili».

p. 650

1. Tramite Julie, si esprime il conflitto di Rousseau su questo tema che sembra sfidare la sua stessa concezione morale: Laure è sensibile e virtuosa e ha saputo riscattarsi attraverso l'amore, innalzandosi al di sopra di se stessa. Ciò dovrebbe essere in grado di cancellare un passato vissuto nel «male». Ma in realtà non è così; l'abisso è troppo profondo e per una volta le reazioni del «cuore» si accordano con quelle dell'«opinione» nel condannare il suo eventuale matrimonio con Edouard.

p. 653

1. Il verso (Metastasio, *L'eroe cinese*, atto III, scena v) suona infatti: «Un freddo amico è mai sicuro amante».

2. Non solo nell'argomentazione di Julie, che chi è capace di tenera e profonda amicizia non può essere insensibile all'amore, ma soprattutto nella trasformazione in amore dell'amicizia di Claire per Saint-Preux, traspare lo sfumato confine, che si è più volte sottolineato, tra l'amore e l'amicizia.

p. 654

1. Riflessione psicologica molto sottile: la fervida amicizia di Claire per Julie era anche (certo non solo) un riflesso del suo inconfessato amore per Saint-Preux. Ma è vero anche il contrario: la «passione» che Claire prova per Julie finisce per estendersi a colui che Julie ha amato.

p. 655

1. Ricompare l'idea fondamentale della *faiblesse*: l'uomo è debole di fronte alle proprie passioni e trova dentro di sé, nel principio interiore della «coscienza», la forza per superare la sua condizione.

p. 656

1. L'amore, come è stato detto più volte, è, persino nei suoi aspetti passionali, l'espressione delle più nobili qualità dell'anima. Tanto più Julie può qui affermarlo, poiché non vede, per Claire, lo stesso pericolo di perdita di sé nel quale essa stessa era incorsa.

2. L'approvazione dell'amore come base del matrimonio sembra essere in contraddizione con quanto sostenuto fin qui. Ma, in realtà, il sentimento di Claire per Saint-Preux, pur essendo intenso e causa di turbamenti, non ha, come vedremo in Parte sesta, lettera II, i caratteri dell'*amore-passione*.

p. 657

1. Queste affermazioni di Julie, cioè la priorità data alle qualità individuali come l'«onore» e il «merito», confermano, come ho suggerito, che l'ostacolo «sociale», frappostosi al matrimonio tra Julie e Saint-Preux, non era il vero e più forte impedimento.

PARTE SESTA

p. 662

1. Si tratta della battaglia di Fontenoy, 11 maggio 1745.

p. 663

1. Claire rende più chiare le ragioni che si oppongono al matrimonio tra Edouard e Laure: non una formale condanna morale della persona in sé, di cui vengono al contrario riconosciute le virtù, ma una realistica consapevolezza dell'impossibilità di azzerare il passato, e quindi del pericolo e dell'umiliazione, per Laure stessa, di esporsi al confronto quotidiano con il mondo virtuoso e perfetto di Clarens.

p. 664
1. Ancora un'acuta osservazione psicologica: mentre l'amore provoca pudore e riservatezza, l'amicizia rende disinibiti ed estroversi.

p. 666
1. Come si è già detto, il sentimento di Claire per Saint-Preux, sia perché consegue a una lunga e affettuosa amicizia, sia perché si innesta in un carattere gaio e poco incline agli eccessi, non ha gli accenti estremi e fatali dell'amore-passione.

p. 668
1. Rousseau si riferisce all'italiano Leonardo Leo (1694-1744), autore di opere e musica religiose.
2. Claire ribadisce qui il legame *amore-immaginario*, e di conseguenza l'idea che l'amore si esalta *in assenza* dell'oggetto amato, mentre si placa in sua presenza.

p. 671
1. La sostanziale obiezione di Claire al suo matrimonio con Saint-Preux sembra dunque riassumersi in una sorta di paura di non essere sufficientemente amata. Come vedremo, anche Saint-Preux, e con maggiore radicalità, rifiuterà di sposare Claire, in quanto non l'ama dello stesso amore che ha provato per Julie. Dopo aver negato la passione come fondamento del matrimonio, Rousseau sembra rifiutare l'idea di un matrimonio che non sia fondato su di un amore appassionato. È questo uno dei punti più contraddittori e paradossali della concezione rousseauiana dell'amore, evidentemente irriducibile a schemi definitivi.

p. 674
1. Abbiamo già visto come la Marchesa incarni la passione nei suoi aspetti più distruttivi ed egoistici.

p. 675
1. Evidente allusione alla vicenda autobiografica di Rousseau: rottura con Grimm e Mme d'Epinay nel 1757, e con Diderot nel 1758 ecc. Ciò annuncia la greve crisi del 1761-62, da cui scaturiranno le *Quattro lettere al presidente Malesherbes*, cit.

p. 676
1. Sui dettagli della vicenda tra Edouard e la Marchesa, cfr. *Gli amori di milord Edoardo Bomston*, pp. 773-87.

p. 677
1. Non è dunque la disuguaglianza *sociale* che si oppone al matrimonio tra Edouard e Laure, bensì, come si è già accennato,

quella *morale*, ostacolo ben più grave e insuperabile del primo.
2. Il personaggio di Laure sembra proprio essere ispirato alle eroine di Corneille: il suo sacrificio «eroico» è dettato dal «dovere» e dalla «generosità» e rivela il *vero amore*.
3. Consapevole che la *ragione* non potrebbe mai risolvere il conflitto passionale di Edouard, Saint-Preux applica, come si è già detto, il principio secondo il quale «le passioni si combattono attraverso se stesse». Così come Julie si era appellata al *vero amore* per combattere la passione, così Saint-Preux oppone ai pericolosi e confusi sentimenti di Edouard l'«amore vero» di Laure.

Ma tutto questo non sarebbe possibile se non fosse filtrato dal sacro legame dell'*amicizia*, che ha il potere di ricondurre l'altro a se stesso.

p. 679

1. Nonostante che il matrimonio sia «la prima e la più santa istituzione della natura» (*Professione di fede*, *Opere*, p. 538), in quanto, come dirà Wolmar, gli individui assolvono per suo tramite al sacro dovere naturale di trasmettere la vita e perpetuare la specie; e, nonostante che Rousseau sia contrario al celibato (per esempio *ibidem*, p. 484 e *Nuova Eloisa*, Parte sesta, lettera VI), egli ammette per l'«aristocratico» Edouard una possibile eccezione.
2. Frasi come questa, che fanno allusione alla «natura» come prova dell'esistenza di Dio, preparano la futura «conversione» di Wolmar.

p. 682

1. Corneille, *Sertorius*, atto III, scena I.
2. Per l'elogio di Ginevra, patria costantemente amata, cfr. la dedica *«Alla Repubblica di Ginevra»* che introduce il *Discorso sull'origine e i fondamenti della disuguaglianza*.

p. 683

1. Rousseau ritorna ancora sulla critica del denaro, della ricchezza, del lusso.

p. 686

1. Vengono qui ribaditi, attraverso la descrizione dei due sessi, e soprattutto delle donne ginevrine, i ben noti valori rousseauiani della semplicità dei costumi, della sensibilità e della virtù; e soprattutto, il principio della *differenziazione dei sessi*, che consente l'esaltazione del reciproco piacere attraverso una saggia ge-

stione del godimento. Tutto questo sembra riassumersi nella felice formula alla quale si è già più volte fatto riferimento, e che definisce la filosofia esistenziale di Julie: l'*epicureismo della ragione*.

p. 688

1. In questo momento, felice di avere di nuovo accanto Saint-Preux, Julie si rallegra del successo ottenuto applicando il principio da lei sempre sostenuto: quello cioè non di *reprimere* le passioni, ma di *depurarle*, trasformando, come in questo caso, l'*amore* in *amicizia*.

p. 689

1. Il «metodo» di Wolmar ha avuto il merito di far riacquistare agli amanti il senso della propria unità interiore; sebbene, come Julie dichiarerà più avanti, esso sia in parte «illusorio».

p. 690

1. Tutta la prima parte della lettera verte sulla preoccupazione per i pericoli della carne (a causa della condizione di celibato di Saint-Preux). L'autore della «morale sensitiva» non poteva trascurarne il peso e l'importanza; egli propone perciò una soluzione (il matrimonio con Claire) che permetta a Saint-Preux, rimasto solo e privo della compensazione data da un amore corrisposto, di conservare la «purezza», senza pretendere una «castità» inevitabilmente foriera di insidie.

p. 693

1. La legittimazione dei sensi e l'appello all'umiltà cristiana non sono affatto in contrasto; ma rimandano, al contrario, alla concezione squisitamente cristiana del matrimonio, mèta certo inferiore all'ideale supremo della «castità», ma anche unica protezione legittima dalle tentazioni della carne.

p. 695

1. Il termine «pace» traduce anche qui il termine francese «repos», che, come sappiamo, è sempre legato al *bonheur*.
2. Frase rivelatrice, in cui emerge quell'insieme di *amore di sé* e di preoccupazione per la *durata dell'amore* che sta alla base della scelta di Julie.

p. 696

1. Ritorna qui il nesso, più volte sottolineato, *felicità-virtù*.
2. L'appello all'umiltà confluisce nell'esortazione alla *preghiera*, quale strumento per attingere dall'Essere divino la «forza» da opporre alla *faiblesse* umana.

847

p. 700

1. Le affermazioni di Saint-Preux sono evidentemente contraddittorie: da un lato, egli afferma di aver preso atto della *realtà* e di vedere Julie «per come è» attualmente; dall'altro, egli sostiene di non poter cancellare l'*immagine* del passato. Sebbene egli voglia sostenere il successo del «metodo» di Wolmar, ne denuncia suo malgrado il parziale fallimento. La *memoria* dell'amore resta viva al punto da precludere nuovi amori.

p. 701

1. Attraverso le parole di Saint-Preux, si delinea qui con rara efficacia la differenza tra quello che possiamo definire l'*amore-amicizia*, che egli prova per Claire, e l'*amore-passione* che lo lega a Julie: il primo è, nonostante momentanei smarrimenti, un sentimento pacato, fondato sulla «tenerezza», che si anima *in presenza* dell'altra e permette di conservare sempre la lucidità e il controllo di sé; mentre il secondo è uno stato delirante permanente, che si alimenta *in assenza* dell'oggetto amato attraverso l'*immaginazione*, ed aspira costantemente alla fusione.
2. Petrarca, il sonetto a Laura *I'pur ascolto e non odo novella*.

p. 702

1. La separazione tra l'immaginario e la realtà è dunque illusoria: il *repos* e la calma che Saint-Preux avverte in presenza di «Mme de Wolmar», scompaiono in sua assenza, poiché l'immagine di «Julie» irrompe con forza riaccendendo la passione.

p. 704

1. Come si è già accennato (p. 671, nota 1), Saint-Preux rifiuta di sposare Claire perché non l'ama dello stesso amore che ha provato per Julie; e, allo stesso tempo, perché «l'ama troppo», cioè la stima e tiene troppo alla sua amicizia per poterla esporre alla delusione e all'infelicità.

La *fedeltà* di Saint-Preux *alla passione* è dunque, sebbene priva dei risvolti tragici *à la Werther*, assoluta. E in verità, il rifiuto di un matrimonio non fondato sull'amore-passione è coerente con tutto il suo percorso. Diversamente da Julie infatti, egli ha sempre difeso i diritti, anche «coniugali», della passione. Allo stesso tempo, nel rifiuto di sposare Claire, egli esalta – e non solo implicitamente – il valore dell'*amicizia* e resta anche ad esso profondamente fedele.

p. 705

1. Traspare qui, ancora una volta, la precarietà della guarigione

di Saint-Preux e di un equilibrio che si fonda su una sorta di riduzione dello slancio vitale.

p. 707

1. Sebbene il «quietismo» di Fénélon e di Mme Guyon, come conferma Masson – *La religion de J.J. Rousseau*, cit., I parte – abbia avuto una forte influenza nella formazione religiosa di Rousseau, questi sembra qui voler mettere in guardia dagli eccessi in cui questa corrente religiosa può degenerare. Essa tende cioè a quella sorta di passività e di abbandono che porta all'inazione.

Ora, Julie corre lo stesso rischio per vie opposte, poiché è sempre troppo preoccupata di evitare le tentazioni. Ma Saint-Preux le ricorda che la virtù è uno «stato di guerra», e che, invece di evitare i pericoli esterni, dobbiamo contare di più sulla nostra capacità di combatterli.

p. 708

1. Cfr. *Professione di fede, Opere*, p. 605: «Non mi ha egli [Dio] dato la coscienza per amare il bene, la ragione per conoscerlo, la libertà per sceglierlo?» (*OC*, IV, 561: «Ne m'a-t-il pas donné la conscience pour aimer le bien, la raison pour le connoitre, la liberté pour le chosir?»). Sulla reciproca integrazione, in Rousseau, di *coscienza* (*sentimento*) e *ragione*, cfr. R. Derathé, *op. cit.*, e R. Grimsley, *op. cit.*

2. In questa difesa della libertà, del giudizio umano libero e attivo, in quanto opposto alla sensazione passiva e non libera, l'obiettivo polemico di Rousseau sembra essere sia il «materialismo» (per es. La Mettrie), sia, in particolare, Helvétius, *Dello spirito*. Cfr. anche la *Professione di fede, Opere*, pp. 540 sgg.

p. 709

1. San Paolo, *Ai Romani*, IX, 20.

p. 710

1. Gli eccessi «mistici» che critica in Fénélon e Mme Guyon, Rousseau li respinge anche nel pietista Béat de Muralt, del quale, di conseguenza, sostiene di preferire le *Lettres sur les Anglais et les Français et les voyages* (1725) (già citate come fonti della descrizione di Parigi, p. 251, nota 1) all'*Instinct divin recommandé aux hommes* (1727).

p. 714

1. La descrizione di questo stato di perfetto *bonheur*, in cui *non c'è più niente da immaginare né da desiderare*, è quanto mai am-

bigua e inquietante, e lascia intravvedere le più chiare ed esplicite dichiarazioni finali di Julie, in cui il *bonheur* domestico, così faticosamente conquistato, si rovescia in una condizione di «vuoto» («vide»), di «ennui» (cfr. Introduzione, paragrafo 5).

p. 715

1. Ritorna la distinzione peculiarmente rousseauiana, segnalata più volte, tra il «debole», che commette il male senza volerlo, e il «malvagio», che invece lo fa consapevolmente.

p. 718

1. Julie rivela infine il motivo più profondo della rinuncia alla passione e della scelta coniugale: la volontà di *preservare l'amore*, *il desiderio*, sottraendolo al soddisfacimento, e, di conseguenza, all'estinzione. Motivo che, se in parte è riconducibile al tema dell'*amore di sé* e della volontà di *durare*, evoca tuttavia, allo stesso tempo, il tema «cortese» dell'amore come *desiderio infinito e inestinguibile*, in cui si cela la forma più alta del godimento.

2. Passaggio fondamentale che afferma non solo la *caducità* del *bonheur*, ma lega quest'ultimo a quello che possiamo chiamare lo *stato desiderante*, in cui tutto deve ancora accadere e si gioisce di «ciò che ancora non è».

p. 719

1. Pagine di fondamentale importanza, richiamate in Introduzione, paragrafo 5, in cui compaiono i temi dell'*ennui*, del *vuoto*, della *nostalgia del desiderio* ecc., i quali lasciano intravvedere, dietro (o se si vuole, accanto) alla *soluzione religiosa*, che si prospetta nella «professione di fede» di Julie, quella che ho chiamato *soluzione conflittuale*.

p. 720

1. Metastasio, *La morte di Abele*, parte I.

p. 722

1. Sulla critica del misticismo e dell'eccessiva devozione, cfr. la lettera precedente.

p. 728

1. Allusione al sogno premonitore di Saint-Preux (Parte quinta, lettera IX), che anticipa profeticamente la morte di Julie.

p. 729

1. Questa lettera è dedicata alla descrizione dettagliata della morte di Julie. Sul significato «conflittuale» e non «tragico» di questa morte, che differenzia Julie da altre figure mitiche del-

850

l'immaginario amoroso occidentale, cfr. Introduzione, paragrafo 5. Ma è importante ribadire come essa rifletta la concezione di Rousseau della *religione*. Julie infatti si prepara alla morte con religiosa serenità, aderendo a un Cristianesimo più sensibile alla grazia che al peccato e più incline alla pietà che al terrore implicito nel dogma dell'Inferno; e la considera l'accesso alla felicità ultraterrena.

In prossimità della morte, Julie riconferma la sua fedeltà a una religione *naturale*, *intima*, non sempre in accordo con i dogmi ufficiali e tuttavia sempre autentica, in quanto scaturente dalla «coscienza», e dalle più profonde convinzioni del cuore. La sua serenità rispetto alla morte dipende dalla consapevolezza di aver sempre condotto, nonostante gli errori, una «buona vita», un'esistenza eminentemente cristiana, tesa all'adempimento dei doveri terreni, quale miglior prova della fede in Dio. E dipende anche dalla visione di Dio come essere clemente e benevolo, come colui che attraverso la propria bontà riscatta le colpe e la *faiblesse* degli uomini.

p. 745

1. Julie lascia capire ciò che dichiarerà esplicitamente nella lettera indirizzata postuma a Saint-Preux; cioè che la morte è l'unica «soluzione» al proprio conflitto.

p. 749

1. Come si ricorderà, Fanchon, la domestica di Julie, era stata abbandonata dal marito, Claude Anet, che ora ritorna redento, come a voler completare l'opera virtuosa di Julie.

p. 750

1. Ultimo omaggio di Julie all'*amicizia*, come pure, subito dopo, all'*amore* (per Saint-Preux) quale espressione delle «anime belle»; e infine al *matrimonio* con Wolmar che, sebbene contratto «suo malgrado», ha tuttavia fatto la sua felicità.

Julie rivendica dunque *tutta* la sua vita, libera di farlo nel momento in cui la prossimità della morte la esenta dalla scelta tra dimensioni incompatibili.

p. 752

1. Diviene qui esplicito il tema della *caducità del bonheur*, sia che esso provenga dalla passione, sia che provenga dalla vita coniugale. La felicità *non è uno stato permanente* (cfr. anche *Le passeggiate solitarie*, *Opere*, p. 1371; *OC*, I, 1085): giunta al culmine, essa non può che declinare. Paradossalmente, ciò che Ju-

lie aveva voluto scongiurare negando la passione e la sua soddisfazione – la fine del *bonheur* e il conseguente *ennui* – si ripresenta come effetto della pace domestica e della scelta morale (cfr. anche Parte sesta, lettera VIII). Qualcosa avrebbe turbato ben presto la sua felicità: forse, come dirà nell'ultima lettera, proprio il riaffiorare di quella passione che credeva di aver superato. La morte giunge allora a fissare lo stato di *bonheur* presente, rendendolo eterno e immortale.

p. 755

1. Rousseau pone dunque nella *memoria*, di cui abbiamo già sottolineato per altri versi l'importanza nel suo pensiero, l'anello di congiunzione tra l'anima e il corpo. Per maggiori chiarimenti di tutto questo passo, in cui sono evidenti tracce di «platonismo» (il dualismo anima-corpo ecc.) si veda la *Professione di fede*, *Opere*, pp. 548 sgg. (*OC*, IV, 588 sgg.)

p. 759

1. Abbiamo già sottolineato il carattere «ambivalente» della *sensibilità*, espressione di virtù e, allo stesso tempo, fonte delle passioni.
   È interessante notare come in Claire gli eccessi della sensibilità si manifestino esclusivamente nell'amicizia per Julie.

p. 762

1. La scena della «resurrezione» di Julie sembra presupporre la critica, da parte di Rousseau, della credulità popolare che spesso svilisce la religione riducendola a superstizione.

p. 764

1. La metafora del «velo», di cui si è parlato più volte, ha qui lo scopo di suggellare la definitività e l'inesorabilità della morte.
2. Si conferma la natura sensibile e insieme distaccata di Wolmar, che assume, anche in questa circostanza di profonda sofferenza, il ruolo dell'«occhio vivente», dell'osservatore attento e controllato che vigila sugli altri.

p. 767

1. Passo fondamentale, già commentato nell'Introduzione, paragrafo 5: Julie dichiara illusoria la propria guarigione, ma riconosce anche il ruolo positivo e costruttivo che quest'«illusione» ha prodotto. La passione può essere confessata quando non è più in grado di nuocere. Con la morte, Julie salva l'*amore* e la *virtù*, confermando così che, se di «soluzione» si può parlare, si tratta di una soluzione *conflittuale*.

p. 768
1. La sopravvivenza della comunità di Clarens, l'armonia collettiva, la solidarietà universale che ne sono alla base, si fondano dunque sul *sacrificio della vita*, sia pure sereno e fiducioso, da parte di colei che ne è stata l'animatrice.

Sembra legittimo chiedersi, allora, se la costruzione e la solidità del mondo nuovo e ideale, alternativo alla società corrotta, non richiedano un prezzo troppo alto; e se la stessa solitudine amorosa a cui tutti sembrano essere destinati (come appare, più avanti, anche dal definitivo rifiuto di Claire di sposare Saint-Preux o chiunque altro), non costituisca una non trascurabile incrinatura nella «perfezione» di Clarens.

p. 769
1. Julie annuncia qui la futura «conversione» di Wolmar, nella quale essa non aveva mai cessato di credere.

p. 771
1. Attraverso il definitivo rifiuto di Claire di sposare Saint-Preux si configura la *solitudine amorosa* di tutti i personaggi (Claire, Saint-Preux, Edouard, Wolmar), uniti tra loro da una *solidarietà affettiva*.

p. 775
1. Conosciamo già la vicenda di Milord Edouard dalle lettere XII, Parte quinta; III, Parte sesta ecc. Sebbene Rousseau ne abbia ridotto l'importanza, collocandola fuori del romanzo, essa offre tuttavia, come si è già messo in rilievo, ulteriori illuminazioni sulla sua concezione dell'amore.
2. La figura della Marchesa evoca, con la sua passione distruttiva, le eroine raciniane, come *Fedra*, senza tuttavia averne lo spessore tragico. Essa rappresenta il femminile puramente sensuale e seducente, che neppure la passione riesce a nobilitare essendo inquinata da uno sfrenato egoismo; egoismo che traspare anche dalle sue azioni apparentemente «generose», come quella di procurare all'amato, tramite un'altra donna (Laure), quei piaceri sensuali che egli le rifiuta.

p. 779
1. Non si può non vedere qui un'analogia con la vicenda autobiografica di Rousseau, il cui amore per Sophie d'Houdetot si alimenta attraverso il racconto dell'altra della sua passione per St. Lambert (cfr. *Confessions*, l. IX).

p. 780

1. Del tutto diverso dalla passione mortale della Marchesa, l'amore di Laure per Edouard è, come abbiamo visto, un *vero amore*, capace di sacrificio e generosità, che la riscatta dal passato e la spinge alla virtù.

p. 785

1. Il rifiuto di Edouard di sposare la Marchesa anche dopo la morte del marito, richiama il rifiuto della Principessa di Clèves, una volta libera, di sposare Nemours (sui rapporti tra la *Nuova Eloisa* e *La Principessa di Clèves* di Mme de La Fayette, cfr. Introduzione, paragrafi 1 e 2). La vera ragione del rifiuto risiede nello stesso problema che aveva impedito il matrimonio tra Julie e Saint-Preux: cioè nell'impossibilità di fondere la *passione* – che qui si presenta peraltro nei suoi aspetti più negativi – con il *matrimonio*.

SOMMARIO

PARTE SECONDA

PARTE TERZA

Finito di stampare nel marzo 2008 presso
il Nuovo Istituto Italiano d'Arti Grafiche - Bergamo
Printed in Italy

ISBN 978-88-17-16884-7